D1726207

Bazan/Dann/Errestink (Hrsg.)
Rechtshandbuch für Ärzte und Zahnärzte

Rechtshandbuch für Ärzte und Zahnärzte

Berufsrecht, Vergütung, Betriebswirtschaft, Steuern, Compliance, Haftung

Herausgegeben
von

Markus Bazan

Dr. Matthias Dann, LL.M.

Dirk Errestink

Bearbeitet
von

Markus Bazan, Dipl.-Ökonom; **Kathleen Büttner-Hoigt,**
Dipl.-Wirtschaftsjuristin (FH); **Dr. Matthias Dann, LL.M.,** Rechtsanwalt;
Dirk Errestink, Rechtsanwalt, Fachanwalt für Medizinrecht; **Sabine Haak,** Justitiarin;
Dr. Holger Lüders, Rechtsanwalt, Fachanwalt für Arbeitsrecht;
Dr. Kyrill Makoski, LL.M., Rechtsanwalt, Fachanwalt für Medizinrecht;
Stefanie Rindfleisch, Rechtsanwältin; **Dr. Karsten Scholz,** Justitiar;
Dr. Annette Staschewski, Rechtsanwältin; **Anke Vierling, LL.M.,** Rechtsanwältin,
Fachanwältin für Medizinrecht; **Dr. Markus Wenning,** Geschäftsführender Arzt;
Dr. Carolin Wever, Rechtsanwältin, Fachanwältin für Medizinrecht;
Dr. Karin Ziermann, Direktorin

2013

C.H.BECK

www.beck.de

ISBN 978 3 406 63555 8

© 2013 Verlag C. H. Beck oHG
Wilhelmstraße 9, 80801 München
Satz: Druckerei C. H. Beck Nördlingen

Druck: fgb · freiburger graphische betriebe
Bebelstraße 11, 79108 Freiburg

Gedruckt auf säurefreiem, alterungsbeständigem Papier
(hergestellt aus chlorfrei gebleichtem Zellstoff)

Geleitwort

Ich freue mich, mit diesem Rechtshandbuch für Ärzte und Zahnärzte allen Kolleginnen und Kollegen ein wertvolles Hilfsmittel im ärztlichen Berufsalltag vorstellen zu können.

Wir Ärzte und Zahnärzte möchten uns grundsätzlich auf unsere originären Tätigkeiten am Patienten konzentrieren, also auf Anamnese, Diagnose, Therapie; dabei benötigen wir ausreichend Zeit für die wichtige Zuwendung. Wir beobachten allerdings eine zunehmende Verrechtlichung unseres Berufsfeldes, die es – neben den ebenso wachsenden bürokratischen Aufgaben – immer aufwändiger macht, sich das nötige juristische Wissen anzueignen und so den gebotenen Kenntnisstand zu behalten.

Der Hartmannbund setzt sich politisch für eine Konzentration der ärztlichen und zahnärztlichen Tätigkeiten auf die wesentlichen Aufgaben ein. Gleichzeitig möchten wir Sie angesichts der bestehenden Anforderungen dabei unterstützen, all das, was rund um die originären Aufgaben von uns Ärzten geleistet werden muss, so effizient wie möglich zu erledigen.

Das vorliegende Rechtshandbuch bietet genau dies: praxisnahe Hilfe und direkte Unterstützung bei Rechtsfragen. Es ist ein handliches Kompendium und Nachschlagewerk für alle relevanten juristischen Aspekte rund um die ärztliche und zahnärztliche Berufsausübung. Wir möchten Ihnen mit diesem Rechtshandbuch für Ärzte und Zahnärzte genau das Wissen zur Seite stellen, das Sie für Ihre Berufsausübung benötigen.

Bei allen Facetten unserer ärztlichen und zahnärztlichen Tätigkeit werden die Grenzen unseres Handlungsspielraums durch das Berufsrecht abgesteckt. Es ist grundsätzliche Voraussetzung für jede Ärztin und jeden Arzt, diese Grenzen zu kennen, um dem Recht entsprechend handeln zu können. Ebenso relevant wie das Berufsrecht sind das Vertragsarztrecht, die Arzthaftung sowie Fragen des Arbeitsrechts, des Vergütungs- und Steuerrechts. All diese Rechtsbereiche finden in dem vorliegenden Handbuch Berücksichtigung. In der Darstellung wird dabei immer die – verglichen mit dem Juristen – grundsätzlich andere Herangehensweise des Arztes und des Zahnarztes an rechtliche Fragen berücksichtigt.

Die komplexen Rechtsgrundlagen der ärztlichen und zahnärztlichen Tätigkeit ohne aufwändige Einarbeitung erfassbar zu machen, ist Ziel dieses Rechtshandbuchs: Die Darstellung der für den Arzt relevanten Rechtsbereiche ist so ausführlich wie nötig, aber auch so übersichtlich wie möglich.

Dabei richtet sich das Werk auch an Ärzte und Zahnärzte in der Weiterbildung und an Studierende, die sich grundsätzlich über juristisch relevante Sachverhalte informieren möchten.

Ich freue mich, dass es gelungen ist, erfahrene Fachjuristen und namhafte Experten für das vorliegende Rechtshandbuch gewinnen zu können. Allen Mitwirkenden möchte ich an dieser Stelle sehr herzlich danken.

Dr. med. Klaus Reinhardt
Vorsitzender
Hartmannbund – Verband der Ärzte Deutschlands

Vorwort

Das Gesundheitssystem in Deutschland hat sich zu einer äußerst komplizierten Materie entwickelt, die insbesondere Ärzte und Zahnärzte immer mehr als intransparent und ungerecht wahrnehmen.

Dies hängt damit zusammen, dass zahlreiche Rechtsvorschriften auf den Arzt und Zahnarzt einwirken, die in ihrer Vielfalt und Komplexität kaum noch zu übersehen sind. Neben den spezifischen Regelungen des Vertragsarztrechtes muss sich der niedergelassene Arzt und Zahnarzt mit weiteren Rechtsgebieten beschäftigen, die gleichsam die Basis für jede unternehmerische Tätigkeit darstellen. Hierzu zählen betriebswirtschaftliche Aspekte, das Steuerrecht der Freiberufler sowie disziplinarisch und strafrechtliche Aspekte. Nicht zu vergessen sind zivilhaftungsrechtliche Aspekte, insbesondere vor dem Hintergrund der weiter fortschreitenden Emanzipation von Patienten ihre Informations- und Aufklärungsbedürfnisse betreffend.

Die Herausgeber und die Autoren dieses Rechtshandbuches haben sich daher das Ziel gesetzt, die Komplexität des Gesundheitssystems auf ein verständliches Maß zu reduzieren, damit sie sich mit den für sie existenziellen Rechtsthemen auseinandersetzen können. Ein weiteres wichtiges Anliegen ist es, dass Ärzte und Zahnärzte auch mit nicht-medizinischen, Dienstleistern im Gesundheitssystem ohne Berührungsängste und auf Augenhöhe in Kontakt treten können.

Den Herausgebern und den Autoren dieses Rechtshandbuches war es daher außerordentlich wichtig, eine an der Praxis orientierte Erläuterung der wesentlichen rechtlichen und betriebswirtschaftlichen Vorgänge zu liefern.

Fachjuristische Ausführungen, die selbst Juristen zum (Ver-)Zweifeln bringen können, sind weitestgehend unterblieben, ebenso theoretische Ausführungen, die letztlich in der Praxis keinerlei Relevanz haben. Fußnoten und Verweise werden auf ein Mindestmaß reduziert.

Das Rechtshandbuch gliedert sich in einen Allgemeinen und einen Besonderen Teil. Im Allgemeinen Teil sind Ausführungen zum ärztlichen und zahnärztlichen Berufsrecht platziert, gefolgt von den Ausführungen über die Möglichkeiten ärztlicher und zahnärztlicher Berufsausübung mit dem besonderen Fokus auf die Ausübungsformen ärztlicher Tätigkeit. Hierbei wurden auch die in den letzten Jahren bedeutsamer gewordenen besonderen Ausübungsformen ärztlicher Tätigkeit, wie z. B. die als Honorararzt berücksichtigt.

Der Besondere Teil beginnt mit einer Darstellung der vertragsärztlichen und vertragszahnärztlichen Vergütung, mit ertragsteuerlichen und betriebswirtschaftlichen Erwägungen, sowie der besonderen Ausprägung des Projektmanagements im ärztlichen Bereich befasst. Daran schließt sich der Zweite Teil, der die Bereiche Compliance und Haftungsrisiken, unter zivilrechtlicher und strafrechtlicher Verantwortung beleuchtet. Es folgen Ausführungen zum ärztlichen und zahnärztlichen Disziplinarrecht. Der Dritte Teil beschäftigt sich mit dem Arbeitsrecht aus Sicht der Ärzte und Zahnärzte als Unternehmer.

Wir hoffen, dass das Rechtshandbuch Ihnen als wertvolles Nachschlagewerk dienen wird, mit dem Sie viele Fragen aus Ihrem Tagesgeschäft schnell und zuverlässig beantworten können.

Düsseldorf und Witten im Juni 2013　　　　　　　　　　　　　　Die Herausgeber

Inhaltsübersicht

Inhaltsverzeichnis

Erster Teil. Vergütung, Steuern und Betriebswirtschaft

Zweiter Teil. Compliance und Haftungsrisiken

Allgemeiner Teil

A. (Zahn-) Ärztliches Berufsrecht

„Die Standesethik steht nicht isoliert neben dem Recht, sie wirkt allenthalben und stän- **1**
dig in die rechtlichen Beziehungen des Arztes zum Patienten hinein. Was die Standesethik
vom Arzte fordert, übernimmt das Recht weithin zugleich als rechtliche Pflicht. Weit mehr
als sonst in den sozialen Beziehungen des Menschen fließt im ärztlichen Berufsbereich das
Ethische mit dem Rechtlichen zusammen."[1]

Das Bundesverfassungsgericht als unabhängiges Staatsorgan zitiert in seinen Entschei- **2**
dungen zu grundlegenden rechtlichen Erwägungen eher selten. Trefflicher als das oben
genannte Zitat hätte jedoch vermutlich auch das Verfassungsgericht des Bundes die starke
Verbindung von ärztlicher Standesethik und geltendem Recht nicht beschreiben können.

Gesetzgebung und Rechtsprechung, die im Zusammenhang mit der ärztlichen Be- **3**
rufsausübung stehen, werden stärker als gemeinhin angenommen beeinflusst durch die ärztliche Berufsethik, die innerärztlich entstanden für sich selbst stets der Weiterentwicklung
unterliegt. Noch sehr selten bestimmen rechtliche Vorgaben einseitig unreflektiert über die
ärztliche Berufsausübung, sondern haben ihren Ursprung in den Rechten und Pflichten,
die sich die Ärzteschaft selbst auferlegt hat. Dieses Vertrauen der Rechtswissenschaft in das
ärztliche Selbstverständnis zeigt die enorme Verantwortung der Ärzteschaft für die Qualität
der Berufsausübung orientiert an höchsten Maßstäben der Medizin und der Ethik. Dass
diese Verzahnung keineswegs reibungslos verläuft und häufig schwierig zu bewältigende
Spannungsfelder erzeugt, weiß jeder praktizierende Arzt. Insbesondere im Rahmen der
vertragsärztlichen Versorgung ist für die Zukunft zu hoffen, dass der Kern der ärztlichen
Standesethik, die gewissenhafte, fachlich und ethisch unabhängige Berufsausübung, weiterhin unantastbar bleibt. Sie ist Garant für eine qualitativ hochwertige und gerechte Versorgung der gesamten Bevölkerung.

In den letzten Jahren ist die Notwendigkeit einer verstärkten Hinwendung zu ethischen **4**
Grundsatzfragen im Berufsrecht zu erkennen. Es geht um elementare Fragen beispielsweise
der ärztlichen Sterbebegleitung, des Embryonenschutzes oder der Gentherapie beim Menschen. Aber auch bezüglich der allgemeinen Grundsätze ärztlicher Berufsausübung wie
etwa der fachlichen und finanziellen Unabhängigkeit des Arztes erwächst ständig neuer
Regelungsbedarf insbesondere für die Satzungsgeber der ärztlichen Berufsordnungen.

I. Geschichte

Um das ärztliche Berufsrecht in Sinn und Zweck zu begreifen, lohnt sich ein Blick zu- **5**
rück zu den Ursprüngen ärztlicher Standesethik und den Anfängen ärztlicher Zusammenschlüsse. Im Folgenden findet sich eine Auswahl richtungsweisender ethischer Kodizes und
eine Zusammenfassung der Entwicklung innerärztlicher Organisation.

---

[1] Eberhard Schmidt, Der Arzt im Strafrecht, in: Ponsold, Lehrbuch der gerichtlichen Medizin,
2. Aufl. 1957, S. 2; zitiert in BVerfG vom 25. 7. 1979 – 2 BvR 878/74.

1. Ethische Kodizes

6   **a) Eid des Hippokrates.** Was 400 v. Chr. als der Eid des Hippokrates formuliert wurde, ist heute keinesfalls gänzlich veraltet. Die Heilbehandlung von Menschen ließ sich schon vor Jahrtausenden nicht von grundlegenden ethischen Fragen trennen. Im Bewusstsein dieser hohen Verantwortung wurden seitens der Ärzteschaft bereits **Grundsätze ärztlicher Ethik** formuliert, die heute in erstaunlich großer Zahl hochaktuell und in angepasster Form Bestandteil des modernen Standesrechts und zum Teil sogar des deutschen **Strafrechts** sind.[2]

7   Zu nennen sind in der Reihenfolge der Formulierung im Eid das **Kollegialitätsgebot**, das **Gebot der gewissenhaften Berufsausübung**, das **Verbot von Sterbehilfe und Abtreibung**, das **Wahren des Ansehens der Ärzteschaft**, eine Art **Facharztbindung**, das **Verbot sexuellen Missbrauchs** und das **Gebot der ärztlichen Schweigepflicht**.

8   Interessant ist auch die Regelung zur Absicherung des eigenen Lehrers und zu Ausbildung und Unterhalt von dessen Nachkommen. Hier wurde eine Form der **generationsübergreifenden innerärztlichen Versorgung** bei Krankheit und Berufsunfähigkeit geschaffen, die bereits entfernt an die Aufgaben heutiger Versorgungswerke erinnert.

9   Wenn auch nicht mehr als Eid von Absolventen des Medizinstudiums geleistet, dient der Eid des Hippokrates noch heute als **Ehrenkodex** und gerät dadurch nicht in Vergessenheit.

10   **b) Bad Nauheimer Gelöbnis.** Der schändliche Missbrauch der Medizin im Nationalsozialismus insbesondere in Bezug auf die Durchführung von Humanversuchen war Auslöser der Formulierung des so genannten Bad Nauheimer Gelöbnisses durch die westdeutschen Ärztekammern im Jahr **1947**. Das Bad Nauheimer Gelöbnis sollte noch vor Abschluss des Nürnberger Ärzteprozesses verabschiedet und der geplanten **Berufsordnung** vorangestellt werden. Dass es sich bei dem Gelöbnis um eine unmittelbare Reaktion auf die Kriegsverbrechen von Ärzten handelte, ist dem Wortlaut deutlich anzumerken. Der Text mahnt unter anderem zur Besinnung auf die „**Ideale wahren Arzttums**", die „**Menschlichkeit**" und die „**Freiheit (...) ärztlichen Wirkens**" auch gegenüber „anderen Gesetzen".[3]

11   **c) Genfer Deklaration.** Nur ein Jahr nach Verabschiedung des Bad Nauheimer Gelöbnisses wurde mit der Wiederaufnahme Deutschlands in den **Weltärztebund** auf dessen zweiter Generalversammlung 1948 in Genf die so genannte Genfer Deklaration verabschiedet, eine zeitgemäße Version des Eids des Hippokrates. Der Passus, **Diskriminierungen von Patienten** auf Grund von „Alter, Krankheit oder Behinderung, Konfession, ethnische Herkunft, Geschlecht, Staatsangehörigkeit, politische Zugehörigkeit, Rasse, sexuelle Orientierung oder sozialer Stellung" zu unterlassen, ist als unmittelbare Reaktion auf die Verbrechen des 2. Weltkrieges zu verstehen. Die Genfer Deklaration wurde bis heute mehrfach reformiert.[4]

12   Wenn auch nicht als mündlicher Eid von jedem approbierten Arzt geleistet, so ist doch die Genfer Deklaration noch heute **Bestandteil der Länderberufsordnungen** und gilt daher bei Aufnahme in den Berufsstand ebenso wie die Berufsordnung, in der sie verankert ist. Die Genfer Deklaration dient nicht allein der Traditionspflege, sondern auch der konkreten Auslegungen in Zweifelsfällen.

13   **d) Berufskodex des CED für Zahnärzte in der Europäischen Union.** Aktuelles Beispiel für Formulierung zahnärztlicher Berufsethik ist der Ethical Code des **Council of European Dentists,** der die zahnärztlichen Vereinigungen der EU-Mitgliedsstaaten und anderer europäischer Länder vertritt. Die ursprüngliche Fassung dieses Berufskodexes stammt aus dem Jahr **1965** und wurde zuletzt – unter aktiver Beteiligung der Bundeszahn-

---

[2] Der genaue Text findet sich unter www.arztwiki.de/wiki/HippokratischerEid.de.

[3] Der genaue Text findet sich im Südwestdeutschen Ärzteblatt 1947, Heft 7/9, S. 56.

[4] Der genaue Text findet sich unter www.bundesaerztekammer.de/downloads/Genf.pdf.de.

ärztekammer[5] – im Jahr 2007 unter anderem auf Grund der zunehmenden europaweiten Mobilität von Dienstleistungen aktualisiert.[6]

2. Ärztliche Organisationen

Eine wichtige Voraussetzung für die Formulierung verbindlicher Standesregeln war und **14** ist die Organisation der Ärzte untereinander. Neben der Entwicklung einer einheitlichen Standesethik ging es bei den Zusammenschlüssen meist auch um den kollegialen Austausch und die gegenseitige Unterstützung und Absicherung. Hier reichen bezogen auf das Gebiet der heutigen Bundesrepublik die Erkenntnisse über Bestrebungen ärztlichen Zusammenschlusses weit zurück in das 14. und 15. Jahrhundert.

a) 14./15. Jahrhundert. Zunächst handelte es sich um regionale, meist städtische Ver- **15** bindungen von Ärzten. Als erste bekannte ärztliche Standesvertretung kann das **Augsburger Collegium Medicum** (Collegium Medicum Augustanum) benannt werden. Ende des 15. Jahrhunderts wurde die erste Medizinalordnung eingeführt. Ärzte, die sich in Augsburg niederlassen wollten, wurden einem Kolloquium unterzogen. Das Collegium war bereits damals eine Mischung aus Interessenvertretung und politischem Kontrollinstrument zur Überprüfung der ärztlichen Qualifikation in Abgrenzung zum Bader, Wundarzt oder „Kurpfuscher". Eine der Kernaufgaben der Organisation war natürlich auch die Seuchenbekämpfung. Es ging insgesamt um die sinnvolle Verknüpfung von medizinischer Lehre, Forschung und Praxis. Selbst der Versorgungsgedanke spielte bereits eine Rolle. Erhobene Mitgliedsbeiträge dienten der finanziellen Unterstützung bedürftiger Kollegen oder durchreisender Medizinstudenten. Erst über 300 Jahre später wurde in Augsburg ein so genanntes **Stadtphysikat** eingerichtet, welches die aufsichtsrechtlichen Aufgaben des Kolloquiums übernahm.

b) 18./19. Jahrhundert. Ende des 18. Jahrhunderts gründeten sich im bürgerlichen **16** Umfeld zahlreiche Lesegesellschaften als Zusammenschlüsse Literaturinteressierter. Davon machten später auch die Theologen, Juristen und Ärzte Gebrauch, indem sie sich jeweils in **Fachlesegesellschaften** zusammenfanden. Nach zunehmender Preissenkung der Bücher wurden aus den Fachlesegesellschaften nicht selten **freiwillige Vereine.** Um den fachspezifischen Austausch weiter zu fördern, wurden nach und nach auch **medizinische Sozietäten und Fachgesellschaften** gegründet.

Nach der Medizinalreform von 1868, die unter anderem die Einführung einer **Selbst-** **17** **verwaltung** vorsah, und der Reichsgründung wurden der **Deutsche Ärztevereinsbund** in Leipzig (Gesamtverband der „wirklich approbierten" Ärzte) und der **Deutsche Ärzte-(vereins)tag** in Wiesbaden gegründet. Der Ärztevereinsbund führte das uneinheitliche Ärztevereinswesen zusammen und versetzte die Ärzte dadurch erstmals in die Lage, echten Einfluss auf die Politik auch im Medizinalbereich zu nehmen. So wurde beispielsweise trotz föderalem Reichsaufbau die Bildung eines Reichsgesundheitsamtes angeregt oder eine gesetzliche Regelung der Pockenimpfung gefordert. In diese Zeit Ende des 19. Jahrhunderts fielen auch die Einführungen der Preußischen Sozialgesetzgebung und der Gebührenordnung.

c) 20. Jahrhundert. In sämtlichen preußischen Provinzen wurden im Jahr 1900 per **18** Gesetz **Ärztekammern** eingerichtet, wobei jedoch die Prüfung der Berufszulassung der Ärzte zunächst in unmittelbarer staatlicher Hand verblieb. Die Ärztekammern dienten der Regierung als sachverständige Berater und konzentrierten sich nach innen auf den kollegial-wissenschaftlichen Austausch, die ärztliche Fortbildung und das Entwickeln einer Standesordnung. Die Kammern bekamen außerdem die Möglichkeit der Errichtung von **Ehrengerichten,** um disziplinarrechtlich gegen niedergelassene Ärzte vorzugehen, die die Standesordnung verletzten. Einige Jahre nach Formulierung der ersten Prüfungsordnung für Dentisten wurden im Jahr 1910 die ersten dentistischen Lehrinstitute errichtet. Nach

---

[5] S. u. A. II. 1. b) Bundes(zahn)ärztekammer.
[6] Vollständiger Text unter www.eudental.eu.

langem Kampf wurden die Ärztekammern in Preußen 1926 zu **Körperschaften des öffentlichen Rechts** berufen. Alle Ärzte der Region wurden damit zu Pflichtmitgliedern.

19 Eine in Jahrzehnten gewachsene erfolgreiche berufspolitische Ärztevertretung im Rahmen der freiwilligen Vereinsmitgliedschaft ist der **Hartmannbund – Verband der Ärzte Deutschlands e. V.** Im Jahre 1900 sendet der Leipziger Arzt Hermann Hartmann einen offenen Brief an die Ärzteschaft mit der Aufforderung, sich zu organisieren. Der **Schutzverband der Ärzte Deutschlands zur Wahrung ihrer Standesinteressen** wird noch im selben Jahr gegründet und aufgrund des Gründungsortes einige Jahre kurz **Leipziger Verband** genannt. Nach dem Tod seines Gründers benennt sich der Verband um in **Verband der Ärzte Deutschlands (Hartmannbund).** Der Verband schloss wichtige Tarifverträge ab und setzte eine Allgemeine Deutsche Gebührenordnung durch. Ausschlaggebend für die notwendige Organisation der Ärzteschaft war natürlich auch die Reichsversicherungsordnung von 1914, die das Arbeiterkrankenversicherungs-, Unfallversicherungs- und Invaliditätsversicherungsgesetz in sich vereinte. Nur gemeinsam war es möglich, gegenüber den Kassen die ärztlichen Interessen gebührend durchzusetzen. Die (Verhandlungs-)Macht der Ärzteschaft wurde fortan in sogenannten Kassenkämpfen organisatorisch gebündelt und führte zum Berliner Abkommen zwischen dem Verband und den großen Kassenverbänden. Darin verzichteten die Kassen auf ihre bisherige Zulassungsautonomie und die Ärzte erhielten diesbezüglich Mitspracherecht. Der für die Überwachung des Abkommens gegründete **Zentralausschuss der Spitzenverbände** bildete den Ausgangspunkt der gemeinsamen Selbstverwaltung. Als öffentlich-rechtlicher Partner der bedeutendsten Krankenkassen ging der Hartmannbund 1933 in der geschaffenen **Kassenärztlichen Vereinigung Deutschlands** auf. Der Hartmannbund wurde aufgrund der Reichsärzteordnung im Jahr 1936 aufgelöst und 1949 wiedergegründet. Neben dem berufspolitischen Engagement nach innen wurde der Hartmannbund **1966** auch auf europäischer Ebene aktiv, indem er zusammen mit den ärztlichen Verbänden in Frankreich und Belgien einen **Verbindungs- und Aktionsausschuss der freien europäischen Verbände** (SME) gründete. Heute ist der **Hartmannbund – Verband der Ärzte Deutschlands e. V.** der einzige freie Verband, der fachübergreifend die beruflichen, wirtschaftlichen und sozialen Interessen aller Ärzte, Zahnärzte und Medizinstudierenden in Deutschland vertritt.

20 Im Nationalsozialismus wurden der Deutsche Ärztevereinsbund und der Nationalsozialistische Deutsche Ärztebund zusammengeschlossen zum **Nationalsozialistischer Deutschen Ärztebund** (NSDÄB). Vor dem Hintergrund der Gleichschaltung und Zentralisierung wurde eine **Reichsärztekammer** eingerichtet und es fanden über zehn Jahre keine deutschen Ärztetage mehr statt. Auch die Kassenärztlichen Vereinigungen verloren ihre Aufgaben und gingen in der **Kassenärztlichen Vereinigung Deutschlands** (KVD) auf, die für das gesamte Land die ärztliche Versorgung, die Zulassung und die Berufsgerichtsbarkeit übernahm.

21 Nachdem unmittelbar nach Kriegsende zunächst alle Berufsorganisationen von den Alliierten verboten wurden und auch die Ärzteschaft selbst sich zum Teil gegen eine erneute Pflichtmitgliedschaft wehrten, erfolgte die Einrichtung von **Ärztekammern** in den drei westlichen Besatzungszonen dennoch nach relativ kurzer Zeit. Entsprechend beider Landesteile, wurden in Nordrhein-Westfalen zwei Ärztekammern gebildet, die bis heute existieren. Letztlich sahen die Kammergesetze der Länder in der Bundesrepublik der 60er und 70er Jahre die Gründung von Landesärztekammern, zu deren Aufgaben der Erlass einer die Ärzteschaft des Landes verpflichtenden Berufsordnung zählt, vor. Bereits zum damaligen Zeitpunkt kümmerten sich die Ärztekammern um das Berufsverzeichnis, den Erlass von Berufs- und Facharztordnungen, die Schlichtung innerkollegialer Streitigkeiten und Streitigkeiten mit Patienten und natürlich um die Überwachung ärztlicher Berufspflichten. Es gründete sich zudem 1947 die **Arbeitsgemeinschaft westdeutscher Ärztekammern,** die heutige **Bundesärztekammer.** Zu den zentralen Aufgaben der Arbeitsgemeinschaft der Westdeutschen Ärztekammern gehörte es, aufgrund der föderalen Struktur der Entwicklung unterschiedlicher Rechtsgrundlagen für ärztliches Handeln entgegenzuwirken und mittels Musterberufsordnung eine möglichst einheitliche Regelung der ärztlichen Berufspflichten in den Ländern herbeizuführen. Ebenfalls in dieser Zeit wurden erneut erste Landesstellen **Kassenärztlicher Vereinigungen** gegründet. Die eigentliche Selbstverwaltung der Kassenärztlichen Vereinigungen wurde im Jahr 1951 mit Selbstverwaltungsgesetz wiederhergestellt. Mit dem Gesetz über das Kassenarztrecht wurde 1955 die **Kassenärztliche Bundesvereinigung** als Körperschaft des Öffentlichen Rechts gegründet und der Sicherstellungsauftrag auf sie übertragen.

In der **DDR** gab es keine Selbstverwaltungskörperschaften; so genannte **Kreis- und** 22 **Bezirksärzte** wurden staatlicherseits zum Zweck der Prüfung ärztlicher Fachabschlüsse eingesetzt. Alle weiteren Aufgaben im Gesundheitswesen übernahmen Staat und Gewerkschaft. So waren die ehemaligen Kassenärztlichen Vereinigungen als Abrechnungsstellen im **Freien Deutschen Gewerkschaftsbund** (FDGB) integriert. Nach der Wiedervereinigung gründeten sich in den neuen Bundesländern Ärztekammern und Kassenärztliche Vereinigungen.

II. Berufsrecht

1. (Zahn-) Ärztliche Organisationen

Die ärztlichen Organisationen lassen sich heute grob unterteilen in die Organisationen, 23 die staatlich beauftragt oder direkt eingerichtet wurden und deren Mitglieder dementsprechend Pflichtmitglieder sind. Hierzu zählen die Landes(zahn)ärztekammern inklusive ihrer Arbeitsgemeinschaften Bundes(zahn)ärztekammer sowie die Kassen(zahn)ärztlichen Vereinigungen und die Kassen(zahn)ärztliche Bundesvereinigung. Daneben existieren Verbände und Vereine von (Zahn)Ärzten mit freiwilliger Mitgliedschaft, die sich wiederum in ihrer Zielsetzung unterscheiden.

a) Landes(zahn)ärztekammern. Die heute jeweils 17 aktiven Landes(zahn)ärzte- 24 kammern[7] sind **Körperschaften öffentlichen Rechts.** Aufgrund der verfassungsrechtlich verankerten Gesetzgebungskompetenz der Länder wurde ihnen über die Heilberufe- und Kammergesetze Selbstverwaltungsautonomie übertragen.[8] Das bedeutet, dass die Kammern selbständig und eigenverantwortlich hoheitliche Aufgaben erfüllen und insoweit lediglich der staatlichen Rechtsaufsicht unterliegen. **Pflichtmitglieder** einer Landes(zahn)ärztekammer sind alle approbierten (Zahn)Ärzte oder (Zahn)Ärzte mit einer vorübergehenden Berufserlaubnis,[9] die in dem Kammerbezirk ihre (zahn)ärztliche Tätigkeit ausüben oder ihren Hauptwohnsitz haben. Bei Ärzten, die in mehreren Kammerbezirken tätig sind, richtet sich die Mitgliedschaft nach dem Ort der überwiegenden Tätigkeit.[10]

Die Landes(zahn)ärztekammern regeln auf Grund ihres Satzungsrechts verbindlich die 25 Berufsausübung ihrer Pflichtmitglieder, so dass für die (Zahn)Ärzte je nach Zugehörigkeit zum Kammerbezirk die jeweilige **Länderberufsordnung** verbindlich gilt. Den Kammern obliegen die **Wahrung der Rechte der (Zahn)Ärzteschaft** und die **Überwachung der Einhaltung der Berufspflichten.** Sie sind als **Interessenvertretung** aktiv. Hierzu gehört unter anderem die berufspolitische Vertretung auf Landes- und Bundesebene. Eine wichtige Aufgabe im Zusammenhang mit der finanziellen Absicherung des Berufsstandes ist die Einrichtung von **Versorgungswerken.** Darüber hinaus haben Landes(zahn)ärztekammern für die Förderung der beruflichen **Fort- und Weiterbildung** ihrer Mitglieder zu sorgen und führen diesbezüglich staatliche Anerkennungsverfahren durch. Auch die Registrierung,

---

[7] Zur Entstehung der Landesärztekammern S. o. I. 2. c) 20. Jahrhundert.
[8] S. u. A. II. 2. d) aa) Allgemeines.
[9] S. u. A. II. 2. b) cc) Vorübergehende Berufserlaubnis.
[10] Siehe Meldeordnungen der Landesärztekammern.

Prüfung und Beratung von **(zahn)medizinischen Fachangestellten** obliegt nach dem Berufsbildungsgesetz der Kammern. Im Rahmen ihrer Funktion als Schlichter kümmern sich die Landes(zahn)ärztekammern um **innerkollegiale Streitigkeiten.** Es besteht zudem für Patienten die Möglichkeit, sich mit **Beschwerden** an die Kammer zu wenden. Diese ermittelt unter Einbeziehung des betroffenen (Zahn)Arztes, ob dieser sich berufsrechtskonform verhalten hat. Bei berufsrechtlichen Pflichtverletzungen muss die Landes(zahn)ärztekammer das zuständige **Berufsgericht** anrufen.[11] In Bezug auf den Vorwurf von Behandlungsfehlern gibt es die Besonderheit, dass die Ärztekammern unabhängige **Schlichtungs-bzw. Gutachterstellen** eingerichtet haben, die auf Basis des Einverständnisses von Patient und Arzt außergerichtlich das Vorliegen eines Behandlungsfehlers medizinisch und rechtlich prüfen.

26 **b) Bundes(zahn)ärztekammer.** Die Bundesärztekammer ist auf berufs- und gesundheitspolitischem Terrain als **Interessenvertretung** der rund 450 000 in Deutschland tätigen Ärztinnen und Ärzte aktiv. Die Bundeszahnärztekammer vertritt die Interessen der rund 85 000 Zahnärztinnen und Zahnärzte. Als solche pflegen sie die Kontakte beispielsweise zu den Verfassungsorganen, zur Presse im In- und Ausland und vermitteln dabei die Position der in Deutschland tätigen (Zahn)Ärzteschaft zu gesundheitspolitischen und medizinischen Fragen. Anders als der Name es vermuten lässt, handelt es sich bei der Bundes(zahn)-ärztekammer nicht um eine echte Kammer bzw. Körperschaft öffentlichen Rechts wie es die Landes(zahn)ärztekammern sind, sondern lediglich um deren Arbeitsgemeinschaft, also einen freiwilligen Zusammenschluss auf Basis eines Vereins. Die Bundes(zahn)ärztekammer bzw. der **Deutsche (Zahn)Ärztetag** als sein beschlussfassendes Gremium, der sich aus Delegierten der Landes(zahn)ärztekammern zusammensetzt, verabschiedet **Musterberufs-und Musterweiterbildungsordnungen** mit dem Ziel einer möglichst einheitlichen Rechtssetzung in den Ländern. Unter dem Dach der Bundes(zahn)ärztekammer sollen die Landes(zahn)ärztekammern insbesondere die Möglichkeit bekommen, sich auszutauschen und gemeinsame Pläne miteinander abzustimmen. Die Beschlüsse des Deutschen (Zahn)-Ärztetages – und hierbei handelt es sich mittlerweile um ein ernst zu nehmendes Problem – haben reinen Empfehlungscharakter. Auch die Förderung der ärztlichen Fortbildung und Qualitätssicherung gehört zu den vorgesehenen Aufgaben der Bundes(zahn)ärztekammer. Die Bundesärztekammer entwickelt für bestimmte medizinische und medizinethische Probleme **Richtlinien, Leitlinien, Empfehlungen oder Stellungnahmen.**[12] Einrichtungen der Bundesärztekammer sind unter anderem der **Wissenschaftliche Beirat,** die **Ständige Kommission Organtransplantation,** die **Zentrale Kommission zur Wahrung ethischer Grundsätze in der Medizin** oder die **Arzneimittelkommission der Deutschen Ärzteschaft.** Auf Ebene der Europäischen Union ist die Bundesärztekammer Mitglied im **Ständigen Ausschuss der Europäischen Ärzte**; zudem ist sie im **Weltärztebund** aktiv. Als gemeinsame Einrichtung von Bundeszahnärztekammer und Kassenzahnärztlicher Bundesvereinigung ist die **Zahnärztliche Zentralstelle Qualitätssicherung** im Institut der Deutschen Zahnärzte erwähnenswert. Auch die Bundeszahnärztekammer ist auf **europäischer Ebene** mit einer eigenen Abteilung in Brüssel vertreten, die wiederum in ständigem Austausch mit dem europäischen Dachverband nationaler zahnärztlicher Organisationen, dem **Council of European Dentists,** steht. Sie ist zudem im **Weltzahnärzteverband** aktiv.

27 **c) Kassen(zahn)ärztliche Vereinigungen und Kassen(zahn)ärztliche Bundesvereinigung.** Die ärztliche Selbstverwaltung in der gesetzlichen Krankenversicherung wird von insgesamt 17 Kassen(zahn)ärztlichen Vereinigungen[13] und der Kassen(zahn)ärztlichen Bundesvereinigung übernommen.

---

[11] S. u. Rn. 2710 ff. Berufsgerichtliches Verfahren.
[12] S. u. A. II. 2. e) Empfehlungen Bundesärztekammer.
[13] § 77 Abs. 1 SGB V; auch hier gilt die Ausnahme vom Landesbezug für die Regionen Nordrhein und Westfalen-Lippe.

Den Kassen(zahn)ärztlichen Vereinigungen und der Kassen(zahn)ärztlichen Bundesverei- **28**
nigung als Körperschaften öffentlichen Rechts obliegt der so genannte **Sicherstellungsauftrag,**[14] also die Gewährleistung einer qualitativ hochwertigen wohnortnahen Versorgung der
Bevölkerung. Sie regeln unter anderem die **Bedarfsplanung,**[15] den vertragsärztlichen **ambulanten Bereitschaftsdienst,**[16] führen das **(Zahn)Arztregister**[17] und treffen bestimmte
Zulassungsentscheidungen bzw. sind **Beteiligte im Zulassungsverfahren** der rechtlich
eigenständigen Zulassungsausschüsse.[18] Das Aushandeln von regionalen **Vergütungsmo-
dalitäten** oder der Abschluss spezieller **Versorgungsverträge** auf der Ebene ihrer örtlichen Zuständigkeit sind im Sinne der wirtschaftlichen Interessenvertretung von Ver-
trags(zahn)ärzten elementare Aufgaben der Kassen(zahn)ärztlichen Vereinigungen.[19] Zudem
sind sie befugt oder vielmehr gesetzlich verpflichtet, Verstöße ihrer Mitglieder gegen ver-
trags(zahn)ärztliche Pflichten disziplinarrechtlich zu ahnden und haben zu diesem Zweck
Disziplinarausschüsse eingerichtet.[20] Mit dem Gesetz zur Modernisierung der Gesetzlichen Krankenversicherung wurden im Jahr 2004 so genannte **Organisationseinheiten
zur Bekämpfung von Fehlverhalten im Gesundheitswesen** bei den Kassenärztlichen
Vereinigungen eingerichtet.[21] Circa 150 000 Ärzte und Psychotherapeuten und circa
55 000 Zahnärzte nehmen auf Grund erteilter Zulassung, Anstellungsgenehmigung oder
Ermächtigung an der vertrags(zahn)ärztlichen Versorgung teil und sind aufgrund dessen
Pflichtmitglieder bei der Kassen(zahn)ärztlichen Vereinigung ihres Tätigkeitsortes. Die
gewählte **Vertreterversammlung** und der **hauptamtliche Vorstand** sind die Selbstver-
waltungsorgane der Kassen(zahn)ärztlichen Vereinigungen; die Satzung einer Kassen(zahn)-
ärztlichen Vereinigung die rechtliche Selbstverwaltungsgrundlage. Spezielle **Fachausschüs-
se** übernehmen kraft ihrer fachlichen Kenntnisse vornehmlich Beratungsaufgaben im
Rahmen der Arbeit der Kassen(zahn)ärztlichen Vereinigungen.[22]

Die **Kassen(zahn)ärztliche Bundesvereinigung** ist – im Gegensatz zur Bun- **29**
des(zahn)ärztekammer – ebenfalls eine Körperschaft öffentlichen Rechts mit eigenen unmittelbaren hoheitlichen Aufgaben. Sie ist auf Bundesebene Partner der Spitzenverbände
der Krankenkassen im Rahmen der gemeinsamen Selbstverwaltung. Als solche schließt sie
beispielsweise die **Bundesmantelverträge** als allgemeinen Inhalt der **Gesamtverträge**
mit den Verbänden der Primär- und Ersatzkassen bzw. dem Spitzenverband Bund ab, in
denen die Vorgaben des Fünften Sozialgesetzbuches zur vertrags(zahn)ärztlichen Versorgung konkretisiert werden. Sie handelt mit den Kassen den **Einheitlichen Bewertungsmaßstab** zur Bewertung vertragsärztlicher Leistungen aus. Sie hat eine bedeutende Mitwirkungspflicht im **Gemeinsamen Bundesausschuss** und damit Einfluss auf die
Bewertung von Nutzen, Notwendigkeit und Wirtschaftlichkeit medizinischer Leistungen.
Im Rahmen dieser Mitwirkungspflicht arbeitet sie an der Entwicklung der **Bedarfsplanung** und **Qualitätssicherung** der vertragsärztlichen Versorgung. Die Kassen(zahn)-
ärztliche Bundesvereinigung führt das **Bundes(zahn)arztregister,** in welchem sämtliche
(Zahn)Arztregistereinträge der Kassen(zahn)ärztlichen Vereinigungen gespeichert werden.
Nicht zuletzt fungiert auch die Kassen(zahn)ärztliche Bundesvereinigung als politische **Interessenvertretung** der Vertrags(zahn)ärzte auf Bundesebene. Mit ihren Befugnissen und
Zielen hat Vereinigung maßgebenden Einfluss auf die Arbeitsbedingungen der in Deutschland tätigen Vertrags(zahn)ärztinnen und -ärzte. Die Kassen(zahn)ärztliche Bundesvereini-

---

[14] § 75 SGB V.
[15] §§ 99 ff. SGB V.
[16] § 75 Abs. 1 Satz 2 SGB V.
[17] § 75 Abs. 1 Satz 2 SGB V.
[18] §§ 95 ff. SGB V.
[19] §§ 73, 82 ff. SGB V.
[20] Ausführlich s. u. Abschnitt Disziplinarrechtliche Folgen.
[21] § 81 a SGB V.
[22] Bsp.: Fachausschuss Psychotherapie (§ 79 b SGB V), Fachausschuss Hausärztliche Versorgung
(§ 79 c SGB V).

gung wurde 1955 als Rechtsnachfolgerin der Kassenärztlichen Vereinigung Deutschlands gegründet und auch sie wird von den Organen Vertreterversammlung und Vorstand geführt.

30   Die Kassen(zahn)ärztlichen Vereinigungen und die Kassen(zahn)ärztliche Bundesvereinigung unterliegen als Selbstverwaltungskörperschaft der **Rechtsaufsicht** der jeweiligen Landesministerien beziehungsweise des Bundesministeriums für Gesundheit.

31   **d) (Zahn)Ärztliche Verbände.** Es existiert eine Vielzahl ärztlicher Organisationen mit freiwilliger Mitgliedschaft. Diese ärztlichen Verbände unterscheiden sich in ihrer Zielsetzung. So gibt diverse **Berufsverbände,** deren Mitglieder einer Fachgruppe oder Versorgungsform angehören[23] oder bestimmte Heilverfahren anwenden[24] und die ausschließlich die Interessen dieser Fachgruppe vertreten und den fachbezogenen Austausch fördern. Dann sind wiederum Vereine aktiv, deren Mitglieder der **Tätigkeitsbereich** eint.[25] Und es gibt den **Hartmannbund – Verband der Ärzte Deutschlands e. V.,** der in langer Tradition die berufspolitischen und wirtschaftlichen Interessen aller Ärzte und Zahnärzte bündelt und vertritt.[26]

32   Zielsetzungen und Organisationsstrukturen sind den jeweiligen Vereinssatzungen zu entnehmen.

2. Rechtsgrundlagen

33   Das heutige (zahn)ärztliche Berufsrecht im weiten Sinne umfasst neben zahllosen bundes- und landesgesetzlichen Regelungen, auch exekutive Rechtsnormen und Normen der Europäischen Union. Eine Zusammenfassung dieser Rechtsnormen beispielsweise in der Form eines einheitlichen „**Arztgesetzes**" existiert indes nicht. Zu vielfältig ist die Zahl und der Ursprung der Rechtsnormen, welche die (zahn)ärztliche Tätigkeit berühren.

34   Auf der Ebene des **Bundesrechts** sind als zentrale Normen zunächst die **Approbationsordnungen** und die **Bundesärzteordnung** bzw. das **Gesetz über die Ausübung der Zahnheilkunde** zu nennen, welche die Voraussetzungen der Ausbildung zum (Zahn)Arzt und der Berufszulassung regeln. Auf Landesebene sind es die über die **Heilberufe- und Kammergesetze der Länder** erlassenen **Weiterbildungs- und Berufsordnungen,** die auf die Berufszulassung aufbauen und die Weiterbildung und Berufsausübung regeln.

35   **a) Approbationsordnungen.** Eine Approbationsordnung für Ärzte (ÄAppO) existierte bereits im Jahr 1901. Sie nannte sich zwischenzeitlich Prüfungsordnung für Ärzte oder auch **Bestallungsordnung für Ärzte** und unterlag seither diverser Neufassungen. Die heutige Approbationsordnung regelt die staatliche Zulassung zum akademischen Heilberuf des Arztes. In diesem Zusammenhang sind die konkreten Voraussetzungen des ärztlichen **Medizinstudiums,** der **praktischen Ausbildung,** der **Famulatur** und letztlich des Erwerbs der **Approbation** Gegenstand dieses Gesetzes. Die Approbationsordnung für Ärzte wird vom Bundesgesundheitsministerium auf der Basis der **Bundesärzteordnung**[27] (BÄO) erlassen. Die konkreten Voraussetzungen zur Erteilung der Approbation sind ebenfalls in der Bundesärzteordnung[28] geregelt. Das Pendant im zahnärztlichen Bereich ist die Appro-

---

[23] Bsp.: Berufsverband Deutscher Internisten e. V., Deutscher Berufsverband der HNO-Ärzte e. V., Berufsverband der Fachärzte für Orthopädie e. V., Berufsverband der Kinder- und Jugendärzte e. V., Deutscher Hausärzteverband e. V. uvm.; Bündelung Bsp.: GFB-Der Facharztverband, Deutscher Facharztverband e. V.; Deutscher Zahnärzteverband e. V.

[24] Bsp.: Zentralverband der Ärzte für Naturheilverfahren und Regulationsmedizin e. V., Deutscher Zentralverein homöopathischer Ärzte e. V., Gesellschaft antrophosophischer Ärzte in Deutschland uvm.

[25] Bsp.: Berufsverband der Ärztinnen und Ärzte des Öffentliche Gesundheitsdienstes e. V., Verband der niedergelassenen Ärzte Deutschlands e. V., Marburger Bund Verband der angestellten und beamteten Ärzte Deutschlands e. V.

[26] Ausführlich zur Geschichte des Hartmannbundes s. o. I. 2. c) 20. Jahrhundert.

[27] S. u. A. II. 2. b) Bundesärzteordnung/Gesetz über die Ausübung der Zahnheilkunde.

[28] S. u. A. II. 2. b) Bundesärzteordnung/Gesetz über die Ausübung der Zahnheilkunde, § 3 BÄO.

bationsordnung für Zahnärzte (ZÄAprO), die auf der Grundlage des **Gesetzes über die Ausübung der Zahnheilkunde** (ZHG) erlassen wird.

Als **Ziel** der ärztlichen Ausbildung wird in der Approbationsordnung „**der wissen-** 36 **schaftlich und praktisch in der Medizin ausgebildete Arzt**" beschrieben, „**der zur eigenverantwortlichen und selbständigen ärztlichen Berufsausübung, zur Weiterbildung und zu ständiger Fortbildung befähigt ist.**" Zudem soll die Ausbildung „grundlegende Kenntnisse, Fähigkeiten und Fertigkeiten in allen Fächern vermitteln, die für eine umfassende Gesundheitsversorgung der Bevölkerung erforderlich sind" und „wird auf wissenschaftlicher Grundlage und praxis- und patientenbezogen durchgeführt." Neben der Vermittlung notwendiger Grundlagen in allen Fächern zu Körperfunktionen, Krankheiten, Prävention, Rehabilitation und natürlich Fertigkeiten in Diagnostik und Therapie, werden als Ausbildungsziel auch „praktische Erfahrungen im Umgang mit Patienten", eine „fächerübergreifende Betrachtungsweise von Krankheiten", Verständnis für die „geistig-seelischen Eigenschaften des Menschen" und „Einflüsse von Familie, Gesellschaft und Umwelt auf die Gesundheit" genannt. Interessant ist vor dem Hintergrund der Finanzierung des Gesundheitswesens auch der Anspruch, die approbierten Ärzte sollen sich der „gesundheitsökonomischen Auswirkungen ärztlichen Handelns" bewusst sein und „die Organisation des Gesundheitswesens" kennen. Neben der rein fachlichen Ausbildung sollen Medizinstudierende lernen, sich mit den „historischen und ethischen Grundlagen ärztlichen Verhaltens" auseinanderzusetzen und sich kollegial zu verhalten.[29]

Die ärztliche Ausbildung gliedert sich aktuell wie folgt: 37
- Studium der Medizin an einer Universität oder gleichgestellten Hochschule (6 Jahre) inklusive Praktischem Jahr [30] (48 Wochen)
- Ausbildung in erster Hilfe[31]
- Krankenpflegedienst[32] (3 Monate)
- Famulatur[33] (4 Monate)
- Ärztliche Prüfung in zwei Abschnitten (nach 2[34] und 4 Jahren „Hammerexamen")[35]

Die lange Zeit bestandene Pflichtzeit als Arzt im Praktikum (AiP), die mit einer wider- 38 ruflichen Erlaubnis zur vorübergehenden Ausübung des Berufs verknüpft war, wurde im Jahr 2004 gestrichen.

Nach Bestehen des zweiten Abschnitts können deutsche Absolventen und solche, die der 39 Europäischen Gemeinschaft angehören, ihre Approbation beantragen.[36] Ausschließlich mit Erhalt der Approbation ist das Führen der Berufsbezeichnung **Arzt** oder **Ärztin** und die **uneingeschränkte, dauerhafte und eigenverantwortliche Heilkunde am Menschen** möglich. Dem folgen weitere Rechte, die an die Berufsbezeichnung gebunden sind, wie etwa das Recht auf **Niederlassung** als Privatarzt oder die Möglichkeit der Beantragung einer **Zulassung** als Vertragsarzt.

Eine Änderung der ärztlichen Approbationsordnung im Jahr 2012 sieht unter anderem 40 eine Teilung des Zweiten Staatsexamens ab 2014 und die Liberalisierung der Lehrkrankenhausauswahl für das Praktische Jahr ab April 2013[37] vor.

Auch der **Zahnarzt** soll laut seiner Approbationsordnung für seinen Beruf „**wissenschaftlich und praktisch ausgebildet**" werden.[38] Die **zahnärztliche Ausbildung** um-

---

[29] § 1 Abs. 1 ÄAppO.
[30] §§ 3, 4 ÄAppO.
[31] § 5 ÄAppO.
[32] § 6 ÄAppO.
[33] § 7 ÄAppO.
[34] §§ 22 bis 26 ÄAppO.
[35] §§ 27 bis 32 ÄAppO.
[36] §§ 39, 40 ÄAppO.
[37] Erste Verordnung zur Änderung von Vorschriften über die ärztliche Approbation vom 17. Juli 2012 (BGBl. 2012 Teil I Nr. 34).
[38] § 1 ZÄPrO.

fasst ein Studium der Zahnheilkunde von zehn Semestern an einer wissenschaftlichen Hochschule, das sich wie folgt aufgliedert:
– vorklinischen Teil (5 Semester)
– klinischer Teil (5 Semester).

41 Die staatlichen Prüfungen sind die **naturwissenschaftliche Vorprüfung** in den Fächern Physik, Chemie, Zoologie oder Biologie,[39] die **zahnärztliche Vorprüfung** in Anatomie, Physiologie, Physiologischer Chemie und Zahnersatzkunde[40] sowie die **zahnärztliche Prüfung** in allgemeiner Pathologie und pathologische Anatomie, Pharmakologie, Hygiene, medizinischer Mikrobiologie und Gesundheitsfürsorge, Innere Medizin, Haut- und Geschlechtskrankheiten, Hals-, Nasen- und Ohrenkrankheiten, Zahn-, Mund- und Kieferkrankheiten, Chirurgie, Zahnerhaltungskunde, Zahnersatzkunde und Kieferorthopädie.[41]

42 Die Regelstudienzeit beträgt einschließlich der Prüfungszeit für die zahnärztliche Prüfung zehn Semester und sechs Monate (zahnärztliche Prüfung).[42]

43 Gleichwertige **ausländische Ausbildungen** können je nach Herkunft des Absolventen und unter bestimmten Voraussetzungen, die in der Bundesärzteordnung und im Gesetz über die Ausübung der Zahnheilkunde geregelt sind, der Approbation gleichgestellt werden.[43] Rücknahme und Widerruf sowie das Ruhen der Approbation sind ebenfalls Regelungsgegenstand dieser Bundesgesetze.[44]

44 **b) Bundesärzteordnung/Gesetz über die Ausübung der Zahnheilkunde.**
aa) Approbation. Neben der Delegation der Ausbildungsmodalitäten in die **Approbationsordnungen,**[45] regeln die Bundesärzteordnung und das Gesetz über die Ausübung der Zahnheilkunde die allgemeinen Approbationsvoraussetzungen[46] als zusätzlicher Aspekt der staatlichen **Qualitätssicherung** (zahn)ärztlicher Leistungen. Es besteht danach ein Rechtsanspruch des Absolventen auf Erteilung einer Approbation als (Zahn)Arzt auf **Antrag,** wenn der Antragsteller
– **Deutscher** im Sinne des Artikels 116 des Grundgesetzes, Staatsangehöriger eines der übrigen Mitgliedstaaten der **Europäischen Union** oder eines anderen **Vertragsstaates des Abkommens über den Europäischen Wirtschaftsraum** oder eines Vertragsstaates, dem Deutschland und die Europäische Gemeinschaft oder Deutschland und die Europäische Union vertraglich einen entsprechenden Rechtsanspruch eingeräumt haben, oder **heimatloser Ausländer** im Sinne des Gesetzes über die Rechtsstellung heimatloser Ausländer ist,
– sich nicht eines Verhaltens schuldig gemacht hat, aus dem sich seine **Unwürdigkeit** oder **Unzuverlässigkeit** zur Ausübung des (zahn)ärztlichen Berufs ergibt,
– nicht in **gesundheitlicher Hinsicht** zur Ausübung des Berufs ungeeignet ist,
– Ärzte: nach einem Studium der Medizin an einer wissenschaftlichen Hochschule von mindestens sechs Jahren, von denen mindestens acht, höchstens zwölf Monate auf eine praktische Ausbildung in Krankenhäusern oder geeigneten Einrichtungen der ärztlichen Krankenversorgung entfallen müssen, die ärztliche Prüfung (…) bestanden hat und
– Zahnärzte: nach einem mindestens fünfjährigen Studium der Zahnheilkunde an einer wissenschaftlichen Hochschule die zahnärztliche Prüfung (…) bestanden hat und
– über die für die Ausübung der Berufstätigkeit erforderlichen Kenntnisse der **deutschen Sprache** verfügt.

---

[39] § 21 Abs. 1 ZÄPro.
[40] § 28 Abs. 1 ZÄPrO.
[41] § 40 ZÄPrO.
[42] § 2 ZÄPrO.
[43] S. u. A. II. 2. b) aa) Approbation, § 3 BÄO, § 2 ZHG.
[44] S. u. A. II. 2. b) aa) Approbation, §§ 5, 6 BÄO; §§ 4, 5 ZHG.
[45] S. o. A. II. 2. a) Approbationsordnungen.
[46] § 3 BÄO, § 2 ZHG.

Haak

(Zahn)Ärztliche Qualifikationen, die außerhalb der genannten europäischen Länder erworben worden sind, müssen von der zuständigen Behörde einer **Gleichwertigkeitsprüfung** unterzogen werden, die zunächst objektiven Kriterien folgt. Sollte diese Prüfung nur mit unangemessen hohem Aufwand durchführbar sein oder ist eine objektive Gleichwertigkeit nicht feststellbar, muss ein gleichwertiger Kenntnisstand nachgewiesen werden. Dieser Nachweis ist mit der deutschen Abschlussprüfung gleichzusetzen.[47]

- **Rücknahme und Widerruf:** Trotz des Rechtsanspruchs auf die Erteilung der Approbation, kann die Approbation in bestimmten Fällen zurückgenommen oder widerrufen werden.[48] Rücknahme und Widerruf unterscheiden sich auf Rechtsfolgenseite lediglich in ihrer Wirkung. Die Rücknahme beseitigt die Approbation **ex nunc,** also ab dem Zeitpunkt der Rücknahme für die Zukunft, und der Widerruf **ex tunc,** das heißt mit rückwirkender Kraft vom Zeitpunkt der Erteilung an. Die Approbation muss zwingend zurückgenommen werden, wenn bei ihrer Erteilung die Ausbildungsvoraussetzungen nicht vorlagen. Ihre Rücknahme liegt dagegen bei **Unwürdigkeit bzw. Unzuverlässigkeit oder gesundheitlicher Ungeeignetheit** im Ermessen der Approbationsbehörde. Dies gilt auch für Tatsachenänderungen in Bezug auf die Gleichwertigkeitsprüfung. Der Unterschied zum Widerruf der Approbation liegt darin, dass die Voraussetzungen der Zuverlässigkeit bzw. Berufswürdigkeit im Rahmen des zwingenden Widerrufs nachträglich weggefallen sein müssen. Ein Widerruf wegen späterer Ungeeignetheit aus gesundheitlichen Gründen steht wiederum im Ermessen der zuständigen Behörde.[49] Ergehen Verwaltungsakte, die Approbationen zurücknehmen oder widerrufen, sollten sie höchsten formellen und inhaltlichen Anforderungen gerecht werden. Dies gilt insbesondere für Ermessensentscheidungen, da der Entzug der Approbation einem **absoluten Berufsverbot** gleichkommt und damit den stärksten Eingriff in die verfassungsrechtlich garantierte Berufsfreiheit[50] bedeutet. **45**

- **Anordnung des Ruhens:** Die Anordnung des Ruhens einer Approbation hat gegenüber Rücknahme und Widerruf den Charakter einer vorübergehenden Maßnahme. Der Betroffene bleibt (Zahn)Arzt und Mitglied der (Zahn)Ärztekammer. Die Approbationsbehörde kann jedoch zulassen, dass die Praxis eines Arztes, dessen Approbation ruht, für einen bestimmten Zeitraum durch einen anderen Arzt weitergeführt werden kann; für Zahnärzte besteht eine solch explizite Regelung nicht.[51] Ein (Zahn)Arzt, dessen Approbation ruht, darf seinen Beruf keinesfalls ausüben. Sofern die Ruhensanordnung für **sofort vollziehbar** erklärt oder **unanfechtbar** geworden ist, drohen einem (Zahn)Arzt, der dennoch die Heilkunde ausübt, eine Freiheitsstrafe bis zu einem Jahr oder eine Geldstrafe.[52] Ein Ruhen der Approbation kommt in Betracht, wenn gegen den (Zahn)Arzt wegen des Verdachts einer Straftat, aus der sich seine Unwürdigkeit oder Unzuverlässigkeit zur Ausübung des ärztlichen Berufs ergeben kann, ein **Strafverfahren** eingeleitet ist, die **Geeignetheit** aus gesundheitlichen Gründen nachträglich weggefallen oder zweifelhaft ist oder sich ergibt, dass der (Zahn)Arzt nicht über die Kenntnisse der **deutschen Sprache** verfügt, die für die Ausübung der Berufstätigkeit in Deutschland erforderlich sind. Das vor kurzem erlassene Patientenrechtegesetz (PatRG) sieht zudem eine Änderung der Bundesärzteordnung (BÄO) in sofern vor, dass bei fehlender oder unzureichender **Berufshaftpflichtversicherung** das Ruhen der Approbation angeordnet werden kann. Selbstverständlich muss eine ruhende Approbation behördlicherseits sogleich zum Wiederaufleben gebracht werden, sollten keine Ruhensgründe mehr vorliegen. **46**

---

[47] § 3 Abs. 2 BÄO; § 2 Abs. 3 ZHG.
[48] § 5 BÄO, §§ 48, 49 VwVfG.
[49] §§ 5 iVm 3 Abs. 1 BÄO.
[50] Art. 12 GG.
[51] § 6 Abs. 4 BÄO; § 5 ZHG.
[52] § 13 BÄO; § 18 Nr. 2 ZHG.

47 • **Verzicht:** Selbstverständlich kann auch auf eine Approbation nachträglich verzichtet werden. Dieser Verzicht darf nicht unter den Vorbehalt einer Bedingung gestellt werden und entfaltet seine Wirkung durch einseitige schriftliche Erklärung gegenüber der zuständigen Behörde.

48 • **Antrag auf Wiedererteilung:** Es besteht die Möglichkeit des Betroffenen, einen Antrag auf Wiedererteilung der Approbation zu stellen. Bei Rücknahme und Verzicht der Approbation wegen Unzuverlässigkeit, Unwürdigkeit und Ungeeignetheit oder bei Verzicht kann die Entscheidung über den Antrag auf Wiedereinteilung zurückgestellt und zunächst eine **Erlaubnis** zur Ausübung des ärztlichen Berufs -auch beschränkt auf bestimmte Tätigkeiten und Beschäftigungsstellen- **bis zu einer Dauer von zwei Jahren** erteilt werden. Alle übrigen Rechte und Pflichten eines Arztes leben mit der Erlaubnis auf.

49 **bb) Regelung der Delegation bei Zahnärzten.** Die Frage nach der ärztlichen Kernkompetenz und damit auch der Delegation oder gar Substitution ärztlicher Leistungen ist eine der meistdiskutierten im Kontext der Berufsethik. Für die zahnärztliche Tätigkeit sieht das Gesetz zur Ausübung der Zahnheilkunde ausdrücklich Delegationsmöglichkeiten für Zahnärzte vor. Delegiert werden darf „an dafür qualifiziertes Prophylaxe-Personal mit abgeschlossener Ausbildung wie zahnmedizinische Fachhelferin, weitergebildete Zahnarzthelferin, Prophylaxehelferin oder Dental-Hygienikerin". Die genannten delegationsfähigen Leistungen reichen von der Herstellung von Röntgenaufnahmen, über die Herstellung provisorischer Kronen und Brücken bis hin zur Versiegelung kariesfreier Fissuren.[53] Auch für die **Kieferorthopädie** wurden konkrete Delegationsbeispiele gesetzlich festgeschrieben.[54] Die Bundeszahnärztekammer hat diesen Delegationsrahmen für Zahnmedizinische Fachangestellte in einer Veröffentlichung näher erläutert.[55]

50 **cc) Vorübergehende Berufserlaubnis.** Ein wichtiger Regelungsinhalt von Bundesärzteordnung und dem Gesetz zur Ausübung der Zahnheilkunde ist die Erteilung der vorübergehenden Berufserlaubnis. Diese Möglichkeit besteht in Fällen des Antrags auf Wiedererteilung der Approbation bis zu einer Dauer von zwei Jahren.[56] Größere Bedeutung kommt der vorübergehenden Berufserlaubnis jedoch in Bezug auf **ausländische Personen** zu, „die eine abgeschlossene Ausbildung für den ärztlichen Beruf nachweisen können und nicht Staatsangehörige eines Mitgliedstaats der Europäischen Union, eines anderen Vertragsstaates des Abkommens über den Europäischen Wirtschaftsraum oder eines Vertragsstaates, dem Deutschland und die Europäische Gemeinschaft oder Deutschland und die Europäische Union vertraglich einen entsprechenden Rechtsanspruch eingeräumt haben, sind".[57] Personen mit vorübergehender Berufserlaubnis verfügen im Zeitraum der Erteilung über **sämtliche Rechte und Pflichten eines (Zahn)Arztes.**

51 Die vorübergehende Erlaubnis kann auf **bestimmte Tätigkeiten** und **Beschäftigungsstellen** beschränkt werden. Sie wird ausschließlich **widerruflich** erteilt und darf grundsätzlich eine Dauer von insgesamt **vier Jahren** im ärztlichen und **drei Jahren** im zahnärztlichen Bereich nicht überschreiten. Der Gesetzgeber lässt jedoch ausnahmsweise Verlängerungen bzw. längere Erteilungen zu, sollten diese im Interesse der ärztlichen Versorgung der Bevölkerung liegen. Zudem werden für **begonnene Weiterbildungen** Verlängerungen für maximal drei Jahre zugelassen, sofern diese unverschuldet nicht beendet werden konnten und der Zeitraum des Abschlusses der Weiterbildung konkret eingrenzbar ist. Ferner werden Verlängerungen bei unanfechtbar gewordener **Asylberechtigung, Niederlassungserlaubnis** nach dem Aufenthaltsgesetz,[58] bei **Heirat oder Lebenspartnerschaft** mit einem Deutschen oder mit Staatsangehörigen der Europäischen Union, des Europäischen Wirtschafts-

---

[53] § 1 Abs. 5 ZHG.
[54] § 1 Abs. 6 ZHG.
[55] S. u. A. II. 2. e) Empfehlungen Bundes(zahn)ärztekammer.
[56] S. o. A. II. 2. b) aa) Approbation, § 8 BOÄ.
[57] § 10 BÄO; § 13 ZHG.
[58] § 23 Abs. 2 Aufenthaltsgesetz.

raumes oder eines Vertragsstaates, dem Deutschland und die Europäische Gemeinschaft oder Deutschland und die Europäische Union vertraglich einen entsprechenden Rechtsanspruch eingeräumt haben und bei **Einbürgerungszusicherung**.[59]

dd) Gebührenordnungen. Die Bundeärzteordnung und das Gesetz über die Ausübung   **52** der Zahnheilkunde ermächtigen zudem die Bundesregierung, durch Rechtsverordnung mit Zustimmung des Bundesrates **Gebührenordnungen mit Mindest- und Höchstsätzen** für ärztliche und für zahnärztliche Leistungen zu erstellen. Die große Herausforderung einer Interessenabwägung der berechtigten Interessen der (Zahn)Ärzte gegenüber der zur Zahlung Verpflichteten findet in diesem Zusammenhang ebenfalls Erwähnung.[60] Insofern sollen im Zusammenhang mit den elementaren berufsrechtlichen Regelungen auch die **Gebührenordnung für Ärzte (GoÄ)** und die **Gebührenordnung für Zahnärzte (GOZ)** genannt werden, die die **Abrechnungsmodalitäten**[61] und Gebührenhöhen[62] aller (zahn)medizinischen Leistungen außerhalb der gesetzlichen Krankenversicherung regelt. Vergütungen darf der Arzt nur für Leistungen berechnen, die medizinisch notwendig sind.[63]

Die **Rechnung des Arztes** muss laut Gebührenordnung insbesondere „das Datum der Erbringung der Leistung, bei Gebühren die Nummer und die Bezeichnung der einzelnen berechneten Leistung einschließlich einer in der Leistungsbeschreibung gegebenenfalls genannten Mindestdauer sowie den jeweiligen Betrag und den Steigerungssatz, bei Gebühren für stationäre, teilstationäre sowie vor- und nachstationäre privatärztliche Leistungen zusätzlich den Minderungsbetrag" enthalten.[64] Die **Rechnung des Zahnarztes** umfasst unter anderem „das Datum der Erbringung der Leistung, bei Gebühren die Nummer und die Bezeichnung der einzelnen berechneten Leistung einschließlich einer verständlichen Bezeichnung des behandelten Zahnes sowie den jeweiligen Betrag und den Steigerungssatz, bei Gebühren für stationäre, teilstationäre sowie vor- und nachstationäre privatärztliche Leistungen zusätzlich den Minderungsbetrag" und bei „gesondert berechnungsfähigen Kosten Art, Menge und Preis verwendeter Materialien".[65] Überschreitungen des 2,3-fachen Gebührensatzes sind nach beiden Gebührenordnungen „für den Zahlungspflichtigen verständlich und nachvollziehbar schriftlich zu begründen".[66] Die Vergütung wird **mit Rechnungslegung fällig,** unabhängig davon, ob der Patient oder seine Versicherung den Inhalt der Rechnung für nicht begründet halten und anfechten. Der Bundesgerichtshof stellte diesbezüglich klar, dass es für die Fälligkeit der Forderung nicht darauf ankäme, ob sich der vom Arzt in Anspruch genommene Gebührentatbestand als berechtigt erweist.[67]

c) Weiterbildungsordnungen. Die Weiterbildung hat lange Tradition. Sie wird auf   **53** Wunsch des (Zahn)Arztes nach Erhalt der Approbation durchgeführt und dient der Spezialisierung auf einem bestimmten Fachgebiet. Vor fast einem Jahrhundert wurden vom Deutschen Ärztetag bereits fünfzehn Facharztbezeichnungen festgelegt[68] und untereinander und vor allem von der hausärztlichen Versorgung abgegrenzt. Schon damals mussten bestimmte Weiterbildungszeiten bei einem Spezialisten nachgewiesen werden.

Die Weiterbildungsordnungen sind dem Landesrecht zuzuordnen. Die Heilberufe- und   **54** Kammergesetze der Länder müssen die grundlegenden Voraussetzungen der Weiterbildung, die so genannten „statusbildenden Normen" wie beispielsweise die **Facharztrichtungen**

---

[59] § 10 BOÄ; § 13 ZHG.
[60] § 11 BÄO; § 15 ZHG.
[61] § 12 GoÄ; § 10 GOZ.
[62] Siehe u. a. Gebührenverzeichnisse (Teil I und II) als Anlage der GoÄ und Gebührenverzeichnis Teil I als Anlage der GOZ.
[63] § 1 Abs. 2 GoÄ; § 1 Abs. 2 GOZ.
[64] § 12 GoÄ.
[65] § 12 GoÄ.
[66] § 12 Abs. 3 GoÄ; § 10 Abs. 3 GOZ.
[67] BGH vom 21. 12. 2006 – III ZR 117/06.
[68] DÄT 1924 „Leitsätze zu Facharztfragen".

oder die **Mindestdauer** der Weiterbildung, regeln[69] und delegieren die detaillierte Umsetzung an die Landes(zahn)ärztekammern. Heute definieren die jeweils auf Kammerebene verbindlichen Weiterbildungsordnungen der (Zahn)Ärztekammern sehr detailliert **Inhalte, Dauer** und **Ziele** der Weiterbildung und der Facharztbezeichnungen. Die Bindung an **Facharzt-, Schwerpunkt- oder Zusatzbezeichnungen**[70] ärztlicher Tätigkeit bzw. **Gebietsbezeichnungen** der Zahnärzte[71] sollen vor allem die **Qualität** (zahn)ärztlicher Leistungen gewährleisten und ist – derzeit insbesondere im vertrags(zahn)ärztlichen Bereich – mit einer **Abrechnungsberechtigung** verknüpft.[72] Erst nach Anerkennung durch die Kammern dürfen Facharzt-, Schwerpunkt- oder Zusatzbezeichnungen bzw. Gebietsbezeichnungen offiziell geführt werden. Die Weiterbildung wird an bestimmten Weiterbildungsstätten von hierzu ermächtigten (Zahn)Ärzten durchgeführt. Die (Zahn)Ärztekammern erteilen die Weiterbildungsbefugnis, wenn sie sich von der **fachlichen und persönlichen Eignung** des Antragstellers und der Eignung der **Weiterbildungsstätte** überzeugt haben.[73] Die Weiterbildungsbefugnis wird heutzutage zumeist zeitlich begrenzt. Den Weiterbilder treffen umfangreiche Verpflichtungen; er hat beispielsweise die Weiterbildung persönlich zu leiten, gemeinsam mit dem weiterzubildenden Arzt zu dokumentieren, Beurteilungsgespräche zu führen, Weiterbildungszeugnisse auszustellen und sich insgesamt an die inhaltlich-fachlichen Vorgaben der Weiterbildungsordnung zu halten.

55   In der Regel wird nur eine Facharzt- oder Gebietsbezeichnung vergeben. Das Bundesverfassungsgericht hatte jedoch bereits in einer Entscheidung 1972 darauf hingewiesen, dass bei nah verwandten Fachgebieten das **Führen mehrerer Gebietsbezeichnungen** nicht ausgeschlossen sei.[74] In den Weiterbildungsordnungen werden mittlerweile die zulässigen Kombinationen ausgewiesen. Auch die Muster-Weiterbildungsordnung der Bundeszahnärztekammer beginnt mit dem Hinweis, dass mehrere Gebietsbezeichnungen nebeneinander geführt werden dürfen.[75]

56   Die von der Bundes(zahn)ärztekammer bzw. vom Deutschen (Zahn)Ärztetag erlassene **Musterweiterbildungsordnung** hat genau wie die Musterberufsordnung lediglich empfehlenden Charakter und soll gravierende Abweichungen der Weiterbildungsordnungen der Landes(zahn)ärztekammern verhindern. Auf Grund der Vielfalt insbesondere der ärztlichen Weiterbildungen, deren Komplexität und der fortwährenden Weiterentwicklung in den Ländern ist die geforderte bundeseinheitliche Handhabung und vor allem gegenseitige Anerkennung von Weiterbildungsabschnitten leider keine Realität.

57   **d) Berufsordnungen. aa) Allgemeines.** Ein Meilenstein in der Entwicklung des ärztlichen Standes- und Berufsrechts stellte die so genannte **Standesordnung** dar, die vom Deutschen Ärztetag Ende des 19. Jahrhunderts verabschiedet wurde. Sie zielte vornehmlich auf das kollegiale Verhalten der Ärzte untereinander und auf die Abgrenzung zu anderen „Heilern" ab. Erst in den Jahren nach dem Ersten Weltkrieg wurde die bestehende **Gemeinwohlverpflichtung** der Ärzteschaft, der „Gesundheitsdienst am deutschen Volke", in die Standesordnung aufgenommen und über den Zweck des finanziellen Erwerbes gestellt. Erstmals fand auch die Berücksichtigung der **Belange der Patienten** Erwähnung. Das Gebot der **gewissenhaften Berufsausübung** und der **Schutz ungeborenen Lebens** wurden außerdem in die Standesordnung aufgenommen. Die Regelung des Facharztwesens sollte nicht mehr allein der innerärztlichen Abgrenzung dienen, sondern auch der Orientierung der Patienten.

---

[69] So genannter „Facharztbeschluss" des BVerfG vom 9. 5. 1972 – 1 BvR 518/62, 1 BvR 308/64.

[70] Derzeit 40 Fachgebiete, 18 Schwerpunktbezeichnungen, 23 Zusatzbezeichnungen, 20 fakultative Weiterbildungen und Fachkundennachweise.

[71] Kieferorthopädie, Oralchirurgie, bei zusätzlichen Studium der Humanmedizin Mund-, Kiefer-, Gesichtschirurgie.

[72] Zur Facharztbindung in der Berufsordnung für den privatärztlichen Bereich s. u. A. II. 2. d) bb) Novellierung der ärztlichen Musterberufsordnung (2011).

[73] § 8 MWBO.

[74] So genannter „Facharztbeschluss" des BVerfG vom 9. 5. 1972 –, 1 BvR 518/62, 1 BvR 308/64.

[75] § 1 Abs. 1 Satz 2 MWBO-Z.

Auch das heutige (zahn)ärztliche Berufsrecht im engen Sinne und damit das Recht der   **58**
Berufsausübung findet seine rechtsverbindliche Regelung in der Berufsordnung bzw. den
jeweiligen **Länderberufsordnungen**. Die Selbstverwaltungsautonomie und damit auch das
Satzungsrecht der Landes(zahn)ärztekammern ergibt sich aus der verfassungsrechtlich garantierten **Gebungskompetenz der Länder**[76] für weite Teile des Gesundheitswesens. Die
Länder wiederum räumen den Landes(zahn)ärztekammern als **Körperschaften öffentlichen Rechts** über die **Heilberufe- und Kammergesetze** den entsprechenden Gestaltungsspielraum ein.[77] Die 17 Länderberufsordnungen sind für (Zahn)Ärzte des jeweiligen
Kammerbezirks rechtsverbindlich. Darüber hinaus existieren eine **Musterberufsordnung
für die in Deutschland tätigen Ärztinnen und Ärzte** und eine **Musterberufsordnung
der Bundeszahnärztekammer.** Sie sind als reine Empfehlungen der Bundes(zahn)-
ärztekammer an die Landes(zahn)ärztekammern mit der Zielrichtung zu verstehen, grundsätzliche Abweichungen zwischen den Berufsordnungen zu vermeiden. Die Bundes(zahn)-
ärztekammer als Arbeitsgemeinschaft der Landes(zahn)ärztekammern bedient sich in der
Vorbereitung von Änderungen der Musterberufsordnung der Kompetenz der Landes(zahn)-
ärztekammern und lässt diese vom Deutschen (Zahn)Ärztetag beschließen.

Die Berufsordnung als **zentrale Satzungsnorm des (zahn)ärztlichen Berufsrechts**   **59**
regelt ethische und berufsrechtliche Rechte und Pflichten der (Zahn)Ärzte untereinander,
gegenüber den Patienten, der Öffentlichkeit und der (Zahn)Ärztekammer. Hierzu gehören
unter anderem Bestimmungen zum allgemeinen **beruflichen Verhalten,** zur **ethischen
und fachlichen Unabhängigkeit,** zur **Gewissenhaftigkeit der Berufsausübung,** zur
Aufklärung der Patienten und zum bedeutenden **Gebot der ärztlichen Verschwiegenheit.** Verankert sind auch Vorgaben zur **Fortbildung, Werbung** oder der **gemeinsamen
Berufsausübung.**[78] Die **Genfer Deklaration** von 1948 wird noch heute den ärztlichen
Länderberufsordnungen vorangestellt und bei Bedarf in Auslegungsfragen herangezogen.[79]
Die (Zahn)Ärztekammern haben über die Einhaltung der (zahn)äztlichen Berufspflichten
zu wachen. Dazu gehört beispielsweise auch die Annahme und Bearbeitung von Patientenbeschwerden, die Ermittlung von Verdachtsmomenten und gegebenenfalls die Anrufung
der **Berufsgerichte.**[80]

Neben der Wechselwirkung mit **bestehenden Gesetzen** wie zum Beispiel dem **Bür-**   **60**
gerlichen Gesetzbuch, dem **Strafgesetzbuch** oder dem **Bundesdatenschutzgesetz**
orientieren sich die Berufsordnungen stark an aktueller Rechtsprechung oberster Gerichte
wie der des **Bundesverfassungsgerichts,** des **Bundessozialgerichts,** des **Bundesver-
waltungsgerichts** oder des **Bundesgerichtshofs.**

Nicht zuletzt beeinflusst das **Vertragsarztrecht**[81] die Berufsausübung von (Zahn)   **61**
Ärztinnen und (Zahn)Ärzten, die auch als Vertrags(zahn)ärzte tätig sind. Hierbei kommt es
zu rechtlichen Überschneidungen und vermehrt zu **Kollisionen** mit den Regelungen der
(zahn)ärztlichen Berufsordnung.[82]

bb) Novellierung der ärztlichen Musterberufsordnung (2011). Die Berufspflich-   **62**
ten und das berufsrechtliche Verfahren werden im Detail im Abschnitt Berufsrechtliche
Folgen beschrieben.[83] An dieser Stelle soll daher auf die umfassende **Novellierung der
(Muster-)Berufsordnung** durch den 114. Deutschen Ärztetag im Jahr 2011 eingegangen
werden. Als Ziele der Novellierung wurden unter anderem die Berücksichtigung geänder-
ter höchstrichterlicher **Rechtsprechung,** die Übernahme von **Stellungnahmen** der Bun-

---

[76] Art. 70 I GG.
[77] S. o. A. II 1. a) Landes(zahn)ärztekammern.
[78] Ausführlich zu den einzelnen Berufspflichten Abschnitt D. I.
[79] S. o. A. I. 1. c) Genfer Deklaration.
[80] Ausführlich zum berufsgerichtlichen Verfahren siehe Rn. 2710 ff.
[81] Bsp.: SGB V, Zulassungsverordnung für Ärzte, Bundesmantelverträge.
[82] S. u. Rn. 2747 ff.: Konkurrenz zum Strafrecht und Berufsrecht.
[83] S. u. D.

desärztekammer und die Akzentuierung in Bezug auf **Patientenrechte**[84] genannt. Neben einer grundsätzlichen Neugliederung wurden folgende wesentliche Änderungen vorgenommen:

– In der Präambel wurde zunächst klargestellt, dass die Berufsordnung nicht nur für alle deutschen Ärzte, sondern **alle in Deutschland tätigen Ärzte** Anwendung findet.

– Der Schutz des **Vertrauensverhältnisses zwischen Arzt und Patient** wurde auf Grund seiner großen Bedeutung in den Teil der allgemeinen ärztlichen Berufspflichten integriert.[85]

– Die Bindung an die **fachliche Qualifikation** und den **anerkannten ärztlichen Standard** finden als Bestandteile der gewissenhaften Berufsausübung ausdrücklich Erwähnung.[86] Hintergrund waren unter Verzicht der eigentlichen Facharztanerkennung durchgeführte Schönheitsoperationen.

– Die Musterberufsordnung wurde ergänzt um die **Meldepflichten bei Vorkommnissen im Zusammenhang mit Medizinprodukten.**[87]

– Die Pflicht zur Zusammenarbeit bzw. **arbeitsteiligen Heilbehandlung** zusammen mit anderen Ärzten oder Angehörigen anderer Fachberufe im Gesundheitswesen und die notwendige **gegenseitige Information** in angemessener Frist bei Überweisung werden erneut formuliert.[88]

– Der Klarstellung zu Gunsten Telemedizin dient der Hinweis, dass im Übrigen **keine Behandlung ausschließlich über Print- oder Kommunikationsmedien** zu erfolgen hat.[89]

– Die selbstverständlich bereits bestehende Pflicht zur vorherigen **Aufklärung des Patienten** wurde präzisiert. So wird etwa die Pflicht zur Einräumung ausreichender **Bedenkzeit** vor Behandlung oder Operation aufgenommen. Die Aufklärung hat in **ausreichendem Umfang** und verständlich zu erfolgen und die Behandlung, mögliche **Alternativen** und die mit der Operation verbundenen **Risiken** zu umfassen. Die Rechtsprechung hatte gefordert, dass der Patient Wesen, Bedeutung, Tragweite, erreichbare Ergebnisse und Risiken der Behandlung versteht. Dies gilt insbesondere bei medizinisch wenig oder gar **nicht indizierten Eingriffe.**[90]

– Auch die wirtschaftliche **Aufklärungspflicht bei Selbstzahler- bzw. Individuellen Gesundheitsleistungen** wurde der aktuellen Rechtsprechung angepasst, die eine schriftliche Information darüber fordert, dass keine Übernahme der Leistung über die Krankenversicherung erfolgt und wie hoch das Honorar (nach GoÄ) voraussichtliche ausfallen wird.[91]

– Ärzte, die sich „an einem Forschungsvorhaben, bei dem in die körperliche Integrität eines Menschen eingegriffen oder Körpermaterialien oder Daten verwendet werden, die sich einem bestimmten Menschen zuordnen lassen" teilnehmen, müssen sich zuvor von der **Ethikkommission** ihrer Ärztekammern beraten lassen.[92]

– Erstmals wurde das **Verbot aktiver Sterbehilfe,** also der Tötung auf Verlangen oder Hilfe zur Selbsttötung in die Berufsordnung aufgenommen. Das Gebot des Beistands für Sterbende bleibt natürlich unberührt.[93]

– Die Definition der **Berufsausübungsgemeinschaft** wurde um die ärztlich geleiteten **Medizinischen Versorgungszentren** ergänzt. Zudem wurden erstmals Voraussetzun-

---

[84] Vor dem Hintergrund des zu diesem Zeitpunkt konkret geplanten Patientenrechtegesetzes.
[85] § 2 Abs. 2 MBO.
[86] § 2 Abs. 3 MBO.
[87] § 6 MBO.
[88] § 7 Abs. 3, Abs. 7 MBO.
[89] § 7 Abs. 4 MBO.
[90] § 8 MBO.
[91] § 12 Abs. 4 MBO.
[92] § 15 Abs. 1 MBO.
[93] § 16 MBO.

gen einer echten **freiberuflichen Gesellschafterfunktion** festgeschrieben.[94] **Überörtliche Berufsausübungsgemeinschaften** müssen eine ausreichende Versorgung am jeweiligen Praxissitz gewährleisten, indem ein Mitglied nicht mehr „hauptberuflich", sondern **mindestens zehn Stunden pro Woche** für die Patienten zur Verfügung steht.[95]

– Die Novellierung enthält die Klarstellung im Sinne des Bundesverfassungsgerichts, dass „eine Werbung für eigene oder fremde **gewerbliche Tätigkeiten oder Produkte** in Zusammenhang mit der ärztlichen Tätigkeit" unzulässig ist.[96]

– Um die Unterscheidung von Weiter- und Fortbildung zu Tätigkeitsschwerpunkten deutlich zu machen, müssen **Tätigkeitsschwerpunkte** als solche gekennzeichnet werden.[97]

– Die Berufsordnung sieht nunmehr angemessene **Beteiligungsvergütungen** ärztlicher Mitarbeiter bei Privatliquidationsrecht oder Wahlleistungsvereinbarung des Krankenhauses vor.[98]

– Die **ärztliche Unabhängigkeit** – ungeachtet aller vertraglichen und anderen beruflichen Beziehungen – wird als wesentliche Grundlage der Arzt-Patienten-Beziehung hervorgehoben.[99] Es wird klargestellt, dass es Ärzten ohne einen ausreichenden Grund nicht gestattet ist, Patienten bestimmte Ärzte, Apotheken, Heil- und Hilfsmittelerbringer oder sonstige Anbieter von gesundheitlichen Leistungen zu **empfehlen** oder an diese zu **verweisen**.[100] Bei **berufsbezogenen Fortbildungen** darf der Vorteil des Arztes die notwendigen Reisekosten und Tagungsgebühren nicht überschreiten.[101] Bei **Anwendungsbeobachtungen** für Arznei-, Heil- und Hilfsmittel oder Medizinprodukte muss die Vergütung der erbrachten Leistungen entsprechen. Entsprechende **Verträge** sind schriftlich abzuschließen und müssen vor Abschluss der zuständigen Ärztekammer vorgelegt werden.[102]

e) Empfehlungen der Bundes(zahn)ärztekammer. Da die Berufsordnungen kon- **63** krete medizinische Fragen auf Grund der Vielfalt und rechtlichen Umstrittenheit nicht ständig regeln können, entwickelt die Bundes(zahn)ärztekammer für bestimmte medizinische oder medizinethische Probleme diverse **Richtlinien, Leitlinien, Empfehlungen oder Stellungnahmen** als Orientierungshilfe. Einige Beispiele der Vergangenheit sind im ärztlichen Bereich die „Empfehlungen der Bundesärztekammer zur Lebendorganspende", „Eckpunkte der Bundesärztekammer für die Reanimation", „Richtlinien zur Durchführung von In-vitro-Fertilisation und Embryotransfer als Behandlungsmethode der menschlichen Sterilität", „Empfehlungen der Bundesärztekammer und der Zentralen Ethikkommission bei der Bundesärztekammer zum Umgang mit Vorsorgevollmacht und Patientenverfügung in der ärztlichen Praxis", die „Richtlinien zur Gentherapie beim Menschen" oder die „Grundsätze der Bundesärztekammer zur ärztlichen Sterbebegleitung". Für den zahnärztlichen Bereich sind als Beispiele Leitlinien zu „Fluoridierungsmaßnahmen", „Wurzelspitzenresektion", „Durchführungsempfehlungen zur Qualitätssicherung in der zahnärztlichen Röntgenologie" oder der „Delegationsrahmen der Bundezahnärztekammer für Zahnmedizinische Fachangestellte"[103] zu nennen.

Im Jahr 1994 wurde eine unabhängige und multidisziplinär zusammengesetzte **Zentrale 64 Kommission zur Wahrung ethischer Grundsätze in der Medizin bei der Bundesärztekammer** zur Beratung ethischer Grundsatzfragen gegründet.

---

[94] § 18 Abs. 2a MBO.
[95] § 18 Abs. 3 MBO.
[96] § 27 Abs. 3 MBO.
[97] § 27 Abs. 4 MBO.
[98] § 29 Abs. 3 MBO.
[99] § 30 Abs. 1 MBO.
[100] § 31 Abs. 2 MBO.
[101] § 32 Abs. 2 MBO.
[102] § 33 MBO.
[103] S. o. A. II. 2. b) bb) Regelung der Delegation bei Zahnärzten.

B. (Zahn-) Ärztliche Berufsausübung

65   Die Möglichkeiten **ärztlicher Berufsausübung**[1] sind, nicht zuletzt vor dem Hintergrund des **medizinischen Fortschritts** und der einhergehenden medizinischen **Spezialisierung**, in den letzten Jahrzehnten vielfältig entwickelt worden. Heute ist es kaum mehr realistisch, dass die ärztliche Tätigkeit ausschließlich in Rahmen einer **Einzelpraxis** erfolgt. Die Erbringung ärztlicher Leistungen im ambulanten Bereich durch den Zusammenschluss niedergelassener Ärzte in Form von (über-)örtlichen **Berufsausübungsgemeinschaften** oder im Rahmen von **Anstellungsverhältnissen** erweist sich damit nicht nur im ländlichen Gebiet als zukunftsweisend.

66   Die Weiterentwicklung des ärztlichen und zahnärztlichen **Berufsbildes** führte dazu, dass die Ausübung der Heilkunde durch Ärzte und Zahnärzte in einer Vielzahl von unterschiedlichen Kooperationsformen ermöglicht wurde. Die Grundlagen, Voraussetzungen und Grenzen der ärztlichen und zahnärztlichen **Berufsausübung** sind in einer Vielzahl von **Regelungswerken** niedergelegt, die überdies noch von den unterschiedlichsten Institutionen erlassen werden. Als einschlägige Regelungswerke sind zunächst das **Sozialgesetzbuch V (SGB V)**, die darauf aufbauenden **Zulassungsverordnungen für Ärzte und Zahnärzte**, die **Bundesmantelverträge für Ärzte und Zahnärzte**, die **Richtlinien und Empfehlungen des gemeinsamen Bundesausschusses (G-BA)** zu nennen. Daneben stehen die **Gesetze** der Bundesländer für den Bereich der **Heilberufe** (z. B. Heilberufsgesetz Nordrhein-Westfalen), die die Rechtsgrundlage, der durch die Ärztekammern und Zahnärztekammern zu erlassenden **Berufsordnung der Ärzte und Zahnärzte** darstellen.

I. Niedergelassenener Arzt

67   Der niedergelassene Arzt zeichnet sich dadurch aus, dass er **selbständig** und **freiberuflich** seiner ärztlichen Tätigkeit nachgeht. In Abgrenzung hierzu wird der im Krankenhaus tätige Arzt als **Angestellter** des Krankenhausträgers tätig und ist damit Teil der medizinischen Gesamtbetriebsorganisation eines Krankenhauses. Daneben sind **beamtete Ärzte** zu nennen, die neben der Gruppe der Hochschullehrer und Hochschulassistenten tätig werden. Zu ihnen gehören alle Mediziner, die ihr Amt auf Grund ihrer Ausbildung als Arzt übertragen bekommen haben. Für die beamteten Ärzte gelten neben den beamtenrechtlichen Vorschriften auch die Regelungen des **ärztlichen Berufsrechts.** Die medizinische Versorgung der Bevölkerung steht bei den beamteten Ärzten nicht im Vordergrund, sondern die Erfüllung einer **hoheitlichen Aufgabe,** zu der medizinischer Sachverstand erforderlich ist. Als besondere Form der beamteten Ärzte gelten die **Amtsärzte** mit denen die Leiter der staatlichen oder kommunalen Gesundheitsämter gemeint sind. Allerdings wird umgangssprachlich unter dem Amtsarzt jeder Arzt verstanden, der in einer Behörde tätig wird. Der **Krankenhausarzt** hingegen unterscheidet sich von dem **niedergelassenen Arzt** dadurch, dass dieser nicht in einer unmittelbaren Vertragsbeziehung mit den Patienten tritt und damit sich in **unternehmerischer, haftungsrechtlicher, steuerrechtlicher** und möglicherweise **strafrechtlicher** Hinsicht vom niedergelassenen Arzt unterscheidet. Das **Risiko** der **Berufsausübung** trifft in vollem Umfang den niedergelassenen Arzt allein, sodass für die Tätigkeit als niedergelassener Arzt eine dem entsprechende **Sorgfaltspflicht** gilt, und damit ein wesentlich differenziertes **Verantwortungsbewusstsein** erforderlich ist.

---

[1] Soweit nachfolgend von Vertragsärzten gesprochen wird, sind hiermit auch Vertragszahnärzte gemeint. Bei Besonderheiten für Vertragszahnärzte wird gesondert darauf eingegangen.

II. D-Arzt/H-Arzt

Innerhalb des Bereichs der gesetzlichen Krankenversicherung nimmt die ärztliche und 68
zahnärztliche Tätigkeit im Bereich der **Berufsgenossenschaften** eine besondere Stellung
ein. Hierbei geht es um ärztliche und zahnärztliche Tätigkeit, die durch **Krankheiten** oder
Unfälle ausgelöst werden, die im Rahmen einer beruflichen, schulischen oder sonstigen
Tätigkeiten erfolgen, für die die **Berufsgenossenschaft** ausschließlich **zuständig** ist. In
diesem Bereich bestehen besondere **Regelungen** der dort tätigen Ärzte und Zahnärzte,
insbesondere in Hinblick auf ihre **Qualifikation** und den **Vergütungsstrukturen.**

Als **Beauftragter** der gesetzlichen Unfallversicherungträger der Berufsgenossenschaft, 69
entscheidet der öffentlich-rechtlich bestellte **Durchgangsarzt** (D-Arzt) darüber, ob als
Folge eines **Arbeitsunfalls** oder einer **Berufskrankheit** eine berufsgenossenschaftlich
getragene Heilbehandlung erfolgen soll, oder ob eine vertragsärztliche Versorgung genügt.
Diese Erstunteruntersuchung wird **privatarztähnlich** erbracht und gegenüber der Berufsgenossenschaft abgerechnet. Mit der Entscheidung über das ob und wie einer Therapie
bindet der D-Arzt die Berufsgenossenschaft, wobei er insoweit ein öffentliches Amt ausübt.
Erfolgt die Heilbehandlung des Patienten durch ihn selbst, so endet in diesem Zeitpunkt
im Verhältnis zum Patienten seine **hoheitliche Tätigkeit** und er wird insoweit als niedergelassener Arzt, ohne hoheitlichen Bezug, tätig.

Der niedergelassene **Heilbehandlungsarzt** (H-Arzt) wirkt bei einer **berufsgenossen-** 70
schaftlichen Heilbehandlung mit. Er verfügt über besondere Kenntnisse und Erfahrungen
bei der Behandlung **Unfallverletzter** sowie über eine entsprechend ausgestattete Praxis
und hat sich durch Antrag erfolgreich um die Teilnahme an der Durchführung der Heilbehandlung für die Berufsgenossenschaft beworben. Ist wegen **Art und Schwere** des Versi-
cherungsfalls besondere unfallmedizinische **Behandlung** angezeigt, wird diese unter **Ein-**
schränkung der freien Arztwahl durch bestimmte Ärzte erbracht.[2]

III. Betriebsarzt

Der Betriebsarzt erbringt keine heilberufliche Tätigkeit, die auf die Behandlung, Verhü- 71
tung und Früherkennung von Krankheiten gerichtet ist. Die Tätigkeit des Betriebsarztes erfolgt auf Grundlage des Gesetzes über Betriebsärzte, Sicherheitsingenieure und andere Fachkräfte für Arbeitssicherheit (**ASiG**). Das ASiG stellt die Rechtsgrundlage dar, nach der die
Arbeitgeber den **Arbeitsschutz** und die **Unfallverhütung** in ihren Betrieben unter Einsatz
von entsprechend fachkundigen Betriebsärzten gewährleisten müssen. Das Arbeitsfeld der
Arbeitsmedizin umfasst die besonderen Beziehungen zwischen Arbeit, Beruf und Gesundheit. In den ärztlichen Weiterbildungsordnungen ist die Weiterbildung zur Betriebsmedizin
als Zusatzweiterbildung ausgestaltet und nicht als Facharztweiterbildung. Die Inhalte der
Zusatzweiterbildung Betriebsmedizin sind allerdings integraler Bestandteil der Weiterbildung
zum Facharzt für Arbeitsmedizin. Die Zusatzweiterbildung Betriebsmedizin umfasst in Ergänzung zu der Facharztkompetenz die Wechselbeziehung zwischen Arbeit und Beruf einerseits sowie Gesundheit und Krankheiten andererseits, die Förderung der Gesundheit und
Leistungsfähigkeit des arbeitenden Menschen, die Vorbeugung, Erkennung und Begutachtung arbeits- und umweltbedingter Erkrankungen und Berufskrankheiten.

Die Aufgabe der Betriebsärzte besteht darin, die Arbeitgeber im **Arbeitsschutz** und der
Unfallverhütung zu beraten, die Arbeitnehmer arbeitsmedizinisch zu beurteilen und zu

---

[2] Abkommen Ärzte-Unfallversicherungsträger 1984, DÄBL 1984, 2111 ff. geändert am 1. 7. 1992,
DÄBL 1992, A1 2224 f.

untersuchen, Befunde zu erfassen und auszuwerten. Daneben sind die Betriebsärzte verantwortlich für die **Überwachung** der den Arbeitgebern obliegenden Arbeitsschutzes und der Unfallverhütung. Ohne dass die Betriebsärzte selbst für die Einhaltung des Arbeitsschutzes verantwortlich wären, haben sie daraufhin zu wirken, dass sich die Beschäftigten den Anforderungen des Arbeitsschutzes und der Unfallverhütung entsprechend verhalten.[3] Der Betriebsarzt ist daher mit Ausnahme von medizinischen Notfällen, im vorbeugenden und beratenden Dienst für das Unternehmen tätig. Die Tätigkeit als Betriebsarzt kann als Angestellter, auch verbunden mit einer vertragsärztlichen Tätigkeit, oder als freiberuflicher Betriebsarzt erfolgen. Sofern der Betriebsarzt als angestellter Arzt tätig ist, hat er unabhängig vom Direktions- und Weisungsrecht des Arbeitgebers die **ärztliche Schweigepflicht** zwingend zu beachten. Damit können Untersuchungsergebnisse der Arbeitnehmer, wenn diese widersprechen, nicht dem Arbeitgeber zur Verfügung gestellt werden. Im Übrigen muss eine klare Abgrenzung zur einer vertragsärztlichen Tätigkeit des Betriebsarztes erfolgen.

IV. Heimarzt

72   Der **Heimarzt** hat die Aufgabe, die Bewohner von **Alten- und Pflegeheimen** haupt- oder nebenberuflich zu **versorgen,** wobei allerdings die freie Arztwahl gewährleistet werden sollte. Mit dem Pflege- und Weiterentwicklungsgesetz wurde darüber hinaus § 119 b SGB V geschaffen, der die ambulante ärztliche Betreuung von Pflegebedürftigen in Pflegeheimen verbessern sollte. Dies sollte insbesondere durch den Abbau von **Schnittstellenproblemen** erfolgen und Krankenkassen Einsparpotentiale bei Transport- und Krankenhauskosten ermöglichen. Zur Umsetzung kann ein Pflegeheim **Kooperationsverträge** mit geeigneten Vertragsärzten schließen. Die Kassenärztliche Vereinigung ist insoweit verpflichtet das Pflegeheim auf Antrag zu unterstützen und entsprechende Kooperationsverträge zu vermitteln. Gelingt der Abschluss entsprechender Kooperationsverträge mit Ärzten über die ärztliche Betreuung der Pflegebedürftigen nicht innerhalb einer Frist von 6 Monaten, ist die Pflegeeinrichtung vom **Zulassungsausschuss** der Ärzte zur Teilnahme an der vertragsärztlichen Versorgung der pflegebedürftigen Versicherten in der Pflegeeinrichtung mit angestellten Ärzten zu **ermächtigen.** Die Heimärzte müssen in das **Arztregister** eingetragen sein und sollen **geriatrisch** fortgebildet sein. Wird ein angestellter Heimarzt für mehrere Pflegeeinrichtungen tätig, so ist in diesem Fall der **Arzt** selbst zur vertragsärztlichen Tätigkeit zu **ermächtigen.** Der in der Pflegeeinrichtung tätige Arzt ist bei seinen ärztlichen Entscheidungen nicht an Anweisungen von Nichtärzten, hier der **Heimleitung** oder der **Pflegedienstleitung** gebunden. Im Gegensatz zu den klassischen Ermächtigungen, die nur so lange gelten, wie die Versorgung nicht durch niedergelassene Ärzte sichergestellt werden kann, ist die **Ermächtigung** des Heimarztes vor dem Hintergrund des Interesses an kontinuierlicher Versorgung insoweit nicht eingeschränkt. Die Anforderung, dass der tätig werdende Arzt geriatrisch aus- oder fortgebildet ist, kann ausnahmsweise verzichtet werden, wenn die Eignung des Arztes zur Erfüllung des spezifischen Versorgungsbedarfes der Pflegebedürftigen und zur Zusammenarbeit mit den anderen Leistungserbringern in anderer Weise nachgewiesen werden kann.

V. Honorararzt

73   Die honorarärztliche Tätigkeit ist eine in den letzten Jahren aufgekommene besondere Form ärztlicher Tätigkeit, welche sich als eine Reaktion auf die Nachfrage nach ärztlicher

---

[3] § 3 ASiG.

Qualifikation insbesondere im **stationären Bereich** entwickelt hat. Hieraus hat sich eine eigene freiberufliche ärztliche Tätigkeit entwickelt, die bisher in diesem Umfang nicht bestand. Hierbei ist grundsätzlich zu unterscheiden zwischen dem **echtem Honorararzt,** der sich aufgrund der gesetzlichen Regelungen als eine besondere Form der belegärztlichen Tätigkeit darstellt[4] und dem **unechten Honorararzt,** der ausschließlich, oder neben seiner im Übrigen ausgeübten vertragsärztlichen Tätigkeit eingesetzt wird, um bestehende **Überkapazitäten** im stationären oder ambulanten Bereich abzuarbeiten.

Der echte Honorararzt ist rechtlich betrachtet ein **Belegarzt** und damit ein niedergelas- 74
sener Vertragsarzt, der über die Genehmigung verfügt stationäre ärztliche Leistungen zu erbringen. Hierzu ist Voraussetzung, dass ein entsprechender **Belegarztvertrag** zwischen einem Belegkrankenhaus und dem Arzt abgeschlossen wird. Nach der gesetzlichen Regelung werden die belegärztlichen Leistungen des Belegarztes gegenüber der Kassenärztlichen Vereinigung aufgrund des **Einheitlichen Bemessungsmaßstabes** (EBM) abgerechnet. Das Belegkrankenhaus hingegen rechnet besondere belegärztliche Fallpauschalen gegenüber den Krankenkassen ab, die um den ärztlichen Anteil in der Fallpauschale kalkulatorisch gekürzt sind. Das honorarärztliche Belegarztwesen sieht hingegen vor, dass zwischen dem Belegkrankenhaus und dem Belegarzt ein **Honorarvertrag** über die Vergütung der belegärztlichen Leistungen geschlossen wird. **Vergütungshöhe** und sonstige Vertragselemente können frei vereinbart werden, wobei durch diese Vereinbarung der freiberufliche Status des niedergelassenen Belegarztes nicht tangiert wird. Im Gegenzug darf der Belegarzt seine belegärztlichen Tätigkeiten nicht mehr gegenüber der **Kassenärztlichen Vereinigung** auf Grundlage der vertragsärztlichen Vergütung abrechnen. Das Belegkrankenhaus kann nunmehr die Fallpauschalen für Hauptabteilungen mit einem **Abschlag** von 20% abrechnen.

Aufgrund des **Abschlags** in Höhe von 20% der Fallpauschale für eine Hauptabteilung 75
sind die dann entstehenden Entgelte für das Belegkrankenhaus im Regelfall zu gering, um hieraus die Vergütung des Belegarztes leisten zu können.

Der **unechte Honorararzt,** der in den gesetzlichen Vorschriften nicht genannt ist, er- 76
bringt selbständig, insbesondere operative und anästhesiologische Leistungen in stationären Einrichtungen, die durch das eigene ärztliche Personal des Krankenhausträgers vorgenommen wurden. Aufgrund der stationären Überkapazitäten und der bestehenden ärztlichen Personalverknappung setzen die Krankenhausträger auf Honorarärzte, um den Krankenhausbetrieb sicherstellen zu können.

Der unechte **Honorararzt** verfügt über keine **Niederlassung** im klassischen Sinn, er ist 77
häufig weder in vertragsärztlicher Hinsicht noch in privatärztlicher Hinsicht niedergelassen, da eine Praxis im Rechtssinne nicht besteht. Hieraus ergeben sich zahlreiche Fragestellungen, insbesondere in Hinblick auf die Mitgliedschaft in der Ärztekammer, oder ob eine freiberufliche honorarärztliche Tätigkeit gegeben ist oder nicht ein Vertragsverhältnis, das bei Anwendung objektiver Merkmale als Arbeitsverhältnis zu qualifizieren ist.

Formell betrachtet ist für die **Tätigkeit** als Honorararzt nur die **Approbation zum** 78
Arzt erforderlich. Eine **Facharztausbildung** oder sonstige Weiterbildungen sind rechtlich nicht zwingend. In Hinblick auf die im **stationären Bereich** bestehenden Vorgaben der **Qualitätssicherung** und den **Abrechnungsvoraussetzungen** (Operationen- und Prozedurenschlüssel[5] – OPS-Codes) ist sicherzustellen, dass eingesetzte Honorarärzte für den Bereich in dem sie eingesetzt werden über die entsprechende Facharztweiterbildung und Zusatzqualifikationen verfügen. Dies gilt nicht nur für operative Fächer und für anästhesiologische Tätigkeiten, sondern im Besonderen für den Bereich der Intensivmedizin.

Unabhängig von den **stationären** Aufgabengebieten werden Honorarärzte auch bei der 79
Besetzung des **vertragsärztlichen Notdienstes** oder bei **Praxisvertretungen** eingesetzt. Bei der Tätigkeit von Honorarärzten im Rahmen des **vertragsärztlichen Bereitschafts-**

---

[4] § 121 Abs. 5 SGB V i. V. m. § 18 Abs. 3 Krankenhausentgeltgesetz (KHEntgG).
[5] Einzelheiten unter: http://www.dimdi.de/.

dienstes ist nicht Voraussetzung, dass der Arzt über die Facharztweiterbildung verfügt. Erfolgt allerdings die **Vertretung** eines niedergelassenen Arztes in dessen vertragsärztlicher Praxis ist zwingend erforderlich, dass der vertretende Arzt über die **Approbation** als Arzt verfügt und die **Weiterbildung** zum **Facharzt** erfolgreich abgeschlossen hat.[6] Der Honorararzt muss in diesem Fall über eine Weiterbildung auf einem **fachidentischen Gebiet** oder zum mindestens auf einem **fachverwandten Gebiet** verfügen (z. B. Innere Medizin/ Allgemeinmedizin, Orthopädie, Rehabilitative Medizin/Unfallchirurgie).

---

[6] § 32 Zulassungsverordnung der Ärzte i. V. m. § 3 Abs. 2 Zulassungsverordnung der Ärzte (Ärzte-ZV).

C. Vertragsärztliche Versorgung

I. Grundlagen der vertragsärztlichen Versorgung (SGB V/GBA/BMV)

Das **Vertragsarztrecht** und das **Privatarztrecht** unterscheiden sich ganz wesentlich **80** voneinander, die über die unterschiedliche Art der Vergütungsstrukturen hinausgehen. Im Gegensatz zum **privatärztlichen Bereich** haben Ärzte, die auf dem Gebiet der **gesetzlichen Krankenversicherung** tätig sein wollen, eine unbedingte Versorgungsverpflichtung gegenüber gesetzlich versicherten Patienten. Diese im SGB V[1] nieder gelegten Grundsätze sind durch den Gesetzgeber als **Anspruch** des Versicherten auf ambulante Behandlung formuliert worden. Gesetzlich versicherte Patienten haben demnach gegenüber dem Vertragsarzt einen **Anspruch** auf ärztliche Heilbehandlung im Wege des **Sachleistungsprinzips.** Dieser als Versichertenrecht ausgestaltete **Versorgungsanspruch** ist wesentlich weiter und umfangreicher definiert, als die aus der **Berufsordnung** der Ärzte und Zahnärzte ergebene Verpflichtung Patienten zu versorgen.

Die sich hieraus ergebenden weitreichenden **Verpflichtungen** der Vertragsärzte finden **81** sich im Besonderen in den Regelwerken zur Berufsausübung wieder, mit der Folge, dass die Tätigkeit gegenüber den gesetzlichen Krankenversicherungen zu einer erheblichen, allerdings durch die Rechtsprechung des Bundesverfassungsgerichts und des Bundessozialgerichts abgesegneten zulässigen **Reglementierung** der ärztlichen Berufsausübung führt. Im **vertragsärztlichen** Bereich sind die wesentlichen rechtlichen Grundlagen der ärztlichen Tätigkeit das SGB V, die Zulassungsverordnung der Ärzte bzw. Zahnärzte und die Bundesmantelverträge für Ärzte und Zahnärzte.

Das SGB V wird durch den Bundesgesetzgeber erlassen, die darauf beruhenden **Zulas- 82 sungsverordnungen**[2] der Ärzte und Zahnärzte ebenfalls durch den Gesetzgeber. Die Bundesmantelverträge für Ärzte bzw. für Zahnärzte, die eine weitere **Konkretisierung** vertragsärztlicher Pflichten und Rechte vorsehen, werden zwischen der **Kassenärztlichen Bundesvereinigung** (KBV) bzw. der **Kassenzahnärztlichen Bundesvereinigung** (KZBV) einerseits und dem GKV-Spitzenverband, als Nachfolger der **Bundesverbände der Primär- und Ersatzkassen** geschlossen. Die Bundesmantelverträge haben, obwohl sie nur Verträge zwischen öffentlich-rechtlichen Körperschaften sind, die **Wirkung** eines formellen Gesetzes. Entsprechendes gilt für die **Richtlinien,**[3] die durch die KBV, die KZBV und dem Gemeinsamen Bundesausschuss (G-BA) erlassen werden.

Die Möglichkeit eines niedergelassenen Arztes oder Zahnarztes am System der gesetzli- **83** chen Krankenversicherung teilnehmen zu können und damit **gesetzlich versicherte Patienten** versorgen zu dürfen (und zu müssen) setzt voraus, dass diese Ärzte Inhaber einer staatlichen Erlaubnis sind, die als vertragszahnärztliche oder vertragsärztliche Zulassung bezeichnet wird.

Ohne eine vertragsärztliche oder vertragszahnärztliche Zulassung ist – außer in **Notfäl- 84 len** – die Abrechnung der Leistungen, die gegenüber gesetzlich versicherten Patienten erbracht wurden, nicht zulässig.

---

[1] § 27 SGB V.
[2] § 98 SGB V.
[3] § 92 SGB V.

II. Zugang

85 Der Zugang zum vertragsärztlichen Versorgungsbereich setzt voraus, dass eine **Zulassung** oder eine **Ermächtigung** erteilt wurde. Die Zulassung ist eine auf Dauer angelegte Form der Teilnahme an der vertragsärztlichen Versorgung, hingegen die Ermächtigung eine nach Umfang und Dauer beschränkte Teilnahmeform. Die Ermächtigung kann sowohl **persönlich** als auch **institutionell** erfolgen. Die persönliche Ermächtigung und damit die Teilnahme an der vertragsärztlichen Versorgung wird dem jeweils antragstellenden Arzt erteilt, wohingegen die institutionelle Ermächtigung bestimmten Institutionen, erteilt wird. Hierbei handelt es sich im Regelfall um Einrichtungen der stationären Versorgung, beispielsweise um Notfallambulanzen eines Krankenhauses. Die persönliche Ermächtigung hat im Hinblick auf die Erteilung grundsätzlich **Vorrang** vor der institutionellen Ermächtigung.

86 Die tatbestandlichen Voraussetzungen für eine **vertragsärztliche Zulassung** werden in § 95 SGB V festgelegt. Die **Zulassungsverordnungen,** die sowohl für den ärztlichen als auch für den zahnärztlichen Bereich jeweils getrennt erlassen wurden, regeln die Einzelheiten im Hinblick auf die Teilnahme an der vertragsärztlichen Versorgung, insbesondere über Art und Umfang des **Nachweises** der tatbestandlichen Voraussetzungen des § 95 SGB V, die erforderlichen Angaben die vom antragstellenden Vertragsarzt gefordert werden sowie persönliche und sonstige **Hinderungsgründe,** die zum Nichterteilen der vertragsärztlichen Zulassung führen. Das vertragsärztliche Zulassungsverfahren ist damit Voraussetzung für die Zulassung eines Vertragsarztes, eines Vertragszahnarztes, eines medizinischen Versorgungszentrums oder eines Psychotherapeuten.

87 Jeder Vertragsarzt kann sich um eine Zulassung bewerben. Voraussetzung hierfür ist, dass der Vertragsarzt seine Eintragung in das **Arztregister** oder das **Zahnarztregister** nachweist. Dabei ist ausreichend, dass die Eintragung in ein Arztregister erfolgt, wobei nicht erforderlich ist, dass es sich dabei um den Bezirk handelt, in dem der Antrag auf Zulassung gestellt wird.

88 Die Eintragung in das Arztregister setzt die ärztliche bzw. zahnärztliche Approbation voraus, die seinerseits ein humanmedizinisches bzw. ein zahnmedizinisches Studium einschließlich ärztlicher bzw. zahnärztlicher Staatsexamina voraussetzt.

89 Die Zulassung eines **medizinischen Versorgungszentrums (MVZ)** erfolgt gleichberechtigt neben den Vertragsärzten als Leistungserbringer der vertragsärztlichen Versorgung. Das MVZ, ist nach der Definition des § 95 Abs. 1 S. 2 SGB V eine **fachübergreifende ärztlich geleitete Einrichtung** der ambulanten Versorgung, in denen Ärzte, die jeweils in das Arztregister eingetragen sind, als **Angestellte** im MVZ oder als **Vertragsärzte** tätig sind. Die Gründung eines MVZ setzt daher voraus, dass die auf der Leistungserbringungsebene tätig werdenden Ärzte ebenfalls im Arztregister eingetragen sind und insoweit die gleichen Voraussetzungen zu erfüllen haben, wie solche Ärzte die unmittelbar zur vertragsärztlichen Versorgung zugelassen werden wollen.

90 Die Eintragung im **Arztregister** entfaltet nur **Bindungswirkung** dahingehend, dass die Merkmale bescheinigt werden, die Voraussetzung zur Eintragung im Arztregister sind. Hierbei handelt es sich ausschließlich um das Studium einschließlich Examen, Approbation und Facharztqualifikation. Das Arztregister entfaltet allerdings keine Bindungswirkung in der Weise, dass sämtlichen im Arztregister eingetragenen Ärzten eine vertragsärztliche Zulassung zwingend zu teilen ist. Ob eine Zulassung rechtlich möglich ist, erfolgt durch eigenständige Prüfung der Zulassungsausschüsse. Wesentlich ist dabei, ob die ambulant erbringbaren Leistungen das **Leistungsspektrum** der Zulassung prägen. Dies kann weder der gemeinsame Bundesausschuss (G-BA) noch der Bewertungsausschuss im Hinblick auf den EBM regeln. Die grundsätzliche **Zulassungsfähigkeit** eines im Arztregister eingetragenen Arztes einer bestimmten Fachgruppe hängt davon ab, ob die wesentlichen **Leis-**

tungsbereiche, die zu dieser Fachgruppe oder dem Schwerpunkt dieser Fachgruppe gehören, ambulant erbracht werden können. Neben den medizinischen Indikationen, ob eine ambulante Leistungserbringung überhaupt möglich ist, ist auch zu prüfen, ob auf Grundlage der Regelungen des EBM überhaupt eine wirtschaftlich tragfähige Praxis bestehen kann. In dem durch das Bundessozialgericht[4] entschiedenen Fall ging es um die Bereiche Herzrhythmus-Chirurgie, Bypasschirurgie und Aortenchirurgie. Dabei wurde nur der Bereich der Herzrhythmus-Chirurgie insbesondere im Zusammenhang mit Herzschrittmachern für die ambulante Erbringung in Betracht gezogen. Allerdings wurde im Ergebnis aufgrund der Regelung des EBM eine **wirtschaftlich tragfähige Vertragsarztpraxis** in diesem Zusammenhang verneint, so dass insoweit eine Zulassung nicht erteilt werden konnte. Entsprechendes muss für sämtliche Facharztgruppen gelten, die aufgrund ihrer geringen eigenständigen Abrechenbarkeit ihrer Leistungen nach dem EBM, allein aufgrund ihrer vertragsärztlichen Tätigkeit nicht zu einer tragfähigen wirtschaftlichen Praxis kommen würden.

Bei der Zulassung vom **Psychotherapeuten** geht es nicht um approbierte Ärzte, die **91** über die Facharztausbildung zur Psychiatrie oder zur Psychotherapie bzw. psychosomatische Medizin und Psychotherapie verfügen. Hierbei handelt es sich um Ärzte, die in das Arztregister einzutragen sind und demnach aufgrund des vorbezeichneten beschriebenen Wegs sich um eine Zulassung bewerben können. Mit Psychotherapeuten sind die **psychologischen Psychotherapeuten** und die **Kinder- und Jugendpsychotherapeuten** gemeint. Auch sie können sich um eine Zulassung bewerben, wenn eine Eintragung in das Register, hier dem **Psychotherapeutenregister,** nachgewiesen werden kann. Voraussetzung für die Eintragung (§ 95 c SGB V) ist die **Approbation** als Psychotherapeut und der **Fachkundenachweis.** Allerdings werden solche psychologischen Psychotherapeuten nicht in das Register aufgenommen, die keine Fachkunde aufweisen, die die Befähigung zu **Behandlungsverfahren** nachweisen können, die für die ambulante Versorgung in Betracht kommen und sich für eine vertragsärztliche Zulassung eignen. Im Gegensatz zum ärztlichen Bereich, bei der die Befähigung durch die **Facharztweiterbildung** ausgedrückt wird, muss im Psychotherapeutenbereich eine besondere Befähigung zu den entsprechenden Behandlungsverfahren belegt werden. Psychotherapeuten, die demnach ausschließlich **Gesprächstherapien** anbieten, sind damit in das Psychotherapeutenregister nicht eintragungsfähig, da die Gesprächstherapie nicht im Sinne der gesetzlichen Krankenversicherung als Behandlungsverfahren **anerkannt** ist, das sich für die ambulante Behandlung eignet. Im Bereich der **Kinder- und Jugendpsychiatrie** ist die Gesprächstherapie ohnehin nicht möglich, weil es insoweit wissenschaftliche Studien nur bei der Behandlung von Erwachsenen gibt. Sofern die Voraussetzungen eines psychologischen Psychotherapeuten für die Eintragung in das Psychotherapeutenregister gegeben ist, ist ein solcher mit einem Arzt in vertragsärztlicher Hinsicht vollständig gleichgestellt.

Ein Antrag kann nur wegen **Zulassungsbeschränkungen** nur dann abgelehnt werden, **92** wenn diese bereits bei Antragstellung angeordnet waren. Die Voraussetzungen zur Zulassung zur vertragsärztlichen Versorgung werden durch den Zulassungsausschuss geprüft. Eine Entscheidung über die Zulassung setzt voraus, dass die nachfolgend benannten Angaben und vorzulegenden Unterlagen dem Zulassungsausschuss vorliegen:

– Schriftliche Antragstellung,
– Auszug aus dem Arztregister,
– Bescheinigung über die seit der Approbation ausgeübten ärztlichen Tätigkeiten,
– Lebenslauf,
– Polizeiliches Führungszeugnis,
– Bescheinigung der Kassenärztlichen Vereinigung, in dessen Bereich der Arzt bisher niedergelassen oder zur Vertragsarztpraxis zugelassen war, aus dem sich Ort und Dauer der bisherigen Niederlassung oder Zulassung und der Grund einer etwaigen Beendigung ergeben,

---

[4] BSG vom 2. 9. 2009 – B 6 KA 35/08 R.

- Erklärung über den Zeitpunkt der Antragstellung bestehende Dienst- oder Beschäftigungsverhältnisse unter Angabe des frühestmöglichen Ende des Beschäftigungsverhältnisses sowie
- eine Erklärung des Arztes, ob er drogen- oder alkoholabhängig ist oder innerhalb der letzten fünf Jahre gewesen ist, ob er sich innerhalb der letzten fünf Jahre in Entziehungskur wegen Drogen- oder Alkoholabhängigkeit unterzogen hat und das gesetzlich Hinderungsgründe der Ausübung des ärztlichen Berufs insoweit nicht entgegen stehen.

93 Diese Unterlagen sind entweder im Original oder durch amtlich beglaubigte Abschriften vorzulegen.

94 Des Weiteren hat der Zulassungsausschuss von Amts wegen zu prüfen, ob der vertragsärztlichen Zulassung gesetzliche Gründe entgegenstehen.

95 Als **gesetzliche Hinderungsgründe** kommen ausschließlich in Betracht:
- Anordnung von Zulassungsbeschränkungen für Ärzte,
- Nichteignung des Arztes,
- Ungeeignetheit des Arztes,
- Wiederzulassung innerhalb von 6 Jahren nach kollektivem Zulassungsverzicht sowie
- fehlender Vertrauensschutz für Ärzte, die Anspruch auf Inländerbehandlung haben (§ 95 Abs. 2 a SGB V).

96 Bestehen zum Zeitpunkt der Antragstellung für den Planungsbereich **Zulassungsbeschränkungen** und bestehen diese auch im Zeitpunkt der **Beschlussfassung** durch den Zulassungsausschuss ist der Antrag auf Teilnahme an der vertragsärztlichen Versorgung **abzulehnen.** Folgt die Antragstellung allerdings vor Anordnung der Zulassungsbeschränkungen ist diesem Antrag stattzugeben, auch wenn Zulassungsbeschränkungen angeordnet werden, sofern zum Zeitpunkt des Antrags sämtliche Antragsvoraussetzungen erfüllt waren. Dies geht nicht nur für den Fall der Anordnung von Zulassungsbeschränkungen, sondern auch wenn die Facharztgruppen eine abweichende Abgrenzung erhalten und damit Auswirkung auf die Bedarfsplanung entstehen. Im Übrigen ist darauf hinzuweisen, dass eine rückwirkende Anordnung der Zulassungsbeschränkung im Hinblick auf einen rechtzeitig gestellten Zulassungsantrag unbeachtlich ist.

97 Der Zulassungsausschuss entscheidet über den Antrag auf Zulassung durch **Beschluss.** Die Beschlussfassung erfolgt nach mündlicher, nicht öffentlicher Verhandlung, zu dem der Antragsteller zu laden ist. Allerdings kann auch in Abwesenheit des Antragstellers über dessen Antrag verhandelt und entschieden werden. Die Verwaltungsgebühr ist vor Terminierung der mündlichen Verhandlung zu zahlen. Erfolgt die Zahlung nicht, gilt der **Antrag** auf Zulassung als **zurückgenommen.**

98 Die **Zulassung** zur vertragsärztlichen Versorgung stellt einen **Verwaltungsakt** dar und ist im Hinblick auf den vertragsärztlichen Teilnahmestatus **statusbegründend** mit der Folge, dass **rückwirkende Zulassungen** ausgeschlossen sind. Die statusbegründende Wirkung der Zulassung bedeutet auch, dass der antragstellende Arzt nur für die seinem **Antrag** zugrunde **gelegten Teilnahmeform** zugelassen wird. Erfolgt die Zulassung aufgrund eines Antrags zur vertragsärztlichen Zulassung, obwohl sich der antragstellende Arzt objektiv in einem **Beschäftigungsverhältnis** befindet, kann die erteilte Zulassung nicht in eine für eine vertragsärztliche Anstellung geltende Zulassung umgedeutet werden.

99 Der Verwaltungsakt über die Zulassung zur vertragsärztlichen Versorgung wird dem Arzt förmlich **bekannt** gemacht, das heißt im Regelfall durch **Postzustellungsurkunde** (PZU). Die Bekanntgabe erfolgt allerdings häufig erst einige Zeit nach der mündlichen Bekanntgabe über die Entscheidung des Zulassungsausschusses. Der Zulassungsbescheid wird erst bestandskräftig, sofern er nicht innerhalb eines Monats nach Bekanntgabe, d.h. Zustellung an den Vertragsarzt von einem der Verfahrensbeteiligten durch Widerspruch **angefochten** wird.

100 Die **Aufnahme** der vertragsärztlichen Tätigkeit ist grundsätzlich erst möglich, wenn der Bescheid hierüber **bestandskräftig** geworden ist. Allerdings werden auch vor Beginn der

Aufnahme der vertragsärztlichen Tätigkeit Investitionen (Praxiskaufvertrag, Erwerb Inventar, Mietverträge, Arbeitsverträge) erforderlich sein, so dass anzuraten ist, die diesen Investitionen zugrundeliegenden **Verträge** unter dem **Vorbehalt** abzuschließen, dass eine bestandskräftige vertragsärztliche Zulassung erteilt wird.

Der Zulassungsbeschluss umfasst in seiner Entscheidung **Zeitpunkt** der Zulassung als **101** Vertragsarzt, die **Facharztbezeichnung** und die **Schwerpunktbezeichnung.** Folgt die Zulassung in einem nicht gesperrten Planungsbereich ist zwingend der **Zeitpunkt** aufzunehmen, zu dem die **vertragsärztliche Tätigkeit** aufzunehmen ist. Erfolgt die Zulassung in einem Planungsbereich, in dem **Zulassungsbeschränkungen** angeordnet sind, so muss der Vertragsarzt innerhalb von drei Monaten nach Bekanntgabe des Zulassungsbescheides die **vertragsärztliche Tätigkeit** aufnehmen. Erfolgt die Aufnahme der vertragsärztlichen Tätigkeit nicht innerhalb dieser Zeit, endet die Zulassung des Vertragsarztes. Die Rechtsfolgen, dass innerhalb eines Zeitraums von drei Monaten die vertragsärztliche Tätigkeit nicht aufgenommen wird und damit die vertragsärztliche Zulassung endet, kann dadurch vermieden werden, dass gegen die Entscheidung des Zulassungsausschusses, auch durch den Vertragsarzt selbst, **Widerspruch** eingelegt wird.

Mit der vertragsärztlichen Zulassung entstehen die nachfolgend aufgeführten **Rechte** **102** und **Pflichten** des Vertragsarztes:

Rechte:
- Aktives und passives Wahlrecht in der kassenärztlichen Vereinigung
- Recht auf Behandlung der Versicherten
- Recht auf Teilnahme an der ärztlichen Versorgung
- Recht auf Teilnahme am vertragsärztlichen Notdienst
- Recht auf Teilnahme an Honorarverteilung.

Pflichten:
- Erfüllung des Versorgungsauftrages
- Sprechstundenpräsenzpflicht
- Beachten des allgemeinen Berufsrechts
- Besuchstätigkeit
- Teilnahme am Notfalldienst
- Dokumentationspflicht
- Aufbewahrungspflicht
- Persönliche Leistungserbringung
- Fortbildungspflicht
- Patientenquittung mit Inkrafttreten des Versorgungsstrukturgesetzes.

Zum 1. 1. 2012 wurde das SGB V geändert, dass die Zulassungsverordnungen nunmehr **103** die Befristung von vertragsärztlichen Zulassungen vorsehen müssen. Daher ist in der Zulassungsverordnung geregelt, dass in einem Planungsbereich ohne Zulassungsbeschränkungen mit einem allgemeinen **bedarfsgerechten Versorgungsgrad** ab 100% der Zulassungsausschuss die vertragsärztlichen Zulassungen **befristen** kann. Ausdrücklich gilt diese Regelung nicht für vertragszahnärztliche Zulassungen.

Befristete Zulassungen enden mit dem Ablauf des **Befristungszeitraumes.** Die befris- **104** tete Zulassung dient dem gesetzgeberischen Ziel, **Überversorgung** zu **reduzieren.** Die Befristungsmöglichkeit besteht allerdings nur in einem Planungsbereich mit einem **Versorgungsgrad** zwischen 100% und 110%, also nur in solchen Planungsbezirken, in denen noch keine **Überversorgung** festgestellt wurde, aber perspektivisch eine entstehen könnte. Mit Ablauf des Befristungszeitraumes endet die vertragsärztliche Zulassung des Arztes und sofern in diesen Planungsbezirk Zulassungsbeschränkungen bestehen, kann eine befristete Zulassung auch nicht in eine unbefristete Zulassung **umgewandelt** werden. Die befristete Zulassung kann daher nicht ausgeschrieben werden, da auch die Durchführung eines **Nachbesetzungsverfahrens** nicht möglich ist, da die vertragsärztliche Zulassung durch **Zeitablauf** endet. Im Fall des Todes des Vertragsarztes müsste ebenfalls eine neue ggfls. befristete Zulassung erteilt werden. Aufgrund der erheblichen wirtschaftlichen Risiken die ein Arzt eingeht, wenn er eine Praxis übernimmt oder neu gründet, wird er dieses Risiko nicht auf sich nehmen, wenn ihm ausschließlich eine befristete Zulassung erteilt wird. Im Fall der **Umwandlung** der Anstellung in eine Zulassung könnte, sofern der Versorgungsgrad zwischen 100% und 110% liegt, auch diese **Rückumwandlung** unter eine Befristung gestellt werden. In welchen konkreten Fällen die Zulassungsausschüsse zukünftig befristete Zulassungen, auch vor dem Hintergrund der gesetzgeberischen Zielsetzung aussprechen werden, bleibt abzuwarten.

1. Arztregister

105 Grundsätzliche **Voraussetzung** für die **Zulassung** zur **vertragsärztlichen** Tätigkeit ist, dass der antragstellende Arzt im **Arztregister** eingetragen ist. Das Arztregister wird durch die für den jeweiligen **Sitz** des Arztes zuständige Kassenärztliche Vereinigung geführt. Grundsätzlich besteht pro Bundesland eine Kassenärztliche Vereinigung, mit **Ausnahme** von **Nordrhein-Westfalen,** in dem zwei Kassenärztliche Vereinigungen (Nordrhein und Westfalen-Lippe) bestehen. Die Eintragung im Arztregister hat nach der **Zulassungsverordnung der Ärzte** die folgenden Voraussetzungen[5]):
- die Approbation als Arzt,
- der erfolgreiche Abschluss entweder einer allgemeinmedizinischen Weiterbildung oder einer Weiterbildung in einem anderen Fachgebiet mit der Befugnis zum Führen einer entsprechenden Gebietsbezeichnung oder der Nachweis einer Qualifikation, die gemäß § 95 a Abs. 4 und 5 des Fünften Buches Sozialgesetzbuch anerkannt ist.
- Eine allgemeinmedizinische Weiterbildung ist nachgewiesen, wenn der Arzt nach landesrechtlichen Vorschriften zum Führen der Facharztbezeichnung für Allgemeinmedizin berechtigt ist und diese Berechtigung nach einer mindestens fünfjährigen erfolgreichen Weiterbildung in der Allgemeinmedizin bei zur Weiterbildung ermächtigten Ärzten und in dafür zugelassenen Einrichtungen erworben hat.

106 Die allgemeinmedizinische Weiterbildung muss unbeschadet ihrer mindestens fünfjährigen Dauer inhaltlich mindestens den europarechtlichen Anforderungen[6] entsprechen und mit dem Erwerb der Facharztbezeichnung für Allgemeinmedizin abschließen. Sie hat insbesondere folgende Tätigkeiten einzuschließen:
- mindestens sechs Monate in der Praxis eines zur Weiterbildung in der Allgemeinmedizin ermächtigten niedergelassenen Arztes,
- mindestens sechs Monate in zugelassenen Krankenhäusern,
- höchstens sechs Monate in anderen zugelassenen Einrichtungen oder Diensten des Gesundheitswesen, die sich mit Allgemeinmedizin befassen, soweit der Arzt mit einer patientenbezogenen Tätigkeit betraut ist. Soweit die Tätigkeit als Arzt im Praktikum im Krankenhaus in den Gebieten Innere Medizin, Chirurgie, Frauenheilkunde und Geburtshilfe, Kinderheilkunde oder Nervenheilkunde oder in der Praxis eines niedergelassenen Arztes abgeleistet worden ist, wird diese auf die Weiterbildung bis zur Höchstdauer von insgesamt 18 Monaten angerechnet.

107 Liegen die bezeichneten **Voraussetzungen** vor, kann der sich zur Niederlassung entschlossene Arzt grundsätzlich eine vertragsärztliche Zulassung beantragen und damit am System der gesetzlichen Krankenversicherung als **Leistungserbringer** teilnehmen. **Eingeschränkt** wird dies dadurch, dass der ungehinderte **Zugang** zum vertragsärztlichen Bereich nur dort gilt, wo keine **Beschränkungen** aufgrund der **Bedarfsplanung** bestehen.

---

[5] § 3 Abs. 2 Ärzte-ZV.
[6] Artikel 28 der Richtlinie 2005/36/EG des Europäischen Parlaments und des Rates vom 7. September 2005 über die Anerkennung von Berufsqualifikationen (ABl. EU Nr. L 255 S. 22, 2007 Nr. L 271 S. 18).

2. Persönliche und sachliche Eignung

Zur **vertragsärztlichen** Tätigkeit wird ein Arzt nicht zugelassen, wenn er entweder in **108** **persönlicher** Hinsicht **ungeeignet** ist oder sonstige Umstände bestehen, aus denen sich die **Nichteignung** des Arztes ergeben.[7] **Ungeeignet** ist der Arzt, der aus gesundheitlichen oder sonstigen, in seiner Person liegenden schwerwiegenden Gründen nicht nur **vorüber-gehend** unfähig ist, die vertragsärztliche Versorgung ordnungsgemäß auszuüben. Liegt die **Ungeeignetheit** bereits bei **Antragstellung** vor, ist dem Antrag des Arztes auf Zulassung nicht stattzugeben. Tritt die Ungeeignetheit nach Zulassung zur vertragsärztlichen Tätigkeit auf, hat der Zulassungsausschuss von Amts wegen zu prüfen, ob dem Vertragsarzt die Zulassung zu entziehen ist.[8] Die Ungeeignetheit eines Antragstellers aus persönlichen Gründen, insbesondere wegen geistigen Erkrankungen sowie sonstige körperliche Behinderungen müssen unter Berücksichtigung des **Einzelfalls** gewertet werden, ob dies zur Ungeeignetheit führt und der Arzt nicht in der Lage ist, den vertragsärztlichen Verpflichtungen nachzukommen. Sind die geistigen und körperlichen Mängel allerdings **schwer-wiegend**, wird die ärztliche Approbation im Regelfall schon widerrufen sein.

Darüber hinaus besteht eine **Vermutung** für die Ungeeignetheit des Arztes, wenn dieser **109** innerhalb der letzten fünf Jahre seit Antragstellung drogen- oder alkoholabhängig war. Der Zulassungsausschuss kann verlangen, dass der Arzt innerhalb einer Frist ein Gutachten eines bestimmten Arztes über seinen Gesundheitszustand vorlegt. Die Ungeeignetheit wird allerdings nicht mehr auf die Dauer von fünf Jahren nach dem Abklingen der Suchterscheinungen **unwiderleglich** vermutet. Der Arzt hat, vielmehr die Möglichkeit, eigenständig **Zweifel** an seiner Eignung auszuräumen. **Rechtskräftige Verurteilungen** des antragstellenden Arztes ergeben sich grundsätzlich aus dem einzureichenden polizeilichen Führungszeugnis. Eine Ungeeignetheit besteht allerdings nur dann, wenn die Verurteilung wegen Straftaten erfolgte, die eine Gefährdung der Patienten oder des vertragsärztlichen Versorgungssystems befürchten lassen. Dies ist bei Sexualstraftaten, Gewalt- und/oder Vermögensdelikten regelmäßig der Fall.

Neben der Ungeeignetheit aus persönlichen Gründen, die gesetzliche Hinderungsgrün- **110** de zur Teilnahme an der vertragsärztlichen Versorgung darstellen, bestehen auch Tatbestände der Nichteignung, die ebenfalls Hinderungsgründe darstellen.[9] Nach § 20 Abs. 1 Ärzte-ZV ist **Nichteignung** gegeben, wenn der Arzt wegen eines **Beschäftigungsverhältnisses** oder wegen anderer nicht ehrenamtlicher Tätigkeiten zur vertragsärztlichen Versorgung nicht zur Verfügung steht. Hingegen besteht auch Nichteignung nach § 20 Abs. 2 Ärzte-ZV, wenn eine ärztliche Tätigkeit ihrem **Wesen** nach mit der Tätigkeit des Vertragsarztes am Vertragsarztsitz **nicht** vereinbar ist. Der Vertragsarzt muss persönlich in erforderlichem Maß zur Verfügung stehen, um seiner vertragsärztlichen Tätigkeit nachzukommen. Dies ist dann nicht der Fall, wenn er wegen eines Beschäftigungsverhältnisses oder wegen anderer nicht ehrenamtlicher Tätigkeit unter **Berücksichtigung** der **Dauer** und der **zeitlichen Lage** dieser Tätigkeit für die Patienten nicht in entsprechendem Umfang **persönlich** zur Verfügung steht. Insbesondere, wenn der Arzt nicht in der Lage ist, Sprechstunden zu den üblichen Zeiten anzubieten. Ob dieser Hinderungsgrund gegeben ist, erfolgt aufgrund einer **perspektivischen** Einschätzung in tatsächlicher Erfüllung der aus der Zulassung erwachsenen Pflichtenstellung durch den Zulassungsausschuss. Der Vertragsarzt ist verpflichtet, nicht nur regelmäßig zu den üblichen Sprechzeiten verfügbar zu sein, sondern auch sofern zumutbar, für **Notfallbehandlungen** außerhalb der Sprechstundenzeiten. Bis zum Inkrafttreten des Versorgungsstrukturgesetzes wurde die Auffassung vertreten, dass bei **vollzeitiger Zulassung** die Arbeitszeit in einem anderweitigen Beschäftigungsverhältnis nicht mehr als **13 Wochenstunden** betragen darf. Im Fall einer Zulassung mit einem **hälf-**

---

[7] §§ 20, 21 Ärzte-ZV.
[8] Einzelheiten hierzu: Disziplinarrecht S. 592 ff.
[9] § 20 Abs. 1 und 2 Ärzte-ZV.

tigen Versorgungsauftrag wurde von einer Verdopplung der zulässigen Grenze der anderweitigen Beschäftigungszeit auf **26 Stunden** ausgegangen.[10] Die Änderungen im GKV-Versorgungsstrukturgesetz sehen allerdings keine festen Wochenarbeitsstunden vor, die Sprechstundenzeiten von 20 Stunden in der Woche bei einem vollen Versorgungsauftrag sind nunmehr in die Prüfung einzubeziehen, ob eine zulässige Nebenbeschäftigung besteht. Zukünftig wird eine systematische Verdopplung der zulässigen Grenzen, auch ausgehend von der bisherigen 13 Stundengrenzen, nicht möglich sein. Daher werden die Zulassungsausschüsse eine Entscheidung treffen müssen, wobei allerdings davon auszugehen ist, dass als **Richtschnur** die 13 Wochenstundenzahl bzw. 26 Wochenstundenzahl weiter gelten wird. Wird der Arzt neben seiner vertragsärztlichen Tätigkeit in seiner Praxis im Rahmen der besonderen **ambulanten ärztlichen Versorgung** (§ 73 c SGB V), der **hausarztzentrierten Versorgung** (§ 73 b SGB V) oder aufgrund eines Vertrages zur **integrierten Versorgung** (§ 140 b SGB V) tätig, werden diese **Zeiten** ausdrücklich **nicht berücksichtigt.** Die zahnärztliche Versorgung von Patienten sowie eine gleichzeitige Zulassung als Vertragszahnarzt berühren die Nichteignung ebenfalls nicht. Gleiches gilt für die Wahrnehmung **ehrenamtlicher Aufgaben;** sie stehen der Eignung für eine vertragsärztliche Tätigkeit ebenfalls nicht entgegen.

111   Für die Ausübung der vertragsärztlichen Tätigkeit ist darüber hinaus ein Arzt nicht geeignet, der eine **weitere ärztliche Tätigkeit** ausübt, die ihrem **Wesen** nach mit der Tätigkeit des Vertragsarztes am Vertragsarztsitz nicht zu vereinbaren ist. Ausdrücklich ist geregelt, dass zur besseren Verzahnung ambulanter und stationärer Versorgung die Tätigkeit eines Arztes in oder die Zusammenarbeit mit einem zugelassenen Krankenhaus mit der Tätigkeit als Vertragsarzt vereinbar ist. Hieraus folgt, dass ein Arzt gleichzeitig Angestellter eines Krankenhauses sein kann und gleichzeitig niedergelassener Vertragsarzt oder angestellter Arzt in einem MVZ. Der Arzt kann grundsätzlich in allen **zugelassenen Krankenhäusern** tätig sein. Hierzu gehören Hochschulkliniken und Plankrankenhäuser sowie Krankenhäuser, die mit einem Krankenkassenverband einen Versorgungsvertrag abgeschlossen haben. Vorsorge- und Rehabilitationseinrichtungen stehen diesen gleich.

112   Eine durch die Ausnahmeregelungen des § 20 Abs. 2 Ärzte-ZV **nicht gedeckte Interessenkollision** liegt vor bei gleichzeitiger betriebsärztlicher und vertragsärztlicher Tätigkeit. Hier besteht die Gefahr, dass medizinische Kenntnisse über die Patienten aus der vertragsärztlichen Tätigkeit in die betriebsärztliche Tätigkeit einfließen und dem Arbeitgeber bekannt werden könnten.[11] Allerdings ist die gleichzeitige betriebsärztliche und vertragsärztliche Tätigkeit, sofern sichergestellt ist, dass keine Mitarbeiter vertragsärztlich behandelt werden, zulässig.

113   Ein Arzt, bei dem Hinderungsgründe aufgrund einer anderweitigen Beschäftigung vorliegen, kann unter der **Bedingung** zugelassen werden, dass der seine Eignung entgegen stehende Grund spätestens **drei Monate** nach dem Zeitpunkt beseitigt wird, in dem die Entscheidung und die Zulassung unanfechtbar geworden ist.[12] Das Beheben der Hinderungsgründe kann durch **Kündigung** eines bestehenden Beschäftigungsverhältnisses oder der **Reduzierung** der vertraglichen vereinbarten Arbeitszeit erfolgen. Dieser der Eignung entgegenstehenden Grund muss allerdings spätestens drei Monate nach dem Zeitpunkt beseitigt sein, in dem die Entscheidung über die Zulassung bestandskräftig geworden ist. Folge der Zulassung unter der Bedingung ist, dass der **Bescheid** über die Zulassung zwar wirksam ist, die Rechtswirkung der Zulassung, d. h. die Zulassung zur vertragsärztlichen Tätigkeit, wird bis zum Eintritt der Bedingung in der **Schwebe** gehalten. Solange daher der Hinderungsgrund nicht beseitigt ist, besteht keine wirksame vertragsärztliche Zulassung, so dass der Arzt insoweit weder vertragsärztlich behandeln noch abrechnen darf.

---

[10] BSG vom 13. 10. 2010 – B 6 KA 40/09 R.
[11] BSG Urteil vom 19. 3. 1997 – 6 RKa 39/96.
[12] § 20 Abs. 3 Ärzte-ZV.

3. Bedarfsplanung

Die **Bedarfsplanung** setzt nach Maßgabe eines definierten **Versorgungsgrades** fest, in **114** welcher **Anzahl** Ärzte in einem Planungsbezirk ambulant **vertragsärztlich** tätig sein dürfen. Die Bedarfsplanung ist einerseits von der **Anzahl** der niedergelassenen Ärzte einer Fachgruppe abhängig und andererseits von dem durch die Landesverbände der Krankenkassen festsetzenden **Versorgungsgrad,** der das **Verhältnis** zwischen **Bevölkerungsgröße** im Planungsbezirk und der jeweiligen **Fachgruppe** der Ärzte ausdrückt. In die Planung einbezogen werden 14 Facharztgruppen unter Berücksichtigung der politischen Landkreise und kreisfreien Städte als Planungsraum. Beträgt das **Verhältnis** zwischen niedergelassenen Ärzten und der Einwohner eines Planungsbezirkes, der den **Landkreisen** und den **kreisfreien Städten** entspricht, mehr als **110%**, wird dieser Planungsbezirk **gesperrt.** Der **Zugang** zur **ambulanten vertragsärztlichen Versorgung** ist in diesen Fällen nur möglich, wenn ein bereits niedergelassener Arzt seine Zulassung im Wege des **Nachbesetzungsverfahrens** weiter gibt. Die Bedarfsplanung des SGB V erfolgt im ärztlichen Bereich nur dann, wenn die **Anzahl** der niedergelassenen Fachärzte **insgesamt** im Bundesgebiet **1000** überschreitet. Im **zahnärztlichen Bereich** ist mit Inkrafttreten des Vertragsarztrechtsänderungsgesetzes in 2008 die Bedarfsplanung, unabhängig von der Anzahl der niedergelassenen Zahnärzte, ersatzlos **weggefallen.**

Die Aufnahme der **vertragsärztlichen Tätigkeit** in gesperrten **Planungsgebieten** ist **115** grundsätzlich nur dann möglich, wenn bestehende **Vertragsarztsitze** von tätigen Vertragsärzten nicht weiter ausgeübt werden sollen. Dies erfolgt dadurch, dass der Vertragsarzt gegenüber den Zulassungsgremien auf eine weitere Tätigkeit als Vertragsarzt und damit auf seine Zulassung **verzichtet,** in der Folge wird der Vertragsarztsitz in einem besonderen Verfahren, dem Nachbesetzungsverfahren, übertragen.

Zum 1. 1. 2012 sind die einschlägigen Regelungen zur Bedarfsplanung geändert worden. Die Änderungen der Regelungen zur **Bedarfsplanung** (§§ 99 ff. SGB V) werden im **116** Wesentlichen durch die veränderten **Bedarfsrichtlinien (Bedarfs-RL),** die zwischen der KBV und den Krankenkassen abgestimmt sind und durch den **Gemeinsamen Bundesausschuss** (G-BA) erlassen werden, bestimmt.

Mit Wirkung zum 1. 1. 2013 ist die geänderte Bedarfsrichtlinie (Bedarfs-RL) in Kraft **117** getreten. Die Bedarfsplanung umfasst die Schaffung eines hausärztlichen und fachärztlicher Versorgungsbereiche, die räumlich unterschiedlich beplant werden. Bisher stellten die Kreise und die kreisfreien Städte die Planungsbezirke dar, die Grundlage für die räumliche Beplanung war. Der **fachärztliche Versorgungsbereich** umfasst die **allgemeine,** die **spezielle** und die **gesonderte fachärztliche Versorgung.** Der **allgemeine fachärztliche Versorgungsbereich** umfasst die folgenden Arztgruppen: Augenärzte, Chirurgen, Frauenärzte, Hautärzte, HNO-Ärzte, Nervenärzte, Orthopäden, Psychotherapeuten, Urologen und Kinderärzte. Die **spezielle fachärztliche Versorgung** umfasst die Arztgruppen: Anästhesisten, fachärztlich tätige Fachinternisten, Kinder- und Jugendpsychiater, Radiologen. Die **gesonderte fachärztliche Versorgung** erfolgt durch die Fachgruppen Humangenetiker, Laborärzte, Neurochirurgen, Pathologen, physikalische- und Rehabilitations-Mediziner, Strahlentherapeuten und Transfusionsmediziner.

Der **hausärztliche Versorgungsbereich,** der ausschließlich Hausärzte umfasst, wird **118** zukünftig lokal beplant werden, d. h. nach dem sog. Mittelbereich in der Abgrenzung des Bundesinstituts für Bau, Stadt- und Raumforschung. Der Mittelbereich ist im Regelfall identisch mit den Kreisen und kreisfreien Städten. Der Planungsbezirk des **allgemeinen fachärztlichen Versorgungsbereichs** ist die kreisfreie Stadt, der Landkreis oder die Kreisregion nach den Zusammenfassungen des Bundesinstituts für Bau, Stadt- und Raumforschung. Der Planungsbezirk des **spezialisierten fachärztlichen Versorgungsbereichs** ist die Raumordnungsregion nach den Abgrenzungen des Bundesinstituts für Bau, Stadt- und Raumforschung. Die Raumordnungsregionen wurden durch das Bundesinstitut entsprechend festgelegt und gehen über die vorgenannten Planungsbereiche hinaus. Der

Planungsbezirk der **gesonderten fachärztlichen Versorgung** ist der Bezirk der Kassen-ärztlichen Vereinigung.

Die festgesetzten Verhältniszahlen (Arzt je Einwohner) für jeden Versorgungsbereich werden durch einen Leistungsbedarfsfaktor und einen Demographiefaktor modifiziert. Nach Schätzungen der KBV könnten auf Grundlage dieser Bedarf-RL je nach Berücksich-tigung der entsprechenden Kriterien 7000 bis 22 000 Vertragssitze in Deutschland zusätzlich entstehen.

4. Facharzt als Voraussetzung

119   Grundvoraussetzung für den **Zugang** zum vertragsärztlich ambulanten Bereich ist, dass der Arzt zum **Facharzt** ausgebildet wurde. Dies gilt als **Grundvoraussetzung** für sämtli-che, inhaltlich teilweise sehr unterschiedlichen, Zugänge zum ambulant- vertragsärztlichen Bereich. Sowohl im Bereich der **Ermächtigung** von Krankenhausärzten, **Institutser-mächtigung, Ermächtigungen** von Ärzten zur **Versorgung von Pflege- und Alten-heimen** ist jeweils der Nachweis der **Facharztweiterbildung** zwingend. Der praktische Arzt, der in der **hausärztlichen Versorgung** tätig war, hatte keine Facharztausbildung, war aufgrund des damaligen **Kassenarztrechtes** für die hausärztliche Versorgung zustän-dig. Mit Ausnahme von Übergangsregelungen für solche Ärzte, bedarf jeder Arzt, der ver-tragsärztlich tätig werden will, eine Facharztausbildung.

120   Strukturell ist voran zusetzen, dass die vertragsärztliche ambulante Versorgung aus dem **hausärztlichen** und dem **fachärztlichen** Bereich besteht. Zum **hausärztlichen** Bereich zählen neben den **Fachärzten für Allgemeinmedizin** und den **Fachinternisten,** die im hausärztlichen Bereich tätig sind, die **Kinderärzte (Fachärzte für Kinder- und Ju-gendmedizin).** Alle anderen vertragsärztlich tätigen Ärzte sind dem **fachärztlichen Be-reich** zuzuordnen. Die Bedarfsplanung folgt ebenfalls dem Grundsatz dieser Aufteilung in den **hausärztlichen** und **fachärztlichen** Bereich. Die **Abgrenzung** der Facharztgruppen erfolgt durch die **Weiterbildungsordnungen** der jeweiligen **Landesärztekammer,** die Inhalt und Umfang der **Facharztausbildung** auf Grundlage einheitlicher Vorgaben, die sich aus der **Musterweiterbildungsordnung** ergeben, festlegen. Hieraus ergibt sich, dass in allen **Landesärztekammern** ein einheitlicher Standard der Facharztausbildung besteht. Die wesentlichen Kriterien in der vertragsärztlichen Versorgung werden damit nicht durch den Gesetzgeber bestimmt, sondern durch die Selbstverwaltungskörperschaften hier den Landesärztekammern, die durch ihre Gremien den Inhalt der Weiterbildungsordnung fest-schreiben. Dies erfolgt vor dem Hintergrund der Beschlüsse, die durch die Gremien der **Bundesärztekammer** getroffen wurden. Die **inhaltliche Ausgestaltung** der **Facharzt-gruppen** erfolgt durch die Landesärztekammer, so dass ein wesentlicher Bestandteil der vertragsärztlichen Versorgung, nämlich die Ausgestaltung der Facharztgruppen, durch die ärztlichen Selbstverwaltungskörperschaften erfolgt.

121   Die **Abgrenzung** der Facharztgruppen hat Bedeutung, ob entsprechende Leistungen **vertragsärztlich vergütet** werden können. Der **einheitliche Bewertungsmaßstab** (EBM) definiert in den Präambeln[13] zu den jeweiligen **arztspezifischen Vergütungs-gruppen** die jeweiligen Qualifikationen, die gegeben sein müssen, um die Leistung ver-tragsärztlich abrechnen zu können. Des Weiteren ist die **Abgrenzung** durch die Facharzt-gruppen von entscheidender Bedeutung dafür, welche Leistungen der jeweilige Arzt vertragsärztlich überhaupt erbringen darf, unabhängig von der Fragestellung der Vergütung. Der Vertragsarzt ist gemäß § 73 SGB V verpflichtet gesetzlich versicherte Patienten zu ver-sorgen, d. h. es besteht abgeleitet aus dem **Sicherstellungsauftrag** der Kassenärztlichen Vereinigung gegenüber der Krankenkasse, die Verpflichtung gesetzlich versicherte Patien-ten ambulant zu versorgen. Das Bundessozialgericht hatte zu entscheiden, ob die vorge-nommene **Differenzierung** zwischen Fachärzten für Orthopädie und Fachärzten für Ra-

---

[13] Z. B. Präambel 13.1 EBM.

diologie dahingehend bestimmt genug ist, dass bestimmte radiologische Untersuchungen, die typischer Weise in den Fachbereich der Orthopädie fallen, auch von Fachärzten für Orthopädie vertragsärztlich erbracht und abgerechnet werden können. Begründet wurde dies damit, dass Fachärzte für Orthopädie gerade in ihrem Tätigkeitsbereich eine Vielzahl an bildgebender Befundung durchführen müssen und damit den Fachärzten für Diagnostische Radiologie **gleichgesetzt** sein müssten. Das **Bundessozialgericht**[14] entschied, dass im **Weiterbildungskatalog** der Fachärzte für Orthopädie die **Radiologie** zwar beinhaltet ist, allerdings nicht die **qualitative Tiefe** wie in der Weiterbildungsordnung für die Fachärzte für Radiologie und damit Fachärzte für Orthopädie nicht berechtigt sind, **vertragsärztlich radiologische** Leistungen, hier Leistungen mittels MRT zu erbringen und abzurechnen.

In verfassungsrechtlicher Hinsicht ist durch das **Bundesverfassungsgericht**[15] bestätigt   **122** worden, dass die Abgrenzungen der Weiterbildungsordnungen für vertragsärztliche Tätigkeit insoweit **konstitutiv** sind und damit kein Eingriff in die verfassungsgemäß garantierte Berufsausübungsfreiheit besteht. Im entschiedenen Fall ging es um die Beschwerde eines Mund-Kiefer und Gesichtschirurgen (MKG-Chirurgie). In diesem Fall wurde entschieden, dass die chirurgische Tätigkeit eines MKG-Chirurgen sich auch auf den Bauch- und Brustbereich beziehen darf.

5. Job-sharing

Eine **Ausnahme** zu dem oben beschriebenen Prozess der Teilnahme an der vertragsärzt-   **123** lichen Versorgung, insbesondere durch die **Bedarfsplanung** gesperrten, überversorgten Gebieten, bietet das **Job-sharing** (§ 101 Abs. 4 SGB V). Hiernach besteht die Möglichkeit, dass eine **beschränkte Zulassung** im Rahmen des Job-sharing in der Weise erfolgt, dass ein nicht vertragsärztlicher zugelassener Arzt eine Zulassung mit einem bereits zur vertragsärztlichen Tätigkeit zugelassenen Arzt teilt. Gleichzeitig verpflichten sich die Ärzte eine **Leistungsbeschränkung** einzugehen. Das job-sharing kann sowohl als **Beschäftigungsverhältnis**[16] oder auf Grundlage eines **Gesellschaftsvertrages**[17] erfolgen.

Voraussetzung ist, dass zwischen dem **niedergelassenen Arzt** und dem job-sharer   **124** **Fachidentität** besteht. Es gilt die **Facharztbezeichnung** nach der **Weiterbildungsordnung**. Diese wird nach der Bedarfsrichtlinie auch in den folgenden besonderen Fällen angenommen:

– Facharzt für Anästhesiologie mit einem Facharzt für Anästhesiologie und Intensivtherapie
– Facharzt für Chirurgie mit einem Facharzt für Allgemeine Chirurgie
– Facharzt für Orthopädie mit einem Facharzt für Orthopädie und Unfallchirurgie
– Facharzt für Phoniatrie und Pädaudiologie mit einem Facharzt für Sprach-, Stimm- und kindliche Hörstörungen
– Facharzt für Lungen- und Bronchialheilkunde (Lungenarzt) mit einem Facharzt für Innere Medizin mit Schwerpunkt Pneumologie
– Facharzt für Innere Medizin mit Schwerpunktbezeichnung Pneumologie oder mit Teilgebietsbezeichnung Lungen- und Bronchialheilkunde
– Facharzt für Kinderheilkunde mit einem Facharzt für Kinder- und Jugendmedizin
– Facharzt für Psychotherapeutische Medizin mit einem Facharzt für Psychosomatische Medizin und Psychotherapie
– Facharzt für Kinder- und Jugendpsychiatrie mit einem Facharzt für Kinder- und Jugendpsychiatrie
– Facharzt für Psychiatrie mit einem Facharzt für Psychiatrie und Psychotherapie

---

[14] BSG vom 31. 1. 2001 – B 6 KA 24/00.
[15] BVerfG vom 1. 2. 2011 – 1 BvR 2383/10.
[16] § 103 Abs. 1 Nr. 5 SGB V.
[17] § 103 Abs. 1 Nr. 4 SGB V.

- Facharzt für Chirurgie mit Schwerpunkt Unfallchirurgie mit einem Facharzt für Orthopädie und Unfallchirurgie
- Ärzte aus dem Gebiet der Radiologie
- Ärzte aus dem Gebiet der Inneren Medizin und Allgemeinmedizin deren Schwerpunkt Bestandteil der Gebietsbezeichnung ist, mit Internisten mit identischer Schwerpunktbezeichnung (nach altem WBO-Recht)
- Ärzte aus dem Gebiet der Chirurgie, deren Gebietsbezeichnung auf einer Schwerpunktbezeichnung hervorgegangen ist, mit Chirurgen mit identischer Schwerpunktbezeichnung (nach altem WBO-Recht) zusammenschließen; dies gilt nicht für die Fachärzte für Orthopädie und Unfallchirurgie.
- Facharzt für Nervenheilkunde (Nervenarzt) mit einem Arzt, der gleichzeitig die Gebietsbezeichnungen Neurologie und Psychiatrie oder gleichzeitig die Gebietsbezeichnungen Neurologie und Psychiatrie und Psychotherapie führt.
- Laborarzt mit einem Arzt aus dem Gebiet der Mikrobiologie zusammenschließt, sofern die Tätigkeit des Mikrobiologen auf die Labortätigkeit beschränkt wird.

125 Die **beschränkte** Tätigkeit des als Job-sharer tätigen Vertragsarztes ist streng **abhängig** von der Zulassung des bereits niedergelassenen Arztes, mit der Folge dass sofern dieser den **Verzicht** seiner **Zulassung** erklärt, **berufsunfähig** oder **verstirbt** auch der vertragsärztliche Zugang des Job-sharing Partners beendet wird. In **vergütungsrechtlicher** Hinsicht bestehen **Leistungsbeschränkungen,** die beinhalten, dass maximal ein bestimmter **Wachstumszuwachs** ermöglicht ist.[18] Im Rahmen des **Nachbesetzungsverfahrens** ist der Job-sharer nach Ablauf von fünf Jahren gegenüber den übrigen Bewerbern im **Nachbesetzungsverfahren** privilegiert. Nach Ablauf von zehn Jahren der Tätigkeit als Job-sharer Arzt erstarkt die beschränkte vertragsärztliche Zulassung zu einer **vollwertigen Zulassung** ohne Leistungsbeschränkungen, unabhängig vom bestehenden Versorgungsgrad und der Bedarfsplanung im Planungsbezirk.

6. Sonderbedarfszulassung

126 Die Sonderbedarfszulassung ermöglicht, trotz Bestehen von Zulassungsbeschränkungen an der vertragsärztlichen Versorgung teilzunehmen. Voraussetzung hierfür ist, dass ein **lokaler Sonderbedarf** vorliegt. Der lokale Sonderbedarf darf sich nicht auf einzelne Leistungen des EBM beschränken, sondern es muss eine **wirtschaftlich existenzfähige Praxis** ableitbar sein. Für die Feststellung, ob ein lokaler Sonderbedarf besteht, müssen umfangreiche Ermittlungen durchgeführt werden. Dies geschieht insbesondere dadurch dass ermittelt wird, ob die niedergelassenen Vertragsärzte den Bedarf nicht bereits abdecken. Dies geschieht durch **Befragung** der niedergelassenen Ärzte, wobei eine ausreichende Basis für die Entscheidung, ob ein nicht gedeckten Versorgungsbedarfs nur dann gegeben ist, wenn genügend Ärzte des jeweiligen Fachgebiets ermittelt werden. Dies erfolgt durch Ermittlung der **Patientenzahlen** und Durchsicht von **Behandlungsunterlagen.** Das Leistungsangebot von bereits ermächtigten Ärzten wird nicht berücksichtigt. Hochschulambulanzen werden hingegen berücksichtigt.

127 Ein **Versorgungsdefizit** kann sich auch aus unzumutbaren **Wartezeiten** ergeben oder aus überlangen **Terminvergaben** (über sechs Monate). Den Zulassungsausschüssen steht bei der Einschätzung, ob ein Sonderbedarf besteht, ein gerichtlich nur begrenzt überprüfbarer **Beurteilungsspielraum** zu. Bereits zugelassene Vertragsärzte sind am Verfahren der Sonderbedarfszulassung zu beteiligen. Darüber hinaus können diese Vertragsärzte gegen die Erteilung einer Sonderbedarfszulassung gerichtlich vorgehen. Mit der Rechtslage ab 1. 1. 2012 soll nach dem Willen des Gesetzgebers die Sonderbedarfszulassung verstärkt als Instrument eingesetzt werden, um Versorgungsdefizite zu beseitigen. Ob dies tatsächlich erfolgt, bleibt auch vor dem Hintergrund der zukünftigen Bedarfsrichtlinien, abzuwarten.

---

[18] Einzelheiten hierzu im Bereich ärztliches Vergütungsrecht S. 103 ff.

7. Ermächtigung

Die Ermächtigung ist ein weiteres Instrument, das den Zugang zur vertragsärztlichen **128** Versorgung in gesperrten Planungsbezirken ermöglicht. Dieser Zugang kann grundsätzlich in der Form der Ermächtigung von **Krankenhausärzten**[19] oder der Ermächtigung von bestimmten **Einrichtungen der stationären Versorgung**[20] (Hochschulambulanzen, psychiatrische Institutsambulanzen, Sozialpädiatrische Zentren) erfolgen. Die gesetzlichen Regelungen sehen grundsätzlich einen **Rechtsanspruch** vor, dass Krankenhausärzte mit abgeschlossener Weiterbildung zur vertragsärztlichen Versorgung zu ermächtigen sind. Weitere Voraussetzung ist, dass eine **ausreichende ärztliche Versorgung** der Versicherten soweit und solange ohne die von dem jeweiligen Krankenhausarzt beherrschten besonderen Methoden oder Kenntnisse nicht sichergestellt ist. Dies bedeutet, ähnlich wie bei der Sonderbedarfszulassung, dass kein niedergelassener Arzt die besonderen Methoden und Kenntnisse nicht bereits im Rahmen seiner **vertragsärztlichen Tätigkeit** erbringt. Das Bedürfnis für eine Ermächtigung kann sich aus **qualitativ-speziellen** Gründen oder **quantitativ-allgemeinen** Gründen ergeben. Mit qualitativ-speziellen Gründen sind solche gemeint, die bestimmte **Untersuchungs- und Behandlungsmethoden** umfassen, die im ambulanten Bereich sonst nicht angeboten werden. Hingegen sind mit quantitativ-allgemeinen Gründen gemeint, dass **nicht genügend Vertragsärzte** niedergelassen sind, die die entsprechenden Leistungen anbieten können.

Der Antrag eines Krankenhausarztes auf Ermächtigung ist schriftlich an den Zulassungs- **129** ausschuss zu richten, in dessen Bereich das Krankenhaus gelegen ist.[21] Dem Antrag sind beizufügen eine Approbationsurkunde, eine Urkunde, aus der sich die Berechtigung zum Führen einer Gebietsbezeichnung ergibt, eine Erklärung des Krankenhausarztes, ob er rauschgiftsüchtig ist oder innerhalb der letzten fünf Jahre gewesen ist, ob er sich innerhalb der letzten fünf Jahre einer Entziehungskur wegen Trunksucht oder Rauschgiftsucht unterzogen hat und dass gesetzliche Hinderungsgründe der Ausübung des ärztlichen Berufes nicht entgegenstehen. Des Weiteren ist eine schriftliche **Zustimmungserklärung** des Krankenhausträgers erforderlich.[22]

Der Antrag des Arztes auf Ermächtigung ist nur dann begründet, wenn besondere **130** Kenntnisse bei dem Krankenhausarzt gegeben sind, über die die niedergelassenen Fachärzte nicht verfügen. Bei der Entscheidung über den Antrag ist zu berücksichtigen, ob die niedergelassenen Ärzte aufgrund ihres **gleichwertigen Ausbildungsstandes** dem Versorgungsanspruch der Versicherten in qualitativer Hinsicht entsprechen können. Es besteht daher keine Vermutung dafür, dass nur Krankenhausärzte bestimmte Leistungen erbringen können, denn auf Grund der weiter fortschreitenden Spezialisierung von Vertragsärzten kann davon ausgegangen werden, dass Vertragsärzte auch die **Diagnose** und **Therapie** von seltenen Krankheiten erbringen können. Daher begründen besondere Kenntnisse der Krankenhausärzte alleine keine Ermächtigung, sondern nur eine Ermächtigung zur **konsiliarärztlichen Beratung** von niedergelassenen Ärzten. Hierbei steht daher nicht die Sicherstellung der Versorgung im Vordergrund, sondern die Unterstützung des niedergelassenen Arztes mit Spezialistenwissen. Eine Ermächtigung setzt daher voraus, dass nicht nur besondere Kenntnisse und Erfahrungen bei dem Krankenhausarzt gegeben sind, sondern es muss sich hieraus ein **ärztliches Angebot** an die Patienten hieraus ergeben. Dieses Angebot darf von niedergelassenen Ärzten nicht erfolgen, wobei eine nur gelegentliche Erbringung nicht ausreicht. Wenn der Krankenhausarzt über Untersuchungs- und Behandlungsmethoden, die für eine ausreichende Versorgung der Patienten notwendig sind, verfügt, über die kein niedergelassener Vertragsarzt oder nicht im dem Maße verfügt, ist eine Er-

---

[19] § 116 SGB V.
[20] §§ 117, 118, 119 SGB V.
[21] § 31a Abs. 2 S. 1 Ärzte-ZV.
[22] §§ 31a Abs. 2, 31 Abs. 6, 18 Abs. 1 lit b) und 18 Abs. 2 lit e) Ärzte-ZV.

mächtigung zu erteilen. Dies wird in der Regel durch den Vergleich mit entsprechenden Abrechnungsstatistiken der niedergelassenen Ärzte festgestellt. Eine besondere **Untersuchungsmethode** liegt auch vor, wenn die vom Krankenhausarzt angebotene Methode eine erheblich geringere gesundheitliche Belastung der Versicherten mit sich bringt als vergleichbare Methoden niedergelassener Ärzte. Die Erteilung einer Ermächtigung setzt voraus, dass **ambulant vertragsärztliche Leistungen** erbracht werden sollen. Leistungen, die der stationären Versorgung zugerechnet werden gehören hierzu nicht. Allerdings werden ambulant durchgeführte Leistungen der stationären Versorgung zugerechnet, wenn sie nach **Art und Schwere** der Erkrankung für die medizinische Versorgung des Versicherten im Krankenhaus erforderlich sind.

131 Beruht der Antrag auf Ermächtigung auf **quantitativ-allgemeinen** Gründen, muss ermittelt werden, ob im entsprechenden Planungsbereich eine ausreichende Anzahl von Ärzten einer bestimmten Fachgruppe für die ambulante Versorgung zur Verfügung steht. Die Angaben des **Bedarfsplans** können dabei zu Grunde gelegt werden. Besteht kein Bedarfsplan für eine bestimmte Facharztgruppe kann der Zulassungsausschuss auf die Feststellung des Landesausschuss der Ärzte und Krankenkassen im Hinblick auf eine Über- bzw. Unterversorgung abstellen.

132 Dabei ist auch auf die **tatsächlich bestehende Versorgungslage** im Planungsbereich, unabhängig von der Feststellung einer Überversorgung abzustellen. Diese kann auf Grundlage der Behandlungsfälle der niedergelassenen ermittelt werden. Auch ist zu berücksichtigen, ob und in welchem Umfang Ärzte in **angrenzenden Planungsbezirken** aufgesucht werden. Der Zulassungsausschuss muss die tatsächliche Versorgungslage mit den tatsächlichen Versorgungsbedürfnissen in Einklang bringen.

133 Der Zulassungsausschuss hat bei der Feststellung, ob ein Versorgungsbedarf besteht einen **Beurteilungsspielraum.** Dies bedeutet, dass die Entscheidung des Zulassungsausschusses nur eingeschränkt gerichtlich überprüfbar ist. Überprüfbar ist, ob von einem zutreffenden Sachverhalt ausgegangen wurde, die Rechtsbegriffe zutreffend angewandt worden sind und ob die Begründungen nachvollziehbar und logisch sind.

134 Ein Krankenhausarzt darf, ebenso wie ein Arzt, der eine Zulassung begehrt, nicht ermächtigt werden, wenn er **ungeeignet** ist.[23]

135 Neben der persönlichen Ermächtigung sieht das Gesetz die **Institutsermächtigungen,** die grundsätzlich gegenüber der persönlichen nachrangig sind, vor. Dies bedeutet, dass nur dann, wenn eine persönliche Ermächtigung nicht erteilt wird oder werden kann, eine Institutsermächtigung erteilt werden kann. Im Übrigen sind Institutsermächtigungen nur möglich, sofern die gesetzlichen Voraussetzungen[24] erfüllt sind.

III. Vertragsärztliche Pflichten

136 Der zur vertragsärztlichen Versorgung zugelassene Arzt ist verpflichtet, gesetzlich versicherte Patienten vertragsärztlich zu versorgen. Die **vertragsärztliche Versorgung** umfasst daher:
– die ärztliche Behandlung,
– die ärztliche Betreuung bei Schwangerschaft und Mutterschaft,
– die ärztlichen Maßnahmen zur Früherkennung von Krankheiten,
– die ärztlichen Maßnahmen zur Empfängnisregelung, Sterilisation und zum Schwangerschaftsabbruch, soweit die Leistungspflicht nicht durch gesetzliche Regelungen ausgeschlossen ist,
– die ärztlichen Leistungen zur Herstellung der Zeugungs- oder Empfängnisfähigkeit sowie die medizinischen Maßnahmen zur Herbeiführung einer Schwangerschaft,

---

[23] Vgl. Rn. 108.
[24] §§ 117, 118, 119 SGB V.

– die Verordnung von Arznei, Verband-, Heil- und Hilfsmitteln, von Krankentransporten, von Krankenhausbehandlungen, von Behandlung in Vorsorge- oder Rehabilitationseinrichtungen sowie die Veranlassung von ambulanten Operationen, auch soweit sie im Krankenhaus durchgeführt werden sollen,
– die Beurteilung der Arbeitsunfähigkeit,
– die ärztliche Verordnung von ambulanten Vorsorgeleistungen in anerkannten Kurorten,
– die Ausstellung von Bescheinigungen und Erstellung von Berichten, welcher die Krankenkassen oder der medizinische Dienst zur Durchführung ihrer gesetzlichen Aufgaben oder welche die Versicherten für den Anspruch auf Fortzahlung des Arbeitsentgeltes benötigen,
– die Verordnung von häuslicher Krankenpflege,
– die Verordnung von medizinischen Leistungen die Rehabilitation die Belastungserprobung und Arbeitstherapie,
– die vom Arzt angeordneten und unter seiner Verantwortung erbrachten Hilfeleistungen anderer Personen,
– die psychotherapeutische Behandlung einer Krankheit durch psychologische Psychotherapeuten und Kinder- und Jugendpsychotherapeuten und Vertragsärzten im Rahmen des SGB V und der Richtlinien des gemeinsamen Bundesausschusses,
– die Verordnung von Soziotherapie.

Zur ärztlichen Behandlung im Rahmen der vertragsärztlichen Versorgung gehören auch: **137**
– die belegärztlichen Leistungen,
– die ambulante ärztliche Behandlung als medizinische Vorsorgeleistung,
– ärztliche Leistungen während ambulanter Vorsorgeleistungen in anerkannten Kurorten,
– die in Notfällen ambulant durchgeführten ärztlichen Leistungen durch nicht einer vertragsärztlichen Versorgung teilnehmende Ärzte,
– Leistungen auf Grundlage von Verträgen zur hausarztzentrierten Versorgung oder fachärztlich ambulanten Versorgung.

Der vorbezeichnete Umfang der vertragsärztlichen Versorgung definiert zunächst die **138**
Reichweite der Verpflichtung des Vertragsarztes. Dieser trifft allerdings keine Aussage darüber, inwiefern und in welchem Umfang diese Leistungen vertragsärztlich **vergütet** werden. Es wird zunächst nur der **Umfang** der vertragsärztlichen Versorgung definiert.[25] Entsprechend umfasst die **vertragszahnärztliche Versorgung** die zahnärztliche Behandlung. Zur vertragszahnärztlichen Versorgung gehören auch die Anordnungen der Hilfeleistungen anderer Personen, die zahnärztliche Behandlung und **kieferorthopädische** Behandlung, die Versorgung mit **Zahnersatz** einschließlich Zahnkronen und Suprakonstruktionen, die Verordnung von Arznei, Verband-, Heil-, Hilfs- und Krankenhausbehandlung sowie die Ausstellung von Bescheinigungen und die Erstellung von Berichten, die die Krankenkassen und dem medizinischen Dienst (MDK) zur Durchführung ihrer gesetzlichen Aufgaben und die den Versicherten für den Anspruch auf Fortzahlung des Arbeitsentgeltes gehören. Zur zahnärztlichen Behandlung im Rahmen der vertragszahnärztlichen Versorgung gehören die ambulante zahnärztliche Behandlung einschließlich der in Krankenhäusern ambulant mit ausgeführten zahnärztlichen Leistungen, der von Nicht-Vertragszahnärzten in dringenden Fällen ambulant ausgeführten zahnärztlichen Leistungen, der zahnärztlichen Leistung, die in poliklinischen Einrichtungen der Hochschulen ausgeführt werden, sowie die stationäre vertragszahnärztliche Behandlung.[26]

Eine **Kernpflicht** im vertragsärztlichen Versorgungsbereich ist die **persönliche Leis-** **139**
tungserbringungspflicht: Danach ist jeder Vertragsarzt verpflichtet, vertragsärztliche Tätigkeiten persönlich auszuüben. Persönliche Leistungen sind auch ärztliche Leistungen durch genehmigte **Assistenten** und **angestellte Ärzte,** soweit sie den Praxisinhaber als eigene Leistungen zugerechnet werden können. Dem Praxisinhaber werden die ärztlichen

---

[25] § 2 Abs. 1 u. Abs. 2 BMV-Ä.
[26] § 2 Abs. 1 u. Abs. 2 BMV-Z.

selbständigen Leistungen des angestellten Arztes auch dann zugerechnet, wenn sie in der Betriebsstätte oder Nebenbetriebsstätte der Praxis in **Abwesenheit** des Vertragsarztes erbracht werden. Dies gilt auch für fachärztliche Leistungen eines angestellten Arztes eines anderen Fachgebietes, auch wenn der Praxisinhaber sie nicht selbst miterbracht oder beaufsichtigt hat. Zu den persönlichen Leistungen gehören auch **Hilfeleistungen** nicht-ärztlicher Mitarbeiter, die der an der vertragsärztlichen Versorgung teilnehmende Arzt, der genehmigte Assistent oder ein angestellter Arzt anordnet und fachlich überwacht, wenn er nicht-ärztliche Mitarbeiter zur Erbringung der jeweiligen Hilfeleistungen qualifiziert ist. Ausnahmen von der persönlichen Leistungserbringungspflicht bestehen nur dann, wenn der Arzt aufgrund **krankheitsbedingter** oder **urlaubsbedingter Abwesenheit** sich durch einen anderen Arzt oder Vertragsarzt vertreten lässt. Bis zu einer Vertretungszeit von einer Woche ist die Tätigkeit eines Vertreters nicht anzeigepflichtig. Innerhalb eines Zeitraums von **zwölf Monaten** darf eine Vertretung von maximal drei Monaten erfolgen. Während Zeiten der **Erziehung** von Kindern bis zu einer Dauer von 36 Monaten, wobei dieser Zeitraum nicht zusammenhängend genommen werden muss, sowie während der **Pflege** eines pflegebedürftigen nahen Angehörigen in häuslicher Umgebung bis zu einer Dauer von sechs Monaten. Entsprechendes gilt bei der Teilnahme an Wehrübungen. Die Kassenärztliche Vereinigung kann die vorgenannten Zeiträume im Einzelnen verlängern. Sind die Voraussetzungen einer Vertretungssituation nicht gegeben und hat der Vertragsarzt die Leistungen nicht auch im Rahmen einer zulässigen Delegation an nicht-ärztliches Personal erbracht, liegt ein **Verstoß** gegen vertragsärztliche Pflichten vor, so dass neben entsprechenden Sanktionsmöglichkeiten des Disziplinarrechts[27] auch eine Rückforderung des gezahlten vertragsärztlichen Honorars erfolgen könnte.

140   Die Vertretung bei genehmigungspflichtigen **psychotherapeutischen** Leistungen einschließlich der Sitzungen ist grundsätzlich unzulässig. Dies bedeutet, dass sofern ein konkreter Therapiezyklus durch die Krankenkasse genehmigt wurde, während dieser Therapie die Weiterführung durch einen Vertreter des zugelassenen Psychotherapeuten nicht zulässig ist.

141   Ärztliche **Untersuchungs- und Behandlungsmethoden,** welche wegen der Anforderungen an ihre Ausführung oder wegen der Neuheit des Verfahrens besondere Kenntnisse und Erfahrungen **(Fachkunde),** sowie einer besonderen Praxisausstattung oder weiterer Anforderungen an die **Strukturqualität** bedürfen, dürfen in der vertragsärztlichen Versorgung nur ausgeführt und abgerechnet werden, wenn der Arzt die entsprechenden Voraussetzungen erfüllt. Dies betrifft insbesondere das Fachgebiet der Radiologie, für die umfangreiche qualitätssichernde Voraussetzungen geschaffen wurden. Danach ist beispielsweise die Erbringung und Abrechnung von diagnostischen Leistungen mittels CT oder MRT nur zulässig, wenn neben dem Facharzt für Radiologie weitere entsprechende Qualifikationsnachweise vorliegen. Diese fachlichen Qualifikationen sind durch ein Kolloquium bei der Kassenärztlichen Vereinigung nachzuweisen. Neue Untersuchungs- und Behandlungsmethoden dürfen in der vertragsärztlichen Versorgung nur dann angewendet und abgerechnet werden, wenn der GBA in Richtlinien die **Anerkennung** empfohlen hat, die erforderlichen Bestimmungen zur Qualitätssicherung getroffen wurden und sie in den **Einheitlichen Bewertungsmaßstab** aufgenommen wurden. Nicht anerkannte Behandlungsmethoden sind im Rahmen der vertragsärztlichen Versorgung keine versorgungsfähigen Leistungen.

142   Der Vertragsarzt ist verpflichtet, an seinem Vertragsarztsitz sowie weiteren Tätigkeitsorten **Sprechstunden** entsprechend dem Bedürfnis nach einer ausreichenden zweckmäßigen vertragsärztlichen Versorgung anzubieten. Die Sprechstunden sind festzusetzen und auf dem **Praxisschild** bekanntzugeben. Diese sind grundsätzlich mit festen **Uhrzeiten** anzugeben. Die Formulierung „Sprechstunden nach Vereinbarung" oder die Ankündigung einer Einbestellpraxis bedürfen lediglich zusätzlich und nicht alleine angegeben werden.

---

[27] Vgl. Disziplinarrecht S. 592 ff.

Der Vertragsarzt, der über einen **vollen Versorgungsauftrag** verfügt, ist verpflichtet, an seinem Vertragsarztsitz persönlich mindestens **20 Stunden** wöchentlich in Form von Sprechstunden zur Verfügung zu stehen. Für einen **Teilversorgungsauftrag** gelten Sprechstundenzeiten auf der Grundlage von **10 Stunden** wöchentlich für den Vertragsarztsitz. In allen Fällen der Ausübung vertragsärztlicher Tätigkeit an einen weiteren oder mehreren Tätigkeitsorten (z.B. Zweigpraxis) gilt, dass die Tätigkeit am Vertragsarztsitz alle Tätigkeiten außerhalb des Vertragsarztsitzes zeitlich insgesamt überwiegen muss. Ein bestehender Vollversorgungsauftrag kann durch Erklärung durch den Vertragsarzt jederzeit auf einen Teilversorgungsvertrag **reduziert** werden. Allerdings kann eine **Aufstockung** auf einen Vollversorgungsauftrag nur in den Gebieten erfolgen in denen keine Zulassungssperren bestehen. Bei einem **MVZ** gelten diese Regelungen mit der Maßgabe, dass die angegebenen Mindestzeiten für den Versorgungsauftrag des medizinischen Versorgungszentrums insgesamt **unabhängig** von der Zahl der beschäftigten Ärzte anzuwenden sind. Der Umfang der Sprechstundenzeiten gilt nicht für Anästhesisten und Belegärzte.

IV. Beendigung Vertragsarztstatus

1. Beendigungsgründe

Die vertragsärztliche Zulassung **endet** in den nachfolgend aufgeführten Fällen: **143**
– Verzicht durch den Vertragsarzt,
– Todes des Vertragsarztes,
– Aufgabe der Niederlassung oder
– fehlender Fortbildungsnachweis.

In den aufgeführten Fällen ist durch den Zulassungsausschusses eine Feststellung darüber **144** zu treffen, dass die **vertragsärztliche Zulassung** endet. Im Fall des **Verzichts** auf die vertragsärztliche Zulassung ist die Wirksamkeit des Verzichts entscheidend. Im Fall des **Todes** endet die vertragsärztliche Zulassung ebenfalls und zwar mit Vollendung des Todestages.[28] Da dies kann zu Versorgungsproblemen führen kann sieht der Bundesmantelvertrag vor,[29] dass die Kassenärztliche Vereinigung die Weiterführung der Praxis durch einen anderen Arzt bis zur Dauer von zwei Quartalen genehmigen kann. Der **Wegzug** von der konkreten Praxisanschrift, die zur Aufgabe der Niederlassung führt, sofern sie nicht nur vorübergehend ist, führt ebenfalls dazu, dass die vertragsärztliche Versorgung nicht weitergeführt wird. Dies führt zur Feststellung der Beendigung der vertragsärztlichen Zulassung. Ist der Vertragsarzt seinen **Fortbildungsverpflichtungen**[30] nicht nachgekommen, erfolgt ebenfalls die Feststellung der Beendigung der vertragsärztlichen Zulassung.

Die Wirksamkeit einer Verzichtserklärung ist vom Zeitpunkt des Wirksamwerdens des **145** Verzichts auf die vertragsärztliche Zulassung zu unterscheiden. Der **Verzicht** auf die vertragsärztliche Zulassung wird mit dem Ende des auf den Zugang der Verzichtserklärung beim Zulassungsausschuss folgenden Kalendervierteljahres **wirksam**. Erfolgt die Verzichtserklärung des Vertragsarztes am 2. 1. 2013 und geht diese auch zu diesem Zeitpunkt beim Zulassungsausschuss ein, endet die Zulassung erst mit Ablauf des 30. 6. 2013.

Ebenfalls kann durch den Zulassungsausschuss festgestellt werden, dass die Zulassung des **146** Vertragsarztes endet, wenn dieser zur Ausübung der vertragsärztlichen Tätigkeit **persönlich ungeeignet** ist. **Ungeeignet** ist ein Vertragsarzt, der entweder aus gesundheitlichen oder sonstigen in seiner Person liegenden Gründen nicht nur vorübergehend unfähig ist, die vertragsärztliche Versorgung ordnungsgemäß ausüben.

---

[28] § 95 Abs. 7 Satz 1 SGB V.
[29] § 4 Abs. 3 Satz 1 BMV-Ä.
[30] § 95 d Abs. 3 SGB V.

147 Hierzu kommen in Betracht:
- Erkrankungen oder Behinderungen,
- Drogen- und Alkoholabhängigkeit,
- Neigung zu Straftaten,
- Verletzung ärztlicher und vertragsärztlicher Berufspflichten,
- Negative Äußerungen,
- Fehlende Fähigkeiten und Bereitschaft vertragsärztliche Pflichten zu erfüllen,
- Insolvenz/Vermögensverfall,
- Gröbliche Verletzung vertragsärztlicher Pflichten.

148 Die Verletzung von vertragsärztlichen und ärztlichen Berufspflichten werden im Einzelnen im Kapitel Disziplinarrecht[31] erläutert und deshalb soll an dieser Stelle nur auf die Insolvenz bzw. den Vermögensverfall als Grund zur Entziehung der vertragsärztlichen Zulassung eingegangen werden. Weder die **Insolvenz** noch der **Vermögensverfall** stellen einen gesetzlich geregelten Tatbestand dar, der zur Entziehung der vertragsärztlichen Zulassung führt. Allerdings kann die Eröffnung des Insolvenzverfahrens im **Einzelfall** dazu führen, dass der Arzt der Erfüllung seiner vertragsärztliche Pflichten nicht nachkommt, insbesondere im Hinblick auf **Praxisöffnungszeiten** und der Erbringung **vertragsärztlicher Leistungen,** so dass in der Folge einer Insolvenz vertragsärztliche Pflichtverletzungen eintreten könnten, die zum Entzug der vertragsärztlichen Zulassung führen könnte. Dies gilt ebenso für den **Vermögensverfall,** der mangels ausdrücklich gesetzlicher Regelung keinen selbstständigen Grund für die Versagung bzw. die Entziehung der vertragsärztlichen Zulassung darstellt.

2. Nachbesetzung

149 **a) Rechtslage bis 31. 12. 2012.** In den Fällen in denen in einem Planungsbezirk **Überversorgung** festgestellt wurde, erfolgt der **Zugang** zur **vertragsärztlichen Versorgung** nur, wenn im Rahmen des Nachbesetzungsverfahrens der Vertragsarztsitz an einen Nachfolger weiter gegeben werden kann. Entsprechend den Regelungen zur Ausschreibung eines Vertragsarztsitzes einer Einzelpraxis kann eine vertragsärztliche Gemeinschaftspraxis nur durch einen **Gesellschafterwechsel** vertragsärztlich wirksam herbeiführen, wenn ebenfalls ein **Nachbesetzungsverfahren** durchgeführt wird.

150 Im Gegensatz zur Ausschreibung eines Vertragsarztsitzes einer Einzelpraxis sind bei der **Ausschreibung** eines Vertragsarztsitzes aus einer Berufsausübungsgemeinschaft die **Interessen** der in der Berufsausübungsgemeinschaft verbliebenen Ärzte bei der Bewerberauswahl **angemessen zu berücksichtigen.**[32] Angemessen bedeutet aber nicht, dass nur bis zum **Verkehrswert** der Praxis oder des Praxisanteils eine Berücksichtigung erfolgt. Aus der ständigen Rechtsprechung des Bundessozialgerichts (BSG) folgt, dass diejenige Bewerber keine **Berücksichtigung** im **Nachbesetzungsverfahren** finden, die nicht beabsichtigen in die Berufsausübungsgemeinschaft einzutreten bzw. mit den verbleibenden Vertragsärzten eine Berufsausübungsgemeinschaft bilden wollen. Die Rechtsprechung stellt dabei als Wesentlich heraus, dass die **Existenz** einer Gemeinschaftspraxis gesichert werden muss und dabei vorausgesetzt wird, dass die vertragsärztliche Zulassung innerhalb der Gemeinschaftspraxis weiterhin besetzt werden wird. Dies gilt unabhängig von den **Qualifikationen** der übrigen Mitbewerber im Nachbesetzungsverfahren, da die Interessen der Gemeinschaftspraxis insoweit vorrangig zu behandeln sind.

151 Die **Gründung** einer Berufsausübungsgemeinschaft stellt daher ein adäquates Mittel dar, die vertragsärztliche Zulassung zu sichern und die **wirtschaftlichen Interessen** im Nachbesetzungsverfahren angemessen zu erhalten.

152 Soll die gemeinschaftliche ärztliche Berufsausübung ausschließlich nur auf Grundlage des **Privatarztrechtes** erfolgen sind keine Besonderheiten zu betrachten. Die privatärztliche

---

[31] S. 592 ff.
[32] § 103 Abs. 6 SGB V.

Gemeinschaftspraxis ist unter Wahrung der entsprechenden **berufsrechtlichen** Vorgaben, jederzeit berechtigt **ambulant ärztliche Leistungen** gegenüber privat versicherten Patienten zu erbringen. Die bestehenden Einschränkungen, insbesondere in Hinblick auf die **Heilberufsgesetze** und des Verbotes der systematischen Erbringung von ärztlichen Leistungen außerhalb der **Facharztgruppe,** bestehen ebenfalls.

Die Durchführung des Nachbesetzungsverfahrens[33] ist im Gesetz als **Bestenauslese** unter den Bewerbern ausgestaltet worden. Hierfür nennt das Gesetz bestimmte **Kriterien,** die im Rahmen des Nachbesetzungsverfahrens Ausschluss- bzw. Abgrenzungskriterien sind. Hierzu gehören das **Approbationsalter** und der **Zeitraum der fachärztlichen Tätigkeit.** Neben diesen die medizinische Kompetenz und Qualität abbildenden Kriterien gehören weitere, die die **persönliche** Verbindung zwischen den Bewerbern und dem Vertragsarzt betrifft. Hierzu zählen die **Kinder** und der **Ehegatte** des ausschreibenden Vertragsarztes. Dazu zählt auch der bisherige **Job-sharing Partner** des Ausschreibenden, ein angestellter Arzt soweit eine mindestens **fünfjährige** gemeinsame Tätigkeit bestanden hat. Die **wirtschaftlichen Interessen** des Praxisinhabers sind nur bis zum **Verkehrswert** der Praxis zu berücksichtigen. Dies bedeutet, dass der **Zulassungsausschuss** zwischen gleich qualifizierten Bewerbern nicht denjenigen Bewerber bevorzugen darf, der einen Kaufpreis bietet, der über dem **Verkehrswert** der Praxis liegt. Hiermit soll erreicht werden, dass **wirtschaftliche Interessen** des Praxisnachfolgers und des Praxisinhabers **nicht** im **Vordergrund** stehen, sondern das Interesse an einer **Weiterführung** der **vertragsärztlichen** Versorgung. Insbesondere sollte vermieden werden, dass ein Bewerber allein durch sein Kaufpreisangebot, das über dem **Verkehrswert** der Praxis liegt, Mitbewerber **übervorteilen** könnte, ohne dass die vertragsärztliche Versorgung im Vordergrund steht. Hierzu finden sich nur wenige Urteile der zuständigen Sozialgerichte, da in diesen Fällen der Ausschreibung der Wunschkandidat als Nachfolger der vertragsärztlichen Praxis im Vorfeld geklärt wird, so dass für weitere Bewerber mangels **Kaufvertragsschluss** über die Praxis im Regelfall kein Raum bleibt. Dies einmal vor dem Hintergrund, dass die Entscheidung des Zulassungsausschusses zunächst im **Beschwerdeausschuss** angegriffen werden muss und daran anschließend im Rahmen eines **sozialgerichtlichen Verfahrens.** Diese Verfahren können, bis zu einer **gerichtlichen Entscheidung** erster Instanz, bis zu 3 Jahren dauern, so dass sich aufgrund dieses Zeitmoments, der **Wert** einer Praxis und der **Patientenstamm** stark **reduziert** haben wird, so dass Investitionen in den Praxiserwerb wirtschaftlich nicht mehr sinnvoll sein könnten.

Neben den **gesetzlichen** Kriterien haben sich in der **Praxis** der Zulassungsausschüsse Kriterien heraus gebildet, die gerichtlich nicht überprüfbar sind bzw. formal betrachtet durch die Zulassungsausschüsse nicht zu Grunde gelegt werden dürften. So verlangen einige Zulassungsausschüsse, dass der abgebende Vertragsarzt eine sogenannte **Nachfolgeempfehlung** gegenüber den Zulassungsausschuss ausspricht, mit dem Inhalt, welcher **Wunschkandidat** auf die Zulassung folgen soll. Diese Nachfolgeempfehlung wird durch die jeweiligen Zulassungsausschüsse faktisch wie gesetzliche Kriterien bewertet. Der Bewerber, zu Gunsten dessen eine Nachfolgeempfehlung ausgesprochen wurde, wird im Regelfall bereits aus diesem Grund durch den Zulassungsausschuss **bevorzugt.** Unabhängig von der Fragestellung, dass dies kein durch den Gesetzgeber legitimiertes Verfahren ist, werden hiermit weitere qualifizierte Bewerber **faktisch** von ihren Möglichkeiten am Nachbesetzungsverfahren teilzunehmen, ausgeschlossen. Sind für einen Planungsbereich keine Zulassungssparten angeordnet, erfolgt die Auswahl der Bewerber unter Berücksichtigung der beruflichen Eignung, der Dauer der ärztlichen Tätigkeit, dem Approbationsalter, der Dauer der Eintragung in die Warteliste. Daneben ist durch den Zulassungsausschuss die bestmögliche Versorgung der Versicherten im räumlichen Umfeld und die Entscheidung nach Versorgungsgesichtspunkten (z. B. Fachgebietsschwerpunkt, Barrierefreiheit) zu berücksichtigen.

153

154

---

[33] § 103 Abs. 4 SGB V.

155 **b) Rechtslage ab 1. 1. 2013.** Mit Inkrafttreten des **GKV-Versorgungsstruktur-gesetzes** zum 1. 1. 2012 wurden die Regelungen zur Nachbesetzung[34] wesentlich geändert. Diese Änderungen treten allerdings erst zum **1. 1. 2013** in Kraft. Bis zu diesem Zeitpunkt wird die Nachbesetzung von Vertragsarztsitzen in zulassungsgesperrten Gebieten nach den **bisherigen Regelungen** durchgeführt. Erst für **Nachtbesetzungen,** die nach dem 1. 1. 2013 erfolgen sollen, werden die neuen Regelungen anzuwenden sein.

156 Nach den Regelungen des neu eingefügten § 103 Abs. 3a SGB V erfolgt nunmehr zukünftig auf einer **ersten Ebene** die grundsätzliche Entscheidung des Zulassungsausschusses, ob überhaupt ein Nachbesetzungsverfahren durchgeführt wird. Der Antrag auf Durchführung des Nachbesetzungsverfahrens hat durch den Vertragsarzt, der die Zulassung aufgeben will bzw. durch dessen Erben zu erfolgen. Der Zulassungsausschuss kann allerdings den **Antrag** auf Nachbesetzung des Vertragsarztes **ablehnen,** sofern eine Nachbesetzung des Vertragsarztsitzes aus **Versorgungsgründen** nicht erforderlich ist. Eine solche **Ablehnung** ist allerdings nicht zulässig, wenn die Praxis entweder von dem **Ehegatten** oder dem **Lebenspartner** einer eingetragenen Lebenspartnerschaft gestellt wird. Gleiches gilt wenn von einem **Kind** des Vertragsarztes oder von einem **angestellten Arzt** oder **Gesellschafter** einer Berufsausübungsgemeinschaft die Durchführung des Nachbesetzungsverfahrens beantragt wird.

157 Die **Entscheidung,** ob ein Nachbesetzungsverfahren durchgeführt wird. ist in jedem Fall der Nachbesetzung eines Vertragsarztsitzes zu fällen. Damit sind sämtliche Fälle erfasst, d. h. die **Nachfolge** einer Einzelpraxis, innerhalb einer Berufsausübungsgemeinschaft und in einem Medizinischen Versorgungszentrum. Der Zulassungsausschuss kann die Durchführung des Nachbesetzungsverfahrens ablehnen, wenn die Nachbesetzung des Vertragsarztsitzes aus **Versorgungsgründen** nicht erforderlich ist. Gesetzgeberisches Ziel ist der **Abbau** der Überversorgung in gesperrten Gebieten, um damit eine ausgewogene räumliche Verteilung von Vertragsärzten zu erreichen. Des Weiteren soll **finanzielle Stabilität** der gesetzlichen Krankenversicherung gesichert werden. Allerdings ist abzuwarten, wie sich diese Ziele mit den Ergebnissen der neuen Bedarfsplanung[35] in Übereinstimmung bringen lassen. Die Entscheidung des Zulassungsausschusses ist eine Ermessensentscheidung und somit gerichtlich nur **eingeschränkt überprüfbar.** Nach der **Gesetzesbegründung** zum Versorgungsstrukturgesetz hat der Zulassungsausschuss **wirtschaftliche Gesichtspunkte** zu beachten, sodass bei Berufsausübungsgemeinschaften die Auswirkungen der Entscheidung auf die jeweilige Berufsausübungsgemeinschaft zu berücksichtigen sind. Als wirtschaftliche Gesichtspunkte sind auch langfristige Verpflichtungen des Vertragsarztes in der Entscheidung des Zulassungsausschusses zu bedenken. Die **Entscheidung** des Zulassungsausschusses erfolgt mit **einfacher Mehrheit** der Stimmen, auch bei Stimmengleichheit ist dem Antrag auf Nachbesetzung zu entsprechen. Erfolgt eine positive Entscheidung, ist der Vertragsarztsitz durch die Kassenärztliche Vereinigung **unverzüglich** zur Nachbesetzung auszuschreiben. Die Durchführung des Nachbesetzungsverfahrens richtet sich dann nach § 103 Abs. 3a SGB V i. V. m. § 103 Abs. 4 SGB V.

158 Entscheidet sich der Zulassungsausschuss gegen die Durchführung des Nachbesetzungsverfahrens, besteht seitens des Vertragsarztes bzw. seiner Erben gegen die Kassenärztliche Vereinigung ein Anspruch auf **Entschädigung** in Höhe des **Verkehrswertes** der Praxis. Die Entschädigung umfasst dabei nicht nur den vertragsärztlichen Teil der Praxis, sondern den Wert der Praxis in seiner **Gesamtheit** als Unternehmen. Der **Gesamtwert** einer Praxis besteht damit einerseits aus dem **immateriellen Wert,** der seinerseits durch die vertragsärztlichen und privatärztlichen Umsätze geprägt wird und dem **materiellen Wert.** Dieser umfasst die körperlichen Wirtschaftsgüter (z. B. Inventar, Praxissoftware). Entscheidend ist damit für die **Ermittlung** der Entschädigung der Wert, den auch ein **Erwerber** als **Gesamtpreis** unter Zugrundelegung betriebswirtschaftlicher Bewertungen leisten wür-

---

[34] § 103 SGB V.
[35] Rn. 117.

Errestink

de. Die **vertragsärztliche Zulassung** als solche ist nicht zu berücksichtigen, da sie weder gesondert bewertbar ist,[36] noch auf Grund ihres hoheitlichen Charakters im Eigentum des Vertragsarztes steht. Die Bewertung der Praxis und damit die Feststellung der Entschädigung sind durch die Kassenärztliche Vereinigung nach anerkannten Bewertungsgrundsätzen vorzunehmen. Die Festsetzung der Höhe der Entschädigung erfolgt durch die Kassenärztliche Vereinigung und stellt einen **Verwaltungsakt** dar. Die Höhe der festgesetzten Entschädigung ist durch die Sozialgerichte überprüfbar. In der gerichtlichen Auseinandersetzung mit der Kassenärztlichen Vereinigung hat das Sozialgericht über die Höhe der Entschädigung ein **Sachverständigengutachten** einholen müssen.

Entscheidet der Zulassungsausschuss, dass dem Antrag auf Nachbesetzung **nicht statt-** **159** **gegeben** und damit das Zulassungsverfahren nicht durchgeführt wird, besteht seitens dem Vertragsarzt, der den Antrag gestellt hat, die Möglichkeit **Verpflichtungsklage** gegen die Entscheidung des Zulassungsausschusses zu erheben. Ein **Widerspruchsverfahren** vor Erhebung der Klage ist gesetzlich nicht vorgesehen.[37] Der Vertragsarzt muss damit im Fall der ablehnenden Entscheidung des Zulassungsausschusses unmittelbar Klage vor dem Sozialgericht erheben.

Ob diese gesetzlichen Regelungen allerdings ausreichen, um die wirtschaftlichen Interes- **160** sen des Praxisabgebers zu schützen, wird die Praxis zeigen. Insbesondere in den Fällen, in denen die vertragsärztliche Zulassung durch **Tod** endet oder durch Verzicht bereits wirksam geworden ist, könnte dies problematisch sein. Nach der Rechtsprechung des BSG setzt die Nachbesetzung einer Praxis immer ein **fortführungsfähiges Praxissubstrat**[38] voraus (z. B. ausreichend Patienten). Die Rechtsprechung geht davon aus, dass ein solches **Praxissubstrat** nicht mehr gegeben ist, wenn die Praxis **sechs bis zwölf Monate** nach Praxisschließung wieder eröffnet werden soll. Wird dieser Zeitraum überschritten, kann das Nachbesetzungsverfahren nicht mehr durchgeführt werden, da es an einem **Praxissubstrat** fehlt. Wenn sich nun nach einem Zeitraum von sechs Monaten im Rahmen eines sozialgerichtlichen Verfahrens ergibt, dass der **ablehnende** Beschluss des Zulassungsausschusses **rechtswidrig** war und eine Durchführung des Nachbesetzungsverfahrens hätte erfolgen müssen, dürfte auf Grundlage der vorbezeichneten Rechtsprechung kein Nachbesetzungsverfahren durchgeführt werden, da insoweit keine fortführungsfähige Praxis mehr gegeben ist. Folge hieraus wäre, dass dem Vertragsarzt keine **Entschädigung** gegenüber der KV zusteht, weil diese Entschädigung nur besteht, wenn die Entscheidung, dass Nachbesetzungsverfahren nicht durchzuführen, rechtmäßig war. Wird allerdings nachträglich festgestellt, dass das Nachbesetzungsverfahren hätte durchgeführt werden, könnte die Durchführung der Nachbesetzung an der Rechtsprechung des BSG zum Praxissubstrat scheitern. In dieser Fallkonstellation steht dem Vertragsarzt nach der gesetzlichen Regelung grundsätzlich kein Entschädigungsanspruch zu.

In diesen Fällen könnte dem Vertragsarzt zwar ein **Amtshaftungsanspruch** zustehen. **161** Dieser beinhalten einen **Schadensersatzanspruch** gegen dem Zulassungsausschuss und der KV, der darauf gerichtet ist, die wirtschaftlichen Nachteile, die durch die rechtswidrige Entscheidung, das **Nachbesetzungsverfahren** nicht durchzuführen, ausgleichen soll. Vorauszuschicken ist zunächst, dass nicht jede rechtswidrige Entscheidung einer Behörde zu einem Amtshaftungsanspruch führt. Des Weiteren sind die wirtschaftlichen Interessen des Vertragsarztes nach den gesetzlichen Regelungen[39] nur zu berücksichtigten, als das der **Kaufpreis** die **Höhe des Praxiswertes** nicht übersteigt. Gesteht man dem Zulassungsausschuss ein eigenständiges Recht zu, den vereinbarten Kaufpreis, der kaufvertragsrechtlich vereinbart wurde auf **Angemessenheit** zu überprüfen und eine eigene **Wertfestsetzung** vorzunehmen, kann der vereinbarte Kaufpreis im Falle der rechtswidrigen Ablehnung der

---

[36] BFH vom 9. 8. 2011 – VIII R 13/08.
[37] § 103 Abs. 3, § 103 Abs. 3 a S. 5, 6 SGB V.
[38] BSG vom 29. 9. 1999 – B 6 KA 1/99 R.
[39] § 103 Abs. 3 SGB i. V. m. § 103 Abs. 4 S. 6 SGB V.

Durchführung des Nachbesetzungsverfahrens auch nicht als Kompensation durch einen Amtshaftungsanspruch erzielt werden, sofern dieser Anspruch über den **Verkehrswert** der Praxis hinausgeht.

162   Der Amtshaftungsanspruch ist als Schadenersatzanspruch auf das **positive Interesse** gerichtet. Das bedeutet, dass der Anspruchsinhaber, hier der Vertragsarzt, so zu stellen ist, als ob das schädigende Ereignis, hier die rechtswidrige Ablehnung auf Durchführung des Nachbesetzungsverfahrens, nicht eingetreten wäre. Dieses positive Interesse wird allerdings dadurch **eingeschränkt,** dass der geltend gemachte Schaden unter den **Schutzzweck** der entsprechenden gesetzlichen Regelungen fallen muss. Dabei ist der Schutzzweck der Regelung des § 103 Abs. 4 S. 6 SGB V heranzuziehen. Hieraus ist zu folgen, dass das wirtschaftliche Interesse des Vertragsarztes und damit der **Umfang** eines Schadensersatzspruches auf Grundlage eines Amtshaftungsanspruchs **einschränkend** zu berücksichtigen ist, verbunden mit der Folge, dass der **vereinbarte Praxiskaufpreis,** der über den Verkehrswert hinausgeht nicht vom Schadensersatzanspruch umfasst ist. Die Interessen des Vertragsarztes werden im Nachbesetzungsverfahren nur bis zur Höhe des Verkehrswertes berücksichtigt, so dass auch Im Rahmen eines Amtshaftungsanspruches kein höherer Anspruch bestehen wird.

163   Insbesondere der Vertragsarzt, der in Einzelpraxis tätig ist, unterliegt damit dem **Risiko,** dass der Zulassungsausschuss die Durchführung des Nachbesetzungsverfahrens **ablehnt,** insbesondere, weil derzeit keine verlässlichen **Kriterien** bekannt sind, nach denen die Zulassungsausschüsse entscheiden werden.

164   Entscheidet der Zulassungsausschuss im Sinne des Antrags des Vertragsarztes und erfolgt damit die Ausschreibung des Vertragsarztsitzes, können die KV sowie die Krankenkassen dagegen durch Erhebung der **Anfechtungsklage** vor dem Sozialgericht vorgehen. Ein **Vorverfahren** findet auch in diesem Fall nicht statt.[40] Die Klage hat allerdings keine **aufschiebende Wirkung**[41] Da keine aufschiebende Wirkung besteht, wird die Ausschreibung und damit das Nachbesetzungsverfahren durchgeführt. Damit kann dann auch ein **Nachfolger** zur vertragsärztlichen Versorgung zugelassen werden. Allerdings werden die Kassenärztliche Vereinigungen oder Krankenkassen, die gegen die Entscheidung des Zulassungsausschusses das Nachbesetzungsverfahren durchzuführen Klage erhoben, auch **Widerspruch** und **Klage** gegen die Zulassung des Nachfolgers erheben, damit insoweit keine Rechtskraft eintritt. Allerdings haben Widerspruch und Klage gegen die Zulassung eines Nachfolgers grundsätzlich **aufschiebende Wirkung,** so dass der Berufungsausschuss auf Antrag im Regelfall die sofortige Vollziehung anordnet, mit der Folge, dass zumindest vorläufig die Zulassung zur vertragsärztlichen Tätigkeit besteht. Die Klage gegen die Entscheidung des Zulassungsausschusses auf Durchführung des Nachbesetzungsverfahrens hat **keine aufschiebende Wirkung.** Allerdings werden potentielle Nachfolger mangels Planungssicherheit kaum eine solche Praxis übernehmen bzw. den Übernahmevertrag und auch die **Kaufpreiszahlung** davon abhängig machen, dass eine rechtskräftige gerichtliche Entscheidung über die Durchführung des Nachbesetzungsverfahrens erlassen wurde.

165   Mit der **Rechtslage** ab 1. 1. 2013 ändern sich auch die **Auswahlkriterien,** nach denen unter mehreren Bewerbern eine Auswahlentscheidung getroffen wird.[42] Die bisherigen Kriterien der beruflichen **Eignung,** des **Approbationsalters,** der **Dauer** der ärztlichen **Tätigkeit,** der **Bewerbung** als Ehegatte, Lebenspartner oder Kind des bisherigen Vertragsarztes sowie der Bewerbung eines angestellten Arztes oder eines Vertragsarztes, mit dem die Praxis bisher **gemeinschaftlich** betrieben worden ist, sind erweitert worden. Danach ist auch eine mindestens fünf Jahre dauernde vertragsärztliche Tätigkeit in einem Gebiet, in dem **Unterversorgung** festgestellt wurde, und die Bereitschaft des Bewerbers, besondere Versorgungsbedürfnisse, die in der Ausschreibung der KV definiert worden sind, zu erfüllen, als weitere Auswahlkriterien hinzugekommen (sog. Landarztklausel).

---

[40] § 103 SGB V Abs. 3, § 103 Abs. 3a S. 5, 6 SGB V.
[41] § 103 Abs. 3a S. 6 SGB V.
[42] § 103 Abs. 4 S. 5 SGB V.

Das **Auswahlkriterium** der Dauer der ärztlichen Tätigkeit ist um die Zeiten verlängert **166** worden, in denen die ärztliche Tätigkeit wegen der Erziehung von Kindern oder der Pflege pflegebedürftiger naher Angehöriger in häuslicher Umgebung unterbrochen worden ist.[43]

Die KV kann nunmehr in der Ausschreibung der Vertragsarztsitze **besondere Versor-** **167** **gungsbedürfnisse** definieren. Dies soll der Verbesserung der Versorgung dienen. Als besonderes Versorgungsbedürfnis zählt nach der Gesetzesbegründung beispielhaft die Übernahme des Betriebes einer **Zweigpraxis** in einem schlechter versorgten Gebiet. Die festgelegten **Versorgungsbedürfnisse** zu erfüllen, kann nicht zur Bedingung der Nachbesetzung bestimmt werden. Es kann lediglich die Bereitschaft des Bewerbers eingefordert werden, wobei diese grundsätzliche Bereitschaft lediglich ein **Auswahlkriterium** im Nachbesetzungsverfahren darstellt. Hat sich nur ein Bewerber auf den ausgeschriebenen Sitz im Nachbesetzungsverfahren beworben, kann die Bereitschaft zur Erfüllung des festgelegten besonderen Versorgungsbedürfnisses kein Auswahlkriterium darstellen. Rechtlich betrachtet erfolgt keine Einschränkung. Allerdings wird zu berücksichtigen sein, dass in **tatsächlicher** Hinsicht Ärzte, die sich auf eine Ausschreibung bewerben, die mit besonderen Versorgungsbedürfnissen verbunden sind, sich nur dann bewerben werden, sofern sie das **besondere Versorgungsbedürfnis** erfüllen möchten. Im Übrigen werden sie sich nicht bewerben, da sie im Auswahlverfahren gegenüber anderen Bewerbern **benachteiligt** werden. Passen die Erfüllung der besonderen Versorgungsbedürfnisse nicht in das **wirtschaftliche Gesamtkonzept** des Praxisbewerbers (z.B. Zweigpraxis in Gebieten mit unterdurchschnittlicher Infrastruktur) werden diese Versorgungsbedürfnisse unmittelbaren Einfluss auf die Kaufpreisfindung haben, mit der Folge, dass Umstände in die **Kaufpreisverhandlungen** einbezogen werden, die von zukünftigen, nicht unmittelbar mit der Praxis zusammenhängenden Faktoren abhängig sind.

Die Bereitschaft eines Bewerbern bestimmte Versorgungsbedürfnisse erfüllen zu wollen, **168** kann durch den Zulassungsausschusses dadurch abgesichert werden, dass die Zulassung mit der **Auflage** oder **Bedingung** verbunden wird, dass das Versorgungsbedürfnis erfüllt wird.

Der Vertragsarzt wird dem Medizinischen Versorgungszentrum nunmehr auch in Nach- **169** besetzungsverfahren **gleichgestellt;**[44] ihm wird auch die Möglichkeit eingeräumt, sich auf einen ausgeschriebenen **Vertragsarztsitz** zu bewerben, um diesen dann durch einen **angestellten Arzt** seiner Praxis weiterzuführen. Insoweit steht der Vertragsarzt mit dieser Regelung sogar besser als das Medizinische Versorgungszentrum, deren Gesellschaftsanteile nicht mehrheitlich bei Ärzten liegen, die in diesem MVZ tätig sind. Diese MVZ werden im Rahmen des Nachbesetzungsverfahrens nur **nachrangig** berücksichtigt. Dieser Nachrang gilt jedoch nicht zu **Lasten** der MVZ, die am 31. 12. 2011 bereits **zugelassen** waren und bei denen die Mehrheit der **Geschäftsanteile** und **Stimmrechte** schon zu diesem Zeitpunkt nicht bei dem im Medizinischen Versorgungszentrum tätigen Ärzten lag.[45]

V. Verfahrensrecht/Rechtsmittel

Der Zulassungsausschuss beschließt in Sitzungen. Zu diesen Sitzungen lädt der Vorsitzende **170** unter Angabe der Tagesordnung ein. Im Fall von Sonderbedarfszulassungen und bedarfsabhängigen Ermächtigungen haben die gesetzlich vorgeschriebenen **Patientenvertreter** Recht auf Teilnahme an den Sitzungen und auf Anwesenheit bei der Beschlussfassung.[46]

Bei Beschlussfassungen über Zulassungen und über die Entziehung von Zulassungen ist **171** eine **mündliche Verhandlung** zwingend vorgeschrieben. Dazu gehört auch die **Auswahlentscheidung** im Rahmen des Nachbesetzungsverfahrens. Das Abhalten einer mündlichen

---

[43] § 103 Abs. 3 SGB V, § 103 Abs. 4 S. 7 SGB V.
[44] § 103 Abs. 3 SGB V, § 103 Abs. 4 b S. 2 SGB V.
[45] § 103 Abs. 3 SGB V, § 103 Abs. 4 c S. 4 SGB V.
[46] § 36 Ärzte-ZV.

Verhandlung ist nicht erforderlich in sonstigen Angelegenheiten bei Ermächtigungen oder Genehmigungssachen, die Berufsausübungsgemeinschaften oder angestellte Ärzte betreffen. Die Durchführung einer mündlichen Verhandlung liegt hier im Ermessen des Zulassungsausschusses. Zur mündlichen Verhandlung des Zulassungsausschusses sind jeweils die KV, die Verbände der Krankenkassen und der Ersatzkassen sowie die an dem Verfahren beteiligten Ärzte zu laden. **Beteiligte** Ärzte sind solche, die an dem Verfahren als Antragsteller oder Antragsgegner beteiligt sind. Darüber hinaus sind Ärzte, die weder Antragsteller noch Antragsgegner sind, Beteiligte im Verfahren, soweit deren **rechtliche Interessen** berührt sein können oder das jeweilige Verfahren entsprechende rechtsgestaltende Wirkungen auf sich haben könnte. Hierzu gehören insbesondere die Bewerbung im Nachbesetzungsverfahren, verbleibende Mitglieder einer Berufsausübungsgemeinschaft im Nachbesetzungsverfahren, Mitglieder einer Berufsausübungsgemeinschaft im Verfahren eines Mitglieds wegen Entziehung der Zulassung, angestellte Ärzte im Anstellungsgenehmigungsverfahren des Vertragsarztes. Bei **Konkurrenzschutzverfahren** wegen einer Rechtsposition z.B. Sonderbedarfszulassung oder Ermächtigung oder in sonstigen Konkurrenzschutzverfahren von Vertragsärzten, die jeweiligen Ärzte oder Vertreter der Einrichtungen. Die Ladung hat mit einer Frist von zwei Wochen zu erfolgen. Die Ladung durch den Zulassungsausschuss hat mittels Zustellung zu erfolgen. Diese erfolgt nach dem Verwaltungszustellungsgesetz des Bundes und der entsprechenden Landesgesetze. Die mündliche Verhandlung kann auch in **Abwesenheit** der Beteiligten durchgeführt werden, falls dies in der Ladung mitgeteilt wurde. Dadurch kann durch das Nichterscheinen eines Beteiligten das Verfahren nicht verzögert oder sogar blockiert werden.

172   Anträge von dem Zulassungsausschuss sind grundsätzlich **gebührenpflichtig.** Über diese wird allerdings erst nach Entrichtung der Gebühr verhandelt. Wird die Gebühr nach Aufforderung nicht innerhalb der gesetzten Frist eingezahlt, so gilt der Antrag als **zurückgenommen,** es sei denn, der Vorsitzende stundet die Gebühr. Die Zahlungsfrist und die Folgen ihrer Nichteinhaltung sind in der Anforderung zu vermerken.[47] Die Sitzung des Zulassungsausschusses ist **nicht öffentlich.** Sie beginnt nach dem Aufruf der Sache mit der Darstellung des Sachverhalts durch den Vorsitzenden oder das von ihm als Berichterstatter bestellte Mitglied. Der Vorsitzende leitet die Verhandlung, Beratung und Abstimmung, wobei jedes Mitglied im Zulassungsausschuss berechtigt ist, sachdienliche Fragen und Anträge zu stellen.[48] Der Zulassungsausschuss besteht aus **sechs Mitgliedern,** und zwar aus je drei Vertretern der Ärzte und der Krankenkassen sowie aus Stellvertretern in der nötigen Zahl. Die Vertreter der Krankenkassen werden von den Landesverbänden der Krankenkassen und den Ersatzkassen gemeinsam bestellt. Die **Amtsdauer** der Mitglieder beträgt vier Jahre. Aus der Formulierung „Vertreter der Ärzte" ist allerdings nicht zu folgen, dass dies in jedem Fall ein Arzt sein muss, so dass auch ein Nicht-Arzt als Vertreter der Arztseite im Zulassungsausschuss zulässig ist. Den **Vorsitz** im Zulassungsausschuss führt **abwechselnd** ein Vertreter der Ärzte und der Krankenkassen. Der Wechsel kann jährlich oder von Sitzung zu Sitzung erfolgen. In Zulassungssachen der Psychotherapeuten treten an die Stelle der Ärzte Vertreter der Psychotherapeuten und der psychotherapeutischen Ärzte in gleicher Zahl. Beratung und Beschlussfassung des Zulassungsausschusses folgen in **Abwesenheit** der am Verfahren Beteiligten. Beschlüsse können nur bei vollständiger Besetzung des Zulassungsausschusses gefasst werden. **Stimmenthaltung** ist unzulässig.[49] Das Ergebnis des Verfahrens ist in einem Beschluss niederzulegen. In dem Beschluss sind die Bezeichnungen des Zulassungsausschusses, die an der Beschlussfassung beteiligten Mitglieder und der Tag der Beschlussfassung anzugeben. Der Beschluss ist mit Gründen zu versehen und vom Vorsitzenden und den Vertreter der Ärzte und Krankenkassen zu unterzeichnen. Im Beschluss ist eine Belehrung über die Zulässigkeit des Rechtsbehelfs, die einzuhaltende Frist und den Sitz des zuständigen Berufungsausschusses beizufügen. Die Zustellung des Beschlusses er-

---

[47] § 38 Ärzte-ZV.
[48] § 40 Ärzte-ZV.
[49] § 41 Abs. 2 Ärzte-ZV.

folgt auf Grundlage des Verwaltungszustellungsgesetzes im Regelfall mit **Postzustellungsurkunde** oder mittels Einschreiben. Ist ein Rechtsanwalt am Verfahren beteiligt, kann die Zustellung auch mittels Empfangsbekenntnis erfolgen.

Gegen die Entscheidung des Zulassungsausschusses kann **Widerspruch** vor dem **Berufungsausschuss** für Ärzte eingelegt werden. Der Widerspruch ist schriftlich oder zur Niederschrift der Geschäftsstelle des Berufungsausschusses einzulegen. Der Widerspruch muss innerhalb **eines Monats** nach Zustellung eingelegt werden. Die Einlegung des Widerspruchs gegen die Entscheidung des Zulassungsausschusses hat **aufschiebende** Wirkung. Die aufschiebende Wirkung beginnt mit der Einlegung des Widerspruchs und führt dazu, dass der Verwaltungsakt nicht vollzogen werden kann und somit infolge dieses Schwebezustandes **keine Rechtsfolgen** aus diesem Verwaltungsakt gezogen werden können. Wird gegen den Beschluss einen Arzt zur vertragsärztlichen Versorgung Widerspruch, beispielsweise durch einen bereits niedergelassenen Vertragsarzt eingelegt, gelangt der Bescheid des Zulassungsausschusses nicht zur **Wirksamkeit,** mit der Folge, dass insoweit eine vertragsärztliche Zulassung nicht besteht. Der Arzt ist demnach nicht berechtigt, **vertragsärztliche Leistungen** zu erbringen oder abzurechnen. Entsprechendes gilt, wenn Gegenstand des Verfahrens der Entzug der vertragsärztlichen Zulassung war. Wird hingegen Widerspruch eingelegt, bestehen die vertragsärztliche Zulassung und damit die sich hieraus ergebenden Rechtsfolgen insoweit weiter, bis über den Widerspruch entschieden wurde. Bis zur endgültigen Entscheidung im Widerspruchsverfahren und gegebenenfalls in einem sozialgerichtlichen Verfahren, dürften damit in diesem Fall weiterhin vertragsärztliche Leistungen erbracht und abgerechnet werden. Dies gilt allerdings nicht, wenn der sofortige Vollzug angeordnet wurde. In diesen Fällen entfaltet die Entscheidung sofortige Wirkung; diese kann nur vermieden werden, wenn ein **Antrag auf Wiederherstellung der aufschiebenden Wirkung** gestellt wird. Ebenfalls wie im Antragsverfahren gilt der Widerspruch als zurückgenommen, wenn die Verfahrensgebühr nicht innerhalb der gesetzten Frist entrichtet ist, wobei die Zahlungsfrist und die Folgen ihrer Nichteinhaltung in der Gebührenanforderung zu vermerken sind.[50]

Der Widerspruch kann ohne mündliche Verhandlung zurückgewiesen werden, wenn der Berufungsausschuss die Zurückweisung einstimmig beschließt. Gegen eine Zurückweisung des Berufungsausschusses ist die Klage vor dem Sozialgericht möglich. Die **Klagefrist** beträgt ein Monat nach Bekanntgabe des Widerspruchsbescheids.

Für das Verfahren vor dem Zulassungsausschuss werden die nachfolgenden Gebühren erhoben[51]
- Antrag auf Eintragung des Arztes in das Arztregister 100,00 EUR.
- Antrag des Arztes oder des medizinischen Versorgungszentrums auf Zulassung 100,00 EUR.
- Bei sonstigen Anträgen, bei denen der Arzt, das medizinische Versorgungszentrum oder die sonstige ärztliche geleitete Einrichtung die Beschlussfassung des Zulassungsausschusses anstrebt 120,00 EUR.
- Einlegung eines Widerspruchs durch den Arzt, das medizinische Versorgungszentrum oder die sonstige ärztlich geleitete Einrichtung, die Änderung eines Verwaltungsaktes anstrebt 200,00 EUR.

Darüber hinaus werden nachfolgende Verwaltungsgebühren erhoben:
- Nach unanfechtbar gewordener Zulassung 400,00 EUR.
- Nach erfolgter Eintragung oder Ermächtigung 400,00 EUR.
- Nach erfolgter Genehmigung der Anstellung eines Arztes bei einem Vertragsarzt in einem medizinischen Versorgungszentrum 400,00 EUR.
- Nach erfolgter Eintragung einer Anstellung in das Verzeichnis der angestellten Ärzte 400,00 EUR.

173

174

175

176

---

[50] § 45 Abs. 1 Ärzte-ZV.
[51] § 46 Ärzte-ZV.

D. Vertragszahnärztliche Versorgung

177   Die vertragszahnärztliche Versorgung von gesetzlich versicherten Patienten erfolgt ebenfalls auf Grundlage des Sachleistungsprinzips, wie im gesamten Vertragsarztrecht. Der **Zugang** zur vertragszahnärztlichen ambulanten Versorgung ist weniger komplex gestaltet als im vertragsärztlichen Bereich. Im Gegensatz zur vertragsärztlichen Versorgung wird seit in Kraft treten des Vertragsarztrechtsänderungsgesetzes keine Bedarfsplanung im zahnärztlichen Bereich mehr vorgenommen. Folge hieraus ist, dass im Vertragszahnarztrecht grundsätzlich **keine Restriktionen** bestehen, der ambulanten vertragszahnärztlichen Tätigkeit nachzugehen. Damit ist für den Zugang zum Vertragszahnarztrecht **weder** das Durchführen eines **Nachbesetzungsverfahrens,** noch die Begründung eines **Job-sharings** erforderlich, um gesetzlich versicherte Patienten zahnärztlich versorgen zu können.

178   Im Vertragszahnarztrecht werden im Gegensatz zum Vertragsarztrecht alle tätigen Zahnärzte berücksichtigt, unabhängig von der bestehenden **Fachzahnarztgruppe.** Es bestehen im zahnärztlichen Bereich weder in planungsrechtlicher noch in vergütungsrechtlicher Hinsicht **Abgrenzungen** aufgrund der bestehenden zahnärztlichen Fachgruppen. Niedergelassene Zahnärzte, die gegenüber gesetzlich versicherten Patienten ihre Leistungen auf Grundlage des **Bewertungsmaßstabes zahnärztlicher Leistung** (BEMA) erbringen, können diese Leistungen unabhängig vom Bestehen einer **zahnärztlichen Weiterbildung** abrechnen. Der Vertragszahnarzt wird daher grundsätzlich als Generalist angesehen, der sämtliche zahnärztliche Leistungen erbringen können müsste. Weder der Gesetzgeber noch der Verordnungsgeber haben Anlass dafür gesehen, wie im vertragsärztlichen Bereich, Unterscheidungen nach den **Fachzahnarztgruppen** im Hinblick auf Vergütung und vertragszahnärztlicher Tätigkeit vorzunehmen. Auch im zahnärztlichen Bereich besteht ein **zahnärztlicher Standard** zur Behandlung der Patienten. Dem Vertragszahnarzt wird damit grundsätzlich abverlangt sämtliche zahnärztliche Leistungen zu erbringen, die der Leistungskatalog der gesetzlichen Krankenversicherung vorsieht. Dies umfasst auch die Leistung der Prothetik und der Implantologie, unabhängig davon, ob eine entsprechende fachzahnärztliche Weiterbildung besteht.

I. Zahnarztregister

179   Im vertragszahnärztlichen Bereich ist ebenfalls Voraussetzung für die **Zulassung** zur **vertragszahnärztlichen** Tätigkeit, dass der antragstellende Arzt im **Zahnarztregister** eingetragen ist. Das Zahnarztregister wird durch die für den jeweiligen Sitz des Arztes zuständige Kassenärztliche Vereinigung geführt. Die Eintragung im Zahnarztregister hat nach der Zulassungsverordnung der Zahnärzte die folgenden **Voraussetzungen.**[1]

II. Assistenzzeit/Vorbereitungszeit

180   Voraussetzung für die Eintragung im Zahnarztregister:
– Die Eintragung in das Zahnarztregister ist bei der zuständigen Kassenzahnärztlichen Vereinigung zu beantragen;

---

[1] § 3 Abs. 2 Zahnärzte-ZV.

– die Approbation als Zahnarzt sowie
– die Ableistung einer mindestens zweijährigen Vorbereitungszeit.

Die Vorbereitungszeit muss eine mindestens **sechsmonatige** Tätigkeit als Assistent oder **181** Vertreter eines oder mehrerer Vertragszahnärzte umfassen. Die Tätigkeit als **Vertreter** wird nur anerkannt werden, wenn der Zahnarzt eine vorausgegangene mindestens einjährige Tätigkeit in unselbständiger Stellung als **Assistent** eines Vertragszahnarztes oder in einer **stationären Einrichtungen** nachweisen kann. Für die übrige Zeit kann die Vorbereitung durch Tätigkeiten in unselbständiger Stellung in Universitätszahnkliniken, Zahnstationen eines Krankenhauses oder des öffentlichen Gesundheitsdienstes oder der Bundeswehr oder in Zahnkliniken abgeleistet werden. Bis zu drei Monaten der Vorbereitung können durch eine Tätigkeit von gleicher Dauer in einer Universitätszahnklinik oder einer Zahnstation der Bundeswehr ersetzt werden. Tätigkeiten können nicht angerechnet werden, wenn sie in **kürzeren Zeitabschnitten** als drei Wochen oder bei gleichzeitiger Ausübung einer eigenen Praxis abgeleistet werden.

Für Zahnärzte, die in einem Mitgliedstaat der Europäischen Union oder einem anderen **182** Vertragsstaat des Abkommens über den Europäischen Wirtschaftsraum oder einem Vertragsstaat, dem Deutschland und die Europäische Gemeinschaft oder Deutschland und die Europäische Union vertraglich einen entsprechenden Rechtsanspruch eingeräumt haben, einen nach den gemeinschaftsrechtlichen Vorschriften anerkannten Ausbildungsnachweis erworben haben und zur Berufsausübung zugelassen sind, gelten die Regelungen nicht.

III. Fachzahnarzt

Der Fachzahnarzt ist, im Gegensatz zum vertragsärztlichen Bereich, nicht **Voraus-** **183** **setzung** zur Erbringung und Abrechnung bestimmter zahnärztlicher Leistungen. Die Voraussetzungen und Inhalte zur Weiterbildung zum Fachzahnarzt werden von den Zahnärztekammern vorgegeben und sind damit von den jeweiligen Zahnärztekammern unterschiedlich.

Nachfolgend Übersicht der Fachzahnarztweiterbildungen bei den jeweiligen Landes- **184** zahnärztekammern:

Kammer	Fachzahnarzt
Baden-Württemberg	Kieferorthopädie, Oralchirurgie, Öffentliches Gesundheitswesen
Bayern	Kieferorthopädie, Oralchirurgie
Berlin	Kieferorthopädie, Oralchirurgie, Öffentliches Gesundheitswesen
Brandenburg	Allgemeine Zahnheilkunde, Kieferorthopädie, Oralchirurgie, Öffentliches Gesundheitswesen
Bremen	Kieferorthopädie, Oralchirurgie, Öffentliches Gesundheitswesen
Hamburg	Kieferorthopädie, Oralchirurgie, Öffentliches Gesundheitswesen
Hessen	Kieferorthopädie, Oralchirurgie, Öffentliches Gesundheitswesen
Mecklenburg-Vorpommern	Kieferorthopädie, Oralchirurgie
Niedersachsen	Kieferorthopädie, Oralchirurgie
Nordrhein	Kieferorthopädie, Oralchirurgie, Öffentliches Gesundheitswesen
Rheinland-Pfalz	Kieferorthopädie, Oralchirurgie, Öffentliches Gesundheitswesen

Saarland	Kieferorthopädie, Oralchirurgie, Öffentliches Gesundheitswesen
Sachsen	Kieferorthopädie, Oralchirurgie, Öffentliches Gesundheitswesen
Sachsen-Anhalt	Kieferorthopädie, Oralchirurgie, Öffentliches Gesundheitswesen
Schleswig-Holstein	Kieferorthopädie, Oralchirurgie, Öffentliches Gesundheitswesen
Thüringen	Kieferorthopädie, Oralchirurgie, Öffentliches Gesundheitswesen
Westfalen-Lippe	Kieferorthopädie, Oralchirurgie, Parodontologie, Öffentliches Gesundheitswesen

E. Privatärztlicher Zugang

Die Erbringung ambulanter ärztlicher Leistungen außerhalb des Vertragsarztrechts wird **185** als **Privatarztrecht** bezeichnet. Hier bestehen die Restriktionen, wie sie im Vertragsarztrecht, insbesondere im Bereich der Niederlassung, Abrechnung und inhaltlicher Ausgestaltung der ärztlichen Tätigkeit nicht. Insbesondere bestehen keine **Reglementierungen,** dass die ambulante Tätigkeit nur aufgrund einer bestimmten **Versorgungslage** erbracht werden darf. Die privatärztliche ambulante Tätigkeit kann zu jedem Zeitpunkt erfolgen, ohne dass hier ein besonderes **Genehmigungs- oder Zustimmungsverfahren** durchlaufen werden muss. Ohne an dieser Stelle auf die vergütungsrechtlichen Besonderheiten[1] im Privatarztrecht einzugehen, ist darauf hinzuweisen, dass der als Privatarzt tätige, niedergelassene Arzt gegenüber einem Patienten **unmittelbar** abrechnet. Der **Patient** ist **Gebührenschuldner** der ärztlichen Leistung und kann im Fall des Bestehens einer privaten **Krankenversicherung** Erstattung der Arztrechnung verlangen. Allerdings sind niedergelassene **Vertragsärzte** aufgrund des **Sicherstellungsauftrages** dazu verpflichtet, gesetzlich versicherte Patienten **vertragsärztlich** im Rahmen des **Leistungskataloges** der gesetzlichen Krankenversicherungen zu behandeln. Nur und ausschließlich in den Fällen in der der Leistungskatalog der gesetzlichen Krankenkassen Leistungen nicht als **Vertragsarztleistung** definiert, ist der niedergelassene Arzt berechtigt diese Leistung als Privatarzt unmittelbar privatärztlich gegenüber dem Patienten zu erbringen und zu liquidieren.

Im Gegensatz zum Vertragsarztrecht bestehen grundsätzlich keine **Restriktionen** auf- **186** grund der Facharztgruppe des ambulant tätigen Arztes. Grundsätzlich besteht demnach die Möglichkeit, sofern in haftungsrechtlicher Hinsicht der **Facharztstandard** beherrscht wird, auch Leistungen **außerhalb** der jeweiligen Facharztgruppe zu erbringen. Restriktionen in Hinblick auf die Vergütung bestehen nur im Rahmen der Gebührenordnung der Ärzte (GOÄ) und jedenfalls keine Hinblick auf Quantität und Qualität. Jedenfalls ist weder nach den Regelungen der **Berufsordnungen** der Ärzte, noch nach der **Gebührenordnung der Ärzte** (GOÄ) für die privatärztlichen Leistungen eine besondere fachärztliche Qualifikation erforderlich. Eine **Ausnahme** besteht bei bestimmten Leistungen der **Labormedizin**[2] hier wird die **Fachkunde Labor** gefordert, die sich aus den entsprechenden **Weiterbildungsordnung** ergibt. Eine weitere **Einschränkung** ergibt sich aus den **Heilberufsgesetzen** der Länder. Hiernach ist es privatärztlich tätigen niedergelassenen Ärzten untersagt, **systematisch** Leistungen **außerhalb** ihrer **Fachgruppe** zu erbringen. Werden systematisch und in großer Anzahl ärztliche Leistungen außerhalb der jeweiligen Fachgruppe des Arztes erbracht, sind die diesbezüglich geschlossenen **Behandlungsverträge** nicht wirksam zustande gekommen und es bestehen **Rückforderungsansprüche** der Patienten in Hinblick auf das Honorar. Entschieden wurde dies für die Tätigkeit von Fachärzten für Orthopädie, die im Rahmen ihrer ärztlichen Tätigkeit zur Befundung die **Magnetresonanztomographie** (MRT) eingesetzt hatten. Hierbei hatten die niedergelassenen Ärzte über 3000 MRT-Befunde pro Jahr erbracht, deren Umfang die fachärztliche Tätigkeit von Radiologen im vergleichbaren Planungsbezirk deutlich überschritt. In diesen Fällen kam die Rechtsprechung[3] zu dem Ergebnis, dass hierin eine systematische Erbringung von Leistungen außerhalb der Fachgruppe zu sehen ist. Dies wurde damit begründet, dass es sich um **systemfremde,** d. h. der Facharztgruppe der Orthopäden untypische Leistungen handelt. In dieser Fallkonstellationen war es möglich, dass **systemwidrige** fachärztliche Leistungen gegeben sind, die zum Ausschluss des Gebührenanspruchs führen.

---

[1] Vgl. Vergütungsrecht S. 103 ff.
[2] § 4 Abs. 3 GOÄ.
[3] BSG vom 31. 1. 2001 – B 6 KA 24/00 R.

187   Daneben bestehen zahlreiche Vorgaben, die insbesondere durch die **Bundesärztekammer** in Form von **Richtlinien** und **Leitlinien** erlassen wurden. Diese die Qualität sichernden Instrumente umfassen sämtliche ärztliche Tätigkeiten, damit auch die im privatärztlichen Bereich. Die ärztliche Tätigkeit soll in den durch die Richt- und Leitlinien abgesteckten **Leitplanken** erfolgen und ein höchst möglichstes Maß an Patienten- und Versorgungssicherheit garantieren. Allerdings sehen weder die GOÄ, noch die berufsrechtlichen Regelungen mit dem vertragsärztlichen Bereich vergleichbare Instrumentarien zur Verfügung, um eine vergleichbare **Qualitätssicherung** der privatärztlichen Tätigkeit zu ermöglichen.

F. Ausübungsformen

Nachfolgend werden die Ausübungsformen der ärztlichen Tätigkeit unter besonderer Be- **188**
rücksichtigung des Vertragsarztrechts dargestellt. Umfasst sind neben der Tätigkeit auf Grund
einer Zulassung, auch die ärztlichen Tätigkeiten auf Grundlage einer Sonderbedarfszulassung,
Ermächtigung oder im Rahmen der ambulanten spezialfachärztlichen Versorgung.

I. Einzelpraxis

Der in Einzelpraxis tätige Arzt ist Inhaber der vertragsärztlichen Zulassung sowie alleini- **189**
ger Eigentümer oder Nutzer der für den Betrieb einer ärztlichen Praxis erforderlichen Gegenstände. Er ist Arbeitgeber des nicht-ärztlichen und des ärztlichen Personals.

II. Angestellter Arzt

Bei der Anstellung ärztlichen Personals sind die vertragsärztlichen Vorschriften ein- **190**
schließlich der **Zulassungsverordnungen** zu berücksichtigen. In vertragsärztlicher Hinsicht setzt die Anstellung, außer im Fall des job-sharings, eines Arztes nicht voraus, dass
dieser das gleiche Fachgebiet innehat. Eine Ausnahme besteht für solche Fachgruppen, die
ausschließlich auf **Überweisung** tätig werden dürfen. Hierzu zählen **Pathologen, Radiologen, Nuklearmediziner** und **Laborärzte.**[1] Angehörige dieser Fachgruppen dürfen
nicht durch einen Arzt einer anderen Facharztgruppe angestellt werden. Als **Ausnahme** zu
dem Grundsatz, dass vertragsärztlich nur die Leistungen der jeweiligen Facharztgruppe des
Praxisinhabers abgerechnet werden können, gilt dies bei der Anstellung eines fachfremden
Arztes nicht. Sofern die Anstellung aufgrund eigener Zulassung und nicht lediglich im Job-
sharing erfolgt, kann der anstellende Arzt, auch die **EBM-Ziffern** der Facharztgruppe des
angestellten Arztes abrechnen. Grundsätzlich ist die Zahl der anzustellenden Ärzte gesetzlich nicht begrenzt, sofern keine Zulassungsbeschränkungen für diese Facharztgruppe bestehen.[2] Entscheidende Regelungen ergeben sich jedoch aus den Bundesmantelverträgen
der Ärzte. Hiernach wurde unabhängig ob Zulassungssperren gegeben sind, zur Sicherstellung der vertragsärztlichen Qualität die **zulässige Anzahl** der anzustellenden Ärzte und
Zahnärzte geregelt. Im **ärztlichen Bereich** können pro niedergelassenen Vertragsarzt **drei
vollzeitbeschäftigte Ärzte** oder **teilzeitbeschäftigte Ärzte** in entsprechender Anzahl
beschäftigt werden.[3] Im zahnärztlichen Bereich hingegen können pro Vertragszahnarzt
zwei vollzeitbeschäftigte Zahnärzte und bis zu **vier teilzeitbeschäftigte Zahnärzte**
angestellt werden.[4] Die vorgenommene **Differenzierung** zwischen dem ärztlichen und
dem zahnärztlichen Bereich in Hinblick auf die zulässige Anzahl der anzustellenden Ärzte
ist inhaltlich nicht begründbar.

Bei der Begründung einer vertragsärztlichen Anstellung ist allerdings erforderlich, dass **191**
den Zulassungsausschüssen nachgewiesen wird, dass zwischen dem **anzustellenden Arzt**
und dem **Vertragsarzt** zugunsten dessen der **Verzicht** auf die Zulassung erklärt wird, ein

---

[1] § 14a Abs. 2 BMV-Ä.
[2] § 95 Abs. 9 SGB V.
[3] § 14a Abs. 1 BMV-Ä.
[4] § 4 Abs. 1 BMV-Z.

Arbeitsvertrages besteht. Die Vorlage des Arbeitsvertrages wird regelmäßig gefordert. Hierbei ist darauf hinzuweisen, dass nach dem Gesetzeswortlaut nur der Verzicht zugunsten eines niedergelassenen Vertragsarztes unter gleichzeitigem Abschluss eines Anstellungsvertrages mit diesem Vertragsarzt möglich ist.

192 Es wird daher verlangt, dass ein Arbeitsvertrag mit dem Vertragsarzt vorgelegt wird, zugunsten dessen auf die Zulassung verzichtet wurde. Dieser Vertragsarzt muss **Arbeitgeber** des vorliegenden Arbeitsvertrages sein. Insbesondere in den Fällen, in denen der Zulassungsverzicht und die Anstellung im Rahmen einer **Gemeinschaftspraxis** bzw. einer Berufsausübungsgemeinschaft erfolgen soll, besteht zwischen dem wirtschaftlich Gewollten, d. h. dass der anzustellende Vertragsarzt seinen Arbeitsvertrag mit der Gemeinschaftspraxis schließt und sich lediglich die Vertragsarztzulassung bei einem der niedergelassenen Vertragsärzte befindet, dadurch konterkariert wird, dass der Vertragsarzt einen Anstellungsvertrag mit dem jeweiligen ärztlichen Gesellschafter vorlegen muss. Dies führt in der Praxis häufig zu erheblichen **Diskrepanzen** zwischen Arbeits- und Sozialversicherungsrecht, auch im Hinblick auf Weisung- und Direktionsbefugnisse. Dies insbesondere vor dem Hintergrund, dass der ärztliche Gesellschafter nicht persönlich Arbeitgeber des angestellten Vertragsarztes werden soll, sondern die Gemeinschaftspraxis insgesamt und somit auch diese die Personalkosten für den anstellenden Arzt tragen soll. Sofern keine Zulassungsbeschränkungen im Planungsbezirk angeordnet sind, ist die Anstellung von Ärzten unbeschränkt möglich. Bestehen im Planungsbezirk Zulassungssperren für die jeweilige Facharztgruppe, kann die vollwertige Anstellung eines Vertragsarztes nur dadurch erfolgen, dass entweder ein bereits niedergelassener Vertragsarzt auf seine Zulassung zugunsten eines auch im Planungsbezirk niedergelassenen Vertragsarztes **verzichtet** und sich bei diesem anstellen lässt (§ 103 Abs. 4 a SGB V). Vorbehaltlich den nachfolgend aufgeführten **Ausnahmen,** kann der so angestellte Vertragsarzt, in vollem Umfang an der vertragsärztlichen Versorgung teilnehmen, mit der Folge, dass auch in vergütungsrechtlicher Hinsicht diesem angestellten Vertragsarzt das gleiche **Honorarvolumen** zugeordnet wird, wie dem als Gesellschafter oder in Einzelpraxis niedergelassenen Vertragsarzt.

193 Das am 1. 1. 2012 in Kraft getretene Versorgungsstrukturgesetz schließt eine Regelungslücke, die in der Vergangenheit zu nicht nachvollziehbaren Einschränkungen hinsichtlich der vertragsärztlichen Berufsausübung geführt haben. Ursprünglich war die **genehmigte Anstellung** bei einem niedergelassenen Arzt oder bei einem MVZ unter keinen Umständen in eine niedergelassene Zulassung umwandelbar. Dies führte dazu, dass Ärzte die in einer Berufsausübungsgemeinschaft oder in einem MVZ tätig werden wollten, dies allerdings zunächst als Angestellter und nicht mit unternehmerischem Risiko als Gesellschafter. Der Vertragsarzt, der auf einer genehmigten Anstellung tätig war konnte in der Rechtslage bis zum 31. 12. 2011 seine angestellten Zulassung nicht in eine **Gesellschafter-Zulassung umwandeln.** Dies führte insbesondere bei MVZ zu der Situation, dass ein Vertragsarztsitz eines angestellten Arztes in einem MVZ aus diesem nicht heraus gelöst werden konnte, so dass der **Transfer** von Vertragsarztsitzen zwischen MVZs nicht möglich war.

194 Mit Inkrafttreten des **GKV-Versorgungsstrukturgesetzes** zum 1. 1. 2012 besteht nun ein **Rechtsanspruch** dahingehend, dass eine **genehmigte Anstellung** auf Antrag des angestellten Vertragsarztes in eine **Zulassung** umgewandelt werden muss. Voraussetzung hierfür ist, dass der **Umfang der Tätigkeit** des angestellten Arztes einem **ganzen** oder **halben Versorgungsauftrag** entspricht. Wird durch den angestellten Vertragsarzt nicht gleichzeitig die Durchführung des Nachbesetzungsverfahrens beantragt, wird dieser Arzt automatisch **Inhaber** der Zulassung. Diese Regelung gilt auch für angestellte Ärzte in einem MVZ, sodass ab dem 1. 1. 2012 die Möglichkeit besteht, dass einzelne Vertragsarztsitze, die durch angestellte Ärzte im MVZ besetzt werden, aus diesem **herausgelöst** werden können und in eine Zulassung umgewandelt werden können. Dies **ermöglicht** nunmehr den **Transfer** von Vertragsarztsitzen zwischen **MVZs** dadurch, dass der angestellte Arzt im MVZ einen entsprechenden Antrag auf Umwandlung seiner Zulassung stellt und im Anschluss daran wiederum den Zulassungsverzicht zugunsten eines anderen MVZs stellt.

Durch die Schließung dieser **Gesetzeslücke** besteht die Möglichkeit das hinzutretende 195
Vertragsärzte zu einer Berufsausübungsgemeinschaft oder zu einem MVZ zunächst auf
Grundlage eines Anstellungsvertrages erprobt werden können, bevor sie in **gesellschaftsrechtliche** und unternehmerische **Verantwortung** übernommen werden. Neben den
rechtlichen Vorteilen eines **Arbeitsvertrages** auf Seiten der Berufsausübungsgemeinschaft
bzw. MVZ besteht der weitere Vorteil darin, dass in diesen Fallkonstellationen die vertragsärztliche Zulassung im Rahmen der Anstellung zunächst bei dem MVZ bzw. bei dem Vertragsarzt der Berufsausübungsgemeinschaft verbleibt und damit grundsätzlich seitens des
angestellten Vertragsarztes kein Anspruch auf Überlassung der Zulassung besteht, solang ein
Arbeitsverhältnis besteht. Erfolgt allerdings die **Umwandlung** der genehmigten Anstellung
in eine Zulassung und damit in die Begründung einer unternehmerischen Beteiligung des
Vertragsarztes, ist durch entsprechende **gesellschaftsrechtliche Regelungen** zu gewährleisten, dass bei einem Ausscheiden des Vertragsarztes aus der Berufsausübungsgemeinschaft
bzw. dem MVZ als Gesellschafter die Vertragsarztzulassung weiter der Berufsausübungsgemeinschaft bzw. dem MVZ zur Verfügung steht.

In diesem Zusammenhang sind grundsätzlich **zwei Fallkonstellationen** denkbar: 196
Zunächst könnte vereinbart werden, dass der **beteiligte Vertragsarzt** aus der Gemein- 197
schaftspraxis oder dem MVZ **ausscheidet,** den Vertragsarztsitz in der Gesellschaft belässt
und für seine Beteiligung eine **Abfindung** erhält. Alternativ hierzu kann dem ausschei-
denden Vertragsarzt die Möglichkeit eingeräumt werden, seinen **Vertragsarztsitz** aus der
Gemeinschaftspraxis bzw. dem MVZ an einen anderen **Standort** zu **verlegen.** Die letztere
Alternative dürfte im Regelfall nicht im Interesse der verbleibenden Vertragsärzte bzw. dem
MVZ stehen. Die **rechtliche Zulässigkeit** einer Vereinbarung, dass der ausscheidende
Vertragsarzt seine Zulassung in der Gemeinschaftspraxis bzw. in dem MVZ belassen muss
wird in der Rechtsprechung **unterschiedlich bewertet.** Im Wesentlichen wird darauf
zunächst abgestellt, dass **ohne die vertragsärztliche Zulassung** in einem gesperrten Planungsbezirk der Vertragsarzt grundsätzlich nicht mehr in der Lage ist, seiner vertragsärztlichen Tätigkeit nachzugehen und dies ein Verstoß gegen die durch das Grundgesetz garantierte **Berufsausübungsfreiheit** sein könnte. Höchstrichterliche Rechtsprechung liegt
hierzu nicht vor; es kann allerdings unter Auswertung der bestehenden Rechtsprechung
davon ausgegangen werden, dass eine solche **Regelung** dann **rechtlich nicht** zulässig sein
dürfte, wenn der ausscheidende Vertragsarzt zuvor eine **Praxis erworben** hatte, in deren
Verlauf das im Rahmen des Nachbesetzungsverfahrens die Zulassung an ihn übertragen
wurde. In allen anderen Fällen ist davon auszugehen, dass sofern die **vertragsärztliche
Zulassung** bereits in der Gemeinschaftspraxis bzw. dem MVZ gegeben war, eine Vereinbarung, dass diese dort zu verbleiben hat, **rechtlich wirksam** ist.

Bei der **vertragsärztlich genehmigten Anstellung** eines Arztes, insbesondere bei 198
überörtlichen Berufsausübungsgemeinschaften bzw. bei überörtlich tätigen MVZs ist die
Ausgestaltung der entsprechenden Arbeitsverträge insbesondere in Hinblick auf die arbeitsvertraglich vereinbarten Tätigkeitsorte sowie die entsprechenden **Direktions- bzw. Wei-
sungsbefugnisse** der jeweiligen niedergelassenen Vertragsärzte an den **Standorten** besonders zu berücksichtigen.[5]

In allen anderen Fällen ist die **Anstellung** eines **fachgruppenfremden** Vertragsarztes 199
vertragsärztlich zulässig. Die **vertragsärztliche Vergütung** des angestellten Vertragsärz-
tes erfolgt auf Grundlage der Regelung des **EBM** und zwar in Hinblick auf die für den
angestellten Vertragsarzt geltenden Regelungen. **Abgerechnet** werden die Leistungen
des angestellten Vertragsarztes, der die **Voraussetzungen** der Abrechnungen **gewährleistet** muss, insoweit durch den niedergelassenen Vertragsarzt, der als Arbeitgeber fungiert.[6] In
steuerrechtlicher Hinsicht ist zu beachten, dass die Anstellung eines Arztes einer anderen

---

[5] Einzelheiten hierzu im Teil Arbeitsrecht S. 646 ff.
[6] § 14 a BMV-Ä, weitere Einzelheiten hierzu im Bereich Vergütungsrecht, insbesondere im Hinblick
auf die Abrechnungsmodalitäten, S. 103 ff.

Facharztgruppe, dazu führen könnte, dass die steuerlich erforderliche **Freiberuflichkeit** nach **§ 18 EStG** durch den anstellenden niedergelassenen Vertragsarzt bzw. der Berufsausübungsgemeinschaft oder dem MVZ nicht gewährleistet ist. In **steuerlicher Hinsicht** erfordert die Freiberuflichkeit, dass der Freiberufler seine Tätigkeit **prägt** und die Tätigkeit seiner Angestellten auch der ärztlichen Angestellten **überwachen und kontrollieren** kann. Das Kriterium der **Prägung** könnte bei unterschiedlichen Facharztgruppen, zum Beispiel der Anstellung eines Anästhesisten durch einen Chirurgen fraglich sein, sodass das Merkmal der **Freiberuflichkeit** im Sinne des Einkommensteuergesetzes nicht mehr vorliegen könnte.[7]

200   Im ausschließlich **privatärztlichen** Bereich bestehen bei der Anstellung von Ärzten **keine**, den vertragsärztlichen Vorgaben entsprechenden **Restriktionen.** Das Berufsrecht der Ärzte schreibt vor, dass der niedergelassene Arzt gegenüber den angestellten Ärzten die Leitung innehaben muss.[8] Dies bedeutet, dass **aus berufsrechtlichen Gründen,** der jeweilige angestellte Arzt in der **Sphäre** des niedergelassen Arzt, auch der Privatpraxis, stehen muss.

201   Für den Bereich des Vergütungsrechts gelten ausschließlich die Regelungen der **GOÄ,** auch in Hinblick auf den angestellten Arzt, der die entsprechende Leistung erbringt. Besonderheiten für angestellte Ärzte existieren im Rahmen der Gebührenordnung nicht.[9]

202   Im **zahnärztlichen Bereich** bestehen die Besonderheiten, dass niedergelassene Zahnärzte in vertragsärztlicher Hinsicht Ärzte nicht anstellen dürfen und damit eine **fachübergreifende Anstellung** bei Zahnärzten **nicht zulässig** ist.[10]

III. Organisationsgemeinschaft

203   Die **Zusammenarbeit** von niedergelassenen Ärzten außerhalb der gemeinschaftlichen Berufsausübung erfolgt vor dem **Hintergrund,** dass Ärzte, die in ihren Praxen entstehenden **Kosten,** wie z. B. für **Personal, Räumlichkeiten,** für **Infrastruktur** und **Apparate und Geräte** gemeinschaftlich tragen und damit **Synergieeffekte** nutzen wollen. Kennzeichnend für diese Organisationsform ist, dass eine **gemeinschaftliche Berufsausübung nicht erfolgt,** sondern die im Rahmen einer solchen Kooperationsform zusammengeschlossenen niedergelassenen Ärzte ihre vertragsärztliche und privatärztliche Tätigkeit **gesondert voneinander selbständig** und damit auf **eigene Rechnung** erbringen. Die vertragsärztlichen und privatärztlichen **Einnahmen** im Rahmen solcher Kooperationsformen fließen ausschließlich den niedergelassenen Ärzten zu, eine **gemeinsame Vereinnahmung** der ärztlichen Honorare erfolgt nicht. Als **Oberbegriff** wurde die Bezeichnung **Organisationsgemeinschaft** gewählt, die die **Praxisgemeinschaften,** die **Apparategemeinschaft** und die **Laborgemeinschaft** umfasst.[11] Nach dem **Wortlaut** der Zulassungsverordnung ist die **gemeinschaftliche Beschäftigung** von Ärzten und Zahnärzten Organisationsgemeinschaften nicht erlaubt.[12] Allerdings ist hiermit **nicht** die gemeinschaftliche **arbeitsvertragliche** Beschäftigung gemeint, sondern nur die gemeinsame Tätigkeit in verschiedenen Versorgungsbereichen des vertragsärztlichen und vertragszahnärztlichen Bereiches, so dass die gemeinsame **Anstellung** von Ärzten oder Zahnärzten **zulässig** ist. Dies gilt nicht für MVZ, diese können zusätzlich zahnärztliche Leistungen erbringen.

204   In der **Praxisgemeinschaft** erfolgt keine gemeinschaftliche Ausübung des ärztlichen Berufs, so dass der Zusammenschluss mit **nichtärztlichen Leistungserbringern,** insbe-

---

[7] Zu den steuerlichen Auswirkungen: Bereich Steuerrecht S. 296 ff.

[8] § 19 Abs. 1 MBO

[9] Vgl. Vergütungsrecht S. 103 ff.

[10] § 4 Abs. 1 BMV-Z.

[11] § 1 a Nr. 12 a BMV-Ä.

[12] § 33 Abs. 1 S. 3 Ärzte-ZV.

sondere auch Angehörigen anderer Gesundheitsberufe (z. B. Logopäden, Ergotherapeuten, Physiotherapeuten) zulässig ist, wobei eine klar erkennbare **Trennung** zwischen den **Verantwortungsbereiche** der Ärzte und den nichtärztliche Leistungserbringern erforderlich ist.[13] Die Praxisgemeinschaft darf allerdings nicht wie eine Gemeinschaftspraxis geführt werden. Dies wäre dann der Fall, wenn gleiche Leistungen gegenüber Patienten durch alle Ärzte der Praxisgemeinschaft, obwohl hierfür kein **sachlicher Grund** besteht, abgerechnet (z. B. Grundpauschalen) werden. Solche **unzulässigen** Umgehungen stellen erhebliche Verletzungen der **vertragsärztlichen Pflichten** dar, die nicht zur **Rückforderung** der vertragsärztlichen Vergütung führt, sondern auch zu **vertragsärztlichen Sanktionen**[14] gegen den Vertragsarzt.

Die **Apparategemeinschaft** ist eine Unterform der Praxisgemeinschaft, die mit dem 205 Ziel gegründet wird, Geräte gemeinschaftlich anzuschaffen und zu nutzen.[15] Dies geschieht insbesondere bei Geräten, die einen **hohen Investitionsbedarf** bedeuten (z. B. Radiologie). Durch den Zusammenschluss werden eine **wirtschaftliche Ausnutzung** und damit eine erhöhte wirtschaftliche Effektivität der Untersuchung und Behandlung angestrebt.

Die **Laborgemeinschaft** ist eine Sonderform der Praxisgemeinschaft, die dadurch ge- 206 kennzeichnet ist, dass die beteiligten Ärzte Laborparameter von dieser beziehen. Die **Laborleistungen** werden nicht durch die beteiligten Ärzte erbracht, sondern durch die **Laborgemeinschaft,** die diese erbringt und gegenüber der KV abrechnet.[16] Hiervon zu unterscheiden ist die **Praxislaborgemeinschaft,** die von mehreren Zahnärzten gegründet wird, um gemeinsam zahntechnische Leistungen zu erbringen. Dabei erbringen die Zahnärzte zahntechnische Leistungen mit ausschließlich eigenem Personal und Infrastruktur, so dass ein **Eigenlabor** besteht, das **Bestandteil** der zahnärztlichen Praxis ist und damit nicht in die **Handwerksrolle eintragungspflichtig** ist. Bei der Praxislaborgemeinschaft ist in vertragszahnärztlicher Hinsicht zu beachten, dass jedem in der Praxislaborgemeinschaft beschäftigten Zahntechniker ein Zahnarzt zugeordnet sein muss, der die **fachliche Aufsicht** und **Leitung** übernimmt. Zu bedenken ist allerdings, dass es sich hierbei um **zahntechnische Leistungen** für Patienten der Praxen handeln muss, da im Fall der Versorgung von Patienten anderer Praxen die **steuerrechtlich freiberufliche Tätigkeit** nicht mehr gegeben ist.[17] Die **Anzahl** der Zahnärzte, die an einer Praxislaborgemeinschaft beteiligt sein dürfen, ist nicht begrenzt.[18]

Im vertragsärztlichen **GKV-Vergütungssystem** bestehen keine **vergütungsrechtli-** 207 **chen** Besonderheiten hinsichtlich des Zusammenschlusses von Organisationsgemeinschaften, da diese, mit Ausnahme von **Laborgemeinschaften,** keine eigenständigen ärztlichen Leistungen erbringen.

Im Rahmen des **GKV-Versorgungsstrukturgesetzes,** das mit Wirkung zum 1. 1. 208 2012 in Kraft getreten ist, ist für **Praxisnetze** vorgesehen, dass diese einen **Zuschlag** zum **Honorarvolumen** erhalten können.[19] Allerdings lagen zum Zeitpunkt der Drucklegung noch keine Einzelheiten hierzu vor, unter welchen strukturellen Voraussetzungen ein Praxisnetz die **vertragsärztliche Anerkennung** erhalten kann.

Zur Umsetzung der gesetzlichen Vorgaben wird zunächst die KBV **Rahmenvorgaben** 209 entwickeln, die im Einvernehmen mit dem **GKV-Spitzenverband** umgesetzt werden. Auf Grundlage dieser Rahmenvorgaben **kann** die jeweilige **Kassenärztliche Vereinigung Richtlinien** erlassen, aus denen sich dann die konkreten Voraussetzungen ergeben, nach denen ein Praxisnetz die vertragsärztliche Anerkennung als Praxisnetz erhält. Ob und

---

[13] § 33 Abs. 3 MBO.
[14] Einzelheiten zu den Sanktionsmöglichkeiten: Disziplinarrecht S. 592 ff.
[15] § 15 Abs. 3 BMV-Ä.
[16] § 25 BMV-Ä.
[17] Zu den steuerlichen Folgen: Steuerrecht S. 296 ff.
[18] § 11 MBO Zahnärzte.
[19] § 87 b Abs. 1 SGB V.

in welchem Umfang Zuschläge zum Honorarvolumen möglich sind, steht damit ausschließlich im **Ermessen** der zuständigen Kassenärztlichen Vereinigungen.

IV. Gemeinschaftspraxis/Berufsausübungsgemeinschaft

1. Begriff

210   Die **Gemeinschaftspraxis** zeichnet sich ursprünglich dadurch aus, dass sich mehrere Ärzte zusammenschließen, um gemeinschaftlich der ärztlichen Berufsausübung nachzugehen. **Ursprünglich** wurde für die gemeinschaftliche ärztliche Berufsausübung der Begriff der Gemeinschaftspraxis verwendet, der dadurch gekennzeichnet war, dass Ärzte gleicher oder vergleichbarer Fachgruppen gemeinschaftlich der ärztlichen Berufsausübung nachgekommen sind. Die gemeinschaftliche Berufsausübung setzte daher voraus, dass die Ärzte der Gemeinschaftspraxen **Facharztgruppen** angehörten, die aufgrund ihrer Inhalte und Schwerpunktbezeichnungen **gemeinschaftlich ärztlich** tätig werden konnte. Bei Facharztgruppen, die aufgrund ihrer Verschiedenheit nicht gemeinschaftlich ihren Beruf ausüben konnten (z.B. Augenheilkunde, Orthopädie) war die gemeinschaftliche Berufsausübung grundsätzlich nicht möglich. In diesen Fällen konnte nur eine Praxisgemeinschaft gegründet werden. Mit Inkrafttreten des **Vertragsarztrechtsänderungsgesetzes** wurde der Begriff der Berufsausübungsgemeinschaft eingeführt, der **Oberbegriff** für die gemeinschaftliche ärztliche Berufsausübung gilt, wobei die Fachgleichheit oder Fachähnlichkeit der Fachgruppen **nicht** mehr **Voraussetzung** für einen Zusammenschluss war. Unter dem Oberbegriff der Berufsausübungsgemeinschaft fallen die fachgebietsübergreifende Gemeinschaftspraxis, die Teil-Gemeinschaftspraxis als auch die überörtliche Gemeinschaftspraxis. Das **medizinische Versorgungszentrums (MVZ)** stellt allerdings keine Berufsausübungsgemeinschaft dar, sondern eine **ärztlich geleitete fachübergreifende Einrichtung** der ambulanten Versorgung.[20] Allerdings werden diese Begrifflichkeiten in der Praxis nicht durchgehend voneinander getrennt, Auswirkungen über diesen formalen Aspekt hinaus bestehen im Regelfall nicht. Allerdings ist die Verwendung des Begriffs der Gemeinschaftspraxis für die gemeinschaftliche Berufsausübung niedergelassener Ärzte durchaus üblich und sollte auch weiterhin verwandt werden, zumal eine **gesetzliche Dentition** des Begriffs der **Berufsausübungsgemeinschaft** nicht besteht.

2. Inhaltliche Vorgaben

211   Die **vertragsärztliche Tätigkeit** im Rahmen einer **Berufsausübungsgemeinschaft** hat, wie jeder andere vertragsärztliche niedergelassene Tätigkeit auch, in **freier Praxis** zu erfolgen.[21] Das Kriterium freier Praxis grenzt den **freiberuflich tätigen, niedergelassenen Vertragsarzt** von dem **beschäftigten Vertragsarzt** ab. Neben der **rechtlichen Beurteilung** auf Grundlage des Gesellschaftsvertrages zur Gründung einer Berufsausübungsgemeinschaft ist im Wesentlichen auch die **tatsächliche Umsetzung** des Gesellschaftsvertrages und die ärztliche Zusammenarbeit von entscheidender Bedeutung. Bei der Beurteilung, ob ein abhängiges Beschäftigungsverhältnis oder eine vollwertige vertragsärztlich **anzuerkennende Gesellschafterstellung** in einer Berufsausübungsgemeinschaft gegeben ist in erster Linie darauf abzustellen, ob die Übernahme eines **wirtschaftlichen Risikos** besteht und ob entsprechende **Einflussmöglichkeiten** auf die **Geschäftsführung** bestehen.[22] Entscheidend für die Abgrenzung zwischen abhängiger Beschäftigung und vollwertiger Gesellschafterstel-

---

[20] § 95 Abs. 1 S. 2 SGB V.
[21] § 32 Abs. 1 S. 1 Ärzte-ZV.
[22] Im Steuerrecht werden die Begriffe „Mitunternehmerinitiative" und „Mitunternehmerrisiko" verwandt, inhaltlich bestehen keine Unterschiede vgl. Steuerrecht S. 296 ff.

lung ist, ob und in welchem Umfang eine Beteiligung **am Gewinn und Verlust,** am **materiellen** und **immateriellen Werten** und damit an den Vorteilen wie auch den Risiken besteht. Dabei ist allerdings **nicht** erforderlich, dass alle **Gesellschafter** einer Gemeinschaftspraxis im **gleichen Umfang an der Gesellschaft beteiligt** sind. **Abstufungen** sind wie auch in jedem anderen Unternehmen, üblich und damit auch vertragsärztlich **zulässig.** Die Stellung eines Gesellschafters erfordert in vertragsärztlicher Hinsicht **nicht zwingend** die **Beteiligung am Vermögen** der Praxis. Das Vermögen einer Gemeinschaftspraxis besteht einerseits aus den **Substanzgegenständen** in Form der körperlichen Wirtschaftsgüter als auch aus den immateriellen Wirtschaftsgütern, dem **Goodwill** einer freiberuflichen ärztlichen Praxis, die unterschiedlich stark mit der Person oder den Personen der Gemeinschaftspraxis verknüpft sind. Für eine **Übergangszeit,** die auch als **gesellschaftsrechtliche Probezeit** bezeichnet wird, ist eine **Nicht-Beteiligung** am immateriellen Wert durchaus zu akzeptieren. Allerdings bleibt es eine Entscheidung im **Einzelfall** unter Berücksichtigung des Gemeinschaftsvertrages und der tatsächlichen Umsetzung, ob eine vollwertige Gesellschafterstellung und damit eine Tätigkeit in freier Praxis besteht. Neben **steuerrechtlichen** und **gesellschaftsrechtlichen** Konsequenzen führt die Verneinung des Merkmals in freier Praxis dazu, dass der jeweilige Arzt nicht als **Gesellschafter** einer Berufsausübungsgemeinschaft im **vertragsärztlichen Sinn** anzusehen ist. Dies führt einmal zu der **vergütungsrechtlichen Konsequenz,** dass aufgrund der **statusbegründenden Genehmigung** einer Berufsausübungsgemeinschaft die **vertragsärztlichen Leistungen** des entsprechenden Arztes nicht hätten **vergütet** werden dürfen und insoweit durch die KV zurückgefordert werden können. Eine **(rückwirkende) Berücksichtigung** der vertragsärztlichen Leistungen dieses Arztes im Rahmen einer vertragsärztlichen Anstellung kann für diese Sachverhalte nicht erfolgen, da insoweit **keine Genehmigung** einer **vertragsärztlichen Anstellung** besteht. Auch dies ist Folge der statusbegründenden Genehmigung einer Berufsausübungsgemeinschaft bzw. einer vertragsärztlichen Anstellung. Die weiteren Konsequenzen bestehen in Hinblick auf das **vertragsärztliche Nachbesetzungsverfahren** gemäß § 103 SGB V. Das Nachbesetzungsverfahren des § 103 SGB V, also der Weitergabe einer vertragsärztlichen Zulassung in einem gesperrten Planungsbezirk, setzt eine vertragsärztliche Zulassung voraus. In den Fällen in den die vertragsärztliche Zulassung aufgrund Fehlens des Merkmals in **freier Praxis** nicht besteht, kann eine Ausschreibung dieser Vertragsarztzulassung und damit eine Weitergabe im Rahmen des Nachbesetzungsverfahrens nicht erfolgen.

Im **vertragszahnärztlichen Versorgungsbereich** werden die **inhaltlichen Voraussetzungen** einer Berufsausübungsgemeinschaft durch den Bundesmantelvertrag konkretisiert.[23] Hiernach liegt eine gemeinsame Berufsausübung vor, wenn auf Grundlage eines **schriftlichen Gesellschaftsvertrages** eine auf **Dauer** angelegte Kooperation **selbstständiger, freiberuflich tätiger Zahnärzte** mit einer gemeinsamen Teilnahme an einem **unternehmerischen Risiko,** an **unternehmerischer Entscheidung** sowie eine **gemeinschaftliche Gewinnerzielungsabsicht** bestehen. Eine weitergehende Konkretisierung der Begriffe erfolgt nicht, so dass auch im vertragszahnärztlichen Bereich wiederum auf den Einzelfall und damit auf die rechtliche Gestaltung und die tatsächliche Durchführung abzustellen ist. **212**

3. Zulässigkeit des Zusammenschlusses

Grundsätzlich bestehen keine gesetzlichen oder sonstigen **Restriktionen,** die den Zusammenschluss von Ärzten auch verschiedener Facharztgruppen, inhaltlich regelt. Daher besteht der Grundsatz, dass im Rahmen einer **Berufsausübungsgemeinschaft** grundsätzlich alle ärztlichen Fachgruppen sich zusammenschließen können. Eine **Einschränkung** in Hinblick auf die **Zusammenarbeit** und den Zusammenschluss im Rahmen einer Be- **213**

---

[23] § 6 Abs. 7 BMV-Z.

rufsausübungsgemeinschaft werden zum **1. 1. 2014** in Kraft treten. Ab 1. 1. 2014 dürfen bestimmte **laboratoriumsmedizinische Untersuchungen**[24] nur noch an solche Fachärzte überwiesen werden, bei denen diese Leistungen zum **Kern** ihres **Fachgebietes** gehören. Welche laboratoriumsmedizinische Untersuchungen zum Kern eines Fachgebietes gehören bestimmen sich nach einer noch aufzustellenden Anlage zum Bundesmantelvertrag Ärzte (BMV-Ä). Hieraus folgt zunächst nur, dass **spezielle labormedizinische Leistungen** in der **vertragsärztlichen Versorgung,** die bisher im Rahmen der **Fachkunde Labor** durch die jeweiligen Ärzte erbracht und abgerechnet werden konnten, zukünftig entweder nur durch vertragsärztlich zugelassene **Fachärzte für Laboratoriumsmedizin** erbracht werden dürfen. Alternativ können die Vertragsärzte, die über die **Fachkunde Labor** verfügen, sich verbindlich **entscheiden,** zukünftig ausschließlich Leistungen der Labormedizin im Rahmen ihrer Fachkunde zu erbringen. Gleichzeitig müssten diese Fachärzte auf Erbringung und Versorgung **vertragsärztlicher Leistungen** in ihren übrigen vertragsärztlichen Bereich (z. B. Inneren Medizin) **verzichten.** Folge dieser Regelung ist allerdings auch, dass zukünftig vorrangig nur durch Fachärzte für Laboratoriumsmedizin Laborleistungen vertragsärztlich, insbesondere die Laborleistungen des Kapitel 32 und 32.3 EBM vertragsärztlich erbracht werden können, da nur bei diesen Facharztgruppen sichergestellt ist, dass diese Laborleistungen zum Kern des jeweiligen Fachgebietes gehören.[25] Weitere Folge dieser Regelung ist allerdings auch, dass ab 1. 1. 2014 eine strikte Trennung zwischen „**sprechender**" Medizin und „**nicht sprechender**" Medizin erfolgen soll, also insbesondere solche Facharztgruppen, die keinen **unmittelbaren Patientenkontakt** haben. Mit der erforderlichen Entscheidung ab 1. 1. 2014 in Hinblick auf die niedergelassenen Vertragsärzte, die über die Fachkunde Labor verfügen, zukünftig entweder beispielsweise internistische Leistungen oder labormedizinische Leistungen zu erbringen und dem Grundsatz, dass ab diesem Zeitpunkt labormedizinischen Leistungen vertragsärztlich nur durch niedergelassen Fachärzte für Labormedizin erbracht werden dürfen, folgt dass zukünftig der **Zusammenschluss** von vertragsärztlich tätigen Internisten, die über die **Fachkunde Labor** verfügen, auch über die entsprechenden Laborleistungen erbringen und abrechnen wollen, zukünftig nicht mehr zulässig sein dürfte. Damit dürfte auch der Zusammenschluss im Rahmen einer **(Teil-)Berufsausübungsgemeinschaft,** die insoweit gemeinschaftlich vertragsärztlichen Leistungen erbringt, insbesondere zwischen Internisten mit der Fachkunde Labor mit Internisten, die über die Fachkunde Labor nicht verfügen, **ausgeschlossen** sein.[26]

4. Überörtliche Berufsausübungsgemeinschaft (ÜBAG)

214   Bei der gemeinschaftlichen Ausübung der vertragsärztlichen Tätigkeit an **einem gemeinsamen Vertragsarztsitz** durch mehrere Vertragsärzte handelt es sich um einen **örtliche Berufsausübungsgemeinschaft.** Als **Vertragsarztsitz** gilt dabei der durch die **Praxisanschrift** konkret bezeichnete Ort einer Praxis. Bei einer Berufsausübungsgemeinschaft, die **überörtlich** über verschiedene Vertragsarztsitze verfügt und, über damit unterschiedliche Praxisanschriften verfügt, handelt es sich um eine **überörtliche Berufsausübungsgemeinschaft.** Diese ist also bereits schon dann gegeben, wenn eine Berufsausübungsgemeinschaft innerhalb einer Stadt an **verschiedenen Praxisadressen** vertragsärztliche Leistungen anbietet. Die überörtliche Berufsausübungsgemeinschaft ist in vertragsärztlicher und berufsrechtlicher Hinsicht in der **Anzahl** ihrer möglichen Standorte nicht **beschränkt.** Im Rahmen der Gründung der überörtlichen Berufsausübungsgemeinschaft muss ein Vertragsarztsitz als **Betriebsstätte** und die weiteren Vertragsarztsitze als **Nebenbetriebsstätte** gewählt werden.[27] Diese Wahlentscheidung, die jeweils nur zum

---

[24] Kapitel 1.7, 32.3 EBM.
[25] § 25 Abs. 4a BMV-Ä.
[26] Vgl. § 33 Abs. 2 S. 4 Ärzte–ZV; Rdn. 218 f.
[27] § 15 Abs. 4 BMV-Ä.

Beginn eines Quartals getroffen werden kann, ist für die Dauer von **zwei Jahren** verbindlich. Erfolgt eine Festlegung durch die Vertragsärzte nicht, nimmt die KV die Bestimmung der Betriebsstätte vor. Im Fall von Vertragsarztsitzen in **verschiedenen Zulassungsbezirken** wird der zuständige Zulassungsausschusses durch **Vereinbarung** der KV mit den Verbänden der Krankenkassen bestimmt, der dann über die Genehmigung der überörtlichen Berufsausübungsgemeinschaft entscheidet. Neben der überörtlichen Berufsausübungsgemeinschaft, die über mehrere Vertragsarztsitze **innerhalb eines Planungsbezirk** oder über die **Grenzen eines Planungsbezirks** verfügt, besteht auch die Möglichkeit überörtliche Berufsausübungsgemeinschaft, die über die Grenzen der **Kassenärztlichen Vereinigungen** hinausgehen, zu gründen. Bei einer überörtlichen Berufsausübungsgemeinschaft, deren Vertragsarztsitze in dem **Gebiet verschiedener Kassenärztlicher Vereinigung** liegen, muss die Betriebstätte gewählt werden, um sicherzustellen, das für die überörtliche Berufsausübungsgemeinschaft die **Vergütung,** die **Abrechnung** und die Regelungen zur **Abrechnungs-, Wirtschaftlichkeit-** und **Qualitätsprüfung** einheitlich getroffen werden. Zu den Regelungen im Bundesmantelvertrag kommen ergänzend die Richtlinien der Kassenärztlichen Bundesvereinigung zur KV-übergreifenden überörtlichen Berufsausübungsgemeinschaft. Die überörtliche Berufsausübungsgemeinschaft setzt darüber hinaus voraus, dass die Erfüllung der **Versorgungspflicht** des jeweiligen Mitglieds an seinem Vertragsarztsitz unter Berücksichtigung der Mitwirkung angestellter Ärzte in dem erforderlichen Umfang **gewährleistet** ist und der **niedergelassene Arzt** und die bei ihm **angestellten Ärzte** an den Vertragsarztsitz der andere Mitglieder nur in zeitlich begrenztem Umfang tätig werden.[28] Die **Versorgungspflicht** an den jeweiligen Vertragsarztsitzen ist erfüllt, wenn die **Mindestsprechstundenzeiten** eingehalten werden.[29] Für überörtliche Berufsausübungsgemeinschaften für den Bereich des Vertragszahnarztrechts ist vorgeschrieben, dass die Tätigkeit an anderen Vertragsarztsitzen **ein Drittel** der Zeit der vertragszahnärztlichen Tätigkeit am Vertragszahnarzt, also an der Betriebsstätte, **nicht überschritten** werden darf.[30] Darüber hinaus verlangen einige Zulassungsausschüsse die Vorlage eines medizinischen **Versorgungskonzeptes,** das für die Zulassung der überörtlichen Berufsausübungsgemeinschaft vorausgesetzt wird. Allerdings sieht weder das Sozialgesetzbuch noch die Zulassungsverordnung vor, dass Voraussetzung zur Gründung einer überörtlichen Berufsausübungsgemeinschaft die Vorlage eines ärztlichen Versorgungskonzeptes ist. Aus **Praktikabilitätsgründen** und zur Vermeidung von Verzögerungen wird daher im Regelfall ein entsprechendes Versorgungskonzept im Rahmen des Antragsverfahrens der überörtlichen Berufsausübungsgemeinschaft vorgelegt.

5. (Über-)Örtliche Teilberufsausübungsgemeinschaft

a) Voraussetzungen/Zulässigkeit. Im Gegensatz zur **Berufsausübungsgemein-** 215
schaft ist die **Schnittmenge** hieraus die Teilberufsausübungsgemeinschaft, die darin besteht, dass sich Vertragsärzte in Hinblick auf einen **Teilbereich** ihres **Leistungsspektrums** zusammen schließen und insoweit gemeinschaftlich der ärztlichen Berufsausübung nachkommen. Ausdrücklich **ausgeschlossen** ist die Gründung von Teilberufsausübungsgemeinschaften mit solchen Vertragsärzten, die sich ausschließlich auf das Erbringen von medizinisch-technische Leistungen beschränken.[31] Damit dürfen Teilberufsausübungsgemeinschaft zwischen Pathologen, Labormediziner, Radiologen und übrigen Vertragsärzten, die an der hausärztlichen und fachärztlichen Versorgung teilnehmen, **ausgeschlossen** sein. Grund diese Regelung ist Teilberufsausübungsgemeinschaften zu **verhindern,** die nur zu dem **Zweck** gegründet wurden, dass **unzulässige Zuweisungen** gegen Entgelt zwischen

---

[28] § 33 Abs. 2 S. 2 Ärzte-ZV.

[29] § 17 Abs. 1 a BMV-Ä.

[30] § 6 Abs. 8 S. 2 BMV-Z.

[31] § 15 a Abs. 5 BMV-Ä, § 33 Abs. 2 S. 3 Ärzte-ZV.

den jeweiligen Fachgruppen erfolgen sollen. Die medizinischen **Sinnhaftigkeit** der Teilberufsausübungsgemeinschaft, beispielsweise beim Zusammenschluss eines Facharztes für Kinder und Jugendmedizin mit einem Facharzt für Gynäkologie mit dem Schwerpunkt Pränataldiagnostik muss ausschlaggebend für die Gründung sein.

216   **b) Verbote.** Mit Wirkung zum 1. 1. 2012 wurde die Zulassungsverordnung der Ärzte[32] dahingehend geändert, dass eine **Teilberufsausübungsgemeinschaft** nicht **zulässig** ist, sofern diese zur **Umgehung** des **Verbots der Zuweisung** von Versicherten **gegen Entgelt** oder sonstiger wirtschaftlicher Vorteile im Sinne von § 73 Abs. 7 SGB V dient. Danach ist von einer Umgehung insbesondere auszugehen, wenn sich der Beitrag des Arztes auf das **Erbringen medizinischer-technischer Leistungen auf Veranlassung** der übrigen Mitglieder einer Berufsausübungsgemeinschaft **beschränkt** oder wenn der Gewinn ohne Grund in einer Weise verteilt wird, die nicht dem Anteil der **persönlich erbrachten Leistung** entspricht. Die **Anordnung** vertragsärztlicher Leistungen, insbesondere aus den Bereichen der Labormedizin, der Pathologie oder der bildgebenden Verfahren, stellt keine **persönlich erbrachte anteilige Leistung** in diesem Sinn dar.[33] Von einer unzulässigen Umgehung ist dann ausgehen, wenn sich beispielsweise Fachärzte für allgemeine Medizin, die zur hausärztlichen Versorgung zugelassen sind, mit Fachärzten für Kardiologie im Rahmen einer Teilberufsausübungsgemeinschaft zusammenschließen. Gegenstand der Teilberufsausübungsgemeinschaft sollen spezielle ambulante kardiologische Leistungen sein, die ausschließlich durch Kardiologen erbracht und abgerechnet werden können. Die Patienten werden durch den Hausarzt selektiert und dem Kardiologen zur Untersuchung zugeführt, wobei der Beitrag des Hausarztes zur Erbringung der medizinischen – technischen Leistung rund 10%, die Tätigkeiten des Kardiologen rund 90% an der Gesamtleistung beträgt. In diesem Fall wäre eine **Gewinnverteilung,** die die Gewinne aus dieser gemeinschaftlichen Berufsausübung zu 90% dem Hausarzt und zu 10% dem Kardiologen zuordnet eine **Umgehung** im Sinne von § 33 Abs. 2 Satz 3 der Zulassungsverordnung Ärzte. Zur Absicherung, dass keine unerlaubten **Kickback-Konstellation** durch die Begründung einer Teilberufsausübungsgemeinschaft eintritt, verlangen die Zulassungsausschüsse, dass im Rahmen des Antragsverfahrens zur Genehmigung die Teilberufsausübungsgemeinschaft das jeweilige Leistungsspektrum unter Benennung der jeweiligen EBM-Ziffer im Antragsformular bezeichnet werden muss, um feststellen zu können, ob tatsächlich eine vertragsärztlich zulässige Teilberufsausübung angestrebt wird.

V. Medizinisches Versorgungszentrum (MVZ)

217   Das **Medizinische Versorgungszentrum** (MVZ) ist eine **ärztlich geleitete Einrichtung** der ambulanten Versorgung, die **fachübergreifend** tätig ist. Das Kriterium fachübergreifend ist Voraussetzung und **grenzt** damit das MVZ von den **Berufsausübungsgemeinschaften** ab, die nicht zwingend fachübergreifend organisiert sein müssen. Das **MVZ** wird in vertragsärztlicher Hinsicht als **eigenständiger Leistungserbringer** behandelt.

218   Das MVZ ist ein eigenständiges vertragsärztliches **Rechtsgebilde,** das neben Einzelpraxen, Berufsausübungsgemeinschaft existiert und als **eigenständiger ärztlicher Leistungserbringer** im System der gesetzlichen Krankenversicherung gilt. Dies bedeutet, dass das **MVZ** ausschließlich im Bereich der **vertragsärztlichen Versorgung** und damit im gesetzlichen Krankenversicherungssystem eine Rolle spielt. Außerhalb des Vertragsarztsystems und damit im **privatärztlichen Bereich** bestehen keine MVZs. Bei MVZs sind zunächst die **Gründungsebene** von der **Tätigkeitsebene** zu unterscheiden. In der bis zum 31. 12. 2011

---

[32] § 33 Abs. 2 Ärzte-ZV.
[33] § 33 Abs. 2 S. 3 Ärzte-ZV.

geltenden Rechtslage waren alle **Leistungserbringer** der gesetzlichen Krankenversicherung grundsätzlich befugt ein MVZ zu gründen. Dies bedeutete, dass neben Ärzten und Zahnärzten auch Apotheker, ambulante Pflegedienste, Heilmittel- und Hilfserbringer Medizinische Versorgungszentren gründen durften. Ab 1. 1. 2012 wurden mit Inkrafttreten des **Versorgungstrukturgesetzes** die zulässigen Gründer eines MVZ erheblich eingeschränkt. Danach dürfen MVZs nur von zugelassenen **Ärzten,** von **zugelassenen Krankenhäusern,** von Erbringern **nicht ärztlicher Dialyseleistungen** oder von **gemeinnützigen Trägern,** die aufgrund von Zulassung oder Ermächtigung an der vertragsärztlichen Versorgung teilnehmen, gegründet werden. Alle **übrigen Leistungserbringer,** insbesondere MVZs selbst, dürfen ab dem 1. 1. 2012 keine MVZs **gründen.**

Im Gegensatz zu Berufsausübungsgemeinschaften, für die in vertragsärztlicher Hinsicht **219** keine Vorgaben an die Rechtsform bestehen, sind die zulässigen Rechtsformen bei einem MVZ **vertragsärztlich** vorgegeben. Das MVZ darf nur in der Rechtsform einer Personengesellschaft, d. h. einer **Gesellschaft Bürgerlichen Rechts** (GbR) oder einer **Offenen Handelsgesellschaft** (OHG), **Kommanditgesellschaft** oder **Partnerschaftsgesellschaft** gegründet werden oder in Form einer **Gesellschaft mit beschränkter Haftung** (GmbH) oder einer eingetragenen **Genossenschaft.** Andere Rechtsformen, insbesondere die der **Aktiengesellschaft** sind damit nicht zulässig. Mit der gesetzlichen Regelung wurde darüber hinaus klargestellt sein, dass die Gründung eines MVZs einer eigenen Rechtsform bedarf. Damit ist die Gründung eines MVZs durch einen kommunalen Eigenbetrieb, d. h. einer nur buchhalterischen, nicht rechtlichen Ausgliederung einer öffentlich-rechtlichen Körperschaft, nicht zulässig. Die MVZs, die **bereits bis zum 31. 12. 2011** zugelassen waren, bleiben hiervon, insbesondere in Hinblick auf eine etwaige andere Trägerschaft und Rechtsform unberührt. Allerdings ist diesen MVZs die **Zulassung** zu **entziehen,** wenn die ursprünglichen Gründungsvoraussetzungen auf Grundlage der ursprünglichen Gesetzesfassung, die bis zum 31. 12. 2011 galt, seit mehr als sechs Monaten nicht mehr vorliegen. Ab 1. 1. 2012 wurde die Funktion des **Ärztlichen Leiters** des MVZs neu definiert. Danach muss der Ärztliche Leiter als **angestellter Arzt** oder als **Vertragsarzt in einem MVZ** tätig sein. Gleichzeitig ist zu gewährleisten, dass der ärztliche Leiter in **medizinischen Fragen weisungsfrei** ist. Diese Vorgaben an den Ärztlichen Leiter eines MVZs gelten auch für MVZs, die bis zum 31. 12. 2011 gegründet wurden. Können solche MVZs nicht innerhalb von sechs Monaten nach in Kraft treten des Versorgungsstrukturgesetzes, d. h. ab dem 1. 1. 2012 bis spätestens zum 30. 6. 2012 nachweisen, dass der Ärztliche Leiter den vorgenannten Erfordernissen entspricht, ist auch diesen MVZs die **Zulassung zu entziehen.** Nach dem eindeutigen Gesetzeswortlaut besteht seitens der Zulassungsgremien insoweit **kein Ermessensspielraum,** sondern die Zulassung ist sofern die Voraussetzungen an den Ärztlichen Leiter nicht gegeben sind, zu entziehen.

Die Regelungen, insbesondere zum eingegrenzten Kreis der Träger, werfen in diesen **220** Zusammenhang **verfassungsrechtliche Probleme** auf, die zukünftig zu gerichtlichen Auseinandersetzungen führen dürften. Die Gesetzesbegründung besagt, dass mit der **Begrenzung** auf den **Gründerkreis** der Ärzte und der zugelassenen Krankenhäuser das Ziel verfolgt wird, eine **Kommerzialisierung** im **ambulanten Bereich zu vermeiden.** Allerdings ist der Betrieb von zugelassenen Krankenhäusern durch privatwirtschaftlich organisierte und sogar börsennotierten Unternehmen zulässig, sodass die verfassungsrechtliche Frage zu stellen ist, weshalb eine Kommerzialisierung im **stationären Bereich unschädlich sein soll,** im ambulanten Bereich hingegen schon.

Unabhängig von der Frage der zulässigen Trägerschaft eines MVZs stellt sich darüber hin- **221** aus die Frage, inwiefern **Unterschiede** zu einer **Berufsausübungsgemeinschaft** bestehen. Zunächst besteht der **Unterschied** darin, dass das MVZ selbst als Leistungserbringer im vertragsärztlichen Bereich angesehen wird, wohin gegen die Gemeinschaftspraxis bzw. die Berufsausübungsgemeinschaft nur als **Zusammenschluss niedergelassener Vertragsärzte** angesehen wird, die wiederum selbst Leistungserbringer sind.

222   Bei der **Berufsausübungsgemeinschaft** ist hingegen zu differenzieren. Nach den **gesellschaftsrechtlichen Regelungen**[34] können sich freiberuflich tätige Ärzte in der Rechtsform der GbR oder als Partnerschaftsgesellschaft zusammenschließen. Allerdings können sich in berufsrechtlicher Hinsicht[35] Ärzte auch in der Rechtsform einer GmbH zusammenschließen. Diese GmbH kann allerdings, sofern es sich nicht um ein MVZ handelt, nicht an der vertragsärztlichen Versorgung teilnehmen.[36]

223   Ein weiterer Unterschied besteht darin, dass der **Verzicht auf eine Zulassung zugunsten** eines **MVZs**[37] oder zugunsten eines **niedergelassenen Vertragsarztes**[38] erfolgen kann, sodass das MVZ bzw. der niedergelassene Vertragsarzt **Inhaber der Zulassung** des angestellten Arztes wird. Ein **Zulassungsverzicht zugunsten einer Berufsausübungsgemeinschaft** sieht das Gesetz allerdings nicht vor, sodass nur der **Verzicht** zugunsten eines in der Gemeinschaftspraxis tätigen, **niedergelassenen Vertragsarztes** möglich ist. Hieraus ergeben sich auch arbeitsrechtliche Konsequenzen, da der dem Zulassungsausschuss vorzulegende Arbeitsvertrag auf den niedergelassenen Vertragsarzt lauten muss, und nicht, obwohl wirtschaftlich gewollt, auf die Gemeinschaftspraxis.

224   Erfolgt die Gründung eines MVZs durch eine GmbH muss dem Zulassungsausschuss eine selbstschuldnerische **Bürgschaft der Gesellschafter** vorgelegt werden, die es der Kassenärztlichen Vereinigung ermöglicht im Fall von **Regressen** aufgrund unwirtschaftlicher Behandlungsweise bzw. Verordnungen die Gesellschafter in Haftung zunehmen. Dies wurde geschaffen, um zu vermeiden, dass auf Grund der Rechtsform der GmbH entsprechende Ansprüche ins Leere laufen und somit eine Haftungserweiterung auf den Kreis der Gesellschafter erfolgt ist. Ohne eine Bürgschaft, wird ein MVZ in der Rechtsform einer GmbH **nicht zugelassen.**

225   Der **Vertragsarztsitz** ist mit der **postalischen Praxisadresse** identisch. Dies gilt jedenfalls für den niedergelassenen Vertragsarzt in Einzelpraxis oder in Gemeinschaftspraxis. Für das **Medizinische Versorgungszentrum** ist Ort der **Niederlassung** des Medizinischen Versorgungszentrums dessen **Vertragsarztsitz**. Wird ein MVZ in der **Rechtsform einer GmbH** gegründet, so ist Vertragsarztsitz dieses MVZ die **Niederlassung der GmbH,** und zwar an dem Ort, an dem die **GmbH im Handelsregister** eingetragen ist. Eine **handelsrechtliche Zweigniederlassung** einer GmbH, die Träger eines MVZs werden soll, begründet allerdings keinen Vertragsarztsitz, da die handelsrechtliche **(Haupt-) Niederlassung** entscheidend ist. Will ein MVZ in der Rechtsform einer GmbH, oder in anderen Rechtsformen, die einen Eintrag in das Handelsregister erfordern (OHG/Kommanditgesellschaft) an anderen Orten vertragsärztliche Leistung erbringen, so ist dies nur im Rahmen der Genehmigung einer Zweitpraxis zulässig.[39]

VI. Zweigpraxis

226   Während sich die **überörtliche Berufsausübungsgemeinschaft** dadurch auszeichnet, dass sie an ihren Standorten durch die **innerhalb** der Berufsausübungsgemeinschaft niedergelassenen Ärzte vertragsärztliche Leistungen ohne Einschränkungen erbringen kann, wird durch die Zweigpraxis[40] ermöglicht, dass unter bestimmten Voraussetzungen **vertragsärztliche Leistungen** an anderen **Standorten** erbracht werden können. Die **Zweigpraxis**

---

[34] Einzelheiten hierzu ärztliches Gesellschaftsrecht Rn. 274 ff.
[35] § 18 MBO.
[36] BSG, Urteil vom 15. 8. 2012, Az. B 6 KA 47/11 R.
[37] § 103 Abs. 4a SGB V.
[38] § 103 Abs. 4b SGB V.
[39] § 24 Abs. 3 Ärzte-ZV.
[40] § 24 Ärzte-ZV.

kann damit durch eine **Einzelpraxis,** eine **Berufsausübungsgemeinschaft** oder durch ein **MVZ** gegründet werden. **Gesetzliche Voraussetzung** für die Gründung einer Zweitpraxis ist, dass am **Ort der Zweigpraxis** eine **Verbesserung der Versorgungssituation** eintreten muss und gleichzeitig die **Versorgung am Hauptsitz der Praxis** nicht gefährdet sein darf. Weitere Vorgaben erfolgten durch den Gesetzgeber nicht, sodass sich eine **umfangreiche Rechtsprechung** entwickelt hat, unter welchen Voraussetzungen eine Zweigpraxis zu genehmigen ist. Aus der Rechtsprechung zur Genehmigung von Zweigpraxen lässt sich **kein allgemeiner Rechtsgrundsatz** entwickeln, unter welchen Voraussetzungen eine Zweigpraxis allgemein genehmigungsfähig ist. Es sind Urteile, die im Wesentlichen auf die **Versorgungssituation im Einzelfall** abstellen unter Berücksichtigung der **Distanz** zwischen **Hauptpraxis** und **Zweigpraxis** ergangen sind. Die Genehmigung einer Zweigpraxis erfolgt nicht durch den Zulassungsausschuss, also durch das Gremium erfolgt, welches paritätisch durch Vertreter der Ärzte und der Krankenkassen besetzt ist, sondern durch den **Vorstand** der jeweiligen Kassenärztlichen Vereinigung entschieden wird. Mit Genehmigung einer Zweitpraxis erhöht sich das **vertragsärztliche Abrechnungsvolumen** einer Praxis nicht, gleichzeitig entsteht jedoch **Wettbewerb** mit bereits niedergelassenen Vertragsärzten. Deshalb werden Zweigpraxen, insbesondere dann wenn es zu unmittelbaren **Wettbewerbssituationen** mit bereits niedergelassenen Vertragsärzten nur restriktiv genehmigt. So ist aus der **Genehmigungspraxis** der Kassenärztlichen Vereinigungen bekannt, dass Zweitpraxen im vertragsärztlichen Bereich nur dann genehmigt werden, wenn ansonsten eine **vertragsärztliche Versorgung** am Ort der Zweigpraxis faktisch nicht erfolgt. Diese Genehmigungspraxis ist letztendlich darauf zurück zu führen, dass das **Bundessozialgericht**[41] entschieden hat, dass den bereits niedergelassenen Vertragsärzten gegen die Genehmigung einer Zweitpraxis **keine Anfechtungsbefugnis** zusteht, sodass weder im Rahmen eines Widerspruchs noch im Klageweg vor dem Sozialgericht die erteilte Genehmigung aufgehoben werden kann. Der **Umfang** der **Tätigkeit am Ort der Zweigpraxis** ist im Bundesmantelvertrag Ärzte[42] geregelt. Danach muss die Tätigkeit des Vertragsarztes am Hauptsitz der Praxis gegenüber der Zweigpraxis zeitlich insgesamt überwiegen.

Im Rahmen der Änderungen des **GKV-Versorgungsstrukturgesetzes** wurden die Voraussetzungen zur Genehmigung einer Zweigpraxis **deutlich liberalisiert.** Dies insbesondere vor dem Hintergrund, dass Zweigpraxen zur **Sicherstellung einer bedarfsgerechten Versorgung** eingesetzt sollen. Ausdrücklich ist nunmehr geregelt, dass geringfügige Beeinträchtigungen am Ort des Vertragsarztsitzes einer Genehmigung einer Zweigpraxis nicht entgegenstehen. Des Weiteren ist darüber hinaus nicht erforderlich, dass am **Standort** der **Zweigpraxis** die Leistungen mit denen an Vertragsarztsitz identisch sein müssen. Das bedeutet, dass die Facharztgruppe oder das Fachgebiet **nicht** am Vertragsarztsitz und am Ort der Zweigpraxis angeboten werden müssen. Damit könnte beispielsweise eine internistische Berufsausübungsgemeinschaft eine Zweigpraxis gründen, die die kinderärztliche Versorgung anbietet. Besondere Gestaltungsmöglichkeiten ergeben sich für MVZ, die damit Zweigpraxen gründen können, ohne dabei am Ort der Zweigpraxis die gleichen Fachgebiete anbieten zu müssen, wie am Hauptsitz. Die **Zweigpraxis** kann grundsätzlich auch alleine durch einen **angestellten Arzt** versorgt werden. Dies muss durch die Zweigpraxisgenehmigung zum Ausdruck gebracht werden.[43] Im vertragszahnärztlichen Bereich ist auch der Einsatz angestellter Zahnärzte am Ort einer Zweigpraxis zulässig. Allerdings dürfen Zahnärzte maximal ein Drittel ihrer Arbeitszeit am Ort der Zweigpraxis erbringen. Die **Gesamtarbeitszeit** eines angestellten Zahnarztes in einer Zweigpraxis darf höchstens doppelt so lang sein, wie die Arbeitszeit des Vertragszahnarztes der Zweigpraxis.[44]

227

---

[41] BSG vom 28. 10. 2009 – B 6 KA 42/08 R.
[42] § 17 Abs. 1 a BMV-Ä.
[43] § 15 a Abs. 6 BMV-Ä.
[44] § 6 Abs. 6 BMV-Z.

228 Diese komplizierte Regelung soll an nachfolgendem Beispiel verdeutlicht werden: Arbeitet der Vertragszahnarzt an seinem Sitz 30 Stunden pro Woche und der angestellte Zahnarzt 30 Stunden pro Woche ergibt sich für die **Arbeitszeiten** in der **Zweigpraxis** Folgendes: Der Vertragszahnarzt arbeitet zehn Stunden pro Woche (zusätzlich höchstens $^1/_3$ seiner Arbeitszeit am Vertragsarztsitz), der angestellte Zahnarzt A ebenfalls zehn Stunden pro Woche (höchstens $^1/_3$ der Arbeitszeit am Sitz der Zweigpraxis) und schließlich der angestellte Zahnarzt B, der höchstens 20 Stunden pro Woche am Ort der Zweigpraxis arbeiten darf (höchstens das Doppelte der Arbeitszeit des Vertragszahnarztes in der Zweigpraxis).

VII. Ausgelagerte Praxisräume

229 Erbringt der Vertragsarzt spezielle **Untersuchungs- und Behandlungsleistungen** an weiteren Orten in **räumlicher Nähe** zum Vertragsarztsitz, hat er Ort und Zeitpunkt der Aufnahme der Tätigkeit der Kassenärztlichen Vereinigung unverzüglich anzuzeigen. In diesen Fällen sind ausgelagerte Praxisräume bzw. Praxisstätten gegeben.[45]

230 Im Gegensatz zu der vertragsärztlichen Tätigkeit an einer Zweigpraxis oder an verschiedenen Standorten einer überörtlichen Berufsausübungsgemeinschaft dürfen in den ausgelagerten Praxisräumen **keine Sprechstunden** abgehalten werden. Daher muss der **Erstkontakt** mit dem Patienten am Vertragsarztsitz oder am Ort der Zweigpraxis erfolgen. Die vertragsärztliche Tätigkeit in ausgelagerten Praxisräumlichkeiten dient dazu, spezielle Untersuchungs- und Behandlungsleistungen zu erbringen, die aufgrund **struktureller** und **logistischer** Erwägungen am Vertragsarztsitz nicht erbracht werden können. Dies bedeutet allerdings nicht, dass diese Leistungen am Vertragsarztsitz nicht erbracht werden dürften. Die ausgelagerten Praxisräume müssen sich in **räumlicher Nähe** zum Vertragsarztsitz befinden. Damit ist keine Beschränkung auf den jeweiligen Planungsbereich oder den Bezirk der Kassenärztlichen Vereinigung gemeint. Als Maßstab wird herangezogen, wonach der Vertragsarzt seine Praxis regelmäßig innerhalb von 30 Minuten erreichen muss, so dass auch die Distanz zwischen Vertragsarztsitz und ausgelagerten Praxisräumlichkeiten innerhalb von 30 Minuten zu überwinden ist.[46] Ausgelagerte Praxisräume bedürfen keiner **Genehmigung,** weder durch die Kassenärztliche Vereinigung noch die Krankenkassen. Erforderlich ist allerdings, dass unverzüglich, d.h. ohne schuldhaftes Verzögern Anzeige um Ort und Zeitpunkt der Aufnahme der Tätigkeit gegenüber der KV, in der der Vertragsarztsitz liegt, abgegeben wird. Diese ist verpflichtet, die gesetzlichen Voraussetzungen einzuhalten, und insbesondere sicherzustellen, dass am Ort der ausgelagerten Praxisräume keine **vertragsärztliche Praxis** einschließlich Ableistung von **Sprechstunden** angeboten wird. Weitere gesetzliche Voraussetzungen sind mit den ausgelagerten Praxisräumlichkeiten nicht verbunden.

VIII. Belegarzt

231 Eine weitere **Ausnahme** vom Grundsatz, dass in **gesperrten Planungsbezirken** der Zugang zur vertragsärztlichen ambulanten Tätigkeit nur im Rahmen des Nachbesetzungsverfahrens möglich ist, bezieht sich auf die **Schnittstelle** zwischen **stationärer** und **ambulanter** Tätigkeit. Die **belegärztliche** Tätigkeit eines niedergelassenen Arztes beinhaltet, dass **stationäre ärztliche Leistungen** in einem Krankenhaus erbracht werden. Im Gegensatz zu der im Übrigen bestehenden **Trennung** zwischen ambulanter vertragsärztlicher

---

[45] § 24 Abs. 5 Ärzte-ZV, § 1a Abs. 1 Nr. 20 BMV-Ä.
[46] BSG vom 5. 11. 2003 – B 6 KA 2/03.

Tätigkeit und stationärer Tätigkeit stellt die belegärztliche Tätigkeit eine **sektorenüber-greifende Versorgungsform** dar. Die Tätigkeit des Belegarztes zeichnet sich darüber hinaus dadurch aus, dass **ohne** eine **Anstellung** mit einem Krankenhaus eingegangen wird **stationäre ärztliche Leistungen** erbracht und diese gegenüber der zuständigen Kassen-ärztlichen Vereinigung abrechnet werden. Das **Belegkrankenhaus** hingegen rechnet die stationären Leistungen aufgrund des Fallpauschalen-Entgeltsystems,[47] der **D**iagnostic **R**ela-ted **G**roups (DRG) ab. Diese umfassen in Abhängigkeit der medizinischen Diagnose eine pauschalierte Vergütung für die Leistungen des Krankenhauses. Die **Vergütung** des **Be-legkrankenhauses** erfolgt mit Fallpauschalen, die die **ärztliche Vergütung** als **kalkula-torischen Anteil** unberücksichtigt lässt und damit entsprechend **niedriger** ist als die Ver-gütung, die ein Krankenhaus mit Hauptabteilungen abrechnen kann. Die Abrechnung des Belegkrankenhauses erfolgt unmittelbar gegenüber der Krankenkasse.

Grundsätzlich kann jeder im Planungsbezirk eines Belegkrankenhauses **niedergelasse-ner Vertragsarzt** einen **Belegarztvertrag** mit einem Belegkrankenhaus schließen. Mit **Zustimmung** durch die Kassenärztliche Vereinigung besteht die **Genehmigung** ärztliche stationäre Leistungen im Krankenhaus zu erbringen.[48] Mit Abschluss des Belegarztvertrages und Genehmigung der Kassenärztlichen Vereinigung bestehen besondere **Verpflichtungen** hinsichtlich **Residenzpflicht** und **Erreichbarkeit,** die auch nach dem grundsätzlichen Wegfall der Residenzpflicht ab 1. 1. 2012 weiter bestehen bleiben. Belegarzt kann auch ein MVZ sein.   232

Wenn aufgrund der **Versorgungssituation** oder der im **Planungsbereich** schwer-punktmäßigen niedergelassenen Vertragsärzte, sich kein Vertragsarzt findet, der bereit ist, stationäre vertragsärztliche Leistungen in einem **Belegkrankenhaus** zu erbringen, besteht die Möglichkeit mit nicht im Planungsbezirk zugelassenen Vertragsärzten ein **Belegarzt-vertrag** zuschließen.   233

Die **belegärztliche Sonderzulassung** ist in § 103 Abs. 7 SGB V geregelt, wobei hin-sichtlich der Terminologie darauf hinzuweisen ist, dass es sich vorliegend **nicht** um eine **Sonderbedarfszulassung** nach § 101 Abs. 1 S. 1 Nr. 3 SGB V handelt, die ein bestimm-tes Versorgungsbedürfnis voraussetzt.   234

Das **Verfahren** der belegärztliche Sonderbedarfszulassung beginnt dadurch, dass durch das **Belegkrankenhaus** bekannt gemacht wird, dass ein **Belegarztvertrag** abgeschlossen werden soll. Hierzu ist nach der Rechtsprechung erforderlich, dass diese Bekanntmachung in den üblichen von Ärzten wahrgenommenen Publikationsblättern veröffentlicht wird. Hierbei handelt es sich im Wesentlichen um das **Publikationsorgan** der **jeweiligen Lan-desärztekammer** oder des **Ärzteblattes** der **Bundesärztekammer.** Sofern sich auf die geschaltete Anzeige des Belegkrankenhauses kein im Planungsbezirk niedergelassener Arzt findet, um mit dem Belegkrankenhaus einen Belegarztvertrag zuschließen, besteht seitens des **Belegkrankenhauses** die **Möglichkeit** mit Vertragsärzten, die **nicht im Planungs-bezirk** des Belegkrankenhauses niedergelassen sind, einen Belegarztvertrag zuschließen. **Entscheidend** ist hierbei, dass ein Belegarztvertrag mit einem im Planungsbezirk des Be-legkrankenhauses niedergelassenen Vertragsarztes nicht zustande kommt, obwohl **ernsthaf-te Verhandlungen** hierüber geführt wurden. Meldet sich kein im Planungsbezirk nieder-gelassener Vertragsarzt um mit dem Belegkrankenhaus einen Belegarztvertrag zuschließen, ist damit der **Abschluss** eines **Belegarztvertrag** auch mit anderen Ärzten zulässig. Es be-stehen keine gesetzlichen Vorgaben, wie lange die Anzeige veröffentlicht sein muss. Aller-dings geht man in der Praxis davon aus, dass die Anzeige mindesten vier bis sechs Wochen in den Publikationsorganen veröffentlicht gewesen sein muss.   235

Mit **Abschluss** des **Belegarztvertrages** mit einem Arzt, der nicht im Planungsbezirk des Belegkrankenhauses niedergelassen ist, erhält dieser Arzt, eine **vertragsärztliche Zu-lassung** im Planungsbezirk am Standort des Belegkrankenhauses. Diese vertragsärztliche   236

---

[47] § 8 Abs. 2 KHEntgG.
[48] § 103 Abs. 7 SGB V und §§ 38 ff. BMV-Ä.

Zulassung ist qualitativ der vertragsärztlichen Zulassung der nicht belegärztlich tätigen Vertragsärzten im Planungsbezirk vollständig gleich gestellt. Die **vertragsärztliche Zulassung** ist allerdings **abhängig** vom Bestehen des Belegarztvertrages. Fällt dieser, gleich aus welchen Gründen, weg, endet damit auch die **vertragsärztliche Zulassung** des Belegarztes. Mit Ablauf einer Frist von zehn Jahren nach Abschluss bzw. Genehmigung des Belegarztvertrages durch die Kassenärztliche Vereinigung wird die vertragsärztliche Zulassung in eine **Vollzulassung umgewandelt.** Ab diesem Zeitpunkt besteht keine **Abhängigkeit** von dem geschlossen Belegarztvertrag. Die **belegärztliche Sonderzulassung** ist nicht von der Ermittlung eines **vertragsärztlichen Versorgungsbedarfs** abhängig, sondern, ob die jeweilige Belegklinik, tatsächlich belegärztliche Leistungen durch den Belegarzt erbringen will. Das Bundessozialgericht hatte entschieden, dass eine lediglich **formal gehaltene Belegabteilung,** insbesondere, dann wenn seitens der Klinik nur wenige Betten (im Urteilsfall: ein Krankenbett) zur Verfügung gestellt werden, von einer **missbräuchlichen Ausnutzung** der belegärztlichen Sonderzulassung auszugehen ist. In diesen Fällen wird davon ausgegangen, dass der **Abschluss des Belegarztvertrages** nur dazu diente, einem Arzt eine vertragsärztliche Zulassung im Planungsbezirk zu verschaffen. **In diesen Fällen wird den bereits niedergelassenen Vertragsärzten** ein **Anfechtungs- und Klagerecht** gegen die Genehmigung der belegärztlichen Tätigkeit eingeräumt. Liegt allerdings **keine missbräuchliche Ausübung** der belegärztlichen Sonderbedarfszulassung vor, und keiner der im Planungsbezirk niedergelassenen Vertragsärzte wollte einen Belegarztvertrag abschließen, würden Rechtsmittel der niedergelassenen Vertragsärzte keine Aussicht auf Erfolg haben. Da im Rahmen der belegärztlichen Sonderzulassung eine Prüfung des **Versorgungsgrades im Planungsbezirk** nicht vorgenommen wird, besteht auch seitens der niedergelassenen Vertragsärzte insoweit keine rechtliche Handhabe gegen die Genehmigung der belegärztlichen Tätigkeit vorzugehen.

G. Sektorenübergreifende Leistungserbringung

I. Ambulante spezialfachärztliche Versorgung

Mit Inkrafttreten des GKV-Versorgungsstrukturgesetzes wurden die Voraussetzungen **237** und Inhalte der **ambulanten spezialfachärztlichen Versorgung** nach § 116 b SGB V neu geregelt. Grundsätzlich umfasst die ambulante spezialfachärztliche Versorgung die **Diagnostik** und **Behandlung** komplexer, schwer behandelbarer Krankheiten, die je nach Krankheit eine spezielle Qualifikation, eine **interdisziplinäre Zusammenarbeit** und besondere Ausgestaltung erfordern. Nach Maßgabe der gesetzlichen Regelungen gehören hierzu schwere Verlaufsformen von Erkrankungen mit besonderen Krankheitsverläufen, seltene Erkrankungen und Erkrankungszustände mit entsprechend geringen Fallzahlen sowie hoch spezialisierte Leistungen.

Schwere Verlaufsformen von Erkrankungen mit besonderen Krankheitsverläufen gelten **238** bei:
- onkologischen Erkrankungen,
- HIV/AIDS,
- rheumatologischen Erkrankungen,
- Herzinsuffizienz (NYHA Stadium 3–4),
- Multipler Sklerose,
- zerebralen Anfallsleiden (Epilepsie),
- komplexen Erkrankungen im Rahmen der pädiatrischen Kardiologie,
- der Versorgung von Frühgeborenen mit Folgeschäden oder
- Querschnittslähmung bei Komplikationen, die eine interdisziplinäre Versorgung erforderlich machen.

Seltene Erkrankungen und Zustände mit entsprechend geringen Fallzahlen wie: **239**
- Tuberkulose,
- Mukoviszidose,
- Hämophilie,
- Fehlbildungen, angeborene Skelettsystemfehlbildungen und neuromuskuläre Erkrankungen,
- schwerwiegende immunologische Erkrankungen,
- biliäre Zirrhose,
- primär sklerosierende Cholangitis,
- Morbus Wilson,
- Transsexualismus,
- Versorgung von Kindern mit angeborenen Stoffwechselstörungen,
- Marfan-Syndrom,
- pulmonale Hypertonie,
- Kurzdarmsyndrom oder
- Versorgung von Patienten vor oder nach Lebertransplantation.

Des Weiteren für hochspezialisierte Leistungen wie: **240**
- CT/MRT-gestützte interventionelle schmerztherapeutische Leistungen oder
- Brachytherapie.

Grundsätzlich können die an der vertragsärztlichen Versorgung teilnehmenden Leistungs- **241** erbringer, d.h. im Wesentlichen **Vertragsärzte** und **zugelassene Krankenhäuser** berechtigterweise Leistungen der ambulant spezialfachärztlichen Versorgung erbringen. Erforderlich hierfür ist allerdings das zuvor die Voraussetzungen und der Behandlungsumfang durch den **Gemeinsamen Bundesausschuss (GBA)** bestimmt werden. Die Richtlinie wird voraussichtlich durch den GBA mit Datum zum 21. 3. 13 erlassen werden.[1] Motivation des Gesetzgebers zur Einführung des § 116 b SGB V war, die **Schnittstellen** zwischen **ambulanter** und **stationärer Versorgung** zu verbessern und insbesondere die damit zusammenhängende ambulant spezialfachärztliche Versorgung auch durch zugelassene Krankenhäuser erbringen zu lassen. Dies hat in der Vergangenheit zu Diskussionen darüber geführt, ob und in welchem Umfang niedergelassene Vertragsärzte gegen eine Genehmigung eines Krankenhauses zur Erbringung von ambulant spezialfachärztlichen Leistungen nach § 116 b SGB V vorgehen können. Dies sollte durch die ab 1. 1. 2012 geltende Fassung des § 116 b SGB V weitgehend vermieden werden. Ziel des Gesetzgebers bei der spezialfachärztlichen Versorgung ist, einen **sektorenverbinden Versorgungsbereich** zu schaffen, der es ermöglicht, den Patienten sowohl ambulant als stationär zu behandeln, ohne dass insgesamt der Bereich des Krankenhaus verlassen werden muss und deshalb keine Überweisung in den ambulanten vertragsärztlichen Versorgungsbereich erfolgen muss. Dabei besteht die Möglichkeit Kooperationsvereinbarungen zwischen dem stationären Bereich und den ambulanten Leistungserbringern, d. h. den Vertragsärzten zu schließen, damit die spezialfachärztliche Versorgung abgebildet werden kann. Für den Bereich der **onkologischen Versorgung** setzt § 116 b SGB V zwingend den Abschluss einer **Kooperationsvereinbarung** zwischen Krankenhaus und niedergelassenen Onkologen voraus. Ohne den Nachweis einer Kooperationsvereinbarung kann einem Krankenhaus keine Befugnis erteilt werden, ambulant spezialfachärztliche Leistungen auf dem Gebiet der Onkologie zu erbringen.

242　Die wesentlichen Inhalte und Umsetzungen sowie das erforderliche Verfahren zum Erhalt einer Erlaubnis nach § 116 b SGB V wird durch eine **Richtlinie des GBA**[2] erfolgen, die bis zum **31. 12. 2012** erlassen sein muss und die dann den Anwendungsbereich des § 116 b SGB V bestimmen wird. Der Zugang der Krankenhäuser zur ambulant spezialfachärztlichen Versorgung auf Grundlage von § 116 b SGB V erfolgt, im Gegensatz zur bisherigen Regelung, aufgrund einer **Anzeige** durch das Krankenhaus entsprechende Leistungen erbringen zu wollen. Erfolgt vor Ablauf von **zwei Monaten** nach Abgabe der Anzeige kein Widerspruch des Erweiterten Landesausschusses, ist das Krankenhaus zur spezialfachärztlichen Versorgung zugelassen. Nach der bisherigen Rechtlage, d.h. bis zum 31. 12. 2011 erforderte der Zugang zur spezialfachärztlichen Versorgung eine entsprechende Genehmigung, die im Regelfall nur erteilt wurde, wenn nach Anhörung der Kassenärztlichen Vereinigung ein Versorgungsbedürfnis gesehen wurde. Nunmehr besteht, sofern die **strukturellen** und **inhaltlichen** Voraussetzungen auf Seiten des Krankenhauses zur Erbringung der spezialfachärztlichen Leistungen gegeben sind, die insoweit durch den GBA zu definieren sind, ein **Anspruch** auf Genehmigung. Zur inhaltlichen Ausgestaltung des § 116 b SGB V sind die Richtlinien des GBA erforderlich.

243　Die **Vergütung** der Leistungen nach § 116 b SGB V erfolgt, sofern diese durch Krankenhäuser erbracht werden, unmittelbar gegenüber den Krankenkassen. Vertragsärzte, die zur spezialfachärztlichen Versorgung zugelassen sind, können optional gegenüber der Kassenärztlichen Vereinigung abrechnen. **Zukünftig** sollen die Abrechnungen der ambulanten Krankenhausleistungen auf Grundlage des **Fallpauschalensystems** (DRG) erfolgen. Werden allerdings für den fachärztlichen Bereich keine Fallpauschalen entwickelt werden, erfolgt weiterhin die Abrechnung über die **Gebührenpositionen** des **EBM**. Hierzu soll ein eigener **Vergütungsabschnitt** für die spezialfachärztliche Versorgung geschaffen werden. Grundsätzlich sind **Budgetierungen** der Vergütungen im Bereich der spezialfachärztlichen Versorgung nicht vorgesehen. Werden spezielle Fallpauschalen eingeführt, erfolgt über die Pauschalierung faktisch eine Begrenzung der Vergütung. Die **Gesamtvergütung, d.h.** der Betrag den die Krankenkassen an die Kassenärztlichen Vereinigungen mit schuldbefreiender

---

[1] Pressmitteilung GBA unter: www.g-ba.de; Pressemittlungen; ambulante spezialärztliche Versorgung.
[2] Pressemitteilung (GBA) unter: www.g-ba.de; Pressemitteilung; ambulante spezialärztliche Versorgung.

Wirkung zur Sicherstellung der vertragsärztlichen Versorgung zahlen, wird um den Anteil bereinigt, der für die spezialfachärztliche Versorgung an Vertragsärzte oder Krankenhäuser gezahlt wird. Folge hieraus ist, dass eine **Reduzierung** der **Gesamtvergütung** eintritt, gleichzeitig tragen die Krankenkassen das Risiko einer Erweiterung des Mengengerüsts der spezialsachärztlichen Versorgung sowie das Risiko der Morbidität.

II. Selektivverträge

Nach dem ursprünglichen **Verständnis** des SGB V leisten die Krankenkassen an die **244** Kassenärztlichen Vereinigungen einen Gesamtbetrag, der als **Gesamtvergütung** bezeichnet wird, auf Grundlage der durch die Versicherten geleisteten Versicherungsbeiträge. Die Zahlung der Gesamtvergütung erfolgt mit **befreiender Wirkung.** Dies bedeutet, dass mit der Zahlung der **Sicherstellungsauftrag** der Krankenkassen auf die Kassenärztlichen Vereinigungen übergeht. Die Zahlung der Gesamtvergütung und die in diesem Zusammenhang erforderlichen Regelungen, insbesondere die Berechnung der Höhe der Gesamtvergütung erfolgt auf Grundlage geschlossener **Kollektivverträge.** Im Gegensatz hierzu stehen **Selektivverträge,** die die Krankenkassen mit Leistungserbringern schließen können. Der Vorteil des Abschlusses von Selektivverträgen aus der Sicht der Krankenkassen liegt auf der Hand. Die Krankenkassen verfolgen das Ziel die Versichertengelder zielgerichteter einzusetzen und zwar bei den Leistungserbringern, um eine effektivere Versorgung der Versicherten zu ermöglichen.

Das Sozialgesetzbuch sieht folgende Selektivverträge vor: **245**
– Verträge zur integrierten Versorgung (§ 140b SGB V),
– Verträge der hausarztzentrierten Versorgung (§ 73b SGB V),
– Verträge der ambulanten ärztlichen Versorgung (§ 73c SGB V).

1. Integrierte Versorgung

Die Möglichkeit Verträge über die **integrierte Versorgung** (auch IV-Verträge ge- **246** nannt)[3] zu schließen besteht bereits seit 2000, wesentlich geändert im Jahre 2003. Ziel der integrierten Versorgung ist die Förderung der **sektorenübergreifenden, interdisziplinären Versorgung,** die die Grenzen zwischen ambulanter und stationärer Versorgung aufbrechen sollten. Bestehende **Schnittstellenprobleme,** insbesondere zwischen ambulantem und stationärem Versorgungsbereich sollten durch Optimierung der Behandlungsabläufe, d.h. der Verkürzung von Wartezeiten und der Vermeidung von Doppeluntersuchungen verbessert werden. Wesentliches Gestaltungsmittel bei der integrierten Versorgung ist der Abschluss von Direktverträgen über die Versorgung der Versicherten zwischen Krankenkassen und Leistungserbringern, ohne Einbezug der Kassenärztlichen Vereinigungen.

Die gesetzlichen Regelungen beinhalten keine Definition darüber, was unter integrierter **247** Versorgung zu verstehen ist. Die integrierte Versorgung setzt allgemein voraus, dass sich die **integrativen Elemente** nicht nur innerhalb der Regelversorgung bewegen. Erforderlich ist ein Ineinandergreifen der unterschiedlichen **Versorgungsbereiche,** d.h. der Sektoren der gesetzlichen Krankenversicherung. Zu diesen Versorgungsbereichen gehört neben der vertragsärztlichen Versorgung, auch die Versorgung mit Arzneimitteln sowie die Heil- und Hilfsmittelversorgung und die Versorgung durch stationäre Einrichtungen der Akutversorgung und der Rehabilitation. Die verschiedenen Versorgungsbereiche müssen innerhalb der integrierten Versorgung so miteinander verzahnt werden, dass eine **inhaltliche Verknüpfung** erfolgt. Im Vertrag über die integrierte Versorgung müssen mindestens zwei der genannten Sektoren umfasst sein. Es besteht die Möglichkeit, dass auch innerhalb der Sektoren Verträge geschlossen werden, die diese Leistungsbereiche miteinander verbinden

---

[3] §§ 140a bis 140d SGB V.

(z. B.: Kombination aus ambulanten Operationen und anschließender ambulanter Reha). Eine lediglich formale Verknüpfung der Sektoren, die über eine selbstverständliche Zusammenarbeit nicht hinausgeht, genügt insoweit nicht. Weder lediglich die Einbeziehung eines Krankenhauses, noch die eines Apothekers genügt nicht um eine integrierte Versorgung zu bejahen. Die integrierten Versorgungsverträge sollen darüber hinaus eine **populationsbezogene** und **flächendeckende** Versorgung ermöglichen. Das ist dann gegeben, wenn entweder in einer größeren Region (z. B. mehrere Landkreise) die Behandlung einer für die Versorgung **relevanten Krankheit**, wie z. B. Bluthochdruck umfassend angeboten werden. Auch besteht die Möglichkeit in einer kleineren Region das gesamte oder ein Großteil eines Krankheitsgeschehens der Versicherten abzubilden. Mangels Erforderlichkeit eines Rahmenvertrages, etwa zwischen der KBV und den Krankenkassen, regeln die Vertragsparteien die Vertragsdetails im Integrationsvertrag abschließend.

248   Die **Teilnahme** an der integrierten Versorgung durch die Versicherten ist freiwillig. **Wirtschaftliche Motivation** der Versicherten können, neben medizinischen Aspekten, die allerdings häufig schwer zu vermitteln sind, besondere Tarife der Krankenkassen sein. Die Versicherten treten mittels Teilnahmeerklärung dem Vertrag bei. Eine gesetzliche Bindungsfrist besteht nicht. Die **freie Arztwahl** wird durch die Teilnahme an der integrierten Versorgung seitens der Patienten eingeschränkt. Dies hängt damit zusammen, dass die Inanspruchnahme von Leistungen, die von Leistungserbringern erbracht werden, die nicht an der integrierten Versorgung teilnehmenden nur unter bestimmten Voraussetzungen erstattungsfähig ist.

249   Das Recht der Patienten auf **informationelle Selbstbestimmung** muss auch bei Verträgen zur integrativen Versorgung beachtet werden. Der Abruf von Behandlungsdaten und Befunden aus dem gemeinsamen Datenpool der am integrierten Versorgungsaufvertrag setzt voraus:
    – Einwilligung des Patienten, auch im Rahmen einer Teilnahmeerklärung möglich,
    – Nutzen für den konkreten Behandlungsfall und
    – Leistungserbringer ist Geheimnisträger im Sinne des Strafrechts.

250   Verweigert der Patient die Einwilligung, kann die Behandlung abgelehnt, wenn diese nicht ohne die Daten durchgeführt werden kann.

251   Das Besondere bei den Verträgen der integrativen Versorgung ist, dass die Vertragspartner befugt sind **eigenständige Vergütungsregelungen** zu treffen. Diese Vergütungsregelungen sind unabhängig von gesetzlichen oder sonstigen Budget- und Vergütungsregelungen. Neben der Frage in welchem Umfang die Gesamtvergütung zu reduzieren ist, ist entscheidend die Verteilung des Budgets auf die teilnehmenden Leistungserbringer.

252   Auch kann das Gesamtbudget grundsätzlich höher sein, als das Budget in der übrigen vertragsärztlichen Versorgung. Mit der vereinbarten **Vergütung** müssen alle innerhalb des integrierten Versorgungsvertrags in Anspruch genommenen **Leistungen** umfasst sein. Alle übrigen Leistungen, insbesondere solche die nicht unter den Integrationsvertrag fallen, werden nach den allgemeinen Grundsätzen vergütet.

253   Die **Verantwortung** für das Budget kann ganz oder teilweise den Leistungserbringer auferlegt werden. Sämtliche Risiken und Vorteile im der Vergütung liegen in diesem Fall bei den Leistungserbringern. Der Vorteil liegt darin, dass durch eine gesteuerte Behandlungs- und Verordnungsweise Gewinne erwirtschaftet werden können. Zur Bestimmung einer Risikostruktur können Alter, Geschlecht, Familienstand und sozialer Status sowie sonstige familiäre Indikationen herangezogen werden.

2. Hausarztverträge/Facharztverträge

254   Die Verträge zur **hausarztzentrierten Versorgung** (§ 73 b SGB V) und zur **besonderen ambulanten Versorgung** (§ 73 c SGB V) stellen ebenfalls **Selektivverträge** dar, die eine Ausnahme zu den bestehenden Kollektivverträgen darstellen. Diese Verträge werden, wie auch die IV-Verträge, mit den Leistungserbringern unmittelbar abgeschlossen.

Der Gesetzgeber ist davon ausgegangen, dass es sich bei der **hausarztzentrierten Ver-** 255
sorgung (HzV) um eine qualitativ besondere hausärztliche Versorgung handelt. Im Gegensatz zu IV-Verträgen dürfen an Verträgen zur hausarztzentrierten Versorgung nur Ärzte
teilnehmen, die zur hausärztlichen Versorgung zugelassen sind. Alle übrigen Ärzte sind
ausgeschlossen. Die Teilnahme der Versicherten an einem Vertrag zur hausarztzentrierten
Versorgung ist **freiwillig.** Der an der hausarztzentrierten Versorgung teilnehmende Vertragsarzt, der zur hausärztlichen Versorgung zugelassen ist, unterwirft sich den besonderen
Qualifizierungserfordernissen des Vertrages. Die Anforderungen an den Vertragsarzt
und an die **Strukturqualität** müssen über die Anforderungen, die in den Bundesmantelverträgen zur hausärztlichen Versorgung aufgestellt wurden, hinausgehen. Dies gilt insbesondere für die **Fortbildungspflicht** des am Vertrag teilnehmenden Arztes, die über die
allgemeine vertragsärztliche Fortbildung[4] hinausgeht. Des Weiteren müssen bestimmte
Strukturvoraussetzungen erfüllt sein, die in erster Linie der Patientensicherheit dienen. Die
Vergütung im Rahmen der hausarztzentrierten Versorgung kann mit den Krankenkassen
frei vereinbart werden. Die gesetzlichen Vorgaben zur Vergütung müssen nicht beachtet
werden, allerdings der Grundsatz der Beitragsstabilität. Die ärztlichen Honorare werden
unmittelbar von den Krankenkassen an die teilnehmenden Ärzte ausgezahlt.

Die Verträge zur **besonderen ambulanten Versorgung** stellen ebenfalls ein Selektiv- 256
vertragsmodell dar. Die Verträge können die gesamte ambulante ärztliche Versorgung oder
auch Teilbereiche erfassen. Weitere Abgrenzungen nimmt das Gesetz allerdings nicht vor.
Andere oder höhere Qualitätsstandards werden im Gegensatz zu den Verträgen zur hausarztzentrierten Versorgung gesetzlich nicht gefordert. Eine diesbezügliche Vereinbarung ist
allerdings möglich. Im Gegensatz zu den hausarztzentrierten Verträgen steht es im Ermessen der Krankenkassen, ob und in welchem Umfang entsprechende Verträge angeboten
oder abgeschlossen werden. Die Teilnahme ist ebenfalls freiwillig.

III. Kooperation Krankenhaus

Die Kooperationsmöglichkeiten von Vertragsärzten mit zugelassenen Krankenhäusern 257
wurden mit Inkrafttreten des GKV-Versorgungsstrukturgesetzes zum 1. 1. 2012 verändert.
So können **vor- und nachstationäre Behandlungen** durch das Krankenhaus auch durch
eine Kooperation mit niedergelassenen Vertragsärzten erfolgen.[5] Diese Behandlungen können durch die Vertragsärzte in den Räumen des Krankenhauses oder in den Praxisräumen
erfolgen.

In der bis zum 31. 12. 2011 geltenden Rechtslage war es Krankenhäusern, auch unter 258
Berücksichtigung der Rechtsprechung des BSG, nicht erlaubt ambulante Operationen
durch niedergelassene Ärzte (z. B. Chirurgen oder Anästhesisten) zu erbringen. Ab dem
1. 1. 2012 müssen die Vereinbarungen, die das **ambulante Operieren** regeln (AOP-Ver-
trag), zwingend beinhalten, dass diese Leistungen durch niedergelassene Vertragsärzte erbracht werden können.[6]

---

[4] § 95 d SGB V.
[5] § 115 a Abs. 1 S. 2 SGB V.
[6] § 115 Abs. 1 S. 4 SGB V.

H. Kooperationen mit Nichtärzten

259   Insbesondere vor dem Hintergrund einer Optimierung der **Verzahnung** von ärztlicher ambulanter Tätigkeit und nichtärztlichen Leistungserbringern ist die rechtliche Zulässigkeit dieser Kooperationsformen zu beleuchten. Nichtärztliche Leistungserbringer, sind **Hilfs- und Heilmittelerbringer.** Zu den Hilfs- und Heilmittelerbringern gehören Physiotherapeuten, Ergotherapeuten, Podologen, Logopäden als Heilmittelerbringer, sowie Orthopädiemeister, Optiker, Hörgeräteakustiker als Hilfsmittelerbringer. Neben den Hilfs- und Heilmittelerbringer stehen die Apotheken die durch ärztliche Verordnung (verschreibungspflichtige) Arzneimittel an Patienten abgeben. Diese können nur dann zulasten der gesetzlichen Krankenkassen ihre Leistungen abrechnen, sofern eine **ärztliche Verordnung** vorliegt. Umfang der ärztlichen Verordnung, insbesondere in Hinblick auf die Anzahl der Verordnung von Hilfs- und Heilmittelleistungen ergeben sich aus den jeweiligen **Hilfs- und Heilmittelrichtlinien.**[1]

260   Die Zusammenarbeit zwischen Ärzten und Heil- bzw. Hilfsmittelerbringern haben durch das **GKV-Versorgungsstrukturgesetz** erhebliche **Verschärfungen** erfahren. Danach liegt ein Sonderfall der unzulässigen Zuwendungen vor, wenn eine unzulässige Zusammenarbeit zwischen Leistungserbringer und Vertragsärzten in der Form der Gründung bzw. Beteiligung gemeinsamer Unternehmen. Die Zusammenarbeit ist dann **unzulässig,** wenn unzulässige Zuwendungen, die unentgeltliche oder verbilligte Überlassung von Geräten und Materialien und Durchführung von Schulungsmaßnahmen, die Gestellung von Räumlichkeiten oder Personal oder die Beteiligung an den Kosten hierfür erfolgt, sowie Einkünfte aus Beteiligungen an Unternehmen von Leistungserbringern, die Vertragsärzte durch ihr **Verordnungs- oder Zuweisungsverhalten** selbst **maßgeblich beeinflussen** können.[2]

261   Ausweislich der Gesetzesbegründung erfolgte die Gesetzesänderung in § 128 SGB V vor dem Hintergrund der Rechtsprechung des BGH zur gemeinsamen Gründung von Unternehmen zwischen Vertragsärzten und Apothekern bzw. Hilfsmittelerbringern (hier: Hörgeräteakustikern). **Hintergrund** der gesetzlichen Reglementierung und Verschärfung ist es zu verhindern, dass durch ein entsprechendes **Verordnungs- und Zuweisungsverhalten** das Unternehmensergebnis eines Hilfsmittelerbringers bzw. eines Unternehmens zwischen Vertragsarzt und Hilfsmittelerbringer maßgeblich beeinflusst wird und damit das **Verordnungsverhalten** in erster Linie von **wirtschaftlichen Aspekten** geprägt wird. Hierbei wird auf die Rechtsprechung des BGH[3] und des Landesberufsgerichts für Heilberufe Münster[4] verwiesen, wonach entsprechende **gesellschaftsrechtliche Beteiligungen** von niedergelassenen Vertragsärzten gegen die in der Berufsordnung der Ärzte festgelegten Grundsätze unerlaubten Zuweisens gegen Entgelts[5] und der unzulässigen Verweisung von Patienten an Apotheken, Geschäfte oder Anbieter von gesundheitlichen Leistungen[6] verstößt. Diese, teilweise nur in der ärztlichen Berufsordnung ausdrücklich aufgenommenen Berufspflichten, sind nunmehr ausdrücklich auch für den gesamten vertragsärztlichen Bereich, und damit auch für den **vertragszahnärztlichen** Bereich über § 73 Abs. 7 SGB V gesetzlich geregelt. Allerdings ist **nicht** die unternehmerische Beteiligung von Ärzten an Unternehmen der Gesundheitsbranche **generell verboten,** sondern nur solche Beteili-

---

[1] Übersicht unter: www.gkv-spitzenverband.de; Versorgungsbereich GKV Stichworte: Heilmittel/Hilfsmittel.
[2] § 128 Abs. 2 S. 3 SGB V.
[3] BGH vom 13. 1. 2011 – I ZR 111/08.
[4] Landesberufsgericht für Heilberufe Münster, Urteil vom 6. 7. 2011 – 6 t A 1816/09 T.
[5] § 31 MBO Ärzte.
[6] § 34 Abs. 5 MBO Ärzte.

Errestink

gungen oder Unternehmungen, die durch das ärztliche Verordnungs- und Zuweisungsverhalten selbst **maßgeblich beeinflusst** werden. Erforderlich ist daher nicht der Eintritt eines Erfolges, der dadurch entsteht, dass das Unternehmen eines Heil- und Hilfsmittelerbringers durch das Verordnungs- und Zuweisungsverhalten des Arztes höhere Umsätze und Gewinne erzielt. Ausreichend ist bereits, dass dies durch das Verordnungsverhalten des Vertragsarztes möglich sein könnte. Daher sind von der Regelung nicht solche Beteiligungen oder Unternehmensgründungen erfasst, die der niedergelassene Vertragsarzt nicht einmal theoretisch durch sein Verordnungsverhalten maßgeblich **beeinflussen** kann. Hierunter fällt typischerweise der **Aktienerwerb** eines **börsennotierten Pharmaunternehmens.** Es soll damit diejenigen Fälle erfasst werden, in denen ein im fremden Eigentum stehenden Unternehmen, durch **stille Beteiligungen, Unterbeteiligungen** und **Treuhandstellungen** dem beteiligten Arzt wirtschaftlich nicht nachvollziehbare Kapitalerträge verspricht, um damit ärztliche Verordnungen zu generieren. Ein unmittelbarer Zusammenhang zwischen dem Verordnungsverhalten des Vertragsarztes und der Maßgeblichkeit der Einkünfte aus solchen Beteiligungen oder Unternehmen ist gerade nicht erforderlich. Es genügt, dass abstrakt betrachtet, das **Verordnungsverhalten** des Vertragsarztes für sich genommen ausreicht, Einkünfte des Unternehmens zu **beeinflussen.** Dies könnte dann der Fall sein, wenn ein HNO-Arzt ausschließlich einen Hörgeräteakustiker empfiehlt, mit dem der Arzt eine gesellschaftsrechtliche Vertragsbeziehung eingegangen ist und damit der Hörgeräteakustiker Patienten des HNO-Arztes mit Hörgeräten versorgt. Nicht anwendbar ist dieses Beteiligungsverbot auf die Beteiligung von Zahnärzten an zahntechnischen Unternehmungen. Zunächst besteht zwischen dem niedergelassenen Vertragszahnarzt und einem zahntechnischen Unternehmen **kein Verordnungs- oder Zuweisungsverhältnis** auf Grundlage des Verständnisses des SGB V. Die zahntechnischen Leistungen, die gegenüber dem Patienten erbracht werden, erbringt dass zahntechnische Unternehmen nicht unmittelbar gegenüber dem Patienten **als Leistungserbringer,** sondern aufgrund der **Beauftragung** des Zahnarztes. Die zahntechnische Leistung wird daher, auf Grund der Festzuschussregelungen für Zahnersatz dem Patienten im Rahmen einer privatzahnärztlichen Gebührenrechnung als **Auslagenersatz** in Rechnung gestellt. In diesen Fällen wird damit auch keine Leistung im Rahmen des Sachleistungsprinzips der gesetzlichen Krankenversicherung erbracht. Darüber hinaus wird der Festzuschuss der Krankenkasse unabhängig von der Höhe der veranschlagten Kosten gewährt.[7] Das im vertragsärztlichen Bereich geltende Verbot, dass Teilberufsausübungsgemeinschaften nicht gegründet werden dürfen, um das Verbot des Zuweisens gegen Entgelt zu umgehen,[8] wurde für den **zahnärztlichen Bereich** ausdrücklich nicht übernommen, weil überweisungsgebundene Leistungen von Zahnärzten **kaum praktische Bedeutung** haben.[9]

---

[7] § 55 SGB V.
[8] § 33 Abs. 2 Ärzte-ZV.
[9] BT-Drs. Nr. 17/8005 vom 30. 11. 2011.

I. Praxiskaufvertrag

I. Inhalt

262 Unabhängig von vertragsärztlichen Bedingungen, die erfüllt sein müssen, damit die vertragsärztliche Tätigkeit möglich ist, ist wirtschaftliche Voraussetzung, dass der Vertragsarzt über sämtliche **sächlichen** und **personellen Ressourcen** verfügen kann, die für eine ärztliche Praxis erforderlich ist. Neben der **Praxisneugründung,** bei der der Arzt die für den Praxisbetrieb erforderlichen Wirtschaftsgüter auf Grundlage von Einzelverträgen erwirbt, besteht die Möglichkeit des **Eintritts** in eine Gemeinschaftspraxis in der Rechtsform einer **GbR** oder einer **Partnerschaftsgesellschaft.** Der Eintritt in die Gesellschaft erfolgt in diesen Fällen durch Erwerb entsprechender Gesellschaftsanteile.

263 Neben dem Fall der Praxisneugründung und der Eintritt in eine bestehende ärztliche Praxis, die als GbR oder als Partnerschaftsgesellschaft organisiert ist oder der Eintritt in ein MVZ, das als GmbH organisiert ist steht der **Erwerb einer Arztpraxis** im Ganzen. Dem Praxiskaufvertrag zugrunde liegt ein Kaufvertrag über den Erwerb sämtlicher im Rahmen einer Arztpraxis genutzten Wirtschaftsgüter. Die Wirtschaftsgüter, die durch den Praxisabgeber eingesetzt werden teilen sich in die **materiellen** und in die **immateriellen** Wirtschaftsgüter, den **Goodwill.** Bei den materiellen Wirtschaftsgütern handelt es sich um sämtliche **körperlichen** Gegenstände wie z.B.: Inventar, Medizinprodukte und ähnliches, die der Arzt im Rahmen seiner ärztlichen Tätigkeit in der Praxis einsetzt. Daneben steht der **immaterielle Wert** der Praxis, der den ärztlichen Unternehmenswert im eigentlichen Sinn darstellt. Der **immaterielle Wert** wird **verkörpert** durch die **Patientendaten** und durch **Umsatz und Gewinn** des ärztlichen Unternehmens **ausgedrückt.** Die **Summe** der Werte für die **materiellen Gegenstände** und den **immateriellen Wert** der ärztlichen Praxis ist die Basis für die Ermittlung des **Gesamtkaufpreises** der Praxis. In vertraglicher Hinsicht schließen damit die Parteien mit dem Praxiskaufvertrages einen Vertrag über die Veräußerung der vorbezeichneten Wirtschaftsgüter. Der Praxisabgeber ist danach verpflichtet dem Praxiserwerber das Eigentum an den sowohl körperlichen als auch den immateriellen Werten der Praxis zu übereignen. Der Praxiserwerber ist im Gegenzug verpflichtet den vereinbarten Kaufpreis zu zahlen.

II. Patientenkartei

264 Wesentliches und unverzichtbares Element eines Praxiskaufvertrages ist eine eindeutige und **rechtsichere Regelung** hinsichtlich des Erwerbs und der Verwendung der **Patientenkartei.** Nach der Rechtsprechung des BGH[1] verletzt eine Bestimmung in einem Vertrag über die Veräußerung einer Arztpraxis, die den Praxisabgeber auch **ohne Einwilligung** der betroffenen Patienten verpflichtet, die Patienten- und die Beratungskartei zu übergeben, dass **informationelle Selbstbestimmungsrecht** der Patienten und die **ärztliche Schweigepflicht.** Folge hieraus ist, dass der gesamte **Praxiskaufvertrag nichtig** ist. Folge aus dieser Nichtigkeit ist, dass der Verkäufer nicht zur Eigentumsübertragung der Praxis einschließlich sämtlicher Wirtschaftsgüter verpflichtet ist und der Praxiserwerber nicht verpflichtet ist, den Kaufpreis zuzahlen. Unabhängig davon, dass in diesen Fällen bei schon durchgeführtem Vollzug der Kaufvertrag rückabgewickelt werden müsste, bestünden

---

[1] BGH vom 12. 12. 1991 – VIII ZR 4/91.

Errestink

insbesondere auch Schadensersatzansprüche wegen Verletzung der **ärztlichen Schweige-pflicht.**

Grundsätzlich hat der Patient nach den Regelungen des Bundesdatenschutzgesetzes[2] der **265**
Verwendung seiner personenbezogenen Daten **schriftlich zuzustimmen.** Allerdings be-steht auch die Möglichkeit, dass der Patient in anderer **Form** der Übertragung seiner Da-ten zustimmen kann, sofern dies wegen besonderer Umstände angemessen ist. Allerdings lässt das Gesetz offen, was unter dem Begriff der anderen Form zu verstehen ist, sodass im Rahmen von Praxiskaufverträgen anzuraten ist, eine Regelung über die schriftliche Zu-stimmung der Patienten aufzunehmen.

Um die Nichtigkeit eines Praxiskaufvertrages wegen unzulässiger Übergabe und Ver- **266**
wendung der Patientenkarteikarte zu verhindern, hat sich in der Vertragspraxis eine **Pati-enten- und Datenschutzklausel** entwickelt, die wie nachfolgend aussehen könnte.

1. Manuell geführte Patientenkartei

267

Im Übrigen nimmt der Übernehmer die manuell geführte Patientenkartei für den Übergeber in Verwahrung. Auf das Verwahrungsverhältnis finden die §§ 688 ff. BGB Anwendung, soweit sich aus dem Folgenden nichts Abweichendes ergibt. Der Über-nehmer verpflichtet sich zur Aufbewahrung der Alt-Kartei in einem verschlossenen Ak-tenschrank, getrennt von der laufenden Kartei des Übernehmers und sicher vor dem Zugriff des Praxispersonals. Der Übergeber erhält einen Zweitschlüssel zu diesem Ak-tenschrank sowie ein Zugriffsrecht nach jeweiliger Voranmeldung. Der Übernehmer verpflichtet sich auf die Alt-Kartei nur dann Zugriff zu nehmen, wenn der Patient einer Nutzung durch den Übernehmer oder einer Überlassung an einen mit- oder nachbe-handelnden Arzt schriftlich zugestimmt hat. Erklärt der Patient auf diese Weise sein Ein-verständnis zur Nutzung der Alt-Kartei, dürfen seine Unterlagen aus der Alt-Kartei ent-nommen und in die laufende Patientenkartei des Erwerbers eingebracht bzw. versandt werden. Die aus der Alt-Kartei entnommenen Vorgänge werden von den Übernehmern in einer fortlaufenden Liste erfasst. Die Aufbewahrungspflicht der Übernehmer endet mit Ablauf der in der ärztlichen Berufsordnung vorgeschriebenen Aufbewahrungsfristen, sofern nicht nach anderen Vorschriften längere Aufbewahrungsfristen bestehen. §§ 695 bis 697 BGB finden keine Anwendung.

2. Elektronische Patientenkartei

Der Abgeber hat außerdem Patientendaten mittels EDV archiviert. Der Übernehmer ist berechtigt, über diesen Datenbestand zu verfügen, soweit eine schriftliche Einver-ständniserklärung des Patienten vorliegt. Der übrige Datenbestand ist gesperrt und mit einem Passwort versehen. Das Passwort für den Zugriff darf von dem Erwerber nur ver-wendet werden, nachdem der Patient in die Nutzung des Alt-Datenbestands durch den Übernehmer oder durch einen nachbehandelnden Arzt schriftlich eingewilligt hat. Nach Ablauf der in der ärztlichen Berufsordnung oder in anderen einschlägigen Vor-schriften vorgeschriebenen Aufbewahrungsfristen sind die Übernehmer zur Löschung der Patientendaten berechtigt.

III. Muster Erwerb Einzelpraxis

Nachfolgend die Grundform eines Praxiskaufvertrages, der von der Übertragung einer **268**
Einzelpraxis ausgeht, allerdings insoweit ohne Formulierung einer Patientenschutzklausel.

---

[2] § 4a Abs. 1 BDSG.

269

Praxisübernahmevertrag

zwischen

_____

und

_____

Praxisübernahmevertrag

– im Folgenden „Übergeber"

und

– im Folgenden „Übernehmer"

Präambel

Dr. _____ niedergelassener _____ in _____. Dr. _____ beabsichtigt die Einzelpraxis für _____ mit nach folgendem Vertrag zu veräußern.

§ 1 Vertragsgegenstand

Dr. _____ betreibt in _____ eine ärztliche Einzelpraxis. Die Übernahme der Praxis wird nach Maßgabe der nachstehend aufgeführten Regelungen zum _____ (Stichtag) vereinbart. Gegenstand der Veräußerung ist das in der Praxis befindliche Inventar, insbesondere das Mobiliar, die Geräte und Instrumente. Einzelheiten hierzu ergeben sich aus der diesem Vertrag als Anlage 1 beigefügten Listen, die ausdrücklich zum Gegenstand des Vertrages gemacht werden.

Außer den in der Anlage 1 aufgeführten Gegenständen erhält der Übernehmer alle am Tage der Übergabe in der Praxis vorhandenen Gegenstände, Vorräte, Materialien, soweit sie nicht im Eigentum Dritter stehen. Diese sind im Kaufpreis enthalten.

Der Übergeber wird dem Übernehmer zum Zeitpunkt der Übergabe alle bei ihnen vorhandenen Patientenunterlagen, wie z.B. Patientenkartei, Röntgenunterlagen etc. übergeben, sofern die Patienten der Übergabe zustimmen. Im Übrigen wird der Übergeber der Übernehmer für die erforderlichen Auskünfte zur Verfügung stehen.

Sollte nach Übergabe der Praxis eine Prüfung über erbrachte (zahn)ärztliche Leistungen des Übergebers erfolgen, so stellt der Übergeber dem Übergeber die hierzu notwendigen Unterlagen zur Verfügung.

Der Übergeber ist Vertragszahnarzt. Die Vertragsparteien haben die gesetzlichen Bestimmungen zur Übertragung einer Vertrags(zahn)arztpraxis im Rahmen der Vertragsverhandlung ausführlich erörtert.

Der Übergeber garantiert im Sinne einer selbständigen Garantie, dass er an einer Veräußerung der Praxis durch Rechte Dritter weder eingeschränkt noch gehindert ist.

§ 2 Übernahmepreis

Der Übernahmepreis für die Praxis beträgt insgesamt _____ €.

Er ist fällig und zahlbar bei Übergabe. Am Übergabestichtag muss ein abgestempelter Überweisungsbeleg der Bank / Sparkasse vorgelegt werden.

Die Zahlung hat auf durch den Übergeber zu benennendes Konto zu erfolgen:

Der Übernehmer ist vor der vollständigen Zahlung des Übernahmepreises nicht berechtigt, die Praxis oder Teile davon an einen Dritten zu übertragen. Der Übergeber kann einer weiteren Übertragung der Praxis zustimmen.

Nach Ablauf von 10 Werktagen nach Fälligkeit ist der Kaufpreis mit _____% p. a. zu verzinsen.

Alle Gegenstände, die sich bei Übergabe in der Praxis befinden und Eigentum des Übergebers sind, soweit diese nicht auf der Inventarliste aufgelistet sind, sind im Kaufpreis enthalten.

§ 3 Übergabe

1. In Erfüllung der schuldrechtlichen Kaufvertragsverpflichtung überträgt der Übergeber mit Wirkung zum _____ (Übergabezeitpunkt), die nach § 1 bezeichneten Gegenstände zu Eigentum an den Übernehmer. Der Übernehmer erklärt, dass er mit dem Übergang des Eigentums zum _____ einverstanden ist.
2. Soweit sich herausstellen sollte, dass bewegliche Sachen des Umlaufvermögens, namentlich Verbrauchsmaterialien, die nicht in der Inventarliste erfasst sind, zum Übertragungsstichtag zum Betriebsvermögen des Übergebers gehören, ist der Übergeber verpflichtet, auch diese Sachen zu Eigentum an den Übernehmer zu übereignen. Sollten per _____ Gegenstände aus der Inventarliste – außer Verbrauchsmaterialen – fehlen, deren Anschaffungskosten _____ ohne Umsatzsteuer nicht überschreiten, ist der Übergeber nicht verpflichtet diese zu ersetzen, im Übrigen haben er Ersatz zu leisten.

§ 4 Patientenkartei

s. o.

§ 5 Betriebspflicht

Der Übergeber wird die Praxis bis zur Übergabe mit dem bisherigen Arbeitseinsatz weiterführen und für einen solchen Materialbestand sorgen, als bliebe er Inhaber der Praxis und beabsichtigt, für ein kontinuierliches Wachstum Sorge zu tragen. Er wird der Praxis seine ganze Arbeitskraft widmen und alles tun, um dem Übernehmer die Übernahme und Fortführung der Praxis zu erleichtern.

§ 6 Mietvertrag

Der Übernehmer wird in den bestehenden Mietvertrag eintreten bzw. einen neuen Vertrag mit dem Vermieter in Hinblick auf den Praxisstandort und die dortigen Praxisflächen abschließen.

§ 7 Gewährleistung

Der Übergeber versichert, dass sein Eigentumsrecht an den übernommenen Einrichtungsgegenständen im Zeitpunkt des Stichtages in keiner Weise beschränkt oder belastet ist.

Etwaige Vorbehalte des Übernehmers wegen Unvollständigkeit der Anlage 1 oder Nichtfunktionsfähigkeit der benannten Geräte sind in einem besonderen von beiden Parteien zu unterzeichnenden Protokoll aufzunehmen. Notwendige Reparaturen und Ersatzbeschaffungen hat der Übergeber unverzüglich auf seine Kosten allerdings maximal bis zur Höhe des Schätzpreises lt. Inventarliste in Auftrag zu geben.

Weiterhin versichert der Übergeber, dass keine unerfüllten steuerlichen oder sonstigen abgaberechtlichen Verpflichtungen in Bezug auf die Übergabe der Praxis bestehen. Der Übergeber stellt den Übernehmer insoweit von einer Inanspruchnahme frei.

§ 8 Telefonanlage

Die Parteien sind sich darüber einig, dass der Übergeber, soweit dies zulässig ist, die Anschlüsse der Praxis mit den dazugehörigen Rufnummern dem Übernehmer überlässt. Die hierzu notwendigen Anträge werden von dem Übernehmer gestellt.

Der Übergeber wird zur Umschreibung der Kommunikationseinrichtungen seine Zustimmung erteilen und verpflichten sich im übrigen, auf Verlangen alle hierzu notwendigen Erklärungen gegenüber der zuständigen Telefongesellschaft abzugeben.

§ 9 Sonstige laufende Verträge

Der Übernehmer tritt ferner in sämtliche laufenden, die Praxis betreffenden Verträge ein, wie sie dem aus diesem Vertrag als Anlage 2 beigefügt ersichtlich sind. Der Übergeber ist verpflichtet alles zu unternehmen, damit der Übernehmer in die Verträge eintreten kann.

Die Verbindlichkeiten aus diesen Verträgen hat der Übergeber bis zum Übergabezeitpunkt zu übernehmen; darüber hinaus geleistete Zahlungen hat der Übernehmer dem Übergeber zeitanteilig zurückzuerstatten.

§ 10 Forderungen, Verbindlichkeiten

Ein Übergang von Forderungen und Verbindlichkeiten, die zum Zeitpunkt des Übergangs der Praxis bestehen, auf den Übernehmer findet nicht statt, sofern in diesem Vertrag nichts anderen bestimmt ist. Der Übergeber versichert zudem, dass er an einer Übertragung der Praxis nicht gemäß § 1365 BGB gehindert ist.

Sollte ein Dritter (z.B. eine Bank) Vorbehaltseigentümer des Anlagevermögens sein oder ein Pfandrecht am Anlagevermögen haben bzw. ausüben, so sind die Pflichten des Übernehmers (Abnahme, Zahlung des Kaufpreises) erst Zug um Zug gegen eine schriftliche Freigabeerklärung eines solchen Rechtsinhabers fällig.

Die zum Zeitpunkt der Praxisübergabe noch offenen Honoraransprüche aus der Tätigkeit des Übergebers stehen diesem zu. Der Übergeber wird daher dafür Sorge tragen, dass die Abrechnung gegenüber der Kassenärztlichen Vereinigung bis zum Übergabezeitpunkt abgeschlossen wird. In gleicher Weise erfolgt die Rechnungslegung gegenüber Patienten bis spätestens einen Tag vor Praxisübergabe.

Im Übrigen werden Honorare und Leistungen zwischen den Vertragsparteien grundsätzlich nach dem Behandlungsstand am Übergabestichtag abgerechnet. Soweit der Übernehmer in laufende Behandlungsfälle eintritt, werden die Vertragsparteien einen internen Honorarausgleich dahingehend vornehmen, dass das aufgeteilte Honorar den von beiden Parteien erbrachten ärztlichen Leistungen entspricht. In diesen Fällen ist der Übernehmer berechtigt, die von beiden Parteien erbrachten Leistungen in eigenem Namen zu liquidieren und dann dem Übergeber den auf ihn entfallenden Honoraranteil zu erstatten.

§ 11 Personalübernahme

Der Übernehmer verpflichtet sich, in die zum Übergabezeitpunkt bestehenden Arbeitsverhältnisse einzutreten und hinsichtlich aller Rechte und Pflichten diese fortzuführen. Der Übergeber versichert, dass an die Arbeitnehmer keine Leistungen erbracht wurden, die sich nicht aus den dem Übernehmer vorliegenden Unterlagen (z.B. Lohnjournale) ergeben.

Der Übergeber versichert ausdrücklich, dass keine weiteren Arbeitsverhältnisse bestehen und dass sich kein Arbeitnehmer in Elternzeit bzw. in Mutterschutz befindet. Der Übergeber versichert, dass die Arbeitsverträge in der Anlage 3 den dortigen Inhalt haben und keine weiteren arbeitsvertraglichen Regelungen bestehen.

Der Übergeber wird im Interesse des Erwerbers bei den einzelnen Angestellten auf die Fortsetzung der arbeitsrechtlichen Verträge mit dem Übernehmer hinwirken. Das Recht der Angestellten auf Kündigung wird durch diese Vereinbarung nicht berührt.

Der Übergeber übernimmt jedoch im Verhältnis zum Übernehmer die zeitanteiligen Kosten eines evtl. 13 Monatsgehaltes der Arbeitnehmer auf der Grundlage der bei Übergabe der Praxis geltenden Bruttogehälter. Das gleiche gilt für etwaige Urlaubsgelder oder zeitüberschneidenden Leistungen. Dies jedoch nur dann, wenn entsprechende Kosten entstanden sind. Der Übernehmer ist berechtigt, die Zahlung des Übernahmepreises gemäß § 2 um den Kostenanteil der Übergeber (lt. Berechnung) zu kürzen.

Der Übergeber wird alle bis zu diesem Zeitpunkt bestehenden Ansprüche der Arbeitnehmer oder Dritter vollständig erfüllen. Soweit sich dennoch Ansprüche aus diesen Arbeitsverhältnissen ergeben sollten, wird der Übergeber den Übernehmer von allen Ansprüchen freistellen.

Die Vertragsbeteiligten werden ihren Informationspflichten nach § 613a BGB gegenüber den Arbeitnehmern gemeinsam schriftlich nachkommen.

§ 12 Bedingungen

Der Übernahmevertrag steht unter folgenden aufschiebenden Bedingungen, dem Übernehmer muss eine schriftliche Finanzierungszusage vorliegen, der Übernehmer hat einen Mietvertrag über die Räumlichkeiten des Übergebers abgeschlossen oder ist in diesen Vertrag eingetreten. Bei Nichteintritt der Bedingungen gelangt der Vertrag nicht zur Rechtswirksamkeit. Die Vertragsparteien sind nicht berechtigt Rechte und Pflichten gleich welcher Art aus dem Vertrag herzuleiten. Insbesondere ist der Übernehmer in diesem Fall nicht verpflichtet, dem Übergeber gezogene Nutzungen zu erstatten oder Schadensersatz zu leisten.

§ 13 Wettbewerbsverbot

Der Übergeber verpflichtet sich, für die Dauer von 2 Jahren im Umkreis von _____ km, gerechnet vom Praxissitz, weder eine eigene Praxis zu betreiben noch in einer anderen Praxis entgeltlich oder unentgeltlich tätig zu werden. Dies gilt nicht für befristete Praxisvertretungen und für abhängige Beschäftigungen oder sonstige Tätigkeiten in der Praxis des Übernehmers. Im Falle der Zuwiderhandlung wird eine sofort fällige Vertragsstrafe in Höhe von _____ pro Jahr verwirkt. Die Geltendmachung weitergehender Schäden bleibt davon unberührt.

§ 14 Sonstige Bestimmungen

Dem Übernehmer wurde Einsicht gewährt in die Einnahmen- Überschussrechnungen und betriebswirtschaftliche Auswertung der Praxis der letzten zwei Jahre (Anlage 4) sowie in die Quartalsabrechnung der K(Z)V für die letzten vier Quartale (Anlage 5).

§ 15 Schriftform

Etwaige Änderungen, Ergänzungen oder Berichtigungen dieses Vertrages bedürfen zu ihrer Wirksamkeit der Schriftform. Dies gilt auch für die Abbedingung der Schriftform.

Sämtliche Anlagen zu diesem Vertrag sind Bestandteil dieses Vertrages.

§ 16 Salvatorische Klausel

Sollten einzelne Bestimmungen dieses Vertrages nichtig oder unwirksam sein oder werden, so wird die Wirksamkeit des Vertrages im Übrigen nicht berührt.

Die Parteien verpflichten sich, etwaige nichtige, rechtswidrige oder undurchführbare Vertragsbestimmungen durch solche zu ersetzen oder zu ergänzen, die sie bei Kenntnis des Mangels und unter Berücksichtigung des Vertragswerkes und der Vertragstreue vereinbart hätten.

Entsprechendes gilt, soweit dieser Vertrag eine Lücke enthält. Zur Ausfüllung dieser Lücke soll eine angemessene Regelung gelten, die dem entspricht, was die Parteien nach Sinn und Zweck des Vertrages vereinbart hätten, wenn sie diesen Punkt bedacht hätten.

Abgeber   Übernehmer

J. Ärztliches Gesellschaftsrecht

I. Rechtsformen

Der **gesellschaftsrechtliche Zusammenschluss** von Ärzten zu **Berufsausübungs-** 270
gemeinschaften, Teilberufsausübungsgemeinschaften, Medizinischen Versor-
gungszentren oder **Organisationsgemeinschaften** erfolgt in der Regel entweder auf
Grundlage der Regelungen über die **Gesellschaft bürgerlichen Rechts, GbR**
(§§ 705 ff. BGB) oder nach dem **Partnerschaftsgesellschaftsgesetz** (§§ 1 ff. PartGG)
oder, sofern die Voraussetzungen für die Gründung eines MVZ gegeben sind,[1] auf Grundlage der Regelungen des Gesetzes über die **Gesellschaft mit beschränkter Haftung**
(§§ 1 ff. GmbHG) oder in der Rechtsform einer eingetragenen **Genossenschaft** (§§ 1 ff.
GenG). Auf Grund der geringen praktischen Bedeutung einer Genossenschaft im ärztlich
ambulanten Bereich wird auf die Darstellung des Rechts der Genossenschaft verzichtet.

Das Vertragsarztrecht sieht **keine ausdrücklichen Regelungen** darüber vor, in wel- 271
chen **Rechtsformen** niedergelassene Vertragsärzte ihre gemeinschaftliche Tätigkeit ausüben müssen. Mit Ausnahme der Regelungen über das Medizinische Versorgungszentrum
(§ 95 Abs. 1 S. 1 SGB V), die die Rechtsform zur Gründung eines MVZ zwingend vor-
gibt, existieren entsprechende **Regelungen** für **Berufsausübungsgemeinschaften** nicht.
Allerdings bestehen Berufsausübungsgemeinschaften nur in der Rechtsform einer Personengesellschaft, d. h. einer GbR oder einer Partnerschaftsgesellschaft. Dies hängt einerseits
damit zusammen, dass mit der Gründung einer **Personengesellschaft** steuerlich **freibe-**
rufliche Einkünfte des Arztes entstehen. Mit Gründung einer GmbH, als Trägerin einer
Berufsausübungsgemeinschaft, entstünden **gewerbesteuerlichen Einkünfte** und damit
auch Gewerbesteuerbelastung. In berufsrechtlicher Hinsicht dürfen Ärzte ihre ärztliche
Tätigkeit zwar auch mittels Kapitalgesellschaften, so genannten Ärzte-Gesellschaften erbringen.[2] Die Rechtsprechung[3] besagt allerdings, dass Berufsausübungsgemeinschaften in der
Rechtsform einer Kapitalgesellschaft nicht zugelassen werden.

Ein **ärztliches Gesellschaftsrecht,** welches ausschließlich auf die Bedürfnisse und be- 272
sondere Situationen von niedergelassenen Ärzten und Zahnärzten abzielt, existiert nicht.
Sämtliche genannten Gesellschaftsformen, mit Ausnahme der Partnerschaftsgesellschaft,
können von Nichtärzten, Gewerbetreibenden und damit anderen Unternehmen in Anspruch genommen werden. Die **Partnerschaftsgesellschaft** hingegen ist ausschließlich
solchen Freiberuflern **vorbehalten,** die freiberufliche Einkünfte im Sinne vom **§ 18 EStG**
erzielen. Alle übrigen Unternehmer, die keine freiberuflichen Einkünfte im Sinne des Einkommensteuergesetzes erzielen (z. B. Apotheker), dürfen sich der Rechtsform der Partnerschaftsgesellschaft nicht bedienen (§ 1 Abs. 2 PartGG). Angehörige einer Partnerschaft
können nur natürliche Personen sein.

Die **vorherrschende Rechtsform** unter Ärzten, wenn sie **gemeinschaftlich** ihren 273
Beruf ausüben, ist die Gesellschaft bürgerlichen Rechts (GbR). Diese ursprünglich als **Ge-**
legenheitsgesellschaft durch den Gesetzgeber konzipierte Gesellschaftsform, entwickelte
sich mit der Zeit, auch vor dem Hintergrund fortschreitender ärztlicher Kooperationen zu
der Gesellschaftsform für Ärzte schlechthin. Ausgehend von der ursprünglichen Konzeption des Gesetzgebers, sind die **gesetzlichen Regelungen** der GbR äußerst rudimentär
gestaltet. Der Gesetzgeber hatte vielmehr sein Augenmerk auf kaufmännische Unterneh-

---

[1] § 95 Abs. 1 SGB V.
[2] § 18 MBO.
[3] BSG Urteil vom 15. 8. 2012, Az. B 6 KA 47/11 R.

mungen gelegt, mit der Folge, dass die Regelungen über die **Offene Handelsgesellschaft** (OHG) oder die **Kommanditgesellschaft** (KG) umfassender und detaillierter ausgefallen sind, als die Regelungen über die GbR. Hieraus folgt, dass wesentliche Veränderungen im Recht der GbR durch die **Rechtsprechung** erfolgt ist. Durch die Rechtsprechung erfolgte eine Angleichung an die Regelungen der handelsrechtlichen Personengesellschaften.

II. Gesellschaft bürgerlichen Rechts (GbR)

274   Die Gesellschafter einer GbR verpflichten sich gegenseitig, zur **Erreichung** eines **gemeinsamen Zwecks** in der durch den Vertrag bestimmten Weise zu fördern, und die **vereinbarten Beiträge** zu leisten (§ 705 BGB). Die **Gründung** einer GbR setzt voraus, dass sich mindestens zwei Gesellschafter zusammen schließen um einen gemeinsamen Zweck zu erreichen, hier die gemeinsame Ausübung der ärztlichen Tätigkeit, diesen **Zweck** zu fördern, hier durch die ärztliche Leistung im Rahmen der gemeinsamen Berufsausübung und sich verpflichteten entsprechende Beiträge zu leisten. Beiträge zu leisten bedeutet nicht, dass die Gesellschafter verpflichtet sind **Bargeld** oder sonstige Vermögensgegenstände in das Gesellschaftsvermögen zu leisten. Es genügt die Erbringung **sonstiger Beiträge**, wie z.B. die Erbringung der **Arbeitsleistung.** Die GbR besteht aus einem **gesamthänderisch gebundenen Vermögen,** welches dem einzelnen Gesellschafter im Umfang seiner **Gesellschaftsbeteiligung** zusteht. Aufgrund dieser gesamthänderischen Bindung des Vermögens sind die Gesellschafter nicht berechtigt über **einzelne Vermögensgegenstände** dieses Gesamthandelsvermögens **zu verfügen,** sondern können dies nur im Rahmen ihrer Beteiligung am Gesamthandelsvermögen. Die gesellschaftsrechtliche Beteiligung besteht aus mehreren Bestandteilen, wobei diese einzelnen Bestandteile nicht gesondert **übertragungs- oder verkehrsfähig** sind. Der Gesellschaftsanteil umfasst das **Mitgliedschaftsrecht,** den **Vermögensanteil** an der Gesellschaft, sowie das **Stimmrecht.** Diese einzelnen Komponenten bilden den Gesellschaftsanteil an einer Personengesellschaft, wobei insbesondere die Bestandteile der Vermögensbeteiligung und der Ergebnisbeteiligung (Gewinn- oder Verlustbeteiligung) unterschiedlich sein können.

1. Gründung/Form

275   Die Gründung einer GbR ist **formlos** möglich, zur Wirksamkeit ist der Abschluss eines schriftlichen Gesellschaftsvertrags **nicht** erforderlich. Allerdings ist aus **Nachweis- und Dokumentationsgründen,** insbesondere aus vertragsärztlichen und steuerrechtlichen Gründen die Schriftform allerdings dringend zu empfehlen. Dies insbesondere vor dem Hintergrund, dass einige Zulassungsausschüsse zumindest, wenn es sich um überörtliche Berufsausübungsgemeinschaften handelt, zwingend die Vorlage des Gemeinschaftspraxisvertrags verlangen. Eine vertragsärztliche Verpflichtung zur Vorlage wird darüber hinaus aus dem Urteil des BSG[4] abgeleitet, wonach den Zulassungsausschüssen eine Prüfungspflicht auferlegt wurde, um die Einhaltung der vertragsärztliche Vorgaben überprüfen zu können. Damit steht den Zulassungsausschüssen die Befugnis zu entsprechende Gesellschaftsverträge einzusehen und sich vorlegen zu lassen. Dies bedeutet, dass in der **Rechtspraxis** Gesellschaftsverträge zur Begründung von Berufsausübungsgemeinschaften oder Teilberufsausübungsgemeinschaften, die durch den Zulassungsausschuss zu genehmigen sind, die **Schriftform zwingend** ist. Verträge über die Begründung von Berufsausübungsgemeinschaften in der Rechtsform einer GbR treten mit **Unterzeichnung** des Vertrages und mit Aufnahme der gemeinsamen Berufsausübung in Kraft. Einer Eintragung in ein öffentliches Register bedarf es nicht. Auch nicht der Genehmigung durch den Zulassungsausschuss,

---

[4] BSG vom 23. 6. 2010 – B 6 KA 7/09 R.

denn durch die Entscheidung des Zulassungsausschusses wird lediglich der Berufsausübungsgemeinschaft der Teilnahme zur vertragsärztlichen Versorgung ermöglicht. Allerdings ist zu empfehlen, dass der **Gesellschaftsvertrag** unter der **Bedingung** gestellt wird, dass die Berufsausübungsgemeinschaft zur vertragsärztlichen Versorgung zugelassen wird.

2. Vertretung/Willensbildung

Die **Vertretung** umfasst die Befugnis im Namen und in Rechnung für die GbR im **276** **Außenverhältnis** auftreten zu können. Die Vertretung erfolgt grundsätzlich durch alle Gesellschafter, sofern der Gesellschaftsvertrag hierzu keine abweichenden Regelungen beinhaltet. Der Gesellschaftervertrag kann abweichend vorsehen, dass nur alle Gesellschafter gemeinschaftlich oder jeweils einzelne Gesellschafter die Gesellschaft vertreten können. Der vollständige und dauerhafte **Ausschluss** eines Gesellschafters von der Vertretungsbefugnis ist nicht nur in gesellschaftsrechter Hinsicht nicht vertretbar, sondern kann auch zu **vertragsärztlichen** und **steuerrechtlichen** Nachteilen führen.

Die **Willensbildung** der GbR erfolgt in Gesellschafterversammlungen, wobei Inhalt, **277** Umfang und Befugnissen im Gesellschaftsvertrag geregelt werden müssen, da die gesetzlichen Regelungen hierzu keine Aussagen treffen. Aus dem Prinzip der gesamthänderischen Bindung folgt, dass für Gesellschafterbeschlüsse grundsätzlich **Einstimmigkeit** erforderlich ist. Durch Gesellschaftsvertrag kann nur in engen Grenzen vom Prinzip der Einstimmigkeit **abweichen,** jedenfalls dann nicht, wenn hierdurch elementare Gesellschaftsrechte eingeschränkt werden. So wären beispielsweise Regelungen darüber, dass mit Mehrheitsbeschluss Gewinnanteile, Entnahmerechte und Urlaubsansprüche zu Lasten eines Gesellschafters einseitig verändert werden könnten, unwirksam.

3. Vermögensbeteiligung

Der Umfang der Vermögensbeteiligung entspricht nach der gesetzlichen Grundkonzep **278** tion **paritätisch** der Anzahl der beteiligten Gesellschafter. Jedem Gesellschafter steht der insoweit **gleiche Anteil am Vermögen** der GbR zu. Das Vermögen der GbR, d. h. die Wirtschaftsgüter, die sich im Gesamthandelsvermögen befinden und materieller oder immaterieller Art sein können, stehen den Gesellschaftern, sofern **keine abweichenden Regelungen im Gesellschaftsvertrag** getroffen wurden, jeweils zu gleichen Teilen zu. Allerdings können die Gesellschafter über den Anteil an den jeweiligen Vermögensgegenständen der GbR nicht verfügen, sondern nur über den Gesellschaftsanteil insgesamt. Aus diesem Grund verbieten sich Vertragsgestaltungen, die lediglich einen Teil des Gesamthandsvermögens durch einen Gesellschafter übertragen lassen, da insoweit gerade keine **Verkehrs- und Übertragungsfähigkeit** besteht.[5]

Bei der Gründung ärztlicher Berufsausübungsgemeinschaften werden häufig Gestal **279** tungen gewählt, dass der eintretende Arzt **nicht in vollem Umfang** oder nicht am **Vermögen** der GbR beteiligt sein soll. Diese **Nullbeteiligungsgesellschaften** sind gesellschaftsrechtlich dem Grunde nach anerkannt; sie besagen letztlich nur, dass der jeweilige Gesellschafter zu „null" am Gesamthandsvermögen einschließlich der **stillen Reserven** beteiligt ist und damit entgegen der gesetzlichen Konzeption eine Beteiligung an der **Substanz** und am **immateriellen Wert** nicht besteht. Die im Zusammenhang mit der Gründung von Nullbeteiligungsgesellschaft bestehenden Problemkreise sind in erster Linie nicht gesellschaftsrechtlicher Natur, sondern tangieren das Steuerrecht und das Vertragsarztrecht. Im Steuerrecht wird abweichend von den Begriffen im Gesellschaftsrecht nicht von Personengesellschaften gesprochen, sondern von **Mitunternehmerschaften,** die sich dadurch auszeichnen, dass die jeweiligen Mitunternehmer (Gesellschafter) **Mitunternehmerinitia-**

---

[5] § 719 Abs. 1 BGB.

tive und **Mitunternehmerrisiko** tragen. Mitunternehmerrisiko bedeutet, dass die Gesellschafter am Gewinn und Verlust beteiligt sind auch damit in Hinblick auf die Steuerung des Unternehmens als **Unternehmer** anzusehen sind. In vertragsärztlicher Hinsicht spielt das Kriterium der Beteiligung vor dem Hintergrund der eigenen Praxis eine entscheidende Rolle. Dies betrifft neben der Durchführung des **Nachbesetzungsverfahrens** bzw. des Antrags auf Durchführung des Nachbesetzungsverfahrens, dass voraussetzt, dass eine Praxis im vertragsärztlichen Sinn gegeben ist, auch **vergütungsrechtliche** Aspekte im vertragsärztlichen Bereich. Nach der Rechtsprechung des BSG[6] ist in den Fällen, in denen eine Beteiligung am Vermögen nicht besteht, keine nachbesetzungsfähige Praxis gegeben, da insoweit das Tatbestandsmerkmal eigene Praxis fehlt.

280   Unter der Maßgabe, dass die Gesellschafter sich im Rahmen einer gemeinsamen Tätigkeit zunächst **erproben** wollen, ist **anerkannt,** dass diese Probezeit auch in der Weise gestaltet werden kann, dass der eingetretene Gesellschafter über **keine vermögensmäßige Beteiligung** verfügt, dennoch als insbesondere vertragsärztlich anzuerkennender Gesellschafter angesehen wird. Diese Probezeit darf in der Rechtsprechung des BGH[7] im Regelfall **drei Jahre** nicht überschreiten. In diesem Zeitraum nach Gründung bzw. Eintritt des Gesellschafters in eine GbR ist eine vermögensmäßige Beteiligung zu „null" in gesellschaftsrechtlicher und vertragsärztlicher Hinsicht durchaus üblich und wird auch entsprechend anerkannt. Eine **langfristige** und auf **Dauer** angelegte **Nullbeteiligung** führt vor dem Hintergrund der Rechtsprechung des Bundessozialgericht[8] dazu, dass in vertragsärztlicher Hinsicht nicht von einer vertragsärztlichen Niederlassung ausgegangen werden kann und damit eine nachbesetzungsfähige Praxis bzw. eine **vergütungsrechtlich** anzuerkennende Gesellschafterstellung als Vertragsarzt nicht besteht.

4. Gewinn-/Verlustbeteiligung

281   Von der **Vermögensbeteiligung** an der Gesellschaft zu trennen, ist die Beteiligung des Gesellschafters am **Ergebnis,** dem Gewinn oder Verlust. Diese kann muss aber nicht mit dem Umfang der Vermögensbeteiligung identisch sein. Der Umfang der **Gewinn- und Verlustbeteiligung** ist ein wesentliches Merkmal des Status als zivilrechtlicher Gesellschafter bzw. als steuerrechtlicher Mitunternehmer. Entsprechende Folgen ergeben sich auch aus dem vertragsärztlichen Status, da die Zulassung als niedergelassener Arzt im Rahmen einer Gemeinschaftspraxis **statusbegründend** ist, d.h. nur auf Grundlage der erteilten Genehmigung des Zulassungsausschusses darf die Teilnahme an der vertragsärztlichen Versorgung erfolgen. Grundsätzlich wird in der Vertragspraxis die **Gewinn- und Verlustbeteiligung** entweder **paritätisch** oder **prozentual** auf das durch den jeweiligen Arzt erwirtschaftete Honorar bzw. Einnahmen bezogen.

282   Grundsätzlich bestehen die folgenden Möglichkeiten den Gewinn einer Personengesellschaft unter den Gesellschaftern zu verteilen:
– vermögensbeteiligungsabhängig,
– umsatzabhängig sowie
– Mischformen.

283   Um die **monatliche Liquidität** der Gesellschafter zu sichern, besteht einerseits die Möglichkeit den Gesellschaftern ein monatliches **Entnahmerecht** zu zubilligen oder einen festen **Gewinnvorab.** Der wesentliche **Unterschied** besteht darin, dass Entnahmen zurückgeführt werden müssen, soweit der erwirtschaftete Gewinn nicht zur Deckung ausreicht. **Gewinnvorabregelung** sind Teil der **Gewinnverteilung** und führen jedenfalls nicht dazu, dass ein Rückforderungsanspruch seitens der Gesellschaft besteht, sofern der erwirtschaftete Gewinn nicht ausreicht. Hierin besteht allerdings gerade die Gefahr, dass

---

6 BSG vom 29. 9. 1999 – B 6 KA 1/99 R.
7 BGH vom 7. 5. 2007 – II ZR 281/05.
8 BSG vom 23. 6. 2010 – B 6 KA 7/09 R.

die monatlichen Zahlungen ohne Rücksicht auf die wirtschaftliche Situation der Gesellschaft getätigt werden.

Zur Verdeutlichung der Unterschiede einer Gewinnverteilung mit und ohne Gewinnvorabregelung nachfolgende Beispiele: **284**

Fall 1 **285**
Gewinnvorab Gesellschafter A 150 000 €, Restgewinn nach Köpfen

Gewinn	Vorspalte	Gesellschafter A	Gesellschafter B	Gesellschafter C
450 000 €	– 150 000 €	150 000 €		
300 000 €		100 000 €	100 000 €	100 000 €
Summe		**250 000 €**	**100 000 €**	**100 000 €**

Der zu versteuernde Gewinnanteil der Gesellschafter beträgt bei A 250 000 €, bei B 100 000 € und bei C 100 000 €; die Liquidität ist entsprechend hoch.

Fall 2 **286**
Entnahmerecht für jeden Gesellschafter 100 000 €; Gewinnverteilung nach Köpfen

Gewinn	Vorspalte	Gesellschafter A	Gesellschafter B	Gesellschafter C
450 000 €	150 000 €	150 000 €	150 000 €	150 000 €
Summe		**150 000 €**	**150 000 €**	**150 000 €**

Der zu versteuernde Gewinnanteil jedes Gesellschafters beträgt 150 000 €. Die Liquidität beträgt pro Gesellschafter 100 000 €, wobei in diesem Fall, sofern noch Liquidität bei der Gesellschaft besteht jedem Gesellschafter noch eine weitere Sonderentnahme in der Höhe der Differenz von 50 000 € zugestanden werden könnte.

Der Vergleich beider **Gewinnverteilungsregelungen** zeigt, dass im Fall 1 der Gesellschafter A deutlich hinsichtlich Liquidität und Gewinnanteil bevorzugt wird. Es zeigt sich auch, dass der **Gewinnanteil**, der Grundlage der Besteuerung ist, nicht mit der **Liquidität** des Gesellschafters zwingend identisch sein muss. Der **Gewinnvorab** für den Gesellschafter A führt im Übrigen zu einer Reduzierung des zu verteilenden Restgewinns; eine Situation die im Fall einer Entnahmeregelung nicht zutrifft. **287**

In Gesellschaftsverträgen finden sich überdies Regelungen, dass Gesellschafter für bestimmte Tätigkeiten, z. B. **Verwaltungstätigkeiten,** eine **Tätigkeitsvergütung** gezahlt wird, die ebenfalls den Restgewinn reduzieren soll. Diese Regelung birgt allerdings die Gefahr, dass das vereinbarte Entgelt **umsatzsteuerpflichtig** ist, da insoweit ein entgeltpflichtiger Leistungsaustausch zwischen Gesellschaft und Gesellschafter begründet wird. Entsprechendes gilt auch für die Überlassung von Gegenständen an die Gemeinschaftspraxis. Eine Umsatzsteuerbefreiung kommt nicht in Betracht, da keine steuerrechtlichen ärztlichen Umsätze gegeben sind.[9] Die Zahlungen, die ein Gesellschafter für die **Überlassung von Wirtschaftsgütern** oder **Dienstleistungen** von der Gesellschaft erhält, sind in steuerlicher Hinsicht neutral; d. h. sie dürfen den Gewinn der Gesellschaft nicht mindern.[10] Diese Zahlungen sind im Gesamtkonstrukt vollständig neutral, da sie zwar auf der Ebene der Gesellschaft zunächst den Gewinn reduzieren, gleichzeitig den Gewinnanteil des jeweiligen Gesellschafters erhöhen. **288**

---

[9] § 4 Nr. 14a UStG.
[10] § 15 Abs. 2 EStG.

289   Problematisch sind in diesem Zusammenhang Vertragsgestaltungen, in denen den Gesellschaftern ein „**Mindestgewinn**" zugestanden wird, also letztendlich eine Gewinnzusage durch die Gesellschaft geleistet wird, die **unabhängig** von den erwirtschafteten Umsätzen und Gewinnen besteht. Eine solche Vereinbarung deutet daraufhin, dass ein **unternehmerisches Risiko** bei den Gesellschaftern weder in steuerlicher, noch vertragsärztlicher Hinsicht bestehen könnte. Hiervon zu unterscheiden sind Gestaltungen, die den Gesellschaftern einen Gewinnvorab oder einen festen Entnahmebetrag zu billigen. In beiden Alternativen wird dem Gesellschafter, unter Maßgabe der jeweiligen Liquidität, d. h. der **liquiden Finanzmittel,** Möglichkeiten zugestandener Liquidität aus der Gesellschaft zur Bestreitung des **Lebensunterhaltes** einschließlich der Beiträge zum **Versorgungswerk** und der **Krankenversicherung** zu erhalten. Diese Transferleistungen von der Gesellschaft in das Vermögen des jeweiligen Gesellschafters sind allerdings als Vorauszahlungen auf den Gewinnanteil zu werten, mit der Folge, dass sofern keine Gewinne erwirtschaftet werden diese auch durch die Gesellschafter zurück zu zahlen sind.

5. Haftung

290   Die GbR zeichnet sich dadurch aus, dass die Gesellschafter in **vollem Umfang,** d. h. auch mit ihrem gesamten Vermögen für die **Verbindlichkeiten** und **Ansprüche Dritter** gegenüber der GbR im Außenverhältnis haften. Dies umfasst auch eine **Nachschusspflicht** der Gesellschafter, soweit die Mittel der Gesellschaft zur Begleichung der Verbindlichkeiten nicht ausreichen. Die Gründung einer Gemeinschaftspraxis kann zwischen zwei bisher nicht niedergelassenen Ärzten oder als **Zusammenschluss** zwischen einem bereits in Einzelpraxis niedergelassenen Arzt mit einem sich erst niederlassenden Arzt erfolgen. Hier erfolgt die Gründung durch **Aufnahme** in die Einzelpraxis, beispielsweise auch durch Zahlung eines Betrages in das Gesellschaftsvermögen der Gesellschaft. Daneben besteht die Möglichkeit, dass sich **bereits niedergelassene** Ärzte zusammenschließen.

291   Die Haftung für bestehende **Altverbindlichkeiten** der schon bestehenden Gesellschaft hat in der Praxis erhebliche Bedeutung. Nach der gesetzlichen Grundkonzeption der GbR haften die in eine GbR eintretenden Gesellschafter nicht für bereits bestehende Verbindlichkeiten. Diese **akzessorische Haftung** der Gesellschafter, also einer Haftung für fremde Verbindlichkeiten, ist ausdrücklich nur im Rechts der Handelsgesellschaften verankert,[11] welcher auf die GbR unmittelbar keine Anwendung findet. Allerdings führte eine **Änderung** in der **Rechtsprechung** des Bundesgerichtshofs[12] dazu, dass nunmehr auch der in eine GbR eintretende Gesellschafter sich der Gefahr eine Haftung für bestehende Verbindlichkeiten aussetzt. Dabei ist zu unterscheiden zwischen der erstmaligen Begründung einer Personengesellschaft und dem Eintritt in eine bestehende Personengesellschaft. Im Jahr 2003 hat die **Rechtsprechung**[13] die Haftung des eintretenden Gesellschafters in eine bestehende GbR dogmatisch neu aufgestellt. Erstmals wurde in Folge der Anerkennung der Teilrechtsfähigkeit der GbR, auch entscheidende Rechtsfolgen für die Haftung der Gesellschafter einer GbR gezogen. Im Gegensatz zur Partnerschaftsgesellschaft, die bereits aufgrund gesetzlicher Regelungen eine solche Haftung vorsieht, wurde für die GbR in analoger Anwendung der handelsrechtlichen Vorschriften eine Haftung des eintretenden Gesellschafters für bereits **bestehende Verbindlichkeiten** begründet. Der BGH hatte mit seiner Entscheidung die Haftung des eintretenden Gesellschafters in eine bestehende GbR unter Hinweis auf die **Teilrechtsfähigkeit** bejaht, weil keine Rechtfertigkeit bestünde, den Gesellschafter einer freiberuflich tätigen Gesellschaft bürgerlichen Rechts (GbR) anders zu behandeln, als den Gesellschafter einer handelsrechtlichen Personengesellschaft (offene Handelsgesellschaft oder Kommanditgesellschaft). Insbesondere in Hinblick auf die

---

[11] §§ 128, 130 ff. HGB.
[12] BGH vom 3. 5. 2007 – IX ZR 218/05.
[13] BGH vom 7. 4. 2003 – II ZR 56/02.

Rechtsfähigkeit der Partnerschaftsgesellschaft und dem dortigen Verweis auf handelsrechtliche Vorschriften konnte eine unterschiedliche Behandlung nicht mehr vertreten werden. Allerdings legte der Bundesgerichtshof in seiner Entscheidung fest, dass diese **Rechtslage** nur für die Eintritte in eine GbR gilt, die **nach** dem 7. 4. 2003 erfolgt sind, es sei denn der eintretende Gesellschafter kannte die Verbindlichkeiten oder hätte sie mit auch nur geringer Aufmerksamkeit erkennen müssen. Unklar war zunächst, welche Arten von Verbindlichkeiten gemeint waren. Neben Verbindlichkeiten aus Darlehen oder Mietvertrag, z.B. Nebenkosten oder Mietzinszahlung könnte eine Haftung für **berufliches Fehlverhalten,** d.h. der ärztlichen Haftpflicht in Betracht kommen. Hierbei läge die Gefahren für den Eintretenden offen auf der Hand: Die im Gegensatz zur Kreditverbindlichkeiten nicht abzuschätzende Gefahr aus Arzthaftung würden zu einem **unkalkulierbaren Risiko** bei der Gründung oder Erweiterung von Gesellschaften führen.

Die Rechtsprechung geht nunmehr davon aus, dass der in eine GbR eintretende Gesellschafter für **Verbindlichkeiten** für ärztliches Fehlverhalten, die vor seinem Eintritt entstanden sind, nicht haftet. Allerdings ist Folge aus der Rechtsprechung, dass die **Haftungsrisiken** in diesen Fällen für den eintretenden Gesellschafter erheblich erhöht wurden, zumal der Umfang haftungsrelevanter Verbindlichkeiten nicht feststellbar ist und damit ein kaum abschätzbares Risiko für den eintretenden Gesellschafter bestehen könnte. **292**

6. Scheinhaftung

Von der Situation des tatsächlich und rechtlich Eintritts eines Gesellschafters in eine bestehende GbR ist die Situation zu unterscheiden, dass ein für eine Gemeinschaftspraxis tätiger Arzt im **Außenverhältnis** als Gesellschafter angesehen wird, obwohl in rechtlicher Hinsicht zu keinem Zeitpunkt ein **Gesellschaftsbeitritt** erfolgt ist. Hiermit ist die Problematik des **Scheingesellschafters** gemeint. Dabei geht es darum, dass aufgrund eines gemeinsamen Außenauftritts auf Briefbögen, Websites und Praxisschildern eine Scheingesellschaft mit den Gesellschaftern entsteht, die lediglich aufgrund eines bestimmten Außenauftritts vom Rechtsverkehr auf Grundlage eines **Rechtscheins** als Gesellschafter wahrgenommen wird. Der BGH[14] hat in einer Fallkonstellation, in der es um die Veruntreuung von Praxisgeldern ging zu entscheiden, ob die Gesellschafter für die Veruntreuung in Anspruch genommen werden konnten. Im Ergebnis wurde dies bejaht, mit der Folge, dass die Gesellschafter für das Fehlverhalten des **Scheingesellschafters** als auch umgekehrt **haften.** Dies obwohl in rechtlicher Hinsicht der Scheingesellschafter zu keinem Zeitpunkt **Gesellschafter** der GbR geworden ist. Vor diesem Hintergrund sind **gemeinsame Marktauftritte** von Ärzten, die nicht aufgrund eines Gesellschaftsvertrages verbunden sind, immer vor dem Hintergrund einer Gesellschafterhaftung sorgfältig zu prüfen und gegebenenfalls festzustellen, ob durch den jeweiligen Außenauftritt eine Rechtscheinhaftung der nicht als Gesellschafter tätigen Ärzte und damit auch der Gesellschafter durch das Verhalten des Scheingesellschafters eintreten kann. **293**

7. Wettbewerbsverbot

Beim **Ausscheiden** eines Gesellschafters aus einer Gemeinschaftspraxis oder MVZ werden insbesondere die in der Gesellschaft verbliebenen Ärzte ein Interesse daran haben, das der ausscheidende Vertragsarzt nicht in unmittelbaren **Wettbewerb** mit den verbliebenen Ärzten tritt. Gesetzliche Wettbewerbsverbote bestehen im Recht der GbR nicht. Erforderlich sind daher **nachvertragliche Wettbewerbsklauseln,** die mit dem Ziel vereinbart werden den wirtschaftlichen Bestand der Gemeinschaftspraxis zu sichern und zu vermeiden, dass durch den unmittelbaren Wettbewerb die Umsatz- und Ertragskraft sinkt. Zu unterscheiden sind grundsätzliche **nachvertragliche Wettbewerbsverbote,** die Nieder- **294**

---

[14] BGH vom 3. 5. 2007 – IX ZR 208/05.

lassungsbeschränkungen untersagen und andererseits **Tätigkeitsverbote,** die jegliche ärztliche Tätigkeit im räumlichen Geltungsbereich untersagen. Umfasst wären damit auch die Tätigkeit in einem MVZ, als angestellter Arzt eines niedergelassenen Arztes, in einer Gemeinschaftspraxis oder in einem Krankenhaus und jede Form der Niederlassung. Zum Schutz der ärztlichen Unternehmungen ist daher zu empfehlen, dass ein **umfassendes Tätigkeitsverbot** für den ausscheidenden Vertragsarzt vereinbart wird. Auch hinsichtlich des zulässigen Umfangs eines nachvertraglichen Wettbewerbsverbotes bestehen keine gesetzlichen Regelungen. Vielmehr ist der zulässige Umfang eines Wettbewerbsverbotes an der Berufsausübungsfreiheit gemäß Artikel 12 GG zumessen, und danach nur zulässig, wenn sich das Verbot in **gegenständlicher, räumlicher** und **zeitlicher** Hinsicht auf das notwendige Maß beschränkt. In **zeitlicher** Hinsicht geht die Rechtsprechung einheitlich davon aus, dass eine Grenze von **zwei Jahren** nicht überschritten werden darf. Diese Grenze wird damit begründet, dass ein über zwei Jahre hinausgehendes Wettbewerbsverbot nichtig ist, weil sich nach einem Zeitraum von zwei Jahren, die zum Wert der Gesellschaft zugehörigen und geknüpften **Patientenverbindungen** typischerweise so gelöst haben, dass der ausgeschiedene Arzt wie jeder andere Wettbewerber behandelt werden kann. Dieser Zeitraum gilt auch für solche Fälle, in denen ein Gesellschafter gegen Zahlung einer Abfindung ausscheidet, die auch den Wert des Patientenstammes abgelten soll. Mangels abweichender Abreden hat dies zur Folge, dass der ausscheidende Gesellschafter die Patienten nicht mitnehmen darf, sondern sie, längstens für zwei Jahre, seine bisherigen Partner belassen muss.

295   Die Vereinbarung eines nachvertraglichen Wettbewerbsverbotes von **mehr** als **zwei Jahren** führt nicht **insgesamt** zur **Nichtigkeit** des nachvertraglichen Wettbewerbsverbotes. Vielmehr geht die Rechtsprechung davon aus, dass Klauseln, die für den Fall des Ausscheidens das zeitliche Maß von zwei Jahren überschreiten, auf zwei Jahre zu reduzieren sind.

296   Die Rechtsprechung zum **räumlichen Schutzbereich** einer Wettbewerbsklausel ist umfassend, insbesondere jeweils durch die Gegebenheiten des **Einzelfalls** geprägt. So hatte der BGH den räumlichen Geltungsbereich einer Wettbewerbsklausel im Gesellschaftsvertrag einer **nephrologischen Gemeinschaftspraxis** in Hinblick auf die Erbringung der **Dialyseleistungen** von 20 Kilometern als zulässig erachtet. Bezüglich der sonstigen internistischen – nephrologischen Tätigkeit hatte das Gericht eine Grenze von fünf Kilometer unbeanstandet gelassen. Aus der Rechtsprechung ist allerdings eine Tendenz erkennbar, dass im innerstädtischen Bereich eine Grenze von drei bis neun Kilometer[15] zulässig sein dürfte. Kilometerangaben in Wettbewerbsklauseln werden regelmäßig als Luftlinie ausgelegt. Im Gegensatz zur Überschreitung des zeitlichen Geltungsbereichs führt die Überschreitung des zulässigen räumlichen Geltungsbereichs zur **Nichtigkeit** der gesamten Klausel, verbunden mit der Folge, dass eine **nachvertragliche Wettbewerbsklausel** nicht besteht. Die Rechtsprechung unterscheidet in diesem Zusammenhang nicht, ob tatsächlich eine **Wettbewerbssituation** in der Gestalt eingetreten ist, dass der ausgeschiedene Gesellschafter um Patienten der Gemeinschaftspraxis aktiv geworben hat. Es genügt, dass die **theoretische Möglichkeit** besteht, dass der ausgeschiedene Gesellschafter die Erfolge der gemeinsamen Arbeit **illoyal** verwerten könnte. Der ausscheidende Gesellschafter hat aufgrund seiner bestehenden gesellschaftsrechtlichen Treuepflichten dafür Sorge zu tragen, dass sein **Vertragsarztsitz** in der Gemeinschaftspraxis **verbleibt,** damit der wirtschaftliche Bestand und damit die wirtschaftlichen Interessen der verbleibenden Gesellschafter der Gemeinschaftspraxis hinreichend geschützt sind. Diese Verpflichtung besteht allerdings nicht, wenn **eindeutige Regelungen** darüber bestehen, dass der ausscheidende Gesellschafter befugt ist, seinen Vertragsarztsitz vom Sitz der Gemeinschaftspraxis an den neuen Ort seiner ärztlichen Tätigkeit zu verlegen. Ob ein ausscheidender Arzt aufgrund vertraglicher Vereinbarungen befugt ist, dennoch seinen Vertragsarztsitz zu verlegen kann nur unter Berücksichtigung der Einzelfallsituation beurteilt werden.

---

[15] OLG Koblenz vom 22. 2. 2012 – 5 U 1233/11.

Mangels gesetzlicher Regelungen lässt sich aus der **Gesellschafterstellung** selbst kein 297
Wettbewerbsverbot herleiten und damit auch kein **zeitlichen Geltungsbereichs.** Damit
ist auf jeden Fall erforderlich das durch **Individualregelungen** nachvertragliche Wettbe-
werbsvereinbarungen, die für einen zeitlichen und räumlichen Geltungsbereich den Wettbewerb untersagt, getroffen werden. Während des Bestehens der Gemeinschaftspraxis oder
dem MVZ sind gesetzliche Wettbewerbsverbote von der **gewählten Rechtsform** abhängig. Erfolgt die Tätigkeit einer Gemeinschaftspraxis im Rahmen einer GbR bestehen gesetzliche Wettbewerbsverbote **nicht,** noch können sie aus der **gesellschaftsrechtlichen
Treuepflicht** abgeleitet werden. Ist Trägerin der Gemeinschaftspraxis eine **Partnerschaftsgesellschaft,** bestehen gesetzliche Wettbewerbsverbote, da das Partnerschaftsgesellschaftsgesetz auf die Regelungen über die Offene Handelsgesellschaft verweist, die insoweit ein
Wettbewerbsverbot der Gesellschafter vorsieht.[16] Dies allerdings nur, wenn der Partner-
schaftsgesellschaftsvertrag keine abweichenden Regelungen beinhaltet.

Träger eines MVZ kann eine Personengesellschaften oder eine GmbH sein. Dies erwei- 298
tert den Umfang der zulässigen Personengesellschaften gegenüber Berufsausübungsgemeinschaften. Damit können Offene Handelsgesellschaften (OHG) und Kommanditgesellschaf-
ten (KG) **Träger** eines MVZ sein. Für die Gesellschafter einer offenen Handelsgesellschaft
(OHG) oder einer Kommanditgesellschaft gelten die Wettbewerbsverbote während Bestehens der Gesellschaft ebenfalls.[17] Entsprechendes gilt sofern Trägerin eines MVZ eine
GmbH ist dann, wenn der Gesellschafter zugleich Geschäftsführer der GmbH ist. In diesem
Fall treffen den Geschäftsführer besondere **Treuepflichten,** die ihn daran hindern, zu dieser Gesellschaft in unmittelbaren Wettbewerb zu treten. Die handelsrechtlichen Wettbewerbsverbote besagen, dass die Gesellschafter nicht **ohne Einwilligung** der anderen Gesellschafter an einem anderen MVZ als persönlich haftender Gesellschafter beteiligen sein
darf, noch unmittelbar als niedergelassener Arzt mit dem MVZ in Wettbewerb treten darf.

Gesetzliche Wettbewerbsverbote und vertragliche Wettbewerbsverbote können durch die 299
übrigen Gesellschafter mittels **gerichtlicher Hilfe** durchgesetzt werden. Regelmäßig sind
vereinbarte nachvertragliche Wettbewerbsverbote mit einer Vertragsstrafe gekoppelt, die
den ausscheidenden Gesellschafter über das Verbot hinaus zu **vertragstreuem Verhalten**
anhalten soll. Durch die Begleichung der Vertragsstrafe wird allerdings das vereinbarte
nachvertragliche Wettbewerbsverbot oder das gesetzlich bestehende Wettbewerbsverbot
nicht aufgehoben, sondern es besteht unvermindert weiter. Die verbleibenden Gesellschafter können daher im Wege des **einstweiligen Rechtschutzes** die Niederlassung des ausscheidenden Gesellschafters, der sich im räumlichen Geltungsbereich des nachvertraglichen
Wettbewerbsverbotes niederlassen will, **untersagen** lassen.

8. Beendigung

Die Kündigung eines Gesellschaftsvertrages einer Personengesellschaft durch einen Ge- 300
sellschafter führt dazu, dass der die **Kündigung erklärende Gesellschafter** aus der Gesellschaft **ausscheidet.** Etwas anderes gilt nur dann, wenn im Falle einer begründeten außerordentlichen Kündigung durch die Gesellschafter gegenüber einem Gesellschafter. In
diesem Fall scheidet der den **außerordentlichen Kündigungsgrund** verursachende Gesellschafter aus der Gesellschaft aus. Außerordentliche Kündigungsgründe sind im Gesetz
weder definiert noch abschließend aufgezählt. Selbst im Fall des Todes eines Gesellschafters
oder bei Eröffnung des Insolvenzverfahrens über das Vermögen eines Gesellschafters scheidet dieser nicht aus der Gesellschaft aus, sondern die Gesellschaft wird aufgelöst. Nur wenn
dies im Gesellschaftsvertrag entsprechend geregelt wurde, führt dies nicht zur Auflösung
der Gesellschaft, sondern zur Weiterführung unter gleichzeitigem Ausscheiden des entsprechenden Gesellschafters.[18] Sie ergeben sich aufgrund der Beurteilung des Einzelfalls und

---

[16] § 6 Abs. 3 PartGG i. V. m. §§ 112, 113 HGB.
[17] § 161 Abs. 2 HGB i. V. m. §§ 112, 113 HGB.
[18] § 736 Abs. 1 BGB.

können im Regelfall nur dann angenommen werden, wenn es den verbleibenden Gesellschafter unzumutbar ist mit einem Gesellschafter weiter zusammen zu arbeiten. Dies gilt insbesondere für den Fall der Begehung von **Straftaten** gegenüber den Gesellschaftern (z. B. Untreue, Betrug) oder auch gegenüber den Sozialleistungsträgern (z. B. Abrechnungsbetrug). Gleiches kann auch gelten bei Entzug oder Ruhen der Approbation oder der vertragsärztlichen Zulassung.

301 Aufgrund dieser Ausgangssituation sind in der Vertragspraxis Klauseln entwickelt worden, die dem Kündigenden die Möglichkeiten geben sollten, die **Trennung** von dem oder den Gesellschaftern zu ermöglichen. Diese sog. **Hinauskündigungsklauseln** sind, soweit sie ohne Befristung vereinbart worden sind, rechtlich unzulässig. Der BGH hat in einem Fall einer augenärztlichen Gemeinschaftspraxis, die im Zeitpunkt der Kündigung des Gesellschafters bereits zehn Jahre bestanden hatte, eine solche Hinauskündigungsklausel als nicht wirksam gewertet. Gleichzeitig stellte das Gericht fest, dass vor dem Hintergrund des verfassungsrechtlichen Grundsatzes der **Berufsausübungsfreiheit** eine Hinauskündigung bei einer gesellschaftsrechtlichen Zugehörigkeit von bis zu **drei Jahren** nicht zu beanstanden ist. Dies bedeutet, dass bis zu einem Zeitraum von drei Jahren nach Gründung oder Beitritt zu einer Gesellschaft die Vereinbarung einer solchen Klausel zulässig ist, dass dem Gesellschafter gekündigt werden kann und dann aus der Gesellschaft ausscheiden muss. Dies wird damit begründet, dass den Gesellschaftern einer Personengesellschaft die Möglichkeit gegeben wird, sich in einer **gesellschaftsrechtlichen Probezeit** kennenzulernen und dabei dem Seniorpartner oder den Seniorpartnern die Möglichkeit gegeben sein muss, die Gesellschaft zu seinen Gunsten zu lösen mit der Folge, dass der Juniorpartner die Gesellschaft verlassen muss. Allerdings besteht kein allgemeines Recht, einen Mitgesellschafter ohne einen sachlichen Grund aus einer Gesellschaft ausschließen zu dürfen. Dies kann ausnahmsweise dann nicht als **sittenwidrig** angesehen werden, wenn ein neuer Gesellschafter in eine seit langer Zeit bestehende Vertragsarztpraxis aufgenommen wird und dass **Ausschließungsrecht** allein dazu dient, dem Aufnehmenden binnen einer angemessenen Frist die Prüfung zu ermöglichen, ob zu dem neuen Partner das notwendige Vertrauen hergestellt werden kann und ob die Gesellschafter auf Dauer in der für die gemeinsame Berufsausübung erforderlichen Weise harmonieren können. Eine **Prüfungsfrist** von **10 Jahren** allerdings überschreitet den anzuerkennenden Rahmen bei weitem. Ist in einem Gesellschaftsvertrag bestimmt, dass bei Kündigung eines Gesellschafters die Gesellschaft nicht aufgelöst, sondern – bei Ausscheiden des Kündigenden – unter den verbleibenden Gesellschaftern fortgesetzt wird, handelt es sich um eine allgemeine Fortsetzungsklausel, die auch dann Anwendung findet, wenn mehrere Gesellschafter oder Altgesellschafter kündigen. Ist eine Fortsetzungsklausel vertraglich nicht vereinbart, führt die Kündigung der Gesellschaft zur Auflösung der GbR.[19] Bei Fortsetzungsklauseln, die den Fall des Todes eines Gesellschafters regeln, ist zwingend zu regeln, dass die Erben des verstorbenen Gesellschafters nicht Gesellschafter werden. Diesen steht, sofern gewollt, ein entsprechender Abfindungsanspruch zu. Der Eintritt des Erben in die Gesellschaft sollte allerdings unter allen Umständen vermieden werden. Neben gesellschaftsrechtlichen Konflikten, die durch den Eintritt der Erben in eine Gesellschaft ist auch auf die steuerlichen Konsequenzen hinzuweisen. Verfügen die Erben nicht über die Qualifikation als Arzt oder Zahnarzt und werden diese Gesellschafter einer Gemeinschaftspraxis machen die gleichen Einkünfte zu gewerblichen im Sinne des Steuerrechts mit der Folge etwaiger Gewerbesteuerbelastungen. Eine **Fortsetzungsklausel** in einem Gesellschaftsvertrag ist mangels anderweitiger gesellschaftsvertraglicher Regelungen grundsätzlich auch dann anwendbar, wenn die **Mehrheit** der Gesellschafter die Mitgliedschaft kündigt. Eine gesellschaftsvertragliche Fortsetzungsklausel schränkt die mehrheitlich ausscheidenden Gesellschafter nicht in unzulässiger Weise in ihrem Kündigungsrecht ein.[20] Sie könnte allerdings unwirksam sein, wenn eine vertrag-

---

[19] § 736 BGB.
[20] § 723 Abs. 3 BGB.

liche Abfindungsregelung den ausscheidenden Gesellschafter **unangemessen** benachteiligt und damit das Kündigungsrecht unangemessen einschränkt.[21] Wird auf die Vereinbarung einer Probezeit **verzichtet,** führt dies dazu, dass im Fall der Kündigung durch den Seniorpartner, dieser die Gesellschaft verlassen muss, obwohl dies unter wirtschaftlichen Erwägungen nicht gewollt sein kann. Die Vereinbarung einer gesellschaftsrechtlichen Probezeit ist damit eng verbunden mit dem wirtschaftlichen **Bestandsschutz** der Gemeinschaftspraxis betrieblichen Vermögens.

Ausscheidungsklauseln stellen in der Vertragspraxis insbesondere im Stadium der Vertragsverhandlungen großen Konfliktstoff dar. Hier zeigt sich, ob der zukünftige Gesellschafter über die erforderlichen **Unternehmereigenschaften** verfügt um im Gesundheitswesen mit seinen Besonderheiten und Marktgegebenheiten zu bestehen. Völlig legitim und auch durch die Rechtsprechung bestätigt, ist die Gestaltung, dass der eintretende Gesellschafter für einen klar umgrenzten Zeitraum anders als der Seniorgesellschafter behandelt werden darf. **Abfindungsklauseln** dienen dazu dem Ausscheidenden seinen Anteil an dem materiellen und immateriellen Werten im Umfang seiner vermögensmäßigen Gesellschaftsbeteiligung auszugleichen. **302**

Der gesetzliche **Grundfall,** wonach jeder Gesellschafter den Wert seines Anteils erstattet erhält, entspricht nicht der Praxis. Für die **Bewertung** einer freiberuflichen Praxis oder einer Gesellschaft bestehen zahlreiche anerkannte **Bewertungsmethoden.** Auch dem Gesellschafter, der aufgrund einer **außerordentlichen Kündigung** aus der Gesellschaft ausscheiden muss, steht grundsätzlich ein Abfindungsanspruch gegenüber der Gesellschaft zu, sofern keine anderweitige vertragliche Regelung getroffen wurde. Der Abfindungsanspruch eines Gesellschafters auszuschließen oder für den Fall der außerordentlichen Kündigung zu reduzieren ist grundsätzlich zulässig. Diese Regelung darf allerdings nicht dazu führen, dass die Kündigung des Gesellschaftsverhältnisses damit letztendlich faktisch unmöglich gemacht wird, da der Gesellschafter die Kündigung nicht erklären wird.[22] Vor diesem Hintergrund sind auch Abfindungsregelung zu sehen, die entweder **keine Beteiligung** am **immateriellen Wert** der Praxis oder den Ausgleich nur in Höhe des Wertes erfolgen soll, wie er zum Zeitpunkt des Ausscheidens in steuerlicher Hinsicht besteht (sog. **Buchwertklauseln),** so dass der Wert der Praxis, den ein Dritter für die Praxis oder den Gesellschaftsanteil zahlen, außer Betracht bleibt. **303**

Die Gesellschafter haften **unbeschränkt** für sämtliche Verbindlichkeiten, die die Gesellschaft eingegangen ist. Dies gilt auch für den sog. Scheingesellschafter. Diese Haftung des Gesellschafters **endet** allerdings **nicht in dem Zeitpunkt,** in dem der Gesellschafter aus der Gesellschaft ausscheidet. Der ausscheidende Gesellschafter haftet für die bis zu seinem Ausscheiden durch die Gesellschaft begründeten Verbindlichkeiten für einen Zeitraum von **fünf Jahren nach Ausscheiden** (Nachhaftung). Voraussetzung hierfür ist allerdings, dass die Ansprüche gegenüber dem ausgeschiedenen Gesellschafter innerhalb von fünf Jahren rechtskräftig festgestellt oder eine gerichtliche Vollstreckungshandlung vorgenommen oder beantragt wird. Bei öffentlichen – rechtlichen Verbindlichkeiten, insbesondere solchen aus Verordnungsregressen oder Regressen wegen unwirtschaftlichen Behandlungsverhaltens genügt der Erlass eines entsprechenden Rückforderungsbescheides im vorbezeichneten Zeitraum.[23] **304**

III. Partnerschaftsgesellschaft (PartG)

Die Partnerschaftsgesellschaft ist ausschließlich denjenigen vorbehalten, die **freiberufliche Einkünfte** gemäß § 18 EStG beziehen. Hierzu gehören Ärzte und Zahnärzte, sodass **305**

---

[21] BGH vom 7. 4. 2008 – II ZR3/06.
[22] § 723 Abs. 3 BGB.
[23] § 736 Abs. 2 BGB i. V. m. § 160 Abs. 1 HGB.

die Partnerschaftsgesellschaft, als besondere Personengesellschaft für Freiberufler entsprechende Bedeutung haben könnte. Tatsächlich werden allerdings die meisten Berufsausübungsgemeinschaften in der Rechtsform der GbR gründet. Nachfolgend werden nur die Regelungen erläutert, in der sich die Partnerschaftsgesellschaft von der GbR unterscheidet. Die Gründung einer Partnerschaftsgesellschaft erfolgt grundsätzlich ebenso **formlos** wie die einer GbR. Allerdings setzt die wirksame Begründung einer Partnerschaftsgesellschaft voraus, dass diese in das **Partnerschaftsregister** eingetragen wird. Voraussetzung für die Eintragung ist ein **notariell beglaubigter Antrag** der Gesellschafter auf Eintragung, sowie die Beifügung des entsprechenden Partnerschaftsgesellschaftsvertrages. Mit Eintragung in das Partnerschaftsregister entsteht **Publizität,** mit der Folge, dass aufgrund des öffentlichen Charakters des Partnerschaftsregisters **jeder Einsicht** in den bestehenden Gesellschaftsvertrages und damit in die zum Beispiel vereinbarten Vermögensbeteiligungen an der Gesellschaft nehmen kann. Folge dieser Publizität ist, dass Informationen über die Partnerschaftsgesellschaft im Internetportal des Unternehmensregisters zu finden sind.[24] Eine solche Publizität besteht bei der GbR nicht.

306   Der Partnerschaftsgesellschaft wird das Privileg auch gegenüber anderen Gesellschaftsformen eingeräumt, den **Namenszusatz „& Partner"** zu führen und ist somit nicht verpflichtet alle Gesellschafter, d.h. Partner der Partnerschaftsgesellschaft in der Bezeichnung der Partnerschaftsgesellschaft zu führen. Hingegen ist bei der GbR erforderlich, das **sämtliche Gesellschafter** nach außen benannt werden, da die GbR mangels eigenem Registers in vollem Umfang der **Transparenzverpflichtung** unterliegt.

1. Haftung

307   Die Gesellschafter einer Partnerschaftsgesellschaft haften für die Verbindlichkeiten auch für die Risiken der gemeinsamen Berufsausübung, ebenso wie die Gesellschafter einer GbR, unbeschränkt und mit ihrem gesamten Vermögen. Der Gesetzentwurf,[25] der die Einführung einer **Partnerschaftsgesellschaft mit beschränkter Berufshaftung** vorsieht, soll nur für Rechtsanwälte, Patentanwälte und Steuerberater gelten. Eine Einführung einer Partnerschaftsgesellschaft mit beschränkter ärztlicher Berufshaftung ist nicht vorgesehen.

308   Im Gegensatz zur GbR haftet der eintretende Gesellschafter in eine ärztliche Partnerschaftsgesellschaft für bereits bestehenden, erkannten oder unerkannten Verbindlichkeiten auch aus fehlerhafter Berufsausübung grundsätzlich in vollem Umfang.[26] Die Gesellschafter einer ärztlichen oder zahnärztlichen Gemeinschaftspraxis sind wegen der Verpflichtung zum Abschluss einer Berufshaftpflichtversicherung hinsichtlich der Altverbindlichkeiten abgesichert, sodass insoweit hinsichtlich einer Partnerschaftsgesellschaft kein Vorteil besteht. Die Gesellschafter einer Partnerschaftsgesellschaft haften ebenso wie die Gesellschafter einer GbR persönlich unbeschränkt. Auch sind sie ebenfalls verpflichtet, Nachschüsse zu leisten.

2. Rechtsfähigkeit

309   Die Partnerschaftsgesellschaft ist selbst **rechtsfähig** und kann damit selber **Träger von Rechten und Pflichten** sein, ohne dass auf die Gesellschafter zurückgegriffen werden muss. Im **Rechtsverkehr** bedeutet dies, dass die Partnerschaftsgesellschaft selbst Eigentümer von Gegenständen sein kann und damit auch im Grundbuch als Grundstückseigentümer eingetragen werden kann. Hingegen wird nun auch bei der GbR von der **Rechtsfähigkeit** bzw. der **Teilrechtsfähigkeit** durch **Rechtsfortbildung** ausgegangen, mit der Folge, dass insoweit die Unterschiede zur Partnerschaftsgesellschaft marginal sind.

---

[24] www.unternehmensregister.de.
[25] Gesetzentwurf vom 15. 8. 2012 (BT-Drs. 17/10487).
[26] § 8 Abs. 1 PatGG i.V.m. §§ 129, 130 HGB.

Allerdings wurde beispielsweise die Grundbuchfähigkeit einer GbR, d. h. selber als Eigentümerin eines Grundstückes im Grundbuch eingetragen zu sein, abgelehnt. Ähnliches dürfte hinsichtlich der Eintragung im Patent- und Marktregister des Deutschen Markt- und Patentamtes (DMPA) gelten. Hier dürften insoweit nur die Gesellschafter eintragungsfähig sein und damit Inhaber der entsprechenden Grundstücke bzw. der Rechte sein.

IV. Gesellschaft mit beschränkter Haftung (GmbH)

1. Grundlagen

Die GmbH ist **eigene Rechtspersönlichkeit** und damit selbst Träger von Rechten und **310** Pflichten. Sie ist von ihrem Mitgliederbestand unabhängig. Eine **Haftung** der Gesellschafter für die Verbindlichkeiten der GmbH besteht auf Grund der Stellung als Gesellschafter nicht. Die GmbH haftet ausschließlich mit ihrem eigenen Vermögen, so dass, auch in Abgrenzung zur GbR und Partnerschaftsgesellschaft, die Gesellschafter grundsätzlich nicht verpflichtet sind Nachschüsse in die GmbH zu leisten. Eine **Nachschusspflicht** kommt nur in Betracht, wenn diese ausdrücklich im Gesellschaftsvertrag aufgenommen wurde. Eine GmbH muss zur Rechnungslegung eine **Bilanz** erstellen, die Erstellung von Einnahmen-Überschussrechnung, wie sonst im ärztlichen Bereich üblich, ist nicht zulässig. Die GmbH unterliegt auf Grund der Eintragung im Handelsregister einer umfassenden **Publizitätspflicht.** So sind beispielsweise Veränderungen in der Geschäftsführung und die jeweiligen Jahresabschlüssen zu veröffentlichen und für jeden, auch online,[27] einsehbar.

Organe der GmbH sind die **Geschäftsführung** und die **Gesellschafterversammlung.** Die Geschäftsführung vertritt die GmbH im Außenverhältnis, die Gesellschafterversammlung entscheidet über die tragenden Angelegenheiten, wobei die Aufgabenverteilung- und Abgrenzung durch Gesetz bzw. den jeweiligen Gesellschaftsvertrag, der auch als **Satzung** bezeichnet wird, geregelt wird. Im Gegensatz zur GbR und Partnerschaftsgesellschaft sind die Gesellschafter einer GmbH, sofern sie nicht gleichzeitig Geschäftsführer sind, nicht berechtigt die Gesellschaft zu vertreten. Die **Bestellung** zum Geschäftsführer durch die Gesellschafterversammlung ist von dem Abschluss eines **Geschäftsführeranstellungsvertrages** zu unterscheiden. Mit der Bestellung oder der Abberufung zum Geschäftsführer wird die Vertretungsberechtigung geregelt. Der **Anstellungsvertrag** bildet das vertragliche **Verhältnis** zwischen GmbH und Geschäftsführer. Der Abschluss eines Anstellungsvertrages ist daher **nicht Voraussetzungen** zur Bestellung zum Geschäftsführer, wobei häufig eine inhaltliche Verknüpfung erfolgt. Folge einer entsprechenden Verknüpfung im Anstellungsvertrag wäre, dass mit Abberufung des Geschäftsführers auch dessen Anstellungsvertrag endet. Die **Vertretungsbefugnis** der Geschäftsführer einer GmbH kann im Hinblick auf den Umfang der **Vertretungsbefugnis** weder durch die GmbH noch durch die Gesellschafterversammlung **eingeschränkt** werden. Keine Einschränkung der Vertretungsbefugnis ist die Berufung eines Geschäftsführers zur **gemeinschaftlichen Vertretungsbefugnis** mit einem weiteren Geschäftsführer oder einem Prokuristen. In diesen Fällen darf der Geschäftsführer die Gesellschaft nur gemeinschaftlich mit einem anderen Geschäftsführer vertreten. Erfolgt keine gemeinschaftliche Vertretung oder besteht auch keine Ermächtigung durch den anderen Geschäftsführer sind die abgebenden Erklärungen für die Gesellschaft so lange nicht bindend, wie diese durch den weiteren Geschäftsführer genehmigt werden. Allerdings besteht die Möglichkeit, dass im **Innenverhältnis** zwischen Geschäftsführer und Gesellschaft entsprechende Einschränkungen durch den Gesellschaftsvertrag oder den Anstellungsvertrag erfolgen und bestimmte Befugnisse des Geschäftsführers von der **Zustimmung** der Gesellschafterversammlung abhängig gemacht werden. In diesen Fällen ist der Geschäftsführer verpflichtet vor Durchführung der

---

[27] www.unternehmensregister.de.

jeweiligen Regelungsmaterien das Einverständnis der Gesellschaft einzuholen. Ansonsten würde sich der Geschäftsführer **Schadensersatzansprüche** und gegebenenfalls strafrechtlichen Vorwürfen ausgesetzt sehen. Gleichwohl sind entsprechende Handlungen, die der Geschäftsführer in Kenntnis oder Unkenntnis entsprechender **Zustimmungsvorbehalte** der Gesellschafterversammlung im Außenverhältnis vollständig rechtsverbindlich, d.h. sie binden die GmbH umfassend.

2. Anwendungsbereich

311   Die GmbH als Kapitalgesellschaft ist nicht die typische Organisationsform niedergelassener Ärzten. Der GmbH wird der Zugang zur vertragsärztlichen Versorgung in der Rechtspraxis nur über die Gründung eines MVZ ermöglicht. **Vertragsärztliche Zulassungen** sind ausschließlich an die **natürlichen Personen** gekoppelt sind und damit kann eine GmbH nicht Inhaber einer vertragsärztlichen Zulassung sein. Dies hängt damit zusammen, dass Voraussetzung des Zugangs zur vertragsärztlichen Versorgung die Approbation und eine entsprechende Facharztausbildung ist, die durch eine Kapitalgesellschaft nicht erfüllt sein kann. Diese persönlichen Voraussetzungen können nur durch Ärzte erfüllt werden. Nach der ab dem 1. 1. 2012 geltenden Rechtslage können Träger eines MVZ nur eine **GmbH** oder eine **eingetragene Genossenschaft** sein. Andere Rechtsformen sind ausgeschlossen.

312   Außerhalb des vertragsärztlichen Bereichs, insbesondere auf dem Gebiet der privatärztlichen Tätigkeit, kann grundsätzlich auch eine GmbH bzw. die bei ihr beschäftigten Ärzte tätig werden. Die GmbH, die ärztliche ambulante oder stationäre Leistung erbringt, erzielt regelmäßig aufgrund der Rechtsform gewerbliche Einkünfte, mit der Folge, dass neben der Ertragsbesteuerung im Rahmen der Körperschaftssteuer die Gewerbesteuer hinzutritt. Eine GmbH, die ärztliche Leistungen erbringt ist insoweit von der Umsatzsteuer befreit, da die Umsatzsteuer rechtsformunabhängig ist und nur auf die Art der erbrachten Leistung abzielt.

3. Gründung

313   Die GmbH entsteht durch **Eintragung** in das Handelsregister nach notarieller Beurkundung des Gesellschaftsvertrages. Voraussetzung zur Gründung einer GmbH ist, dass das erforderliche **Mindeststammkapital** in Höhe von **25 000,– €** der Gesellschaft zur **Verfügung** steht und der **Geschäftsführer** dies im Rahmen der Anmeldung zum Handelsregister **versichert.** Nach Beurkundung des Gesellschaftsvertrages und vor Eintragung in das Handelsregister entsteht eine **Vorgesellschaft,** die zwar keine Kapitalgesellschaft ist, allerdings in steuerlicher Hinsicht als solche behandelt wird und damit bereits körperschaftssteuerpflichtig ist.[28] Wird die Vorgesellschaft bereits tätig, sind die Regelungen über die GbR einschlägig. Die Gründung einer GmbH kann im Rahmen einer **Bargründung** oder einer **Sachgründung** erfolgen. Bei einer Bargründung leisten die Gesellschafter auf die von ihnen übernommene Stammeinlage einen Betrag in die Gesellschaft. Dies erfolgt in der Regel durch Überweisung des entsprechenden Betrages auf ein Konto der Vorgesellschaft. Die Eintragung im Handelsregister erfolgt nur dann, wenn auf **jede** einzelne Stammeinlage mindestens ein **Viertel** einbezahlt ist. Insgesamt muss die **Hälfte** des **Mindeststammkapital,** d.h. 12 500,00 € eingezahlt sein. Erfolgt die Gründung der GmbH durch einen Gesellschafter (sog. **1-Mann-GmbH**) ist zur Eintragung im Handelsregister ebenfalls erforderlich, dass die Hälfte des Stammkapitals nachgewiesen wird.

314   Neben der Bargründung besteht die Möglichkeit, dass eine GmbH im Rahmen einer **Sachgründung** gegründet wird. Bei der Sachgründung leisten die Gesellschafter Einlagen in Form von Vermögenswerten, wie zum Beispiel medizinische Geräte, die zum Eigentum

---

[28] § 1 KStG.

der GmbH eingebracht werden. Diese Vermögenswerte müssen insgesamt das Mindeststammkapital von 25 000,00 € erreichen. Allerdings erfordert die Sachgründung, dass die einzubringenden Wirtschaftsgüter im Rahmen des **Sachgründungsberichts** durch einen **Wertnachweis** gegeben falls mittels **Wertgutachten** bewertet werden. Eine Sachgründung kommt daher dann in Betracht, wenn einzelne oder alle Gründungsgesellschafter nicht über genügend liquide Mittel verfügen. Von der Sachgründung abzugrenzen ist die **verdeckte Sachgründung** die dann gegeben ist, wenn die Geldeinlage eines Gesellschafters bei wirtschaftlicher Betrachtung und aufgrund einer im Zusammenhang mit der Übernahme der Geldeinlage getroffenen Abrede vollständig oder teilweise als Sacheinlage zu bewerten ist. In diesem Fall ist der Gesellschafter **nicht** von seiner **Einlageverpflichtung befreit**.

4. Wettbewerbsverbot

Im Gegensatz zu den Regelungen der GbR oder der Partnerschaftsgesellschaft unterliegt **315** der Geschäftsführer einer GmbH einem **Wettbewerbsverbot** im gesamten Tätigkeitsbereich der GmbH, wobei eine ausdrückliche oder stillschweigende Vereinbarung hierüber **nicht erforderlich** ist. Den Gesellschafter, sofern er nicht zugleich auch Geschäftsführer ist, trifft dieses Wettbewerbsverbot nicht. Der Geschäftsführer einer GmbH darf damit ohne **Zustimmung** der Gesellschafterversammlung nicht in Wettbewerb zu der Gesellschaft treten. Er muss seine gesamte Arbeitsleistung und Arbeitskraft der GmbH zur Verfügung stellen. Darüber hinaus ist es dem Geschäftsführer auch verwehrt, **Geschäftschancen** der Gesellschaft zum eigenen Vorteil zu nutzen. Unerheblich ist dabei, ob dem Geschäftsführer, die sich ihm bietenden Geschäftsmöglichkeiten dienstlich oder privat bekannt geworden sind. Hiervon kann die Gesellschafterversammlung im Rahmen der Satzung und des Anstellungsvertrages **Befreiungen** bestimmen, diese können je nach Fallgestaltung weit oder sehr eng gefasst sein. Jedenfalls gilt das Wettbewerbsverbot des Geschäftsführers unbedingt, sofern nicht die Gesellschafterversammlung hierüber eine ausdrückliche Ausnahme trifft. Die **Reichweite** des Wettbewerbsverbotes ergibt sich aus dem **Gesellschaftsgegenstand** der GmbH, wobei nicht entscheidend ist, ob die Gesellschaft diese Tätigkeit tatsächlich ausübt. Besteht der Gesellschaftsgegenstand in der Erbringung ambulanter ärztlicher Leistungen, darf ein Geschäftsführer keine eigenen **vertragsärztlichen Leistungen** erbringen, unabhängig davon, dass aus rechtlichen, wie tatsächlichen Gründen eine GmbH keine vertragsärztlichen Leistungen erbringen kann. Der Verstoß des Geschäftsführers gegen das Wettbewerbsverbot führt zu Schadensersatzansprüchen seitens der Gesellschaft, die in fünf Jahren verjähren.

Ein **nachvertragliches Wettbewerbsverbot,** d.h. ein Verbot auch nach der Abberu- **316** fung als Geschäftsführer nicht in Wettbewerb mit der Gesellschaft treten zu dürfen, besteht nur dann, wenn dieses ausdrücklich vereinbart wurde. Ein nachvertragliches Wettbewerbsverbot ist **räumlich** und **zeitlich** zu begrenzen, wobei die zeitliche Geltungsdauer zwei Jahre nicht überschreiten darf. Der räumliche Geltungsbereich wird im Einzelfall nach dem **Wirkungskreis** der GmbH zu beurteilen sein, wobei bei einem ärztlichen Geschäftsführer eines MVZ auf die zu Gemeinschaftspraxen ergangene Rechtsprechung zum Geltungsbereich von drei bis neun Kilometer verwiesen werden könnte. Nach der Rechtsprechung ist für die Wirksamkeit eines nachvertraglichen Wettbewerbsverbots nicht erforderlich, dass dem Geschäftsführer eine Entschädigung für den Zeitraum des Wettbewerbsverbots gezahlt wird (sog. Karenzentschädigung).

5. Beendigung

Eine GmbH wird **aufgelöst** durch Beschluss der Gesellschafter. Dieser bedarf, sofern im **317** Gesellschaftsvertrag nichts anderes bestimmt ist, einer Mehrheit von drei Vierteln der abgegebenen Stimmen. Beschlussfähigkeit liegt vor, wenn drei Viertel des Stammkapitals vertreten sind. Aufgrund der zwingenden gesetzlichen Regelungen[29] ist für die **Auflösung** einer GmbH erforderlich, dass mindestens eine Mehrheit von drei Vierteln der abgegebenen Stimmen, die in der Gesellschafterversammlung vertreten sind, einen entsprechenden Beschluss fasst. Durch den Auflösungsbeschluss endet die **Existenz** der GmbH nicht, sondern diese besteht fort.

318   Während die am Markt tätige Gesellschaft den Zweck der laufenden Gewinnerzielung verfolgt, wird der Zweck einer GmbH mit Auflösung dahingehend **geändert,** dass nur das Vermögen in der Abwicklung (Liquidation) zu verwerten ist, um aus dem **Verwertungserlös** die Gläubiger zu befriedigen und einen etwa verbleibenden Überschuss an die Gesellschafter zu verteilen. Vor Beendigung der GmbH folgt daher das Abwicklungsstadium, in dem Vermögenswerte der GmbH **versilbert** werden. Grundsätzlich ist der Auflösung die Liquidation vorangestellt, dies allerdings nur, wenn tatsächlich verwertbares Vermögen besteht. Verwertbares Vermögen ist, genau wie bei dem Erwerb einer Praxis, sämtliche **materiellen** und **immateriellen** Wirtschaftsgüter, jedoch nicht die **vertragsärztliche Zulassung.** Liegt kein verwertbares Vermögen vor, besteht kein Liquidationsbedarf. Die GmbH bleibt auch nach der Auflösung in der **Liquidationsphase** eine rechts- und parteifähige juristische Person. Die Liquidatoren, die im Regelfall durch die bisherigen Geschäftsführer gestellt werden, haben jedoch im Rechtsverkehr der Firma einen die Abwicklung andeutenden **Zusatz,** wie z.B. „i.L." („in Liquidation") hinzuzufügen.[30] Die Vollbeendigung der Gesellschaft tritt nach Erfüllung sämtlicher Verbindlichkeiten ein und Verteilung des Liquidationsüberschusses, der unten den Gesellschaftern entsprechend ihre Beteiligung verteilt wird. Dies setzt allerdings voraus, dass tatsächlich ein **Liquidationsüberschuss** erzielt wird.

319   Grundsätzlich darf die Verteilung des Liquidationsüberschusses nicht erfolgen, solange nicht ein Jahr seit dem Tag verstrichen ist, an dem der Aufruf der Gläubiger, ihre Ansprüche anzumelden[31] zum dritten Mal in den Blättern, dem Unternehmensregister bekannt gemacht worden ist (sog. **Sperrjahr**). Ist die Liquidation beendet und die Schlussrechnung gelegt, ist die Gesellschaft auf Anmeldung der Liquidatoren zu löschen.[32] Mit **Löschung** der Gesellschaft endet die Existenz der Gesellschaft.

---

[29] § 60 Abs. 1 Nr. 2 GmbHG.
[30] § 68 Abs. 2 GmbHG.
[31] § 60 Abs. 2 GmbHG.
[32] § 74 Abs. 1 GmbHG.

K. Werbung

Die (Muster-)Berufsordnung der Ärzte und Zahnärzte untersagen diesen, berufswidrig **320**
für sich zu werben und die ärztliche Leistung anzupreisen. Die Musterberufsordnung der
Ärzte besagt dazu Folgendes aus:

§ 27 erlaubte Informationen und berufsschwierige Werbung **321**

1. Zweck der nachstehenden Vorschriften der Berufsordnung ist die Gewährleistung des
   Patientenschutzes durch sachgerechte und angemessene Information und die Vermeidung einer dem Selbstverständnis der Ärzte und des Arztes zuwiderlaufende, Kommerzialisierung des Arztberufes.
2. Auf dieser Grundlage sind Ärztinnen und Ärzte sachliche berufsbezogene Informationen gestattet.
3. Berufswidrige Werbung ist Ärztinnen und Ärzten untersagt. Berufswidrig ist insbesondere eine anpreisende, irreführende oder vergleichende Werbung. Ärztinnen und
   Ärzte dürfen eine solche Werbung durch andere weder veranlassen noch dulden.
   Werbeverbote aufgrund anderer gesetzlicher Bestimmungen bleiben unberührt.
4. Ärztinnen und Ärzte können
   1. nach der Weiterbildungsordnung erworbene Bezeichnung,
   2. nach sonstigen öffentlich- rechtlichen Vorschriften erworbene Qualifikation,
   3. Tätigkeitsschwerpunkte
   4. organisatorische Hinweise ankündigen.
   Die nach Nummer 1 erworbenen Bezeichnungen dürfen nur in der nach Weitebil-
   dungsordnung zulässigen Form geführt werden. Ein Hinweis auf die verleihende Ärztekammer ist zulässig. Andere Qualifikationen und Tätigkeitsschwerpunkte dürfen
   nur angekündigt werden, wenn diese Angaben nicht mit solchen nach geregeltem
   Weitebildungsrecht erworbenen Qualifikationen verwechselt werden.
   Die Angabe nach Abs. 4 Nummer 1 bis 3 sind nur zulässig, wenn die Ärztin oder der
   Arzt die umfassten Tätigkeiten nicht nur gelegentlich ausübt.
5. Ärztinnen und Ärzte haben der Ärztekammer auf deren Verlangen die zur Prüfung
   der Voraussetzungen der Ankündigungen erforderlichen Unterlagen vorzulegen. Die
   Ärztekammer ist befugt, ergänzende Auskünfte zu verlangen.

§ 28 Verzeichnisse

Ärztinnen und Ärzte dürfen sich in Verzeichnisse eintragen lassen, wenn diese folgenden
Anforderungen gerecht werden:
1. Sie müssen allen Ärztinnen und Ärzten, die die Kriterien des Verzeichnisses erfüllen,
   zu denselben Bedingungen gleichermaßen mit einem kostenfreien Grundeintrag offen stehen
2. Die Eintragungen müssen sich auf die ankündigungsfähigen Informationen beschränken
3. Die Systematik zwischen den nach der Weiterbildungsordnung und nach sonstigen
   öffentlich-rechtlichen Vorschriften erworbenen Qualifikationen einerseits und Tätigkeitsschwerpunkten andererseits unterscheiden.

Nach den Abgrenzungen der BÄK vom 10. 9. 2002 und 12. 8. 2003 gelten damit fol- **322**
gende Abgrenzungen, deren inhaltlicher Umfang allerdings gerichtlich voll überprüfbar ist:

Die Werbung ist **anpreisend;** als gesteigerte Form der Werbung mit reißerischen und **323**
marktschreierischen Mitteln.

324 Nicht anpreisend sind die publizistische Tätigkeit von Ärzten sowie die Mitwirkung des Arztes an aufklärenden Veröffentlichungen medizinischen Inhalts.

325 Bei **vergleichender Werbung** wird auf die persönlichen Eigenschaften und Verhältnisse ärztlicher Kollegen und der Praxis Bezug genommen.

326 In diesem Sinne gilt im Regelfall nach der BÄK:

Erlaubt
– Hinweise auf Ortstafeln, in kostenlos verteilten Stadtplänen und über Bürgerinformationsstellen,
– Wiedereinbestellungen auf Wunsch des Patienten,
– Tag der offenen Tür,
– Kultur-, Sport- und Sozialsponsoring,
– Geburtstagsglückwünsche an eigene Patienten ohne Hinweise auf das eigene Leistungsspektrum,
– Hinweis auf Zertifizierung der Praxis,
– nicht aufdringliches (Praxis-)Logo,
– sachliche Informationen in Medien.

Verboten
– Verbreiten von Flugblättern, Postwurfsendungen, Mailingaktionen,
– Plakatierung, z. B. in Supermärkten,
– Trikotwerbung, Bandenwerbung, Werbung auf Fahrzeugen,
– unaufgeforderte Wiedereinbestellungen ohne medizinische Indikation,
– Angabe von Referenzen,
– bildliche Darstellung in Berufskleidung bei der Berufsausübung, wenn ein medizinisches Verfahren oder eine ärztliche Behandlungsmaßnahme beworben wird.

327 In zahlreichen Entscheidungen der zuständigen Fachgerichte und Urteilen des Bundesverfassungsgerichtes zeigt sich, dass der ärztliche Beruf einem stetigen **Wandel** unterworfen ist. Grundsätzlich gilt zwar, dass mit der ärztlichen Tätigkeit Werbung im klassischen Sinn nicht vereinbar ist. Dies bedeutet aber auch, dass die veränderten, neuartigen **Rahmenbedingungen** auch insbesondere in Hinblick auf die Wettbewerbsbedingungen im ambulanten Bereich zu berücksichtigen sind. Aufgrund dieser Wettbewerbssituation steht das Interesse der Patienten **sachdienlich** informiert zu werden im Vordergrund. Insbesondere vor dem Hintergrund hochspezialisierter und kostenintensiven ärztlichen Leistungen, wie z.B. radiologischen und labormedizinischen Leistungen. Ein absolutes **Werbeverbot** für sämtliche Bereiche der ärztlichen Tätigkeit würde dem niedergelassenen Arzt gegenüber anderen Unternehmen und auch im Bereich des Gesundheitswesens erheblich benachteiligen. Die in Berufsordnungen normierte Pflicht der Ärzte, berufswidrige Werbung zu unterlassen, regelt dies grundsätzlich in verfassungsrechtlich unbedenklicher Weise. Das in Berufsordnung normierte Verbot begründet kein generelles Werbeverbot, sondern lediglich ein allgemeines Verbot berufswidrige Werbung durchzuführen. Insbesondere die Rechtsprechung des Bundesverfassungsgerichts[1] hat in den letzten Jahren das Werbeverbot der freien Berufe, insbesondere auch der Ärzte und Zahnärzte liberal weiter entwickelt und damit eine Tendenz vorgegeben.

328 Einer richtungsweisen Entscheidung des Bundesverfassungsgerichts lag der nachfolgende Sachverhalt zu Grunde: Ärzte einer radiologischen Gemeinschaftspraxis benutzten für ihre Korrespondenz mit medizinischen Kollegen Briefbögen, aus denen sich ein Hinweis auf ihre Sprechstundenzeit befand mit dem Zusatz „CT und Nuklearmedizin nach telefonischer Voranmeldung". Nachdem die Vorinstanz hier noch einen Verstoß gegen das ärztliche Werbeverbot gesehen haben, zog das Bundesverfassungsgericht eine rechtliche Grenze, dass keine vernünftigen Erwägungen des Gemeinwohls dafür bestehen, alle **Angaben** und **Zusätze,** die nicht als zulässige Berufsqualifikationen oder als Titel auf einem Praxisschild erscheinen dürfen, ohne Rücksicht auf ihren Sinn und Zweck sowie ihren Informations-

---

[1] BVerfG vom 14. 7. 2011 – 1 BvR 407/11.

wert für Dritte generell zu verbieten. Daraus folgte der allgemeine Grundsatz, dass für **interessengerechte** und **sachangemessene** Informationen, die keinen Irrtum erregen, im rechtlichen und geschäftlichen Verkehr Raum bleiben muss. Die berufsrechtlichen Regelungen der §§ 27, 28 Musterberufsordnung sind damit verfassungskonform auszulegen.[2]

Da Ärzte in Krankenhäusern tätig sein dürfen, die kapitalgesellschaftlich strukturiert sind **329** oder sogar börsennotiert sind, besteht auch die Möglichkeit, dass Ärzte selbst Eigentümern von Krankenhäusern sind. **Gesetzliche Verbote,** dass ein Arzt ein Krankenhaus nicht betreiben darf, existieren nicht, sodass an dieser Stelle eine Verquickung ärztlicher und gewerblicher Tätigkeit eintritt, mit der Folge, dass an dieser Stelle das berufsrechtliche Werbeverbot der Ärzte nicht sauber zu trennen ist. Gerade vor diesem Hintergrund war das Werbeverbot der Ärzte in den einschlägigen Regelungen der Berufsordnungen verfassungskonform auszulegen.

Ein weiterer Problemkreis ist derjenige in Hinblick auf fremd- und fachsprachliche Bezeichnungen. Nach dem **Heilmittelwerbegesetz** (HWG) darf außerhalb der Fachkreise **330** für Arzneimittel, Verfahren, Behandlungen, Gegenstände oder andere Mittel nicht mit **fremd- oder fachsprachliche** Bezeichnungen geworben werden, soweit sie nicht in den allgemeinen deutschen Sprachgebrauch eingegangen sind. Nach der Rechtsprechung des Bundesgerichtshofs[3] gelten fremd- oder fachsprachliche Bezeichnungen dann in den allgemeinen Sprachgebrauch eingegangen, sofern die Personen, an die sich die Werbung richtet, sie verstehen. Das Verbot setzt voraus, dass die Werbung dem Publikum bereits selbst vermittelt, welche Heilwirkungen es erwarten darf, wenn es sich dem angepriesenen Heilmittel zuwendet. Ein Verstoß scheidet allerdings aus, wenn sich der potentielle Interessent einer beworbenen Therapie nicht ohne vorherige Beratung eines Arztes zuwenden kann.

Ein besonders in den letzten Jahren aufkommende Form der Werbung ist die Werbung **331** durch **Medienauftritte.** In der vormaligen Fassung der Musterberufsordnung bestand ein ausdrückliches Verbot der berufswidrigen mittelbaren Werbung, die darin bestand, wenn es dem Arzt verboten war, Dritte Werbung für sich machen zu lassen oder solche zu dulden, auch wenn sie ohne sein Zutun erfolgte. Beim Auftritt in den Medien, insbesondere im Rahmen von Dokumentationen oder sog. Reality-Soaps bewegen sich die Ärzte zwischen Berufsrecht, Standesrecht und Kommunikationsfreiheit. In beiden Fällen handelt es sich um Güter von verfassungsrechtlicher Relevanz. Nach dem die Bundesärztekammer Richtlinien für die publizistische Tätigkeit von Ärzten[4] beschlossen hatte, waren **ärztliche Publikationen** medizinischen Inhalts und Fernseh- Radio-, Internet- und Zeitungsinterviews, bei denen die Sache und nicht die Person des Arztes im Vordergrund standen, grundsätzlich zulässig. Dabei muss beachtet werden, dass der Arzt neue medizinische Erkenntnisse in der Fachliteratur bekannt machen darf. Das gewachsene und weiter steigende **Informationsbedürfnis** der Bevölkerung und auch das weiter steigende Interesse für medizinische Fachthemen dürfen allerdings nicht dazu führen, dass sich Ärzte in diesen Publikationen und Medienauftritten sich selbst herausstellen und anpreisen. Der informierende Arzt darf seinen Namen nicht zu häufig wiederholen, betonen, oder sonst auffällig hervorheben. Das Bundesverfassungsgericht hat auch im Zusammenhang mit **Image- und Sympathiewerbung** die Rechtsprechung der Fachgerichte liberalisierend fortentwickelt. Entscheidend ist vielmehr, dass sämtliche Aussagen des Arztes im Kontext verfassungsrechtlich auszulegen sind. Stehen Informationen über Inhalt, Bedeutung und Möglichkeiten der praktizierten Behandlung im Vordergrund der medialen Präsentation, so kommt es weder zu einer unerwünschten **Kommerzialisierung** des Arztberufes, noch zu einer Beeinträchtigung des Vertrauens zu diesem.[5]

---

[2] BVerfG NJW 1993, 2988.
[3] BGH MedR 1989, 328.
[4] DÄBL 1979, 112.
[5] BVerfG MedR 2006, 107.

Erster Teil. Vergütung, Steuern und Betriebswirtschaft

A. Vergütungsrecht

I. Überblick

Basis des (zahn)ärztlichen Vergütungsrechts sind § 11 Bundesärzteordnung beziehungs- **332** weise § 15 des Gesetzes über die Zahlheilkunde. Beide Vorschriften ermächtigen jeweils die Bundesregierung, durch Rechtsverordnung mit Zustimmung des Bundesrates die Entgelte für (zahn)ärztliche Tätigkeit in einer Gebührenordnung zu regeln. Die Vergütungen für die beruflichen Leistungen der (Zahn)Ärzte bestimmen sich daher nach der **GOÄ** beziehungsweise der **GOZ;** allerdings nur, soweit nicht durch Bundesgesetz etwas anderes bestimmt ist (§ 1 Abs. 1 GOÄ, § 1 Abs. 1 GOZ). Ein entsprechendes Bundesgesetz stellt das Sozialgesetzbuch V (Gesetzliche Krankenversicherung) dar. Im dualen deutschen Krankenversicherungssystem erfolgt die Vergütung für die Behandlung privat und gesetzlich versicherter Patienten daher auf Grundlage unterschiedlicher Gebührenordnungen, nämlich einerseits der GOÄ beziehungsweise der GOZ und andererseits des Einheitlichen Bewertungsmaßstabes (= **EBM** für ärztliche und **Bema** für zahnärztliche Leistungen).

1. Unterschiede zwischen privat- und vertragsärztlichem Vergütungssystem

Unabhängig vom Versicherungsstatus liegt jeder ärztlichen Behandlung ein privatrechtli- **333** cher Behandlungsvertrag zugrunde. Dieser verpflichtet den Patienten zur Gewährung der Vergütung, soweit nicht – wie in der gesetzlichen Krankenversicherung – ein Dritter zur Zahlung verpflichtet ist.[1] Während der Vertrags(zahn)arzt die – bei wirtschaftlicher Betrachtung – von der Krankenkasse zu zahlende Vergütung über die für seinen Praxissitz zuständige Kassen(zahn)ärztliche Vereinigung erhält, schuldet der Privatpatient die Vergütung dem (Zahn)Arzt persönlich. Die Rechnung kann der Patient sodann an seine private Krankenkasse oder seine Beihilfestelle weiterleiten, welche ihm die Kosten nach Maßgabe des Krankenversicherungsvertrages und der Versicherungsbedingungen beziehungsweise der Beihilfevorschriften erstattet **(Kostenerstattungsprinzip).** Allerdings kann das Versicherungsunternehmen mit dem Versicherten nach § 192 Abs. 3 Nr. 5 VVG als zusätzliche Dienstleistung die unmittelbare Abrechnung mit dem (Zahn-)Arzt vereinbaren. Der Arzt seinerseits kann mit der Abrechnung ein Dienstleistungsunternehmen wie etwa eine **privatärztliche Verrechnungsstelle** einschalten; dafür bedarf es allerdings des vorherigen Einverständnisses des Patienten, da die unbefugte Weitergabe von Patientennamen und Informationen über die Behandlung gegen die (zahn-)ärztliche Schweigepflicht verstößt und daher strafbar ist. Im vertrags(zahn)ärztlichen Bereich ist die Einschaltung von Verrechnungsstellen grundsätzlich verboten;[2] Ausnahmen gelten im Bereich neuer Versorgungsformen wie bei der hausarztzentrierten Versorgung.

Die **Gebührenordnungen** unterscheiden sich grundlegend, so dass der (Zahn-)Arzt **334** nicht den Fehler begehen darf, aus Regelungen für den vertrags(zahn)ärztlichen Bereich Rückschlüsse für den privat(zahn)ärztlichen Bereich zu ziehen und umgekehrt. Zum Beispiel können Laborleistungen vertragsarztrechtlich von einer Laborgemeinschaft erbracht

---

[1] § 630 a Abs. 1 BGB i. d. F. des Patientenrechtegesetzes.
[2] BSG vom 10. 12. 2008 – B 6 KA 37/07 R.

werden, während sie nach der GOÄ zum Speziallabor gehören. Während für in das Gebührenverzeichnis nicht aufgenommene privatärztliche Leistungen gleichwertige Leistungen abgerechnet werden können (sog. **Analogbewertung** nach § 6 Abs. 2 GOÄ, § 6 Abs. 1 GOZ; dazu Rn. 601), werden in der vertrags(zahn)ärztlichen Versorgung nur die in den Gebührentatbeständen des EBM beziehungsweise des Bema beschriebenen Leistungen vergütet. Im vertragsärztlichen Bereich werden die Leistungen im EBM zur Zeit weitgehend zu Pauschalen zusammengefasst, während nach der GOÄ grundsätzlich die einzelnen Leistungen gesondert vergütet werden.

335   Die Unterschiede zwischen den beiden Gebührenordnungen sind vor allem darin begründet, dass in den vertrag(zahn)ärztlichen Vergütungsordnungen nicht der Wert einer ärztlichen Verrichtung als solcher bestimmt sondern das **wertmäßige Verhältnis aller Leistungen zueinander** zum Ausdruck gebracht wird. Dabei darf über die dem Gebührentatbestand zugewiesene Punktzahl das Leistungsverhalten der (Vertrags-)zahnärzte gesteuert werden. Beispielsweise wird der Kostenanteil medizinisch-technischer Leistungen so bemessen, dass sich die Investition nur bei angemessener Auslastung – in Berufsausübungsgemeinschaften oder Kooperationen mit Krankenhäusern – amortisiert (§ 87 Abs. 2 Satz 2 letzter Halbsatz SGB V).[3] Die Behandlung von Krankheitsbildern, die insbesondere bei schwierigen Patientengruppen auftreten, kann durch eine höhere Bewertung gefördert werden.

336   **Steuerungsmechanismen** werden im vertrags(zahn)ärztlichen Bereich angewandt, weil den mit der Verteilung der Honorare betrauten Kassen(zahn)ärztlichen Vereinigungen nur eine begrenzte beziehungsweise „gedeckelte" Geldmenge zur Verfügung steht. Diese sog. **Gesamtvergütung** wird grundsätzlich jährlich an die Morbiditätsentwicklung angepasst und auf Landesebene mit den Krankenkassenverbänden und den Ersatzkassen vereinbart. Sie hat für die Krankenkassen schuldbefreiende Wirkung. Lediglich einzelne, sog. extrabudgetäre Leistungen wie etwa Präventionsmaßnahmen werden auch bei steigendem Behandlungsbedarf in unbegrenzter Höhe „extrabudgetär" zum vereinbarten festen Punktwert vergütet; die Kassenärztliche Vereinigung reicht die ihr von den Vertragsärzten aufgemachte Rechnung in diesem Ausnahmefall quasi an die Krankenkasse weiter.

337   Die Höhe der Vergütung für andere Leistungen steht erst fest, wenn die Kassenärztliche Vereinigung die Abrechnungen aller Vertragsärzte zusammengeführt, darauf den Honorarverteilungsmaßstab angewendet und die Rechtmäßigkeit der Rechnungsstellung sachlich-rechnerisch geprüft hat. Weitere Prüfungen dieser Art, insbesondere die **Plausibilitätsprüfung** und die einer besonderen Prüfungsstelle übertragenen **Wirtschaftlichkeitsprüfung** werden der Honorarverteilung nachgeschaltet, so dass der Vertragsarzt oft erst nach Jahren weiß, wie viel Honorar ihm verbleibt. Da die Honorarverteilung einige Zeit in Anspruch nimmt, werden vorab Abschlagszahlungen geleistet, die mit dem späteren Honorar verrechnet werden. Demgegenüber wird das privatärztliche Honorar sofort fällig, wenn im Anschluss an die Behandlung eine den Vorgaben der GOÄ beziehungsweise GOZ entsprechende Rechnung erstellt wird. In den privatärztlichen Gebührenordnungen fehlt jeweils eine Regelung, vor Beginn der Behandlung einen angemessenen Vorschuss verlangen zu können. Der Arzt erhält daher im Fall der Insolvenz seines Patienten allenfalls die Konkursquote. Im vertrags(zahn)ärztlichen **Sachleistungsprinzip** hat der (Zahn-)Arzt hingegen kein **Insolvenzausfallrisiko;** dieses wird ihm wirtschaftlich betrachtet von den Krankenkassen abgenommen. In wirtschaftlichen Krisenzeiten ist das für ihn ein unschätzbarer Vorteil.

338   Rechtsstreitigkeiten über die korrekte privatärztliche Vergütung werden vor den sog. ordentlichen Gerichten, das heißt den **Amts- oder Landgerichten** ausgetragen; dabei können die privaten Krankenkassen die Patienten unterstützen (§ 192 Abs. 3 Nr. 2 und 3 VVG) oder sie lassen sich etwaige Rückforderungsansprüche abtreten und klagen diese dann im eigenen Namen ein. Das vertrags(zahn)ärztliche Honorar wird seitens der Kassen-

---

[3] BT-Drs. 15/1525, 104.

ärztlichen Vereinigung durch einen Honorarbescheid festgesetzt, der nach erfolglosem Widerspruchsverfahren gegebenenfalls von den **Sozialgerichten** auf Rechtmäßigkeit überprüft wird. Die Widerspruchsfrist beträgt gemäß § 84 Abs. 1 Satz 1 SGG einen Monat nach Bekanntgabe des Bescheides.

Tipp: In der Regel[4] sind die Kosten, die für die **Hinzuziehung eines Rechtsanwalts**   339
entstehen, notwendig und müssen bei erfolgreichem Widerspruch oder erfolgreicher
Klage von der Kassenärztlichen Vereinigung erstattet werden. Erstattungsfähig sind aber
nur die nach dem Streitwert zu bemessenden Regelgebühren nach dem Rechtsanwaltsvergütungsgesetz. Aufgrund einer Honorarvereinbarung höhere Kosten muss der Arzt
selbst tragen. Wird der Widerspruch zurückgewiesen, kann eine Widerspruchsgebühr
anfallen.[5]

Während die Gebührentatbestände im privat(zahn)ärztlichen Bereich bisher nur in gro-   340
ßen Zeitabständen überarbeitet wurden und daher zum Teil sehr **veraltet** sind, so dass insbesondere über Analogbewertungen (Rn. 601) gestritten wird, werden die vertragsärztlichen Gebührentatbestände in regelmäßigen Abständen grundlegend und bei der Aufnahme neuer Leistungen in den Leistungskatalog auch zwischendurch angepasst. Es ergeben sich daher laufend neue Fragestellungen. Die Mehrzahl der **zahlreichen Rechtsstreitigkeiten** resultiert jedoch aus der permanenten Anpassung der Honorarverteilungsregeln, die seit Beginn des Jahres 2012 zudem wieder von Kassenärztlicher Vereinigung zu Kassenärztlicher Vereinigung variieren können. Um die Rechtmäßigkeit des Honorarbescheids überprüfen zu können, müssen neben dem EBM oder dem Bema gegebenenfalls gesetzliche Vorgaben sowie solche des (erweiterten) Bewertungsausschusses, Vorgaben der Kassenärztlichen Bundesvereinigung, der regionale Honorarverteilungsmaßstab (HVM) und die Abrechnungsanweisung herangezogen werden, während im privat(zahn)ärztlichen Bereich ausschließlich die GOÄ beziehungsweise GOZ zu beachten ist.

2. Abweichende vertragsärztliche Vergütungsregelungen

Die zuvor beschriebenen Vergütungsregelungen betreffen das sogenannte Kollektivver-   341
tragssystem. Zunehmend lässt das Sozialgesetzbuch den Abschluss von sog. **Selektivver-
trägen** im Rahmen neuer Versorgungsformen zu. Am bekanntesten sind die hausarztzentrierte Versorgung gemäß § 73 b SGB V sowie die integrierte Versorgung nach §§ 140 a ff. SGB V. Hierbei erfolgt die Abrechnung auf der Grundlage gesondert vereinbarter Vergütungsregelungen entweder unmittelbar mit den Krankenkassen, über sog. Managementgesellschaften (§ 73 b Abs. 4 Satz 3 Nr. 3 SGB V, § 140 b Abs. 1 Satz 1 Nr. 4 SGB V) oder über privatrechtlich organisierte Abrechnungsstellen oder Rechenzentren (§ 295 a SGB V). Da die Vergütungsregelungen vielgestaltig sind, können diese in diesem Rechtshandbuch nicht dargestellt werden. Innerhalb des Systems, das heißt über die Kassenärztliche Vereinigung, werden Beratungsleistungen sowie der Dokumentationsaufwand des Arztes für Patienten vergütet, die er nach § 137 f Abs. 3 SGB V in strukturierte Behandlungsprogramm (sog. DMPs) einschreibt.

Tipp: Gelegentlich sehen Selektivverträge eine Gewährleistung vor. Das bedeutet, dass   342
für einen Revisionseingriff keine gesonderte Vergütung bezahlt wird. Nehmen Sie in
diesem Fall bitte Kontakt mit ihrer **Haftpflichtversicherung** auf, denn nach den Allgemeinen Versicherungsbedingungen kann die Haftung für diesen Zweiteingriff ausgeschlossen sein. Sie benötigen daher gegebenenfalls eine Zusatzversicherung, wenn sie an
Selektivverträgen teilnehmen.

---

[4] BSG vom 9. 5. 2012 – B 6 KA 19/11 R.
[5] BSG vom 6. 2. 2013 – B 6 KA 2/12 R.

343   Im Bereich der **spezialfachärztlichen Versorgung** (§ 116 b SGB V) soll die Vergütung auf nach Diagnosen differenzierte Gebührenpositionen umgestellt werden. Bis zur Entwicklung des Vergütungssystems legt der um Krankenhausvertreter ergänzte Bewertungsausschuss (Rn. 386) in einem **eigenen EBM-Kapitel** fest, welche bisherigen Gebührenpositionen des EBM auch in der spezialfachärztlichen Versorgung abrechenbar sind und um welche er ergänzt wird. Dabei sollen die für die stationäre Versorgung geltenden G-DRG-Fallpauschalen berücksichtigt werden. Die Vergütung erfolgt als nicht abgestaffelte Einzelleistungsvergütung nach der regionalen Euro-Gebührenordnung (Rn. 368), wobei bei öffentlich geförderten Krankenhäusern aus Wettbewerbsgründen ein Investitionskostenabschlag in Höhe von pauschal 5% erfolgt.

344   Auch der gesetzlich krankenversicherte Patient kann insgesamt oder beschränkt auf den Bereich der ärztlichen oder der zahnärztlichen Versorgung **Kostenerstattung** wählen (§ 13 Abs. 2 Sätze 2 und 4 SGB V). Im Jahr 2008 hatten 0,19% der Versicherten eine entsprechende Wahl getroffen. In diesem Fall rechnet der Vertrags(zahn)arzt gegenüber dem Versicherten nach der GOÄ oder der GOZ ab.

345   Für privat im **Basistarif** versicherte Patienten haben die Kassen(zahn)ärztlichen Vereinigungen ebenfalls den Sicherstellungsauftrag. Zur Vergütung schließen sie gemäß § 75 Abs. 3 b Satz 1 SGB V Verträge mit dem Verband der privaten Krankenversicherung. Das ist für den Bereich der ärztlichen Behandlung am 28. 1. 2010 geschehen. Danach werden die Leistungen mit dem 1,2-fachen Gebührensatz der GOÄ vergütet; für die Abschnitte A, E und O gilt der 1,0-fache und für den Abschnitt M der 0,9-fache Gebührensatz. Der Vertragsarzt darf bei Basistarifversicherten keine abweichenden (höheren) Gebührensätze vereinbaren. Sonderregelungen gelten auch für Mitglieder der Krankenversorgung der Bundesbahnbeamten (KVB) sowie der Postbeamtenkasse.

3. Weitere Vergütungssysteme

346   Die Vergütung der Ärzte und Zahnärzte sowie die Art und Weise der Abrechnung der von den Unfallversicherungsträgern zu leistenden Heilbehandlung wird gemäß § 34 Abs. 7 Satz 1 SGB VII in Verträgen zwischen den Verbänden der Unfallversicherungsträger und der Kassen(zahn)ärztlichen Bundesvereinigung geregelt. Das ist für den ärztlichen Bereich zuletzt mit Wirkung zum 1. 1. 2011 geschehen. Der Vertrag enthält in Verbindung mit § 51 in einer Anlage ein besonderes Leistungs- und Gebührverzeichnis, das als **UV-GOÄ** bezeichnet wird. Nach § 52 wird eine ständige Kommission gebildet, die laufend verbindliche Beschlüsse fasst, in denen sie neue, nicht im Gebührverzeichnis enthaltene Leistungen festlegt, einordnet und bewertet, das Leistungs- und Gebührenordnungsverzeichnis weiter entwickelt sowie zu den geltenden Bestimmungen Auslegungsbeschlüsse fasst. Die Vergütung belegärztlicher Leistungen ist in § 56 UV-GOÄ geregelt.

347   Die Vergütung der Sachverständigentätigkeit eines vom Gericht oder der Staatsanwaltschaft herangezogenen (Zahn-)Arztes oder seine Entschädigung für die Vernehmung als sachverständiger Zeuge richtet sich nach dem **JVEG**. Gleiches gilt grundsätzlich für eine Sachverständigentätigkeit gegenüber Sozialversicherungsträgern, § 21 Abs. 3 Satz 4 SGB X. Medizinische Gutachten werden in der Anlage 1 zu § 9 Abs. 1 JVEG in drei Honorargruppen eingeteilt. Der Sachverständige erhält für jede Stunde ein Honorar in Höhe von 50,00 EURO (M 1), 60,00 EURO (M 2) oder 85,00 EURO (M 3). Das Honorar der Gruppe M 1 wird für einfache gutachterliche Beurteilungen, wie etwa in Gebührenrechtsfragen, zur Haft-, Verhandlungs- oder Vernehmungsfähigkeit gewährt. Das Honorar der Gruppe M 2 kann für die beschreibende (Ist-Zustands-)Begutachtung nach standardisiertem Schema ohne Erörterung spezieller Kausalzusammenhänge mit einfacher medizinischer Verlaufsprognose und mit durchschnittlichem Schwierigkeitsgrad, insbesondere für Gutachten in Verfahren nach dem SGB IX, zur Minderung der Erwerbsfähigkeit und zur Invalidität sowie zur Einrichtung einer Betreuung gewährt werden. Die Gruppe M 3 steht für das Gutachten mit hohem Schwierigkeitsgrad (Begutachtungen spezieller Kausalzu-

sammenhänge und/oder differenzialdiagnostischer Probleme und/oder Beurteilung der Prognose und/oder Beurteilung strittiger Kausalitätsfragen), insbesondere für Gutachten zu ärztlichen Behandlungsfehlern, zur Schuldfähigkeit bei Schwierigkeiten der Persönlichkeitsdiagnostik, zur Kriminalprognose, zur Aussagetüchtigkeit sowie in Verfahren zur Regelung von Sorge- und Umgangsrechten.

Keine Vergütungsregeln bestehen, wenn ein Arzt für ein Krankenhaus oder eine Rehabilitationsklinik als freier Mitarbeiter beziehungsweise als **Honorar- beziehungsweise Konsiliararzt** tätig wird.[6] Seit 1. 1. 2012 kann ein Krankenhaus eine vor- und/oder nachstationäre Behandlung gemäß § 115a Abs. 1 Satz 2 SGB V auch durch niedergelassene Vertragsärzte in den Räumen der Arztpraxis erbringen lassen. Die Vergütung muss allerdings angemessen sein und eine Gegenleistung für die ärztliche Tätigkeit darstellen. Unzulässig sind sog. Fangprämien, das heißt überhöhte Vergütungen, die nach § 31 der jeweiligen Berufsordnung der Landesärztekammern berufswidrige Zuwendungen für die Zuweisung von Patienten darstellen und nunmehr gemäß § 73 Abs. 7 SGB V auch vertragsarztrechtlich verboten sind. **348**

4. Wichtige Fachbegriffe

Im vertrags(zahn)ärztlichen Vergütungsrecht werden zahlreiche Fachbegriffe verwandt, die man kennen muss, um die Systematik zu verstehen: **349**
- **Bundesmantelvertrag:** auf Bundesebene zwischen dem Spitzenverband Bund der Krankenkassen und der Kassen(zahn)ärztlichen Bundesvereinigung vereinbartes Regelwerk, welches vor allem vertragsärztliche Pflichten begründet und sich zurzeit noch für die Primär- und die Ersatzkassen geringfügig unterscheidet. Der Bundesmantelvertrag stellt zugleich den Allgemeinen Teil des Gesamtvertrages dar.
- **Einheitlicher Bewertungsmaßstab** (**EBM** beziehungsweise **Bema**): Vom (erweiterten) Bewertungsausschuss beschlossenes Leistungsverzeichnis, das als Bestandteil des Bundesmantelvertrages die abrechnungsfähigen Leistungen aufführt und ihnen jeweils einen Punktwert zuordnet.
- **Regionale Euro-Gebührenordnung:** Gebührenverzeichnis, welches dieselben Gebührentatbestände wie der EBM beinhaltet und in dem diesen dadurch ein Betrag in Euro zugeordnet wird, dass die Punktzahl des EBM mit dem gegebenenfalls um einen regionalen Zu- oder Abschlag angepassten Orientierungswert von zurzeit 3,5363 Cent und demnächst 5,1129 Cent multipliziert wird.
- **Gesamtvertrag:** auf Landesebene zwischen der Kassen(zahn)ärztlichen Vereinigung sowie den Landesverbänden und den Ersatzkassen gesondert vereinbartes Regelwerk, das den Bundesmantelvertrag ergänzt und zum Beispiel Abschlagszahlungen der Krankenkassen auf die Gesamtvergütung regelt.
- **Gesamtvergütung:** Betrag, den die Krankenkasse an die Kassen(zahn)ärztliche Vereinigung für die gesamte vertrags(zahn)ärztliche Versorgung ihrer Versicherten mit für sie befreiender Wirkung zahlt. Aus ihr werden die Vertragsärzte und medizinischen Versorgungszentren vergütet.
- **Honorarverteilungsmaßstab:** Von der Vertreterversammlung der Kassen(zahn)ärztlichen Vereinigung beschlossene Satzung, welche die Verteilung der Honorare an die Vertrags(zahn)ärzte, medizinischen Versorgungszentren und ermächtigten Ärzte regelt.
- **Regelleistungsvolumen:** Bis Ende 2012 und zum Teil übergangsweise oder auf Dauer fortbestehendes Honorarverteilungssystem, in dem einem Arzt in Abhängigkeit von der Zahl der behandelten Patienten ein Honorarkontingent zugewiesen wird, dessen Höhe sich maßgeblich durch die von seiner Fachgruppe behandelten Patienten und erbrachten Leistungen bemisst. Dieser Vergütungsbestandteil wird durch Einzelleistungsvergütung oder beispielsweise qualifikationsgebundene Zusatzvolumina ergänzt.

---

[6] BGH vom 12. 11. 2009 – III ZR 110/09.

II. Vertragsärztliches Vergütungsrecht

350   Das vertragsärztliche Vergütungsrecht ist neben dem Zulassungsrecht eines der Kernstücke des Vertragsarztrechts und unterlag in den letzten Jahren ständigen grundlegenden Änderungen sowie laufenden, häufig quartalsweisen Nachjustierungen. Es teilt sich in zwei Rechtskreise auf, nämlich zum einen die Berechnung und Anpassung der von den Krankenkassen an die Kassenärztlichen Vereinigungen zu zahlenden Gesamtvergütung (§ 85 Abs. 1–3 g SGB V, § 87 a SGB V) sowie zum anderen die Verteilung dieser Vergütung an die Vertragsärzte durch die Kassenärztlichen Vereinigungen (§ 85 Abs. 4 ff. SGB V, § 87 b SGB V). Die nachfolgende Darstellung will auf der Grundlage des seit dem 1. 1. 2012 geltenden Rechts den Weg vom Gesetz zum Honorarbescheid chronologisch nachzeichnen und erläutern, wann und wieso der Honorarbescheid nachträglich geändert werden kann. Das Kapitel beschäftigt sich daher auch mit Fragen der sachlich-rechnerischen Richtigstellung, der Plausibilitäts- und Wirtschaftlichkeitsprüfung sowie des Arznei- und Heilmittelregresses. Mögliche Disziplinarmaßnahmen werden hingegen im Kapitel E dargestellt.

1. Gesetzliche Vorgaben

351   Das vertragsärztliche Vergütungsrecht wird maßgeblich durch Entscheidungen der sogenannten Selbstverwaltung geprägt. Selbstverwaltung geht von der Idee aus, betroffene Bürger an der Rechtssetzung und dem Verwaltungsvollzug zu beteiligen. Man erhofft sich davon sachnähere Entscheidungen und eine größere Akzeptanz für das geltende Recht. Der Staat hat die Ausgestaltung der Regelungen dabei zum Teil Organen übertragen, die gemeinsam vom Spitzenverband Bund der Krankenkassen beziehungsweise deren Landesverbänden und der Kassenärztlichen Bundesvereinigung beziehungsweise den Vertretungen der Vertragsärzteschaft auf Landesebene getragen werden. Teilbereiche wie die innerärztliche Honorarverteilung können die Kassenärztlichen Vereinigungen weitgehend selbst bestimmen. Aus Verfassungsgründen, nämlich dem Rechtsstaatsgebot und dem Demokratieprinzip, darf der Gesetzgeber den Körperschaften beziehungsweise den von ihnen in die gemeinsamen Organe entsandten Vertretern aber keine völlig freie Hand lassen sondern muss die **wesentlichen Entscheidungen selbst treffen.**[7] Der Gesetzgeber bleibt so Hüter des Gemeinwohls über die Gruppeninteressen.

352   Der Gesetzgeber gibt u. a. vor, welche Institutionen in welcher Zusammensetzung entscheidungsbefugt sind, dass die Vergütung für Versicherte aller Krankenkassen und aller Versichertengruppen gleich sein muss (§ 85 Abs. 2 S. 3 SGB V), dass der für die Honorierung der Ärzte zur Verfügung stehende Geldbetrag grundsätzlich der Morbiditätsentwicklung und damit dem Behandlungsbedarf angepasst wird, dass diese Summe in zwei Teile, nämlich für die Haus- und für die Fachärzte getrennt wird, kooperative Formen der Berufsausübung gefördert und psychotherapeutische Leistungen je Zeiteinheit vergütet werden. Die Vorgabe, dass alle anderen Arztgruppen **Regelleistungsvolumina** zugewiesen bekommen und zusätzliche Leistungen bei deren Überschreitung nur abgestaffelt vergütet werden, ist mit Ablauf des Jahres 2011 entfallen. Weiterhin soll den die Honorarverteilung den Ärzten allerdings Kalkulationssicherheit hinsichtlich der Höhe ihres zu erwartenden Honorars ermöglichen (§ 87 b Abs. 2 Satz 1 Halbsatz 2 SGB V). Genauer werden diese Vorgaben wegen des Sachzusammenhangs im Unterkapitel 4 ab Rn. 401 dargestellt.

353   Gegen gesetzliche Regelungen kann grundsätzlich keine Klage eingereicht werden. Die allein in Betracht kommende **Verfassungsbeschwerde** ist gemäß § 90 Abs. 2 Satz 1 BVerfGG grundsätzlich **subsidiär**, das heißt kann erst nach Erschöpfung des Rechtswegs erhoben werden. Da gesetzliche Vergütungsvorgaben in der Regel keine unmittelbaren

---

[7] BVerfG vom 9. 5. 1972 – 1 BvR 518/62, 1 BvR 308/64.

Auswirkungen auf den Vertragsarzt haben sondern vielmehr häufig allgemeiner Art sind und erst von den Gremien umgesetzt werden müssen, kann in der Regel erst der Zuweisungsbescheid für das Regelleistungsvolumen oder der Honorarbescheid vor den Sozialgerichten angefochten werden. Erst nach einer ablehnenden Entscheidung des BSG kann das BVerfG angerufen werden. Ein Beispiel aus jüngerer Vergangenheit ist, dass die Regelung zum Basistarif nur die Kassenärztliche Vereinigung durch die Erweiterung ihres Sicherstellungsauftrages verpflichtet. Die Bindung des Vertragsarztes an die begrenzten GOÄ-Steigerungssätze ergibt sich erst aus einer Satzungsregelung der Kassenärztlichen Vereinigung.[8]

In § 72 Abs. 2 SGB V ist vorgegeben, dass das Handeln der Gremien darauf ausgerichtet **354** ist, dass eine ausreichende, zweckmäßige und wirtschaftliche Versorgung der Versicherten unter Berücksichtigung des allgemein anerkannten Standes der medizinischen Erkenntnisse gewährleistet ist und die **ärztlichen Leistungen angemessen vergütet** werden. Daraus erhoffen sich viele Vertragsärzte vergeblich[9] einen Rechtsanspruch auf eine höhere Vergütung zumindest einzelner Leistungen. Das BSG führt die beiden im Gesetz genannten Vorgaben nämlich zusammen und umschreibt den Gesetzeszweck dahingehend, dass die Vergütungsregelungen einen hinreichenden Anreiz bieten müssen, sich für die Teilnahme an der vertragsärztlichen Versorgung zu entscheiden, und zwar sowohl an unattraktiven Standorten als auch solchen mit hohen Lebenshaltungskosten. Es handelt sich daher bei der gesetzlichen Vorgabe der angemessenen Vergütung nur um einen von mehreren Abwägungsgesichtspunkten bei der Ausgestaltung von Vergütungsregelungen;[10] Ausnahmen gelten nur, wenn zumindest relevante Teilbereiche der Versorgung oder die Existenz bereits daran teilnehmender Ärzte gefährdet werden.[11] Ansonsten kann es Leistungen geben, bei denen selbst eine kostengünstig arbeitende Praxis keinen Gewinn erzielt; entscheidend ist, dass der Arzt insgesamt Anspruch auf eine leistungsgerechte Teilhabe an der Gesamtvergütung hat.[12] Wird eine große Zahl von Leistungen einer Fachgruppe voll vergütet, kann auf eine Vergütung des Restes sogar ganz verzichtet werden.[13] Das bedeutet nicht, dass für diese Leistungen keine Vergütung mehr gewährt wird; vielmehr wird das Ausmaß der Vergütung insgesamt der Höhe nach begrenzt, so dass das auf die einzelne Leistung entfallende Honorar lediglich absinkt.[14] Eine Differenzierung zwischen großen und kleinen Praxen ist sachlich gerechtfertigt und beachtet daher den allgemeinen Gleichheitsgrundsatz (Art. 3 Abs. 1 GG).[15]

Ein anderes Abwägungskriterium ist im Vertragsarztrecht der **Grundsatz der Beitrags-** **355** **satzstabilität,** § 71 SGB V, als Ausdruck einer einnahmenorientierten Ausgabenpolitik. Die weitgehende Kappung von Vergütungsanpassungen entsprechend der Grundlohnsummenentwicklung dient der dauerhaften Sicherung der Leistungsfähigkeit und Wirtschaftlichkeit der Gesetzlichen Krankenversicherung sowie deren Finanzierung zu vertretbaren Beitragssätzen. Das ist nach Auffassung des BVerfG ein überragend wichtiger Gemeinwohlbelang[16] und somit geeignet, den mit Vergütungsbegrenzungen verbundenen Eingriff in die Berufsausübungsfreiheit des Arztes zu rechtfertigen. Letztlich kann man den Grundsatz der Beitragssatzstabilität auch auf das Sozialstaatsprinzip zurückführen. Die Vergütung der Ärzte und der anderen Leistungserbringer in der gesetzlichen Krankenversicherung soll sich an der Lohnsummenentwicklung ausrichten.

Seit dem 1. 1. 2009 hat der Gesetzgeber für den Bereich der vertragsärztlichen Versor- **356** gung allerdings den Grundsatz der Beitragssatzstabilität aufgegeben. Die Krankenkassen und damit die Versichertengemeinschaft tragen seither das **Morbiditätsrisiko,** das heißt die

---

[8] BVerfG vom 5. 5. 2008 – 1 BvR 807/08.

[9] BSG vom 12. 10. 1994 – 6 RKa 6/94.

[10] BSG vom 9. 12. 2004 – B 6 KA 44/03 R.

[11] BSG vom 16. 7. 2003 – B 6 KA 29/02 R.

[12] BSG vom 16. 5. 2001 – B 6 KA 20/00 R.

[13] BSG vom 3. 12. 1997 – 6 RKa 21/97 und vom 8. 2. 2006 – B 6 KA 25/05 R.

[14] BSG vom 11. 9. 2002 – B 6 KA 30/01 R.

[15] BVerfG vom 23. 8. 2010 – 1 BvR 1141/10.

[16] BVerfG vom 10. 6. 2009 – 1 BvR 706/08 u. a. m. w. N.

morbiditätsbedingte Erhöhung des Behandlungsbedarfs führt auch dann zu einer steigenden Gesamtvergütung, wenn die Morbidität stärker als Grundlohnsumme steigt. Im Jahr 2012 gab § 87 d Abs. 2 Sätze 1 und 2 SGB V allerdings eine Erhöhung der Gesamtvergütung um (nur) 1,25% vor. Mit der durch das GKV-FinG eingefügten und mit dem GKV-VStG modifizierten Norm berücksichtigte der Gesetzgeber, dass die Qualität der Diagnosedokumentation noch verbesserungsbedürftig ist und den Krankenkassen daher das Morbiditätsrisiko seines Erachtens noch nicht aufgebürdet werden konnte.[17] Die Diskussion wird nach dem Verzicht des Gesetzgebers auf die Implementierung ambulanter Kodierrichtlinien weitergehen.

2. Vorgaben der Rechtsprechung des Bundessozialgerichts

357   Zu Recht finden die Entscheidungen des Bundessozialgerichts großes Interesse bei der Ärzteschaft. Zuständig ist in der Regel der nach dem Geschäftsverteilungsplan für Fragen des Vertragsarztrechts zuständige 6. Senat, der sog. **Kassenarztsenat,** der im Instanzenzug nach den Sozial- und den Landessozialgerichten über (Sprung-)Revisionen oder nach erfolgreichen sog. Nichtzulassungsbeschwerden über Rechtssachen grundsätzlicher Art oder bei divergierenden Urteilen der Landessozialgerichte entscheidet. Abgesehen von wenigen Ausnahmefällen beurteilt das Gericht allerdings nur Einzelfälle, das heißt konkrete Fallgestaltungen. Anders als Entscheidungen des BVerfG (§ 31 Abs. 1 BVerfGG) haben die Beschlüsse und Urteile des BSG keine Gesetzeskraft, was bedeutet, dass es dem Gericht frei steht, seine ständige Rechtsprechung aufzugeben, wenn dagegen neue, gute Gründe vorgebracht werden oder die Judikatur im Konflikt zu neuer Gesetzgebung steht. Letztere reagiert gelegentlich auf von ihr für falsch gehaltene Urteile. Zum Beispiel gibt § 87 Abs. 2 Satz 3 Halbsatz 1 SGB V nunmehr vor, dass die die Bewertung ärztlicher Leistungen auf betriebswirtschaftlicher Basis zu erfolgen hat[18] und nach § 106 Abs. 2 Satz 4 SGB V ist die statistische Vergleichsprüfung nach Durchschnittswerten nicht mehr Regelprüfmethode im Rahmen der Wirtschaftlichkeitsprüfung.

358   Für die Organe der Krankenkassen und der Kassenärztlichen Vereinigungen gilt jedoch: Bis zu einer abweichenden Gesetzgebung oder der Aufgabe früherer Rechtsprechung sollte die Judikatur des BSG, soweit sie auf den Einzelfall übertragbar ist, wie ein Gesetz berücksichtigt werden. Das gilt um so mehr, als von *Clemens*, einem Mitglied des Vertragsarztsenats, die Auffassung vertreten wird, dass ein gegen das Verbot der Honorarverteilungsgerechtigkeit (Rn. 364) verstoßender Honorarverteilungsvertrag aus der Zeit von 2004 bis 2011 gemäß § 58 Abs. 1 SGB X in Verbindung mit § 134 BGB nichtig ist.[19] Andere Vertragsärzte aus derselben Kassenärztlichen Vereinigung können sich daher in diesem Fall auf eine entsprechende Entscheidung des BSG berufen, sofern der Honorarbescheid noch nicht bestandskräftig, das heißt noch anfechtbar ist.

359   **Tipp:** Häufig sind Honorarverteilungsentscheidungen auch aus rechtlichen Gründen umstritten. Vor allem Berufsverbände empfehlen dann, die Entscheidungen nicht zu akzeptieren und Widerspruch einzulegen. Da eine Vielzahl gleich lautender Widersprüche bei der Kassenärztlichen Vereinigung Verwaltungskapazitäten bindet, ist es möglich, dass sich beide Seiten auf ein **Musterverfahren** verständigen und die Kassenärztliche Vereinigung erklärt, sich bei einem für sie erfolglosen Prozess gegenüber den anderen Vertragsärzten nicht auf die Bestandskraft des Honorarbescheids zu berufen (vgl. auch Rn. 437). Das entlastet die Verwaltung der Kassenärztlichen Vereinigung und hat für den Vertragsarzt den Vorteil, dass bei Erfolglosigkeit der Einwendungen keine Widerspruchsgebühr anfällt.

---

[17] BT-Drs. 17/3040, 2 und 39.
[18] BSG vom 20. 1. 1999 – B 6 KA 46/97 R.
[19] In: *Wenzel,* Kap. 13 Rn. 231.

Ein tragendes Prinzip des Vergütungsrechts ist für das BSG der **Grundsatz der Hono-** 360
rarverteilungsgerechtigkeit, den es aus der Berufsfreiheit in Verbindung mit dem allgemeinen Gleichbehandlungsgrundsatz herleitet (Art. 12 Abs. 1 in Verbindung mit Art. 3
Abs. 1 GG) herleitet.[20] Daraus erwächst allerdings kein genereller Anspruch auf Ausgleich
von Honorarunterschieden zwischen einzelnen Fachgruppen beziehungsweise auf ein
gleichmäßiges Einkommen aller Vertragsärzte, zumal dabei auch Einnahmen aus privat-
und sonstiger ärztlicher Tätigkeit und andere **Besonderheiten der Fachgruppe** zu berücksichtigen sind.[21] Der Grundsatz wird vor allem durch die gesetzliche Zielsetzung rela-
tiviert, den Vergütungspunktwert durch die Begrenzung des Anstiegs der zu vergütenden
Leistungsmenge zu stabilisieren und den Vertragsärzten dadurch für einen Teil ihres Honorars **Kalkulationssicherheit** zu geben (§ 87b Abs. 2 Satz 1 Halbsatz 2 SGB V). Da damit
anerkennenswerte Versorgungsziele verbunden sind, hat vorgenannte gesetzliche Vorgabe
einen hohen Stellenwert.[22]

Obwohl nur noch für die vertragszahnärztliche Versorgung ausdrücklich in § 85 Abs. 4 361
Sätze 3 und 4 SGB V normiert, gilt als Unterfall des Grundsatzes der Honorarverteilungsgerechtigkeit auch das **Gebot der leistungsproportionalen Honorarverteilung,** nach
dem sich die Honorierung an Art und Umfang der ärztliche Leistungen zu orientieren hat
und diese prinzipiell gleichmäßig zu vergüten sind.[23] Das bedeutet nicht, dass gleiche Leistungen stets gleich vergütet werden müssten; vielmehr ist es ein Grundsatz, von dem aus
sachlichen beziehungsweise billigenswerten Gründen abgewichen werden kann.[24] Daher
können Anreize geschaffen werden, sich in unterversorgten oder von **Unterversorgung**
bedrohten Gebieten niederzulassen (§ 87b Abs. 3 SGB V, § 105 Abs. 1 Satz 1 Halbsatz 2
SGB V). Von der leistungsproportionalen Honorarverteilung abweichende Steuerungszwe-
cke sind legitim, wenn sie im vertragsärztlichen Vergütungssystem beziehungsweise im
SGB V angelegt oder wie in § 87 Abs. 2 Sätze 2 und 3 SGB V für den Einheitlichen Bewertungsmaßstab vorgegeben sind (Berücksichtigung von Rationalisierungseffekten oder
sinkenden Kosten bei größeren gleichartigen Mengen). Insbesondere darf die Beschränkung der Gesamtvergütung an die Vertragsärzte durch Begrenzungsregelungen möglichst
gleichmäßig weitergegeben werden.[25]

3. Verträge und Beschlüsse auf Bundesebene

a) Einheitlicher Bewertungsmaßstab (EBM). Der EBM ist ein Kernstück des Bun- 362
desmantelvertrages, der als sog. Normsetzungsvertrag ansonsten bundesweit geltende
Rechte und Pflichten der Vertragsärzte regelt. Zurzeit gibt es noch zwei übergangsweise
fort geltende **Bundesmantelverträge,** nämlich einerseits für die Primärkassen und andererseits für die Ersatzkassen; beide sind aber bereits heute weitgehend deckungsgleich. Der
aktuelle EBM trat zum 1. 1. 2008 in Kraft; beginnend mit dem 1. 7. 2013 sollen im EBM
zahlreiche Änderungen vorgenommen werden (näher unter Rn. 378).

Im Bundesmantelvertrag sind Definition und Regelungen zum „Behandlungsfall" 363
von zentraler Bedeutung (§ 1a Nr. 28 und § 21 Abs. 1 BMV-Ä), weil sich daran Hono-
rierungs- und Honorarbegrenzungsregelungen festmachen. Die gesamte von derselben
Arztpraxis beziehungsweise Berufsausübungsgemeinschaft innerhalb desselben Kalendervierteljahres an demselben Versicherten ambulant zu Lasten derselben Krankenkasse vorgenommene Behandlung gilt jeweils als **Behandlungsfall.** Ein einheitlicher Behandlungsfall
liegt auch dann vor, wenn sich aus der zuerst behandelten Krankheit eine andere Krankheit
entwickelt oder während der Behandlung hinzutritt oder wenn der Versicherte, nachdem

---

[20] BSG vom 13. 2. 2002 – B 6 KA 48/00 R.
[21] BSG v. 8. 12. 2010, B 6 KA 41/09 R.
[22] BSG vom 8. 2. 2006 – B 6 KA 25/05 R.
[23] BVerfG vom 10. 5. 1972 – 1 BvR 286/65 u. a.; BSG vom 3. 12. 1997 – 6 RKa 21/97.
[24] BSG vom 10. 12. 2003 – B 6 KA 54/02 R und vom 20. 10. 2004 – B 6 KA 30/03 R.
[25] BSG vom 22. 6. 2005 – B 6 KA 5/04 R.

er eine Zeit lang einer Behandlung nicht bedurfte, innerhalb desselben Kalendervierteljahres wegen derselben oder einer anderen Krankheit von demselben Vertragsarzt behandelt wird. Die Flexibilisierung des Vertragsarztrechts bedingt, dass nun auch der „Arztfall" und der „Betriebsstättenfall" definiert werden (§ 1 a Nr. 29 und 30 und § 21 Abs. 1 a und Abs. 1 b BMV-Ä).

364   Der EBM wird durch ein besonderes Gremium, den sog. **Bewertungsausschuss** beschlossen, der im Falle fehlenden Konsenses um Unparteiische erweitert und dann Erweiterter Bewertungsausschuss genannt wird (näher unter Rn. 386). Der EBM führt die abrechnungsfähigen Leistungen und ihr in Punkten ausgedrücktes wertmäßiges Verhältnis zueinander auf (§ 87 Abs. 2 S. 1 SGB V). Er hat zugleich nach Multiplikation der Punktzahl mit dem regional vereinbarten Punktwert die **Funktion einer regionalen Euro-Gebührenordnung** (§ 87 a Abs. 2 Satz 6 SGB V) und ist nach § 87 a Abs. 3 Satz 2 SGB V Berechnungsgrundlage der Gesamtvergütung.

365   Der EBM enthält ein Verzeichnis, in dem die abrechnungsfähigen **Leistungen,** und zwar auch für belegärztliche Operationen, **abschließend beschrieben** werden (sogenannte Gebührenordnungspositionen); eine ausdehnende oder analoge Anwendung wie in § 6 Abs. 2 GOÄ vorgesehen, ist für vertragsärztliche Leistungen ausgeschlossen, sofern nicht wie für „ähnliche" (Labor-)Untersuchungen Ausnahmen vorgesehen sind.[26] Andere beziehungsweise „neue" Leistungen sind bis zur Aufnahme in den EBM nicht liquidierbar,[27] sofern nicht ausnahmsweise regional in Modellvorhaben (§ 63 Abs. 2 SGB V) beispielsweise zusätzliche Präventionsleistungen vereinbart und diesen dann eine zusätzliche regionale Abrechnungsnummer zugeordnet wird. Solche sog. Pseudoziffern gelten auch für regional vereinbarte Sachkostenpauschalen oder für Impfleistungen und bei Beteiligung des Arztes an Disease-Management-Programmen. Bei Unklarheiten legt das BSG den EBM-Gebührentatbestand maßgeblich nach dem Wortlaut und nicht ausdehnend aus; andere Auslegungskriterien wie der Zweck der Normgebung spielen eine untergeordnete Rolle.[28] Häufig finden sich Hinweise, dass einzelne Positionen neben anderen nicht berechnungsfähig sind. Leistungsbeschreibungen von Operationen umfassen im Zweifel alle erforderlichen Maßnahmen.

366   **Tipp:** Der Vertragsarzt sollte bei Unklarheiten zunächst das Abrechnungscenter seiner Kassenärztlichen Vereinigung konsultieren. Einfachere Fragen können auch Medizinische Fachangestellte klären; der Arzt bleibt aber für die korrekte Abrechnung stets selbst verantwortlich und kann sich bei Fehlern nicht mit dem Hinweis auf die Einschaltung einer Helferin exkulpieren.

367   Jeder Leistung ist eine **Punktzahl** zugeordnet, die ausdrückt, wie viel Zeitaufwand und Kosten mit der Leistungserbringung im Verhältnis zu anderen Leistungen bei generalisierender Betrachtung verbunden sind. Ausgangspunkt der Bewertung muss nach § 87 Abs. 2 Satz 3 Halbsatz 1 SGB V eine auf Grundlage sachgerechter Stichproben gewonnene betriebswirtschaftliche Basis sein. Kostenstrukturanalysen werden vom Statistischen Bundesamt und vom Zentralinstitut für die vertragsärztliche Versorgung (ZI) erstellt Die Bewertung darf daneben allerdings auch das Ziel verfolgen, Leistungen aus gesellschaftlichen oder Sicherstellungsgründen durch eine höhere Bewertung zu fördern oder attraktiver zu machen. Die Kostenansätze müssen bei allen Arztgruppen nach denselben Maßstäben ermittelt werden[29] und umfassen auch (steigende) Prämien für die Berufshaftpflichtversicherung aller oder einzelner Fachgruppen.[30] In die Praxiskosten fließen ansonsten Kosten für Perso-

---

[26] BSG vom 19. 8. 1992 – 6 RKa 18/91.
[27] BSG vom 13. 11. 1996 – 6 RKa 31/95.
[28] BSG vom 7. 2. 2007 – B 6 KA 32/05 R.
[29] BSG vom 15. 5. 2002 – B 6 KA 33/01 R.
[30] BT-Drs. 17/4747, 5.

nal, Verbrauchsgüter und Investitionen einschließlich Kreditzinsen ein. Welche Einmalartikel und Versandkosten in den Gebühren enthalten sind, regelt Abschnitt 7 der Allgemeinen Bestimmungen des EBM. Kostenpauschalen weist Bereich V auf.

Dem aktuellen EBM liegt bei einer Arbeitszeit von 51 Wochenstunden ein **kalkula-** **368** **torischer Arztlohn** von 105 571,80 EUR beziehungsweise Punktwert von 5,1129 Cent zugrunde. Mit Arbeitszeit ist die Gesamtarbeitszeit gemeint, die für die vertragsärztliche Versorgung der Versicherten einschließlich Verwaltungsaufgaben und Fortbildungsmaßnahmen aufzuwenden ist. Soweit möglich, sind die Leistungen mit Angaben zu dem für ihre Erbringung erforderlichen **Zeitaufwand** zu versehen. Dieser ist Grundlage der Plausibilitätsprüfung (Rn. 439), welche jedoch durch die Einführung einer zurzeit weitgehend pauschalierten Vergütung mit wenigen obligaten Leistungsinhalten an Bedeutung verloren hat.

Der Bewertungsausschuss hat einen erweiterten Gestaltungsspielraum in der **Anfangs-** **369** **und Erprobungsphase** neuer Regelungen, muss allerdings von Amts wegen kontinuierlich das Leistungsgeschehen, den medizinischen Fortschritt, Rationalisierungsmöglichkeiten und die Auswirkungen seiner Beschlüsse beobachten und in regelmäßigen Abständen die Leistungsbeschreibungen, Wertrelationen und den Leistungsinhalt von Pauschalen und Komplexen anzupassen. Neuerdings ist er gehalten, **telemedizinische Leistungen** in das Gebührenverzeichnis aufzunehmen (§ 87 Abs. 2a S. 8 SGB V); dem stand bisher der Grundsatz der persönlichen Leistungserbringung entgegen, nachdem eine Leistung nicht teilbar sondern vom Abrechnenden vollständig persönlich zu erbringen ist und – abgesehen von Fällen genehmigter Assistenten – delegierte Leistungen fachlich beaufsichtigt sowie in seiner Anwesenheit erbracht, das heißt engmaschig überwacht werden müssen. Beschließt der Gemeinsame Bundesausschuss gemäß § 92 Abs. 1 Satz 2 Nr. 5 SGB V die Aufnahme **neuer Untersuchungs- und Behandlungsmethoden** in den Leistungskatalog der gesetzlichen Krankenversicherung, muss der (erweiterte) Bewertungsausschuss über die Aufnahme und Einpassung in den EBM oder gegebenenfalls die Streichung oder Abwertung anderer Leistungen entscheiden.

Das vertragsärztliche Abrechnungssystem ist auch deshalb so komplex, weil das Leis- **370** tungsgeschehen nicht nur über die Bewertung der Leistung (Punktzahl) sowie durch den Honorarverteilungsmaßstab (Rn. 401) auf Landesebene gesteuert wird, sondern auch bereits auf Bundesebene im EBM andere, vorrangige Steuerungsmechanismen festgelegt werden können. Dadurch wird legitimerweise die Wirtschaftlichkeit der Leistungserbringung gefördert und es sollen Verteilungseffekte auch im Verhältnis der Arztgruppen untereinander induziert werden.[31] Das geschieht einerseits durch Bewertungsformen wie Komplexgebühren oder Gebührenpauschalen und andererseits durch Abstaffelungsregelungen (§ 87 Abs. 2 Satz 3 Halbsatz 2 SGB V) sowie andere **mengen- und fallzahlbegrenzende Maßnahmen** wie die vom 1. 9. 1997 bis 30. 6. 2003 geltenden Praxisbudgets[32] oder (Labor-)Budget-Bonus-Modelle.[33] Letztere sollen das wirtschaftliche Erbringen und Veranlassen von Leistungen durch einen sogenannten Wirtschaftlichkeitsbonus honorieren.[34] Solche steuernden Vorschriften müssen bekannt gemacht werden und begründen sodann Vertrauensschutz. Daher können sie, sofern sie der Leistung eine bestimmte Punktzahl zuordnen oder maximale Gesamtpunktzahlen festlegen, rückwirkend grundsätzlich nicht geändert werden.[35]

Der EBM ist in arztgruppenübergreifende Gebührenordnungspositionen sowie **haus-** **371** **und fachärztliche Leistungskapitel** und innerhalb der fachärztlichen Leistungen nach Arztgruppen gegliedert. Das hat für den Vertragsarzt den Vorteil, dass ihm eine verkürzte

---

[31] BSG vom 20. 3. 1996 – 6 RKa 51/95.

[32] BSG vom 8. 3. 2000 – B 6 KA 7/99 R und vom 15. 5. 2002 – B 6 KA 33/01 R.

[33] Köhler, DÄBl 1999, A-65.

[34] BSG vom 23. 2. 2005 – B 6 KA 55/03 R.

[35] BSG vom 17. 9. 1997 – 6 RKa 36/97.

Fassung des EBM, der sog. Arztgruppen-EBM zur Verfügung gestellt werden kann. Den Kapiteln des Gesamt-EBM sind jeweils die von der einzelnen Fachgruppe abrechenbaren Leistungen zugeordnet. Die Fachgruppenzuordnung richtet sich nach dem die Vorgaben der Weiterbildungsordnung der Landesärztekammer modifizierenden Versorgungsauftrag, der mit der Zulassung zur vertragsärztlichen Versorgung erteilt wird. Zahlreiche Leistungen darf der Arzt aber nur dann abrechnen, wenn ihm zuvor von seiner Kassenärztlichen Vereinigung eine entsprechende **Abrechnungsgenehmigung** erteilt worden ist. Entsprechende Qualifikationsanforderungen unterhalb der Facharztkompetenz legt der Gemeinsame Bundesausschuss fest oder sie können von der Kassenärztlichen Bundesvereinigung und dem Spitzenverband Bund der Krankenkassen gemäß § 135 Abs. 2 SGB V als Bestandteil des Bundesmantelvertrages vereinbart werden.

372 **Tipp:** Lassen Sie sich rechtzeitig vor einer geplanten Niederlassung von einem Berater der für Sie zuständigen Kassenärztlichen Vereinigung informieren, welche Nachweise Sie für das Erbringen spezieller Untersuchungs- und Behandlungsverfahren erbringen müssen. In der Startphase einer Niederlassung bleibt häufig keine Zeit, Qualifikationen nach zu erwerben, zumal man sich als Vertragsarzt gemäß § 32 Abs. 1 Satz 2 Ärzte-ZV nur zu Zwecken der Fortbildung nicht jedoch vertreten lassen darf, um eine Qualifikation nach der Weiterbildungsordnung zu erwerben.

373 Die im gesamten Abrechnungsquartal üblicherweise bei den Patienten erbrachten Leistungen werden zurzeit pauschaliert. Im haus- einschließlich kinder- und jugendärztlichem Bereich sieht der EBM eine mit dem ersten kurativ-ambulanten persönlichen Patientenkontakt (obligater Leistungsinhalt) abrechenbare, nach drei Altersklassen differenzierte **Versichertenpauschale** vor, welche die üblicherweise im Rahmen der hausärztlichen Versorgung erbrachten Leistungen umfasst. Liegen bestimmte chronische Erkrankungen vor und kommt es zu mindestens zwei Patientenkontakten im Quartal, kann ein Morbiditätszuschlag abgerechnet werden. Als Einzelleistungen und Leistungskomplexe werden beispielsweise Hausbesuche, der dringende Besuch in Alten- oder Pflegeheimen oder das hausärztlich-geriatrische Basisassessment abgebildet. Besonders erfahrene und qualifizierte Medizinische Fachangestellte (zum Beispiel NäPa, AGnES 2 oder VERAH) können in zumindest von Unterversorgung bedrohten Gebieten bestimmte delegationsfähige Leistungen bei schwerwiegend erkrankten und immobilen Patienten in deren Häuslichkeit oder Alten- und Pflegeheimen erbringen, wenn diese nach einem vorherigen Arzt-Patientenkontakt einzeln angeordnet wurden.

374 Das zum 1. 1. 2012 in Kraft getretene GKV-VStG will den **Grad der Pauschalierung** zugunsten der Einzelleistungs- und Komplexvergütung förderungswürdiger, insbesondere versorgungsrelevanter Leistungsbereiche wie Gesprächsleistungen oder telemedizinisch erbringbarer Leistungen **zurückführen.** Die Versichertenpauschalen sollen nur noch die Standardbehandlung sowie sehr seltene, mit geringem Aufwand verbundene Leistungen abdecken. Die Pauschalen sollen statt nach dem Surrogatparameter Alter nach empirisch ermittelten Morbiditätskriterien, insbesondere auch dem Schweregrad der Erkrankung und danach differenzieren, ob der Hausarzt einen neuen Versorgungsauftrag übernimmt beziehungsweise den Patienten länger nicht behandelt hat oder ihn in kürzeren Abständen wieder einbestellt.[36] Der Bewertungsausschuss hat mit Wirkung zum 22. 10. 2012 Grundsätze und Eckpunkte zur Änderung und Weiterentwicklung der EBM beschlossen.[37] Die Versichertenpauschale soll stärker altersgewichtet werden. Die Vorhalte-Kosten werden in einer versorgungsbereichsspezifischen Grundpauschale abgebildet, die bei einem Hausarzt, der sich auf hausarzttypische Leistungen konzentriert, höher liegen soll. Sein Versorgungsauftrag wird in einer Anlage zum Bundesmantelvertrag definiert. Bei einer gesicherten Diag-

---

[36] BT-Drs. 17/8005, 144.
[37] DÄBl. 2012, A-2325.

nose bestimmter chronischer Erkrankungen gibt es einen Chronikerzuschlag. Ferner sollen Gesprächs- und Technikzuschläge und neue Ziffern für geriatrische Grundleistungen, die onkologische Mitbehandlung und die allgemeine Palliativmedizin geschaffen werden.

Tipp: Bei den einzelnen Leistungen sind häufig **obligate und fakultative Leistungs-** 375 **inhalte** angegeben. Erstere müssen in jedem Fall, letztere stets dann, wenn das aus medizinischen Gründen erforderlich ist, erbracht werden, um die Leistung abrechnen zu können. Daher müssen neben den persönlichen auch die apparativen und räumlichen Voraussetzungen erfüllt werden, auch wenn sich die Notwendigkeit, den Leistungsanteil zu erbringen, im gesamten Abrechnungsquartal nicht ergeben hat. Nach Nummer 2.1.4. der Allgemeinen Bestimmungen muss der Facharzt den Hausarzt grundsätzlich durch einen Bericht über die Behandlung informieren.

Im fachärztlichen Bereich wird zwischen **Grund- und Zusatz- beziehungsweise** 376 **Konsiliar- und Konsultationspauschalen** sowie Einzelleistungen unterschieden. Konsiliarpauschalen gelten für Arztgruppen, die nur auf Überweisung tätig sind. Die Konsultationspauschale greift, wenn Auftragsleistungen bei nicht ausschließlich auf Überweisung tätigen Ärzten veranlasst werden. Als Leistungskomplex sind operative und stationsersetzende Eingriffe und die Strahlentherapie ausgebildet. Der Grad der Pauschalierung soll infolge des GKV-VStG analog zum hausärztlichen Bereich zurückgeführt werden, wobei die Differenzierung zwischen neuen und wieder einbestellten Patienten nur erfolgen muss, wenn sie sachgerecht ist. Die fachärztliche Grundversorgung soll im neuen EBM gestärkt werden. Das Gesetz lässt es zu, teilweise anstelle der Zusatzpauschalen diagnosebezogene Fallpauschalen einzuführen (§ 87 Abs. 2 c Satz 4 SGB V). Die Vergütung psychotherapeutischer Leistungen wird nach Zeiteinheiten bemessen (§ 87 Abs. 2 c Satz 6 SGB V, § 87 b Abs. 2 Satz 3 SGB V; näher Rn. 413).

b) Orientierungswert. Im EBM wird ein einheitlich für alle Arztgruppen geltender 377 **Orientierungswert** in Euro festgelegt (§ 87 Abs. 2 e SGB V), aus dem sich unter Berücksichtigung regionaler Besonderheiten (§ 87 a Abs. 2 SGB V) durch eine gesamtvertragliche Regelung eine regionale Euro-Gebührenordnung ergibt (§ 87 a Abs. 2 Satz 5 SGB V). Der Orientierungswert liegt bei zurzeit bei **3,5363 Cent.**[38] Er wird demnächst unter gleichzeitiger Anpassung der EBM-Ziffern an den kalkulatorischen Punktwert von 5,1129 Cent angeglichen.[39]

Die für das Jahr 2012 ausgesetzte (§ 87 d Abs. 1 Satz 1 SGB V) **jährliche Anpassung** 378 des Orientierungswerts (§ 87 Abs. 2 g SGB V) berücksichtigt die Entwicklung der relevanten Investitions- und Betriebskosten sowie die Möglichkeit zur Ausschöpfung von Wirtschaftlichkeitsreserven und muss mit den Steuerungsinstrumenten nach § 87 Abs. 2 Sätze 2 und 3 SGB V (EBM-Kalkulation der Gebührenordnungsposition) abgestimmt werden. Dabei darf die vorgesehene Berücksichtigung der Kostendegression bei Fallzahlsteigerung nicht dazu führen, dass vermittels einer Budgetierung das Ziel der Honorarreform des Jahres 2009 verfehlt wird, wonach Krankenkassen morbiditätsbedingte Mehrleistungen zahlen.[40]

c) Weitere bundesweite Festlegungen. Das bis zur einer abweichenden Beschlussfas- 379 sung übergangsweise fort geltende (§ 87 b Abs. 1 Satz 3 SGB V) Abrechnungssystem über Regelleistungsvolumina wurde zum 1. 1. 2009 eingeführt. Ziel war es, dass gleiche Leistungen unabhängig vom Ort der Leistungserbringung und der Kassenzugehörigkeit des Versicherten bundesweit grundsätzlich gleich vergütet werden. Das bedingte, dass der (erweiterte) Bewertungsausschuss nach § 85 Abs. 4a Satz 1 SGB V a. F. bis Ende 2011 die weitere Aufgabe hatte, Kriterien zur Verteilung der Gesamtvergütung zu bestimmen. Ferner musste er Regelungen

---

[38] DÄBl. 2010, A-2193.
[39] DÄBl. 2012, A-2326.
[40] BT-Drs. 16/3100, 130.

zur Vergütung psychotherapeutischer Leistungen, zur Verhinderung einer übermäßigen Ausdehnung einer vertragsärztlichen Tätigkeit sowie zur Vergütung von Leistungen innerhalb und außerhalb des Regelleistungsvolumens treffen. Das GKV-VStG hat dem Bewertungsausschuss diese **Zuständigkeit genommen.** Über die Honorarverteilung soll grundsätzlich wieder auf Landesebene entschieden werden. Teilweise ist die Zuständigkeit für den Erlass von Vorgaben allerdings in § 87 b Abs. 4 SGB V auf die Kassenärztliche Bundesvereinigung übergegangen (Rn. 391). Zudem behält der Bewertungsausschuss die in Rn. 374 beschriebenen Steuerungsmöglichkeiten. Über § 87 b Abs. 1 Satz 3 SGB V wirkten die früheren Festlegungen des Bewertungsausschusses übergangsweise noch in das Jahr 2012 hinein.

380   Ebenfalls wurden die Kompetenzen des Bewertungsausschusses in § 87 a Abs. 5 und 6 SGB V zugunsten regionaler Abweichungsspielräume bei den Vergütungsvereinbarungen beschnitten. Konnte der Bewertungsausschuss bisher Vorgaben machen, haben seine Beschlüsse nunmehr abgesehen von den Fällen des § 87 a Abs. 2 Satz 3 und Abs. 5 Satz 7 SGB V nur Empfehlungscharakter. Sie betreffen die Veränderung der Morbiditätsstruktur sowie einen Katalog besonders förderungswürdiger beziehungsweise aus medizinischen oder sonstigen fachlichen Gründen in den Katalog aufzunehmender Leistungen, die seitens der Krankenkassen als Einzelleistungen ohne Abstaffelung vergütet werden sollten. Für die regionalen Vergütungsverhandlungen werden vom Institut des Bewertungsausschusses spezifisch für jeden einzelnen Bereich einer Kassenärztlichen Vereinigung **demographische und diagnosebezogene Veränderungsraten** errechnet (§ 87 a Abs. 5 Satz 3 SGB V), was nur gelingen kann, wenn der Bewertungsausschuss ein Klassifikationsverfahren beschließt, welches regelmäßig zu überprüfen und fortzuentwickeln ist (§ 87 a Abs. 5 Satz 6 SGB V).

381   Neu ist die Kompetenz des Bewertungsausschusses, Kriterien für die Verbesserung der Versorgung der Versicherten festzulegen, auf deren Grundlage gesonderte **Vergütungszuschläge** für besonders förderungswürdige Leistungserbringer sowie Leistungen, vor allem in **unterversorgten Gebieten,** festgelegt werden können (§ 87 a Abs. 2 Satz 3 SGB V). Zudem wurde durch das GKV-VStG klargestellt, dass der Bewertungsausschuss Vorgaben zur Bereinigung der Gesamtvergütung bei Abschluss von Selektivverträgen und bei der Inanspruchnahme der spezialfachärztlichen Versorgung trifft (§ 87 a Abs. 5 Satz 7 Halbsatz 1 SGB V).

382   **d) Bewertungsausschuss und erweiterter Bewertungsausschuss.** Der Bewertungsausschuss besteht aus sechs, zur Hälfte von Krankenkassenseite und zur anderen Hälfte von Ärzteseite bestellten Mitgliedern und wird bei Beschlüssen zur Anpassung des EBM zur Vergütung der Leistungen der spezialfachärztlichen Versorgung um je drei Vertreter der Deutschen Krankenhausgesellschaft und des Spitzenverbandes Bund der Krankenkassen ergänzt. Kommen keine einstimmigen Beschlüsse zustande, wird er um drei unparteiische Mitglieder erweitert und dann als erweiterter Bewertungsausschuss bezeichnet. Der (erweiterte) Bewertungsausschuss ist somit ein einheitlicher, lediglich in unterschiedlichen Besetzungen (paritätisch oder um unparteiische Mitglieder erweitert) und nach unterschiedlichen Regeln (Einstimmigkeits- beziehungsweise Mehrheitsprinzip) tagender, nicht rechtsfähiger **Vertragsausschuss,** dessen Handeln den Partnern des Bundesmantelvertrages als eigenes zugerechnet wird. Die Mitglieder können jederzeit abberufen werden und handeln daher nicht weisungsfrei.[41] Durch die Vertraulichkeit nicht nur der Beratungen sondern auch der (vorbereitenden) Beratungsunterlagen und Niederschriften sowohl beim Ausschuss als auch bei seinen Trägerorganisationen soll die freie Rede beim Finden eines kompromisshaften Interessenausgleichs gesichert werden.[42]

383   Die Beschlüsse des erweiterten Bewertungsausschusses sind im Verhältnis zu Dritten einschließlich der Vertragsärzte unanfechtbare sogenannte Normsetzungsverträge und gegenüber den Vertragspartnern aufgrund der **Schiedsamtsfunktion** des Gremiums gerichtlich anfechtbare Verwaltungsakte.[43]

---

[41] BSG vom 29. 9. 1993 – 6 RKa 65/91; BGH vom 14. 3. 2002 – III 302/00.
[42] BT-Drs. 17/6906, 61.
[43] BSG vom 11. 9. 2002 – B 6 KA 34/01 R.

Zur Professionalisierung der Arbeit des Gremiums wurde ein neutrales, die Interessen- **384** konflikte der Ärzte und Krankenkassen ausgleichendes **Institut des Bewertungsausschusses** gegründet, das die Arbeit des Ausschusses durch laufende Analysen, insbesondere zur Entwicklung der Vergütungs- und Leistungsstruktur, und zu den Ausgaben der Krankenkassen zu unterstützen hat.

Die **Rechtsaufsicht** über den (erweiterten) Bewertungsausschuss obliegt dem Bundes- **385** ministerium für Gesundheit, das weit reichende Eingriffsmöglichkeiten hat. Es kann an allen Sitzungen des Bewertungsausschusses einschließlich des Entscheidungen vorbereitenden Arbeitsausschusses sowie des Instituts teilnehmen, Beratungsunterlagen einsehen, Auflagen erteilen und sich zur Vorbereitung einer eigenen Entscheidung im Wege der sog. Ersatzvornahme des Instituts bedienen.

e) Rechtsschutz. Der EBM kann vom Arzt wegen seines Charakters als sogenannter **386** Normsetzungsvertrag **grundsätzlich nur mittelbar** im Wege einer Klage gegen den Honorarbescheid (Rn. 435), die Zuweisung des Regelleistungsvolumens (Rn. 418) oder eine sachlich-rechnerische Berichtigung (Rn. 431) angefochten werden. Die Erfolgsaussichten sind allerdings generell nicht hoch. Dem Bewertungsausschuss steht, selbst für Sachkosten,[44] nämlich ein weiter Gestaltungsspielraum zu;[45] in das umfassende, auf Interessenausgleich angelegte und daher Kompromisse beinhaltende Tarifgefüge greift die Rechtsprechung mit punktuellen Entscheidungen nur ein, wenn der Regelungsspielraum durch Missachtung gesetzlicher Vorgaben oder grundrechtlicher Gewährleistungen (Art. 3 Abs. 1 GG; Art. 12 Abs. 1 GG) überschritten oder die auch der Steuerung des Leistungsgeschehens dienende Bewertungskompetenz mit Blick auf den Zweck der Ermächtigung unvertretbar oder unverhältnismäßig missbraucht wird.[46]

f) Vorgaben für die Honorarverteilung durch die Kassenärztliche Bundesverei- 387 nigung. Der Gestaltungsspielraum der Kassenärztlichen Vereinigungen wird durch an sie adressierte Bundesvorgaben gemäß § 87b Abs. 4 SGB V eingeschränkt. Diese können entweder vage oder detailliert ausfallen; die bis Ende 2012 geltenden Vorgaben beschränkten sich im Wesentlichen auf die im **Einvernehmen** mit dem Spitzenverband Bund der Krankenkassen zu treffende Vorgabe zur Festlegung und Anpassung der Trennung der Gesamtvergütung in einen haus- und einen fachärztlichen Anteil (§ 87b Abs. 1 Satz 1 SGB V). Zur bundeseinheitlichen Vereinheitlichung der Vergütung von Leistungen und Kostenpauschalen der Laboratoriumsmedizin wurde mit Wirkung zum 1. 10. 2012 eine Abstaffelungsquote Q nach bundeseinheitlich vorgegebenen Berechnungsschritten eingeführt. Im **Benehmen** (vgl. dazu Rn. 401) mit dem Spitzenverband Bund der Krankenkassen können die weiteren gesetzlichen Vorgaben (Rn. 356) konkretisiert werden (§ 87b Abs. 4 Satz 2 SGB V).

Die Bundesvorgaben sind an die Kassenärztlichen Vereinigungen adressiert, werden des- **388** halb, was zweifelhaft ist, nicht beziehungsweise nur als Anhang zum Honorarverteilungsmaßstab veröffentlicht, können aber jedenfalls vom Vertragsarzt nicht angefochten werden. **Widerspruch und Klage** können erst gegen einen auf die Bundesvorgaben gestützten Honorarbescheid erhoben werden.

4. Landesrechtliche Beschlüsse

a) Rechtsverhältnis Kassenärztliche Vereinigung – Krankenkassen. aa) Punkt- 389 wertvereinbarung. Die Rechtsverhältnisse zwischen Kassenärztlichen Vereinigungen und den Landesverbänden der Krankenkassen sowie den Ersatzkassen werden auf Landesebene jeweils in einem sogenannten **Gesamtvertrag** geregelt. Allgemeiner Inhalt des Vertrages ist der jeweilige Bundesmantelvertrag (§ 82 Abs. 1 SGB V). Wesentlicher, auf Landes-

---

[44] BSG vom 23. 5. 2007 – B 6 KA 2/06 R; BVerfG vom 23. 8. 2010 – 1 BvR 1141/10.
[45] BVerfG vom 23. 8. 2010 – 1 BvR 1141/10.
[46] BSG vom 9. 12. 2004 – B 6 KA 84/03 R.

ebene zu verhandelnder und obligater Vertragsbestandteil ist die (Gesamt-)Vergütung der an der vertragsärztlichen Versorgung teilnehmenden Leistungserbringer (§ 82 Abs. 2 Satz 1 SGB V); dazu macht § 87a SGB V die einschlägigen Vorgaben und legt fest, dass dieser Teil des Gesamtvertrages mit allen Krankenkassen(verbänden) gemeinsam zu vereinbaren sowie jährlich kassenartenübergreifend und einheitlich anzupassen ist. Erfasst werden jeweils alle Versicherten mit Wohnsitz im betreffenden Bundesland; der Sitz der Krankenkasse spielt keine Rolle. Indem sich der gegen die Krankenkassen gerichtete Vergütungsanspruch nach gleichen Maßstäben richtet, wird der Krankenkassenwettbewerb nicht auf das Verhandlungsgeschick sondern andere Parameter ausgerichtet.

390   Die **Gesamtvergütung** wird aktuell nicht mehr durch den Anstieg der Grundlohnsumme begrenzt (Rn. 359), sondern unter Übertragung des entsprechenden Risikos auf die Krankenkassen jedenfalls ab 2013 (wieder) an die Morbiditätsentwicklung gekoppelt; Basis ist ab dem Jahr 2013 der für das Jahr 2012 nach Maßgabe des § 87d Abs. 2 Satz 1 SGB V festgelegte Betrag. Das Risiko der Arztzahlentwicklung und damit der Aufteilung der Gesamtvergütung auf eine größere Anzahl von Leistungserbringern verbleibt hingegen bei der Kassenärztlichen Vereinigung und den von ihnen vertretenen Ärzten; der Wechsel von Versicherten zu anderen Krankenkassen mit früher zum Teil divergierenden sog. Kopfpauschalen beeinflusst hingegen nicht mehr die den Kassenärztlichen Vereinigungen für die Honorarverteilung zur Verfügung stehende Summe.

391   Von dem bundesweiten Orientierungswert nach § 87 Abs. 2e SGB V (Rn. 381) vereinbaren die Kassenärztlichen Vereinigungen und die Landesverbände der Krankenkassen sowie die Ersatzkassen gemeinsam gegebenenfalls einen allgemeinen **regionalen Zu- oder Abschlag** (§ 87a Abs. 2 SGB V), so dass sich ein regionaler Punktwert ergibt, aus dem durch Multiplikation mit den den Gebührenordnungsziffern zugeordneten Punktzahlen eine regionale Gebührenordnung mit festen Europreisen erstellt werden kann (§ 87a Abs. 2 Satz 5 SGB V). Einigen sich die Vertragsparteien nicht, kommt es zur Festsetzung des regionalen Punktwerts durch das **Landesschiedsamt** (§ 89 Abs. 2 Satz 1 SGB V). Es ist auch zulässig, einzelnen, etwa besonders förderungswürdigen Leistungen oder Leistungskomplexen wie beispielsweise ambulanten Operationen im gesamten Bereich der Kassenärztlichen Vereinigung einen höheren Punktwert zuzuordnen um zu gewährleisten, dass etwa bei negativer Fallzahlentwicklung die medizinisch notwendige Versorgung sichergestellt wird.[47] Es gilt allerdings der nur für die Vereinbarung des Behandlungsbedarfs ausgeschlossene Grundsatz der Beitragssatzstabilität.[48] Die regionale Euro-Gebührenordnung ist nach Veröffentlichung Grundlage der Vergütung des Vertragsarztes seitens seiner Kassenärztlichen Vereinigung (§ 87b SGB V).

392   Ab dem Jahr 2013 (§ 87d Abs. 1 Satz 3 SGB V) können auf der Grundlage vom (erweiterten) Bewertungsausschuss festzulegender Kriterien[49] auch für einzelne Leistungen oder einzelne Leistungserbringergruppen Zuschläge in einzelnen Planungsbereichen vereinbart werden. Solche **Vergütungsanreize** sollen die Niederlassung in unterversorgten oder von Unterversorgung bedrohten Gebieten ebenso wie die Erbringung in dünn besiedelten Gebieten ansonsten unattraktiver Leistungen (zum Beispiel lange Anfahrtszeiten für Hausbesuche; geringere Geräteauslastung und damit geringere Investitionsbereitschaft; höhere Fallschwere bei hausärztlichen Versorgung angesichts undurchschnittlicher fachärztlichen Versorgung) und so die Sicherstellung der Versorgung fördern. Besonders förderungswürdig sind nach Auffassung des Gesetzgeber auch Leistungserbringer, welche eine messbar überdurchschnittliche Ergebnisqualität erzielen[50] (sogenannte Pay for Performance). Im Gegensatz zu § 136 Abs. 4 Satz 2 SGB V erfolgt die Finanzierung nicht durch Abschläge bei den anderen Leistungserbringern sondern durch eine höhere Gesamtvergütung.

---

[47] BSG vom 21. 3. 2012 – B 6 KA 21/11 R.
[48] *Pfeiffer/Altmiks*, ZMGR 2010, 235/242.
[49] DÄBl. 2012, A-2325.
[50] BT-Drs. 17/6906, 62.

bb) Vereinbarung des Behandlungsbedarfs. Die Vertragsparteien vereinbaren neben **393** dem Punktwert oder verschiedenen Punktwerten unter Zugrundelegung des EBM versichertenbezogene Punktzahlvolumina, die den durchschnittlichen **Behandlungsbedarf** für Versicherte verschiedener Morbiditätsklassen zum Ausdruck bringen (§ 87a Abs. 3 Satz 2 SGB V). Daraus errechnet sich in Abhängigkeit von der voraussichtlichen, nach Versichertentagen bemessenen Zahl und Morbiditätsstruktur der in ihrem Bezirk wohnenden Versicherten durch Multiplikation mit dem regionalen Punktwert beziehungsweise gesonderten Zuschlägen ein Zahlungsanspruch der Kassenärztlichen Vereinigung gegen die einzelnen Krankenkassen (sogenannte Gesamtvergütung). Der vereinbarte Gesamtbehandlungsbedarf gilt als notwendige medizinische Versorgung (§ 87a Abs. 3 Satz 2 Halbsatz 2 SGB V), so dass die Beachtung des Grundsatzes der Beitragssatzstabilität fingiert wird.

Jährlich wird der die Gesamtvergütung bestimmende Behandlungsbedarf angepasst. Nicht **394** abschließende Einflussgrößen sind die Entwicklung von Anzahl und Morbiditätsstruktur der Versicherten und des tatsächlichen Umfangs sowie unter Umständen auch der Art der ärztlichen Leistungen. Neue Leistungen werden für zunächst zwei Jahre grundsätzlich außerhalb der Gesamtvergütung „extrabudgetär" bezahlt. Basis der Anpassungsvereinbarung sind die den Vertragspartnern vom Institut des Bewertungsausschusses landesspezifisch gemäß § 87a Abs. 5 Satz 3 SGB V errechneten **demographischen und diagnosebezogenen Veränderungsraten.** Sie sind zusammengefasst gewichtet zu berücksichtigen und andererseits ist zu bewerten, dass die Kodierung, insbesondere nach Wegfall der ambulanten Kodierrichtlinien, kein exaktes Abbild der Morbiditätsentwicklung darstellt (§ 87a Abs. 4 Satz 3 SGB V).[51] Zudem können in die regionale Vereinbarung weitere relevante Morbiditätskriterien einfließen, die seit dem GKV-VStG nicht mehr mit den i.R.d. Risikostrukturausgleichs verwendeten Morbiditätskriterien kompatibel sein müssen;[52] eine solche Anbindung ist allerdings durchaus sachgerecht, weil Krankenkassen, die wegen einer schlechteren Morbiditätsstruktur ihrer Versicherten eine höhere Gesamtvergütung zahlen, über den Risikostrukturausgleich höhere Zuweisungen aus dem Gesundheitsfonds erhalten (§ 266 Abs. 1 Satz 2 SGB V).

Die zunehmende Einführung neuer Versorgungsformen wie der hausarztzentrierten und **395** integrierten Versorgung bedingt allerdings, dass die Gesamtvergütung zur Vermeidung einer Doppelfinanzierung entsprechend der Anzahl und der Morbiditätsstruktur der daran teilnehmenden Versicherten sowie dem Inhalt der entsprechenden Verträge in einer **Bereinigungsvereinbarung** angepasst werden muss (§ 73b Abs. 7 Satz 2 SGB V, § 73c Abs. 6 Satz 2 SGB V, § 140d Abs. 1 Satz 1 SGB V).[53] Nimmt ein Versicherter entgegen § 73b Abs. 3 Satz 1 SGB V die Regelversorgung in Anspruch, erfolgt eine Einzelleistungsvergütung nach den regionalen Preisen der Euro-Gebührenordnung außerhalb der morbiditätsbedingten Gesamtvergütung.[54]

Ein unvorhergesehener Anstieg des Behandlungsbedarfs begründet bei Pandemien, Epi- **396** demien, Naturkatastrophen und bei mehr als 25%iger Zunahme bestimmter Akuterkrankungen[55] einen zeitnah zu erfüllenden (§ 87a Abs. 3 Satz 4 SGB V) **Nachzahlungsanspruch** der Kassenärztlichen Vereinigung. Die Gesamtvergütung wird nachträglich an die Zahl der tatsächlich bei der Krankenkasse Versicherten angepasst und korrigiert, wenn sich Versicherte in Bezirken anderer Kassenärztlicher Vereinigungen behandeln lassen und dort andere Punktwerte gelten (§ 87a Abs. 3a SGB V). In letzterem Fall erfolgt ein sog. **Fremdkassenzahlungsausgleich** der Kassenärztlichen Vereinigungen untereinander nach Maßgabe des § 75 Abs. 7a SGB V. Als Einzelleistung werden unter Berücksichtigung von Empfehlungen des Bewertungsausschusses (§ 87a Abs. 5 Satz 1 Nr. 3 SGB V) aufgrund

---

[51] BT-Drs. 17/6906, 63f.

[52] BT-Drs. 17/6906, 64.

[53] Vgl. die im Deutschen Ärzteblatt veröffentlichen Beschlüsse: 2010, A-2351 und A-2576, 2011, A-117.

[54] Abschnitt II Nr. 1.5 Ziffer 4 des Beschlusses vom 19. 10. 2010, DÄBl 2011, A-2353.

[55] DÄBl. 2009, A-1917f.

von Vereinbarungen nach § 87a Abs. 3 Satz 5 SGB V zusätzlich Substitutionsbehandlungen und gegebenenfalls Leistungen vergütet, bei denen keine Gefahr der Mengenausweitung besteht (beispielsweise Strahlentherapie, Geburtshilfe) oder die besonders förderungswürdig sind (zum Beispiel Prävention, künstliche Befruchtung).

397   **b) Honorarverteilung an die Vertragsärzte.** Die Verteilung der Gesamtvergütung durch die Kassenärztliche Vereinigung an die an der vertragsärztlichen Versorgung teilnehmenden Leistungserbringer wird seit 1. 1. 2012 vor allem durch § 87b SGB V geregelt; daneben haben noch die Absätze 2 und 2a des § 85 SGB V Bedeutung. Rechtsgrundlage ist eine von der Vertreterversammlung im Benehmen mit den Landesverbänden der Krankenkassen und den Ersatzkassen beschlossene Satzung, **Honorarverteilungsmaßstab** genannt; diese wird gegebenenfalls durch eine Abrechnungsanweisung ergänzt. Von Juni 2004 bis Ende 2011 musste die Honorarverteilung hingegen in einem Honorarverteilungsvertrag mit den Krankenkassen vereinbart werden. Das **Benehmen** ist eine viel schwächere Form der Beteiligung, setzt aber voraus, dass die Kontaktaufnahme mit den Krankenkassen vom Willen getragen ist, auch die Belange der anderen Seite zu berücksichtigen und sich mit ihr, gegebenenfalls auch in gemeinsamer Beratung, zu verständigen.[56]

398   Die Kassenärztlichen Vereinigungen haben bei Verabschiedung des HVM einen erheblichen Gestaltungsspielraum. Dieser wird eingeschränkt durch
– Bundesvorgaben (Rn. 391),
– die Trennung der Gesamtvergütung in einen haus- und einen fachärztlichen Anteil (Rn. 405),
– das Ziel, eine übermäßige Ausdehnung des Leistungsumfangs außer in unterversorgten Gebieten zu verhindern (Rn. 407),
– den Ärzten weitgehend Kalkulationssicherheit hinsichtlich des zu erwartenden Honorars zu ermöglichen (Rn. 406),
– das Gebot der Förderung kooperativer Berufsausübung (Rn. 410),
– die vorgegebene zeitgebundene Vergütung psychotherapeutischer Leistungen (Rn. 413) sowie
– die von der Rechtsprechung entwickelten Grundsätze des Gebots der leistungsproportionalen Honorarverteilung und des Grundsatzes der Honorarverteilungsgerechtigkeit (Rn. 364 und 365).

399   Wegen dieser zahlreichen Vorgaben und verschiedenen Zielsetzungen führt das BSG zu Recht aus, dass ein HVM diesen verschiedenen Zielvorgaben nicht gleichermaßen gerecht werden kann. Vielmehr muss die Kassenärztliche Vereinigung in dem Konflikt unterschiedlicher Zielsetzungen einen angemessenen Ausgleich im Sinne praktischer Konkordanz suchen. Dabei gibt es nicht nur eine richtige Kompromisslösung, sondern eine Bandbreite unterschiedlicher Möglichkeiten gleichermaßen rechtmäßiger Regelungen.[57]

400   Da das GKV-VStG erst Ende 2011 in Kraft getreten ist, gelten bis zur amtlichen Bekanntmachung eines regionalen HVM mit neuen Honorarverteilungsregelungen die bisherigen Regelungen über **Regelleistungsvolumina** und qualitätsgebundene Zusatzvolumina fort (§ 87b Abs. 1 Satz 3 SGB V). Deshalb wird nachfolgend (Rn. 414) auch die bisherige Rechtslage dargestellt.

401   **aa) Trennung des haus- und fachärztlichen Vergütungsvolumens.** Die letzten Jahre waren innerärztlich vor allem durch den Streit um die Verteilung der Honorare zwischen Haus- und Fachärzten sowie einen Anstieg der Zahl der Fachärzte bei gleichzeitigem Nachwuchsmangel im hausärztlichen Bereich geprägt. Der Gesetzgeber hat, um die hausärztliche Versorgung zu fördern und den Streit zu reduzieren, bereits ab dem Jahr 2000 eine Aufteilung der Vergütung für beide Versorgungsbereiche vorgesehen. Vorgaben zur Festlegung und Anpassung des entsprechenden Honorarvolumens, das heißt des sogenannten (regionalen) **Trennungsfaktors** machte zunächst der Bewertungsausschuss; seit 1. 1.

[56] BSG vom 21. 1. 1969 – 6 RKa 26/67.
[57] BSG vom 8. 2. 2006 – B 6 KA 25/05 R.

2012 hat darüber die Kassenärztliche Bundesvereinigung mit den Spitzenverband Bund der Krankenkassen Einvernehmen herzustellen (§ 87b Abs. 4 Satz 1 SGB V). Es wurden dazu dreißig Rechenschritte festgelegt. Auch Bereinigungen für die Teilnahme an der hausarztzentrierten oder der besonderen ambulanten Versorgung (Rn. 399) haben versorgungsbereichsspezifisch zu erfolgen (§ 73b Abs. 7 Satz 2 SGB V und § 73c Abs. 6 Satz 2 SGB V).

bb) Kalkulationssicherheit. Der HVM soll Ärzten im Zusammenwirken mit der regi-   402
onalen Euro-Gebührenordnung (§ 87a Abs. 2 Satz 6 EBM) **Kalkulationssicherheit** hinsichtlich der Höhe des zu erwartenden Honorars verschaffen, so dass für ein vorher festgelegtes Leistungsvolumen eine feste und bei Mehrleistungen eine abgestaffelte Vergütung gezahlt wird. Da die Gesamtvergütung budgetiert ist, setzt das System in der Regel eine Quotierung voraus, so dass Planungssicherheit nicht bedeutet, dass für alle Leistungen der regionale Punktwert zu zahlen ist;[58] es muss aber erkennbar sein, ab welchem Grenzwert die Mengenbegrenzung eintritt.

cc) Verhinderung der übermäßigen Ausdehnung der Tätigkeit. Es sind Regelun-   403
gen mit dem Ziel zu treffen, eine übermäßige Ausdehnung der ärztlichen Tätigkeit zu verhindern (§ 87b Abs. 2 Satz 1 Halbsatz 1, Abs. 4 Satz 2 SGB V). Damit soll zum einen der Gefahr vorgebeugt werden, dass die Patienten durch den Vertragsarzt nicht persönlich sorgfältig und gründlich behandelt werden und **Qualitätsmängel** auftreten. Zum anderen soll der Anreiz für medizinisch nicht erforderliche Behandlungen beziehungsweise Wiedereinbestellungen oder unnötige Überweisungen genommen werden. Damit wird dem Vertragsarzt Planungssicherheit gegeben und ein sog. Hamsterradeffekt verhindert,[59] das heißt der Arzt erbringt nicht nur deshalb mehr Leistungen, weil es alle tun und er sein Honorar nur dann halten kann, wenn er sich an der Leistungsvermehrung beteiligt. Anderseits dürfen am Ende des Abrechnungsquartals erbrachte Leistungen nicht geringer als die zu Beginn erbrachten vergütet werden.[60]

Bei einzelnen Leistungen oder Leistungsbereichen wie der Dialyse oder der Strahlenthe-   404
rapie kann bei Vorliegen sachlicher Gründe (zum Beispiel geringere Gefahr der Ausweitung besonders förderungsfähiger Leistungen) im Rahmen des Gestaltungsspielraums der Kassenärztlichen Vereinigung von mengenbegrenzenden Regelungen abgesehen werden.[61] Das bietet sich an, wenn die Leistungen bereits von den Krankenkassen der Kassenärztlichen Vereinigung gegenüber nach § 87a Abs. 3 Satz 5 SGB V extrabudgetär vergütet werden und die Kassenärztliche Vereinigung diese **Einzelleistungsvergütungen** quasi nur weiterreicht. Zwingend ist das aber nicht; der HVM kann auch diesbezüglich Honorarbegrenzungsregelungen vorsehen.

dd) Ausnahmen für unterversorgte Gebiete, § 87b Abs. 3 SGB V. Soweit der   405
HVM Maßnahmen zur Fallzahlbegrenzung oder -minderung vorsieht, dürfen diese nicht bei Patienten mit Wohnsitz in unterversorgten oder in absehbarer Zeit von Unterversorgung bedrohten Planungsbereichen oder bei Bestehen zusätzlichen lokalen Versorgungsbedarfs angewandt werden. Das soll einen Anreiz geben, Patienten aus unterversorgten Gebieten zusätzlich zu behandeln beziehungsweise sich dort niederzulassen oder eine Zweigpraxis zu eröffnen. Der HVM kann alternativ oder zusätzlich **Sicherstellungszuschläge,** Investitionskostenzuschüsse oder Umsatzgarantien zur Steuerung des Niederlassungsverhaltens vorsehen. Schließlich kann gemäß § 105 Abs. 1a SGB V ein Strukturfonds gebildet werden, an dessen Finanzierung sich die Krankenkassen beteiligen müssen.

ee) Vergütung kooperativer Berufsausübung sowie von Praxisnetzen, § 87b   406
Abs. 2 Satz 2, Abs. 4 SGB V. Der kooperativen Behandlung in **Berufsausübungsgemeinschaften** und **medizinischen Versorgungszentren** ist durch Vergütungszuschläge und damit eine finanzielle Förderung angemessen Rechnung zu tragen, wobei die Mög-

---

[58] BSG v. 8. 12. 2010 – B 6 KA 42/09 R.
[59] BT-Drs. 17/6906, 65.
[60] BT-Drs. 17/6906, 65.
[61] BSG vom 3. 2. 2010 – B 6 KA 31/08 R und vom 18. 8. 2010 – B 6 KA 27/09.

lichkeit, auch eine Einzelpraxis wirtschaftlich betreiben zu können, gewahrt bleiben muss. Typischerweise führen kooperative Versorgungsformen nach Ansicht des BSG zu einer besseren Praxisausstattung, längeren Praxisöffnungs- und geringeren -ausfallzeiten, einem größeren Leistungsspektrum einschließlich belegärztlicher Tätigkeit, einem stärkeren kollegialen Austausch mit weniger Überweisungen; sie erleichtern die Vereinbarkeit von Familie und Beruf und tragen daher zur Nachwuchsgewinnung bei.[62] Der HVM muss auch regeln, wem das Vergütungsvolumen bei Beendigung der kooperativen Berufsausübung zugewiesen wird.

407   Gemäß § 87b Abs. 1 Satz 3 SGB V gelten seit Beginn des Jahres 2012 zunächst folgende **Vergütungszuschläge** fort: Fach- und schwerpunktgleiche, nicht standortübergreifende Berufsausübungsgemeinschaften, medizinische Versorgungszentren und Praxen mit angestellten Ärzten erhalten ein um 10% erhöhtes Regelleistungsvolumen;[63] besteht eine überörtliche und/oder eine fach- oder schwerpunktübergreifende Kooperation, wird das Regelleistungsvolumen grundsätzlich erst ab einem Kooperationsgrad von mindestens 10%, gemessen daran, wie viele Patienten des Gesamtpatientengutes von mehreren Ärzte in einem Quartal gleichzeitig behandelt werden, um bis zu 40% erhöht.[64] Die kassenärztlichen Vereinigungen sind in der Festlegung nunmehr frei, wie sich aus Teil D der Vorgaben der Kassenärztlichen Bundesvereinigung gemäß § 87b Abs. 4 SGB V ergibt.

408   Seit 1. 1. 2012 können **Praxisnetze** beziehungsweise -verbünde, die auf Bundesebene festzulegenden Kriterien und Qualitätsanforderungen entsprechen und dementsprechend von der Kassenärztlichen Vereinigung anerkannt wurden, nach Maßgabe des HVM entweder Zuschläge oder ein eigenes Honorarvolumen erhalten (§ 87b Abs. 2 Satz 2 Halbsatz 2 SGB V). Bei Redaktionsschluss dieses Buches waren die Festlegungen noch nicht getroffen. Das Praxisnetz übernimmt dann eine Teilverantwortung für die medizinische Versorgung; die **Honorarverteilung** an den einzelnen Arzt beziehungsweise die Netzpraxis erfolgt **auf privatrechtlichern Grundlage** und kann nicht beim Sozialgericht angefochten werden. Praxisnetze können alternativ auf der Grundlage von Selektivverträgen (§§ 63, 64, 73b, 73c, 140b SGB V) honoriert werden.

5. Vergütung psychotherapeutischer Leistungen

409   Die Sonderregelung zur Vergütung psychotherapeutischer Leistungen geht auf die Rechtsprechung des BSG zurück,[65] wonach es die Honorarverteilungsgerechtigkeit gebietet, durch **garantierte Punktwerte** sicherzustellen, dass Psychotherapeuten, die ausschließlich oder ganz überwiegend zeitgebundene und genehmigungspflichtige Leistungen erbringen und Punktwertabsenkungen daher nicht durch Fallzahlsteigerungen auszugleichen vermögen, ein angemessenes Honorar erzielen können. Das Gesetz erweitert den Kreis der begünstigten Fachgruppen und gilt auch, wenn der Vertragsarzt Psychotherapie nur ergänzend anbietet oder genehmigte (Weiterbildungs-)Assistenten die Leistungen erbringen.[66] Die Leistungsmenge wird über eine **zeitbezogene Kapazitätsgrenzen** von zurzeit 27090 Minuten je Abrechnungsquartal für die antrags- und genehmigungspflichtigen Leistungen einschließlich probatorischer Sitzungen gesteuert. Der Bewertungsausschuss hat empfohlen, Leistungen der antrags- und genehmigungspflichtigen Psychotherapie sowie der probatorischen Sitzungen ab 1. 1. 2013 außerhalb der morbiditätsbedingten Gesamtvergütung seitens der Krankenkassen zu finanzieren. Dazu bedarf es einer entsprechenden Regelung im Gesamtvertrag (Rn. 393) auf Landesebene.

---

[62] BSG vom 17. 3. 2010 – B 6 KA 41/08 R.

[63] DÄBl. 2011, A-125.

[64] DÄBl. 2011, A-125, A-291.

[65] BSG vom 20. 1. 1999 – B 6 KA 46/97 R und vom 25. 8. 1999 – B 6 KA 14/98 R sowie vom 12. 9. 2001 – B 6 KA 58/00 R.

[66] BSG vom 17. 3. 2010 – B 6 KA 13/09 R.

6. Übergangsweise fortgeltendes Vergütungsrecht des Jahres 2011, § 87 b Abs. 1 Satz 3 SGB V

Bis die Kassenärztlichen Vereinigungen einen neuen HVM beschlossen und publi-   **410**
ziert haben, gelten die bisherigen Regelungen zur Honorarverteilung, insbesondere zur
Zuweisung von Regelleistungsvolumina und den sie ergänzenden qualitätsgebundenen
Zusatzvolumina vorläufig fort (§ 87 b Abs. 1 Satz 3 SGB V). Die Besonderheit des arzt-
beziehungsweise praxisbezogen sowie kassenübergreifend ermittelten Regelungsleistungs-
volumens war, dass es dem Arzt vor Quartalsbeginn von der Kassenärztlichen Vereinigung
zugewiesen wurde und er im Zusammenhang damit die Preise für Leistungen innerhalb
und außerhalb des Regelleistungsvolumens erfuhr. Das Regelleistungsvolumen stellt die
Leistungsmenge dar, die mit dem Festpreis der Euro-Gebührenordnung vergütet wird und
so angelegt ist, dass es den Großteil der erbrachten Leistungen erfasst. **Mehrleistungen**
wurden ab einer Überschreitung des Fachgruppendurchschnitts um mehr als das 1½-fache
mit grundsätzlich bis zu 75% abgestaffelten Preisen vergütet, das heißt ab einer bestimmten
Menge erhielt der Vertragsarzt nur noch ¼ der üblichen Vergütung. Sonderregelungen
galten, wenn sich Praxen so sehr spezialisiert hatten, dass der Spezialleistungsanteil mindestens 20%[67] betrug.

Das Regelleistungsvolumen wird **quartalsbezogen** festgelegt. Ausgangspunkt der Be-   **411**
rechnung ist die Summe aller der Kassenärztlichen Vereinigung von den Krankenkassen
gezahlten Gesamtvergütungen, vermindert oder erhöht um voraussichtliche Zahlungen
oder zusätzliche Einnahmen im Fremdkassenzahlungsausgleich, das heißt von Leistungen,
die für Versicherte mit Wohnsitz in anderen Bundesländern erbracht werden. Abgezogen
werden ferner **Rückstellungen** zum Ausgleich des Risikos der Arztzahlentwicklung oder
anhängiger Rechtsstreitigkeiten, für einen Sicherstellungsfonds oder für Ärzte oder Arztgruppen, bei denen es infolge der vorangegangenen Vergütungsreform zu ungewollten
überproportionalen Honorarverlusten gekommen ist. Ferner sind die Aufwendungen für
psychotherapeutische Leistungen und andere, unbegrenzt ohne Abstaffelungen zu be-
dienende förderungswürdige Leistungen (beispielsweise Haus- und Heimbesuche, Not-
dienstteilnahme oder auch das Labor und der Labor-Wirtschaftlichkeitsbonus) und die
Vergütungsanteile für qualitätsgebundene Zusatzvolumina (Rn. 417) abzuziehen. Die verbleibende Summe wird um die geschätzten Zahlungen für abgestaffelt zu vergütende
Mehrleistungen reduziert (2%). Deshalb sind die Regelleistungsvolumina und Restvergü-
tungspreise für zukünftige Quartale unter der Prämisse, dass eine medizinisch unbegründe-
te Leistungsvermehrung verhindert werden soll, **laufend anzupassen.**

Die vorstehenden Ausführungen zeigen, dass die Regelleistungsvolumina nur einen je   **412**
nach Fachgruppe größeren oder kleineren Teil der Vergütung ausmachen. Insbesondere die
zu Beginn der Vergütungsreform 2009 nicht abgestaffelte Vorabvergütung spezieller Leistungen wie Akupunktur führte dazu, dass zum Teil nicht einmal mehr die Grundpauschale
nach der Euro-Gebührenordnung voll vergütet wurde und es damit – trotz einer morbiditätsbedingten Gesamtvergütung – zu einer **Gefährdung der Basisversorgung** kam, was
gegen den Grundsatz der Honorarverteilungsgerechtigkeit verstieß.[68]

In Reaktion darauf wurden ab Mitte 2010[69] **qualitätsgebundene Zusatzvolumina** in   **413**
regional unterschiedlicher Anzahl (Hausärzte erhielten bis zu 25 Zusatzvolumina) und
Größe eingeführt, in denen fachgruppenspezifische, qualifikationsgebundene, in der Regel
genehmigungspflichtige Leistungen (etwa Allergologie) und nur von einem Teil der Ärzte
in der jeweiligen Arztgruppe erbrachte Leistungen zusammengefasst werden. Die Größe
des für die Zusatzvolumina verfügbaren Honoraranteils bemisst sich an der Leistungsanfor-
derung des Jahres 2008, so dass imaginäre Honorartöpfe (Rn. 421) für die einzelnen Fach-

---

[67] BSG vom 29. 6. 2011 – B 6 KA 19/10 R.
[68] SG Marburg vom 6. 10. 2010 – S 11 KA 340/09.
[69] DÄBl. 2010, A-780, A-1037.

gruppen entstanden, aus denen sich der Fallwert und damit die Grundlage für die Zuweisung der Volumina errechneten. Den Kassenärztlichen Vereinigungen gab man bei der Ausgestaltung viele Freiheiten;[70] allerdings war vorgegeben, dass die Leistung im Vorjahresquartal mindestens einmal abgerechnet werden musste. Die qualifikationsgebundenen Zusatzvolumina waren gegenseitig deckungsfähig und bei fehlender Ausschöpfung des Zuwachsvolumens konnte der Restbetrag mit dem Regelleistungsvolumen i. S. v. kommunizierenden Röhren verrechnet werden, so dass dessen Abstaffelung später einsetzte. Die Addition von Regelleistungsvolumen und qualitätsgebundenen Zusatzvolumina ergab daher ein garantiertes Gesamthonorarvolumen.

7. Zuweisung des Regelleistungsvolumens

414   Mit dem Regelleistungsvolumen wollte man den Ärzten vor allem Kalkulationssicherheit verschaffen. Es muss dem Arzt daher seitens der Kassenärztlichen Vereinigung spätestens vier Wochen vor Quartalsbeginn mittels gesondert anfechtbaren Verwaltungsakts bekannt gemacht werden. Die verspätete Mitteilung hat allerdings, weil es sich um eine bloße Ordnungsfrist handelt, keine Konsequenzen.[71] Das individuelle Regelleistungsvolumen hängt von der spezifischen Morbiditätsstruktur der Praxis (Alter der Versicherten und gegebenenfalls gesamtvertraglich geregelter und dem einzelnen Arzt auf Antrag genehmigter Praxisbesonderheiten, beispielsweise onkologische oder schmerztherapeutische Versorgung, Hospizbetreuung) sowie dem Umfang des Versorgungsauftrags ab. Berechnungsgrundlage ist der Fallwert der Arztgruppe und die hinsichtlich der Altersstruktur der Patienten gewichtete Fallzahl des jeweiligen Vorjahrsquartals.[72] Regionale Sonderregelungen sind bei Vertretungsfällen oder der Übernahme von Patienten sowie bei Praxen in der Anfangsphase oder bei Umwandlung der Kooperationsform erforderlich.

415   Widerspruch und Klage gegen die Festsetzung des Regelleistungsvolumens haben nach § 87b Abs. 5 Satz 2 SGB V a. F. keine aufschiebende Wirkung. Darin können inzident auch die formelle und materielle Rechtmäßigkeit der Beschlüsse auf Bundesebene überprüft werden. Lässt der Arzt den **Zuweisungsbescheid bestandskräftig** werden, kann er den hierauf beruhenden Honorarbescheide nicht mehr mit der Begründung anfechten, das Regelleistungsvolumen sei fehlerhaft ermittelt worden.[73] Ein Rechtsschutzbedürfnis für die Klage gegen die Festsetzung des Regelleistungsvolumens besteht nur solange wie der Honorarbescheid noch nicht bestandskräftig ist oder die Kassenärztliche Vereinigung erklärt hat, den Honorarbescheid einer rechtskräftigen Festsetzung des Regelleistungsvolumens anpassen zu wollen.[74]

8. Regelungsoptionen für den HVM

416   Bei Drucklegung dieses Buches ist noch unklar, inwieweit in den einzelnen Kassenärztlichen Vereinigungen auf Dauer von der Möglichkeit Gebrauch gemacht wird, die Honorarverteilung auf andere Verteilungsmechanismen als Regelleistungsvolumina umstellen. In einigen Regionen sollen die bisherigen Regelungen nur modifiziert werden. Vielfach wird über die (Wieder-)Einführung von sog. **Individualbudgets** nachgedacht. Individualbudgets, die das gesamte Leistungsvolumen eines Vertragsarztes umfassen können, werden nach früheren Abrechnungsergebnissen des Arztes bemessen und gehen von der Überlegung aus, dass der bisherige Praxisumfang bei typisierender Betrachtungsweise ein maßgeb-

---

[70] DÄBl. 2011, A-1136.
[71] BSG vom 15. 8. 2012 – B 6 KA 38/11 R.
[72] DÄBl. 2008, A-1993.
[73] BSG vom 15. 8. 2012 – B 6 KA 38/11 R.
[74] BSG vom 15. 8. 2012 – B 6 KA 38/11 R.

liches Indiz für die Praxisausrichtung ist.[75] Im Gegensatz zu den Regelleistungsvolumina haben sie keinen Arztgruppenbezug.

Bestimmte Anteile der Gesamtvergütung können zudem innerhalb des fachärztlichen **417** Bereichs bestimmten (Unter-)Fachgruppen, homogenen (fachgruppenübergreifenden) Leistungsbereichen oder ermächtigten Ärzten zugewiesen werden. Solche **Honorartöpfe** oder -kontingente, welche vor allem Mengenentwicklungen innerhalb der Fachgruppe verhindern oder diese vor medizinisch nicht gerechtfertigten Mengenausweitungen in anderen Bereichen und entsprechenden Honorarverschiebungen schützen sollen, führen legitimerweise dazu, dass gleiche Leistungen jeweils unterschiedlich vergütet und kleinere Gruppen einem „Auffangtopf" zugewiesen werden. Nur sofern der Behandlungsbedarf in der Fachgruppe steigt, nicht aber wenn die Leistungsvermehrung und Punktzahlminderung auf zusätzlich zugelassene Ärzte zurückgeht, darf der Topf zum Nachteil anderer Fachgruppen aufgestockt werden.[76] Die Zuteilung darf nur an rechtmäßig ausbezahlten Vergütungen vergangener Quartale[77] und nicht an die im aktuellen Quartal angeforderten sondern die tatsächlich bedienten Vergütungsanteile anknüpfen.[78]

Unabhängig von der Ausgestaltung der Honorarverteilungs- beziehungsweise -begren- **418** zungsregelungen,[79] also etwa auch bei einem Individualbudget gelten für Praxen mit unterdurchschnittlichen Umsätzen folgende Grundsätze: **Kleinere Praxen** müssen über fünf Jahre gestreckt den Durchschnittsumsatz der Fachgruppe erreichen können.[80] Anfängerpraxen in der drei- bis fünfjährigen **Aufbauphase** können ihren Umsatz bei gleichzeitiger Fallzahlsteigerung, die nicht begrenzt werden darf,[81] sofort bis zum Fachgruppendurchschnitt steigern, und bei später eingreifenden Begrenzungsregeln darf nicht auf die Aufbauphase abgestellt werden.[82] Diese typischen Konstellationen müssen im HVM geregelt werden; daneben bedarf es einer **Härtefallklausel** für atypische Versorgungssituationen und besondere Einzelfälle, über welche der Vorstand der Kassenärztlichen Vereinigung entscheidet.[83] Danach können im Rahmen einer Ermessensentscheidung zusätzliche Zahlungen erfolgen, wenn die Praxis einem Versorgungsbedarf folgend nicht nur ihren Leistungsschwerpunkt verlagert sondern in ihrer Struktur neu ausgerichtet wird, kurzfristig die Patienten einer anderen Praxis mit übernommen werden müssen[84] oder sowohl die wirtschaftliche Existenz einer Praxis gefährdet ist als auch ein unabweisbarer Bedarf zur Sicherstellung der Versorgung besteht.[85]

Kommt es bei bestehenden Honorartöpfen in einer Arztgruppe zu einem dauerhaften er- **419** heblichen Punktwertverfall von mehr als 15% in einem wesentlichen Leistungsbereich, den diese nicht selbst zu verantworten hat und nicht durch Rationalisierungseffekte kompensieren kann, muss im HVM durch eine Aufstockung des Honorartopfs reagiert werden.[86] Bei einer kleinen Fachgruppe, die in besonderem Maße von Leistungsausweitungen durch medizinisch-technischen Fortschritt betroffen ist, besteht eine gesteigerte **Beobachtungspflicht.**

9. Abgabe der Abrechnung

Am Ende eines jeden Quartals reicht der Vertragsarzt binnen einer ihm vorgegebenen, in **420** der Regel recht kurzen Frist bei der Kassenärztlichen Vereinigung seine Abrechnung ein;

---

[75] BSG vom 10. 12. 2003 – B 6 KA 54/02 R.
[76] BSG vom 23. 5. 2007 – B 6 KA 85/06 B.
[77] BSG vom 29. 8. 2007 – B 6 KA 2/07 R.
[78] BSG vom 23. 3. 2011 – B 6 KA 6/10 R.
[79] BSG vom 3. 2. 2010 – B 6 KA 1/09 R.
[80] BSG vom 10. 3. 2004 – B 6 KA 3/03 R und vom 28. 1. 2009 – B 6 KA 4/08b R.
[81] BSG vom 3. 2. 2010 – B 6 KA 1/09 R.
[82] BSG vom 10. 12. 2003 – B 6 KA 54/02 R und vom 10. 3. 2004 – B 6 KA 3/03 R.
[83] BSG vom 3. 2. 2010 – B 6 KA 1/09 R.
[84] BSG vom 28. 10. 2009 – B 6 KA 50/08 B.
[85] BSG vom 28. 10. 2009 – B 6 KA 50/08 B.
[86] BSG vom 9. 9. 1998 – B 6 KA 55/97 R und vom 29. 8. 2007 – B 6 KA 43/06 R.

das muss seit 1. 1. 2011 leitungsgebunden elektronisch unter Verwendung einer von der Kassenärztlichen Bundesvereinigung zertifizierten Software erfolgen.[87] Außerdem müssen die Dateien der Quartalsabrechnungen unter Einsatz eines von der KBV herausgegebenen Prüfmoduls erzeugt worden sein. Es gilt das Gebot der **„peinlich genauen Abrechnung"**,[88] das heißt alle Angaben müssen bis ins letzte Detail exakt sein. Das BSG hält die Missachtung dieses Gebots für eine gröbliche Pflichtverletzung, welche disziplinarisch geahndet werden kann.[89] Von der Honorarverteilung können nach Maßgabe einer einschlägigen Satzungsregelung **verspätet eingereichte Abrechnungsscheine,** sofern das nicht auf einem Versehen oder Softwarefehlern beruht,[90] unter Beachtung des Verhältnismäßigkeitsprinzips ausgeschlossen und ansonsten mit prozentualen Vergütungsabschlägen belegt werden.[91] In Laborgemeinschaften erbrachte Leistungen müssen die Vertragsärzte seit 1. 10. 2008 gemeinsam über die Laborgemeinschaft abrechnen (§ 28 Abs. 3 BMV-Ä).

421 In **Berufsausübungsgemeinschaften** und medizinischen Versorgungszentren sowie bei der Anstellung von Fachärzten ist jeweils mit der lebenslangen Arztnummer zu kennzeichnen, wer die Leistung erbracht hat, § 44 Abs. 6 Satz 1 BMV-Ä, § 34 Abs. 12 Satz 1 EKVÄ. Dort ist auch geregelt, dass die Leistungen danach aufzuschlüsseln sind, ob sie an der Haupt- oder an einer Nebenbetriebsstätte erbracht wurden.

422 Der Vergütungsanspruch setzt nach § 15 Abs. 2 SGB V grundsätzlich voraus, dass der Versicherte vor Behandlungsbeginn die Krankenversichertenkarte beziehungsweise die elektronische Gesundheitskarte vorgelegt hat. Er entsteht nach § 35 Abs. 2 S. 3 BMV-Ä zudem nur, wenn der Vertragsarzt zusammen mit der Abrechnung eine im Wortlaut vorgegebene sogenannte **Sammelerklärung** abgibt, worin er garantiert, alle abgerechneten Leistungen ordnungsgemäß und persönlich erbracht zu haben. Auf dieser Grundlage erstellt die Kassenärztliche Vereinigung einen bis zum Abschluss von Prüfungen der Wirtschaftlichkeit und sachlich-rechnerischen Richtigkeit abänderbaren **Honorarbescheid**, mit dessen Erlass der Honoraranspruch fällig wird. Von der Honorarsumme behält die Kassenärztliche Vereinigung die Verwaltungskostenpauschale ein. Wie im Steuerrecht kann die Kassenärztliche Vereinigung, sofern Unklarheiten über tatsächliche oder rechtliche Umstände wie etwa die Höhe der Gesamtvergütung oder die Auslegung einer Rechtsnorm bestehen, den Honorarbescheid mit einem **Vorläufigkeitsvermerk** versehen, der sich aber nur auf kleinere Teile des festgesetzten Honorars beziehen darf.[92]

10. Vorgelagerte Prüfung auf sachlich-rechnerische Richtigkeit

423 Die Kassenärztliche Vereinigung prüft Abrechnungen auf materielle Rechtmäßigkeit,[93] das heißt Übereinstimmung mit den gesetzlichen, vertraglichen und satzungsrechtlichen Vorschriften des Vertragsarztrechts.[94] Schwerpunkt der Prüfung nach § 106a SGB V ist die Beachtung des EBM, des HVM und der sonstigen Abrechnungsbestimmungen, wohingegen der Umfang der Leistungserbringung im Hinblick auf Notwendigkeit und Effizienz Gegenstand der ausschließlich nachgelagerten Wirtschaftlichkeitsprüfung nach § 106 SGB V ist. Die Richtigstellungsprüfung erfolgt zweigeteilt, nämlich zunächst weitgehend **computerunterstützt** quartalsbezogen vor Erlass des Honorarbescheids und in diffizileren Fragen und hinsichtlich der Schlüssigkeit der Menge der abgerechneten Leistungen nachgelagert. Bei der vorgelagerten Prüfung wird die Auszahlung eines Teils des geltend ge-

---

[87] Dazu LSG Niedersachsen-Bremen – L 3 KA 25/11 B ER.

[88] BSG vom 30. 3. 1977 – 6 RKa 4/76.

[89] BSG vom 21. 3. 2012 – B 6 KA 22/11 R.

[90] BSG vom 29. 8. 2007 – B 6 KA 29/06 R.

[91] BSG vom 22. 6. 2005 – B 6 KA 19/04 R.

[92] BSG vom 31. 10. 2001 – B 6 KA 16/00 R und vom 3. 2. 2010 – B 6 KA 22/09 B.

[93] BSG vom 23. 6. 2010 – B 6 KA 7/09 R.

[94] BSG vom 5. 5. 2010 – B 6 KA 21/09 R.

machten Honorars versagt, bei der nachgelagerten Prüfung wird unrechtmäßig ausgezahltes Honorar zurückgefordert.

Die Befugnis zur rechnerischen und gebührenordnungsmäßigen Richtigstellung der Ho- **424** noraranforderung umfasst unter anderem, ob der Arzt Leistungen unter Einhaltung der **formalen Vorgaben für die Leistungserbringung** durchgeführt und abgerechnet hat.[95] Prüfungsgegenstand ist auch die ausschließliche Abrechnung der der Facharztgruppe zugeordneten Leistungen (§ 87 Abs. 2a S. 1 SGB V) oder die Einhaltung einer nach § 101 Abs. 1 Satz 1 Nr. 4 und Satz 5 SGB V angeordneten Leistungsbegrenzung, die eingreift, wenn sich zwei Ärzte einen Vertragsarztsitz im Job-Sharing-Modell teilen. Bei ermächtigten Ärzten, insbesondere Krankenhausärzten (§ 116 SGB V) wird geprüft, ob sie den Umfang der ihnen erteilte Ermächtigung einhalten.

III. Abrechnungs- und Plausibilitätsprüfung

1. Überblick

Die Abrechnungsprüfung, das heißt die Prüfung der vertragsärztlichen Abrechnung auf **425** Rechtmäßigkeit und Schlüssigkeit ist dem Gesetzgeber mit § 106a SGB V seit einigen Jahren eine eigene Norm wert. Im Gegensatz zur Wirtschaftlichkeitsprüfung (Rn. 450) wird keine eigenständige Prüfungsstelle errichtet, sondern die Prüfungen werden von Kassenärztlichen Vereinigungen und den Krankenkassen im Rahmen ihrer jeweiligen Zuständigkeiten getrennt und eigenständig durchgeführt, allerdings über wechselseitige Unterrichtungspflichten und Befugnisse, Prüfanträge zu stellen, miteinander verknüpft. Das Verfahren wird durch bundesweit gültige **Prüfrichtlinien** (§ 106a Abs. 6 SGB V) und Vereinbarungen auf Landesebene (§ 106 Abs. 5 SGB V) konkretisiert. Ist der Vertragsarzt einer Prüfung ausgesetzt, sollte er die regionale Prüfvereinbarung einsehen. Einen Sonderfall der sachlich-rechnerischen Berichtigung regelt § 95d SGB V.[96] Erbringt der Vertragsarzt nicht alle fünf Jahre einen Nachweis über eine hinreichende fachliche Fortbildung, kommt es gemäß § 95d Abs. 3 S. 3 SGB V zu einer Honorarkürzung.

Seit dem Jahr 2004 müssen die Kassenärztlichen Vereinigungen den Prüfungsschwer- **426** punkt auf zeitaufwandsbezogene Plausibilitätsprüfungen legen (§ 106a Abs. 2 S. 2 SGB V). Auch die Krankenkassen haben seither eine eigene Verantwortung für die Überprüfung ihrer Leistungspflicht (§ 106a Abs. 3 SGB V), weil die – zu Recht – abgerechneten Leistungen die **Morbiditätsentwicklung** widerspiegeln und ihnen im Vergütungsrecht das Morbiditäts- beziehungsweise Mengenentwicklungsrisiko auferlegt wird (Rn. 360 und 394). In die Prüfungen werden versichertenbezogene Daten einbezogen (vgl. § 295 Abs. 1a SGB V: Vorlagepflicht für Befunde), um so bestimmte Formen von Abrechnungsmanipulationen erkennen zu können.[97]

2. Prüfung auf sachlich-rechnerische Richtigkeit, § 106a Abs. 2 Satz 1 Halbsatz 1 SGB V

Die Kassenärztliche Vereinigung prüft Abrechnungen im Nachgang zum Honorarbe- **427** scheid anlassbezogen oder stichprobenartig auf materielle Rechtmäßigkeit,[98] das heißt Übereinstimmung mit den gesetzlichen, vertraglichen und satzungsrechtlichen Vorschriften des Vertragsarztrechts.[99] Die Befugnis zur rechnerischen und gebührenordnungsmäßigen

---

[95] BSG vom 8. 9. 2004 – B 6 KA 14/03 R.

[96] SG Marburg vom 23. 3. 2011 – S 12 KA 695/10.

[97] BT-Drs. 15/1525, 117.

[98] BSG vom 23. 6. 2010 – B 6 KA 7/09 R.

[99] BSG vom 5. 5. 2010 – B 6 KA 21/09 R.

Richtigstellung der Honoraranforderung umfasst auch, ob der Arzt Leistungen unter Einhaltung der Vorschriften über formale (zum Beispiel Genehmigungserfordernisse, allgemeine [§§ 57 BMV-Ä, 5 Abs. 1 BMV-Z] oder spezielle Vorgaben für die [Bild-]Dokumentation) oder inhaltliche Voraussetzungen der Leistungserbringung durchgeführt und abgerechnet hat.[100] Im Krankenversicherungsrecht gilt vor allem als Konsequenz des Sachleistungsprinzips die **streng formale Betrachtungsweise:** Werden vertragsarztrechtliche Vorgaben missachtet, auch wenn sie rein formaler Natur sind, erfolgt selbst dann keine Vergütung, wenn die Leistung fachlich korrekt erbracht wurde.

428   **Prüfungsgegenstände** dieser dem Erlass des Honorarbescheids nachgehenden Richtigstellung sind
    – die persönliche Leistungserbringung, an der es fehlt, wenn von Assistenten erbrachte Leistungen abgerechnet werden, ohne dass die Assistentenbeschäftigung vorher nach § 32 ZV-Ärzte genehmigt wurde[101] oder wenn bei bestehender Genehmigung die Leistungsmenge aufgrund der Assistentenbeschäftigung übermäßig ausgedehnt wird,[102]
    – die ordnungsgemäße Leistungserbringung, an der es fehlt, wenn Leistungen im offenkundigen Widerspruch zum Stand der medizinischen Erkenntnisse beziehungsweise erkennbar ohne jeden Nutzen erbracht werden,[103]
    – die vollständige Leistungserbringung sowie die korrekte Diagnoseverschlüsselung,
    – das Erfüllen von apparativen Voraussetzungen, die in Richtlinien des Gemeinsamen Bundesausschusses oder in Qualitätssicherungsvereinbarungen vorgegeben werden und
    – die Überprüfung, ob es sich nicht um stationäre Leistungen handelt.[104]

429   Formal unrichtig ist die Einbindung einer externen Abrechnungsstelle;[105] die Leistungen werden dann nicht vergütet. Auch der Missbrauch vertragsärztlicher Kooperationsformen führt zur Richtigstellung.[106] Dem steht nicht entgegen, dass eine nach den tatsächlichen Gegebenheiten nicht existente Gemeinschaftspraxis seitens des Zulassungsausschusses formal genehmigt worden war.[107]

430   **Tipp:** Das BSG hat die Anforderungen an eine Tätigkeit in freier Praxis in jüngster Vergangenheit konkretisiert. „Altverträge" von Gemeinschaftspraxen sollten daher von einem fachkundigen Rechtsanwalt überprüft werden. Steuerberatern fehlt dazu die fachliche Kompetenz und die berufsrechtliche Befugnis. Ihre Haftpflichtversicherung deckt Beratungsfehler im vertragsarztrechtlichen Bereich nicht ab.

431   Der **Honorarbescheid** kann, wenn die spätere Überprüfung sachlich-rechnerische Fehler oder eine unwirtschaftliche Behandlungsweise ergibt, **korrigiert,** das heißt ganz oder teilweise geändert, zurückgenommen oder gegebenenfalls neu erlassen werden. Erweist sich in der Sammelerklärung im Nachhinein eine einzige Angabe als falsch und beruht das jedenfalls auf grober Fahrlässigkeit des Vertragsarztes (etwa fehlende Stichprobenkontrolle bei EDV-Einsatz),[108] entfällt für das betreffende Quartal die **Garantiefunktion der Sammelerklärung,** mit der Folge, dass der Honorarbescheid rechtswidrig ist[109] und gemäß § 45 Abs. 2 Satz 3 Nr. 2, Abs. 4 S. 2 SGB X auch nach Ablauf der vierjährigen Ausschlussfrist (Rn. 436) binnen eines Jahres nach Kenntnis zurückgenommen werden kann. Im Honorarberichtigungs- und -rückforderungsbescheid ist die grob fahrlässige Falschangabe kon-

---

100 BSG vom 8. 9. 2004 – B 6 KA 14/03 R.
101 BSG vom 10. 5. 1995 – 6 RKa 30/94 und vom 28. 3. 2007 – B 6 KA 30/06 R.
102 BSG vom 28. 9. 2005 – B 6 KA 14/04 R.
103 BSG vom 5. 2. 2003 – B 6 KA 15/02 R.
104 BSG vom 8. 9. 2004 – B 6 KA 14/03 R.
105 BSG vom 10. 12. 2008 – B 6 KA 37/07 R.
106 BSG vom 22. 3. 2006 – B 6 KA 76/04 R.
107 BSG vom 23. 6. 2010 – B 6 KA 7/09 R.
108 LSG Niedersachsen-Bremen vom 10. 11. 2010 – L 3 KA 28/07.
109 BSG vom 17. 9. 1997 – 6 RKa 86/95.

kret zu bezeichnen, etwa welche Leistung statt vom genehmigten Facharzt eines MVZ von Weiterbildungsassistenten des Krankenhauses erbracht sein soll.[110] Wenn die Kassenärztliche Vereinigung darüber hinaus weitere unrichtige Abrechnungen vermutet, kann sie das Ausmaß der Falschabrechnung schätzen und das Honorar im Wege einer Ermessensentscheidung beispielsweise in Höhe des Fachgruppendurchschnitts neu festsetzen.

Die Besonderheiten des vertragsärztlichen Vergütungssystems, nämlich das Vertrauen auf **432** die nur eingeschränkt überprüfbaren Angaben des Arztes und die weitgehend erst nachgelagerte Prüfung der Abrechnung führt zu gesonderten Vorschriften über die **Rückforderung überzahlter Honorare.** Rechtsgrundlage ist § 106a Abs. 2 Satz 1 SGB V. Binnen einer vierjährigen Ausschlussfrist, die mit dem Tag nach der Bekanntgabe des ersten für das Abrechnungsquartal maßgeblichen Bescheides beginnt,[111] sich aber gegebenenfalls auch verlängern kann,[112] ist eine Honorarrückforderung möglich, die nach § 50 Abs. 1 Satz 1 SGB X einen Erstattungsanspruch auslöst.[113] Dieser wird in einem gegebenenfalls mit dem Abänderungsbescheid verbundenen Rückforderungsbescheid festgesetzt und in der Regel mit der nächsten Honorarforderung verrechnet. Das ist ausgeschlossen, wenn der früher in einer Einzelpraxis niedergelassene Arzt seinen Beruf nunmehr in einer Berufsausübungsgemeinschaft ausübt.[114] Andererseits kann der Rückforderungsbescheid an die (frühere) Berufsausübungsgemeinschaft, und zwar auch bei einem zwischenzeitlichem Mitgliederwechsel[115] oder einen ihrer Gesellschafter gerichtet werden.[116] Das liegt an der Rechtsfähigkeit der Gesellschaft bürgerlichen Rechts und ihrer Haftungsverfassung. Gläubigern haftet nicht nur das Gesellschaftsvermögen sondern auch das Privatvermögen der Gesellschafter.

Gegen eine Änderung oder Aufhebung haben Widerspruch und Klage keine aufschie- **433** bende Wirkung (§ 87b Abs. 2 Satz 4 SGB V), das heißt die Beträge sind vorbehaltlich einer beim Sozialgericht erwirkten **einstweiligen Anordnung** zunächst einmal zurück zu zahlen. Haben Rechtsbehelfe des Arztes Erfolg, kann er keine Zinsen verlangen.[117] Sofern eine Kassenärztliche Vereinigung nicht nahe gelegt hat, auf Rechtsmittel zu verzichten, muss sie bestandskräftige Honorarbescheide bei für sie ungünstigen Gerichtsurteilen nicht gemäß § 44 Abs. 2 Satz 2 SGB X zurücknehmen.[118] Abweichendes gilt, wenn sie sich mit einem Berufsverband auf einen Musterprozess geeinigt (Rn. 363) oder eine Zusage erteilt hat, sich auf die Bestandskraft des Bescheides bei für sie negativer Klärung einer streitigen Rechtsfrage nicht berufen zu wollen.

Der Korrektur des Honorarbescheids steht ein **Vertrauenstatbestand** ferner entgegen, **434** wenn die Kassenärztliche Vereinigung die Fehlerhaftigkeit der Abrechnung kennt und längere Zeit gegenüber dem Arzt duldet oder die Frage in früheren Quartalen Gegenstand einer Prüfung ohne honorarrechtliche Konsequenzen war[119] beziehungsweise im Rahmen eines Vergleichs vorbehaltlos bestätigt wurde[120] und sich die Zweifel an der Korrektheit der Abrechnung nicht unter anderen Aspekten neu ergeben oder verstärkt haben.[121] Das Vertrauen muss dann zunächst durch eine entsprechende Ankündigung und gegebenenfalls unter Zubilligung einer Auslauffrist[122] beseitigt werden. Nach Durchführung einer Prüfung kann die nochmalige Richtigstellung nur unter sehr engen Voraussetzungen (§ 45 Abs. 2 Satz 3 in Verbindung mit

---

110 LSG Berlin-Brandenburg vom 25. 3. 2011 – L 7 KA 13/11 B ER.
111 BSG vom 28. 3. 2007 – B 6 KA 22/06 R.
112 BSG vom 20. 9. 1995 – 6 RKa 40/94.
113 BSG vom 14. 12. 2005 – B 6 KA 17/05 R.
114 BSG vom 7. 2. 2007 – B 6 KA 6/06 R.
115 BSG vom 5. 5. 2010 – B 6 KA 21/09 R.
116 BSG vom 8. 12. 2010 – B 6 KA 38/09 R.
117 BSG vom 27. 6. 2012 – B 6 KA 65/11 B.
118 BSG vom 22. 6. 2005 – B 6 KA 21/04 R.
119 BSG vom 14. 12. 2005 – B 6 KA 17/05 R.
120 BSG vom 3. 2. 2010 – B 6 KA 22/09 B.
121 BSG vom 12. 12. 2001 – B 6 KA 3/01 R.
122 BSG vom 5. 2. 2003 – B 6 KA 15/02 R.

Abs. 4 Satz 1 SGB X) erfolgen,[123] es sei denn, eine Krankenkasse stellt danach erstmals einen Antrag auf sachlich-rechnerische Richtigstellung.[124] Nur von der Kassenärztlichen Vereinigung veröffentliche Abrechnungshinweise zum vom Bewertungsausschuss beschlossenen EBM haben keine Rechtsqualität, sind nicht bindend und schaffen keinen Vertrauenstatbestand.[125]

3. Plausibilitätsprüfung, § 106a Abs. 2 Satz 1 Halbsatz 2, Sätze 2–7 SGB V

435   Gegenstand der Plausibilitätsprüfung ist die **Schlüssigkeit der Menge der abgerechneten Leistungen.** Als Bestandteil der Prüfung auf sachlich-rechnerische Richtigkeit obliegt sie der Kassenärztlichen Vereinigung. Die Plausibilitätsprüfung erfolgt grundsätzlich als Routineprüfung von Amts wegen, kann aber auch auf Antrag einer Krankenkasse durchgeführt werden.[126]

436   Computergestützt wird bei allen Ärzten durch das Erstellen von Tages- und Quartalszeitprofilen die Plausibilität des abgerechneten Leistungsumfangs im Hinblick auf den damit verbundenen Zeitaufwand ermittelt. Aufgreifkriterium ist der Umstand, ob der Vertragsarzt, sofern er einen vollen Versorgungsauftrag hat, angibt, an mindestens drei Tagen im Quartal mehr als zwölf Stunden oder im Quartal mehr als 780 Stunden gearbeitet zu haben; bei ermächtigten (Krankenhaus-)Ärzten und Institutsermächtigungen muss das Quartalsprofil mehr als 156 Stunden ergeben.[127] Bei Ärzten mit Teilzulassung oder teilzeitbeschäftigten angestellten Ärzten reduzieren sich die Stundenzahlen. In **Berufsausübungsgemeinschaften** und medizinischen Versorgungszentren wird die Obergrenze des Zeitprofils bei fachgleichen Ärzten multipliziert; ansonsten wird für jede dort vertretene Fachgruppe eine gesonderte arztbezogene Prüfung durchgeführt. Deshalb sind die Ärzte gemäß § 44 Abs. 6 BMV-Ä verpflichtet, die Leistungen bei der Abrechnung mit der lebenslangen Arztnummer (§ 1a Nr. 31 BMV-Ä) zu kennzeichnen. Bei Psychotherapeuten wird bereits die Leistungsmenge über zeitgebundene Kapazitätsgrenzen im Vergütungsrecht gesteuert (Rn. 413), so dass sich die Plausibilitätsprüfung erübrigt.

437   Das Zeitprofil lässt sich errechnen, weil den Abrechnungsziffern des EBM gemäß § 87 Abs. 2 Satz 1 Halbsatz 2 SGB V **Prüfzeiten** zugeordnet sind, die ausweisen, wie viel Zeit ein erfahrener, geübter und zügig arbeitender Arzt[128] für die Leistungserbringung auf ein Kollektiv relativ pflegeleichter Patienten bezogen[129] mindestens[130] benötigt, um die in der Gebührenziffer beschriebene Leistung zu erbringen. Unberücksichtigt bleiben behandlungs- oder krankheitsfallbezogene Leistungen wie der Ordinationskomplex, Versicherten-, Grund- und Konsiliarpauschalen, delegationsfähige und Leistungen im Notfalldienst, sogenannte An- und Abrüstzeiten, administrative Tätigkeiten wie das Ausstellen von Attesten und Bescheinigungen, Zeiten für das Praxismanagement, die Behandlung von Privat-, Kostenerstattungs- und auf der Grundlage von Sonderverträgen (etwa § 73b SGB V, § 140a SGB V) behandelten Patienten. Hingegen ist es unerheblich, ob Honorarbegrenzungsregeln eingreifen; Prüfungsgrundlage sind die angeforderten Punktzahlen. Durch die zurzeit starke Pauschalierung der vertragsärztlichen Vergütung (Rn. 377) hat die Plausibilitätsprüfung seit 1.1.2008 erheblich an Bedeutung verloren. Daher sollten neue Prüfkriterien entwickelt werden (Abs. 1 der Protokollnotiz zur Richtlinie nach § 106a Abs. 6 SGB V), was allerdings bislang nicht geschehen ist.

---

[123] *Engelmann*, ZMGR 2010, 228/230.

[124] BSG vom 12. 12. 2001 – B 6 KA 3/01 R.

[125] BSG vom 8. 2. 2006 – B 6 KA 12/05 R.

[126] BSG vom 24. 8. 1994 – 6 RKa 20/93.

[127] § 8 Abs. 3 Richtlinie nach § 106a Abs. 6 SGB V.

[128] BSG vom 24. 11. 1993 – 6 RKa 70/91; *Hauck/Noftz/Engelhard* § 106a Rn. 62.

[129] JurisPK-Sozialrecht/*Clemens* § 106a Rn. 148.

[130] Gemeinschaftskomm/*Steinhilper*, § 106a Rn. 30.

Die Routineprüfung wird entweder um weitere **Aufgreifkriterien** wie zum Beisp
gehäufte Abrechnen einzelner Ziffern an bestimmten Tagen oder auffällig hohe Ant
bestimmter Abrechnungsblöcke ergänzt, oder es wird bei einer Stichprobe von mindesten
2% der Ärzte eine zielgerichtete Einzelfallprüfung durchgeführt (§ 10 Richtlinie der
Richtlinie nach § 106 a Abs. 6 SGB V). Hinzu kommt eine anlassbezogene Prüfung bei
ausreichenden und konkreten Hinweisen auf Abrechnungsauffälligkeiten, die entweder den
Stellen nach § 81 a SGB oder § 197 a SGB V vorliegen oder Erkenntnis der Wirtschaftlichkeitsprüfung sind.

Im Prüfverfahren werden zum Beispiel Fehlzeiten oder Vertreterfälle berücksichtigt. Um **439**
quartalsübergreifende Doppelabrechnungen auszuschließen, kann die Abrechnung früherer
Quartale einbezogen werden. Unplausibel sind die Abrechnungen, wenn die **Patienten-
identität bei** versorgungsbereichsidentischen beziehungsweise -übergreifenden **Praxisgemeinschaften** 20 beziehungsweise 30% beträgt.[131] Die Regelung hat das BSG gebilligt.[132] Auch mögliche Ringüberweisungen zwischen räumlich getrennten Praxen können
nach der Prüfrichtlinie analysiert werden.

Während die Plausibilitätsprüfung grundsätzlich nur **Indizien** liefert, die es mehr oder **440**
weniger wahrscheinlich machen, dass eine fehlerhafte Leistungsabrechnung erfolgte und
eine Honorarberichtigung daher häufig auf ergänzende Feststellungen gestützt werden
muss,[133] kann die Zeitprofilprüfung nach Auffassung BSG in der Regel als einziges Beweismittel dienen.[134] Gelingt der Nachweis nicht, kann eine Wirtschaftlichkeitsprüfung in
Form des Vertikalvergleichs durchgeführt werden (Rn. 479).

4. Prüfungen der Krankenkassen, § 106 a Abs. 3 SGB V

Die Krankenkassen oder deren Landesverbände und alternativ, sofern vereinbart, auch **441**
die Kassenärztlichen Vereinigungen in deren Auftrag prüfen Abrechnungen regelhaft
oder als Stichprobe unter stärker versichertenbezogenen Fragestellungen nach Maßgabe des
nicht abschließenden Prüfungskatalogs des § 106 a Abs. 3 SGB V. Das gilt auch für Leistungen, die im Rahmen der hausarztzentrierten oder besonderen ambulanten Versorgung erbracht werden (§ 73 b Abs. 5 Satz 4 SGB V, § 73 c Abs. 4 Satz 4 SGB V). Die **Anspruchs-
prüfung** als erste Untergruppe betrifft die Frage, ob eine Leistungspflicht bestand. Diese
fehlte beispielsweise, wenn der Versicherte bereits verstorben war, die Krankenversichertenkarte von anderen Personen benutzt wurde, andere Leistungsträger wie die Berufsgenossenschaften die Behandlungskosten zu tragen haben oder etwa psychotherapeutische
Leistungen ohne erforderliche Genehmigung beziehungsweise Vorsorgeuntersuchungen
(§ 25 Abs. 1 SGB V) zu häufig abgerechnet wurden. Der Leistungserbringer darf über das
Regelversorgungssystem dann nicht abrechnen, wenn die Leistung zugleich im Rahmen
eines Vertrages über eine integrierte Versorgung nach § 140 a SGB V vergütet wird.

Die **Prüfung** abgerechneter Leistungen **in Bezug auf die angegebene Diagnose** **442**
steht im Zusammenhang mit der Übernahme des Morbiditätsrisikos durch die Krankenkassen (Rn. 360 und 394). Sie sollen damit einer Mengenausweitung der abgerechneten Leistungen entgegenwirken. Die Prüfung kann ebenfalls auf die Kassenärztliche Vereinigung
übertragen werden. Unplausibel können mit Bezug auf die angegebene Diagnose bestimmte Arzneiverordnungen, Krankenhauseinweisungen sowie die Art und der Umfang abgerechneter ärztlicher Leistungen sein. Ist das Ergebnis der Prüfung eine Auffälligkeit und
steht außer Frage, dass die Leistung erbracht wurde, wird in der Regel eine Wirtschaftlichkeitsprüfung beantragt (§ 106 a Abs. 4 Satz 3 SGB V). Die Krankenkasse hat, soweit für die

---

[131] § 11 Abs. 2 der Richtlinie nach § 106 a Abs. 6 SGB V; vgl. BSG vom 11. 5. 2011 – B 6 KA 1/11 B.
[132] BSG vom 8. 12. 2010 – B 6 KA 56/10 B; zum Fall einer Identität von mehr als 50%: BSG vom
22. 3. 2006 – B 6 KA 76/04 R.
[133] § 5 Abs. 2 Richtlinie nach Abs. 6; BSG vom 8. 3. 2000 – B 6 KA 16/99 R.
[134] BSG vom 24. 11. 1993 – 6 RKa 70/91.

:lleistungsvergütung vereinbart ist, einen Erstattungsanspruch gegen die
:inigung. Schließlich überprüft die Krankenkasse die über sie abgerech-

:führung der Prüfungen werden zwischen Kassenärztlicher Vereinigung,
:n der Krankenkassen und den Ersatzkassen gemeinsam und einheitlich
nbarung festgelegt. Deren Abschluss ist Verfahrensvoraussetzung.[135]
:inbarung ist die zwischen Kassenärztlicher Bundesvereinigung und
Bund der Krankenkassen vereinbarte **Prüfrichtlinie**[136] (§ 106 a Abs. 6
weit abgestimmte Kriterien vor allem bei den Plausibilitätsprüfungen
unu damit eine Gleichbehandlung der Ärzte gewährleisten will.

444   **d) Rechtsfolge und Rechtsschutz.** Ergibt die Prüfung, dass dem für das Abrechnungsquartal geltenden Honorarbescheid sachlich-rechnerische oder gebührenordnungsmä-
ßige Fehler zugrunde liegen, ergeht binnen einer grundsätzlich vierjährigen Ausschlussfrist ab
Bekanntgabe des Honorarbescheids[137] ein **Honoraränderungs- und -rückforderungs-
bescheid.** Abgesehen von den in Rn. 438 genannten Fällen des Vertrauensschutzes gilt das
auch dann, wenn den Vertragsarzt kein Verschulden trifft.[138] Wurde aufgrund einer Hono-
rarbegrenzungsregelung im Honorarbescheid nur ein Teil des Honorars anerkannt, erfolgt
die Honorarkürzung grundsätzlich auf der Grundlage der Anerkennungsquote des Honorarbescheids (§ 106 a Abs. 2 Satz 6 SGB V).[139]

445   Nach Ablauf der vierjährigen Ausschlussfrist ist eine Rückforderung nur noch eingeschränkt möglich. Im Falle betrügerischer Falschabrechnung kann sich der Vertragsarzt bis
zum Ablauf von 10 Jahren nicht auf die vierjährige Ausschlussfrist berufen; nach § 45
Abs. 4 Satz 2 in Verbindung mit Abs. 2 Satz 3 Nr. 1 SGB X muss die Kassenärztliche Vereinigung binnen Jahresfrist tätig werden. Sie kann die Honorarrückforderung auch an nur
einen Partner der Schein-Berufsausübungsgemeinschaft richten.[140]

IV. Wirtschaftlichkeitsprüfung in der vertragsärztlichen Versorgung

446   Zentrales Prinzip im Recht der Gesetzlichen Krankenversicherung ist das **Wirtschaftlichkeitsgebot** (§ 12 SGB V); es soll die finanzielle Stabilität der gesetzlichen Krankenversicherung sichern. In einer Gesamtbilanz wird jeweils festgestellt, ob die Leistung
ausreichend, zweckmäßig und wirtschaftlich ist. Wegen der hohen Bedeutung des Wirt-
schaftlichkeitsprinzips misst das BSG der Wirtschaftlichkeitsprüfung einen hohen Stellenwert zu;[141] prinzipiell darf kein Arzt für kein Quartal schlechthin von der Prüfung ausgenommen werden, ob er im Rahmen der vertragsärztlichen Behandlung wirtschaftlich
behandelt und vor allem auch verordnet hat.[142] Ergebnis der Feststellung einer unwirtschaftlichen Verordnungsweise sind sowohl präventive als auch repressive Maßnahmen,
nämlich die Beratung der Vertragsärzte und die Festsetzung von sog. Regressen. Dabei stuft
das BSG den Arznei- und Heilmittelregress als einen besonderen (verschuldensunabhängi-
gen) Typus von Schadenersatzanspruch ein.[143] Verstöße gegen das Wirtschaftlichkeitsgebot
können auch disziplinarisch geahndet werden.

---

[135] BSG vom 18. 6. 1997 – 6 RKa 42/96 und vom 2. 11. 2005 – B 6 KA 63/04 R.
[136] DÄBl. 2008, A-1925; 2009, A-526.
[137] BSG vom 28. 3. 2007 – B 6 KA 22/06 R.
[138] BSG vom 22. 3. 2006 – B 6 KA 76/04 R.
[139] BSG vom 11. 3. 2009 – B 6 KA 62/07 R.
[140] BSG vom 20. 10. 2004 – B 6 KA 15/04 R.
[141] BSG vom 28. 4. 2004 – B 6 KA 24/03 R.
[142] BSG vom 2. 11. 2005 – B 6 KA 63/04 R.
[143] BSG vom 27. 4. 2005 – B 6 KA 1/04 R.

1. Prüfungsstelle und Beschwerdeausschuss

Die Prüfung obliegt besonderen Einrichtungen der sogenannten gemeinsamen Selbst- **447** verwaltung, nämlich der Prüfungsstelle und in zweiter Instanz dem Beschwerdeausschuss. Diese arbeiten auf der Grundlage einer **Prüfvereinbarung** mit eigener Entscheidungskompetenz (§ 106 Abs. 3 SGB V). Um die Prüfverfahren zu beschleunigen, kann darin eine Frist für Prüfanträge vorgesehen werden; deren Nichteinhaltung begründet aber kein Verfahrenshindernis für das Prüf- und Regressverfahren.[144] Die von der Prüfungsstelle getroffenen Entscheidungen können vom Arzt, aber auch von der Kassenärztliche Vereinigung und den Krankenkassen(verbänden) angefochten werden. Mit Beendigung der Zulassung endet die Zuständigkeit der Prüfungsstelle; die Krankenkasse kann den Regressanspruch wegen seines Schadenersatzcharakters von da an unmittelbar gegen den Arzt geltend machen.[145]

Aufgrund eines entsprechenden Auftrags kann auf Landesebene vorgesehen werden, dass **448** die Prüfungsstelle auch die im Rahmen besonderer Versorgungsformen beziehungsweise aufgrund von Selektivverträgen (**hausarztzentrierte** oder besondere ärztliche **Versorgung**) verordneten Leistungen prüft (§ 106 Abs. 2 Satz 15 SGB V). Umgekehrt ist es bei der spezialfachärztliche Versorgung: liegt keine abweichende Vereinbarung vor, wird die Prüfungsstelle tätig (§ 116 b Abs. 7 Satz 7 SGB V).

Das Gesetz gibt mit der **Richtgrößenprüfung** und der qualitätsorientierten **Zufällig-** **449** **keitsprüfung** in § 106 Abs. 2 Satz 1 SGB V zwei Regelprüfmethoden vor. Die früher übliche statistische Vergleichsprüfung nach Durchschnittswerten kann bei entsprechender vertraglicher Vereinbarung ebenso wie Einzelfallprüfungen weiterhin durchgeführt werden (§ 106 Abs. 2 Satz 4 SGB V). Seit dem zum 1. 1. 2011 in Kraft getretenen AMNOG kann die Richtgrößenprüfung durch eine auf die Wirkstoffauswahl und –menge bezogene Prüfung ersetzt werden (§ 106 Abs. 3b SGB V). Daneben gewinnt die **Einzelfallprüfung** betreffend unzulässiger Verordnung von Arzneimitteln zunehmend an Bedeutung.

Für die Prüfung werden grundsätzlich alle vertragsärztlichen Tätigkeiten zusammenge- **450** fasst, auch wenn sie an verschiedenen Betriebsstätten in mehreren Kassenärztlichen Vereinigungen erfolgen (§ 47 Abs. 3 Satz 2 BMV-Ä). Bei gemeinsamer Berufsausübung wird die Wirtschaftlichkeit nicht bezogen auf den einzelnen Arzt sondern auf die Berufsausübungsgemeinschaft als Einheit geprüft.[146]

2. Konkurrenzverhältnis zur Abrechnungsprüfung

Die Abgrenzung von Abrechnungs- und Wirtschaftlichkeitsprüfung ist im Einzelfall **451** problematisch und schon allein deshalb bedeutsam, weil dafür unterschiedliche Stellen zuständig sind. Das BSG hat vor diesem Hintergrund judiziert, dass klargestellt werden muss, ob dem Arzt eine falsche Abrechnung oder eine unwirtschaftliche Behandlungsweise vorgeworfen wird.[147] Ebenso muss im Rahmen der Wirtschaftlichkeitsprüfung die angewendete Prüfmethode eindeutig festgelegt werden. Im Grundsatz gilt, dass die Prüfung der Honorarforderung auf Rechtmäßigkeit sowie Schlüssigkeit der Wirtschaftlichkeitsprüfung grundsätzlich vorgeht und daher das Wirtschaftlichkeitsprüfungsverfahren in der Regel auszusetzen ist, wenn sich dabei der falsche Ansatz von Abrechnungsziffern zeigt. Der Sachverhalt wird dann je nach Zuständigkeit von der Prüfungsstelle zunächst an die Kassenärztliche Vereinigung oder Krankenkasse abgegeben. Nur wenn der Fehlansatz der Ziffer untergeordnete Bedeutung hat, kann die Prüfungsstelle aus verfahrensökonomischen Gründen im Wege einer sogenannten **Randzuständigkeit** beziehungsweise Annexkom-

---

[144] BSG vom 3. 2. 2010 – B 6 KA 37/08 R.
[145] BSG vom 1. 3. 2011 – B 6 KA 1/10 BH.
[146] BSG vom 20. 10. 2004 – B 6 KA 41/03 R.
[147] BSG vom 8. 3. 2000 – B 6 KA 16/99 R.

petenz die Richtigstellung selbst vornehmen;[148] umgekehrt ist das ausgeschlossen.[149] Die Kassenärztlichen Vereinigungen dürfen allerdings die Vergütung von Leistungen ablehnen, die im offenkundigen Widerspruch zum aktuellen Stand der medizinischen Wissenschaft stehen oder ohne Weiteres erkennbar keinen Nutzen haben.[150] Auf Landesebene kann vorgesehen werden, dass die Prüfungsstelle sowohl für die Prüfung der Wirtschaftlichkeit als auch der Verordnungsfähigkeit von Substanzen als Sprechstundenbedarf zuständig ist.[151]

3. Beratung durch die Prüfungsstelle und deren Träger

452 Nach den Vorstellungen des Gesetzgebers soll vor allem die Prüfungsstelle Vertragsärzte im Fragen der Verordnung beraten; man will die im Prüfungsgeschäft gewonnene Sachkenntnis nutzbar machen. Die in § 305 a S. 1 SGB V vorgesehene Verpflichtung der Kassenärztlichen Vereinigungen und der Krankenkassen, die Ärzte ihrerseits zu beraten, soll daneben nur noch subsidiär fortbestehen.[152] Tatsächlich sind die entsprechenden Angebote in den letzten Jahren eher noch ausgebaut worden.

453 **Tipp:** Ärzte sollten unter Wahrung ihrer Schweigepflicht die Beratungsangebote der Krankenkassen und ihrer Kassenärztlichen Vereinigung nutzen. Krankenkassen beraten vor allem auch über Fragen des sogenannten Off-label- oder Unlicensed-Use. Im Fall eines medizinisch-fachlich umstrittenen Off-label-Use darf der Vertragsarzt eine Zustimmung bei der Krankenkasse einholen und im Ablehnungsfall dem Patienten ein Privatrezept ausstellen, mit welchem er dann gegenüber seiner Krankenkasse Kostenerstattung geltend machen kann.[153] Kassenärztliche Vereinigungen geben Hilfestellung, wenn es um die Dokumentation von Praxisbesonderheiten oder um die Frage geht, was im Rahmen der Sprechstundenbedarfs-Vereinbarung verordnungsfähig ist.

454 Die Beratung ist aber nicht nur ein freiwilliges Angebot. Ergebnis der Wirtschaftlichkeitsprüfung kann sein, dass sich der Vertragsarzt beraten lassen soll (§ 106 Abs. 5 S. 2 SGB V). Das BSG hat dem Gesetz allerdings bisher entnommen, dass ein bloße Beratung bei unwirtschaftlichem Handeln im großen Ausmaß[154] oder „Basis"mängeln wie fehlender Verordnungsfähigkeit eines Arzneimittels nicht mehr in Betracht kommt.[155] Bei Überschreiten des Richtgrößenvolumens um 15–25 % ist eine persönliche oder schriftliche Beratung vorgesehen (§ 106 Abs. 5 a Satz 1 SGB V); es handelt sich gleichwohl um ein freiwilliges Angebot. Das hat zur Konsequenz, dass die Entscheidung nicht mit einem Widerspruch oder einer Klage angefochten werden kann. Seit 1. 1. 2012 erfolgt auch bei erstmaligem Überschreiten des Richtgrößenvolumens um mehr als 25% nur eine individuelle Beratung (§ 106 Abs. 5 e Satz 1 SGB V).

4. Richtgrößenprüfung

455 Der im Gesetz Auffälligkeitsprüfung genannten **Richtgrößenprüfung** geht zunächst eine Vereinbarung der Kassenärztlichen Vereinigung mit den Landesverbänden der Krankenkassen und den Ersatzkassen voraus (§ 84 Abs. 6 und 8 SGB V). Arztgruppenspezifisch wird fallbezogen eine Richtgröße festgelegt; das ist das durchschnittliche „unproblemati-

---

[148] BSG vom 20. 9. 1995 – 6 RKa 56/94 und vom 6. 9. 2006 – B 6 KA 40/05 R.
[149] BSG vom 1. 7. 1998 – B 6 KA 48/97 R.
[150] BSG vom 27. 6. 2012 – B 6 KA 84/11 B.
[151] BSG vom 20. 10. 2004 – B 6 KA 41/03 R.
[152] BT-Drs. 15/1525, 113.
[153] BSG vom 31. 5. 2006 – B 6 KA 53/05 B.
[154] BSG vom 28. 4. 2004 – B 6 KA 24/03 R.
[155] BSG vom 6. 5. 2009 – B 6 KA 3/08 R.

sche" Verordnungsvolumen. Die Richtgrößen sollen den Arzt bei seinen Verordnungsent-
scheidungen nach dem Wirtschaftlichkeitsgebot leiten (§ 84 Abs. 6 Satz 3 SGB V). Wird
die Richtgröße sodann mit der Fallzahl (Anzahl der im Quartal behandelten Patienten)
multipliziert, ergibt sich ein Richtgrößenvolumen. Kommt keine wirksame Richtgrößen-
vereinbarung zustande oder wird sie nicht rechtzeitig, das heißt vor dem Prüfquartal, bekannt gemacht, ist Bezugsgröße das durchschnittliche Verordnungsvolumen der Fachgruppe im Bereich der Kassenärztlichen Vereinigung (§ 106 Abs. 2 Satz 5 Halbsatz 3 SGB V).

Die Auffälligkeitsprüfung erfolgt grundsätzlich für das Kalenderjahr, kann aber auch quar-   **456**
talsbezogen erfolgen und zielt darauf ab, ob die Verordnungskosten des Arztes für Arznei-,
Verband- beziehungsweise Heilmittel jeweils das Richtgrößenvolumen ohne sachlichen
Grund um mindestens 15% (§ 106 Abs. 5a Satz 1 SGB V) übersteigen. Der maßgebliche
sachliche Grund ist das Vorliegen von bei der Bestimmung der Richtgrößen unberücksich-
tigten **Praxisbesonderheiten.** Das sind aus der Morbiditätsstruktur des Patientenkollektivs
herrührende, in der Regel in Wechselbeziehung zu einer besonderen Qualifikation des Arztes stehende signifikante Umstände, welche für die Fachgruppe von der Art oder dem Umfang her atypisch sind und kausal einen erhöhten Verordnungsaufwand hervorrufen. Jüngst
hat das BSG judiziert, dass zur Auslegung auf seine ältere Rechtsprechung zu Praxisbesonderheiten bei der statistischen Vergleichsprüfung rekurriert werden kann.[156]

Der Arzt ist an der Prüfung nicht von Beginn an beteiligt. Vor Einleitung des eigentli-   **457**
chen Prüfverfahrens werden in einer **Vorab-Prüfung** von Amts wegen die durch Praxisbesonderheiten verursachten Verordnungskosten abgezogen, sofern solche offensichtlich
oder der Prüfungsstelle z. B. aufgrund von Vorjahresprüfungen bereits bekannt sind (§ 106
Abs. 5a Satz 1 SGB V). Praxisbesonderheiten können aber auch bereits in der Richtgrö-
ßenvereinbarung oder in der Prüfvereinbarung nach § 106 Abs. 3 SGB festgelegt sein. Dort
werden bestimmten Indikationsgebieten zugeordnete Arzneimittel beziehungsweise Wirkstoffe aufgenommen, bei denen von vornherein keine Anhaltspunkte für unwirtschaftliches
Handeln bestehen (beispielsweise Immunsupressiva nach Organtransplantationen; parente-
rale Zubereitungen aus Zytostatika). Praxisbesonderheiten können auch in Vereinbarungen
festgelegt werden, welche der Spitzenverband Bund der Krankenkassen bei Arzneimitteln
mit neuen Wirkstoffen mit dem pharmazeutischen Unternehmer trifft (§ 130 b Abs. 2
Satz 1 SGB V). Diese werden auf der Homepage des GUV-Spitzenverbandes bekannt gegeben. Für Heilmittel haben der Spitzenverband Bund der Krankenkassen und die Kassenärztliche Bundesvereinigung am 12. 11. 2012 eine Vereinbarung über Praxisbesonderheiten abgeschlossen (§ 84 Abs. 8 Satz 3 SGB V).[157] Der Arzt kann mit den Krankenkassen
schließlich eine individuellen Arzneimittelvereinbarung treffen (§ 84 Abs. 1 Satz 5 SGB V).
Seit 1. 1. 2012 findet keine Wirtschaftlichkeitsprüfung mehr statt, wenn Heilmittel verordnet werden, deren Anwendung die Krankenkasse langfristig genehmigt hat (§ 32 Abs. 1a
SGB V, § 106 Abs. 2 Satz 18 SGB V).

Überschreitet der Arzt nach Abschluss der Vorab-Prüfung immer noch das ihm für Ver-   **458**
ordnungszwecke zustehende Richtgrößenvolumen, beginnt das eigentliche **Prüfverfahren.** Auf Antrag des Arztes werden darin andere vom Fachgruppendurchschnitt abweichende Besonderheiten, insbesondere in der Patientenstruktur (beispielsweise höherer
Anteil älterer oder chronisch kranker und von Zuzahlungen befreiter Patienten) geprüft
(§ 106 Abs. 5a Satz 8 SGB V). Es erfolgt mithin eine individuelle Prüfung nach Krank-
heitsarten. Besondere Qualifikationen des Praxisinhabers oder besondere Praxisausstattun-
gen werden nach Maßgabe einer Verfahrensordnung berücksichtigt (§ 106 Abs. 5a Sätze 5
und 6 SGB V). Die Zusatzqualifikationen müssen zu einer durch Diagnosestatistiken
oder Falldokumentationen belegten Patientenkonzentration und nicht nur zu einzelnen
schweren Fällen[158] geführt haben. Das Festlegen entsprechender Grundsätze in der Verfah-

---

[156] BSG vom 23. 3. 2011 – B 6 KA 9/10 R.
[157] DÄBl. 2012, A-2485.
[158] BSG vom 23. 3. 2011 – B 6 KA 9/10 R.

rensordnung soll Gleichbehandlung gewährleisten und Rechtssicherheit schaffen. Darüber hinaus haben die Prüfgremien hinsichtlich der Feststellung und Bewertung der Praxisbesonderheiten einen Beurteilungsspielraum, das heißt ihre Entscheidungen unterliegen einer nur eingeschränkten sozialgerichtlichen Kontrolle.

459   Im Prüfverfahren trägt der Arzt die **Beweislast,** denn das Überschreiten des Richtgrößenvolumens begründet nach Ansicht des Gesetzgebers den Anscheinsbeweis eines unwirtschaftlichen Verordnungsverhaltens. Das kommt auch dadurch zum Ausdruck, dass dann, wenn bei der Vorab-Prüfung mehr als 5% der Ärzte einer Fachgruppe das Richtgrößenvolumen um mehr als 25% überschreiten und mithin Vieles dafür spricht, dass das vereinbarte Volumen zu niedrig angesetzt wurde, die Prüfung grundsätzlich auf 5% der Ärzte beschränkt wird (§ 106 Abs. 2 Satz 7 SGB V).

460   Ein großes Problem stellt die Datengrundlage der Prüfungen dar (§ 106 Abs. 2 c SGB V); andererseits können Mängel in diesem Bereich dazu führen, dass das Prüfverfahren zugunsten des Arztes abgeschlossen wird. Die Prüfungen erfolgen nach §§ 296 f. SGB V grundsätzlich auf Basis elektronisch erfasster und zusammengefasster Daten, die einen **Anscheinsbeweis** für die veranlassten Leistungen und Verordnungskosten begründen. Nur wenn dieser Anschein durch bezogen auf das Gesamtverordnungsvolumen mindestens 5% falsch erfasster Verordnungskosten erschüttert ist (oder die Prüfvereinbarung Anderes vorsieht), müssen sämtliche versichertenbezogenen Originalverordnungsblätter oder Images herangezogen und individuell ausgewertet werden; sind weniger als 95% der Unterlagen verfügbar, muss der Regressbetrag um einen Sicherheitsabschlag gekürzt werden.[159] Entsprechendes gilt, wenn der Arzt substantiierte, das heißt konkrete und plausible Zweifel an der Richtigkeit der Daten geltend macht, etwa nicht zuzuordnende Pharmazentralnummern; in diesem Fall müssen keine 5% der Verordnungen betroffen sein.[160] Dann sind die sogenannte erweiterte Arznei- beziehungsweise Heilmitteldatei seitens aller Krankenkassen (inzwischen routinemäßig in § 13 Abs. 2 der Anlage 6 zum BMV-Ä vorgesehen) beziehungsweise die Originale der Verordnungen oder Printimages beizuziehen.[161]

461   Wichtig ist, dass der Arzt seine Einwände bereits im Prüfverfahren geltend macht; spätere Einwände werden nicht mehr berücksichtigt; der Jurist spricht dann von **Präklusion.** Die Prüfungsstelle muss diesen Einwänden nicht nachgehen, wenn sie die Zweifel nicht teilt; sie muss ihre Gründe dann aber im Regressbescheid darlegen. Teilt sie hingegen die Zweifel, etwa wegen der vom Arzt vorgelegten Behandlungsunterlagen, kann sie auf die Hinzuziehung der Originale verzichten und stattdessen aus einer Stichprobe auf die Grundgesamtheit hochrechnen (§ 106 Abs. 2 c Satz 2 SGB V).

462   Auf Verlangen der Prüfungsstelle ist der Arzt verpflichtet und befugt, ihr die erforderlichen Befunde vorzulegen (§ 296 Abs. 4 SGB V). Befugnis bedeutet, dass der Arzt mit der Vorlage von Informationen über den Gesundheitszustand des Patienten nicht gegen seine Schweigepflicht verstößt. Ein Prüfverfahren ist für den Arzt mit viel Arbeit verbunden. Er muss sein Verordnungsverhalten im zeitlichen Nachgang begründen. Immerhin hat der Gesetzgeber für eine Verfahrensbeschleunigung gesorgt. Das Verfahren vor der Prüfungsstelle muss binnen zwei Jahren nach Ende des geprüften Zeitraums abgeschlossen sein (§ 106 Abs. 2 Satz 7 Halbsatz 2 SGB V). Zwar kann im Prüfverfahren gemäß § 106 Abs. 5a Satz 9 SGB V von **Stichproben** hochgerechnet werden. Allerdings ist der Arzt gehalten, nicht nur einzelne Behandlungsfälle auflisten, sondern er muss diese systematisieren, den Prozentsatz und den durchschnittlichen besonderen Therapieaufwand quantifizieren.[162] Erscheinen danach Praxisbesonderheiten möglich, muss die Prüfungsstelle ihn auf die Möglichkeit ergänzender Darlegungen hinweisen.[163]

---

[159] BSG vom 2. 11. 2005 – B 6 KA 63/04 R.
[160] BSG vom 16. 7. 2008 – B 6 KA 57/07 R.
[161] BSG vom 6. 5. 2009 – B 6 KA 17/08 R.
[162] *Laufs/Kern/Clemens* § 36 Rn. 59 ff.
[163] *Laufs/Kern/Clemens* § 36 Rn. 59 ff.

Seit dem 1. 1. 2012 kann der Arzt bei einem entsprechenden **Feststellungsinteresse** im 463 Prinzip jederzeit bei der Prüfungsstelle eine gesonderte Entscheidung über die Anerkennung von Praxisbesonderheiten beantragen (§ 106 Abs. 5 e Sätze 5 und 6 SGB V). Das schafft für den Arzt Rechtssicherheit und entlastet ihn von der Pflicht, sich im Nachhinein und vor dem Hintergrund einer möglicherweise hohen Regressforderung für sein Verordnungsverhalten rechtfertigen zu müssen. In der Praxis wird ein solcher Antrag im Zweifel zur Vereinbarung einer individuellen Richtgröße § 106 Abs. 5 d SGB V oder einer individuellen Arzneimittelvereinbarung § 84 Abs. 1 Satz 5 SGB V führen.

Auch wenn die Richtgrößenprüfung für den Arzt nicht vollständig positiv verläuft, sieht 464 das Gesetz vor, dass einer einseitigen Entscheidung durch Verwaltungsakt der Versuch einer **konsensualen Verfahrensbeendigung** vorausgeschaltet wird (§ 106 Abs. 5 a Satz 4 SGB V). Das Gesetz begrenzt damit jedoch zugleich den Spielraum für Vergleichsabschlüsse auf $^1/_5$ der festgestellten Regresssumme. Kommt es zu einem Regressbescheid, werden neben den Praxisbesonderheiten pauschaliert die Zuzahlungen der Versicherten (§ 61 SGB V), Apothekenrabatte (§ 130 SGB V) sowie die den Krankenkassen in den entsprechenden Verträgen mit den pharmazeutischen Unternehmen gewährten Rabatte (§ 130 a Abs. 8 SGB V) in Abzug gebracht; dabei muss sich die Prüfungsstelle auf die ihr von den Krankenkassen übermittelten Daten verlassen (§ 106 Abs. 5 c Sätze 1 und 2 SGB V). Der Regressbetrag ist dann der das Richtgrößenvolumen um mehr als 25% übersteigende Betrag.

Der im **Regressbescheid** festgesetzte Betrag wird den betroffenen Krankenkassen zuge- 465 ordnet, die ihn mit der nächsten an die Kassenärztliche Vereinigung auszuzahlenden Gesamtvergütung verrechnen (§ 106 Abs. 5 c Satz 3 SGB V). Eine Ausnahme gilt, wenn die Krankenkassen die weitere Existenz der Arztpraxis gefährdet sehen und ein besonderer Versorgungsbedarf besteht; dann können sie dem Arzt den Regress erlassen (§ 106 Abs. 5 c Satz 5 SGB V). Ansonsten hat die Kassenärztliche Vereinigung einen Rückforderungsanspruch gegen den Vertragsarzt, den sie durch Aufrechnung gegen seine Honorarforderung realisiert. Ist der Vertragsarzt nicht mehr zugelassen oder eine Aufrechnung ansonsten unmöglich, tritt die Kassenärztliche Vereinigung die Regressforderung zur unmittelbaren Einziehung an die Krankenkasse ab (§§ 52 Abs. 2 BMV-Ä, 48 Abs. 2 EKVÄ).

Die Auffälligkeitsprüfung wurde in den letzten Jahren zunehmend kritisiert. Die auf 466 Verordnungskosten bezogene Steuerungswirkung der Richtgrößen läuft durch die zahlreichen Rabattvereinbarungen weitgehend leer: Während sie weiterhin nach den Apothekenabgabepreisen errechnet werden, sind dem Vertragsarzt die von den Krankenkassen geheim gehaltenen tatsächlichen Erstattungspreise unbekannt, so dass er die mit seiner Verordnung ausgelösten Kosten nicht kennt. Die Richtgrößenprüfung passt nicht mehr, seit die Krankenkassen mit der Option der Rabattverträge **Preisverantwortung** tragen. In einzelnen Regionen einigte man sich daher auf ein sogenanntes Verordnungsbudget, das heißt ein vorgegebenes Verordnungsvolumen für den Bezirk einer Kassenärztlichen Vereinigung. Bei dessen Einhaltung wurde auf Richtgrößenprüfungen vollständig verzichtet. Das war insofern bedenklich, als nach der Wertung des Gesetzgebers das wirtschaftliche Verhalten des Kollektivs nicht dazu führen darf, dass auch jeder einzelne Arzt schlechthin von der Wirtschaftlichkeitsprüfung ausgenommen wird. Damit die Ärzte gleichwohl nicht mehr das Preisrisiko tragen, sieht das Gesetz nunmehr eine neue Alternative vor, die nachfolgend dargestellt wird.

5. Prüfung von Wirkstoffauswahl und Wirkstoffmenge

Seit dem AMNOG, das heißt seit 1. 1. 2011 kann die Richtgrößenprüfung und ausweis- 467 lich der Gesetzesbegründung[164] auch die Zufälligkeitsprüfung für den Arzneimittelbereich durch eine arztbezogene, auf die Wirkstoffauswahl und die Wirkstoffmenge im jeweiligen

---

[164] BT-Drs. 17/2413, 28.

Anwendungsgebiet bezogene Prüfung ärztlich verordneter Leistungen ersetzt werden; in **Modellvorhaben** zur Arzneimittelversorgung ist die neue Prüfmethode in jedem Fall einzuführen (§ 64a Abs. 1 Satz 8 SGB V). Der Gesetzgeber greift damit Beschlüsse des Spitzenverbandes Bund der Krankenkassen sowie der Kassenärztlichen Bundesvereinigung auf, wonach ein Arzt, der die vorgegebenen Einsparziele erreicht und indikationsgerecht und bezogen auf die Wirkstoffmenge adäquat **Leitsubstanzen** verordnet, von der Wirtschaftlichkeitsprüfung befreit werden soll.

468   Die Umstellung auf das neuen Prüfverfahren setzt voraus, dass für die betroffenen Fachgruppen und gegebenenfalls verfeinerte Vergleichsgruppen, etwa nach den Schwerpunkten der Inneren Medizin oder besonderen Qualifikationsmerkmalen (etwa Zusatzweiterbildung Spezielle Schmerztherapie), versorgungs- und verordnungskostenrelevante Anwendungsgebiete für Arzneimittel festgelegt werden. Ferner sind **Zielvorgaben** für Verordnungsanteile für Wirkstoffe und Wirkstoffgruppen beziehungsweise für die Wirkstoffmenge in den einzelnen Indikationsgebieten auszuhandeln. Die Prüfung erfasst in der Regel bis zu 5% der Vertragsärzte und erstreckt sich darauf, ob die Menge und der Anteil ausgewiesener Wirkstoffe oder Wirkstoffgruppen am Gesamtverordnungsvolumen, bezogen auf bestimmte Krankheiten, den Zielvorgaben entspricht oder ob Überschreitungen auf Praxisbesonderheiten, zurückzuführen sind. Andernfalls ergeht ein Regressbescheid zum Ausgleich der Mehrkosten. Mit der Veröffentlichung der Prüfvereinbarung soll der **Medikationskatalog** Versicherten und pharmazeutischen Unternehmen zugänglich sein.[165]

6. Zufälligkeitsprüfung

469   Im Rahmen der Zufälligkeitsprüfung sollen bei einer Stichprobe von mindestens 2% der Ärzte je Quartal deren selbst erbrachten, veranlassten und verordneten Leistungen auf Grundlage der zusammengeführten behandlungsfallbezogenen Daten (Rechtsgrundlage ist § 297 SGB V) einer auf ein Jahr bezogenen **umfassenden Qualitäts- und Wirtschaftlichkeitsprüfung** unterzogen werden. Die Stichprobe wird getrennt nach Arztgruppen und gegebenenfalls vorhandenen Zusatzqualifikationen oder Leistungsmerkmalen nach dem Zufallsprinzip ausgewählt. Die Daten werden sodann mit einer von der Prüfungsstelle festgelegten versichertenbezogenen Stichprobe zusammengeführt und einer kursorischen Auffälligkeitsprüfung unterzogen. Soweit dafür Anlass besteht, wird im Rahmen des Beurteilungsspielraums festgelegt, welche Ärzte genauer geprüft werden, was jeweils Prüfungsgegenstand ist und welche Prüfungsmethode (umfassende oder repräsentative Einzelfallprüfung, statistische Durchschnittsprüfung, Vertikalvergleich) Anwendung findet. Inhalt und Durchführung der Prüfung werden durch Richtlinien[166] sowie in von den Kassenärztlichen Vereinigungen sowie den Landesverbänden und Ersatzkassen geschlossenen Verträgen festgelegt.

470   Die Prüfung erstreckt sich auf die Indikationsstellung sowie die Effektivität, Qualität und Angemessenheit der Behandlung (§ 106 Abs. 2a SGB V). **Prüfkriterien** sind die Häufigkeit abgerechneter Ziffern, überwiesener oder außerhalb der regulären Sprechzeit behandelter Patienten, das Verhältnis von Einzel- zu Gruppenbehandlungen oder der Anteil der schnell wieder aus dem Krankenhaus entlassenen Patienten. Da die pharmazeutische Industrie über Anwendungsbeobachtungsstudien und andere Maßnahmen das Verordnungsverhalten zugunsten unwirtschaftlicher Arzneimittel zu steuern versucht, sollen ergänzend zur Richtgrößenprüfung Auffälligkeiten bei der Verordnung einzelner Arzneimittel überprüft werden (§ 106 Abs. 2 Satz 10 SGB V).

7. Statistische Vergleichsprüfung

471   Die statistische Vergleichsprüfung, bei der die Abrechnungs- beziehungsweise Verordnungswerte des Arztes mit den **Durchschnittswerten seiner Fachgruppe** oder einer nach

---

[165] BT-Drs. 17/2413, 29.
[166] DÄBl. 2008, A-1931; 2009, A-526.

verfeinerten Kriterien gebildeten engeren Gruppe verglichen werden, war bis zum Jahr 2003 die Regelprüfmethode. Heute dient sie zur Selektion der in der Zufälligkeitsprüfung genauer zu prüfenden Ärzte, wobei bei Selektivverträgen nur die Verordnungsdaten zur Verfügung stehen (§ 106 Abs. 2 Satz 12 SGB V). Sie kann ferner nach § 106 Abs. 2 Satz 4 SGB V zusätzlich z. B. für die Überprüfung des Sprechstundenbedarfs oder als Reserveprüfmethode zur Richtgrößenprüfung vereinbart werden. Der Gesetzgeber hält sie allerdings für qualitativ minderwertig, weil verdeckte, der gesamten Fachgruppe eigene unwirtschaftliche Verhaltensweisen nicht erkennbar werden.[167] Durch die Ausblendung des Behandlungsgeschehens in Selektivverträgen können sich statistische Verzerrungen ergeben.[168]

Zur Prüfmethode gibt es eine umfangreiche Rechtsprechung, die angesichts ihrer heute **472** eingeschränkten Bedeutung hier nur angedeutet wird. Bei der Bildung der **verfeinerten Vergleichsgruppe** haben die Vertragspartner einen Beurteilungsspielraum. Sie muss in den wesentlichen und typischen Praxismerkmalen übereinstimmen, darf andererseits aber auch nicht den repräsentativen Charakter und die Ausgewogenheit verlieren.[169] Einzelne, hohe Kosten verursachende Ärzte müssen einbezogen bleiben. Zum Beispiel sind entsprechend den Schwerpunkten der Inneren Medizin, nicht jedoch für Zusatz-Weiterbildungen, verfeinerte Fachgruppen zu bilden.[170] Liegen die Voraussetzungen für eine Gruppenbildung nicht vor, verlagert sich die Prüfung auf die Beurteilung von Praxisbesonderheiten. Die Prüfung kann sich auf den Gesamtfallwert, einzelne Leistungssparten oder bestimmte Einzelleistungen beziehen; in jedem Teilbereich muss die Behandlung wirtschaftlich sein.[171]

Für die Bewertung des Überschreitens des Fachgruppendurchschnitts hat die Rechtspre- **473** chung. drei Kategorien gebildet: Liegt es im **Streubereich** (Überschreiten bis zu etwa 20%),[172] kann die Unwirtschaftlichkeit dem Arzt nur im Wege der umfassenden Einzelfallprüfung nachgewiesen werden;[173] ansonsten ist das Überschreiten Ausdruck der Therapiefreiheit des Arztes.[174] Bei einem erheblichen, aber noch nicht offensichtlichen Missverhältnis (sogenannte **Übergangszone**) greifen Beweiserleichterungen zugunsten der Prüfungsstelle ein; sie kann eine repräsentative Einzelfallprüfung durchführen. Bei einem **offensichtlichen Missverhältnis** zum durchschnittlichen Aufwand der Vergleichsgruppe besteht der **Anscheinsbeweis der Unwirtschaftlichkeit**[175] und tritt daher eine Darlegungs- und Beweislastumkehr zulasten des Arztes ein. Zudem ist eine pauschale Honorarkürzung beziehungsweise Schadensschätzung möglich. Das offensichtliche Missverhältnis kann die Prüfungsstelle im Rahmen ihres Beurteilungsspielraums, je nach Homogenität der Vergleichsgruppe, Dauer des überprüften Zeitraums, Vorwegabzug offensichtlicher Praxisbesonderheiten und Breite der ausgewählten Leistungssparte beginnend bei 30 bis 60%igem Überschreiten des Fachgruppendurchschnitts annehmen.[176] Bei Einzelleistungen darf das offensichtliche Missverhältnis typisierend beim Doppelten des Fachgruppendurchschnitts angenommen werden.[177]

Die statistische Betrachtung ist jeweils von Amts wegen durch eine sogenannte **intellek-** **474** **tuelle Betrachtung** zu ergänzen, bei der – zugleich als Begrenzung der Darlegungs- und Beweislast des Arztes[178] – medizinisch-ärztliche Gesichtspunkte berücksichtigt und im Prüfbescheid dargelegt werden. Es muss erläutert werden, dass die Abweichung Ausdruck

---

[167] BT-Drs. 15/1525, 113.
[168] BT-Drs. 17/2413, 28.
[169] BSG vom 15. 4. 1980 – 6 RKa 5/79.
[170] BSG vom 11. 12. 2002 – B 6 KA 1/02 R.
[171] BSG vom 19. 10. 2011 – B 6 KA 38/10 R.
[172] BSG vom 3. 6. 1987 – 6 RKa 24/86.
[173] BSG vom 26. 4. 1978 – 6 RKa 10/77.
[174] BSG vom 31. 7. 1991 – 6 RKa 12/89.
[175] BSG vom 8. 4. 1992 – 6 RKa 34/90.
[176] BSG vom 18. 6. 1997 – 6 RKa 52/96 und 6. 9. 2000 – B 6 KA 24/99 R.
[177] BSG vom 21. 5. 2003 – B 6 KA 32/02 R.
[178] BSG vom 9. 3. 1994 – 6 RKa 18/92.

der Unwirtschaftlichkeit und nicht etwa der besonderen Behandlungsausrichtung des Arztes ist.[179] Das offensichtliche Missverhältnis kann durch im Prüfverfahren geltend zu machende Praxisbesonderheiten, also Umstände, die einen zu vergleichbaren Ärzten höheren Behandlungsaufwand rechtfertigen, oder kompensatorische Einsparungen, das heißt einen Mehraufwand, der mit einem Minderaufwand bei anderen Leistungen im ursächlichen Zusammenhang steht (zum Beispiel Hausbesuche und Krankenhauseinweisungen),[180] widerlegt werden. Dabei muss die abweichende Behandlung medizinisch gleichwertig sowie insgesamt kostensparend und damit wirtschaftlich sein.[181]

8. Vertikalvergleich

475   Der Vergleich mit dem Abrechnungs- und Verordnungsverhalten desselben Arztes in früheren Quartalen ist als **subsidiäre Prüfmethode** nur zulässig, wenn keine homogene Untergruppe für die Prüfung nach Durchschnittswerten gebildet werden kann oder weil die Fachgruppe insgesamt unwirtschaftlich handelt.[182] Das BSG will aus Gleichheitsgründen sicherstellen, dass kein Arzt von Wirtschaftlichkeitsprüfungen völlig ausgeschlossen bleibt; gegebenenfalls muss eine geeignete Prüfmethode außerhalb der Prüfvereinbarung entwickelt werden.[183] Die Auswahl der geeigneten Prüfmethode obliegt dem Beurteilungsspielraum der Prüfungsstelle.[184]

9. Einzelfallprüfung

476   Einzelfallprüfungen betreffen das konkrete Verhalten des geprüften Arztes **in einzelnen Behandlungsfällen**.[185] Wird auch die Diagnoseerstellung überprüft, handelt es sich um eine strenge, andernfalls um eine eingeschränkte Einzelfallprüfung.[186] Bei der umfassenden Einzelfallprüfung ist eine versichertenbezogene Datenübermittlung nach § 298 SGB V zulässig. Der Aufwand rechtfertigt sie nur, wenn andere Prüfmethoden nicht in Betracht kommen, etwa bei in einem eng begrenzten Leistungsbereich ermächtigten Ärzten. In der Übergangszone (vgl. Rn. 477) dient die eingeschränkte oder repräsentative Einzelfallprüfung als Ergänzung zur statistischen Vergleichsprüfung dem Nachweis unwirtschaftliche Handelns anhand von Einzelfällen, ohne dass es dazu einer expliziten Regelung in der Prüfvereinbarung bedürfte.[187] Wird vom Prüfergebnis hochgerechnet, ist der Regressbetrag um einen Sicherheitsabschlag zu reduzieren.[188]

477   Die Prüfmethode dient auch der Prüfung der Einhaltung der **Verordnungseinschränkungen und -ausschlüsse** in den Arzneimittelrichtlinien des Gemeinsamen Bundesausschusses (§ 106b Abs. 5b SGB V). Auch darüber hinaus kann gemäß § 106 Abs. 2 Satz 4 SGB V[189] in der Regel auf Antrag der betroffenen Krankenkasse das Verordnungsverhalten des Arztes in einem bestimmten Behandlungsfall geprüft werden. Die Festsetzung eines Regressen setzt kein Verschulden des Arztes voraus;[190] es genügt, dass das Arzneimittels im konkreten Verordnungsfall nicht der Leistungspflicht der gesetzlichen Krankenversicherung unterfällt.[191]

---

[179] BSG vom 16. 7. 2003 – B 6 KA 45/02 R.
[180] BSG vom 15. 4. 1986 – 6 RKa 38/84 und 8. 5. 1985 – 6 RKa 4/84.
[181] BSG vom 28. 1. 1998 – B 6 KA 69/96 R.
[182] BSG vom 3011.1994 – 6 RKa 14/93 und vom 9. 6. 1999 – B 6 KA 21/98 R.
[183] BSG vom 30. 11. 1994 – 6 RKa 14/93.
[184] BSG vom 19. 10. 2011 – B 6 KA 38/10 R.
[185] BSG vom 3. 11. 2010 – B 6 KA 35/10 B.
[186] *Laufs/Kern/Clemens* § 36 Rn. 13f.
[187] BSG vom 19. 10. 2011 – B 6 KA 38/10 R.
[188] BSG vom 8. 4. 1992 – 6 RKa 27/90.
[189] BSG vom 14. 3. 2001 – B 6 KA 19/00 R.
[190] BSG vom 6. 5. 2009 – B 6 KA 3/08 R.
[191] BSG vom 14. 3. 2001 – B 6 KA 19/00 R.

Der Arzt kann sich nicht darauf berufen, dass anstelle des ausgeschlossenen ein anderes Arzneimittel hätte verordnet werden können und dann von der Krankenkasse bezahlt werden müsste.[192]

10. Wiedergutmachung sonstiger Schäden

In den Bundesmantelverträgen ist in § 48 BMV-Ä beziehungsweise § 44 EKVÄ vorgesehen, dass der Prüfungsstelle die weitere Aufgabe obliegt, im Einzelfall umstrittene Schadensersatzansprüche der Krankenkassen wegen fehlerhafter Ausstellung von Bescheinigungen oder falschen Angaben gegenüber dem MDK zu prüfen, die etwa zu unberechtigten Krankengeldzahlungen als sog. **„Mangelfolgeschaden"** führen. Bei ungerechtfertigten Überweisungen liegt der Schaden gegebenenfalls in zusätzlichen Untersuchungskosten. Ein weiterer Fall ist die Bestellung von zu viel und deshalb nicht verbrauchtem Impfstoff über den Sprechstundenbedarf. Die bestands- beziehungsweise rechtskräftig festgesetzten Beträge werden grundsätzlich mit der Honorarforderung des Arztes sowie der Gesamtvergütung verrechnet, soweit letztere nicht pauschaliert ist. **478**

Sonstige Schäden, die durch Mehraufwendungen wegen **Behandlungsfehlern,** § 50 BMV-Ä, entstehen, werden ebenso wie Schäden aus nicht angezeigten Rückvergütungen (sogenannte Kick-Back-Zahlungen) hingegen nicht vor der Prüfungsstelle verhandelt. **479**

Tipp: Nach § 197a SGB V eingerichtete Ermittlungsstellen der Krankenkassen haben in der Vergangenheit Ärzte und andere Leistungserbringer mit gewissem Nachdruck dazu bewegt, sich in einer Vereinbarung zur Schadenswiedergutmachung zu verpflichten, wobei als Gegenleistung auf die Unterrichtung der Staatsanwaltschaft verzichtet wurde. Solche Vereinbarungen sind rechtswidrig und begründen keine Zahlungsansprüche der Krankenkassen.[193] **480**

11. Regressbescheid

Die Prüfungsstelle schätzt, sofern eine Berechnung nicht möglich oder mit einem unverhältnismäßigen Aufwand verbunden ist, unter Berücksichtigung von Praxisbesonderheiten einzelfallbezogen den durch unwirtschaftliches Handeln verursachten Mehraufwand beziehungsweise Schaden.[194] Außer bei der Richtgrößenprüfung setzt sie in einem weiteren Schritt den Ausgleichsbetrag im Rahmen einer (Kürzungs-)**Ermessensentscheidung** durch einen Verwaltungsakt fest.[195] Bei budgetierten Leistungen ist die Honorarkürzung nicht auf die abgestaffelte Restvergütung begrenzt.[196] Bei der statistischen Vergleichsprüfung ist dem Vertragsarzt im Regelfall das Honorar im Streubereich zu belassen,[197] wohingegen bei einer Einzelfallprüfung eine Kürzung auf den Fachgruppendurchschnitt erfolgt.[198] **481**

Bei der Richtgrößenprüfung handelt es sich um eine gebundene Entscheidung (§ 106 Abs. 5a Satz 3 SGB V). Allerdings wird der Regressbetrag erst beim zweiten Überschreiten des Richtgrößenvolumens um mehr als 25% sowie nach Übernahme neuer Versorgungsaufgaben (sogenannte Anlaufpraxis) seit 1. 1. 2012 erst nach vorangegangener Beratung festgesetzt (§ 106 Abs. 5e Satz 1 SGB V) und zunächst auf 25 000 EUR begrenzt **482**

[192] BSG vom 23. 6. 2010 – B 6 KA 6/10 B.

[193] LSG Niedersachsen-Bremen vom 24. 11. 2010 – L 1 KR 72/09.

[194] BSG vom 27. 11. 1959 – 6 RKa 4/58, vom 26. 4. 1978 – 6 RKa 10/77 und vom 18. 5. 1983 – 6 RKa 18/80.

[195] BSG vom 21. 5. 2003 – B 6 KA 32/02 R.

[196] BSG vom 15. 5. 2002 – B 6 KA 30/00 R, vom 5. 11. 2003 – B 6 KA 55/02 R und vom 9. 4. 2008 – B 6 KA 34/07 R.

[197] BSG vom 2. 6. 1987 – 6 RKa 23/86.

[198] BSG vom 3. 6. 1987 – 6 RKa 24/86.

(§ 106 Abs. 5 c Satz 6 SGB V). Die Regelung gilt für alle noch nicht abgeschlossenen Verfahren, wobei es auf die Entscheidung des Beschwerdeausschusses ankommt (§ 106 Abs. 5 e Satz 8 SGB V). Ist bereits eine Klage anhängig, greift die Gesetzesordnung nicht ein.[199]

483   Bei Regressen, denen unzulässige Verordnungen zugrunde liegen, ist wegen des Schadenersatzcharakters kein Raum für Ermessensentscheidungen. Wie auch in den anderen Fällen unwirtschaftlichen Verhaltens muss die fehlerhafte Verordnung des Arzneimittels oder auch des Sprechstundenbedarf nicht verschuldet erfolgt sein; vielmehr muss der Vertragsarzt die Voraussetzungen für einen ausnahmsweise gerechtfertigten **Off-label- oder Unlicensed Use** wie ein Versicherter darlegen und beweisen.[200] Vertrauensschutz kommt allenfalls in Betracht, wenn die Krankenkasse oder die Prüfungsstelle eine unzulässige Verordnung in einer einem Verwaltungsakt vergleichbaren Äußerung in Kenntnis der Problematik explizit gebilligt hat.[201] Deshalb sollte der Arzt von der ihm nach § 2 Abs. 1 a Satz 2 SGB V eingeräumten Möglichkeit Gebrauch machen und bei der Krankenkasse seines Patienten um eine Kostenübernahmeerklärung nachsuchen.

484   Der Prüfbescheid muss abgesehen von den Fällen des § 45 SGB X innerhalb einer **Ausschlussfrist** von vier[202] – bei Richtgrößenprüfungen gemäß § 106 Abs. 2 Satz 7 Halbsatz 2 SGB V von zwei – Jahren, gerechnet ab dem Tag nach Bekanntgabe des für den Abrechnungszeitraum maßgeblichen Honorarbescheids, zugegangen sein.[203] Beim Verordnungsregress beginnt die Frist in der Regel unmittelbar nach Ablauf des Quartals, dem die Verordnung kostenmäßig zugeordnet ist und bei Sprechstundenbedarfsverordnungen ausnahmsweise mit Ablauf des geprüften Verordnungszeitraums (§ 106 Abs. 2 Satz 7 SGB V).[204] Der Ablauf der Ausschlussfrist wird jedoch analog § 45 SGB I unterbrochen oder gehemmt, wenn die Krankenkasse einen Prüfantrag stellt (beispielsweise nach § 106 a Abs. 4 Satz 3 SGB V) und der Vertragsarzt davon Kenntnis erlangt. Ab Erlass des Regeressbescheids kann eine steuerliche Rückstellung gebildet werden.[205]

12. Rechtsschutz

485   Sofern das Verfahren keine durch Gesetz oder Arzneimittelrichtlinien aus dem Leistungskatalog der GKV ausgeschlossenen Leistungen betrifft (§ 106 Abs. 5 S. 8),[206] ist vor Erhebung der sozialgerichtlichen Klage der Beschwerdeausschuss anzurufen (§ 106 Abs. 5 Satz 6 SGB V). Antragsbefugt sind der betroffene Arzt, die Krankenkasse, deren Landesverbände und die Kassenärztliche Vereinigung. Auch wenn sich der Regressbescheid gegen eine Berufsausübungsgemeinschaft richtet, ist der Vertragsarzt allein anfechtungsbefugt.[207] Klagen gegen Entscheidungen des Beschwerdeausschusses bei Richtgrößenprüfungen, bei denen der Arzt bei der Kassenärztlichen Vereinigung einen Stundungs- oder Erlassantrag stellen kann (§ 106 Abs. 5 c Satz 5 SGB V), sowie gegen Honorarkürzungen haben **keine aufschiebende Wirkung** (§ 106 Abs. 5 Satz 7, Abs. 5 a Satz 11 SGB V). Gegenstand des Rechtsstreits ist allein der Verwaltungsakt des Beschwerdeausschusses.[208]

---

[199] SG Düsseldorf vom 6. 4. 2011 – S 2 KA 266/09; a. A. BeckOK-SozR/ *Wehebrink* 106 Rn. 14.

[200] BSG vom 21. 5. 2003 – B 6 KA 32/02 R und vom 5. 5. 2010 – B 6 KA 6/09 R.

[201] BSG vom 6. 5. 2009 – B 6 KA 2/08 R.

[202] BSG vom 16. 6. 1993 - 14a/6 RKa 37/91 und vom 12. 12. 2001 – B 6 KA 3/01 R.

[203] BSG vom 28. 3. 2007 – B 6 KA 22/06 R.

[204] BSG vom 18. 8. 2010 – B 6 KA 14/09 R.

[205] FG Bremen vom 8. 2. 2012 – 1 K 32/10/5.

[206] BSG vom 11. 5. 2011 – B 6 KA 13/10 R.

[207] BSG vom 3. 2. 2010 – B 6 KA 37/08 R.

[208] BSG vom 19. 6. 1996 – 6 RKa 40/95.

V. Ärztliche Vergütung nach der GOÄ

1. Die Gebührenordnung für Ärzte – Grundlagen

a) Rechtsgrundlagen. Die GOÄ ist eine Rechtsverordnung der Bundesregierung, die **486** der Zustimmung des Bundesrates bedarf. Grundlage ist § 11 der Bundesärzteordnung: „Die Bundesregierung wird ermächtigt, durch Rechtsverordnung mit Zustimmung des Bundesrates die Entgelte für ärztliche Tätigkeit in einer Gebührenordnung zu regeln. In dieser Gebührenordnung sind Mindest- und Höchstsätze für ärztliche Leistungen festzusetzen. Dabei ist den berechtigten Interessen der Ärzte und der zur Zahlung der Entgelte Verpflichteten Rechnung zu tragen". Die GOÄ trat 1965 erstmals in Kraft und wurde danach nur wenige Male geändert. 1982 wurden Struktur und Systematik des Leistungsverzeichnisses grundlegend überarbeitet und dem damals gültigen Leistungsverzeichnis des EBM angepasst. 1996 erfolgte eine Anhebung der Vergütung um 3,6% Prozent, allerdings keine grundlegende Überarbeitung des Gebührenverzeichnisses. Dieses Leistungsverzeichnis ist im Wesentlichen auch heute noch auf dem Stand der frühen Achtzigerjahre und bildet daher den Fortschritt der Medizin nicht mehr angemessen ab.

Da mit der Beihilfe durch die GOÄ erhebliche finanzielle Verpflichtungen der Bundes- **487** länder entstehen, hat der Bundesrat ein Mitsprache- und damit auch ein Vetorecht. Politisch ist diese Konstruktion problematisch, da die Bundesländer den Kostenanstieg für die Gesundheitsversorgung ihrer Beamten abbremsen und zum Teil auf die Leistungserbringer abwälzen können. Anders als zum Beispiel im Rechtsanwaltsvergütungsgesetz erfolgte in der GOÄ seit 1996 kein Inflationsausgleich.

In einer freien Marktwirtschaft ist eine staatliche Preisfestsetzung wie durch die GOÄ **488** nicht selbstverständlich. Zum Grundrecht auf freie Berufsausübung gehört auch die Freiheit, das Entgelt für seine beruflichen Leistungen selbst festzusetzen oder auszuhandeln. Die Verhältnismäßigkeit von § 11 BÄO wurde daher mehrfach hinterfragt. Das Bundesverfassungsgericht (BVerfG) hat die Rechtmäßigkeit bestätigt: „Vergütungsregelungen sind daher nur dann mit Art. 12 Abs. 1 GG[209] vereinbar, wenn sie auf einer gesetzlichen Grundlage beruhen, die durch ausreichende Gründe des Gemeinwohls gerechtfertigt wird und dem Grundsatz der Verhältnismäßigkeit genügt."[210] Als ausreichende Gründe des Gemeinwohls für gesetzliche Eingriffe wie die BÄO (aber auch: die Heilberufsgesetze der Länder oder die Approbationsordnung) gelten im Gesundheitswesen die übergeordnete Notwendigkeit der Volksgesundheit und der Funktionserhalt des Gesundheitssystems.

b) Anwendungsbereich. Die GOÄ regelt die Vergütung für die „beruflichen Leistun- **489** gen der Ärzte" (§ 1 Abs. 1 GOÄ). Der Anwendungsbereich der GOÄ wird im Ausschlussverfahren definiert: Die GOÄ gilt immer dann, wenn nichts anderes ausdrücklich vorgesehen ist. § 1 GOÄ besagt: „Die Vergütungen für die beruflichen Leistungen der Ärzte bestimmen sich nach dieser Verordnung, soweit nicht durch Bundesgesetz etwas anderes bestimmt ist." Sie ist damit die grundlegendste aller Gebührenordnungen für ärztliche Leistungen. Die Anwendung die GOÄ ist damit rechtssystematisch der Regelfall, die (wesentlich häufigere) Abrechnung ärztlicher Leistungen nach anderen Gebührenwerken bedarf jeweils einer ausdrücklichen gesetzlichen Grundlage. So gilt:
– für die große Gruppe der gesetzlich Versicherten für Vertragsärzte die Abrechnung nach dem EBM gegenüber ihrer KV (gesetzliche Regelung im § 87 Abs. 1 SGB V). Hierzu zählen auch Personen im Freiwilligen Sozialen Jahr und im Bundesfreiwilligendienst (gesetzliche Regelung in § 7 Absatz 1 Satz 1 SGB V).

---

[209] GG = Grundgesetz; Art. 12 behandelt das Grundrecht auf freie Berufsausübung.
[210] BVerfG vom 25. 10. 2004 – 1 BvR 1437/02, ähnlich BVerfG vom 12. 12. 1984 – 1 BvR 1249/83.

– bei Berufskrankheiten und Arbeitsunfällen für die Versicherten der gesetzlichen Unfallversicherungen die UV-GOÄ (UV = Unfallversicherungsträger), die sich stark an die GOÄ anlehnt (gesetzliche Regelung in § 34 Abs. 3 SGB VII)
– für Gutachten oder Befundberichte gegenüber Gerichten sowie gegenüber Behörden im Rahmen der Sachaufklärung im Sinne des Sozialgesetzbuches (SGB) das Justizvergütungs- und Entschädigungsgesetz (JVEG) (gesetzliche Regelung in JVEG und § 21 Abs. 3 SGB X)
– für Bundeswehr, Bundesgrenzschutz sowie für den Polizeibereitschaftsdienst die freie Heilfürsorge, die in Verträgen mit der KBV bzw. den Landes-KVen vereinbart sind (gesetzliche Regelung in § 75 Abs. 3 SGB V)

490   **c) Anwendung der GOÄ nicht fakultativ.** Auch bei Wunschleistungen – zum Beispiel für die ästhetische Chirurgie – kann ein Arzt nicht beliebig einen Preis festsetzen, sondern muss die GOÄ anwenden. In seinem Urteil vom 23. Juni 2006 hat der Bundesgerichtshof festgestellt: „Bei der ärztlichen Gebührenordnung handelt es sich um ein für alle Ärzte geltendes zwingendes Preisrecht".[211]

491   Dennoch hat der Arzt bei der Gestaltung Spielräume, zum Beispiel über eine „abweichende Vereinbarung". Dies wird in der Urteilsbegründung ausdrücklich bestätigt: „Eine Anwendung der Gebührenordnung für Ärzte belastet den Arzt auch nicht unverhältnismäßig. Ihm steht es frei, im Rahmen des § 2 GOÄ eine abweichende Vereinbarung mit den an seinen Leistungen Interessierten über die Gebührenhöhe zu treffen. Das erlaubt zwar keinen Pauschalpreis, lässt aber Raum insbesondere für eine von § 5 GOÄ abweichende Vervielfachung des Gebührensatzes."[212]

492   **d) Die beruflichen Leistungen der Ärzte.** Die GOÄ ist die Gebührenordnung für die „beruflichen Leistungen der Ärzte". Was unter die „beruflichen Leistungen der Ärzte" fällt, ist der Urteilsbegründung des BGH in seinem Urteil vom 23. Juni 2006 zu entnehmen. Zum einen umfasst dies den „Dienst an der Gesundheit" (§ 1 Abs. 1 BÄO) und die „Ausübung der Heilkunde" (§ 2 Abs. 5 BÄO) im engeren Sinne, also die „Feststellung, Heilung oder Linderung von Krankheiten, Leiden oder Körperschäden". Ebenso zählen zu den beruflichen Leistungen jedoch auch „Maßnahmen am gesunden Menschen …, wenn diese ihrer Methode nach der ärztlichen Krankenbehandlung gleichkommen und ärztliche Fachkenntnisse voraussetzen sowie gesundheitliche Schädigungen verursachen können".[213]

493   **e) Vertragliche Beziehungen zwischen Arzt und Patient sowie Patient und Versicherung/Beihilfe.** Das finanzielle Verhältnis zwischen Arzt und Privatpatient wird über die GOÄ geregelt. Dessen Erstattung der Arztrechnung von einer privaten Krankenversicherung oder Beihilfe richtet sich nach seinem Versicherungsvertrag und/oder den Beihilfevorschriften. Vertragliche Beziehungen zwischen Arzt und privater Krankenversicherung/Beihilfestelle bestehen nicht. Unterschiede zwischen GOÄ einerseits und Versicherungsbedingungen/Beihilfevorschriften andererseits können ein Grund dafür sein, dass eine Rechnung nach GOÄ nicht vollständig erstattet wird.

494   Ein häufiges Beispiel ist die Anwendung der GOÄ bei Versicherten der Postbeamtenkrankenkasse (PbeaKK) der Mitgliedergruppe B („Postbeamte B"). Die erstattungsfähigen Höchstsätze für ärztliche und psychotherapeutische Leistungen liegen beim 1,9fachen der Sätze der GOÄ (für medizinisch-technische Leistungen 1,5facher Satz der GOÄ, Laborleistungen 1,15-facher Satz der GOÄ). Die GOÄ lässt in § 5 höhere Sätze zu (siehe Kapitel V).

495   Ein weiteres typisches Beispiel ist die Erstattung der GOÄ 4 „Erhebung der Fremdanamnese über einen Kranken und/oder Unterweisung und Führung der Bezugsperson(en), im Zusammenhang mit der Behandlung eines Kranken" durch Beihilfestellen. In einem Runderlass des Finanzministeriums Nordrhein-Westfalens vom 10. 12. 1997 wird ausgeführt: „Die Berechnung einer Gebühr nach Nr. 4 für die Erhebung einer Fremd-

---

[211] BGH vom 23. 6. 2006 – III ZR 223/05.
[212] A. a. O.
[213] BGH vom 23. 6. 2006 – III ZR 223/05.

anamnese und/oder Unterweisung und Führung einer Bezugsperson ist nur gerechtfertigt, wenn diese wegen der besonderen Umstände des Einzelfalls mit über das normale Maß hinausgehende Schwierigkeiten oder besonderem Aufwand verbunden ist." Das Vorliegen von „über das normale Maß hinausgehende Schwierigkeiten oder besonderem Aufwand" wird von der Leistungslegende der GOÄ nicht verlangt. Der für die Erstattung von Leistungen geltende Runderlass stellt gegenüber der Leistungslegende der GOÄ eine Einschränkung dar. Dem Patienten sind diese Zusammenhänge meist nicht bekannt. Wenn eine Rechnung mit GOÄ 4 nicht oder nicht vollständig erstattet wird, nimmt er in der Regel an, dass dem Arzt bei der Erstellung der Rechnung ein Fehler unterlaufen ist.

Die geschilderten Fälle machen deutlich, dass eine nach GOÄ korrekt erstellte Rech- **496** nung nach Versicherungsbedingungen oder Beihilfevorschriften nicht immer vollständig erstattet wird beziehungsweise werden kann. Um Probleme im Arzt-Patientenverhältnis zu vermeiden, empfiehlt es sich, frühzeitig auf bekannte Probleme bei der Erstattung hinzuweisen und den Versicherungsstatus des Patienten zu erfragen. So erwarten Patienten der PbeaKK, eine Rechnung zu erhalten, die die erstattungsfähigen Höchstsätze ihrer Versicherung berücksichtigt. Wenn der Arzt eine Behandlung zu diesen Bedingung nicht leisten will,[214] kann der Patient einen anderen Arzt aufsuchen.

f) Anwendung der GOÄ bei gesetzlich Versicherten. Vertragsärzte haben bei der Pri- **497** vatliquidation gegenüber gesetzlich Versicherten die Regelungen der „Bundesmantelverträge" zu beachten. Bei den Bundesmantelverträgen handelt es sich um Verträge zwischen der kassenärztlichen Bundesvereinigung einerseits und den Bundesverbänden der Primärkassen (AOK-Bundesverband, Bundesverband der Betriebskrankenkassen, IKK-Bundesverband, Bundesverband der landwirtschaftlichen Krankenkassen, See-Krankenkasse, Knappschaft – BMV-Ä: Bundesmantelvertrag-Ärzte) und Ersatzkassen (Verband der Angestellten-Krankenkassen, Arbeiter-Ersatzkassen-Verband – EKV: Bundesmantelvertrag – Ärzte/Ersatzkassen) andererseits.

Laut § 18 Abs. 8 BMV-Ä bzw. § 21 Abs. 8 EKV dürfen Vertragsärzte nur unter fol- **498** genden Voraussetzungen von einem gesetzlich versicherten Patienten eine Vergütung fordern:
– wenn die Elektronische Gesundheitskarte oder ein anderer gültiger Behandlungsausweis vor der ersten Inanspruchnahme im Quartal nicht vorgelegt worden und nicht innerhalb einer Frist von zehn Tagen nach der ersten Inanspruchnahme nachgereicht wird,
– wenn der Versicherte vor Beginn der Behandlung ausdrücklich verlangt, auf eigene Kosten behandelt zu werden und dieses dem Vertragsarzt schriftlich bestätigt,
– wenn für Leistungen, die nicht Bestandteil der vertragsärztlichen Versorgung sind, vorher die schriftliche Zustimmung des Versicherten eingeholt und dieser auf die Pflicht zur Übernahme der Kosten hingewiesen wurde.

g) Aufbau der GOÄ. Die „Gebührenordnung für Ärzte" besteht aus zwei Teilen: dem **499** Paragraphenteil und einer Anlage, dem Gebührenverzeichnis für ärztliche Leistungen.

Der Paragraphenteil enthält Vorschriften über den Anwendungsbereich der GOÄ, **500** Formvorschriften für das Erstellen von Rechnungen oder einer abweichenden Honorarvereinbarung, Vorgaben zur persönlichen Leistungserbringung, zur Ermittlung der Gebührenhöhe, zu Entschädigungen und Auslagen. Das Gebührenverzeichnis listet kapitelweise häufig erbrachte Grundleistungen und allgemeine Leistungen aus allen Fachgebieten (Kapitel B), nichtgebietsbezogene Sonderleistungen (Kapitel C) und fachgebietsbezogene Leistungen (Kapitel D bis P) auf. Anders als in dem für Vertragsärzte gültigen Einheitlichen Bemessungsmaßstab (EBM) ist mit der Einteilung in verschiedene Fachgebiete keine ausschließliche Abrechnung der entsprechenden Gebührenpositionen durch Fachärzte dieses Gebietes verbunden. Besonders deutlich wird dies beim Kapitel M Laboratoriumsuntersu-

---

[214] Außer in Notfällen ist die Ablehnung einer Behandlung nach § 7 Abs. 2 der Muster-Berufsordnung und den entsprechenden Umsetzungen in den Landesärztekammern ausdrücklich zulässig.

chungen, dessen Leistungspositionen nicht nur von Fachärzten für Labormedizin erbracht und abgerechnet werden können.

501   **h) Vergütungen.** In § 3 GOÄ wird erläutert, woraus sich die Vergütung zusammensetzen kann: Als Vergütungen stehen dem Arzt Gebühren, Entschädigungen und Ersatz von Auslagen zu.

– **Gebühren:** Die GOÄ definiert in § 4 Abs. 1, was Gebühren sind: Gebühren sind Vergütungen für die im Gebührenverzeichnis (Anlage) genannten ärztlichen Leistungen". Gute, weil nutzerfreundliche Gebührenverzeichnisse nennen neben jeder Leistungsposition der GOÄ die Leistungslegende und die resultierenden Gebühren für einen Steigerungsfaktor von 1,0, 2,3 sowie 3,5 (bzw. die entsprechenden Werte für Laborleistungen und technische Leistungen).

– **Entschädigungen:** Die GOÄ definiert in § 7, was Entschädigungen sind: Wegegeld und Reiseentschädigung. Sie fallen nur bei Besuchsleistungen und bei der Leichenschau an. Die Höhe von Wegegeld und Reiseentschädigung werden § 8 und § 9 bestimmt.

– **Auslagen:** Auslagen entstehen dem Arzt für den Einkauf von Sachmitteln zur Behandlung des Patienten (zum Beispiel Verbandmaterial), für Porto und Versandmaterial, für radioaktive Substanzen. Dafür steht dem Arzt einen Ersatz zu, der in § 10 GOÄ beschrieben ist.

502   **i) Voraussetzung für eine Abrechnung nach GOÄ.** Die GOÄ knüpft in § 1 die Abrechnung ärztlicher Leistungen an grundlegende Bedingungen:

– Die Leistungen müssen nach den Regeln der ärztlichen Kunst erbracht werden.
– Die Leistungen müssen medizinisch notwendig sein

   oder

– Die Leistungen werden auf das ausdrückliche Verlangen des Zahlungspflichtigen hin erbracht.

503   **aa) Die Regeln der ärztlichen Kunst.** Nur eine Leistungserbringung nach den Regeln der ärztlichen Kunst kann auch einen Honoraranspruch begründen. Was dies konkret bedeutet, ist im Streitfall durch ärztliche Gutachter zu entscheiden. Erweist sich eine Leistung als nicht nach den Regeln der ärztlichen Kunst erbracht – zum Beispiel in einem Haftungsverfahren-, droht neben der Forderung nach Schadenersatz auch die Rückforderung eines bereits gezahlten Honorars nach GOÄ.

504   **bb) Medizinisch notwendige Leistungen.** Die Beschränkung auf medizinisch notwendige Leistungen ist nicht nur in der GOÄ, sondern auch in den (Muster-)Verträgen der privaten Krankenversicherungen enthalten („Musterbedingungen 2009 für die Krankheitskosten und Krankenhaustagegeldversicherung" MB/KK 2009). In § 1 Abs. 2 wird definiert: „Versicherungsfall ist die medizinisch notwendige Heilbehandlung einer versicherten Person wegen Krankheit oder Unfallfolgen". Noch deutlicher wird § 5 MB/KK 2009: „Einschränkung der Leistungspflicht" in Abs. 2: „Übersteigt eine Heilbehandlung oder sonstige Maßnahme, für die Leistungen vereinbart sind, das medizinisch notwendige Maß, so kann der Versicherer seine Leistungen auf einen angemessenen Betrag herabsetzen. Stehen die Aufwendungen für die Heilbehandlung oder sonstigen Leistungen in einem auffälligen Missverhältnis zu den erbrachten Leistungen, ist der Versicherer insoweit nicht zur Leistung verpflichtet." Auch Beihilfevorschriften stellen auf die „medizinische Notwendigkeit" ab, hier zitiert am Beispiel der Beihilfevorschriften des Bundes vom April 2009: „Beihilfefähig sind grundsätzlich nur notwendige und wirtschaftlich angemessene Aufwendungen …" Auf dieser Grundlage wird die „medizinische Notwendigkeit" von Leistungen von PKV und Beihilfestellen hinterfragt. Im Dissens um die Rechtmäßigkeit einer ärztlichen Honorarforderung kommt es bei Zweifeln an der medizinischen Notwendigkeit nicht auf die subjektive Einschätzung des behandelnden Arztes oder des Patienten an. Im Streitfall zählt die Einschätzung eines medizinischen Gutachters: „Die Beurteilung einer medizinischen Notwendigkeit hängt nicht von der Auffassung des Patienten und auch nicht alleine von der des behandelnden Arztes ab, sondern obliegt einem neutralen Sachverständigen. Notwendige Heilbehandlungen sind derartige Maßnahmen aber jedenfalls dann, wenn es nach den damaligen objektiven medizinischen Befunden und Erkenntnissen vertretbar war, sie als notwendig anzusehen."[215]

Zu der Frage, was unter dem Begriff „medizinisch notwendig" zu verstehen ist, hat sich **505** der Bundesgerichtshof mehrfach geäußert:

– „Von der Notwendigkeit einer Behandlung ist auszugehen, wenn es **nach den objektiven medizinischen Befunden** und wissenschaftlichen Erkenntnissen zum Zeitpunkt der Behandlung vertretbar ist, sie als medizinisch notwendig anzusehen ... Das ist im allgemeinen der Fall, wenn eine **wissenschaftlich allgemein anerkannte Behandlungsmethode** zur Verfügung steht, die geeignet ist, die Krankheit in dem beschriebenen Sinne zu heilen oder zu lindern."[216]

– „Als Heilbehandlung ist nach der höchstrichterlichen Rechtsprechung jegliche ärztliche Tätigkeit anzusehen, die durch die betreffende Krankheit verursacht worden ist, sofern die Leistung des Arztes von ihrer Art her in den Rahmen der medizinisch notwendigen Krankenpflege fällt und auf Heilung oder Linderung der Krankheit abzielt. Dem wird eine ärztliche Tätigkeit, die auf Verhinderung der Verschlimmerung einer Krankheit gerichtet ist, gleichzuachten sein. Dabei sind die Begriffe »ärztliche Leistung« und »medizinisch notwendige Krankenpflege« in einem weiten Sinne zu verstehen, der einerseits dem weit gespannten Leistungsrahmen der MBKK und andererseits dem allgemeinen Sprachgebrauch Rechnung trägt."[217]

Von der medizinischen Notwendigkeit einer Leistung kann also dann ausgegangen wer- **506** den, wenn sie
– auf die Heilung oder Linderung einer Krankheit abzielt.
– auf objektiven medizinischen Befunden basiert.
– auf einer wissenschaftlich allgemein anerkannten Behandlungsmethode beruht.

Kostenaspekte spielen bei der Frage der medizinischen Notwendigkeit eine untergeord- **507** nete Bedeutung. So kann eine private Krankenversicherung einem Patienten nicht die Erstattung medizinischer Leistungen mit der Begründung verweigern, es hätte kostengünstigere Alternativen gegeben: „Mit der Wendung „medizinisch notwendige Heilbehandlung" in § 1 Abs. 2 Satz 1 MB/KK 76 hat der Versicherer keine Beschränkung seiner Leistungspflicht auf die kostengünstigste Behandlung erklärt."[218] Der Versicherungsnehmer „versteht wohl, dass ihm nicht die Kosten für jede beliebige Behandlungsmaßnahme erstattet werden, sondern nur für eine solche, die objektiv geeignet ist, sein Leiden zu heilen, zu bessern oder zu lindern. Dass darüber hinaus der Versicherer seine Leistungspflicht nur auf die billigste Behandlungsmethode beschränken will, erschließt sich dem Versicherungsnehmer dagegen nicht. Aus seiner Sicht verliert eine medizinisch anerkannte Heilbehandlung das qualifizierende Merkmal „notwendig" im Einzelfall nicht deshalb, weil sie teurer ist als eine nach Einschätzung des Versicherers gleichwertige, aber kostengünstigere Behandlung."[219]

cc) Leistung auf Verlangen des Zahlungspflichtigen. Zu den „Leistungen auf Ver- **508** langen", die über eine medizinisch notwendige Versorgung hinausgehen, zählen z.B.:

– kosmetisch-ästhetische Leistungen („Schönheitsoperationen", sofern es nicht um die Korrektur z.B. von Verbrennungsnarben geht)
– Leistungen, deren wissenschaftlicher Stellenwert nicht gesichert oder umstritten ist (so genannte „Außenseitermethoden")
– Leistungen, die im Einzelfall medizinisch sinnvoll sein können, nicht jedoch in dem vom Patienten aktuell gewünschten Fall oder in der vom Patienten gewünschten Häufigkeit („Babyfernsehen" in der Schwangerschaft, Hormonuntersuchungen auf Wunsch des Patienten ohne absehbare therapeutische Konsequenzen etc.).

---

[215] BGH vom 29. 11. 1978 – IV ZR 177/75.
[216] BGH vom 17. 12. 1986 – IV a ZR 78/85.
[217] A. a. O.
[218] BGH vom 12. 3. 2003 – IV ZR 278/01.
[219] A. a. O.

509   **j) Basistarif und brancheneinheitlicher Standardtarif.** Vor dem Hintergrund steigender Beitragssätze zur privaten Krankenversicherung insbesondere im Alter (bei Angestellten Wegfall des Arbeitgeberanteils an der Krankenversicherung!) hatte der Gesetzgeber bis 1. 1. 2009 in § 257 2a Sozialgesetzbuch V einen **brancheneinheitlichen Standardtarif** vorgesehen, das heißt einen bei allen privaten Krankenversicherungen gleichen Tarif. Wahlärztliche Leistungen im Krankenhaus sind durch den Standardtarif nicht abgedeckt. Bei ambulanter Behandlung sind die Steigerungssätze begrenzt:
- bis zum 1,38-fachen für Leistungen der Abschnitte A (technische Leistungen, die oft delegiert werden können), E (Physikalische Leistungen) und O (Röntgendiagnostik)
- 1,16 für Laborleistungen
- 1,8 für alle anderen Leistungen.

510   Inzwischen wurde § 257 Abs. 2a SGB V geändert, der Standardtarif wurde durch den „Basistarif" nach § 12 Abs. 1a des Versicherungsaufsichtsgesetzes ersetzt. Für den kleinen Kreis der Versicherten im Standardtarif gilt ein Bestandsschutz.

511   Auch der **Basistarif** ist ein brancheneinheitlicher Tarif, den alle Unternehmen der privaten Krankenkassen anbieten müssen. Ebenso wie beim Standardtarif müssen Art, Umfang und Höhe der versicherten Leistungen im Basistarif denen der gesetzlichen Krankenversicherung vergleichbar sein. Wie in § 75 Abs. 3a Satz 2 SGB V ausdrücklich vorgesehen, haben KBV und der Verband der privaten Krankenversicherungen eine Vereinbarung zur Honorierung ambulanter ärztlicher und belegärztlicher Leistungen im PKV-Basistarif abgeschlossen. Diese Vereinbarung sieht aktuell folgende Vergütungen vor:
- Leistungen des Abschnitts M (Laboratoriumsuntersuchungen) sowie die Leistungen nach der Nr. 437 (Laboratoriumsuntersuchungen im Rahmen einer stationären Intensivbehandlung) der GOÄ werden mit dem 0,9-fachen des Gebührensatzes der GOÄ vergütet.
- Leistungen der Abschnitte A (Gebühren in besonderen Fällen), E (physikalisch-medizinische Leistungen) und O (Strahlendiagnostik, Nuklearmedizin, Magnetresonanztherapie und Strahlentherapie) des Gebührenverzeichnisses zur GOÄ werden mit dem 1,0-fachen des Gebührensatzes der GOÄ vergütet.
- Die übrigen Leistungen des Gebührenverzeichnisses zur GOÄ werden mit dem 1,2-fachen des Gebührensatzes der GOÄ vergütet.

2. Persönliche Leistungserbringung als Voraussetzung für Abrechnung nach GOÄ

512   Ein Wesensmerkmal der freien Berufe ist die persönliche Leistungserbringung. Anders als im Gewerbe sind die Leistungen durch die Anstellung von Mitarbeitern nicht beliebig vermehrbar. Durch Mitarbeiter erbrachte Leistungen unterliegen daher besonderen Anforderungen, um noch als „Eigene Leistungen" im Sinne der GOÄ zu gelten und in Rechnung gestellt werden zu können. § 4 Abs. 2 GOÄ formuliert: „Der Arzt kann Gebühren nur für selbständige ärztliche Leistungen berechnen, die er selbst erbracht hat oder die unter seiner Aufsicht nach fachlicher Weisung erbracht wurden (eigene Leistungen)." Die amtliche Begründung zur Dritten Änderungsverordnung erläutert: „In Übereinstimmung mit dem Dienstvertragsrecht (§ 613 BGB) und dem ärztlichen Berufsrecht geht die Vorschrift von dem gleichermaßen für den niedergelassenen Arzt und den Krankenhausarzt geltenden Grundsatz der persönlichen Leistungserbringung aus. Dieser fordert zwar nicht vom Arzt, höchstpersönlich alle Leistungen zu erbringen, enthält aber die Verpflichtung, bei der Erbringung eigener beruflicher Leistungen unter Inanspruchnahme Dritter eigenverantwortlich mitzuwirken und dadurch diesen Leistungen sein persönliches Gepräge zu geben. Es reicht also nicht aus, dass sich der Arzt allgemein auf eine sorgfältige Auswahl der Personen beschränkt, die an der Erbringung der Leistungen beteiligt sind. Der Arzt muss Aufsicht und Weisung vielmehr so ausüben, dass er seiner Verantwortlichkeit für die Durchführung delegierter Leistungen im Einzelfall auch tatsächlich und fachlich gerecht werden kann."[220] Die so verstandene „Eigene Leistung" im Sinne der GOÄ geht damit über die Anordnungsverantwortung hinaus.

a) Eigene Leistungen. Auch für ärztliche Leistungen gilt § 613 BGB: „Der zur **513** Dienstleistung Verpflichtete hat die Dienste im Zweifel in Person zu leisten. Der Anspruch auf die Dienste ist im Zweifel nicht übertragbar." Berechnungsfähig sind daher zunächst die vom Arzt höchstpersönlich erbrachten Leistungen. Als „eigene" und damit berechnungsfähige Leistungen im Sinne der GOÄ gelten daneben auch die Leistungen, die „unter seiner Aufsicht nach fachlicher Weisung" (§ 4 Abs. 2 GOÄ), also in **Delegation** erbracht werden. Diese Regelung stellt eine normierte Ausnahme von § 613 BGB dar. Bei der Delegation ist der liquidierende Arzt selbst an der Erbringung der Leistung durch fachliche Weisung (Anordnung) und Aufsicht beteiligt.

Die **persönliche Anwesenheit** des Arztes während der Durchführung delegierter Leis- **514** tungen ist nicht in jedem Fall notwendig, es kann auch die **Erreichbarkeit** genügen: „Im Rahmen der Verantwortung des Arztes für die Durchführung delegierter Leistungen kann den Bedürfnissen eines reibungslosen Praxisablaufes und einer rationalisierten Leistungserbringung in der Arztpraxis durchaus Rechnung getragen werden (z. B. Konzentration im Einzelfall vom Arzt angeordneter Blutentnahmen auf die Zeit unmittelbar vor Beginn der Sprechstunde, Fortsetzung vom Arzt delegierter Leistungen während eines Krankenbesuchs). Der Arzt muss also nicht zum jederzeitigen Eingreifen bereitstehen; es reicht aus, dass er erreichbar ist, um gegebenenfalls – etwa bei Komplikationen – unverzüglich persönlich einwirken zu können. Diese Voraussetzungen sind nicht gewahrt, wenn der Arzt hierzu tatsächlich nicht in der Lage ist."[221]

Bundesärztekammer und KBV haben Anforderungen an eine Delegation ärztlicher **515** Leistungen im Deutschen Ärzteblatt publiziert: „Persönliche Leistungserbringung – Möglichkeiten und Grenzen der Delegation ärztlicher Leistungen".[222]

b) Abrechnung von Laborleistungen: besondere Anforderungen an die per- 516 sönliche Leistungserbringung. Die Laborleistungen im Kapitel M der GOÄ sind in 4 Abschnitte mit jeweils eigenen Anforderungen an die persönliche Leistungserbringung gegliedert:

- **M I. Vorhalteleistungen in der eigenen, niedergelassenen Praxis:** Die Leistung **517** muss direkt beim Patienten (auch bei einem Hausbesuch) oder in der eigenen Praxis erbracht werden („Point of Care"). In einem Krankenhaus, einer krankenhausähnlichen Einrichtung, einer Laborgemeinschaft oder in einer laborärztlichen Praxis erbrachte Leistungen können nicht über die (etwas höher bewerteten) Positionen des Kapitels M I abgerechnet werden. Hier kommen GOÄ-Positionen der Kapitel M II bis M IV zum Tragen (Allgemeine Bestimmung Abschnitt M I).
- **M II. Basislabor.** Auf diese Leistungen bezieht sich § 4 Abs. 2a: Obwohl ein Arzt das **518** Material für diese Untersuchungen in ein Labor schickt, die Untersuchungen also nicht von ihm selbst erbracht werden, handelt es sich um „eigene Leistungen" im Sinne der GOÄ, die er in Rechnung stellen kann. Die Allgemeine Bestimmung zum Abschnitt M II besagt: „Die aufgeführten Laborleistungen dürfen auch dann als eigene Leistungen berechnet werden, wenn diese nach fachlicher Weisung unter der Aufsicht eines anderen Arztes in Laborgemeinschaften oder in von Ärzten ohne eigene Liquidationsberechtigung geleiteten Krankenhauslabors erbracht werden."
- **M III. Untersuchungen von körpereigenen oder körperfremden Substanzen 519 und körpereigenen Zellen und M IV. Untersuchungen zum Nachweis und zur Charakterisierung von Krankheitserregern.** Mit der GOÄ 1996 kam es zu einer erheblichen Verschärfung bei den Anforderungen an die persönliche Leistungserbringung für M III- und M IV-Leistungen, die in der Folgezeit bis heute einer der häufigsten

---

[220] Amtliche Begründung zur Dritten Änderungsverordnung.
[221] A. a. O.
[222] Deutsches Ärzteblatt Jg. 105 Heft 41 vom 10. Oktober 2008; Ausgabe A S. 2173–2177.

Gründe für staatsanwaltschaftliche Ermittlungen und Verurteilungen wegen Abrechnungsbetruges ist. Diese Leistungen können nur von dem die Leistung im Labor erbringenden Arzt in Rechnung gestellt werden. Der BGH führt in einem Strafbeschluss vom Januar 2012 hierzu aus: „Mit der durch die 4. Änderungsverordnung zur GOÄ vom 18. Dezember 1995 (BGBl. I, 1861) eingeführten Regelung des § 4 Abs. 2 Satz 2 GOÄ sollte zielgerichtet verhindert werden, dass Ärzte Laborleistungen von darauf spezialisierten (und entsprechend preisgünstiger arbeitenden) Laborärzten beziehen und aus der Differenz zwischen dem Preis der „eingekauften" Laborleistungen und den dafür nach GOÄ in Rechnung gestellten Gebühren erhebliche Gewinne erzielen. Um der damit verbundenen Ausweitung medizinisch nicht indizierter Laborleistungen entgegen zu wirken, sollte dem (Einsende)Arzt jeglicher finanzieller Anreiz im Zusammenhang mit nicht selbst erbrachten Speziallaborleistungen genommen sein ...".[223]

3. Besonderheiten bei der Abrechnung von privatärztlichen Leistungen im Krankenhaus

520   **a) Gebührenminderung nach § 6a GOÄ bei stationärer Behandlung.** Ein Patient in stationärer privatärztlicher Behandlung (ebenso bei teilstationären sowie vor- und nachstationärer Behandlung) bezahlt für die allgemeine Krankenhausleistungen einen Betrag (z.B. eine DRG oder tagesgleiche Pflegesätze in der Psychiatrie), der auch ärztliche Behandlung (aber nicht: die wahlärztliche Behandlung) beinhaltet. Daneben bezahlt er das privatärztliche Honorar. Es liegt damit bei der ärztlichen Behandlung also eine Art „doppelte" Vergütung ärztlicher Leistungen vor. In den Worten des BGH: „Die Vergütung der privatärztlichen Leistungen umfasst nach § 4 Abs. 3 GOÄ neben dem Entgelt für die ärztliche Tätigkeit auch eine Abgeltung von weiteren Sach- und Personalkosten der ärztlichen Praxis. Zugleich werden mit dem Pflegesatz für das Krankenhaus Kosten ähnlicher Art abgegolten, die bei privatärztlich liquidierter Tätigkeit ohne eine Honorarminderung doppelt bezahlt würden."[224] Um diese Benachteiligung des Patienten auszugleichen, hat der Verordnungsgeber 1983 einen pauschalen Abzug von 25% bei wahlärztlichen Leistungen und von 15% bei belegärztlichen Leistungen vorgeschrieben.

521   **b) Gebührenminderung nach § 6a GOÄ auch für externe Leistungserbringung.** Nach einer Entscheidung des BGH trifft die Gebührenminderung nach § 6a GOÄ auch „externe" Ärzte, die konsiliarisch zur Leistungserbringung hinzugezogen werden: „Erbringt ein niedergelassener anderer Arzt auf Veranlassung eines Krankenhausarztes für einen im Krankenhaus behandelten Patienten, der wahlärztliche Leistungen mit dem Krankenhaus vereinbart hat, im Zusammenhang mit seiner Behandlung stehende ärztliche Leistungen, unterliegt sein Honoraranspruch nach § 6a GOÄ auch dann der Gebührenminderung, wenn diese Leistungen in seiner eigenen Praxis und ohne Inanspruchnahme von Einrichtungen, Mitteln und Diensten des Krankenhauses erbracht werden".[225] Diese Entscheidung betrifft insbesondere Laborärzte, Radiologen und Pathologen, aber auch andere Fachgruppen, wenn im Krankenhaus stationäre Patienten für eine Untersuchung und Mitbehandlung in ihre Praxen gebracht werden. Dabei kommt es also nicht auf den Ort der Leistungserbringung an; die Minderung greift auch dann, wenn die Leistungen nicht in den Räumen des Krankenhauses erbracht werden. In einer Güterabwägung zwischen den schützenswerten Interessen der Patienten einerseits und den Interessen der „externen" Ärzte andererseits hat der BGH die Auffassung vertreten, bereits die Zuweisung von Privatpatienten durch das Krankenhaus stelle einen „Vorteil in der Gewinnung von Klienten"[226] dar. Vor diesem Hintergrund halte sich „die wirtschaftliche Belastung des ärztlichen Honorars im System".[227]

---

[223] BGH vom 25. 1. 2012 – 1 StR 45/11.
[224] BGH vom 13. 6. 2002 – III ZR 186/01.
[225] A. a. O.
[226] BGH vom 13. 6. 2002 – III ZR 186/01.
[227] A. a. O.

c) Persönliche Leistungserbringung bei wahlärztlicher Behandlung. In welchem 522
Umfang ein liquidationsberechtigter Arzt Leistungen an ärztliche und nicht-ärztliche Mitarbeiter unter Erhalt seines Liquidationsanspruches delegieren kann, ist mit den Ände-
rungsverordnungen zur GOÄ zunehmend eingeschränkt worden. Der Verordnungsgeber
hat mit der 4. Änderungsverordnung 1996 die Pflicht zur (höchst-)persönlichen Leistungserbringung ausgeweitet. „Der bei stationärer Krankenhausbehandlung unter dem Gesichtspunkt der persönlichen Leistungserbringung zunehmend problematisierte Abrechnungs-
umfang wahlärztlicher Leistungen erfordert – auch im Hinblick auf die dem speziellen
wahlärztlichen Leistungsaufwand entsprechende angemessene Vergütung – in § 4 Abs. 2
GOÄ eine klarere gebührenrechtliche Abgrenzung der dem liquidationsberechtigten Krankenhausarzt für eigene Leistungen zustehenden Gebühren von den ihm im gebührenrechtlichen Sinne nicht als eigene Leistungen zurechenbaren und deshalb nicht gesondert berechnungsfähigen Leistungen ... Die leistungsbezogene Abgrenzung verdeutlicht außerdem,
dass im Krankenhausbereich für die Zurechenbarkeit von Leistungen, die dem liquidationsberechtigten Krankenhausarzt gebührenrechtlich als eigene Leistungen zugeordnet
werden können, Grenzen gesetzt sind. Leistungen, bei denen sich die Tätigkeit des Chefarztes auf die bloße Anordnung der Leistungserbringung beschränkt, können dem Chefarzt
nicht als privat liquidierbare Leistungen zugerechnet werden. Insbesondere bei Leistungen,
die in organisatorisch eigenständigen Einrichtungen des Krankenhauses oder von Angehörigen von Heilhilfsberufen erbracht werden, denen die selbständige Erbringung solcher
Leistungen als berufstypische Aufgaben zugewiesen sind, bedarf es einer über die Anordnung hinausgehenden Mitwirkung des Chefarztes an der Leistungserbringung im Einzelfall."[228]

d) Delegation für definierte wahlärztliche Leistungen ausgeschlossen. Eine De- 523
legation unter Erhalt des Liquidationsrechtes ist für folgende Leistungen explizit ausgeschlossen:
– die so genannten „24 Stunden Leistungen" (24 Stunden nach der Aufnahme und 24
  Stunden vor der Entlassung): GOÄ 1 bis 62.
– Visiten, Verbände, Blutabnahmen, und Infusionen (Leistungen nach den Nummern 56,
  200, 250, 250a, 252, 271 und 272).
– Leistungen, die oberhalb des Schwellenwertes berechnet werden (§ 5 Abs. 5 GOÄ).

Um diese Leistungen berechnen zu können, bedarf es der persönlichen Leistungserbrin- 524
gung durch den Chefarzt oder seinen zuvor bei Abschluss des Wahlartvertrages benannten
ständigen ärztlichen Vertreters. Außerdem gilt eine Pflicht für die höchstpersönliche
Erbringung von Leistungen, für die zuvor gemäß § 2 der GOÄ eine abweichende Honorarvereinbarung geschlossen wurde.

Daneben gibt es einen Kernbereich von Leistungen, der nicht delegierbar ist (zur Stell- 525
vertretung siehe nächster Absatz). Bei diesen „Kernleistungen" oder „Hauptleistungen"
handelt es sich um diejenigen, die einer Behandlung ihr besonderes Gepräge geben, wie etwa
Operationen, Anästhesien oder interventionelle Eingriffe. „Demzufolge muss der Wahlarzt
die seine Disziplin prägende Kernleistung persönlich und eigenhändig erbringen. Insbesondere muss der als Wahlarzt verpflichtete Chirurg die geschuldete Operation grundsätzlich
selbst durchführen."[229]

e) Stellvertretung und Individualvereinbarung. Von der Delegation unterscheidet 526
sich die Stellvertretung dadurch, dass die Leistungserbringung vollständig von der Person
des Chefarztes gelöst ist und durch einen anderen Arzt erfolgt. Eine derartige Stellvertretung ist auch mit § 613 Satz 1 BGB vereinbar. Da dort ausdrücklich die Formulierung „im
Zweifel" verwendet wird, sind Ausnahmen von der persönlichen Leistungserbringung
möglich. Nach dem Grundsatz der Vertragsfreiheit besteht die Möglichkeit, eine Vereinbarung zu schließen, die abweichend von § 613 BGB die Tätigkeit eines Stellvertreters unter

---

[228] Amtliche Begründung zur Vierten Änderungsverordnung.
[229] BGH vom 20. 12. 2007 – III ZR 144/07.

Erhalt des Liquidationsrechtes des Chefarztes ausdrücklich zulässt: die Individualvereinbarung. Für wahlärztliche Leistungen wurde dies in einem Urteil des OLG Düsseldorf ausdrücklich bestätigt: „Eine Vereinbarung, die Behandlung durch einen Stellvertreter des Chefarztes als vertragsgerechte Wahlleistung gelten zulassen, ist möglich".[230]

527 An eine Individualvereinbarung sind bestimmte Bedingungen[231] geknüpft:
– Sie muss mit dem Patienten „ausgehandelt" werden, der Patient muss eine echte Wahlmöglichkeit haben. Dies kann z.B. dadurch geschehen, dass dem Patienten in einem vorformulierten Text mehrere Handlungsoptionen zur Wahl gestellt werden. Nicht notwendig ist, dass der Wahlarzt selbst den Patienten aufklärt.
– Der Stellvertreter ist namentlich zu benennen.
– Sie muss schriftlich geschlossen werden.
– Sie sollte möglichst frühzeitig geschlossen werden, am besten unmittelbar nachdem feststeht, dass der Chefarzt die Behandlung nicht selbst durchführen kann.
– Sie muss einen Hinweis darauf enthalten, dass der Patient auch ohne Zuzahlung ohne die Individualvereinbarung alle medizinisch erforderlichen Leistungen erhält.
– Bei elektiven Leistungen ist der Patient darauf hinzuweisen, dass im Grundsatz auch eine Verschiebung bis zur Rückkehr des Chefarztes möglich ist.
– Es ist darauf hinzuweisen, dass die Stellvertretung unter Erhalt des Liquidationsrechtes durch den Chefarzt stattfindet.

4. Rechnung nach der Gebührenordnung für Ärzte

528 In § 12 GOÄ erfolgen folgen detaillierte Angaben über den Zeitpunkt der Fälligkeit und die Form einer Rechnung.

529 **a) Form der Rechnung.** Die Rechnung muss den Anforderungen des § 12 der GOÄ entsprechen und mindestens Folgendes enthalten:
– Datum der Leistungserbringung
– GOÄ-Nummer
– Beschreibung der Leistung ggf. mit Angabe der Mindestdauer
– den Steigerungssatz
– bei Überschreiten des Schwellenwertes eine schriftliche Begründung,
– den resultierende Betrag
– bei Auslagen den Betrag und die Art der Auslage
– bei Auslagen über 25,56 Euro einen Beleg
– beim Wegegeld oder Reiseentschädigung den Betrag, die Art der Entschädigung und die Berechnung (Angabe von km und Tageszeit),
– bei stationärer Behandlung den Minderungsbetrag (§ 6a GOÄ) von 25% bzw. 15%

530 In der aktuell gültigen Fassung der GOZ finden sich weitere Formvorgaben zum genauen Aufbau des Layouts einer Rechnung (siehe Rn. 759 ff.).

531 **b) Angabe einer Diagnose.** Die Angabe einer Diagnose in der Rechnung ist nach § 12 der GOÄ nicht erforderlich. Beihilfestellen und private Krankenversicherungen verlangen jedoch in den Beihilferichtlinien bzw. in den Versicherungsverträgen (MB/KK) die Angabe einer Diagnose bzw. der Diagnosen. Als Nebenpflicht aus dem Behandlungsvertrag erwächst dem Arzt die Pflicht, seine Patienten bei der Erstattung der Rechnungen zu unterstützen, d.h. die Diagnose auf Wunsch ebenfalls mitzuteilen. Am Einfachsten ist es daher, die Diagnosen auf der Rechnung anzugeben.

532 Problematisch kann die Angabe von Diagnose auf der Rechnung sein, wenn Patient und Zahlungspflichtiger verschiedene Personen sind, so z.B. bei betriebsärztlichen Untersuchungen. Die Zusendung einer Rechnung mit Diagnosen an den (zur Zahlung verpflichteten) Arbeitgeber kann dann einen Verstoß gegen die Schweigepflicht darstellen. Umge-

---

[230] OLG Düsseldorf vom 23. 4. 1998 – 8 U 171/98.
[231] BGH vom 20. 12. 2007 – III ZR 144/07.

kehrt können Arbeitgeber auch nicht auf der Angabe von Diagnosen auf den Rechnungen über die arbeitsmedizinische/betriebsärztliche Untersuchung ihrer Angestellten bestehen.

c) Begründung von Schwellenwertüberschreitungen. Bei Überschreiten des 533 Schwellenwertes ist dies in der Rechnung nach § 12 Abs. 3 GOÄ
– auf die einzelne Leistung bezogen
– für den Zahlungspflichtigen nachvollziehbar
– schriftlich zu begründen.
– Auf Verlangen ist die Begründung näher zu erläutern.

Die Angabe „schwierige Leistung" oder „zeitaufwändige Leistung" allein genügt den 534 Anforderungen des § 12 Abs. 3 GOÄ nicht. Hier handelt es sich um eine bloße Wiederholung der Bemessungskriterien nach § 5 GOÄ. Die Amtliche Begründung zur GOÄ 82 führt hierzu aus: „Wird die in § 5 Abs. 2 Satz 4 und Abs. 3 Satz 2 genannte Regelspanne ausnahmsweise überschritten, muss neben dem berechneten Steigerungssatz auch der konkrete Grund für die für die Steigerung angegeben werden. Das Anführen der in § 5 Abs. 2 genannten Bemessungskriterien allein genügt nicht". Aber die Amtliche Begründung führt auch aus: „In der Regel ist eine stichwortartige Kurzbegründung ausreichend".

Folgende Hinweise erleichtern die Akzeptanz von Schwellenwertüberschreitungen: **535**
– Begründungen sollen sich auf die einzelnen Leistungen beziehen – keine Sammelbegründungen am Ende der Rechnung.
– Erhöhter Zeitaufwand soll so konkret wie möglich angegeben werden, d.h. Angabe der benötigten Zeit z.B. in Minuten.[232]
– Die Schwierigkeit der Leistungserbringung soll so konkret wie möglich. Beispiele: schlechte Sichtverhältnisse bei verstärkter Blutungsneigung, schwierige Präparation bei Verwachsungen.
– Keine Verwendung von Fachbegriffen, die der Patient – und dann der Sachbearbeiter bei Beihilfe oder Versicherung – nicht versteht.
– Alle angegebenen Begründungen sollen nachvollziehbar aus der Patientendokumentation hervorgehen – die Beweislast liegt beim Arzt.
– Für unterschiedliche Leistungen sollten unterschiedliche Begründungen angegeben werden.
– Eine variable Nutzung des Gebührenrahmens erhöht die Glaubwürdigkeit. Es gibt nicht nur die Faktoren 2,3 und 3,5 sondern auch Zwischenwerte – bei einfacher Leistungserbringung auch unter 2,3.

d) Fälligkeit, Verjährung und Verwirkung. Nicht schon mit der Leistungserbrin- **536** gung, sondern erst mit der „Erteilung" einer Rechnung, die den Vorgaben der GOÄ entspricht, entsteht auch ein Honoraranspruch. Der Zeitpunkt der Fälligkeit ist für zwei Dinge wichtig:
– Für den **Verzug des Schuldners** nach § 286 BGB, also dem Zeitpunkt, ab dem Verzugszinsen gem. § 288 BGB berechnet werden können. Der Verzug tritt 30 Tage nach Fälligkeit und Zugang einer Rechnung ein: „Der Schuldner einer Entgeltforderung kommt spätestens in Verzug, wenn er nicht innerhalb von 30 Tagen nach Fälligkeit und Zugang einer Rechnung oder gleichwertigen Zahlungsaufstellung leistet." (§ 286 Abs. 3 BGB). Danach können Verzugszinsen berechnet werden: „Eine Geldschuld ist während des Verzugs zu verzinsen. Der Verzugszinssatz beträgt für das Jahr fünf Prozentpunkte über dem Basiszinssatz." (§ 288 Abs. 1 BGB). Der Basiszinssatz wiederum wird nach § 247 BGB von der Deutschen Bundesbank veröffentlicht und kann unter der folgenden Internetadresse eingesehen werden: http://www.bundesbank.de/info/info_zinssaetze.php.
– Für den **Beginn der Verjährungsfrist**, die drei Jahre beträgt (§ 195 BGB). Dabei beginnt die Verjährungsfrist nicht bereits mit dem Tag der Fälligkeit, sondern mit dem Schluss des Jahres, in dem der Anspruch entstanden ist (§ 199 Abs. 1 BGB). Beispiel: Eine Rechnung über ärztliche Leistungen erreicht einen Patienten am 15. März 2012;

---

[232] LG Hagen vom 15. 7. 1998 – 2 O 512/96.

der Beginn der Verjährungsfrist ist der 31. 12. 2012, verjährt ist die Honorarforderung nach Ablauf des 31. 12. 2015, sofern nicht zuvor ein Mahnverfahren eingeleitet wird.

537   Zu betrachten ist noch der Sonderfall der über Jahre gar nicht erst gestellten Rechnung: Werden ärztliche Leistungen erst nach mehreren Jahren in Rechnung gestellt, droht eine **Verwirkung.** „Der Honoraranspruch eines Arztes/Zahnarztes ist jedenfalls dann verwirkt, wenn dieser mit der Stellung seiner Honorarrechnung mehr als 3 Jahre zuwartet ...".[233]

5. Die Wahl des richtigen Steigerungsfaktors – Überschreiten des „Schwellenwertes"

538   **a) Begriffe.** Die Gebührenordnung für Ärzte legt die endgültige Höhe der Vergütung für die ärztlichen Leistungen nicht fest, sondern gibt einen Rahmen vor, innerhalb dessen sich der Arzt bei der Bemessung seines Honorars bewegen kann. In § 5 GOÄ „Bemessung der Gebühren für Leistungen des Gebührenverzeichnisses" sind die Vorschriften zur Ermittlung des Gebührensatzes einer ärztlichen Leistungen, in § 12 GOÄ die Vorschriften zur Begründung bei überschreiten des Schwellenwertes enthalten.

– **Gebührensatz** ist der Betrag, der sich ergibt, wenn die Punktzahl der einzelnen Leistung des Gebührenverzeichnisses mit dem Punktwert vervielfacht wird (§ 5 Abs. 1 GOÄ).

– **Gebührenrahmen** oder **Gebührenspanne** ist die Spanne zwischen dem Einfachen und dem höchsten Satz, für ärztliche Leistungen also die Spanne zwischen dem Einfachen und dem Dreieinhalb fachen des Gebührensatzes: „Die Verordnung sieht eine Gebührenspanne vom Einfachen bis Dreieinhalbfachen des Gebührensatzes vor, wobei auch Zwischenwerte berechnet werden können."[234]

– **Regelspanne** bezeichnet die Spanne zwischen dem Einfachen des Gebührensatzes und der Begründungsschwelle, für ärztliche Leistungen also 2,3: „In diesem Gebührenrahmen wird eine Regelspanne vorgesehen, innerhalb der im allgemeinen die Gebühr zu bemessen ist. Sie reicht vom Einfachsatz bis zum – aufgerundeten – Mittel zwischen Einfachsatz und Höchstsatz. In begründeten, besonders gelagerten Fällen kann diese Regelspanne überschritten werden. Diese Regelung trägt dem Gedanken Rechnung, dass eine besonders schwierige Leistung auch erkennbar einer besonderen leistungsgerechten Bewertung bedarf."[235]

– **Schwellenwert** ist eine andere Bezeichnung für die Steigerungssätze von 2,3 (für ärztliche Leistungen) bzw. 1,8/1,15 (für medizinisch/technische und Laborleistungen), oberhalb derer eine schriftliche Begründung in der Rechnung anzugeben ist (§ 12 Abs. 3 GOÄ). Private Krankenversicherungen sprechen auch vom „Regelhöchstsatz".

– **Höchstsatz** bezeichnet die Obergrenze dessen, was für eine Leistung berechnet werden kann (sofern nicht zuvor eine abweichende Vereinbarung nach § 2 der GOÄ geschlossen wurde), also Steigerungssätze von 3,5 für ärztliche Leistungen bzw. 2,5 für medizinisch/ technische und 1,3 für Laborleistungen.

539   **b) Historische Entwicklung des Gebührenrahmens.** Gegenüber der alten GOÄ von 1965 kam es mit der GOÄ 82 zu einer wesentlichen Änderung des Gebührenrahmens: Vom ursprünglich Einfachen bis Sechsfachen des Gebührensatzes wurde er auf das Einfache bis Dreieinhalb fache reduziert. Begründet wurde dies so: „Der Gebührenrahmen wird eingeschränkt. Diese Einschränkung ist notwendig, weil das neue Gebührenverzeichnis die Leistungen wesentlich stärker als bisher auffächert (ca. 2400 gegenüber bisher ca. 1000 Positionen), in einer Reihe von Fällen sogar nach dem Schwierigkeitsgrad der Leistung, dem Zeitaufwand und der Art und Weise der Leistungserbringung".

---

[233] OLG Nürnberg vom 9. 1. 2008 – 5 W 2508/07.
[234] Amtliche Begründung der Bundesregierung zur GOÄ 1982.
[235] Amtliche Begründung der Bundesregierung zur GOÄ 1982.

Unterschieden wird zwischen persönlich-ärztlichen Leistungen, medizinisch-technischen **540** und Laborleistungen, für die jeweils unterschiedliche Gebührenrahmen definiert wurden: „Für die persönlichen Leistungen des Arztes gilt künftig eine Spanne vom Ein- bis Dreieinhalbfachen des Gebührensatzes. Für Leistungen mit einem überdurchschnittlich hohen Sachkostenanteil (z.B. Röntgenleistungen) oder Leistungen, die weitgehend unter Zuhilfenahme von Hilfskräften oder Apparaten erbracht werden können (z.B. physikalischmedizinische Leistungen und Laborleistungen) wird die Spanne auf das Ein- bis Zweieinhalbfache beschränkt. Dies entspricht einer Vergütung bis zu 350 v.H. bzw. 250 v.H. der als angemessen angesehenen Vergütung im Bereich der gesetzlichen Krankenkassen".[236]

Der Verordnungsgeber war ursprünglich davon ausgegangen, dass in den Rechnungen **541** differenzierte Gebühren innerhalb der gesamten Gebührenspanne von 1 bis 3,5 verwendet würden. Bei der Berechnung jeder Gebühr – nicht nur beim Überschreiten der Schwellenwerte – sollte den Besonderheiten des individuellen Falles Rechnung getragen werden. Tatsächlich wurde aber schon unmittelbar nach Einführung der GOÄ 82 die überwiegende Zahl der Leistungen zum Schwellenwert abgerechnet. In einem „Erfahrungsbericht der Bundesregierung" vom 18. 12. 1985 wurde diese Entwicklung kritisch vermerkt: „Schon bald nach dem Inkrafttreten der GOÄ stellte sich heraus, dass sich das ärztliche Liquidationsverhalten an der oberen Grenze der Regelspanne, dem sogenannten Schwellenwert, orientierte, obwohl in § 5 Abs. 2 GOÄ eindeutig festgelegt ist, dass in der Regel eine Gebühr nur zwischen dem Einfachen und dem 2,3- bzw. 1,8-fachen des Gebührensatzes bemessen werden darf. Nach der bundesrepräsentativ angelegten Stichprobe der privaten Krankenversicherung vom 10. November 1984 wurde bei den persönlichen Leistungen in 83,7 v.H. aller Fälle und bei den medizinisch-technischen Leistungen in 88,7 v.H. aller Fälle genau der Schwellenwert berechnet. Selbst für einfache Leistungen wird in vielen Fällen der Schwellenwert in Rechnung gestellt. Dabei wird nicht bedacht, dass schon bei Anwendung eines 1,3-fachen Steigerungssatzes die höchste Vergütungsgrenze im Bereich der gesetzlichen Krankenversicherung überschritten wird. Der Bundesminister für Arbeit und Sozialordnung hat in der Vergangenheit mehrfach darauf hingewiesen, dass das Einpendeln der ärztlichen Gebühren auf den Schwellenwert den Bestimmungen der Gebührenordnung nicht entspricht und zu einer von den Ärzten sicherlich nicht gewollten Einheitsgebühr führen muss".

In der Folgezeit hat sich der Trend zur Abrechnung mit dem Schwellenwert verstärkt. **542** Laut dem Zahlenbericht der Privaten Krankenversicherung des Jahres 1994/1995 wurden im stationären Bereich 90% und im ambulanten Bereich 94% aller Leistungen zum Schwellenwert berechnet. Der Verordnungsgeber beobachtete dies weiter kritisch. So hat der Bundesrat 1995 (Bundesrats-Drucksache 688/95) die Bundesregierung aufgefordert, „darauf hinzuwirken, dass in § 11 Bundesärzteordnung Festgebühren ermöglicht werden".

c) Anwendung der Steigerungsfaktoren. Das Bundesverwaltungsgericht hat in ei- **543** nem Urteil vom 17. 2. 1994 (AZ: 2 C 10.92) festgestellt: „Die in der Regel einzuhaltende Spanne zwischen dem Einfachen und dem 2,3-fachen Gebührensatz ist vom Verordnungsgeber nicht nur für einfache oder höchstens durchschnittlich schwierige und aufwändige Behandlungsfälle, sondern für die große Mehrzahl aller Behandlungsfälle zur Verfügung gestellt worden; sie deckt auch die Mehrzahl der schwierigen und aufwändigen Behandlungsfälle ab".[237]

Aus diesem Urteil leiten vor allem Beihilfestellen ab, eine „durchschnittliche" Leistung **544** können nicht mit einem Steigerungsfaktor von 2,3, sondern lediglich mit einem Steigerungsfaktor von 1,7 berechnet werden: „Daraus ergibt sich, dass für den exakten Durchschnittsfall ... ein mittlerer Wert der Regelspanne, rechnerisch also das 1,65-, aufgerundet das 1,7-fache des Gebührensatzes anzusetzen ist".[238] Von einigen Privaten Krankenversiche-

---

[236] Amtliche Begründung der Bundesregierung zur GOÄ 1982.
[237] BVerwG vom 17. 2. 1994 – 2 C 10/92.
[238] Uleer GOÄ § 5 Rn. 40.

rungen war daher verlangt worden, dass bereits ein Überschreiten dieses „kleinen Mittelwertes" zu begründen sei. Einzelne Amtsgerichte haben sich dieser Auffassung angeschlossen. Höherinstanzliche Rechtsprechung ist dieser Auffassung aber nicht gefolgt. So führt das OLG Koblenz in einem Urteil aus: „Der in § 5 Abs. 4 GOÄ geschaffene Mittelwert stellt eine Beweislastgrenze dar. Danach hat der Arzt als Folge der Begründungspflicht – gemäß § 12 Abs. 2 GOÄ Gründe für die Überschreitung des Mittelwertes darzulegen und zu beweisen. Der Patient hat andererseits darzulegen und zu beweisen, dass nach billigem Ermessen eine Gebühr unterhalb des Mittelwertes anzusetzen ist".[239] Schließlich hat auch der Bundesgerichtshof – wenn auch in einem Verfahren zur Minderungspflicht nach § 6 a GOÄ – in seiner Urteilsbegründung ausgeführt: „Richtig ist, dass der Arzt bei privatärztlicher ambulanter Tätigkeit in der Regel das 2,3-fache des Gebührensatzes berechnen kann".[240]

545 **d) Bemessungskriterien nach § 5 GOÄ.** Nach § 5 GOÄ sind die Gebühren innerhalb des Gebührenrahmens unter Berücksichtigung der Kriterien Schwierigkeit, Zeitaufwand der einzelnen Leistung und Umstände bei der Ausführung nach billigem Ermessen zu bemessen. Die Schwierigkeit der einzelnen Leistung kann dabei auch durch die Schwierigkeit des Krankheitsfalles begründet sein.

546 • **Schwierigkeit der einzelnen Leistung:** Bei dem Kriterium der Schwierigkeit der einzelnen Leistung ist auf objektive Umstände abzustellen, die im Krankheitsbild oder im Patienten begründet sind. Dass eine Leistung per se immer schwierig ist – z. B. eine Ösophagusresektion –, genügt nicht. Für zahlreiche Leistungen gibt es spezifische Gründe für das Auftreten von Schwierigkeiten oder erhöhten Zeitaufwand bei der Leistungserbringung. Einige Beispiele: Bei der Koloskopie eine Restverschmutzung des Kolons, die Intubation und Inspektion des terminalen Ileums; bei der Intensivbehandlung die Notwendigkeit einer Hämodialyse neben einer Beatmungspflicht, bei einer Ultraschalluntersuchung die Untersuchung zahlreicher Organe.

547 • **Zeitaufwand der einzelnen Leistung:** Maßstab der Beurteilung ist der durchschnittliche Zeitaufwand eines durchschnittlich erfahrenen Arztes. So kann ein Anfänger seinen höheren Zeitaufwand nicht gebührensteigernd gelten machen; umgekehrt kann ein erfahrener Arzt nicht allein wegen seines geringeren Zeitaufwandes auf einen niedrigeren Steigerungsfaktor verwiesen werden.

548 • **Umstände bei der Ausführung der einzelnen Leistung:** In der GOÄ 82 wurde das Kriterium „Umstände der Ausführung" erstmalig als Grund für ein Überschreiten des Schwellenwertes angegeben. Wenig hilfreich für das Verständnis sind die Ausführungen der amtlichen Begründung zur GOÄ 82: „Neu aufgenommen wurde das Kriterium „Umstände der Ausführung". Hierdurch soll bei Bemessung der Gebühren der Aufwand des Arztes berücksichtigt werden können, der durch besondere, bei der Ausführung der Leistung im Einzelfall begründete – und nicht schon nach anderen Kriterien berücksichtigungsfähige – Umstände bedingt ist, wie z. B. durch besondere Wünsche des Patienten". Die Umstände bei der Ausführung einer Leistung können z. B. örtliche und zeitliche Umstände sein. Umstritten ist z. B., ob eine Leistungserbringung zur Unzeit ein Überschreiten des Schwellenwertes rechtfertigt. In fast allen Berufen wird eine Leistung an Sonn- oder Feiertagen oder zur Nachtzeit mit besonderen Zuschläge berücksichtigt. Diese Zuschläge sollen dafür kompensieren, dass Ruhe- und Erholungszeiten in unüblicher Weise durch Arbeit gestört werden. Notoperationen am Wochenende oder Leistungen, die bei einem Herzinfarkt während der Nachtzeit erbracht werden, können mit Verweis auf diese Zeiten mit einem höheren Steigerungsfaktor berechnet werden. Von einzelnen privaten Krankenversicherungen wird gelegentlich eingewendet, durch den Ausschluss der Zuschläge auf Visitenleistungen am Wochenende und zur Nachtzeit habe der Verordnungsgeber deutlich gemacht, dass im Krankenhaus die Leistungserbringung

---

[239] OLG Koblenz vom 19. 5. 1998 – 6 U 286/97.
[240] BGH vom 13. 6. 2002 – III ZR 186/01.

Wenning

zur „Unzeit" keine vergütungssteigernden Charakter haben könne. Dabei ist jedoch zu berücksichtigen, dass diese Zuschläge sich ausdrücklich auf Routineleistungen beziehen. Den Zeitpunkt seiner Visiten kann ein Chefarzt selbst bestimmen. Anders sieht dies jedoch bei Leistungen aus, die notfallmäßig erbracht werden müssen. Diese Leistungen fallen schicksalhaft auch in die so genannten „Unzeiten" und rechtfertigen dann eine Berücksichtigung über den Steigerungsfaktor.

- **Schwierigkeit des Krankheitsfalles** (nicht bei Leistungen der Abschnitte A, E und O 549 des Gebührenverzeichnisses): Die Amtliche Begründung führt zur „Schwierigkeit des Krankheitsfalles" aus: „Absatz 2 Satz 2 stellt klar, dass die Schwierigkeit der einzelnen Leistung auch durch die Schwierigkeit des Krankheitsfalles bedingt sein kann. Diese kann daher bei dem leistungsbezogenen Kriterium „Schwierigkeit der einzelnen Leistung" berücksichtigt werden, soweit sie sich im Einzelfall in der Schwierigkeit der einzelnen Leistung niederschlägt und damit konkretisiert. Das Kriterium „Schwierigkeit des Krankheitsfalles" darf bei den in Absatz 3 genannten Leistungen nicht zur Begründung der Schwierigkeit der Leistung herangezogen werden." Diese Erläuterung ist unverständlich: Wenn sich die Schwierigkeit des Krankheitsfalles nur dann gebührensteigernd auswirken kann, wenn sie sich „in der Schwierigkeit der einzelnen Leistung niederschlägt und damit konkretisiert" hätte es dieses Zusatzes in der GOÄ gar nicht bedurft. Das Bemessungskriterium „Schwierigkeit der einzelnen Leistung" hätte ausgereicht.

e) Regelhaftes Überschreiten des Schwellenwertes. Problematisch ist der durch- 550 gängige Ansatz von Leistungen oberhalb des Schwellenwertes bei allen oder auch nur bei allen operativen Leistungen. Dazu der Konsultationsausschuss für Gebührenordnungsfragen bei der Bundesärztekammer mit Bezug auf herzchirurgischen Leistungen: „Der mancherorts zu beobachtende „schematische" Ansatz von Multiplikatoren oberhalb der Begründungsschwelle wird als nicht nachvollziehbar angesehen. Der Ansatz von Steigerungsfaktoren oberhalb der Begründungsschwelle ist in der Regel nur bei den intraoperativen „Kernleistungen" begründbar. Nur in wenigen Fällen ist für die „Nebenleistungen" (zum Beispiel Nr. 3050 GOÄ) ein höherer Steigerungsfaktor gerechtfertigt. Höhere Steigerungsfaktoren für Leistungen außerhalb der Operation (zum Beispiel Visiten, Beratungen, Verbände usw.) sind in aller Regel nicht durchgängig begründbar. Bei Visiten trifft zum Beispiel oft zu, dass die Erst- und Abschlussvisite sowie unmittelbar postoperative Visiten inhaltlich besonders schwierig sind und einen weit überdurchschnittlichen Zeitaufwand erfordern und damit die Berechnung eines höheren Multiplikators plausibel erscheint, nicht jedoch für die übrigen Visiten des „routinemäßigen Verlaufes".[241]

Dennoch kann die regelhafte Anwendung eines Steigerungssatzes von 3,5 für definierte 551 Leistungen gerechtfertigt sein. Die Gebührenordnung für Ärzte ist in ihren Grundstrukturen veraltet und bildet das aktuelle Leistungsspektrum der modernen Medizin vielfach nicht mehr angemessen ab. Der Verordnungsgeber hat bei der letzten größeren Novelle der GOÄ 1996 auf die dringende Überarbeitung der operativen Fachgebiete verzichtet. Wenn routinemäßig ein operatives oder interventionelles Verfahren eingesetzt wird, dass auf Grund der Fortentwicklung der Medizin deutlich aufwändiger ist als die zum Zeitpunkt der Entstehung der GOÄ üblichen Verfahren, kann auch ein regelhaftes Überschreiten des Schwellenwertes für diese Leistungsposition gerechtfertigt sein.

f) Wegfall des Gebührenrahmens bei Zahlung durch öffentliche Leistungsträ- 552 ger. Bei Leistungen für öffentliche Leistungsträger sieht § 11 GOÄ „Zahlung durch öffentliche Leistungsträger" eine Form von „Zwangsrabatt" vor: Die Leistungen können nur mit dem einfachen (1,0-fachen) Gebührensatz berechnet werden. § 11 GOÄ nimmt ausdrücklich Bezug auf Leistungsträger nach § 12 SGB I. Dies sind:
– Die Ämter und die Landesämter für Ausbildungsförderung nach Bundesausbildungsförderungsgesetzes (§ 18 SGB I)

---

[241] Beschluss des „Zentralen Konsultationsausschuss für Gebührenordnungsfragen" bei der Bundesärztekammer; Deutsches Ärzteblatt 96, Heft 40 (8. 10. 1999), S. A2539 – A2542.

- Die Agenturen für Arbeit und die sonstigen Dienststellen der Bundesagentur für Arbeit. (§ 19 SGB I)
- Die gesetzlichen Krankenkassen: Orts-, Betriebs- und Innungskrankenkassen, die landwirtschaftlichen Krankenkassen, die Deutsche Rentenversicherung Knappschaft-Bahn-See und die Ersatzkassen (§ 21 SGB I)
- Die bei den Krankenkassen errichteten Pflegekassen (§ 21 a SGB I)
- Für die die gesetzlichen Unfallversicherungen: die gewerblichen und die landwirtschaftlichen Berufsgenossenschaften, die Gemeindeunfallversicherungsverbände, die Feuerwehr-Unfallkassen, die Eisenbahn-Unfallkasse, die Unfallkasse Post und Telekom, die Unfallkassen der Länder und Gemeinden, die gemeinsamen Unfallkassen für den Landes- und kommunalen Bereich und die Unfallkasse des Bundes (§ 22 SGB I)
- Für die Leistungen der gesetzlichen Rentenversicherung: In der allgemeinen Rentenversicherung die Regionalträger, die Deutsche Rentenversicherung Bund und die Deutsche Rentenversicherung Knappschaft-Bahn-See, die landwirtschaftlichen Alterskassen (§ 23 SGB I)
- Für Versorgungsleistungen bei Gesundheitsschäden: Die Versorgungsämter, die Landesversorgungsämter und die orthopädischen Versorgungsstellen, für die besonderen Hilfen im Einzelfall die Kreise und kreisfreien Städte sowie die Hauptfürsorgestellen (§ 24 SGB I)
- Die für das Bundeskindergeldgesetz, das Bundeserziehungsgeldgesetz sowie das Bundeselterngeld- und Elternzeitgesetz bestimmten Stellen (§ 25 SGB I)
- Die für das Wohngeld bestimmten Behörden (§ 26 SGB I)
- Die für Leistungen der Kinder- und Jugendhilfe zuständigen Kreise und die kreisfreien Städte sowie kreisangehörigen Gemeinden (§ 27 SGB I)
- Die für Leistungen der Sozialhilfe zuständigen Kreise und die kreisfreien Städte, die überörtlichen Träger der Sozialhilfe sowie für besondere Aufgaben die Gesundheitsämter (§ 28 SGB I)
- Die für Leistungen zur Rehabilitation und Teilhabe behinderter Menschen zuständigen Leistungsträger nach den §§ 19 bis 24, 27 und 28 sowie Integrationsämter (§ 29 SGB I)

553   Öffentlich-rechtliche Kostenträger sind ferner z. B. die Gebietskörperschaften (Bund, Länder und Gemeinden), die Selbstverwaltungskörperschaften, Anstalten des öffentlichen Rechts (z. B. Rundfunkanstalten, der Deutsche Wetterdienst, die KfW Bankengruppe, Versorgungsanstalt des Bundes und der Länder), aber auch Krankenhäuser in öffentlich-rechtlicher Trägerschaft.

554   Die Amtliche Begründung nennt einige Anwendungsbereiche: „Die Vorschrift gilt nur für diejenigen Leistungs- und Kostenträger, für die die Höhe der Vergütung nicht bereits unmittelbar aufgrund einer bundesgesetzlichen Regelung bestimmt wird (§ 1 Abs. 1), sie gilt beispielsweise für die Leistungen der Sozialversicherungsträger an Badeärzte, aber auch für die Länder, die nach § 44 Jugendarbeitsschutzgesetz die Kosten für die Jugendarbeitsschutzuntersuchungen zu tragen haben".

6. Die Abrechnung von operativen Leistungen – Begriff der „Zielleistung"

555   Viele ärztliche Leistungen und insbesondere Operationen bestehen aus mehreren Schritten. Typischerweise sind dies die Eröffnung etwa des Bauraumes und damit der Zugang zum Operationsgebiet, der Eingriff an einem oder mehreren Zielorganen und abschließend der Wundverschluss. Die GOÄ hat den Anspruch, diese Teilschritte in einer Leistungsposition abzubilden, und formuliert dies in § 4 Abs. 2a: „Für eine Leistung, die Bestandteil oder eine besondere Ausführung einer anderen Leistung nach dem Gebührenverzeichnis ist, kann der Arzt eine Gebühr nicht berechnen, wenn er für die andere Leistung eine Gebühr berechnet. Dies gilt auch für die zur Erbringung der im Gebührenverzeichnis aufgeführten operativen Leistungen methodisch notwendigen operativen Einzelschritte."

§ 4 Abs. 2a GOÄ hat eine klare Intention: Teilschritte einer ärztlichen Leistung sollen **556** nicht gesondert berechnungsfähig sein, da diese Teilleistungen ansonsten doppelt berechnet würden.[242] Diese Regelung betrifft besonders Operationen, für die ergänzend in den „Allgemeinen Bestimmungen" zum Kapitel „L. Chirurgie, Orthopädie" ausgeführt wird: „Zur Erbringung der in Abschnitt L aufgeführten typischen operativen Leistungen sind in der Regel mehrere operative Einzelschritte erforderlich. Sind diese Einzelschritte methodisch notwendige Bestandteile der in der jeweiligen Leistungsbeschreibung genannten Zielleistung, so können sie nicht gesondert berechnet werden." Mit Einführung dieser Bestimmung in die GOÄ 1996 war eigentlich eine Überarbeitung der operativen Leistungspositionen der GOÄ erforderlich, wie auch die Amtliche Begründung ausführt: „Dagegen musste die Gesamtüberarbeitung der sehr umfangreichen chirurgischen Leistungsbereiche mit Rücksicht auf den für den ersten Novellierungsschritt vorgesehenen Zeitrahmen vorläufig zurückgestellt werden".[243] Diese Gesamtüberarbeitung steht noch immer aus. Die Operationsmethoden haben sich seit 1996 erheblich verändert. Exemplarisch kann hier auf die Verbreitung minimal-invasiver Techniken verwiesen werden. Aus dem Spannungsverhältnis moderner Operationsverfahren und dem veralteten Leistungsverzeichnis der GOÄ resultieren zahlreiche Auseinandersetzungen.

Viele Prozesse wurden und werden um die Frage geführt, ob neben einer „Haupt- **557** leistung" weitere Gebührenpositionen abgerechnet werden können. Typische Beispiel sind: Die Darstellung des N. recurrens bei einer Operation der Schilddrüse, Eingriffe an der Hüftpfanne bei Implantation einer Endoprothese, die Präparation und Resektion von Blut- und Lymphgefäßen bei Karzinomoperationen im Abdomen. Es geht um die Frage, ob eine Operation nur eine oder mehrere Zielleistungen im Sinne der GOÄ umfassen kann.

Der Bundesgerichtshof hat sich seit 2004 in mehreren Entscheidungen zur Interpretation **558** des § 4 Abs. 2a GOÄ und zum Zielleistungsprinzip geäußert. Folgende allgemeine Aussagen lassen sich den Urteilen entnehmen:

- **Ein Eingriff kann aus mehreren Zielleistungen bestehen:** Am Beispiel der Opera- **559** tion eines Bronchial-Ca. hat der BGH klargestellt, dass eine Operation aus mehreren Zielleistungen bestehen kann. Neben der GOÄ 2997 – Lobektomie und Lungensegmentresektion(en) – wurde GOÄ 2975 – Dekortikation der Lunge – als selbständige Leistung anerkannt: „Der Sachverständige hat hierzu erläutert, die Freilegung von Verwachsungen der Lungenoberfläche sei erforderlich gewesen, um die Entfernung des rechten Lungenoberlappens nach der Nr. 2997 zu ermöglichen. Die Schwartenbildung und die durch starken Nikotingenuss vorhandenen Adhäsionen seien eine eigenständige Indikation für die Freilegung der Lunge gewesen. Demgegenüber sei bei der Entfernung eines Lungenlappens und einer Resektion von Lungensegmenten normalerweise eine Freilegung verwachsener Lungenoberflächen nicht erforderlich." Eine großflächige Beseitigung dieser Verwachsungen ist kein methodisch notwendiger Teilschritt der Entfernung eines Lungenteiles, der typischerweise bei jeder Lobektomie erforderlich ist.
Allgemeiner führt der BGH aus: „Dass einem einheitlichen Behandlungsgeschehen auch mehrere Zielleistungen zugrunde liegen können, ist nach der jeweiligen Leistungslegende ebenfalls möglich ... Absatz 2 der Allgemeinen Bestimmungen des Abschnitts L belegt, dass auch die Gebührenordnung von einer solchen Möglichkeit ausgeht, indem sie eine Anrechnungsbestimmung bei Eingriffen in die Brust- oder Bauchhöhle nach unter-

---

[242] BGH vom 5. 6. 2008 – III ZR 239/07: „Das in § 4 Abs. 2a Satz 1 und 2 GOÄ enthaltene Zielleistungsprinzip findet seine Grenze an dem Zweck dieser Bestimmung, eine doppelte Honorierung ärztlicher Leistungen zu vermeiden." und „Der Arzt darf ein und dieselbe Leistung, die zugleich Bestandteil einer von ihm gleichfalls vorgenommenen umfassenderen Leistung ist, nicht zweimal abrechnen."

[243] Amtliche Begründung zur Vierte Verordnung zur Änderung der Gebührenordnung für Ärzte vom 18. Dezember 1995.

schiedlichen Gebührenpositionen vorsieht, wenn es dabei nur zu einer einmaligen Eröffnung dieser Körperhöhlen gekommen ist."[244]

560 • **„Medizinisch notwendige Leistungen" sind von „methodisch notwendige Leistungen" zu unterscheiden:** Methodisch notwendige Teilschritte einer anderen berechneten Leistung können nicht eigens berechnet werden. Beispiel: Der Wundverschluss nach konventioneller Appendektomie ist ein medizinisch notwendiger und methodisch notwendiger Bestandteil der GOÄ 3200 – Appendektomie –. Er ist keine selbständige Leistung im Sinne der GOÄ und nicht eigens berechnungsfähig. Eine Adhäsiolyse des Dünndarmes vor Appendektomie kann ebenfalls ein medizinisch notwendiger Operationsschritt vor der eigentlichen Appendektomie sein, sie ist aber kein methodisch notwendiger Bestandteil einer Appendektomie. Nicht bei jeder Appendektomie ist eine vorherige Adhäsiolyse notwendig. Wenn eine solche Adhäsiolyse im Rahmen einer Appendektomie erforderlich ist, kann sie als eigenständige Leistung berechnet werden (hier: GOÄ 3172 – Operative Darmmobilisation bei Verwachsungen –). Bei gleichzeitiger Berechnung von GOÄ 3200 und 3172 ist dann GOÄ 3135 für die Überschneidung beim Operationszugang und beim Wundverschluss in Abzug zu bringen: „Werden mehrere Eingriffe in der Brust- oder Bauchhöhle in zeitlichem Zusammenhang durchgeführt, die jeweils in der Leistung die Eröffnung dieser Körperhöhlen enthalten, so darf diese nur einmal berechnet werden; die Vergütungssätze der weiteren Eingriffe sind deshalb um den Vergütungssatz nach Nr. 2990 oder Nr. 3135 zu kürzen."[245] Der BHG in seinem Leitsatz: „Die Frage, ob im Sinn des § 4 Abs. 2a Satz 2 GOÄ und des Absatzes 1 Satz 1 und 2 der Allgemeinen Bestimmungen des Abschnitts L einzelne Leistungen methodisch notwendige Bestandteile der in der jeweiligen Leistungsbeschreibung genannten Zielleistung sind, kann nicht danach beantwortet werden, ob sie im konkreten Einzelfall nach den Regeln ärztlicher Kunst notwendig sind, damit die Zielleistung erbracht werden kann. Vielmehr sind bei Anlegung eines abstrakt-generellen Maßstabs wegen des abrechnungstechnischen Zwecks dieser Bestimmungen vor allem der Inhalt und systematische Zusammenhang der in Rede stehenden Gebührenpositionen zu beachten und deren Bewertung zu berücksichtigen".[246] Der BGH stellt damit fest: Medizinisch notwendige Leistungen, die keine methodisch notwendigen Leistungen sind, können gesondert in Rechnung gestellt werden und fallen nicht unter das Prinzip der Zielleistung.

561 • **Komplexe Leistungen können nicht in zahlreiche Einzelschritte aufgegliedert werden – die GOÄ ist kein Baukastensystem:** Vom BGH wurde ebenfalls die Berechnung der Operation eines Schilddrüsen-Ca. (mit Neck-Dissektion) beurteilt. Der Chirurg hatte folgende Gebührenpositionen für seine Operation berechnen wollen:
– Nr. 2757 – Radikaloperation der bösartigen Schilddrüsengeschwulst … –
– Nr. 2760 – Ausräumung des regionären Lymphstromgebietes einer Halsseite, als selbständige Leistung – (3 mal)
– Nr. 2583 – Neurolyse, als selbständige Leistung – (10 mal)
– Nr. 2803 – Freilegung und/oder Unterbindung eines Blutgefäßes am Hals, als selbständige Leistung – (6 mal)
Dazu der BGH: „Der Senat folgt dem Berufungsgericht daher nicht darin, die vom Kläger erbrachte komplexe Operationsleistung in ihre Einzelschritte aufzugliedern und letztere, obwohl sie im Verhältnis zur Komplexleistung nicht selbständige Leistungen darstellen, im Wege einer Analogberechnung einzeln zu honorieren. Eine solche Lösung berücksichtigt nicht hinreichend die grundlegende Unterscheidung zwischen selbständigen und nicht selbständigen ärztlichen Leistungen und lässt daher außer Betracht, dass die Bewertung der Leistungen im Gebührenverzeichnis nicht in der Art eines Baukasten-

---

[244] BGH vom 5. 6. 2008 – III ZR 239/07.
[245] Allgemeine Bestimmung zum Abschnitt L Chirurgie, Orthopädie, sinngemäß ebenso die allgemeinen Bestimmungen zum Abschnitt H. Geburtshilfe und Gynäkologie sowie K. Urologie.
[246] BGH vom 5. 6. 2008 – III ZR 239/07.

Wenning

systems strukturiert ist. … Zwar lehnt sich eine Heranziehung der Gebührennummern 2760, 2583 und 2803 nahe an die dortige Beschreibung der ärztlichen Leistungen an; sie führt aber, legt man den Gesamtaufwand an Zeit zugrunde, den der Kläger für die Operation benötigte und den der Sachverständige für Operationen dieser Art
im Vergleich zu der in Nr. 2757 beschriebenen Leistung allgemein für notwendig erachtet, zu einer unverhältnismäßigen Überhonorierung."[247] Der unerwartete Lösungsvor-
schlag des BGH für diesen Fall: dien über den Leistungsumfang der GOÄ 2757 – Radikaloperation der bösartigen Schilddrüsengeschwulst … – hinausgehenden Leistungen
sollten über eine weitere Berechnung von GOÄ 2757 als „Analogposititon" berücksichtigt werden.

7. Abrechnung von Leistungen, die in der GOÄ nicht enthalten sind

a) Die Abrechnung von Analogpositionen. Ein Vorteil gegenüber der gesetzlichen **562**
Krankenversicherung, mit dem private Krankenversicherungen auch gerne werben, ist die
schnelle Verfügbarkeit von medizinischen Innovationen. Während im Bereich der gesetzlichen Krankenversicherung der so genannte „Erlaubnisvorbehalt" gilt – das heißt, nur Leistungen, die zuvor vom Gemeinsamen Bundesausschuss genehmigt wurden, können auch
(ambulant) zulasten der gesetzlichen Krankenversicherung erbracht und abgerechnet werden –, steht Ärzten bei privat versicherten Patienten oder Selbstzahlern mit der GOÄ ein
sofortiger Zugang zu neuen Therapieverfahren offen. § 6 Abs. 2 GOÄ („Gebühren für
andere Leistungen") eröffnet Ärzten die Möglichkeit, für selbstständige ärztliche Leistungen, die in das Gebührenverzeichnis (noch) nicht aufgenommen sind, eine nach Art, Kos-
ten- und Zeitaufwand gleichwertige Leistung des Gebührenverzeichnisses zu berechnen –
die so genannten „Analogpositionen".

Die Berechnung von Leistungen über § 6 Abs. 2 GOÄ ist dabei an Voraussetzungen ge- **563**
bunden:

- Es muss sich um eine **selbständige Leistung** handeln, die in das Gebührenverzeichnis **564**
nicht aufgenommen ist. Sofern es sich lediglich um eine besondere Ausführung einer anderen Leistung handelt, ist eine Analogbewertung ausgeschlossen. Beispiel: Eine „internistische Anamnese" ist in der Gebührenordnung nicht als eigenständige Position vorgesehen. Hierfür kann aber nicht die GOÄ 30 „Homöopathische Erstanamnese" als
Analogposition herangezogen werden, da die Anamnese ein Sonderfall der „Beratung"
ist und daher nur über die dafür in der GOÄ vorgesehenen Positionen (z. B.: GOÄ 1, 3
oder 34) berechnet werden kann.

- Bei der gewählten Analogposition muss es sich um eine **gleichwertige Leistung** han- **565**
deln. Die GOÄ hat den Anspruch, ähnlich aufwändige Leistungen auch mit ähnlich hohen Punktzahlen zu bewerten. Dieses Prinzip gilt auch für Analogpositionen. Zum Begriff der „Gleichwertigkeit" hat das Bundessozialgericht ausgeführt: „Zwar ist der Begriff
der „gleichwertigen Leistung" ein sogenannter unbestimmter Rechtsbegriff. Seine
Merkmale können jedoch im Wege der Rechtsauslegung und unter Anwendung der im
Gerichtsverfahren vorgesehenen Beweismittel, insbesondere mit Hilfe von Sachverständigen so weit objektiviert werden, dass sich die Frage, welche Leistungen jeweils als
gleichwertig anzusehen sind, mit hinreichender Sicherheit beantworten lässt. Dabei ist zu
beachten, dass als Vergleichsleistungen in der Regel nur wenige Leistungen für die engere Wahl in Betracht kommen, unter denen dann diejenige die gesuchte gleichwertige
Leistung ist, deren Merkmale der neu zu bewertenden Leistung am nächsten kommen.
Dass auch die Gerichte in der Lage sein müssen, solche „Auswahlentscheidungen" zu
treffen, wird besonders deutlich in den Fällen, in denen der Arzt nicht mit einem Ver-
waltungsorgan, sondern etwa einem Privatpatienten über die Vergütung einer nicht in
der Gebührenordnung verzeichneten Leistung streitet, also für eine Vorentscheidung der

---

[247] BGH vom 13. 4. 2004 III ZR 344/03.

Verwaltung, die in irgendeiner Weise das Gericht präjudizieren könnte, kein Raum ist."[248]

566 • Konkretisiert wird die „Gleichwertigkeit" durch die Kriterien **„Art, Kosten- und Zeitaufwand"**, die im Text von § 6 Abs. 2 GOÄ ausdrücklich genannt werden. „Auch künftig bedarf es für das ärztliche Gebührenrecht einer Vergütungsregelung für nicht in das Gebührenverzeichnis aufgenommene Leistungen. Die neu gefasste Analogievorschrift des § 6 Abs. 2 Satz 1 GOÄ stellt für die Vergütung solcher Leistungen wie bisher auf deren Gleichwertigkeit mit im Gebührenverzeichnis enthaltenen Leistungen ab, bezieht aber die Gleichwertigkeit präzisierend auf die Vergleichbarkeit nach Art, Kosten- und Zeitaufwand. Die Vorschrift trägt damit dem Bedürfnis Rechnung, die entsprechende Bewertung an sachlich nachvollziehbare Kriterien zu binden".[249]

567 **b) Das Analogverzeichnis der Bundesärztekammer.** Die GOÄ weist dem Arzt die Aufgabe zu, für eine noch nicht im Gebührenverzeichnis definierte Leistung eine Analogposition zu finden. Dies führt naturgemäß zu Auseinandersetzungen mit Kostenträgern, wenn diese der Auffassung sind, die Voraussetzungen für die Abrechnung einer Analogposition seien nicht gegeben oder die anlog berechnete Leistung sei nicht gleichwertig. Für die Akzeptanz von Analogpositionen ist daher eine möglichst breite Konsensbildung unter allen Beteiligten sinnvoll. Eine besondere Aufgabe kommt dabei der Bundesärztekammer zu. Sie hat es immer als ihre Aufgabe angesehen, im Dialog mit allen Beteiligten über konsentierte Analogpositionen eine Anpassung der GOÄ an den medizinischen Fortschritt zu ermöglichen. Dies wurde auch in einem Beschluss des Bundesrates vom 3. November 1995 betont: „Die Bundesregierung wird gebeten, bei der Bundesärztekammer darauf hinzuwirken, dass diese auch künftig analoge Bewertungen gemäß § 6 Abs. 2 GOÄ nach Bedarf bearbeitet und veröffentlicht. Angesichts des schnellen medizinischen Fortschritts dienen solche Bewertungen der Kammer der Rechtssicherheit." Als Beleg für die Akzeptanz der Empfehlungen der Bundesärztekammer ist auch zu sehen, dass die von der Bundesärztekammer bis 1996 empfohlenen analogen Bewertungen mit der 4. Änderungsverordnung zur GOÄ vollständig in das Gebührenverzeichnis aufgenommen wurden. Vom Verband der Privaten Krankenversicherungen wird dagegen kritisiert, dass die Bundesärztekammer damit als „Ersatzverordnungsgeber"[250] auftritt.

568 Inzwischen wurde die Konsensbildung zur Weiterentwicklung der GOÄ im sog. „Zentralen Konsultationsausschuss für Gebührenordnungsfragen bei der Bundesärztekammer" institutionalisiert. In diesem Gremium sind vertreten:
– vier Vertreter der Bundesärztekammer,
– ein Vertreter des Bundesministeriums für Gesundheit,
– ein Vertreter des für das Beihilferecht zuständigen Bundesministeriums sowie
– ein Vertreter des Verbandes der privaten Krankenversicherung.

569 Das Gremium entscheidet nur im Konsens, also mit einstimmigen Beschlüssen. Angesichts der divergenten Interessenlagen ist es daher nicht verwunderlich, dass bislang nur wenige Beschlüsse gefasst werden konnten. Für diese Beschlüsse existiert aber dann eine hohe Akzeptanz. Die Beschlüsse werden im Analogverzeichnis der Bundesärztekammer veröffentlicht.[251] Ablehnungen dieser Analogpositionen beruhen in der Regel auf Unkenntnis der Sachbearbeiter.

570 **c) Die Abrechnung Leistungen, die nicht in der GOÄ, aber in der GOZ enthalten sind.** § 6 Abs. 1 GOÄ sieht eine Öffnung der GOZ für MKG-Chirurgen, HNO-Ärzte und Chirurgen vor. Ursprünglich war diese Regelung dazu gedacht, den genannten Fachärzten den Zugriff auf die GOZ für Leistungen im Mund-Zahnbereich zu ermöglichen, die Bestandteil der GOZ, jedoch nicht der GOÄ sind. Statt der Wahl einer Analog-

---

[248] BSG vom 21. 9. 1967 – 6 RKa 27/67.
[249] Amtliche Begründung zur 3. Änderungsverordnung der GOÄ.
[250] Uleer § 6 Rn. 4.
[251] www.baek.de; Pfad: Home > Ärzte > Gebührenordnung > Abrechnung > Analoge Bewertungen.

position aus der GOÄ soll eine GOZ-Position angesetzt werden können. Inzwischen wird bei ähnlichen Leistungen in GOÄ und GOZ von Beihilfestellen und Krankenversicherungen die Frage aufgeworfen, ob die Ärzte auf die verpflichtende Anwendung der GOZ verwiesen werden können. Die GOZ enthält in aller Regel niedriger bewertete Gebührenpositionen als die GOÄ. Häufigstes Beispiel: Ansatz der GOZ 0100 Intraorale Leitungsanästhesie 3,94 EUR (Einfachsatz) anstelle von GOÄ 494 Leitungsanästhesie, endoneural 7,05 EUR (Einfachsatz). Da eine gezielte „endoneurale" Injektion und Leistungsanästhesie im Mund jedoch nicht gewollt ist und sogar als Komplikation zu betrachten ist, ist die Frage hier nicht richtig gestellt: Eine Leistung GOÄ 494 wird im Rahmen einer Zahnbehandlung nicht erbracht. Bei tatsächlich ähnlichen Leistungen gilt: Die spezifischere Leistungsposition ist angebracht. Bei Infiltrationsanästhesien im Mund ist dies GOZ 0090 Intraorale Infiltrationsanästhesie 3,37 EUR (Einfachsatz), die genauer die erbrachte Leistung beschreibt als GOÄ 490 Infiltrationsanästhesie kleiner Bezirke 3,56 EUR (Einfachsatz).

8. Ersatz von Auslagen, Porto und Versandkosten

Neben den Gebühren stehen einem Arzt nach § 10 GOÄ ein Ersatz von Auslagen, **571** brutto- und Versandkosten zu. Das Wort „Ersatz" bedeutet dabei die Erstattung von Aufwendungen in der Höhe, wie sie dem Arzt selbst entstanden sind. Aufschläge für „Beschaffungskosten" oder „Lagerhaltung" sind nicht zulässig sondern mit den Praxiskosten abgegolten.

a) Auslagen und Praxiskosten. Auslagen nach § 10 GOÄ sind von „Praxiskosten" **572** nach § 4 GOÄ zu unterscheiden. „Praxiskosten" wie Miete, Gehälter, Sprechstundenbedarf, Kosten für die Anwendung von Instrumenten und Apparaten etc. sind nicht gesondert berechnungsfähig. Es handelt sich um Vorhaltekosten. Auslagen fallen hingegen bei der Erbringung einer Leistung an. Nur die in § 10 aufgeführten Auslagen können in Rechnung gestellt werden, alle anderen Kosten sind mit den Gebühren abgegolten.

b) Arzneimittel, Verbandmittel und sonstige Materialien zur weiteren Verwen- 573 dung beim Patienten oder zur einmaligen Anwendung. Insbesondere, aber nicht nur im Notdienst verabreichen Ärzte Medikamente unmittelbar (anstatt nur ein Rezept auszustellen), z.B. Schmerzmittel, Impfstoffe, Narkosemedikamente oder Antibiotika. Die Kosten für diese Medikamente können in der tatsächlich entstandenen Höhe in Rechnung gestellt werden. Das kann z.B. bei Narkosegasen auch anteilig geschehen, d.h. die Kosten für eine Flasche werden unter allen damit behandelten Patienten aufgeteilt. Der Verkauf oder die regelmäßige Abgabe von Arzneimitteln sind Ärzten dagegen verboten, dieses „in Verkehr bringen" ist nur Apothekern erlaubt (§ 43 Arzneimittelgesetz).

c) Kein Auslagenersatz. Ausdrücklich ausgeschlossen nach dem Text der GOÄ ist die **574** zusätzliche Berechnung von Kosten für folgende Gebührenpositionen:
- GOÄ 27 und 28 – Untersuchung einer Frau/eines Mannes zur Früherkennung von Krebserkrankungen …
- GOÄ 297 und 298 – Entnahme und Aufbereitung von Abstrichmaterial zur zytologischen/mikrobiologischen Untersuchung
- GOÄ 380 bis 382 – Epikutantests
- GOÄ 385 bis 391 – Pricktests
- GOÄ 395 und 396 – Nasaler Schleimhautprovokationstest
- GOÄ 500 bis 569 – Physikalisch-medizinische Leistungen (mit Ausnahme der für Inhalationen sowie für die Photochemotherapie erforderlichen Arzneimittel – diese sind berechnungsfähig)
- GOÄ 604 – Bestimmung des Atemwegwiderstandes … vor und nach Applikation pharmakodynamisch wirksamer Substanzen
- GOÄ 609 – Bestimmung der absoluten und relativen Sekundenkapazität vor und nach Inhalation pharmakodynamisch wirksamer Substanzen

– GOÄ 612 – Ganzkörperplethysmographische Bestimmung ... vor und nach Applikation pharmakodynamisch wirksamer Substanzen
– GOÄ – 620 Rheographische Untersuchung der Extremitäten
– GOÄ 630 und 632 – Mikro-Herzkatheterismus (Kosten für den Einschwemmkatheter)
– GOÄ 676 Magenuntersuchung ... mittels endogastral anzuwendender Kamera
– GOÄ 1105 – Gewinnung von Zellmaterial aus der Gebärmutterhöhle und Aufbereitung zur zytologischen Untersuchung
– GOÄ 1209 – Nachweis der Tränensekretionsmenge
– GOÄ 1248 und 1249 – Fluoreszenzuntersuchung der terminalen Strombahn am Augenhintergrund
– GOÄ 1815 – Schlingenextraktion oder Versuch der Extraktion von Harnleitersteinen (Die Kosten für die Schlinge sind nicht gesondert berechnungsfähig)
– GOÄ 4601 – Untersuchung zum Nachweis von Bakterientoxinen durch Inokulation in Versuchstiere (Kosten für Versuchstiere sind nicht gesondert berechnungsfähig)

575   **d) Versand- und Portokosten.** Die Berechnung von Versand- und Portokosten ist grundsätzlich möglich. § 10 Abs. 3 macht ergänzend folgende Vorgaben:
– Versand – und Portokosten sollen bei einem Arzt zusammengeführt werden und dürfen nur von dem Arzt berechnet werden, bei dem die Kosten anfallen. Bei Nutzung gemeinsamer Transportwege können von diesem die Kosten nur einmal geltend gemacht werden.
– Für Transporte innerhalb einer Laborgemeinschaft oder innerhalb eines Krankenhausgeländes dürfen keine Kosten in Rechnung gestellt werden.
– Für das Versenden der Rechnung dürfen keine Kosten in Rechnung gestellt werden (das Versenden der Rechnung ist keine ärztliche Leistung).

576   **e) Keine Berechnung von Pauschalen.** Die Berechnung von Pauschalen ist ausdrücklich ausgeschlossen. Der Verordnungsgeber will durch diese Regel gewährleisten, dass „Kosten nur in dem tatsächlich entstandenen Umfang berechnet werden" (Amtliche Begründung).

577   **f) Gesondert als berechnungsfähig ausgewiesene Kosten.** Bei einigen Leistungspositionen gibt die Leistungslegende der GOÄ explizit an, dass Kosten „gesondert" berechnet werden dürfen:
– GOÄ 1812 – Anlegen einer Ureterverweilschiene bzw. eines Ureterkatheters. Die Kosten für die Schiene bzw. den Katheter sind gesondert berechnungsfähig.
– GOÄ 3500 – Blut im Stuhl, dreimalige Untersuchung. Die Kosten für ausgegebenes Testmaterial sind anstelle der Leistung nach Nummer 3500 berechnungsfähig, wenn die Auswertung aus Gründen unterbleibt, die der Arzt nicht zu vertreten hat.

578   **g) Laboruntersuchungen.** Die Gebühren enthalten alle Materialkosten für Reagenzien, Teststreifen, Nuklide, Pharmaka etc.

579   **h) Strahlendiagnostik.** Im Kapitel O I Strahlendiagnostik sind mit den Gebühren alle Kosten abgegolten, das schließt Dokumentation und Aufbewahrung der Datenträger ein. Ebenfalls nicht gesondert berechnungsfähig zu den entsprechenden radiologischen Leistungen sind Kontrastmittel auf Bariumbasis und etwaige Zusatzmittel für die Doppelkontrastuntersuchung.[252] Kontrastmittel auf Jodbasis sind berechnungsfähig.

580   **i) Nuklearmedizin.** Materialkosten für Radiopharmazeutika sind gesondert berechnungsfähig. Dabei ist in der Rechnung zu beachten:
– Es darf nur die für den Patienten verbrauchte Menge an radioaktiven Stoffen berechnet werden.[253]
– Die Untersuchungs- und Behandlungsdaten der jeweils eingebrachten Stoffe sowie die Art der ausgeführten Maßnahmen sind in der Rechnung anzugeben, sofern nicht durch die Leistungsbeschreibung eine eindeutige Definition gegeben ist.[254]

---

[252] Allgemeine Bestimmung Nr. 7 Kapitel O I GOÄ.
[253] Allgemeine Bestimmung Nr. 7a Kapitel O II GOÄ.
[254] Allgemeine Bestimmung Nr. 7b Kapitel O II GOÄ.

j) Strahlentherapie – Hochvoltstrahlenbehandlung bösartiger Erkrankungen. 581
Gesondert berechnungsfähig sind die Kosten für die Anfertigung individuell geformter
Ausblendungen, von Kompensatoren und Lagerungshilfen. Wenn das Material der individuellen Ausblendungen wiederverwertbar ist, dürfen hierfür keine Materialkosten berechnet werden.[255]

k) Kleinmaterialien und geringwertige Arzneimittel. Ab welchem Wert von 582
„Kleinmaterialien" und „geringwertigen" Arzneimitteln auszugehen ist, wird in der GOÄ
nicht präzise bestimmt. Die beispielhafte Aufzählung in § 10 Abs. 2 Satz 1 lässt erkennen,
dass es sich näherungsweise um einen Wert bis zu einem Euro handeln muss.

l) Einmalartikel. Andere als in die in § 10 Abs. 2 Satz 5 genannten Einmalartikel kön- 583
nen berechnet werden, sofern sie nicht unter die „Kleinmaterialien" fallen.

m) Sachkosten bei Wahlleistungspatienten. Bei einer wahlärztlichen, stationären 584
Behandlung sind Sachkosten bereits über das Entgelt für die Allgemeinen Krankenhausleistungen (DRG oder Pflegesatz) abgegolten und können daher nicht noch einmal als Auslagenersatz nach § 10 GOÄ berechnet werden (§ 2 Nr. 5 KHG, § 7 Abs. 1 BPflV, § 7 Abs. 1
KHEntgG). Anders ist dies zu beurteilen, wenn ein stationärer Wahlleistungspatient konsiliarisch bei einem externen Arzt vorgestellt wird und diesem bei der Behandlung Sachkosten entstehen. Der BGH hat hier einen Anspruch diese externen Arztes gegen einen Wahlleistungspatienten auf Ersatz von Auslagen für die aufgewendete Sachkosten bejaht (BGH
vom 4. 11. 2010 – II ZR 323/09).

9. Ein Weg zu höheren Honoraren: die abweichende Honorarvereinbarung

Die GOÄ sieht in § 2 „abweichende Vereinbarung" die Möglichkeit vor, Honorare auch 585
oberhalb des vorgegebenen Gebührenrahmens mit Patienten individuell auszuhandeln. In
der ersten Fassung der GOÄ im Jahr 1965 lautete dieser Abschnitt lediglich: „Durch Vereinbarung kann eine von dieser Verordnung abweichende Regelung getroffen werden".
Die GOÄ als Ganzes war damals noch „dispositives" Recht. In der aktuellen Fassung ist
eine abweichende Vereinbarung nur zur Höhe der Vergütung über die Vereinbarung eines
höheren Steigerungsfaktors zulässig. Für andere Vorschriften der GOÄ – etwa den Punktwert – ist eine abweichende Vereinbarung nicht mehr zulässig. In anderen freien Berufen
hat es eine ähnliche Entwicklung in den jeweiligen Gebührenordnungen gegeben, so in
der ehemaligen Bundesrechtsanwaltsgebührenordnung, dem jetzigen Rechtsanwaltsvergütungsgesetz, oder der Steuerberatungsgebührenordnung.

a) Verfahrens- und Formerfordernisse. § 2 GOÄ benennt die Voraussetzungen für 586
eine rechtsgültige abweichende Vereinbarung:
– Es handelt sich um eine **schriftliche** Vereinbarung, von der der Zahlungspflichtige eine
Kopie erhalten muss.
– Sie darf **keine weiteren Erklärungen** enthalten. Eine Abdingung kann daher nicht
Bestandteil eines anderen Schriftstückes sein (z. B. einer Wahlleistungsvereinbarung).
– Sie ist **vor** der Leistungserbringung abzuschließen.
– In jedem Einzelfall ist die **persönliche Absprache** zwischen Arzt und Patient erforder-
lich. Das Ausfüllen eines Formulars im Chefarztsekretariat ist nicht ausreichend.
– Eine abweichende Vereinbarung kann sich **nur auf den Steigerungsfaktor** beziehen,
nicht auf Punktwerte, Punktzahlen oder die GOÄ als Ganzes. Eine Vereinbarung von
Pauschalen ohne Bezug zur GOÄ ist nicht möglich.[256]
– Die Vereinbarung **muss** enthalten:
  1. der Nummer der GOÄ-Leistung
  2. die Bezeichnung der Leistung
  3. den Steigerungssatz

---

[255] Allgemeine Bestimmung Nr. 7 b Kapitel O II GOÄ.
[256] BGH vom 23. 3. 2006 – III ZR 223/05.

4. den vereinbarten Betrag

5. die Feststellung, dass eine Erstattung der Vergütung durch Erstattungsstellen möglicherweise nicht in vollem Umfang gewährleistet ist

– **Notfall- und akute Schmerzbehandlung** dürfen nicht von einer abweichenden Honorarvereinbarung abhängig gemacht werden. Sie sind aber damit nicht völlig unzulässig. Die amtliche Begründung führt hier erklärend aus: „Absatz 1 Satz 3 schließt abweichende Honorarvereinbarungen für Notfall- und akute Schmerzbehandlung nicht generell aus, sondern stellt entsprechend geltenden Rechtsgrundsätzen zur unterlassenen Hilfeleistung lediglich klar, dass die Behandlung in solchen Fällen nicht von einer abweichenden Honorarvereinbarung abhängig gemacht werden darf."

– **Keine Vereinbarung** für Leistungen nach den Abschnitten A, E, M und O zulässig, also für:

1. **A Gebühren in besonderen Fällen** (technische Leistungen, die regelhaft von Assistenzpersonal durchgeführt werden)
   – Nummern 2 und 56 in Abschnitt B
   – Nummern 250, 250 a, 402 und 403 in Abschnitt C,
   – Nummern 602, 605 bis 617, 620 bis 624, 635 bis 647, 650, 651, 653, 654, 657 bis 661, 665 bis 666, 725, 726, 759 bis 761 in Abschnitt F,
   – Nummern 855 bis 857 in Abschnitt G,
   – Nummern 1001 und 1002 in Abschnitt H,
   – Nummern 1255 bis 1257, 1259, 1260, 1262, 1263, 1268 bis 1270 in Abschnitt I,
   – Nummern 1401, 1403 bis 1406, 1558 bis 1560 in Abschnitt J,
   – Nummern 4850 bis 4873 in Abschnitt N.
2. **E Physikalisch-medizinische Leistungen**
3. **M Laborleistungen**
4. **O Röntgenleistungen**
   – Für die vereinbarten Leistungen ist eine **höchstpersönliche Leistungserbringung** im Rahmen einer vollstationären, teilstationären oder vor- und nachstationären wahlärztlichen Behandlung erforderlich.
   – Nach Berufsordnung[257] und Bürgerlichem Gesetzbuch (BGB)[258] ist auf die **Vermögensverhältnisse des Patienten Rücksicht** zu nehmen und es darf **keine Notlage des Patienten** ausgenutzt werden (Kein Verstoß gegen die guten Sitten § 138 BGB).
   – Wenn auch ohne abweichende Honorarvereinbarung ein Überschreiten der Schwellenwerte nach § 5 gerechtfertigt gewesen wäre, ist das Überschreiten auf Verlangen des Zahlungspflichtigen zu begründen (§ 12 Abs. 3 Satz 3 GOÄ). Der Sinn dieser Bestimmung wird durch die amtliche Begründung klar: „Die Vorschrift stellt klar, dass die sich aus privatvertraglichen Nebenpflichten ergebende Verpflichtung des Arztes gegenüber dem Zahlungspflichtigen, diesem die zur vollen Geltendmachung von Erstattungsansprüchen gegenüber Dritten (z.B. privates Krankenversicherungsunternehmen) bei schwellenwertüberschreitender Gebührenbemessung erforderliche Rechnungsbegründung zu erteilen, auch im Falle einer abweichenden Honorarvereinbarung einer nach § 2 GOÄ gilt."

587

b) Muster einer abweichenden Honorarvereinbarung:

Zwischen Dr. XY und Herrn/Frau Muster als Patient/Zahlungspflichtigem wird nach persönlicher Absprache gemäß § 2 der Gebührenordnung für Ärzte (GOÄ) eine Honorarvereinbarung getroffen:

---

[257] „Bei Abschluss einer Honorarvereinbarung hat die Ärztin bzw. der Arzt auf die Einkommens- und Vermögensverhältnisse des Zahlungspflichtigen Rücksicht zu nehmen". § 12 Abs. 1 Muster-Berufsordnung in der Fassung der Beschlüsse des 114. Deutschen Ärztetages 2011 in Kiel.
[258] Kein Verstoß gegen die guten Sitten, § 138 BGB.

Wenning

Folgende Leistungen werden mit dem vereinbarten Betrag berechnet:

GOÄ – Nr.	Bezeichnung	vereinbarter Steigerungssatz	vereinbarter Betrag in Euro
....	....	....	....
....	....	....	....
....	....	....	....
....	....	....	....
....	....	....	....

Eine Erstattung der Vergütung durch Erstattungsstellen ist möglicherweise nicht in vollem Umfang gewährleistet.

Musterdorf, den ....

10. Abrechnung eines Hausbesuches – Wegegeld und Reiseentschädigung

Die Leistungslegenden der GOÄ zielen auf eine Leistungserbringung in den Räumlichkeiten einer Klinik oder Praxis. Bei einem Besuch entstehen dem Arzt demgegenüber höhere Aufwendungen, die so genannten Mehrkosten. Diese Mehrkosten entstehen durch Aufwendungen für den Weg zum Patienten (§ 8 Wegegeld oder § 9 Reiseentschädigung) sowie die Fahrzeit. **588**

a) Wegegeld. Für die Berechnung von Wegegeld sind ein Besuch nach GOÄ 50/51 **589** oder die Durchführung einer Leichenschau nach GOÄ 100 Voraussetzung. Die GOÄ berücksichtigt nicht die tatsächlich gefahrenen Kilometer, sondern die Entfernung (Luftlinie) zwischen der Praxis beziehungsweise dem Wohnsitz des Arztes. Die GOÄ spricht vom „Radius um die Praxisstelle des Arztes", an dessen Stelle auch der Radius um die Wohnung des Arztes treten kann (§ 8 Abs. 2 GOÄ). Das Wegegeld wird in vier gestaffelten Pauschalen bis zu einer Entfernung von 25 km berücksichtigt, über 25 km fällt eine Reiseentschädigung (§ 9 GOÄ) an:
– bis zu zwei Kilometern 3,58 EUR, bei Nacht (zwischen 20 und 8 Uhr) 7,16 EUR,
– mehr als zwei Kilometern bis zu fünf Kilometern 6,65 EUR, bei Nacht 10,23 EUR
– mehr als fünf Kilometern bis zu zehn Kilometern 10,23 EUR, bei Nacht 15,34 EUR
– mehr als zehn Kilometern bis zu 25 Kilometern 15,34, EUR bei Nacht 25,56 EUR.

Das Aufsuchen einer regelmäßigen Arbeitsstätte gilt nicht als Besuch, daher können **590** Krankenhausärzte ihre Anfahrt zum Krankenhaus nicht als Besuch mit zusätzlicher Berechnung von Wegegeld geltend machen. Dies gilt auch, wenn sie zum Beispiel am Wochenende zu einem Notfall ins Krankenhaus gerufen werden oder an verschiedenen Krankenhausstandorten tätig sind. Ausdrücklich besagt die Allgemeine Bestimmung Nummer 6 des Kapitels „B Grundleistungen und allgemeine Leistungen": „Besuchsgebühren nach den Nummern 48, 50 und/oder 51 sind für Besuche von Krankenhaus- und Belegärzten im Krankenhaus nicht berechnungsfähig."

Beim Besuch mehrerer Patienten kann das Wegegeld dann nicht mehrfach berechnet wer- **591** den, wenn sich diese Patienten in „derselben häuslichen Gemeinschaft" (§ 8 Abs. 3 GOÄ) – im gleichen Haus – oder einem Alten- oder Pflegeheim befinden. Beim Besuch mehrerer Patienten, typischerweise in einem Altenheim, ist das Wegegeld einem einzelnen Patienten nur anteilig zu berechnen. Die Berechnung des vollständigen Wegegeldes bei allen untersuchten Patienten ist ein klassischer Fall von Abrechnungsbetrug und war bereits mehrfach Gegenstand staatsanwaltschaftlicher Ermittlungen (Umgehung einer honorarbegrenzenden Regelung). Umgekehrt gilt aber: Leben Patienten nicht im gleichen Haus, kann das Wegegeld mehrfach berechnet werden, auch wenn diese Patienten zum Beispiel Nachbarn sind und der tatsächliche zusätzliche Aufwand für einen weiteren Besuch sehr gering ist.

b) Reiseentschädigung. Eine Reiseentschädigung nach § 9 GOÄ besteht aus drei **592** möglichen Komponenten

- Die Entschädigung von 26 Cent je gefahrenen Kilometer für die Benutzung eines eigenen Pkw oder eines anderen Transportmittels. Dabei handelt es sich anders als beim Wegegeld nicht um eine Pauschale, sondern um eine kilometerabhängige Entschädigung.
- Die versäumte Zeit wird über zwei Aufwandspauschalen entschädigt: Bei Abwesenheit bis zu 8 Stunden 51,13 EUR, bei Abwesenheit von mehr als 8 Stunden 102,26 EUR je Tag. Die „krummen" Beträge erklären sich aus der Umrechnung von D-Mark in Euro (ursprünglich: 100 DM/200 DM).
- Einer Entschädigung für die tatsächlich entstandenen Übernachtungskosten.

593   Ebenso wie das Wegegeld ist die Reiseentschädigung beim Besuch mehrerer Patienten in einem Haus/einem Heim unabhängig vom Versicherungsstatus nur anteilig berechenbar.

VI. Zahnärztliche Vergütung

1. Sonderregelungen im Vertragszahnarztrecht

594   Zwischen der vertragsärztlichen und vertragszahnärztlichen Versorgung existieren eine Vielzahl von grundsätzlichen Unterschieden, die im Folgenden dargestellt werden. So gibt es in der Zahn-, Mund- und Kieferheilkunde für eine Befundsituation meist **mehrere wissenschaftlich abgesicherte Therapiealternativen,** die zum Teil deutlich über die funktional notwendige Grundversorgung hinausgehen.

595   Für den Patienten sind diese mit unterschiedlichen Behandlungskosten und Unterschieden in Ästhetik und Tragekomfort verbunden. Die über die Grundversorgung hinausgehenden Mehrkosten hat der Patient selbst zu tragen. Im Bereich Prothetik ist die Leistungserbringung von einer **vorherigen Therapieplanung,** gegebenenfalls einer gutachterlichen Prüfung und Genehmigung durch die Krankenkasse abhängig. Dies setzt voraus, dass es sich nicht um akut indizierte, sondern vorab planbare Leistungen handelt.

596   **a) Festzuschusssystem für Zahnersatz.** Mit dem Gesetz zur Modernisierung der gesetzlichen Krankenversicherung[259] wurde zum 1. Januar 2004 wieder ein Festzuschusssystem für Zahnersatz eingeführt.[260] Die vorherige prozentuale Eigenbeteiligung der Versicherten an den Behandlungskosten bei Zahnersatz und Zahnkronen wurde zum 1. Januar 2005 in den §§ 55 bis 57, § 87 Abs. 1a SGB V durch ein **System befundorientierter Festzuschüsse** ersetzt. Bis dahin hatte der Versicherte einen Anspruch gegenüber der Krankenkasse auf Leistung eines prozentualen Zuschusses zur medizinisch notwendigen Versorgung mit Zahnersatz und Zahnkronen. Den von der Krankenkasse zu tragenden prozentualen Anteil rechnete der Vertragszahnarzt nach Abschluss der Behandlung über die zuständige Kassenzahnärztliche Vereinigung s. o. Allgemeiner Teil A, Rn. 27 ff. ab. Für den vom Versicherten zu tragenden Anteil erfolgte eine Abrechnung unmittelbar gegenüber dem Patienten beziehungsweise Versicherten. Nunmehr hat der Versicherte einen Anspruch auf einen Festzuschuss bei Berücksichtigung der Kriterien der §§ 135 Abs. 1, 56 SGB V. Die Höhe des Zuschusses richtet sich nicht mehr nach den tatsächlich angefallenen Behandlungskosten für die gewählte Versorgung, sondern nach den abstrakt berechneten durchschnittlichen Kosten der beim jeweiligen Befund erforderlichen Regelversorgung mit Zahnersatz.

597   **aa) Anspruch auf befundbezogene Festzuschüsse.** Die §§ 55 bis 57, 87 Abs. 1a SGB V sehen vor, dass Versicherte Anspruch auf befundbezogene Festzuschüsse bei einer **medizinisch notwendigen Versorgung** mit Zahnersatz einschließlich Zahnkronen und Suprakonstruktionen in den Fällen haben, in denen eine zahnprothetische Versorgung notwendig ist und die geplante Versorgung einer Methode entspricht, die nach § 135 Abs. 1 SGB V anerkannt ist. Die Höhe der Festzuschüsse orientiert sich grundsätzlich an

---

[259] BGBl. I 2190.
[260] Bisher § 30 SGB V; *Boecken* VSSR 2005, 1; *Plagemann* GesR 2006, 488.

50% der Kosten, wenn der Versicherte in den letzten 5 beziehungsweise 10 Jahren die Mundgesundheitsuntersuchungen in Anspruch genommen hat. Der Zuschuss erhöht sich also bei Vorliegen bestimmter subjektiver Voraussetzungen in der Person des Versicherten.

bb) Härtefälle. Die Bestimmungen zur zusätzlichen teilweisen oder vollständigen **598** Übernahme der Behandlungskosten in **Härtefällen** wurden beibehalten. In diesem Fall ist gemäß § 55 Abs. 2 Satz 1 SGB V der Zuschussbetrag grundsätzlich auf das Doppelte des Festzuschusses beschränkt. Dabei wird unterstellt, dass jedenfalls durch die Auszahlung des doppelten Festzuschusses eine vollständige Übernahme der Kosten der jeweiligen Regelversorgung erreicht wird.[261]

Der Anspruch des Versicherten ist gemäß § 55 Abs. 2 Satz 1 SGB V einerseits an die **599** Höhe der **tatsächlich entstandenen Kosten** anzupassen und andererseits durch die Höhe der nach § 57 Abs. 1 und 2 SGB V **abrechnungsfähigen Kosten** begrenzt. Sein Gesamtanspruch ist daher auch in Härtefällen auf diejenigen Vergütungen begrenzt, die für zahnärztliche und zahntechnische Leistungen bei **Regelversorgungen** abrechnungsfähig sind (§ 55 Abs. 2 SGB V). Diese Leistungen werden vom Gemeinsamen Bundesausschuss gemäß § 56 Abs. 2 Satz 3 SGB V nach dem allgemein anerkannten Stand der zahnmedizinischen Erkenntnisse zu einer ausreichenden, zweckmäßigen und wirtschaftlichen Versorgung mit Zahnersatz festgelegt. Soweit im Einzelfall für Regelversorgungen zusätzliche Leistungen medizinisch erforderlich sind, die jedoch der Gemeinsame Bundesausschuss in seinen Festsetzungen nicht berücksichtigt hat, kann es zu finanziellen Belastungen des Versicherten auch in Härtefällen kommen. Die gemäß § 57 Abs. 2 SGB V regional in unterschiedlicher Höhe zu vereinbarenden **Vergütungen für zahntechnische Leistungen** können selbst bei Gewährung eines doppelten Festzuschusses zu einem finanziellen Anteil des Versicherten in Härtefällen führen. Der Gemeinsame Bundesausschuss hat daher in einer Protokollnotiz zu den **Festzuschussrichtlinien**[262] vom 14. 7. 2004 unter Bezugnahme auf ein Schreiben des Bundesministeriums für Gesundheit und Soziale Sicherung (heute Bundesministerium für Gesundheit) vom 21. 6. 2004 erklärt, das sie mit der darin beschriebenen Verfahrensweise übereinstimmen, wonach der Härtefallversicherte Anspruch auf eine vollständige Kostenübernahme hat, sofern er die Regelversorgung in Anspruch nimmt.

cc) Gleichartige und andersartige Versorgungen. Der Anspruch auf einen Festzu- **600** schuss gemäß § 55 Abs. 1 SGB V steht dem Versicherten dann zu, wenn er sich bei einem vorgegebenen Befund für eine dafür vorgesehene **Regelversorgung** entscheidet. Dies gilt gemäß § 55 Abs. 4 SGB V auch dann, wenn der Versicherte einen über die Regelversorgung hinausgehenden gleichartigen Zahnersatz wählt. Von einem **gleichartigen Zahnersatz** wird gesprochen, wenn dieser die Regelversorgung umfasst, jedoch darüber hinausgehend zusätzliche Versorgungselemente aufweist.[263] In diesem Fall hat er die Mehrkosten der über die Regelversorgung hinausgehenden Versorgungen selbst zu tragen.

Nach § 55 Abs. 5 SGB V haben die Krankenkassen außerdem eine Erstattung in den **601** Fällen vorzunehmen, in denen eine von der Regelversorgung nach § 56 Abs. 2 SGB V abweichende, **andersartige Versorgung** durchgeführt wird. Eine andersartige Versorgung im Sinne dieser Regelung liegt dann vor, wenn eine andere Versorgungsform als diejenige, die in der Festzuschuss-Richtlinie als Regelversorgung festgelegt worden ist, gewählt wird.[264] Für eine andersartige Versorgung ist ein **Wechsel der Versorgungsform** kennzeichnend.[265] Ein solcher ist etwa gegeben, wenn der Gemeinsame Bundesausschuss als

---

[261] BT-Drs. 15/1525, 92; BVerfG NSZ 2004, 650.

[262] Vom 9. 11. 2004, BAnz 2004, Nr. 242, 24 463; letzte Änderung vom 20. 5. 2010, BAnz. Nr. 104 vom 15. 7. 2010, 2450, in Kraft getreten am 16. 7. 2010.

[263] BT-Drs. 15/1525, 92 zum Begriff der gleichartigen Versorgung; auch: Zahnersatz-Richtlinie unter B. Nr. 5 Abs. 1 Satz 2.

[264] Zahnersatz-Richtlinie unter B. Nr. 5 Abs. 2 Satz 2.

[265] Siehe *Axer* NZS 2006, 225 (226).

Regelversorgung eine Modellgussprothese festgelegt hat, jedoch von dem Versicherten eine Brückenversorgung gewählt wird.[266] Der Versicherte hat danach keinen Anspruch mehr auf eine bestimmte vertragszahnärztliche Leistung beim Zahnersatz, sondern lediglich auf die Auszahlung des jeweiligen Festzuschusses, der ihm grundsätzlich unabhängig davon zusteht, für welche konkrete Versorgungsform er sich entschieden hat.[267] In diesem Fall wird die vom Zahnarzt erbrachte Leistung als **Privatleistung** nach der GOZ direkt gegenüber dem Versicherten abgerechnet.[268]

602   Es ist damit alleine Sache des Patienten zu entscheiden, welche Versorgung er wählt.[269] Damit soll gewährleistet werden, dass er unabhängig von der tatsächlich durchgeführten Versorgung einen Festzuschuss erhält, der sich auf die vom Gemeinsamen Bundesausschuss **festgelegten Befunde** bezieht. So wird sichergestellt, dass der Versicherte sich für jede medizinisch anerkannte Versorgungsform entscheiden kann, ohne den **Anspruch auf den Kassenzuschuss** zu verlieren.[270] Dem BEMA-Z kommt nur noch die Funktion einer Berechnungsbasis für die Festzuschüsse gemäß §§ 56, 57 SGB V und einer Berechnungsbasis für den Vertragszahnarzt gemäß § 87 Abs. 1a Satz 1 SGB V zu.[271]

603   **dd) Höhe der Festzuschüsse.** Die **Höhe der Festzuschüsse** orientiert sich an den Kosten für die zahnärztlichen und zahntechnischen Leistungen der nach § 56 SGB V vom Gemeinsamen Bundesausschuss in Richtlinien zu bestimmenden Befunde. Diesem obliegt auch die Zuordnung der zahnprothetischen Regelversorgung zum jeweiligen Befund. Der Gemeinsame Bundesausschuss hat die Befunde nach § 56 Abs. 2 Satz 1 SGB V auf der Grundlage einer **international anerkannten Klassifikation des Lückengebisses** zu bestimmen und die Festlegung der Regelversorgungen an den zahnmedizinisch notwendigen zahnärztlichen und zahntechnischen Leistungen zu orientieren. Das sind solche Leistungen, die zu einer ausreichenden, zweckmäßigen und wirtschaftlichen Versorgung nach dem **allgemein anerkannten Stand der zahnmedizinischen Erkenntnisse** gehören (§ 56 Abs. 2 Satz 3 SGB V). Der Gemeinsame Bundesausschuss hat Versorgungsformen zu definieren, die auch unter Berücksichtigung unter anderem der Funktionsdauer eine ausreichende, zweckmäßige und wirtschaftliche Versorgung sicherstellen. Die Kompetenz über die konkrete Ausgestaltung der Leistungsbeschreibungen einschließlich deren Bewertung ist jedoch ausschließlich den **Bewertungsausschüssen** vorbehalten.[272] Das ergibt sich bereits aus der Bestimmung des § 56 Abs. 2 Satz 10 SGB V, wonach bei der Festlegung der Regelversorgung jeweils die einzelnen Leistungen nach den §§ 87 Abs. 2 und 88 Abs. 1 SGB V getrennt aufzulisten sind. Grundlage der festzulegenden Regelversorgung können daher jedenfalls hinsichtlich zahnärztlicher Leistungen nur solche sein, die gemäß § 87 Abs. 2 SGB V Bestandteil des Bewertungsmaßstabes für zahnärztliche Leistungen sind.[273]

604   **ee) Abgrenzung der Normsetzungskompetenzen des Gemeinsamen Bundesausschusses und des Bewertungsausschusses.** Sowohl der **Gemeinsame Bundesausschuss** als auch der **Bewertungsausschuss** können als Gremien auf der Grundlage öffentlich-rechtlicher Aufgabenzuweisungen (§§ 87 ff. SGB V hinsichtlich der Bewertungsausschüsse beziehungsweise §§ 91 ff. SGB V hinsichtlich des Gemeinsamen Bundesausschusses) und damit auch nur im Rahmen der jeweils gesetzlich übertragenen Kompetenzen tätig werden. Dabei stellen sowohl die Richtlinien des Gemeinsames Bundesausschusses als

---

[266] Vgl. Gesetzesbegründung BT-Drs. 15/1525, 92.

[267] BT-Drs. 15/1525, 91 f.

[268] Schnapp/Wigge/*Muschallik,* Handbuch des Vertragsarztrechts, 2. Aufl. 2006, § 22 Rn. 19, zur Abrechnung im Rahmen des Festzuschusssystems differenziert nach den unterschiedlichen Versorgungsformen vgl. *Axer* NZS 2006, 225 (226).

[269] Vgl. OLG Oldenburg ArztR 2008, 306.

[270] BT-Drs. 15/1525, 91 ff.

[271] Wenzel/*Muschallik,* Handbuch des Fachanwalts Medizinrecht, 2012 Kapitel 3 C Rn. 113.

[272] BSGE 79, 239 (245).

[273] Vgl. BT-Drucks. 15/25 vom 8. 9. 2003, 93.

auch die Bewertungsmaßstäbe nach ständiger Rechtsprechung des BSG[274] **allgemein verbindliche Rechtsnormen** dar.

Die Kompetenzbereiche sind vom Gesetzgeber hinsichtlich einer Bewertung der Wirtschaftlichkeit einzelner Leistungen nicht klar voneinander abgegrenzt worden. So hat der Gemeinsame Bundesausschuss gemäß § 92 Abs. 1 Satz 1 SGB V **Richtlinien** über die Gewähr für eine ausreichende, zweckmäßige und wirtschaftliche Versorgung der Versicherten zu beschließen. Er kann dabei auch die Erbringung von Leistungen ausschließen, wenn nach allgemein anerkanntem Stand der medizinischen Erkenntnisse der diagnostische oder therapeutische Nutzen, die medizinische Notwendigkeit oder die Wirtschaftlichkeit nicht nachgewiesen sind. Diese Kompetenz wird auch in § 135 Abs. 1 SGB V angesprochen. Danach können **neue Untersuchungs- und Behandlungsmethoden** einerseits nur dann zu Lasten der gesetzlichen Krankenkassen erbracht werden, wenn der Gemeinsame Bundesausschuss eine **Anerkennung unter anderem auch der Wirtschaftlichkeit der neuen Methode** vorgenommen hat. Gemäß § 135 Abs. 1 Satz 2 SGB V hat der Gemeinsame Bundesausschuss die zu Lasten der Krankenkassen erbrachten vertragszahnärztlichen Leistungen auch daraufhin zu überprüfen, ob sie diesen Kriterien entsprechen. Ist dies nicht mehr der Fall, dürfen diese Leistungen gemäß § 135 Abs. 1 Satz 3 SGB V nicht mehr als vertragszahnärztliche Leistungen zu Lasten der Krankenkassen erbracht werden.

605

Andererseits ist in § 87 Abs. 2 Satz 1 SGB V bestimmt, dass der Inhalt der abrechnungsfähigen Leistungen und ihr wertmäßiges, in Punkten ausgedrücktes Verhältnis zueinander von den Bewertungsausschüssen im **einheitlichen Bewertungsmaßstab** zu bestimmen ist. Auch die Bewertungsmaßstäbe sind gemäß § 87 Abs. 2 Satz 2 SGB V in bestimmten Zeitabständen daraufhin zu überprüfen, ob die Leistungsbeschreibungen und ihre Bewertungen noch dem Stand der medizinischen Wissenschaft und Technik sowie dem Erfordernis der Rationalisierung im Rahmen wirtschaftlicher Leistungserbringung entsprechen.

606

Beiden Gremien kommt nach der ständigen Rechtsprechung des BSG dabei ein erheblicher **Wertungs- und Gestaltungsspielraum** zu, der von den Gerichten nur eingeschränkt überprüft werden kann. Eine solche Überprüfung kann nur darauf erfolgen, ob die maßgeblichen Verfahrens- und Formvorschriften beachtet worden sind, sich die untergesetzliche Norm auf eine ausreichende Ermächtigungsgrundlage stützt und ob die Grenzen des jeweiligen Gestaltungsspielraumes eingehalten wurden.[275] Insbesondere bei Beschlussfassungen der Bewertungsausschüsse ist zudem eine Überprüfung darauf vorzunehmen, dass keine missbräuchlichen, das heißt von sachfremden Erwägungen getragene, gleichheitswidrige oder bestimmten Arztgruppen Vergütungen für Leistungen zuweisende Beschlussfassungen erfolgen, die auch von anderen Arztgruppen erbracht werden oder erbracht werden können.[276] Das gilt auch dann, wenn den Norminhalten Tatsachenfeststellungen zugrunde liegen, sofern sie ebenfalls Wertungen, zum Beispiel hinsichtlich der Frage, welche Kosten in welchem Umfang der vertragsärztlichen Tätigkeit zuzuordnen sind, enthalten. Der Normgeber muss sich dabei insbesondere innerhalb des Spektrums der verschiedenen, ihm vorliegenden Erhebungsergebnisse hinsichtlich der Kostensätze in der vertragsärztlichen Praxis bewegen und er muss dabei den Bedingungen **rationaler Abwägung** genügen.[277] Der Bewertungsausschuss muss in diesem Zusammenhang ferner berücksichtigen, dass dem Bewertungsmaßstab nicht bloß die Funktion eines Leistungs- und Bewertungsverzeichnisses zukommt, sondern dass damit im Ergebnis auch die **Höhe der Gesamtvergütungen** beeinflusst wird. Der Bewertungsmaßstab stellt ein wesentliches und unverzichtbares **Steuerungselement** innerhalb der GKV dar, so dass der Bewertungsaus-

607

---

[274] Vgl. zu den Richtlinien des Gemeinsamen Bundesausschusses BSGE 66,163; 67, 36; 67, 256; 78, 70; zu den Bewertungsmaßstäben BSGE 71, 42; 78, 70; 81, 86; 84, 247.

[275] Vgl. BSGE 96, 261; 100, 254; 103, 106.

[276] BSGE 88, 126; BSG SozR 4 2500 § 87 Nr. 6; BSG NZS 2008, 550.

[277] BSGE 89, 259; BSG vom 23. 5. 2007 – B 6 KA 27/06 R.

schuss über eine Definition und Bewertung ärztlicher Verrichtungen auch eine Steuerung des Leistungsverhaltens bewirken kann.[278]

608 Die **Normsetzungskompetenzen** der Gremien stehen in einem sich ergänzenden Stufenverhältnis zueinander. Die **Richtlinien des Gemeinsamen Bundesausschusses** sind insofern **vorrangig,** als die Bewertungsausschüsse keine Leistungen in den Bereich der vertragszahnärztlichen Versorgung aufnehmen können, die nicht in Richtlinien des Gemeinsamen Bundesausschusses gemäß § 92 Abs. 1 SGB V vorgesehen beziehungsweise von ihm nach § 135 Abs. 1 SGB V ausdrücklich anerkannt sind. Andererseits sind die Bewertungsausschüsse in diesem Fall nicht rechtlich verpflichtet, bestimmte Leistungsbeschreibungen mit bestimmten Vergütungen in die Bewertungsmaßstäbe aufzunehmen.[279] Das folgt bereits aus der ihnen zustehenden **Steuerungsfunktion.** Da die Kompetenzen zur inhaltlichen Ausgestaltung der vertragszahnärztlichen Leistungen in § 87 Abs. 2 SGB V ausdrücklich den Bewertungsausschüssen zugewiesen worden sind, kommt eine Festlegung in Richtlinien des Gemeinsamen Bundesausschusses nicht in Betracht. Möglich ist lediglich eine **indirekte Beeinflussung** der Inhalte der Bewertungsmaßstäbe durch den Gemeinsamen Bundesausschuss, indem er bestimmte Leistungen grundsätzlich in Richtlinien gemäß § 92 Abs. 1 SGB V oder Beschlüssen nach § 135 Abs. 1 SGB V dem Bereich der vertragszahnärztlichen Versorgung zuweist beziehungsweise aus diesem aussondert. Auch in diesen Fällen verbleibt aber die Kompetenz über die konkrete Ausgestaltung der Leistungsbeschreibungen einschließlich deren Bewertung ausschließlich den Bewertungsausschüssen vorbehalten.[280]

609 **ff) Bestimmung der Festzuschussbefunde und deren Fortentwicklung.** Das gilt grundsätzlich **auch für den Bereich des Festzuschusssystems,** auch wenn eine Beteiligung der Bewertungsausschüsse gesetzlich nicht vorgesehen ist. Gemäß § 56 SGB V hat allein der Gemeinsame Bundesausschuss die Festzuschussbefunde sowie die diesen zuzuordnenden prothetischen Regelversorgungen zu bestimmen. Nach Maßgabe von § 56 Abs. 2 Satz 3 und 4 SGB V hat sich der Gemeinsame Bundesausschuss am **allgemein anerkannten Stand der zahnmedizinischen Erkenntnisse** zu orientieren und Versorgungsformen zu definieren, die auch unter Berücksichtigung unter anderem der Funktionsdauer eine **ausreichende, zweckmäßige und wirtschaftliche Versorgung** sicherstellen. Der Gemeinsame Bundesausschuss kann aber nicht in die Normsetzungskompetenzen der Bewertungsausschüsse eingreifen. Das ergibt sich bereits aus der weiteren Bestimmung in § 56 Abs. 2 Satz 10 SGB V, wonach bei der Festlegung der Regelversorgung jeweils die einzelnen Leistungen nach §§ 87 Abs. 2 und 88 Abs. 1 SGB V getrennt aufzulisten sind. Grundlage der festzulegenden Regelversorgungen können hinsichtlich zahnärztlicher Leistungen nur solche sein, die gemäß § 87 Abs. 2 SGB V **Bestandteil des Bewertungsmaßstabes für zahnärztliche Leistungen** sind. In der Begründung zum GMG[281] wird dies auch nochmals ausdrücklich angesprochen. In diesem Zusammenhang wird auch ausgeführt, dass die Auflistung der erforderlichen BEMA-Leistungen deshalb erforderlich sei, um insbesondere sicherzustellen, dass in **Härtefällen eine vollständige Kostenübernahme** für eine bei dem entsprechenden Befund akzeptable Regelversorgung möglich ist. Im Rahmen der vorliegenden Überprüfung der Regelversorgungen gemäß § 56 Abs. 2 Satz 11 SGB V ist der Gemeinsame Bundesausschuss auf diejenigen Leistungen beschränkt, die im BEMA-Z vorgesehen sind.

610 Dem Gemeinsamen Bundesausschuss werden **keine weitergehenden Normsetzungsbefugnisse eingeräumt.** Im Rahmen des Festzuschusssystems ist der Gemeinsame Bundesausschuss **nicht zur Festlegung von Preisen für zahnärztliche Leistungen** innerhalb der GKV berechtigt. Das Gesetz zur Modernisierung der gesetzlichen Krankenversicherung[282] beinhaltete in § 56 Abs. 2 Satz 5 bis 8 SGB V einschränkende Regelungen, die die seinerzeiti-

---

[278] BSGE 78, 98.
[279] BSGE 79, 239; BSG vom 16. 5. 2001 – B 6 KA 47/00 R.
[280] BSGE 79, 239 (245).
[281] BT-Drs. 15/1525 vom 8. 9. 2003.
[282] BGBl. I 2190.

gen Leistungsgrenzen des § 30 Abs. 1 SGB V übernahmen und zusätzlich festlegten, dass zumindest bei kleinen Lücken von festsitzendem Zahnersatz auszugehen ist. Von diesen Vorgaben kann der Gemeinsame Bundesausschuss gemäß § 56 Abs. 2 Satz 12 SGB V allerdings abweichen und die **Leistungsbeschreibung fortentwickeln.** Die **vom Gemeinsamen Bundesausschuss** zu bestimmenden Regelversorgungen müssen sich auch auf Suprakonstruktionen beziehen, die ebenfalls Gegenstand der Festzuschüsse sind.[283] Damit ist die Beschränkung des Leistungsanspruches bei Suprakonstruktionen auf besondere Ausnahmefälle in § 30 Abs. 1 Satz 5 SGB V a. F. entfallen und die Festzuschüsse können sich auf alle **Suprakonstruktionen beziehen,** sofern sie vom Gemeinsamen Bundesausschuss für bestimmte Befunde als Regelversorgungen anerkannt werden.

Soweit sich der Versicherte für eine Regelversorgung entscheidet, ist er auf solche Versorgungsformen beschränkt, die gemäß § 135 Abs. 1 SGB V vom Gemeinsamen Bundesausschuss anerkannt worden sind.[284] Nach der Definition der zahnmedizinischen Befunde und der entsprechenden zahnprothetischen Regelversorgung hat der Gemeinsame Bundesausschuss in einem weiteren Schritt eine Auflistung der hierfür erforderlichen zahnärztlichen und zahntechnischen Leistungen vorzunehmen.[285] Zu diesen aufgelisteten Leistungen haben die Bundesmantelvertragspartner hinsichtlich der zahnärztlichen Leistungen, beziehungsweise die Landesvertragspartner für zahntechnische Leistungen Vergütungen zu vereinbaren, deren Gesamtsumme für die jeweilige Regelversorgung die Grundlage für die **Festlegung der Zuschusshöhe** bildet.[286] Der Gemeinsame Bundesausschuss hat diese Festsetzungen sowie die Höhe der gestaffelten Festzuschüsse gemäß § 56 Abs. 4 SGB V jeweils bis zum 30. 11. eines Kalenderjahres im Bundesanzeiger bekannt zu machen.[287] Auf der Grundlage der Beschlüsse des Gemeinsamen Bundesausschusses zur Festlegung der Befunde und der Regelversorgungen sowie der hierfür erforderlichen Leistungen haben die Bundesmantelvertragspartner gemäß § 57 Abs. 1 SGB V unter Zugrundelegung der Leistungsbeschreibungen und der Punktzahlen des Einheitlichen Bewertungsmaßstabes **bundeseinheitliche Vergütungen** zu vereinbaren.

Bei der erstmaligen Vereinbarung war von den Leistungsbeschreibungen und Punktwerten im einheitlichen Bewertungsmaßstab gemäß § 87 SGB V auszugehen.[288] Grundlage war ein **bundeseinheitlicher durchschnittlicher Punktwert** für das Jahr 2004, gewichtet nach der Zahl der Versicherten. Dieser durchschnittliche Punktwert des Jahres 2004 war für das Jahr 2005 von den Bundesmantelvertragspartnern unter Anwendung der **durchschnittlichen Veränderungsrate der beitragspflichtigen Einnahmen** aller Mitglieder der Krankenkassen gemäß § 71 Abs. 3 SGB V für das Jahr 2005 fortzuschreiben. Aus der Multiplikation des so bestimmten bundeseinheitlichen Punktwertes für das Jahr 2005 mit den Punktzahlen derjenigen zahnärztlichen Leistungen, die vom Gemeinsamen Bundesausschuss für die Regelversorgung aufgelistet worden sind, ergab sich ein Gesamtbetrag, der **zusammen mit den Beträgen für die zahntechnischen Leistungen** wiederum unter Anwendung der prozentualen Zuschussbeträge gemäß § 55 Abs. 1 SGB V jeweils einen Eurobetrag ergab, der den Festbetrag für den entsprechenden Befund beziehungsweise die hierfür festgelegte Regelversorgung bestimmt. Vor dem Hintergrund der Neuregelung durch das GKV-Versorgungsstrukturgesetz[289] in § 85 Abs. 3 SGB V, wonach dem Grund-

611

612

---

[283] § 56 Abs. 2 Satz 3 SGB V.

[284] BT-Drs. 15/1525, 92.

[285] § 56 Abs. 2 Satz 10 SGB V.

[286] § 57 Abs. 1 SGB V.

[287] Beschluss des Gemeinsamen Bundesausschusses vom 14. 7. 2004 und 3. 11. 2004 zu den sogenannten Festzuschussrichtlinien, veröffentlicht im BAnz. Nr. 242, 24 463; zuletzt geändert am 22. 11. 2012, BAnz. AT 17. 12. 2012 B 3, gültig ab 1. 1. 2013; Beschluss des Gemeinsamen Bundesausschusses vom 7. 11. 2007 zur Änderung der Zahnersatzrichtlinien, BAnz. 2007, Nr. 241, 8383; gültig ab 1. 1. 2008.

[288] BT-Drs. 15/1525, 93.

[289] GKK-VStG vom 22. 11. 2011; BGBl. I, 2983.

satz der Beitragssatzstabilität kein absoluter Vorrang mehr gegenüber den übrigen Bemessungsparametern zukommt, ist im Rahmen von § 57 Abs. 1 SGB V eine Anhebung des Punktwertes oberhalb der Grundlohnsummenentwicklung möglich.

613 **gg) Zahntechnische Leistungen.** Zu allen für den entsprechenden Befund vom Gemeinsamen Bundesausschuss festgesetzten **zahntechnischen Leistungen** werden die Vergütungen gemäß § 57 Abs. 2 SGB V demgegenüber weiterhin **auf Landesebene** vereinbart. Dabei ist zwar auch vom bundeseinheitlich durchschnittlichen Preisen auszugehen, diese können jedoch regional um bis zu 5% unter- beziehungsweise überschritten werden. Ungeachtet dieser unterschiedlichen Vergütungsregelungen ist davon auszugehen, dass der Gemeinsame Bundesausschuss auch insofern **bundeseinheitliche Festzuschüsse** zu bestimmen hat. Die Festzuschüsse beziehen sich gemäß § 55 Abs. 1 Satz 1 SGB V ausschließlich auf Regelversorgungen, die einer Methode entsprechen müssen, die nach § 135 Abs. 1 SGB V anerkannt ist. Diese Begrenzung gilt allerdings nur für Fallgestaltungen, in denen der Versicherte tatsächlich eine Regelversorgung in Anspruch nimmt.

614 Soweit er aber eine gleichartige beziehungsweise andersartige Versorgungen im Sinne von § 55 Abs. 4 und 5 SGB V wählt, ist er nicht auf vom Gemeinsamen Bundesausschuss anerkannte Methoden beschränkt. Nach der gesetzlichen Begründung[290] zu dieser Norm dürften die Krankenkassen allerdings **für nicht nach § 135 Abs. 1 SGB V anerkannte Versorgungsformen keine Festzuschüsse** gewähren. Bei **gleichartigen Versorgungsformen** werden Festzuschüsse nur für Regelversorgungen gewährt und der Versicherte hat lediglich darüber hinausgehende Leistungen selbst zu tragen, die vom Vertragszahnarzt als privatrechtliche Leistungen abzurechnen sind und die daher von vornherein nicht den Anforderungen des § 135 Abs. 1 SGB V unterfallen. Dies gilt entsprechend **auch für andersartige Versorgungsformen** im Sinne von § 55 Abs. 5 SGB V, die vollständig als Privatleistung zu erbringen sind und für die die Krankenkassen keine Festzuschüsse gewähren. In diesen Fällen hat der Versicherte einen **Erstattungsanspruch gegen seine Krankenkasse.** Eine Anerkennung der Methode durch den Gemeinsamen Bundesausschuss kommt bereits deshalb nicht in Betracht, weil sich diese nach § 135 Abs. 1 Satz 1 Nr. 1 SGB V lediglich auf Verfahren beziehen können, die innerhalb der gesetzlichen Krankenversicherung in Anspruch genommen werden. In der hierzu ergangenen Rechtsprechung des BSG[291] wird ausgeführt, der Gemeinsame Bundesausschuss habe sein Verfahren so zu gestalten, dass der Anspruch des Versicherten, grundsätzlich **auch neue medizinische Verfahren** innerhalb der gesetzlichen Krankenversicherung in Anspruch nehmen zu können, **zeitnah realisiert werden könne.** Nur soweit die Anwendung einer neuen Methode im Rahmen der gesetzlichen Krankenversicherung, also vorliegend im Rahmen der Regelversorgung in Frage steht, kommen daher überhaupt Entscheidungen des Gemeinsamen Bundesausschusses nach § 135 Abs. 2 SGB V in Betracht. Das ist jedoch bei Versorgungen nach § 55 Abs. 4 und 5 SGB V, die den Bereich der Regelversorgung überschreiten, eben nicht der Fall.

615 Fraglich ist in diesem Zusammenhang, ob es sich bei diesen Leistungen der Vertragszahnärzte um solche im Rahmen des **Sachleistungssystems** handelt oder ob die Festzuschüsse **Geldleistungen der Krankenkassen** darstellen. Nach der Systematik des Festzuschusssystems und insbesondere der Veränderung der Punktmengengrenzen in § 85 Abs. 4b SGB V, die sich auf alle vertragszahnärztlichen Leistungen im Sinne des § 73 Abs. 2 Nr. 2 SGB V beziehen, ist klargestellt, dass die Leistungen der Krankenkassen im Rahmen des Festzuschusssystems nicht mehr Gegenstand der Gesamtvergütungen sind und daher als **Geldleistungen außerhalb des Sachleistungsprinzips** erbracht werden.[292] Damit unterliegen diese Leistungen nicht der Degression nach § 85 Abs. 4b SGB V. Vgl. Rn. 532 ff.

---

[290] BT-Drs. 15/1525, 92.
[291] BSGE 81, 54; 86, 54; vgl. zur Neuregelung durch das GUV-VStG Rn. 509.
[292] Wenzel/*Muschallik*, Handbuch des Fachanwalts Medizinrecht, 2012, Kap. 3 C Rn. 114 ff.; Becker/ Kingreen/*Niggehoff* § 55 Rn 5.

Sowohl für zahnärztliche als auch für zahntechnische Leistungen bestimmt § 57 Abs. 1 **616**
Satz 5 beziehungsweise Abs. 2 Satz 6 SGB V, dass bei den Vergütungsvereinbarungen ab
dem Jahr 2006 § 71 Abs. 1 bis 3 SGB V anwendbar bleibt. Damit gilt weiterhin auch in
diesem Bereich der **Grundsatz der Beitragssatzstabilität,** dem nach der bisherigen ständigen Rechtsprechung des BSG[293] Vorrang gegenüber allen anderen Vergütungskriterien
zukommt. Eine Übertragung dieser Rechtsprechung auf das Festzuschusssystem ist aber
nicht möglich.[294] Eine feste Obergrenze kann von den Vertragsparteien nur hinsichtlich der
in ihrer Höhe grundsätzlich variablen Gesamtvergütungen vereinbart werden. Demgegenüber existieren im Festzuschusssystem bundeseinheitliche Vergütungen, die lediglich eine
Grundlage für den Geldanspruch des Versicherten gegenüber seiner Krankenkasse sind.
Der Versicherte hat unabhängig von der Wahl der Versorgungsform Anspruch auf den
Festzuschuss. **Ausgabensteigerungen der GKV** können daher nur durch ein gesteigertes
Inanspruchnahmeverhalten bzgl. zahnprothetischer Versorgungsformen durch die Versi-
cherten entstehen. Ausgabensteigerungen in Folge der Erbringung besonders aufwändiger
Leistungen beziehungsweise Versorgungsformen durch die Vertragszahnärzte sind ausge-
schlossen.

hh) Heil- und Kostenplan. Gemäß § 87 Abs. 1 a Satz 10 SGB V ist ein **Heil- und** **617**
Kostenplan für die Planung von Zahnersatzversorgungen im Bundesmantelvertrag zu vereinbaren:

---

[293] BSGE 86, 126; BSG vom 21. 3. 2005 – B 1 KR 16/04 B.
[294] *Boecken* VSSR 2005, 1.

618

Name der Krankenkasse		

Erklärung des Versicherten   Lfd.-Nr.

Name, Vorname des Versicherten

geb. am

Ich bin bei der genannten Krankenkasse versichert.
Ich bin über Art, Umfang und Kosten der Regel-,
der gleich- und andersartigen Versorgung aufgeklärt
worden und wünsche die Behandlung entsprechend
dieses Kostenplanes.

Datum/Unterschrift des Versicherten

Stempel des Zahnarztes

Kassen-Nr.   Versicherten-Nr.   Status

Vertragszahnarzt-Nr.   VK gültig bis   Datum

Heil- und Kostenplan

Hinweis an den Versicherten:
Bonusheft bitte zur Zuschussfestsetzung beifügen.

I. Befund des gesamten Gebisses/Behandlungsplan   TP = Therapieplanung   R = Regelversorgung   B = Befund

Art der Versorgung

TP
R
B

18	17	16	15	14	13	12	11	21	22	23	24	25	26	27	28
48	47	46	45	44	43	42	41	31	32	33	34	35	36	37	38

B
R
TP

Der Befund ist bei Wiederherstellungs-
maßnahmen nicht auszufüllen!

Bemerkungen (bei Wiederherstellung Art der Leistung)

II. Befunde für Festzuschüsse   IV. Zuschussfestsetzung

Befund Nr. 1   Zahn/Gebiet   2   Anz. 3   **Betrag** Euro   Ct

Unfall oder Unfallfolgen/
Berufskrankheit   Interimsversorgung   Unbrauchbare
Prothese/Brücke/Krone

Versorgungsleiden   Immediatversorgung   Alter ca.   Jahre   NEM

(Spalten 1-3 vom Zahnarzt auszufüllen)

Die Krankenkasse übernimmt die neben-
stehenden Festzuschüsse, höchstens
jedoch die tatsächlichen Kosten.
Voraussetzung ist, dass der Zahnersatz
innerhalb von 6 Monaten in der vorgesehenen Weise eingegliedert wird.

Erläuterungen
Befund (Kombinationen sind zulässig)

vorläufige Summe ▶

Nachträgliche Befunde:

Datum, Unterschrift
und Stempel der Krankenkasse
Hinweis:
% Vorsorge-Bonus ist bereits in den
Festzuschüssen enthalten.

Es liegt ein Härtefall vor.

Behandlungsplanung:

III. Kostenplanung   1 Fortsetzung   Anz.   1 Fortsetzung   Anz.

1 BEMA-Nrn.   Anz.

    Euro   Ct

2 Zahnärztliches Honorar BEMA:

3 Zahnärztliches Honorar GOZ:
(geschätzt)

4 Material- und Laborkosten:
(geschätzt)

5 Behandlungskosten insgesamt:
(geschätzt)

Datum/Unterschrift des Zahnarztes

Bei Handbeschriftung unbedingt in Blockschrift schreiben

V. Rechnungsbeträge (siehe Anlage)   Euro   Ct

		Euro	Ct
1	ZA-Honorar (BEMA siehe III)		
2	ZA-Honorar zusätzl. Leist. BEMA		
3	ZA-Honorar GOZ		
4	Mat.- und Lab.-Kosten Gewerbl.		
5	Mat.- und Lab.-Kosten Praxis		
6	Versandkosten Praxis		
7	Gesamtsumme		
8	Festzuschuss Kasse		
9	Versichertenanteil		

Gutachterlich befürwortet
☐ ja   ☐ nein   ☐ teilweise

Eingliederungs-
datum:

Herstellungsort bzw. Herstellungsland
des Zahnersatzes:

Der Zahnersatz wurde in der vorgesehenen
Weise eingegliedert.

Anschrift des Versicherten

Datum/Unterschrift und Stempel
des Gutachters

Datum/Unterschrift des Zahnarztes

---

619   Der Vertragszahnarzt hat diesen **vor Beginn der Behandlung** kostenfrei zu erstellen und muss den Befund, die Regelversorgung und die tatsächlich geplante Versorgung auch in den Fällen des § 55 Abs. 4 und 5 SGB V nach Art, Umfang und Kosten beinhalten. Nur bei **gleichartigen und andersartigen Versorgungsformen** sind im Heil- und Kostenplan **alternative Angaben** aufzunehmen. Es muss die Regelversorgung dargestellt werden und der Heil- und Kostenplan muss die tatsächlich geplante Versorgungsform sowie die hierfür geplanten Behandlungskosten beinhalten. § 87 Abs. 1 a Satz 3 SGB V fordert eine

Dokumentation der Versorgungsform nach Art, Umfang und Kosten. Er bezieht sich allerdings lediglich auf die **jeweils tatsächlich geplante Versorgung,** so dass in diesen Fällen nicht zwei vollständige alternative Heil- und Kostenpläne auch mit fiktiven Kostenberechnungen für eine tatsächlich nicht geplante Regelversorgung zu erstellen sind. Die Krankenkasse hat unabhängig von der geplanten tatsächlichen Versorgungsform und den damit verbundenen Kosten in jedem Fall lediglich den Festzuschuss für die Regelversorgung zu übernehmen.

Dieser Heil- und Kostenplan wird **vor Beginn der Behandlung** der jeweiligen Kran- **620** kenkasse zugeleitet, die ihn gemäß § 87 Abs. 1a Satz 5 SGB V insgesamt prüft und gegebenenfalls bewilligt. Anders als im bisherigen System prozentualer Zuschüsse hängt damit die Höhe des Kassenzuschusses nicht mehr von Art und Umfang der tatsächlich geplanten beziehungsweise durchgeführten Leistungen ab. Der Versicherte hat zudem grundsätzlich die **Wahl unter allen Versorgungsformen** nach näherer Maßgabe der §§ 55 ff. SGB V. Eine Begutachtung der Behandlungsplanung durch die Krankenkasse im Sinne einer vorweggenommenen Wirtschaftlichkeitsprüfung findet nicht mehr statt. Der Versicherte kann sich nämlich auch für besonders aufwändige oder unwirtschaftliche Versorgungsformen entscheiden, da die Krankenkasse lediglich die Festzuschüsse gewährt und der Versicherte hiermit verbundene zusätzliche Kosten selbst zu tragen hat. Die Krankenkasse prüft, ob der im Heil- und Kostenplan angegebene Befund auch tatsächlich vorliegt, so dass der **korrekte, befundbezogene Festzuschuss** ermittelt werden kann. Ferner wird ermittelt, ob tatsächlich eine **Versorgungsnotwendigkeit** beim Versicherten vorliegt und ob bei der **Planung einer Regelversorgung** im Sinne von § 55 Abs. 1 SGB V nur die hierfür vom Gemeinsamen Bundesausschuss gemäß § 56 Abs. 2 Satz 10 SGB V aufgelisteten Leistungen beziehungsweise bei der Planung **gleichartigen Zahnersatzes** gemäß § 55 Abs. 4 SGB V auch diese Leistungen vorgesehen sind.

ii) Abrechnung der Behandlungskosten. Die **Behandlungskosten** sind nach § 87 **621** Abs. 1a SGB V vom Vertragszahnarzt unmittelbar mit dem Versicherten abzurechnen. Über die Kassenzahnärztlichen Vereinigungen hat er nach § 87 Abs. 1a Satz 8 SGB V die von der Krankenkasse bewilligten Festzuschüsse abzurechnen. Die **Prüfungskompetenz der Kassenzahnärztlichen Vereinigungen** bezieht sich daher im Rahmen des § 106a Abs. 2 SGB V nur auf diese Abrechnungen und damit darauf, dass tatsächlich nur die im Heil- und Kostenplan von der Krankenkasse bewilligten Festzuschüsse abgerechnet worden sind.

Bei **andersartigen Versorgungen** im Sinne von § 55 Abs. 5 SGB V sind die gesamten **622** Behandlungskosten vom Vertragszahnarzt dem Versicherten gegenüber abzurechnen. Die Krankenkasse erstattet dem Versicherten den jeweiligen Festzuschuss.

Liegt ein Härtefall vor, bei dem der Versicherte Anspruch auf weitere Zuschüsse der **623** Krankenkasse hat und werden von den Vertragszahnärzten über die Kassenzahnärztlichen Vereinigungen tatsächliche Behandlungsleistungen abgerechnet, unterfallen diese auch der **Prüfungspflicht der Kassenzahnärztlichen Vereinigungen** gemäß § 106a Abs. 2 SGB V.[295]

Nach § 87 Abs. 1a Satz 4 SGB V sind im Heil- und Kostenplan Angaben zum **Herstel-** **624** **lungsort des Zahnersatzes** zu machen. Soweit solche Angaben bereits in der Planungsphase gefordert werden, kann es sich jedoch nur um die Angabe eines geplanten Herstellungsortes handeln, da zu diesem Zeitpunkt noch keine Festlegung des Zahnarztes auf ein bestimmtes zahntechnisches Labor gefordert werden kann.

b) Mehrkostenvereinbarungen in der Füllungstherapie. aa) Allgemeines. § 28 **625** SGB V definiert den Inhalt der ärztliche und der zahnärztlichen Behandlung. Nach § 28 Abs. 2 SGB V umfasst die zahnärztliche Behandlung die Tätigkeit des Zahnarztes, die zur **Verhütung, Früherkennung und Behandlung von Zahn-, Mund- und Kieferkrankheiten** nach den Regeln der zahnärztlichen Kunst ausreichend und zweckmäßig ist.

---

[295] *Axer* NZS 2006, 225.

Sie umfasst auch konservierend-chirurgische Leistungen und Röntgenleistungen, die im Zusammenhang mit Zahnersatz einschließlich Zahnkronen und Suprakonstruktionen erbracht werden.

626 **bb) Mehrkostenregelung für Füllungen.** In § 28 Abs. 2 Satz 2 bis 5 SGB V ist eine **Mehrkostenregelung** zu alternativer Formen der Zahnfüllungen vorgesehen.[296] Im Hinblick auf die in diesem Versorgungsbereich existierende Vielzahl **unterschiedlicher Versorgungsmöglichkeiten** (z.B. Füllungen mit Amalgam, Kunststoffen, Keramik und Goldfüllungen), die ganz unterschiedliche Aufwendungen und Kosten verursachen, hat der Versicherten die Wahlmöglichkeit, auch im Bereich der Füllungstherapie aufwendigere Versorgungsformen in Anspruch zu nehmen.[297] Der Hintergrund dafür war auch die in der Öffentlichkeit immer wieder aufflammende Diskussion über eine angebliche Toxizität des Füllungswerkstoffes **Amalgam.** Selbst das BSG[298] hat sich veranlasst gesehen, die Verwendung von Kunststoffen als Füllungsmaterial in die Nähe naturheilkundlicher Behandlungsformen zu rücken und in der Folge die Aufnahme bestimmter Kunststofffüllungen im Seitenzahnbereich in seltenen Ausnahmefällen in die Richtlinien des damaligen Bundesausschusses der Zahnärzte und Krankenkassen (heute: Gemeinsamer Bundesausschuss) zu bestätigen.

627 Nach den Inhalten der Begründung zum Entwurf eines Achten SGB V Änderungsgesetzes[299] ist dies immer dann der Fall, wenn der Versicherte eine über die vertragszahnärztlichen Richtlinien **hinausgehende Füllungsalternative** wählt, die nicht medizinisch indiziert und nach den Regeln der zahnärztlichen Kunst ausreichend und zweckmäßig ist. Es liegt eine medizinische Indikation vor. Gemeint ist damit, dass die verschiedenen Füllungsalternativen zur Erreichung des angestrebten Therapieziels unter medizinischen Gesichtspunkten eingesetzt werden können. Nicht jede dieser grundsätzlich medizinisch indizierten Füllungsalternativen ist aber bereits Bestandteil der vertragszahnärztlichen Versorgung und wird von den Krankenkassen den Versicherten **als Sachleistung** zur Verfügung gestellt. Bestandteil der vertragszahnärztlichen Versorgung sind nur solche medizinisch indizierten Füllungen, die gleichzeitig den Erfordernissen einer **ausreichenden, zweckmäßigen und wirtschaftlichen Behandlung** Rechnung tragen. Eine Füllung verliert nicht dadurch ihre medizinische Indikation, weil durch den besonderen Aufwand und die damit verbundenen Kosten der Rahmen überschritten wird. Eine Mehrkostenvereinbarung ist daher immer dann zulässig, wenn die Füllungstherapie über das hinausgeht, was im Rahmen der vertragszahnärztlichen Versorgung zu erbringen und abzurechnen ist.[300] Entscheidend sind dabei die **Richtlinien des Gemeinsamen Bundesausschusses** auf der einen Seite und der **Bewertungsmaßstab für zahnärztliche Leistungen (BEMA-Z)** auf der anderen Seite.

628 Der Gemeinsame Bundesausschuss hat durch eine Neufassung der Bestimmungen in Abschnitt B III. 4 der Richtlinie für eine ausreichende, zweckmäßige und wirtschaftliche vertragszahnärztliche Versorgung[301] entschieden, dass nur **anerkannte und erprobte plastische Materialien** (z.B. Amalgam, Komposit) gemäß ihrer medizinischen Indikation verwendet werden sollen. In einer Protokollnotiz wurde gesondert festgelegt, dass alle hiernach indizierten plastischen Füllungen auch im **Seitenzahnbereich** im Rahmen der vertragszahnärztlichen Versorgung zu erbringen sind. In den Bewertungsmaßstab sind besondere **Leistungspositionen für Kompositfüllungen im Seitenzahnbereich** aufgenommen worden.[302] Mit den Leistungspositionen 13e bis g BEMA sind besondere Leis-

---

[296] Eingeführt durch das Achte SGB V Änderungsgesetz, BGBl. I S. 1559 vom 31. 10. 1996.

[297] Wenzel/*Muschallik,* Handbuch des Fachanwalts Medizinrecht, 2012, Kap. 3 Rn. 129 ff.

[298] BSG NZS 1994, 125.

[299] BT-Drs. 13/3695 vom 6. 2. 1996.

[300] BSG SozR 5–5555 § 12 Nr. 5 S. 21, 27.

[301] Behandlungsrichtlinien v. 4. 6. 2003 und 24. 9. 2003 in der ab 18. 6. 2006 gültigen Fassung. BAnz. Nr. 111 vom 17. 6. 2006, S. 4466.

[302] Beschluss des Erweiterten Bewertungsausschusses vom 17. 4. 1996 zur Aufnahme der Positionen 13e bis g in den Bewertungsmaßstab zahnärztlicher Leistungen.

tungsbeschreibungen und Bewertungen für Kompositfüllungen im Seitenzahnbereich eingeführt worden, die nur abrechenbar sind, wenn sie entsprechend der **Adhäsivtechnik** erbracht wurden und wenn eine Amalgamfüllung absolut kontraindiziert ist. Eine **absolute Kontraindikation** liegt vor, wenn der Nachweis einer **Allergie** gegenüber Amalgam bzw. dessen Bestandteil gemäß den Kriterien der Kontaktallergiegruppe der Deutschen Gesellschaft für Dermatologie erbracht wurde bzw. wenn einem Patienten mit **schwerer Niereninsuffizienz** neue Füllungen gelegt werden müssen.[303] Damit hat sich der Erweiterte Bewertungsausschuss im Rahmen seiner ihm in § 87 Abs. 2 SGB V übertragenen Aufgaben gehalten, den Inhalt der abrechnungsfähigen Leistungen und ihr wertmäßiges, in Punkten ausgedrücktes Verhältnis zueinander zu bestimmen.[304]

Die Beantwortung der Frage, welche Füllungstherapie im Rahmen der vertragszahnärzt- **629** lichen Versorgung zu erbringen ist, ist nicht allein die medizinische Indikation gemäß Abschnitt B III 4 der Behandlungsrichtlinien, sondern auch das **Wirtschaftlichkeitsgebot**[305] zu beachten, das sich in Abschnitt A Ziff. 4 findet. Nicht alle Kompositfüllungen, für die es eine medizinische Indikation im Seitenzahnbereich gibt, gehören zur vertragszahnärztlichen Versorgung. Deshalb hat der Erweiterte Bewertungsausschuss festgelegt, welche **Kompositfüllungen** im Rahmen der vertragszahnärztlichen Versorgung abgerechnet werden dürfen. Eine Mehrkostenvereinbarung im Sinne von § 28 Abs. 2 Satz 4 SGB V ist also nur dann möglich, wenn auf Wunsch des Patienten keine unter medizinischen Gesichtspunkten mögliche Füllungstherapie unter Zugrundelegung der Gebührenpositionen 13 a bis g BEMA durchgeführt werden soll, da es sich dann nicht um eine Füllungstherapie im Rahmen der Richtlinien des Gemeinsamen Bundesausschusses handelt. Ausgeschlossen ist eine Mehrkostenvereinbarung bei **sämtlichen Amalgamfüllungen,** aber auch bei solchen Kompositfüllungen, die entsprechend der Adhäsivtechnik erbracht werden und bei denen eine Amalgamfüllung absolut kontraindiziert ist.[306] Erforderlich ist eine Mehrkostenvereinbarung in allen Fällen, in denen **Einlagefüllungen** (Keramik- oder Goldinlays) verwendet werden, da es sich hierbei nicht um Füllungen aus plastischem Füllungsmaterial im Sinne der Gebührenpositionen 13 a bis g BEMA handelt. Dies gilt auch für solche **Kompositfüllungen im Seitenzahnbereich,** die nicht die Voraussetzungen der Leistungsbeschreibung der Gebührennummer 13 e bis g BEMA erfüllen, insbesondere, wenn eine absolute Kontrindikation gegen eine Amalgamfüllung nicht besteht.

Nach § 28 Abs. 2 Satz 5 SGB V ist eine Mehrkostenvereinbarung ausgeschlossen, wenn **630** auf Wunsch des Versicherten **intakte plastische Füllungen ausgetauscht** werden sollen. Damit soll eine medizinisch nicht indizierte Erneuerung intakter Füllungen verhindert werden, die zu unnötigen Verlusten von Zahnhartsubstanz führt und die Versichertengemeinschaft unnötig belasten würde.[307] Der Versicherte ist in diesem Fall auf der Grundlage einer entsprechenden Beratung als **Privatpatient** zu behandeln, ohne das für den Vertragszahnarzt die Möglichkeit besteht, die Kosten der preiswertesten entsprechenden plastischen Füllung über die KZV abzurechnen. Der Versicherte muss in diesem Fall die Kosten der Behandlung in vollem Umfang selbst tragen.

Soweit die Voraussetzungen für eine Mehrkostenvereinbarung vorliegen, ist sie zwischen **631** Zahnarzt und Versichertem **schriftlich** zu treffen. Die Schriftform ist in den Bundesmantelverträgen in §§ 4, 5 BMV-Z, 7 Abs. 7 EKV-Z nachvollzogen. Daraus kann aber keine Verpflichtung abgeleitet werden, dass der Versicherte und der Zahnarzt in jedem Fall eine Vereinbarung abschließen müssen. Wünscht der Versicherte eine **Privatbehandlung,** wird dadurch nicht gegen § 28 Abs. 2 SGB V verstoßen. Der gesetzlich krankenversicherte Pati-

---

[303] Nr. 4 der Protokollnotiz zum Beschluss des Erweiterten Bewertungsausschusses vom 17. 4. 1996; zum Anspruch des Versicherten bei Allergie LSG Sachsen – 25. 1. 2012, L 1 KR 87/10.
[304] Muschallik ZM 1986, 2944 (2945).
[305] § 12 SGB V.
[306] Nr. 4 der Protokollnotiz zum Beschluss des Erweiterten Bewertungsausschusses vom 17. 4. 1996.
[307] S. Begründung zum 8. SGB VÄndG v. 31. 10. 1996, BT-Drs. 13/3695 vom 6. 2. 1996.

ent muss gegenüber dem Zahnarzt sein **Versicherungsverhältnis** nicht offenlegen. Erkennt der Vertragszahnarzt jedoch, dass der Patient gesetzlich krankenversichert ist, muss er ihm eine Mehrkostenvereinbarung anbieten. Die Nichtbeachtung des **gesetzlichen Schriftformerfordernisses** führt wegen Verstoßes gegen ein gesetzliches Formerfordernis (§§ 125, 126 BGB) zur Nichtigkeit der Vereinbarung.[308]

632   Schließt der Versicherte eine Mehrkostenvereinbarung, so hat er die Mehrkosten selbst zu tragen (§ 28 Abs. 2 Satz 2 SGB V). Der Zahnarzt stellt ihm nach Behandlungsabschluss unter **Zugrundelegung der GOZ** diese Mehrkosten in Rechnung. Die Rechnung bezieht sich sowohl auf die Leistung der unmittelbaren **Kavitätenpräparation und -füllung** als auch auf die sogenannten **Begleitleistungen.** Von den Kassen wird die vergleichbare preisgünstigste plastische Füllung als Sachleistung abgerechnet. Der Vertragszahnarzt erhält eine entsprechende Vergütung über seine Kassenzahnärztliche Vereinigung, die er von dem Betrag seiner GOZ-Rechnung gegenüber dem Versicherten in Abzug zu bringen hat.

633   **c) Eigenbeteiligung bei kieferorthopädischen Leistungen gem. § 29 SGB V.**
aa) Allgemeines. § 29 SGB V regelt den **Anspruch auf kieferorthopädische Versorgung** für gesetzlich Krankenversicherte, soweit nicht an anderer Stelle bereits Einschränkungen vorgenommen worden sind. So bestimmt § 28 Abs. 2 Satz 6 SGB V den Ausschluss der sog. **„Erwachsenenkieferorthopädie".** Dieser altersabhängige Ausschluss ist bereits mit dem GSG[309] mit Wirkung ab dem 1. 1. 1993 eingeführt worden. Nicht zur zahnärztlichen Behandlung gehört danach die kieferorthopädische Behandlung von Versicherten, die zu Beginn der Behandlung das 18. Lebensjahr vollendet haben. Maßgeblich für den Leistungsanspruch ist nicht das Ausstellen des Behandlungsplanes, sondern der Behandlungsbeginn durch den Zahnarzt.[310] Dieser altersabhängige Ausschluss verletzt nach der Rechtsprechung des BSG[311] nicht das Verfassungsrecht. Nur im Ausnahmefall besteht ein Anspruch auch über das 18. Lebensjahr hinaus, wenn nach Maßgabe der Richtlinien **Ausnahmeindikationen** vorliegen, die der Gemeinsame Bundesausschuss gemäß § 28 Abs. 2 Satz 7 SGB V für Fälle schwerer Kieferanomalien festzulegen hat. Erfasst werden **schwere Kieferanomalien,** die kombinierte kieferorthopädische und kieferchirurgische Behandlungsmaßnahmen erfordern. Dazu gehören angeborene Missbildungen, skelettale Dysgnathien und verletzungsbedingte skelettale Feststellungen. Diese Ausnahmen sind abschließend, auch wenn Maßnahmen zur Behandlung einer anderweitig aufgetretenen Erkrankung erforderlich sind.[312] Die Umsetzung dieser gesetzlichen Vorgaben hat der Bundesausschuss der Zahnärzte und Krankenkassen als Rechtsvorgänger des heutigen Gemeinsamen Bundesausschusses in Anlage 1 **zu den Richtlinien des Bundesausschusses der Zahnärzte und Krankenkassen für die kieferorthopädische Behandlung** in der ab 1. Januar 2004 geltenden Fassung in **befundbezogenen Indikationsgruppen (KIG)** festgelegt.[313] Ein Sachleistungsanspruch besteht nur dann, wenn eine Einstufung zumindest in den Behandlungsgrad 3 der jeweiligen Indikationsgruppe erfolgt.[314] Damit soll eine objektive Überprüfbarkeit der befundbezogenen Einordnung in den Sachleistungskatalog ermöglicht werden. Die Definition in § 28 Abs. 1 SGB V gilt für **alle Indikationsgruppen,** so dass eine Kiefer- oder Zahnfehlstellung vorliegen muss, die das Kauen, Beißen, Sprechen oder Atmen erheblich beeinträchtigen oder zu beeinträchtigen droht.

634   **bb) Eigenbeteiligung des Versicherten.** § 29 Abs. 2 SGB V bestimmt, dass Versicherte zu den Kosten einer kieferorthopädischen Behandlung im Rahmen der vertrags-

---

[308] LG Freiburg vom 12. 10. 2006 – 3 S 206/06; a. A. LG Saarbrücken vom 15. 9. 2005 – 16 S 11/04.
[309] GSG vom 21. 12. 1992, BGBl. I 2266.
[310] BSGE 91, 32 (35).
[311] BSG SGb 1999, 255 (257).
[312] BSG SGb 1999, 255 (256).
[313] Kieferorthopädie-Richtlinie vom 24. 9. 2003, BAnz. Nr. 226, S. 24 966.
[314] Vgl. Abschnitt B 2 der Richtlinien des Gemeinsamen Bundesausschusses für die kieferorthopädische Behandlung vom 17. 8. 2001, BAnz. Nr. 226 vom 3. 12. 2003, 24 966.

zahnärztlichen Versorgung einen **Kostenanteil von 20%** (Honorar sowie Material- und Laborkosten) selbst zu tragen haben. Das Honorar bemisst sich dabei nach Maßgabe des Einheitlichen Bewertungsmaßstabes für zahnärztliche Leistungen[315] in Verbindung mit den jeweiligen gesamtvertraglichen Regelungen. Die abzurechnenden **Material- und Laborkosten** orientieren sich an den entsprechenden Vereinbarungen nach Maßgabe der §§ 83, 88 Abs. 2 und 3 SGB V. Der Kostenanteil reduziert sich bei der Behandlung von mindestens zwei versicherten Kindern, die bei Beginn der Behandlung das 18. Lebensjahr noch nicht vollendet haben und mit ihren Erziehungsberechtigten in einem gemeinsamen Haushalt leben, für das zweite und jedes weitere Kind auf 10%. Damit soll eine **wirtschaftliche Überforderung** der Versicherten verhindert werden. Der Eigenanteil ist quartalsweise vom Versicherten unmittelbar an den Vertragszahnarzt zu zahlen. Dieser hat gem. § 29 Abs. 3 SGB V den jeweiligen, entsprechend reduzierten Kassenanteil unmittelbar mit der KZV abzurechnen. Der Versicherte erhält den **Eigenanteil** insgesamt gem. § 29 Abs. 3 Satz 2 SGB V zurück, wenn die Behandlung in dem durch den Behandlungsplan bestimmten medizinisch erforderlichen Umfang abgeschlossen worden ist. Das Ergebnis der kieferorthopädischen Behandlung soll also mit dem im Behandlungsplan definierten **Behandlungsziel** übereinstimmen. Im Hinblick auf die sich regelmäßig über mehrere Jahre erstreckende kieferorthopädische Behandlung soll damit die notwendige Mitarbeit des Patienten durch einen finanziellen Anreiz sichergestellt werden. Voraussetzung des **Rückzahlungsanspruches** ist, dass der behandelnde Vertragszahnarzt oder Kieferorthopäde durch eine Abschlussbescheinigung das Erreichen des Behandlungszieles bestätigt. Ein **Abbruch der Behandlung,** dem durch diese vorübergehende Beteiligung entgegengewirkt werden soll, steht der Rückzahlung der Eigenbeteiligung entgegen. Auf ein Verschulden des Versicherten oder des Patienten oder einen „verständigen Grund" kommt es nicht an.[316] Die Rückzahlung des Eigenanteils hat **auch anteilig** zu erfolgen, wenn der Versicherte das System der gesetzlichen Krankenversicherung verlässt.[317]

d) Bestimmungen zum degressiven Punktwert. aa) Allgemeines. § 85 SGB V ist **635** die zentrale Regelung für die Vergütung der vertragsärztlichen und vertragszahnärztlichen Leistungen. Sie enthält zum einen die gesetzlichen Vorgaben für die Vergütungsvereinbarungen der KZV mit den Landesverbänden der Krankenkassen, zum anderen die wesentlichen Kriterien und Gestaltungsmöglichkeiten für die Honorarverteilung innerhalb der Vertragszahnärzteschaft. Mit § 85 Abs. 4b SGB V hat der Gesetzgeber mit dem Gesetz zur Sicherung und Strukturverbesserung der gesetzlichen Krankenversicherung[318] einen degressiven Punktwert **für alle vertragszahnärztlichen Leistungen** im Sinne des § 73 Abs. 2 Nr. 2 SGB V eingeführt. Die Regelung beinhaltet eine Maßnahme im Zusammenhang mit der Honorarverteilung, die vom Gesetzgeber damit begründet wurde, die Krankenkassen sollten an den **Kostenvorteilen und Rationalisierungsmöglichkeiten in umsatzstarken Praxen** beteiligt werden.[319] Für die Berechnung ist es irrelevant, ob und gegebenenfalls in welcher Höhe der Patient an den Behandlungskosten einen Eigenanteil gemäß § 29 SGB V zu tragen hat. Die Degressionsbestimmung bezieht sich nur auf vom Vertragszahnarzt **abgerechnete Punkte,** nicht jedoch auf ihm entstandene und von den Krankenkassen zu ersetzende Kosten, zum Beispiel für zahntechnische Leistungen. Dadurch soll sichergestellt werden, dass vom Zahnarzt nicht oder nur bedingt beeinflussbare Faktoren, die sich im Zeitablauf ändern, wie zum Beispiel die Preise für zahntechnische Leistungen, keinen Einfluss auf die Gestaltung des degressiven Punktwertes haben.[320] In mehreren Entscheidungen hat das BSG die Degressionsregelung des § 85 Abs. 4b

---

[315] BEMA-Z vom 16. 11. 2005, zuletzt geändert durch Beschluss vom 17. 12. 2012.
[316] BSGE 56, 272 (274).
[317] BSG SGb 1995, 615.
[318] GSG vom 21. 12. 1992, BGBl. I 2266.
[319] Vgl. BT-Drs. 12/3608, 88.
[320] BT-Drs. 13/3608.

SGB V für rechtmäßig erklärt.[321] Die gegen die Rechtsprechung des BSG erhobene Verfassungsbeschwerde ist erfolglos geblieben.[322]

636 **bb) Degressiver Punktwert gemäß § 85 Abs. 4 b bis f SGB V.** § 85 Abs. 4 b SGB V unterwirft den Vergütungsanspruch jedes Vertragszahnarztes oder ermächtigten Zahnarztes für die Gesamtpunktmenge der von ihm erbrachten vertragszahnärztlichen Leistungen – unabhängig davon, ob sie im Sachleistungs- oder Kostenerstattungssystem erbracht wurden – einer gesetzlich im einzelnen definierten **Punktwertabstaffelung.** Diese Abstaffelung bezieht sich auch in Gemeinschaftspraxen auf den **einzelnen Vertragszahnarzt,** sofern er gleichberechtigtes Mitglied mit gleichen Rechten und Pflichten als Teilhaber in Berufsausübung und Praxisführung ist. Ab einer Gesamtpunktmenge je Vertragszahnarzt aus vertragszahnärztlicher Behandlung einschließlich der kieferorthopädischen Behandlung von 262 500 Punkten je Kalenderjahr verringert sich der Vergütungsanspruch für die weiteren vertragszahnärztlichen Behandlungen i.S.d. § 73 Abs. 2 Nr. 2 um 20%, ab einer Punktmenge von 337 500 je Kalenderjahr um 30% und ab einer Punktmenge von 412 500 je Kalenderjahr um 40%. Für **Kieferorthopäden** verringert sich der Vergütungsanspruch für die weiteren vertragszahnärztlichen Behandlungen ab einer Gesamtpunktmenge von 280 000 Punkten je Kalenderjahr um 20%, ab einer Punktmenge von 360 000 Punkten je Kalenderjahr um 30% und ab einer Punktmenge von 440 000 Punkten je Kalenderjahr um 40%. Für **ermächtigte Zahnärzte,** für bei Vertragszahnärzten nach § 95 Abs. 9 Satz 1 SGB V **angestellte Zahnärzte** und für in **medizinischen Versorgungszentren** angestellte Zahnärzte gilt die Regelung wie für Vertragszahnärzte entsprechend. Die Punktmengenbegrenzung bei **Berufsausübungsgemeinschaften** richtet sich nach der Zahl der zahnärztlichen Mitglieder. Die Punktmengen erhöhen sich um 25% für Entlastungs-, Weiterbildungs- und Vorbereitungsassistenten. Bei Teilzeit oder nicht ganzjähriger Beschäftigung verringert sich die Punktmengengrenze nach Satz 1 oder die zusätzlich zu berücksichtigende Punktmenge nach Satz 4 entsprechend der Beschäftigungsdauer. Die Punktmengen umfassen alle vertragszahnärztlichen Leistungen i.S.d. § 13 Abs. 2 Nr. 2 SGB V. In die Ermittlung der Punktmengen sind auch die Kostenerstattungen nach § 13 Abs. 2 SGB V einzubeziehen. Diese werden den Kassenzahnärztlichen Vereinigungen von den Krankenkassen mitgeteilt (§ 85 Abs. 4 b Satz 8 SGB V).

637 Gegen diese Bestimmungen sind in erheblichem Umfang **verfassungsrechtliche Bedenken** geltend gemacht worden,[323] denen sich jedoch weder das BSG in verschiedenen Entscheidungen[324] noch das BVerfG[325] im Ergebnis angeschlossen haben. Dabei wurde im Wesentlichen darauf abgestellt, es handele sich bei diesen Bestimmungen zwar um eine singuläre Belastung der Zahnärzteschaft durch den Gesetzgeber, die jedoch in ein Gesamtkonzept zur Kostendämpfung eingebettet sei. Da vergleichbare Degressionsbestimmungen bisher nur im Bereich der vertragsärztlichen, nicht jedoch der vertragszahnärztlichen Honorarverteilung gegolten hätten, sei der Gesetzgeber zur **Sicherung der finanziellen Stabilität der gesetzlichen Krankenversicherung** berechtigt gewesen, auch unmittel-

[321] BSG vom 19. 10. 2011 – B 6 KA 21/10 R; BSG vom 19. 10. 2011 – B 6 KA 22/10 R; BSG NZS 2011, 559 zur Anwendung der Degressionsregelung bei Oralchirurgen; BSG vom 13. 10. 2010 – B 6 KA 32/09 R zur Anwendung der Degressionsregelung bei MKG-Chirurgen; BSG MedR 2011, 461 zur Degressionsregelung bei Praxiswechsel; BSGE 105, 117 zum Verhältnis der Degressionsabführung und HVM; BSG Breith. 2010, 820 zur Rechtmäßigkeit der abgesenkten Punktmenge für Kieferorthopäden; BSGE 98, 169; BSG SGb 2005, 401; BSGE 93, 69 zum Vertrauensschutz; BSG SGb 2002, 439; BSG MedR 2000, 49; BSG SGb 1998, 309; BSG USK 97 155; BSG USK 97 117; BSGE 80, 223; BSG MedR 2007, 310 zu Punktmengengrenzen für Oralchirurgen; BSG USK 96 150.
[322] BVerfG vom 31. 7. 2000 – 1 BvR 1372/99.
[323] SG Stuttgart vom 6. 12. 1995 – S 10 Ka 3458/94; allgemein *Schnapp* VSSR 2003, 343 (352).
[324] BSGE 80, 223; BSG SGb 1998, 309; BSG USK 97 150; USK 96 150; MedR 2000, 49; dazu *Maaß* NJW 1999, 2719; BSG Breith. 2010, 820; BSG NZS 2011, 559.
[325] BVerfG NJW 2000, 3413.

bar in die im Übrigen geltende Regelungszuständigkeit der Selbstverwaltung einzugreifen. Dabei lässt das BSG und auch das BVerfG unberücksichtigt, dass bei erstmaligen Einführung der Bestimmungen zum degressiven Punktwert durch das Gesetz zur Sicherung und Strukturverbesserung der gesetzlichen Krankenversicherung im Jahre 1993 zeitgleich weitere Vergütungsreduzierungen durch die Anbindung der Gesamtvergütungen an die Entwicklung der Grundlohnsumme und eine Reduzierung der Punktwerte für Zahnersatz und kieferorthopädische Leistungen eingeführt wurden, mit denen die Vergütungen für die betroffenen zahnärztlichen Leistungen im Einzelfall um über 50% reduziert wurden. Für die betroffenen Vertragszahnärzte war diese Regelung zuvor weder ersichtlich noch hätten sie sich durch Einräumung entsprechender Übergangszeiträume auf die veränderten Bedingungen einstellen können. Dies war bisher vom BVerfG bis zu diesem Zeitpunkt als Voraussetzung gefordert worden. Allerdings ist nicht nur wegen der kurzfristigen Einführung der Bestimmungen zum degressiven Punktwert, sondern auch vor dem Hintergrund, dass im Bereich der vertragszahnärztlichen Versorgung das Phänomen der sogenannten „angebotsinduzierten Nachfrage" nicht nachweisbar ist,[326] dieser Auffassung nicht zu folgen. Anders als im vertragsärztlichen Bereich ist die vertragszahnärztliche Tätigkeit durch die jeweilige **Befundsituation** vorgegeben und kann vom Vertragszahnarzt nicht beliebig gesteuert werden. Der Leistungsumfang der einzelnen Praxis wird daher sehr wesentlich vom **Nachfrageverhalten der Patienten** bestimmt. Das *BSG* hat sich jedoch dieser Argumentation verschlossen und sie ausdrücklich gerechtfertigt.[327] Selbst eine eventuelle Einschränkung der Versorgungstätigkeit und die damit verbundenen Auswirkungen auf die gesetzlich Krankenversicherten hat es dabei unberücksichtigt gelassen und ausgeführt, der Gesetzgeber habe im Rahmen einer **Typisierungs- und Schematisierungsberechtigung** auch derart atypische Fälle dann unberücksichtigt lassen können, wenn auf diese seine Regelungsmotive tatsächlich nicht zutreffen. Widersprüchlich ist ferner, dass dem Vertragszahnarzt einerseits eine freie unternehmerische Betätigung durch Verweisung auf staatlich festgesetzte Vergütungen verwehrt wird, eine Vergütungsreduzierung aber gerade mit seinem angeblich unternehmerischen Möglichkeiten gerechtfertigt wird, obwohl sie ihm wegen der Nachfrageabhängigkeit seiner Leistungen insgesamt tatsächlich nicht zur Verfügung stehen. Auch das BVerfG hat sich diesen Argumenten nicht geöffnet und in einem Kammerbeschluss vom 21. 6. 2001[328] eine Verfassungsbeschwerde nicht zur Entscheidung angenommen. Dabei wurde ausgeführt, die vorliegende Berufsausübungsregelung sei durch die Ziele einer Verbesserung der Qualität der vertragszahnärztlichen Leistungen und der Sicherung der Beitragssatzstabilität sowie der Funktionsfähigkeit der gesetzlichen Krankenversicherung gerechtfertigt. Der Gesetzgeber habe zulässigerweise von seiner **Einschätzungs- und Gestaltungsprärogative** Gebrauch gemacht und aus plausiblen und nachvollziehbaren Gründen umsatzstarke Praxen zur Kostendämpfung herangezogen.

Durch das GMG erfolgten weitere **Absenkungen der Punktmengengrenzen** auf- **638** grund der gleichzeitig erfolgten Umstellung der bisherigen Ansprüche der Versicherten auf zahnprothetische Versorgung im Rahmen des Sachleistungsprinzips auf befundbezogene Festzuschüsse gem. den §§ 55 ff. SGB V. Da auf diese Leistungen bisher ca. 25% der insgesamt abgerechneten Punktmengen entfielen, sei eine entsprechende Absenkung der Punktmengengrenzen möglich. Die Punktmengengrenzen bei Kieferorthopäden sollten demgegenüber deswegen unverändert bleiben, da von diesen grds. keine Zahnersatzleistungen erbracht würden. Die für sie geltenden Punktmengengrenzen sind demnach zum 1. 1. 2004 um 20% abgesenkt worden, wobei damit ausweislich der Gesetzesbegründung[329] die zu diesem Zeitpunkt in Kraft getretene Punktzahlreduzierung für kieferorthopädische Leis-

---

[326] *Wigge* SGb 1994, 310; *Tadsen* ZM 1997, 216; a. A. noch BSG MedR 1997, 134; vgl. aber BT-Drucks. 16/3100, 135 zum Wegfall der Bedarfszulassung bei Vertragszahnärzten.

[327] BSG MedR 2000, 49.

[328] BVerfG NVwZ-RR 2002, 802.

[329] BT-Drs. 15/1525, 102.

tungen durch den Bewertungsausschuss für die zahnärztlichen Leistungen nachvollzogen wurden. Ab dem 1. 1. 2005 ist eine weitere Reduzierung der Punktmengen infolge der **Einführung des Festzuschusssystems**[330] erfolgt. Der Gesetzgeber unterstellte dabei, dass in kieferorthopädischen Praxen bereits infolge der Bema-Umstrukturierung geringere Leistungsmengen anfallen, daher auch geringere Praxiskosten entstehen und die Punktmengengrenzen des degressiven Punktwertes entsprechend der Punktzahlreduzierung für kieferorthopädische Leistungen abgesenkt werden müssten, um im Rahmen des degressiven Punktwertes ein identisches Ergebnis wie zuvor zu erzielen. Dies ist unzutreffend.[331] Durch sachliche Gründe ist diese Regelung nicht zu rechtfertigen. Ein sachlicher Grund für die vorgenommene Sonderregelung gerade für den Bereich der Kieferorthopäden besteht nicht. Die Reduzierung der Punktzahlen für kieferorthopädische Leistungen in Folge der **Umstrukturierung des Bewertungsmaßstabs zahnärztlicher Leistungen** lässt die Kostenstruktur für die Erbringung dieser Leistungen in der vertragszahnärztlichen Praxis völlig unberührt. Diese Reduzierung der Punktmengengrenzen führt bei den Kieferorthopäden vielmehr zu einer zusätzlichen und überproportionalen Reduzierung der Vergütungen, soweit die Punktmengengrenzen überschritten werden. Eine verfassungsrechtliche Rechtfertigung aus der Zielsetzung der Sicherung der finanziellen Stabilität der gesetzlichen Krankenversicherung ist nicht gegeben. Es liegt vielmehr eine Ungleichbehandlung gegenüber anderen Leistungserbringern vor. Das BSG hat diese Argumentation jedoch erneut nicht anerkannt und die Absenkung in § 85 Abs. 4b SGB V als mit Art. 12 Abs. 1 und Art. 3 GG vereinbar erklärt. Sie vollziehe lediglich die zeitgleiche Neubewertung der kieferorthopädischen Leistungen nach. Es bestehe auch kein grundrechtsrelevanter Gleichheitsverstoß, weil angesichts des breiten Leistungsspektrums bei Allgemeinzahnärzten einerseits und einer geringen Zahl standardisierter Leistungen bei Kieferorthopäden andererseits zwischen beiden Gruppen ausreichende Unterschiede bestünden. Bei Einbeziehung des Verhältnismäßigkeitsprinzips seien die Auswirkungen der Regelung begrenzt und daher hinnehmbar.[332]

639 In einer vergleichbaren Situation befinden sich auch einzelne Zahnarztgruppen, die von der Absenkung der allgemeinen Punktmengengrenzen zum 1. 1. 2005 in Folge der Einführung des Festzuschusssystems beim Zahnersatz betroffen sind. Dies sind im wesentlichen **Mund-, Kiefer- und Gesichtschirurgen** sowie **Oralchirurgen,** die diese Leistungen bereits in der Vergangenheit nicht oder nur in äußerst geringem Umfang erbracht haben. Auch bezüglich solcher Zahnarztgruppen ist die Annahme des Gesetzgebers, mit der Herausnahme des Zahnersatzes aus den Gesamtvergütungen sei eine entsprechende Reduzierung der abgerechneten Punktmengen verbunden, unzutreffend.[333]

640 Teilweise wird die Auffassung vertreten, bei den Bestimmungen des § 85 Abs. 4b bis f SGB V handele es sich um unmittelbar verbindliche Normen zur **Honorarverteilung** in der vertragszahnärztlichen Versorgung, von denen durch Bestimmungen im Honorarverteilungsmaßstab nicht abgewichen werden könnte. Darauf zielen jedoch die Bestimmungen zum degressiven Punktwert nicht ab. Vielmehr wurde zur Begründung ausgeführt, die Krankenkassen sollten an Kostenvorteilen und Rationalisierungsmöglichkeiten in umsatzstarken Praxen beteiligt werden.[334] In der Begründung zum GSG wird unter Hinweis auf die Rechtsprechung des BSG[335] ausgeführt, Honorarabsenkungen bei umsatzstarken Praxen sollten den Krankenkassen zugutekommen, die Einsparungen somit auch die einer eventu-

---

[330] Vgl. Rn. 492 ff.

[331] So auch Wenzel/*Muschallik,* Handbuch des Fachanwalts Medizinrecht, 2009, Kap 3 Rn. 134.

[332] Muschallik in Schnapp/Wiggl, Handbuch des Vertragsarztrechts, § 22, Rn. 39.

[333] Vgl. aber die Rechtsprechung des BSG zur Anwendung der Degressionsregelung bei Kieferorthopäden BSG Breith. 2010, 820, bei Oralchirurgen BSG NZS 2011, 559; bei MKG-Chirurgen BSG vom 13. 10. 2010 – B 6 KA 32/09 R.

[334] GSG BT-Drs. 12/3608, 88.

[335] BSG USK 96 150.

ell geltenden Budgetierung nicht in den Gesamtvergütungen verbleiben, sondern sie zusätzlich verringern. Dennoch besteht auch unter Geltung des § 85 Abs. 4b bis f SGB V für die Gesamtvertragspartner weiterhin die Möglichkeit, die Gesamtvergütung nicht nach Einzelleistungen, sondern nach einer anderen Berechnungsart gem. § 85 Abs. 2 Satz 2 SGB V festzulegen. Die Kassenzahnärztlichen Vereinigungen sind in ihren Kompetenzen hinsichtlich der Honorarverteilung gem. § 85 Abs. 4 SGB V nicht beschränkt. Das BSG[336] hat ausgeführt, die Degressionsbestimmungen seien gegenüber **Bestimmungen im Honorarverteilungsmaßstab insofern vorrangig,** als diese die von der Kassenzahnärztlichen Vereinigung zu verteilende Gesamtvergütung mindern. Die Degressionsbestimmungen erfassen danach die gesamte **vom Vertragszahnarzt abgerechnete Punktmenge** bzw. das gesamte Honorar ohne Berücksichtigung von durch den Honorarverteilungsmaßstab bedingten Punktmengen- bzw. Honorarminderungen. Daher ist das vom Zahnarzt geltend gemachte Abrechnungsvolumen zunächst um den Degressionsabzug zu reduzieren. Erst im Anschluss daran dürfen auf den Zahnarzt die Bestimmungen des Honorarverteilungsmaßstabs angewandt werden. Unter dem Gesichtspunkt der **Honorarverteilungsgerechtigkeit** ist dabei aber der zuvor erfolgte Abzug infolge der Punktwertdegression zu berücksichtigen und dieser ggf. mit einem ansonsten erfolgenden Honorarabzug in Folge des Honorarverteilungsmaßstabs zu verrechnen.[337]

Durch § 85 Abs. 4c SGB V soll eine Bindung des degressiven Punktwertes an den Zeit- **641** punkt der tatsächlichen Leistungserbringung erfolgen. Die KZVen werden verpflichtet sämtliche Punktmengen zahnarzt- und krankenkassenbezogen nach dem Leistungsquartal zu erfassen, mit den Punktmengenmeldungen für Kostenerstattungen nach § 13 Abs. 2 SGB V zusammenzuführen und auf dieser Grundlage die jeweilige Gesamtpunktmenge jedes Vertragszahnarztes zu ermitteln. Dadurch soll eine enge Bindung des degressiven Punktwertes an den **Zeitpunkt der tatsächlichen Leistungserbringung** erfolgen.[338]

Nach § 85 Abs. 4d SGB V haben die KZVen den Krankenkassen bei jeder Rechnungs- **642** legung mitzuteilen, welche Vertragszahnärzte oder bei Vertragszahnärzten oder medizinischen Versorgungszentren angestellte Zahnärzte eine Punktmengengrenze nach § 85 Abs. 4b SGB V überschritten haben und dabei den Überschreitungszeitpunkt mitzuteilen, was jedoch in der Realität kaum möglich ist.[339]

Gemäß § 85 Abs. 4e SGB V sind die vertraglich vereinbarten Punktwerte nach dem für **643** die jeweilige Punktmengenklasse gemäß § 85 Abs. 4b SGB V gültigen Prozentsatz ab diesem Zeitpunkt abzusenken. Die abgesenkten Punktmengen sollen ab dem Zeitpunkt der Grenzwertüberschreitung den darauf folgenden Abrechnungen gegenüber den Krankenkassen zugrunde gelegt werden. Bei Zahnersatz einschl. Zahnkronen und Kieferorthopädie ist die Absenkung naturgemäß auf den Kassenanteil beschränkt. Die KZV hat den sich ergebenden Betrag bei der nächsten Gesamtvergütungsabrechnung zugrunde zu legen (§ 85 Abs. 4c Satz 3 SGB V). Überzahlungen werden mit der nächsten Abrechnung verrechnet. Weitere Einzelheiten können die Vertragspartner der Vergütungsverträge (§ 83 SGB V) regeln.

§ 85 Abs. 4f SGB V soll sicherstellen, dass die KZV ihren Verpflichtungen nach Maßga- **644** be des § 85 Abs. 4c SGB V ordnungsgemäß und fristgerecht nachkommt.[340] Für den Fall eines Verstoßes wird den Krankenkassen ein **Zurückbehaltungsrecht** in Höhe von 10% gegenüber jeder Forderung der KZV zur Erfüllung der Pflichten eingeräumt. Der Anspruch auf vollständige Auszahlung der Beträge soll verfallen, wenn die KZV ihre Verpflichtungen bis zur letzten Quartalsabrechnung eines Jahres nicht lückenlos erfüllt. Diese Vorschrift wird als verfassungsrechtlich nicht unbedenklich eingestuft, weil sie, einer Aus-

---

[336] BSG MedR 2004, 168; zuletzt bestätigt BSG vom 16. 12. 2009 – B 6 KA 33/08 R.
[337] Wenzel/*Muschallik,* Handbuch des Fachanwalts Medizinrecht, 2012, Kap. 3 Rn. 145.
[338] BT-Drs. 12/3934.
[339] Wenzel/*Muschallik,* Handbuch des Fachanwalts Medizinrecht, 2012, Kap. 3 Rn. 142.
[340] BT-Drs. 12/3608, 89.

schlussfrist ähnlich, weder auf die Gründe noch auf den Grad der Nichterfüllung der Verpflichtungen Rücksicht nimmt.[341]

2. Gebührenordnung für Zahnärzte (GOZ)

645   **a) Allgemeines.** Das **Gesetz zur Ausübung der Zahnheilkunde**[342] ermächtigt die Bundesregierung in § 15 ZHG, durch Rechtsverordnung mit Zustimmung des Bundesrates die Entgelte für zahnärztliche Tätigkeit in einer Gebührenordnung zu regeln. In dieser Gebührenordnung sind Mindest- und Höchstsätze für die zahnärztlichen Leistungen festzusetzen. Dabei ist den **berechtigten Interessen der Zahnärzte** und der **zur Zahlung der Entgelte Verpflichteten** Rechnung zu tragen. Das Bundesverfassungsgericht[343] hat in einem Beschluss ausgeführt, die gesetzliche Regelung habe den Zweck, einen Ausgleich zwischen den widerstreitenden Interessen von Zahnärzten und Patienten herbeizuführen, weder ein zu hohes Entgelt entrichten zu müssen noch ein zu geringes Honorar fordern zu dürfen. Zugleich werde durch die Begrenzung auf Mindest- und Höchstsätze unter Berücksichtigung der berechtigten Interessen von (Zahn-)Ärzten und Patienten auch das Ausmaß der zu treffenden Regelung bestimmt. Hieraus lasse sich der mögliche Inhalt der zu erlassenden Verordnung voraussehen; dem Verordnungsgeber seien die Grenzen aufgezeigt, die er einzuhalten hat,[344] soll die Verordnung von der Ermächtigung gedeckt sein.

646   Die Gebührenordnung für Zahnärzte (GOZ)[345] hat vielfältige Funktionen. Sie bildet die **wirtschaftliche Grundlage** für die Erbringung innovativer Leistungen auf hohem Qualitätsniveau. Gleichzeitig soll sie sicherstellen, dass der Zahnarzt als Freiberufler diesem besonderen **Qualitätsanspruch** gerecht werden kann. Mit der Gebührenordnung sorgt der Gesetzgeber dafür, dass die zahnmedizinische Versorgung nicht dem freien Markt überlassen wird. Die GOZ regelt somit nicht nur die Vergütung von zahnärztlichen Leistungen bei privatzahnärztlichen Behandlungen. Sie sichert die **freie Berufsausübung des Zahnarztes**. Sie regelt und sichert die **Patientenrechte**. Darüber hinaus sorgt sie für ein **vertrauensvolles Zahnarzt-Patienten-Verhältnis**. Der Honoraranspruch des Zahnarztes für die Behandlung eines Privatpatienten beruht in aller Regel auf der GOZ, solange nicht durch Bundesgesetz etwas anderes bestimmt ist.

647   **b) § 1 – Anwendungsbereich. aa) Inhalt der Norm.** In § 1 werden die Vergütungen sämtlicher **beruflicher Leistungen** grundsätzlich geregelt, soweit gesetzlich nichts anderes bestimmt ist. Darüber hinaus findet eine grundsätzliche **Begrenzung der Abrechnungsfähigkeit** auf notwendige, kunstgerecht erbrachte Leistungen statt. Eine Abrechnung darüber hinausgehender Leistungen darf nur erfolgen, wenn sie auf Verlangen des Zahlungspflichtigen erbracht worden sind.

648   **bb) Vergütung für alle beruflichen Leistungen des Zahnarztes.** Die GOZ regelt in § 1 grundsätzlich die Vergütungen für alle **beruflichen Leistungen**. Nach § 1 Abs. 3 ZHG handelt es sich dabei um die berufsmäßige, auf zahnmedizinisch wissenschaftlichen Erkenntnissen gegründete Feststellung und Behandlung von Zahn-, Mund- und Kiefererkrankungen. Dem Zahnarzt stehen Vergütungen zu, wobei es sich nach § 3 um Gebühren, Entschädigungen und Ersatz von Auslagen handelt. Die GOZ stellt insofern eine abschließende Regelung dar. Weitere Vergütungen außerhalb der GOZ können nicht vereinbart werden. Eine Vergütung nach der GOZ findet allerdings nur dann statt, soweit durch Bundesgesetz nicht etwas anderes bestimmt ist.

649   Im Bereich der gesetzlichen Krankenversicherung finden sich andere bundesgesetzliche Bestimmungen. Für die **vertragszahnärztlichen Leistungen** gelten nach den §§ 85, 87 SGB V grundsätzlich die Vergütungen im Rahmen von Gesamtverträgen der Kassenzahn-

[341] Peters/*Hencke* SGB V § 85 Rn. 54.
[342] BGBl. I, S. 1225, zuletzt geändert durch Art. 6, G. v. 24. 7. 2010, BGBl. I, S. 983.
[343] BVerfG v. 12. 12. 1984, 1 BvR 1249/83.
[344] BVerfGE 20, 257 (269 f.).
[345] BGBl. I, Nr. 66 v. 15. 12. 2011, S. 2661.

ärztlichen Vereinigungen mit den Landesverbänden der Krankenkassen und den Ersatzkassen unter Zugrundelegung des einheitlichen Bewertungsmaßstabes für zahnärztliche Leistungen.[346] Betroffen sind grundsätzlich zahnprothetische Leistungen, für die im Bereich der vertragszahnärztlichen Leistungen das **Festzuschusssystem** nach §§ 55 ff. SGB V zugrunde zu legen ist.[347] Darüber hinaus gilt der BEMA-Z grundsätzlich für Abrechnungen aller zahnärztlichen Leistungen, für die die KZVen nach § 75 Abs. 3 SGB V die zahnärztliche Versorgung sicherzustellen haben. Das sind Personen, die aufgrund dienstrechtlicher Vorschriften über die **Gewährung von Heilfürsorge** einen Anspruch auf unentgeltliche ärztliche Versorgung haben, soweit die Erfüllung dieses Anspruchs nicht auf andere Weise gewährleistet ist. Zum Personenkreis gehören Soldaten der Bundeswehr, Beamte des Bundesgrenzschutzes und Polizeivollzugsbeamte. Betroffen sind auch Untersuchungen zur Vorbereitung von Personalentscheidungen und betriebs- und fürsorgeärztlichen Untersuchungen, die von öffentlich-rechtlichen Kostenträgern veranlasst werden (§ 75 Abs. 3 Satz 3 SGB V). Der BEMA-Z ist zugrunde zu legen für die zahnärztliche Behandlung von Gefangenen in Justizvollzugsanstalten in Notfällen außerhalb der Dienstzeiten der Anstaltszahnärzte (§ 75 Abs. 4 SGB V), soweit die Behandlung nicht auf andere Weise gewährleistet ist. Er gilt für Leistungen im Rahmen der gesetzlichen Unfallversicherung (§ 34 SGB VII), für Heilbehandlungen im Sinne des Bundesversorgungsgesetzes (§ 18 c Abs. 4 BVG) sowie für die zahnärztlichen Leistungen bei Sozialhilfeempfängern nach §§ 264 Abs. 2 SGB V; 48 SGB XII.

Während die GOZ den **Stand der zahnmedizinischen Entwicklung** widerspiegelt, erfasst der BEMA-Z-Z die unter dem Wirtschaftlichkeitsgebot[348] zu erbringenden Leistungen, die in diesem Sinne ausreichend, zweckmäßig und wirtschaftlich sind und die das Maß des Notwendigen nicht überschreiten. Nach Auffassung des Bundesverfassungsgerichts[349] besteht nicht dieselbe Interessenlage wie im System der gesetzlichen Krankenversicherung, das im Hinblick auf die soziale Schutzbedürftigkeit der Versicherten und die Sicherstellung ihrer Versorgung Marktmechanismen weitgehend ausgeschaltet, von dessen Stabilität die Leistungserbringer aber gleichzeitig profitieren, weshalb sie auch in erhöhtem Maße der Einwirkung sozialstaatlicher Gesetzgebung unterliegen würden. Die gesetzliche Krankenversicherung stellt auch nur Standard-Leistungen als notwendig und geschuldet zur Verfügung.[350] In diesem Bereich erbrachte Behandlungen werden auf der Grundlage des BEMA-Z vergütet. **650**

Die Vergütung nach der GOZ steht dem Zahnarzt grundsätzlich unabhängig davon zu, ob er die Leistungen auf der Grundlage einer freien Niederlassung oder in einem Angestellten- oder Dienstverhältnis erbringt. Erforderlich ist, dass der Zahnarzt die Leistungen **im eigenen Namen** auf der Basis eines Behandlungsvertrages erbringt. **651**

cc) Regeln der zahnärztlichen Kunst. Nach § 1 Abs. 2 dürfen Vergütungen nur für solche zahnärztliche Leistungen berechnet werden, die nach den Regeln der zahnärztlichen Kunst erbracht worden sind. Unter den **Regeln der zahnärztlichen Kunst** sind die allgemein im Berufsstand anerkannten Grundsätze der zahnmedizinischen Wissenschaft und der Verwendung geeigneter Geräte und Materialien zu verstehen. Maßgeblich ist der Entwicklungsstand zum Zeitpunkt von Planung und der Behandlung.[351] Nach der Rechtsprechung[352] wird dem **Wissenschaftlichkeitsgebot** entsprochen, wenn die große Mehrheit der einschlägigen Fachleute die Behandlungsmethode befürwortet und von einzelnen nicht ins Gewicht fallenden Gegenstimmen abgesehen, über die Zweckmäßigkeit der Therapie Konsens besteht. Im Regelfall setzt das voraus, dass über die Qualität und Wirksamkeit der **652**

---

346 BEMA-Z, Stand 16. 11. 2005.
347 Vgl. Rn. 532 ff.
348 § 12 SGB V.
349 BVerfGE 103, 172 (185, 186).
350 BVerfG vom 25. 10. 2004 – 1 BvR 1437/02, Rn. 45.
351 BGH NJW 1974, 305 ff.
352 EuGH, vom 12. 7. 2001, SozR 3–2500 Art. 59 Nr. 6, S. 32 ff.; BSGE 84, 90 (91) Kozijavkin I; BSGE 92, 164 (165); BSG SozR 4–2500 § 18 Nr. 1 Rn. 8; BSG SozR 3–2500 § 18 Nr. 6, S. 23 ff. Kozijavkin II; BSGE 81, 182 (187 ff.).

Methode **zuverlässige wissenschaftlich nachprüfbare Aussagen** gemacht werden können. Der Erfolg einer bestimmten Therapie muss sich daher aus wissenschaftlich einwandfrei durchgeführten Studien über die Zahl der behandelten Fälle und die Wirksamkeit der Methode ablesen lassen. Die Therapie muss in einer für die sichere Beurteilung ausreichenden Zahl von Behandlungsfällen erfolgreich gewesen sein. Nur dann, wenn anerkannte Behandlungsmethoden im Einzelfall nicht existieren, können auch diesem Gebot nicht entsprechende Leistungen erbracht und abgerechnet werden. Das setzt jedoch voraus, dass der Zahnarzt nach seinen Kenntnissen und Erfahrungen zumindest Ansatzpunkte für eine Hilfe durch die neue Therapie hat.

653 Die Leistungen müssen zudem für eine zahnmedizinisch notwendige zahnärztliche Versorgung erforderlich sein. Die **zahnmedizinische Notwendigkeit** richtet sich nach den objektiven Erkenntnissen (Befunden) und ist immer dann gegeben, wenn und solange es nach den zum Zeitpunkt der Planung und Durchführung der Therapie erhobenen Befunden und den hierauf beruhenden Erkenntnissen vertretbar war, sie als notwendig anzusehen.[353] Nach der dem Zahnarzt zustehenden **allgemeinen Therapiefreiheit** hat er darüber zu entscheiden, welche Leistungen er in einem konkreten Behandlungsfall einsetzen will. Diese Beurteilung ist nach fachlichen Kriterien vorzunehmen. Bestehen **alternative Behandlungsmethoden,** so hat er die ihm im Einzelfall am geeignetsten erscheinende auszuwählen. Kostengesichtspunkte haben dabei außen vor zu bleiben. Allerdings erfolgt aus dem Behandlungsvertrag eine **Nebenpflicht des Zahnarztes,** den Patienten über bestehende Behandlungsmethoden und die damit verbundenen finanziellen Belastungen aufzuklären und mit dem Patienten unter Abwägung dieser Gesichtspunkte die konkret durchzuführende Behandlung im Vertrag zu fixieren. Bestehen gleichermaßen indizierte Behandlungsalternativen, muss der Zahnarzt den Patienten auch darüber aufklären, wenn diese mit unterschiedlichen Chancen und Risiken beziehungsweise Kostenbelastungen verbunden sind. Eine weitere Beratung über eine versicherungsvertragliche Absicherung eines Privatpatienten ist nicht erforderlich, da der Zahnarzt in die näheren Bestimmungen eines solchen Versicherungsvertrages keinen Einblick hat und **keine verantwortliche versicherungsrechtliche Beratung** vornehmen kann. Vielmehr hat der Zahlungspflichtige den Zahnarzt auf mögliche Erstattungseinschränkungen in dem von ihm abgeschlossenen Versicherungsvertrag hinzuweisen und unter Berücksichtigung dieser Tatsache eine eigenständige Entscheidung über die von ihm gewünschte Behandlungsmethode zu treffen.

654 **dd) Leistungen auf Verlangen.** Leistungen auf Verlangen des Zahlungspflichtigen nach § 1 Abs. 2 Satz 2 liegen nur dann vor, wenn **über das Maß einer zahnmedizinisch notwendigen zahnärztlichen Versorgung** hinausgehende Leistungen erbracht werden sollen. Grundsätzlich umfasst die GOZ alle zahnmedizinisch indizierten Behandlungsformen. Daher kann auch bei der Existenz von Behandlungsalternativen aus dieser Regelung nicht geschlossen werden, dass gegebenenfalls die teuerste Behandlungsalternative als zahnmedizinisch nicht notwendig anzusehen wäre. Nicht notwendig in diesem Sinne sind vielmehr nur solche Behandlungen, die **nicht Heilzwecken im Sinne einer Behandlung einer Erkrankung,** sondern ausschließlich anderen, wie etwa kosmetischen Zwecken dienen. Nicht darunter fallen Leistungen, die ästhetisch und zugleich zahnmedizinisch veranlasst sind. Dies gilt selbst dann, wenn der ästhetischen Komponente ein besonderes Gewicht zukommt. Auch im Bereich der vertragszahnärztlichen Versorgung sind Leistungen, die zumindest auch kosmetischen Zwecken dienen, so etwa die Verblendungen von Kronen und Brücken, innerhalb gewisser Grenzen zu erbringen. Daher kann auch im Rahmen der GOZ eine bestimmte Leistung nicht bereits deshalb als nur auf besonderes Verlangen des Zahlungspflichtigen hin als berechnungsfähig angesehen werden, weil sie gegenüber anderen Methoden eine komfortablere oder ästhetischere Versorgung darstellt. Der Patient würde damit im Ergebnis auf eine Minimalversorgung verwiesen.[354]

---

[353] BGH NJW-RR 1991, 1244.
[354] *Liebold / Raff / Wissing* § 1 Rn. 9.

Ziermann

Diese Leistungen sind nur berechnungsfähig, wenn sie vom Zahlungspflichtigen ausdrück- **655** lich verlangt werden. Nach § 2 Abs. 3 Satz 1 ist eine **schriftliche Vereinbarung** in einem Heil- und Kostenplan vorgesehen. Sollen auf Wunsch des Patienten Leistungen erbracht werden, die nach der Einschätzung des Zahnarztes nicht im Sinne von § 1 Abs. 2 Satz 1 für eine zahnmedizinisch notwendige Versorgung erforderlich sind, hat der Zahnarzt den Versicherten darauf hinzuweisen. Er kann solche Leistungen nur dann abrechnen, wenn sie vorher in einem Heil- und Kostenplan mit dem Patienten schriftlich vereinbart worden sind. Eine mündliche Vereinbarung reicht nicht mehr aus.

b) § 2 – Abweichende Vereinbarung. aa) Inhalt der Norm. In § 2 wird die **Zu-** **656** **lässigkeit der Vereinbarung einer abweichenden Gebührenhöhe** geregelt.[355] Eine abweichende Vereinbarung in der Form einer abweichenden Punktzahl oder eines abweichenden Punktwertes sind nicht zulässig. Notfall- und akute Schmerzbehandlungen dürfen nicht von einer abweichenden Vereinbarung abhängig gemacht werden. Eine abweichende Vereinbarung ist nur **nach persönlicher Absprache** im Einzelfall unter Angabe der Nummer und der Angabe der Leistung, dem vereinbarten Steigerungssatz, dem sich daraus ergebenden Betrag sowie einem Hinweis auf eine eventuell nicht sichergestellte Erstattung möglich. Weitere Erklärungen darf diese Vereinbarung nicht enthalten. Der Zahnarzt hat dem Zahlungspflichtigen einen Abdruck der Vereinbarung auszuhändigen. Die vereinbarten Leistungen und ihre Vergütung müssen in einem **Heil- und Kostenplan schriftlich** **vereinbart** werden. Er muss **vor Erbringung der Leistungen** erstellt werden. Darin müssen die einzelnen Leistungen und Vergütungen sowie die Feststellung enthalten sein, dass es sich um Leistungen auf Verlangen handelt und eine Erstattung möglicherweise nicht gewährleistet ist. Bei vollstationären, teilstationären sowie vor- und nachstationären privatzahnärztlichen Leistungen ist eine Vereinbarung nach Abs. 1 Satz 1 nur für vom Wahlzahnarzt persönlich erbrachte Leistungen zulässig.

Nach § 1 Abs. 1 werden grundsätzlich **abschließend** diejenigen Vergütungen in der **657** GOZ geregelt, die der Zahnarzt für seine beruflichen Leistungen in Rechnung stellen kann. Abweichende vertragliche Vereinbarungen zwischen dem Zahnarzt und dem Zahlungspflichtigen sind aber nach § 2 möglich und werden in ihren formalen und inhaltlichen Anforderungen näher geregelt.

Mit der Neufassung des § 2 Abs. 1 wird die Regelung über die individuelle abweichen- **658** de Vereinbarung mit dem Zahlungspflichtigen an die Formulierung der entsprechenden Regelung in der GOÄ angeglichen, ohne dass eine Änderung des Rechts herbeigeführt wurde. So enthält § 2 Abs. 1 Satz 3 klarstellend entsprechend der geltenden Rechtsgrundsätze zur unterlassenen Hilfeleistung eine Bestimmung, dass eine **zahnärztliche Hilfeleistung im Notfall** oder bei **akuter Schmerzbehandlung** nicht von abweichenden Vergütungsvereinbarungen abhängig gemacht werden darf. Wenn der Patient auf zahnärztliche Hilfe akut angewiesen ist, dann berührt dies die allgemeine Pflicht, im Unglücksfall Hilfe zu leisten und ergibt sich somit schon aus der berufsrechtlichen Verpflichtung des Zahnarztes.[356] Eine Honorarvereinbarung ist jedoch auch in Fällen der Notfall- und akuten Schmerzbehandlung nicht ausgeschlossen. Lediglich das Abhängigmachen der Hilfeleistung von einer solchen Vereinbarung ist verboten. In allen anders gelagerten Fällen darf die Behandlung seitens des Zahnarztes vom Abschluss einer abweichenden Vereinbarung abhängig gemacht werden. Es besteht **kein allgemeiner Kontrahierungszwang des Zahnarztes** auf der Grundlage der Bestimmungen der GOZ.[357]

bb) Abweichende Gebührenhöhe. Nach § 2 Abs. 1 kann eine abweichende Gebüh- **659** renhöhe vereinbart werden. Damit wird die Dispositionsfreiheit der Vertragspartner zu den in § 4 näher geregelten Gebühren eröffnet. Die weiteren in § 3 vorgesehenen Vergütungsbestandteile der Entschädigungen und des Ersatzes von Auslagen können nicht Gegenstand

---

[355] Vgl. dazu BVerfG vom 25. 10. 2004 – 1 BvR 1437/02; BVerfG vom 13. 2. 2001 – 1 BvR 2311/00.
[356] § 2 Abs. 5 d der Muster-Berufsordnung für Zahnärzte.
[357] *Liebold/Raff/Wissing* § 2 Rn. 2.

einer abweichenden Vereinbarung nach § 2 sein. Auch bei einer abweichenden Vereinbarung ist der Gebührenberechnung das Gebührenverzeichnis mit den jeweiligen Punktzahlen und -werten zugrunde zu legen. Einer abweichenden Vereinbarung muss daher ein bestimmter Steigerungssatz zugrunde liegen, da sich nach der Berechnungssystematik der GOZ, die keine Regelung der Gebührenhöhe darstellt und daher nicht der Dispositionsfreiheit des § 2 unterfällt, die Gebührenhöhe nur durch Multiplikation des jeweiligen Einfachsatzes des Gebührenverzeichnisses mit einem Steigerungssatz ergibt. Die Angabe eines **Steigerungssatzes** ist essentieller Inhalt der Rechnungslegung des Zahnarztes, wobei nach § 10 Abs. 1 die Fälligkeit der Vergütung von der Erteilung einer entsprechenden Rechnung abhängig gemacht wird. Von dem Berechnungsverfahren der GOZ kann daher nicht abgewichen werden. Die **Vereinbarung eines Pauschalhonorars** in Form eines festen Geldbetrages für die gesamte Behandlung oder für einzelne Leistungen ist daher **nicht möglich.** Die Vereinbarung eines abweichenden Punktwertes oder einer abweichenden Punktzahl wird in § 2 Abs. 1 Satz 2 ausdrücklich ausgeschlossen. Die GOZ enthält aber kein Verbot, einen Steigerungssatz innerhalb des Gebührenrahmens zu vereinbaren. § 2 Abs. 1 Satz 2 hat mithin nur klarstellende Funktion und keinen gesonderten Regelungsinhalt.

660 Die Bundeszahnärztekammer[358] empfiehlt in ihrer Kommentierung (Stand 20. Januar 2012) die Verwendung des nachfolgenden Musters:

Vereinbarung
gemäß § 2 Absatz 1 GOZ

zwischen

Herrn/Frau
Patient/Zahlungspflichtiger oder dessen gesetzlicher Vertreter
Anschrift

und

Herrn/Frau
Zahnarzt/Zahnärztin

Abweichend von der Gebührenordnung für Zahnärzte (GOZ) werden gemäß § 2 Abs. 1 GOZ für folgende Leistungen die aufgeführten Gebühren vereinbart:

Zahn/Gebiet/ Region	Gebühren- nummer	Bezeichnung der Leistung	Steigerungssatz	Betrag
			Summe	

Es wurde ausdrücklich darauf hingewiesen, dass eine Erstattung der Vergütung durch Erstattungsstellen möglicherweise nicht in vollem Umfang gewährleistet ist.

Dem Zahlungspflichtigen (oder dessen gesetzlichem Vertreter) wurde eine Ausfertigung dieser Vereinbarung ausgehändigt.

Ort, Datum

Unterschrift
Patient/Zahlungspflichtiger
oder dessen gesetzlicher Vertreter

Unterschrift
Zahnarzt/Zahnärztin

Die **Fixierung eines Steigerungssatzes** kann in einer abweichenden Vereinbarung **661** von den Vertragspartnern unabhängig von dem Gebührenrahmen und den Bemessungskriterien des § 5 vorgenommen werden. Es gelten lediglich die allgemein zivilrechtlichen Schranken, die zum Beispiel wucherähnliche Rechtsgeschäfte ausschließen sowie die Bestimmungen der Berufsordnung,[358] wonach die Honorarforderung des Zahnarztes angemessen sein muss. Eine **Begründungspflicht** besteht im Rahmen einer abweichenden Vereinbarung nicht, da sich der Rechtsgrund für den Steigerungssatz bereits aus der vertraglichen Vereinbarung und damit unabhängig von speziellen Begründungen unter Berücksichtigung der Bemessungskriterien des § 5 Abs. 2 ergibt. Das Aushandeln von Gebührensätzen für jede einzelne Leistung ist nicht zwingend.[359]

cc) Persönliche Absprache im Einzelfall. § 2 Abs. 2 bestimmt, dass eine abwei- **662** chende Vereinbarung nach § 2 Abs. 1 nur nach persönlicher Absprache im Einzelfall **schriftlich** zu treffen ist. Es werden die inhaltlichen Anforderungen entsprechend der Vorgaben der Rechtsprechung an die schriftliche Vereinbarung präzisiert. Neben der Nummer und der Bezeichnung der Leistung, dem vereinbarten Steigerungssatz und dem sich daraus ergebenden Betrag muss sie auch die Feststellung enthalten, dass die Erstattung der Vergütung durch Erstattungsstellen möglicherweise nicht in vollem Umfang gewährleistet ist. Auch hier handelt es sich um eine Angleichung an entsprechende Regelungen der GOÄ. Voraussetzung ist daher in jedem Fall ein persönliches Gespräch des Zahnarztes mit dem Zahlungspflichtigen, das dokumentiert werden sollte. Nach der Rechtsprechung des Bundesverfassungsgerichts hinsichtlich der Verhandlung über eine abweichende Vereinbarung und der diesbezüglichen Beweisführung sind hieran **keine übersteigerten Anforderungen** zu stellen.[360] Dem Zahnarzt kann auch nicht die Beweislast für das Stattfinden von Verhandlungen zugewiesen werden, denn ein solcher Beweis wäre kaum zu führen.

Die Folge dieses Schriftformerfordernisses ist, dass mündliche Vereinbarungen bezie- **663** hungsweise nachträgliche Abdingungen von vornherein unwirksam sind. Da die abweichende Vereinbarung nach § 2 Abs. 1 Satz 1 allerdings **vor Erbringung der Leistung des Zahnarztes** und nicht vor Erbringung der Behandlung insgesamt zu treffen ist, kann eine solche Vereinbarung somit auch hinsichtlich solcher Leistungen, die zu diesem Zeitpunkt noch nicht erbracht worden sind, während der laufenden Behandlung getroffen werden.

dd) Schriftform. Die Vereinbarung ist schriftlich im Sinne der Schriftform des § 126 **664** BGB zu treffen. Nach § 126 BGB setzt das die **Fixierung der Vereinbarung** in einer oder mehrerer gleichlautenden Urkunden voraus, die vom Aufsteller beziehungsweise der anderen Partei eigenhändig durch Namensunterschrift oder mittels notariell beglaubigten Handzeichens unterzeichnet werden. Die schriftliche Form kann durch die elektronische Form ersetzt werden. Der Vereinbarungsinhalt ist daher nach persönlicher Absprache im Einzelfall zwischen Zahnarzt und Zahlungspflichtigem festzulegen. Es wird aber ausweislich der Begründung[361] nicht ausgeschlossen, dass sich der Zahnarzt bei der Vereinbarung **vertreten lassen kann.** Eine persönliche Absprache zwischen Zahnarzt und Zahlungspflichtigem ist erforderlich. Es muss daher zumindest ein **persönlicher Kontakt** zwischen dem Zahnarzt und dem Zahlungspflichtigen stattgefunden haben, in dem über den Vereinbarungsinhalt gesprochen wurde. Die konkrete Ausformulierung der Vereinbarung im Einzelnen kann auch einem Dritten, etwa einem Praxismitarbeiter, überlassen werden. Erforderlich ist aber die **eigenhändige Unterzeichnung** durch den Aussteller. Aussteller muss in jedem Fall der Zahnarzt sein, der auch diese Vereinbarung persönlich unterzeichnen muss, sodass eine Stellvertretung nicht möglich ist. In § 2 Abs. 2 ist eine elektronische Form nicht ausgeschlossen. Es ist nach § 126a BGB dazu erforderlich, dass die Parteien

---

[358] § 15 Abs. 1 der Muster-Berufsordnung Zahnärzte.
[359] Beschluss des Bundeskabinetts vom 16. 11. 2011, S. 47.
[360] BVerfG MedR 2005, 160.
[361] Beschluss des Bundeskabinetts vom 16. 11. 2011, S. 47.

jeweils ein gleichlautendes elektronisches Dokument unter Hinzufügung ihrer Namen mit einer qualifizierten elektronischen Signatur nach dem Signaturgesetz versehen.

665   **ee) Inhalt der Vereinbarung.** Den Inhalt der Vereinbarung gibt § 2 Abs. 2 Satz 2 vor. In jedem Fall muss eine Angabe der jeweiligen Gebührennummer, der Bezeichnung der Leistung, des vereinbarten Steigerungssatzes und des sich daraus ergebenden Betrages enthalten sein. Die Vereinbarung muss den Hinweis enthalten, dass eine Erstattung der Vergütung durch Erstattungsstellen möglicherweise nicht in vollem Umfang gewährleistet ist. Weitere Erklärungen darf die Vereinbarung nicht enthalten. Daher ist es ratsam, alle weiteren Inhalte gegebenenfalls in ein gesondertes Merkblatt aufzunehmen.

666   Nach der bereits vorliegenden Rechtsprechung ist eine abweichende Vereinbarung grundsätzlich **nicht in allgemeinen Geschäftsbedingungen** möglich.[362] Unabhängig von dieser Rechtsprechung ist es aber grundsätzlich unschädlich, wenn für die abweichende Vereinbarung in der Praxis bereits vorbereitete Vordrucke verwendet werden. Auch in der Rechtsprechung ist anerkannt, dass im Hinblick auf die Bestimmung in § 2 Abs. 2 GOZ wesentliche Inhalte der Vereinbarungen notwendigerweise identisch sein müssen. Daher kann die Identität kein Kriterium für eine formularmäßige Gestaltung der Vereinbarung insgesamt sein.[363] Erforderlich ist eine **Individualvereinbarung** zu den in die abweichende Vereinbarung einzubeziehenden Gebührenziffern und der zu vereinbarenden Steigerungssätze. Das persönliche Gespräch sollte nach § 2 Abs. 2 Satz 1 zumindest in der zahnärztlichen Dokumentation vermerkt beziehungsweise vor Zeugen zum Beispiel in Anwesenheit von Praxismitarbeitern geführt werden, um im Zweifel einen entsprechenden Nachweis führen zu können.

667   Sollte sich eine abweichende Vereinbarung als **unwirksam erweisen,** wird dadurch der Bestand des zugrunde liegenden Behandlungsvertrages nicht berührt. Der Zahnarzt muss in diesen Fällen nachträglich eine Berechnung der Vergütung nach den allgemeinen Bestimmungen der GOZ und dabei insbesondere von § 5 vornehmen. Es ist eine neue Rechnung unter Berücksichtigung der allgemeinen Bestimmungen in § 10 zu stellen. Werden zahnärztliche Leistungen nach § 6 unter Zugrundelegung der Vorschriften in der GOÄ berechnet, gelten die Bestimmungen zur abweichenden Vereinbarung in § 2 GOÄ.

668   Der Zahnarzt hat nach § 2 Abs. 2 Satz 4 dem Zahlungspflichtigen einen **Abdruck der abweichenden Vereinbarung** auszuhändigen. Damit liegt noch kein Rechtsgeschäft vor. Nach der GOZ werden daran keine besonderen Anforderungen gestellt. Die Übergabe kann also auch durch Mitarbeiter des Zahnarztes vorgenommen werden. Gegebenenfalls kann der Zahlungspflichtige den Empfang des Schriftstücks durch Unterzeichnung quittieren.

669   Nach § 2 Abs. 3 Satz 1 müssen Leistungen, die **über das Maß einer medizinisch notwendigen Versorgung** hinausgehen, vom Patienten ausdrücklich verlangt werden. Sie müssen einschließlich ihrer Vergütung in einem Heil- und Kostenplan schriftlich vereinbart werden. Damit unterliegen alle sogenannten Verlangensleistungen nach § 1 Abs. 2 Satz 2 dem Erfordernis der **Erstellung eines schriftlichen Heil- und Kostenplans.** Da in diesem Fall die Beschränkungen des § 2 Abs. 1 nicht gelten, kann in einem Heil- und Kostenplan die Vergütung nicht nur in ihrer Höhe, sondern generell abweichend von den weiteren Bestimmungen der GOZ vereinbart werden. Es ist nicht erforderlich, einen besonderen Steigerungssatz vorzusehen. Es kann auch ein Pauschalhonorar vereinbart werden. Die allgemeinen Bestimmungen der GOZ sind dabei aber weiter zu beachten. Der Zahnarzt ist nach § 10 Abs. 3 Satz 3 generell bei jeder abweichenden Vereinbarung nach § 2 und damit auch bei einer Vereinbarung in einem Heil- und Kostenplan nach § 2 Abs. 3 verpflichtet, das Überschreiten des 2,3-fachen Steigerungssatzes auf Verlangen des Zahlungspflichtigen in der Rechnung zu begründen.

670   Der Heil- und Kostenplan muss **vor Erbringung der Leistungen** erstellt werden. Ziel der Regelung ist, dem Bedürfnis des Zahlungspflichtigen nach Information über die ge-

---

[362] BGHZ 115, 391; BVerfG vom 25. 10. 2004 – 1 BvR 1437/02.
[363] BVerfG vom 25. 10. 2004 – 1 BvR 1437/02, Rn. 39.

planten Leistungen und die voraussichtlich entstehenden Kosten und damit der Transparenz und dem Patientenschutz auch bei Verlangensleistungen Rechnung zu tragen. Es ist nicht erforderlich, dass der Heil- und Kostenplan bereits vor Beginn der Behandlung insgesamt erstellt wurde. Ausgeschlossen ist jedoch die Erstellung eines Heil- und Kostenplanes nach der Leistungserbringung.

In dem Heil- und Kostenplan sind die Leistungen und ihre Vergütungen schriftlich zu **671** vereinbaren. Es ist das **Schriftformerfordernis des § 126 BGB** zu beachten. Nicht erforderlich ist in diesem Fall die persönliche Absprache im Einzelfall zwischen Zahnarzt und Zahlungspflichtigem, da § 2 Abs. 2 Satz 1 keine Anwendung findet. Die **Unterzeichnung des Heil- und Kostenplanes** kann in Stellvertretung für den Zahnarzt erfolgen. Durch § 2 Abs. 3 Satz 3 wird abschließend klargestellt, dass in einem Heil- und Kostenplan auch solche Leistungen nach § 1 Abs. 2 Satz 2 vereinbart werden können, die nicht im Gebührenverzeichnis der GOZ aufgenommen sind.

Bei vollstationären, teilstationären sowie vor- und nachstationären privatzahnärztlichen **672** Leistungen ist eine Vereinbarung nach § 2 Abs. 1 Satz 1 nur für vom Wahlzahnarzt persönlich erbrachte Leistungen zulässig. Die Norm begrenzt die Möglichkeit einer abweichenden Honorarvereinbarung auf **persönlich vom Wahlzahnarzt** erbrachte Leistungen. Damit soll dem Interesse des Zahlungspflichtigen an der persönlichen Leistungserbringung durch den Wahlzahnarzt im Rahmen einer wahlzahnärztlichen Vereinbarung Rechnung getragen werden.[364] Abweichend von § 4 Abs. 2 ist in diesen Fällen eine **Leistungserbringung unter Aufsicht oder fachlicher Weisung nicht möglich.** Erfolgt die Leistungserbringung nicht persönlich, besteht auch nur der übliche Vergütungsanspruch nach der GOZ.

c) **§ 3 – Vergütungen.** § 3 nennt die **Arten der Vergütung** des Zahnarztes. Gebüh- **673** ren werden in § 4, Entschädigungen in § 8, Auslagen in § 4 Abs. 3 und § 9 näher definiert. Die Aufzählung ist abschließend.

d) **§ 4 – Gebühren. aa) Inhalt der Norm.** § 4 Abs. 1 erläutert den Begriff der Ge- **674** bühren. Gebühren sind Vergütungen für die **im Gebührenverzeichnis** (Anlage 1 zur GOZ) genannten zahnärztlichen Leistungen. Diese Definition ist jedoch nicht abschließend, weil der Zahnarzt bereits nach § 6 berechtigt ist, auch Analogberechnungen nach dem Gebührenverzeichnis der GOÄ vorzunehmen. Ferner kann er auch Leistungen und deren Vergütung in einem Heil- und Kostenplan nach § 2 Abs. 3 unabhängig von den Gebührenverzeichnissen mit dem Zahlungspflichtigen vereinbaren.

Nach § 4 Abs. 2 können grundsätzlich **nur eigene Leistungen des Zahnarztes** be- **675** rechnet werden, die von ihm persönlich erbracht worden sind. Das gilt auch für solche Leistungen, die für den Zahnarzt von anderen Zahnärzten erbracht werden, ohne dass diese selbständig abrechnungsberechtigt sind (insbesondere angestellte Zahnärzte). Der Zahnarzt ist auch berechtigt, Leistungen an nicht approbierte Hilfspersonen im gesetzlich zulässigen Umfang zu delegieren.[365] Den gesetzlich zulässigen Umfang der **delegationsfähigen Leistungen** bestimmt § 1 Abs. 5 und 6 ZHG. Approbierte Zahnärzte können ausschließlich die nachfolgenden Tätigkeiten an dafür qualifiziertes Prophylaxe-Personal mit abgeschlossener Ausbildung wie zahnmedizinische Fachhelferin, weitergebildete Zahnarzthelferin, Prophylaxehelferin oder Dental-Hygienikerin delegieren: Herstellung von Röntgenaufnahmen, Entfernung von weichen und harten sowie klinisch erreichbaren subgingivalen Belägen, Füllungspolituren, Legen und Entfernen provisorischer Verschlüsse, Herstellung provisorischer Kronen und Brücken, Herstellung von Situationsabdrücken, Trockenlegen des Arbeitsfeldes relativ und absolut, Erklärung der Ursache von Karies und Parodontopathien, Hinweise zu zahngesunder Ernährung, Hinweise zu häuslichen Fluoridierungsmaßnahmen, Motivation zu zweckmäßiger Mundhygiene, Demonstration und praktische Übungen zur Mundhygiene, Remotivation, Einfärben der Zähne, Erstellen von Plaque-

---

[364] Beschluss des Bundeskabinetts vom 16. 11. 2011, S. 48.
[365] S. o. Allgemeiner Teil A Rn. 49, 63.

Indizes, Erstellen von Blutungs-Indizes, Kariesrisikobestimmung, lokale Fluoridierung zum Beispiel mit Lack oder Gel, Versiegelung von kariesfreien Fissuren. In der Kieferorthopädie können folgende Tätigkeiten an zahnmedizinische Fachhelferinnen, weitergebildete Zahnarztarzthelferinnen oder Dental-Hygienikerinnen delegiert werden: Ausligieren von Bögen, Einligieren von Bögen im ausgeformten Zahnbogen, Auswahl und Anprobe von Bändern an Patienten, Entfernen von Kunststoffresten und Zahnpolitur auch mit rotierenden Instrumenten nach Bracketentfernung durch den Zahnarzt. Eine Delegation begründet jedoch keine Berechtigung für die nicht approbierten Hilfspersonen, zahnärztliche Leistungen selbständig zu erbringen. Vielmehr dürfen Hilfspersonen nur nach einer entsprechenden Beauftragung durch den Zahnarzt und unter seiner Aufsicht und Anleitung tätig werden.[366]

676 **bb) Selbständige zahnärztliche Leistungen.** Nach § 4 Abs. 2 Satz 2 können nur selbständige zahnärztliche Leistungen berechnet werden. Dabei handelt es sich um Leistungen, die einer Leistungsbeschreibung im Gebührenverzeichnis entsprechen. Sind diese jedoch Bestandteil oder besondere Ausführung einer anderen Leistung nach dem Gebührenverzeichnis, kann eine Abrechnung nicht erfolgen, wenn der Zahnarzt für diese andere Leistung eine Gebühr berechnet. Die **Doppelberechnungen von Teilleistungen** soll ausgeschlossen werden. Eine Leistung ist dann Bestandteil einer umfassenden Leistungsposition, wenn sie notwendiger- oder typischerweise in unmittelbarem Zusammenhang mit einer umfassenderen Leistungsposition erbracht wird. Entscheidend ist dabei ein technischer und zeitlicher Zusammenhang mit der umfassenderen Leistungsposition. Soweit sich aus dem Gebührenverzeichnis nichts anderes ergibt, ist aber regelmäßig davon auszugehen, dass jede im Gebührenverzeichnis enthaltene Nummer neben jeder anderen berechnungsfähig ist.

677 Ausgeschlossen ist die Berechnungsfähigkeit solcher Leistungen, die nach § 4 Abs. 2 Satz 2 lediglich eine **besondere Ausführung einer anderen Leistung** darstellen. Modifikationen der Leistungserbringung und damit eventuell verbundenen Erschwerungen oder zeitliche Verlängerungen der Leistungserbringung sind daher gegebenenfalls durch eine entsprechende Anpassung des Steigerungssatzes im Rahmen von § 5 Abs. 2 oder durch Abschluss einer abweichenden Vereinbarung nach § 2 Rechnung zu tragen.

678 **cc) Zielleistungsprinzip.** § 4 Abs. 2 enthält das sogenannte Zielleistungsprinzip hinsichtlich **operativer Leistungen.** Damit sollen ausweislich der Begründung[367] Doppelvergütungen vermieden werden. Nach § 4 Abs. 2 Satz 3 bezieht sich die Vorschrift nur auf operative Leistungen. Sie entspricht einer Regelung der GOÄ, die durch Beschluss des Bundesrates zur Vierten Verordnung zur Änderung der GOÄ in § 4 Abs. 2a Satz 2 GOÄ aufgenommen wurde und dient der Klarstellung und Verdeutlichung der Anwendung des Ziel- und Komplexleistungsprinzips auch im operativen Bereich. Für den Bereich der operativen Leistungen hat dies wegen der Vielzahl operativer Gebührenpositionen und im Hinblick auf deren Kombinierbarkeit besondere Bedeutung. Daher wird die Geltung des Zielleistungsprinzips ausdrücklich hervorgehoben. Ausdrücklich wird aber lediglich eine Parallelabrechnung operativer Leistungen ausgeschlossen. Nicht ausgeschlossen sind die Parallelabrechnungen weiterer Leistungen nicht operativer Art, die im Zusammenhang mit operativen Leistungen erbracht werden. Die Regelung beruht auf der Annahme, dass der Verordnungsgeber bei der Kalkulation der operativen Leistung alle methodisch notwendigen Einzelschritte berücksichtigt hat.

679 Eine nähere **Konkretisierung des Zielleistungsprinzips** nimmt § 4 Abs. 2 Satz 4 vor. Eine Leistung ist nach dieser Definition methodisch notwendiger Bestandteil einer anderen Leistung, wenn sie inhaltlich von der Leistungsbeschreibung der anderen Leistung (Zielleistung) umfasst und in deren Bewertung berücksichtigt worden ist. Erforderlich ist daher, dass zum einen die Leistungsbeschreibung der „Zielleistung" ausdrücklich die andere Leistung zu

---

[366] Vgl. § 19 Abs. 3 Muster-Berufsordnung Zahnärzte.
[367] Beschluss des Bundeskabinetts vom 16. 11. 2011, S. 48.

ihrem Bestandteil macht. Zusätzlich muss die Leistung auch in der Bewertung der Leistung berücksichtigt worden sein. Das ist stets dann nicht der Fall, wenn die Vergütung des möglichen Leistungsbestandteils außer Verhältnis zur Vergütung der vermeintlichen Zielsetzung steht. Diese Definition geht auf die Rechtsprechung des BGH zum Zielleistungsprinzip bei der Abrechnung operativer Leistungen zurück.[368] Der BGH hat ausgeführt, dass die Zuordnung einer Leistung zu einer anderen als methodisch notwendiger Bestandteil nicht allein danach beantwortet werden könne, ob sie im Einzelfall nach den Regeln der ärztlichen Kunst notwendig ist, damit die Zielleistung erbracht werden kann. Nach einem abstrakt generellen Maßstab soll wegen des abrechnungstechnischen Zwecks dieser Bestimmung vor allem der Inhalt und der systematische Zusammenhang der in Rede stehenden Gebührenposition beachtet und deren Bewertung berücksichtigt werden. Durch diese Regelung wird daher eine **Abrechnung von technischen Weiterentwicklungen** auch dann nicht ausgeschlossen, wenn sie nicht bloß eine Modifikation einer bereits bestehenden und vom Gebührenverzeichnis umfassten Leistung darstellen, sondern tatsächlich eine inhaltlich abweichende Leistungserbringung erfolgt. § 4 Abs. 2 stellt daher **keinen Innovationsausschluss** dar. Es ist danach zu unterscheiden, inwieweit eine bloße Modifikation oder methodische Variation in der Erbringungsphase einer bereits im Gebührenverzeichnis aufgeführten Leistung oder aber eine von dieser Leistungsbeschreibung gerade nicht mehr umfasste andersartige Leistungserbringung vorliegt. Ist nur eine der in § 4 Abs. 2 Satz 4 genannten Voraussetzungen nicht erfüllt, kann die Leistung gesondert berechnet werden.

dd) Vertragszahnärztliche Versorgung. Nach der ständigen Rechtsprechung des 680 Bundessozialgerichts[369] im Bereich der **vertragszahnärztlichen Versorgung** ist danach zu unterscheiden, ob die jeweilige Leistung bereits in dem Leistungsverzeichnis enthalten ist oder nicht. Liegt eine Leistung vor, die nach ihrer zahnmedizinischen oder technischen Erbringung keinen Leistungsbeschreibungen des Gebührenverzeichnisses entspricht, liegt eine neue Leistung vor, die nach § 6 einer Analogabrechnung unterliegen kann. Liegt lediglich eine Modifikation der Leistungserbringung vor, ist ein damit möglicherweise verbundener Mehraufwand im Rahmen der Bestimmung des Steigerungssatzes nach § 5 Abs. 2 zu berücksichtigen. Sollte der Gebührenrahmen hierfür nicht ausreichen, kann die Leistung nur auf der Grundlage einer besonderen Vereinbarung nach § 2 Abs. 2 erbracht und abgerechnet werden. Es ist daher eine Vereinbarung zwischen Zahnarzt und Zahlungspflichtigem über die Erbringung dieser innovativen Leistung zu treffen. Alternativ kann der Zahlungspflichtige entscheiden, ob er unter Berücksichtigung der damit verbundenen Mehraufwendungen eine alternative, weniger aufwendige Leistung in Anspruch nehmen will.[370]

ee) Praxiskosten. Nach § 4 Abs. 3 Satz 1 sind mit den Gebühren auch sämtliche Pra-681 xiskosten[371] einschließlich der Kosten für Füllungsmaterial, für Sprechstundenbedarf, für die Anwendung von Instrumenten und Apparaten sowie für Lagerhaltung **abgegolten.** Das gilt, soweit im Gebührenverzeichnis nicht etwas anderes bestimmt ist. Der Verordnungsgeber geht davon aus, dass bei der Gebührenfestlegung im Einzelfall die mit der jeweiligen Leistung verbundenen Kosten in vollem Umfang berücksichtigt worden sind. Mit Ausnahme der in § 9 besonders geregelten Kosten für zahntechnische Leistungen sind nur noch solche Kosten gesondert berechnungsfähig, die **im Gebührenverzeichnis ausdrücklich aufgeführt** werden. § 10 GOÄ sieht eine gesonderte Berechnungsfähigkeit von Materialien vor. Eine sachliche Rechtfertigung für diese Ungleichbehandlung in der GOZ gegenüber der Regelung in der GOÄ ist aber nicht ersichtlich.

Der BGH[372] hat entschieden, dass der Zahnarzt **Auslagenersatz nach § 10 GOÄ** nur 682 für solche Materialien verlangen kann, die im Zusammenhang mit einer nach § 6 Abs. 1

[368] BGH vom 5. 6. 2008 – III ZR 239/07.
[369] BSGE 81, 54; BSG vom 16. 9. 1997 – 1RK17/95.
[370] *Liebold/Raff/Wissing* § 4 Rn. 10.
[371] Für den Bereich der vertragszahnärztlichen Versorgung BSGE 68, 102.
[372] BGH NJW-RR 2004, 1198.

eröffneten ärztlichen Leistung verwendet worden sind. Außerhalb des durch § 6 Abs. 1 eröffneten Bereichs kommt eine entsprechende Anwendung des § 10 GOÄ für den Auslagenersatz im Zusammenhang mit zahnärztlichen Leistungen nicht in Betracht.

683 Sind Materialien nach dem Gebührenverzeichnis der GOZ nicht berechnungsfähig, sind die Kosten nach § 4 Abs. 3 mit den Gebühren abgegolten.[373] Für den Ersatz von Auslagen für zahntechnische Leistungen ist § 9 zu beachten.

684 **ff) Aufwendungen für Lagerhaltung.** § 4 Abs. 3 bestimmt ausdrücklich, dass mit den Gebühren auch die Aufwendungen für Lagerhaltungen **abgegolten** sind. Es handelt sich also um eine Klarstellung infolge der genannten BGH-Rechtsprechung zum Auslagenersatz. Gesondert berechnungsfähig sind insbesondere Abformmaterialien, Anästhetika, antibakterielle Materialien, atraumatisches Nahtmaterial, einmal verwendbare Knochenkollektor oder -schaber, Implantate, Implantatteile, Einmal-Implantatfräsen, Knochenersatzmaterial, konfektionierte apikale Stiftsysteme, konfektionierte Kronen, konfektionierte Provisorien, Material zur Förderung der Blutgerinnung, Materialen zur Förderung der Geweberegeneration, Materialien zum Verschluss von oberflächlichen Blutungen, Material zur Fixierung von Membranen, Medikamententräger, Nickel-Titan-Instrumente zur Wurzelkanalaufbereitung, nur einmal verwendbare Explantantionsfräsen, Verankerungselemente.

685 **gg) Kosten für die Inanspruchnahme Dritter.** Nach § 4 Abs. 3 Satz 2 sind auch Kosten, die dem Zahnarzt für die Inanspruchnahme Dritter entstehen, die nach der GOZ nicht selbst liquidationsberechtigt sind, mit den Gebühren **abgegolten.** Dabei kann es sich um Leistungen nicht-zahnärztlicher Hilfspersonen handeln, die keine zahntechnischen Leistungen erbringen und nicht Praxispersonal des Zahnarztes sind. In Betracht kommen Personal- und Materialkosten bei ambulanten zahnärztlichen Behandlungen im Krankenhaus, da diese Kosten nicht dem Zahnarzt, sondern dem Krankenhaus entstehen. Eine gesonderte Berechnung dieser Kosten durch das Krankenhaus gegenüber dem Zahlungspflichtigen ist ausgeschlossen. Das Krankenhaus kann seine fallbezogenen Kosten in solchen Fällen nur dem Zahnarzt gegenüber geltend machen.

686 **hh) Keine Berechnung gegenüber dem Zahlungspflichtigen.** Nach § 4 Abs. 4 Satz 1 können mit den Gebühren abgegoltene Kosten dem Zahlungspflichtigen gegenüber nicht berechnet werden. Insofern wird der in § 4 Abs. 3 festgelegte Grundsatz nochmals wiederholt. Auch eine eventuelle **Abtretung** eines Vergütungsanspruches in Höhe solcher Kosten gegenüber dem Zahlungspflichtigen ist nach § 4 Abs. 4 Satz 2 unwirksam. Eine Aufspaltung des einheitlichen Vergütungsanspruches des Zahnarztes wird damit verhindert. Grundsätzlich ist eine Abtretung zwar möglich, allerdings dem Zahlungspflichtigen gegenüber unwirksam mit der Folge, dass dieser auch dann den Gesamtrechnungsbetrag an den Zahnarzt mit befreiender Wirkung leisten kann.

687 **ii) Leistungserbringung durch Dritte.** Dem Zahnarzt obliegt eine **besondere Hinweispflicht** gegenüber dem Zahlungspflichtigen für den Fall, dass Leistungen durch Dritte erbracht werden sollen, die dem Zahlungspflichtigen von dem Dritten unmittelbar in Rechnung gestellt werden (§ 4 Abs. 5). Diese Verpflichtung besteht nur bei gesondert berechenbaren Leistungen Dritter, wie zum Beispiel ein vom Zahnarzt veranlasster Krankentransport oder die konsiliarische Hinzuziehung anderer Zahnärzte oder Ärzte sowie bei Überweisungen an Zahnärzte oder Ärzte. Hier genügt allerdings ein Hinweis des Zahnarztes, dass die dadurch verursachten Kosten dem Zahlungspflichtigen nicht vom Zahnarzt, sondern von Dritten in Rechnung gestellt werden. Darüber hinausgehende Hinweis- oder Beratungspflichten bestehen auch hinsichtlich der Höhe der zu erwartenden Kosten nicht.[374]

688 **e) § 5 – Bemessung der Gebühren für Leistungen des Gebührenverzeichnisses. aa) Inhalt der Norm.** § 5 legt einen **Gebührenrahmen** zwischen dem 1-fachen und 3,5fachen des Gebührensatzes, einen Punktwert sowie eine kaufmännische Rundungsregelung bei der Gebührenberechnung fest. Mit der Ergänzung im zweiten Halbsatz wird klar-

---

[373] Vgl. BGH NJW-RR 2004, 1198.
[374] *Liebold/Raff/Wissing* § 4 Rn. 16.

gestellt, dass die Rundung einmal nach Abschluss der Gesamtrechnungsganges durchgeführt wird. Darüber hinaus werden die bei der Gebührenbemessung zu berücksichtigenden Umstände der Schwierigkeit und des Zeitaufwandes der einzelnen Leistungen sowie die Umstände bei der Ausführung einer Regelung zugeführt. § 5 enthält außerdem eine Klarstellung, dass der 2,3-fache Gebührensatz die nach Schwierigkeit und Zeitaufwand **durchschnittliche Leistung** abbildet.

bb) Bemessung der Höhe der Gebühren. § 5 Abs. 1 Satz 1 regelt eine nur im Rah- **689** men einer abweichenden Vereinbarung nach § 2 dispositive, im Übrigen für den Zahnarzt aber **verbindliche Regelung** der Bemessung der Höhe der Gebühren im Sinne von § 4. Dem Zahnarzt ist ein sogenannter Gebührenrahmen zwischen dem 1fachen und 3,5-fachen des Gebührensatzes der jeweiligen Leistung vorgegeben. Nach der Legaldefinitionen in § 5 Abs. 1 Satz 2 ist der Gebührensatz der Betrag, der sich ergibt, wenn die Punktzahl der einzelnen Leistungen des Gebührenverzeichnisses mit dem Punktwert, der weiterhin 5,62421 Cent beträgt, vervielfacht wird.

In der Begründung[375] wird ausgeführt, durch die Neufassung der GOZ ergebe sich zu- **690** sätzliches **Honorarvolumen in Höhe von etwa 6%.** Die Vergütung des einzelnen Punktes innerhalb der GOZ bleibt jedoch auch 23 Jahre nach Inkrafttreten der vorherigen GOZ auf unabsehbare Zeit unverändert. Bereits bei der Neufassung der GOZ[376] zum 1. 1. 1988 wurde insgesamt eine kostenneutrale Fortführung der bisherigen BUGO-Z[377] erzielt, ohne dass dadurch eine Änderung des Gebührenvolumens erfolgt ist. Obwohl der Verordnungsgeber nach § 15 ZHG auch verpflichtet ist, die berechtigten Interessen der Zahnärzte bei der Regelung der Entgelte zu berücksichtigen, erfolgte **keine systematische Anpassung der Vergütungen** an die veränderten Gegebenheiten, die insbesondere auch durch die zwischenzeitlichen Steigerungen des allgemeinen Lohnniveaus sowie der Praxiskosten im Übrigen bedingt sind. Gegenüber der Ärzteschaft stellt diese unveränderte Fortschreibung der zahnärztlichen Vergütungen in der GOZ eine sachlich durch nichts gerechtfertigte Ungleichbehandlung der Zahnärzte dar. Im Bereich der ärztlichen Vergütungen wurden seit dem Jahr 1996 höhere Vergütungen vorgesehen. Eine Begründung für die Ungleichbehandlung lässt sich auch nicht aus den Aussagen in der Begründung[378] entnehmen, in denen auf die durchschnittlichen Einnahme-Überschüsse aus privatzahnärztlicher und vertragszahnärztlicher Tätigkeit in den Jahren 1992–2008 verwiesen wird. Der Verordnungsgeber greift im Bereich der zahnärztlichen Privatvergütungen ein Verfahren der Betrachtung eines Globalbudgets auf, das aus dem Bereich der vertragszahnärztlichen Versorgung bekannt ist. Das wird durch die Verpflichtung der Bundesregierung in § 12 unterstrichen, dem Bundesrat bis Mitte 2015 über die finanziellen Auswirkungen der Neufassung der GOZ zu berichten. Nach der Begründung[379] wird eine damit verbundene Kostensteigerung von mehr als 6% schon jetzt als nicht sachgerecht bewertet. Sollte sich im Rahmen der Nachbeobachtung der Entwicklung der Ausgaben für privatzahnärztliche Leistungen zeigen, dass der tatsächliche Honoraranstieg nach Inkrafttreten der Verordnung unter oder über 6% vom Hundert liege, werde eine Anhebung beziehungsweise Absenkung des Punktwertes zu prüfen sein.

Das Bundesverfassungsgericht[380] hat in einer Entscheidung zur GOÄ bestätigt, dass der Ge- **691** setzgeber auf der Grundlage der Bestimmungen in den Heilberufsgesetzen grundsätzlich berechtigt ist, **Beschränkungen der Berufsausübung** in der Form von gesetzlichen Vergütungsregelungen vorzunehmen und sowohl Bestimmungen über die Gebührenhöhe als

---

[375] Beschluss des Bundeskabinetts vom 16. 11. 2011, S. 42.
[376] GOZ vom 22. 10. 1988, BGBl. I S. 2316, zuletzt geändert durch Art. 18 des Gesetzes vom 4. 12. 2001, BGBl. I S. 3320.
[377] Vom 18. 3. 1965, BGBl. I S. 123 ff.
[378] Beschluss des Bundeskabinetts vom 16. 11. 2011, S. 41.
[379] Beschluss des Bundeskabinetts vom 16. 11. 2011, S. 56.
[380] BVerfG 12. 12. 1984 – 1 BvR 1249/83.

auch über die Gebührenabrechnung zu erlassen. Dabei ist jedoch ein Ausgleich zwischen den widerstreitenden Interessen von Zahnärzten und Patienten herbeizuführen, wonach weder ein zu hohes Entgelt zu entrichten ist noch ein zu geringes Honorar gefordert werden darf. Die Grenzen der Zumutbarkeit hat das Bundesverfassungsgericht dort gesehen, wo unangemessen niedrige Einkünfte zugemutet werden und auf der Grundlage der bestehenden Vergütungsregelungen eine wirtschaftliche Existenz generell nicht mehr möglich ist.[381]

692   In einer weiteren Entscheidung hat das Bundesverfassungsgericht[382] eine Beschwerde wegen der fehlenden **Anpassung der GOZ-Punktwerte** nicht zur Entscheidung angenommen, da eine Verletzung von Grundrechten oder grundrechtsgleichen Rechten jedenfalls so lange nicht ersichtlich sei, als der beschwerdeführende Zahnarzt von Gestaltungsmöglichkeiten der GOZ keinen Gebrauch macht. Zahnärzte sind daher im Wesentlichen auf die Möglichkeit einer Steigerung der Einfachsätze beziehungsweise auf abweichende Vereinbarungen verwiesen. Das Bundesverfassungsgericht ist daher bislang nicht in eine weitere verfassungsrechtliche Prüfung eingetreten.

693   Auch das Bundessozialgericht[383] hat für den Bereich der **vertragszahnärztlichen Versorgung** ausgeführt, dass vertragszahnärztliche Vergütungen nicht einmal kostendeckend sein müssen, solange insgesamt eine Vergütung zur Verfügung steht, die in aller Regel dazu führt, dass das aus der vertragszahnärztlichen Tätigkeit erzielbare Einkommen Zahnärzten hinreichend Anreiz bietet, an der vertragszahnärztlichen Versorgung in einem Umfang mitzuwirken, die eine Sicherstellung der vertragszahnärztlichen Versorgung ermöglicht. Verfassungsrechtliche Grenzen sind daher für eine weitere Abschmelzung der Vergütung durch deren permanente Fortschreibung ohne Berücksichtigung der zwischenzeitlichen Kostensteigerungen kaum noch auszumachen.[384]

694   Die bisher in § 5 Abs. 1 Satz 4 vorgesehene Abrundung der Gebühren ist auf eine **kaufmännische Rundung** umgestellt worden. Bisher waren Bruchteile von Cent auf volle Centbeträge abzurunden. Nach der neuen Bestimmung erfolgt eine Aufrundung, wenn sich die ergebenden Bruchteile eines Cent 0,5 und mehr betragen. Eine Klarstellung findet sich im zweiten Halbsatz. Danach hat die Rundung nach Bildung des jeweiligen Betrages durch Multiplikation der Punktzahl mit dem Punktwert und dem jeweiligen Steigerungsfaktor zu erfolgen.

695   **cc) Gebührenrahmen.** Unverändert geblieben ist der vorgeschriebene Gebührenrahmen, der mit dem **1-fachen und dem 3,5-fachen des Gebührensatzes** die untere beziehungsweise obere Grenze definiert. Damit wird die übliche Abrechnungspraxis nachvollzogen. Innerhalb dieses Gebührenrahmens erfolgt nach der Bewertung des Verordnungsgebers eine angemessene Vergütung sowohl für Leistungen, die ohne jegliche Schwierigkeit, mit geringstem Zeitaufwand und ohne besondere Kostenbelastung erbracht werden können als auch für Leistungen, die in allen Bereichen mit hohen Belastungen verbunden sind. In § 5 Abs. 2 Satz 4 ist klargestellt worden, dass der 2,3-fache Gebührensatz die nach Schwierigkeit und Zeitaufwand durchschnittliche Leistung abbildet.

696   Es handelt sich auch um eine Klarstellung im Nachgang zur diesbezüglichen Rechtsprechung des Bundesgerichtshofes.[385] Der BGH hat entschieden, dass ein Arzt berechtigt ist, **Leistungen durchschnittlicher Schwierigkeit** mit dem jeweiligen Regelhöchstsatz der GOÄ und mit dem 2,3-fachen des Einfachsatzes abzurechnen. Damit wird entgegen teilweise anderslautender Entscheidungen in der Vergangenheit nunmehr ausdrücklich geregelt, dass ein in jeder Hinsicht durchschnittlicher Fall nach dem 2,3-fachen Gebührensatz abzurechnen ist. Eine Überschreitung des 2,3-fachen Gebührensatzes kann daher nicht nur bei ganz außergewöhnlich hohen Schwierigkeiten oder Zeitaufwendungen, sondern bereits

---

[381] BVerfGE 101, 331 (350 ff.).
[382] BVerfG vom 13. 2. 2001 – 1 BvR 2311/00.
[383] BSGE 88, 20.
[384] *Liebold/Raff/Wissing* § 5 Rn. 6.
[385] BGH vom 8. 11. 2007 – III ZR 54/07.

dann möglich sein, wenn eine geringfügig überdurchschnittliche Fallgestaltung vorliegt. § 5 Abs. 2 Satz 4 2. Halbsatz regelt auch die Zulässigkeit einer Überschreitung dieses Gebührensatzes, wenn **allgemeine Besonderheiten der Bemessungskriterien** dies rechtfertigen. Weitere Anforderungen werden damit nicht gestellt.

Der Spielraum, innerhalb dessen der Zahnarzt **über- oder unterdurchschnittlich belastende Leistungserbringungen** bei der Gebührenbemessung Rechnung tragen kann, ist somit unterschiedlich ausgeprägt. Für unterdurchschnittliche Fälle steht dem Zahnarzt ein Spielraum zwischen dem 1fachen und dem 2,3-fachen Gebührensatz zur Verfügung. Der Spielraum für die angemessene Berücksichtigung überdurchschnittlich belastender Leistungserbringungen wird auf das 2,3-fache bis 3,5-fache des Gebührensatzes beschränkt. Es ist davon auszugehen, dass bei besonders schwierigen beziehungsweise zeitaufwändigen Leistungserbringungen in größerem Maße als bei besonders leichten Fällen das Bedürfnis bestehen wird, zur Sicherung einer angemessenen Vergütung den in § 5 vorgesehenen Gebührenrahmen zu verlassen. Dem Zahnarzt steht dafür eine abweichende Vereinbarung nach § 2 zur Verfügung, über die er aber zuvor mit dem Zahlungspflichtigen eine Einigung herbeiführen muss. Kann eine abweichende Vereinbarung mit dem Zahlungspflichtigen nicht geschlossen werden, muss der Zahnarzt daher mit Ausnahme von Schmerz- und Notfallbehandlungen entscheiden, ob er auf eine angemessene Vergütung für die jeweilige Leistungserbringung durch eine Abrechnung innerhalb des Gebührenrahmens verzichtet oder aber die jeweilige Leistungserbringung ablehnt. Der Zahnarzt unterliegt abgesehen von Schmerz- und Notfallbehandlungen **keinem allgemeinen Kontrahierungszwang.** In solchen Fallgestaltungen ist daher eine Ablehnung der Behandlung sowohl berufsrechtlich als nach den Bestimmungen der GOZ zulässig.

dd) Gebührenbestimmung nach billigem Ermessen. Der Zahnarzt kann die konkreten Gebühren nach § 5 Abs. 2 Satz 1 nach billigem Ermessen bestimmen. Mit dieser Regelung wird der allgemeine zivilrechtliche Grundsatz des § 315 BGB konkretisiert. Ist die Leistung von einem Vertragspartner zu bestimmen, so ist die Bestimmung im Zweifel nach billigem Ermessen zu treffen. Eine willkürliche oder in das freie Belieben des Zahnarztes gestellte Gebührenbestimmung ist ausgeschlossen. Vielmehr ist eine unter **Berücksichtigung der Interessen beider Vertragspartner** oder der in vergleichbaren Fällen **üblicherweise** geforderten Gebühren angemessene Gebührenhöhe zu bestimmen. Es besteht jedoch ein Entscheidungsspielraum, sodass in der Regel nicht eine ganz bestimmte, sondern mehrere Gebühren als angemessen denkbar sind. Bei der Ausübung des billigen Ermessens sind nach § 5 Abs. 2 Satz 1 und 2 bestimmte Bemessungskriterien zu berücksichtigen. Es handelt sich dabei um die Schwierigkeit und den Zeitaufwand der einzelnen Leistungen sowie die Umstände bei der Ausführung. Nicht eine Berücksichtigung der Umstände der jeweiligen Behandlung, sondern der einzelnen Leistungen hat dabei zu erfolgen. Somit ist eine einzelleistungsbezogene Gebührenbestimmung vorzunehmen. Eine generelle Gebührenbestimmung, die individuellen Gegebenheiten der einzelnen Leistungserbringungen nicht gerecht wird, würde den Anforderungen des § 5 Abs. 2 nicht entsprechen. Aus dem Umstand, dass jede Gebührenbestimmung, die für jede Leistung einen einheitlichen Steigerungssatz vorsieht, bereits die Vermutung eines Verstoßes nach § 5 Abs. 2 stützen würde, folgt daraus jedoch nicht. Für die Angemessenheit und Wirksamkeit der Gebührenbestimmung ist es nämlich unerheblich, ob und in welchem Umfang für andere Leistungen beziehungsweise in anderen Behandlungsfällen eine gleichartige oder abweichende Gebührenbestimmung erfolgt ist. Die vom Zahnarzt zu berücksichtigenden Bemessungskriterien können sich auf alle in einem Behandlungsfall zu erbringenden Leistungen auswirken, so dass auch für alle Leistungen ein einheitlicher Steigerungssatz festzusetzen ist. Der Ansatz eines **einheitlichen Steigerungssatzes** in einem Behandlungsfall wird daher nur dann nicht den Anforderungen des § 5 Abs. 2 gerecht, wenn er nicht auf einer tatsächlichen Ermessensausübung durch den Zahnarzt basiert. Das ist im Einzelfall nachzuweisen.

ee) Zeitaufwand. Die Gebühren innerhalb des Gebührenrahmens sind unter Berücksichtigung des Zeitaufwandes der einzelnen Leistungen nach § 5 Abs. 2 Satz 1 zu bestimmen. Der Zahnarzt hat eine Orientierung an dem **durchschnittlichen Zeitaufwand** für die konkrete Leistung vorzunehmen, wobei nicht auf einen zu objektivierenden Durchschnittszahnarzt, sondern auf die individuellen Zeitaufwendungen des jeweils behandelnden Zahnarztes abzustellen ist. § 5 Abs. 2 Satz 1 sieht als Bemessungskriterien die Schwierigkeit, den Zeitaufwand der einzelnen Leistungen sowie die Umstände bei der Ausführung vor. Diese Bemessungskriterien stehen **gleichberechtigt nebeneinander.** Dies ergibt sich bereits daraus, dass der Zahnarzt die konkrete Gebühr unter Berücksichtigung dieser Kriterien nach billigem Ermessen zu bestimmen hat. Fließen mehrere Gesichtspunkte in die Bemessung ein, ist keine schematische Aufteilung der Kriterien erforderlich.

700 **ff) Schwierigkeit der Leistung.** Das Bemessungskriterium der Schwierigkeit der Leistung ist vom Zahnarzt unter **fachlichen Gesichtspunkten** zu berücksichtigen. Es scheiden nach § 5 Abs. 2 Satz 3 GOZ aber solche Aspekte aus, die bereits in der Leistungsbeschreibung des Gebührenverzeichnisses berücksichtigt sind. So kann beispielsweise die Tatsache, dass ein zu entfernender Zahn tief zerstört ist, nicht als Begründung für eine besondere Schwierigkeit im Sinne von § 5 Abs. 2 herangezogen werden. Dieser Aspekt wird bereits in der Leistungsbeschreibung der Gebührennummer 3012 und in der Punktzahlbewertung berücksichtigt.

701 Die Schwierigkeit der einzelnen Leistung kann nach § 5 Abs. 2 Satz 2 auch durch die Schwierigkeit des Krankheitsfalls begründet sein. Auch das spricht dafür, dass der Zahnarzt für jede einzelne Leistung eine Bewertung der Schwierigkeit vorzunehmen hat. Die im Einzelfall zu bewertende Schwierigkeit der Leistung kann sich jedoch auch aus Umständen ergeben, die nicht im unmittelbaren Zusammenhang mit der zahnärztlichen Behandlung stehen, sondern auf anderen Erkrankungen beruhen. Bei der Beurteilung der Schwierigkeit der konkreten Leistungserbringung hat der Zahnarzt eine vergleichende Betrachtung zu der in seiner Praxis bei gleichen Leistungen üblicherweise zu registrierenden Schwierigkeiten unter fachlichen Gesichtspunkten vorzunehmen.

702 **gg) Umstände bei der Ausführung der Leistung.** Nach § 5 Abs. 2 Satz 1 sind ferner die Umstände bei der Ausführung der Leistung zu berücksichtigen. Aufwendungen sollen ausgeglichen werden, die dem Zahnarzt durch **erschwerende Bedingungen** bei der Ausführung der Leistung im Einzelfall entstehen können. Es kann sich dabei nur um solche Aspekte handeln, die nicht bereits durch andere Regelungen erfasst werden. Sind also die Umstände bei der Ausführung zu einer größeren Schwierigkeit der Leistungserbringung oder einem größeren Zeitaufwand berücksichtigt worden, kann dies im Rahmen der Bewertung der Umstände der Ausführung nicht nochmals einfließen. Berücksichtigungsfähige Umstände können zum Beispiel Verständigungsschwierigkeiten mit behinderten oder fremdsprachigen Patienten, Unfallbehandlung unter erschwerten räumlichen Bedingungen oder auch aus der Erbringung zahnärztlicher Leistungen zu ungewöhnlichen Zeiten (außerhalb der normalen Sprechstunden oder nachts) sein.

703 **hh) Überschreitung des 2,3-fachen Gebührensatzes.** Eine Überschreitung des 2,3-fachen Gebührensatzes nach § 5 Abs. 2 Satz 4 2. Halbsatz ist nur dann zulässig, wenn die Besonderheiten der in § 5 Abs. 2 Satz 1 genannten Bemessungskriterien dies rechtfertigen. Die Regelung ist überflüssig. Einen über eine Klarstellung hinausgehenden Regelungsgehalt hat der 2. Halbsatz nicht. Die Überschreitung ist nach § 10 Abs. 3 Satz 1 in der Rechnung auf die einzelne Leistung bezogen für den Zahlungspflichtigen verständlich und nachvollziehbar **schriftlich zu begründen.**

704 **ii) Wegfall des § 5a.** Die Regelung in § 5a, nach der die Gebühren für Leistungen des Standardtarifs der privaten Krankenversicherung mit einem bestimmten Gebührensatz zu berechnen sind, ist aufgrund der mit dem GKV-Wettbewerbsstärkungsgesetz vom 28. März 2007 geschaffenen Regelung des § 75 Abs. 3a SGB V für die Vertragszahnärzte gegenstandslos geworden und wurde daher aufgehoben.

705 **f) § 6 – Gebühren für andere Leistungen. aa) Inhalt der Norm.** § 6 ermöglicht eine **Analogberechnung** für alle zahnärztlichen Leistungen, die im Gebührenverzeichnis nicht enthalten sind, für entsprechend vergleichbare Leistungen des Gebührenverzeichnisses der GOZ beziehungsweise der Leistungen nach § 6 Abs. 2 in der GOÄ. Darüber hinaus wird eine konkrete Regelung derjenigen Leistungen getroffen, die der Zahnarzt unter Zugrundelegung der GOÄ abrechnen kann.

§ 6 Abs. 1 ermöglicht eine entsprechende analoge Abrechnung **aller selbständigen** **706** **zahnärztlichen Leistungen,** die in das Gebührenverzeichnis der GOZ nicht aufgenommen sind. Ist eine gleichwertige Leistung auch in diesem Gebührenverzeichnis nicht enthalten, kann eine Analogabrechnung auch entsprechend einer der in der Neufassung von § 6 Abs. 2 genannten Leistungen des Gebührenverzeichnisses der GOÄ erfolgen.

Mit dieser Neuregelung reagiert der Verordnungsgeber darauf, dass sich die bisherige **707** Regelung nicht bewährt habe. Hierauf wird in der Begründung[386] auch zutreffend hingewiesen. Es wird damit anerkannt, dass das Gebührenverzeichnis der GOZ beziehungsweise die teilweise Ermöglichung einer analogen Abrechnung auch von Leistungen nach dem Gebührenverzeichnis der GOÄ tatsächlich **keine abschließende Beschreibung sämtlicher zahnärztlicher Leistungen** enthält. Die Neuregelung ermöglicht eine analoge Abrechnung für jede Leistung, die tatsächlich nicht im Gebührenverzeichnis der GOZ enthalten ist. Das gilt unabhängig davon, zu welchem Zeitpunkt diese Leistung entwickelt worden ist. Es wird auf die weitere Voraussetzung verzichtet, dass die selbständige zahnärztliche Leistung aufgrund wissenschaftlicher Erkenntnisse entwickelt sein muss. Bisher war streitig, ob und in welcher konkreten Weise der GOZ ein eigenständiger Begriff der „Wissenschaft" zugrunde gelegt wird und welche Anforderungen an die Erfüllung dieses Tatbestandsmerkmals im Einzelnen zu stellen sind. Dennoch bleibt der Zahnarzt wie bisher auch bereits berufsrechtlich verpflichtet, bei seiner Berufsausübung generell die Regeln der zahnmedizinischen Wissenschaft zu beachten.[387]

bb) Ausreichende wissenschaftliche Basis. Leistungen, die in den Gebührenverzeich- **708** nissen der GOZ und der GOÄ enthalten sind, verfügen über eine ausreichende wissenschaftliche Basis. Ergänzend hierzu kann auf die Inhalte vergleichbarer Gebührenverzeichnisse im Bereich der vertragszahnärztlichen und vertragsärztlichen Versorgung abgestellt werden.[388] Herangezogen werden können auch die **Empfehlungen des Gemeinsamen Bundesausschusses** im Bereich der vertragszahnärztlichen beziehungsweise vertragsärztlichen Versorgung nach § 135 Abs. 1 Satz 1 SGB V. Dabei sind jedoch weitergehende Aspekte der medizinischen Notwendigkeit und Wirtschaftlichkeit zu berücksichtigen, die gerade im Bereich der privatzahnärztlichen Behandlung keine Geltung erlangen. Der Verordnungsgeber verzichtet bei der Neufassung der GOZ auf eine ausdrückliche Bezugnahme auf einen nicht näher bestimmten Wissenschaftlichkeitsbegriff, sodass **keine allgemeine wissenschaftliche Anerkennung** verlangt werden kann.[389] Somit wird ermöglicht, dass gegebenenfalls auch noch nicht abschließend erprobte oder alternative Heilmethoden angewendet werden können, wenn konkrete Anhaltspunkte dafür vorliegen, dass sie zumindest eine Linderung beziehungsweise Verzögerung des Krankheitsverlaufes bewirken. Voraussetzung ist jedoch weiterhin, dass sie sich in der Praxis zumindest als erfolgversprechend bewährt und eine gewisse **Praxisreife** erreicht haben. Der Zahnarzt bleibt sowohl berufsrechtlich als auch nach der allgemeinen Bestimmungen in § 1 Abs. 2 zu einer Behandlung auf der Grundlage des aktuellen Standes der medizinischen Wissenschaft verpflichtet. Neu entwickelte Methoden sind zumindest aber dann anzuwenden, wenn sie risikoärmer sind beziehungsweise bessere Heilungschancen versprechen als bisher angewandte Methoden, die neuen Methoden in der medizinischen Wissenschaft im Wesentlichen unumstritten sind und deshalb ihre Anwendung nur von einem sorgfältigen und auf Weiterbildung bedachten Zahnarzt verantwortet werden können. Die Richtlinien des Gemeinsamen Bundesausschusses als auch bestehende Leitlinien von ärztlichen und zahnärztlichen Fachgremien oder -verbänden sind zu berücksichtigen.

---

[386] Beschluss des Bundeskabinetts vom 16. 11. 2011, S. 50.
[387] Vgl. § 2 Abs. 2b Muster-Berufsordnung Zahnärzte.
[388] BEMA-Z beziehungsweise EBM.
[389] *Liebold/Raff/Wissing* § 6 Rn. 3.

709   **cc) Neue und eigenständige Leistung.** Nach § 6 Abs. 1 Satz 1 sind nur selbständige zahnärztliche Leistungen berechnungsfähig. Es darf sich nicht um eine besondere Ausführung oder Teilleistung einer bereits im Gebührenverzeichnis der GOZ enthaltenen Leistung handeln. Es muss sich um eine **neue und eigenständige Leistung** oder nur um eine **neuartige Methodik** beziehungsweise eine **Variation** bereits beschriebener Leistungsinhalte handeln. Dies folgt aus § 4 Abs. 2 Satz 2, da danach für eine Leistung, die Bestandteil oder eine besondere Ausführung einer anderen Leistung nach dem Gebührenverzeichnis ist, keine gesonderte Gebühr berechnet werden kann. Sind mit dem Vorliegen von Modifikationen Veränderungen in der Schwierigkeit oder dem Zeitaufwand der Leistungserbringung verbunden, ist diesem Umstand durch eine entsprechende Anpassung des Steigerungssatzes nach § 5 Abs. 2 Rechnung zu tragen.

710   **dd) Analogabrechnung nach gleichwertiger Leistung in der GOZ.** § 6 Abs. 1 Satz 2 stellt klar, dass eine Analogabrechnung entsprechend einer nach **Art, Kosten- und Zeitaufwand** gleichwertigen Leistung der GOZ zu erfolgen hat. Erst nachrangig kommt ein Analogabgriff einer Leistung aus den nach Abs. 2 eröffneten Leistungen des Gebührenverzeichnisses der GOÄ in der jeweils geltenden Fassung als Analogbewertung in Frage. Der Art nach sind Leistungen vergleichbar, die entweder vom Leistungsziel oder vom Behandlungsablauf her der neuen Leistung verwandt sind. Das sind insbesondere solche Leistungen, die dem gleichen Behandlungsspektrum, also beispielsweise den prothetischen oder den kieferorthopädischen Leistungen zuzuordnen sind.

711   Beim Kosten- und Zeitaufwand ist darauf abzustellen, dass die der Analogabrechnung zugrunde gelegte Leistung hinsichtlich der bei der Erbringung tatsächlich anfallenden Behandlungskosten beziehungsweise des hierfür konkret erforderlichen Zeitaufwandes mit den entsprechenden Werten bei der neuen Leistung **vergleichbar** sind. Im Rahmen der Analogberechnung hat eine **Gesamtbetrachtung der neuen Leistung** im Vergleich mit der der Analogberechnung zugrunde liegenden Leistung nach dem Gebührenverzeichnis der GOZ zu erfolgen. Existiert bei Anwendung dieser Maßstäbe im Gebührenverzeichnis der GOZ keine vergleichbare Leistungsbeschreibung, kann nach § 6 Abs. 1 Satz 2 auf Leistungen zurückgegriffen werden, die im Gebührenverzeichnis der GOÄ enthalten sind. Damit wird jedoch das **Gebührenverzeichnis der GOÄ** nicht in vollem Umfang eröffnet. Eine Analogberechnung kann nur unter Zugrundelegung der in § 6 Abs. 2 ausdrücklich aufgeführten Leistungen beziehungsweise Leistungsbereiche erfolgen. Das Verfahren der Analogberechnung im Übrigen ist ebenso zu gestalten wie bei Heranziehung einer Leistung aus dem Gebührenverzeichnis der GOZ. Nach § 6 Abs. 2 kann der Zahnarzt auch die im Einzelnen aufgeführten Leistungen nach der GOÄ erbringen und abrechnen. Es wird in der Begründung[390] darauf hingewiesen, dass damit keine Erweiterung der berufsrechtlichen Kompetenzen eines Zahnarztes verbunden ist. Vielmehr wird vorausgesetzt, dass eine Erbringung und Abrechnung der jeweils genannten Leistungen nach der GOÄ dem Zahnarzt berufsrechtlich erlaubt ist, weil es sich insofern um die zahnärztlich-wissenschaftlichen Erkenntnissen gegründeten Feststellungen und Behandlungen von Zahn-, Mund- und Kiefererkrankungen im Sinne des Zahnheilkundegesetzes handelt.

712   Diese Form der Analogberechnung ist **subsidiär.** Dies wird durch § 6 Abs. 2 ausdrücklich festgelegt, wonach eine solche Analogberechnung nur dann erfolgen kann, wenn die betreffende Leistung nicht als selbständige Leistung oder Teil einer anderen Leistung im Gebührenverzeichnis der GOZ enthalten ist. Somit liegt eine identische Regelung wie hinsichtlich der Analogberechnung nach § 6 Abs. 1 Satz 2 vor. Nach der Begründung[391] ist zum Beispiel für das Aufbereiten eines Wurzelkanals eine Analogberechnung der Nrn. 321 (Untersuchung von natürlichen Gängen oder Fisteln), 370 (Einbringung eines Kontrastmittels zur Darstellung natürlicher oder künstlicher Gänge) oder 5260 (Röntgenuntersuchung natürlicher, künstlicher oder krankhaft entstandener Gänge) nicht möglich, da die jeweili-

---

[390] Beschluss des Bundeskabinetts vom 16. 11. 2011, S. 50.
[391] Beschluss des Bundeskabinetts vom 16. 11. 2011, S. 51.

gen Gebührentatbestände bereits in der Gebührennummer 2410 GOZ als speziellere Regelung enthalten sind.

Weggefallen ist die bisherige Regelung in § 6, dass eine eventuelle Analogberechnung **713** unter Zugrundelegung der GOÄ „in der jeweils geltenden Fassung" zu erfolgen hat. Es wird ausweislich der Begründung[392] zur Neufassung von § 6 Abs. 2 GOZ klargestellt, dass es sich um eine sogenannte **gleitende Verweisung** auf das Gebührenverzeichnis der GOÄ in der jeweils geltenden Fassung handelt. Daher hat der Zahnarzt bei einer Analogberechnung jeweils die zu diesem Zeitpunkt geltende Fassung der GOÄ zu verwenden. Entsprechend gilt das auch hinsichtlich einer nunmehr durch die Neufassung von § 6 Abs. 1 Satz 2 ermöglichten Analogberechnung unter Zugrundelegung des Gebührenverzeichnisses der GOZ.

Da keine Anhaltspunkte dafür vorliegen, dass der Verordnungsgeber den Abrechnungen **714** von Leistungen aus dem Gebührenverzeichnis der GOÄ jeweils unterschiedliche allgemeine Regelungen zugrunde legen wollte, ist die **GOÄ in der jeweils geltenden Fassung** in vollem Umfang anzuwenden.[393] Soweit eine Abrechnung aus einer anderen Gebührenordnung ermöglicht wird, sind wie bisher bereits hinsichtlich der Abrechnung von Leistungen nach dem Gebührenverzeichnis der GOÄ auch im Rahmen einer Analogabrechnung die allgemeinen Bestimmungen der GOÄ zugrunde zu legen. Durch die Neufassung der allgemeinen Bestimmungen in der GOZ im Jahr 2012 wird eine weitgehende Angleichung an diejenigen im Bereich der GOÄ vorgenommen. Unterschiede bestehen jedoch im Wesentlichen noch hinsichtlich des um 3,6% höheren Punktwertes in § 5 Abs. 1 GOÄ, der Fixierung sogenannter kleiner Gebührenrahmen in § 5 Abs. 3–5 GOÄ sowie abweichender Bestimmungen zum Auslagenersatz in § 10 GOÄ.

g) § 7 – Gebühren bei stationärer Behandlung. aa) Inhalt der Norm. § 7 **715** beinhaltet eine generelle **Minderungspflicht** der Gebühren für Leistungen, die vom Zahnarzt im Rahmen einer **stationären Behandlung** erbracht werden. Mit dieser Regelung wird eine Angleichung an § 6a GOÄ vorgenommen. Die besondere Gebührenminderungspflicht gilt, soweit stationäre Behandlungsformen von Belegzahnärzten oder niedergelassenen anderen Zahnärzten erbracht werden. Darüber hinaus wird eine **Ausnahme** der Vergütungen für die **zahnärztliche Visite nach der GOÄ** von der Gebührenminderungspflicht geregelt und klargestellt, dass neben den geminderten Gebühren eine zusätzliche Abrechnung von Kosten nicht erfolgen kann, die Abrechnung von Wegegeldern oder Auslagenersatz für zahntechnische Leistungen aber weiterhin möglich bleibt.

bb) Erbringung von Leistungen im Rahmen einer stationären Behandlung. § 7 **716** regelt eine generelle Minderungspflicht der Gebühren, soweit die zugrunde liegenden Leistungen im Rahmen einer stationären Behandlung erbracht werden. Es ist unerheblich, inwieweit die Leistungserbringung im Zusammenhang mit einer stationären, teilstationären oder vor- beziehungsweise nachstationären Behandlung erfolgt. Nicht die Tatsache ist entscheidend, ob der Patient in einem Krankenhaus stationär aufgenommen worden ist. Vielmehr ist Voraussetzung, dass die Einbindung des Patienten in eine gegebenenfalls auch modifizierte stationäre Behandlung erfolgt, die nicht mehr notwendigerweise mit einem dauernden Aufenthalt des Patienten im Sinne einer stationären Aufnahme verbunden sein muss. Es ist darauf abzustellen, inwieweit die fragliche Leistungserbringung des Zahnarztes **im Zusammenhang mit einer Behandlung** erfolgt, auf die die jeweiligen Vergütungssysteme der Bundespflegesatzverordnung, des Krankenhausentgeltgesetzes beziehungsweise des § 115a SGB V Anwendung finden. Wird eine Beauftragung durch einen Krankenhausträger beziehungsweise einen im Rahmen der jeweiligen stationären Behandlung liquidationsberechtigten Arzt beziehungsweise Zahnarzt vorgenommen, ist eine Minderung der Gebühren nach § 7 vorzunehmen.

---

[392] Beschluss des Bundeskabinetts vom 16. 11. 2011, S. 50.
[393] *Liebold/Raff/Wissing* § 6 Rn. 11.

717   Zu unterscheiden ist, inwieweit die Leistungen von einem in einer stationären Einrichtung **angestellten**[394] oder **beamteten** Zahnarzt, einem **Belegzahnarzt**[395] oder einem anderen **niedergelassenen Zahnarzt** erbracht wird. Wird die Behandlung in einer stationären Einrichtung von einem angestellten beziehungsweise beamteten Zahnarzt erbracht, sind die zu berechnenden Gebühren einschließlich der darauf entfallenden Zuschläge um 25% zu mindern. Wird die Leistung von einem Belegzahnarzt oder einem anderen niedergelassenen Zahnarzt erbracht, sind die zu berechnenden Gebühren einschließlich darauf entfallender Zuschläge um 15% zu mindern. Der Zuschlag nach der GOÄ für die Visite ist nach § 7 Abs. 1 Satz 3 bei Vorhalten eines vom Belegarzt zu vergütenden ärztlichen Bereitschaftsdienstes von der Gebührenminderungspflicht ausgenommen.

718   Damit soll eine **Reduzierung beziehungsweise Vermeidung einer finanziellen Doppelbelastung** des Patienten erfolgen, der dadurch keine Nachteile haben soll, dass er bei der unmittelbaren Inanspruchnahme zahnärztlicher Behandlungen nach der GOZ bei gleichzeitiger Inanspruchnahme einer stationären Behandlung für beide Bereiche leistungspflichtig ist. Die zahnärztlichen Gebühren beinhalten Bestandteile zur **Abgeltung der Praxiskosten,** die dem Zahnarzt bei der Erbringung privatzahnärztlicher Leistungen entstehen. Die Vergütungen für die stationäre Behandlung enthalten Bestandteile für die Vergütung der in diesem Zusammenhang zu erbringenden ärztlichen oder auch zahnärztlichen Leistungen. Würden daher im Rahmen einer stationären Behandlung zahnärztliche Leistungen neben den Vergütungen für die stationäre Behandlung als gesondert vergütungsfähig vereinbart, würde eine Geltung der ungeschmälerten Vergütungen sowohl hinsichtlich des Zahnarztes als auch des Krankenhausträgers zur fiktiven Abgeltung von Kosten führen, die bei dem jeweiligen Leistungserbringer in dieser Form tatsächlich nicht entstanden sind. Damit korrespondiert die in § 7 vorgesehene Gebührenminderungspflicht für die in diesem Zusammenhang erbrachten zahnärztlichen Leistungen mit den entsprechenden Minderungspflichten des Krankenhausträgers.[396]

719   Die Gebührenminderungspflicht betrifft also im Grundsatz Leistungen, die vom Zahnarzt im Zusammenhang mit einer Behandlung durch einen **Krankenhausträger** erbracht werden. Nur in solchen Fällen werden die nur einmal bei der zahnärztlichen Behandlung anfallenden Sach- und Personalkosten vom Krankenhaus getragen. Dazu muss der Zahnarzt, der entsprechende Einsparungen durch die Nichtbenutzung der eigenen Praxis erzielt, eine Minderung seiner Gebühren, in denen in der Regel auch ein kalkulatorischer Ansatz der Sach- und Personalkosten enthalten ist, hinnehmen. Nach der Rechtsprechung des Bundesgerichtshofs[397] ist die Gebührenminderungspflicht auch in weiteren Fallgestaltungen zu beachten. Gebühren sind auch dann zu mindern, wenn ein (Zahn-)Arzt **zahnärztliche Leistungen auf Veranlassung eines Krankenhauses** für einen dort stationär aufgenommenen Patienten erbringt und diese in seiner eigenen Praxis und ohne Inanspruchnahme von Einrichtungen, Mitteln und Diensten des Krankenhauses erbracht worden sind. Die Rechtsprechung stellt primär auf die Schutzfunktion der Norm gegenüber den Patienten ab, bei dem die ambulant durchgeführten Leistungen in einem untrennbaren Zusammenhang mit der stationären Behandlung stehen und die ambulante Leistungserbringung nicht durchgeführt worden wäre, wenn nicht zugleich auch die stationäre Behandlung stattgefunden hätte.

720   Danach ist nicht nur primär auf den Ort der Leistungserbringung oder auf die Entstehung einer privatzahnärztlichen Gebühr für eine Einzelleistung, sondern auf den **Stellenwert** der jeweiligen Leistung im Rahmen der Behandlung des Patienten abzustellen. Der Patient hat keine Möglichkeit, auf die Höhe der Vergütungen für stationäre Leistungen einzuwirken. Nimmt er wahlärztliche Leistungen in einem Krankenhaus in Anspruch, ist er daran nach § 22

---

[394] S. o. Rn. 190.
[395] S. o. Rn. 231 ff.
[396] § 22 BPfV, §§ 17 ff. KHEntgG.
[397] BGH vom 16. 6. 2002 – III ZR 186/00; auch BVerfG vom 19. 3. 2004 – 1 BvR 1319/02.

BPflV in Verbindung mit § 17 Abs. 3 KHEntgG auch gegenüber externen Ärzten gebunden, deren Tätigkeit von den Krankenhausärzten veranlasst wurde. Damit ist auch für die externen Ärzte der Vorteil der Gewinnung von zusätzlichen Patienten verbunden, der gegenüber der Überweisungstätigkeit anderer niedergelassener Ärzte nicht zu vernachlässigen ist. Das Bundesverfassungsgericht[398] hat die damit für den Zahnarzt verbundenen finanziellen Belastungen als gerechtfertigt angesehen und ausgeführt, dass kein niedergelassener Zahnarzt die mit einem Gebührenabschlag versehenen Wahlleistungen zu Gunsten eines Krankenhauses erbringen müsse, soweit er der Meinung sei, in Folge dessen mit der Behandlung von Krankenhauspatienten nur ein unangemessenes Entgelt erzielen zu können.

Die Gebührenminderungspflicht bezieht sich auf alle **im Zusammenhang** mit einer 721 stationären Behandlung erbrachten Leistungen des Zahnarztes. Dabei ist unerheblich, ob es sich um die Behandlung einer Erkrankung handelt, die gerade Gegenstand der stationären Behandlung ist. Auch wenn die zahnärztliche Behandlung mit der Erkrankung, aufgrund derer die stationäre Aufnahme erfolgte, in keinem Zusammenhang steht, ist § 7 anwendbar. Dies ist zum Beispiel der Fall, wenn die die zahnärztliche Behandlung erforderlich machende Erkrankung erst **zusätzlich während des stationären Aufenthaltes eingetreten ist** (sog. interkurrente Erkrankung).

cc) Minderungspflicht. Nach § 7 Abs. 1 sind die zahnärztlichen Gebühren einschließ- 722 lich der im Gebührenverzeichnis als **Zuschläge** bezeichneten Gebührenpositionen zu mindern. Damit wird eine Angleichung an die Regelung des § 6 GOÄ vorgenommen. Die Minderungspflicht bezieht sich aber nicht auf die weiteren Vergütungsbestandteile nach § 3 und damit nicht auf Entschädigungen sowie den Ersatz von Auslagen für zahntechnische Leistungen. Die Gebühren für die zahnärztlichen Leistungen ergeben sich nach § 5 aus einer Multiplikation der jeweiligen Punktzahl mit dem Punktwert und dem Steigerungssatz. Dieses Ergebnis stellt die Gebühr dar, die nach § 7 zu mindern ist. Der prozentuale Abzug ist daher von der **Gesamthonorarsumme einschließlich der Zuschläge** vorzunehmen. Das ist auch aus Gründen der Praktikabilität sinnvoll, da damit Rundungsdifferenzen reduziert werden und dem Zahlungspflichtigen eine sofort nachvollziehbare Umsetzung des § 7 in der Rechnung dokumentiert werden kann.

dd) Zulässigkeit einer abweichenden Vereinbarung. Eine abweichende Vereinba- 723 rung ist nach § 2 grundsätzlich zulässig. Dies ergibt sich aus der speziellen Regelung in § 2 Abs. 4 hinsichtlich einer abweichenden Vereinbarung bei wahlzahnärztlichen Leistungen. Es kann daher auch eine von der GOZ abweichende **Höhe der Vergütung** in Form eines bestimmten Steigerungssatzes vereinbart werden. Die so vereinbarten Vergütungen sind sodann nach § 7 zu mindern. Das ergibt sich daraus, dass nach § 2 Abs. 1 in einer abweichenden Vereinbarung nur eine andere Gebührenhöhe, nicht jedoch eine Abweichung von den allgemeinen Vorschriften der GOZ ermöglicht wird. § 7 lässt hiervon keine Ausnahme zu, sodass die vorgesehene Minderung der Gebühren **vertraglich nicht ausgeschlossen** werden kann. § 2 Abs. 4 stellt eine Sonderregelung für **wahlzahnärztliche Behandlungen** dar, mit der ausweislich der diesbezüglichen Begründung[399] dem Interesse des Zahlungspflichtigen an der persönlichen Leistungserbringung durch den Wahlzahnarzt im Rahmen einer wahlzahnärztlichen Vereinbarung Rechnung getragen werden soll. Die grundsätzliche Zulässigkeit abweichender Vereinbarungen wird dadurch nicht tangiert.

ee) Minderungspflicht bei Leistungen nach der GOÄ. Rechnet der Zahnarzt im 724 Zusammenhang mit stationären Behandlungen Leistungen nach § 6 Abs. 1 unter Zugrundelegung der GOÄ ab, sind die allgemeinen Bestimmungen der GOÄ und dabei insbesondere § 6a GOÄ hinsichtlich der Gebührenminderungspflicht im Zusammenhang mit stationären Behandlungen zu beachten. Wie bei allen Leistungsabrechnungen unter Zugrundelegung der GOÄ sind auch im Übrigen die dort geltenden abweichenden Bestimmungen zu berücksichtigen.

---

[398] BVerfG vom 19. 3. 2004 – 1 BvR 1319/02 Rn. 24.
[399] Beschluss des Bundeskabinetts vom 16. 11. 2011, S. 48.

725 **ff) Keine Abrechnung weiterer Kosten möglich.** Nach dem neu eingefügten § 7 Abs. 2 darf der Zahnarzt neben den nach Abs. 1 geminderten Gebühren Kosten mit **Ausnahme von Entschädigungen und Auslagen** nach den §§ 8 und 9 nicht abrechnen. Dabei handelt es sich ausweislich der Begründung[400] um eine bloße Klarstellung, dass trotz Nichtabgeltung der von der Gebührenminderung nicht erfassten Kosten eine gesonderte Berechnung durch den liquidierenden Zahnarzt nicht möglich ist. Das schließt allerdings jedenfalls eine Berücksichtigung dieser Aspekte in möglichen Rahmenvereinbarungen des Zahnarztes mit einem Kostenträger beziehungsweise bei Vereinbarungen über eine Kostenerstattung nach § 19 KHEntgG nicht aus.

726 **h) § 8 GOZ – Entschädigungen. aa) Inhalt der Norm.** § 8 regelt den Ersatz der bisherigen Wegegelder durch Entschädigungen, die innerhalb eines Radius von 25 km ein stufenweise gestaffeltes Wegegeld sowie bei Wegstrecken außerhalb eines Radius von 25 km um den Zahnarztsitz eine **Reiseentschädigung** beinhalten. Diese umfasst ein Kilometergeld, eine Entschädigung für Abwesenheit sowie eine Kostenerstattung für notwendige Übernachtungen.

727 Durch die Neufassung der GOZ ist § 8 insgesamt überarbeitet worden. Die Regelungssystematik der GOÄ zu Entschädigungen (Wegegelder und Reiseentschädigungen) wurde übernommen. Nach § 8 Abs. 1 ist neben dem Wegegeld auch eine Reiseentschädigung vorgesehen, die in § 8 Abs. 3 näher geregelt wird. § 8 Abs. 2 sieht einen gestaffelten Satz des Wegegeldes je nach zurückgelegtem Kilometer vor. Es ist dabei auf den **Radius um die Praxisstelle** beziehungsweise den Wohnort des Zahnarztes abzustellen. § 8 Abs. 2 Satz 4 regelt, dass bei einem Besuch, der mehrere Patienten betrifft, das Wegegeld insgesamt nur einmal und nur anteilig berechnet werden darf. Auch gesetzlich Krankenversicherte sind einbezogen worden, sodass auch bei einer Besuchsfahrt sowohl zu Kassen- als auch zu Privatpatienten eine anteilige Reduzierung des Wegegeldes zu erfolgen hat.

728 **bb) Wegegelder.** Die Wegegelder werden auf bis zu 30,70 EUR bei Wegstrecken über 10–25 km bei Nacht erhöht. Damit gehen sie über die im Bereich der ärztlichen Leistung geltenden Beträge nach §§ 8, 9 GOÄ hinaus. In der Begründung[401] wird hierzu ausgeführt, dass die auf den entsprechenden Beträgen der GOÄ aufsetzenden Entschädigungen entsprechend der Kostensteigerung seit 1996 und mithin seit der letztmaligen Anhebung innerhalb der GOÄ, orientiert an den Angaben des Statistischen Bundesamtes zum Verbraucherpreisindex im Bereich Waren und Dienstleistungen für Privatfahrzeuge angehoben wurden. Es werden somit Kostensteigerungen jedenfalls seit dem Jahr 1996 berücksichtigt, die bei der Vergütungshöhe im Übrigen jedoch unberücksichtigt geblieben sind.

729 **cc) Reiseentschädigung.** Besuche **außerhalb eines Radius von 25 km** um die Praxisstelle des Zahnarztes werden durch eine Reiseentschädigung nach § 8 Abs. 3 abgegolten. Die Reiseentschädigung ergibt sich aus einem Kilometergeld für jeden zurückgelegten Kilometer in Höhe von 0,42 EUR bei Benutzung eines eigenen Kraftwagens, bei Benutzung anderer Verkehrsmittel einer Erstattung der tatsächlichen Aufwendungen, einem pauschalen Entschädigungsbetrag von 56 EUR bei Abwesenheit bis zu 8 Stunden und von 112,50 EUR bei Abwesenheit von mehr als 8 Stunden je Tag sowie aus einem Ersatz der Kosten für notwendige Übernachtungen. Wird kein eigenes Fahrzeug benutzt, sind nach § 8 Abs. 3 Satz 2 Nr. 1 die tatsächlichen Aufwendungen zu erstatten. Dies betrifft auch die Benutzung eines Taxis, dessen Kosten erstattungsfähig sind.

730 **dd) Berechnungsfähigkeit von Entschädigungen.** Für die Berechnungsfähigkeit von Entschädigungen ist Voraussetzung in jedem Fall ein **Besuch,** das heißt die Ausübung der zahnärztlichen Tätigkeit an einem Ort, an dem diese vom Zahnarzt üblicherweise nicht ausgeübt wird. Die zahnärztliche Behandlung muss also außerhalb der Praxis beziehungsweise außerhalb von mehreren, vom Zahnarzt betriebenen Praxisstandorten erfolgen. Eine Ausnahme gilt nur dann, wenn der Zahnarzt seiner Tätigkeit üblicherweise auch außerhalb

---

[400] Beschluss des Bundeskabinetts vom 16. 11. 2011, S. 51 f.
[401] Beschluss des Bundeskabinetts vom 16. 11. 2011, S. 52.

Ziermann

seiner Praxis an dem jeweiligen Ort nachgeht, so etwa wenn er als Belegzahnarzt an einem Krankenhaus tätig ist.

§ 8 stellt eine gegenüber der Regelung in § 6 Abs. 1 speziellere Regelung dar mit der **731** Folge, dass auch dann, wenn der Zahnarzt im Rahmen seines Besuches ganz oder teilweise zahnärztliche Leistungen erbringt, diese nach den Vorschriften nach der GOÄ zu berechnen sind.[402] Die Entschädigungen sind jedoch nach § 8 zu berechnen.

ee) Pauschale Abgeltung. Die Entschädigungen stellen nach § 8 Abs. 1 2. Halbsatz **732** pauschale Abgeltungen aller mit der Besuchsbehandlung verbundenen zusätzlichen Aufwendungen des Zahnarztes dar. Dies gilt also auch für damit verbundene Mehrkosten oder auch besonderen Zeitaufwendungen infolge der An- und Abreise zu der Besuchsbehandlung. Das bezieht sich allerdings nur auf solche Zeitversäumnisse und Mehrkosten, die unmittelbar mit der jeweiligen An- beziehungsweise Abreise zu der Besuchsbehandlung verbunden sind. § 8 regelt lediglich die Entschädigung für diese Wegstrecken, nicht jedoch die Gebühr für die im Rahmen einer Besuchsbehandlung zu erbringenden zahnärztlichen Leistungen. Das ist aus § 3 zu entnehmen. Dem Zahnarzt stehen getrennte Vergütungen in Form von Wegegeldern einerseits und Gebühren für zahnärztliche Leistungen andererseits zu. Entstehen dem Zahnarzt bei der Erbringung der zahnärztlichen Leistungen im Rahmen der Besuchsbehandlung **besondere Zeitaufwendungen** beziehungsweise Mehrkosten bei der Leistungserbringung, sind diese im Rahmen der Fixierung des Steigerungssatzes nach § 5 Abs. 2 berücksichtigungsfähig. § 8 Abs. 1 2. Halbsatz steht dem nicht entgegen.

Für die Berechnung des Wegegeldes ist der **Radius um die Praxisstelle** beziehungs- **733** weise den Wohnort des Zahnarztes entscheidend, innerhalb dessen der Besuch stattfindet. Der Radius ist daher jeweils vom konkreten Ausgangsort der Besuchsbehandlung zu bestimmen, wobei es sich um eine konkrete Praxisstelle des Zahnarztes oder aber seiner Wohnung handeln muss.

Findet die Besuchsbehandlung innerhalb eines Radius von 25 km um den jeweiligen **734** Ausgangspunkt statt, steht dem Zahnarzt ein **pauschales Wegegeld** zu. Dies kann in jedem Fall in voller Höhe abgerechnet werden, unabhängig davon, wie lange die Wegstrecke innerhalb des jeweiligen Radius tatsächlich war. Die Höhe des Wegegeldes differiert in 4 Stufen in Abhängigkeit vom jeweiligen Radius sowie innerhalb der Stufen danach, inwieweit die Besuchsbehandlung zu Tages- oder Nachtzeiten stattfindet. Die Differenzierung, ob der Weg bei Tag oder Nacht zurückgelegt worden ist, muss im Wege einer pauschalen Betrachtung erfolgen. Immer dann, wenn zumindest ein Teil der Wegstrecke im Rahmen der jeweiligen Besuchsbehandlung zur Nachtzeit zurückgelegt wurde, kann das höhere Wegegeld für Nachtbesuche zugrunde gelegt werden.

Mit dem jeweiligen Wegegeld nach § 8 Abs. 2 werden **alle besonderen Aufwendun-** **735** **gen** mit der Bewältigung der jeweiligen Wegstrecken im Rahmen der Besuchsbehandlung pauschal abgegolten. Das ergibt sich aus einem Vergleich mit den abweichenden Bestimmungen in § 8 Abs. 3 Satz 2. Es ist daher auch irrelevant, mit welchem konkreten Zeitaufwand und in welcher Form beziehungsweise unter Nutzung welcher Verkehrsmittel der Zahnarzt die Wegstrecke zurücklegt. Das Wegegeld kann in voller Höhe auch dann abgerechnet werden, wenn der Zahnarzt die Wegstrecke zu Fuß zurücklegt. Die Entschädigung wird in den Fallgestaltungen jedoch durch den Pauschalbetrag begrenzt, wenn die tatsächlichen Aufwendungen deutlich höher liegen sollten.

§ 8 Abs. 2 sieht darüber hinaus eine **Reiseentschädigung** vor. Diese setzt sich nach § 8 **736** Abs. 3 Satz 2 aus einem Kilometergeld von 0,42 EUR für jeden zurückgelegten Kilometer beziehungsweise einen Erstattungsanspruch hinsichtlich der tatsächlichen Aufwendungen bei Benutzung anderer Verkehrsmittel, einer pauschalen Abwesenheitsentschädigung von 56 EUR bei Abwesenheit bis zu 8 Stunden und von 112,50 EUR bei Abwesenheit von mehr als 8 Stunden je Tag sowie einen Anspruch auf Ersatz der tatsächlichen Kosten für notwendige Übernachtungen zusammen.

---

[402] *Liebold / Raff / Wissing* § 8 Rn. 5.

737   Für die Abrechnung von **Kilometergeld** ist Voraussetzung, dass der Zahnarzt die jeweilige Wegstrecke mit einem **eigenen Kraftfahrzeug** zurücklegt. Bei jeder anderen Benutzung von Verkehrsmitteln entfällt das Kilometergeld. An seine Stelle tritt ein Anspruch auf Erstattung der jeweiligen Aufwendungen. Dabei muss der eigene Kraftwagen nicht im tatsächlichen Eigentum des Zahnarztes stehen. Es kann auch nicht auf die Haltereigenschaft des Zahnarztes abgestellt werden. Vielmehr reicht es aus, dass es sich um einen Kraftwagen handelt, der dem Zahnarzt zur Erledigung von Besuchsbehandlungen zur eigenen Nutzung zur Verfügung steht. Der Erstattungsanspruch der tatsächlichen Aufwendungen bei der Benutzung anderer Verkehrsmittel wird nicht mehr auf solche Fahrtkosten begrenzt, die den Umständen entsprechend angemessen sind. Damit hat der Zahnarzt grundsätzlich die **freie Wahl** des jeweiligen Verkehrsmittels.

738   Hinsichtlich der **Abwesenheitsentschädigung** nach § 8 Abs. 3 Satz 2 Nr. 2 differenziert die GOZ nach der Dauer der Abwesenheit bis zu beziehungsweise von mehr als 8 Stunden je Tag. Entscheidend ist somit die tatsächliche **Dauer der Abwesenheit** vom jeweiligen Ausgangspunkt der Besuchsbehandlung unabhängig davon, ob es sich dabei um Wegezeiten, Verweilzeiten oder Behandlungszeiten handelt. Bei der Abwesenheitsentschädigung handelt es sich um pauschale Beträge, die bei Beginn einer Besuchsbehandlung außerhalb eines Radius von 25 km beziehungsweise bei einer Abwesenheit von mehr als 8 Stunden je Tag in Rechnung zu stellen sind. Auch bei einer kürzeren Besuchsbehandlung, die außerhalb eines Radius von 25 km um den jeweiligen Ausgangspunkt erfolgt, ist eine Abwesenheitsentschädigung je Tag berechnungsfähig, wenn sie vor 0 Uhr beginnt und nach 0 Uhr beendet wird. In diesem Fall fällt die Abwesenheitsentschädigung in Höhe von 56 EUR zweimal an.

739   Darüber hinaus besteht ein Anspruch auf Erstattung der Kosten für notwendige **Übernachtungen** nach § 8 Abs. 3 Satz 2 Nr. 3. Der Zahnarzt kann nach billigem Ermessen entscheiden, inwieweit unter Berücksichtigung der konkreten Umstände der Besuchsbehandlung, insbesondere der Entfernung des Behandlungsortes vom Ausgangspunkt, der Dauer der Besuchsbehandlung und der damit verbundenen Belastungen, des benutzten Verkehrsmittels oder weiterer Umstände wie etwa der Witterungsverhältnisse eine unmittelbare Rückkehr an den Ausgangspunkt der Besuchsbehandlung **zumutbar** erscheint. Grundsätzlich besteht, wie hinsichtlich der Kosten für die Benutzung anderer Verkehrsmittel in § 8 Abs. 3 Satz 2 Nr. 1, ein Anspruch auf Erstattung der tatsächlichen Aufwendungen für die notwendige Übernachtung. Nach § 8 Abs. 3 Satz 3 sind die Bestimmungen des § 8 Abs. 2 Satz 3 und 4 zu beachten, wonach der jeweilige Radius vom Ausgangspunkt des Zahnarztes entweder aus einer Praxisstelle beziehungsweise von seiner Wohnung aus zu bestimmen ist. Werden **mehrere Patienten** in derselben häuslichen Gemeinschaft oder in einem Heim besucht, darf der Zahnarzt das Wegegeld beziehungsweise die Reiseentschädigung unabhängig von der Anzahl der besuchten Patienten und deren Versichertenstatus insgesamt **nur einmal und nur anteilig** berechnen. Es ist daher der jeweilige Gesamterstattungsbetrag durch die Zahl der besuchten Patienten zu teilen und jeweils anteilig in Rechnung zu stellen.

740   **i) § 9 – Ersatz von Auslagen für zahntechnische Leistungen. aa) Inhalt der Norm.** § 9 enthält eine grundsätzliche Regelung der Abrechenbarkeit der **Auslagen für zahntechnische Leistungen** neben den Gebühren, soweit die Kosten nicht in diesen Gebühren bereits enthalten sind. § 9 Abs. 1 ist unverändert geblieben. Darüber hinaus wird der Zahnarzt nach Absatz 2 verpflichtet, ein Angebot und auf Wunsch einen **schriftlichen Kostenvoranschlag** für zahntechnische Leistungen zu erstellen, wenn diese insgesamt voraussichtlich 1000 Euro überschreiten. Der Kostenvoranschlag muss die voraussichtlichen Gesamtkosten für zahntechnische Leistungen und die dabei verwendeten Materialien angeben. Ist eine Überschreitung des Kostenvoranschlages um mehr als 15 Prozent zu erwarten, ist der Zahlungspflichtige hierüber unverzüglich zu unterrichten (§ 9 Abs. 2).

741   **bb) Auslagenersatz.** § 9 Abs. 1 ermöglicht die grundsätzliche Abrechnung zahntechnischer Leistungen neben den Gebühren nach dem Gebührenverzeichnis, soweit diese Kosten nicht nach den Bestimmungen des Gebührenverzeichnisses mit den Gebühren abgegolten sind. Die Regelung korrespondiert mit der allgemeinen Bestimmung in § 3, wonach dem Zahnarzt unter anderem ein Auslagenersatz zusteht. Von § 9 werden ausdrücklich **nur die Auslagen für zahntechnische Leistungen** erfasst. Auslagen für sonstige Aufwendungen des Zahnarztes können nur als Bestandteil der Entschädigungen einerseits oder dann gesondert abgerechnet werden, wenn das bei den entsprechenden Gebührennummern ausdrücklich geregelt ist (vergleiche § 4 Abs. 3).

Der Ersatzanspruch besteht grundsätzlich für alle **tatsächlich entstandenen Aufwen-** **742** **dungen** des Zahnarztes für zahntechnische Leistungen unabhängig davon, ob sie vom Zahnarzt selbst in einem Praxislabor erbracht oder von ihm im Rahmen eines Auftragsverhältnisses für den Patienten bei einem gewerblichen zahntechnischen Labor bezogen werden. Er umfasst den Ersatz sowohl der Kosten für die handwerklichen, zahntechnischen Leistungen als auch der Kosten für die erforderlichen Materialen, wie zum Beispiel Dentallegierungen oder Fertigteile. Das folgt aus der Verpflichtung des Zahnarztes, in der Rechnung nach § 10 Abs. 2 Nrn. 5 und 6 entsprechende Angaben zu machen. Abgerechnet werden können nur die **tatsächlich entstandenen Kosten.** Hierfür ist nach § 10 Abs. 3 Satz 5 und 6 die Rechnung des gewerblichen Labors oder eines Eigenbelegs für das Zahnarztlabor beizufügen.

cc) Rabatte. Der Zahnarzt kann auch nur die ihm tatsächlich entstandenen Kosten für **743** zahntechnische Leistungen an den **Patienten** weitergeben. Von Lieferanten beziehungsweise gewerblichen zahntechnischen Laboratorien eingeräumte Rabatte sind grundsätzlich ebenfalls an den Patienten weiterzugeben, da der Zahnarzt ansonsten mehr als den in § 9 vorgesehenen Auslagenersatz, nämlich einen zusätzlichen Gewinn erhalten würde. Etwas anderes gilt nur für die dem Zahnarzt als Bonus für eine schnelle Begleichung der Rechnung zum Beispiel vom Zahntechniker eingeräumte **Skonti** in der üblichen Höhe bis 3 Prozent.[403] Dies ist auch sachgerecht, da der Zahnarzt die Rechnung des Zahntechnikers regelmäßig deutlich vor dem Zeitpunkt des Abschlusses und damit der Berechnungsfähigkeit der zahnärztlichen Behandlung erhält. Begleicht der Zahnarzt somit die Zahntechnikerrechnung, bevor er den entsprechenden Auslagenersatz von seinem Patienten fordern kann, tritt er für den Patienten in Vorlage und es entsteht ihm durch die dafür erforderliche Vorfinanzierung ein eigener Zinsverlust bis zum Zeitpunkt der Erstellung beziehungsweise Fälligkeit der gegenüber dem Patienten erteilten Rechnung, der durch das Skonto ausgeglichen werden soll. Die dem Zahnarzt durch die Inanspruchnahme der zahntechnischen Leistungen entstandenen Kosten werden also tatsächlich nicht reduziert, so dass ihm kein zusätzlicher Gewinn entsteht, wenn das Skonto nicht an den Patienten weitergegeben wird.

dd) Keine abweichende Vereinbarung möglich. Eine Steigerung der Vergütungen **744** für zahntechnische Leistungen ist nicht möglich, da nur die tatsächlichen Kosten abgerechnet werden können. Auch eine abweichende Vereinbarung kann sich infolge der Neufassung von § 2 Abs. 1 Satz 1 nicht mehr auf die Vergütungen im Sinne von § 3 insgesamt und damit auch auf die Entschädigungen und den Ersatz von Auslagen beziehen, sondern es kann danach nur noch eine von der GOZ abweichende Gebührenhöhe festgelegt werden. Mit dem Patienten kann **nicht mehr ein bestimmter Betrag für zahntechnische Leistungen** vereinbart werden, wie dies noch nach der bisherigen Rechtslage der Fall war. Gerade bei umfangreicheren zahntechnischen Leistungen kann der Zahnarzt oftmals aber die Kosten nicht sicher im Voraus schätzen. Der Verordnungsgeber hat das zwar in der neu eingefügten Bestimmung in § 9 Abs. 2 Satz 5 anerkannt, wonach Überschreitungen eines Kostenvoranschlages weiterhin möglich sind. Infolge der Neufassung von § 2 Abs. 1 kann aber dem Interesse des Zahlungspflichtigen, vorab Klarheit über die ihm entstehenden Kosten für zahntechnische Leistungen zu erlangen, nicht mehr Rechnung getragen werden.

ee) Angemessenheit der Kosten. Es sind nur die angemessenen Kosten berechnungs- **745** fähig. Ebenso wie im Auftragsrecht des BGB ist im Einzelfall zu entscheiden, welche Kosten in einem vernünftigen Verhältnis zur Bedeutung des Geschäftes und zu dem ange-

---

[403] OLG Koblenz vom 23. 9. 2004 – 10 U 90/04, Rn. 19.

strebten Erfolg stehen. Der Umfang der zahntechnischen Leistungen wird durch die **Therapieplanung** des Zahnarztes bestimmt, die er inhaltlich mit dem Patienten abstimmt. Erklärt sich der Patient mit dieser Planung einverstanden, beinhaltet das zugleich auch sein Einverständnis damit, dass der Zahnarzt die dafür erforderlichen zahntechnischen Leistungen veranlasst beziehungsweise selbst erbringt.

746   Streitig bleibt die Frage,[404] inwieweit im Rahmen von § 9 nur solche Kosten für zahntechnische Leistungen als angemessen zu bewerten sind, die denjenigen entsprechen, die im Bereich der **gesetzlichen Krankenversicherung nach § 88 SGB V** vereinbart beziehungsweise festgesetzt werden. Zum Teil wurde das mit der Begründung[405] angenommen, 90 Prozent aller zahntechnischen Leistungen würden im Bereich der gesetzlichen Krankenversicherung erbracht und infolge dessen unter Zugrundelegung der BEL II abgerechnet. Die BEL II wird jedoch nicht allein deshalb zu einer auch die Vergütung im Rahmen eines Werkvertrages bei der privatzahnärztlichen Behandlung abschließend regelnden **Taxe** im Sinne von § 632 Abs. 2 BGB, weil der Verordnungsgeber dies in der Begründung zum Ausdruck bringt. Dadurch wird auch **keine Üblichkeit** einer Vergütung auf der Grundlage der BEL II begründet, denn es bleibt unberücksichtigt, dass die Üblichkeit auf die jeweilige Leistung beziehungsweise die Qualität des Produktes zu beziehen ist und dass der Privatversicherte im Allgemeinen eine höhere Qualität der Leistung insgesamt erwarten darf als ein Versicherter der GKV.[406] Wurde dem Zahlungspflichtigen ein Kostenvoranschlag nach § 9 Abs. 2 vorgelegt und von ihm akzeptiert, sind zumindest die darin enthaltenen Kosten für zahntechnische Leistungen zum Gegenstand des Behandlungsvertrages gemacht worden. Sie können daher nicht vom Zahlungspflichtigen im Nachhinein wiederum als unangemessen zurückgewiesen werden.

747   **ff) Einzelregelungen im Gebührenverzeichnis vorrangig.** Nicht berechnungsfähig sind Kosten für zahntechnische Leistungen, wenn diese bereits im Gebührenverzeichnis bei einzelnen zahnärztlichen Leistungen als mit den Gebühren abgegolten bezeichnet werden. Die Einzelregelungen im Gebührenverzeichnis gehen als **Spezialregelung** der allgemeinen Regelung in § 9 Abs. 1 vor. Das ist aber nur solange sachgerecht, als die betreffenden zahntechnischen Kosten bei der Festsetzung der Gebührenhöhe vom Verordnungsgeber auch tatsächlich in angemessener Weise berücksichtigt worden sind.[407] Problematisch erscheint es, wenn Anpassungen des Gebührenverzeichnisses vom Verordnungsgeber nicht kontinuierlich, sondern jeweils erst nach mehreren Dekaden erfolgen, wie es auch bei der GOZ der Fall ist. Der Verordnungsgeber kann so zwischenzeitliche Veränderungen in der Kostenstruktur, wie zum Beispiel durch die Entwicklung neuer Materialien oder zahntechnischer Leistungen bei den Gebührensätzen nicht berücksichtigen. Der Bundesgerichtshof[408] hat anerkannt, dass eine gesonderte Berechnung von Materialkosten jedenfalls dann in Betracht kommt, wenn deren Höhe ansonsten einen Großteil der zahnärztlichen Gebühren aufzehren würde. Das ist nach dieser Rechtsprechung dann anzunehmen, wenn die jeweiligen Kosten durch den Einfachsatz nicht mehr gedeckt sind.

748   **Überproportional hohe Kosten** für die zahntechnische Leistungen sind bei der Bestimmung des Steigerungssatzes nach § 5 Abs. 2 zu berücksichtigen. Sie stellen Umstände bei der Ausführung der Leistung dar, da besondere Wünsche oder besondere Kosten bei der Leistungserbringung berücksichtigt werden können.

749   **gg) Kostenvoranschlag.** Durch § 9 Abs. 2 wird der Zahnarzt verpflichtet, dem Zahlungspflichtigen vor der Behandlung einen Kostenvoranschlag über die **voraussichtlichen**

---

[404] Vgl. *Liebold/Raff/Wissing* § 9 Rn. 6.

[405] BR-Drucks. 276/87 vom 26. 6. 1987, S. 76.

[406] Wie hier OLG Hamm vom 6. 2. 2006 – 3 U 26/00; LG Frankfurt vom 1. 10. 2004 – 2-21 O 39/00; LG Köln vom 29. 9. 2004 – 23 S 42/04; LG Mannheim vom 17. 10. 2003 – 8 O 29/02; LG München vom 5. 6. 2000 – 23 S 42/04.

[407] *Liebold/Raff/Wissing* § 9 Rn. 7.

[408] BGH vom 27. 5. 2004 – III ZR 264/03.

Kosten der zahntechnischen Leistungen des gewerblichen oder des praxiseigenen Labors anzubieten, sofern die voraussichtlichen Kosten für zahntechnische Leistungen einen Betrag von 1000 Euro überschreiten. Damit soll für den Zahlungspflichtigen Transparenz hinsichtlich der Kosten für die zahntechnischen Leistungen geschaffen werden, die der Zahnarzt nach § 9 Abs. 1 als Auslagen abrechnen kann. Auf Verlangen des Zahlungspflichtigen ist für den Heil- und Kostenplan die **Textform nach § 126 BGB** vorgesehen, da diese zur Dokumentation und Information für den Zahlungspflichtigen angemessen sei.[409] Werden Behandlungen auf der Grundlage eines Heil- und Kostenplanes für einen Behandlungszeitraum von mehr als 12 Monaten geplant, ist ein Kostenvoranschlag nur dann anzubieten, wenn voraussichtlich bereits innerhalb der ersten sechs Monate der geplanten Behandlung Kosten für zahntechnische Leistungen von **mehr als 1000 Euro** entstehen. Der Kostenvoranschlag muss die voraussichtlichen Gesamtkosten der zahntechnischen Leistungen sowie eine Angabe der dabei voraussichtlich verwendeten Materialien enthalten. Art, Umfang und Ausführung der einzelnen Leistungen, Berechnungsgrundlage und Herstellungsort der zahntechnischen Leistungen sind dem Zahlungspflichtigen auf Verlangen näher zu erläutern. Ist eine Überschreitung der im Kostenvoranschlag genannten Kosten um **mehr als 15 Prozent** zu erwarten, hat der Zahnarzt den Zahlungspflichtigen hierüber unverzüglich in Textform unterrichten.

Es handelt sich dabei um konkretisierende Regelungen einer **wirtschaftlichen Aufklä-** **750** **rung** des Patienten, die in der Vergangenheit bereits von der Rechtsprechung[410] als Nebenpflicht des zahnärztlichen Behandlungsvertrages angesehen worden ist. Das gilt auch hinsichtlich der Unterrichtungspflicht bei Überschreitung der im Kostenvoranschlag genannten Kosten um mehr als 15 Prozent. Eine Verpflichtung zum Angebot eines Kostenvoranschlages besteht jedoch nur **„vor der Behandlung“**. Der Zahnarzt hat zu prüfen, ob nach seiner Einschätzung unter Berücksichtigung der Befundsituation des Patienten mit zahntechnischen Kosten von mehr als 1000 Euro zu rechnen ist. Ist das nach seiner Einschätzung der Fall, muss ein Kostenvoranschlag angeboten werden. Treten bei der Behandlung vorher nicht erkennbare Kostensteigerungen ein, führen sie nicht zu einer nachträglichen Verpflichtung des Zahnarztes, einen entsprechenden Kostenvoranschlag anzubieten oder vorzulegen.

hh) Ausnahmeregelung bei kieferorthopädischer Behandlung. Mit § 9 Abs. 2 **751** Satz 2 wird die Verpflichtung bei für einen längeren Zeitraum geplanten Behandlungen weiter eingeschränkt auf die Fälle, in denen bereits innerhalb von sechs Monaten mit Kosten über 1000 Euro zu rechnen ist. Damit soll dem langfristigen Charakter einer kieferorthopädischen Behandlung Rechnung getragen werden. Das Angebot und die Vorlage eines Kostenvoranschlages ist bei Behandlungen, die aufgrund eines Heil- und Kostenplanes für einen Behandlungszeitraum von mehr als 12 Monaten geplant werden, nur dann erforderlich, wenn bereits vor Behandlungsbeginn innerhalb eines Zeitraumes von sechs Monaten nach Beginn der Behandlung voraussichtlich Kosten für zahntechnische Leistungen von **mehr als 1000 Euro** entstehen werden. Unter Berücksichtigung der im Heil- und Kostenplan geplanten Behandlungsmaßnahmen muss der Zahnarzt daher bereits zu diesem Zeitpunkt eine entsprechende Kostenschätzung vornehmen. Während der Behandlung eintretende Veränderungen in der Kostenstruktur für zahntechnische Leistungen sind nach § 9 Abs. 2 irrelevant. Übersteigen die Kosten innerhalb der ersten sechs Monate der Behandlung entgegen den zuvor erfolgten Einschätzungen tatsächlich 1000 Euro, ist aber kein nachträgliches Angebot oder die Erstellung eines Kostenvoranschlages erforderlich.

Der Kostenvoranschlag muss nur dann erstellt beziehungsweise von einem beauftragten **752** gewerblichen zahntechnischen Labor eingeholt werden, wenn der Zahlungspflichtige auf das Angebot des Zahnarztes hin eine **Vorlage in Textform verlangt.** Die in § 9 Abs. 2 Satz 3 zwingend vorgeschriebenen inhaltlichen Vorgaben für den Kostenvoranschlag kön-

---

[409] Beschluss des Bundeskabinetts vom 16. 11. 2011, S. 52.
[410] Vgl. BGHZ 102, 106, 112; LG Traunstein vom 20. 5. 2009 – 3 O 3429/06.

nen die Erstellung verzögern. Das kann der Fall sein, wenn der Kostenvoranschlag vom Zahnarzt nicht selbst erstellt, sondern von einem gewerblichen zahntechnischen Labor bereits vor Behandlungsbeginn eingeholt werden muss. Da er dem Zahlungspflichtigen vor der Behandlung vorzulegen und auf Verlangen auch näher zu erläutern ist, kann es zu einer Verzögerung der Behandlung kommen. Mit der Behandlung kann aber grundsätzlich erst **nach Abschluss dieser Tätigkeiten** begonnen werden. Das nimmt der Verordnungsgeber hin, zumal der Zahlungspflichtige in Würdigung dieser Umstände selbst zu entscheiden hat, ob er die schriftliche Vorlage des Kostenvoranschlages abwarten will. Die Verpflichtung gilt in jedem Behandlungsfall, so dass auch eventuell erforderliche Schmerz- und Notfallbehandlungen nur noch dann möglich sind, wenn der Zahlungspflichtige auf die Vorlage eines Kostenvoranschlages verzichtet.

753   **ii) Textform des Kostenvoranschlages.** Der Kostenvoranschlag muss schriftlich erteilt werden, wobei jedoch die erleichterten Formvorschriften nach § 126 b BGB der sogenannten Textform gelten. Der Kostenvoranschlag muss **schriftlich** fixiert sein, kann aber sowohl auf Papier als auch auf elektronischem Wege, zum Beispiel als E-Mail oder als Computerfax übermittelt werden. Eine elektronische Übermittlung muss in der Weise erfolgen, dass der Empfänger in die Lage versetzt wird, diese zu speichern und auch auszudrucken. In jedem Fall ist aber auch bei der Textform ein **Zugang der Erklärung** beim Zahlungspflichtigen erforderlich. Diese kann bei elektronischer Übermittlung nur dann erfolgen, wenn der Zahlungspflichtige gegenüber dem Zahnarzt zuvor zu erkennen gegeben hat, dass er mit einer Übermittlung in dieser Form einverstanden ist. Das kann zum Beispiel durch Mitteilung einer E-Mail-Anschrift oder einer Faxnummer erfolgen.

754   Die Textform setzt ferner voraus, dass in dem Kostenvoranschlag die **Person des Erklärenden** und damit des Zahnarztes genannt werden muss. Dazu ist es erforderlich, dass der Abschluss der Erklärung durch Nachbildung der Namensunterschrift oder anders erkennbar gemacht wird. Eine Unterschrift ist daher bei der Textform nicht erforderlich. Ausreichend ist danach jeder eindeutige Abschluss der Erklärung zum Beispiel durch eine Datierung oder eine Grußformel. Da der Heil- und Kostenplan im Gegensatz zu einer abweichende Vereinbarung nach § 2 Abs. 2 keine unmittelbaren Verhandlungen zwischen dem Zahnarzt und dem Zahlungspflichtigen und auch keine schriftliche Vereinbarung voraussetzt, kann er auch von Vertretern des Zahnarztes, zum Beispiel dem Praxispersonal erstellt und unter Einhaltung der genannten Formvorschriften dem Zahlungspflichtigen übergeben beziehungsweise übermittelt werden.

755   **jj) Inhalt des Kostenvoranschlages.** Wird auf Verlangen des Zahlungspflichtigen tatsächlich ein Kostenvoranschlag erstellt, muss er nach näherer Maßgabe von § 9 Abs. 2 Satz 3 lediglich die **voraussichtlichen Gesamtkosten** für zahntechnische Leistungen und die dabei verwendeten **Materialien** enthalten. Weitere Informationen zu Leistungen und Preisen, zur Berechnungsgrundlage und zum Herstellungsort sind dem Zahlungspflichtigen zu geben, wenn er dies verlangt. Bei der Information ist zu berücksichtigen, dass dem Zahnarzt vor Behandlungsbeginn die tatsächliche Höhe der Gesamtkosten für zahntechnische Leistungen ebenso wenig bekannt sein kann wie die in diesem Zusammenhang konkret verwendeten Materialien. Es kann sich daher bei beiden Angaben im Kostenvoranschlag nur um **unverbindliche Einschätzungen** des Zahnarztes auf der Grundlage der ihm vor Beginn der Behandlung zur Verfügung stehenden Informationen unter Berücksichtigung der aktuellen Befundsituation handeln. Sind bestimmte Materialien wie zum Beispiel Dentallegierungen vom Zahnarzt bereits vor Behandlungsbeginn abschließend definiert worden, sind sie nur allgemein beziehungsweise beispielhaft zu benennen. Es ist auch keine verbindliche Mengenangabe möglich oder erforderlich.

756   § 9 Abs. 2 Satz 4 bestimmt ausdrücklich, dass nähere Angaben zu **Art, Umfang und Ausführung der einzelnen Leistungen** sowie deren Berechnungsgrundlage und zum **Herstellungsort** der zahntechnischen Leistungen nicht Gegenstand des Kostenvoranschlages sein müssen. Sie sind dem Zahlungspflichtigen nur auf Verlangen näher zu erläutern. Damit müssen diese Angaben nicht Gegenstand des schriftlichen Kostenvoranschlages sein

und sind dem Zahlungspflichtigen nicht schriftlich darzulegen. Eine mündliche Erläuterung reicht grundsätzlich aus, wobei allerdings auf eventuell bereits vorhandene schriftliche Unterlagen zurückgegriffen werden kann. Es kann keine verbindliche Festlegung des Zahnarztes verlangt werden, sondern lediglich eine **allgemeine Information** über die voraussichtlich anfallenden zahntechnischen Leistungen und deren näheren Inhalt. Das gilt auch hinsichtlich des in diesem Zusammenhang geforderten Hinweises auf den Herstellungsort der zahntechnischen Leistungen. Der Zahnarzt wird nicht verpflichtet, sich bereits im Zusammenhang mit der Erstellung eines Kostenvoranschlages auf ein ganz bestimmtes zahntechnisches Labor und damit auf einen bestimmten Herstellungsort festzulegen. Der Zahnarzt ist jedoch, wenn er bereits weitergehende Festlegungen im Zusammenhang mit der Aufstellung eines Kostenvoranschlages treffen kann, durch diese Vorschriften nicht gehindert, zum Beispiel einen ganz bestimmten Herstellungsort anzugeben.

kk) Keine Vergütung für Kostenvoranschlag. Der Kostenvoranschlag ist nicht zu 757 vergüten. In der Begründung[411] wird auf § 632 Abs. 3 BGB verwiesen. Diese Verweisung ist jedoch unzutreffend, da im Werkvertragsrecht gerade kein Verbot einer Vergütung für die Erstellung eines Kostenvoranschlages besteht. Dort ist geregelt, dass im Zweifel ein Kostenvoranschlag nicht zu vergüten ist. Eine abweichende Regelung auf vertraglicher Grundlage bleibt somit möglich. Sie wird auch durch § 9 Abs. 2 nicht ausgeschlossen. Zumindest die Möglichkeit einer Vergütungsvereinbarung ist auch geboten, weil der Zahnarzt durch § 9 Abs. 2 zur Erstellung eines Kostenvoranschlages verpflichtet wird. Ein **Anspruch des Zahnarztes** auf Abschluss einer Vergütungsvereinbarung für die Erstellung eines Kostenvoranschlages besteht allerdings nicht. Der Zahnarzt kann die Erstellung eines Kostenvoranschlages auf Wunsch des Zahlungspflichtigen nicht vom Abschluss einer solchen Vereinbarung abhängig machen.[412] Hält der Zahnarzt eine Vergütung für die Erstellung des Kostenvoranschlages für erforderlich und lehnt der Zahlungspflichtige den Abschluss einer entsprechenden Vereinbarung ab, kann der Zahnarzt mit Ausnahme von Notfall- und Schmerzbehandlungen nur darüber entscheiden, ob er in dieser Situation die vorgesehene Behandlung durchführt oder sie aber insgesamt ablehnt.

ll) Überwachungspflicht. Wird nach § 9 Abs. 2 Satz 1 tatsächlich ein Kostenvoran- 758 schlag erstellt und dem Zahlungspflichtigen vorgelegt, besteht nach § 9 Abs. 2 Satz 5 eine Überwachungspflicht des Zahnarztes hinsichtlich der weiteren **Entwicklung der voraussichtlichen zahntechnischen Kosten.** Nur dann, wenn die im ursprünglichen Kostenvoranschlag genannten Kosten voraussichtlich um mehr als 15 Prozent überschritten werden, hat der Zahnarzt den Zahlungspflichtigen hierüber unverzüglich in Textform zu unterrichten. Der Zahlungspflichtige kann als Folge der Unterrichtung den Werkvertrag nach § 650 Abs. 1 BGB kündigen. Dem Zahnarzt steht in diesem Fall nach § 645 Abs. 1 BGB ein Anspruch auf Ersatz eines seiner Arbeitsleistung entsprechenden Teils der Vergütung und der in der Vergütung nicht enthaltenen Auslagen zu.

j) § 10 – Fälligkeit und Abrechnung der Vergütung; Rechnung. aa) Inhalt der 759 **Norm.** § 10 Abs. 1 bestimmt, dass die zahnärztliche Vergütung erst mit Erteilung einer Rechnung nach dem verbindlichen Liquidationsvordruck nach Anlage 2 **fällig** wird. Künftige Änderungen der Anlage 2 werden durch das Bundesministerium für Gesundheit durch Bekanntmachung veröffentlicht.

§ 10 Abs. 2 enthält eine verpflichtende Regelung des **Rechnungsinhaltes** im Einzel- 760 nen. Im Wesentlichen werden die Formulierungen der entsprechenden Regelung in § 12 Abs. 2 der GOÄ übernommen. Die verpflichtenden Angaben in der Rechnung werden erweitert. Nunmehr sind auch Angaben hinsichtlich einer eventuellen Mindestdauer einer Leistung, der Art einer Entschädigung, bei Auslagen von Umfang und Ausführung der einzelnen Leistungen und deren Preise sowie die direkt zurechenbaren Materialien und deren Preise zu machen. Ferner sind dem Zahlungspflichtigen auf Verlangen die Auslagen

---

[411] Beschluss des Bundeskabinetts vom 16. 11. 2011, S. 53.
[412] *Liebold/Raff/Wissing* § 9 Rn. 17.

näher zu erläutern. Die **schriftliche Begründungspflicht** bei Überschreitung des 2,3-fachen Gebührensatzes wird auf eine auf die einzelne Leistung bezogene, für den Zahlungspflichtigen verständliche und nachvollziehbare Erläuterung erweitert. Gleiches gilt entsprechend auch bei einer **abweichenden Vereinbarung,** soweit auch ohne diese eine Überschreitung des 2,3-fachen gerechtfertigt gewesen wäre. Ferner werden Regelungen zu weiteren Angaben beziehungsweise Nachweise bei der Abrechnung zahntechnischer und Verlangensleistungen getroffen (§ 10 Abs. 3). § 10 Abs. 4 enthält Rechnungslegungsregelungen für **Analogberechnungen.**

761   In § 10 Abs. 5 wird die Möglichkeit einer Änderung der Abrechnungsbestimmungen in den Absätzen 1 bis 4 durch Vereinbarung mit **öffentlich-rechtlichen Kostenträgern** eröffnet. Die **Übermittlung von Daten** an einen Dritten zum Zwecke der Abrechnung ist nach § 10 Abs. 6 nur zulässig, wenn der Betroffene gegenüber dem Zahnarzt in die Übermittlung der für die Abrechnung erforderlichen Daten schriftlich eingewilligt und den Zahnarzt insoweit schriftlich von seiner Schweigepflicht entbunden hat.

762   **bb) Fälligkeit der Vergütung.** § 10 Abs. 1 regelt die Fälligkeit der Vergütung. Das ist der Zeitpunkt, ab dem der Zahnarzt vom Zahlungspflichtigen die Vergütung für seine Leistung fordern kann. Erst dann kann der Zahnarzt eine **Mahnung** erteilen und damit bewirken, dass der Zahlungspflichtige in Verzug gesetzt wird. Es liegt daher im Interesse des Zahnarztes, die Rechnung möglichst bald zu stellen, da der Zahlungspflichtige ansonsten nicht verpflichtet ist, Vergütungen an den Zahnarzt zu zahlen. Auch der Zahlungspflichtige hat ein Interesse an der Erteilung der Rechnung, da die allgemeine Verjährungsfrist von drei Jahren nach § 195 BGB erst mit dem Schluss des Jahres beginnt, in dem der Anspruch entstanden und fällig geworden ist (§ 199 Abs. 1 BGB).

763   Hat der Zahnarzt seinen Anspruch über mehrere Jahre nicht geltend macht, tritt die sogenannte **Verwirkung** ein, nach der eine verspätete Geltendmachung des Anspruches gegen Treu und Glauben verstoßen würde. Eine Verwirkung wird insbesondere dann angenommen, wenn der Zahnarzt durch sein Verhalten den Eindruck erweckt hat, er wolle seinen Anspruch nicht mehr geltend machen, der Patient sich hierauf eingerichtet hat und ihm die verspätete Inanspruchnahme auch nicht mehr zugemutet werden kann.

764   § 10 Abs. 2–4 enthalten nähere Voraussetzungen für den Eintritt der Fälligkeit. Fällig wird die Vergütung nur dann, wenn eine **Rechnung erteilt** worden ist, die den Anforderungen inhaltlich entspricht. Wird die Rechnung nicht nach diesen Vorgaben erteilt, tritt keine Fälligkeit ein. Dann beginnt aber auch die genannte Verjährungsfrist nicht zu laufen und der Zahnarzt ist nicht daran gehindert, dem Zahlungspflichtigen nunmehr eine neue, wirksame Rechnung auszustellen.

765   Durch die Neufassung von § 10 Abs. 1 ist der Zahnarzt verpflichtet, in der Rechnung zumindest die Inhalte nach § 10 Abs. 2 aufzunehmen. Er muss zusätzlich die formalen Vorgaben nach der Anlage 2 zur GOZ beachten. Diese Verpflichtung trat erst **zum 1. Juli 2012** in Kraft. Durch die vorgeschriebene Verwendung einer einheitlichen Form der Liquidation, die die in § 10 schon bekannten verbindlichen Angaben enthält, soll der technische Aufwand minimiert werden, ohne dass dadurch zusätzliche Belastungen für die Zahnärzte entstehen sollen.[413]

766   Diese Begründung könnte solange als sachgerecht bewertet werden, als die zugleich festgesetzte Anlage 2 diesen Anforderungen entsprechen würde. Allerdings ist das deshalb nicht der Fall, da die Anlage 2 tatsächlich **keine eindeutige Vorgabe** für ein Rechnungsformular enthält.[414] In der Anlage wird zwar auf den Vordruck Form A nach DIN 676 Bezug genommen. Die Bezugnahme erfolgt jedoch nur im vorgesehenen Feld für den Briefkopf. Es bleibt unklar, ob die weiteren Vorgaben dieser DIN-Norm, insbesondere die Vorgaben hinsichtlich der Abstände von Beschriftungen vom jeweiligen Blattrand für das Formular nach Anlage 2 ebenfalls gelten sollen. Das ist umso problematischer, als die in

---

[413] Beschluss des Bundeskabinetts vom 16. 11. 2011, S. 53.
[414] *Liebold/Raff/Wissing* § 10 Rn. 5 ff.

Bezug genommene Norm DIN 676 zwischenzeitlich nicht mehr gilt, sondern durch die Norm DIN 5008 ersetzt worden ist.

Beide Normen beziehen sich auch nicht auf Rechnungsformulare, sondern auf **Ge-** **767** **schäftsbriefe** beziehungsweise auf Schreib- und Gestaltungsregeln für die Textverarbeitung. Fraglich bleibt, ob durch diese Bezugnahme im Feld für den Briefkopf eine Erstellung des Formularmusters nach Anlage 2 nur durch Textverarbeitungssysteme vorgesehen sein soll. Hierfür könnte die oben bereits angesprochene Aussage in der Begründung[415] hinsichtlich des ausreichenden Zeitraumes zur erforderlichen Anpassung der Abrechnungsprogramme als entsprechender Hinweis angesehen werden.

Damit könnte jedoch auch lediglich auf den tatsächlichen Umstand reagiert worden sein, **768** dass in der Praxis zwischenzeitlich in einer Vielzahl von Fällen GOZ-Rechnungen durch EDV-Abrechnungssysteme erstellt und ausgedruckt werden. Einer verbindlichen Anordnung der Erstellung und der Ausfüllung des Formulars nach Anlage 2 GOZ durch EDV-Abrechnungssysteme steht aber die weitere Aussage in der Begründung[416] entgegen, dass den Zahnärzten dadurch **keine zusätzlichen Belastungen** entstehen sollen. Mit einer neuen Verpflichtung von Zahnärzten, die ihre GOZ-Rechnungen bisher manuell beziehungsweise ohne Verwendung eines EDV-Abrechnungssystems erstellen, wäre eine solche Annahme nicht vereinbar. In der Konsequenz würde dies bedeuten, dass sich Zahnärzte infolge dieser Neuregelung in der GOZ nur für diese Zwecke ein EDV-Abrechnungssystem anschaffen müssten. Daher ist davon auszugehen, dass auch die in § 10 Abs. 1 nunmehr vorgesehene Verpflichtung, ein Abrechnungsformular nach Anlage 2 zu verwenden, einer Ausfüllung dieses Formulars **in anderer Form** als durch die Verwendung eines EDV-Abrechnungsprogramms nicht entgegensteht.

Das als Anlage 2 festgesetzte Formular ist **inhaltlich nicht geeignet,** eine wirksame **769** Abrechnung nach § 10 GOZ durchzuführen.[417] So nehmen beispielsweise die für die Abrechnung im Wesentlichen vorgesehenen Spalten ersichtlich auf Angaben zur Abrechnung zahnärztlicher Leistungen Bezug. Unter anderem wird die Angabe einer GOZ-Nummer, einer Leistungsbeschreibung, eines Einfachsatzes sowie eines (Steigerungs-)Faktors vorgesehen. Es ist zwar eine Spalte mit der Bezeichnung „Leistungsbeschreibung/Auslagen" vorgesehen. Bei der späteren Zusammenstellung der einzelnen Rechnungsbeträge finden sich zwar Felder für Auslagen und Auslagen nach § 9 GOZ. Es ist aber kein Feld zur Abrechnung von Entschädigungen nach § 8 sowie für die nach § 10 Abs. 2 Nr. 6 verpflichtend anzugebenden Informationen zu Art, Menge und Preis der verwendeten Materialien bei nach dem Gebührenverzeichnis gesondert berechnungsfähigen Kosten enthalten.

Die Regelung der zahnärztlichen Abrechnung in § 10 Abs. 1 in Verbindung mit Anla- **770** ge 2 erweist sich zumindest als **praktisch nicht umsetzbar.** In § 10 Abs. 2 werden zum Teil Rechnungsinhalte als verpflichtend vorgegeben, die in dem Formular nach Anlage 2 nicht vorgesehen sind. Die parallele Anwendung beider Normen (§ 10 Abs. 1 und 2 einerseits und der Anlage 2 andererseits) würde daher eine wirksame Abrechnung zahnärztlicher Leistungen nach der GOZ insgesamt ausschließen. Der Zahnarzt kann bei Beachtung beider Vorschriften keine fällige Rechnung stellen.

Die Neuregelungen haben jedoch erst auf Beschluss des Bundesrates[418] Eingang in die **771** Verordnung gefunden. Dabei konnte offensichtlich nicht die erforderliche Sorgfalt Anwendung finden, so dass davon auszugehen ist, dass das **Bundesgesundheitsministerium** von der ihm eingeräumten Regelungshoheit hinsichtlich der Formulargestaltung im Einzelnen nach § 10 Abs. 1 Satz 2 Gebrauch machen wird. Es sollte dann ein Formularmuster festgesetzt werden, das einerseits den sachlichen Voraussetzungen des § 10 im Übrigen inhaltlich Rechnung trägt und dabei eindeutige Vorgaben sowohl hinsichtlich der äußeren formalen

---

415 Beschluss des Bundeskabinetts vom 16. 11. 2011, S. 73.
416 Beschluss des Bundeskabinetts vom 16. 11. 2011, S. 53.
417 *Liebold/Raff/Wissing* § 10 Rn. 8 ff.
418 Beschluss des Bundeskabinetts vom 16. 11. 2011, S. 53.

Gestaltung des Rechnungsvordruckes als auch dessen Ausfüllung durch den Zahnarzt beinhaltet.

772   Der in Anlage 2 vorgesehene Liquidationsvordruck ist in Kraft getreten, so dass dieser wegen des **Widerspruchs** zu den weiteren verpflichtenden Vorgaben hinsichtlich der Rechnungsinhalte in § 10 Abs. 2 als nicht verbindlich interpretiert werden könnte. Der Zahnarzt wäre daher berechtigt, an der ihm geeigneten Stelle die erforderlichen Angaben nach § 10 Abs. 2 in den Rechnungsvordruck einzufügen. Einer solchen ergänzten Rechnungslegung könnte dann auch nicht ein Verstoß gegen § 10 Abs. 1 Satz 1 in Verbindung mit der Anlage 2 entgegengehalten werden, da der Zahnarzt nur durch entsprechende Ergänzungen seinen Verpflichtungen nach § 10 Abs. 2 nachkommen und seine Forderung fällig stellen könnte.[419]

773   Die Forderung des Zahnarztes wird fällig, wenn die **Rechnung erteilt** und dem Zahlungspflichtigen **zugegangen** ist, d. h., dass sie so in seinen Herrschaftsbereich gelangt ist, dass er unter normalen Verhältnissen die Möglichkeit hat, von ihrem Inhalt Kenntnis zu nehmen.[420] Das kann sowohl durch unmittelbare Übergabe der Rechnung als auch durch Zusendung durch die Post erfolgen. Im Streitfall trägt der Zahnarzt die **Beweislast** für den Zugang der Rechnung beim Zahlungspflichtigen. Bei einer direkten Übergabe der Rechnung sollte dies in der zahnärztlichen Dokumentation vermerkt werden und möglichst vor Zeugen stattfinden. Bei Versendung durch die Post sollte im Zweifel eine Zustellung per Einschreiben mit Rückschein erfolgen.

774   Die Rechnung ist dem **Zahlungspflichtigen** zu erteilen. Dabei kann es sich um den Patienten selbst handeln. Ist der Patient nicht geschäftsfähig, muss die Rechnung dem **gesetzlichen Vertreter** erteilt werden. Diese Problematik stellt sich insbesondere bei der zahnärztlichen Behandlung von Kindern, bei denen die Rechnung grundsätzlich den Eltern zu erteilen ist. Grundsätzlich sieht dabei § 1629 BGB eine Vertretung des Kindes durch die Eltern gemeinschaftlich vor. Jedoch ist auch eine Einzelvertretung des Kindes durch einen Elternteil infolge einer Funktionsaufteilung zwischen den Eltern oder einer besonderen Bevollmächtigung durch das jeweils andere Elternteil möglich.[421] Bei der routinemäßigen Behandlung leichterer Erkrankungen kann der Zahnarzt in der Regel ungefragt von einer Einzelvertretungsmacht des erschienenen Elternteils ausgehen. Bei schwereren Eingriffen mit nicht unerheblichen Risiken muss sich der Zahnarzt dagegen durch Nachfrage versichern, ob eine entsprechende Vertretungsmacht vorliegt.

775   § 10 enthält eine **abschließende Regelung** der Abrechnung zahnärztlicher Leistungen. Diese Bestimmungen sind somit auch der Abrechnung solcher zahnärztlicher Leistungen zugrunde zu legen, die auf Basis der GOÄ abgerechnet werden. Ergeben sich aus der GOÄ Besonderheiten, zum Beispiel bei der Berücksichtigung des kleinen Gebührenrahmens nach § 5 Abs. 3 GOÄ, ist es erforderlich, unter entsprechender Anwendung der allgemeinen Vorschriften der GOÄ eine Ergänzung der Rechnungsinhalte vorzunehmen.

776   **cc) Inhalte der Rechnung.** § 10 Abs. 2 listet die Inhalte auf, die in der Rechnung in jedem Falle enthalten sein müssen, um eine **ordnungsgemäße Rechnungsstellung** im Sinne von § 10 Abs. 1 und damit eine Fälligkeit der Forderung des Zahnarztes zu erreichen. Diese Aufzählung ist jedoch nicht abschließend, wie sich bereits aus der Verwendung des Wortes „insbesondere" ergibt. Die Rechnung wird daher nicht dadurch etwa unwirksam, dass der Zahnarzt noch weitere Informationen, zum Beispiel hinsichtlich der Diagnose aufnimmt.

777   Als Mindestinhalt muss die Rechnung nach § 10 Abs. 2 folgende Angaben beinhalten:
* **Datum der Erbringung der Leistung:** Das Datum der Erbringung der jeweils abgerechneten Leistung muss angegeben werden, so dass die Angabe eines **einheitlichen Datums** insgesamt für die Behandlung dann nicht ausreicht, wenn tatsächlich abgerechnete

---

[419] *Liebold/Raff/Wissing* § 10 Rn. 11.
[420] BGHZ 67, 275; BGH NJW 1980, 990; 1983, 930.
[421] LAG Düsseldorf FamRZ 1967, 47.

Leistungen an unterschiedlichen Tagen erbracht worden sind. Sind verschiedene Einzelleistungen einer einheitlichen Leistungsposition an unterschiedlichen Tagen erbracht worden, so sind nicht alle Behandlungsdaten, sondern nur der Tag anzugeben, an dem der letzte Teilabschnitt erbracht und die Leistung damit insgesamt erst abrechnungsfähig wurde.

Bei Leistungspositionen, die im Sinne einer **Komplexgebühr** eine Vielzahl von Einzelleistungen über einen längeren Zeitraum umfassen, können sie erst insgesamt am Ende dieses Zeitraumes abgerechnet werden. Betroffen sind insbesondere die Gebührennummern 6030 bis 6080 zu kieferorthopädischen Maßnahmen, durch die alle Maßnahmen innerhalb eines Zeitraumes von bis zu vier Jahren abgedeckt werden. Eine Abrechnung der gesamten Komplexgebühr erst nach Abschluss aller erfassten Leistungen wird aber weder dem Ziel von § 10, eine möglichst umfassende Transparenz der Rechnungslegung zu erreichen, noch dem Interesse des Zahnarztes gerecht, umfangreiche Komplexgebühren nach dem Fortschritt der Behandlung abrechnen zu können. Im Zivilrecht ist anerkannt, dass eine solche Regelung der **Vereinbarung von Vorschüssen und Abschlagszahlungen** nicht entgegensteht (§ 614 BGB). Das folgt für diesen Fall auch aus § 271 Abs. 2 BGB. Auch bei **kieferorthopädischen Leistungen,** die unter Zugrundelegung der GOZ abgerechnet werden, ist daher die Vereinbarung von Teil- oder Abschlagszahlungen möglich. Vor Beginn der Behandlung sollte daher mit dem Zahlungspflichtigen eine schriftliche Vereinbarung abgeschlossen werden. Bei der Abrechnung der Abschlagszahlungen ist in der Rechnung eine Angabe der im Abrechnungszeitraum angefallenen Behandlungsdaten vorzunehmen, um damit eine ausreichende Dokumentation des Behandlungsverlaufs sicherzustellen.

- **Gebührennummern/Leistungsbezeichnung/Bezeichnung des behandelten Zahnes/Mindestdauer/Betrag und Steigerungssatz:** In der Rechnung müssen die Gebührennummern und die Bezeichnung der berechneten Leistungen enthalten sein. Nach § 10 Abs. 3 Satz 4 kann die Leistungsbezeichnung in der Rechnung entfallen, wenn aus einer Zusammenstellung die Bezeichnung für die abgerechnete Leistungsnummer entnommen werden kann. Der Rechnung kann daher auch ein **umfassendes Formblatt,** etwa auf der Rückseite des Rechnungsformulars, beigefügt werden. Insbesondere bei umfangreichen Leistungsbeschreibungen im Gebührenverzeichnis ist nicht die Wiedergabe des kompletten Textes erforderlich. Ausreichend ist vielmehr auch eine für den Laien verständliche **Kurzbezeichnung der Leistungsbeschreibung,** die zum Inhalt der Zusammenstellung nach § 10 Abs. 3 Satz 4 gemacht werden kann. **778**
  Weiterhin ist der **Zahn,** an dem die berechnete Leistung erbracht wurde, mit einer verständlichen Bezeichnung anzugeben. Eine bestimmte Form der Bezeichnung ist nicht vorgeschrieben. So kann auch auf das **FDI-Schema** verwiesen werden, das dem Patienten auf Wunsch zu erläutern ist.
  Hängt die Abrechnungsfähigkeit einer Leistung nach deren Leistungsbeschreibung im Gebührenverzeichnis von einer bestimmten **Mindestdauer** ab, ist diese in der Rechnung auszuweisen. Die bei der jeweiligen Leistungserbringung tatsächlich angefallene Behandlungsdauer muss dem nicht gegenübergestellt werden.
  Der auf die jeweilige Gebührennummer bezogene **Betrag** und der **Steigerungssatz** sind in der Rechnung auszuweisen. Unter Betrag ist nicht der Einfachsatz des Gebührenverzeichnisses, sondern der für die Leistungen durch Multiplikation mit dem Steigerungssatz ermittelte tatsächlich berechnete Betrag gemeint. Eine zusätzliche Angabe auch des Einfachsatzes ist dann nicht erforderlich. Der Steigerungssatz ist separat für jede einzelne Leistung anzugeben.

- **Minderungsbetrag nach § 7 bei stationären Leistungen:** Werden während einer stationären Behandlung des Patienten privatzahnärztliche Leistungen erbracht, ist in der Rechnung der Minderungsbetrag nach § 7[422] gesondert auszuweisen. Der Betrag ist in Euro zu vermerken. Ein Hinweis auf seine Berechnung ist nicht erforderlich. **779**

---

[422] S. o. Rn. 611 ff.

780 • **Bei Entschädigungen nach § 8 Betrag, Art und Berechnung der Entschädigung:** Werden in der Rechnung Entschädigungen nach § 8 und damit **Wegegelder** oder **Reiseentschädigungen** abgerechnet, ist zunächst der jeweilige Endbetrag in Euro auszuweisen. Zusätzlich ist jeweils zu vermerken, ob es sich um ein Wegegeld nach § 8 Abs. 2 oder eine Reiseentschädigung nach § 8 Abs. 3 handelt.

Anzugeben sind darüber hinaus alle für die konkrete Berechnung entscheidenden **Parameter,** damit diese Berechnung vom Zahlungspflichtigen nachvollzogen werden kann. Anzugeben ist der Radius um die Praxisstelle beziehungsweise die Wohnung des Zahnarztes, innerhalb dessen der Besuch durchgeführt wurde. Ferner ist speziell bei Wegegeldern anzugeben, ob sie für einen Besuch bei Tag oder bei Nacht abgerechnet werden.

Bei der Abrechnung von Reisentschädigungen nach § 8 Abs. 3 ist zusätzlich eine Angabe der **konkret zurückgelegten Kilometer** erforderlich, wenn der Zahnarzt seinen eigenen Kraftwagen benutzt hat. Hat der Zahnarzt ein anderes Verkehrsmittel benutzt, sind die dadurch entstandenen tatsächlichen Aufwendungen anzugeben.

Zur Abrechnung der **Abwesenheitsentschädigung** nach § 8 Abs. 3 Satz 2 Nr. 2 ist zudem der Zeitraum der Besuchsbehandlung insgesamt anzugeben. Da es hier nicht auf den konkreten Zeitraum ankommt, muss in der Rechnung nicht die Uhrzeit des Beginns und des Endes der Besuchsbehandlung, sondern die abstrakte Zeitdauer angegeben werden.

Werden im Rahmen von Reiseentschädigungen **Übernachtungskosten** abgerechnet, sind sie unter einer entsprechenden Bezeichnung in der Rechnung konkret auszuweisen.

Die Abrechnung von Entschädigungen nach § 8 setzt generell im Gegensatz zu der Regelung des Auslagenersatzes in § 10 Abs. 3 Satz 5 und 6 **nicht die Beifügung eines Belegs** voraus.

Werden im Rahmen einer Besuchsbehandlung **mehrere Patienten**, die in derselben häuslichen Gemeinschaft wohnen oder in einem Heim untergebracht sind, behandelt und daher nach § 8 Abs. 2 Satz 4 i. V. m. § 8 Absatz 3 Satz 3 ein Wegegeld beziehungsweise eine Reiseentschädigung insgesamt nur **einmal und nur anteilig** berechnet, ist in der Rechnung zu vermerken, wie viele Patienten besucht wurden. Es ist der berechnete Gesamtbetrag des Wegegeldes durch diese Zahl zu dividieren.

781 • **Art, Umfang und Ausführung einzelner zahntechnischer Leistungen, deren Preise, die direkt zurechenbaren Materialien und Preise, Bezeichnung, Gewicht und Tagespreis der Legierungen:** Wird ein Auslagenersatz nach § 9 berechnet, sind die einzelnen zahntechnischen Leistungen nach Art, Umfang und Ausführung auszuweisen. Wird der Abrechnung zahntechnischer Leistungen ein bestimmtes Gebührenverzeichnis zugrunde gelegt, sind zweckmäßigerweise die in diesem enthaltenen **Leistungsbeschreibungen** in der Rechnung zu wiederholen. Außerdem sind die hierfür konkret abgerechneten Beträge als Preise auszuweisen. Ergänzende Erläuterungen zu Art, Umfang und Ausführung der einzelnen Leistungen sind erforderlich, wenn sie sich nicht bereits aus der Leistungsbezeichnung ergeben beziehungsweise wenn sie verschiedene Alternativen oder Ausführungsmodifikationen beinhalten sollte. Aus der Bezugnahme in § 10 Abs. 3 Satz 6 auf eine vorliegende Rechnung eines Labors ergibt sich, dass es für die Abrechnungsinhalte unerheblich ist, ob die Auslagen für zahntechnische Leistungen im Zahnarztlabor oder einem gewerblichen Labor anfielen. Sind in der beigefügten Rechnung eines gewerblichen zahntechnischen Labors die in § 10 Abs. 2 Nr. 5 vorgesehenen Angaben bereits enthalten, müssen diese in der beigefügten Rechnung des Zahnarztes nicht wiederholt werden. Es genügt, wenn der in der Rechnung des gewerblichen zahntechnischen Labors ausgewiesene Gesamtbetrag in der Rechnung des Zahnarztes nochmals angegeben wird.

Sind bei der Erbringung zahntechnischer Leistungen **Materialien** verwendet worden, die konkret einer einzelnen Leistung zuzurechnen sind, sind sie im Zusammenhang mit der betreffenden Leistung konkret auszuweisen, das heißt die jeweiligen Materialien sowie deren Preise sind anzugeben. Das gilt ebenso für verwendete Dentallegierungen, wobei hier zusätzlich die Angabe einer konkreten Bezeichnung der Legierung, des Gewichtes und des Tagespreises erforderlich ist. Nach § 9 sind die tatsächlich entstandenen Kosten berechnungsfähig, so dass nicht nur die in dem fertigen zahntechnischen Werkstück enthaltenen Legierungsgewichte, sondern alle bei der Anfertigung des jeweiligen Werkstückes tatsächlich **verbrauchten Legierungsgewichte** einschließlich der bei der Verarbeitung verloren gegangenen Menge in Ansatz zu bringen sind. Der **Tagespreis** bezieht sich nicht auf den Preis der Legierung zur Zeit des Einkaufes, sondern auf denjenigen, der am Tage der Verarbeitung im Labor gilt. Sich aus dem Zeitabstand zwischen der Verarbeitung im Labor und der Inrechnungstellung gegenüber dem Zahlungspflichtigen ergebende Gewinn oder Verlust verbleibt bei dem Beschaffer der Legierung.

- **Bei gesondert berechnungsfähigen Kosten Art, Menge und Preis der Materia-** 782 **lien:** Werden im Gebührenverzeichnis **weitere Kosten** als gesondert berechnungsfähig ausgewiesen, ist eine Bezeichnung des Materials, eine Angabe der verbrauchten Menge sowie des Preises für die einzelnen Materialien in der Rechnung erforderlich. Im Gegensatz zu der Abrechnung von Entschädigungen nach § 10 Abs. 2 Nr. 4 sind darüber hinausgehende Informationen, wie etwa Hersteller oder Nachweise wie Einkaufsbelege nicht erforderlich.

Werden in der Rechnung gesondert berechnungsfähigen Kosten ausgewiesen, ist in § 10 Abs. 2 Nr. 6 bestimmt, dass die Auslagen dem Zahlungspflichtigen **auf Verlangen** näher zu erläutern sind. Ebenso wie bei der Verpflichtung zur Erläuterung hinsichtlich eines Kostenvoranschlages nach § 9 Abs. 2 gilt auch hier, dass sich die Erläuterungen im Nachgang der Rechnungslegung auf die abgerechneten und sich auch aus weiteren Belegen, zum Beispiel eines gewerblichen zahntechnischen Laboratoriums ergebenden Beträge und Angaben beziehen müssen. Ausweislich der diesbezüglichen Begründung[423] soll mit dieser Verpflichtung sichergestellt werden, dass der Zahlungspflichtige die Rechnung nachvollziehen kann. Dem Zahnarzt obliegt jedoch ohnehin die **vertragliche Nebenpflicht,** dem Zahlungspflichtigen die erforderlichen Angaben zur Verfügung zu stellen, um ihn in die Lage zu versetzen, zum Beispiel Erstattungsansprüche gegenüber privaten Krankenversicherungen geltend machen zu können. § 10 Abs. 2 Nr. 6 kommt daher kein eigener Regelungsinhalt zu. Die vertragliche Nebenpflicht des Zahnarztes bezieht sich auf alle in der Rechnung enthaltenen Angaben des Zahnarztes.

§ 10 Abs. 3 Satz 6 bestimmt hinsichtlich der Abrechnung von **Auslagen für zahntechnische Leistungen** nach § 9 zusätzlich, dass jeweils ein Beleg oder ein sonstiger Nachweis beizufügen ist. Dabei kann es sich um eine Rechnung eines gewerblichen Labors oder um einen Eigenbeleg des Zahnarztes handeln. Die Rechnung eines gewerblichen Labors ist der Zahnarztrechnung beizufügen. Das ergibt sich aus § 10 Abs. 3 Satz 6. In diesem Fall genügt es, wenn in der Rechnung des Zahnarztes der Gesamtbetrag für diese Leistungen angegeben wird. Erfüllt die beigefügte Rechnung des Zahntechnikers allerdings nicht die Anforderungen des § 10 Abs. 2 Nr. 5, bleibt der Zahnarzt zu einer entsprechenden Rechnungslegung verpflichtet.

Werden **Verlangensleistungen nach § 1 Abs. 2 Satz 2** abgerechnet, sind sie nach 783 § 10 Abs. 3 Satz 7 in der Rechnung als solche zu bezeichnen. Es kann zweckmäßigerweise auf die schriftliche Vereinbarung Bezug genommen werden.

Mit der Neufassung von § 10 Abs. 2 Satz 1 werden die Anforderungen an die Begründungs- 784 pflicht für Berechnungen oberhalb des Schwellenwertes präzisiert. Es wird kein neues Recht geschaffen, sondern die gängige Rechtsprechung nachvollzogen. Wird ein **Steigerungssatz oberhalb des 2,3-fachen** zugrunde gelegt, ist das in der Rechnung nach § 10 Abs. 3 Satz 1 auf die einzelne Leistung bezogen und für den Zahlungspflichtigen verständlich sowie nachvollziehbar **schriftlich** zu begründen. § 10 Abs. 3 Satz 1 übernimmt damit die Regelung zur Begründung von Mittelwertüberschreitungen des § 12 Abs. 3 GOÄ. Pauschale Begründun-

---

[423] Beschluss des Bundeskabinetts vom 16. 11. 2011, S. 54.

gen hinsichtlich der in der Rechnung für verschiedene Leistungen in Ansatz gebrachten Gebührensätze scheiden aus. § 10 stellt an die Begründung keine besonderen formalen Anforderungen. Entscheidend ist daher die Verständlichkeit und Nachvollziehbarkeit der Rechnung für den Zahlungspflichtigen.[424] Umfangreiche, für den Laien unter Umständen nichtssagende zahnmedizinische Ausführungen sind daher nicht erforderlich. Auch zahnmedizinische Abkürzungen, die dem Laien nicht verständlich sind, sind zu vermeiden. Die Verwendung stichwortartiger Kurzbegründungen ist aber beispielsweise möglich. Diese können auch standardisiert sein. Die Verwendung entsprechender Kurzbegründungen ist nicht nur mit der Zielsetzung einer möglichst guten Verständlichkeit und Nachvollziehbarkeit der Rechnungen für den Zahlungspflichtigen vereinbar, sondern auch im Hinblick darauf sinnvoll, dass die Begründung in jedem Falle nach § 10 Abs. 3 Satz 2 auf Verlangen des Zahlungspflichtigen näher zu erläutern ist. Soweit der Zahlungspflichtige weitergehenden Informationsbedarf hat, kann der Zahnarzt weitere Erläuterungen auf Nachfrage geben. **Kurzbegründungen** sind auch im Abrechnungsformular nach Anlage 2 unter „Begründungen" unter Bezugnahme auf entsprechende Kennzeichen in der Spalte „Erläuterung" vorgesehen.

785   Es ist anerkannt, dass ein höherer Steigerungssatz auch noch **nach Rechnungslegung** und insbesondere dann berechnet werden kann, wenn im Nachhinein die Begründetheit eines konkreten Steigerungssatzes bezweifelt wird oder Streit darüber entsteht.[425] Für nachträgliche Erläuterungen oder Begründungen besteht **keine gesetzliche Ausschlussfrist**. Das bringt auch die Regelung in § 10 Abs. 3 Satz 3 zum Ausdruck. Eine solche Ausschlussfrist kann sich auch nicht zum Beispiel aus Regelungen Dritter, so zum Beispiel privater Krankenversicherungen oder von Beihilfeträgern ergeben.

786   Die Begründung[426] nimmt auf die Gebührenbestimmung durch den Zahnarzt Bezug, so dass nur solche Begründungen in Betracht kommen, die **Bestandteil der Bemessungskriterien des § 5 Abs. 2** sind. Nur diese rechtfertigen eine Überschreitung des Mittelwertes. Eine Überschreitung des 2,3-fachen Gebührensatzes ist immer dann möglich, wenn Besonderheiten vorliegen. Daher ist in der Begründung auf die jeweiligen Bemessungskriterien Bezug zu nehmen. Nach § 5 Abs. 2 Satz 3 haben solche Kriterien, die bereits in der Leistungsbeschreibung enthalten sind, dabei außer Betracht zu bleiben.

787   Konkret angesprochen wird in § 10 Abs. 3 Satz 1 lediglich die **Überschreitung des 2,3-fachen Gebührensatzes.** Dennoch ist diese Bestimmung entsprechend anzuwenden, wenn der Zahnarzt zulässigerweise Leistungen nicht unter Zugrundelegung der GOZ, sondern der GOÄ abrechnet und nach § 5 GOÄ einem kleinen Gebührenrahmen unterliegt. In analoger Anwendung von § 12 Absatz 3 GOÄ ist eine Überschreitung des Regelhöchstsatzes durch den Zahnarzt in der Rechnung zu begründen.

788   Soweit im Falle einer **abweichenden Vereinbarung nach § 2** eine Überschreitung des 2,3-fachen Gebührensatzes gerechtfertigt gewesen wäre, ist das Überschreiten nach § 10 Abs. 3 Satz 3 auf Verlangen des Zahlungspflichtigen zu begründen und auf sein Verlangen hin näher zu erläutern. Grundsätzlich muss beim Vorliegen einer abweichenden Vereinbarung daher keine Begründung von Steigerungssätzen oberhalb des Regelhöchstsatzes erfolgen. Es genügt vielmehr der Hinweis auf die entsprechende abweichende Vereinbarung. Beim Zahlungspflichtigen kann allerdings ein Interesse bestehen, zum Beispiel zur Geltendmachung von Erstattungsansprüchen gegenüber einer privaten Krankenversicherung oder einem Beihilfeträger diejenigen Steigungssätze zu erfahren, die ohne Vorliegen der abweichenden Vereinbarung begründet hätten berechnet werden können. In diesem Fall kann der Zahnarzt bereits unter dem Gesichtspunkt von **Treu und Glauben** verpflichtet sein, dem Zahlungspflichtigen solche Angaben zu machen, die er zum Beispiel zur Wahrnehmung seiner vertraglichen Rechte aus Versicherungsverträgen benötigt. § 10 Abs. 3 Satz 3 normiert ausdrücklich diese **nebenvertragliche Pflicht** des Zahnarztes.

---

[424] BGH MedR 1988, 255.
[425] *Liebold/Raff/Wissing* § 10 Rn. 37.
[426] Beschluss des Bundeskabinetts vom 16. 11. 2011, S. 54.

Somit muss der Zahnarzt **auch nachträglich** einen Ausweis einzelleistungsbezogener, **789** fiktiver Steigungssätze vornehmen, die nach seiner Bewertung ohne Vorliegen der abweichenden Vereinbarung abrechnungsfähig gewesen wären, sofern sie oberhalb des 2,3fachen des Gebührensatzes liegen. In einer fiktiven Berechnung sind nach § 10 Abs. 3 Satz 1 die Steigerungssätze näher schriftlich zu begründen und auf Verlangen zusätzlich zu erläutern. Es ist nicht erforderlich, dass sich die Begründung gerade auf diejenigen Steigerungssätze bezieht, die in der abweichenden Vereinbarung tatsächlich vorgesehen sind. Zu begründen sind nur solche Steigerungssätze, die unter Berücksichtigung der Kriterien nach § 5 Abs. 2 abrechnungsfähig gewesen wären.

Der Zahnarzt hat nach § 10 Abs. 4 **analog bewertete zahnärztliche Leistungen** nach **790** § 6 Abs. 1 in der Rechnung für den Zahlungspflichtigen verständlich zu beschreiben und mit dem Hinweis „entsprechend" sowie der Nummer und der Bezeichnung der als gleichwertig erachteten Leistung zu versehen. Es kann nicht auf feststehende Leistungsbeschreibungen zurückgegriffen werden, da es sich um eine in den Gebührenverzeichnissen nicht geregelte Leistung handelt. Somit ist unter Umständen eine ausführlichere Beschreibung des Leistungsinhaltes als bei sonstigen Leistungsabrechnungen erforderlich. Aber auch hier sind **keine wissenschaftlichen Darstellungen** erforderlich, die vom Laien nicht nachvollzogen werden können. Dem Zahnarzt obliegt auch insofern eine vertragliche Nebenpflicht, die Leistungsbeschreibung auf Wunsch des Zahlungspflichtigen nachträglich zusätzlich zu erläutern.

dd) Vereinbarung mit öffentlich-rechtlichen Kostenträgern. Durch Vereinbarung **791** mit öffentlich-rechtlichen Kostenträgern kann nach § 10 Abs. 5 eine von den Vorschriften des § 10 Abs. 1–4 **abweichende Regelung** getroffen werden. In einer Vereinbarung kann somit das Erfordernis einer Rechnungslegung als Voraussetzung für den Eintritt der Fälligkeit ebenso wie der Inhalt der Rechnung insgesamt einzelvertraglich geregelt werden. Als Vertragspartner kommen nur öffentlich-rechtlich organisierte Kostenträger in Betracht. Private Versicherungsunternehmen scheiden als Vertragspartner aus. Die Vertragspartner werden in der GOZ nicht näher eingegrenzt, so dass eine Vereinbarung zum Beispiel sowohl mit zahnärztlichen Berufsvertretungen als auch mit einzelnen Zahnärzten oder Gruppen von Zahnärzten getroffen werden kann.

ee) Beauftragung Dritter. Die Regelung in § 10 Abs. 6 wurde neu geschaffen. Ein **792** Dritter darf mit der Ausstellung der zahnärztlichen Rechnung nach § 10 Abs. 6 nur beauftragt werden, wenn der Betroffene gegenüber dem Zahnarzt in die erforderliche Datenübermittlung an eine privatzahnärztliche Verrechnungsstelle oder eine andere Stelle **schriftlich eingewilligt** und den Zahnarzt insoweit schriftlich von seiner **Schweigepflicht entbunden** hat. Allerdings führt diese Regelung nicht zu einer Änderung der Rechtslage. Eine solche Einwilligungserklärung des Patienten war bereits bisher nach der Rechtsprechung des Bundesgerichtshofes[427] erforderlich. Auch die Rechtsprechung des Bundessozialgerichts[428] zur Zulässigkeit der Weitergabe von Sozialdaten an Dritte sieht dieses Erfordernis. Danach ist ebenfalls eine ausdrückliche gesetzliche Ermächtigung notwendig, so dass eine Einwilligung des Patienten allein nicht ausreicht.

k) § 11 – Übergangsvorschrift. aa) Inhalt der Norm. § 11 enthält eine **Über-** **793** **gangsregelung** zur Fortgeltung der alten GOZ für Leistungen, die vor Inkrafttreten der neuen GOZ erbracht wurden. Ferner werden Übergangsregelungen für in der Regel länger dauernde **Komplexleistungen** (zum Beispiel Nrn. 215 bis 222) getroffen, wenn diese vor Inkrafttreten der neuen GOZ begonnen und noch nicht beendet wurden. Die bisherige GOZ gilt weiter für vor Inkrafttreten der neuen GOZ geplante und begonnene **kieferorthopädische Behandlungen** bis zum Behandlungsabschluss oder längstens bis zum Ablauf von vier Jahren nach Inkrafttreten der neuen GOZ.

bb) Anwendung der bisherigen GOZ. § 11 ordnet die weitere Anwendung der GOZ **794** in der bis zum 31.12.2011 geltenden Fassung für **bestimmte Leistungen** an. Bei der Ab-

---

[427] BGH NJW 1992, 2348.
[428] BSGE 102, 134.

rechnung von Leistungen, die vor Inkrafttreten der neuen Gebührenordnung erbracht worden sind, ist in vollem Umfang die GOZ in der **bis zum 31. 12. 2011 geltenden Fassung** sowohl hinsichtlich der Inhalte des Gebührenverzeichnisses (Leistungsbeschreibungen, Punktzahlen und gegebenenfalls Abrechnungsbestimmungen) als auch hinsichtlich der allgemeinen Bestimmungen anzuwenden. Damit muss auch die Abrechnung der jeweiligen Leistungen zur Ausgestaltung der Rechnung den Inhalten von § 10 der GOZ in der bis zum 31. 12. 2011 geltenden Fassung entsprechen. Im Übrigen ist die bisherige GOZ **für alle weiteren Leistungserbringungen ab dem 1. 1. 2012** aber nicht mehr anwendbar. Die bisherige GOZ bleibt nach § 11 Nr. 1 für solche Leistungen anwendbar, die **vor dem Inkrafttreten der neuen GOZ** zum 1. 1. 2012 erbracht worden sind. Eine Leistung ist dann erbracht, wenn alle in der Leistungsbeschreibung enthaltenen Einzelschritte abgeschlossen sind. Wurden die zahnärztlichen Leistungen vollinhaltlich erbracht und erfolgte nur die Berechnung noch nicht, muss die Rechnungslegung auch nach Inkrafttreten der Neufassung der GOZ nach der alten GOZ in der bis zum 31. 12. 2011 geltenden Fassung zu erfolgen.

795   Wird also auch nur ein Leistungsmerkmal einer zahnärztlichen Leistung **nach dem 31. 12. 2011** erbracht, ist auf diese Leistung insgesamt die Neufassung der GOZ anwendbar. Unerheblich ist dabei, ob der Schwerpunkt der Leistungserbringung in der Zeit vor dem Inkrafttreten der Neufassung liegt.

796   **cc) Ausnahmeregelungen.** Nach § 11 Nr. 2 bleibt die **bisherige Fassung der GOZ** in den in dieser Bestimmung aufgeführten Leistungen nach den Nummern 215 bis 222, 500 bis 523 und 531 bis 534 anwendbar, soweit sie vor dem 1. 1. 2012 begonnen, aber erst danach beendet worden sind. Die Aufzählung der Leistungen ist **enumerativ.** Die Regelung gilt nur für die im Einzelnen aufgeführten Komplexleistungen, deren Erbringung sich typischerweise über einen längeren Zeitraum, zumindest aber über zwei Sitzungen erstreckt. Erfasst sind daher nur die Leistungen nach den Gebührennummern 215 bis 222 (Einlagefüllungen, Voll- beziehungsweise Teilkronen) 500 bis 523 (Leistungen zur und im Zusammenhang mit der Versorgung mit Brücken und Prothesen) und 531 bis 534 (vollständige Unterfütterung einer Defektprothese, Eingliederung eines Obturators, Eingliederung einer Resektionsprothese) nach dem Gebührenverzeichnis der GOZ in der bis zum 31. 12. 2011 geltenden Fassung. Hat der Zahnarzt nur ein Leistungsmerkmal dieser Komplexleistungen vor dem 1. 1. 2012 erbracht, ist auf die Abrechnung dieser Leistungen insgesamt die GOZ in der bis zum 31. 12. 2011 geltenden Fassung anzuwenden, auch wenn die Leistungserbringung eventuell erst später beendet worden ist. Bei der Versorgung mit Zahnersatz ist erstes Leistungsmerkmal zum Beispiel die Abdrucknahme beziehungsweise das Präparieren von Zähnen. Sind bei der Erbringung zahnärztlicher Leistungen solche enthalten, die der Vorbereitung von Leistungen im Sinne von § 11 Nr. 2 dienen, jedoch selbst nicht Bestandteil dieser Leistungen, sondern selbständig berechenbar sind, werden sie nach der Neufassung der GOZ berechnet, sofern sie nach dem 31. 12. 2011 im Zusammenhang mit einer Leistung im Sinne von § 11 Nr. 2 erbracht werden.

797   **dd) Kieferorthopädische Behandlungen.** Die GOZ in der bis zum 31. 12. 2011 geltenden Fassung ist nach § 11 Nr. 3 auf alle solchen Leistungen anzuwenden, die aufgrund einer vor dem 1. 1. 2012 geplanten und begonnenen kieferorthopädischen Behandlung bis zu deren **Behandlungsabschluss,** längstens jedoch bis zum Ablauf von **vier Jahren** nach Inkrafttreten der Neufassung der GOZ, mithin also bis einschließlich zum 31. 12. 2015 erbracht werden. Generell wird hiermit für Leistungen aufgrund kieferorthopädischer Behandlungen eine entsprechende Übergangsregelung getroffen, die sich allerdings auf alle Leistungen bezieht, die innerhalb eines Zeitraumes von bis vier Jahre nach dem Inkrafttreten der Neufassung der GOZ am 1. 1. 2012 erbracht werden.

798   Diese Regelung ist zumindest missverständlich, als davon Leistungen erfasst werden sollen, die „aufgrund" einer vor Inkrafttreten der Neufassung der GOZ geplanten und begonnenen kieferorthopädischen Behandlung erbracht werden.[429] Dabei könnte es sich im Grundsatz

---

[429] *Liebold/Raff/Wissing* § 11 Rn. 5 ff.

auch um solche Leistungen handeln, die nicht unmittelbar Gegenstand der kieferorthopädischen Behandlung sind, aber „aufgrund" dieser Behandlung durchgeführt werden. Als Beispiel seien Ausgleichsextraktionen genannt. In der Begründung[430] wird ausgeführt, es sollten von dieser Ausnahmeregelung nur solche Leistungen erfasst werden, die „im Rahmen" einer vor Inkrafttreten dieser Verordnung geplanten und begonnenen kieferorthopädischen Behandlung erbracht werden. Das spricht ebenso wie die in § 11 Nr. 3 vorgesehene Weitergeltung der GOZ in der bisherigen Fassung für einen Zeitraum von bis zu vier Jahren nach Inkrafttreten der Neufassung der GOZ. Dies korrespondiert mit der Abrechnungsbestimmung zu den Leistungen nach den Nrn. 6030 bis 6080, wonach die Leistungen alle im Behandlungsplan festgelegten Maßnahmen innerhalb eines Zeitraumes von bis zu vier Jahren umfassen. Das spricht dafür, dass von dieser Übergangsregelung tatsächlich nur solche Leistungen erfasst werden sollen, die im Zusammenhang mit der geplanten kieferorthopädischen Behandlung **selbst kieferorthopädische Leistungen** darstellen.

Für diese Auslegung spricht auch der **Inhalt der bisherigen Übergangsvorschrift** in **799** § 12 Abs. 2 Nr. 2 GOZ in der bis zum 31. 12. 2011 geltenden Fassung, wonach für vor Inkrafttreten dieser Verordnung begonnene Leistungen unter anderem nach den Nrn. 119 und 120 des Gebührenverzeichnisses der BUGO-Z vom 18. 3. 1965, die Weitergeltung der seinerzeitigen Gebührenordnung angeordnet wurde. Es wurden nur die eigentlichen kieferorthopädischen Maßnahmen zur Umformung eines Kiefers beziehungsweise zur Einstellung des Unterkiefers in den Regelbiss in die Übergangsregelung aufgenommen. In § 11 Nr. 3 ist zwar keine ausdrückliche Begrenzung der dort geregelten Weitergeltung der GOZ in der bis zum 31. 12. 2011 geltenden Fassung auf bestimmte kieferorthopädische Leistungen erfolgt. Dennoch ist diese Bestimmung so zu interpretieren, dass von dieser Übergangsregelung nur die kieferorthopädischen Leistungen nach den Gebührennummern 6030 bis 6080 erfasst werden sollen.

Wurde in einem kieferorthopädischen Behandlungsplan nach Gebührennummer 0040 **800** vor dem 1. 1. 2012 eine kieferorthopädische Behandlung geplant und begonnen, in der zumindest ein **Leistungsmerkmal** der in diesem Heil- und Kostenplan geplanten Leistungen vor diesem Zeitpunkt erbracht worden ist, sind die in diesem Behandlungsplan enthaltenen Leistungen nach den Nummern 6030 bis 6080 bis zum Abschluss der geplanten Behandlung, längstens jedoch bis zum **Ablauf von vier Jahren** und somit bis zum 31. 12. 2015 unter Zugrundelegung der GOZ in der bis zum 31. 12. 2011 geltenden Fassung abzurechnen.[431] Für die Abrechnung der übrigen im Heil- und Kostenplan geplanten kieferorthopädischen Leistungen ist in vollem Umfang die Gebührenordnung in der ab dem 1. 1. 2012 geltenden Fassung zugrunde zu legen. Das gilt sowohl hinsichtlich der Bestimmungen im Gebührenverzeichnis als auch hinsichtlich der allgemeinen Bestimmungen. In der Folge sind gegebenenfalls unterschiedliche Rechnungslegungen nach § 10 in der jeweils geltenden Fassung erforderlich.

l) § 12 – Überprüfung. aa) Inhalt der Norm. § 12 sieht eine **Überprüfungspflicht** **801** der Bundesregierung hinsichtlich der Auswirkungen der Neufassung der GOZ vor. Die Bundesregierung hat gegenüber dem Bundesrat über das Ergebnis der Prüfung bis **spätestens Mitte 2015** zu berichten.

bb) Auswirkungen der Norm. Unmittelbare Auswirkungen auf den Zahnarzt oder den **802** Zahlungspflichtigen hat diese Norm nicht. Die Prüfungs- und Berichtspflicht der Bundesregierung zu den Auswirkungen der Neustrukturierung und -bewertung der Leistungen in der GOZ ist auch für den Patienten **nicht mit unmittelbaren Auswirkungen** verbunden. Insbesondere werden damit keine Rechte oder Pflichten der Betroffenen begründet.

Der Norm kommt jedoch bereits jetzt Bedeutung für das **Behandlungsverhalten** der **803** Zahnärzte zu. In der diesbezüglichen Begründung[432] wird ausdrücklich auf die Angaben

---

[430] Beschluss des Bundeskabinetts vom 16. 11. 2011, S. 55.

[431] *Liebold/Raff/Wissing* § 11 Rn. 7.

[432] Beschluss des Bundeskabinetts vom 16. 11. 2011, S. 56.

des BMG in den allgemeinen Begründungen zum Regierungsentwurf der Neufassung der GOZ Bezug genommen. Die Novellierung soll insgesamt zu Mehraufwendungen in Höhe von rund sechs Prozent führen. Es wird die Bewertung vorgenommen, dass eine Kostensteigerung über den angenommenen Wert von sechs Prozent hinaus nicht sachgerecht wäre. Auf der Grundlage des von der Bundesregierung zu erstellenden Berichtes sei daher gegebenenfalls über eine Anpassung der Vorgaben der GOZ zu befinden.

804   Zu den weiteren Annahmen des BMG wird ausgeführt, dass diese Mehrausgaben auf verschiedene Anhebungen der Punktwerte (richtig: Punktzahlen) zurückzuführen sei und in seiner Höhe dadurch begrenzt werde, dass die hinsichtlich der jeweils betroffenen Leistungen in der Vergangenheit üblichen Überschreitungen des 2,3fachen des Gebührensatzes nicht mehr auftreten würden. Damit wird angenommen, dass die erwarteten **Steigerungen des Gesamthonorarvolumens** nicht auf eine Anhebung der Punktwerte und damit der Vergütungen für zahnärztliche Leistungen insgesamt, sondern auf punktuelle Anhebungen der Punktzahlen für einzelne Leistungen zurückzuführen sind. Die angenommene marginale Erhöhung des Gesamthonorarvolumens um sechs Prozent wird bis zum Jahr 2015 als maximale Obergrenze bewertet, die noch als sachgerecht anzusehen wäre.

805   Daraus folgt, dass der Bundesrat, auf dessen Initiative hin diese Neuregelung in die GOZ aufgenommen worden ist, die Auffassung vertritt, dass jedenfalls auch bis in das Jahr 2015 hinein **weder eine Notwendigkeit noch eine Möglichkeit** für eine Anpassung der privatzahnärztlichen Vergütungen an die allgemeine wirtschaftliche Entwicklung beziehungsweise an die Entwicklung der Praxiskosten besteht. Ebenso wie bereits bei der Neufassung der GOZ zum 1. 1. 1988[433] wird dieser Aussage eine Globalbetrachtung des Honorarvolumens sämtlicher zahnärztlicher Leistungen zugrunde gelegt, das sich gegenüber dem bisherigen Gebührenvolumen nicht beziehungsweise lediglich marginal erhöhen soll.

806   Es wird nochmals bekräftigt, dass die nach § 15 ZHG bei der **Festsetzung der Gebührenhöhe** vom Verordnungsgeber vorzunehmende Berücksichtigung der berechtigten Interessen der Zahnärzte offensichtlich auf eine Betrachtung der finanziellen Auswirkungen des neuen Gebührenverzeichnisses auf die öffentlichen Haushalte reduziert wird. Die damit verbundene Fortschreibung eines Vergütungsniveaus aus dem Jahr 1987 für nahezu alle zahnärztlichen Leistungen wird in § 12 zumindest **bis in das Jahr 2015** fortgeführt. Nach der Begründung[434] wird jedenfalls vom Bundesrat zu diesem Zeitpunkt keine Neuregelung der Gebührenhöhe durch die Bundesregierung unter Berücksichtigung der Kriterien des § 15 ZHG angestrebt. Von der Bundesregierung wird bereits jetzt eine Absenkung der Gebührenhöhe für den Fall erwartet, dass das Gesamthonorarvolumen gegenüber demjenigen im Jahr 2008 um mehr als sechs Prozent steigen sollte. Diese Festlegung des Verordnungsgebers auf einen Zeitraum über das Jahr 2015 hinaus wird bei der erforderlichen verfassungsrechtlichen Würdigung der in § 5 Abs. 1 Satz 3 erfolgten Fortschreibung der zahnärztlichen Vergütungen zu berücksichtigen sein.

---

[433] Vgl. dazu die Aussagen in der Begründung BR-Drucks. 276/87 vom 26. 6. 1987, S. 58.
[434] Beschluss des Bundeskabinetts vom 16. 11. 2011, S. 56.

B. Betriebswirtschaft

I. Grundlagen der Betriebswirtschaftslehre

Die Betriebswirtschaftslehre (BWL) beschäftigt sich mit dem Untersuchungsgegenstand **807** „Betrieb". Dabei ist der Begriff „Betrieb" als die Umschreibung einer wirtschaftlichen Einheit gemeint und wird in der Praxis nochmals in Haushalte und Unternehmen unterteilt. Der Begriff „Unternehmen" ist gleichzusetzen mit der „Unternehmung", der sich wiederum in private und öffentliche sowie Sachleistungs- und Dienstleistungsbetriebe gliedert. Nachfolgend wird der Begriff „Unternehmen" verwendet, da sich die folgenden Darstellungen nicht auf den technisch-produktionswirtschaftlichen Arbeitsbereich beziehen. Daneben scheint die Entscheidung für diesen Begriff dem aktuellen Sprachgebrauch in Lehre, Forschung und Praxis zu entsprechen.

Auch die Arztpraxis ist ein Unternehmen und viele Ärzte und Zahnärzte stellen sich **808** immer mehr die Frage, wie sie Ihrem beruflichen Anspruch einer qualitativen Patientenversorgung gerecht werden, gleichzeitig aber auch ihre ökonomischen Unternehmensziele erreichen können. Die Kosten einer Praxis steigen stetig an, aber die Praxiserlöse adaptieren sich nicht gleichermaßen. Daher ist in einer Arztpraxis planerisches, organisatorisches und rechnungsbezogenes Handeln nötig, um auch in der Zukunft wettbewerbsfähig zu bleiben und die notwendigen Gewinne zu erwirtschaften.

Dabei versteht sich das „Wirtschaften" letztendlich im Allgemeinen als Befriedigung von **809** Bedürfnissen, die praktisch unbegrenzt sind. Dem stehen die Mittel zur Bedürfnisbefriedigung gegenüber die knapp sind. Diese Bereitstellung von Mitteln (Gütern, d. h. Sachgütern und Dienstleistungen), erfolgt durch die Transformation von Produktionsfaktoren (Input) in Endprodukte (Output).

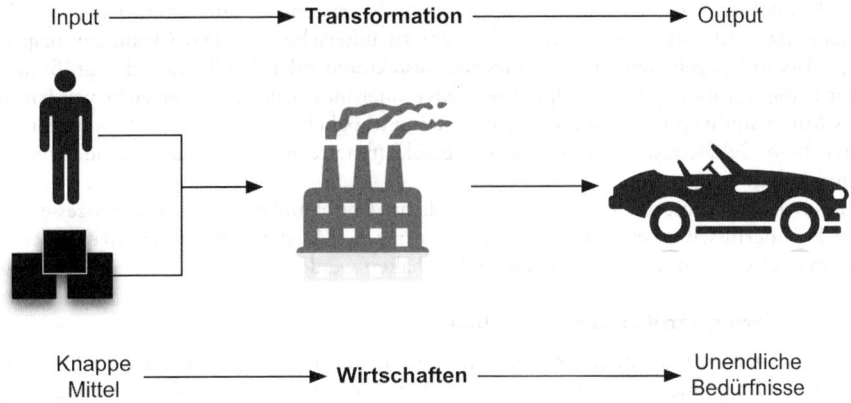

Abbildung 1: Wirtschaftlicher Transformationsprozess

Die Produktionsfaktoren sind hierbei die originäre (ausführende) Arbeit, Betriebsmittel **810** und Werkstoffe, die durch den dispositiven Faktor Arbeit optimiert werden. Der Faktor Arbeit kommt somit in zweifacher Verwendung im Unternehmen vor. Als originärer Faktor stellt er einen elementaren Produktionsfaktor dar und als dispositiven Faktor kommt ihm Bedeutung hinsichtlich der Unternehmensleitung sowie Planung, Organisation und Kontrolle des Unternehmens zu.[1] Dem Spannungsverhältnis von Bedürfnisbefriedigung und knappen Ressourcen entspringen die grundsätzlichen wirtschaftlichen Fragestellungen. Dabei wird das Ziel der Gewinnmaximierung als das übergeordnete Ziel in den Vordergrund gestellt. Der Gewinn stellt somit eine wichtige Orientierungsgröße dar. Die Ziele der Rentabilitätsmaximierung und die Schaffung ausreichender Liquidität müssen jedoch auch ausreichend beachtet werden. In manchen Situationen kann es beispielsweise sein, dass zwar genügend Gewinn erzielt wird, aber die Liquidität fehlt. Dadurch kann es zur Zahlungsunfähigkeit und zur Insolvenz eines Unternehmens kommen.

1. Das magische Dreieck

811   Beim Wirtschaften müssen die folgenden Prinzipien beachtet werden, die allgemein als magisches Dreieck der Betriebswirtschaftslehre bezeichnet werden. Ein vernünftiger Ausgleich zwischen den Prinzipien und damit den unterschiedlichen Interessen ist dabei anzustreben.

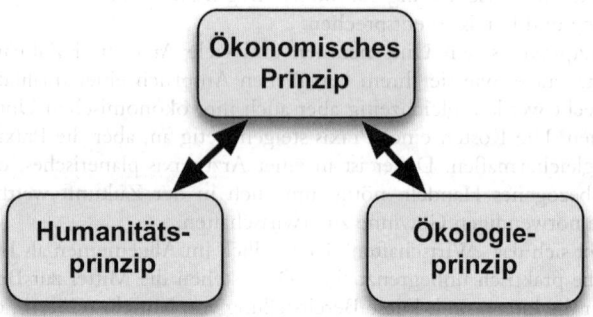

Abbildung 2: Magisches Dreieck der Betriebswirtschaftslehre

812   Das ökonomische Prinzip verfolgt das Ziel, ein möglichst günstiges Verhältnis von Aufwand und Ertrag zu erreichen. Dabei ist sowohl mengen- als auch wertmäßig zwischen einem Maximal- und einem Minimalprinzip zu unterscheiden.[2] Das Maximalprinzip besagt, dass mit gegebenen Mitteln (Produktionsfaktoren oder Geldbetrag) der größtmöglicher Erfolg (größtmögliche Endproduktmenge oder maximaler Erlös) erreicht werden soll. Das Minimalprinzip dagegen möchte mit geringstmöglichem Aufwand an Produktionsfaktoren bzw. Geldbetrag einen bestimmten Erfolg (fixierte Endproduktmenge oder fixierter Erlös) bewirken.

813   Beim Humanitätsprinzip steht der Mensch im Mittelpunkt des Leistungsprozesses. Seinen Erfordernissen ist ebenfalls Rechnung zu tragen. Mit dem Ökologieprinzip sollen die Umweltbelastungen so gering wie möglich gehalten werden.

2. Orientierungsgrößen des Wirtschaftens

814   Die Betriebswirtschaftslehre versucht für alle im Betrieb möglichen Entscheidungssituationen Entscheidungshilfe zu geben. Der Bildung von Kennzahlen als Orientierungsgrößen und als **Maßstab rationellen Wirtschaftens** kommt dabei ein besonderer Stellenwert zu. Sie sind vor allem im zeitlichen Ablauf hilfreich, weil sie die Unternehmensentwicklung offenlegen und somit während des gesamten Lebenszyklus eines Unternehmens als Teil der kaufmännischen Unternehmenskontrolle über den wirtschaftlichen Erfolg fungieren.

---

[1] Vgl. *Gutenberg*, Grundlagen der Betriebswirtschaftslehre, Band 1, Die Produktion, 24. Auflage 1983, S. 3, 11 ff.

[2] Vgl. *Witte*, Allgemeine Betriebswirtschaftslehre, 2. Aufl., 2007, S. 24.

- Der **Gewinn** (G) als Differenz zwischen Erlös (E) und Kosten (K):   **815**

$G = E - K \rightarrow max.$

Der Gewinn soll maximiert werden. Der Gewinn und die Gewinnmaximierung werden **816** gerade im Gesundheitssystem immer wieder kritisch diskutiert. Der Gewinn ist jedoch nur eine Orientierungsgröße, um den Erfolg eines Unternehmens zu messen. Die Gewinnmaximierung an sich sollte jedoch nicht verallgemeinert, aber auch nicht vernachlässigt werden und ein langfristiges Ziel darstellen. Das bedeutet auch, dass häufig kurzfristig auf Gewinnmaximierung verzichtet werden muss, um langfristig dieses Ziel zu erreichen. Dies kann auch die Niederlassungsphase von Arztpraxen betreffen.

Die **Produktivität** (P) ist eine **mengenbezogene** Orientierungsgröße und gibt das **817** Verhältnis von Endprodukt zur eingesetzter Menge an Produktionsfaktoren an.

$$P = \frac{\text{Mengenergebnis der Faktorkombination (Output)}}{\text{Faktoreinsatzmengen (Input)}}$$

Da dem Leistungsprozess in einer Arztpraxis viele Teilprozesse zugrunde liegen, ist es sinn- **818** voll, Teilproduktivitäten in Bezug auf den Input zu ermitteln. Bei einer Arztpraxis könnte das beispielsweise das Verhältnis zwischen Gesamtfällen im Jahr und den geleisteten Arbeitsstunden des Praxisteams sein, um die Produktivität der Arbeitsleistung zu messen. Diese Kennzahl allein würde jedoch nicht zu einer aussagekräftigen Information führen und muss daher im Vergleich mit anderen Arztpraxen oder im Periodenvergleich gesehen werden.

- Im Gegensatz zur Produktivität ist die **Wirtschaftlichkeit** (W) eine **wertbezogene** **819** Orientierungsgröße, die das Verhältnis von Erlös zu Kosten bzw. Ertrag zu Aufwand untersucht. Auf die Unterschiede der Termini wird im Kapitel der Kostenplanung eingegangen. Je höher der Wert des Quotienten ist, desto höher ist auch die Wirtschaftlichkeit, das heißt **wertmäßige** Leistungsfähigkeit.

$$W = \frac{\text{Erlös bzw. Ertrag}}{\text{Kosten bzw. Aufwand}}$$

- Die **Rentabilität** ist eine Orientierungsgröße, die sich teilweise aus Informationen der **820** der Bilanz zusammensetzt. Es gibt sie in zahlreichen Ausprägungen, wie z. B. Umsatzrentabilität, Eigenkapitalrentabilität, Gesamtkapitalrentabilität.

$$\text{Umsatzrentabilität} = \frac{\text{Gewinn}}{\text{Umsatz}} \times 100$$

Die Kennzahlen Produktivität, Wirtschaftlichkeit und Rentabilität stehen im Zusammen- **821** hang. Dieser Zusammenhang lässt sich am Beispiel der Ersatzbeschaffung einer neuen, moderneren Röntgenanlage wie folgt darstellen: Eine sogenannte Rationalisierungsmaßnahme führt zu einer Erhöhung der Produktivität, weil beispielsweise die Patientenzahlen bei etwa gleichbleibenden Input (Arbeitszeit, Materialien) steigen. Das könnte in einer radiologischen Praxis der Fall sein, wenn Wartezeiten aufgrund des Gerätealters und der damit bedingen Gerätekapazität auftreten. Unter der generellen Bedingung, dass die Vergütung für die Leistungen in einer Vergleichsperiode konstant bleibt, wird die Wirtschaftlichkeit bei Konstanz der Kosten für Material und Arbeitskraft durch die steigenden Patientenzahlen (und damit die Erlöse) verbessert. Damit verbunden ist auch die Erhöhung der Umsatzrentabilität, weil durch die Erlössteigerung eine Gewinnerhöhung eintritt ($G = E - K$).

- Als letzte allgemeine Orientierungsgröße des Wirtschaftens ist die **Liquidität** zu erwäh- **822** nen. Wie schon angedeutet, muss die Erzielung von Gewinn und die Liquidität getrennt voneinander betrachtet werden. Der Begriff Liquidität (von lateinisch liquidus, „flüssig") bezeichnet die Verfügbarkeit über **genügend Zahlungsmittel** („flüssig sein"). In der BWL ist Liquidität somit die Fähigkeit eines Unternehmens, seine fälligen Verbindlichkeiten (Schulden) fristgerecht und uneingeschränkt begleichen zu können. Dabei gibt es eine Reihe von Kennzahlen, die das Verhältnis zwischen Teilen des Vermögens und der

Verbindlichkeiten darstellen. Eine Arztpraxis, die die Einnahmen-Überschussrechnung anwendet, kann aber auch eine Liquiditätsauswertung ausgehend vom ermittelten Praxisgewinn vornehmen. Durch entsprechende Hinzurechnung und Subtraktion von Werten aus der Buchhaltung ermittelt sich bestenfalls eine Liquiditätsüberdeckung. Ist die Liquidität jedoch dauerhaft unter Null, kann das eine ernsthafte Bedrohung der Existenz bedeuten. Jeder Praxisinhaber sollte deshalb darauf achten, dass seine Praxis nicht nur Gewinne erwirtschaftet, sondern sich auch im finanziellen Gleichgewicht befindet. Daher ist eine Liquiditäts- bzw. Finanzplanung unerlässlich.

3. Betriebswirtschaftliche Funktionsbereiche

823   Entsprechend der eingangs formulierten Definition des Unternehmens Arztpraxis, dient dieses der Erbringung von Dienstleistungen zur Deckung eines fremden Bedarfs. Um diese Leistungen zu erbringen und den Bedarfsträgern zur Verfügung stellen zu können, sind aufwendige Prozesse notwendig:
– Die zu erbringenden Dienstleistungen sind zu gestalten.
– Der benötigte Input muss bereitgestellt werden.
– Die Finanzmittel müssen bereitgestellt werden, um den Input bezahlen zu können.
– Die von den Bedarfsträgern benötigten Dienstleistungen müssen aus den bereitgestellten (Produktions-)Faktoren geschaffen werden.
– Die geschaffenen Leistungen müssen an die Bedarfsträger verkauft werden.
– Die Prozesse müssen erfasst werden, um zu disponieren und kontrollieren zu können.
– Alle Tätigkeiten des Unternehmens müssen koordiniert und zielgerecht gesteuert werden.
Diese Prozesse werden in der Betriebswirtschaftslehre als Funktionen bezeichnet. Die Funktionen sind untereinander durch die Abläufe miteinander verbunden und alle Funktionen stehen über die gemeinsame Kontrolle und Steuerung in Zusammenhang.

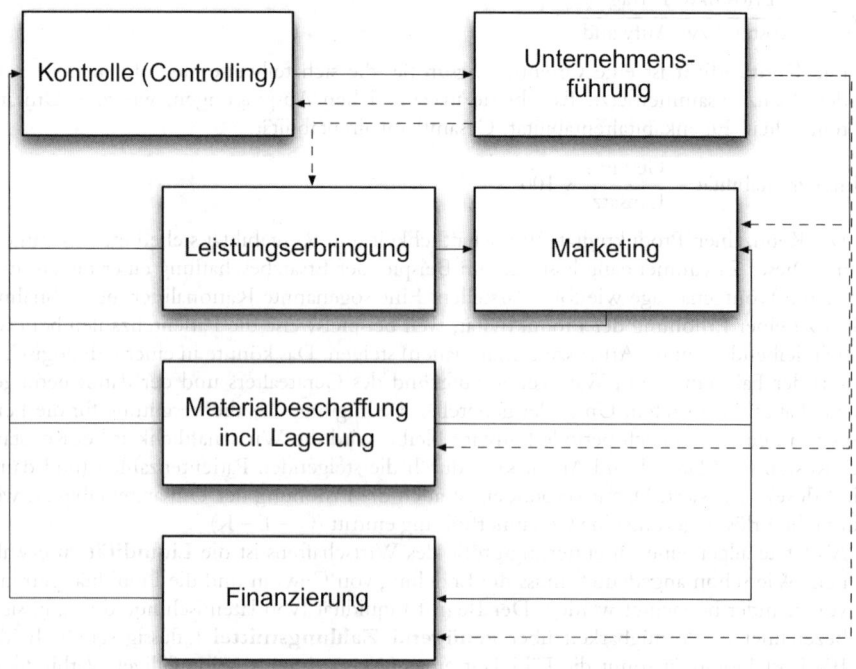

Abbildung 3: Die betriebswirtschaftlichen Funktionsbereiche der Arztpraxis

4. Das Lebenszyklusmodell

Da die Aufgabe der Betriebswirtschaftslehre darin liegt, für alle Entscheidungssituationen **824** eine Entscheidungshilfe zu geben, kann das Lebenszyklusmodell herangezogen werden. Es bietet die Möglichkeit, den „Lebensverlauf" eines Unternehmens in bestimmte „Lebenssituationen" zu zerlegen und zu analysieren, um daraus eine angepasste Hilfestellung zu geben.

Bei der Projizierung des Lebenszyklusmodells auf die Arztpraxis ist dieses Modell stark **825** geprägt durch die Person des Praxisinhabers und lässt sich demnach durch dessen aktive Maßnahmen bis zu einem bestimmten Grad beeinflussen. Die nicht beeinflussbare, unabhängige Größe ist jedoch der Faktor Zeit. Wird dieser Faktor ins Verhältnis zu den beeinflussbaren Größen, wie beispielsweise Praxiseinnahmen oder Praxisgewinn gesetzt, dann lässt sich daraus ein spezifisches Entwicklungsmuster erkennen und ein Lebenszyklus daraus entwickeln. Der Lebenszyklus ist durch vier Phasen (Abbildung 4) gekennzeichnet, deren einzelne Dauer häufig sehr stark schwankt.[3] Auch müssen diese Phasen nicht unbedingt in der gleichen Auflistung und nicht zwangsläufig alle durchlaufen werden.

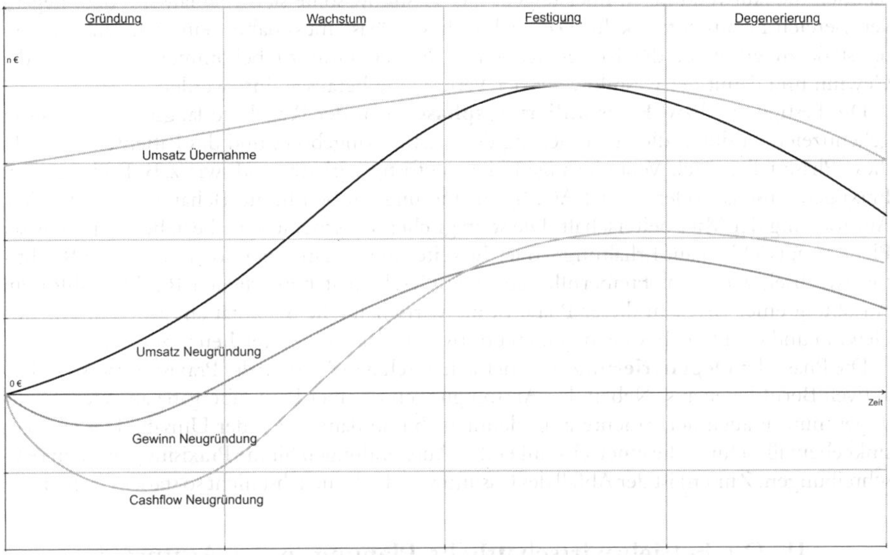

Abbildung 4: Ein möglicher Lebenszyklus einer Arztpraxis

Die Phase der **Gründung** bzw. der Niederlassung ist eine entscheidende Phase und von **826** strategischen Entscheidungen geprägt, die persönlich, fachlich und betriebswirtschaftlich von hoher Bedeutung sind. Kaufmännisch betrachtet ist die Niederlassung eine Unternehmensgründung. In dieser Phase werden Entscheidungen hinsichtlich des Standortes, der Praxisgröße, der Rechtsform, des Investitionsvolumens, der Mitarbeiter, der fachlichen Ausrichtung und der Außenwirkung getroffen.

Der Umsatz bzw. die Einnahmen laufen in dieser Phase flach an. Der Gewinn und der **827** Cashflow entwickeln sich durch hohe Anlaufinvestitionen jedoch zunächst negativ. Der Cashflow gilt als wichtiger Indikator der Zahlungskraft des Unternehmens und sagt etwas über die Liquidität aus. Ist der Cashflow positiv, dann ist das Unternehmen in der Lage, aus seinem Umsatz heraus die Kredite ordnungsgemäß zu tilgen. Ein negativer Cashflow ist ein Kennzeichen dafür, dass finanzielle Reserven aufgebraucht werden.

---

[3] Vgl. *Frodl*, Management von Arztpraxen, 2004, S. 14 ff.

828   Die Umsatzentwicklung bei der **Praxisübernahme** zeigt gewöhnlich keine so starke Kurve wie die bei der Neugründung. Das ist darauf zurück zu führen, dass zwar anfangs auch mit Patientenabwanderung gerechnet werden muss, die den Umsatz schmälert, aber der Praxiserwerber muss sich den Patientenstamm nicht erst aufbauen. Auch die Verläufe von Gewinn und Cashflow ähneln denen der Neugründung, sind aber vorwiegend nicht im Verlustbereich angesiedelt.

829   Gegenwärtig ist die Übernahme einer Einzelpraxis die häufigste Gründungsform, wobei diese jedoch an Bedeutung verliert und der Eintritt in eine Berufsausübungsgemeinschaft stärker zunimmt.[4]

830   Die Phase des **Wachstums** ist gekennzeichnet durch eine starke Abhängigkeit von verschiedenen Faktoren, die den Erfolg der Arztpraxis beeinflussen. Wichtige strategische Entscheidungen beziehen sich auf zukünftige Behandlungsschwerpunkte, die Personal- und Organisationsentwicklung sowie Investitionen in Behandlungsschwerpunkte. In der Wachstumsphase einer neu gegründeten Praxis sollte der Gewinn aus dem Verlustbereich heraustreten und sich am Ende dieser Phase deutlich steigern. Hierbei spricht man auch vom Erreichen bzw. Überschreiten des Break-Even-Points, der dann gegeben ist, wenn die Einnahmen die Aufwendungen übersteigen. Der Cashflow sollte sich ebenfalls aus dem negativen Bereich heraus entwickeln. Das Ziel in dieser Phase muss daher sein, den Umsatz weiter stark zu erhöhen, die Kosten jedoch so in den Griff zu bekommen, dass auch der Gewinn und damit der Cashflow aus der Verlustzone herausgeführt werden.

831   Die Festigungs- bzw. **Konsolidierungsphase** ist in der Regel die längste Phase und ist gekennzeichnet durch die Stabilisierung des Leistungsangebotes und des Patientenflusses. In dieser Phase fallen auch Veränderungen, die langfristig wirksam sind, wie z.B. Bildung einer Praxisgemeinschaft oder einer BAG, Spezialisierung auf bestimmte Behandlungsmethoden, Aufstockung der Mitarbeiterschaft. Die strategischen Entscheidungen beziehen sich in dieser Phase hauptsächlich auf Erhaltungs- oder Erweiterungsinvestitionen sowie auf einen Rechtsformwechsel, z.B. vom Freiberufler auf eine Gesellschaft bürgerlichen Rechts (GbR) zur Ausübung einer BAG. In dieser Phase ist die wirtschaftliche Stabilität am größten: Umsatz, Gewinn und Cashflow bewegen sich im positiven Bereich und erreichen ihren Zenit.

832   Die Phase der **Degenerierung** zeichnet sich durch den Ausstieg des Praxisinhabers aus dem aktiven Berufsleben aus. Neben den Anstrengungen zu einer Praxisübergabe an einen Nachfolger, nimmt auch der Patientenfluss deutlich ab und damit auch der Umsatz. Der Gewinn sinkt ebenfalls. Durch die einerseits sinkenden Aufwendungen für die Praxisinvestitionen (Abschreibungen, Zinsen) ist der Abfall des Cashflows jedoch zunächst nicht so stark betroffen.

II. Die betriebswirtschaftliche Planung in der Arztpraxis

1. Die betriebswirtschaftlichen Planungsgrundsätze

833   Die Planung nimmt einen wichtigen Stellenwert in der Praxisführung ein. Wie eingangs erläutert, ist das Ziel der BWL für alle im Unternehmen Arztpraxis möglichen Entscheidungssituationen Entscheidungshilfe zu geben. Gerade in der Gründungs- bzw. Übernahmephase ist eine sorgfältige betriebswirtschaftliche Planung wichtig. Je besser die Planung ist, desto weniger Kosten entstehen im Nachhinein durch spätere Korrekturen falsch getroffener Entscheidungen.

834   Planung wird in der Arztpraxis zumeist in der Patientenbehandlung umgesetzt. Vereinfacht dargestellt stellt der Arzt bei einem Patienten nach der Anamnese eine Diagnose und in Zusammenarbeit mit ihm wird eine Therapie vereinbart. Es wird also eine Planung notwendig, die ausgehend vom aktuellen Zustand des Patienten (krank) in Verbindung mit einem gewünschten Ziel (gesund) eine Therapie als Maßnahme nach sich zieht. Danach

---

[4] Vgl. *Deutsche Apotheker- und Ärztebank,* Ärztliche und Zahnärztliche Existenzgründungsanalyse 2009/ 2010.

wird in der Regel der Gesundheitszustand des Patienten immer wieder überprüft und die Therapie gegebenenfalls angepasst, bis im Idealfall der Patient wieder gesund ist. Betriebswirtschaftlich ist es ähnlich: Die Erstellung von Plänen verfolgt maßgeblich den Zweck, den Weg in die Zukunft nach möglichst strukturierten Zielen zu gehen und daraus geeignete Maßnahmen abzuleiten. Das Ergebnis ist somit vorhersehbar und einschätzbar. Das heißt, die Arztpraxis agiert, anstatt auf äußere Einflüsse zu reagieren. Sie hat klare Ziele vor Augen und kann ihr gesamtes Handeln an der Planung orientieren. So kann auch die Kontrolle der Zielerreichung stattfinden und anhand des geplanten Soll-Zustands kann jederzeit überprüft werden, ob das Ziel mit den gegebenen Mitteln erreicht werden kann oder ob eventuell eine neue Planung notwendig wird bzw. Ziele neu definiert werden sollten. Dieses Vorgehen kann den häufig im Qualitätsmanagement gebräuchlichen PDCA – Zyklus (Deming-Kreis)[5] unterworfen werden.

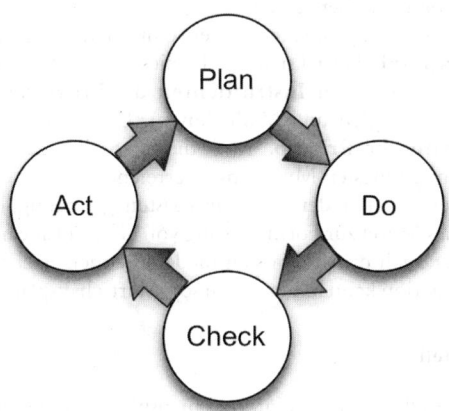

Abbildung 5: Schematische Darstellung des PDCA-Zyklus

Dabei wird eine Planung durchgeführt („Plan") um beispielsweise ein neues Leistungs- **835** angebot einzuführen. Die Neuerung wird wie geplant eingeführt („Do") und dann überprüft („Check"), ob das erreichte Ergebnis dem geplanten Soll-Ergebnis entspricht. Die Ursachen für die eventuell festgestellten Abweichungen werden korrigiert („Act") und einer neuer PDCA – Zyklus beginnt.

Bei der Planung ist zwischen der **strategischen Unternehmensplanung,** die eher **836** langfristige Inhalte hat sowie der (kurzfristigen) **operativen Unternehmensplanung** zu unterscheiden. Schließlich kann die Unternehmensplanung sich nicht nur auf den Zeitraum einer Planung beziehen, sondern auch verschiedene Planungsfelder, wie z.B. Investitionsplanung, Kostenplanung, Finanzplanung. Die Praxisplanung muss, wenn sie zum Erfolg führen soll, bestimmten Grundsätzen genügen.[6]

Zunächst muss sie **vollständig und genau** sein. Das bedeutet, dass in die Planung sämt- **837** liche Alternativen, Ereignisse, Tatbestände und Vorgänge einzubeziehen sind, die für das Endergebnis von Bedeutung sind. Die Planungsgenauigkeit ist unter dem Aspekt zu sehen, dass sie so genau sein muss, wie es der Planungszweck erfordert.

---

[5] „Der Begriff Deming-Kreis ist nach William Edwards Deming (1900–1993) benannt, einem amerikanischen Physiker und Statistiker, dessen Wirken maßgeblich den heutigen Stellenwert des Qualitätsmanagements beeinflusst hat.[1] Deming selbst bezog sich dabei auf den Shewhart-Zyklus[2] nach Walter A. Shewhart." (Quelle: http://www.wikipedia.de, 22. 12. 2011).
[6] Vgl. u. a. *Korndörfer,* Unternehmensführungslehre, 8. Auflage, 1995, S. 106–109.

838   Der Praxisplan sollte auch so **eindeutig, einfach und klar formuliert** sein, dass er von jedem einzelnen Praxismitarbeiter verstanden werden kann und diese jederzeit in der Lage sind, ihre Tätigkeiten in der Praxis darauf auszurichten.

839   Eine Praxisplanung sollte auch nicht als Tätigkeit verstanden werden, die nur zu einem bestimmten Zeitpunkt, z. B. in der Niederlassungsphase, stattfindet, sondern sie sollte **ständig durchgeführt** werden, um die ständigen Veränderungen im Umfeld der Arztpraxis einzubeziehen. Damit ist die Planung in der Arztpraxis als ständiger Planungsprozess zu verstehen, der dem Grundsatz der Kontinuität unterliegen muss. Tritt eine Veränderung ein, muss die Planung flexibel sein, das heißt, sie muss sich den Veränderungen auch anpassen. Zumeist wird das durch den Einbau von bestimmten Reserven, Alternativplänen oder Entscheidungsaufschüben sichergestellt.

840   Dem ökonomischen Prinzip als grundlegendem Prinzip der Betriebswirtschaftslehre ist auch die Unternehmensplanung an sich zu unterwerfen: eine kostenintensive Planung sollte nicht den bewirkten Nutzen übersteigen.

841   Die Aufgabe der Praxisplanung ist somit, einen Unternehmensplan aufzustellen, der **alle Teilbereiche der Arztpraxis** berücksichtigt. In diesen einzelnen Teilplänen sollen **Vorgaben** enthalten sein, mit welchen **Instrumenten** die **Praxisziele** erfolgreich realisiert werden können (Ziele, Strategien und Maßnahmen). Dabei ist das Planungsziel die Ausrichtung auf das **ökonomische Prinzip,** damit die Praxisziele den höchstmöglichen Zielerreichungsgrad mit dem geringsten Mitteleinsatz erreichen.

842   Als gängiges Instrument, auch in der Phase der Existenzgründung, haben sich Businesspläne etabliert. Sie dienen als Mittel zur Formulierung von Geschäftsideen und zur Überprüfung durch Kapitalgeber, aber auch durch den sich niederlassenden Arzt selbst. Die regelmäßige bzw. jährliche Dokumentation kann in Form von sog. Wirtschaftsplänen erfolgen.

2. Das F-A-S-T-Modell

843   Als Leitfaden zur Erstellung eines Unternehmensplans für die Arztpraxis soll das sog. F-A-S-T-Modell dienen, das von Professor Held an der HTW Aalen im Rahmen der Studie „Strategische Unternehmensplanung in kleinen und mittleren Unternehmen"[7] entwickelt wurde.

844   Es zeichnet sich durch folgende Grundsätze aus, die auch auf Arztpraxen anwendbar sind:

845   • Die (strategische) Planung ist auf dem „(Erfolgs-)Faktor Mensch" aufgebaut, d. h. unternehmerisches Handeln orientiert sich an den persönlichen Zielen und Motiven des Praxisinhabers und der Mitarbeiter.

846   • Die einzusetzenden Analyseinstrumente müssen relativ einfache und komprimiert durchführbare Methoden sein. Eine „Orientierung an den Besten" (Benchmarking) ist empfehlenswert.

847   • Weitere wesentliche Elemente des Modells sind eine feste Struktur der (strategischen) Planung sowie die Anbindung an die darauf folgenden operativen Maßnahmen, das „Tun".

---

[7] Vgl. *Held,* Strategische Unternehmensplanung in kleinen und mittleren Unternehmen, Ergebnisse einer bundesweiten Unternehmensbefragung in Zusammenarbeit mit dem Mittelstandsmagazin ProFirma, 2007.

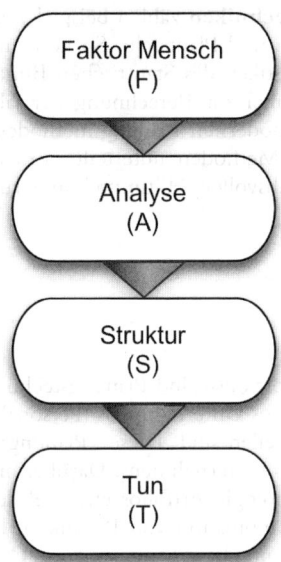

Abbildung 6: Das F-A-S-T-Modell[8]

3. Der „(Erfolgs-)Faktor" Mensch (F)

Der Faktor Mensch spielt in Arztpraxen eine entscheidende Rolle. Dazu gehört, dass die **848** persönlichen Lebensplanungen, Motive und Ziele des Praxisinhabers, als auch der Mitarbeiter mit Leitungsaufgaben in einen gewissen Einklang gebracht werden. Hierzu ist es notwendig, dass sich die genannten Personen über ihre eigenen Stärken, Ziele und Motive klar sind und diese auch konsequent fördern und umsetzen wollen. Diese persönlichen Ziele und Motive sollten schriftlich dokumentiert werden.

4. Die Analyse (A)

Bereits in der Niederlassungsphase können eine Vielzahl von Methoden herangezogen **849** und Orientierungsgrößen berechnet werden, die dem Existenzgründer selbst, den Kapitalgebern und den Förderern Informationen über die Marktchancen der zu gründenden bzw. zu übernehmenden Arztpraxis geben. Die einzusetzenden Analyseinstrumente müssen relativ einfach und komprimiert durchführbar sein. Auf dieser Basis sind Portfoliotechniken, einfache Wertanalysen, ABC-Analysen, die Break-Even-Point-Analyse, aber auch Praxisvergleiche und ausgewählte Wettbewerbs- sowie Marktanalysen einzusetzen. Diese ermittelten Informationen sollten stets hinsichtlich der Ermittlungsmethodik dokumentiert und das Ergebnis festgehalten werden. So können in einer späteren Lebenszyklusphase der Arztpraxis auf Grund dieser Informationen, Erfolgsbeurteilungen und Planungsanpassungen vorgenommen werden.

Die Ermittlungsmethoden sind Hilfsmittel, mit denen die Praxisführung die im Rahmen **850** der Planung zu bewältigenden Aufgaben besser und schneller lösen kann. Dabei werden grundsätzlich konventionelle und moderne Methoden unterschieden.[9]

---

[8] Vgl. *Held,* Strategische Unternehmensplanung in kleinen und mittleren Unternehmen, Ergebnisse einer bundesweiten Unternehmensbefragung in Zusammenarbeit mit dem Mittelstandsmagazin ProFirma, 2007, S. 42 ff.
[9] Vgl. *Witte,* Allgemeine Betriebswirtschaftslehre, 2007, S. 151.

851 Zu den **konventionellen Techniken** zählen beispielsweise Karten- und Formularsätze, Listen und Statistiken, Grafiken und Plantafeln. So können beispielsweise für die Kostenplanung die Kostenstrukturstatistiken des Statistischen Bundesamtes hilfreich sein oder für die Finanzplanung die Zinsformel zur Berechnung der jährlichen Zinsbelastung für den aufgenommenen Kredit. Die modernen Planungsmethoden können in mathematisch anspruchsvollere und einfachere Methoden unterteilt werden. Im Folgenden wird auf die mathematisch weniger anspruchsvollen Hilfsmittel in Grundzügen eingegangen. Hierzu gehören
- die Portfolioanalyse,
- die Break-Even-Point-Analyse,
- die ABC-Analyse,
- die Wertanalyse und
- der Praxisvergleich.

852 **a) Die Portfolioanalyse.** Portfolios sind Planungstechniken, die Empfehlungen geben, wie die knappen Ressourcen eines Unternehmens (Personal, Finanzen etc.) auf verschiedene „Planungseinheiten" zu verteilen sind. Diese „Planungseinheiten" sind meist die Produkte bzw. Geschäftsfelder eines Unternehmens. Darüber hinaus gibt es jedoch auch Wettbewerbs-, Kunden- oder Technologieportfolios etc. Ziel der Portfolio-Analyse ist, die für das Unternehmen optimale Kombination von Produkten bzw. Geschäftsfeldern zu erreichen, die eine langfristige Sicherung bzw. Steigerung des Gewinns versprechen.

853 Die Portfolios verdichten diese Ergebnisse der **Umwelt- und Unternehmensanalyse** auf **zwei Bewertungsdimensionen,** um daraus eine Aussage über den Erfolg der beurteilten Produkte abzuleiten. Sie geben damit Auskunft darüber, welche Produkte für das Unternehmen besonders „wertvoll" sind und in die entsprechend investiert werden sollte. Auch in der Arztpraxis kann diese Methode angewendet werden, um die eigene bzw. künftige Positionierung der Arztpraxis im Wettbewerbsumfeld festzustellen und daraus Strategien zu entwickeln.

854 **aa) Die BCG-Matrix.** Ein konzeptionell recht einfacher „Klassiker" der Portfolio-Technik wurde von der Boston Consulting Group (BCG) entwickelt und soll an dieser Stelle als Einstieg in die Portfoliotechnik dienen.

855 In diesem Portfolio dienen der relative Marktanteil aus der **Unternehmensanalyse** und das Marktwachstum aus der **Umfeldanalyse** als Dimensionen zur Beurteilung der Geschäftsfelder eines Unternehmens. Der relative Marktanteil als interner Indikator für die Wettbewerbsfähigkeit des Unternehmens wird definiert als Verhältnis des eigenen Marktanteils zum Marktanteil des größten Wettbewerbers. Dem liegt der Gedanke zugrunde, dass ein Unternehmen mit hohem relativen Marktanteil stark von Erfahrungskurveneffekten profitiert und deshalb seine Produkte kostengünstiger als die Wettbewerber erstellen kann.

856 Das Marktwachstum als externer Indikator ergibt sich aus der Betrachtung des spezifischen Lebenszyklus des entsprechenden Produktes. Entsprechend der Höhe des relativen Marktanteils und des relativen Marktwachstums werden nun die in die einzelnen Geschäftsfelder in die Felder der Matrix als „Bad Dogs", „Cash-Cows", „Question marks" und „Stars" eingeordnet. Die Positionen im Portfolio bilden idealtypisch einen Lebenszyklus ab: vom Question Mark über den Star zur Cash Cow bis hin zur Degenerationsphase als Poor Dog.

Büttner-Hoigt

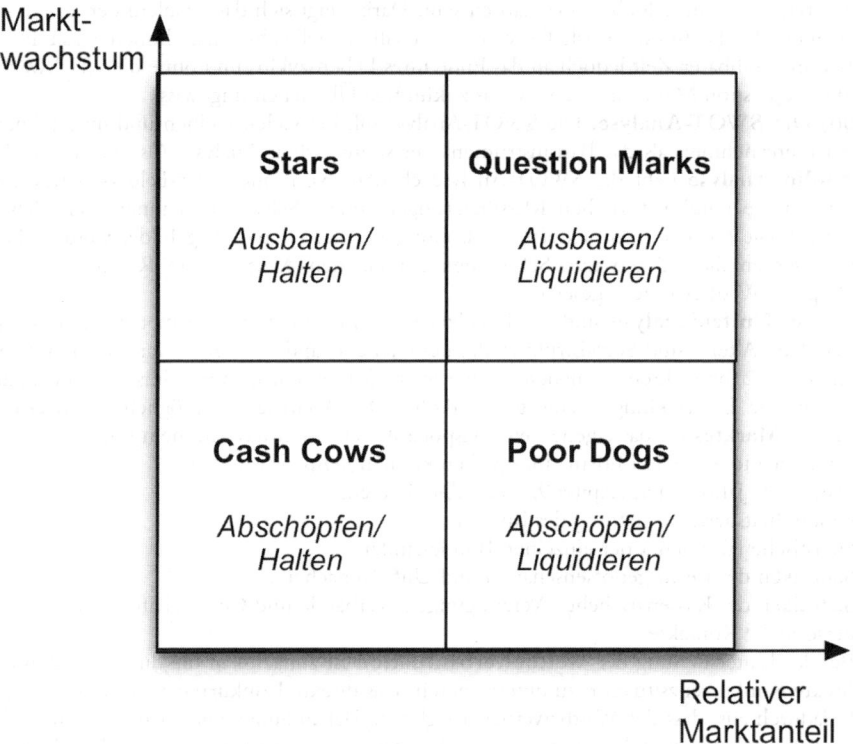

Abbildung 7: Marktwachstums-/Marktanteils-Portfolio (BCG-Portfolio)

Die Question Marks („Fragezeichen") können in der Arztpraxis neue Behandlungs- **857** oder Serviceangebote mit hohem Marktwachstum aber (noch) geringem Marktanteil sein. Als Strategie kommt die Investition in diese Angebote in Frage, um eine bedeutende Marktposition zu erreichen oder den Rückzug vom Markt einzuleiten, falls keine überlegenen Fähigkeiten vorhanden sind.

Die neuen Produkte mit hohem Marktwachstum und hohem Marktanteil werden Stars **858** („Sterne") genannt. Diese Leistungsangebote erzielen hohe Gewinne, die aber in das Angebot reinvestiert werden müssen, um sich die starke Position auf dem Zukunftsmarkt zu sichern. Hierbei sind gezielte (Erweiterungs-)Investitionen zum Erhalt des hohen Niveaus nötig.

Die Cash Cows („Melkkühe") sind schon ältere Angebote mit hohem Marktanteil aber **859** nur noch niedrigem Marktwachstum. Aber sie sind auch die wichtigste Kapitalquelle der Arztpraxis und unterstützen die Stars zu deren Finanzierung. Daher muss die Strategie das Halten der starken Wettbewerbssituation sein.

Die Behandlungs- und Serviceangebote, die nur einen geringen Praxisumsatz und auch **860** nur geringe Praxisgewinne erzielen, werden Poor Dogs („Arme Hunde") genannt. Sie setzen wenig Kapital frei, verbrauchen allerdings auch kaum Kapital. Als Strategie ist daher zu überlegen, ob diese kaum nachgefragten Leistungen noch angeboten werden sollen.

Das Ziel der BCG-Matrix ist die Ausbalancierung von im Wesentlichen kapitalbedürfti- **861** ger und kapitalerzeugender Geschäftsbereiche. Diese Ausgewogenheit kann erreicht werden, indem manche Produkte Cash Flow erwirtschaften (v.a. die Cash Cows), während andere Produkte Cash Flow verzehren (z.B. die Question Marks). Ein Leistungsspektrum einer Arztpraxis, dass beispielsweise nur aus Cash Cows besteht, welche einen hohen Cash

Flow erzielen, kann jedoch problematisch sein. Darin zeigt sich das Problem der Unausgewogenheit des Portfolios. Cash Cows erwirtschaften vielleicht einen hohen Cash Flow, stoßen in absehbarer Zeit jedoch an das Ende ihres Lebenszyklus und ohne die „nachwachsenden" Question Marks und Stars ist das zukünftige Überleben ungewiss.

862 **bb) Die SWOT-Analyse.** Die SWOT-Analyse gilt bei vielen kleinen und mittelständischen Unternehmen als das Basisinstrument der strategischen Analyse. Als eine Form der **Portfolio-Analyse** geht die SWOT-Analyse ebenfalls von einer Vier-Felder-Matrix aus, die durch die kombinatorischen Klassifizierungen innere Stärken und innere Schwächen sowie externe Chancen und externe Bedrohungen einer Arztpraxis gebildet werden. Dadurch werden die Stärken und Schwächen der eigenen Arztpraxis in Relation zu den wichtigsten Wettbewerbern gesetzt.

863 Bei der **Umfeldanalyse** sind die Bevölkerungsanzahl im Einzugsgebiet der Praxis, die vorhandene Alters- und Sozialstruktur, die bestehenden und auch zu erwartenden anderen Arztpraxen zu betrachten. Daneben spielen aber auch absehbare medizinische und medizintechnische Entwicklungen eine große Rolle. Die **Analyse** der möglichen **Patienten** sowie des **Marktes** für das eigene Leistungsportfolio erfordert das Sammeln und Auswerten von Informationen. Die Informationsquellen können beispielsweise sein:
– Statistische Jahrbücher, Kapitel 9, Gesundheitswesen,
– Gesundheitsberichterstattung des Bundes,
– Statistische Jahrbücher der einzelnen Bundesländer,
– Statistiken der Berufsgenossenschaften und Unfallversicherer,
– Statistiken der Kassenärztlichen Vereinigungen, Verbände und Gesellschaften sowie
– persönliche Kontakte.

864 Bei der Untersuchung der **Wettbewerbssituation** ist zunächst in die direkte und in die indirekte Konkurrenzsituation zu differenzieren. Das direkte Konkurrenzverhältnis zeichnet sich dadurch aus, dass der Wettbewerber das gleiche Behandlungsangebot und einen ähnlichen Patientenservice anbietet. Bei der indirekten Konkurrenzsituation werden dagegen ähnliche Behandlungsleistungen und ein analoger Patientenservice geboten. Die Bewertung der Wettbewerber kann mit Hilfe von Scoring-Modellen (sog. Punktbewertungsverfahren) vorgenommen werden. Das Scoring-Modell zeichnet sich durch eine hohe Flexibilität, Einfachheit der Handhabung und geringen Aufwand aus. Besonders vor Beginn einer Planungsphase ist es ein geeignetes Instrumentarium. Beim Scoring-Verfahren werden Informationen über andere Arztpraxen, die in Konkurrenz mit der eigenen Arztpraxis stehen, gesammelt. Diese Informationen können beispielsweise Zahlen und Fakten sein, aber auch weiche Faktoren, wie Service, Wartezeiten, Mitarbeiterzusammensetzung etc. beinhalten. Anschließend werden alle relevanten Konkurrenzeigenschaften gewichtet (insgesamt maximal 100 Prozent). Danach wird eine Skala angelegt und die einzelnen Eigenschaften mit Punkten („scores") bewertet. Nach Zusammenfassung der einzelnen Punkte ermittelt sich eine Gesamtpunktzahl, die die jeweilige Wettbewerberstärke der Konkurrenten widerspiegelt.

865 Nicht zuletzt kann die Abschätzung des **medizinisch und medizintechnischen Fortschritts** auch durch den Kontakt mit Firmenvertretern erfolgen, die beispielsweise durch Angebote über neueste Entwicklungen informieren.

866 Bei der **Unternehmensanalyse** werden die Stärken und Schwächen der eigenen Arztpraxis in verschiedenen Bereichen identifiziert. Folgende Leitfragen können dabei hilfreich sein:
– Wie ist die Patientenstruktur?
– Wie ist die Mitarbeiterstruktur?
– Wie ist die Kosten – und Kapitalstruktur?
– Wie sind die Räumlichkeiten und die Praxislage?
– Gibt es besondere Leistungen und Serviceangebote?
– Wie ist das Image?
– Welches Wissen und welche Kompetenzen sind vorhanden?

Die einzelnen Analyseergebnisse der vier Kategorien (Chancen, Risiken, Stärken und **867** Schwächen) werden in einer Matrix zusammengestellt. Anschließend werden diese vier Kategorien miteinander kombiniert und sog. Normstrategien abgeleitet aus denen dann individuelle Maßnahmen heraus geplant werden können.

	Innere Stärken (Strengths)	**Innere Schwächen (Weaknesses)**
Externe Chancen (Opportunities)	SO – Strategien	WO – Strategien
Externe Bedrohungen (Threats)	ST – Strategien	WT – Strategien

Abbildung 8: Strategiefindung mittels einer SWOT-Analyse

Für die **SO-Strategien** liegt der Idealfall vor. Die internen Stärken und die externen **868** Chancen bieten die besten Voraussetzungen dafür, die erreichte Positionierung am Markt zu sichern und Wachstumschancen zu nutzen. Mit einer **ST-Strategie** wird versucht, durch Nutzung der eigenen Stärken externe Bedrohungen zu entschärfen. Meistens wird dies durch kundenzentrierte Serviceangebote erreicht. Die **WO-Strategien** können helfen, die internen Schwächen durch externe Chancen abzumildern. Häufig können dabei gezielte Investitionen und Weiterentwicklungen des Leistungsportfolios die Wettbewerbsfähigkeit steigern. Eher defensive Vorgehensweisen stehen bei den **WT-Strategien** im Vordergrund. Durch das Vorliegen von internen Schwächen und externen Bedrohungen kann sich oftmals nur durch Abschluss von langfristigen Verträgen über einen längeren Zeitraum „gerettet" oder letztendlich durch Aufgabe eines gefährdeten Leistungsbereiches der Arztpraxis gesichert werden.

Eine solche SWOT-Analyse sollte in regelmäßigen Abständen durchgeführt werden, um **869** eine kontinuierliche Weiterentwicklung zu gewährleisten. Dadurch werden aktuelle Probleme und Entwicklungen im Kontext kontinuierlicher Verbesserungsprozesse berücksichtigt (vgl. auch PDCA-Zyklus).

cc) Die Break-Even-Point-Analyse. Die Break-Even-Point-Analyse ist eine Metho- **870** de, um den Punkt zu ermitteln, ab welchem der Praxisumsatz die gesamten Praxiskosten deckt. Dieser Punkt wird als Break-Even-Point (BEP) bezeichnet. Unterhalb des BEP macht die Arztpraxis Verlust. Die Kosten sind größer als die Erlöse. Oberhalb des BEP erwirtschaftet die Arztpraxis jedoch Gewinn. Die Erlöse sind größer als die Kosten. Das Ergebnis der Berechnung des BEP ist die Anzahl von Behandlungsfällen, bei der die Kosten und Erlöse gleich sind. Das Motto der Kostenführerschaft ist somit, den BEP bei einer kleineren Anzahl von Behandlungsfällen zu erreichen, als die Wettbewerber. In der folgenden Abbildung 10 erbringt eine Zahnarztpraxis pro Jahr 2000 Behandlungsfälle mit einem Praxisumsatz (incl. Eigen- und Fremdlabor) von 222 000 EUR. Die gesamten Kosten der Praxis belaufen sich auf 75 Euro pro Behandlungsfall. Der Anteil der fixen Kosten[10] beträgt 48 000 EUR. Mithilfe eines Koordinatensystems werden nun die Kostenverläufe des Praxisumsatzes und der Gesamtkosten grafisch dargestellt. Bei einer Behandlungsmenge von 800 Fällen überschneiden sich die Kostenlinie und die Umsatzlinie – der Praxisumsatz deckt die gesamten Kosten der Praxis und ein Gewinn von 0 wird erzielt. Jeder weitere Behandlungsfall über den BEP hinaus, trägt zur Erwirtschaftung des Praxisgewinns bei.

Rechnerisch kann der BEP auch nach folgender Formel ermittelt werden: **871**

$$\text{BEP} = \frac{\text{fixe Kosten}}{\text{Umsatz pro Behandlungsfall} - \text{variable Kosten pro Behandlungsfall}}$$

---

[10] Fixe Kosten sind konstante Kosten, die unabhängig von der Anzahl der Behandlungsfälle in der Arztpraxis entstehen (z. B. Gehälter, Praxismiete).

872   Die variablen Kosten stellen hierbei die Kosten dar, die abhängig von der behandelten Patientenmenge sind, z. B. Kanülen, Desinfektionsmittel, Pflaster. Die variablen Kosten und die fixen Kosten ergeben die Gesamtkosten einer Praxis.

873   Die Break-Even-Point-Analyse unterstellt, dass es sich einerseits immer um die gleiche Art der Behandlungsfälle handelt und die Vergütung für diese Fälle gleich bleibt. Weiterhin dürfen keine sprungfixen Kosten entstehen. Sprungfixe Kosten entstehen beispielsweise durch die Einstellung einer weiteren Arzthelferin. Die Fixkosten steigen und die Gewinnzone wird dadurch erst bei einer höheren Behandlungsmenge erreicht.

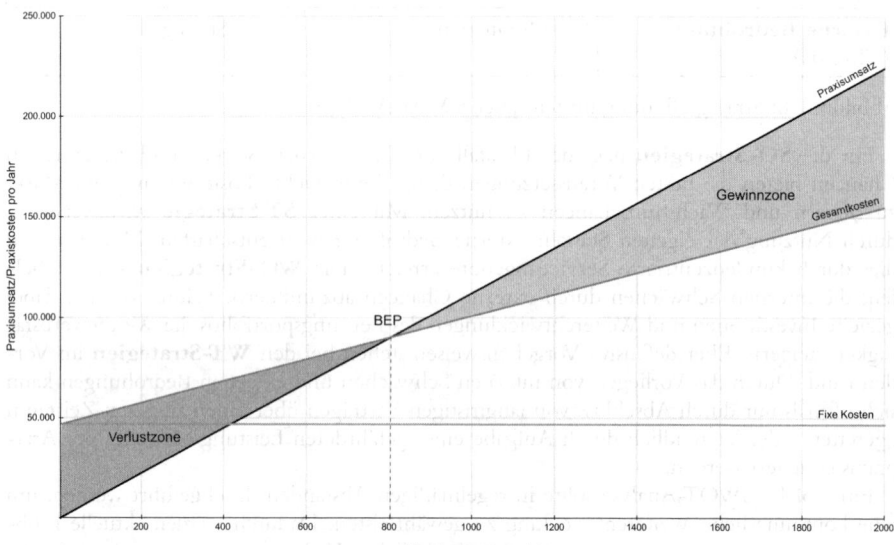

Abbildung 9: Break-Even-Analyse einer Arztpraxis

874   Eine weitergehende Methodik ist die Ermittlung des Deckungsbeitragssatzes. Dieser ergibt sich aus dem Abzug der summierten Einzelkosten pro Behandlungsart von den dafür erzielten Erlösen. Bei der Ermittlung der Einzelkosten werden sowohl direkt zurechenbare Kosten, als auch Kostenzuschläge mit Hilfe eines Schlüssels vorgenommen. Ist das Ergebnis positiv, so erwirtschaftet die Arztpraxis für diese Behandlungsfälle Gewinne.

875   **dd) Die ABC-Analyse.** Die ABC-Analyse ebenfalls ein Instrument, das Entscheidungen vorbereitet und damit erleichtert. Sie dient der Bestimmung des Mengen-Wert-Verhältnisses welches zur Eingruppierung von bestimmten Untersuchungsobjekten in drei Klassen A, B und C herangezogen wird. Dabei ist das Ziel, das Augenmerk der Praxisführung auf die Bereiche zu richten, die die höchste wirtschaftliche Bedeutung haben. So lässt sich beispielsweise feststellen, dass in der Regel der größte Teil der jährlichen Kosten für Praxis- und Laborbedarf von wenigen Verbrauchsartikeln bewirkt wird. Die ABC-Analyse geht auf H. Ford Dickie (General Electric Company) aus dem Jahr 1951 zurück. Der Titel seines Artikels „Shoot for Dollars, not for Cents" lässt schon auf die Intention dieses Instruments schließen: Das Wichtige vom Unwichtigem zu trennen. Aufbauend auf der Pareto – Regel (ungefähr 20% des Mitteleinsatzes führen zu 80% des Ergebnisses) werden effiziente Mittel, Prozesse, Materialien, Teilbereiche etc. gesucht, die bei geringem Mengeneinsatz einen hohen Wertanteil generieren. Die Untersuchungsobjekte der Klasse A erreichen dabei die höchste Effizienz mit einem Menganteil von 5 bis 15 Prozent und einem Wertanteil von ca. 60 bis 85 Prozent. In die B-Klasse werden die Objekte mit einem mittleren mengenmäßigen Anteil und mittlerem Wertanteil eingeordnet. Die Klasse C

schließlich benötigt etwa 50 bis 75 Prozent Mengenanteil für nur 5–15 Prozent Wertanteil. Die folgende Tabelle fasst die Verhältnisse zusammen.

Klasse	Mengenanteil (ca.)	Wertanteil (ca.)
A	5–15%	60–85%
B	20–40%	10–25%
C	50–75%	5–15%

Abbildung 10: Optimales Wert-Mengen-Verhältnis

Für die Anwendung dieses Instruments ist es wichtig, dass die zu klassifizierenden Ob- **876** jekte in jeweils den gleichen Wert-, Mengen- und Verbrauchseinheiten geführt werden bzw. sich entsprechend verrechnen lassen (z. B. Liter in Stückeinheiten). Darüber hinaus sollten die Erhebungszeiträume und Sachbeziehungen übereinstimmen, um solide Aussagen ableiten zu können.

Zunächst müssen die Objekte und die zugehörigen Werte tabellarisch nach Ihrem Wert **877** (absteigend) sortiert werden und die jeweilige Wertanteilgruppierung wird vorgenommen. Danach erfolgt die Mengenbetrachtung. Das folgende Beispiel aus der Materialwirtschaft soll als Grundlage dienen. Eine Arztpraxis hat folgende Materialliste mit Praxisverbrauchsmaterialien (Material ist bereits nach dem Wert absteigend sortiert):

Material	Jahresmenge in Stück	Preis pro Stück	Jahresbedarf in Euro	Anteil vom Gesamtwert	Klasse	Anteil an der Gesamtmenge	kumuliert
5	1.000	20,00 €	20.000	34%		4%	
3	200	80,00 €	16.000	27%	A	1%	17%
1	3.000	3,33 €	10.000	17%		12%	
6	500	7,60 €	3.800	6%		2%	
2	3.000	1,03 €	3.100	5%	B	12%	34%
7	5.000	0,58 €	2.900	5%		20%	
4	8.000	0,18 €	1.400	2%		32%	
9	4.000	0,30 €	1.190	2%	C	16%	50%
8	500	1,98 €	990	2%		2%	
	25.200		**59.380**				

Abbildung 11: ABC-Analyse

Die Ergebnisse lassen sich grafisch mit Hilfe der sog. Lorenzkurve (benannt nach dem **878** amerikanischen Statistiker Max. O. Lorenz, 1880–1962) darstellen.

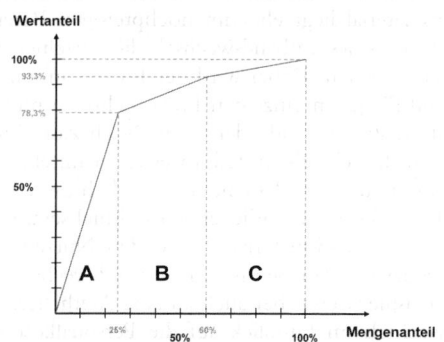

Abbildung 12: Beispielhafte Darstellung einer Lorenzkurve

Aus den ermittelten Mengen-Wert-Verhältnissen können schließlich effizienzsteigernde **879** Maßnahmen abgeleitet werden. So muss den hochwertigen Elementen der A-Klasse die höchste Aufmerksamkeit gewidmet und die genaueste Planung durchgeführt werden. Im vorliegenden Beispiel sollte möglichst vermieden werden, dass in die Struktur der A-Artikel noch mehr Mengen hochpreisiger Materialien einfließen, da der Mengenanteil in dieser Klasse schon über dem Ideal liegt. Die Materialien der B-Klasse müssen regelmäßig kontrolliert werden. Die Maßnahmen in diesem Bereich können delegiert werden. Die C-Klasse ist verhältnismäßig von geringer Bedeutung. Diese Materialien sollten nach dem Prinzip der Arbeitsvereinfachung und Aufwandsreduzierung behandelt werden.

880 So lässt sich die ABC-Analyse auch auf andere Anwendungsgebiete, wie beispielsweise die Umsatzanalyse nach Kunden, Zuweiseranalyse oder Vermögensanalyse im Rechnungswesen übertragen.

881 Neben der ABC-Klassifizierung kann eine weitere Einteilung nach dem Verbrauchsverhalten erfolgen. Die RSU-Dimension (R = Regelmäßig, S = Schwankend, U = Unregelmäßig) unterscheidet die ABC-Klassen außerdem nach Regelmäßigkeit und Unregelmäßigkeit, so dass am Ende aus den Kombinationen AR, AS, AU, BR etc. insgesamt neun Strategien abgeleitet werden können.

882 **ee) Die Wertanalyse.** Diese Methode wurde 1947 in den USA von Lawrence D. Miles bei General Electric entwickelt und stammt aus der Zeit des Zweiten Weltkriegs. Er erkannte, dass in Mangelsituationen die Bestrebungen nach Materialeinsparungen bzw. kostengünstigeren Ersatzmaterialien zunehmen und dadurch erfolgreich sind. Das veranlasste ihn, diese Bestrebungen zu systematisieren und sie im betrieblichen Alltag bei der Planung und Rationalisierung des Materialsortiments anzuwenden.[11] Damit entwickelte er ein Verfahren, das die Bezeichnung „Wertanalyse" trägt. Die Wertanalyse war also zunächst eine Methode zur Rationalisierung des Materialsortiments für die laufenden Produkte (Produkt-Wertanalyse) und zur Planung des Materialsortiments für neu zu entwickelnde Produkte (Konzept-Wertanalyse). Später wurde die Wertanalyse jedoch generalisiert und auch für andere Bereiche eingesetzt.

883 Die „Society of American Value Engeneering" (S.A.V.E.) definiert die Wertanalyse als „die systematische Anwendung bewährter Techniken zur Ermittlung der Funktionen eines Erzeugnisses oder einer Arbeit, zur Bewertung der Funktionen und zum Auffinden von Wegen, um die notwendigen Funktionen mit den geringsten Gesamtkosten verlässlich zu erfüllen".[12]

884 In der Arztpraxis kann die Wertanalyse beispielsweise dazu dienen, ein Behandlungs- oder Serviceangebot zu prüfen, ob es die erforderlichen Eigenschaften besitzt, den aus Patientensicht erwarteten Nutzen zu den geringsten Kosten zu gewährleisten und deshalb zu einem entsprechenden Wert führt.

885 Dies soll an dem Beispiel des Verbandswechsels erläutert werden. In einer chirurgischen Praxis wird der Verbandswechsel stets durch eine bestimmte Mitarbeiterin durchgeführt und das Praxisverbrauchsmaterial liegt eher im hochpreisigen Bereich. Nun kann untersucht werden, ob beim Prozess des Verbandswechsels die einzelnen Abläufe zu den Kosten in angemessenem Verhältnis stehen. Dabei wird der Prozess in einzelne Funktionen, d.h. Prozessabläufe, zerlegt und für jeden einzelnen Prozessschritt ermittelt, welche aus Patientensicht Wert- bzw. Nutzen stiftend sind oder nicht. Nach Zurechnung der Prozesskosten (Material, Personal etc.) zu den einzelnen Teilprozessen ermitteln sich so die eigentlichen Prozesskosten aus der Summe der vom Patienten tatsächlich „wertvollen" Funktionen und deren Einzelkosten. Es kann also beim vorliegenden Beispiel sein, dass ein anderes adäquates, aber kostengünstigeres Verbandsmaterial ebenso den Nutzen aus Kundensicht erfüllt und die Qualität vergleichbar ist. Daneben ist der Verbandswechsel zwar grundsätzlich eine ärztliche Aufgabe, kann beispielsweise aber auch an eine Arzthelferin delegiert werden. Die Kosten eines Verbandswechsels im Hinblick auf die Personalkosten können so reduziert werden.

886 Die Wertanalyse stellt auf diese Weise eine Beziehung zwischen den Wünschen der Kunden sowie der Funktionen des Produktes her und setzt eine Fülle von Informationen

---

[11] Vgl. *Miles*, Techniques of Value Analysis and Engeneering.
[12] Zitiert nach *Demmer*, Wertanalyse, Management Enzyklopädie, Bd. 6, S. 547 ff.

und Aktivitäten voraus, die kaum von einer Arbeitskraft bewältigt werden können und sollen. Bei der Wertanalyse ist wichtig, dass sie durch ein Team durchgeführt wird, weil einerseits ein Team eher in der Lage ist, Verbesserungsmöglichkeiten zu erkennen. Andererseits können mit einem Team Ressortschranken überwunden werden. Damit wird ein integrativer Lösungsansatz möglich, den alle betroffenen Mitarbeiter mittragen. Hierbei kommen insbesondere Kreativitätstechniken (z. B. Brainstorming) zum Tragen. Dabei können auch unkonventionelle Lösungen, die zunächst als nicht realisierbar erscheinen, vorgeschlagen werden. Die gefundenen Alternativen sind danach auf ihre Eignung zur Erfüllung der geforderten Prozessabläufe hin zu überprüfen und deren Wirtschaftlichkeit zu ermitteln. In einem letzten Schritt ist aus der Menge der alternativen Lösungen die auszuwählen, die unter den Aspekten der Funktionserfüllung und Kostenminimierung die beste ist. Anschließend muss die Realisierung geplant werden. Eine ständige Anwendung der Wertanalyse macht in Anbetracht der Kompliziertheit der zu klärenden Beziehungen, die Anwendung eines systematischen Vorgehens unumgänglich. Durch die VDI Richtlinie VDI-2801 wurde das Vorgehen bei der Wertanalyse vereinheitlicht und bildet die Grundlage für die Deutsche Norm DIN 69912 Wertanalyse – Begriff und Methoden.

ff) Interne und externe Vergleiche. Das Instrumentarium des Vergleichs unterscheidet **887** verschiedene Ausprägungen.[13] Zum einen ist es möglich, aus bereits vorhandenem Zahlenmaterial Perioden miteinander zu vergleichen und daraus zukunftsbezogene Maßnahmen abzuleiten (Zeitvergleich). Des Weiteren können aus gesetzten Planvorgaben und erreichten Ist-Werten sog. Soll-Ist-Vergleiche durchgeführt werden. Hervorzuheben ist jedoch der externe Vergleich und das Benchmarking, die nachfolgend näher betrachtet werden.

Der **externe Vergleich** stellt eine Gegenüberstellung von Zahlenmaterial der eigenen **888** Arztpraxis und anderer Praxen dar. Dabei muss beachtet werden, dass eine Vergleichbarkeit auch wirklich hergestellt werden kann. Das bedeutet, dass zunächst die Zahlen des gleichen Vergleichszeitraums gegenübergestellt werden. Daneben sollte die fachliche Spezifizierung stimmen und die Praxisgröße beachtet werden. Auch der Standort, regionale Unterschiede und das Alter der Praxis können Einflussgrößen auf die Vergleichbarkeit sein. Beim **direkten externen Vergleich** werden die Zahlen von mindestens zwei Arztpraxen unmittelbar einander gegenüber gestellt. Der **indirekte externe Vergleich** stellt auf die Gegenüberstellung mit Durchschnittswerten ab, die z. B. regelmäßig in den Berichten und Statistiken des Statistischen Bundesamtes, der Ärztekammern oder von anderen Institutionen (z. B. KBV, KZBV, Deutsche Apotheker- und Ärztebank) publiziert werden. Die unmittelbare Vergleichbarkeit mit der eigenen Praxis ist zwar nur bedingt gegeben, die Daten können jedoch eine gute Orientierungshilfe sein. In der Phase der Niederlassung kann beispielsweise die Kostenstrukturstatistik des Statistischen Bundesamtes (Fachserie 2, Reihe 1.6.1) Aufschluss darüber geben, ob die zu erwerbende Praxis massiv von den Durchschnittswerten aller Arztpraxen in der gleichen Größenklasse abweicht. Ist dies der Fall, so sollte der Praxisabgeber an dieser Stelle die Ursachen nachvollziehbar darlegen. Die statistischen Daten können somit auch als Grundlage einer kritischen Überprüfung der vorhandenen Kostenstruktur dienen und die Basis für die Verhandlung über den Praxiswert darstellen.

Beim **Benchmarking** vergleicht sich ein Unternehmen in bestimmten Analysebereichen **889** chen systematisch und kontinuierlich mit anderen (besseren) Unternehmen. Dabei ermittelt das Unternehmen Leistungslücken und leitet Verbesserungsmaßnahmen ab. Die Analysebereiche können dabei prozessbezogen sein oder sich auf bestimmte Praxisfunktionen (z. B. Materialeinkauf, Personalstärke) beziehen. Von großem Nutzen kann auch das Benchmarking mit anderen Nicht-Arztpraxen sein, die bestimmte Methoden, einen Ablauf oder einen Prozess im Sinne eines Best Practice besonders gut beherrschen. Oftmals ist ein Informationsaustausch wegen der fehlenden Konkurrenzbeziehung auch einfacher und die Arztpraxis erhält dadurch ggf. Anregungen zu Verfahren, die in der eigenen Branche bis jetzt unbekannt waren.

---

[13] Vgl. *Frodl,* Management von Arztpraxen, 2004, S. 502 ff.

890   Wichtig ist, dass Praxen oder Organisationseinheiten herangezogen werden, die mit der eigenen Praxis strukturell identisch sind. Daneben müssen die zu vergleichenden Daten in ausreichendem Maße zur Verfügung stehen und bestenfalls direkt vom Vergleichspartner erhoben werden. Nach der Gegenüberstellung sind die festgestellten Abweichungen auf Ihre Plausibilität und Validität zu prüfen, um Messfehler auszuschließen. Die Ergebnisse des Benchmarking sollten innerhalb des Praxisteams besprochen, Ziele zu formuliert sowie notwendige Maßnahmen zur Verbesserung geplant werden.

5. Die Struktur (S)

891   Nach der Ist-Analyse müssen die gewonnen Informationen sortiert, zusammengefasst und in eine Struktur gebracht werden. Aus den Ergebnissen sind die **Unternehmensziele** zu formulieren. Darüber hinaus muss die **strategische Planung** in der Arztpraxis systematisch und langfristig stattfinden. Deshalb ist es empfehlenswert, das strategische Denken und Handeln durch Einbindung der Mitarbeiter und Bereitstellung von zeitlichen und finanziellen Ressourcen konsequent zu etablieren.

892   **aa) Die Zielfestlegung als Grundlage aller Unternehmensentscheidungen.** Für die Verwirklichung einer rationalen Praxisplanung müssen Ziele festgelegt werden. Die Festlegung von Zielen ist für eine Arztpraxis eine grundlegende Voraussetzung für das erfolgreiche Agieren. An den festgelegten Zielen sind alle Aktivitäten der Praxis auszurichten, um diese Praxisziele auch optimal zu realisieren, denn ohne Ziele fehlt der Arztpraxis die Orientierung und die Entscheidungen werden nicht rational getroffen. Die Praxisziele werden in einem Zielfindungsprozess festgelegt. Dieser Prozess sollte abgeschlossen sein, bevor der Praxisinhaber seine Entscheidungen trifft.

893   **bb) Das Praxisleitbild.** Die Zielfindung ist ein wesentlicher Teil der Praxispolitik. Die Praxispolitik ist Ausdruck einer Praxisphilosophie, die wiederum die Praxisgrundsätze als Rahmen der Praxispolitik beeinflusst.

894   Die Bestimmung der **Praxisphilosophie** ist ein langwieriger und komplexer Prozess mit vielen Einflussfaktoren, der nicht unbedingt mit der Praxiseröffnung abgeschlossen sein wird. Die Praxisphilosophie erfüllt dabei die Funktion der Orientierung, Motivation und Legitimation und stellt damit ein Weltbild in Form eines Modells dar, an dem das unternehmerische Verhalten und Handeln ausgerichtet wird. In diesem Sinne hat die Praxisphilosophie **Leitbildcharakter** und sollte ein Wir-Gefühl für die Arztpraxis wecken.

895   Ein **Praxisleitbild** besteht aus drei Teilen: einer Vision, einer Mission und grundlegenden Wertvorstellungen. Die Vision gibt ein übergeordnetes großes Ziel vor und dabei die Richtung, in die die Arztpraxis in Zukunft gehen soll. Sie formuliert auch den Nutzen und soll die Motivation der Mitarbeiter fördern. Die Mission beschreibt das Selbstverständnis der Praxis (Gesellschafts- und Menschenbild, Normen und Werte) und stellt die beabsichtigte Entwicklung der quantitativen und qualitativen Praxisziele dar. Die Werte sollen die **Praxisgrundsätze** wiedergeben, die das Handeln bei der täglichen Arbeit bestimmen, wie z. B. Freundlichkeit, Respekt, vertrauensvoller Umgang. Das Leitbild einer allgemeinmedizinischen Praxis könnte beispielsweise so aussehen:

896   Im Mittelpunkt unserer Arbeit steht der Patient, der sich Hilfe suchend an uns wendet. Ihm gehört unsere ganze Kraft und Aufmerksamkeit. **(Vision).**
Wir erfassen den Menschen stets in seiner Ganzheit, weil wir damit die Gründe seiner Befindlichkeitsstörung sicher und schnell erkennen und beseitigen können. Als hausärztlich geführte Praxis sind wir Ansprechpartner für alle Generationen der Patientenfamilie. Die Kenntnis der familiären Strukturen befähigt uns, deren oft erhebliche Einflüsse auf das Krankheitsbild bei der Behandlung zu berücksichtigen. **(Mission).**
Mit den Partnern im Gesundheitswesen streben wir eine offene, ehrliche und vertrauensvolle Zusammenarbeit an. Die Kolleginnen und Kollegen, die unseren Rat suchen, unterstützen wir nach Kräften. Wir werben keine Patienten ab. **(Wertvorstellungen).**

Unsere Kompetenz erhalten und erweitern wir durch regelmäßige Fort- und Weiterbildungen, Teilnahme an externen Qualitätszirkeln und durch persönliche Kontakte zu den Fach- und Klinikärzten, mit denen wir zusammenarbeiten.
Unsere Praxis ist ein freiberufliches Unternehmen, das betriebswirtschaftlich geführt werden muss. Daher arbeiten wir kostenbewusst und gehen mit den vorhandenen Ressourcen sorgsam um.

Oberstes Ziel sollte jedoch immer die realistische Umsetzung sein. Das heißt, dass in **897** das Praxisleitbild lieber wenige prägnante Zielformulierungen als eine lange Anleitung aufgenommen werden. Schließlich sollen sich alle Mitglieder der Arztpraxis bei der Ausarbeitung des Leitbildes beteiligen, damit sich alle mit dem Leitbild identifizieren können.

Aus den allgemein gehaltenen Praxisgrundsätzen werden nun im Rahmen der Praxispo- **898** litik die Praxisziele konkretisiert.

cc) Die Praxisziele. Ein Ziel ist als ein erwünschter Zustand in der weiteren Zukunft **899** definiert, der als Zielvorgabe festgelegt wird und die unternehmerischen Handlungen zu Grunde liegen. Die Praxisziele sollten, um zu einem optimalen Praxiserfolg zu führen, verschiedene Anforderungen erfüllen. Dabei kann nach dem SMART – Prinzip vorgegangen werden. SMART steht für Ziele, die folgende Eigenschaften haben:

S = Schriftlich **M** = Messbar **A** = Attraktiv **R** = Realistisch **T** = Terminiert

Die Praxisziele könnten demnach beispielsweise folgendermaßen lauten: **900**

Wir wollen innerhalb der nächsten fünf Jahre zu den zehn führenden Großpraxen im Süden der Stadt gehören, was die Patientenzufriedenheit angeht.
Der Anteil der Privatpatienten soll in den nächsten drei Jahren doppelt so hoch sein wie heute.

Die Praxisziele sollen eine Zielhierarchie bilden, in dem Globalziel, Ober-, Zwischen- **901** und Unterziele zusammen ein Zielsystem ergeben. Das Zielsystem muss quantitativ erfassbar sein. Nur so wird sichergestellt, dass es ein Instrument der Praxispolitik ist und damit der Praxisführung dient. Dafür sollten idealerweise die entsprechenden Soll- und Istwerte direkt in die Buchführung einfließen.

In der folgenden Abbildung 14 ist ein solches Zielsystem beispielhaft dargestellt. Das **902** Praxisleitbild stellt das Globalziel dar. Die Hauptziele sind beispielsweise die Kostenminimierung und Erlösmaximierung. Bei der Kostenminimierung kann beispielsweise nochmals in die Zwischenziele Reduzierung der Sachkosten und Reduzierung der Personalkosten unterschieden werden. Den Unterzielen stehen dann durch den erreichten Detaillierungsgrad des Zielsystems greifbare Indikatoren gegenüber, die den Zielerreichungsgrad (Istwert) bestimmbar machen. Damit wird durch die Gegenüberstellung mit dem Zielwert (Sollwert) eine Erfolgskontrolle (Soll-Ist-Vergleich) möglich und eine Neuformulierung der Sollwerte in einer nächsten Periode gewährleistet (Planrevision). Insofern kann auf die Ausführungen zum PDCA-Zyklus verwiesen werden.

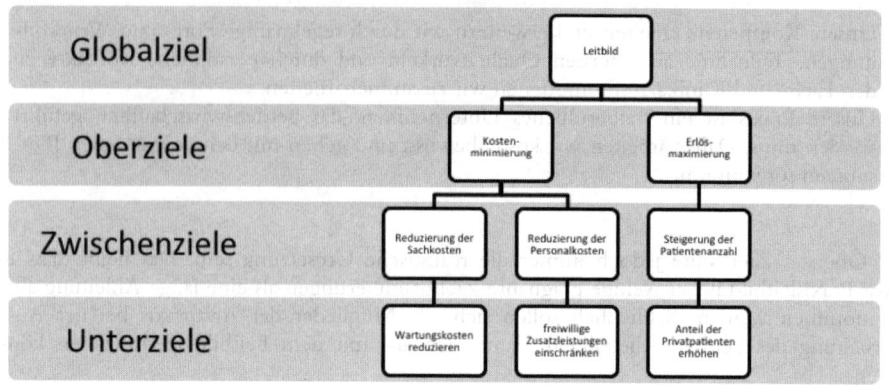

Abbildung 13: Zielhierarchie einer Arztpraxis (Beispiel)

903   Die Planrevision bedeutet aber auch, dass die Praxisziele nicht immer konstant sind und eine Anpassung der Ziele notwendig wird. So kann das Eintreten in eine andere Phase im Lebenszyklus einer Arztpraxis ebenfalls die Adaption der einmal gesetzten Ziele erforderlich machen. Eine Arztpraxis in der Gründungsphase hat andere Ziele als eine Arztpraxis, die sich in der Wachstumsphase befindet. Mit dem Wandel der Ziele ist konsequenterweise auch eine Veränderung der Praxispolitik verbunden und umgekehrt.

904   **dd) Die Strategiefindung.** Um die gesetzten Praxisziele zu erreichen, müssen nun passende Strategien abgeleitet werden. Welche Strategie letztendlich die erfolgreichste für eine Arztpraxis ist, hängt davon ab wie die eigenen Stärken eingesetzt und weiterentwickelt werden können, um die Chancen im Umfeld optimal zu nutzen und die Risiken abzuwenden.

905   Betriebswirtschaftlich können folgende Unternehmensstrategien unterschieden werden,[14] die auch auf die Arztpraxis übertragbar erscheinen:
– Wettbewerbsstrategien
– Innovationsstrategien
– Organisationsstrategien
– Praxisführungsstrategien.

906   **ee) Wettbewerbsstrategien.** Arztpraxen müssen die Wettbewerbsposition in die sie hineinwachsen analysieren und eine für sich zweckmäßige Strategie aufstellen, um auf Reaktionen und Positionskämpfe potentieller Wettbewerber, Kundenbedürfnisse und Substitutionsangebote zielorientiert reagieren zu können. Dabei ist es unerheblich, ob die Praxis neu gegründet wurde oder die Niederlassung in Form einer Praxisübernahme erfolgte. Wettbewerbsstrategien können in 3 Ausprägungen bei Arztpraxen auftreten:
– Strategie der Kostenführerschaft
– Strategie der Konzentration auf Behandlungsschwerpunkte
– Marketingstrategie.

907   Die Strategie der **Kostenführerschaft**[15] besagt, dass die Arztpraxis ihre Leistungen mit niedrigeren Kosten erbringt, als alle Wettbewerber. Damit hat diese Strategie zwei Effekte. Die eigene Gewinnsituation wird einerseits absolut und andererseits die Gewinnsituation gegenüber den Wettbewerbern relativ verbessert. Diese Effekte lassen sich anhand der Break-Even-Point-Analyse darstellen.

908   Die Strategie der **Konzentration auf Behandlungsschwerpunkte** wird auch als Strategie der Ausnutzung von Marktnischen bezeichnet. Die Arztpraxis konzentriert sich in

---

[14] Vgl. *Witte,* Allgemeine Betriebswirtschaftslehre, 2. Aufl., 2007, S. 103.
[15] Vgl. *Porter,* Wettbewerbsstrategie, 1993 b, S. 25 ff.

diesem Fall auf bestimmte Kundensegmente, auf bestimmte Leistungsangebote und/oder regional abgegrenzte Gebiete. Das nachfolgende Beispiel einer Zahnarzt-BAG verdeutlicht diesen Strategietyp:

Praxisziel: 909
Wir wollen innerhalb der nächsten fünf Jahre zu den zehn führenden Großpraxen im Süden der Stadt gehören was die Anzahl der Patienten betrifft.

Praxisstrategie:
Gemeinsame Niederlassung von zwei gleichberechtigten und hervorragend ausgebildeten Partnern und Spezialisierung der Praxis auf hochwertigen Zahnersatz, Implantologie sowie Zahnästhetik.

    Die Strategie des **Marketings** will durch gezielteren Einsatz marketingpolitischer In- 910 strumente Vorteile gegenüber den Wettbewerbern sichern. So könnte eine individualisierte Strategie in diesem Bereich lauten:

Praxisziel: 911
Wir wollen innerhalb der nächsten drei Jahre zwanzig Stammpatienten mehr haben, als bei der Neugründung der Praxis.

Praxisstrategie:
Hierfür werden wir unsere Servicequalität in puncto Öffnungszeiten stärken.

    ff) Innovationsstrategien. Die Innovationsstrategie zielt darauf ab, dass eine Arztpraxis 912 sich durch die Verwirklichung einer Innovation einen Vorteil gegenüber den bereits am Markt vorhandenen Wettbewerbern verschaffen kann. Als Innovationen können beispielsweise neue Operations- oder Behandlungstechniken bezeichnet werden.

    hh) Organisationsstrategien. Organisationsstrategien bauen darauf, eine bessere, ef- 913 fektive und effizientere Aufbau- und Ablauforganisation für die Arztpraxis zu finden, als bisher von den Wettbewerbern umgesetzt wurde. Dabei können in verschiedenen Phasen des Lebenszyklus einer Arztpraxis unterschiedliche Organisationsformen angemessen sein.

    gg) Praxisführungsstrategien. Für die Praxis ist eine bessere, effektivere und effizien- 914 tere Praxisführung (bestehend aus Praxisplanung, Praxisorganisation und Praxiskontrolle) zu erreichen, als es die Wettbewerber bisher konnten. Damit sind diese Strategien weitaus umfassender als alle bisher genannten.

    Wie bereits erläutert ist mit der Veränderung der Praxispolitik, die der Situation der 915 Arztpraxis in den einzelnen Phasen des Praxislebenszyklus anzupassen ist, auch die Strategie der Arztpraxis und damit die Praxisplanung zu verändern. Erfahrungsgemäß wird dies alle 3 bis 5 Jahre durch sich ändernde Rahmenbedingungen (z. B. Gesundheitsreformen, verändertes Patientenverhalten) notwendig. In jeder einzelnen „Lebensphase" einer Arztpraxis muss somit in regelmäßigen Abständen überprüft werden, ob die zuvor gewählte Strategie noch der aktuellen Situation angemessen ist. Die Planung und die Praxispolitik stehen damit in einem unmittelbaren Zusammenhang: Die Praxisplanung muss die von der Praxispolitik gesetzten Ziele berücksichtigen, ebenso die Praxisphilosophie. Daneben müssen aber die Ergebnisse der Planung und die daraus abgeleiteten Maßnahmen in die Praxispolitik übernommen und umgesetzt werden (Rückkoppelung). Es kann also passieren, dass die ursprünglichen Ziele der Praxispolitik an die Vorgaben der Praxisplanung angepasst werden müssen. Das ist beispielsweise der Fall, wenn im Rahmen der Finanzplanung ein Kapitalbedarf mit so hohen Belastungen ermittelt wird, dass er dem Ziel der Gewinnerwirtschaftung in der Niederlassungsphase entgegensteht.

6. Die Umsetzung der Strategie – Das Tun (T)

916   Nach der (strategischen) Planung ist die konkrete Umsetzung, das **Tun (T)** zu planen. Dabei sind Verantwortlichkeiten und Zeithorizonte in einem Maßnahmenplan festzulegen. Die erarbeiten Inhalte der Planung sind ebenfalls schriftlich zu dokumentieren. Nur so erhalten die Ziele und Pläne die entsprechende Relevanz und Konsequenz für das weitere Vorgehen. Die Maßnahmenplanung schließt die Lücke zur Praxisstrategie.

917   Ein häufig anzutreffendes Instrument ist die Balanced Scorecard (BSC). Sie ist ein Managementinstrument, das die Strategieumsetzung in das operative Tagesgeschäft ermöglicht und hilft den Strategieentwicklungsprozess zu systematisieren und zu dokumentieren. Sie geht auf Robert S. Kaplan und David P. Norton zurück und heißt übersetzt soviel wie „ausgewogener Berichtsbogen". Dies impliziert das Verständnis der Arztpraxis als ein vernetztes System, dessen Subsysteme im Rahmen der Strategiefindung „ausgewogen" berücksichtigt werden müssen. Deshalb versucht die BSC eben nicht nur die finanzwirtschaftliche Perspektive zu betrachten, sondern aus **vier wesentlichen Perspektiven,** die alle einen strategischen Erfolgscharakter haben, sowohl Ziele, als auch Strategien und später die dazugehörigen Maßnahmen und Messgrößen abzubilden. Durch die Messgrößen können die Ziele dann auch überwacht und anhand der Abweichung weitere strategische Maßnahmen abgeleitet werden. Die Zielerreichung wird somit immer wieder überprüft und Abweichungen davon kann zügig entgegengewirkt werden. Dadurch wird eine konsequente Strategieorientierung erreicht. Die Praxisvision und -mission stehen dabei immer im Mittelpunkt aller Betrachtungen.

Abbildung 14: Die klassischen Strategiefelder der Balanced Scorecard

918   Die BSC besteht aus vier klassischen Strategiefeldern (die Finanzperspektive, die Patientenperspektive, die Prozessperspektive sowie die Potentialperspektive), die sich jedoch nicht als starres Raster verstehen. Für einige Arztpraxen kann es daher sinnvoll sein, zusätzliche Perspektiven hinzuzufügen, bestimmte Perspektiven abzuändern oder gänzlich wegzulassen. Voraussetzung ist nur, dass das Hinzufügen von neuen Perspektiven zum Erfolg der Geschäftsstrategien beiträgt. Die Konzentration auf gleichzeitig vier Perspektiven hat den Vorteil, dass nicht allein, wie bereits angemerkt, nur die Finanzen betrachtet werden. Vielmehr stehen die vier Bereiche gleichberechtigt nebeneinander, um einen entscheidenden Beitrag

zur Verwirklichung des Praxisleitbildes und der Praxisziele zu leisten. Die BSC kann im Laufe des gesamten Lebenszyklus einer Arztpraxis entwickelt und weiterentwickelt werden. Dabei sind die zuvor formulierten Praxisziele und -strategien den einzelnen passenden Perspektiven zuzuordnen. Jeder Perspektive ist gemein, dass nun Kennzahlen gefunden werden, die geeignet sind, das Ergebnis der Zielerreichung zu messen. Gleichzeitig müssen aber auch konkrete Ziele vorgegeben werden, wohin sich die Kennzahl entwickeln soll. Die entsprechenden Maßnahmen zur Zielerreichung werden danach in einem Konzept zusammengefasst und die Umsetzung eingeleitet. Um den Überblick zu behalten, sollten jedoch nicht mehr als vier bis fünf Ziele pro Perspektive eingesetzt werden.

Bei der Implementierung der BSC ist wichtig, dass es einen Verantwortlichen gibt, der **919** für die Umsetzung, Kontrolle und Berichterstattung zuständig ist. Nachfolgend werden die einzelnen Perspektiven der BSC vorgestellt und beispielhaft einige Kennzahlen daraus erläutert.

aa) Die Finanzperspektive. Die Finanzperspektive zeigt, ob eine verfolgte Strategie **920** zur gewünschten Veränderung des **wirtschaftlichen** Unternehmensergebnisses beiträgt. Dabei werden insbesondere geeignete Kennzahlen (Messgrößen) ausgewählt, aus denen der Arzt beurteilen kann, ob die durchgeführten Maßnahmen zur Erreichung der gesetzten wirtschaftlichen Ziele geführt haben. Daneben ermöglichen die so ermittelten Messgrößen auch den Vergleich mit wirtschaftlichen Ergebnissen früherer Maßnahmen bzw. ganzer Perioden.

Das folgende Beispiel zeigt anhand einer Praxisstrategie eine mögliche Finanzperspektive **921** einer Arztpraxis:

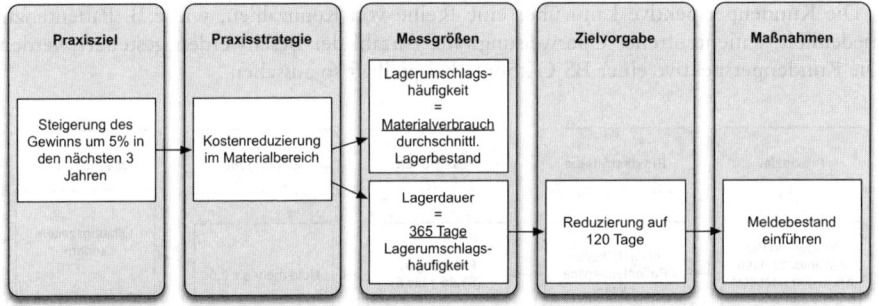

Abbildung 15: Finanzperspektive einer Arztpraxis

Die Lagerumschlagshäufigkeit gibt an, wie oft das Material im Lager in einem Betrach- **922** tungszeitraum umgeschlagen wird und ermittelt somit, wie lange das Material im Durchschnitt im Lager liegt, bis es entnommen und verbraucht wird. Ist der Lagerumschlag zu niedrig und damit die Lagerdauer zu hoch entstehen Kapitalbindungs- sowie unnötige Lagerkosten. Andererseits können durch zu niedrige Lagerbestände Fehlmengenkosten entstehen. Noch deutlicher kann diese Kennzahl werden, wenn die Lagerdauer berechnet wird. Bei einem angenommenen Materialverbrauch pro Quartal von 3000 EUR und einem ermittelten durchschnittlichen Lagerbestand von 6000 EUR schlagen sich die gelagerten Materialien in diesem Zeitraum 0,5 mal um. Die Lagerdauer der betrachteten Artikel im Quartal beträgt somit rund 180 Tage. Für die Arztpraxis ist eine Lagerumschlagshäufigkeit pro Quartal zwischen 0,75 und 1 bzw. eine Materiallagerdauer von 90 bis 120 Tagen angemessen.[16] Grundsätzlich kann also festgehalten werden, dass ein hoher Materialverbrauch bei einem durchschnittlich niedrigen Lagerbestand zu guten Ergebnissen führt.[17] Die Zielvorgabe

---

[16] Vgl. *Frodl,* Management von Arztpraxen, 2004, S. 357.
[17] Der durchschnittliche Lagerbestand ermittelt sich dabei durch das arithmetische Mittel von Anfangs- und Endbestand des Materials.

könnte somit sein, langfristig die Lagerdauer von 180 Tage auf 120 Tage zu reduzieren. Diese Vorgabe muss anschließend mit konkreten Maßnahmen unterlegt werden. Eine Maßnahme könnte dabei sein, einen sogenannten Meldebestand für Artikel oder einzelne Artikelgruppen einzuführen. Der Meldebestand ist die Bestandsmenge die nicht unterschritten werden darf. Umgekehrt versteht sich der Meldebestand aber auch als Regulator für einen zu hohen Lagerbestand. Dadurch wird vermieden, dass bereits vor Erreichen des Meldebestandes Material eingekauft wird, was zur unnötigen Kapitalbindung und damit zu Liquiditätsverlusten führen kann.

923   **bb) Die Kundenperspektive.** Die Betrachtung der Kundenzufriedenheit und Kundenbindung ist charakteristisch für dieses Strategiefeld. Damit lassen sich Rückschlüsse auf die Positionierung der Arztpraxis im Wettbewerbsumfeld ziehen. Oberstes Ziel dieser Perspektive sollte sein, die Zufriedenheit der Kundengruppen zu gewährleisten. Zunächst muss jedoch auch klar sein, wer die Kunden einer Arztpraxis sind. In der Arztpraxis gibt es eine Reihe von Anspruchsgruppen, die innerhalb dieser Perspektive Berücksichtigung finden sollten. Selbstverständlich stehen die Patienten im Vordergrund, aber Angehörige und die Zuweiser sollten ebenfalls berücksichtigt werden. Dabei haben die einzelnen Kundengruppen unterschiedliche Bedürfnisse und Interessen, die bei der Formulierung der strategischen Ziele bedacht werden sollten. Gelingt es, die Wünsche und Anforderungen der Kunden optimal zu erfüllen, steigt die Patientenzufriedenheit und die Bindung an die Praxis wird gefestigt. Neupatienten werden durch positive Empfehlungen leichter gewonnen und die wirtschaftliche Stabilität der Arztpraxis wird gestärkt. Damit unterstützen gute Ergebnisse aus dem Erreichen von Zielen in der Kundenperspektive auch die Ergebnisse der Finanzperspektive.

924   Die Kundenperspektive kann über eine Reihe von Kennzahlen, wie z. B. Patientenzufriedenheit, Patiententreue, Überweisungsrate, Anzahl der Beschwerden gesteuert werden. Die Kundenperspektive einer BS C könnte beispielhaft so aussehen:

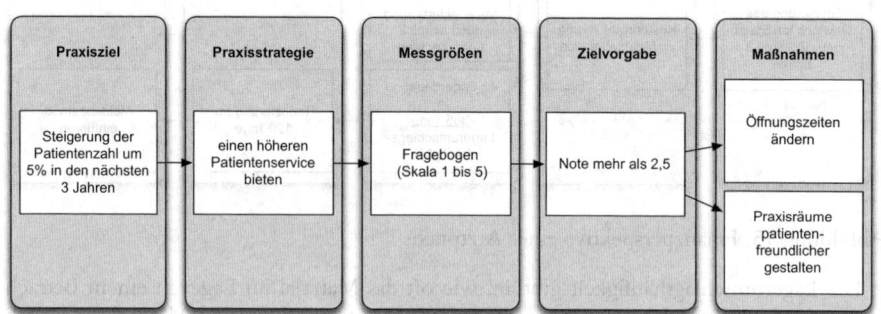

Abbildung 16: Kundenperspektive einer Arztpraxis

925   Das Ziel, die Patientenzahl zu steigern, soll mit der Strategie verfolgt werden, den Service für die Patienten zu erhöhen. Dafür soll mittels eines Fragebogens die aktuelle Zufriedenheit ermittelt werden. Beträgt die Durchschnittsnote aus allen Fragen und deren Bewertung mittels einer Skala von eins bis fünf beispielsweise 3,1 dann könnte das definierte Ziel in der Zukunft 2,5 sein. Um das Ziel zu erreichen, kommen als Maßnahmen beispielsweise die Änderung der Öffnungszeiten und die Umgestaltung der Praxisräume in Frage.

926   Die Aktivitäten, die Bedürfnisse der Kunden besser verstehen zu wollen um darauf aufbauend eine höhere Zufriedenheit zu erreichen ist nicht nur Teil einer strategischen Planung. Das **Marketing** an sich stellt einen **eigenen wirtschaftswissenschaftlichen Bereich** dar, der Elemente der Betriebswirtschaftslehre, der Volkswirtschaftslehre, der So-

ziologie, der Psychologie und der Verhaltenswissenschaft enthält. Das Praxismarketing soll als Praxisphilosophie den gesamten Lebenszyklus einer Arztpraxis begleiten und sich dabei den Bedingungen der aktuellen Situation anpassen. Deshalb genügt es nicht, mit gedruckten Flyern ein wenig Werbung für die Praxis zu betreiben oder die Praxismitarbeiter mit einheitlicher Kleidung auszustatten. Das Praxismarketing ist vielmehr als eine Denk- und Handlungsweise der Arztpraxis zu verstehen, die im Sinne eines strategischen Managementansatzes konsequent geplant, durchgeführt und von allen Praxismitarbeitern mit Leben gefüllt werden muss. Das Thema Marketing soll an dieser Stelle jedoch nicht detaillierter behandelt werden.

cc) Die Prozessperspektive. Die Prozessperspektive soll zeigen, wie effizient die **927** Praxisabläufe sind. Innerhalb dieser Perspektive müssen daher die relevanten Prozesse einer Arztpraxis identifiziert werden, die für die strategischen Ziele der Kunden- und Finanzperspektive von Bedeutung sind. Bei der Prozessperspektive ist das Ziel, das Schnittstellenmanagement zu fördern und Behandlungsabläufe zu optimieren, um eine professionelle Zusammenarbeit zwischen den verschiedenen Berufsgruppen zu schaffen. Die regelmäßige Überprüfung und Verbesserung dieser Abläufe sichert das kontinuierliche Lernen und die Fehlerquote sinkt. Dabei sollten auch potenzielle Wünsche der Kunden und deren Erwartungen erfüllt werden. Eine Prozessperspektive könnte folgende Inhalte haben:

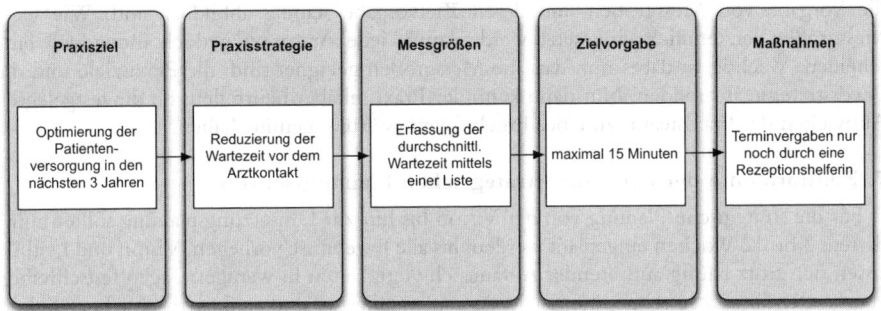

Abbildung 17: Prozessperspektive einer Arztpraxis

Damit das Ziel einer optimaleren Patientenversorgung erreicht werden kann, kann die **928** Reduzierung der Wartezeiten vor der Behandlung durch den Arzt eine geeignete Strategie sein. Dafür müssen zunächst jedoch die Wartezeiten pro Patient erfasst werden. Das kann mit einer einfachen Liste, gegliedert nach Uhrzeit, erfolgen. Nach der Ermittlung der aktuellen Wartezeiten wird festgelegt, wie hoch die Wartezeit in Zukunft sein soll. Ist dieses Ziel vorgegeben, müssen geeignete Maßnahmen geplant werden. Beispielsweise könnte die Konzentration des Bestellsystems auf eine Person an der Rezeption, die ausschließlich Patiententermine vergibt, dabei hilfreich sein.

dd) Die Potentialperspektive. Die Potentialperspektive ist die am meisten in die Zu- **929** kunft weisende Perspektive. Sie soll die Lern- und Entwicklungsprozesse wiedergeben, die nötig sind, um die Ziele der anderen Zielfelder zu erreichen. Der Fokus liegt hierbei auf der Qualifikation und die Motivation des Praxisteams sowie die Fort- und Weiterbildungsmaßnahmen. Die Balanced Scorecard der Potentialperspektive könnte wie folgt aussehen:

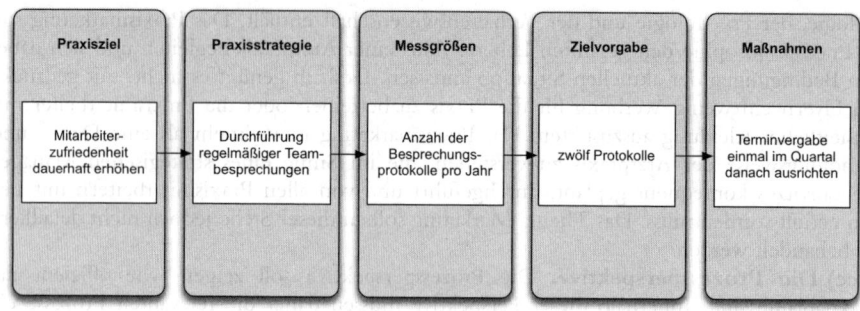

Abbildung 18: Potentialperspektive einer Arztpraxis

930   Für die Zielerreichung, die Mitarbeiterzufriedenheit zu erhöhen, soll einmal monatlich eine Besprechungsrunde mit dem gesamten Praxisteam durchgeführt werden. Zu den Besprechungsrunden wird jeweils von einem anderen Praxismitarbeiter ein Protokoll geführt, um die besprochenen Themen und getroffenen Vereinbarungen festzuhalten. Der monatlichen Teambesprechung muss jedoch auch Raum gegeben werden. Daher ist die Patienteneinbestellung an den betreffenden Tagen danach auszurichten.

931   **ee) Fazit zur Balanced Scorecard.** Ein wesentlicher Vorteil der Balanced-Scorecard-Methode liegt darin, dass Entwicklungstrends der festgelegten Ziele und Strategien durch die Vorgabe von Messgrößen und deren Zielvorgabe ständig abbildbar sind. Wie viele Messgrößen letztendlich eingesetzt werden muss jede Arztpraxis jedoch individuell entscheiden. Wichtig ist dabei nur, dass die Messgrößen geeignet sind, die Praxisziele und die Praxisstrategie abzubilden. Nur dann kann der Praxisinhaber beurteilen, ob die festgelegten Aktivitäten des Praxisteams zu einer Ergebnisverbesserung geführt haben.

7. Zeithorizonte der einzelnen strategischen Planungsschritte

932   Für die strategische Planung von der Vision bis hin zur Umsetzungsplanung sollten mindestens 3 bis 12 Wochen eingeplant werden, bis alle Ergebnisse vorliegen. Vision und Leitbild lassen sich trotz häufig auftretender Anfangsschwierigkeiten in wenigen Tagen festschreiben ebenso wie die strategischen Praxisziele. Am aufwändigsten sind zumeist die Analysetätigkeiten und die Planung der Strategien sowie der Maßnahmenplan zur Umsetzung.

933   Die nachstehende Tabelle enthält Orientierungs- und Richtwerte für die Zeitdauer der strategischen Planung in einer Arztpraxis. Dabei handelt es sich jedoch um Erfahrungswerte, von denen auch deutliche Abweichungen möglich sind. Beispielsweise kann die Zeitdauer verkürzt werden, wenn es gelingt, mehrere Tätigkeiten gleichzeitig zu erledigen und umgekehrt verlängert sich der Zeitraum, wenn zunächst noch verstärkt die grundsätzliche Ausrichtung der Arztpraxis überlegt werden muss.[18]

Tätigkeit	Zeitdauer in Arbeitstagen (ca.)
Vision/Leitbild	2 bis 5
Unternehmensanalyse	3 bis 15
Umwelt- und Umfeldanalyse	5 bis 20
Strategische Praxisziele festlegen	2 bis 8
Strategieableitung und Umsetzungsplanung	3 bis 12
Gesamt	**15 bis 60**

Abbildung 19: Richtwerte für die Zeitdauer der einzelnen Planungsschritte in der strategischen Planung

---

[18] Vgl. *NWB*, Betriebswirtschaftliche Beratungspraxis für Steuerberater (1. Auflage), S. 79, NWB DokID: RAAAD-29 353.

Die Arbeiten der strategischen Planung lassen sich jedoch in vielen Fällen gut in das Ta- **934** gesgeschäft integrieren, so dass eine ausschließliche Befassung mit der Strategieentwicklung nicht notwendig ist. Allerdings könnte für die Konzeption des Leitbildes ein ganztägiger Workshop zusammen mit dem Praxisteam hilfreich sein, in dem schnellstmöglich eine stimmige Lösung erarbeitet wird und um die Folgearbeiten ohne nennenswerte Verzögerungen angehen zu können. Allerdings muss bedacht werden, dass die Dauer, bis es zu ersten nennenswerten Ergebnissen aus der Strategieumsetzung kommt, durchaus 2 bis 3 Jahre betragen kann – zumindest, wenn größere Änderungen oder komplette Neuausrichtungen anstehen.

III. Die verschiedenen Teilpläne einer Praxisplanung

Wie bereits erläutert, soll sich der Unternehmensplan einer Arztpraxis aus verschiedenen **935** Planungsfeldern bzw. Teilplänen zusammensetzen. Diese müssen ihrerseits ebenfalls Ziele, Strategien und Maßnahmen beinhalten. Unabhängig von der Lebenszyklusphase einer Arztpraxis ist die Aufgabe der Praxisführung die verschiedenen Teilpläne in einen Gesamtplan zu integrieren. Nur so sichert das in den Gesamtplan integrierte und abgestimmte Agieren aller Bereiche einer Arztpraxis den langfristigen Erfolg. Jeder Teilplan ist damit als ein Rädchen in einem Uhrwerk zu bezeichnen, das nur funktioniert, wenn sich alle Rädchen im gleichen Takt drehen.

In den nächsten Ausführungen wird auf die folgenden Teilpläne in einer Arztpraxis ein- **936** gegangen:

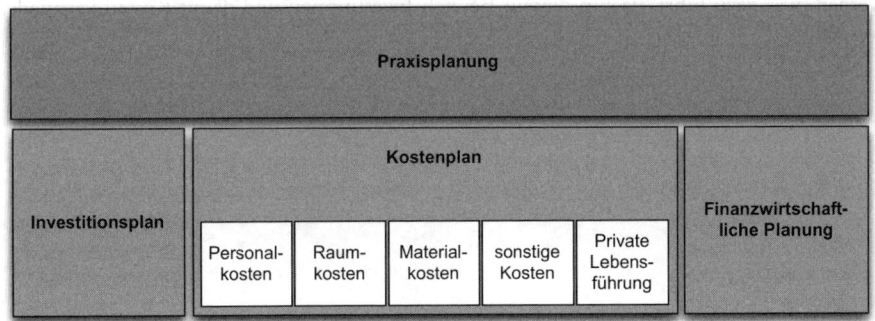

Abbildung 20: Teilpläne einer Arztpraxis

1. Die Investitionsplanung

Um die ärztlichen Leistungen der jeweiligen Fachrichtung erbringen zu können muss **937** der Praxisinhaber eine bestimmte Geräte- und Praxisausstattung vorhalten. Insbesondere in der Gründungsphase muss der sich niederlassende Arzt umfangreiche Investitionen tätigen, die langfristig mit erheblichen Kosten und Kapitalbedarf verbunden sein können. Oft lässt sich die Wirtschaftlichkeit dieser Investitionen erst nach Aufnahme des Praxisbetriebs erkennen.

Grundsätzlich sollten Investitionsentscheidungen stets unter dem Leitgedanken stehen, **938** sich am Erforderlichen und nicht am Wünschenswerten zu orientieren, denn eine falsche Investitionsentscheidung zieht eine Reihe weiterer Kostenpositionen nach sich (z. B. Finanzierungskosten, Abschreibungsaufwand, Personalkosten, Raumkosten, Versicherungsbeiträge, Verbrauchsmaterialien). Demzufolge sollte insbesondere in der Gründungsphase eine dem Praxisbetrieb angemessene Investitionsplanung erstellt werden, aus der sich letztendlich das benötigte Kapital ableitet.

939   Die Höhe der Praxisanschaffungen sind je nach Gründungsform und fachärztlicher Tätigkeit verschieden. Statistisch gesehen stiegen die Kosten für die Praxisinvestitionen in den letzten Jahren an. So zeigt sich bei der Einzelpraxisübernahme einer allgemeinmedizinischen Praxis eine Steigerung des Finanzierungsvolumens um 17 Prozent auf 167 000 EUR gegenüber dem Jahr 2005/2006. Im Falle einer Zahnarztpraxis sogar um 20 Prozent auf 307 000 EUR.[19]

940   **a) Die Praxisneugründung.** Im Falle der Neugründung muss zuerst überlegt werden welche Anschaffungen für den Praxisbetrieb getätigt werden müssen. Dabei können die Empfehlungen der ärztlichen Berufsverbände zur fachspezifischen Praxisausstattung helfen.[20]

941   Am Beispiel einer allgemeinmedizinischen Einzelpraxis müssen für die erste medizintechnische Grundausrüstung durchschnittlich 54 000 EUR brutto aufgewendet werden. Spätere Erweiterungsinvestitionen in diesem Bereich belaufen sich auf etwa 35 000 EUR (Abbildung 26).

942   Hinzu kommen noch Kosten für die Einrichtung der Praxis sowie Bau- bzw. Umbaukosten von insgesamt etwa 23 000 EUR, so dass von Praxisinvestitionen in Höhe von durchschnittlich 87 000 EUR ausgegangen werden kann. Im Vergleich dazu kostete die Praxiseinrichtung für einen Zahnarzt 2010 durchschnittlich rund 273 000 EUR zuzüglich 50 000 EUR für Bau- und Umbaukosten.[21]

943   Andere Neugründungsformen, z. B. von Berufsausübungsgemeinschaften (BAG) und Praxisgemeinschaften unterscheiden sich letztendlich nur durch die Menge und damit durch die Höhe der Praxisinvestitionen von den Einzelgründungen. In jedem Fall können jedoch hochpreisige medizintechnische Geräte gemeinsam angeschafft und genutzt werden, was dazu führt, dass in diesem Bereich Investitionen und damit Kosten vermieden werden.

---

[19] Vgl. *Deutsche Apotheker- und Ärztebank:* Ärztliche und Zahnärztliche Existenzgründungsanalyse 2005/2006 und 2009/2010.

[20] *ZI-Berlin,* Beratungsservice für Ärzte – Band 2, Rationelle Praxisorganisation, S. 107 ff.

[21] Vgl. *Deutsche Apotheker- und Ärztebank:* Existenzgründungsanalyse für Ärzte 2009/2010, alte Bundesländer.

Büttner-Hoigt

Menge und Artikel-Bezeichnung	ca. Preis in €
1 Arzttasche	400
1 Audiometer	3 000
1 Augenspiegel	300
1 Bajonettpinzette	100
1 BKS-Ständer	100
1 Blutdruckapparat (man. oder elektr.)	200
1 Blutzucker-Schnelldiagnostik-Apparat	50
1 Dermatoskop	700
1 Elektrokardiograph: autom. Auswertung, PC-Anschluß, Ergometriemessplatz, Fahrradergometer, Defibrillator	15 000
1 fahrbarer Drehhocker	100
1 Farbprüftafel n. Isihara oder Vehlhagen	100
1 Fieberthermometer (elektronisch)	50
1 Gefäßdoppler (unidirektional)	500
1 Gipszange und -schere	100
1 Holzstethoskop	25
1 Infusionsständer	50
1 Inhalationsgerät (Kompressionsgerät oder Ultraschallvernebler)	2 000
1 Kehlkopfspiegel	5
1 Klammerentferungszange	25
1 Kühlschrank für Reganzien- und Impfstofflagerung	250
1 Kurzzeitmesser	10
1 Laborausstattung	500
1 Lanzeit-Blutdruckmessgerät (ABDM)	1 500
1 Luftdusche-Gummiball n. Politzer	25
1 Lungenfunktionsgerät (autom. Auswertung und Aufzeichnung)	2 000
1 Mikroskop	1 500
1 Nasenspekulum	50
1 Notfallkoffer	1 000
1 Ohrenreinigungsgerät (Ohrspitze, mechan.)	100
1 Operationsbesteck ohne Container	500
1 Otoskop	200
1 Personenwaage (digital mit Meßstab)	1 000
1 Proktoskop	150
1 Reflexhammer	30
1 Röntgenbild-Betrachtungskasten	500
1 Sehprobentafel für Kinder und Erw.	100
1 Sterilisator (Heißluft)	700
1 Stimmgabel	100
1 Ultraschall-Diagnostikgerät, Linear- bzw. Sektorscan	20 000
1 Untersuchungsliege	500
1 Vaginal-Spekulum n. Custo oder Kristeller	100
1 Verbandschere	20
1 Wandschrank für Pflaster und Mullbinden	150
Summe Grundausstattung	**53 790**

(Grundausstattung)

Menge und Artikel-Bezeichnung	ca. Preis in €
1 Analspreizspekulum	200
1 Autoklav	6 500
1 Brutschrank	1 000
1 Chirg. Bestecke, Ergänzung ohne Container	500
1 HF-Gerät (80 Watt)	2 500
1 Gipsspreizer	100
1 Gipskorrekturzange	100
1 Gyn.-Untersuchungsstuhl	4 000
1 Gyn. Diagnostik- und Therapieinstrumentarium	2 000
1 OP-Einrichtung (Tisch und Beleuchtung)	7 500
1 OP-Hocker, fahrbar	200
1 Phasenkontrast für Mikroskop	250
1 Pipette, automatisch	100
1 Rektoskop mit KL-Projektor u. Tupferfaßzange	700
1 Reizstromgerät	3 500
1 Ultraschalltherapiegerät	2 000
1 Verbandstrommel	300
1 Wärmetherapie	3 000
1 Zentrifuge	1 000
Summe Erweiterungsinvestitionen	**35 450**
Gesamtsumme	**89 240**

(Erweiterungsinvestitionen)

Abbildung 21: Ausstattungsempfehlung für eine allgemeinmedizinische Praxis[22] und marktübliche Preise, Stand: 2012

b) Die Praxisübernahme. Das bestehende Inventar einer bestehenden Praxis ist im **944** Vergleich zu einer Neugründung zumeist günstiger zu erwerben. Die materielle Praxisausstattung und die in der Vergangenheit erfolgten Investitionen können dem sog Anlagenspiegel bzw. Anlagenverzeichnis entnommen werden. Oftmals werden die vorhandenen Geräte und Gegenstände auch in einem meist vom Praxisabgeber beauftragten Praxiswertgutachten aufgeführt.

Die Übernahme einer eingespielten Praxisorganisation und meist der über Jahre aufge- **945** baute Praxisruf bieten darüber hinaus entsprechende Vorteile beim Praxiserwerb. Diese Vorteile müssen bewertet werden.

---

[22] *ZI-Berlin,* Beratungsservice für Ärzte – Band 2, Rationelle Praxisorganisation, S. 107 ff.

946   Die Ermittlung des Praxiswertes ist sowohl für den Praxisabgeber, als auch Praxisübernehmer von zentraler Bedeutung. Der Praxisabgeber hat in der Regel den aus dem Verkauf seiner Praxis zu realisierenden Kaufpreis im Rahmen seiner Altersversorgung eingeplant. Der Praxisübernehmer dagegen muss größtenteils den zu zahlenden Kaufpreis bei einer Bank fremdfinanzieren.

947   Die Bewertung von Arzt- und Zahnarztpraxen ist ein **Sonderfall der Unternehmensbewertung** mit einer großen Vielfalt von Bewertungsmethoden und -ansätzen, die dem betroffenen Arzt eine Beurteilung der Bewertungsergebnisse erschweren. Eine rechtlich verbindliche Methode zur Feststellung des Verkehrswertes einer Arztpraxis gibt es nicht, jedoch hat die Betriebswirtschaftslehre eine Reihe von Grundsätzen entwickelt, die unabhängig von der Art der zu bewertenden Unternehmung berücksichtigt werden sollten. Diese Grundsätze werden seitens des Instituts der Wirtschaftsprüfer (IDW) in dem IDW – Standard S 1 zusammengefasst.[23] Die bei allen Unternehmensbewertungen anzuwendende grundsätzliche Vorgehensweise besteht demnach darin, dass auf Basis der in der Vergangenheit erzielten Umsätze, Kosten und Gewinne, eine Prognose der zukünftig erzielbaren Umsätze, Kosten und Gewinne erstellt wird. Ausgehend von diesem Grundsatz sind jedoch bei der Bewertung von Arztpraxen einige Modifikationen aufgrund des besonderen Umfeldes einer Arztpraxis (sozialpolitisches Umfeld und praxisspezifische Gegebenheiten) vorzunehmen. Aus den wichtigsten Unterschieden lassen sich die wichtigsten Punkte ableiten, die bei der Bewertung berücksichtigt werden sollten.[24]

	Gewerbliches Unternehmen	(Zahn-)Arztpraxis
1	Angebotspalette kann frei bestimmt werden	bietet größtenteils nur Leistungen an, die gemäß der Gebührenordnungen auch abgerechnet werden können
2	freie Preisgestaltung	ist bei der Preisgestaltung an die Gebührenordnungen gebunden und unterliegt der Budgetierung
3	kann entsprechend den Markterfordernissen beliebige Mengen an Produkten und Dienstleistungen anbieten	ist im Umfang des Leistungsangebots auf die Arbeitskapazität des behandelnden (Zahn-)Arztes beschränkt
4	Ziel ist in der Regel die Gewinnmaximierung, Geschäftsführung ist normalerweise austauschbar	Ziel ist die Behandlung von Patienten unter Beachtung berufsethischer und sozialpolitischer Vorgaben sowie ökonomischer Erfordernisse, die Leistungserbringung ist an die Person des (Zahn-)Arztes gebunden

Abbildung 22: Bewertungsrelevante Besonderheiten zwischen gewerblichen Unternehmen und Arztpraxen

Im Folgenden wird auf die wichtigsten Bewertungsverfahren kurz eingegangen:

948   **aa) Die Ärztekammer-Methode.** Diese Methode ist als Grundlage für die Praxisbewertung unverändert sehr verbreitet. Die Bundesärztekammer hat eine Richtlinie zur Bewertung von Arztpraxen herausgegeben, die auf Basis eines kombinierten Verfahrens den Gesamtwert und damit den Kaufpreis ermittelt. Der Praxisgesamtwert (Kaufpreis) ergibt sich bei dieser Methode aus der Addition eines Wertes des mobilen Praxisinventars und des ideellen Praxiswertes (Goodwill).

---

[23] Vgl. *Nies/Nies,* Verfahren zur Praxisbewertung – ein aktueller Überblick, S. 1.
[24] Vgl. *Nies/Nies,* Verfahren zur Praxisbewertung – ein aktueller Überblick, S. 4.

Dabei wird der materielle Praxiswert als Summe der sogenannten Verkehrswerte des Pra- **949** xisinventars (z. B. Möbel, medizintechnische Geräte, nicht verbrauchtes Material, Mietereinbauten) ermittelt. Fraglich ist hierbei, was als Verkehrswert erachtet wird. Im Zweifel wird ein potentieller Erwerber den wichtigen Gebrauchsgegenständen gegebenenfalls auch einen höheren Kaufpreiswert als den Buchwert[25] beimessen, da ansonsten durch ihn, für benötigte gleichwertige Gegenstände, erhebliche Ausgaben in der Anlauf- bzw. Übernahmephase getätigt werden müssten.

Der ideelle Wert einer Arztpraxis ermittelt sich aus dem Vertrauensverhältnis, das der **950** bisherige Praxisinhaber zu seinen Patienten im Laufe der Zeit aufgebaut hat. Dieses persönliche Vertrauensverhältnis endet mit dessen Ausscheiden und der ideelle Wert kann sich dadurch schnell verflüchtigen. Dieser Aspekt ist einer der wichtigsten Bewertungsparameter dieser Methode und wird wie folgt bemessen:
– Ermittlung des durchschnittlichen **Jahresumsatzes** der zu bewertenden Praxis während der letzten 3 bis 5 Jahre.
– Abzug eines **kalkulatorischen Arztlohnes,** bewertet nach dem Jahresgehalt eines Oberarztes nach TVöD brutto (verheiratet, 2 Kinder, Endstufe, ohne Mehrarbeitsvergütung).
– Dieser so ermittelte Wert wird **gedrittelt** und ergibt so den ideellen Praxiswert.

Die Richtlinie der Bundesärztekammer weist sachgemäß darauf hin, dass sich objektive **951** und subjektive Bewertungsmerkmale, wie Standort, Arztdichte, Rationalisierungsgrad der Praxis, Personalsituation etc. wertmindernd oder werterhöhend auswirken können. Diese Bewertungsmerkmale sind jedoch nicht eindeutig dargelegt und wirken sich somit in der Praxis in der Regel nur unwesentlich auf den Kaufpreis aus.

Ein weiterer wesentlicher Kritikpunkt der Ärztekammer – Methode ist, dass sie zur Be- **952** stimmung des Praxiswertes von dem in der Vergangenheit in der betreffenden Praxis erzielten Umsatz ausgeht und auch die jeweilige Kostenstruktur der zu bewertenden Praxis nicht berücksichtigt wird. Es wird damit unterstellt, dass ein gegebener Umsatz in einer Praxis einer Facharztrichtung grundsätzlich zum gleichen finanziellen Erfolg in Form eines erzielbaren Gewinns bzw. Liquidität führen. Tatsächlich haben aber vergleichbare Praxen zum Teil sehr unterschiedliche Kostenstrukturen. Darüber hinaus beruht die Vornahme der Drittelung eines durchschnittlichen historischen Umsatzes auf keinem finanzmathematischen oder entscheidungstheoretischen Ansatz. Die Ärztekammer-Methode führt oft zu zu niedrigen Ergebnissen und kann daher bestenfalls nur als Hilfswert oder Verprobungswert herangezogen werden.

bb) Die Ertragswertmethode. Während individuelle Gegebenheiten des Einzelfalls in **953** der Ärztekammer – Methode nicht berücksichtigt werden, kommen in der Ertragswertmethode jedoch auch individuelle Einzelaspekte zum Tragen. Daneben ist der Bezug auf die zukünftige Entwicklung bei dieser Methodik von Bedeutung, da die Honorierung von Arztleistungen gerade bei Arztpraxen ständigen Veränderungen im Gesundheitswesen unterworfen sind.

Der Praxisgesamtwert (Kaufpreis) ergibt sich bei dieser Methode aus der Addition der **954** **zukünftigen** Überschüsse der Einnahmen über die Ausgaben, jeweils abgezinst auf den Bewertungsstichtag. Dabei ist für die Ableitung des zukünftigen Erfolges eine Orientierung an den historischen Erfolgsrechnungen möglich, bereinigt um außerordentliche Faktoren.

Nachdem in einem ersten Schritt so die zukünftigen Überschüsse ggf. selektiert nach **955** einzelnen Zeitphasen ermittelt wurden, werden in einem zweiten Schritt diese Überschüsse zumeist mit einem pauschalen Ertragssteuersatz bereinigt. Diese Nettoüberschüsse der Praxis werden in einem dritten Schritt abgezinst. Damit wird erreicht, dass die zu unterschiedlichen Zeitpunkten anfallenden Überschüsse auf den Bewertungsstichtag gleichnamig

---

[25] Der Buchwert ist der Wert des Gegenstandes im Anlagenverzeichnis aus der Buchhaltung der Praxis und ermittelt sich aus den ursprünglichen Anschaffungskosten abzüglich jährlicher Abschreibungen für die Abnutzung (AfA).

gemacht werden. Als Abzinsungsfaktor wird die Rendite einer Investitionsalternative herangezogen, auch insbesondere deshalb, um das sogenannte Unternehmerrisiko zu berücksichtigen.

956 Bei der Bewertung von Unternehmen wird regelmäßig von einer unendlichen Lebensdauer ausgegangen und dieser Unterstellung durch die Anwendung der Formel einer ewigen Rente Rechnung getragen. Doch kann diese Formel für die Bewertung von Arztpraxen nicht so übernommen werden, da die Ertragsüberschüsse in der Regel zu einem wesentlichen Teil von der höchstpersönlichen Leistung des Praxisinhabers abhängen und er diese nur für eine beschränkte Zeit erbringt. Darüber hinaus ist zu bedenken, dass sich die zukünftigen Ertragsüberschüsse als Ausdruck des Goodwills, aufgrund des Ausscheidens des Praxisveräußerers schnell verflüchtigen und nach vergleichsweise kurzer Zeit durch den Erwerber absorbiert werden. Daher orientiert sich der Zeitraum einer ertragswertorientierten Berechnung an die steuerlich anerkannte Abschreibungsdauer des Goodwills von 3–5 Jahren, im Regelfall letztendlich 5 Jahre zugrunde gelegt werden. Bei Arztpraxen, die jedoch vornehmlich ärztliche Sachleistungen erbringen, wie z.B. Röntgen-, Labor und Dialysepraxen, sind längere Abzinsungszeiträume von gegebenenfalls 10 Jahren angemessen, da die Verflüchtigungsgefahr des Goodwills aufgrund einer deutlich geringeren Gebundenheit der zukünftigen Ertragsüberschüsse an die Person des Praxisinhabers als deutlich geringer eingeschätzt wird. Zusammengefasst ermittelt sich der Ertragswert pro Abzinsungsjahr durch folgende Formel:

$$\text{Ertragswert} = \frac{\text{Netto} - \text{Überschüsse p.\,a.}}{\text{Kapitalisierungszins}}$$

957 Folgendes Beispiel einer zahnärztlichen Einzelpraxisübernahme in der 2. Jahreshälfte 2011 zeigt die Ermittlung des ideellen Praxiswertes mit Hilfe der Ertragswertmethode.

958 In den letzten vier Jahren vor Veräußerung wurden gemäß der vorgelegten Buchhaltungsunterlagen (Einnahmen-Überschussrechnung) folgende Überschüsse erzielt:

EUR in Tsd.	2008	2009	2010	2011	2011 in %
Einnahmen	331	399	386	433	100
Ausgaben (inkl. AfA)	248	270	249	309	71
= Überschuss	83	129	137	124	29

959 Für die ersten beiden Anlaufjahre 2012 und 2013 werden aufgrund vorliegender Erfahrungswerte von Standesorganisationen mit einer Patientenverlustquote von 20% pro Jahr gerechnet. Neupatienten wurden nicht in die Bewertung einbezogen.

Jahr	2012	2013	2014	2015	2016
Einnahmen	433	346	277	277	277
Patientenverluste	− 87	− 69	0	0	0
Einnahmen	**346**	**277**	**277**	**277**	**277**
Aufwendungen (71% der Einnahmen)	− 247	− 198	− 198	− 198	− 198
= **Einnahmen-Überschuss**	**99**	**79**	**79**	**79**	**79**

960 Von diesem Einnahmen-Überschuss müssen noch die Finanzierungskosten und die Ertragssteuern abgezogen werden, um die Nettoüberschüsse zu erhalten. Für die Finanzierungskosten werden angenommen, dass der gesamte Praxiskauf mit materiellen sowie ideellen Werten und Neuanschaffungen bzw. Umbaukosten rund 240 000 EUR kosten wird. Dies wird durch eine Inventarliste der bestehenden volltauglichen Praxisausstattung mit einem gesamten Ver-

kehrswert der einzelnen Gegenstände in Höhe von 51 000 EUR belegt und ergänzend dazu weitere 50 000 EUR für Neuanschaffungen sowie Umbaukosten geschätzt. Der restliche Betrag von 139 000 EUR wird als Pauschalbetrag für den ideellen Praxiswert angesetzt. Das gesamte Finanzierungsvolumen wird einem Tilgungsplan für ein Annuitätendarlehen zu Grunde gelegt und daraus die jährliche Zins- und Tilgungsbelastung errechnet.

Nach Abzug eines pauschalen Ertragssteuersatzes von 35 Prozent bleiben insgesamt rund **961** 246 000 EUR Nettoüberschüsse, die in den nächsten 5 Jahren erzielt werden können. Die Nettoüberschüsse werden, wie eingangs erläutert mit der Ertragswertformel unter Anwendung eines Kapitalisierungszinssatzes von 5% abgezinst.

EUR in Tsd.	2012 (1)	2013 (2)	2014 (3)	2015 (4)	2016 (5)
Einnahmen-Überschuss	99	79	79	79	79
Finanzierungskosten	− 9	− 8	− 8	− 7	− 6
	90	**71**	**71**	**72**	**73**
Ertragssteuern	− 32	− 25	− 25	− 25	− 26
= Nettoüberschüsse	**58**	**46**	**46**	**47**	**47**
$: (1+5\%)^n$					
= Goodwill	**56**	**42**	**40**	**39**	**37**
Wertuntergrenze		138			
Wertobergrenze			214		
Durchschnitt					43

Nach dieser Berechnung liegt die Bandbreite bei mindestens 138 000 EUR und maximal **962** 214 000 EUR. (Im Vergleich dazu würde der ideelle Praxiswert nach der Ärztekammer-Methode bei ca. 164 000 EUR liegen.) Zu den ermittelten ideellen Praxiswerten muss noch der materielle Praxiswert in Höhe von 51 000 EUR hinzu gerechnet werden. Daraus ergeben sich der Gesamtpraxiswert sowie die Höhe der gesamten Praxisinvestitionen mit 2 Alternativen:

in Tsd. EUR	Praxisinvestitionen minimal	Praxisinvestitionen maximal
Goodwill	138	214
Materieller Praxiswert	51	51
Praxisgesamtwert	**189**	**265**
+ Neuanschaffungen/ Umbaukosten	50	50
Praxisinvestitionen	**239**	**315**

Mit insgesamt etwa durchschnittlich 277 000 EUR an Praxisinvestitionen liegt diese **963** zahnärztliche Praxis etwas über dem Durchschnitt von 245 000 EUR. Im Vergleich dazu sind die Kosten für die vorhandene Substanz, den Goodwill sowie neues Mobiliar und Umbaukosten, bei einer allgemeinmedizinischen Einzelpraxisübernahme mit durchschnittlich 132 000 EUR[26] wesentlich geringer.

---

[26] Vgl. Deutsche Apotheker- und Ärztebank: Existenzgründungsanalyse für Ärzte 2009/2010, alte Bundesländer.

964   Die folgende Grafik stellt die Höhe der Praxisinvestition bei den verschiedenen Gründungsformen von Hausärzten und Zahnärzten in den alten Bundesländern dar, wobei wie
schon erwähnt, die Einzelpraxisübernahme die häufigste Gründungsform war.[27]

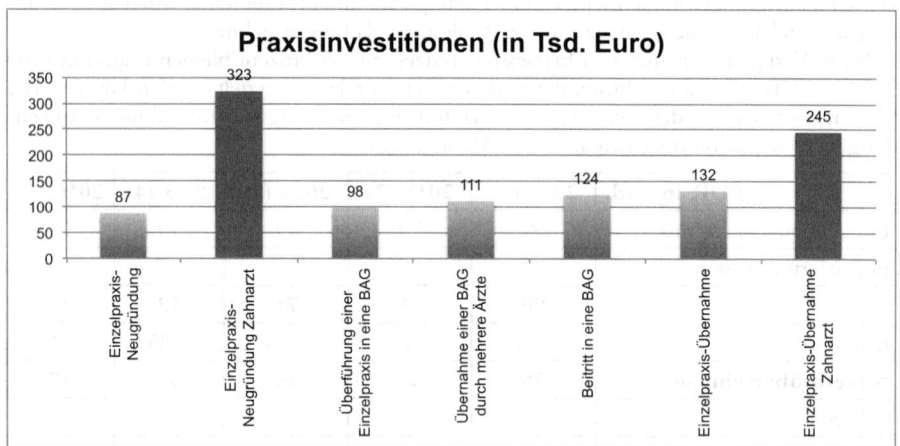

Abbildung 23: Höhe der Praxisinvestitionen der einzelnen Gründungsformen 2010 bei
Hausärzten und Zahnärzten in den alten Bundesländern, eigene Darstellung

965   **cc) Die Kombinationsmethoden.** Es sind zahlreiche Ansätze unternommen worden,
einzelne Bewertungsverfahren miteinander zu kombinieren. Die Methode der Überge-
winnverrentung oder Übergewinnabgeltung (UEC-Methode) zählt heute weithin zu den
gebräuchlichen und von den Gerichten zwischenzeitlich anerkannten betriebswirtschaftlichen Bewertungsmethoden.

966   Die Bezeichnung dieser Methode ist darauf zurück zu führen, dass sie nicht auf den
Umsatz in der Vergangenheit abstellt (wie die Ertragsmethode), sondern auf den Gewinn.
Hieraus wird versucht, die künftigen Gewinne zu prognostizieren von denen der Praxiserwerber künftig profitieren wird, den sogenannten „Übergewinn". Dieser „Übergewinn"
bildet den ideellen Praxiswert.

967   Zunächst wird der Praxisrohgewinn ermittelt von dem die Abschreibungen für die Neuanschaffungen und der kalkulatorische Arztlohn abgezogen werden. Der so berechnete
„nachhaltig erzielbare künftige Gewinn" wird mit dem Wert des vorhandenen Inventars
(Substanzwert), einem Kapitalisierungszinsfuß, einem nachschüssigen Rentenbarwertfaktor
sowie einer angenommen Verflüchtigungsdauer des ideellen Praxiswertes in eine Formel
gebracht. Dieses Ergebnis abzüglich des Substanzwertes ergibt den Goodwill.

968   **dd) Fazit zur Praxisbewertung.** Für den Praxisveräußerer ist in der Regel die Ertragswert bzw. UEC – Methode am günstigsten- für den Praxiserwerber aber die Ärztekammer-Methode, weil die zu niedrigen Ergebnissen führt. Daher empfiehlt sich ein Gutachten durch einen öffentlich bestellten und vereidigten Sachverständigen für die
Bewertung der Praxis zu beauftragen. Aber auch durch Gutachten ermittelte Praxiswerte
sind nicht immer identisch mit dem tatsächlich erzielbaren Kaufpreis. Im o. g. Beispiel der
Zahnarztpraxisübernahme einigten sich der Praxisveräußerer mit dem Praxisübernehmer
auf einen Praxisgesamtwert und damit Kaufpreis von letzten Endes 180 000 EUR. Dies
zeigt, dass schließlich Flexibilität und kooperatives Verhandeln gefragt sind: Beharrt der
Praxisveräußerer hartnäckig auf einen bestimmten, subjektiv festgelegten, objektiv jedoch
überhöhten Kaufpreis, kann nur schwer ein ernsthafter Interessent für die Nachfolge gefunden werden.

---

[27] Vgl. Deutsche Apotheker- und Ärztebank: Existenzgründungsanalyse für Ärzte 2009/2010, alte
Bundesländer.

2. Die Kostenplanung

Bevor über das ob und wie einer Finanzierung der Praxisinvestitionen bei der Niederlas- **969** sung nachgedacht wird, sollte eine Kostenplanung der laufenden Praxiskosten vorgenommen werden, um den gesamten Kapitalbedarf der Arztpraxis zu ermitteln. Zunächst sind jedoch einige Begrifflichkeiten vorab zu klären.

a) Der Kostenbegriff und Kostenarten. Der Begriff Kosten in der Arztpraxis kann **970** betriebswirtschaftlich als den für den Verbrauch von Ressourcen zur Erstellung der Behandlungsleistung sowie zur Aufrechterhaltung des Praxisbetriebs umschrieben werden. Dabei kann ein solcher Verbrauch dadurch bewirkt werden, dass z.B. Materialien direkt und vollkommen in die Behandlungsleistung eingehen (Verbrauchsgüter) oder dass beispielsweise Geräte über einen längeren Zeitraum Nutzungen abgeben (Gebrauchsgüter) und dabei indirekt der Behandlungsleistung dienen.

Ein **Verbrauch** im Sinne des Kostenbegriffs liegt demnach vor, wenn ein Gut (Materia- **971** lien, Dienstleistungen, Rechte) aufgrund seines Einsatzes in der Arztpraxis an Wert verliert oder ganz verzehrt wird. Danach lassen sich folgende Arten des Verbrauchs unterscheiden:

Abbildung 24: Varianten des Güterverbrauchs

Der beabsichtigte Güterverbrauch ist wie bereits beschreiben durch sogenannte Ver- **972** brauchs- oder Gebrauchsgüter charakterisiert. Ein ungewollter Güterverbrauch kann durch Verschleiß oder plötzlich auftretende höhere Gewalt (z.B. Zerstörung von Materialien durch Blitzeinschlag) sowie durch staatlich auferlegte Steuern, Gebühren etc. eintreten. Mit dem zeitlichen Vorrätigkeitsverbrauch ist die reine Kapitalnutzung des in der Arztpraxis gebundenen Kapitals zu verstehen. Wird beispielsweise ein Ultraschallgerät angeschafft und somit Kapital gebunden, verliert dieses während der Bindungsdauer seine Nutzungsmöglichkeit zur Finanzierung anderer Objekte. Der Güterverbrauch des Kapitals wird in Form von (kalkulatorischen) Zinsen ausgedrückt. Daneben müssen die Güterverbräuche auch praxisbezogen sein und dürfen nicht der reinen privaten Lebensführung des Arztes dienen. Hierbei gibt es sicherlich Grenzfälle zu Kosten der privaten Lebensführung des Arztes. Praxiszweckbezogene Kosten haben aber nicht nur einen mengenmäßigen Verbrauch. Die mengenmäßigen Güterverbräuche müssen auch bewertet werden. Die artverschiedenen Güter werden somit gleichnamig gemacht, so dass die bewerteten Güterverbräuche addierbar werden. Mögliche Kostenwerte können sich an den sogenannten Anschaffungswerten eines Gutes oder an deren gegenwärtigen bzw. zukünftigen Tagesbeschaffungspreisen (Wiederbeschaffungswerten) orientieren. Durch den gesetzgeberischen Zwang (HGB, EStG), dass eine Arztpraxis ein medizinisches Gerät stets mit den Anschaffungswerten bewerten **muss**, ergibt sich zum Ansatz eines aktuell tatsächlich am Markt zu Grunde gelegten Wiederbeschaffungswertes eine Differenz.

Wenn nämlich das ursprünglich angeschaffte Gerät sehr günstig war und eine Wiederbeschaffung auf dem Markt viel teurer wird, dann würden zwangsläufig auch höhere Abschreibungswerte entstehen, die den Gewinn mehr mindern würden.

973 **Beispiel:** Eine Arztpraxis kauft ein Ultraschall-Diagnostikgerät für 15 000 Euro, das innerhalb von fünf Jahren zu gleichen Jahresbeträgen (linear) abgeschrieben werden soll. Der Wiederbeschaffungswert dieses Typs wird jedoch aktuell auf 20 000 Euro geschätzt. Es wird unterstellt, dass der Praxisumsatz bei 280 000 Euro und die restlichen Kosten pro Jahr bei 250 000 Euro liegen. Die Einnahmen-Überschussrechnung über fünf Jahre hinweg zeigt vereinfacht folgendes Ergebnis:

	2012	2013	2014	2015	2016
Praxisumsatz	280	280	280	280	280
Restliche Kosten	− 250	− 250	− 250	− 250	− 250
Abschreibungen	− 3	− 3	− 3	− 3	− 3
Gewinn	− 27	− 27	− 27	− 27	− 27

974 Werden jedoch die Wiederbeschaffungswerte zu Grunde gelegt, ergibt sich folgender Gewinn:

	2012	2013	2014	2015	2016
Praxisumsatz	280	280	280	280	280
Restliche Kosten	− 250	− 250	− 250	− 250	− 250
Abschreibungen	− 4	− 4	− 4	− 4	− 4
Gewinn	− 26	− 26	− 26	− 26	− 26

975 Mit diesem Beispiel wird deutlich, dass den unterschiedlichen betriebswirtschaftlichen Bewertungsansätzen bei den Kosten auch Lenkungsfunktionen zugesprochen werden können. Der Praxisinhaber würde demzufolge einen möglichen Gewinn nicht in voller Höhe entnehmen, wenn er plant, ein neues Ersatzgerät zu beschaffen, da ihm für eine tatsächliche Reinvestitionen kumuliert 5000 EUR (1000 EUR × 5 Jahre) fehlen würden. Betriebswirtschaftlich werden deshalb auch innerhalb des sog. **internen Rechnungswesens** rein **kalkulatorische Kosten** dargestellt, die dem Unternehmer so weitere Entscheidungshilfen geben. Mit diesen kalkulatorischen Kosten wird der aus **kostenrechnerischer Sicht** „richtige" Güterverbrauch erfasst sowie die Vergleichbarkeit, Genauigkeit und Aussagefähigkeit des Praxiserfolgs erhöht. Insbesondere an den Stellen, wo gesetzliche, am Prinzip kaufmännische Vorsicht orientierte, Ansatz- und Bewertungsprinzipien den Ausweis entscheidungsadäquater Werte verhindern.

976 Die Praxiskosten können in mehrere **Kostenarten** untergliedert werden. Die Gliederung kann nach vielen verschiedenen Kriterien vorgenommen werden. Nachfolgend wird jedoch nur auf die für die Arztpraxis bedeutsamsten eingegangen.

Gliederung der Kostenarten nach			
Zurechenbarkeit	Reagibilität auf die Anzahl der Behandlungsmenge	Liquiditätswirksamkeit	Ursprung

Abbildung 25: Gliederung der Kostenarten

Nach der **Zurechenbarkeit** wird zwischen Einzelkosten (direkte Kosten) und Gemein- **977**
kosten (indirekte Kosten) unterschieden. Die Einzelkosten beziehen sich auf Kosten, die
einem Behandlungsfall zurechenbar sind und bei gleichen Behandlungen in gleicher Höhe
entstehen. Die Praxisgemeinkosten entstehen nicht direkt für den einzelnen Behandlungsfall. Diese Gemeinkosten können jedoch mithilfe eines Schlüssels auf einzelne Behandlungsfälle umgelegt werden. So können beispielsweise die Wartungskosten eines CTG-
Geräts auf die Anzahl der in der Praxis behandelten Schwangeren umgelegt werden, um zu
ermitteln, welche Kosten für diese Patientengruppe entstehen.

Im Hinblick auf die **Reagibilität** der Kosten auf Schwankungen der Behandlungsmenge **978**
erfolgt eine Einteilung in variable und fixe Kosten. Fixe Kosten fallen während eines bestimmten Zeitraums in gleicher Höhe an, unabhängig von der Anzahl der Behandlungsfälle
(z.B. Praxismiete, Personalkosten). Zudem haben fixe Kosten immer Gemeinkostencharak-
ter. Die sprungfixen Kosten sind während einer bestimmten Behandlungsmenge konstant.
Werden mehr Patienten behandelt, steigen diese Kosten jedoch (z.B. Einstellung einer weiteren Arzthelferin). Bei den variablen Kosten besteht ein direkter Zusammenhang zwischen
der Anzahl der Behandlungsfälle und den anfallenden Kosten (z.B. Materialverbrauch an
Kanülen, Tupfern etc.). Ein Großteil der variablen Kosten kann der Gruppe der Einzelkosten zugerechnet werden.

Bezüglich der **Liquiditätswirksamkeit** der Praxiskosten wird zwischen ausgabewirksa- **979**
men und nicht ausgabewirksamen Kosten unterschieden. In einer kritischen Praxislage
kann es eine Überlebensfrage sein, zu wissen, ob Kosten unmittelbar mit dem Geldfluss
zusammenhängen und Zahlungsunfähigkeit eintreten kann. Beispielsweise gehören die
Abschreibungen nicht zu den liquiditätswirksamen Kosten, da diese fiktiv gebildet werden
und lediglich den ungewollten Werteverzehr eines Gerätes durch Verschleiß, Alter, technische Überholung etc. abbilden.

Letztlich kann die Untergliederung der Kosten nach ihrem **Ursprung** vorgenommen **980**
werden; so kann unterschieden werden zwischen Personalkosten, Materialkosten, Kapitalkosten, Fremdleistungskosten, etc. Diese Systematik hat sich in ihren Grundzügen in den
Gliederungen der Kostenarten innerhalb des Rechnungswesens niedergeschlagen (Kontenplan), in dem die einzelnen Geschäftsvorfälle in der Arztpraxis auf verschiedene Kontengruppen gebucht werden. An dieser Stelle wird auf die Ausführungen zur Buchhaltung
verwiesen.

b) Abgrenzung weiterer Begrifflichkeiten. Im Folgenden sollen einige sachver- **981**
wandte Begrifflichkeiten erläutert werden, die in der Betriebswirtschaftslehre von Bedeutung sind:

Der **Praxisumsatz** stellt die Summe aller Erlöse aus Kassen- und Privatabrechnungen **982**
sowie sonstigen Einnahmen (z.B. Vortragstätigkeit, Gutachten, Verkauf von Praxisgegenständen) dar. Der Umsatz einer Arztpraxis ist den Begriffen Praxiserlöse sowie Praxiseinnahmen gleichzusetzen.

Die Begriffe **Auszahlung, Ausgabe** und **Aufwendung** lassen sich am Besten anhand **983**
der folgenden Grafik darstellen:

Abbildung 26: Zusammenhang zwischen Auszahlung, Ausgabe und Aufwand

Demnach sind Auszahlungen „nur" Bargeldzahlungen oder Abbuchungen vom Praxis- **984**
konto, wo hingegen die Ausgaben einer Arztpraxis auch zeitlich verschobene Zahlungen

für Materialien und Dienstleistungen sein können (z. B. Bezahlung einer Rechnung für Praxisverbrauchsmaterial, Ratenzahlung für ein Darlehen). Unter den Aufwendungen einer Arztpraxis werden die Werte aller verbrauchten Materialien und Dienstleistungen verstanden, die in einer Periode entstehen. Hierzu werden auch Abschreibungswerte der Praxiseinrichtung gezählt, die in einer früheren Zeitperiode gekauft wurden und gegenwärtig noch der Nutzung unterliegen.

985   Einleitend zu den weiteren Erläuterungen der einzelnen Kostenarten und deren Planung soll zunächst auf die Durchschnittskosten der vierjährlich durchgeführten Kostenstrukturerhebungen des Statistischen Bundesamtes eingegangen werden. Die Orientierung an dieser veröffentlichten Kostenstruktur ist nicht nur im Falle einer Niederlassung bei der Kostenplanung hilfreich, sondern kann auch im späteren Verlauf des Praxisbetriebes bei der regelmäßigen Kontrolle der eigenen Praxiskostenstruktur helfen.

986   Aus diesen Kostenstrukturerhebungen ergeben sich für verschiedene Praxistypen folgende Kostenverteilungen:

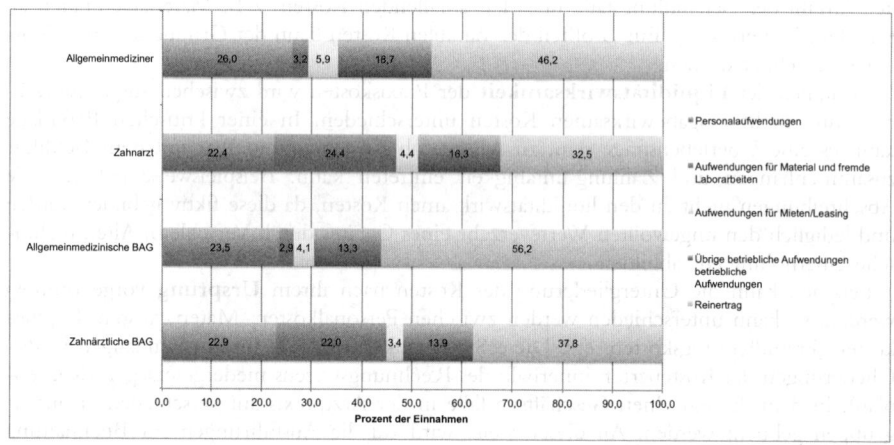

Abbildung 27: Kostenstrukturen im Vergleich[28]

987   Demnach sind die Personalkosten mit fast einem Drittel der Einnahmen häufig der größte Kostenfaktor. Die zahnmedizinische Einzelpraxis unterscheidet sich im Vergleich zur allgemeinmedizinischen Praxis durch den hohen Anteil von Fremdlaborkosten. Im Schnitt sind diese sogar höher als die Personalaufwendungen. Der Reinertrag (Einnahmen – Aufwendungen) ist demnach auch prozentual geringer als in der hausärztlichen Praxis. Bei den ärztlichen bzw. zahnärztlichen Kooperationsformen ist der Reinertrag viel höher, als in den Einzelpraxen. Das liegt hauptsächlich daran, dass Synergieeffekte bei der gemeinsamen Nutzung von Ressourcen frei werden und dadurch die monatlichen Grundkosten der Praxis (fixe Kosten), wie beispielsweise Personalkosten, Mieten oder Fremdkapitalaufwand im Verhältnis kleiner sind, als bei einem Einzelkämpfer.

988   **c) Die Personalkosten.** Die Personalkosten machen, wie bereits erläutert, einen großen Teil der Praxiskosten aus. Hierzu gehören alle Aufwendungen, die durch die Beschäftigung von Mitarbeitern entstehen:
– Löhne und Gehälter,
– gesetzliche soziale Aufwendungen und
– freiwillige soziale Aufwendungen.

---

[28] Statistisches Bundesamt: Kostenstruktur bei Arzt- und Zahnarztpraxen, Fachserie 2 Reihe 1.6.1, 2007, Früheres Bundesgebiet, Eigene Darstellung.

Für die Medizinischen Fachangestellten (Arzthelferinnen) in der Praxis gilt der soge- **989** nannte Manteltarifvertrag (Stand 20. 1. 2011). Dieser bestimmt unmittelbar und zwingend den Inhalt aller Arbeitsverträge. Bestandteil des Manteltarifvertrages ist unter anderem auch der Gehaltstarifvertrag, nach dem sich auch die Höhe des Gehaltes richtet. Das Gehalt wird durch eine Eingruppierung in verschiedene Tätigkeitsgruppen (I–IV) unterteilt nach Berufsjahren ermittelt. Die Zuordnung des jeweiligen Mitarbeiters in die entsprechende Tätigkeitsgruppe wird durch die im Gehaltstarifvertrag definierten Aufgabenschwerpunkte festgelegt. Daneben enthält der Gehaltstarifvertrag auch Regelungen zur Ausbildungsvergütung.

Der Verband medizinischer Fachberufe e. V. und die Arbeitsgemeinschaft zur Regelung **990** der Arbeitsbedingungen von Medizinischen Fachangestellten/Arzthelferinnen (AAA) haben sich in den Tarifverhandlungen am 1. März 2012 über eine Steigerung des Tarifgehalts für Medizinische Fachangestellte linear um 2,9 Prozent ab April 2012 geeinigt. Auszubildende werden außerdem rund 50 Euro mehr im Monat erhalten. Darüber hinaus haben die Tarifpartner auch eine Strukturreform der Gehaltstabelle für 2013 beschlossen. Dann soll der Gehaltstarifvertrag dem sich verändernden Tätigkeitsspektrum der Medizinischen Fachangestellten durch eine angemessenere Vergütung angepasst werden, wie z. B. bei der Durchführung ärztlich delegierter Leistungen, bei Hausbesuchen und die Übernahme neuer Aufgaben und größerer Verantwortung im Praxisteam.

Selbstverständlich kann der Arzt aber auch über diesen Tarifvertrag einen gesonderten **991** Arbeitsvertrag mit seinen Arbeitnehmern abschließen. Grundlage müssen jedoch die Bestimmungen des gültigen Tarifvertrages sein, das heißt, dass höhere oder bessere Abmachungen jederzeit möglich sind. Die Aufwendungen zur gesetzlichen Renten-, Arbeitslosen-, Kranken- und Pflegeversicherung gehören zu den gesetzlichen sozialen Aufwendungen und sind vom Arbeitgeber jeweils zur Hälfte, die Beiträge zur gesetzlichen Unfallversicherung (Berufsgenossenschaft) vom Arbeitgeber allein zu tragen. Zu den freiwilligen sozialen Aufwendungen zählen beispielsweise die Reinigung der Arbeitskleidung, Fahrgeldzuschuss, Praxisfeiern, Fort- und Weiterbildung.

Aber nicht nur eine angemessen gute Bezahlung ist für den sich niederlassenden Arzt **992** beim Aufbau einer gut funktionierende Praxisorganisation wichtig. Er sollte daneben auch auf die Auswahl von qualifiziertem Personal achten und sich Gedanken über die Personalstärke machen. Maßgebend hierfür sind insbesondere die auszuführenden Tätigkeiten und geplanten Arbeitszeiten (quantitativer Personalbedarf). Danach bestimmt sich der Bedarf an tätigen Personen und auch deren zu leistende Stundenmenge.

Grundlage für die **quantitative Personalbedarfsermittlung** ist eine vorausgehende **993** Analyse der auszuführenden Tätigkeiten, um daraus den notwendigen Personalbedarf zu ermitteln. Die auszuführenden Tätigkeiten können sich entweder aus dem typischen Berufsbild des Mitarbeiters ergeben oder sich durch aktuelle bzw. definierte zukünftig auszuübende Funktionen (z. B. Stuhlassistenz) definieren. Nach Erhebung bzw. Definition des Tätigkeitsfeldes und der einzelnen Aufgaben kann die eigentliche Personalbedarfsermittlung vorgenommen werden. In den nachfolgenden Ausführungen werden drei gängige Methoden der Personalbedarfsermittlung vorgestellt.

Die Ermittlung nach **Vergleichszahlen** stellt die einfachste und schnellste Methode dar. **994** Mithilfe der Kostenstrukturstatistik des Statistischen Bundesamtes können hierbei Gegenüberstellungen zu anderen Praxen ähnlicher Größe vorgenommen werden. Die folgende Übersicht zeigt die durchschnittliche Personenanzahl in Arztpraxen in Abhängigkeit des Einnahmevolumens.[29]

---

[29] Statistisches Bundesamt, Kostenstruktur bei Arzt- und Zahnarztpraxen, Fachserie 2 Reihe 1.6.1, 2007, Früheres Bundesgebiet, Eigene Darstellung.

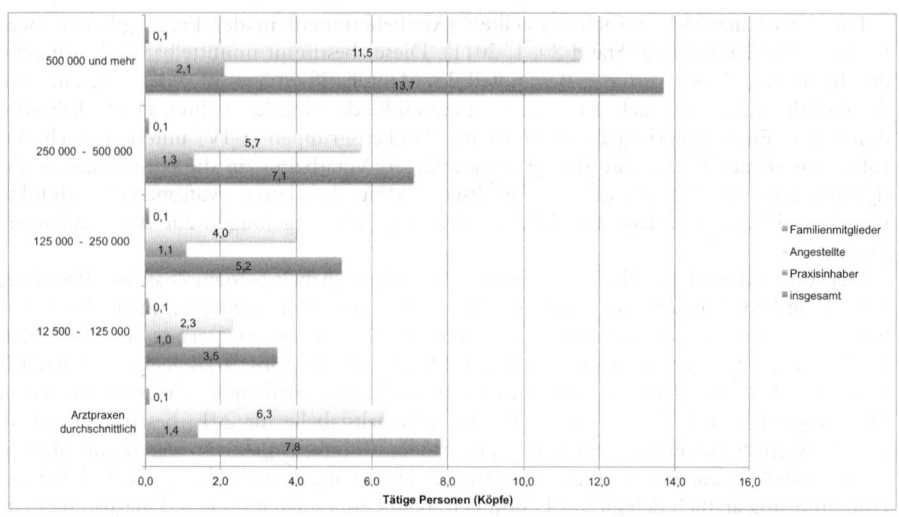

Abbildung 28: Durchschnittlich tätiges Personal in Arztpraxen, Eigene Darstellung

995   Die Vergleichszahlen haben den Nachteil, dass sie individuelle Strukturen einer Arztpraxis nicht berücksichtigen, da sie den Durchschnitt aller Arztpraxen darstellen. Häufig lassen sie örtliche Verhältnisse, Patientenstruktur, Organisationsgrad, technischen Ausstattungsstandard, Mitarbeiterstruktur u. a. unberücksichtigt.

996   Bei der Personalbedarfsermittlung mittels **Leistungseinheitsmessung** fließen individuelle Gegebenheiten der eigenen Arztpraxis in die Berechnung ein. Sofern feststeht, dass die Tätigkeiten dauerhaften und nicht nur vorübergehenden Charakter haben, werden den einzelnen Aufgaben (= Leistungseinheiten LE) durchschnittliche Minutenwerte zugeordnet und mit der Häufigkeit der Leistung in einem Zeitraum multipliziert. Daneben ist ein Ausfallfaktor zu berücksichtigen, der die unregelmäßig anfallenden Ausfallzeiten, wie Krankheit, Urlaub etc. abdeckt. Die durchschnittlichen Arbeitsstunden eines Mitarbeiters in dem Zeitraum werden dabei als Divisor verwendet, um den Personalbedarf zu berechnen. Aufgrund des Berechnungsbezugs auf Minutenwerte wird diese Größe noch mit dem Faktor 60 multipliziert.

Personalbedarf = (LE × Minuten × Häufigkeit der Leistung im Zeitraum × Ausfallfaktor)/
(durchschn. Soll − Arbeitsstunden eines Mitarbeiters pro Tag × 60)

Beispiel: Aufgabe/Leistungseinheit: Behandlungsassistenz
              Durchschnittliche Dauer: 15 Minuten
              Häufigkeit pro Tag: 36 Fälle
              Dschn. Arbeitsstunden pro Mitarbeiter: 7,7 Stunden pro Tag
              Ausfallfaktor   20% = 1,2

Rechnung:

$$\frac{15 \text{ Minuten} \times 36 \text{ Fälle} \times 1,2 \text{ Ausfallfaktor}}{7,7 \times 60} = 1,40 \text{ Mitarbeiter}$$

997   Die Summe der einzelnen Berechnungen pro Aufgabenfeld ergibt dabei die optimale Personalausstattung. Hierbei muss berücksichtigt werden, ob es sich um dauerhaften oder um vorübergehenden Arbeitsanfall handelt.

998   Die sogenannte **Arbeitsplatzmethode** nutzt als Grundlage die Zahl der zu besetzenden Arbeitsplätze. Bei der Berechnung des Personalbedarfs geht diese Methode davon aus, dass nicht die Leistung die Anzahl des Personals begründet, sondern dessen notwendige Anwe-

senheit. Diese Methode wird deshalb auch oft als „Methode der Mindestbesetzung" bezeichnet. Zur Personalbedarfsermittlung werden hier folgende Informationen benötigt:
Notwendige Arbeitsplätze (z.B. Rezeption, Labor, Assistenz), Anzahl der Mitarbeiter pro
Arbeitsplatz, Anzahl der Besetzungstage pro Arbeitsplatz, Notwendige Anwesenheitszeit in
der Arztpraxis und der Ausfallfaktor. Die Arbeitsplatzberechnung ermittelt den Personalbedarf somit nach folgender Formel:

$$= (\text{MA pro Arbeitsplatz} \times \text{Besetzungstage/Woche} \times \text{Präsenzstunden pro Tag} \times \text{Ausfallfaktor})/$$
$$(\text{durchschn. Soll} - \text{Wochenarbeitszeit eines Mitarbeiters})$$

Beispiel:

Arbeitsplatz:	Rezeption
Mitarbeiteranzahl:	1
Besetzungszeit:	5 Tage pro Woche
Präsenzstunden:	8 Stunden pro Tag
Dschn. Soll-Wochenarbeitszeit:	38,5 Stunden
Ausfallfaktor:	20% = 1,2

Rechnung:

$$\frac{1 \times 8 \times 5 \times 1,2}{38,5} = 1,25 \text{ Mitarbeiter}$$

Für die Besetzung der Praxisrezeption muss der Praxisinhaber mithin 1¼ Mitarbeiter **999**
einstellen. So könnte die Rezeption beispielsweise durch eine Vollzeitkraft mit 38,5 Wochenstunden und eine Halbtagskraft (ca. 10 Wochenstunden) besetzt werden.

Da diese Methode nicht die Leistungen als Grundlage nutzt, ist sie im Hinblick auf die **1000**
Wirtschaftlichkeit kritisch zu betrachten. Allerdings gibt es in der Arztpraxis auch Arbeitsplätze, wo bewusst nicht die Leistung Grundlage für eine Beschäftigung ist, sondern tatsächlich die Anwesenheit. Ein klassisches Beispiel ist der Arbeitsplatz an der Rezeption,
wenn es sich hierbei um die ausschließliche Tätigkeit handelt und die Mitarbeiter nicht
darüber hinaus noch andere Tätigkeiten nach oder vor Öffnungszeitenschluss ausüben. Ein
weiteres Anwendungsgebiet dieser Methode ist auch immer dann gegeben, wenn die Leistung eines Aufgabenfeldes nicht ausreicht, um so viel Personal zu ermitteln, damit man
sachgerecht einen Dienst- bzw. Schichtplan erstellen kann. In diesem Fall ist vom Praxisinhaber mehr Personal vorzuhalten, als aufgrund der Leistung erforderlich wäre. Hier dient
die Arbeitsplatzmethode als Methode der Mindestbesetzung und dem kritischen Rechner
als Hinweis, dass hier Unwirtschaftlichkeiten vorliegen. In diesen Fällen ist zu prüfen, ob
beispielsweise nicht Leistungen aus einem anderen Bereich in dieses unwirtschaftliche Tätigkeitsfeld verlagert werden können.

Bei der Neugründung einer Praxis sollte folglich, auch unter dem Aspekt des Einnah- **1001**
men-Personalkostenverhältnisses, nicht mit zu viel Personal gearbeitet werden. In den
meisten Fällen sind zum Praxisstart zwei Helferinnen ausreichend und zusätzliches Personal
sollte nur nach Bedarf sukzessive eingestellt werden.

Im Falle der Praxisübernahme sind die Bestimmungen zum Betriebsübergang zu beach- **1002**
ten. Der Erwerber tritt kraft Gesetzes in die Rechte und Pflichten aus den im Zeitpunkt
der Praxisübernahme bestehenden Arbeitsverhältnisse ein (§ 613a BGB).[30] Das bedeutet,
dass beispielsweise Kündigungen oder Aufhebungsvereinbarungen wegen des Betriebsüber-
gangs von zum Zeitpunkt des Übergangs bestehender Arbeitsverhältnisse (während des
Laufs der Kündigungsfrist) sowie auch Arbeitsverhältnisse mit Arbeitnehmern in Mutterschutz bzw. Elternzeit rechtsunwirksam sind.[31] Der Erwerber muss im Grunde, sollten

---

[30] LAG Düsseldorf, NZA-RR 2000, 353 zum Betriebsübergang bei Weiterführung einer Arztpraxis;
LAG Hamm, ArztR 2002, 12 zum Betriebsübergang einer Vertragsarztpraxis.
[31] BAG, NJW 1982, 1607; BAGE 55, 228.

Arbeitnehmer innerhalb einer Frist dem Übergang ihrem Arbeitsverhältnisses nicht widersprechen, diese Arbeitsverhältnisse und damit auch die Personalkosten für diese Arbeitnehmer übernehmen.

1003 Wie eingangs bereits angedeutet, ist nicht nur auf die Personalstärke zu achten, sondern auch auf die **Qualifikation der Mitarbeiter.** Daher sind neben der quantitativen Personalbedarfsermittlung auch die Qualifikationsanforderungen der zu erledigenden Aufgaben festzustellen. Die qualitative Personalbedarfsermittlung beinhaltet die Erfassung der einzelnen Arbeitsanforderungen an den verschiedenen Arbeitsplätzen in der Arztpraxis. Dabei sollten die fachliche und die persönliche Eignung des (zukünftigen) Stelleninhabers gleichermaßen berücksichtigt werden. Unter einer Arbeitsanforderung ist zunächst die Beherrschung gewisser Teilvorgänge eines gesamten Arbeitsvorgangs zu verstehen. Dabei können sowohl harte Kompetenzen, als auch weiche Kriterien unterschieden werden:[32]
- Geistige Fähigkeiten (Ausbildung, Fachkenntnisse, Flexibilität etc.)
- Körperliche Fähigkeiten (Sportlichkeit, Geschicklichkeit, Kraft u. a.)
- Verantwortung (Verantwortungsbewusstsein, Sorgfalt, eigenverantwortliches Handeln)
- Geistige Arbeitsbelastung (Stressbewältigung, Arbeitsbewältigung, Schwerpunktsetzung)
- Körperliche Arbeitsbelastung (Ausdauer, Anstrengungsbereitschaft, Einsatzwille)
- Persönliche Eigenschaften (Führungsfähigkeit, Durchsetzungsfähigkeit, Überzeugungskraft, soziale Kompetenz, Umgangsformen).

1004 Daraus lassen sich praxisindividuelle Anforderungsprofile für die einzelnen Mitarbeitergruppen darstellen. Dabei werden die einzelnen Anforderungsmerkmale mithilfe einer Skala von 1 bis 6 gewichtet. Je nach Aufgaben in der Arztpraxis sehen nun die einzelnen Profile unterschiedlich aus. Das so entstandene Anforderungsprofil stellt nun die Richtgrößen dar, nach denen die Personalbesetzung erfolgen sollte.

1005 **d) Die Raumkosten.** Auch wenn nur 45% der Praxisgründer[33] die Standortwahl als einen wichtigen Planungsbereich halten, so ist dies meistens eine Entscheidung für das gesamte Berufsleben und sollte im Allgemeinen nicht nur nach wirtschaftlichen Aspekten (z. B. Kundennähe, Mietniveau, Räumlichkeiten, Nähe von medizinischen bzw. therapeutischen Einrichtungen) sondern auch nach persönlichen Kriterien (bspw. Stadt oder Land, Nähe zu Ausbildungsstätten, Immobilienpreise) ausgesucht werden. Häufig werden die Praxisräume von einem Dritten angemietet. Dafür ist im Fall der Praxisübernahme wichtig, dass zum Zeitpunkt des Abschlusses des Praxiskaufvertrages, die schriftliche Zustimmung des Vermieters zum Eintritt des Erwerbers in den laufenden Mietvertrag und zum Ausscheiden des Veräußerers vorliegt.

1006 Die Raumkosten sind aus der Kostenperspektive gesehen, neben der Personalkosten einer der größten Kostenfaktoren einer Arztpraxis. Zu diesen Kosten zählt grundsätzlich alles, was mit der Nutzung der Praxisräume verbunden ist:
- Miete, insofern der Arzt nicht Eigentümer der Praxisräume ist,
- Nebenkosten: Heizung/Wasser/Strom/Instandhaltung sowie
- Raumpflege/Desinfektion/Reinigungsmittel.

1007 Die **Miete** errechnet sich grundsätzlich aus den benötigten Quadratmetern multipliziert mit einem Quadratmeterpreis. Folglich stellt sich die Frage danach, nach wie viel Quadratmetern Fläche gesucht werden soll. Die richtige Praxisgröße ist dabei unter anderem vom Leistungsspektrum oder dem Grundflächenzuschnitt abhängig. Beispielsweise kann bei einer allgemeinmedizinischen Praxis von einem Flächenbedarf von mindestens 80 qm und maximal 150 qm ausgegangen werden. Eine radiologische Praxis hingegen wird durchschnittlich zirka 500 qm brauchen.[34] Es kann daher sinnvoll sein, vor Abschluss eines

---

[32] Vgl. *Scholz,* Personalmanagement – informationsorientierte und verhaltenstheoretische Grundlagen, S. 309.
[33] Vgl. *Hoffmann,* Gründungsberatung und Gründungserfolg – am Beispiel der Niederlassung von Ärzten, S. 43.
[34] Vgl. Zentralinstitut für die kassenärztliche Versorgung, Rationelle Praxisorganisation Band 2, S. 69.

Miet- oder Kaufvertrages das individuelle Leistungsspektrum zu definieren und die in Frage kommenden Flächen auf ihre Eignung durch ein Fachbüro prüfen zu lassen.

Der Quadratmeterpreis bestimmt sich zumeist aus einem ortsüblichen Preis, der aus dem **1008** **lokalen Mietspiegel** zu entnehmen ist. Wichtig sind auch die entsprechenden Nebenkosten, die ebenfalls noch auf den eigentlichen Mietpreis aufzuschlagen sind. Häufig wird mit Beträgen von 1,75 bis 3,80 EUR pro qm gerechnet. In die Raumkosten können darüber hinaus noch Kosten für die **Reinigung und Reinigungsmittel** entstehen (ca. 2 bis 2,50 EUR pro qm). Die Raumkostenkalkulation kann beispielsweise bei einer Praxisgröße von 158 qm in einem kleinen Stadtteil von Köln folgendermaßen aussehen:

	Raumkosten	EUR pro qm	Raumkosten pro Monat
	Miete	10,17	1 600,54 EUR
+	Nebenkosten: Heizung/ Wasser/ Strom/ Aufzug etc.	3,80	600,40 EUR
+	Raumpflege, Reinigungs- und Desinfektionsmittel	2,00	316,00 EUR
=	**Monatliche Raumkosten**		**2 516,94 EUR**
x 12	**Jährliche Raumkosten**		**30 203,28 EUR**

Abbildung 29: Ermittlung der monatlichen Raumkosten

Sollten die Praxisräumlichkeiten jedoch gekauft werden, dann stellt dieser Umstand einerseits einen Teil der Praxisinvestitionen dar, die sowohl als Anlagegut in die Buchhaltung **1009** des Praxiserwerbers Eingang finden müssen und werfen andererseits möglicherweise die Frage nach einer Finanzierung auf.

e) Die Materialkosten. Unter diesen Positionen werden sämtliche Kosten für das Verbrauchsmaterial des gesamten Labor-, Behandlungs- und Verwaltungsbereichs der Arztpraxis zusammengefasst. **1010**

Die Planung im Materialbereich erfolgt auf der Grundlage vorgegebener allgemeiner **1011** Praxisziele oder spezieller materialwirtschaftlicher Ziele. Das können einerseits die für die Leistungserstellung notwendigen Materialien sein, die in der benötigten Menge und Qualität, zum richtigen Zeitpunkt am richtigen Ort zur Verfügung zu stellen sind. Andererseits aber auch Gewinn- und Rentabilitätsmaximierung sowie Kosten- und Aufwandsmaximierung. Daher ist die Planung dieser Kosten direkt an die Leistungsstruktur der Praxis gekoppelt. Medizinische Geräte und Instrumente werden hierunter nicht erfasst, da diese nicht verbraucht werden. Sie unterliegen der Abnutzung und werden unter der Kostenposition Absetzung für Abnutzung (AfA) eingeordnet.

Eine Materialplanung verhindert, sowohl in der Niederlassungsphase, als auch im regulä- **1012** ren Betrieb, unnötige Kapitalbindung, Fehlmengenkosten und unnötige Lagerkosten. Unnötige Kapitalbindung entsteht bei Materialien, die schon vor längerer Zeit beschafft worden sind, aber noch nicht gebraucht werden. Dieses gebundene Kapital wird oft auch als „totes" Kapital bezeichnet, da es nicht anderweitig gewinnbringend eingesetzt oder angelegt werden kann. Fehlmengenkosten ergeben sich dann, wenn dringend benötigtes Material nicht mehr in ausreichender Menge vorhanden ist und nur unter größerem Aufwand und zu hohen Preisen schnellstens beschafft werden muss. Daneben können unnötige Lagerkosten entstehen, wenn eine zu hohe Lagermenge Platz, geeignete Lagertemperatur und Luftfeuchtigkeit benötigt, was wiederum Raumkosten verursacht. Besonderes Augenmerk liegt dabei bei verderblichen Medikamenten und Materialien, die bei Überlagerung vernichtet oder gar kostenpflichtig entsorgt werden müssen.

1013   Die Planung der Materialwirtschaft in der Arztpraxis kann in drei Schritten erfolgen. Um den richtigen Bedarf eines Artikels in der Arztpraxis vorrätig zu haben, wird zunächst der Materialbedarf ermittelt. Danach wird berechnet, wie hoch überhaupt der Bestand an diesen Artikeln in der Arztpraxis sein muss, bevor in einem letzten Schritt die eigentliche Beschaffungsplanung durchgeführt wird.

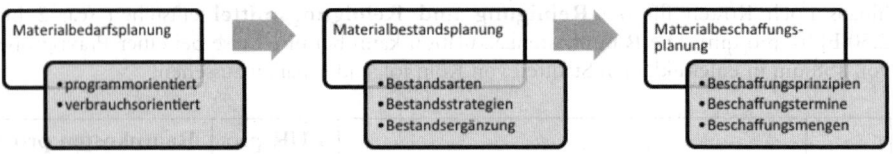

Abbildung 30: Ablauf der Planung für die Materialwirtschaft

1014   **aa) Die Materialbedarfsplanung.** Bei der Materialbedarfsplanung einer Arztpraxis ist das Ziel, den Bedarf an Praxisverbrauchsmaterialien art-, mengen- und zeitgerecht zu decken. Dabei sollte die programmorientierte Bedarfsplanung für die mit Hilfe der ABC-Analyse ermittelten A-Artikel und für ausgesuchte B-Artikel erfolgen. Für die C-Artikel reicht eine verbrauchsorientierte Bedarfsermittlung aus.

1015   Die **programmorientierte Bedarfsplanung** leitet den Bedarf aus den geplanten und einem festgelegten Anteil ungeplanter Behandlungen der Arztpraxis ab. Welche Behandlungen wann und in welcher Anzahl durchgeführt werden kann beispielsweise dem Terminbuch entnommen werden. Die Angaben darüber, welches Material in welcher Menge für eine Behandlung gebraucht wird, enthalten die sogenannten Stücklisten. Dabei kann bei der Auswahl des Artikelspektrums (Sortiment) die Wertanalyse als Entscheidungshilfe dienen. Der Gesamtbedarf je Zeitraum (Monat oder Quartal) ergibt sich dann aus der Multiplikation von geplanten bzw. pauschal ungeplanten Behandlungen und der jeweiligen Stückliste.

1016   Die **verbrauchsorientierte Bedarfsplanung** orientiert sich an der Analyse des bisherigen Materialverbrauchs. Dabei wird unterstellt, dass die bisherigen Verbrauchswerte auch in der Zukunft gelten. Ein Materialverbrauch verläuft innerhalb eines Zeitraums dabei sporadisch (unvorhersehbar), stark schwankend, konstant, trendmäßig (steigend oder fallend) und saisonal (steigende und fallend).

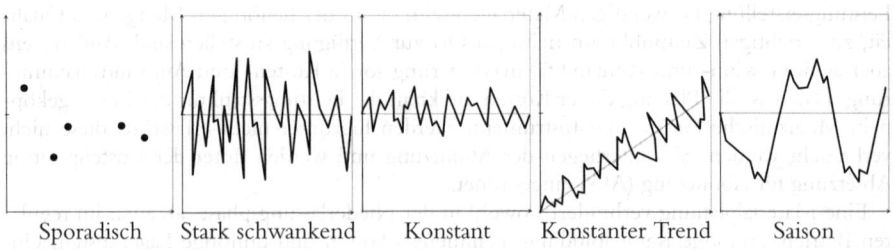

| Sporadisch | Stark schwankend | Konstant | Konstanter Trend | Saison |

Abbildung 31: Varianten des Materialverlaufs

1017   Zumindest für die Prognose des konstanten Verbrauchsverlaufs können einfache mathematische Methoden hinzugezogen werden. Für die anderen Verlaufsarten lassen sich Materialverbrauchsverläufe nur schwer oder nur mit Hilfe komplexerer mathematischer Rechenmethoden prognostizieren.

1018   Bei **konstantem Bedarfsniveau** kann die relativ einfache Berechnung des **gleitenden oder gewogenen gleitenden Durchschnitts** (Mittelwert) angewendet werden. Die Methode der **einfachen** Durchschnittsberechnung (arithmetisches Mittel) ist hier nachteilig, da bei der Bedarfsermittlung auch Vorperioden betrachtet werden, in denen die Arztpraxis beispielsweise anders ausgerichtet war oder einen geringen Marktanteil hatte. Beim **gleitenden Mittelwert** haben alle Perioden das gleiche Gewicht. Dabei wird eine stets gleichbleibende Anzahl von Perioden für die Feststellung des Durchschnitts herangezogen, um eine Reihe von Schwankungen auszuschalten (zu glätten). Die Anzahl der Perioden kann sich nach jeweils gleichlangen Zeitreihensegmenten bestimmen, zu denen das zugehörige arithmetische Mittel berechnet wird. Der **gewogene gleitende Mittelwert** ermöglicht es, die einzelnen Perioden zusätzlich noch unterschiedlich zu gewichten, um Verbrauchstrends besser zu berücksichtigen. Dabei werden jüngere Perioden stärker gewichtet, als ältere. Das folgende Beispiel soll die Unterschiede und Ermittlungsmethoden bei konstantem Bedarfsverlauf darstellen. Dabei werden jeweils fünf Perioden als Zeitreihenanzahl bestimmt.

Monat	Verbrauch	Gewichtung in Prozent
Januar	38	
Februar	42	
März	39	
April	50	
Mai	41	
Juni	49	
Juli	26	
August	59	10
September	46	20
Oktober	30	30
November	51	40
Dezember	60	50
Summe	**531**	

Der gleitende Mittelwert und somit der Materialbedarf eines Artikels für den kommenden Monat (Januar) ermittelt sich wie folgt: **1019**

$$\frac{59 + 46 + 30 + 51 + 60}{5} = \text{rd. } 49$$

Der gewogene gleitende Mittelwert berechnet sich jeweils aus der Multiplikation der individuell festgelegten Gewichtung mit dem jeweiligen Verbrauchswert. Danach wird dieses Produkt durch die Summe der Gewichte der festgelegten Zahlenreihenanzahl dividiert: **1020**

$$\frac{59 \times 10 + 49 \times 20 + 30 \times 30 + 51 \times 40 + 60 \times 50}{10 + 20 + 30 + 40 + 50} = \text{rd. } 50$$

Ein Vergleich mit dem einfachen arithmetischen Mittel zeigt, dass die Ermittlung des Materialbedarfs nach dieser Methode viel geringer ausfällt: **1021**

$$\frac{\text{Summe des gesamten Verbrauchs} = 531}{12 \text{ Perioden}} = \text{ca. } 44$$

bb) Die Materialbestandsplanung:

Die Ermittlung des gesamten vorrätig zu haltenden Materials ergibt sich aus der Summe von Materialbedarfsplanung und der Materialbestandsplanung: **1022**

	Geplante bzw. ungeplante Behandlungen	Materialbedarfsplanung
×	Stücklisten	
+	Verbrauchsorientierter Bedarf	
=	**Für die Behandlung benötigter Bedarf**	
–	Vorhandener Lagerbestand	Materialbestandsplanung
-	Bestellungen	
+	Sicherheitsbestand	
=	**Tatsächlicher Bedarf**	

Abbildung 32: Zusammenhang zwischen Materialbedarfs- und -bestandsplanung

1023 Die Materialbestandsplanung berücksichtigt nach der Bedarfsberechnung die gegebenenfalls vorhandenen, bestellten und für andere Behandlungen reservierten Materialien. Bei der Praxisübernahme wird der vorhandene Lager- bzw. Materialbestand zu einem pauschalen Wert im Inventarverzeichnis aufgeführt, der gewöhnlich in die Praxiswertberechnung einfließt. Daher ist bereits vor der Aufnahme der Praxistätigkeit zu prüfen, welche Materialien vorhanden sind und welche neu beschafft werden müssen.

1024 Zunächst ist jedoch zu klären, welche Bestandsarten es in der Materialwirtschaft gibt. Den Zusammenhang zwischen den einzelnen Bestandsarten gibt die folgende Grafik wieder (idealisiertes Modell):[35]

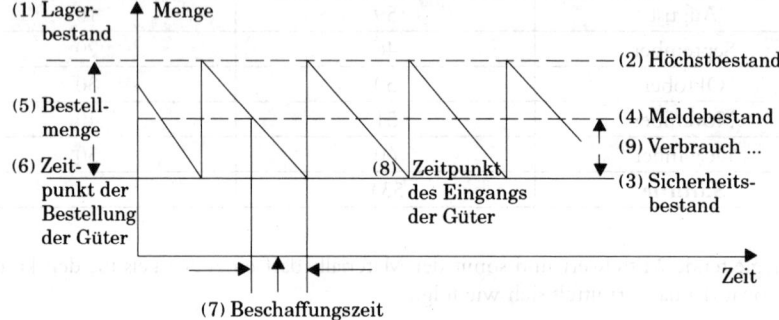

Abbildung 33: Materialbestandsarten

1025 Der **Lagerbestand** (1) ist der Bestand an Artikeln, der sich körperlich zum Planungszeitpunkt im Lager befindet. Dabei können der disponierte Bestand (=reservierter Bestand oder bestellte Menge, die noch nicht im Lager ist) und der verfügbare Bestand unterschieden werden. Die Feststellung des vorhandenen Lagerbestandes kann mit der sogenannten Inventurmethode vorgenommen werden. Hierbei werden die vorhandenen Mengen durch Zählung ermittelt und mit einem Wert bewertet (Inventur).

1026 Der **Sicherheitsbestand** (3) wird auch „eiserner Bestand", Mindestbestand oder Reservebestand genannt. Er stellt den Puffer dar, um die Behandlungen in der Arztpraxis bei Lieferproblemen, ungeplantem Mehrverbrauch oder sonstigen Ausfällen zu gewährleisten. Bei Erreichen des Sicherheitsbestandes sollte die neue Lieferung spätestens eingetroffen sein. Der Sicherheitsbestand kann mit einer Formel berechnet werden. Dazu wird der Materialbedarf eines Zeitraums mit der voraussichtlichen (Wieder-)Beschaffungszeit multipliziert. Beträgt die Lieferzeit eines benötigten Artikel zum Beispiel fünf Tage und pro Tag werden zehn Stück dieses Artikels verbraucht, dann muss der Sicherheitsbestand fünfzig Stück betragen. Der **Meldebestand** (4) wird auch Bestellpunktbestand genannt und ermittelt sich aus dem tatsächlichen Verbrauch des Artikels in einer Periode und der dazuge-

---

[35] Vgl. *Olfert/Rahn*, Einführung in die Betriebswirtschaftslehre, 10. Aufl., S. 224.

hörigen Wiederbeschaffungszeit zuzüglich des Sicherheitsbestandes. Er gibt also an, ab welchem Lagerbestand der Artikel wiederbestellt werden muss, um die Höhe des Sicherheitsbestands im Laufe der Beschaffungszeit zu halten. Der **Höchstbestand** (2) drückt aus, wie hoch der Lagerbestand maximal sein darf, so dass die Kapitalbindung nicht zu groß wird.

Die Zielsetzung der Materialwirtschaft, das richtige Material in der richtigen Art und   1027
Menge zum richtigen Zeitpunkt am richtigen Ort und in der richtigen Qualität bereitzustellen, muss mit geeigneten Strategien umgesetzt werden. Die **Lagerhaltungsstrategien** oder **Bestandsstrategien** unterstützen die Erreichung dieser Ziele und geben Entscheidungshilfe darüber, nach welchen Gesichtspunkten der jeweilige Lagerbestand überprüft und wenn notwendig mit wie viel Mengen wieder aufgefüllt werden muss. Die Bestandsstrategien werden von der Höhe des Lieferbereitschaftsgrades sowie den möglichen Fehlmengenkosten beeinflusst. Der Lieferbereitschaftsgrad bezeichnet die Fähigkeit, jederzeit alle Bedarfsanforderungen erfüllen zu können. Die Fehlmengenkosten sind Kosten, die durch fehlende Lieferbereitschaft entstehen. Sie treten auf, weil ein Artikel zu spät oder in schlechter Qualität geliefert wurde. Die Auswirkungen können beispielsweise Verschiebung des Behandlungstermins oder Imageschaden sein. Fehlmengenkosten und Lieferbereitschaftsgrad beeinflussen sich gegenseitig: Sinkt die Lieferbereitschaft des Lagers, so steigen die Fehlmengenkosten, da eingehende Bestellungen nicht ausgeführt werden können.

Die **Zeitpunktbestimmung** erfolgt entweder durch definierte Bestellpunkte oder   1028
durch festgelegte Bestellrhythmen. Bestellpunkte sind durch Bestandsmengen definiert, die nicht unterschritten werden dürfen. Bestellrhythmen sind durch konstante Zeitabstände charakterisiert, die festlegen, wann Bestandsprüfungen vorzunehmen und anschließend Bestellungen auszulösen sind.

Die Bestimmung der wieder zu beschaffenden **Materialmengen** geht grundsätzlich von   1029
den Ansätzen aus, dass entweder die Materialmenge beschafft wird, die das Lager bis zum Höchstbestand auffüllt, oder dass eine kostenoptimale Menge beschafft wird. Die Kombinationen auf Basis der Bestellzeitpunkte und Bestellmengen werden als Bestandsstrategien bezeichnet. Folgende Bestandsstrategien können unterschieden werden:[36]

Menge / Termin	feste Bestellmenge	variable Bestellmenge
fester Bestelltermin	**Bestellrhytmusverfahren:** die gleiche Menge wird in regelmäßigen Zeitabständen bestellt	**Bestellrhythmusverfahren:** flexible Mengen werden regelmäßig beschafft und bis zum Höchstbestand aufgefüllt
variabler Bestelltermin	**Bestellpunktverfahren:** nach jeder Entnahme wird beim Erreichen des Meldebestandes jeweils die gleiche Menge beschafft	**Bestellpunktverfahren:** nach jeder Entnahme wird beim Erreichen des Meldebestandes jeweils eine flexible Menge bis zum Höchstbestand aufgefüllt
Kombinationen	Der Bestand wird in regelmäßigen Abständen überprüft und bei Erreichen des Meldebestandes die jeweils gleiche Menge beschafft	Der Bestand wird in regelmäßigen Abständen überprüft und bei Erreichen des Meldebestandes jeweils flexible Mengen bis zum Höchstbestand aufgefüllt.

Abbildung 34: Bestandsstrategien

---

[36] Vgl. *Olfert/Rahn,* Einführung in die Betriebswirtschaftslehre, 10. Auflage, S. 224.

1030 Das **Bestellpunktverfahren** stellt eine sichere Strategie dar, bei der kaum die Gefahr einer Unterdeckung auftreten kann. Sie führt jedoch tendenziell zu hohen Beständen, erfordert einen hohen Kontrollaufwand und ist am besten geeignet für Artikel mit einem unregelmäßigen Bedarf. Durch die festen Zeitintervalle zwischen den Bestellungen, besteht beim **Bestellrhythmusverfahren** der geringste Verwaltungsaufwand und ist geeignet für Artikel, die relativ regelmäßig aus dem Lager entnommen werden. Die Gefahr der Unterdeckung besteht somit nur bei einem unregelmäßigen Bedarf.

1031 Welche Bestandsstrategie bei welchem Artikel am besten angewendet wird, wird herkömmlich mithilfe von EDV und der ABC-Analyse ermittelt. Nichts desto trotz, kann der Materialeinkauf in der Arztpraxis nach einer ausgewählten Strategie organisiert werden. Dabei ist ein vierzehn tägiger Bestellrhythmus geeignet, bei dem anhand einer Materialkartei festgestellt werden kann, welche Artikel eingekauft werden müssen.

1032 Die Materialkartei stellt übersichtlich das in der Praxis verwendete Material dar und besitzt gleichzeitig Kontrollfunktionen über den Bestellzeitpunkt, die Lagerzeit und den Materialbestand. Häufig wird eine Materialkartei auch elektronisch geführt. Unabhängig davon sollte jedoch darauf geachtet werden, dass das gesamte Material der Arztpraxis auf Materialkarteien erfasst wird, die Eintragungen gewissenhaft und vollständig erfolgen und der Materialbestand trotzdem regelmäßig kontrolliert wird.

1033 Nachfolgend wird dargestellt, wie eine Arztpraxis die Strategie „fester Bestelltermin und variable Bestellmenge" umsetzen kann. Wie bereits erläutert, wiederholen sich beim Bestellrhythmusverfahren die Bestell- bzw. Liefertermine periodisch, die zu bestellende Menge wird wie folgt berechnet:

Bestellmenge = (Lieferzeit + Überprüfungszeit) × Tagesverbrauch + Sicherheitsbestand

1034 Bei einer angenommenen Lieferzeit von fünf Tagen, einer Überprüfungszeit[37] von einem Tag, einem Tagesverbrauch von 50 Stück und einem Sicherheitsbestand von 250 Stück beträgt die Bestellmenge nach obiger Formel somit 550 Stück: (5+1) × 50 + 250.

1035 Die Bestellmenge stellt hierbei auch gleichzeitig den Meldebestand dar. Nur ist dieser beim Bestellrhythmusverfahren unerheblich, da es einen regelmäßigen Bestelltermin gibt.

1036 **cc) Materialbeschaffungsplanung.** Mit der Materialbedarfsplanung wurde ermittelt, welcher Bedarf an Artikeln nach Art, Menge und Zeit besteht. Bei der Materialbestandsplanung wurde festgestellt, ob und wie viele der benötigten Artikel in der Arztpraxis vorhanden sind. Die Beschaffungsplanung setzt nun die ermittelten Bedarfsmengen in Bestellmengen sowie Bedarfszeitpunkte um. Dafür muss in der Arztpraxis zunächst überlegt werden, für welchen Zeitraum die Artikel zu beschaffen sind. Dabei kann es für aus Gründen der Kapitalbindung vorteilhaft sein, A-Artikel erst kurz vor ihrem Bedarf zu beziehen. Für andere Artikel kann es jedoch teurer werden, wenn diese durch diese Strategie in jeweils kleineren Mengen beschafft werden müssten. Daher können unterschiedliche **Beschaffungsprinzipien** herausgestellt werden.

1037 Bei der **Vorratsbeschaffung** werden relativ große Materialmengen beschafft und gelagert. Den erzielten möglicherweise günstigen Beschaffungspreisen und niedrigen Beschaffungskosten stehen jedoch hohe Lager- und Zinskosten sowie eine hohe Kapitalbindung gegenüber.

1038 Eine minimale Kapitalbindung und geringe Lager- sowie Zinskosten werden durch die **Einzelbeschaffung** erreicht, bei der die Materialien in der benötigten Menge unmittelbar vor ihrem Bedarf beschafft werden. Dem gegenüber stehen jedoch relativ hohe Beschaffungskosten und das Risiko einer ausbleibenden oder fehlerhaften Lieferung.

1039 Die Kombination aus beiden ist die sogenannte **produktionssynchrone Beschaffung**, bei der die Arztpraxis rahmenmäßige Lieferverträge über große Materialmengen schließt. Die benötigten Artikel werden erst unmittelbar vor Bedarf beim Lieferanten abgerufen.

---

[37] Die Überprüfungszeit ist die Zeitspanne, in der das Material nach der Lieferung auf Vollständigkeit, Richtigkeit etc. geprüft wird.

Büttner-Hoigt

Dies ist insbesondere der Fall, wenn die Arztpraxis Mitglied in einer Einkaufsgemeinschaft ist.

Somit gilt grundsätzlich: Je öfter bestellt wird, desto höher ist der Aufwand für die Ab- **1040** wicklung der Bestellung. Gleichzeitig sinken aber auch die Lagerhaltungskosten. Umgekehrt sind bei geringeren Bestellhäufigkeiten die Lagerhaltungskosten höher, weil mit einem Bestellvorgang mehr Artikel bestellt und damit gelagert werden. Dabei ist nach der klassischen Losgrößenformel von *Andler* die Beschaffungsmenge optimal, wenn die Kosten für die Bestellung und Lagerung zusammen ein Minimum ergeben. Das Ergebnis dieser Formel kann als Anhaltswert angesehen werden, weil sie konstante Stückpreise und Bedarfe sowie stetige Lagerabgänge und keine Lieferzeiten voraussetzt. Durch die stufenweise Berechnung soll die folgende Übersicht die für die Berechnung der **optimalen Beschaffungsmenge** notwendigen Komponenten und deren Herleitung veranschaulichen.

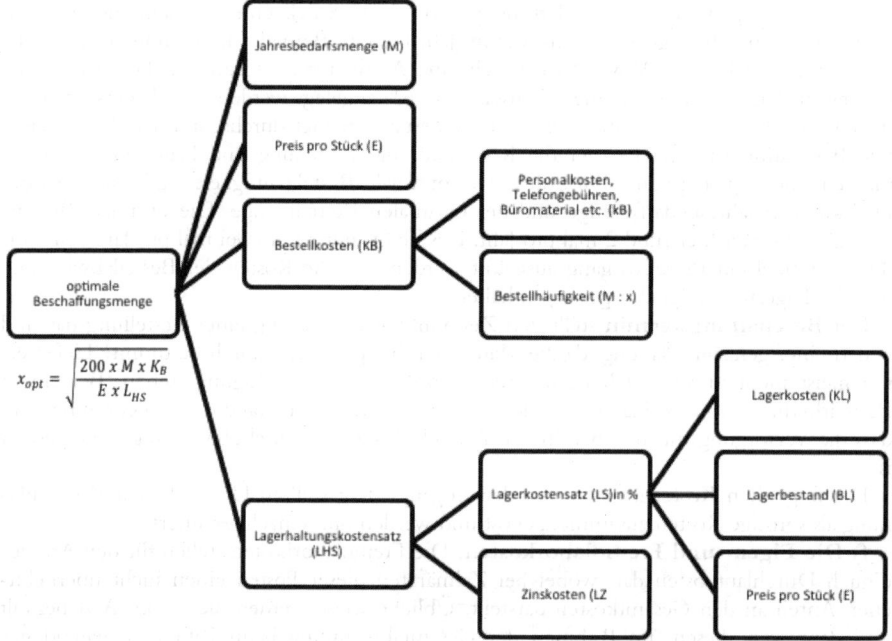

Abbildung 35: Ermittlung der optimalen Beschaffungsmenge

Die Bestellkosten sind alle Kosten, die für die Abwicklung eines Bestellvorgangs anfallen. **1041** Sie setzen sich aus der Bestellhäufigkeit und den Kosten je Bestellung (k_B) zusammen. Das sind außer den Personalkosten auch der Verwaltungsaufwand, Büromaterial und beispielsweise Gebühren für Telekommunikation. Die Bestellhäufigkeit ergibt sich aus der Division der Bedarfsmenge (M) und der Bestellmenge je Bestellung (x). Die Bestellkosten errechnen sich somit aus der Formel:

$$K_B = k_B \times \frac{M}{x}$$

Der Lagerhaltungskostensatz ermittelt sich durch die Addition von Lagerkostensatz und **1042** den Zinskosten:

$$L_{HS} = L_S + L_Z$$

Der Lagerkostensatz wird in Prozent angegeben und stellt eine Beziehung zwischen den **1043** Kosten für die Lagerung und dem Wert der gelagerten Artikel her. Ein Lagerkostensatz von

10% bedeutet also, dass die jährlichen Kosten der Lagerhaltung in einer Arztpraxis zehn Prozent des Wertes der gelagerten Artikel betragen. Der Lagerkostensatz ermittelt sich aus dem Verhältnis der Lagerkosten zum Lagerbestand:

$$L_S \text{ in } \% = \frac{KL \times 100 \times 2}{BL \times E}$$

1044   Die Lagerkosten umfassen die Personalkosten für die Lagerhaltung, die Kosten für Lagerräume, Energiekosten, inklusive der Kosten für Wertminderung durch Schwund, Veralterung. sowie die Versicherung von Räumen etc.

1045   Die Zinskosten sind kalkulatorische Kosten für eventuell entgangene Zinsen, falls das zur Verfügung stehende Geld nicht investiert, sondern angelegt worden wäre (kalkulatorische Zinsen). Der Zinssatz bestimmt sich dabei aus dem allgemeinen Kapitalmarkt-Guthabenzins.

1046   Bei einer angenommenen Bedarfsmenge von 1200 Stück eines Artikels, dessen Preis 4 Euro pro Stück beträgt wird sechs Mal im Jahr bestellt. Bei jeder Bestellung fallen für die Fracht und die interne Abwicklung durch eine Arzthelferin 30 Euro an. Das gebundene Kapital im Lager könnte zu einem Zinssatz von 6% angelegt werden. Die Lagerkosten betragen pro 200 Stück 80 Euro und der Lagerbestand beträgt durchschnittlich 1000 Stück. Die Beschaffungsmenge, bei der die Kosten für die Bestellung und Lagerung am minimalsten sind liegt bei rund 490 Stück. Die optimale Bestellhäufigkeit ergibt sich aus der Division von Jahresbedarfsmenge und der optimalen Bestellmenge. Die optimale Bestellhäufigkeit beträgt hier rund 2 mal pro Jahr. Das heißt, nur rund zwei mal pro Jahr sollte für diesen Artikel ein Bestellvorgang ausgelöst werden, um die Kosten der Bestellabwicklung und der Lagerung möglichst gering zu halten.

1047   Der **Beschaffungstermin** stellt den Zeitpunkt der Lieferung einer Bestellung dar und bedarf einer genauen Planung, da die Materialien beispielsweise durch bestimmte Lieferzeiten meist nicht unverzüglich nach ihrer Anforderung zur Verfügung stehen. Bei einem Bestellrhythmus von 14 Tagen muss der vorhandene Materialbestand deshalb gewährleisten, dass die Versorgung mit den benötigten Artikeln bis zur Nachschublieferung sichergestellt ist.

1048   Die folgenden Kostenarten, die in der eingangs dargestellten Übersicht zur Kostenplanung als sonstige Kosten zusammengefasst und werden nun einzeln erläutert.

1049   **f) Die Eigen- und Fremdlaborkosten.** Die Fremdlaborkosten stellen für den Arzt lediglich Durchlaufkosten dar, wobei bei Zahnärzten dieser Posten einen nicht unerheblichen Anteil an den Gesamtkosten darstellt. Üblicherweise werden diese vom Arzt bezahlt und dann von diesem im Rahmen der Gesamtabrechnung beim Patienten geltend gemacht.

1050   Im Gegensatz dazu stellt ein Eigenlabor durch das Gehalt einer oder mehrerer Mitarbeiter, den Wartungskosten der medizinischen Geräte sowie Raumkosten zunächst einen erheblichen Fixkostenfaktor dar. Daher muss überlegt werden, ob sich ein Eigenlabor (sofern die Vorhaltung eines Labors nicht zwingend vorgeschrieben ist) bis auf das „kleine" Labor bzw. Notfalllabor, lohnt. In größeren Städten sind Proben in der Regel per Taxi innerhalb eines akzeptablen Zeithorizonts zur Untersuchung in ein anderes Labor befördert. Dadurch erhält man leicht eine vergleichbare Schnelligkeit wie in einem Krankenhaus. Ein Kostenvergleich zwischen Eigen- und Fremdlaborkosten kann deshalb sinnvoll sein. Dabei kann wieder die Methode der Break-Even-Analyse angewendet werden. Mit dieser Planungs-Methode kann der Punkt festgestellt werden, ab dem die Kosten für das Führen eines Eigenlabors geringer sind, als die Aufwendungen für Fremdlaboruntersuchungen.

1051   Hierzu benötigt man wieder ein Koordinatensystem, in das die Fremdlaborkosten je Behandlungsmenge sowie die fixen Eigenlaborkosten und die variablen Eigenlaborkosten eingetragen werden. Rechnerisch wird der Punkt, ab dem sich das Eigenlabor lohnt wie folgt ermittelt:

$$\text{BEP} = \frac{\text{fixe Eigenlaborkosten}}{\text{Fremdlaborkosten pro Fall} = \text{variable Eigenlaborkosten pro Fall}}$$

Betragen die fixen Eigenlaborkosten in einer Arztpraxis beispielsweise 60 000 Euro pro **1052** Jahr, jede Behandlung würde jeweils Material in Höhe von 20 Euro benötigen und die Kosten einer Fremdlaboruntersuchung lägen bei 60 Euro pro Behandlungsfall, dann würde sich ab einer Behandlungsmenge von 1500 Fällen das Eigenlabor lohnen. Grafisch kann dieser Punkt wieder durch die Darstellung der Gesamtkosten (= variable Kosten pro Fall × Behandlungsmenge + fixe Kosten) und der Kosten der Fremdlaboruntersuchung (= 60 Euro × Behandlungsmenge) ermittelt werden.

g) Abschreibungen für Abnutzung (AfA). Zu den Praxiskosten zählen nicht nur die **1053** reinen Geldausgaben. Darüber hinaus ist auch eine jährliche Wertminderung (Abschreibung) bei langfristig genutzten Praxisgeräten und -instrumenten möglich. Diese Abschreibungsmöglichkeit von Gebrauchsgütern ist insbesondere in der Niederlassungsphase für den Praxiserwerber hinsichtlich der Praxisfinanzierung von wesentlicher Bedeutung, da sie zumindest in den ersten Jahren nach der Praxisübernahme den in der Praxis erzielten Gewinn steuerlich mindert (nicht liquiditätsmäßig) und deshalb folglich zur Tilgung des aufgenommen Praxiskredits zur Verfügung steht.

Entscheidend für den Ansatz von Abschreibungen ist nicht der Zeitpunkt der Kaufpreis- **1054** zahlung, sondern der Beginn der Nutzung. Die gängigste Abschreibungsmethode ist die **lineare Abschreibung.** Die ursprünglichen Anschaffungskosten der Investition werden durch eine sogenannte betriebsgewöhnliche Nutzungsdauer dividiert, die vom Bundesfinanzministerium in Abschreibungstabellen festgelegt ist. Bei einer fünfjährigen Nutzungsdauer ergibt sich somit ein jährliches Abschreibungsvolumen von $^1/_5$ der Anschaffungskosten.

Ergänzend sind in diesem Rahmen noch die sog. Geringwertigen Wirtschaftsgüter **1055** (GWG) zu nennen, deren Anschaffungskosten 150 Euro (zzgl. Mehrwertsteuer) nicht übersteigen. Die Anschaffungskosten der GWG's werden nicht abgeschrieben, sondern im Jahr des Nutzungsbeginns in voller Höhe als Praxiskosten vom Praxisumsatz abgezogen. Liegen die Anschaffungskosten zwischen 150 bis 1000 Euro ist ein Sammelposten zu bilden, der wiederum für sich über fünf Jahre abgeschrieben wird.

Daneben gibt es für bestimmte Investitionen auch noch spezielle Sonderabschreibun **1056** gen.

h) Weitere Kosten. Einige Beiträge und Versicherungskosten sowie Gebühren sind **1057** ebenfalls Praxiskosten, sofern sie betrieblich bedingt sind. Dabei sind insbesondere Beiträge oder Verwaltungskosten für Berufsverbände sowie Versicherungen für die Praxisräumlichkeiten, Berufshaftpflichtversicherung etc. als Praxiskosten zu sehen.

Sämtliche Verwaltungskosten, wie beispielsweise Büromaterial, Telefongebühren, Fort- **1058** und Weiterbildungskosten sind, sofern sie in Zusammenhang mit dem Praxisbetrieb stehen, als Praxiskosten anzusehen und wirken damit gewinnmindernd auf das Praxisergebnis. Gleichzeitig wird dadurch die Einkommensteuerbelastung des Praxisinhabers gesenkt.

i) Zinsen. Einen auch in der Niederlassungsphase nicht unerheblichen Anteil an den **1059** Gesamtkosten nehmen die Kosten für die Aufnahme von Fremdkapital ein. Die Fremdkapitalzinsen hängen sehr stark von den Investitionsentscheidungen ab und werden im nächsten Kapitel („Finanzplanung") behandelt.

j) Kosten der privaten Lebensführung. Wie bereits innerhalb der Klärung des Kos- **1060** tenbegriffs angedeutet, sind unter Praxiskosten die Kosten zu verstehen, die praxiszweckbezogen sind, d. h. der Arztpraxis dienen. Somit können als Praxiskosten nur die beruflich bedingten Ausgaben für den Pkw einschließlich der Abschreibungen angesetzt werden. Das bedeutet, dass beispielsweise der Privatanteil einer Kfz-Nutzung nicht als Praxiskosten angesehen werden kann und damit herausgerechnet werden muss. Der prozentuale Anteil der betrieblichen Nutzung hängt dabei von den individuellen Gegebenheiten ab. Das Führen eines Fahrtenbuches für eine bestimmte Zeit kann dann hilfreich sein, um den Privatanteil zu ermitteln.

1061 Der Praxisinhaber trägt als Unternehmer die Verantwortung für den wirtschaftlichen Erfolg seiner Praxis und die Höhe der Kosten beeinflusst direkt die Ergebniserzielung. Deshalb ist für eine wirtschaftlich erfolgreiche Praxisführung die Kostenplanung wichtig, um richtige unternehmerische Entscheidungen zu treffen.

1062 Grundsätzlich kann zusammenfassend festgehalten werden: Je mehr Mediziner unterschiedlicher Fachbereiche in gemeinsamen Räumen mit gemeinsamem Personal und mit gemeinsamen Apparaten die Patienten versorgen, desto höher ist nicht nur der Nutzen für den Patienten, sondern auch der individuelle, ökonomische und zeitliche Nutzen für jeden einzelnen Arzt. Im Hinblick auf den betrachteten ökonomischen Nutzen ist dabei die Verteilung der fixen Kosten auf mehrere Behandlungsfälle ausschlaggebend. Aber auch Kooperationen und Zusammenschlüsse, die die Höhe der variablen Kostenarten der Arztpraxis günstig beeinflussen wirken sich positiv auf die Kosten pro Behandlungsfall aus, so dass im Endeffekt eine gesunde Kostenstruktur für jeden Praxisinhaber erreicht werden kann.

3. Die Finanzplanung

1063 Die sich aus der nun folgenden finanzwirtschaftlichen Planung ergebenden Finanzierungskosten werden signifikant von den getroffenen Investitionsentscheidungen bestimmt und stellen eine der Hauptkostenfaktoren der Arztpraxis dar. Eine grundlegende **Finanzplanung** ist deshalb zur langfristigen Sicherstellung der Zahlungsfähigkeit der Arztpraxis unentbehrlich.

1064 Die Finanzplanung soll als Grobplanung die Liquidität der Arztpraxis sichern, die generelle Planung der Kapitalstruktur beinhalten und größere Praxisinvestitionen und Strukturveränderungen absichern. Sie basiert auf den Einschätzungen der zukünftigen Entwicklung der Arztpraxis und der Praxisziele sowie den durch die Investitionsplanung festgestellten Investitionsbedarf. Darauf aufbauend wird der Kapitalbedarf, geordnet nach seinem zeitlichen Anfall ermittelt und die passenden Finanzierungsmittel danach ausgewählt. Damit verbunden ist auch, dass der Zeitpunkt, an dem das Kapital gebraucht wird und das Kapital vom Kapitalgeber bereitgestellt werden kann, fristgerecht abgestimmt wird, um eine dauerhafte Kreditwürdigkeit zu sichern und das existenzielle Risiko der Arztpraxis zu mindern.

1065 Ausgehend von der Planung hinsichtlich Umsatz, Investitionen und Wachstum wird der Kapitalbedarf berechnet. Diese Ausgangsgrößen bilden einen Zusammenhang, der Gegenstand der Finanzplanung ist. So wird sich der Bestand an Praxisgeräten so lange konstant halten, bis diese durch eine bestimmte Patientenzahl (Umsatz) ausgelastet sind und die Praxis sich ggf. erweitern muss, um dann ein weiteres Praxisgerät zu kaufen bis dessen höchste Kapazität wieder erreicht ist. Durch Steigerungen des Praxisumsatzes, die mit der Vergrößerung des Patientenstamms zusammenhängen, verlängert sich erfahrungsgemäß auch die sog. Debitorenumschlagsdauer, also die durchschnittliche Dauer bis die Patienten bzw. Kassen(-zahn)ärztlichen Vereinigungen die (Ab-)Rechnungen zahlen. Die Finanzplanung unterteilt diese Bewegungen der einzelnen Größen nach Kapitalverwendung (Kapitalbedarf) sowie nach Kapitalherkunft (Kapitaldeckung). Ausgehend vom Kapitalbedarf wird die Kapitaldeckung geplant und je nach Deckungsgrad weitere Alternativen verfolgt. Dabei ist am dargestellten Modell der Finanzplanung zu erkennen, dass diese Elemente des FAST-Modells und des PDCA-Zyklus beinhaltet.

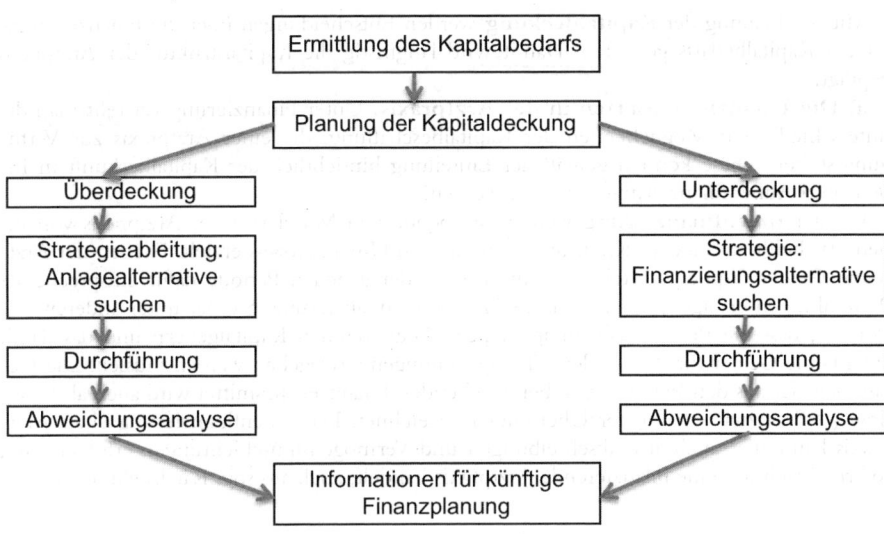

Abbildung 36: Aufbau der Finanzplanung

Der **Kapitalbedarf** bildet somit den zentralen Ausgangspunkt der Finanzplanung. Der **1066**
Kapitalbedarf entsteht dadurch, dass von der Arztpraxis Auszahlungen zu leisten sind, denen unmittelbar keine zumindest gleich hohen Einzahlungen gegenüberstehen. Die Größe
des Kapitalbedarfs ist dann von der Höhe und vom zeitlichen Auseinanderfallen der Aus-
und Einzahlungsbeträge abhängig. Der Kapitalbedarf stellt jedoch keine feste Größe in der
Arztpraxis dar, sondern wird durch eine Vielzahl von sich ändernden Einflussgrößen (Größe der Arztpraxis, Mitarbeiteranzahl, Patientenzahl, Kosten u.a.) bestimmt.

Die Ermittlung des Kapitalbedarfs erfolgt entweder als Nettokapitalbedarf oder als Brut- **1067**
tokapitalbedarf. Der **Nettokapitalbedarf** wird in der kurzfristigen Finanzplanung ermittelt, also im Stadium des laufenden Betriebsgeschehens. Er ergibt sich aus den Zahlungen,
die durch laufende Geschäftsvorgänge hervorgerufen werden und wird als Kontokorrentbedarf mit dem im folgenden Abschnitt erläuterten Liquiditätsplan ermittelt. Der **Brutto-
kapitalbedarf** wird in der langfristigen Finanzplanung ermittelt. Er beinhaltet den gesamten Kapitalbedarf ohne Rücksicht auf seine Deckung und wird mit Hilfe einer Kapitalbedarfsrechnung bestimmt, der sich aus Zahlungen ergibt, die keinem unmittelbaren Bezug
zu den laufenden Geschäften haben, z.B. aus der Gründungsphase der Arztpraxis, aus Investitionen, Erweiterungen und Umstrukturierungsmaßnahmen. In der Kapitalbedarfsrechnung werden die aus Sicht der Arztpraxis notwendigen Investitionen und baulichen Maßnahmen mengen- und wertmäßig zusammengestellt.

	Position	Betrag (in Euro)
	Praxisinvestitionen lt. Investitionsplanung	
–	Barvermögen und Bankguthaben	
–	Andere verfügbare Geldanlagen	
–	Beabsichtigte Privateinlagen	
–	Sonstiges (z.B. Verwandtendarlehen)	
=	**Kapitalbedarf**	

Abbildung 37: Kapitalbedarfsrechnung

1068   Mit der Planung der **Kapitaldeckung** werden Entscheidungen über die Finanzierungsart des Kapitalbedarfs getroffen. Damit wird langfristig die Kapitalstruktur der Arztpraxis geprägt.

1069   **a) Die Finanzierungsarten in der Arztpraxis.** Unter Finanzierung versteht man die unterschiedlichen Möglichkeiten der Kapitalbeschaffung, die einer Arztpraxis zur Verfügung stehen. Diese können gemäß der Einteilung hinsichtlich der Kapitalherkunft in Innen- und Außenfinanzierung unterteilt werden.

1070   Bei der **Innenfinanzierung** werden die benötigten Mittel von der Arztpraxis von innen, das heißt aus eigener Kraft, über den eigenen Umsatzprozess erzielt. Fließen der Arztpraxis Gelder (liquide Mittel) zu, ohne dass in der gleichen Periode dafür entsprechende Auszahlungen erfolgen, dann kommt es zur Innenfinanzierung. Sie hat unter anderem die Vorteile, dass die Praxis unabhängig ist gegenüber fremden Kapitalgebern und das damit auch keine Gelder für Zins- oder Tilgungszahlungen ausgegeben werden müssen. Die Gesamtheit der aus den Praxiserlösen bereitstehenden Finanzierungsmittel wird auch als Cashflow (= finanzwirtschaftlicher Überschuss) bezeichnet. Die Innenfinanzierung einer Arztpraxis kann aber auch aus Abschreibungen und Vermögensumschichtungen erfolgen und, sofern es sich um eine bilanzierende Arztpraxis handelt, auch aus sog. Rückstellungen.

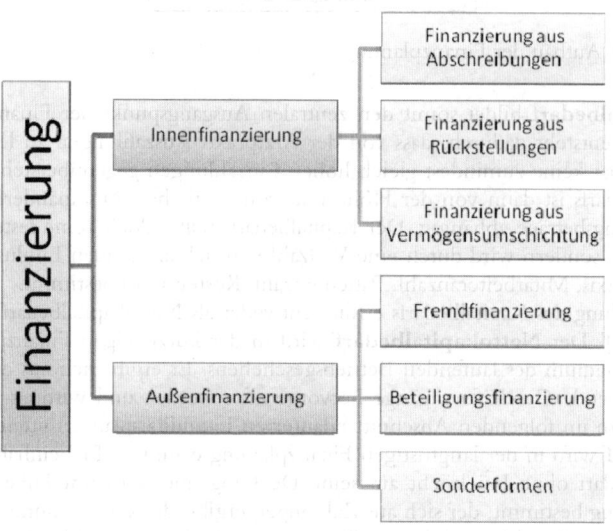

Abbildung 38: Finanzierungsformen in der Arztpraxis

1071   Planmäßige **Abschreibungen** haben die Aufgabe, die Anschaffungskosten von langlebigen, abnutzbaren Praxisgegenständen über die Jahre ihrer Nutzungsdauer zu verteilen. Die Bildung und Verbuchung von Abschreibungen stellen jedoch keinen tatsächlichen Zahlungsabfluss dar, so dass in dieser Höhe Geld in der Arztpraxis verbleibt, was später für Ersatzinvestitionen zur Verfügung steht.

1072   **Rückstellungen** sind insbesondere in bilanzierenden Arztpraxen für ungewisse, zukünftige Verpflichtungen zu bilden. Der Finanzierungseffekt der Rückstellungen liegt darin, dass in einer Periode für einen Sachverhalt ein Aufwand fingiert wird, der erst in der Zukunft zum tatsächlichen Abfluss an Geldern aus der Arztpraxis führt. Dadurch werden Finanzmittel in der Arztpraxis zurückgehalten und stehen dann zum Zeitpunkt der tatsächlichen Auszahlung für Investitionen zur Verfügung. Daneben ermittelt sich durch die damit entstehenden höheren Aufwendungen in der Gewinn- und Verlustrechnung ein niedrigerer Gewinn, der eine geringere Steuerbelastung für den Praxisinhaber bzw. die Gesellschaft zur Folge hat. Durch die Bildung der Rückstellung wird somit eine Steuerminderung erreicht, die jedoch lediglich zeitlich vorgezogen ist, so dass in einer späteren Periode mit einer erhöhten Steuerzahlung zu rechnen ist. Insgesamt bleibt die gesamte Steuerlast gleich. Diese sog. Steuerstundung ist jedoch für die Arztpraxis zinslos. Demzufolge entsteht für die Arztpraxis neben der Finanzierungswirkung der Rückstellungsbildung ein positiver Effekt, wenn die verfügbaren Mittel rentabel investiert werden.

Die Finanzierung aus **Vermögensumschichtungen** erfolgt durch die Veräußerung von 1073 Praxisgegenständen. Dabei werden Gelder freigesetzt, die anderweitig zu Gunsten der Arztpraxis genutzt werden können. Die bekannteste Form dieser Finanzierungsart ist das Sale-and-lease-back-Verfahren, bei dem medizinische Geräte an eine Leasinggesellschaft verkauft und anschließend wieder angemietet werden. Der Vorteil dieses Verfahrens besteht darin, dass der Arztpraxis durch den Verkauf Gelder zufließen, es aber dennoch nicht auf die Nutzung der entsprechenden Geräte verzichten muss. Beim Sale-and-lease-back-Verfahren ist allerdings im Rahmen einer Finanzplanung zu beachten, dass die zumeist hohen Leasingraten belastende Auswirkungen auf die Liquidität der Arztpraxis haben.

In der Regel spielen diese Finanzierungsformen jedoch eher eine untergeordnete Rolle, 1074 da in den wenigsten Fällen die soeben dargestellten Möglichkeiten der Innenfinanzierung ausreichen. Die Praxisinvestitionen müssen daher (zusätzlich) mit Fremdkapital finanziert werden.

Bei der **Außenfinanzierung** wird der Arztpraxis Kapital von Dritten leihweise von au- 1075 ßen zugeführt. Das kann in Form der Gabe von Eigenkapital durch Kapitalgeber (Einlagen- bzw. Beteiligungsfinanzierung) erfolgen oder durch Finanzierungsinstitute, die sog. Fremdkapital zur Verfügung stellen (Fremdfinanzierung).

Bei der **Fremdfinanzierung** werden der Arztpraxis von externen Kapitalgebern oder 1076 von Miteigentümern Finanzierungsmittel auf Kreditbasis zur Verfügung gestellt. Demzufolge entsteht immer ein Schuldverhältnis zwischen der Arztpraxis und dem Kapitalgeber, welches hinsichtlich der Leistungen der Arztpraxis vertraglich geregelt ist. Das Fremdkapital steht nur befristet zur Verfügung und muss von der Arztpraxis mit einem sog. Kapitaldienst (Tilgung und Zins) bedient werden. Auf die möglichen Formen der Fremdfinanzierung wird später noch eingegangen.

Die Zuführung von Eigenkapital von außen nennt man **Beteiligungsfinanzierung**. 1077 Entweder die Einlagen der bisherigen Praxiseigentümer werden aufgestockt oder neue Eigenkapitalgeber kommen mit ihren Einlagen hinzu. Das kann der Fall sein, wenn ein neuer Gesellschafter in eine bestehende Berufsausübungsgemeinschaft eintritt. Dann erwirbt dieser auch verschiedene Rechte, wie z.B. Eigentumsrechte am Vermögen der Gesellschaft, das Recht auf Gewinnbeteiligung. Daneben muss er natürlich auch das Unternehmensrisiko (Haftung) mittragen und erhält Informations-, Mitsprache- und Mitentscheidungsrechte.

b) Die finanzwirtschaftlichen Entscheidungskriterien. Die Entscheidung für eine 1078 Finanzierung ist in das Zielsystem der Arztpraxis einzubinden und deshalb immer unter Berücksichtigung mehrerer Zielkriterien zu treffen. Oberstes Ziel jeder unternehmerischen Tätigkeit ist die Erwirtschaftung von Überschüssen. Gewinnerzielung bzw. Gewinnmaximierung sind das eigentliche erwerbswirtschaftliche Prinzip. Häufig wird die Praxisführung jedoch nicht nur nach diesem Ziel ausgerichtet, sondern nach mehreren Zielen, die ein hierarchisches Zielsystem bilden. Unmittelbar angestrebte Ziele des Zielsystems bilden dann, wie eingangs erläutert lediglich Unter- oder Zwischenziele auf dem Weg zum eigentlichen globalen Praxisziel.

Um zu ermitteln, welche Form der Fremdfinanzierung zum bestmöglichen Gesamter- 1079 gebnis der Arztpraxis führt, werden prinzipiell vier Kriterien herangezogen.
– Sicherung des finanziellen Gleichgewichts (Liquidität),
– Gewinnmaximierung bzw. Rentabilität,
– Unabhängigkeit und
– Sicherheit.

1080   **aa) Die Liquidität.** Die Aufrechterhaltung des **finanziellen Gleichgewichts** ist für jede Arztpraxis Existenzbedingung. Kann die Arztpraxis ihren fälligen Zahlungsverpflichtungen nicht mehr nachkommen, weil die Fristen zwischen Kapitalbindung und Kapitalüberlassung nicht richtig eingeschätzt wurden oder sich verschoben haben, z. B. durch die schleppende Zahlung von Patienten oder der KV/KZV, so ist das finanzielle Gleichgewicht gestört. Dieser Zustand ist existenzbedrohend, da die Gläubiger (z. B. eigene Lieferanten, Vermieter der Praxisräume, Mitarbeiter) in diesem Fall Rechtsansprüche geltend machen können, die im schwierigsten Fall zur Beendigung aller unternehmerischen Tätigkeit und zur Auflösung der Arztpraxis führen können.

1081   Andererseits können aufgrund eines positiven Geldmittelbestands finanzielle Mittel für die private Lebenshaltung entnommen werden. Demzufolge muss sich der private Liquidationsbedarf mit der vorhandenen betrieblichen Liquidität der Arztpraxis decken, sofern nicht noch andere Quellen des Privatvermögens vorhanden sind. Dieses Prinzip, dass dem Zahlungsmittelabfluss im Praxisbereich ein Zufluss von Geldmitteln im Privatvermögen in gleicher Höhe gegenüber steht, kann auch als sog. „Badewannen-Theorem" – ein Begriff aus der Volkswirtschaft – bezeichnet werden.

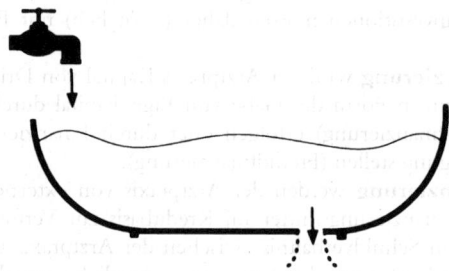

Abbildung 39: Badewannen-Theorem

1082   Ist das finanzielle Gleichgewicht gestört, so kann entweder eine vorübergehende Zahlungsstockung vorliegen oder die Arztpraxis stellt ihre Zahlungen auf Dauer ein. Letzteres steht für **Zahlungsunfähigkeit gem. § 17 Abs. 2 InsO** und liegt dann vor, wenn der Arzt also seine Geldschulden nicht erfüllen kann, sich Zahlungsklagen häufen oder Vollstreckungsmaßnahmen laufen oder Löhne und Sozialabgaben nicht mehr bezahlt werden können. Von einer Zahlungsstockung spricht man hingegen, wenn der Arzt in der Lage ist, sich binnen einer Frist von drei Wochen die Geldmittel zu besorgen, die zur Befriedigung der fälligen Verbindlichkeiten erforderlich sind.[38]

1083   Sofern Zahlungsunfähigkeit besteht gilt das als Grund zur Eröffnung des **Insolvenzverfahrens**. Dabei handelt es sich um ein gerichtliches Verfahren, das auf Antrag des Schuldners selbst oder eines Gläubigers durch einen Eröffnungsbeschluss des Amtsgerichts eröffnet wird. Der Arzt kann sich dabei entscheiden, ob er ein **Verbraucherinsolvenzverfahren** oder ein **Regelinsolvenzverfahren** beantragt. Das Regelinsolvenzverfahren führt meist zu einer schnelleren Entschuldung. Beim Verbraucherinsolvenzverfahren wird dagegen die Möglichkeit eröffnet, eine außergerichtliche Einigung mit den Gläubigern zu finden, bevor das eigentliche gerichtliche Insolvenzverfahren eröffnet wird. Damit kann die stigmatisierende Wirkung der Insolvenz vermieden und dem Ziel eines Insolvenzverfahrens, der weitest gehenden und paritätischen Befriedigung der Gläubiger,[39] Rechnung getragen werden. Die Folge eines Regelinsolvenzverfahrens ist, dass der durch das Gericht bestellte Insolvenzverwalter grundsätzlich die Praxis verwerten (umgangssprachlich „versilbern") kann. Dieses Mittel wird jedoch bei der Insolvenz von Arztpraxen selten genutzt. Grund dafür ist

---

[38] BGH vom 24. 5. 2005 – IX ZR 123/04.
[39] Vgl. § 1 InsO.

die schlechte Verwertbarkeit von Arztpraxen, deren materieller Wert im Vergleich zum immateriellen Wert (Beziehungen des Arztes zu seinen Patienten) häufig gering ist. Der Patientenstamm kann daher nicht einfach an einen anderen Arzt verkauft werden, ungeachtet praktischer und rechtlicher Grenzen. Deshalb kann der Arzt also die Arztpraxis auch während der Insolvenz weitgehend unabhängig weiterführen mit dem Ziel, einerseits die Praxis zu erhalten und erfolgreich zu betreiben. Andererseits möchte der Arzt ja auch am Ende des Verfahrens von seinen Verbindlichkeiten befreit werden.[40]

Zur Wahrung des finanziellen Gleichgewichts und zur Vermeidung der Insolvenz ist daher die dauernde Überwachung der Liquidität erforderlich. Dazu kann die statische und die dynamische Liquiditätsbeurteilung Hilfestellung geben. **1084**

Mit Hilfe der **statischen Liquiditätsbeurteilung** werden Liquiditätskennzahlen ermittelt, die stichtagsbezogen verschiedene Liquiditätsgrade berechnen. Diese geben Auskunft darüber, ob und inwieweit die kurzfristigen Verbindlichkeiten (z.B. laufende Rechnungen) in ihrer Höhe und Fälligkeit durch liquide Mittel und andere liquidierbare Vermögenswerte (z.B. sog. „Forderungen" als Betrag, der noch nicht bezahlten Rechnungen von Patienten oder im Lager vorhandene Materialbestände) gedeckt sind. Die statische Liquiditätsbetrachtung erfolgt häufig im Rahmen der praxisüblichen betriebswirtschaftlichen Auswertung (BWA). Es werden drei Liquiditätsgrade unterschieden. **1085**

Barliquidität	$\dfrac{\text{Liquide Mittel} \times 100}{\text{kurzfristige Verbindlichkeiten}}$
Liquidität 2. Grades	$\dfrac{(\text{Liquide Mittel} + \text{Forderungen}) \times 100}{\text{kurzfristige Verbindlichkeiten}}$
Liquidität 3. Grades	$\dfrac{(\text{Liquide Mittel} + \text{Forderungen} + \text{Vorräte}) \times 100}{\text{kurzfristige Verbindlichkeiten}}$

Abbildung 40: Kennzahlen der statischen Liquiditätsbeurteilung

Die **Barliquidität** (oder Liquidität 1. Grades) umfasst sämtliche Geldbestände auf der Bank oder der Barkasse und stellt diese den kurzfristigen Verbindlichkeiten gegenüber. Dieser Liquiditätsgrad sollte bei etwas 50% liegen. Damit ist gewährleistet, dass die kurzfristigen Verbindlichkeiten zumindest zur Hälfte problemlos sofort bezahlt werden können. In der Realität ergeben sich daraus jedoch nur selten Liquiditätsengpässe, da es in der Regel nicht vorkommt, dass alle Gläubiger nahezu gleichzeitig die Rückzahlung der Verbindlichkeiten fordern. Zumindest entstehen Zahlungsschwierigkeiten dann nicht, wenn die Arztpraxis noch über nicht genutzte Kreditlinien verfügt, die sich möglicherweise zur Tilgung der kurzfristigen Verbindlichkeiten hinzuziehen lassen würden. Allerdings werden dadurch Schulden mit Schulden bezahlt, was prinzipiell problematisch ist. **1086**

Die **Liquidität 2. Grades** umfasst neben den reinen Geldbeständen auch die eventuell mit Schuldnern bestehenden Forderungen. Denn auch die Forderungen sind prinzipiell innerhalb weniger Wochen fällig oder können kurzfristig verkauft (z.B. an einen sog. Factor im Rahmen des Factorings) und danach zur Schuldentilgung herangezogen werden. Die Liquidität 2. Grades ist generell die aussagekräftigste Kennzahl zur Beurteilung der aktuellen bzw. kurzfristigen Liquiditätssituation einer Arztpraxis und sollte 100% nicht unterschreiten. Sollte das Ergebnis der Kennzahl jedoch weit darüber liegen, sollte geprüft werden, ob die finanziellen Mittel, die zum Ausgleich der Verbindlichkeiten zukünftig nicht benötigt werden, nicht anderweitig besser eingesetzt werden könnten. Beispielsweise könnte über eine Kreditablösung nachgedacht oder Investitionen aus eigenem Kapital vorgenommen werden. Unterschreitet das Ergebnis der Kennzahlberechnung allerdings die **1087**

---

[40] Vgl. Praxis Freiberufler-Beratung, Ausgabe 2/2012, S. 45.

100% in größerem Maße, dann zeichnet sich ein Liquiditätsengpass ab, worauf zu überlegen ist, mit welchen Maßnahmen kurzfristig Liquidität beschafft werden kann. Denkbar wäre eine sog. Umschuldung dergestalt, dass ein weit in der Kreditlinie laufendes Geschäftskonto in ein längerfristiges Darlehen mit verträglichen Tilgungsraten „umgewandelt" wird. Das setzt jedoch voraus, dass die entsprechende Fähigkeit der Arztpraxis besteht, das Darlehen auch zu bedienen. Eine drohende Zahlungsunfähigkeit kann letztendlich nur noch durch eine Zuführung von Eigenkapital, entweder durch beispielsweise Hereinnahme eines weiteren Gesellschafters oder den Einsatz von Privatvermögen abgewendet werden.

1088   Die **Liquidität 3. Grades** setzt das gesamte sog. Umlaufvermögen (Geldbestände, Forderungen und Vorräte) zu den kurzfristigen Verbindlichkeiten ins Verhältnis. Auch die Vorräte können in einer kritischen Lage meist innerhalb kurzer Zeit veräußert und zur Tilgung der Schulden hinzu gezogen werden. Das Ergebnis der Kennzahl sollte zwischen 120% und 200% betragen.

1089   Im Rahmen der **dynamischen Liquiditätsbeurteilung** können mit Hilfe einer Liquiditätsplanung die Zahlungsströme unter Berücksichtigung der Zahlungszeitpunkte erfasst und überwacht werden. Der konkrete Aufbau einer Liquiditätsplanung ist von Arztpraxis zu Arztpraxis verschieden, dennoch ist die Grundstruktur allerdings gleich. Mit dem Liquiditätsplan werden sofort verfügbare sowie zu einem bestimmten Termin erwartete Zahlungsmittel (Einzahlungen) den sofort fälligen oder innerhalb eines bestimmten Zeitraums fälligen Geldabflüssen (Auszahlungen) gegenüber gestellt.

		Monat 1	**Monat 2**	**Monat 3**	**...**
	Anfangsbestand an Geldmitteln				
+	Einzahlungen				
–	Auszahlungen				
=	Endbestand an Geldmitteln				

Abbildung 41: Aufbau einer einfachen Liquiditätsplanung

1090   **bb) Die Gewinnmaximierung.** Eine Finanzierung muss auch zum Gewinnziel des Unternehmens beitragen. Ein Maß dafür ist die Kennzahl der Rentabilität, die die Beziehung zwischen dem erzielten Erfolg und dem eingesetzten Kapital darstellt.

$$\frac{(\text{Gewinn} - \text{Fremdkapitalzinsen}) \times 100}{\text{Gesamtkapital}}$$

1091   Eine hohe Rentabilität kann im Finanzierungsbereich erreicht werden durch:
– Minimierung der Finanzierungskosten (z. B. Überziehungszinsen),
– geringstmögliche Vorhaltung von nicht benötigten Liquiditätsreserven und
– zinsbringende Anlage von überschüssigen Geldern.

1092   **cc) Die Unabhängigkeit.** Hat die Arztpraxis mehrere Alternativen der Kapitalaufbringung, dann kommt es nicht allein darauf an, Liquidität und Rentabilität zu sichern. Darüber hinaus muss sie aber auch gewährleisten, dass sie in seiner Unabhängigkeit nicht oder nur wenig eingeschränkt wird. So versuchen Fremdkapitalgeber zur Absicherung ihres eigenen Risikos, Einfluss auf den Praxisinhaber zu nehmen. Das geht von einfachen Informationspflichten, Verwendungsbeschränkungen der aufgenommenen Kredite bis hin zu Mitspracherechten an wichtigen Entscheidungsprozessen. Bereits die Stellung von Sicherheiten bedeutet für die Arztpraxis eine Einschränkung ihrer Dispositionsfreiheit. Auch die Aufnahme von Beteiligungskapital berührt die Unabhängigkeit, da neue Mitspracherechte hinzukommen. Daher folgen viele Unternehmer und Gesellschafter von kleinen und mittelständischen Unternehmen dem Grundsatz, dass jede Kapitalbeschaffung unter der Bedingung zu geschehen hat, dass das bisherige Machtgefüge im Unternehmen möglichst unverändert bleibt und ihre unternehmerische Unabhängigkeit erhalten wird. Dieser Grundsatz ist auch auf die Arztpraxis übertragbar. Jedoch sollte diese Maxime nicht deklaratorisch immer angewendet werden, denn ein Verzicht auf Reduzierung der Unabhängigkeit kann auch den Verzicht auf eine wachstumsnotwendige Finanzierung bedeuten und damit den Verlust der Wettbewerbsfähigkeit.[41]

dd) Die Sicherheit. Das Risiko der Insolvenz einer Arztpraxis kann gemindert werden, **1093** wenn bei Finanzierungsmaßnahmen immer ein bestimmtes Mindest-Eigenkapital eingesetzt wird und langfristig eine optimale Kapitalstruktur aufgebaut wird. Dabei besteht das Insolvenzrisiko darin, dass das zur Verfügung gestellte Kapital nicht ausreichend oder hinsichtlich der Fristigkeit nicht richtig strukturiert ist, um dauerhaft den Zahlungsverpflichtungen nachkommen zu können.

Zwischen den Zielgrößen des finanziellen Bereichs kann es **Zielkonflikte** geben. Vor **1094** allem Liquidität und Sicherheit sind mit der Rentabilität konkurrierende Praxisziele. Ein hoher Bestand an liquiden Mitteln mindert zwar das Insolvenzrisiko der Arztpraxis, widerspricht aber aufgrund zu geringer Verzinsung der Liquiditätsreserven dem Ziel der Gewinnmaximierung. Ein niedriger Finanzmittelbestand kann die Rentabilität verbessern, aber auch den Bestand der Arztpraxis gefährden. Deshalb muss die Arztpraxis, wie bereits erörtert, ein individuelles Zielsystem erarbeiten, bei dem die einzelnen Teilziele unterschiedlich gewichtet sein müssen.

c) Die Fremdfinanzierung. Die Fremd- oder Kreditfinanzierung kann nach verschie- **1095** denen Aspekten unterschieden werden. Neben der Abgrenzung nach Kapitalherkunft (z.B. Banken, öffentliche Hand) oder Gegenstand der Übertragung (z.B. Sachkredite oder Geldkredite) ist die wesentlichste Form der Fremdfinanzierung die Abgrenzung nach der Dauer der Überlassung. Hierbei können die kurzfristige und die langfristige Finanzierung unterschieden werden.

Eine der häufigsten (kurzfristigen) Finanzierungsformen für Arztpraxen war bisher **1096** der **Bankkredit.** Seit mehreren Jahren befindet sich die Finanzierungssituation der Arztpraxen jedoch im Umbruch. Hintergrund ist die seit dem Jahr 1999 durch den Baseler Ausschuss für Bankenaufsicht erarbeitete Rahmenvereinbarung über die Eigenkapitalempfehlung für Kreditinstitute (sog. Basel II). **Basel III** ist bereits in Vorbereitung und basiert auf den Erfahrungen und Erkenntnissen mit Basel II aus der weltweiten Finanzbzw. Wirtschaftskrise ab 2007. Kern der Reform ist, die Balance zwischen einem stabileren Finanzsystem und der Vermeidung einer Kreditverknappung herzustellen. Überdies soll die Haftung der öffentlichen Hand und der Steuerzahler begrenzt bzw. reduziert werden. Basel III soll in Form einer europäischen Richtlinie ab 2013 schrittweise umgesetzt werden.

Wesentliches Ziel der Basel-Regelungen ist, die Anforderungen an die Eigenkapitalaus- **1097** stattung von Banken stärker als bisher von dem Kreditrisiko abhängig zu machen, welches die Banken eingehen. Das bedeutet: je höher das mit einer Kreditvergabe eingegangene Risiko, desto höher muss die Eigenkapitalausstattung der Bank sein. Im Umkehrschluss bedeutet das aber auch, dass die Kreditinstitute bei der Kreditvergabe nach der Bonität des jeweiligen Kreditinteressierten differenzieren müssen und diese je nach Bonität und der Möglichkeiten, Sicherheiten zu geben, in Risikoklassen einteilen.

aa) Das Rating. Die Kreditwürdigkeit wird durch ein einheitliches Prüfverfahren **(Ra-** **1098** **ting)** ermittelt. Ein Rating ist die Aussage darüber, in wie weit die Arztpraxis in der Lage ist, ihre Verbindlichkeiten (Tilgung und Zinsen) vollständig und termingerecht zurück zu

---

[41] Vgl. Betriebswirtschaftliche Beratungspraxis für Steuerberater (1. Auflage), NWB DokID: RA-AAD-29 353, S. 130 ff.

zahlen. Arztpraxen werden von Banken geratet. Dazu nutzen sie einerseits sog. Branchen-
ratings, z. B. von der Feri Financial & Economic Research Institute GmbH oder vom ifo
Institut für Wirtschaftsforschung.

1099 Die folgende Übersicht zeigt die einzelnen Ratingklassen. Die Feri Financial & Economic Research Institute GmbH hat die „Hausarztpraxen" und „Zahnarztpraxen" mit einer
Punktzahl von 51 bzw. 47 bewertet.

Ratingnote		Punkte
AAA	außergewöhnlich erfolgreich	100-84
AA	sehr erfolgreich	83-72
A	erfolgreich	71-61
B+	weitgehend erfolgreich	60-57
B	voll befriedigend	56-54
C	befriedigend	53-47
D	geringfügig befriedigend	46-44
D-	gefährdet	43-40
E	stark gefährdet	39-29
E-	außergewöhnlich gefährdet	28-1

Abbildung 42: Feri-Ratingtabelle

1100 Die Einstufung als „befriedigend" zeigt, dass Banken nicht unbesehen Kredite gewähren,
sondern sich ihre Kreditnehmer im Einzelfall detaillierter betrachten, zumal sich die Rahmenbedingungen des Gesundheitswesens durch das Gesundheitsmodernisierungsgesetz
(GMG) und das Vertragsarztrechtsänderungsgesetz (VÄndG) verändert haben.[42] Diese neu-
en Regelungen führten dazu, dass die Anzahl niedergelassener Ärzte abgenommen und die
Zahl der MVZ zugenommen hat, was wiederum Auswirkungen auf die Kreditbereitschaft
der Banken hat. Wenn auch die Einstufung beim Branchenrating nur ein Teil der individuellen Ratingnote ist, so ist sie jedoch ein Indikator für die grundsätzliche Einstellung der
Banken gegenüber Angehörigen einer Branche.

1101 Zusätzlich zu diesen Informationen haben weitere Faktoren Einfluss auf die Bonitätsbe-
urteilung, wie z. B. vorhandenes Privatvermögen und Sicherheiten. Darüber hinaus berücksichtigen die Banken auch die bisherige Kontoführung. Nach einer Aufstellung von
Herke,[43] bewerten Banken folgende Punkte besonders positiv:
– Die Haben-Umsätze (Geldeingänge) steigen auf dem Konto im Vergleich zum Vorjahr.
– Die Geldeingänge nehmen, ausgelöst durch eine positive wirtschaftliche Umsatzentwicklung im Vergleich zum Vorjahr zu.
– Die Geldeingänge sind mindestens zwölfmal so hoch wie ein eventuell vorhandener Kre-
dit.
– Der Kreditrahmen (umgangssprachlich „Dispo") wird beweglich in Anspruch benom-
men.
– Im Durchschnitt werden nicht mehr als 70% des zugesagten Kreditrahmens Anspruch
genommen (das zeigt der Bank, dass Liquiditätsreserven bestehen).
– Das Konto wird von Zeit zu Zeit ausgeglichen und kommt leicht ins Guthaben.

---

[42] Vgl. *Herke,* Branchenkennzahlen und Bonitätsberatung – Teil 3, NWB-BB Nr. 10 vom 29. 9.
2011, S. 312.
[43] Vgl. *Herke,* Branchenkennzahlen und Bonitätsberatung – Teil 4, NWB-BB Nr. 11 vom 27. 10.
2011, S. 346.

Für eine gute Ratingnote ist ein guter Kontakt zur Bank ebenso einträglich wie eine **1102** offensive und umfassende Informationspolitik. Dabei hilft auch, dass der Arzt bzw. Zahnarzt gegebenenfalls mit seinem (Steuer-)Berater zusammen je nach Bedarf jährlich bis zu vier Bankengespräche führt. Häufig können die Steuerberater als Informationsinstrument auch eine „DATEV Rating-BWA" aus ihrem Finanzbuchhaltungsprogramm generieren.

bb) Die Kapitaldeckung durch langfristige Fremdfinanzierung. Hinsichtlich der **1103** langfristigen Fremdfinanzierung kommen für die Arztpraxis insbesondere Darlehen in Frage. Das Darlehen ist Fremdkapital mit einer Laufzeit von mehr als fünf Jahren und ist gesetzlich in den §§ 607 bis 610 BGB normiert. Für die Zurverfügungstellung eines Darlehens werden vom Kapitalgeber Kapitalkosten verlangt, dazu gehören beispielsweise Zinsen, Schätz-bzw. Bewertungskosten für die Sicherheiten, Beurkundungsgebühren des Notars für die Bestellung der Sicherheiten und sonstige Bearbeitungsgebühren des Darlehensgebers. Vertraglich werden mit dem Darlehensgeber verschiedene Konditionen vereinbart. Neben der Vereinbarung des Darlehenszinses wird auch die Tilgungsform festgelegt. Dabei ist zu beachten, dass sich bestimmte Praxisinvestitionen nicht gleich über die Praxiserlöse refinanzieren, so dass mit dem Darlehensgeber vereinbart werden sollte, dass die Rückzahlung des Darlehens erst nach einigen tilgungsfreien Jahren beginnt. Das Darlehen würde dann folglich mit einer tilgungsfreien Zeit ausgestattet sein und im Extremfall erst am Ende der Laufzeit zurückgezahlt werden (Festdarlehen).

Grundsätzlich lassen sich nach der **Tilgungsform** das Festdarlehen, das Ratendarlehen **1104** und das Annuitätendarlehen unterscheiden. Bei der Auswahl der nachfolgend dargestellten Darlehen bzw. gleichfalls bei Vorliegen verschiedener Finanzierungsangebote der Bank sollten folgende Kriterien bei der Entscheidung für eine Finanzierungsvariante herangezogen werden:
– die regelmäßige Liquiditätsbelastung über die Laufzeit des Darlehens,
– die steuerliche Absetzbarkeit der Finanzierungskosten (Zinsen) und
– die Effektivzinsbelastung

Welches Gewicht letztendlich welches Kriterium erhält, hängt stark von der Lage der **1105** Arztpraxis und dessen strategischen Ausrichtung ab. Als Hilfsmittel für die Beurteilung einer Darlehensfinanzierung kann die Rückzahlungs- bzw. Tilgungsplanung dienen. Der Vergleich der einzelnen Darlehensvarianten soll anhand eines Beispiels aus der Übernahmephase einer Zahnarztpraxis nachvollziehbar gemacht werden. Für die Übernahme des Praxisinventars, Ablösung des ideellen Praxiswerts (Goodwill) sowie aus der Notwendigkeit einiger räumlicher Sanierungsmaßnahmen und geschätzter Neuanschaffungen heraus, wurde ein Kapitalbedarf von 240 000 EUR ermittelt. Das Darlehen wird mit 3,9% verzinst und die Laufzeit soll zwölf Jahre betragen.

Folgender Tilgungsplan ergibt sich aus der Variante eines Festdarlehens (Abbildung 49). **1106** Das **Festdarlehen** wird auch als Fälligkeitsdarlehen oder Endfälliges Darlehen bezeichnet und ist, wie der Name schon sagt, erst am Ende der Laufzeit in voller Höhe zu tilgen. Der Tilgungsablauf zeigt, dass der jährliche Kapitaldienst lediglich rund 9300 Euro beträgt und nur aus den Zinszahlungen besteht. Das schont, wie eingangs angedeutet die Liquidität. Andererseits ist das Risiko jedoch beträchtlich, im letzten Jahr die gesamte Tilgungssumme mit einer Einmalzahlung in Höhe von 240 000 EUR aufzubringen. Die steuerliche Absetzbarkeit der Finanzierungskosten vom betrieblichen Gewinn der Arztpraxis ist über die gesamte Laufzeit des Darlehens konstant. Das kann ein gewünschter Effekt sein, wenn die Arztpraxis über die gesamte Laufzeit hohe Gewinne erwirtschaftet und der Praxisinhaber seine Einkommensteuerbelastung senken möchte.

Demzufolge werden nach dem Ende des zwölften Jahres 240 000 EUR als ein gesamter **1107** Betrag fällig. Der Praxisinhaber muss bis dahin lediglich die Zinsen regelmäßig zahlen und kann also während der Laufzeit mit dem gesamten Kapital arbeiten.

Jahr	Anfangsbestand	Zahlungen	Zinsen	Tilgung	Endbestand
1	240 000	9 360	9 360	0	240 000
2	240 000	9 360	9 360	0	240 000
3	240 000	9 360	9 360	0	240 000
4	240 000	9 360	9 360	0	240 000
5	240 000	9 360	9 360	0	240 000
6	240 000	9 360	9 360	0	240 000
7	240 000	9 360	9 360	0	240 000
8	240 000	9 360	9 360	0	240 000
9	240 000	9 360	9 360	0	240 000
10	240 000	9 360	9 360	0	240 000
11	240 000	9 360	9 360	0	240 000
12	240 000	9 360	9 360	0	240 000
Gesamtsumme		**352 320**	**112 320**	**0**	**240 000**

Abbildung 43: Tilgungsplan eines Festdarlehens

1108   Beim **Raten- oder Abzahlungsdarlehen** wird jährlich auch ein Tilgungsanteil gezahlt. Dieser ist immer gleich hoch. Die Zinszahlungen verringern sich jedoch aufgrund der kontinuierlich abnehmenden Restschuld. Gleichfalls sinkt von Jahr zu Jahr die Rate, bestehend aus Zins- und Tilgungszahlungen (Kapitaldienst). Basierend auf dem gleichen Ausgangsbeispiel, hat der Tilgungsplan folgenden Verlauf.

Jahr	Anfangsbestand	Zahlungen	Zinsen	Tilgung	Endbestand
1	240 000	32 931	8 931	24 000	216 000
2	216 000	31 995	7 995	24 000	192 000
3	192 000	31 059	7 059	24 000	168 000
4	168 000	30 123	6 123	24 000	144 000
5	144 000	29 187	5 187	24 000	120 000
6	120 000	28 251	4 251	24 000	96 000
7	96 000	27 315	3 315	24 000	72 000
8	72 000	26 379	2 379	24 000	48 000
9	48 000	25 443	1 443	24 000	24 000
10	24 000	24 507	507	24 000	0
Gesamtsumme		**287 190**	**47 190**	**240 000**	**0**

Abbildung 44: Tilgungsplan eines Ratendarlehens

1109   Der Tilgungsablauf des Ratenkredits hat den typischen linearen Verlauf und das Darlehen ist nach zehn Jahren abgezahlt. Durch die zusätzliche Zahlung der Zinsen ist die Liquiditätsbelastung für die Zahnarztpraxis zu Beginn der Tilgung jedoch am höchsten und verringert sich aber durch die sukzessiv sinkende Zinslast. Die absoluten Kreditkosten in Höhe von rund 287 000 EUR sind außerdem erheblich geringer als gegenüber der Finanzierung mit einem Festdarlehen, da das Kapital bereits während der Laufzeit zurückgezahlt wird und der Zins damit nur auf die Restschuld berechnet wird. Durch diesen Effekt nimmt die steuerliche Absetzbarkeit der Zinsen über die Jahre ab. Das Finanzierungsrisiko wird durch die allmähliche Kapitalrückführung jedoch auch geringer. Damit wird sich auch die Kapitalstruktur (geringerer Fremdkapitalanteil) der Arztpraxis verbessern.

Beim **Annuitätendarlehen** hat der Praxisinhaber regelmäßig eine feste Rate, die Annuität, zu zahlen, die sich in einen Tilgungs- und einen Zinsanteil aufteilt. Durch die fortlaufende stets gleichhohe Rate wird der Zinsanteil stetig geringer und der Tilgungsanteil steigt dementsprechend sukzessive. Der Tilgungsplan der Zahnarztpraxis stellt sich demnach folgendermaßen dar. **1110**

Jahr	Anfangsbestand	Zahlungen	Zinsen	Tilgung	Endbestand
1	240 000	25 076	9 076	16 000	224 000
2	224 000	25 076	8 441	16 635	207 366
3	207 366	25 076	7 780	17 295	190 070
4	190 070	25 076	7 094	17 982	172 088
5	172 088	25 076	6 380	18 696	153 392
6	153 392	25 076	5 637	19 438	133 954
7	133 954	25 076	4 865	20 210	113 744
8	113 744	25 076	4 063	21 013	92 731
9	92 731	25 076	3 229	21 847	70 884
10	70 884	25 076	2 361	22 714	48 170
11	48 170	25 076	1 459	23 616	24 554
12	24 554	25 076	522	24 554	0
Gesamtsumme		**300 907**	**60 907**	**240 000**	**0**

Abbildung 45: Tilgungsplan eines Annuitätendarlehens

Die Finanzierungskosten in Höhe von knapp 300 000 EUR sind höher als bei einer Finanzierung mit einem Ratendarlehen. Dafür ist steuerliche Absetzbarkeit der Zinsen jedoch ist in den ersten Jahren höher und der Kapitaldienst belastet die Liquidität gerade in der ersten Anlaufzeit der Praxis in geringerem Maße. **1111**

cc) Die Kapitaldeckung durch kurzfristige Fremdfinanzierung. Eine wesentliche Fremdfinanzierungsform der Arztpraxis ist neben den langfristigen Finanzierungen der **kurzfristige Bankkredit.** Dieser hat eine maximale Laufzeit von einem Jahr und kann jedoch stillschweigend prolongiert werden, wenn der Kreditvertrag nicht aufgelöst wird. **1112**

Zu den kurzfristigen Bankkrediten gehört unter anderem auch der sog. **Kontokorrentkredit** (ital. conto corrente = laufende Rechnung), über den die laufenden Betriebsausgaben (z.B. Praxismiete, Löhne, Sachbedarf) regelmäßig abgedeckt werden. Dabei gewährt die Bank ihren Kunden das Recht, das Girokonto bis zu einem Höchstbetrag, der Kreditlinie, zu überziehen. Der Kontokorrentkredit hat den Vorteil, dass nur Zinsen anfallen, wenn das Konto überzogen wird. Jedoch sollte der in Anspruch genommene Betrag in einem vertretbaren Zeitraum wieder zurückgeführt werden, da der Zinssatz in der Regel sehr hoch ist. Gleichzeitig fallen für den vereinbarten, aber nicht in Anspruch genommenen Betrag Bereitstellungsprovisionen an. **1113**

Der Kontokorrentkredit kommt durch einen **Kreditvertrag** zustande. Einige Komponenten des Vertrages, wie z.B. Zinsen, Provisionen, Gebühren, können mit der Bank frei vereinbart werden. Aus der Tatsache heraus, dass Kreditinstitute zeitweise ihre Geschäftsstrategie ändern und eine bestimmte Branche weniger oder gar nicht mehr kreditmäßig bedienen wollen, sollten zwei in etwa gleich starke kreditgebende Bankenbeziehungen vorhanden sein. Das bedeutet, das eine Arztpraxis möglichst zwei Geschäftsgirokonten haben sollte. **1114**

1115   Faustregeln für eine ausreichend hohe Kreditlinie des Kontokorrentkredits können nur schwer abgeleitet werden. Demzufolge ist das Ermittlung einer Liquiditätsplanung auf Monatsbasis die sinnvollste Voraussetzung für die Abschätzung des erforderlichen **Kontokorrentbedarfs** der Arztpraxis. Gleichzeitig dient diese Liquiditätsplanung als Grundlage für objektive Bankgespräche. Die Ermittlung des eigentlichen Kontokorrentbedarfs erfolgt durch die Zusammenstellung einzelner Kostenpositionen die monatlich, also laufend anfallen.

1116   Das folgende Beispiel einer zahnärztlichen Praxis (Gründungsmonat: Mai) stellt dar, welche laufenden Betriebsausgaben für die Feststellung des Kontokorrentbedarfs herangezogen werden. Dabei beträgt der aus den Praxisausgaben und privaten Lebenshaltungskosten ermittelte Kontokorrentbedarf für das Gründungsjahr rund 110 000 EUR (monatlich 15 700 EUR). Abzüglich der von der Kassenzahnärztlichen Vereinigung zu zahlenden Abschlagsbeträge auf das Honorar, beträgt der Kontokorrentbedarf gerundet 85 000 EUR. Die Zinsen für eine geplante 90%ige Beanspruchung des Kontokorrents sind bereits eingerechnet.

Kostenvorschau der ersten Monate nach Praxiseröffnung

Kosten für		monatlich
Personal	Personalkosten für Helferinnen	3.800,00 €
	Personalkosten für Auszubildende	500,00 €
	Putzhilfe	310,00 €
	Personalnebenkosten	904,00 €
Räumlichkeiten	Praxismiete	1.600,54 €
	Nebenkosten (Heizung, Strom, Wasser, Aufzug usw.)	600,40 €
Betriebsmittel	Bürobedarf (Telefon, Porti, etc.)	200,00 €
	Medizinischer Sachbedarf	1.000,00 €
	Edv - Softwarekosten	300,00 €
Fort- und Weiterbildungen	Zeitschriften, Fortbildung, Literatur	300,00 €
Laufende Beratungskosten	Steuerberatung, Buchhaltung	350,00 €
Versicherungen und Beiträge	Versicherung und KZV	300,00 €
Finanzierung	Zinsen langfristiger Kredite	758,00 €
	Zinsen Kontokorrent (90% Inanspruchnahme)	465,00 €
	Tilgung Praxis	1.350,00 €
Lebenshaltung	Private Ausgaben	2.975,33 €
	monatlicher Liquiditätsbedarf	**15.713,27 €**
	Kontokorrentbedarf für das restliche Jahr (15.713,27 x 7 Monate)	**109.992,89 €**
	abzüglich schlagszahlungen der KZV (25%)	- 27.496,48 €
	Kontokorrentbedarf	**82.496,41 €**
	Kontokorrentbedarf gerundet	**85.000,00 €**

Abbildung 46: Ermittlung des Kontokorrentbedarfs einer Zahnarztpraxis

1117   Diese Praxisausgaben werden nun anschließend, wie in der folgenden Grafik dargestellt mit den Praxiseinnahmen zusammen in eine Liquiditätsplanung übertragen und der tagesgenaue Saldo ermittelt. Der Anfangsbestand der Geldmittel am Anfang des Monats betrug noch 5.500 EUR. Nach und nach werden die Praxisausgaben bezahlt (insbesondere die Personalkosten belasten das Konto massiv) und Praxiseinnahmen kommen als Einzahlungen hinzu, so dass am Ende des Betrachtungszeitraums ein Saldo von rund 500 EUR bleibt. Dabei wird an bestimmten Tagen der Kontokorrentkredit beansprucht und einmal sogar die angedachte Kreditlinie (Kontokorrentlinie) überschritten. Entweder, der Praxisinhaber vereinbart mit der Bank eine höhere Kreditlinie, oder er muss versuchen, die Praxiseinnahmen und Praxisausgaben so zu steuern, dass die angedachte Kreditlinie nicht überschritten wird.

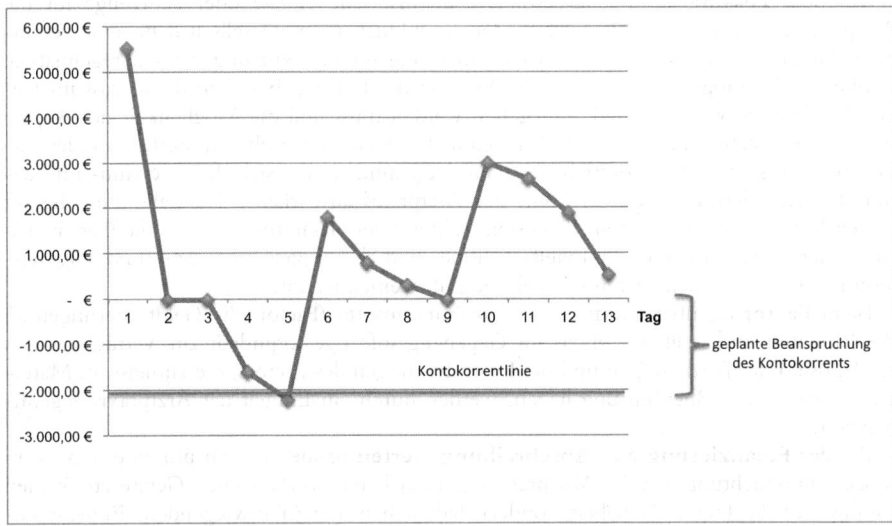

Abbildung 47: Möglicher monatlicher Saldoverlauf des Geschäftsgirokontos einer Zahnarztpraxis

Unabhängig von einem festgestellten Kontokorrentbedarf und der darauf basierenden **1118** mit der Bank vereinbarten Kontokorrent-Kreditlinie wird es Situationen geben, in denen eine Überziehung der Kreditlinie nicht zu vermeiden ist. Daher ist es wichtig nicht erst zu handeln wenn die Inanspruchnahme der Kreditlinie erreicht und wahrscheinlich eine Kontoüberziehung ansteht.

Eine Möglichkeit, einer überraschenden Überziehung zu entgegnen ist, eine **Warn- 1119 oder Reservelinie** zu definieren, bei deren Überschreiten (Kontostand im Soll) oder auch Unterschreiten (Kontostand im Guthaben) ein bereits im Vorfeld definierter Prozess in Gang gesetzt wird. Dann bleibt auch genügend Zeit, in aller Ruhe die Ursachen der sich anbahnenden Liquiditätsenge zu analysieren und mit geeigneten Maßnahmen gegenzusteuern. Für die Bemessung der Höhe der Warnlinie dient ein Hilfsmaßstab, wie z.B. 50% eines Monatsumsatzes oder die monatliche Kostensumme als Anhaltswert.[44] Sofern die Warnlinie erreicht ist, muss der Praxisinhaber über folgende Maßnahmen entscheiden:
– Welche Zahlungseingänge können beschleunigt werden?,
– Welche Zahlungsausgänge können herausgezögert werden?,
– Muss (vorübergehend) Eigenkapital zugeführt werden?,
– Sollte ein Bankgespräch mit dem Ziel „Überziehung" oder „Krediterhöhung" geführt werden?

Dabei sollte dem Praxisinhaber bewusst sein, dass er mit dieser klaren Vorgehensweise **1120** auch vermeidet, im Rating-Verfahren der Kreditinstitute „Warnsignale" auszulösen. Die

---

[44] Vgl. *Sander,* Liquiditätsengpässe frühzeitig erkennen – Teil 3, NWB-BB 4/2011 S. 116.

Kreditinanspruchnahme am Rande der vereinbarten Kreditlinie ist ein solches Warnsignal. Überziehungstage führen beim Rating zu negativen Bonitätspunkten und werden EDV-technisch gezählt. Nach 90 Tagen wird die Ratingnote automatisch auf „ausfallgefährdet" gesetzt. Demzufolge sollte der Praxisinhaber bei jeder (auch genehmigten) Überziehung abklären, dass diese nicht mit in die Zählung der negativen Überziehungstage fällt.[45]

1121   **d) Finanzierungsalternativen.** Der restriktiveren Kreditvergabe und der damit verbundenen höheren Zinsbelastung lassen sich auch mit alternativen Finanzierungskonzepten entgegnen. Bei den Sonderformen der Außenfinanzierung handelt es sich gewissermaßen nur um unechte Finanzierungsformen. Sie sind jedoch relativ häufig anzutreffen.

1122   Mit dem **Leasing** werden insbesondere medizinische Geräte oder Fahrzeuge für die Arztpraxis durch den Hersteller selbst oder einer Finanzierungsgesellschaft für eine vereinbarte Nutzungsdauer vermietet. Als Gegenleistung für die Nutzung werden regelmäßige Zahlungen (Leasingraten) geleistet. Die Vorteile des Leasings bestehen darin, dass im Jahr der Anschaffung weniger Geld ausgegeben werden muss und die Möglichkeit der Anpassung an den sich ständig wandelnden Stand der Technik besteht. Weiterhin werden die Leasingraten steuerlich als Betriebsausgaben anerkannt, so dass sich diese gewinn- und damit steuermindernd auf das Ergebnis der Arztpraxis auswirken. Nachteilig sind die oft hohen Leasingraten, die sich als Fixkosten während der Gesamtmietzeit auf die Gesamtausgaben der Praxis auswirken und vielfach höher sind als beispielsweise Zins- und Tilgungsleistungen einer vergleichbaren Finanzierung über einen Kredit.

1123   Beim **Factoring** übernimmt ein Finanzierungsinstitut (Factor) die Geldforderungen an die Patienten und stellt der Praxis im Gegenzug sofortige Liquidität zur Verfügung. Das Ausfallrisiko der Forderungen und die Dienstleistungen des Factors, die zumeist im Mahnwesen und in der Buchführung liegen, werden durch ein Entgelt der Arztpraxis gegenfinanziert.

1124   Bei der **Finanzierung aus Abschreibungswerten** handelt es sich um eine reine Vermögensumschichtung. Da die Abschreibungen der bereits vorhandenen Geräte etc. keinen Einfluss auf die Liquidität haben, sondern lediglich in der (überwiegenden) Einnahmen-Überschussrechnung als Ausgabe den Gewinn mindern, können diese als Finanzmittel beispielsweise für eine Ersatzbeschaffung zur Verfügung stehen. Es handelt sich bei dieser Finanzierungsart jedoch insoweit um ein relativ theoretisches Modell, weil einige Fakten aus der Praxis nicht berücksichtigt werden. Das ist zum Beispiel die Tatsache, dass sich die Preise der Maschinen jährlich ändern können oder dass Zusatzkosten für Material oder auch für Personal anfallen werden.

IV. Rechnungswesen in der Arztpraxis

1125   Durch das Rechnungswesen werden die **ökonomischen Prozesse** in einer Arztpraxis abgebildet und die wirtschaftlich relevanten Beziehungen der Arztpraxis zu seiner Umwelt quantitativ erfasst, dokumentiert, aufbereitet und ausgewertet. Deshalb ist das Rechnungswesen als ein System zu verstehen, das in einer zweckgerichteten Form Informationen als **Entscheidungshilfen für den Praxisinhaber** liefert. Das Rechnungswesen ist somit die grundlegende **Informationsquelle** für die Beurteilung, ob eine Arztpraxis wirtschaftlich arbeitet oder nicht.

1126   Neben dieser Informationsfunktion hat das Rechnungswesen aber auch eine Kommunikationsfunktion im Sinne der **zielgerichteten Rechnungslegung.** An den Ergebnissen des Rechnungswesens sind unterschiedliche Personenkreise und Institutionen interessiert. Je nach Adressatenkreis wird das Rechnungswesen in zwei Bereiche eingeteilt, nämlich internes Rechnungswesen und externes Rechnungswesen. Das interne Rechnungswesen

---

[45] Vgl. *Sander*, Liquiditätsengpässe frühzeitig erkennen – Teil 3, NWB-BB 4/2011 S. 115.

Büttner-Hoigt

erfolgt auf grundsätzlich freiwilliger Basis und kann weitgehend ohne gesetzliche Reglementierung nach individuellen Bedürfnissen gestaltet werden. Es dient der Information und Kommunikation im Unternehmen selbst. Die Beziehungen zum Außenbereich der Arztpraxis werden durch die (Finanz-)Buchführung erfasst und unterliegen **handels- und steuerrechtlichen Vorschriften.**

Arzt- und Zahnarztpraxen beauftragen häufig einen Steuerberater mit der Buchführung. **1127** Trotz dieser Möglichkeit, sollen im Folgenden die Grundzüge der Buchführung erläutert werden, um einen Überblick über die Aufgaben und Inhalte zu bekommen. Damit lassen sich alltägliche und künftige unternehmerische Entscheidungen besser treffen und deren Folgen eher einschätzen.

1. Die (Finanz-)Buchführung

Die Begriffe Buchführung und Buchhaltung werden in der Praxis generell synonym ge- **1128** braucht. Dabei wird Buchführung i. d. R. funktional als Tätigkeit des Buchens und Buchhaltung eher im institutionellen Sinne verwendet.

Unter der Buchführung in einer Arztpraxis versteht man die Erfassung der Gesamtheit **1129** aller Güter- und Geldbewegungen des gesamten Prozesses in der Arztpraxis und ist mit der zeitlich und sachlich geordneten Aufzeichnung der Geschäftsvorfälle das zentrale Teilgebiet des Rechnungswesens. Dabei werden **wirtschaftlich bedeutsame Vorgänge** (Geschäftsvorfälle) systematisch und lückenlos nach bestimmten Regeln und Ordnungskriterien wertmäßig aufgezeichnet. Als wirtschaftlich bedeutsam gelten dabei alle Vorgänge, die sowohl die Höhe, als auch die Zusammensetzung des Vermögens oder des Kapitals ändern.

Wie bereits angeführt, sind **verschiedene Adressatenkreise** an den Ergebnissen der **1130** Buchführung interessiert. Daher erfüllt sie wichtige Informations- und Kommunikationsaufgaben, um den Interessen der verschiedenen Personengruppen und Institutionen gerecht zu werden. Sie gibt unter anderem Auskunft über die Kapitalverwendung, den Gewinn oder Verlust und spielt damit als Grundlage der Rechenschaftslegung gegenüber Kapitalgebern, Gesellschaftern oder Gläubigern eine bedeutende Rolle. Eine wichtige Interessengruppe ist auch die Finanzverwaltung, die hauptsächlich am Gewinn interessiert ist, der die Grundlage für diverse Steuerarten (Einkommensteuer, Körperschaftsteuer, Umsatzsteuer etc.) darstellt. Hierbei sind die Vorschriften des Steuerrechts von Bedeutung.

Die Rechenschaftslegung gegenüber externen Interessenten erfordert einheitliche Rege- **1131** lungen hinsichtlich Erfassung und Darstellung der wirtschaftlichen Lage, um vor Verfälschung und Verlust zu schützen. Daher existieren eine Reihe von gesetzlichen Regelungen im Handels – und Steuerrecht. Grundlegende Vorschriften sind dazu in erster Line im Handelsgesetzbuch (HGB) in den §§ 238–263 und in der Abgabenordnung (AO) in den §§ 140–148 enthalten.

a) Die Buchführungspflicht. In Abhängigkeit davon, ob eine Buchführungspflicht **1132** besteht oder nicht, fallen die Verpflichtungen des Umfangs und der Qualität der Rechenschaftslegung unterschiedlich aus.

Die grundsätzliche Buchführungspflicht bestimmt § 238 Abs. 1 HGB: „Jeder **Kauf-** **1133** **mann** ist verpflichtet, Bücher zu führen und in diesen seine Handelsgeschäfte und die Lage seines Vermögens nach den Grundsätzen ordnungsmäßiger Buchführung ersichtlich zu machen." Prinzipiell ist aber nur derjenige Kaufmann, dessen Gewerbebetrieb nach Art und Umfang einen in kaufmännischer Weise eingerichteten Geschäftsbetrieb erfordert (Handelsgewerbe § 1 HGB).

Die Vorschriften der Berufsordnungen für Ärzte und Zahnärzte (MBO-Ä bzw. MBO-Z) **1134** verbieten die gewerbliche Berufsausübung jedoch und damit ein Handelsgewerbe nach § 1 HGB. Arzt – und Zahnarztpraxen die beispielsweise in Form einer Berufsausübungsgemeinschaft oder als Einzelpraxis betrieben werden, sind damit nicht buchführungspflichtig und müssen demzufolge auch **keine handelsrechtlichen Unterlagen** erstellen. Die Niederlassung in Form einer GmbH (z. B. MVZ-GmbH) ist jedoch immer kraft ihrer Rechtsform als Kapitalgesellschaft Kaufmann. Damit besteht gleichwohl die Verpflichtung zur Aufstellung eines **Jahresabschlusses nach Handelsrecht.**

1135 Der Jahresabschluss besteht grundsätzlich aus einer Bilanz **(Handelsbilanz)** und einer Gewinn- und Verlustrechnung **(GuV)** gemäß § 242 Abs. 3 HGB. Daneben schreibt § 264 Abs. 1 HGB bei Kapitalgesellschaften zusätzlich den sog. **Anhang und einen Lagebericht** vor. Der Anhang ist dabei ein Bestandteil des Jahresabschlusses und enthält Erklärungen und Ergänzungen zu einzelnen Positionen der Bilanz und der GuV. Der Lagebericht ist ergänzend aufzustellen und soll den Geschäftsverlauf und die Lage der Gesellschaft darstellen.

1136 Mit einer Buchführungspflicht sind auch **Prüfungs- und Offenlegungspflichten** verbunden. Für Unternehmensexterne ist der Jahresabschluss oftmals die einzige, aber auch wichtigste Quelle für Informationen über die wirtschaftliche Lage des Unternehmens. Daher werden an die Glaubwürdigkeit der Daten sehr hohe Anforderungen gestellt. Gerade bei bestimmten Kapitalgesellschaften hat der Gesetzgeber deshalb in § 316 Abs. 1 HGB eine Prüfungspflicht zwingend vorgeschrieben. Der unabhängige (Wirtschafts-)Prüfer hat die Gesetzmäßigkeit und Ordnungsmäßigkeit des Jahresabschlusses festzustellen, indem er die Buchführung, die Bilanz, die Gewinn- und Verlustrechnung sowie den Anhang und Lagebericht prüft.

1137 Die Publizitätspflicht liegt darin begründet, dass der Jahresabschluss seiner Informationsfunktion umfänglich gerecht werden muss. Bei den Kapitalgesellschaften bestehen unterschiedliche Offenlegungspflichten. Daneben sind bestimmte Fristen für die Offenlegung einzuhalten. Außerdem muss der Jahresabschluss seit dem 1. 1. 2007 gem. §§ 325 ff. HGB von allen Kapitalgesellschaften zum elektronischen Bundesanzeiger eingereicht werden. Die eingereichten Unterlagen sind für Jedermann kostenlos online abrufbar.[46]

1138 Die Buchführungspflicht eines Unternehmens im Handelsrecht, übernimmt das **Steuerrecht** in § 140 AO und erweitert den Kreis der Buchführungspflichtigen jedoch unabhängig von der Kaufmannseigenschaft aus Gründen **der Gerechtigkeit der Besteuerung** um solche Unternehmer und Unternehmen, die innerhalb eines Veranlagungszeitraumes bestimmte Merkmale erfüllen (s. § 141 Abs. 1 AO).[47] Diese Verflechtung von Handels- und Steuerrecht führt dazu, dass, soweit nicht schon eine Buchführungspflicht **nach Handelsrecht** besteht, auf jeden Fall bei Vorliegen der Merkmale nach § 141 Abs. 1 AO, eine besondere **steuerrechtliche** Verpflichtung zur Führung von Büchern und zur Aufstellung regelmäßiger Abschlüsse begründet wird. Damit könnte eine Buchführungspflicht, unabhängig von der Gründung einer Kapitalgesellschaft begründet werden, wenn beispielsweise eine große Berufsausübungsgemeinschaft einem Gesamtumsatz von über 500 000 EUR pro Kalenderjahr erwirtschaftet. Dem ist aber nicht so. Ärzte und Zahnärzte gehören nicht zu den Kaufleuten i. S. d. HGB, sondern sind Freiberufler i. S. d. § 18 EStG.

1139 Demzufolge sind Arztpraxen bzw. Kooperationsformen ärztlicher Berufsausübung, ausgenommen in Form von Kapitalgesellschaften, **weder handelsrechtlich noch steuerrechtlich** zur Buchführung verpflichtet. Gleichwohl müssen sie Aufzeichnungspflichten erfüllen, auf die später noch eingegangen wird.

1140 Die **handelsrechtliche Buchführungspflicht** und die damit verbundene Verpflichtung zur Aufstellung einer Bilanz (Bilanzierung) ist in der Praxis kaum vertreten (>0,2%).[48] Den größten Anteil stellen die nicht-buchführungspflichtigen Freiberufler dar, die die Gewinnermittlung durch die Einnahmen-Überschussrechnung gem. § 4 Abs. 3 EStG anwenden dürfen (99,8%). Davon sind drei Viertel einzelne Arztpraxen.

---

[46] Unter: www.unternehmensregister.de.

[47] Gesamtumsatz pro Kalenderjahr mehr als 500 000 EUR oder Gewinn aus Gewerbebetrieb pro Kalenderjahr mehr als 50 000 EUR.

[48] Kostenstruktur bei Arzt- und Zahnarztpraxen Praxen von psychologischen Psychotherapeuten sowie Tierarztpraxen, Statistisches Bundesamt, Fachserie 2, Reihe 1.6.1., 2007, summiert wurden die MVZ – GmbH und die sonstigen Rechtsformen.

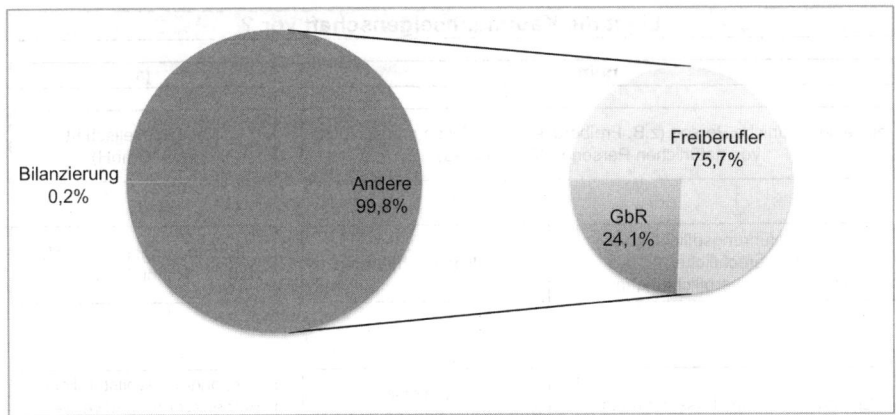

Abbildung 48: Verteilung der Gewinnermittlungsarten

Die nachfolgenden Ausführungen beziehen sich demzufolge aufgrund der geringen Be- **1141** deutung handelsrechtlicher Abschlüsse nur auf **steuerrechtliche Ermittlungsformen des Gewinns** nach dem Einkommensteuergesetz (EStG). Ausführungen zur Bilanzierung werden nur in Grundzügen erörtert sofern diese für das Gesamtverständnis der Buchführung von Bedeutung sind.

b) Die Gewinnermittlung im Steuerrecht. Für Arztpraxen, die zur Buchführung **1142** weder verpflichtet sind und dies auch nicht freiwillig tun, sieht das Steuerrecht also eine gesonderte vereinfachte Gewinnermittlung vor: die Einnahmen-Überschussrechnung (EÜR). Hiernach ergibt sich der Gewinn als Überschuss der Betriebseinnahmen über die Betriebsausgaben (§ 4 Abs. 3 EStG) und ist die am häufigsten bei Arzt- und Zahnarztpraxen vorkommende Gewinnermittlungsart.

Daneben können sich Arztpraxen aber auch freiwillig der Buchführungspflicht unterwer- **1143** fen. Sie müssen dann ihren Gewinn nach den steuerlichen Vorschriften über den **Betriebsvermögensvergleich gemäß § 4 Abs. 1 S. 1 EStG** ermitteln. Der Begriff Betriebsvermögensvergleich (auch Bilanzierung genannt) kommt daher, dass im Groben durch den Vergleich der **Position Eigenkapital** am Anfang des Geschäftsjahres mit dem Wert am Ende des Geschäftsjahres, der **Gewinn als Abweichung** zwischen den beiden Werten festgestellt werden kann (vgl. § 4 Abs. 1 S. 1 EStG).

Arztpraxen in Form einer Kapitalgesellschaft, die sowohl **handelsrechtlich, als auch** **1144** **steuerrechtlich verpflichtet** sind, Bücher zu führen, müssen ihren Gewinn durch einen **vollständigen Betriebsvermögensvergleich** (besonderer Betriebsvermögensvergleich) ermitteln (§ 4 Abs. 1 EStG i. V. m. § 5 Abs. 1 EStG). Die nachfolgende Grafik verdeutlicht noch einmal die grundsätzliche Herleitung der Buchführungspflichten für buchführungspflichtige und nicht-buchführungspflichtige Arztpraxen.

Abbildung 49: Prüfung der Buchführungspflicht einer Arztpraxis

1145 Wie schon erörtert wird die Gewinnermittlung durch einen vollständigen Betriebsvermögensvergleich durch die geringfügige Bedeutung des Handelsrechts für Arztpraxen bei den nachfolgenden Ausführungen nicht weiter behandelt.

1146 Führt die Arzt- bzw. Zahnarztpraxis weder Bücher, und zeichnet auch ihre Betriebseinnahmen und -ausgaben nicht auf, schätzt das Finanzamt den Gewinn und legt danach die Steuerlast fest (§ 162 AO).

1147 **c) Organisation der Buchhaltung.** Alle wirtschaftlich bedeutsamen Vorgänge von Güter- und Geldbewegungen (Geschäftsvorfälle) der Arztpraxis werden einem bestimmten Konto zugeordnet. Konten (ital. conto = Rechnung) können als Sammelstellen bezeichnet werden, die gleichartige Geschäftsvorfälle aufnehmen. Welches Konto mit welcher Kontonummer angesprochen wird, richtet sich nach dem Kontenrahmen.

1148 Der **Kontenrahmen** ist ein Verzeichnis aller Konten für die Buchführung, das heißt, alle Einnahmen und Ausgaben erhalten eine Nummer. Er ist ein Organisationsmittel und Leitfaden zur Buchung der Geschäftsvorfälle. Im Laufe der Zeit haben sich für die einzelnen Branchen spezifische Kontenrahmen herausgebildet, die sich lediglich in der Nummernvergabe unterscheiden. Unter anderem hat der DATEV-Kontenrahmen größere Bedeutung erlangt.

1149 Die DATEV,[49] die als zentrales Großrechenzentrum der steuerberatenden Berufe in den neunziger Jahren gegründet wurde, hat einen Kontenrahmen entwickelt, der auf die spezifischen Bedürfnisse der EDV-orientierten Buchhaltung zugeschnitten ist. In Deutschland werden meist die Standardkontenrahmen, insbesondere SKR 03 und SKR 04 der DATEV verwendet. Damit sollen einheitliche Buchungen von gleichen Geschäftsvorfällen erreicht und zwischenbetriebliche Vergleiche ermöglicht werden. Diese DATEV-Kontenrahmen sind so aufgebaut, dass sie bei fast allen Unternehmen zum Einsatz gelangen können, also auch bei Arzt- und Zahnarztpraxen. Bei beiden Kontenrahmen sind die Konten nahezu identisch, lediglich die Gliederung der Konten ist verschieden. Beispielsweise ist der DATEV-Kontenrahmen SKR 03 nach dem Prozessgliederungsprinzip aufgebaut. Das bedeutet, dass sich die Einteilung der Konten dem Wertefluss in einem Unternehmen anlehnt. Der SKR 03 enthält somit in den ersten Kontengruppen (Kontenklasse 0 bis 1) die Bestände der eingesetzten Güter und Geldbewegungen (z.B. Praxisgegenstände, Eigenkapital, Verbindlichkeiten, Privatkonten, Verbrauchsmaterial). Dem folgen die Klassen (2, 3, 4 und 7) der innerbetrieblichen Werteverrechnung, wie beispielsweise Personalkosten, Abschrei-

---

[49] Datenverarbeitungsorganisation des steuerberatenden Berufes in der Bundesrepublik Deutschland.

bungen, Zinsaufwendungen. Am Ende dieser Prozessorientierung stehen die Klassen der Ertrags- und Leistungskonten der Klasse 8 (z. B. Praxiserlöse und sonstige Einnahmen), denen dann nur noch die Abschlusskonten (Klasse 9) nachgeschaltet sind, aber für die Einnahmen-Überschussrechnung an sich weniger von Bedeutung sind.

Kontenklasse	Kontengruppen
0	Anlage- und Kapitalkonten
1	Finanz- und Privatkonten
2	Abgrenzungskonten
3	Wareneingangs- und Bestandskonten
4	Betriebliche Aufwendungen
5	Frei
6	Frei
7	Bestände an Erzeugnissen
8	Erlöskonten
9	Vortrags-, Kapital- und statistische Konten

Abbildung 50: Gerüst des DATEV SKR 03, Stand 2012.

Alle Kontenrahmen sind nach dem dekadischen System aufgebaut. Die einzelnen Konten haben also jeweils vierstellige Kontennummern, die nicht nur der systematischen Ordnung der Konten dienen, sondern im Rahmen der EDV-Buchführung auch zur Steuerung von Rechen- und Buchungsvorgängen notwendig sind. Darüber hinaus werden bestimmten Konten zusätzliche Ziffern hinzugefügt, um diesen eine bestimmte Funktion zuzuordnen und deshalb spezifische Programmabläufe auslösen. **1150**

Steuerberater arbeiten sehr häufig mit dem DATEV-eigenen Finanzbuchhaltungsprogramm „FIBU". Die Datenverarbeitung wird über die Datenverarbeitungsanlage der DATEV, als Rechenzentrum, abgewickelt. Zur Kommunikation wird ein unternehmenseigenes Datennetz verwendet, das auch den Abruf von Auswertungen zurück zum Anwender zulässt. Über die DATEV können die Steuerberater nicht nur die Buchführung technisch abwickeln, sondern auch die Lohnabrechnung, das Mahnwesen oder die Steuerberechnung. **1151**

Ursprünglich waren die Anwender der DATEV-eigenen Finanzbuchhaltungsprogramme ausschließlich Kaufleute, die zur doppelten kaufmännischen Buchführung verpflichtet waren und die ihre Buchhaltung bei ihrem Steuerberater auf Basis des DATEV-Finanzbuchführungsprogramms „FIBU" mittels einer elektronischen Datenverarbeitungsanlage über die DATEV verarbeiten ließen. Der Steuerberater wird daher sowohl aus historischen als auch aus praktischen Gründen nicht nur die Belege entgegennehmen und in einer Einnahmen-Überschussrechnung zusammenstellen, sondern gleichzeitig die Belege nach dem **Prinzip der doppelten Buchführung verbuchen.** **1152**

Der beispielhafte Ablauf der Buchhaltung unter Zuhilfenahme eines EDV-Buchungsprogramms wird in Abbildung 51 veranschaulicht. **1153**

Vor der Eingabe der Belege in das Finanzbuchhaltungsprogramm wird das Steuerbüro die Belege vorkontieren, das heißt, auf dem Beleg vermerken, auf welches Konto mit welchem Text der Betrag verbucht wird. Das Programm wird die eingegebenen Daten beispielsweise auf Plausibilität und Vorhandensein der eingegebenen Kontennummern prüfen und den Vorgang auf die Konten zuordnen (Verbuchen). Nach diesem Vorgang wird der (Papier-)Beleg wieder abgelegt und muss eine gewisse Frist aufbewahrt werden. Das gleiche gilt aber auch für die Daten des Programms. Darüber hinaus kann die Buchhaltungssoftware Auswertungen und Ausdrucke über verschiedene Bereiche ausführen. Dazu gehören einzelne Konten, betriebswirtschaftliche Auswertungen (BWA), Aufstellungen über nicht bezahlte Rechnungen, Zahlungsvorschläge oder Jahresabschlussunterlagen. **1154**

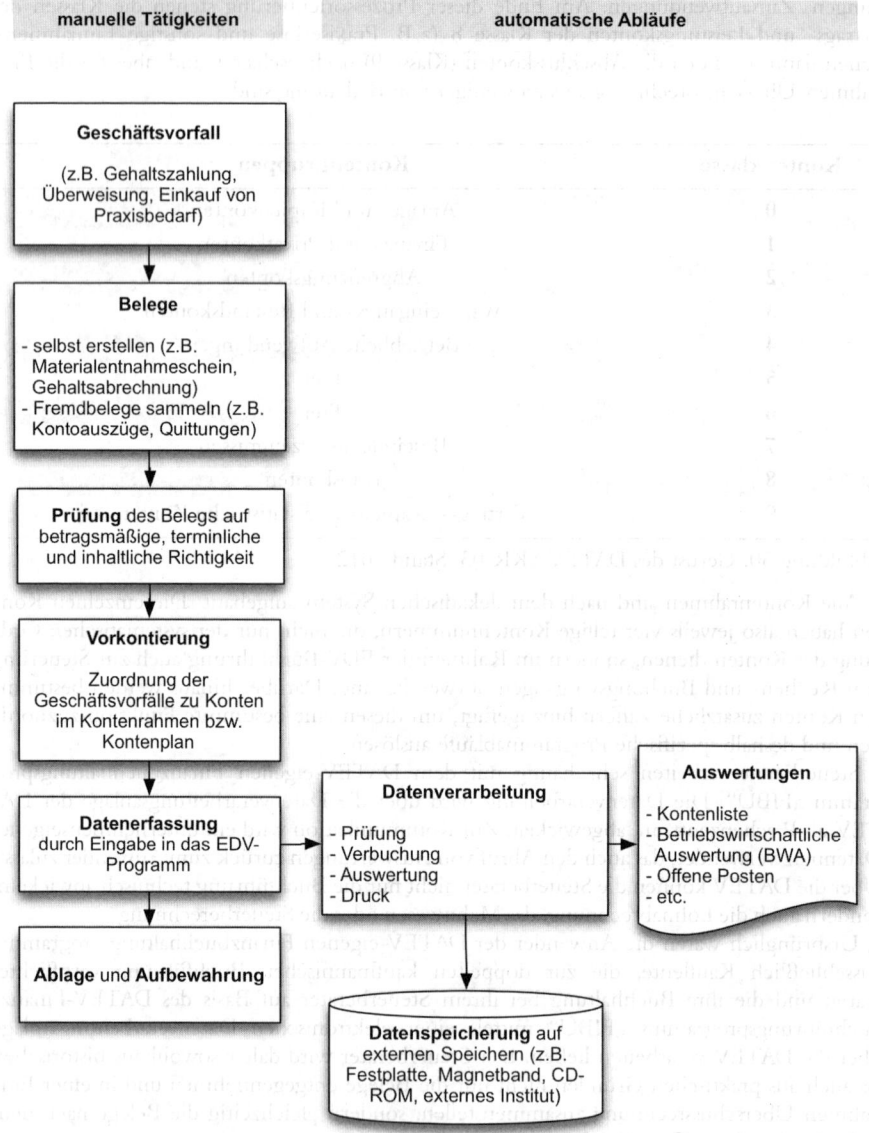

manuelle Tätigkeiten	automatische Abläufe

Geschäftsvorfall

(z.B. Gehaltszahlung, Überweisung, Einkauf von Praxisbedarf)

Belege

- selbst erstellen (z.B. Materialentnahmeschein, Gehaltsabrechnung)
- Fremdbelege sammeln (z.B. Kontoauszüge, Quittungen)

Prüfung des Belegs auf betragsmäßige, terminliche und inhaltliche Richtigkeit

Vorkontierung

Zuordnung der Geschäftsvorfälle zu Konten im Kontenrahmen bzw. Kontenplan

Datenerfassung durch Eingabe in das EDV-Programm

Datenverarbeitung

- Prüfung
- Verbuchung
- Auswertung
- Druck

Auswertungen

- Kontenliste
- Betriebswirtschaftliche Auswertung (BWA)
- Offene Posten
- etc.

Ablage und **Aufbewahrung**

Datenspeicherung auf externen Speichern (z.B. Festplatte, Magnetband, CD-ROM, externes Institut)

Abbildung 51: Ablauf der Buchführung mittels einer Buchhaltungssoftware

1155   **d) Die Buchführungssysteme.** Bei den folgenden Betrachtungen wird unterstellt, dass die Buchführung einem Buchhaltungskundigen übertragen ist, der die Verbuchung vornimmt. Daher wird die in vielen Teilen für Laien doch recht komplizierte Buchführungstechnik nur in Grundzügen erläutert und auf detailliertere theoretische Ausführungen verzichtet.

1156   Aus der Historie heraus haben sich gleichwohl zwei Arten von Buchführungssystemen entwickelt: die **Kameralistik,** die in der öffentlichen Verwaltung Anwendung findet und die **kaufmännische Buchführung,** als das überwiegende monetäre Erfolgsermittlungsinstrument. Letztere kann in **einfache oder doppelte** Buchführung unterschieden werden.

Für Kaufleute, also auch für Arztpraxen, die als Kapitalgesellschaft geführt werden, wird durch die handelsrechtliche Bestimmung in § 242 Abs. 2 HGB die Aufstellung einer Gewinn- und Verlustrechnung verlangt und damit ohnehin die doppelte kaufmännische Buchführung vorgegeben. Die **einfache Buchführung** gem. § 4 Abs. 1 EStG hat in der Praxis nur geringe Bedeutung. Es werden nur diejenigen Geschäftsvorfälle festgehalten, die aus Kontroll- und Inventargründen unbedingt benötigt werden. Das sind die Kassenvorgänge und die Aufzeichnung der Kreditgeschäfte (Abrechnungen mit Kunden und Lieferanten). Handelsrechtlich ist dieses Buchführungssystem **nicht zulässig,** da keine Gewinn- und Verlustrechnung generiert wird. Gleichzeitig ist sie aber auch von der Einnahmen-Überschussrechnung im steuerlichen Sinne **abzugrenzen,** da die einfache Buchführung zwar Zahlungsvorgänge erfasst, sich jedoch dann darüber hinaus nur auf die Aufzeichnung der Kreditgeschäfte beschränkt. Das reicht für die steuerlichen Aufzeichnungspflichten bei der EÜR nicht aus. Daher kommt auch die Technik der doppelten Buchführung für die Einnahmen-Überschussrechnung in Betracht, auch wenn bestimmte Funktionalitäten nicht zur Anwendung kommen.

e) Die historische Entwicklung der Buchführung. Die Wurzeln der Buchführung 1157 konnten bereits um 9000 v.Chr. im alten Mesopotamien nachgewiesen werden und auch bei den Ägyptern fand man Soll und Haben auf Papyrusrollen aus dem Jahr 3000 v.Chr. Im 4. Jahrhundert v.Chr. war im alten Rom der Census der Ausgangspunkt zum Zwecke der Steuereinschätzung, bei der jeder Mündige zur Abgabe einer Erklärung über seine Vermögens- und Familienverhältnisse verpflichtet war.

Die Anfänge der heutigen Buchführung finden sich aber in der Rechnungsführung der 1158 Kirchen und Klöster. Diese entwickelten seit dem 7. Jahrhundert Rechensysteme. Auch Karl der Große verlangte im 7. Jahrhundert einen Jahresabschlussbericht mit einer geordneten Vermögensaufstellung für die Krongüter und Reichshöfe, die auf kirchlich erprobten Musterformularen angelegt wurden.

Aus dem Jahre 1340 erhalten gebliebene Aufzeichnungen der Regierung italienischer 1159 Handelsstädte mit Einnahmen und Ausgaben sowie sämtlichen Schuldnern (Debitoren) aus Steuern, Anleihen und Strafen weisen erstmals die Systematik der sogenannten doppelte Buchführung auf. Aber auch in Lübeck lassen sich im selben Zeitalter ähnliche Techniken nachweisen.

Die sog. **doppelte Buchführung** fand ihre erste systematische Darlegung erstmals 1160 durch den italienischen Franziskanermönch Pacioli 1494. Seitdem gab es viele Weiterentwicklungen, aber die wesentlichen Grundgedanken sind bis heute erhalten geblieben.

1794 wird in Preußen die Bilanzierungspflicht durch das Preußische Allgemeine Land- 1161 recht eingeführt: „Ein Kaufmann, welcher entweder gar keine ordentliche Bücher führt, oder die Balance seines Vermögens, wenigstens alljährlich einmal zu ziehen unterlässt, und sich dadurch in Ungewissheit über die Lage seiner Umstände erhält, wird bey ausbrechendem Zahlungsunvermögen als fahrlässiger Bankerutirer (Bankrotteur) bestraft."

Die Grundsätze der Bilanzerstellung wird mit der Aktiennovelle von 1884 gesetzlich 1162 festgehalten und deren Verletzung unter Strafe gestellt. Seit 1898 gilt in Deutschland das Handelsgesetzbuch, dessen wesentliche Aussagen hinsichtlich der Buchführung auch heute noch gelten.

Die Reichsabgabenordnung von 1919 stellte die handelsrechtlichen Buchführungs- und 1163 Bilanzierungsbestimmungen der Vollkaufleute unter den Aufsichtsrat der Steuerverwaltung und führte ergänzende Soll- und Mussvorschriften für sonstige Gewerbetreibende, Landwirte und freie Berufe ein. Von nun an war das Finanzamt befugt, die Bücher und Aufzeichnungen nach ihrer Kontinuität, Klarheit, Vollständigkeit und Wahrheit zu überprüfen.

f) Die doppelte Buchführung. Das System der doppelten Buchführung beinhaltet die 1164 Erfassung aller das Praxisvermögen berührenden Geschäftsvorfälle in chronologischer Reihenfolge auf sog. Bestands- und Erfolgskonten (= Sachkonten) und stellt ein geschlossenes System dar: jeder Geschäftsvorfall wird doppelt erfasst indem jede Buchung auf zwei Buchungskonten (Konto und Gegenkonto), einmal im Soll und einmal im Haben erfolgt.

Diese Doppelbuchung erfüllt damit eine wichtige Kontrollfunktion. Um die Systematik zu verstehen muss man wissen, dass die rechnerische Darstellungsform eines Kontos eine sog. T-Kontoform bzw. ein Kontenkreuz ist.

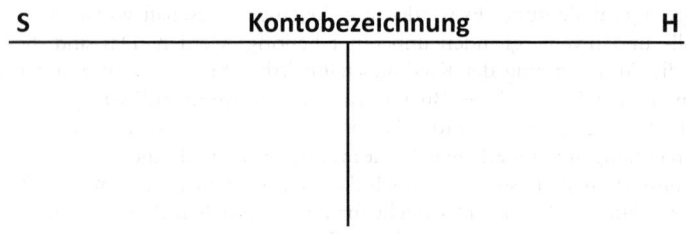

S   **Kontobezeichnung**   **H**

Abbildung 52: T-Konto

1165   Die Bezeichnungen „Soll" (S) und „Haben" (H) lassen sich nur historisch erklären. Zurückgehend auf die ältesten Konten der Schuldverhältnisse besteht die Übereinkunft, dass auf der Sollseite die Beträge ausgewiesen werden, die der Kunde noch zahlen soll (Debet, Lastschrift), während auf der Habenseite kenntlich gemacht wird, welchen Betrag der Kunde gut hat (Kredit, Gutschrift).

1166   Die jeweiligen Geschäftsvorfälle werden in **Buchungssätze** umgeformt, der zuerst den Sollposten und dann den Habenposten unter Benennung des Betrages mit dem Wort „an" verbindet.

1167   Bei einem einfachen Buchungssatz erfolgt daher jeweils auf nur einem Konto eine Lastschrift auf der Sollseite und auf einem zweiten Konto in Höhe desselben Betrags eine Gutschrift auf der Habenseite. Darüber hinaus gibt es neben diesen einfachen Buchungssätzen zusammengesetzte Buchungssätze, die sich aus mehreren Soll- und Habenposten zusammensetzen. Durch diese Technik der Doppelbuchung (= doppelte Buchführung) wird einerseits die Übereinstimmung von Sollseite und Habenseite hergestellt und durch Übernahme der sich aus der Differenz beider Kontenseiten ergebenden Salden in die Bilanz, stets das Ziel der Bilanzgleichung (Aktiva = Passiva) erreicht. Aus den Konten, die in die Bilanz einfließen (Bestandskonten) kann theoretisch die Bilanz entwickelt werden und aus den Erfolgskonten die Gewinn- und Verlustrechnung (GuV), sofern eine gesetzliche Verpflichtung zur Aufstellung dieser Verzeichnisse besteht.

1168   Zur weiteren Vertiefung der Technik der doppelten Buchführung wird auf den Gliederungspunkt der Gewinnermittlung durch Betriebsvermögensvergleich verwiesen, da detailliertere Kenntnisse über die Bilanz vonnöten sind.

1169   Technisch erfolgt die Erfassung der Belege zunächst chronologisch oder zeitlich in einem sog. Grundbuch (z.B. Kassenbuch, Bankbuch). Das Hauptbuch übernimmt die Aufzeichnungen aus dem Grundbuch und ordnet sie sämtlichen (Sach-)Konten in den bereits beschriebenen Kontenrahmen bzw. Kontenplan zu. Der Abschluss (Saldierung) dieser Sachkonten führt wie schon beschrieben zur Bilanz bzw. Erfolgsrechnung (Gewinn- und Verlustrechnung).

2. Die Einnahmen-Überschussrechnung (EÜR)

1170   **a) Grundsätzliches zur EÜR.** Wie bereits erläutert, können Steuerpflichtige, die nicht aufgrund gesetzlicher Vorschriften verpflichtet sind, Bücher zu führen und regelmäßig Abschlüsse zu machen, eine Einnahmen-Überschussrechnung erstellen. Das heißt, den Überschuss der Betriebseinnahmen über die Betriebsausgaben ansetzen (vgl. § 4 Abs. 3 EStG). Ärzte und Zahnärzte, die freiberuflich tätig sind, können ihren Gewinn immer durch Einnahmen-Überschussrechnung ermitteln, unabhängig von der Höhe Ihres Umsatzes oder Ihres Gewinns.

Die Gewinnermittlung durch die Einnahmen-Überschussrechnung ist eine **Unterart** 1170a
des Betriebsvermögensvergleichs nach § 4 Abs. 1 S. 1 EStG (allgemeiner Betriebsvermögensvergleich).[50] Daher besteht auch der Anspruch, dass zwar bei Betrachtung des
einzelnen Gewinnermittlungszeitraums der Gewinn mit der EÜR ein anderer ist als bei
der bilanzierenden Arztpraxis. Bezogen auf den gesamten Lebenszyklus einer Arztpraxis,
führen beide Gewinnermittlungsmethoden jedoch zu einem **identischen Totalgewinn**.[51]
Die unterschiedlichen Gewinne im isoliert betrachteten Gewinnermittlungszeitraum ergeben sich dadurch, dass die Einnahmen-Überschussrechnung sich grundsätzlich am Zu-
und Abflussprinzip orientiert. Nur die tatsächlichen Zuflüsse bzw. Abflüsse sollen sich bei
der EÜR auf den Gewinn auswirken. Bei der Bilanz und dem damit verbundenen
Bestandsvergleich stehen dagegen die wirtschaftliche Verursachung von Einnahmen und
Ausgaben im Vordergrund. Der Gewinn, wird unabhängig vom Zahlungszeitpunkt perio-
dengerecht ermittelt, das heißt, dass das Jahr der wirtschaftlichen Zugehörigkeit ausschlaggebend ist.

Die Einnahmen-Überschussrechnung lässt sich erheblich einfacher durchführen als die 1171
Bilanzierung. Sie erfordert keine Inventur und Bestandsführung und auch keine Kassenfüh-
rung. Nachteilig wirkt sich dabei aus, dass dem Praxisinhaber wesentliche Informationen
nicht zur Verfügung stehen, die für seine unternehmerischen Entscheidungen durchaus
nützlich und wichtig sein könnten: Entwicklung des Materialbestandes, Übersicht über die
Zahlungsfähigkeit unter Einbeziehung des Bestandes an Geld-, Forderungen und Verbindlichkeiten sind aus der reinen Einnahmen-Überschussrechnung nicht möglich. Andererseits
ist die Einnahmen-Überschussrechnung auch keine reine Geldverkehrsrechnung, dazu gibt
es zu viele Ausnahmen vom Zu- bzw. Abflussprinzip, auf die später noch Bezug genommen wird.

b) Die Aufzeichnungspflichten bei der EÜR. Damit die Finanzverwaltung ihrer 1172
Aufgabe der Steuerfestsetzung und -erhebung nachkommen kann, ist der Praxisinhaber zur
Mitwirkung bei der Ermittlung des Sachverhalts verpflichtet (§ 90 AO). Hierfür muss der
Arzt unter anderem Aufzeichnungspflichten nachkommen, die sich aus dem Steuerrecht
und sonstigen Rechtsvorschriften ergeben können.

Im Gegensatz zu buchführungspflichtigen Arztpraxen, wie z.B. die MVZ-GmbH unter- 1173
liegen die Arztpraxen, welche die Einnahmen-Überschussrechnung anwenden dürfen, aber
nur geringen gesetzlich normierten (steuerlichen) Aufzeichnungspflichten. Gemäß § 145
Abs. 2 AO schreibt allgemein vor, dass Aufzeichnungen so vorzunehmen sind, dass der
Zweck, den sie für die Besteuerung erfüllen sollen, erreicht wird. Zu den wichtigsten erforderlichen Aufzeichnungen für Arztpraxis gehören:

- Ein Anlagenverzeichnis, in das auch nicht abnutzbare Wirtschaftsgüter (z.B. Grundstü- 1174
  cke) und bestimmte Wirtschaftsgüter des Umlaufvermögens (z.B. Wertpapiere) gemäß
  § 4 Abs. 3 Satz 4 EStG aufzunehmen sind.
- Aufzeichnungen über bestimmte Betriebsausgaben (z.B. Geschenke, Bewirtungen). Die- 1175
  se Aufzeichnungen müssen von Anfang an getrennt von den sonstigen Betriebsausgaben
  einzeln vorgenommen werden. Das kann durch Ausstellung von Bewirtungsrechnungen
  erfolgen, welche den Anlass der Bewirtung, die sowie den Namen Anzahl der bewirte-
  ten Personen enthalten. Werden diese Aufzeichnungen nicht getrennt geführt, so können diese nicht als Betriebsausgaben abgezogen werden § 4 Abs. 7 EStG und mindern
  dementsprechend auch nicht den zu versteuernden Gewinn.
- Verzeichnis von Praxisgegenständen, deren Wert zwischen 60 und 410 Euro beträgt. § 6 1176
  Abs. 2 Satz 4 EStG i.V.m. R 6.13 Abs. 2 EStR.
- Verzeichnis von Praxisgegenständen für die erhöhte Abschreibungen oder Sonderab- 1177
  schreibungen in Anspruch genommen werden (§ 7a Abs. 8 EStG), z.B. Ansparabschrei-
  bungen auf Praxisinvestitionen, die in der nächsten Zukunft angeschafft werden sollen.

---

[50] Vgl. BFH vom 23. 11. 1961 – IV 98/60 S, BStBl. III 1962, 199.
[51] Vgl. BFH vom 17. 5. 1960 – I 35/57 S, BStBl. 1960, 306.

1178 • Aufzeichnungen beim Lohnabzug (§ 41 Abs. 1 EStG). Hierbei handelt es sich um die für die Lohnzahlung an die angestellten Mitarbeiter zu führenden Lohnkonten, da diese prinzipiell für die Lohnsteuer von Bedeutung sind.

1179 **aa) Die Formvorschriften für die Aufzeichnungen.** Besondere **Formvorschriften** der Aufzeichnungen bestanden bis zum Veranlagungszeitraum 2004 nicht, aber ab dem Kalenderjahr 2005 haben Steuerpflichtige, die ihren Gewinn nach § 4 Abs. 3 EStG ermitteln, ihrer **Steuererklärung** jedoch eine Gewinnermittlung nach **amtlich vorgeschriebenem Vordruck** beizufügen.[52] Der Aufwand für die Freiberufler ist durch den Vordruck größer geworden, da die erforderlichen Angaben detaillierter abgefragt werden, als das bisher regelmäßig der Fall war. Durch die Verwendung des Vordrucks kann die Finanzverwaltung die standardisierten Daten maschinell auswerten und plausibilisieren. Damit besteht einerseits die Möglichkeit, interne Betriebsvergleiche durchzuführen, bei denen die Daten der Arztpraxis über mehrere Jahre miteinander verglichen werden. Andererseits ermöglicht dies auch externe Betriebsvergleiche von Arztpraxen miteinander. Solche Auswertungen waren in der Vergangenheit nahezu unmöglich, da jeder Steuerpflichtige seine EÜR individuell gestalten konnte.

1180 Neben dem amtlich vorgeschriebenen Vordruck sind als Anlage bestimmte Einnahmen und Ausgaben gesondert zu erfassen. Hierzu gehören z.B. die private Kfz-Nutzung, Abschreibung des Anlagevermögens und Sachentnahmen. Aufzeichnungen im Rahmen **umsatzsteuerpflichtiger** Leistungen brauchen grundsätzlich nicht geführt zu werden. Ärzte und Zahnärzte erbringen grundsätzlich **umsatzsteuerfreie Leistungen,** da Heilbehandlungen im Bereich der Humanmedizin nach § 4 Nr. 14 UStG von der Umsatzsteuer befreit sind. Kostenseitig wird die Vorsteuer nicht herausgerechnet, sondern der gesamte Rechnungsbetrag in den Betriebsausgaben erfasst.

1181 **bb) Die Ordnungsmäßigkeit der Aufzeichnungen.** Die erforderlichen Aufzeichnungen sind **vollständig, richtig, zeitgerecht und geordnet** vorzunehmen (§ 146 Abs. 1 AO). Die Belege und Kontoauszüge müssen letztendlich so sortiert und die Einnahmen-Überschussrechnung so übersichtlich dargestellt sein, dass sich ein sachverständiger Dritter innerhalb angemessener Zeit einen Überblick über die Geschäftsvorfälle und die Lage der Arztpraxis verschaffen kann.[53]

1182 Bei der Einnahmen-Überschussrechnung werden die Betriebseinnahmen und Betriebsausgaben erst dann erfasst, wenn die Zahlungen tatsächlich geflossen sind (Zufluss- und Abflussprinzip). Daher muss bei jedem Beleg geprüft werden, ob die Zahlung bereits erfolgt ist, oder nicht. Die Barbelege sollten demnach von den Bankbelegen getrennt werden. Die baren Einnahmen und Ausgaben müssen täglich festgehalten werden, ohne dass dabei jeder einzelne Umsatz erfasst werden muss. Die Rechnungen, die vom Bankkonto bezahlt wurden, sind in Reihenfolge hinter die Kontoauszüge zu sortieren. Es wird empfohlen, die Belege nach Sachkriterien (Patienten, Lieferanten, Bank) unter fortlaufender Nummer zu ordnen. Die fortlaufende interne Belegnummer kann durch einen Stempel vergeben werden. Danach können die angelegten Ordner dem Steuerbüro übergeben werden. Als nützliche Hilfsmittel um eine chronologische und lückenlose Aufzeichnung sicherzustellen können zwei einfache Tabellen „Bank" und „Kasse" sein, in die alle baren Ein- und Ausgaben getrennt von den unbaren Bewegungen auf dem Praxiskonto eingetragen werden.

1183 Die Aufzeichnungen sind in einer **lebenden Sprache** vorzunehmen und bei Verwendung von Abkürzungen, Ziffern, Buchstaben oder Symbolen müssen deren Bedeutung im Einzelfall eindeutig festgelegt sein. Die Finanzbehörde kann die Übersetzung verlangen, sofern eine andere als die deutsche Sprache verwendet wird (§ 146 Abs. 4 AO).

1184 Daneben dürfen die Aufzeichnungen nicht in einer Weise verändert werden, dass der ursprüngliche Inhalt nicht mehr feststellbar ist (sog. **„Radierverbot"**). Auch solche Verände-

---

[52] Vgl. Anlage 1 zum BMF-Schreiben vom 21. 9. 2006, BStBl. I 2006, 550; das Formular kann unter https://www.formulare-bfinv.de abgerufen werden.
[53] Vgl. § 63 UStDV.

rungen, bei denen nicht klar feststellbar ist, ob sie ursprünglich oder erst später gemacht worden sind, sind nicht erlaubt (§ 146 Abs. 4 AO).

Werden die erforderlichen Aufzeichnungen auf **Datenträgern** gemacht, muss sicherge- **1185** stellt sein, dass die Daten während der Dauer der Aufbewahrungsfrist verfügbar sind und jederzeit innerhalb einer angemessenen Frist lesbar gemacht werden können (§ 146 Abs. 5 AO). Die bis 2001 zulässige alternative Aufbewahrung von Ausdrucken ist nicht mehr möglich.

c) Die Aufbewahrungsfristen. Nach § 147 Abs. 1 AO sind in der Arztpraxis folgende **1186** Unterlagen geordnet aufzubewahren:
- Alle Aufzeichnungen sowie die zu ihrem Verständnis erforderlichen Arbeitsanweisungen und sonstigen Organisationsunterlagen,
- die empfangenen Geschäftsbriefe,
- Wiedergaben der abgesandten Geschäftsbriefe,
- Buchungsbelege sowie
- sonstige Unterlagen, soweit sie für die Besteuerung von Bedeutung sind.

Alle Buchungsbelege müssen zehn Jahre aufbewahrt werden (§ 147 Abs. 3 AO). Das **1187** Gleiche gilt für das Buchführungsprogramm und dessen Datensicherung. Für Schriftstücke (z. B. Emails, Briefe), die für die Besteuerung von Bedeutung sind, besteht eine Aufbewahrungsfrist von sechs Jahren. Die Aufbewahrungsfrist beginnt jeweils am Ende eines jeden Jahres, in dem beispielsweise die Rechnung ausgestellt wurde.

d) Mangelnde oder fehlende Unterlagen. Erfüllt der Praxisinhaber seine Aufzeich- **1188** nungspflichten nicht oder nur unvollständig und kann die Finanzbehörde deshalb die Besteuerungsgrundlagen nicht ermitteln oder berechnen, hat sie diese insgesamt zu schätzen (§ 162 AO). Unwesentliche Mängel können jedoch durch eine Zuschätzung korrigiert werden.

Der steuerpflichtige Arzt trägt die objektive Beweislast für die Richtigkeit seiner Ein- **1189** nahmen-Überschussrechnung. Er muss also während der Aufbewahrungsfrist dafür Sorge tragen, dass sämtliche Belege vorhanden sind. Für den bilanzierenden Unternehmer hat der Bundesfinanzhof (BFH) in einem Urteil[54] entschieden, dass eine Buchführung selbst dann nicht ordnungsmäßig ist, wenn die gesamten Unterlagen durch höhere Gewalt verloren gegangen sind.

Neben nachteiligen steuerlichen Folgen kann ein Unternehmer u. U. auch straf- und **1190** bußgeldrechtlich belangt werden.

e) Das Zufluss-Abfluss-Prinzip. Die Einnahmen-Überschussrechnung beschränkt **1191** sich auf die Erfassung von Zahlungsvorgängen in Form der getätigten Betriebseinnahmen und Betriebsausgaben nach dem Zufluss-Abfluss-Prinzip gemäß § 11 EStG. Alle Geschäftsvorgänge werden grundsätzlich nur einfach erfasst, also als Betriebseinnahme oder Betriebsausgabe. Das bedeutet, erst dann in die Buchhaltung übernommen, wenn der Geldeingang oder Geldausgang tatsächlich eintritt. Eine Erfassung von Forderungen, Abgrenzungsposten, Verbindlichkeiten und Rückstellungen etc. sind demnach ohne Belang. Das hat den Vorteil, da Ärzte in der Regel durch das Vergütungssystem der Kassen(zahn-)ärztlichen Vereinigungen einen hohen Bestand an Forderungen und noch nicht abgerechneten Leistungen vor sich herschieben, müssen sie bei dieser Form der Gewinnermittlung im betreffenden Zeitraum darauf keine Einkommensteuer zahlen, sondern erst, wenn das Geld tatsächlich zufließt.

aa) Die Regelfälle des Zufluss-Abfluss-Prinzips. Bei Barbelegen, wie z. B. Kauf **1192** von Briefmarken oder Fachliteratur in bar, ist der Zahlungszeitpunkt eindeutig. Hier müssen alle Belege mit dem Datum des jeweiligen Betrachtungszeitraumes erfasst werden. Bankbelege, wie z. B. Überweisungsträger oder Kontoauszüge müssen unabhängig vom Rechnungsdatum nur insoweit erfasst werden, wie sie auch **im Betrachtungszeitraum geflossen** sind.

---

[54] Vom 28. 6. 1972 – I R 182/69.

1193 Einige Beispiele sollen verdeutlichen, wie bestimmte Vorgänge wann als zu- oder abgeflossen gelten:

	Zahlungsart	Zufluss/Abfluss	Zeitpunkt
1	**Arzthonorar**	Zufluss (Betriebseinnahme)	bei Gutschrift der Kassenärztlichen Vereinigung auf dem Bankkonto des Arztes bzw. Eingang der Zahlungen des Patienten bei der Privatärztlichen Verrechnungsstelle
2	**Lohnsteuer**	Abfluss (Betriebsausgabe)	Abbuchung vom Konto
3	**EC-Karte**	Abfluss	Unterschrift unter den Zahlungsbeleg
		Zufluss	Gutschrift auf dem Bankkonto
4	**Überweisung**	Abfluss	Abgabe des Überweisungsbelegs an die Bank bzw. Bestätigung der TAN-Eingabe beim Online-Banking
		Zufluss	Gutschrift auf dem Bankkonto
5	**Lastschrift**	Abfluss	Abbuchung vom Bankkonto
		Zufluss	Gutschrift auf dem Bankkonto
6	**Zinsen**	Abfluss / Zufluss	Immer in dem Jahr, in das sie wirtschaftlich gehören (keine Ausnahmeregelung !)

1194 Den Unterschied zwischen Einnahmen-Überschussrechnung und Bilanzierung zeigen die folgenden Beispiele. Zwei Geschäftsvorfälle werden nun im Rahmen der Einnahmen-Überschussrechnung und im Vergleich dazu im Rahmen der Bilanzierung erfasst. Die Umsatzsteuerbetrachtung bleibt hierbei außen vor.

Nr.	Geschäftsvorfall	Betrag	Einnahmen-Überschussrechnung	Bilanzierung
1.	Ein selbständiger Zahnarzt stellt Rechnungen an seine Privatpatienten.	Insgesamt 5000 EUR	Die Beträge werden erst verbucht, wenn die Zahlungen der Patienten auf seinem Konto gutgeschrieben werden.	Die Beträge werden jeweils als Forderungen sowie Erträge schon eingebucht und erhöhen damit den Gewinn bereits vor Zahlung durch die Patienten.
2.	Eine Gemeinschaftspraxis zahlt die anteilige Miete der Praxisräume für die Monate November 2011 bis März 2012 schon Ende Oktober 2011 im voraus.	1600 EUR monatlich	Die betrieblich veranlasste Zahlung im Oktober 2011 von insgesamt 8000 EUR wird vollständig dem Jahr 2011 zugeordnet und mindert so den Gewinn für 2011.	Der Mietaufwand wird periodengerecht zugeordnet und verbucht: 2011 mindert sich der Gewinn um 3200 EUR, 2012 um 4800 EUR.

Während bei einer bilanzierenden MVZ-GmbH beispielsweise der Gewinn des alten **1195**
Jahres durch die noch gestellten Rechnungen an die Privatpatienten (Forderungen) erhöht
wird, wird bei der Arztpraxis, welche die EÜR anwendet, erst durch den Geldeingang der
Patienten der Gewinn im neuen Jahr beeinflusst. Allerdings ergeben sich durch die unterschiedlichen Gewinne in den beiden Jahren auch andere steuerliche Belastungen aufgrund
der sog. Steuerprogression.

bb) Die Ausnahmen vom Zufluss-Abfluss-Prinzip. Bei Zahlungseingängen und **1196**
-ausgängen, auf dem Kontoauszug eines Jahres ist eindeutig, zu welchem Jahr diese gehören. Jedoch gilt bei **regelmäßig wiederkehrende Betriebseinnahmen und -ausgaben,**
die zehn Tage vor und zehn Tage nach dem 31. 12. geflossen sind, dass diese in dem Jahr
erfasst werden müssen, in das sie wirtschaftlich gehören, z. B.:
– Betriebseinnahmen wie Miete oder Arzthonorar der kassenärztlichen Vereinigung
– Betriebsausgaben wie Miete, Nebenkosten, Löhne und Gehälter, Umsatzsteuervoraus-
zahlungen.

Insofern müssen nicht nur die Kontenbewegungen vom betreffenden Wirtschaftsjahr, **1197**
insbesondere die vom 22. 12. bis 31. 12. geprüft, sondern auch die Kontoauszüge des Folgejahres im Zeitraum 1. 1. bis 10. 1. genauer untersucht werden. Die monatlich zu zahlende Praxisraummiete, die vielleicht erst am 5. 1. für den Dezember des Vorjahres gezahlt
wird, muss wirtschaftlich auch dem abgelaufenen Wirtschaftsjahr zugerechnet werden.
Umgekehrt wird ein Versicherungsbeitrag für das Folgejahr, der bereits am 28. 12. gezahlt
wird, dem neuen Wirtschaftsjahr zugeordnet.

Durchlaufende Posten müssen ebenfalls dem Jahr zugeordnet werden, in das sie wirt- **1198**
schaftlich gehören. Das gleiche gilt auch für Abschreibungen, die auf langfristig nutzbare
Praxisinvestitionen zu bilden sind.

cc) Die Gewinnsteuerungsmöglichkeiten. Der Gewinn wird durch den Abzug der **1199**
Praxisausgaben von den Praxiseinnahmen ermittelt. Das so ermittelte Ergebnis (der Praxisgewinn oder -verlust) stellt das zu versteuernde Einkommen des Arztes dar.

	Praxiseinnahmen
–	Praxisausgaben
=	Gewinn/Verlust (Erfolg)

Unter Beachtung der Liquidität und der obigen Erläuterungen zu den Ausnahmen vom **1200**
Zu- und Abflussprinzip, kann das Praxisergebnis bzw. der Gewinn in einem bestimmten
Rahmen innerhalb des Jahres und, wenn auch eingeschränkt, während der Abschlussarbei-
ten verändert werden. Dies ermöglicht eine Gewinnsteuerung, die sich unmittelbar auf die
Besteuerungsgrundlage des Einkommens des Arztes auswirkt.
Solche Gewinnsteuerungsmöglichkeiten sind beispielsweise:
– Verfrühte oder verspätete Zahlung von Rechnungen
– Verschiebung von Einnahmen ins Folgejahr durch verspätete Rechnungsstellung
– Gewinnminderung durch Abschlagszahlungen
– Vorziehen von betrieblichen Investitionen
– Unter bestimmten Voraussetzungen: zusätzliche Sonderabschreibung, Investitionsabzug
und Bildung von Rücklagen für Ersatzbeschaffungen.

f) Die Betriebseinnahmen und die Betriebsausgaben. Betriebseinnahmen (Praxis- **1201**
einnahmen) sind nach der Rechtsprechung alle Zugänge an Geld und Geldeswert, die
durch den Betrieb veranlasst sind und dem Steuerpflichtigen im Rahmen seines Betriebs
zufließen.[55] Daher kommen für den Arzt als Praxiseinnahmen insbesondere alle Erlöse aus
Patientenbehandlungen in Betracht, wie z. B. Kassenabrechnungen, Privatabrechnungen,
aber auch Erlöse aus dem Verkauf von Praxiseinrichtungsgegenständen, Zinseinnahmen,

---

[55] BFH-Urteil vom 21. 11. 1963 – IV 345/61 S, BStBl 1964 III S. 183.

Einnahmen aus Gutachtertätigkeit, Vortragshonorare etc. Ohne Bedeutung ist dabei die Art des Zuflusses. Dieser kann in Geld oder Sachbezügen erfolgen. Danach sind Einnahmen, die nicht in Geld bestehen, wie z. B. Verbrauchsmaterial, PKW-Gestellung, Dienstleistungen und sonstige Sachbezüge), mit den um übliche Preisnachlässe geminderten üblichen Endpreisen anzusetzen.

1202   Private Schenkungen und Erbschaften stellen keine Betriebseinnahmen dar, ebenso die Darlehensaufnahme. Auch durchlaufende Posten sind nicht als Betriebseinnahmen zu erfassen. Im Rahmen der Einnahmen-Überschussrechnung (EÜR) gilt die Umsatzsteuer jedoch nicht als durchlaufender Posten, sondern auch als Einnahme oder Ausgabe.

1203   Der Begriff der **Betriebsausgaben** ist im Gegensatz zu dem Begriff der Betriebseinnahmen gesetzlich normiert. Gemäß § 4 Abs. 4 EStG sind Betriebsausgaben, die Aufwendungen, die durch den Betrieb veranlasst sind. Das bedeutet, dass der Praxisinhaber nur solche Aufwendungen in der EÜR gewinnmindernd ansetzen kann, die durch den **Praxisbetrieb** entstehen, wie z. B. Praxis- und Laborbedarf, Personalaufwendungen, Raumkosten, Gerätekosten, Fortbildungs- und Reisekosten, Absetzung für Abnutzung (AfA), Versicherungen und Beiträge, Finanzierungskosten. Alle nicht betrieblichen, insbesondere privaten Aufwendungen, dürfen den Gewinn nicht mindern.

1204   Erbringt ein Arzt **umsatzsteuerpflichtige Leistungen,** kann er gegenüber dem Finanzamt von der Umsatzsteuerschuld die Vorsteuer (= Umsatzsteuer, die er selbst an andere Unternehmen gezahlt hat) abziehen (Vorsteuerabzug) und damit seine Umsatzsteuerbelastung wieder reduzieren, z. B.:
– Im Rahmen einer Vortragsvorbereitung, schriftstellerischen Tätigkeit oder Lehrtätigkeit angeschaffte Materialien (Flipchart, Stifte, Papier, etc.)
– Durch die entgeltliche Nutzungsüberlassung eines Großgerätes entstehende (anteilige) Wartungs-, Reparaturkosten oder Materialaufwendungen
– Infolge der Anschaffung eines Laser – Haarentfernungsgerätes, welches ausschließlich für kosmetische Leistungen genutzt wird, entstehende Stromkosten
– Aufgrund eines gerichtsmedizinischen Gutachtens entstehende Fahrtkosten.

1205   Die Regelungen zur Kleinunternehmerschaft sind hierbei gleichzeitig zu beachten.

1206   **g) Die Absetzung für Abnutzung (AfA).** Die Investitionen in die Praxiseinrichtung stellen sogenanntes Anlagevermögen dar. Hierfür muss geklärt werden, ob dieses betrieblich oder privat genutzt wird. Demnach sind die Investitionen entweder als Betriebs- oder Privatvermögen zu behandeln. Der Vorteil von Betriebsvermögen liegt darin, dass die jährlichen Abschreibungen und sämtliche laufenden Kosten Betriebsausgaben sind und damit den Gewinn mindern, welche der Bemessung der Einkommensteuer zu Grunde liegt. Umgekehrt ist bei einem Verkauf dieser betrieblichen Vermögenswerte, auch der eventuelle Gewinn auf das jeweilige Jahresergebnis hinzuzurechnen. Die Einkommensteuerlast würde hierdurch wieder höher werden. Gebäude und Grundstücke bilden die Ausnahme.

1207   Das **betriebliche Anlagevermögen,** wie z. B. Firmenauto, medizinische Geräte oder Büroeinrichtungen muss jährlich mit einem bestimmten Satz abgeschrieben werden. Dabei handelt es sich um die steuerliche Berücksichtigung der Wertminderung eines Anlagegutes im Laufe der Zeit. Für einen bestimmten Zeitraum sind demnach steuerliche Abzugsbeträge erlaubt, so dass der Anschaffungswert des Anlagegutes auf mehrere Jahre verteilt werden darf. Dies hat direkte Auswirkungen auf die Praxiskosten, die sich in diesem Zuge erhöhen und somit den Gewinn mindern. Der Zeitraum, in der ein Investitionsgut **mindestens** abgeschrieben werden sollte (Nutzungsdauer), richtet sich nach sogenannten AfA-Tabellen, die das Bundesfinanzministerium veröffentlicht. Der Abschreibungsbetrag ist jedes Jahr der Nutzungsdauer gleich und wird lineare Abschreibungsmethode genannt (gem. § 7 Abs. 1 EStG). Die Abschreibungsdauer sollte sich dabei ungefähr mit der Tilgungslaufzeit des jeweiligen Kredites einer Investition decken.

1208   Steuerlich bestehen im Bereich des Anlagevermögens – allerdings unter eng definierten Voraussetzungen – verschiedene Möglichkeiten zu Sonderabschreibungen (z. B. §§ 7b bis 7k EStG). Die Anspruchsgrundlagen sind im Einzelfall entsprechend zu prüfen.

Durch die Aufzeichnungsverpflichtungen gemäß der §§ 145, 146 AO muss die Arztpra- **1209**
xis ein Anlagenverzeichnis, sowie ein Verzeichnis geringwertiger Wirtschaftsgüter führen.
Diese Verzeichnisse sollten folgenden Inhalt haben:
- Bezeichnung des Wirtschaftsguts
- Datum der Anschaffung
- Höhe der Anschaffungskosten
- Nutzungsdauer
- Abschreibungssatz
- Abschreibungsbetrag
- Restwert zum Jahresende
- Tag des Ausscheidens aus dem Praxisbetrieb.

3. Praxissteuerung mit der Betriebswirtschaftlichen Auswertung (BWA)

Nachdem sämtliche Belege eines möglichst abgeschlossenen Zeitraums verbucht wurden **1210**
sollte der Steuerberater regelmäßig eine betriebswirtschaftliche Auswertung (BWA) aus
seinem Buchhaltungssystem generieren und mit dem Praxisinhaber besprechen. Unter der
BWA wird im engeren Sinne die kurzfristige Erfolgsrechnung verstanden, mit der monatlich das Ergebnis (Gewinn- oder Verlust) einer Arztpraxis ermittelt wird. Die BWA enthält
somit die verarbeiteten Werte der Buchführung und verdichtet sie nach betriebswirtschaftlichen Aspekten. Dadurch wird die wirtschaftliche Situation der Arztpraxis veranschaulicht.

Bezeichnung	Dez 11	% Gesamt-leistung	Jan - Dez 2011	% Gesamt-leistung	Jan - Dez 2010	Veränderung	
						absolut	in %
KV - Erlöse	11 466	70	184 464	70	170 921	13 543	8
Privatpatienten / Zuzahlungen	4 184	26	67 312	26	61 164	6 148	10
Einnahmen Praxisgebühr	620	4	9 974	4	9 670	304	3
Gesamtleistung	16 270	100	261 750	100	241 755	19 995	8
Wareneinsatz	33	0	596	0	967	- 371	-38
Betrieblicher Rohertrag	16 237	100	261 154	100	240 788	20 366	8
Personalkosten	4 739	29	64 552	25	63 133	1 419	2
Raumkosten	1 140	7	15 109	6	13 858	1 251	9
Versicherungen/Beiträge	218	1	10 036	4	9 753	283	3
Kfz-Kosten	257	2	5 472	2	4 292	1 180	27
Abschreibungen	865	5	8 537	3	8 064	473	6
Reparatur / Instandhaltung	0	0	693	0	140	553	395
Sonstige Kosten	1 156	7	11 569	4	11 387	182	2
Gesamtkosten	8 375	51	115 968	44	110 627	5 341	5
Betriebsergebnis	7 862	48	145 186	55	130 161	15 025	12
Zinsaufwand	1 701	10	6 748	3	7 752	-1 004	-13
Zinserträge	0	0	6	0	6	0	0
Neutrales Ergebnis	1 701	10	6 742	3	7 746	-1 004	-13
Ergebnis vor Steuern	6 161	38	138 444	53	122 415	16 029	13

Abbildung 53: BWA einer allgemeinmedizinischen Einzelpraxis

Die Position Gesamtleistung gibt Auskunft über die erbrachte Leistung der Praxis, indem **1211**
sie die Praxiseinnahmen anhand der auf den Erlöskonten verbuchten Zahlungseingänge
wiederspiegelt. Bei der Position „Wareneinsatz" handelt es sich um den Praxismaterialein-
kauf, der die Gesamtleistung mindert und somit den sog. betrieblichen Rohertrag ergibt.
Das Ergebnis der Praxistätigkeit gibt die Position Betriebsergebnis wieder, das wiederum
aus der Differenz des betrieblichen Rohertrags und der Gesamtkosten resultiert. Zum Ergebnis vor Steuern gelangt man schließlich durch den Abzug des nicht mit der eigentlichen
Praxistätigkeit in Verbindung stehenden neutralen Ergebnisses vom Betriebsergebnis.

Um eine aussagefähige und dem zu betrachteten Zeitraum entsprechende BWA zu er- **1212**
halten, müssen die verbuchten Daten jedoch bestimmten Qualitätskriterien genügen. Zum
einen sollten die Belege zeitnah an die Buchhaltung geliefert und die (ggf. voraussichtlichen) Abschreibungen regelmäßig monatlich verbucht werden. Bei den Personal- und

Raumkosten muss der Monatswert auch dem extrapolierten Gesamtwert des Wirtschaftsjahres entsprechen, also plausibel sein. Daneben müssen auch die Quartalsabrechnungen der KV bzw. KZV regelmäßig verbucht werden.

1213 Den einzelnen Spalten der BWA werden, zumeist programmseitig automatisch, Vorjahreszahlen und Prozentwerte als Vergleichsgrößen hinzugefügt. Die Vergleichsgrößen bieten einerseits die Basis für die Einschätzung der wirtschaftlichen Entwicklung der Arztpraxis, bei dem Periodenschwankungen außen vor bleiben. Andererseits kann damit auch rasch mit externen Statistiken, wie z. B. Kostenstrukturstatistiken für Arzt- und Zahnarztpraxen verglichen werden.

1214 Neben der Vergleichsfunktion sollte die BWA auch das ermittelte Ergebnis umrechnet in ein liquides Ergebnis darstellen können, denn nicht nur der für die Steuerberechnung benötigte Gewinn ist maßgeblich, sondern die zur Verfügung stehenden Geldmittel, also der entnahmefähige Gewinn. Jedoch gibt es dabei Einschränkungen hinsichtlich der Aussagekraft, denn der BWA zugrunde liegendes Finanzbuchhaltungsprogramm verarbeitet oftmals keine Fälligkeiten von bspw. Rechnungen, so dass lediglich die statische Liquiditätsbetrachtung in Frage kommt. Diese wurde bereits an anderer Stelle behandelt.

1215 Die BWA erfüllt damit zwar weitestgehend ihre Aufgabe als ein geeignetes Überwachungsinstrument, die den Praxisinhaber bestenfalls monatlich einen Überblick über die wirtschaftlichen Verhältnisse seiner Praxis verschafft. Doch soll die BWA nicht nur vergangenheitsbezogene Informationen liefern, sondern das Augenmerk auch auf zukünftige Entwicklungen und eventuelle Risiken lenken. Nach dem Motto: „Wer die betriebswirtschaftliche Situation seiner Praxis nur mit der BWA des vergangenen Monats betrachtet, fährt sein Auto sozusagen mit dem Rückspiegel". Die BWA dient deshalb auch, als Basis für die Hochrechnung des zu versteuernden Einkommens und damit der Ermittlung der persönlichen Steuerlast. Dadurch erwächst die Möglichkeit, noch auf das Ergebnis für das aktuelle Jahr und auch für weitere Folgejahre Einfluss zu nehmen. Wird die Steuerbelastung aufgrund dieser Hochrechnung beispielsweise als sehr hoch eingeschätzt, kann der Arzt gegebenenfalls noch **Gewinnsteuerungsmöglichkeiten** wahrnehmen und beispielsweise im alten Jahr eventuell Einnahmen in das neue Jahr verlagern (z. B. verspätete Rechnungsstellung im Privatliquidationsbereich) oder Ausgaben, die unter Umständen erst im neuen Jahr getätigt werden würden, schon im November oder Dezember tätigen (z. B. Anschaffung von geringwertigen Wirtschaftsgütern für die Praxis). Eine Verschiebung könnte auch dann wichtig werden, wenn im neuen Jahr Steueränderungen anstehen.

4. Die Gewinnverteilung in einer GbR

1216 Das Ergebnis vor Steuern stellt bei Einzelpraxen oder beispielsweise Praxisgemeinschaften die Bemessungsgrundlage für die Einkommensteuer dar. Im Falle einer Berufsausübungsgemeinschaft (BAG) in Form einer GbR muss das Ergebnis der Gesellschaft jedoch erst unter den Gesellschaftern verteilt werden. Dadurch wird letztlich der wirtschaftliche Vorteil für jeden einzelnen Beteiligten am Zusammenschluss deutlich.

1217 **a) Die Möglichkeiten der Gewinnverteilung.** Den Gesellschaftern steht gemäß § 721 Abs. 2 BGB das Recht auf Vornahme eines Rechnungsabschlusses und Verteilung des von der GbR erzielten Gewinns zum Schluss eines jeden Geschäftsjahres zu. Grundlage für die Gewinnverteilung ist der zwischen den Gesellschaftern geschlossene Gesellschaftsvertrag. Trifft der Gesellschaftsvertrag keine Regelung zur Gewinnverteilung, erhält jeder Gesellschafter einen gleichen Anteil am Gewinn und Verlust (§ 722 BGB). In steuerlicher Hinsicht wird der Gewinn einer Berufsausübungsgemeinschaft bzw. der ärztlichen GbR in einem ersten Schritt zunächst einheitlich anhand der Einnahmen-Überschussrechnung gem. § 4 Abs. 3 EStG festgestellt. Danach werden entsprechend der Beteiligungsquoten der Gewinn auf die Gesellschafter verteilt (= einheitliche und gesonderte Feststellung).

1218 Die vom Gesetz vorgeschlagene Regelung in § 722 BGB wird in aller Regel den Bedürfnissen in der Arztpraxis nicht gerecht. Die vom Gesetz vorgesehene Gewinnverteilung nach Kopfanteilen wird zunehmend als unbillig angesehen, insbesondere dann, wenn ein Gesellschafter über wesentlich längere Berufserfahrung verfügt, höhere Umsätze erzielt oder durch Publikationen oder Fachvorträge zusätzliche Patienten gewinnt. In der Praxis hat sich deshalb insbesondere die Gewinnverteilung nach einem **Festkapitalanteil** und verschiedene **Punktesysteme,** insbesondere das sog. **Lock-Step-System** durchgesetzt.

[...] vom Gewinn der Gesellschaft erhalten:

im ersten Praxisjahr:
- Herr Dr. A   40%
- Frau Dr. B   40% und
- Herr C   20%

Im zweiten Praxisjahr:
- Herr Dr. A   33,3%
- Frau Dr. B   33,3%
- Herr C   33,3%

Abbildung 54: Beispiel einer Festkapitalanteilregelung

Das sog. Festkapitalsystem, welches im vorliegenden Beispiel nochmals zusätzlich nach **1219** zeitlichen Gesichtspunkten abgestuft worden ist, eignet sich vorzugsweise für kleinere Berufsausübungsgemeinschaften und Gesellschaften mit einer geringen Gesellschafterfluktuation. Es hat den Vorteil der Einfachheit: werden neue Gesellschafter aufgenommen, müssen diese allerdings entweder eine hohe Kapitaleinlage erbringen oder sie werden nur insoweit am Gesellschaftsvermögen beteiligt, als dieses während der Dauer ihrer Beteiligung erworben wird. Im letzteren Fall ist das Gesellschaftsvermögen allerdings bei Ein- und Austritt eines Gesellschafters stets neu zu bewerten.

Bei größeren Gesellschaften und insbesondere bei solchen Gesellschaften mit häufigen **1220** Gesellschafterwechseln erweist sich das Festkapitalsystem als unzulänglich. Hier haben sich in der Praxis verschiedene **Punktsysteme** durchgesetzt, welche entweder sich an einer Punktzahl orientieren, die sich im Laufe der Jahre erhöht **(Lock-Step-System)** oder von vornherein an andere Kriterien, wie z. B. Umsatz, Patientenzahl, Punkte etc. anknüpfen.

[...] Die Gewinn-, bzw. Verlustanteile der Gesellschafter sind von Geschäftsjahr zu Geschäftsjahr variabel. Der jeweilige Anteil am Jahresergebnis wird am Schluss des Geschäftsjahres auf der Basis eines Punktesystems ermittelt und ergibt sich aus dem Verhältnis der persönlichen Punktzahl eines Gesellschafters zur Gesamtzahl aller an die Gesellschafter vergebenen Punkte. Die persönliche Punktzahl eines Gesellschafters errechnet sich aus der Addition folgender Einzelwerte:
- Umsatz des Gesellschafters (30%),
- vermittelter Umsatz zugunsten anderer Gesellschafter (30%),
- Verwaltungstätigkeit für die Praxis (20%),
- Nebentätigkeiten und Ehrenämter (10%),
- Vortragstätigkeit und Publikationen (10%).

Abbildung 55: Beispiel einer Lock-Step-System-Regelung

Jedoch haben die sog. Lock-Step-Systeme bei Berufsausübungsgemeinschaften gewisse **1221** Grenzen. Dies mag in erster Linie darauf zurückzuführen sein, dass eine BAG die vertragsärztlichen Honorare aus der Behandlung von gesetzlich Versicherten unter einer einheitlichen Abrechnungsnummer bei der KV abrechnet. Aus diesem Grunde ist es bei Arztpraxen überwiegend üblich, dass ein neu aufgenommener Gesellschafter einen bestimmten Eintrittspreis bezahlt.

1222 Ein weiteres Problem der Anwendung des Lock–Step–Systems stellt sich, dass jeder Vertrag über eine ärztliche Berufsausübungsgemeinschaft der Zustimmung der Zulassungsgremien bei der zuständigen KV bedarf. Diese Gremien prüfen auch die im Vertrag enthaltenen Regelungen zur Vermögens- bzw. Gewinn- und Verlustverteilung. Sofern die im vorgelegten Gesellschaftsvertrag der BAG getroffenen bzw. beabsichtigten Regelungen in Bezug auf den neu eintretenden Arzt in erheblichem Umfang von den übrigen Ärzten der Praxis abweichen, wird häufig ein „verstecktes Anstellungsverhältnis" angenommen (medizinrechtlich[56] als „Nullbeteiligungsgesellschaft" bezeichnet). Dies hat zur Folge, dass die Zulassungsausschüsse dem Vertrag ihre Zustimmung versagen.[57]

1223 **b) Regelung von unterjährigen Entnahmen.** Die gesetzlichen Regelungen über die GbR sehen ein unterjähriges Entnahmerecht der Gesellschafter nicht vor. Das bedeutet, dass keine Regelungen darüber bestehen, wie und in welchem Umfang die Gesellschafter beispielsweise monatliche Beträge auf ihren zu erwartenden Gewinnanteil entnehmen können, um für ihren privaten finanziellen Verpflichtungen (Lebenshaltung, Darlehensdienste, Steuerzahlungen etc.) nachkommen zu können.[58] Dies unterscheidet die GbR von der Partnerschaftsgesellschaft, bei der ein gesetzliches Entnahmerecht vorgesehen ist. Daher muss der Gesellschaftsvertrag auch hier Regelungen treffen, die dieses Entnahmerecht den Gesellschaftern zusichern.

1224 Zur besseren Planbarkeit und um die monatliche Liquidität der Gesellschafter nicht zu gefährden, kann den Gesellschaftern entweder ein monatliches Entnahmerecht zugestanden werden oder ein fester sog. Gewinnvorab. Der wesentliche Unterschied liegt darin, dass der Gewinnvorab selbst in Verlustjahren der BAG seitens der Gesellschaft nicht zurückgefordert werden kann.

5. Die Gewinnermittlung durch Betriebsvermögensvergleich

1225 Die (Gewinn-)Einkünfte des Arztes, die letztendlich die Grundlage für die Bemessung der Einkommensteuer bilden, werden grundsätzlich durch Betriebsvermögensvergleiche ermittelt. Die Einnahmen-Überschussrechnung ist wie bereits erläutert, eine abgemilderte Unterart.

1226 Gemäß der Vorschrift des § 4 Abs. 1 EStG ist beim sog. **Betriebsvermögensvergleich** (oder Bestandsvergleich) der Gewinn der Unterschiedsbetrag zwischen dem Betriebsvermögen am Schluss des Wirtschaftsjahres und dem Betriebsvermögen am Schluss des vorangegangenen Wirtschaftsjahrs, vermehrt um den Wert der Entnahmen und vermindert um den Wert der Einlagen. Demzufolge erfolgt die (steuerliche) Gewinnermittlung zweistufig. Zunächst wird der Unterschiedsbetrag zwischen dem Betriebsvermögen zweier zeitlich aufeinander folgender sog. Bilanzstichtage (zumeist der 31. 12. eines jeden Jahres) ermittelt:

	Betriebsvermögen des (aktuellen) Wirtschaftsjahres
./.	Betriebsvermögen des vorangegangenen Wirtschaftsjahres
=	Unterschiedsbetrag

1227 Dabei kann das Betriebsvermögen sich einmal nach § 5 Abs. 1 EStG ermitteln (besonderer Betriebsvermögensvergleich) und einmal nach § 4 Abs. 1 S. 1 EStG (allgemeiner Betriebsvermögensvergleich). Der Unterschied zwischen beiden Betriebsvermögensvergleichen besteht darin, dass der besondere **Betriebsvermögensvergleich** von buchführungspflichtigen Kaufleuten (z. B. MVZ-GmbH) angewendet wird und die sog. **Maßgeblichkeit** des Han-

---

[56] Vgl. hierzu *Haack,* in Wenzel, Hdb. des Fachanwalts Medizinrecht, 2. Aufl., S. 1028 ff.
[57] Vgl. *Haack,* NWB 40/2009, 3124, Kommentierte Langfassung, 2009, NWB DokID: ZAAAD-28 228.
[58] Vgl. *Errestink,* Gemeinschaftspraxisvertrag für Ärzte, 2009, S. 37 f.

delsrechts für das Steuerrecht gilt. Der **allgemeine Betriebsvermögensvergleich** wird in sinngemäßer Anwendung handelsbilanzieller Ansatz- und Bewertungsvorschriften einschließlich der Grundsätze ordnungsmäßiger Buchführung ermittelt.

Der allgemeine Betriebsvermögensvergleich ist eine Regelung des Steuerrechts hinsicht- **1228** lich der Gewinnermittlung mittels der sog. (Steuer-)Bilanz und darf nur von Land- und Forstwirte sowie freiwillig buchführenden selbständig Tätigen angewendet werden.[59] Hierunter fallen auch Freiberufler, die sich freiwillig dieser Gewinnermittlungsart unterwerfen. Ein Wechsel von der wesentlich einfacheren Einnahmen-Überschussrechnung zu den Vermögensvergleichen ist grundsätzlich möglich. Allerdings sind aufgrund der unterschiedlichen Erfassung steuerlicher Vorgänge Gewinnberichtigungen im Rahmen einer Übergangsgewinnermittlung durch Zu- und Abrechnungen vorzunehmen.[60] Der Arzt ist an die Wahl seiner Gewinnermittlungsart grundsätzlich mindestens drei Wirtschaftsjahre gebunden.

Nach der Ermittlung des Unterschiedsbetrags wird dieser um den Wert der Entnahmen **1229** und den Wert der Einlagen zwischen zwei Bilanzstichtagen korrigiert.

	Unterschiedsbetrag
+	Wert der Entnahmen
./.	Wert der Einlagen
=	**Gewinn**

Entnahmen können dabei Geld oder Güter sein, die der Praxisinhaber aus dem Praxis- **1230** vermögen für sich, seinen Haushalt oder für andere praxisfremde Zwecke im Laufe des Wirtschaftsjahres entnommen hat.[61] Einlagen verstehen sich als Bareinzahlungen oder Gütereinbringung die der Praxisinhaber dem Praxisbetrieb zugeführt hat. Einlagen und Entnahmen dürfen durch außerbetriebliche, private Vermögensveränderungen nicht den Gewinn beeinflussen.

a) Besondere Aspekte bei der Buchführung. aa) Die Grundsätze ordnungsmä- **1231** **ßiger Buchführung.** Die GoB sind betriebswirtschaftliche Prinzipien dafür, wie die Buchführung buchführungspflichtiger bzw. bilanzierender Unternehmen zu erfolgen hat. Sie ergeben sich vor allem aus Wissenschaft und Praxis, der Rechtsprechung sowie Empfehlungen von Wirtschaftsverbänden. Sie sind ergänzende Postulate, die von den gesetzlichen Bestimmungen abgeleitet werden. Sie stehen neben dem gesetzten Recht mit der Aufgabe eines außergesetzlichen Orientierungs- und Wertmaßstabes und haben Rechtsnormcharakter. Die GoB dienen der Absicherung eines geschlossenen und geordneten Rechnungswesens, in dem die Geschäftsvorfälle sich vom Beleg über die Konten bis hin zum Jahresabschluss verfolgen lassen. Die Grundsätze ordnungsmäßiger Buchführung sind sowohl teils kodifizierte Grundsätze als auch Verhaltensweisen, die ein ordentlicher Kaufmann allgemein als ordnungsmäßig gemäß dem allgemeinen Handelsbrauch versteht. Eine gänzliche Kodifizierung der GoB ist durch den ständigen Wandel und der damit notwendigen Adaptierungen bspw. bei Anwendung elektronischer Medien aber auch nicht sinnvoll. Der Auslegungsspielraum der GoB muss weit genug sein, um sich neuen Verhältnissen anpassen zu können, ohne jedoch die grundlegende Funktion der GoB als Wertmaßstab in Frage zu stellen. Eine Buchführung wird nämlich nur dann den GoB entsprechen, wenn sichergestellt bleibt, dass sie auch bei Einsatz neuer technischer Rationalisierungshilfen hin-

---

[59] Zur Abgrenzung: wird die Arztpraxis in Form einer Kapitalgesellschaft geführt (z. B. MVZ-GmbH), dann ist diese durch ihre Kaufmannseigenschaft zur (doppelten) Buchführung gem. § 238 Abs. 1 HGB verpflichtet und muss auch den (besonderen) vollständigen Betriebsvermögensvergleich gem. § 4 Abs. 1 S. 1 i. V. m. § 5 Abs. 1 EStG erstellen.

[60] R 4.6 EStR 2008.

[61] Vgl. § 4 Abs. 1 S. 2 EStG.

sichtlich ihrer Aussage und Beweiskraft nicht hinter den bisher anerkannten und üblichen Verfahren zurückbleibt.[62]

1232 Die beiden zentralen Aufgaben einer ordnungsmäßigen Buchführung sind ordnungsmäßige Dokumentation und Rechenschaftslegung.[63]

1233 Zu den **Dokumentationsgrundsätzen** gehören das Prinzip des systematischen Aufbaus der Buchführung, das Prinzip der vollständigen und verständlichen Aufzeichnung, das Belegprinzip (keine Buchung ohne Beleg) und die Einhaltung bestimmter gesetzlicher Aufbewahrungsfristen. Das Prinzip des systematischen Aufbaus der Buchführung besagt, dass die Buchführung **übersichtlich** sein muss. Hierzu gehören die Organisation, das vorhandene System der Buchführung und die Art der geführten Bücher. Dies kann durch die Anwendung eines Kontenrahmens gesichert werden. Ein weiteres Prinzip des Dokumentationsgrundsatzes ist das Prinzip der **vollständigen und verständlichen Aufzeichnung.** Alle Geschäftsvorfälle müssen einzeln und chronologisch verbucht werden. Darüber hinaus hat die Buchführung formellen Vorschriften zu genügen, (z.B. Aufstellung in deutscher Sprache und in Euro, Verbot von Unkenntlichmachungen und Rasuren). Zu den wichtigen Grundsätzen einer ordnungsmäßigen Buchführung gehört auch das Belegprinzip, wonach Grundlage jeder Buchung ein Buchungsbeleg ist **(Belegzwang).** Dabei können Belege sowohl externe Quellen haben (z.B. Eingangsrechnungen, Ausgangsrechnungen, Kontoauszüge, Quittungen, Geschäftsbriefe), die durch Transaktionen zwischen der Arztpraxis und Dritten anfallen, als auch Eigenbelege sein (z.B. Lohn- und Gehaltsabrechnungen, Belege über Privatentnahmen). Die Belege müssen auf ihre inhaltliche und formelle Richtigkeit hin geprüft werden (Datum, Betrag, zutreffender Belegtext, Belegempfänger).

1234 Neben den Dokumentationsgrundsätzen sind die **Grundsätze zur Rechenschaftslegung** zu beachten. Diese, **im HGB kodifizierte Grundsätze** fordern zum einen bestimmte formale Gliederungs- und Gestaltungsprinzipien sowie die vollständige, fachgerechte und kontinuierliche Aufstellung des Jahresabschlusses. Darüber hinaus gilt stets das Vorsichtsprinzip, welches als übergeordneter Grundsatz die zurückhaltende Abschätzung der mit der Geschäftstätigkeit verbundenen Chancen und Risiken gebietet (§ 252 Abs. 1 Nr. 4 HGB). Das bedeutet, dass die Gefahr einer zu hohen Gewinndarstellung durch die Korrektur der Wertansätze im Bereich der Vermögensposten (tendenziell nach unten) sowie im Bereich der Schulden (tendenziell nach oben) vermieden werden soll.

1235 **bb) Mindestanforderungen an die Buchführung.** Wie schon erläutert, wird keine bestimmte Organisationsform der Buchführung vorgeschrieben. Bestimmte Mindestgrundsätze lassen sich daher nur festlegen, insoweit diese Handelsbrauch zum Inhalt haben. In diesem Sinne ist die Mindestbuchführung ihrem Wesen nach eine **doppelte Buchführung** unter Beschränkung der Zahl der Konten und Vereinfachung des Buchungsverfahrens. Im Detail bedeutet das, dass die bilanzierende Arztpraxis folgende Nachweise zu führen hat:
– Kassenbuch,
– Journal (Grundbuch),
– Kontokorrentbuch oder Offene-Posten-Buchführung,
– Inventarverzeichnis und Bilanz(en),
– Bestandsverzeichnis (Anlagenverzeichnis).

1236 Die baren Tageseinnahmen und baren Tagesausgaben sind im Kassenbuch einzeln aufzuzeichnen. Die betrifft beispielsweise die Einnahmen aus der Praxisgebühr oder den Kauf von Briefmarken. Das Journal oder Tagebuch zeichnet sämtliche Geschäftsvorfälle fortlaufend, zeitnah (spätestens nach einem Monat) und chronologisch auf. Die entsprechende Belegsammlung ist danach auszurichten. Die meisten EDV-Programme bieten die Möglichkeit, sich eine Offene Posten Liste auswerten zu lassen, so dass ein händisch geführtes Kontokorrentbuch nicht notwendig ist. Die jährliche Inventur und das darauf basierende

---

[62] Vgl. *Eisele,* Technik des betrieblichen Rechnungswesens, S. 25.
[63] Vgl. *Schneider,* Betriebswirtschaftslehre, S. 93 ff.

Inventarverzeichnis sind ebenfalls Bestandteile der Buchführung, wie die daraus entwickelte Bilanz inklusive der Bewegungen durch die Geschäftsvorfälle. Das bewegliche Anlagevermögen muss zu dem in einem Bestandsverzeichnis (Anlagenverzeichnis, Anlagenkartei) zusammengestellt werden.

Mit Ausnahme der täglichen Aufzeichnungen für die baren Tageseinnahmen und Tagesausgaben sind die Geschäftsvorfälle zeitgerecht zu verbuchen (§ 239 Abs. 2 HGB, § 146 Abs. 1 AO). Die Frist von einem Monat wird als zulässig angesehen, sofern organisatorische Vorkehrungen den zwischenzeitlichen Verlust der Buchführungsunterlagen ausschließen.[64] Die organisatorischen Vorkehrungen können beispielsweise die Einrichtung eines zentralen Ortes für die Ablage der zu buchenden Belege und die Benennung einer zuständigen Mitarbeiterin für die Bearbeitung der anfallenden Buchführungsunterlagen sein. **1237**

Das Gleiche gilt aber auch für die Daten des EDV-Systems. Die Aufbewahrungsfrist beginnt jeweils am Ende eines jeden Jahres, in dem beispielsweise die Rechnung ausgestellt wurde, abweichend zu den Jahresabschlüssen, deren Frist erst im Jahr der Jahresabschlusserstellung beginnt. **1238**

cc) Fehlerhafte Buchführung und deren Rechtsfolgen. Buchführung und Bilanz sind für das Wirtschaftsleben von ganz erheblicher Bedeutung. Daher steht die korrekte Erfüllung diesbezüglicher Verpflichtungen im besonderen öffentlichen Interesse des Rechtsverkehrs und des Kreditwesens.[65] Neben dem internen Selbstinformationszweck liegt es aber auch im Interesse der Geschäftspartner durch eine lückenlose und verständliche Buchhaltung und aussagekräftige Bilanzen einen geeigneten Überblick über die Lage des der Arztpraxis zu erhalten. **1239**

Die Buchführung kann formelle und materielle Mängel aufweisen. Formelle Mängel der Buchführung entstehen aus der Nichtbeachtung oder nicht ausreichend berücksichtigten Formvorschriften der §§ 238 ff. HGB, § 146 sowie § 147 AO. Dabei betreffen die Mängel sowohl den Aufbau bzw. die äußerliche Beschaffenheit des Rechnungswesens und können sich gleichzeitig auch im zeitlichen Buchungsablauf sowie der Belegordnung finden. Materielle Mängel enthält die Buchführung, sofern der Wahrheitsgehalt, die Vollständigkeit oder die sachliche Richtigkeit beeinträchtigt sind. Dies kann beispielsweise der Fall sein, wenn Geschäftsvorfälle falsch, unvollständig oder überhaupt nicht aufgezeichnet sind. **1240**

Steuerrechtlich wird unterschieden zwischen korrigierbaren und nicht korrigierbaren Mängeln der fehlerhaften Buchführung. Je nach Fehlerschwere werden dann unter Umständen Schätzungen des gesamten Ergebnisses unter Verwerfung der Buchführung durch die Steuerbehörde vorgenommen. Strafrechtliche Konsequenzen von Steuerstraftaten und Steuerordnungswidrigkeiten ergeben sich aus der Abgabenordnung (§§ 369 ff. AO). Diese reichen von Geldstrafen bis hin zu ausschließlichen Freiheitsstrafen in besonders schweren Fällen. **1241**

b) Die Bilanz. Die Bilanz (ital. „il bilancia" – die Waage) ist das Instrument zur Ermittlung des (steuerlichen) Gewinns und bildet zusammen mit der Gegenüberstellung der Aufwendungen und Erträge einer Arztpraxis (Gewinn- und Verlustrechnung) den Jahresabschluss. Sie ist der nach bestimmten Regeln darzustellende Abschluss des Verhältnisses des Vermögens und der Schulden. **1242**

aa) Der Weg zur Bilanz. Zu Beginn eines jeden Geschäftsjahres muss eine sog. Eröffnungsbilanz[66] und zum Schluss eines jeden Geschäftsjahres eine Schlussbilanz aufgestellt werden (§ 242 Abs. 1 HGB). Ausgangspunkt für die Eröffnungsbilanz ist das Inventar (§ 240 Abs. 1 HGB). **1243**

Das Inventar ist ein unabhängig von der Buchführung zu erstellendes vollständiges, detailliertes art-, mengen- und wertmäßiges Verzeichnis aller Vermögensgegenstände und **1244**

---

[64] Vgl. R 5.2 Abs. 1 EStR.
[65] Vgl. Reichsgericht RGSt 13, 235, 237, 239.
[66] Die Bilanz resultiert aus dem Inventar, lässt sich jedoch nicht unmittelbar daraus überführen. Daher wird aus buchhalterischen Gründen eine Eröffnungsbilanz zwischengeschaltet.

Schulden zu einem Stichtag. Die Erstellung des Inventars (= Inventur) muss jedes Jahr mindestens ein Mal wiederholt werden (gem. § 240 Abs. 2 HGB) und dient somit im Wesentlichen dem Abgleich der buchhalterisch festgehaltenen Werte mit den tatsächlichen Beständen. Die gezählten bzw. erfassten Bestände werden mit ihrer Bezeichnung und ihrem zugehören Wert in Listenform einzeln ausgewiesen. Die Ordnungsmäßigkeit der Bestandserfassung gewährleistet das Vier-Augen-Prinzip, das heißt, dass die Zählung der ersten Person durch eine zweite Person kontrolliert wird.

1245   Bei dieser Bestandserfassung wird sich aber nicht nur der tatsächlichen Zählung von Gegenständen (körperliche Bestandsaufnahme) bedient. Vielmehr müssen zahlreiche Unterlagen und Nachweise zusammengetragen werden, um den Bestand nachzuweisen. Beispielsweise werden Immobilien anhand von Kaufverträgen, Grundbuch- und Katasterauszügen aufgenommen, liquide Mittel durch Kontoauszüge, bestehende Forderungen durch Erfassung der Ausgangsrechnungen oder Kredite anhand der entsprechenden Vertragsunterlagen belegt.

1246   Neben den rein formalen Anpassungen sind auch bei Aufnahme der Inventarwerte in die Eröffnungsbilanz, materielle Wertkorrekturen vorzunehmen. Dies ist immer dann notwendig, wenn die Inventarwerte und die Bilanzwerte nicht übereinstimmen. Der Bilanzwert kann beispielsweise aufgrund niedrigerer Marktwerte oder auf Grund steuerlicher Wahlrechte vom tatsächlichen Inventarwert abweichen. Die Überleitung vom Inventar zum Bilanzansatz erfolgt dann in einem gesonderten Bearbeitungsgang und es muss lückenlos dokumentiert sein, welche Gegenstände nach welchem Verfahren in welcher Höhe für die Bilanz umbewertet worden sind.

1247   Das Vermögen bzw. die Vermögensgegenstände dürfen in die Bilanz jedoch nur dann aufgenommen werden, die auch Betriebsvermögen (Praxisvermögen) darstellen. Welche Vermögensgegenstände zum Praxisvermögen gehören wird nach wirtschaftlichen Gesichtspunkten beurteilt (Prinzip der wirtschaftlichen Betrachtungsweise), selbst wenn sich die rechtlichen Eigentumsverhältnisse anders darstellen (z. B. beim Leasing). Das wirtschaftliche Eigentum und damit die Zugehörigkeit zum Betriebsvermögen wird dann unterstellt, wenn die Arztpraxis über den Vermögensgegenstand tatsächlich verfügen kann, als ob er ihm auch rechtlich gehören würde. Es ist daher insbesondere bei natürlichen Personen als Unternehmenseigentümer auch vom Privatvermögen abzugrenzen. Fällt die Beurteilung so aus, dass der Vermögensgegenstand dem privaten Bereich zuzuordnen ist, dann werden Vorgänge in Verbindung mit diesem Vermögensgegenstand als Privateinlage oder Privatentnahme behandelt und dürfen sich nicht gewinnmindernd (und damit steuermindernd) auswirken.

1248   **bb) Der Aufbau einer Bilanz.** Die einzelnen Inventarwerte bzw. die einzelnen Konten aus der (doppelten) Buchführung werden in der Bilanz zu größeren Einheiten und Gruppen zusammengefasst.

1249   Das Vermögen (= Besitzposten; Aktiva) wird auf der linken Bilanzseite (Aktiva) nach zunehmender Geldnähe angeordnet. Das begründet die Einteilung der Aktivseite in das sog. Anlagevermögen und Umlaufvermögen. Das Anlagevermögen ist seiner Zwecksetzung nach dazu bestimmt, dem Geschäftsbetrieb auf Dauer zu dienen, während sich das Umlaufvermögen im Umsatzprozess eher laufend umschlägt. Die Schuldposten der Bilanz zeigt das zur Finanzierung der Vermögenswerte notwendige Kapital auf der rechten Seite der Bilanz (Passiva), unterteilt nach Herkunft der Mittel in Eigen- und Fremdkapital. Die Anordnung erfolgt nach zunehmender Fälligkeit, also nach der Dringlichkeit der Verpflichtung.

1250   Die Aktiva spiegelt die durch die Passiva finanzierten Mittel wider. Demzufolge müssen beide Seiten gleich sein (= **Bilanzgleichheit**). Selbst im Fall einer Überschuldung, bei dem das ausgewiesene Vermögen geringer ist als das zur Verfügung stehende Kapital, wird durch Ausweis eines Verlustes, die Bilanzgleichheit wieder hergestellt. Es kann also festgehalten werden, dass sich alle in einem Unternehmen eingesetzten Werte zweifach in der Bilanz niederschlagen.

```
┌─────────────────────────────────────────────────────────────────┐
│                                                                   │
│  Aktiva              Bilanz zum ....              Passiva         │
│                                                                   │
│  Vermögen                      Kapital                            │
│                                                                   │
│    Anlagevermögen                Eigenkapital                     │
│    Umlaufvermögen  _____      Fremdkapital    _____         │
│                                                                   │
│  Summe Aktiva      ════════  │ Summe Passiva     ════════         │
│                              │                                    │
│    Mittel(Kapital-)Verwendung      Mittel(Kapital-)Herkunft       │
│                                                                   │
└─────────────────────────────────────────────────────────────────┘
```

Abbildung 56: Grundstruktur einer Bilanz

cc) Die Bilanzveränderung durch Geschäftsvorfälle. Durch Geschäftsvorfälle kön- **1251** nen sich die Werte jeweils verändern: erfolgsneutral oder erfolgswirksam. Während **erfolgswirksame** Geschäftsvorgänge auch die Gewinn- und Verlustrechnung ansprechen, berühren **erfolgsneutrale Geschäftsvorgänge** nur die Bilanz.

Das ist immer dann der Fall, wenn das Erhaltene und die hierfür erforderliche Vorleis- **1252** tung wertmäßig übereinstimmen, z.B. Barabhebung von der Bank, Barkauf eines Firmenwagens, Banküberweisung eines Kunden. In diesen Fällen findet ein so genannter Aktivtausch statt, das heißt, dass sich die Position Bank vermindert und gleichzeitig die Position Kasse mit dem gleichen Betrag erhöht. Darüber hinaus können erfolgsneutrale Geschäftsvorfälle auch durch Umschichtungen innerhalb des Kapitals (Passivtausch) oder durch Abnahme bzw. Zunahme von Vermögens- und Kapitalpositionen (Aktiv-Passiv-Bewegungen) die Bilanzwerte verändern. Zur Darstellung der einzelnen Geschäftsvorfälle wird, wie schon erläutert, für jede Bilanzposition ein Konto (T-Konto oder Kontenkreuz) angelegt und dort Zu- bzw. Abgänge jeweils getrennt erfasst. Aus dem Saldo ermittelt sich der aktuelle Bestand. Diese Konten werden somit auch als **Bestandskonten** bezeichnet und der jeweiligen Bilanzseite folgend entweder als Aktivkonto oder als Passivkonto betitelt. Die jeweiligen Geschäftsvorfälle werden in **Buchungssätze** umgeformt, der zuerst den Sollposten und dann den Habenposten unter Benennung des Betrages mit dem Wort „an" verbindet. Zugänge (Guthaben) bei den Vermögenspositionen werden sollseitig und Abgänge (Lastschriften) auf der Habenseite erfasst. Bei den Passivkonten erfolgt das genau umgekehrt, da sie formal von rechts nach links rechnen. Der jeweilige Saldo wird danach auf die entsprechende Bilanzposition übernommen.

Nachfolgend sollen einige Beispiele der Verdeutlichung der (doppelten) Buchführungs- **1253** technik dienen.

	Geschäftsvorfall	Buchungssatz	Erläuterung
1	Die autorisierte Mitarbeiterin einer Arztpraxis hebt 200 EUR Bargeld vom Praxiskonto ab.	Kasse an Bank	Die Konten der Bilanzgruppe „Umlaufvermögen" werden angesprochen. Das Buchungskonto „Kasse" erhält einen Zugang auf der Sollseite und das Konto „Bank" eine Lastschrift, die auf der Habenseite dieses Kontos in der jeweils gleichen Höhe verbucht wird. Demzufolge wird sich der Bestand der Bilanzposition Kasse erhöhen und der der Bilanzposition Bank vermindern. Es erfolgt dadurch lediglich ein Wertetausch von Bilanzpositionen auf der Aktivseite (= Aktivtausch; Vermögensumschichtung).
2	Der Praxisinhaber nimmt ein Praxisdarlehen auf.	Bank an Verbindlichkeiten	Konten der Bilanzgruppe „Umlaufvermögen" und „Fremdkapital" werden angesprochen. Der Saldo (Bestand) des Buchungskontos „Bank" vermehrt sich, ebenso wie bei der Position „Verbindlichkeiten". Dadurch steigt die Summe der Aktiva und der Passiva (= Aktiv-Passiv-Mehrung).
3	Der Praxisinhaber kauft ein neues Fahrzeug für die Praxis im Wert von 35 000 EUR gegen Inzahlunggabe eines gebrauchten Firmenfahrzeugs, das noch einen sog. Buchwert von 12 000 EUR hat. Der Rest wird durch das Bankkonto beglichen.	Sachanlagen an Sachanlagen an Bank	Die Konten der Bilanzgruppe „Anlagevermögen" und „Umlaufvermögen" werden angesprochen. Die Position KfZ erhöht sich im Bestand lediglich um 23 000 EUR (alt gegen neu). Durch Gegenbuchung bei der Bank im Haben mit dem gleichen Betrag wird dieser Buchungssatz dem Grundsatz der doppelten Buchführung gerecht. (Aktivtausch)

1254   **dd) Das Eigenkapitalkonto.** Fällt die eigene Leistung bzw. das Erhaltene und die Vorleistung wertmäßig nicht zusammen, dann besitzen die Geschäftsvorfälle (positive oder negative) Erfolgswirkung. Diese Erfolgswirkung zeigt sich, wie schon angesprochen im Eigenkapital durch Vergleich des einen Geschäftsjahres mit dem anderen. Das Eigenkapital nimmt neben den erfolgswirksamen Geschäftsvorfällen auch erfolgsneutrale Privateinlagen und Privatentnahmen auf. Daher erfolgt eine Trennung des Eigenkapitalkontos in zwei Unterkonten: das Erfolgskonto (Gewinn- und Verlustkonto) und das Privatkonto.

Büttner-Hoigt

Abbildung 57: Kontenarten

Das Erfolgskonto ist als Unterkonto des Eigenkapitals auch diesem nachgebildet und **1255** muss also auch die Form eines passiven Bestandskontos annehmen. Es erfasst demzufolge erfolgswirksame Eigenkapitalmehrungen im Haben (= Erträge) und erfolgswirksame Eigenkapitalminderungen im Soll (= Aufwendungen). Es würde jedoch in dieser Form lediglich Erträge und Aufwendungen in zeitlicher Reihenfolge, ähnlich wie bei den anderen T-Konten abbilden.[67] Der Gesetzgeber verlangt deshalb eine strukturierte Gewinn- und Verlustrechnung (GuV), die eine Gegenüberstellung der Aufwendungen und Erträge eines buchführungspflichtigen Steuerpflichtigen darstellt. Sie gehört neben der Bilanz zum **handelsrechtlichen Jahresabschluss** (§ 242 Abs. 2 und 3 HGB).

Arztpraxen, die nicht buchführungspflichtig sind und freiwillig die Bilanzierung anwen- **1256** den, sind deshalb nicht verpflichtet, eine Gewinn- und Verlustrechnung aufzustellen.

Nichts desto trotz müssen seitens der Buchhaltung auch erfolgswirksame Geschäftsvorfäl- **1257** le verbucht werden. Dafür kann auch für jede Aufwands- und Ertragsart ein T-Konto eingerichtet werden, das den entsprechenden Ertrag und Aufwand eines Geschäftsjahres erfasst und bei Saldierung den Erfolg ermittelt (= Erfolgskonten). Dabei werden Zugänge bei den Betriebsausgaben sollseitig und Abgänge (z.B. Gutschriften) auf der Habenseite erfasst. Bei den Praxiseinnahmen erfolgt das genau umgekehrt, da sie formal von rechts nach links rechnen.

	Geschäftsvorfall	Buchungssatz	Erläuterung
1	Der Praxisinhaber überweist das monatliche Gehalt an die Arzthelferinnen.	Aufwendungen für Löhne und Gehälter an Bank	Das Lohn- und Gehaltskonto ist ein Aufwandkonto der GuV. Die Gehälter werden demzufolge im Soll gebucht. Die Bank als Bestandskonto der Bilanz wird im Haben belastet (Abgang). Der Endsaldo des Lohn- und Gehaltskontos geht am Ende des Geschäftsjahres in das Soll des GuV-Kontos ein und verändert damit die Eigenkapitalposition der Bilanz.

---

[67] Die handelsrechtlichen Begriffe Aufwendungen und Erträge entsprechen den Betriebsausgaben und Betriebseinnahmen nach Steuerrecht (vgl. §§ 4 Abs. 1, 8 Abs. 1 EStG).

	Geschäftsvorfall	Buchungssatz	Erläuterung
2	Durch Nachzählen in der Barkasse und Aufsummieren der entsprechenden Belege wurde ein Fehlbestand von 30 Euro festgestellt.	Sonstiger betrieblicher Aufwand an Kasse	Das Bestandskonto „Kasse" wird durch die Abnahme im Haben bebucht. Der „Sonstiger betrieblicher Aufwand" ist ein Aufwandskonto und der Betrag wird im Soll gebucht.
3	Begleichung einer Lieferung von Praxisverbrauchsmaterialien durch Banküberweisung und unter Einbehalt von 3% Skonto.	Verbindlichkeiten an Bank an Skontoertrag	Die Verbindlichkeiten nehmen durch die Bezahlung ab (= Buchung im Soll). Gleichzeitig nimmt aber der Bankbestand ebenfalls ab (= Buchung im Haben). Aber durch den Abzug des Skontos nicht in gleicher Höhe wie die Verbindlichkeiten, so dass der Arztpraxis ein Ertrag entsteht, der wiederum zur Zunahme im Ertragskonto „Skontoertrag" führt und deshalb im Haben gebucht wird.

1258   Der jeweilige Saldo der einzelnen Aufwands- und Ertragskonten wird in das Erfolgskonto und damit in das Eigenkapital der Bilanz übernommen. Auf diese Weise ermittelt sich der Erfolg einer bilanzierenden Arztpraxis sowohl einmal über den Betriebsvermögensvergleich der Bilanz und einmal über die Erfolgsrechnung (Eigenkapitalrechnung) selbst. Damit wird ein wesentliches Merkmal der doppelten Buchführung die **zweifache (doppelte) Erfolgsermittlung** deutlich.

1259   Abweichend von den bisherigen Deklarationen, dass handelsrechtliche Bestimmungen nicht tiefergehend erörtert werden, wird nachfolgend aufgrund der Spezifität und des allgemeinen Interesses sowie zur Vollständigkeit der Bilanzerläuterungen auf die Regelungen zur Erfolgsverteilung bei Kapitalgesellschaften eingegangen. Die Erfolgsverteilung in einer Berufsausübungsgemeinschaft in Form einer GbR wurden bereits an anderer Stelle behandelt.

1260   **ee) Die Erfolgsverbuchung bei einer GmbH.** Bei Arztpraxen, die als Kapitalgesellschaft geführt werden, wird die Behandlung der Übertragung des Saldos des GuV-Kontos zu einer rechtsformspezifischen Fragestellung, denn vor Verbuchung des Erfolgs muss eine Verteilung auf die Gesellschafter stattfinden.

1261   Die Erfolgsverteilung wird überwiegend dispositiv durch rechtsformabhängige Vorschriften des Handels- bzw. Gesellschaftsrecht geregelt. Der bei der Unternehmensgründung zugrunde gelegte Gesellschaftsvertrag kann jedoch bis zu einem gewissen Grad abweichende Regelungen treffen.

1262   Im Gegensatz zur GbR besteht für die GmbH als Kapitalgesellschaft eine allgemeinverbindliche Regelung des Eigenkapitalausweises in §§ 266 Abs. 3 bzw. 264c Abs. 2 HGB. Danach werden sämtliche Posten, die Eigenkapitalcharakter haben, zu einer Gruppe zusammengefasst:

Büttner-Hoigt

A. Eigenkapital
    I.   Gezeichnetes Kapital
    II. Kapitalrücklage
    III. Gewinnrücklagen
    IV. Gewinnvortrag/Verlustvortrag
    V. Jahresüberschuss/Jahresfehlbetrag

Abbildung 58: Bilanzposten Eigenkapital einer GmbH vor Gewinnverwendung

Die juristische Person „GmbH" entsteht durch den Abschluss eines Gesellschaftsvertra- **1263**
ges, der Einzahlung der Mindesteinlage und der Eintragung im Handelsregister. Im Gegensatz zur GbR haftet die GmbH nur mit ihrem Gesellschaftsvermögen das heißt, dass die
Haftung auf das Stammkapital (= Gezeichnetes Kapital) von mindestens 25 000 EUR beschränkt ist. Dieses setzt sich aus den Anteilen der Gesellschafter zusammen, wobei die
Stammeinlage eines Gesellschaftes mindestens 100 EUR betragen muss. Dieses Stammkapital wird auf dem Posten I. Gezeichnetes Kapital verbucht und in der Bilanz stets in der
durch Gesellschaftsvertrag festgelegten Höhe ausgewiesen.

Ergibt die GuV einen Gewinn, so entscheidet die Gesellschafterversammlung in einem **1264**
Gewinnverwendungsbeschluss zuerst, in welchem Umfang der Gewinn auszuschütten ist
oder ob Gewinnvorträge (IV.) bzw. Rücklagen (II. und III.) gebildet werden sollen. Danach haben die Gesellschafter grundsätzlich Anspruch auf Verteilung. Diese Verteilung
kann durch den Gesellschaftsvertrag geregelt sein oder erfolgt nach dem Verhältnis der
Geschäftsanteile (§ 29 Abs. 3 GmbHG). Sofern der Gesellschaftsvertrag nichts anderes bestimmt, kann mittels Gewinnverwendungsbeschluss auch über die Einstellung von Gewinnen in Rücklagen frei entschieden werden, da das Ob und die Höhe der Rücklagenbil-
dung im GmbH-Gesetz (GmbHG) nicht geregelt ist.

Buchhalterisch wird der ermittelte Gewinn zunächst in die (Schluss-)Bilanz des Ge- **1265**
schäftsjahres übernommen und im Rahmen der neuen (Eröffnungs-)Bilanz des nächsten
Geschäftsjahres auf ein Extra-Konto „Gewinnverwendung" übertragen, um danach die
Verteilung nach dem Gewinnverwendungsbeschluss vorzunehmen. Die entsprechenden
Gewinnanteile werden dann entweder auf Gewinnanteilskonten oder auch auf dem Konto
„Verbindlichkeiten gegenüber Gesellschaftern" verbucht. Letzteres entspricht keinem Ei-
genkapitalkonto mehr, sondern wird in das Fremdkapital eingeordnet.

ff) Die Privatkonten. Neben den Erfolgskonten besteht als weiteres Unterkonto des **1266**
Eigenkapitals das Privatkonto zur Verfügung, auf dem private Entnahmen und Einlagen
verbucht werden.

Diese Transaktionen werden als erfolgsneutrale Veränderungen auf einem Unterkonto **1267**
des Eigenkapitalkontos festgehalten. Im Verlauf eines Geschäftsjahres anfallende Aufwendungen für Leistungen oder Nutzungen, die zwar vom Betrieb getragen werden, aber nicht
ausschließlich durch ihn veranlasst sind (z. B. private Nutzung eines Firmen-PKW's, private
Nutzung von Praxisräumlichkeiten) sollen von den betrieblichen Geschäftsvorfällen getrennt werden. In diesen Fällen muss der Geschäftsvorfall in einen privaten Anteil und in
einen betrieblichen Anteil aufgeteilt werden. Nur der betriebliche Anteil darf über das entsprechende Erfolgskonto in die GuV-Rechnung übernommen werden, wirkt sich damit
gewinnmindernd und gleichzeitig steuermindernd aus. Der private Anteil muss dagegen
auf das Privatkonto umgebucht werden und darf nicht in die GuV übernommen werden,
da diese Vorgänge den Aufwendungen der privaten Lebensführung zugeordnet werden.
Das Privatkonto wird, angelehnt an das übergeordnete Eigenkapitalkonto, in der Form
eines passiven Bestandskontos geführt. Privateinlagen, die den Charakter einer Eigenkapi-
talmehrung entsprechen, werden demzufolge im „Haben" verbucht – die Privatentnahmen
schließlich als Eigenkapitalminderung dagegen im „Soll". Bei mehreren Gesellschaftseigen-
tümern werden für jeden Gesellschafter separate Privatkonten angelegt. Der Saldo dieser

Unterkonten wird zum Schluss eines Wirtschaftsjahres auf das Eigenkapitalkonto übertragen.

1268   **c) Das Anlagenverzeichnis.** Das Anlagenverzeichnis dient der Erstellung des Jahresabschlusses und damit dem Abschluss der Konten des Anlagevermögens. Die Anlagegegenstände sind in der Regel wie bei der Bilanz nach der Geldnähe gegliedert. Das Anlagenverzeichnis wird auch Bestandsverzeichnis genannt und ist eine separat geführte tabellarische Aufstellung, aus der alle Gegenstände des Anlagevermögens hervorgehen. Die Ausnahme bilden die sogenannten geringwertigen Wirtschaftsgüter, die ab einem gewissen Betrag in einem Sammelposten erfasst werden und Wirtschaftsgüter für die ein Festwert angesetzt wurde. In das Anlagenverzeichnis gehören nicht nur die üblichen Sachanlagen, sondern auch immaterielle Vermögensgegenstände und Finanzanlagen, sofern diese vorhanden sind. Im Anlagenverzeichnis müssen folgende Angaben enthalten sein:

- die genaue Bezeichnung des Gegenstandes,
- der Bilanzwert am Bilanzstichtag (= Ende des Geschäftsjahres),
- der Tag der Anschaffung oder Herstellung,
- die Höhe der Anschaffungs- oder Herstellungskosten,
- der Tag des Abgangs durch Verkauf, Verschrottung, Entnahme,
- der Bilanzwert am Anfang des Geschäftsjahres,
- die Betriebsgewöhnliche Nutzungsdauer,
- die Abschreibungsart,
- der Abschreibungssatz,
- die jährliche Abschreibungshöhe und
- die Gesamtabschreibung des Geschäftsjahres.

C. Steuerrecht

I. Einleitung: Rechtsformabhängigkeit der Besteuerung

(Zahn-)Ärztliche[1] Tätigkeit vollzieht sich grob gesprochen in zwei unterschiedlichen Er- **1269** scheinungsformen und zwar als nichtselbständige als z.B. angestellter Arzt am Krankenhaus oder als Assistent bei einem niedergelassenen Berufskollegen und als selbständige. Die folgende Darstellung hat nur die **selbständige Tätigkeit** des Arztes im Blick, während sie die steuerrechtliche Behandlung der Angestelltentätigkeit eines Arztes, insbesondere lohnsteuerrechtliche Fragen, vollständig ausblendet.

Auch die selbständige Berufsausübung ist längst nicht mehr auf die „klassische" Tätigkeit **1270** als niedergelassener Einzelarzt beschränkt. Vielmehr bieten sich − wie bereits ausgeführt[2] − unterschiedlichste Kooperationsmöglichkeiten. Insofern existiert allerdings kein in sich geschlossenes „Ärztesteuerrecht". Vielmehr wird die ärztliche Tätigkeit je nach Rechtsform (Grundsatz von der **Rechtsformabhängigkeit der Besteuerung**) und steuerrechtlich zu würdigendem Sachverhalt mit **unterschiedlichsten Steuerarten** belastet, v. a. mit
− Einkommensteuer,
− Körperschaftsteuer,
− Gewerbesteuer und
− Umsatzsteuer.

Darüber hinaus sind auch Sachverhalte mit grund-, grunderwerbs- und erbschafts- und **1271** schenkungssteuerrechtlicher Relevanz möglich.[3] Das Steuerrecht in Deutschland ist geprägt durch den **Dualismus** von **einkommensteuerpflichtigen Personenunternehmen** und **körperschaftsteuerpflichtigen Körperschaften.** Steuersubjekte der Einkommensteuer können nicht Subjekte der Körperschaftsteuer sein. Nach dem Grundsatz von der Rechtsformabhängigkeit der Besteuerung orientiert sich die Zuordnung zu Einkommensteuer einerseits und Körperschaftsteuer andererseits an der **zivilrechtlichen Rechtsform.** Dabei ist Steuersubjekt entweder die natürliche Person (Einzelunternehmer, Mitunternehmer) oder die juristische Person (Kapitalgesellschaft). Die Personengesellschaft ist konzeptionell dem Einzelunternehmer zugeordnet. Der Grundsatz von der Rechtsformabhängigkeit gewinnt insbesondere für die steuerliche Behandlung von **MVZ** an Bedeutung, die in der Rechtsform einer Personengesellschaft, einer eingetragenen Genossenschaft oder einer GmbH gegründet werden können.[4] Dementsprechend gibt es nicht eine Form der Besteuerung von MVZ; diese ist vielmehr abhängig von der getroffenen Rechtsformwahl.

II. Besteuerung des niedergelassenen Einzelarztes

1. Einkommensteuer

Der in einer Praxis niedergelassene Arzt unterliegt als **natürliche Person** der Ein- **1272** kommensteuer (inkl. Solidaritätszuschlag). Die Einkommensteuer ist die Ertragsteuer der

---

[1] Im Folgenden wird der Einfachheit halber nur von ärztlicher Tätigkeit gesprochen. Die Ausführungen gelten aber grundsätzlich entsprechend auch für die zahnärztliche Tätigkeit. Unterschiede werden besonders dargestellt.
[2] Rn. 190, 203 ff.
[3] Diesen soll im Folgenden allerdings nicht nachgegangen werden.
[4] Vgl. bereits Rn. 222.

natürlichen Personen. Sie ist eine Subjekt- bzw. Personensteuer; Steuerschuldner und Steuerträger sind identisch. Sie knüpft als direkte Steuer an das Markteinkommen ihrer Steuersubjekte an. Subjekt der Einkommensteuer sind natürliche Personen, die im Inland einen Wohnsitz oder einen gewöhnlichen Aufenthalt haben. Die Nationalität der natürlichen Person spielt insoweit keine Rolle. Objekt der Einkommensteuer ist das wirtschaftliche Einkommen der natürlichen Person, das sich juristisch in der sog. Summe der Einkünfte widerspiegelt. Das deutsche Einkommensteuergesetz kennt sieben Einkunftsarten, wobei für den niedergelassen Einzelarzt nur solche aus **freiberuflicher Tätigkeit** nach § 18 Abs. 1 Nr. 1 EStG bzw. aus **Gewerbebetrieb** nach § 15 Abs. 1 Satz 1 Nr. 1 EStG in Betracht kommen.[5] Die Ermittlung der Einkünfte erfolgt dabei nicht für alle Einkunftsarten einheitlich; § 2 Abs. 2 EStG unterscheidet zwischen sog. Gewinn- und Überschusseinkünften. Sowohl bei Einkünften aus Gewerbebetrieb als auch bei solchen aus selbständiger Arbeit handelt es sich um Gewinneinkünfte. Die Ermittlung des Gewinns erfolgt danach entweder durch Betriebsvermögensvergleich nach § 4 Abs. 1 EStG oder durch Einnahmen-Überschussrechnung nach § 4 Abs. 3 EStG sog. **4-III-Rechnung.** Nach der Ermittlung der einzelnen Einkünfte ist die Summe der Einkünfte zu bilden. Beim niedergelassenen Einzelarzt wird dieser Schritt nur dann relevant, wenn er neben den Einkünften aus seiner ärztlichen Tätigkeit zusätzlich weitere Einkünfte (z.B. aus Vermietung einer Wohnung) erzielt. Vermindert um den Altersentlastungsbetrag und den Entlastungsbetrag für Alleinerziehende ergibt sich daraus der sog. Gesamtbetrag der Einkünfte. Vom Gesamtbetrag der Einkünfte werden die sog. Sonderausgaben und außergewöhnlichen Belastungen abgezogen (Einkommen). Bei den Sonderausgaben und außergewöhnlichen Belastungen handelt es sich um private Ausgaben, die nicht Betriebsausgaben[6] sind, und die ohne entsprechende Regelungen als Kosten der privaten Lebensführung nicht abzugsfähig wären. Zieht man schließlich vom Einkommen die Freibeträge für Kinder und etwaige sonstige Abzüge ab, erhält man das zu versteuernde Einkommen. Aus dem folgenden Schema ergibt sich die Einkommensteuerermittlung im Überblick.

Summe der Einkünfte aus den Einkunftsarten
– Altersentlastungsbetrag – Entlastungsbetrag für Alleinerziehende – Freibetrag für Land- und Forstwirte + Hinzurechnungsbetrag
= Gesamtbetrag der Einkünfte – Verlustabzug – Sonderausgaben – außergewöhnliche Belastungen
= Einkommen – Freibeträge für Kinder
= zu versteuerndes Einkommen

1273 Das zu versteuernde Einkommen ist schließlich die Bemessungsgrundlage für die tarifliche Einkommensteuer (§ 32a EStG). Diese ergibt sich i.d.R. aus dem Grundtarif. Für zusammenveranlagte Ehegatten ist der sog. Splitting-Tarif anzuwenden.

1274 Die Einkommensteuer ist eine sog. Veranlagungssteuer (vgl. §§ 2 Abs. 7, 25 EStG), wobei Veranlagungszeitraum das Kalenderjahr ist. Der Steuerpflichtige hat zu diesem Zweck eine Einkommensteuererklärung abzugeben. Bei den Einkünften aus selbständiger ärztlicher Tätigkeit eines niedergelassenen Arztes besteht nach § 25 Abs. 4 EStG die Besonder-

---

[5] Zur Abgrenzung zu gewerblichen Einkünften s. sogleich unter Rn. 1277 ff.
[6] Zu den Betriebsausgaben s. noch unter Rn. 1299 ff.

heit, dass er die Steuererklärung nach amtlich vorgeschriebenem Datensatz durch Daten-
fernübertragung zu übermitteln hat.

Die Einkommensteuer entsteht grundsätzlich mit Ablauf des Veranlagungszeitraums (§ 36 **1275**
Abs. 1 EStG). Eine Ausnahme gilt für Einkommensteuervorauszahlungen, die jeweils mit dem
Beginn des Kalendervierteljahres entstehen, in dem die Vorauszahlungen zu entrichten sind.

a) Typus der freiberuflichen ärztlichen Tätigkeit i. S. d. § 18 Abs. 1 Nr. 1 EStG. 1276
aa) Arzt als Katalogberuf. Die selbständige Berufstätigkeit der Ärzte und Zahnärzte
gehört nach § 18 Abs. 1 Nr. 1 Satz 1, 2 EStG zu den sog. freiberuflichen (selbständigen)
Tätigkeiten, die als solche nicht der Gewerbesteuer unterliegen. Sie rechnen zu den ausdrücklich genannten, sog. **Katalogberufen.** Einkünfte aus freiberuflicher Tätigkeit erzielt der Arzt durch die selbständige Ausübung der Heilkunde, die jede Tätigkeit umfasst,
die der Feststellung, Heilung oder Linderung von Krankheiten, Leiden oder Körperschäden beim Menschen dient. Dazu gehören auch Leistungen der vorbeugenden Gesund-
heitspflege. Zusätzliche Bedingung einer freiberuflichen ärztlichen Tätigkeit ist, dass der
Steuerpflichtige über die **Approbation als Arzt** bzw. die **Zulassung als Facharzt**
verfügt.[7] Die Zulassung zur vertragsärztlichen Versorgung (§ 95 SGB V) ist dagegen keine
Voraussetzung einer freiberuflichen ärztlichen Tätigkeit, weil der Beruf des Mediziners
bereits dann ausgeübt werden kann, wenn der Berufsträger die Approbation erworben
hat. Die Zulassung berechtigt ihn lediglich dazu, an der vertragsärztlichen Versorgung
teilzunehmen und Leistungen gegenüber der Kassenärztlichen Vereinigung abzurechnen.[7a]

Wie oben bereits angedeutet, ist die **Abgrenzung der freiberuflichen ärztlichen Tä- 1277
tigkeit von einer gewerblichen Tätigkeit** im Hinblick auf die zusätzliche Gewerbesteuerpflicht gewerblicher Einkünfte besonders im Auge zu behalten. Insofern gilt es zu berücksichtigen, dass sowohl gewerbliche als auch freiberufliche Tätigkeiten nach § 15 Abs. 2
Satz 1 EStG eine selbständige, nachhaltige und von Gewinnabsicht getragene Teilnahme
am allgemeinen wirtschaftlichen Verkehr voraussetzen. Eine Unterscheidung erfolgt allein
in negativer Hinsicht, wonach ein Gewerbebetrieb gerade im Falle einer freiberuflichen
Tätigkeit nicht vorliegt. Die Abgrenzung der freiberuflichen ärztlichen Tätigkeit von gewerblichen Einkünften wird insbesondere in folgenden Konstellationen **relevant:**

- **Forschungstätigkeit:** Zum Fachgebiet der Medizin und damit zur freiberuflichen ärzt- **1278**
  lichen Tätigkeit gehören auch wissenschaftliche Gebiete, die mit der speziellen Heilbehandlung und der Erforschung von Krankheiten und körperlichen Behinderungen
  unmittelbar nichts mehr zu tun haben, deren Zugehörigkeit zur medizinischen Wissenschaft sich aber dadurch erklärt, dass einerseits die Grunderkenntnisse dieser Fachgebiete
  bei der Erforschung und Behandlung des menschlichen Körpers und seiner Krankheiten
  überhaupt erst gewonnen wurden und andererseits die praktische Medizin von diesen
  Grenzgebieten der medizinischen Wissenschaft immer wieder befruchtet wird. Medizinische Fachgebiete, die in der Hauptsache auf **Laborarbeit** beruhen, sind wesentlich
  durch den Gegenstand der Untersuchung (das ist der menschliche Körper und seine Organe), einschließlich der Körperflüssigkeiten, und durch ihre Untersuchungsmethoden
  gekennzeichnet. Der Zweck der Untersuchung ist dabei im Gegensatz zum Fachgebiet
  des praktizierenden Arztes, der sich vorwiegend der Heilbehandlung widmet, nicht entscheidend.[8]

- **Gutachten:** Die ärztliche Tätigkeit umfasst z. B. auch **1279**
  – die Erstellung von **Gutachten** und **Attesten** über den Gesundheitszustand untersuch-
    ter Personen aufgrund der Krankheitsbefunde für **Gerichte, Behörden** oder **Versi-**

---

[7] BFH vom 20. 4. 1989 – IV R 299/83, BStBl. II 1989, 727 = NJW 1990, 343; BFH vom 4. 7.
2007 – VIII R 77/05, BFH/NV 2008, 53.
[7a] Vgl. bereits Rn. 83.
[8] BFH vom 7. 2. 1985 – IV R 102/83, BStBl. II 1985, 293 = DB 1985, 1058.

cherungsanstalten sowie über die ursächlichen Zusammenhänge zwischen bestimmten Krankheiten und deren Ursachen (Arbeitsunfälle, Berufskrankheiten),[9]

– Untersuchungen über die Verträglichkeit und die Nebenwirkungen von **Medikamenten** einschließlich der Erprobung an Probanden. Der Umstand, dass bei einer Verträglichkeitsprüfung darüber hinaus für das auftraggebende pharmazeutische Unternehmen auch noch eine zusammenfassende **Feststellung der Untersuchungsergebnisse** zu erstellen ist, ändert hieran nichts. Denn das Sammeln der gewonnenen Untersuchungsdaten und deren Aufzeichnung stellt gegenüber den vorausgegangenen Untersuchungen keine neue selbständige Tätigkeit des Arztes dar, sondern ist vielmehr eine begleitende Tätigkeit zur Ausübung der Heilkunde.[10]

– Feststellung biologischer oder körperlicher Eigenschaften (Erstellung von **Blutgruppengutachten** zur Feststellung der **Vaterschaft**).[11]

1280 • **Impfstoff:** Die Abgabe von Impfstoffen im Rahmen der Durchführung von Impfungen durch Ärzte ist unselbständiger Teil der ärztlichen Heilbehandlung und daher der freiberuflichen Tätigkeit zuzurechnen. Für diese Beurteilung ist es unbeachtlich, dass der Impfstoff in der Rechnung als gesonderte Position ausgewiesen wird. Demgegenüber ist die Abgabe von Impfstoffen ohne Durchführung der entsprechenden Impfung der freiberuflichen Tätigkeit wesensfremd, so dass insoweit gewerbliche Einkünfte vorliegen.[12]

1281 • **Krankenanstalt:** Ein Arzt kann eine Klinik betreiben und dort stationäre ärztliche Leistungen erbringen oder neben seiner Praxis auch noch einen Krankenhausbetrieb unterhalten. Das Betreiben einer Krankenanstalt stellt an sich eine gewerbliche Tätigkeit dar. Die Rechtsprechung nimmt aber eine **freiberufliche Tätigkeit** an und verneint die Gewerbesteuerpflicht, wenn die Anstalt erstens ein **notwendiges Hilfsmittel** für die ärztliche Tätigkeit ist und zweitens der Betrieb der Anstalt **keine besondere Einnahmequelle** neben dem ärztlichen Beruf darstellt. Letzteres ist im Allgemeinen nicht anzunehmen, wenn die Einnahmen aus dem Anstaltsbetrieb, insbesondere aus Unterkunft und Verpflegung, nur die Unkosten der Anstalt einschließlich der Absetzung für Abnutzung decken, oder, falls der Pflegesatz die ärztliche Behandlung umfasst, die erzielten Überschüsse das Maß der üblichen Vergütung für die geleisteten ärztlichen Dienste nicht übersteigen.[13] Fehlen diese Voraussetzungen sind die Einkünfte aus dem Klinikbetrieb solche aus Gewerbebetrieb neben den freiberuflichen stationären ärztlichen Einkünften.Eine steuerlich getrennte Behandlung dieser Tätigkeiten erfolgt dann, wenn eine Trennung nach der Verkehrsanschauung ohne besondere Schwierigkeiten möglich ist, insbesondere wenn die Leistungen der Klinik einerseits und die ärztlichen Leistungen andererseits gesondert abgerechnet werden. Sie scheidet aus, wenn sich die Tätigkeiten unlösbar bedingen oder sachlich und wirtschaftlich derart zusammengehören, dass sie nur einheitlich behandelt werden können (sog. gemischte Tätigkeit). Diese einheitliche Tätigkeit ist dann steuerlich einheitlich danach zu qualifizieren, ob das freiberufliche oder das gewerbliche Element vorherrscht.[14] I. d. R. sind die Einkünfte aus dem Krankenhausbetrieb (einheitlich) als solche aus Gewerbebetrieb mit der Folge der zusätzlichen Gewerbesteuerpflicht zu qualifizieren, ausnahmsweise als solche aus selbständiger Arbeit nach § 18 Abs. 1 Nr. 1 EStG. Insgesamt Einkünfte aus Gewerbebetrieb liegen z.B. im folgenden Fall vor: Eine praktische Ärztin unterhält neben ihrer freiberuflichen Praxis ein Kneipp-Sanatorium, das wegen der Höhe der erzielten Gewinne einen selbständigen Gewerbebetrieb darstellt. Die im Rahmen des Sanatoriums angefallenen ärztlichen Leistungen sind Bestandteil eines ganzheitli-

---

[9] BFH vom 21. 3. 1995 – XI R 85/93, BStBl. II 1995, 732 = NJW 1995, 3078; BFH vom 22. 9. 1976 – IV R 20/76, BStBl. II 1977, 31 = DStR 1977, 103.

[10] BFH vom 8. 10. 1981 – IV R 202/79, BStBl. II 1982, 118 = BB 1982, 349.

[11] BFH vom 7. 2. 1985 – IV R 102/83, BStBl. II 1985, 293 = DB 1985, 1058.

[12] Vgl. BFH vom 24. 4. 1997 – IV R 60/95, BStBl. II 1997, 567 = DStR 1997, 1201.

[13] BFH vom 15. 6. 1965 – I 170/64 U, BStBl. III 1965, 505 = DB 1965, 1309.

[14] BFH vom 2. 10. 2003 – IV R 48/01, BStBl. II 2004, 363 = DStR 2004, 221.

Staschewski

chen Heilverfahrens und deshalb den gewerblichen Einkünften zuzurechnen.[15] Dagegen erfolgt im folgenden Fall eine Trennung zwischen der stationären ärztlichen Tätigkeit und den gewerblichen Einkünften: Ein Arzt betreibt eine Facharztpraxis und eine Privatklinik, in der er einzelne Operationen durchführt und diese getrennt nach der GOÄ abrechnet. Daneben werden die Leistungen der Klinik über bestimmte Pflegesätze abgerechnet. Nach Ansicht des BFH liegt keine einheitliche Heilbehandlung vor, mit der Folge dass der Arzt nebeneinander freiberufliche Einkünfte aus seiner stationären ärztlichen Tätigkeit sowie gewerbliche Einkünfte aus dem Klinikbetrieb erzielt. Die freiberuflichen Einkünfte aus den Operationen sind der ambulanten ärztlichen Tätigkeit zuzurechnen.[16]

- **Medikamente und medizinische Hilfsmittel:** Nicht zur ärztlichen Tätigkeit rechnet **1282** der Verkauf von Medikamenten und medizinischen Hilfsmitteln (z.B. Verkauf von Kontaktlinsen und Pflegemittel durch Augenärzte, Vermittlung oder Verkauf von Hörgeräten durch HNO-Ärzte).[17] Etwas anderes gilt dann, wenn der Arzt die Arzneimittel als **notwendiges Hilfsmittel** der ärztlichen Tätigkeit verwendet, d.h. als Praxisbedarf, für die Notfallbehandlung.[18] Insofern ist davon auszugehen, dass mit der Abgabe der Medikamente kein besonderer Gewinn erstrebt wird. Auch das Anpassen von Kontaktlinsen gehört zur freiberuflichen Tätigkeit, weil die dabei anfallenden Verrichtungen als Ausübung der ärztlichen Heilkunde anzusehen sind. Das gilt auch für die Anpassung von Hörgeräten durch HNO-Ärzte, die mit der Untersuchung und Beratung einen einheitlichen Vorgang bildet. Keine Ausübung der Heilkunde ist der Verkauf von Artikeln zur Mundhygiene und -pflege durch Zahnärzte. Demgegenüber ist die Prophylaxebehandlung Teil der medizinischen Zahnbehandlung und damit Teil der freiberuflichen Tätigkeit eines niedergelassenen Zahnarztes.

- **Prothesen:** Sofern die Fertigung von Zahnprothesen durch einen Zahnarzt im **praxis- 1283 eigenen Labor** für die eigene zahnärztliche Tätigkeit notwendig ist, rechnet diese zur freiberuflichen Tätigkeit.[19] Die Herstellung von Prothesen für **andere Zahnärzte** stellt demgegenüber eine gewerbliche Tätigkeit dar.

- **Vortrags-/Lehrtätigkeit:** Die Vortrags- und Lehrtätigkeit eines Arztes zählt nicht mehr **1284** zum Katalogberuf des Arztes, sondern zu der ebenfalls in § 18 Abs. 1 Nr. 1 Satz 2 EStG genannten freiberuflichen unterrichtenden Tätigkeit.

bb) Mithilfe anderer Personen. Eine selbständige Tätigkeit i.S.d. § 18 Abs. 1 Nr. 1 **1285** Satz 2 EStG liegt nur dann vor, wenn der Arzt aufgrund eigener Fachkenntnisse **leitend** und **eigenverantwortlich** tätig wird (vgl. § 18 Abs. 1 Nr. 1 Satz 3 EStG). Anderenfalls handelt es sich um eine gewerbliche Tätigkeit i.S.d. § 15 Abs. 1 Nr. 1 EStG, wobei neben Einkommensteuer zusätzlich Gewerbesteuer anfällt. Während der Praxisinhaber die Leitungsfunktion auch bei einer Vielzahl angestellter Mitarbeiter mithilfe entsprechender **Organisations- und Dienstpläne** noch sicherstellen kann, ist die Gewähr für eine eigenverantwortliche Tätigkeit weitaus schwieriger. Denn diese ist nur dann zu bejahen, wenn der Inhaber seine Arbeitskraft in einer Weise einsetzt, die ihm tatsächlich ermöglicht, uneingeschränkt die **fachliche Verantwortung** auch für die von seinen Mitarbeitern erbrachten Leistungen zu übernehmen.[20] Dabei sind die Anforderungen an eine eigenverantwortliche Tätigkeit bei Heilberufen nicht pauschal, sondern je nach der Art der Betätigung sowie je nach Organisation der Praxis zu bestimmen. **Gewerbegefahren** bestehen insbesondere bei Laborärzten, bei der Anstellung anderer Ärzte sowie beim Betrieb von Zweigpraxen.

- **Laborärzte:** Ein Laborarzt ist in besonderem Maße auf technische Einrichtungen und **1286** die Mithilfe qualifizierter Mitarbeiter angewiesen, weshalb seine persönliche Arbeitsleistung in den Hintergrund tritt. Außerdem entspricht dieser grundsätzlich nicht dem § 18

---

[15] BFH vom 12. 11. 1964 – IV 153/64 U, BStBl. III 1965, 90 = DStR 1965, 145 Nr 80.
[16] BFH vom 2. 10. 2003 – IV R 48/01, BStBl. II 2004, 363 = DStR 2004, 221.
[17] Siehe dazu zur Problematik bei der ärztlichen Berufsausübungsgemeinschaft sub. Rn. 1366ff.
[18] BFH vom 26. 5. 1977 – V R 95/76, BStBl. II 1977, 879 = DStR 1978, 47.
[19] BFH vom 13. 8. 1953 – IV 50/53 U, BStBl. III 1953, 292 = DB 1953, 879.
[20] BFH vom 14. 3. 2007 – XI R 59/05, BFH/NV 2007, 1319.

Abs. 1 Nr. 1 Satz 2 EStG zugrunde liegenden Berufsbild des freiberuflichen niedergelassenen Arztes, der ein besonderes Vertrauen der Patienten in Anspruch nimmt und als deren Hauptanlaufstelle fungiert. Damit seine Tätigkeit weiterhin als eigenverantwortlich zu qualifizieren ist, muss er nach Ansicht der Rechtsprechung grundsätzlich jeden eingegangenen Untersuchungsauftrag zur Kenntnis nehmen und dessen Bearbeitung kontrollieren sowie die Plausibilität des Ergebnisses nachprüfen. Dabei ist die **Eigenverantwortlichkeit** der Tätigkeit maßgeblich von den Umständen des **Einzelfalles** abhängig – unter Berücksichtigung der Praxisstruktur, der individuellen Leistungskapazität des Arztes, dem Leistungsspektrum der Praxis, der Qualifikation der Mitarbeiter sowie der Anzahl der Untersuchungsaufträge. Es ist die Anzahl der bearbeiteten Aufträge in das Verhältnis zur aufgebrachten Arbeitszeit zu setzen. Wenn dem Praxisinhaber pro Untersuchung im Durchschnitt etwa 30 Sekunden zur Verfügung stehen, ist nicht mehr davon auszugehen, dass er dem einzelnen Auftrag „den Stempel seiner persönlichen Arbeit aufdrücken" kann.[21] Ebenso wenig bei jährlich durchschnittlich 98 000 Untersuchungsaufträgen.[22]

Bei einem Laborarzt ist aber auch dann die Grenze zur Gewerblichkeit überschritten, wenn ein als freier Mitarbeiter beschäftigter Laborarzt nachhaltig in gleicher Weise wie der Berufsträger tätig ist, ohne abschließend vom Inhaber beaufsichtigt und kontrolliert zu werden und ohne an der Praxis mitunternehmerisch beteiligt zu sein. Im Ergebnis bedeutet das für den Laborarzt, dass sich seine Mitarbeit bei den technischen Untersuchungsvorgängen auf stichprobenweise Kontrollen beschränken muss, während seine Arbeit an jedem einzelnen Auftrag in dessen Kenntnisnahme und der Erstellung des abschließenden Befundes besteht.[23] Allgemeingültige Aussagen, wann bei der Anstellung von Mitarbeitern in Laborarztpraxen noch von einer freiberuflichen Tätigkeit auszugehen ist, fallen angesichts der Variationsbreite der konkreten laborärztlichen Tätigkeit und der jeweiligen Beschäftigungssituation freilich schwer. Der betroffene Arzt sollte sich an den von der Rechtsprechung noch tolerierten Verhältniszahlen zwischen Arbeitszeit und Auftragsmenge orientieren.

1287 • **Anstellung fachgleicher und/oder fachfremder Ärzte:** Die Frage nach der Einkünftequalifikation ärztlicher Heilbehandlungsleistungen durch Angestellte hat sich – auch über die Laborarztfälle hinaus – an § 18 Abs. 1 Nr. 1 Satz 3 EStG zu messen. I.d.R. wird es sich bei den Angestellten um andere Ärzte handeln.[24] Die Finanzverwaltung begnügt sich teilweise mit einer bloßen knappen Wiedergabe der zu dieser Vorschrift ergangenen Grundsätze und verweist – freilich wenig hilfreich – auf die jeweiligen **Gesamtumstände des Einzelfalls.** Dem Praxisinhaber dürfte jedenfalls dann jegliche Eigenverantwortlichkeit fehlen, wenn der angestellte Arzt einem anderen Fachgebiet angehört, weil dem Praxisinhaber in einem solchen Fall die notwendigen Fachkenntnisse fehlen, um die Arbeit des bei ihm angestellten Arztes überprüfen zu können. In derartigen Konstellationen ist es dem Vertragsarzt i.d.R. nicht möglich, die Gewerblichkeit seiner Einkünfte zu vermeiden. Sofern Praxisinhaber und angestellter Arzt indes derselben Facharztgruppe angehören, liegen zumindest die Grundbedingungen für eine Eigenverantwortlichkeit des Praxisinhabers vor. Die Rechtsprechung des BFH zu Laborärzten zugrunde gelegt, müsste sich der Praxisinhaber an jedem einzelnen Auftrag beteiligen, um nicht in die Gewerblichkeit abzurutschen.[25] Würde man diese Sichtweise verallgemeinern, gäbe es kaum noch Ärzte mit angestellten Ärzten, die freiberufliche Einkünfte erzielen, weil jeder Vertragsarzt, der

---

[21] BFH vom 21. 3. 1995 – XI R 85/93, BStBl. II 1995, 732 = NJW 1995, 3078.
[22] BFH vom 25. 11. 1975 – VIII R 116/74, BStBl. II 1976, 155. Auch wenn ein Laborarzt keine Mitarbeiter beschäftigt, kann es angesichts eines erheblichen Investitionsvolumens seinerseits bzw. aufgrund einer erheblichen Auftragsmenge zur Umqualifizierung der Einkünfte in gewerbliche kommen, vgl. BFH vom 27. 7. 1994 – XI R 53/91, BFH/NV 1995, 1048.
[23] BFH vom 1. 2. 1990 – IV R 140/88, BStBl. II 1990, 507 = NJW 1991, 783.
[24] Die Beschäftigung von MTA etc. wird i.d.R. nicht die gewünschte Entlastungswirkung haben, die Anstellung von Büropersonal berührt generell nicht die Eigenverantwortlichkeit des Praxisinhabers.
[25] Vgl. Rn. 1286.

auch nur einen Angestellten beschäftigt, in Ermangelung der praktisch nicht durchführbaren Kontrolle eines jeden Auftrags gewerbliche Einkünfte hätte. Die Anstellung eines weiteren Arztes wäre mangels zeitlicher Entlastung zugunsten des Praxisinhabers wenig praktikabel, mithin sogar sinnlos. Immerhin geht aber auch § 18 Abs. 1 Nr. 1 Satz 3 EStG selbst von der generellen Zulässigkeit der Mitarbeit fachlich vorgebildeter Arbeitskräfte aus. Anderenfalls hätte es dieser Regelung gar nicht bedurft. Zutreffenderweise hat das FG Sachsen-Anhalt die Freiberuflichkeit eines Zahnarztes bejaht, der einen Assistenten in den eigenen Praxisräumen anstellte.[26] Es hat dabei maßgeblich auf das Berufsbild des selbständigen, niedergelassenen Arztes abgestellt, das maßgeblich von Größe und Organisation der Praxis abhängt. Aber auch die Lage der Praxis (ländliches Gebiet mit wenigen konkurrierenden Praxen und hoher Identifikation der Praxis mit dem Praxisinhaber) sowie das Alter der Beteiligen (keine Gleichwertigkeit zwischen Praxisinhaber und angestelltem Arzt bei erheblichem Altersunterschied) sind in die Abwägung miteinzubeziehen. Wesentlich für die Annahme einer freiberuflichen Tätigkeit des Praxisinhabers ist, dass dieser **Bezugsperson** und **Anlaufstelle der Patienten** bleibt. Dagegen geht die typische Vertrauensstellung des niedergelassenen Arztes unweigerlich vom Praxisinhaber auf einen Angestellten über, wenn die Praxis zu groß wird. Nur konsequent ist deshalb auch die Entscheidung desselben Gerichts, wonach die Grenze zur Gewerblichkeit bei einem mobil tätigen Anästhesisten schon mit der Anstellung einer ärztlichen Kollegin überschritten ist, weil der persönliche Arbeitseinsatz des Praxisinhabers dann nicht mehr gewährleistet ist, wenn der angestellte Arzt im Rahmen einer Operation an einem vom Praxisinhaber **verschiedenen Ort** Anästhesien erbringt. Immerhin besteht die wesentliche Aufgabe eines Anästhesisten in der Durchführung und Überwachung einer Anästhesie während einer Operation. Ein für die Annahme einer freiberuflichen Tätigkeit beim Praxisinhaber schädlicher Patientenkreis ist i. d. R. auch für den Fall anzunehmen, dass ein Arzt nach **§ 103 Abs. 4 b SGB V** auf seine Zulassung verzichtet, um bei einem Vertragsarzt als angestellter Arzt tätig zu werden, und den „mitgenommenen" Patientenstamm allein weiter betreut. Dass eine eingehende Kontrolle eines jedes Auftrages seitens des Praxisinhabers nicht Voraussetzung einer freiberuflichen Tätigkeit sein kann, gilt schließlich auch insofern, als zum einen angesichts des technischen Fortschritts und des Einsatzes modernster Kommunikationsmittel die Überprüfung der Aufträge durch den Praxisinhaber einfacher zu gewährleisten ist. Zum anderen würde sich das Steuerrecht in Widerspruch zum Sozialrecht setzen. Letzteres beschreitet mit den durch die Novellierung des § 95 Abs. 9 SGB V ermöglichten erweiterten Anstellungsmöglichkeiten von Ärzten[27] den **Wandel des klassischen Berufsbildes des Vertragsarztes** vom niedergelassenen, den Patienten persönlich verpflichteten Einzelkämpfer hin zum Unternehmer Arzt. Auch die gestiegenen Anforderungen des Marktes zwingen die niedergelassene Ärzteschaft zu Modifikationen: Praxen werden vergrößert, mehr Fachkräfte und qualifizierte Mitarbeiter beschäftigt, durch Einsatz technischer Hilfsmittel sollen größere Leistungsvolumina bewältigt werden. Schließlich muss der Berufsträger stetig mehr Zeit der beruflichen Fortbildung und Spezialisierung widmen, so dass er vielfach gezwungen ist, Routineaufgaben entweder durch den Einsatz von Technik oder entsprechend qualifizierter Mitarbeiter zu erledigen. Die Konzeption des § 18 Abs. 1 Nr. 1 EStG erscheint unter diesem Blickwinkel als wenig zeitgemäß. Das Steuerrecht kann sich diesem Prozess nicht verschließen, indem es an einem antiquierten Bild des freiberuflich tätigen Arztes festhält. Wann die Grenze zur Gewerblichkeit bei fachgleichen angestellten Ärzten überschritten ist, ist stark einzelfallabhängig. Sofern sich die Mitarbeiter im örtlichen Wirkungskreis des Praxisinhabers bewegen und letzter Identifikationsfigur der Praxis bleibt, bleibt es bei der Freiberuflichkeit der ärztlichen Einkünfte.

- **Zweigpraxen:** Die Gefahr der Umqualifizierung der an sich freiberuflichen ärztlichen Einkünfte in gewerbliche stellt sich auch in Konstellationen, in denen Ärzte an mehreren **1288**

---

[26] FG Sachsen-Anhalt vom 24. 8. 2006 – 1 K 30035/02, EFG 2007, 587.
[27] Näheres zum angestellten Arzt Rn. 193 ff.

Orten ärztlich tätig sind. Seit dem 1. 1. 2007 besteht für niedergelassene Ärzte die Möglichkeit der Gründung einer Zweigpraxis (§ 24 Abs. 3 Ärzte-ZV).[28] Die Gründung der
Filiale kann sowohl in dem Bezirk erfolgen, in dem der Vertragsarzt seinen Vertragsarztsitz hat als auch in weiteren Orten außerhalb des Bezirks seiner Kassenärztlichen Vereinigung. Die ärztlichen Leistungen in der Zweigpraxis wird der Praxisinhaber regelmäßig
mit Hilfe angestellter Ärzte (vgl. § 95 Abs. 9 SGB V) erbringen (s. § 24 Abs. 3 S. 4 ff.
Ärzte-ZV). Ob die Tätigkeit des selbständigen Arztes insoweit noch als **freiberuflich** zu
qualifizieren ist, hängt wiederum davon ab, ob er auch in der Zweigpraxis **leitend** und
eigenverantwortlich tätig ist. In der Folge der vom FG Sachsen-Anhalt zu § 18 Abs. 1
Nr. 1 Satz 3 EStG entwickelten Dogmatik,[29] ist auch beim Betrieb einer Zweigpraxis
Voraussetzung einer freiberuflichen Tätigkeit, dass die Praxis in den Augen der Patienten
als solche des Inhabers wahrgenommen wird, mithin dass das angestellte Personal noch
im unmittelbaren Wirkungskreis des Praxisinhabers tätig ist.[30] An der Eigenverantwortlichkeit fehlt es deshalb dann, wenn allein der angestellte Arzt die medizinische Versorgung der Patienten in der Filiale sicherstellt, weil dann von vorneherein jeglicher **Vertrauensbeziehung** zwischen dem Inhaber und den Patienten der Boden entzogen ist.
Dann liegen beim selbständigen Arzt hinsichtlich der Zweigpraxis Einkünfte aus Gewerbebetrieb nach § 15 Abs. 1 Nr. 1 EStG vor. Bei aktiver Partizipation des Praxisinhabers
an der Patientenbetreuung in der Zweigpraxis sind dem Grunde nach freiberufliche Einkünfte aus der Zweigpraxis anzunehmen. Gerade aber dann, wenn sich die Zweigpraxis
in einem Ort außerhalb des Zulassungsbezirks der Erstpraxis befindet, dürfte diese Voraussetzung für den Inhaber nur schwerlich zu erfüllen sein. Letztlich kann die Abgrenzung zwischen freiberuflicher und gewerblicher Tätigkeit wiederum nur unter Rückgriff
auf die **Gesamtumstände** des konkreten Einzelfalles erfolgen.

Sofern man zu dem Ergebnis kommt, dass der Praxisinhaber mit der Zweigpraxis Einkünfte aus Gewerbetrieb erzielt, knüpft daran die weitere Frage an, ob es angesichts dessen zu
einer Umqualifizierung der freiberuflichen Einkünfte aus der Erstpraxis kommt. Insofern
gilt die für das Nebeneinander von freiberuflicher und gewerblicher Tätigkeit entwickelte
Dogmatik, wonach beide Bereiche einkommensteuerrechtlich grundsätzlich getrennt
voneinander zu behandeln sind. Unter der Prämisse eines unlösbaren sachlichen und wirtschaftlichen Zusammenhangs muss dagegen eine einheitliche Betrachtung erfolgen.[31]

1289   **b) Gewinnermittlung.** Die selbständigen ärztlichen Einkünfte rechnen zu den Ge-
winneinkünften. Allerdings sind Ärzte als Freiberufler zur Buchführung nicht verpflichtet
(vgl. § 4 Abs. 3 EStG i. V. m. §§ 140, 141 AO). Sie können dies allerdings freiwillig tun
(vgl. § 4 Abs. 3 Satz 1 EStG). Dann gelten die Vorschriften über den Betriebsvermögensvergleich entsprechend (vgl. § 4 Abs. 1 EStG).[32] Sofern Ärzte nicht bilanzieren – was
i. d. R. der Fall sein dürfte – sind die Einkünfte aus der freiberuflichen Tätigkeit auf vereinfachte Weise nach § 4 Abs. 3 EStG zu ermitteln, sog. Einnahmen-Überschussrechnung: Als
Gewinn – oder Verlust – ist der Überschuss der Betriebseinnahmen über die Betriebsausgaben anzusetzen. Die **Einnahmen-Überschussrechnung** ist eine vom Zu- und Abflussprinzip des § 11 EStG beherrschte Geldrechnung.[33]

1290   **aa) Betriebsvermögen.** Auch ein Einnahmen-Überschuss-Rechner verfügt über Betriebsvermögen mit aktiven und passiven Wirtschaftsgütern. Aktive betriebliche Wirtschaftsgüter generieren – sofern sie der Abnutzung unterliegen – Abschreibungen für Abnutzung[34] und damit Betriebsausgaben und führen bei Veräußerung oder Entnahme zu

---

[28] Zur Zweigpraxis Rn. 229 ff.
[29] S. bereits Rn. 1286.
[30] Vgl. bereits sub. Rn. 1286.
[31] S. dazu noch unter Rn. 1281.
[32] Siehe dafür bereits Rn. 1132 ff.
[33] Zur Einnahmen-Überschussrechnung ausführlich Rn. 1170 ff.
[34] Dazu noch ausführlich unter Rn. 1336 f.

betrieblichen Gewinnen (Betriebseinnahmen) und Verlusten (Betriebsausgaben). Passive betriebliche Wirtschaftsgüter (v. a. Verbindlichkeiten) bleiben im Rahmen der Einnahmen-Überschuss-Rechnung als reiner Geldrechnung grundsätzlich unberücksichtigt. Sie werden allerdings dann relevant, wenn das Unternehmen veräußert oder aufgegeben wird.[35] Zum Betriebsvermögen gehören diejenigen Wirtschaftsgüter, die in einem betrieblichen Zusammenhang stehen. Klassischerweise werden drei Vermögenssphären je nach Funktion eines Wirtschaftsgutes unterschieden: notwendiges Betriebsvermögen, gewillkürtes Betriebsvermögen und (notwendiges) Privatvermögen. Beim **notwendigen Betriebsvermögen** handelt es sich um solche Wirtschaftsgüter, die dem Betrieb unmittelbar dienen, d. h. objektiv erkennbar zum unmittelbaren Einsatz im Betrieb zu dienen bestimmt sind und im Eigentum des niedergelassenen Arztes stehen oder diesem zumindest in wirtschaftlicher Hinsicht zuzurechnen sind. Wirtschaftsgüter, die zu mehr als 50% betrieblich genutzt werden, sind in vollem Umfang notwendiges Betriebsvermögen. Dazu gehören im Falle der Arztpraxis beispielsweise die im Eigentum des Arztes stehenden Praxisräume sowie die Praxiseinrichtung (Mobiliar, medizinische Geräte). Der Begriff des **gewillkürten Betriebsvermögens** bezeichnet die Zwischenzone neutraler Wirtschaftsgüter, die objektiv geeignet und bestimmt sind, den Betrieb zu fördern, und die durch einen subjektiven Widmungsakt des Unternehmers zu Betriebsvermögen gewillkürt worden ist. Dieser Widmungsakt wird i. d. R. mit der buchmäßigen Erfassung des Wirtschaftsgutes offenkundig. Mangels Buchführung war die Bildung gewillkürten Betriebsvermögens nach Ansicht des BFH beim Einnahmen-Überschuss-Rechner ausgeschlossen. Mit Urteil vom 2. 10. 2003[36] hat dieser seine langjährige Rechtsprechung aufgegeben. Bei einer betrieblichen Nutzung von mindestens 10% bis zu 50% ist eine Zuordnung dieser Wirtschaftsgüter zum gewillkürten Betriebsvermögen in vollem Umfang möglich. Insbesondere ein PKW, der von einem Arzt zwischen 10 und 50% betrieblich genutzt wird, kann gewillkürtes Betriebsvermögen sein. Das (notwendige) **Privatvermögen** schließlich ist das Gegenstück zum Betriebsvermögen: Es beinhaltet alle Wirtschaftsgüter, die keinen betrieblichen Zweck verfolgen und als neutrale Wirtschaftsgüter nicht zum Betriebsvermögen gezogen worden sind. Notwendiges Privatvermögen liegt vor, wenn Wirtschaftsgüter zu mehr als 90% privat genutzt werden. Dazu gehören z. B. die Privatwohnung des Arztes sowie seine Privatgegenstände.

bb) Betriebseinnahmen. Der Begriff der Betriebseinnahmen ist gesetzlich nicht eindeutig definiert. Aus einer Zusammenschau der § 8 Abs. 1, 2 und § 4 Abs. 4 EStG folgt, dass Betriebseinnahmen **Zugänge in Geld bzw. Geldeswert** sind, die durch den **Betrieb veranlasst** sind. Im Rahmen der freiberuflichen ärztlichen Tätigkeit kommen neben den **Honoraren** aus der Behandlung gesetzlich und privat versicherter Patienten insbesondere folgende Betriebseinnahmen in Betracht: **1291**

- **Abfindungen:** Das einem freiberuflich tätigen Arzt für die Aufgabe seiner Praxisräume gezahlte Entgelt ist Betriebseinnahme.[37] **1292**
- **Altgold:** Das einem Zahnarzt (entgeltlich oder unentgeltlich) überlassene Altgold (Kronen, Brücken, Zähne) ist als Sacheinnahme, mithin als Betriebseinnahme, zu erfassen. Sofern der Zahnarzt diese zur Ablieferung einer Scheideanstalt sammelt, gehören sie zum betrieblichen **Umlaufvermögen**. Im Falle der Ablieferung an die Scheideanstalt entstehen Betriebsausgaben in gleicher Höhe sowie Betriebseinnahmen in Höhe des bei der Veräußerung erzielten Erlöses.[38] **1293**
- **Erweiterte Honorarverteilung:** Die erweiterte Honorarverteilung ist eine spezielle Lösung für die Altersversorgung der in der KV-Hessen tätigen Kassenärzte, in die die Kassenärzte einen Teil ihrer Beiträge einzahlen. Der Arzt hat zwar bei Erfüllung bestimmter Voraussetzungen auf Bezüge aus diesem Fonds einen Anspruch, nicht aber auf die von der **1294**

[35] S. dazu noch ausführlich unter Rn. 1344 ff.
[36] Az. IV R 13/03, BStBl. II 2004, 985.
[37] BFH vom 8. 10. 1964 – IV 365/62, BStBl. III 1965, 12 = NJW 1965, 1103.
[38] BFH vom 17. 4. 1986 – IV R 115/84, BStBl. II 1986, 607 = NJW 1986, 2009.

Honorarverteilung ausgenommenen Gesamtvergütungsanteile. Daher sind nicht diese Anteile, sondern die (späteren) tatsächlichen Bezüge aus der erweiterten Honorarverteilung Betriebseinnahmen, und zwar nach § 24 Nr 2 EStG. Das gilt auch dann, wenn ein Arzt nicht mehr als Kassenarzt tätig ist. Denn einem Kassenarzt ist erst das als Betriebseinnahme zuzurechnen, was er durch die erweiterte Honorarverteilung effektiv erhalten hat, und nicht das, was als Teil der Gesamtvergütung dem Sonderfonds zugeführt wird und was keineswegs beim einzelnen Arzt dem entspricht, was er unter Umständen später aus dem Fonds erhält.[39]

1295 • **Preise/Ehrungen:** Preise sind nur dann als Betriebseinnahmen zu qualifizieren, wenn sie die Gegenleistung für eine mit Gewinnerzielungsabsicht betriebene Tätigkeit darstellen, insbesondere wenn sie einen **wirtschaftlichen Bezug zur Berufstätigkeit** aufweisen. Demgegenüber ist eine Preisverleihung steuerfrei, wenn damit das Lebenswerk oder die Persönlichkeit eines Arztes geehrt werden soll.[40]

1296 • **Versicherungsleistungen:** Diese sind grundsätzlich dann Betriebseinnahmen, wenn der Versicherungsanspruch des Steuerpflichtigen zum Betriebsvermögen gehört.[41] So stellt die Leistung einer Kaskoversicherung nach Diebstahl eines zum Betriebsvermögen gehörenden PKW auch dann eine Betriebseinnahme dar, wenn das zum Betriebsvermögen gehörende Wirtschaftsgut während seiner Nutzung zu privaten Zwecken zerstört wird.[42]

1297 • **Zinsen:** Zinsen aus betrieblichen Forderungen sind grundsätzlich Betriebseinnahmen (vgl. § 20 Abs. 3 EStG).

1298 • **Zuwendungen:** Finanzielle Zuwendungen des Ärztlichen Hilfswerks der Kassenärztlichen Vereinigungen, die hilfsbedürftige Kammermitglieder, deren Familienangehörige oder Hinterbliebene unterstützen, sind nach § 3 Nr. 11 EStG steuerfrei und daher nicht als Betriebseinnahme zu erfassen. Demgegenüber sind Versorgungsleistungen der Versorgungswerke der Ärztekammern (z.B. Berufsunfähigkeitsrente, Hinterbliebenenrente, Altersrente) als sonstige Einkünfte i.S.d. § 22 Nr. 1 Satz 3 EStG zu behandeln und mit ihrem sog. Ertragsanteil[43] zu versteuern.

1299 **cc) Betriebsausgaben.** Betriebsausgaben sind nach § 4 Abs. 4 EStG die Ausgaben, die durch den Betrieb veranlasst sind. § 4 Abs. 5 EStG enthält einen Katalog nicht oder nur beschränkt abziehbarer Betriebsausgaben.

1300 • **Arbeitsmittel:** Gegenstände, die der Arzt nach Art, Verwendungszweck und tatsächlicher Nutzung für seine berufliche Tätigkeit benötigt (z.B. Computer, Untersuchungsgeräte) gehören zum Betriebsvermögen. Die Aufwendungen sind nach allgemeinen Grundsätzen als Betriebsausgaben abzugsfähig.[44]

1301 • **Arbeitslohn:** Betriebsausgaben sind auch die an die bei dem niedergelassenen Arzt Angestellten – wie z.B. Ärzte, MTA, Sekretariatsmitarbeiter, Reinigungspersonal – gezahlten Arbeitslöhne. Probleme können bei sog. **Angehörigenverträgen** auftreten, wenn ein Arzt z.B. seine Ehefrau als Helferin, für Büroarbeiten, Honorarabrechnungen oder am Empfang in der Praxis mitbeschäftigt. Grundsätzlich sind auch Verträge unter nahen Angehörigen steuerrechtlich zu berücksichtigen. Wegen gleichgerichteter Interessen nahe stehender Personen stellen die Rechtsprechung sowie die Finanzverwaltung strenge Anforderungen an die Vereinbarung und Durchführung von Angehörigenverträgen. Die **steuerrechtliche Anerkennung** setzt eine entsprechende **Vereinbarung** zu Beginn des Vertragsverhältnisses voraus, wobei die Einhaltung der bürgerlich-rechtlich vorge-

---

[39] BFH vom 22. 9. 1976 – IV R 112/71, BStBl. II 1977, 29 = NJW 1977, 832.

[40] BFH vom 9. 5. 1985 – IV R 184/82, BStBl. II 1985, 427 = DStR 1985, 541.

[41] Insofern wird auf die Ausführungen zu „Versicherungsbeiträgen" verwiesen, s.sub. Rn. 1325.

[42] BFH vom 24. 5. 1989 – I R 213/85, BStBl. II 1990, 8 = NJW 1990, 471.

[43] Bei diesen sog. Leibrenten ist zu berücksichtigen, dass diese zum Teil aus Eigenleistungen aufgebaut worden sind, die nunmehr vermögensumschichtend zurückfließen. Deshalb soll allein der Ertrags des Rentenrechts steuerrechtlich relevant sein, wobei sich der Ertragsanteil aus einer sog. Ertragswerttabelle ergibt, die unter § 22 Nr. 1 S. 3 EStG aufgeführt ist.

[44] Zu beachten sind insbesondere die Vorschriften über die Absetzung für Abnutzung, s. Rn. 1336.

schriebenen Form zumindest indizielle Bedeutung zukommt. Auch sind zweckmäßigerweise Urlaub, Urlaubsgeld, Sozialleistung und betriebliche Altersversorgung im Arbeitsvertrag festzulegen. Die Vereinbarung muss die Hauptpflichten – insbesondere Art und Umfang der Tätigkeit sowie die Höhe des Arbeitslohnes – bestimmen. Die Gegenleistung des mitarbeitenden Ehegatten muss dem sog. **Fremdvergleichsgrundsatz** genügen, also noch im Rahmen dessen liegen, was ein fremder Dritter erhalten würde. Schließlich müssen die Parteien den Vertrag **tatsächlich durchführen**, d. h. die vereinbarten Leistungen müssen tatsächlich erbracht werden. Insbesondere muss der Arbeitslohn dem mitarbeitenden Ehegatten i. d. R. überwiesen werden, es muss ein Lohnkonto für den Ehegatten geführt, sowie Lohnsteuer pünktlich einbehalten und abgeführt werden. Dies gilt ebenso für die Sozialversicherungsbeiträge. Die Zahlung des Arbeitsentgeltes auf ein sog. Oderkonto bei im Übrigen ernsthaft vereinbarten und tatsächlich durchgeführten Ehegatten-Arbeitsverhältnisses reicht aus.[45]

- **Arbeitszimmer:** Vom Grundsatz her besteht ein generelles Abzugsverbot von Betriebsausgaben für ein häusliches Arbeitszimmer unabhängig von der beruflichen Veranlassung, vgl. § 4 Abs. 5 Nr. 6b Satz 1 EStG. Die Abzugsbeschränkung erfordert eine **auswärtige Schwerpunkt-Beschäftigungsstätte**. Demnach ist § 4 Abs. 5 Nr. 6b EStG nicht auf einen Arzt anwendbar, der seine ärztliche Tätigkeit ausschließlich von zu Hause aus ausübt. Denn dann hat er dort seine Betriebsstätte, für die § 4 Abs. 5 Nr. 6b EStG gerade nicht gilt. Ein Arbeitszimmer in diesem Sinne ist ein Arbeitsraum, der seiner Lage, Funktion und Ausstattung nach in die häusliche Sphäre des Steuerpflichtigen eingebunden ist und vorwiegend der Erledigung gedanklicher, schriftlicher oder verwaltungstechnischer Arbeiten dient.[46] Entscheidend ist, ob das **Gesamtbild** dem **Typus des häuslichen Arbeitsbüros** entspricht, wobei die maschinelle Ausrüstung des Raumes, Publikumsverkehr sowie die Größe, Lage und sonstige Ausstattung von Bedeutung sind. Letztlich ist die Qualifikationsentscheidung immer vom Einzelfall abhängig. Allgemeingültige Aussage lassen sich insofern kaum treffen. Nicht als häusliches Arbeitszimmer erachtet die Rechtsprechung z. B. eine ärztliche Notfallpraxis im selbst genutzten Wohnhaus, wenn sie nach außen erkennbar dem Publikumsverkehr gewidmet ist. Die Abzugsbeschränkung gilt insoweit nicht.[47]

  Unter der Prämisse, dass ein Arbeitszimmer in diesem Sinne vorliegt, können nach § 4 Abs. 5 Nr. 6b EStG bis zu **1250 EUR** als Betriebsausgaben geltend gemacht werden, wenn für die betriebliche oder berufliche Tätigkeit kein anderer Arbeitsplatz zur Verfügung steht. Diese Ausnahme dürfte für einen in eigener Praxis tätigen Arzt in der Mehrzahl der Fälle nicht in Betracht kommen, weil er sämtliche Tätigkeiten innerhalb der Praxisräume ausüben kann. So entfällt ein Abzug für ein geltend gemachtes häusliches Arbeitszimmer insbesondere dann, wenn ein selbständig tätiger Arzt seine schriftlichen Arbeiten außerhalb der Praxisöffnungszeiten ungestört an seinem Schreibtisch in der Praxis durchführen kann.[48] Die Beschränkung auf 1250 EUR gilt nicht, wenn das Arbeitszimmer den **Mittelpunkt** der gesamten betrieblichen und beruflichen Betätigung bildet. Auch insoweit entscheidet eine Gesamtbetrachtung der Umstände des Einzelfalls. So ist bei einem Arbeitsmediziner, der die persönliche Anamnese in den Kasernen und Betrieben vornimmt, der konkrete Aufgabenbereich so vielfältig und gestreut, dass diese keinem konkreten Mittelpunkt zugeordnet werden kann. Insbesondere ist gerade die ärztliche Anamnese nicht als völlig untergeordnete ärztliche Nebenleistung zu qualifizieren. In diesem Fall sollten die Aufwendungen für ein häusliches Arbeitszimmer der Höhe nach unbeschränkt abzugsfähig sein. Von der Zulässigkeit des Betriebsausgabenabzugs für ein häusliches Arbeitszimmer ausgehend, rechnen zu den Aufwendungen für ein Arbeitszimmer insbesondere die (anteili-

1302

---

[45] BVerfG vom 7. 11. 1995 – 2 BvR 802/90, BStBl. II 1996, 34 = DStR 1995, 1908.
[46] BFH vom 20. 11. 2003 – IV R 3/02, BStBl. II 2005, 203 = DStRE 2004, 676.
[47] BFH vom 16. 4. 2009 – VIII B 222/08, BFH/NV 2009, 1421.
[48] BFH vom 7. 4. 2005 – IV R 43/03, BFH/NV 2005, 1541.

gen) Aufwendungen für Miete, Gebäude-AfA, Schuldzinsen für Kredite, die zur An-
schaffung/Herstellung oder Reparatur der Räumlichkeiten verwendet worden sind,
Wasser- und Energiekosten, Reinigungskosten, Schornsteinfegergebühren, Müllabfuhr-
gebühren, Grundsteuer und Gebäudeversicherungen. Zu den Aufwendungen für die
Ausstattung des Zimmers zählen solche für Tapeten, Teppiche, Lampen, Gardinen sowie
Einrichtungsgegenstände wie Bücherregale, Schränke, Schreibtische und Stühle. Typische Arbeitsmittel gehören nicht zur Ausstattung und sind daher ohne die Beschränkung
des § 4 Abs. 5 Nr. 6 b EStG abziehbar.[49]

1303 • **Berufsverbände/Kammern:** Beiträge an Berufsverbände (z. B. an den Hartmannbund,
den Marburger Bund, den Freien Verband sowie an fachspezifische Verbände wie den
Deutschen Berufsverband für Kinder- und Jugendärzte) sind ebenfalls Betriebsausgaben.[50] Demgegenüber sind Beiträge der Kassenärztlichen Vereinigungen bzw. Kassenzahnärztlichen Vereinigungen zu berufständischen Versorgungszwecken als Sonderausgaben nach § 10 EStG abzugsfähig.[51]

1304 • **Beteiligung:** Die Aufwendungen für die Beteiligung eines Arztes an einer GmbH sind
bei betrieblicher Veranlassung als Betriebsausgaben abzugsfähig. Denkbar ist insoweit die
Beteiligung an einer Labor-GmbH.

1305 • **Bewirtungsaufwendungen:** Die Kosten für die Bewirtung aus geschäftlichem Anlass sind
– soweit sie angemessen sind – zu 70 v. H. als Betriebsausgaben abziehbar, § 4 Abs. 5 Nr. 2
EStG. Die sog. reine **Arbeitnehmerbewirtung** ist allerdings als beruflich und gerade nicht
geschäftlich veranlasster Aufwand in **vollem Umfang** als Betriebsausgabe abziehbar. Letzteres gilt insbesondere für Weihnachtsfeiern, Betriebsausflüge und Betriebsfeste. Die (eingeschränkt als Betriebsausgaben abziehbare) Bewirtung aus geschäftlichem Anlass umfasst insbesondere die Bewirtung von **Geschäftsfreunden,** also solcher Personen, mit denen der
Arzt in der Vergangenheit bereits Geschäfte abgeschlossen hat oder abzuschließen beabsichtigt. In Abgrenzung zum Abzugsverbot für Geschenke i. S. d. § 4 Abs. 1 Nr. 1 EStG liegt
eine Bewirtung nur dann vor, wenn eine über die Bewirtung hinausgehende unentgeltliche
Vermögenszuwendung an die Gäste nicht besteht,[52] was bei der klassischen Essenseinladung
der Fall ist. So hat das FG München 80%[53] die angefallenen Leistungen für Speisen, Getränke, Serviceleistungen und Mobiliar anlässlich der Einweihungs- und Jubiläumsfeier einer
Zahnärztin als Betriebsausgaben anerkannt.[54] Demgegenüber liegen keine Bewirtungsaufwendungen vor, wenn die Bewirtungsleistung im Verhältnis zu der eigentlich beabsichtigen
unentgeltlichen Zuwendung lediglich akzessorischer Natur ist, so bei Auslands- und Ur-
laubsreisen.[55] Keine Bewirtung liegt bei der Gewährung von **Aufmerksamkeiten** in geringem Umfang (Kaffee, Tee, Gebäck) vor. Aufwendungen einer Bewirtung sind neben den
Kosten für Speisen, Getränke und üblichen Genussmitteln (z. B. Tabakwaren) auch die im
Zusammenhang mit der Bewirtung entstehenden Nebenkosten (z. B. Garderobengebüh-
ren, Trinkgelder), nicht aber die Aufwendungen für die Unterhaltung der Gäste (z. B. Mu-
sikkapelle). Die Angemessenheit der Aufwendungen ist unter Berücksichtigung der Umstände des Einzelfalles nach der Verkehrsauffassung zu ermitteln – bezogen auf die jeweilige
Bewirtungsveranstaltung, wobei feste Grenzen nicht bestehen. Zum Nachweis der Höhe
und der betrieblichen Veranlassung der Bewirtungskosten hat der Arzt grundsätzlich schriftliche Angaben zu machen über den Ort, den Tag, die Teilnehmer und den Anlass der Bewirtung sowie über die Höhe der Aufwendungen.

---

[49] S. dazu bereits den Unterpunkt „Arbeitsmittel", Rn. 1300.
[50] BFH vom 7. 6. 1988 – VIII R 76/85, BStBl. II 1989, 97 = NJW 1989, 1887.
[51] BFH vom 13. 4. 1972 – IV R 88–89/69, BeckRS 1972 22001530.
[52] Vgl. BFH vom 18. 9. 2007 – I R 75/06, BStBl. II 2008, 116 = DStR 2008, 34.
[53] Entspricht der damals geltenden Rechtslage, wonach 80% der angemessenen Aufwendungen für
Bewirtung abziehbar waren.
[54] FG München vom 16. 12. 1999 – 1 K 1285–98, DStRE 2000, 452.
[55] Vgl. BFH vom 23. 6. 1993 – I R 14/93, BStlBl. II 1993, 806 = NJW 1993, 3159.

Schwierigkeiten hinsichtlich der Abzugsfähigkeit von Bewirtungsaufwendungen bestehen immer bei einer **privaten (Mit-)Veranlassung.** Insbesondere bei einem persönlichen Festtag des Arztes als Anlass für die Bewirtung (z. B. Geburtstag) tritt der private Grund grundsätzlich derart in den Vordergrund, dass die gesamten Aufwendungen als privat veranlasst anzusehen und daher vom Betriebsausgabenabzug ausgeschlossen sind. Vor dem Hintergrund der Entscheidung des Großen Senats zu § 12 Nr. 1 Satz 2 EStG,[56] wonach bei privater Mitveranlassung von Aufwendungen – sofern möglich – eine Aufteilung der Aufwendungen in einen abziehbaren und einen nichtabziehbaren Teil möglich ist, ist darüber hinaus an eine Aufteilung der Kosten zu denken. Nicht als Betriebsausgaben anerkannt hatte das FG Hamburg die Aufwendungen eines Zahnarztes für die Feier seines 25-jährigen Praxisjubiläums, zu der dieser neben seinen Mitarbeitern auch solche Patienten einlud, mit denen er seit Jahren besonders verbunden war.[57] In der bereits oben zitierten Entscheidung des FG München hatte dieses die Aufwendungen für die Einweihungs- und Jubiläumsfeier u. a. deshalb als Betriebsausgaben anerkannt, weil zu dem überwiegenden Teil der Gäste berufliche Beziehungen (Steuerberater, Vertreter der finanzierenden Banken, mit der Baudurchführung befasste Personen) bestanden.

- **Doppelte Haushaltsführung:** Notwendige Mehraufwendungen wegen einer aus beruflichem Anlass begründeten doppelten Haushaltsführung sind für einen Arbeitnehmer als Werbungskosten abziehbar, vgl. § 9 Abs. 1 Nr. 5 Satz 3 EStG. Diese Regelungen gelten entsprechend auch für selbständig Tätige, also gerade auch für Ärzte, die aus beruflichen Gründen einen doppelten Haushalt führen. Dann können die dadurch entstandenen Aufwendungen als Betriebsausgaben abgezogen werden. Eine doppelte Haushaltsführung in diesem Sinne setzt voraus, dass der Steuerpflichtige an einem Ort einen eigenen Hausstand unterhält und darüber hinaus noch an seinem (hiervon abweichenden) Beschäftigungsort eine **Zweitwohnung** aus beruflichen Gründen genommen hat. Ein verheirateter Arzt hat seinen eigenen Hausstand am Ort seiner **Familienwohnung.** Der ledige – allein, mit einem Lebenspartner oder in eingetragener Lebensgemeinschaft wohnende – unterhält einen eigenen Hausstand immer dann, wenn seine bisherige Wohnung sein Lebensmittelpunkt bleibt und er sich dort regelmäßig – also gerade nur durch die auswärtige Berufstätigkeit und Urlaubsfahrten unterbrochen – aufhält. Kein eigener Hausstand liegt vor, wenn der Ledige lediglich in der Wohnung der Eltern, wenn auch gegen Kostenbeteiligung, wohnt. Der Begriff des **Beschäftigungsortes** erfasst die politische Gemeinde, in der sich die regelmäßige Arbeitsstätte befindet. Er darf grundsätzlich gerade nicht mit dem Ort übereinstimmen, an dem sich die Familienwohnung befindet. Eine Zweitwohnung kann jede entgeltlich oder unentgeltlich zur Übernachtung zur Verfügung stehende Unterkunft sein (Eigentumswohnung, Hotelzimmer, möbliertes Zimmer, Gemeinschaftsunterkunft). Eine doppelte Haushaltsführung scheidet aus, wenn (auch) in der Wohnung am Beschäftigungsort ein eigener Hausstand begründet wird. Schließlich muss zur Anerkennung der doppelten Haushaltsführung der zweite Hausstand aus beruflichen Motiven heraus begründet worden sein, was z. B. im Falle der Übernahme einer Praxis an einem anderen Ort der Fall ist. Zu den als Betriebsausgaben abzugsfähigen Mehraufwendungen gehören zum einen die anfallenden **Fahrtkosten.** Die Kosten der ersten und letzten Fahrt sind – da es sich insoweit nicht um eine Familienheimfahrt handelt – in der tatsächlich entstandenen Höhe zu berücksichtigen. Während des Vorliegens der doppelten Haushaltsführung kann *ein* Weg vom Beschäftigungsort zum Ort des eigenen Hausstandes und zurück pro Kalenderwoche geltend gemacht werden. Bei Benutzung eines Kfz sind für jeden vollen Kilometer 0,30 EUR ansetzbar. Eine Obergrenze besteht bei der Entfernungspauschale für Familienheimfahrten i. R.

1306

---

[56] BFH vom 21. 9. 2009 – GrS 1/06, BStBl. II 2010, 672 = DStR 2010, 101. S. dazu auch unter Rn. 1207.
[57] FG Hamburg vom 8. 8. 1995 – III 221/93, EFG 1996, 421.

einer doppelten Haushaltsführung nicht. Neben den Familienheimfahrten kann der Steuerpflichtige noch für die Wege von der Wohnung am Beschäftigungsort zur Arbeitsstätte eine **Entfernungspauschale** nach den für Wege zwischen Wohnung und Arbeitsstätte geltenden Grundsätzen geltend machen.[58] Ebenso als Betriebsausgaben abziehbar sind die notwendigen **Wohnungskosten** (Miete, laufende Betriebskosten, z. B. Heizung, Strom, Reinigung). Den **Verpflegungsmehraufwand** kann der Arzt nur ab der Begründung der doppelten Haushaltsführung für die ersten drei Monate mit den sich aus § 9 Abs. 5 i. V. m. § 4 Abs. 5 Satz 1 Nr. 5 EStG ergebenden Pauschbeträgen geltend machen. Darüber hinaus ist ein Abzug von **sonstigen Kosten,** z. B. für die Anschaffung von Mobiliar, den Umzug sowie Telefongespräche möglich.

1307 • **Fachliteratur:** Aufwendungen für Fachbücher und Fachzeitschriften sind grundsätzlich als Betriebsausgaben abzugsfähig. Das gilt ohne weiteres zumindest dann, wenn sie ausschließlich der ärztlichen Berufsausübung dienen, was insbesondere bei **medizinischen Fachbüchern** ohne weiteres der Fall sein dürfte. Erforderlich für die steuerrechtliche Anerkennung ist die Vorlage eines **Beleges,** der Verfasser und Titel aufführt; der Ausweis als „Fachliteratur" genügt i. d. R. nicht.[59] Die Anschaffung von Büchern, die der Allgemeinbildung dienen, sowie allgemein informierender Tages- oder Wochenzeitschriften ist i. d. R. nicht beruflich veranlasst, so dass insoweit ein Betriebsausgabenabzug ausscheidet.[60] Aufwendungen für allgemeine Nachschlagewerke dienen auch der persönlichen Lebensführung. Nachdem der Große Senat des BFH seine jahrzehntelange, stets umstrittene Rechtsprechung aufgegeben hat, wonach § 12 Nr. 1 Satz 2 EStG ein Aufteilungs- und Abzugsverbot für solche Aufwendungen enthalten sollte, die sowohl durch die private Lebensführung als auch beruflich veranlasst sind (sog. gemischte Aufwendungen), mit der Folge, dass auch der beruflich veranlasste Teil der Anschaffungskosten nicht abziehbar war, ist nunmehr die Berücksichtigung des beruflichen Anteils durch Aufteilung, notfalls durch Schätzung, geboten.[61]

1308 • **Fahrtkosten:** Aufwendungen für die Wege zwischen Wohnung und Arbeitsstätte sind keine Betriebsausgaben mehr, vgl. § 4 Abs. 5 Satz 1 Nr. 6 EStG. Allerdings ist ein Abzug der Aufwendungen **ab dem 21. Entfernungskilometer** wie Betriebsausgaben von 0,30 EUR/km möglich, wobei grundsätzlich die kürzeste Straßenverbindung zwischen und Arbeitsstätte zugrunde zu legen ist. Eine andere als die kürzeste Straßenverbindung kann zugrunde gelegt werden, wenn diese offensichtlich verkehrsgünstiger ist und vom Arbeitnehmer regelmäßig für die Wege zwischen Wohnung und regelmäßiger Arbeitsstätte benutzt wird. Die Entfernungspauschale ist für jeden Arbeitstag nur **einmal** anzusetzen. Die Aufwendungen werden im Grundsatz nur in Höhe von höchstens 4500 EUR jährlich zum Abzug zugelassen. Eine Ausnahme gilt für Pendler, die einen eigenen oder einen zur Nutzung überlassenen Kraftwagen benutzen. Keine Anwendung findet die Entfernungspauschale für Wege zwischen Wohnung und **wechselnden Einsatzstellen.** Hier sind die tatsächlichen Kosten als Betriebsausgaben abziehbar. Dies gilt z. B. für die Fahrten eines Allgemeinmediziners zu Hausbesuchspatienten. Als Beschäftigungsstätte anerkannt ist auch das Krankenhaus eines Belegarztes, wenn diesem das Recht eingeräumt ist, seine Patienten unter Benutzung der hierfür bereitgestellten Räume stationär zu behandeln.[62] Auch die Fahrten zwischen Wohnung und Arbeitsstätte während des Bereitschaftsdienstes oder während der Rufbereitschaft sind als steuerlich anzuerkennende zusätzliche Fahrten anzusehen.[63] Aufwendungen eines Arztes für die Zurücklegung der regulären Fahrtstrecke zwischen Wohnung und Praxis sind auch dann

---

[58] Siehe dazu Rn. 1308.
[59] BFH vom 16. 2. 1990 – VI R 144/86, BFH/NV 1990, 763.
[60] BFH vom 30. 6. 1983 – IV R 2/81, BStBl. II 1983, 715 = DStR 1983, 718.
[61] BFH vom 21. 9. 2009 – GrS 1/06, BStBl. II 2010, 672 = DStR 2010, 101.
[62] FG München vom 17. 3. 1992 – 13 K 4192/91, EFG 1992, 437.
[63] BFH vom 20. 3. 1992 – VI R 10/91, BStBl. II 1992, 835 = NJW 1993, 815.

nur im Rahmen des § 9 Abs. 1 Satz 3 Nr. 4 EStG abziehbar, wenn die Fahrten zur Erledigung von Hausbesuchen unterbrochen werden.[64]

Nach der Rechtsprechung des BFH ist die Regelung des § 9 Abs. 1 Satz 3 Nr. 4 EStG ausnahmsweise dann nicht anzuwenden, wenn Arbeitnehmer auf **ständig wechselnden auswärtigen Einsatzstellen** tätig sind. In diesen Fällen sind grundsätzlich die tatsächlichen Aufwendungen für die Fahrten mit dem eigenen Kraftwagen zu der jeweiligen Einsatzstelle abziehbar. Allerdings gilt diese Ausnahme dann nicht, wenn die verschiedenen Einsatzstellen innerhalb eines in sich geschlossenen, nicht weit auseinandergezogenen und überschaubaren Gebiets liegen. Dies hat der BFH für einen selbständig tätigen Arzt entschieden, der seinen Beruf in der Weise ausübte, dass er – ohne eine eigene Praxis zu unterhalten – bei anderen Ärzten in einem Umkreis von 25 km Praxisvertretungen übernahm.[65]

- **Finanzierungskosten:** Aufwendungen für die Beschaffung und Bereitstellung von Kreditmitteln, insbesondere **Schuldzinsen,** außerdem Bereitstellungs- und Vermittlungsprovisionen und -gebühren, Gerichtskosten sowie Notar- und Verwaltungsgebühren sind bei betrieblicher Veranlassung als Betriebsausgaben abzugsfähig. Das ist dann der Fall, wenn der Arzt die Geldmittel für betriebliche Zwecke aufnimmt. Finanzierungskosten zählen i. d. R. nicht zu den Anschaffungs-/Herstellungskosten des finanzierten Wirtschaftsguts bzw. des Darlehens, sondern sind unabhängig von diesem steuerrechtlich zu würdigen.[66]   **1309**

- **Fortbildungskosten:** Eigene Fortbildungskosten des niedergelassenen Arztes sind Betriebsausgaben, ebenso wie die für die Angestellten aufgewendeten Aus- und Fortbildungskosten. Demgegenüber sind **Ausbildungskosten** – für eine erstmalige Berufsausbildung und ein Erststudium – nur bis zur 4000 EUR im Jahr (bei zusammenveranlagten Ehegatten für jeden in Höhe von 4000 EUR) als **Sonderausgaben** zu berücksichtigen, vgl. § 10 Abs. 1 Nr. 7, § 12 Nr. 5 EStG. Dies gilt jedoch nicht für Erststudien oder eine weitere Berufsausbildung, die nach einer bereits abgeschlossenen Berufsausbildung aufgenommen werden. Betriebsausgaben liegen dagegen vor, wenn die erstmalige Berufsausbildung oder das Erststudium Gegenstand eines Dienstverhältnisses (Ausbildungsdienstverhältnis) ist. In der Praxis geht es häufig um folgende Problemkreise: **1310**
  - *Facharztausbildung:* Wie bereits ausgeführt, entstehen als Betriebsausgaben zu berücksichtigende Fortbildungskosten frühestens dann, wenn das Erststudium beendet ist. Die Ausbildung zum Arzt endet nach der Approbationsordnung für Ärzte mit Abschluss des Zweiten Abschnitts der Ärztlichen Prüfung, vgl. § 39 ÄApprO, die zum Zahnarzt mit Abschluss der zahnärztlichen Prüfung, vgl. § 59 ZAppO. Die Facharztausbildung erfolgt im Anschluss daran. Anfallende Aufwendungen sind – weil die Ausbildung im Rahmen eines Dienstverhältnisses ausgeübt wird – als **Werbungskosten** nach § 9 Abs. 1 Satz 1 EStG innerhalb der angestellten Tätigkeit nach § 19 EStG abziehbar.
  - *Flugschein:* Bei einem Facharzt für Augenkrankheiten, der die Anerkennung als Sportarzt anstrebt, stellen die Kosten für einen Fluglehrgang keine Betriebsausgaben dar.[67] Demgegenüber können die Aufwendungen für die Erneuerung des erforderlichen Pilotenscheins bei einem Arzt für Flugmedizin, der auch Leiter einer fliegerärztlichen Untersuchungsstelle ist, Betriebsausgaben sein.[68]
  - *Führerscheinkosten:* Aufwendungen zur Erlangung des Führerscheins sind für den niedergelassenen Arzt Kosten der privaten Lebensführung und als solche nicht als Betriebsausgaben abzugsfähig.

---

[64] BFH vom 22. 6. 1995 – IV R 74/94, BFH/NV 1996, 117.
[65] BFH vom 5. 11. 1987 – IV R 180/85, BStBl. II 1988, 334 = NJW 1989, 799.
[66] BFH vom 7. 11. 1989 – IX R 190/85, BStBl. II 1990, 460 = NJW-RR 1990, 1034.
[67] FG Münster vom 28. 6. 1970 – VII 1347/69 E, EFG 1971, 128.
[68] FG Nürnberg vom 25. 3. 1992 – V 30/91, EFG 1992, 515.

– *Geschäftsreisen/Kongresse/Seminare:* Sämtliche durch eine Geschäftsreise verursachten Aufwendungen sind abziehbare Reisekosten. Dazu rechnen Fahrtkosten, Verpflegungsmehraufwendungen, Übernachtungskosten sowie sonstige Kosten z.B. für Telefon, Gepäcktransport, Garage. Voraussetzung ist, dass die Reise ausschließlich oder zumindest überwiegend im **beruflichen Interesse** unternommen wird. Sofern eine Reise insgesamt nicht als beruflich veranlasst anzusehen ist, können einzelne abgrenzbare Aufwendungen, die ausschließlich beruflich veranlasst sind, als Betriebsausgaben abgezogen werden. Für die betriebliche Veranlassung spricht zum einen der unmittelbar betriebliche Anlass der Reise, was insbesondere bei der **Vortragsreise** eines Arztes zu einem Fachkongress[69] oder bei der aktiven Teilnahme an einer **Berufstagung**[70] der Fall ist. Auch Aufwendungen für Fachkongresse im Ausland sind bei beruflicher Veranlassung als Betriebsausgaben abzugsfähig.[71] Zum anderen indiziert die Organisation der Veranstaltung als Lehrgang regelmäßig die berufliche Veranlassung, so die Organisation der Tagung durch einen Fachverband, der fachbezogene Teilnehmerkreis sowie die straffe zeitliche Gestaltung des Programms. Gegen die Annahme beruflicher Veranlassung der Reise sprechen i.d.R. eine vorangehende oder nachfolgende Urlaubsreise am Tagungsort, die Benutzung eines reisetypischen Verkehrsmittels (Schiff), die Besichtigung beliebter Touristenziele, die Veranstaltung der Tagung am Wochenende oder an Feiertagen sowie die Mitnahme des Ehepartners. Allerdings sind z.B. die Kurskosten einer Fortbildungsveranstaltung in Davos während der Urlaubszeit als Betriebsausgaben abzugsfähig, nicht jedoch die Fahrt- und Übernachtungskosten, die privat veranlasst sind.[72]

– *Promotion/Habilitation:* Auch die Kosten zur Erlangung der Doktorwürde sind bei beruflicher Veranlassung mittlerweile als Betriebsausgaben anerkannt, die private Mitveranlassung ist insoweit unschädlich. Die berufliche Veranlassung dürfte i.d.R. zu bejahen sein. Denn nach der Rechtsprechung des BFH belegt eine Promotion eine berufliche Qualifizierung in besonderem Maße. Zudem ist ein Doktortitel für das berufliche Fortkommen von erheblicher Bedeutung; teilweise ist sein Erwerb sogar unabdingbar. Offensichtlich sind auch die Beschäftigungs- und Einkommenssituation sowie die beruflichen Aufstiegschancen der Promovierten im Vergleich zu Nicht-Promovierten regelmäßig besser, das Arbeitslosigkeitsrisiko dagegen geringer. Überdies ist ein Doktortitel für bestimmte Berufe eine formale Zugangsvoraussetzung.[73] Auch die Habilitationskosten eines wissenschaftlichen Assistenten sind beruflich veranlasst.[74]

– *Schule:* Die Aufwendungen für den Besuch allgemeinbildender Schulen sind nicht als Betriebsausgaben bzw. Sonderausgaben abziehbar.

– *Sprachkurs:* I.d.R. handelt es sich bei den Kosten für einen Sprachkurs um nicht abziehbare Aufwendungen der **Allgemeinbildung.** So sind z.B. die Aufwendungen eines Facharztes für einen Englisch-Intensivkurs im Ausland nicht als Betriebsausgaben abzugsfähig, wenn der Kurs lediglich der Vertiefung der Fähigkeit zur Konversation und der Einübung der englischen Umgangssprache dient. Demgegenüber sind aber die Kosten eines Arztes für einen Intensivsprachkursus als Betriebsausgaben abzugsfähig, wenn dieser zur Vorbereitung eines Referates auf einem internationalen Fachkongress dient.[75]

– *Weiterbildung:* Weiterbildungs- bzw. Fortbildungskosten sind Aufwendungen, die ein Steuerpflichtiger leistet, um seine **Kenntnisse** und Fertigkeiten im ausgeübten Beruf

---

[69] BFH vom 12. 4. 1979 – IV R 106/77, BStBl. II 1979, 513 = DStR 1979, 536.
[70] BFH vom 18. 4. 1996 – IV R 46/95, BFH/NV 1997, 18.
[71] BFH vom 11. 1. 2007 – VI R 8/05, BStBl. II 2007, 457 = DStR 2007, 479.
[72] BFH vom 18. 4. 1996 – IV R 46/95, BFH/NV 1997, 18.
[73] BFH vom 4. 11. 2003 – VI R 96/01, BStBl. II 2004, 891 = DStR 2004, 261.
[74] BFH vom 7. 8. 1967 – VI R 25/67, BStBl. III 1967, 778 = NJW 1968, 672.
[75] FG Berlin vom 4. 5. 1979 – III 454/77, DStR 1980, 89.

zu **erhalten,** zu **erweitern** oder den sich ändernden Anforderungen **anzupassen.**
Die Aufwendungen für die Fortbildung in einem bereits erlernten Beruf sind als Betriebsausgaben abziehbar. Das gilt auch für die Aufwendungen für ein weiteres Studium, wenn dieses in einem hinreichend konkreten, objektiv feststellbaren Zusammenhang mit späteren steuerpflichtigen Einnahmen aus der angestrebten beruflichen
Tätigkeit steht. Voraussetzung ist also stets die berufliche Veranlassung der Weiterbildungskosten. So sind die Aufwendungen eines angestellten praktischen Arztes für seine
Weiterbildung zum geprüften Psychotherapeuten insbesondere dann Fortbildungskosten, wenn der Arzt in seinem Arbeitsverhältnis bereits psychotherapeutisch tätig ist.[76]
Die Aufwendungen eines bei einer Klinik angestellten Assistenzarztes für ein Aufbau-
studium mit dem Abschluss „Diplom Wirtschafts-Mediziner" sind als Berufsfortbil-
dungskosten als Betriebsausgaben abziehbar, wenn dem Arzt durch die Zusatzqualifika-
tion die Möglichkeit eröffnet wird, eine Führungsposition in der Klinik auszuüben.[77]
Auch Aufwendungen eines approbierten Humanmediziners für das Studium der
Zahnmedizin mit dem Ziel, Mund-Kiefer-Gesichts-Chirurg zu werden, sind Fortbildungskosten und als Betriebsausgaben abziehbar.[78]

- **Geschenke/Aufmerksamkeiten:** Bei Aufwendungen für Geschenke ist zu differenzie- **1311**
ren. Sofern es sich um **Geschenke an Dritte** handelt, d.h. an Personen, die nicht Arbeitnehmer des Arztes sind, sind nach § 4 Abs. 5 Nr. 1 EStG die getätigten Aufwendungen als Betriebsausgaben abziehbar, wenn die Anschaffungskosten/Herstellungskosten
der einem Empfänger in einem Wirtschaftsjahr zugewendeten Geschenke zusammengerechnet **35 EUR** nicht übersteigen. Voraussetzung ist, dass die Schenkung beruflich veranlasst ist. Insofern handelt es sich um eine sog. Freigrenze, wobei im Falle des Überschreitens der Grenze jeglicher Abzug entfällt. Zu denken ist beispielsweise an die
Konstellation, in der ein Arzt einem Laborarzt, der regelmäßig in seinem Auftrag Blut-
untersuchungen vornimmt, eine Flasche Wein wegen der guten Zusammenarbeit
schenkt. Demgegenüber unterliegen **Geschenke des Arztes an sein Praxispersonal**
nicht der Abzugsbeschränkung. Dementsprechend können Aufwendungen für kleinere
Aufmerksamkeiten wie Blumen oder Pralinen sowie Geschenke aus besonderem Anlass
(Geburtstag, Hochzeit) in **vollem Umfang** abgezogen werden – sofern eine berufliche
Veranlassung besteht. Die berufliche Veranlassung und damit der Betriebsausgabenabzug
wäre beispielsweise zu verneinen, wenn der Arzt einer Praxishilfe wegen einer intimen
Beziehung Zuwendungen macht. Diese sind rein privat veranlasst.

- **Kleidung:** Nur Aufwand für **typische Berufskleidung** ist abziehbar, solcher für bür- **1312**
gerliche Kleidung demgegenüber nicht. Bei Vorliegen typischer Berufskleidung sind die
Kosten der Anschaffung, Reinigung und Reparatur abzugsfähig. Für die weiße Kleidung
eines Arztes gilt Folgendes:
  - *Arztkittel:* Zur typischen Berufskleidung gehört der weiße Arztkittel sowie die weiße
  Arztjacke.
  - *Hose:* Eine weiße Hose stellt nicht ohne weiteres typische Berufskleidung dar, weil ihre
  Verwendung als sportliches Freizeitkleidungsstück nicht ungewöhnlich ist. Das zeigt
  sich auch daran, dass auch Ärzte sie vielfach nicht über den Handel mit Berufsbedarfs-
  artikeln, sondern in Boutiquen und Sportbekleidungsgeschäften erwerben. Allein die
  weiße Farbe ist nicht geeignet, Kleidungsstücken den Charakter von Berufskleidung
  zu verleihen. Im Hinblick darauf, dass in vielen Bereichen ärztlicher Tätigkeit ein Interesse daran besteht, dass die bei der Arbeit getragene Kleidung erhöhten hygienischen
  Anforderungen entspricht und/oder leicht und gründlich gereinigt werden kann, können solche weißen Hosen als **„Arbeitshosen"** anerkannt werden, deren außerberufli-
  che Verwendung wegen ihres rein funktionalen Charakters als ausgeschlossen er-

---

[76] FG Düsseldorf vom 20. 9. 1988 – 8 K 85/84 E, EFG 1989, 105.
[77] Hessisches FG vom 20. 10. 1995 – 4 K 3768/92, EFG 1996, 174.
[78] BFH vom 8. 5. 1992 – VI R 134/88, BStBl. II 1992, 965 = NJW 1992, 2984.

scheint. Das ist dann der Fall, wenn sie in Schnitt und Material denen entsprechen, die auch bei Operationen getragen werden. Bei Hosen, die nicht im Fachhandel für Berufsbedarf angeschafft worden sind, spricht eine widerlegliche Vermutung gegen das Vorliegen dieser Eigenschaft. Im Hinblick auf die bereits aufgezeigte Rechtsprechungsänderung sollte aber eine Berücksichtigung des beruflichen Anteils durch Aufteilung möglich sein.[79]

– *Weiße Hemden / T-Shirts und Schuhe:* Weiße Hemden (T-Shirts) und Schuhe erfüllen nicht die eingangs dargestellten Bedingungen, die an typische Berufskleidung zu stellen sind. Bei weißen Hemden handelt es sich um Kleidungsstücke, die von jedermann getragen werden. Die von zahlreichen Ärzten bei der Berufsausübung getragenen Schuhe weisen außer ihrer Farbe keine Eigenschaften auf, die einen spezifischen Bezug zum Arztberuf erkennen ließen. Hierdurch unterscheiden sie sich von den im gewerblichen Bereich getragenen Schutzschuhen. Was für weiße Hemden und Schuhe gilt, gilt gleichermaßen für weiße Socken.

1313 • **Kraftfahrzeugkosten:** Kfz.-Kosten sind bei beruflicher Veranlassung als Betriebsausgaben abziehbar. Beschränkungen im Hinblick auf die Abziehbarkeit sehen allerdings § 4 Abs. 5 Satz 1 Nr. 6 EStG[80] für die Aufwendungen für Fahrten zwischen Wohnung und Berufsstätte und Abs. 5 Satz 1 Nr. 7 für unangemessen hohe Aufwendungen vor. Kraftfahrzeugkosten sind dann beruflich veranlasst, wenn das Fahrzeug zu beruflichen Zwecken genutzt wird. Das ist bei Zugehörigkeit des PKW zum **notwendigen bzw. gewillkürten Betriebsvermögen** zu bejahen, wobei die bereits oben angeführten Nutzungsverhältnisse anzuwenden sind.[81] Die vom Betriebsausgabenabzug erfassten Aufwendungen sind solche, die für das einzelne Kfz. anfallen, insbesondere Kosten für Kraftstoff und Öl, Reparatur- und Wartungskosten, Versicherungsbeiträge, Kfz.-Steuer, Aufwendungen für einen Stellplatz, Straßenbenutzungsgebühren sowie TÜV-Gebühren für HU/AU. Laufende Betriebsausgaben sind daneben auch Finanzierungskosten sowie Leasingzahlungen.

Gehört das Kraftfahrzeug zum **Privatvermögen,** sind die Aufwendungen, die durch die berufliche Tätigkeit des Arztes veranlasst sind, ebenfalls Betriebsausgaben. Bei Benutzung eines Kraftfahrzeugs des Privatvermögens für betrieblich veranlasste Zwecke ist der Teilbetrag der jährlichen Gesamtkosten des Kraftfahrzeugs anzusetzen, der dem Anteil der zu berücksichtigenden Fahrten an der Jahresfahrleistung entspricht. Hierzu kann der Steuerpflichtige aufgrund der für einen Zeitraum von zwölf Monaten ermittelten Gesamtkosten für das genutzte Kraftfahrzeug einen **Kilometersatz errechnen,** der so lange angesetzt werden darf, bis sich die Verhältnisse wesentlich ändern, z. B. bis zum Ablauf des Abschreibungszeitraums oder bis zum Eintritt veränderter Leasingbelastungen. Alternativ kann der Steuerpflichtige einen **pauschalen Kilometersatz** ansetzen, den das Bundesministerium der Finanzen im Einvernehmen mit den obersten Finanzbehörden der Länder nach der höchsten Wegstrecken- und Mitnahmeentschädigung nach dem Bundesreisekostengesetz (BRKG) festsetzt. Er beläuft sich bei Kraftwagen auf **0,30 EUR je Fahrtkilometer.** Neben den Kilometersätzen können etwaige **außergewöhnliche Kosten** angesetzt werden, wenn diese durch Fahrten entstanden sind, für die die Kilometersätze anzusetzen sind. Außergewöhnliche Kosten sind nur die nicht voraussehbaren Aufwendungen für Reparaturen, die nicht auf Verschleiß oder auf Unfallschäden beruhen. Kosten, die mit dem laufenden Betrieb eines Fahrzeugs zusammenhängen, z. B. eine Versicherung, sind demgegenüber keine außergewöhnlichen Kosten und mit den pauschalen Kilometersätzen abgegolten. Die Kilometersätze sind nicht anzusetzen, soweit sie im Einzelfall zu einer offensichtlich unzutreffenden Besteuerung führen würden, was z. B. dann in Betracht kommen kann, wenn bei einer Jahresfahrleistung von mehr als

---

[79] S. bereits Rn. 1307.
[80] S. dazu bereits unter dem Stichwort „Fahrtkosten", Rn. 1208.
[81] Vgl. dazu unter „Betriebsvermögen", Rn. 1189.

40 000 km die Kilometersätze die tatsächlichen Kilometerkosten offensichtlich übersteigen.

- **Krankheitskosten:** Krankheitskosten sind dann als Betriebsausgaben abziehbar, wenn **1314** der Steuerpflichtige unter einer bestimmten **Berufskrankheit** leidet oder der Zusammenhang zwischen der Erkrankung und der beruflichen Tätigkeit eindeutig feststeht. Ein Abzug der Aufwendungen scheidet allerdings dann aus, wenn dem Arzt entsprechende Versicherungsleistungen z. B. aus einer Krankenversicherung vorliegen. Als abziehbare Krankheitskosten anerkannt sind z. B. Strahlenschäden eines Röntgenarztes[82] oder Tuberkulose eines Lungenarztes. Kein Betriebsausgabenabzug erfolgt demgegenüber für die Anschaffung einer Brille[83] oder eines Hörgerätes.[84] Auch bei einem Arzt stellen im Übrigen Krankenversicherungsbeiträge keine Betriebsausgaben dar. Auch bei Angehörigen freier Berufe ist ein Herzinfarkt nicht als typische Berufskrankheit zu qualifizieren. Allenfalls kommt eine Berücksichtigung der Krankheitskosten als außergewöhnliche Belastungen in Betracht.[85]
- **Miete:** Ohne weiteres als Betriebsausgaben abziehbar sind auch die Mietzinszahlungen **1315** für angemietete Praxisräume.
- **Schadenersatzleistungen:** Schadenersatzzahlungen an Dritte können dann als Be- **1316** triebsausgaben abgezogen werden, wenn ihr Rechtsgrund betrieblicher Art ist, d. h. wenn die Entstehung des Schadens selbst beruflich veranlasst ist. Insofern kommen Schadenersatzleistungen wegen eines **ärztlichen Kunstfehlers** in Betracht. Nach der Rechtsprechung des BFH sind die Aufwendungen des Vaters zur Heilung oder Linderung von genetischen Strahlenschäden bei seinen Kindern keine Betriebsausgaben. Die entstandenen Kosten können vielmehr nur im Rahmen der Vorschriften über die außergewöhnlichen Belastungen berücksichtigt werden.[86]
- **Schuldzinsen:** Schuldzinsen sind dann als Betriebsausgaben abziehbar, soweit deren **1317** Zahlung beruflich veranlasst ist, was wiederum bei einer beruflich veranlassten Schuld der Fall ist. Insofern kommen insbesondere Darlehenszinsen in Betracht, wenn die Aufnahme des Darlehens zum Zwecke der Praxisgründung/-übernahme oder zur Anschaffung der Praxiseinrichtung erfolgte. Schuldzinsen sind nach näherer Maßgabe des § 4 Abs. 4a EStG nicht als Betriebsausgaben abziehbar, wenn Überentnahmen getätigt worden sind. Seit dem Veranlagungszeitraum 2008 ist daneben grundsätzlich auch die sog. Zinsschrankenregelung des § 4h EStG zu beachten, die i. d. R. allerdings nicht einschlägig sein dürfte.
- **Steuerberatungs-/Steuerprozesskosten:** Aufwendungen für die Inanspruchnahme **1318** von Steuerberatungsleistungen sind als Betriebsausgaben abziehbar, wenn sie im Zusammenhang mit der Gewinnermittlung der ärztlichen Praxis stehen. Dies ist insbesondere bei **reinen Betriebssteuern** – typischerweise der Umsatzsteuer – der Fall. Bei der Einkommensteuerberatung besteht die Besonderheit, dass sich diese auf mehrere Bereiche bezieht – eigentliche Gewinnermittlung und Erstellung der Einkommensteuererklärung darüber hinaus. In diesem Fall sind die Kosten aufzuteilen. Steuerberatungskosten, die im Zusammenhang mit einem Rechtsmittelverfahren entstehen, sind nur insoweit Betriebsausgaben, als sich das Rechtsmittel auf die Ermittlung des Gewinns bezieht. Erstattet ein Steuerpflichtiger Selbstanzeige nach § 371 AO, kommt er seiner Verpflichtung nach § 153 AO nach, indem er erkannt hat, dass eine von ihm abgegebene Erklärung unrichtig bzw. unvollständig war, und er die Erklärung richtig stellt. In diesen Fällen erfüllt er seine abgabenrechtlichen Erklärungspflichten, so dass die diesbezüglichen Aufwendungen als Betriebsausgaben steuermindernd berücksichtigt werden können. Bera-

[82] BFH vom 17. 4. 1980 – IV R 207/75, BStBl. II 1980, 639 = FR 1980, 467.
[83] BFH vom 23. 10. 1992 – VI R 31/92, BStBl. II 1993, 193 = DB 1993, 358.
[84] BFH vom 22. 4. 2003 – VI B 275/00, BFH/NV 2003, 1052.
[85] Zu außergewöhnlichen Belastungen s. Rn. 1171.
[86] BFH vom 17. 4. 1980 – IV R 207/75, BStBl. II 1980, 639 = FR 1980, 467.

tungskosten für die Geltendmachung und die Durchsetzung der strafbefreienden Wirkung der Selbstanzeige stehen wie Strafverteidigungskosten nicht im unmittelbaren Zusammenhang mit dem Besteuerungsverfahren und können daher nicht steuermindernd berücksichtigt werden.

1319 • **Steuern:** Betriebliche Aufwendungen und damit als Betriebsausgaben abziehbar sind **Betriebssteuern,** insbesondere Umsatzsteuer, betriebliche Kfz-Steuer sowie Grundsteuer für ein Betriebsgrundstück. Demgegenüber dürfen **private Steuern** den Gewinn nicht mindern, auch nicht, soweit sie auf betriebliche Gewinne entfallen, vgl. § 12 Nr. 3 EStG.

1320 • **Telefonkosten:** Die Kosten für den ausschließlich beruflich genutzten Telefonanschluss sind Betriebsausgaben. Im Falle privater Mitbenutzung des betrieblichen Anschlusses – und umgekehrt – ist der auf die berufliche Nutzung entfallende Anteil ggf. im Schätzungswege zu ermitteln.

1321 • **Umsatzsteuer:** Grundsätzlich rechnet die für die Anschaffung eines Wirtschaftsguts des Betriebsvermögens gezahlte Umsatzsteuer bei Ärzten zu den Anschaffungskosten eines Wirtschaftsguts, vgl. § 9b EStG. Die ärztlichen Heilbehandlungsleistungen sind i. d. R. allerdings vom Vorsteuerabzug nach § 15 UStG ausgeschlossen mit der Folge, dass die gezahlte Umsatzsteuer zu den Anschaffungskosten eines Wirtschaftsgutes zählt und damit ebenfalls als Betriebsausgabe abzugsfähig ist.

1322 • **Umzugskosten:** Umzugskosten können bei betrieblicher Veranlassung im Einzelfall Betriebsausgaben sein. Das ist z. B. für den Fall anzunehmen, dass ein zunächst in einem Krankenhaus angestellter Arzt seine dortige Tätigkeit aufgibt, um an einem anderen Ort eine freiberufliche Praxis zu übernehmen oder zu eröffnen. Die Kosten für die Verlegung der Familienwohnung an den Ort der Praxis sind als Betriebsausgaben abziehbar. Eine berufliche Veranlassung in diesem Sinne liegt auch bei einem freiberuflich tätigen Arzt vor, wenn dieser seine Wohnung in die unmittelbare Nähe seiner Praxis oder eines Krankenhauses verlegt, in dem dieser Belegbetten unterhält.[87] Dies gilt jedoch nicht, soweit die Aufwendungen – wie z. B. Maklerprovisionen – Anschaffungs- oder Herstellungskosten eines neuen Wohngrundstücks darstellen.[88]

1323 • **Verlust (Zerstörung, Diebstahl/Unterschlagung, Unfall):** Der Verlust von Wirtschaftsgütern des Betriebsvermögens mindert als Betriebsausgabe den Gewinn, wenn dieser beruflich veranlasst ist. Bei **Wirtschaftsgütern des Betriebsvermögens** ist der Verlust i. d. R. beruflich veranlasst, z. B. bei der Zerstörung eines Praxiseinrichtungsgegenstandes oder eines Betriebs-PKW. Verluste von Wirtschaftsgütern des **Privatvermögens** führen in aller Regel nicht zu Betriebsausgaben, selbst wenn der Verlust auch betrieblich bedingt war, z. B. die Zerstörung der Brille während der ärztlichen Tätigkeit. Denkbar ist darüber hinaus, dass ein Wirtschaftsgut des Betriebsvermögens auf privatem Wege verloren geht. In diesem Fall sind die Kosten eines Verkehrsunfalls nicht deshalb von der Berücksichtigung als Betriebsausgaben oder Werbungskosten ausgeschlossen, weil der Unfall darauf beruht, dass der Steuerpflichtige bewusst und leichtfertig gegen Verkehrsvorschriften verstoßen hat.[89] Nur eine außerbetriebliche Willensentscheidung oder Handlung des Steuerpflichtigen hebt die betriebliche Veranlassung auf, so im Falle eines Unfalls mit einem Betriebs-PKW auf einer Privatfahrt oder bei einem Umweg aus rein privaten Gründen.

1324 • **Vertragsarztzulassung:** Aufwendungen, die innerhalb einer Praxisübernahme auf die Zulassung zur vertragsärztlichen Versorgung entfallen, sind nicht als Betriebsausgaben abziehbar. Orientiert sich der für eine Arztpraxis mit Vertragsarztsitz zu zahlende Kaufpreis ausschließlich am Verkehrswert, so ist nach Auffassung des BFH in dem damit abgegol-

---

[87] BFH vom 28. 4. 1988 – IV R 42/86, BStBl. II 1988, 777 = DStR 1988, 548.
[88] BFH vom 24. 8. 1995 – IV R 27/94, BStBl. II 1995, 895 = BB 1995, 2457.
[89] BFH vom 28. 11. 1977 – GrS 2 bis 3/77, GrS 2/77, GrS 3/77, BStBl. II 1978, 105 = DStR 1978, 181.

tenen Praxiswert der Vorteil aus der Zulassung als Vertragsarzt untrennbar enthalten.[90] Er teilt damit das steuerrechtliche Schicksal des Praxiswertes.[91]

- **Versicherungsbeiträge:** Die Qualifikation von Versicherungsprämien als Betriebsaus- **1325** gaben erfolgt nach der Rechtsprechung auf Basis des Veranlassungsprinzips und zwar danach, ob die Versicherung betriebliche oder private Risiken abdeckt. Dem betrieblichen Bereich zuzurechnen sind v. a.
  - Unfallversicherung,
  - Beiträge zur gesetzlichen Unfallversicherung, die ein Arzt für die in seiner Praxis Beschäftigten entrichtet (Berufsgenossenschaft für Gesundheitsdienst und Wohlfahrtspflege),
  - Diebstahl- und Brandschadensversicherung,
  - betriebliche Rechtsschutzversicherung,
  - Kaskoversicherung für betrieblichen PKW und
  - Berufshaftpflichtversicherung.

  Sofern ein Arzt ein Gebäude sowohl privat als auch betrieblich zum Betrieb seiner Praxis nutzt, ist der Betriebsausgabenabzug für die Versicherungsprämien auf den betrieblich genutzten Gebäudeteil beschränkt. Sofern eine sog. Praxisausfall-/Betriebsunterbrechungsversicherung neben dem privaten Risiko der Erkrankung des Arztes zugleich rein betriebliche Risiken (Zerstörung durch Brand, Sturm, Wassereinbruch) absichert, kann der auf die betrieblichen Risiken entfallende – u.U. im Wege der Schätzung zu ermittelnde – Teil der Versicherungsbeiträge als Betriebsausgabe abgezogen werden.[92] Demgegenüber sind Beiträge zu privaten Versicherungen, wie Krankenversicherungen und Krankentagegeldversicherungen, nicht als Betriebsausgaben, sondern als Sonderausgaben nach § 10 Abs. 1 Nr. 3, 3a EStG abzugsfähig.

- **Wartezimmerlektüre:** Die Anschaffungskosten für Tageszeitungen und Zeitschriften, **1326** die als Lektüre im Wartezimmer ausliegen, sind in jedem Fall dann abzugsfähig, wenn der Arzt diese Zeitungen sowohl beruflich für die Praxis als auch privat, also doppelt bezieht.[93] Anderenfalls handelt es sich um Aufwendungen, die sowohl beruflich als auch durch die allgemeine Lebensführung veranlasst sind. Insofern gelten die Ausführungen für allgemeine Nachschlagewerke entsprechend.[94]

  dd) Zu- und Abflussprinzip. Für die Durchführung der Gewinnermittlung gilt das sog. **1327** Zu- und Abflussprinzip des § 11 EStG. Die Betriebseinnahmen sind in dem Kalenderjahr anzusetzen, in dem sie dem Steuerpflichtigen **zugeflossen** sind. Vice versa sind die Betriebsausgaben in dem Kalenderjahr abzuziehen, in dem sie **geleistet** worden sind. Die Überschussrechnung nach § 4 Abs. 3 EStG ist ihrem Modell nach eine reine **Geldrechnung:** Einnahmen sind einem Steuerpflichtigen erst dann zugeflossen, wenn sie so in seinen Machtbereich gelangt sind, dass er darüber wirtschaftlich verfügen kann, Ausgaben abgeflossen, sobald er die wirtschaftliche Verfügungsmacht über den Gegenstand der geschuldeten Leistung verloren hat. Demgegenüber bleiben Forderungen sowie Verbindlichkeiten zunächst unberücksichtigt. Sie werden erst dann relevant, wenn sie durch Vereinnahmung oder Verausgabung von Geld – ganz oder zumindest teilweise – erfüllt werden. Folgende Besonderheiten sind im Rahmen des Zu- und Abflussprinzips zu beachten:

- **Abtretung:** Sofern der Schuldner dem Arzt eine Forderung zur Erfüllung seiner Ver- **1328** bindlichkeit abtritt, ist für die Frage des Zuflusses maßgeblich, ob die Abtretung an Erfüllungs Statt oder lediglich erfüllungshalber erfolgt. Durch eine Abtretung **erfüllungshalber** erhält der Gläubiger (der Arzt) lediglich eine zusätzliche Befriedigungsmöglichkeit. Eine Betriebseinnahme ist demnach erst dann zugeflossen, wenn auf die

---

[90] BFH vom 9. 8. 2011 – VIII R 13/08, BStBl II 2011, 875 = DStR 2011, 1799.
[91] Zum Praxiswert s. noch unter Rn. 1316.
[92] BFH vom 19. 5. 2009 –VIII R 6/07, BStBl. II 2010, 168 = DStR 2009, 1632.
[93] BFH vom 30. 6. 1983 – IV R 2/81, BStBl. II 1983, 715 = DStR 1983, 718.
[94] S. dazu bereits den Unterpunkt „Fachliteratur", Rn. 1307.

Forderung tatsächlich geleistet wird. Bei der Abtretung **an Erfüllungs statt** erfolgt die Leistung im Wege des Transfers einer anderen Forderung. Nach Ansicht des BFH liegt in der Abtretung bereits ein Zufluss, wobei die Bewertung mit dem Wert der Forderung im Zeitpunkt der Abtretung erfolgt.[95] Wenn umgekehrt der behandelnde Arzt seine gegenüber dem Patienten erworbene Forderung im Wege des sog. echten **Factoring** gegen Entgelt an eine Factoring-Gesellschaft verkauft, so liegt bereits im Zeitpunkt des Zuflusses des an den Arzt gezahlten Betrages eine steuerpflichtige Betriebseinnahme vor.

1329 • **Banküberweisungen:** Bei Banküberweisungen ist die Betriebseinnahme (z. B. die Vergütung der ärztlichen Behandlungsleistung seitens der Krankenkasse) im Zeitpunkt der **Gutschrift** auf dem Bankkonto anzusetzen. Der Abfluss von Betriebsausgaben (z. B. Mietzinszahlungen für die Praxisräume) liegt demgegenüber bereits im **Zugang des Überweisungsauftrages bei der Bank,** vorausgesetzt das Konto ist gedeckt, so dass mit der Ausführung der Überweisung zu rechnen ist.

1330 • **Darlehensverträge:** Darlehensverträge (z. B. zur Finanzierung einer Praxisübernahme bzw. der Praxiseinrichtung) bleiben im Rahmen der Überschussrechnung nach § 4 Abs. 3 EStG als bloße Veränderungen des Vermögensstammes unberücksichtigt (vgl. auch § 4 Abs. 3 Sätze 3, 4 EStG). Deshalb gehören Darlehenszuflüsse nicht zu den Betriebseinnahmen, durch die Tilgung werden keine Betriebsausgaben generiert. Betriebsausgaben sind lediglich die Darlehenszinsen, sofern eine betriebliche Verbindlichkeit besteht.[96]

1331 • **Honorar:** Für die Frage des Zuflusses der ärztlichen Honorare ist danach zu differenzieren, ob es sich um Forderungen gegenüber Privatpatienten oder solche für eine kassenärztliche Tätigkeit handelt. Sofern der Arzt seine Honorarforderungen gegenüber Privatpatienten durch eine **Privatärztliche Verrechnungsstelle** einziehen lässt, gelten die Zahlungen bereits mit dem Eingang bei dieser als dem Arzt zugeflossen. Das gilt auch dann, wenn der Arzt mit der Privatärztlichen Verrechnungsstelle die Abrechnung und Zuleitung der für ihn eingegangenen Honorare zu bestimmten Terminen vereinbart. Die Privatärztliche Verrechnungsstelle vereinnahmt die Beträge nur als Bevollmächtigte des Arztes. Anders ist dies demgegenüber bei ärztlichen Honoraren für **kassenärztliche Tätigkeiten:** Nach § 85 Abs. 1 SGB V entrichtet die Krankenkasse für die gesamte kassenärztliche Versorgung mit befreiender Wirkung eine Gesamtvergütung an die Kassenärztliche Vereinigung. Dieser obliegt es, die Gesamtvergütung unter die Kassenärzte nach einem im Benehmen mit den Verbänden der Krankenkassen festgesetzten Verteilungsmaßstab unter Zugrundelegung der Art und des Umfangs der Leistungen des Kassenarztes zu verteilen. Der Vergütungsanspruch des Arztes entsteht unmittelbar gegenüber der Kassenärztlichen Vereinigung und unabhängig davon, ob die Krankenkassen Zahlungen für kassenärztliche Leistungen an die Kassenärztliche Vereinigung erbracht haben. Die Honorare fließen dem Arzt grundsätzlich erst mit Überweisung seines Anteils durch die Kassenärztliche Vereinigung zu.

Die Einnahmen des Arztes von der Kassenärztlichen Vereinigung stellen regelmäßig **wiederkehrende Einnahmen** im Sinne des § 11 Abs. 1 Satz 2 EStG dar.[97] Das gilt sowohl für die vierteljährlichen Abschlusszahlungen als auch für die monatlichen Abschlagszahlungen, weil die Zahlungen nach der Art des bestehenden Rechtsverhältnisses wiederkehrend zu erbringen sind.

Zahlt eine Kassenärztliche Vereinigung auf Wunsch nicht die gesamte Abschlagszahlung, sondern geringere Abschläge, so gilt dennoch im Zeitpunkt der Verfügungsmöglichkeit (aufgrund der wirtschaftlichen Verfügungsmacht) die gesamte Abschlagszahlung als zugeflossen.

---

[95] BFH vom 22. 4. 1966 – VI 137/65, BStBl. III 1966, 394 = NJW 1966, 2083.
[96] S. bereits unter „Schuldzinsen", Rn. 1317.
[97] S. dazu noch unter Rn. 1341.

Sofern ein Arzt Honoraranteile in einem späteren Veranlagungszeitraum wieder zurückzahlen muss, steht ihm grundsätzlich nicht die Möglichkeit offen, die Veranlagung des Jahres der Vereinnahmung zu ändern. Vielmehr muss er diese Anteile im Jahr des Abflusses berücksichtigen.

- **Sachbezüge:** Auch Sachbezüge, d.h. nicht in Geld bestehende Einnahmen (z.B. Honorarzahlung in Form eines Schmuckstückes), sind zu erfassen. Mangels einer ausdrücklichen Regelung für die Überschussrechnung ist auf § 9 Abs. 1 BewG abzustellen, wonach die Bezüge mit dem **gemeinen Wert**, i.e. Marktwert bzw. Verkehrswert, zu bewerten sind. **1332**

- **Umsatzsteuer:** Ärztliche Heilbehandlungsleistungen sind grundsätzlich umsatzsteuerfrei.[98] Sofern der niedergelassene Arzt ausnahmsweise Umsatzsteuerbeträge vereinnahmt,[99] gehören sie im Zeitpunkt ihres Zuflusses zu den Betriebseinnahmen. Entsprechendes gilt für verausgabte Umsatzsteuer. **1333**

- **Vorschüsse:** Vorschüsse sind im Zeitpunkt des Geldeingangs zugeflossen. **1334**

  ee) Ausnahmen vom Zu- und Abflussprinzip. Folgende Abweichungen vom Zu- und Abflussprinzip sehen § 4 Abs. 3 Sätze 3 und 4 EStG vor, um eine unnötige Verzerrung der Periodengewinne zu unterbinden: **1335**

- **Absetzung für Abnutzung:** Bei der Überschussrechnung sind – wie bei der Gewinnermittlung durch Bilanzierung – die Vorschriften über die Absetzung für Abnutzung (AfA) zu befolgen. Danach sind die Anschaffungs- und Herstellungskosten für abnutzbare Wirtschaftsgüter des Anlagevermögens,[100] die sich länger als ein Jahr nutzen oder verwenden lassen, nicht schon im Zeitpunkt ihrer Verausgabung als Betriebsausgaben abziehbar. Vielmehr werden diese auf die **betriebsgewöhnliche Nutzungsdauer** des jeweiligen Wirtschaftsguts verteilt, sog. **lineare AfA** (§ 7 Abs. 1 Satz 1 f. EStG).[101] **Abnutzbar** sind diejenigen Wirtschaftsgüter, die einem irgendwie gearteten technischen oder wirtschaftlichen Wertverzehr unterliegen. Die betriebsgewöhnliche Nutzungsdauer eines Wirtschaftsguts ist zu schätzen, in der Praxis stehen dafür sog. AfA-Tabellen zur Verfügung. Der AfA-Zeitpunkt richtet sich nach dem Zeitpunkt der Anschaffung (= Lieferung) bzw. Herstellung (= Fertigstellung), d.h. abgeschrieben werden Anschaffungskosten, sobald sie in Form einer Anschaffungsverbindlichkeit bestehen. Sofern ein abnutzbares Wirtschaftsgut – was der Regelfall sei dürfte – nicht unmittelbar zu Beginn eines Jahres angeschafft wird, ist nur eine **anteilige AfA** möglich. Im Falle der Veräußerung abnutzbarer Wirtschaftsgüter ist § 4 Abs. 3 Satz 4 EStG, der unmittelbar nur für nicht abnutzbare Wirtschaftsgüter gilt, entsprechend anzuwenden und dem Veräußerungserlös der abgeschriebene Restwert als Betriebsausgabe gegenüber zu stellen. **1336**

  – *Praxisgebäude:* Besondere Abschreibungsvorschriften für (Praxis-)Gebäude enthalten die § 7 Abs. 4 f. EStG. Betriebsgebäude, für die ein Bauantrag nach dem 31. 3. 1985 gestellt worden ist, sind mit 3% p.a., ältere Gebäude dagegen nur mit 2 bzw. 2,5% p.a. abzuschreiben. Bei Neubauten kann der Steuerpflichtige auch eine höhere degressive AfA nach § 7 Abs. 5 EStG wählen. Entsprechendes gilt für selbständige Gebäudeteile, Eigentumswohnungen sowie Teileigentum (§ 7 Abs. 5a EStG). Nutzt ein Ehegatte in einem ihm und seinem Partner als Miteigentümer je zur Hälfte gehörenden Gebäude eine Wohnung/einzelne Räume als Praxis, so ist die auf die für die Ausübung der ärztlichen Tätigkeit genutzten Räumlichkeiten entfallende AfA ungeachtet des hälftigen Miteigentumsanteils des Partners als Betriebsausgabe zu berücksichtigen.[102] Keine AfA ist auf den Grund und Boden zulässig.

---

[98] S. dazu im Einzelnen unter Rn. 1428 ff.

[99] Vgl. zu den Umsatzsteuerbefreiungen Rn. 1425 ff.

[100] Zum Anlagevermögen gehören diejenigen Gegenstände, die dazu bestimmt sind, dem Geschäftsbetrieb dauernd zu dienen.

[101] Seit dem 1. 1. 2011 ist die degressive AfA (AfA in fallenden Jahresbeträgen) für alle neuen Wirtschaftsgüter abgeschafft und läuft seither aus.

[102] BFH vom 19. 10. 1995 – IV R 136/90, BFH/NV 1996, 306.

– *Praxiseinrichtung:* Für die linearen AfA-Sätze, die für die angeschaffte Praxiseinrichtung abzusetzen sind, ist die AfA-Tabelle für den Wirtschaftszweig „Gesundheitswesen" vom 13. 1. 1995[103] anzuwenden. Die Tabelle gilt für Arzt- und Zahnarztpraxen sowie alle Anlagegüter, die nach dem 31. 12. 1994 angeschafft oder hergestellt worden sind:

Lfd. Nr.	Anlagegüter		Nutzungsdauer (ND) i. J.	Linearer AfA-Satz v. H.
1	Amalgamabscheider		8	12
2	Analysegeräte		5	20
3	Angiographen		8	12
4	Anomaloskope		10	10
5	Augenspiegel		10	10
6	Autoanalyzer		5	20
7	Bädereinrichtungen (bewegl.)		10	10
8	Beatmungsgeräte		5	20
9	Behandlungseinheiten			
	9.1	Augenarzt	10	10
	9.2	HNO	10	10
	9.3	Intensivüberwachung	8	12
	9.4	Zahnarzt	10	10
10	Betten		15	7
11	Betten-Desinfektionsanlagen		8	12
12	Bildverstärker		8	12
13	Brutschränke		10	10
14	Cardiotokographen (CTG)		5	20
15	Computertomographien		8	12
16	Cysto-Urethroskope		10	10
17	Destiliergeräte		10	10
18	Dezimeterwellen		8	12
19	Dialysegeräte (künstl. Niere)		8	12
20	Doppler-Sonographiegeräte		5	20
21	Drainagegeräte		5	20
22	Dunkelkammereinrichtungen		10	10
23	Echogeräte		8	12
24	EEG		8	12
25	EKG		8	12
26	Elektrotherapiegeräte		8	12
27	EMG-Geräte		8	12

[103] BMF vom 13. 1. 1995 – IV A 8-S 1551-7/95, BStBl. I 1995, 84.

Staschewski

Lfd. Nr.	Anlagegüter	Nutzungsdauer (ND) i. J.	Linearer AfA-Satz v. H.
28	Endoskope	5	20
29	Endoskopiegeräte	5	20
30	Filmbetrachtungskästen	10	10
31	Filtriergeräte	10	10
32	Gallenlithotripter	8	12
33	Gassterilisatoren	8	12
34	Gehgestelle	10	10
35	Gehstützen	10	10
36	Gehwagen	10	10
37	Gymnastikgeräte	10	10
38	Handapplanationstonometer	8	12
39	Heissluftapparate	10	10
40	Heissluftsterilisatoren	8	12
41	Hochfrequenz-Wärmetherapiegeräte	8	12
42	Hörtestgeräte	8	12
43	Impedanzmessgeräte	8	12
44	Indemvisusautomaten	8	12
45	Infusionsgeräte	5	20
46	Inhalationsgeräte	8	12
47	Instrumentenschränke	12	8
48	Instrumententische	12	8
49	Instrumentenwagen	12	8
50	Intensivbetten	8	12
51	Kaltlicht	5	20
52	Kernspintomographen	8	12
53	Kolposkope	8	12
54	Koronarangiographische Arbeitseinheiten	8	12
55	Krankenfahrstühle	10	10
56	Krankentragen	10	10
57	Krankentransportwagen	10	10
58	Kreisbeschleuniger	8	12
59	Kurzwellen	8	12
60	Linearbeschleuniger	8	12
61	Lithotripter	8	12

Lfd. Nr.	Anlagegüter	Nutzungsdauer (ND) i. J.	Linearer AfA-Satz v. H.
62	Mikroskope (elektronisch)	10	10
63	Mikroskope (mechanisch)	15	7
64	Mikrowellen	8	12
65	Mobiliar (sonstiges)	15	7
66	Nachttische	10	10
67	Narkosegeräte	5	20
68	Nierenlithotripter	8	12
69	Notfallbehandlungssatz (mit Sauerstoff)	5	20
70	Notfallkoffer	5	20
71	Nuklear-Therapiegeräte	8	12
72	OP-Leuchten	10	10
73	OP-Tische	10	10
84	Röntgenbildbetrachter	10	10
85	Röntgengeräte	8	12
86	Rotlichgeräte	8	12
87	Scheitelbrechwertmesser	8	12
88	Sehtestgeräte	8	12
89	Sonographiegeräte	5	20
90	Spaltlampen	6	17
91	Spektralanalysegeräte	8	12
92	Sterilisatoren (Heissluft und Gas)	8	12
93	Strichskiaskope (m. Orangefilter)	8	12
94	Tele-Kobalt-Therapiegeräte	8	12
95	Tonaudiometer	8	12
96	Tonometer	8	12
97	Überwachungseinheiten (Intensivüberwachung)	8	12
98	Ultraschalldoppler	5	20
99	Ultraschallendoskopie	5	20
100	Ultraschallgeräte	5	20
101	Ultraschallkardiographen (UKG)	8	12
102	Untersuchungstühle	10	10
103	Untersuchungstische	10	10
104	Urodynamischer u. Uroflowmessplatz	10	10

Lfd. Nr.	Anlagegüter	Nutzungsdauer (ND) i. J.	Linearer AfA-Satz v. H.
105	UV-Bestrahlungsgeräte	8	12
106	Wärmetherapiegeräte	8	12
107	Zentrifugen	8	12

Für Zahnärzte mit Labor findet die AfA-Tabelle „Zahntechniker"[104] Anwendung. Sie gilt für alle Anlagegüter, die nach dem 31. 12. 2000 angeschafft worden sind.

Fundstelle	Anlagegüter	Nutzungsdauer (ND) i. J.
1	Abwiegegerät (automatisch)	5
2	Abzugsanlagen	
2.1	– zentral	7
2.2	– Einzelplatz	5
3	Abzugshauben	10
4	Artikulatoren	3
5	Ausbettgeräte für Gussmuffel	5
6	Ausbettpressen für Kunststofftechnik	5
7	Ausblockgeräte	5
8	Ausbrühgerätes	6
9	Dampf-Entwachser	6
10	Drucktöpfe	5
11	Dubliergeräte	6
12	Einbett- und Mischmaschinen	8
13	Flüssigkeitsmengen-Automaten	5
14	Folienziehgeräte	10
15	Fräsmaschinen	8
16	Galvanische Geräte (Beizgeräte, Galvanisiergeräte, Glanzgeräte, Plattiergeräte für Glanzgold)	8
17	Gipsrührgeräte	7
18	Gipssilos	10
19	Gipstrimmer, Gipsschleifer	6
20	Gussgeräte (Motorschleudern, Federzugschleudern, Induktionsgussschleudern, Vakuumdruckgussgeräte	6
21	Heißluftgebläse	5
22	Kompressen	10
23	Kühl- und Wärmebecken	8

[104] BMF vom 6. 12. 2001 – IV D 2 – S 1551 – 498/01, BStBl. I 2001, 860.

Fundstelle	Anlagegüter	Nutzungsdauer (ND) i.J.
24	Küvettenpressen	10
25	Küvettenkühler	8
26	Kunststoffspritzgeräte	10
27	Metallsprühgeräte	5
28	Material-Röntgengeräte	8
29	Mischgeräte (mit bzw. ohne Vakuumanlage)	8
30	Modellsägen	5
31	Öfen	
31.1	– Auswachsöfen	6
31.2	– Keramiköfen (m. Vakuum)	8
31.3	– Trockenkammern, Trockenschränke	5
31.4	– Vorwärmöfen [keine Schichtzuschläge]	6
32	Poliergeräte	8
33	Polymerisationsgeräte	
33.1	ohne Druck	9
33.2	unter Druck	5
34	Präzisionswaagen	6
35	Sandstrahlgeräte (Hand)	8
36	Schnellschleifer	8
37	Schweißgeräte	9
38	Spezial-Fertigungs-Mikroskope	8
39	Strahlautomaten (Vollautomat)	8
40	Strahlgeräte für Edelmetall (Feinkorn)	5
41	Tauchhärtegeräte	7
42	Technikmaschinen	
42.1	– mit biegsamer Welle u. Handstück	6
42.2	– Handstückmotor	6
42.3	– mit Luftantrieb	5
43	Tiefziehgeräte	10
44	Tische	
44.1	– Techniktische	10
44.2	– Gipstische	10
44.3	– Ofentische	10
45	Turbinenfräsgeräte	8
46	Ultraschallgeräte	5
47	Vakuumpumpen	8

Fundstelle	Anlagegüter	Nutzungsdauer (ND) i. J.
48	Vermessungsgeräte	6
49	Vibratoren	5
50	Wasserbaderwärmer	8

– *Praxiswert:* Auch der freiberufliche Praxiswert ist ein **abnutzbares Wirtschaftsgut.** Auf seine Anschaffungskosten ist ebenfalls **AfA** anzusetzen. Der Praxiswert bezeichnet den Mehrwert, der einer freiberuflichen Praxis über den Substanzwert der einzelnen materiellen und immateriellen Wirtschaftsgüter abzüglich der Schulden hinaus innewohnt. Er besteht in der dem Käufer gewährten wirtschaftlichen Chance, die Patienten des Veräußerers zu übernehmen, an sich zu binden und den bei Übernahme der Praxis vorhandenen Bestand als Grundlage für den weiteren Ausbau der Praxis zu verwenden. Gleichzeitig umfasst der Goodwill auch die Gewinnaussichten der Praxis, die sich einem potenziellen Erwerber bieten. Bloße **wertbildende Faktoren** innerhalb des Praxiswertes und damit keine eigenständigen Wirtschaftsgüter sind demgegenüber Lage, Ruf, Qualifikation der Mitarbeiter, Praxisorganisation und Patientenstamm. Die Nutzungsdauer ist abhängig von der Verflüchtigungsdauer der Patienten und zu schätzen. Die Verflüchtigungsdauer bezeichnet den Zeitraum, an dessen Ende die Patienten die Praxis nicht mehr aufgrund der Person des vormaligen Praxisinhabers aufsuchen, sondern weil sie bereits Vertrauen zum Praxisübernehmer aufgebaut haben. Sie beträgt bei einer Einzelpraxis i. d. R. drei bis fünf Jahre.

- **Sonderabschreibung:** Bei **abnutzbaren beweglichen Wirtschaftsgütern des Anlagevermögens** kann zusätzlich zur linearen Abschreibung eine sog. Sonderabschreibung beansprucht werden, vgl. § 7 Abs. 5, 6 EStG. Seit 2008 sind insofern auch gebrauchte Wirtschaftsgüter begünstigt. Die Inanspruchnahme der Sonderabschreibung setzt voraus, dass der Betrieb zum Schluss des Wirtschaftsjahres, das der Anschaffung/Herstellung vorausgeht, die Größenmerkmale des § 7 Abs. 1 Satz 2 Nr. 1 EStG nicht überschreitet. Ein neu gegründeter Betrieb ist in Ermangelung eines Betriebsvermögens/Gewinns zum Schluss des vorangegangenen Wirtschaftsjahres immer begünstigt. Weiterhin muss das Wirtschaftsgut im Jahr der Anschaffung/Herstellung und im darauf folgenden Wirtschaftsjahr im Betrieb des Steuerpflichtigen (fast) ausschließlich **betrieblich genutzt** werden. Der Begünstigungszeitraum beträgt fünf Jahre, wobei das Erstjahr das der Anschaffung/Herstellung ist. Die Höhe der Sonderabschreibung beläuft sich in den **fünf Jahren** des Begünstigungszeitraums auf insgesamt **20% der Anschaffungs-/Herstellungskosten,** wobei die Verteilung dieses Höchstbetrages dem Steuerpflichtigen frei steht. Der Sonderabschreibung kommt insbesondere bei Praxisneugründungen Bedeutung zu, weil sie erst in späteren Jahren, in denen der Arzt einen (höheren) Gewinn erwirtschaftet, geltend gemacht werden kann. **1337**

- **Geringwertige Wirtschaftsgüter:** § 6 Abs. 2 EStG eröffnet für **selbständig nutzungsfähige, der Abnutzung unterliegende Wirtschaftsgüter des Anlagevermögens**[105] die Möglichkeit, im Wirtschaftsjahr der Anschaffung, Herstellung, Einlage des Wirtschaftsgutes oder der Betriebseröffnung die Anschaffungskosten oder Herstellungskosten in vollem Umfang als Betriebsausgabe abzuziehen, sofern diese – vermindert um die darin enthaltene Vorsteuer[106] – nicht mehr als **410 EUR** betragen (sog. geringwertige **1338**

---

[105] Von der Vorschrift erfasst werden nur solche Wirtschaftsgüter, die nach dem 31. 12. 2007 angeschafft, hergestellt oder eingelegt werden.

[106] Der Höchstbetrag der Anschaffungskosten oder Herstellungskosten von 150 € umfasst nicht die dem Steuerpflichtigen in Rechnung gestellte Umsatzsteuer. Das gilt auch dann, wenn diese nicht als Vorsteuer abgezogen werden darf. Damit ist stets von den Nettoanschaffungskosten bzw. den Nettoherstellungskosten auszugehen.

Wirtschaftsgüter). Geringwertige Wirtschaftsgüter, deren Wert **410 EUR** übersteigt, sind in ein laufend zu führendes **Verzeichnis** aufzunehmen. Abweichend davon kann für die abnutzbaren beweglichen Wirtschaftsgüter des Anlagevermögens, die einer selbständigen Nutzung fähig sind, im Wirtschaftsjahr der Anschaffung, Herstellung oder Einlage des Wirtschaftsguts oder der Eröffnung des Betriebs ein **Sammelposten** gebildet werden, wenn die Anschaffungs- oder Herstellungskosten, vermindert um einen darin enthaltenen Vorsteuerbetrag für das einzelne Wirtschaftsgut 150 EUR, aber nicht 1000 EUR übersteigen (§ 6 Abs. 2a Satz 1 EStG). Die **jährliche Auflösung** erfolgt gleichmäßig gewinnmindernd über einen Zeitraum von fünf Jahren. Unberücksichtigt bleibt der Umstand, dass ein Wirtschaftsgut im Laufe des Jahres angeschafft oder hergestellt worden ist, ebenso die individuelle betriebsgewöhnliche Nutzungsdauer. Scheidet ein geringwertiges Wirtschaftsgut aus dem Betriebsvermögen des Arztes aus, bleibt dies ohne Einfluss auf den Sammelposten, d.h. dieser ist weiterhin i.H. von 20% aufzulösen.

1339 • **Investitionsabzugsbetrag:** § 7g Abs. 1 EStG erlaubt mittelständischen Unternehmen im Hinblick auf künftige Investitionen die **Minderung ihres Gewinnes** um einen sog. Investitionsabzugsbetrag. Durch dessen Geltendmachung wird ein Großteil der späteren AfA zeitlich vorgezogen, wodurch sich die Liquidität der Steuerpflichtigen infolge der eintretenden Steuerstundung erhöht. Die Berücksichtigung des Investitionsabzugsbetrages erfolgt **außerbilanziell.** Für Steuerpflichtige, die – wie der Großteil der niedergelassenen Ärzteschaft – ihren Gewinn durch Einnahmen-Überschussrechnung ermitteln, ist eine Gewinngrenze von 100000 EUR eingeführt worden. Die Geltendmachung des Investitionsabzugsbetrages macht nur dann Sinn, wenn der Steuerpflichtige in Zukunft tatsächlich eine Investition vornehmen will. Dann kann er wählen, ob er das Einkommen eines früheren Jahres oder das Einkommen des Investitionsjahres und der folgenden Jahre mindern will. Im ersten Fall steht ihm dafür der Investitionsabzug zur Verfügung.

1340 • **Nichtabnutzbare Wirtschaftsgüter:** Auch die Anschaffungs- bzw. Herstellungskosten nicht abnutzbarer Wirtschaftsgüter des Anlagevermögens (z.B. Grund und Boden, Beteiligungen) sind nicht bereits bei Verausgabung, sondern erst im Zeitpunkt der Veräußerung oder der Entnahme des Anlageguts als Betriebsausgaben abzuziehen (§ 4 Abs. 3 Satz 4 EStG).

1341 • **Regelmäßig wiederkehrende Einnahmen/Ausgaben:** Weitere Ausnahmen vom Zu- und Abflussprinzip normieren die § 11 Abs. 1 Satz 2 und Abs. 2 Satz 2 EStG. Danach gelten regelmäßig wiederkehrende Einnahmen bzw. Ausgaben (z.B. Mieten, Zinsen, Renten), die dem Steuerpflichtigen kurze Zeit vor Beginn oder kurze Zeit nach Beendigung des Kalenderjahres, zu dem sie wirtschaftlich gehören, zugeflossen sind, als in diesem Jahr zugeflossen. Die Rechtsprechung erachtet einen Zeitraum von bis zu zehn Tagen als „kurze Zeit", also den Zeitraum vom 22. 12. bis zum 10. 1., innerhalb dessen die regelmäßig wiederkehrende Leistung auch fällig sein muss.

1342 **ff) Einlagen und Entnahmen.** Auch im Rahmen der Überschussrechnung sind Entnahmen und Einlagen im Hinblick auf den Grundsatz von der Gesamtgewinngleichheit, wonach die Gewinnermittlung durch Einnahmen-Überschussrechnung über die Jahre hinweg zu demselben Ergebnis führen muss wie die Gewinnermittlung durch Bilanzierung, zu berücksichtigen. Entnahmen sind alle Wirtschaftsgüter, die der Arzt aus dem Betriebsvermögen in sein Privatvermögen überführt, indem er z.B. den Gewinn von seinem Geschäfts- auf sein Privatkonto überweist, vgl. § 4 Abs. 1 Satz 2 EStG. Auch als Entnahme ist der Fall zu werten, in dem ein Arzt seinem Patienten aus privaten Gründen eine Honorarforderung erlässt. Einlagen sind demgegenüber alle Wirtschaftsgüter, die aus dem Privatvermögen dem Betriebsvermögen zugeführt werden. Eine Einlage liegt z.B. vor, wenn der Arzt einen bislang privat genutzten Schreibtisch in seine Praxisräume stellt, um diesen dort zu nutzen. Um die beschriebene Totalgewinngleichheit zu erreichen, muss dem Überschuss der Betriebseinnahmen über die Betriebsausgaben entsprechend § 4 Abs. 1 Satz 1 EStG der Wert der Entnahmen hinzugerechnet, der Wert der Einlagen abgezogen werden.

2. Gewerbesteuer

Die Gewerbesteuer knüpft als sog. **Objektsteuer** ohne Berücksichtigung der persönli- **1343**
chen Verhältnisse des Steuerschuldners an den Steuergegenstand an. Das ist nach § 2
GewStG der **stehende Gewerbebetrieb.** Ein stehender Gewerbebetrieb ist ein gewerbli-
ches Unternehmen im Sinne des EStG. Damit ist die Definition des § 15 Abs. 2 EStG auch
für die Gewerbesteuer maßgebend. Insofern gewinnt die oben aufgezeigte Abgrenzung
zwischen freiberuflichen und gewerblichen Einkünften eines niedergelassenen Arztes insbesondere auch an dieser Stelle Bedeutung.[107] Denn wenn dessen Einkünfte als solche aus
Gewerbebetrieb i.S.d. § 15 Abs. 1 Satz 1 Nr. 1 EStG zu qualifizieren sind, liegt nicht nur
eine andere Einkunftsart im Sinne des Einkommensteuerrechts vor. Gleichsam steht dann
auch fest, dass die Praxis als stehender Gewerbebetrieb der Gewerbesteuer unterliegt. Bestimmte Gewerbebetriebe sind von der Gewerbesteuer nach § 3 GewStG befreit, die allerdings für Tätigkeiten auf ärztlichem Gebiet nicht einschlägig sind. Steuersubjekt und
Schuldner der Gewerbesteuer ist der **Unternehmer,** für dessen Rechnung das Gewerbe
betrieben wird, vgl. § 5 Abs. 1 GewStG. Bemessungsgrundlage der Gewerbesteuer ist der
Steuermessbetrag, vgl. § 14 GewStG. Dieser ergibt sich wiederum durch Anwendung der
Steuermesszahl (§ 11 GewStG) auf den abgerundeten und um Freibeträge gekürzten Gewerbeertrag. Der Gewerbeertrag ist Besteuerungsgrundlage (§ 6 GewStG) und wird für
einen Besteuerungszeitraum ermittelt. Maßgebend ist insofern der Gewerbeertrag, der in
dem Erhebungszeitraum bezogen wird, für den der Steuermessbetrag festgesetzt wird. Erhebungszeitraum ist nach § 14 GewStG das Kalenderjahr. Grundlage zur Ermittlung des
maßgebenden Gewerbeertrages ist der nach den Vorschriften des EStG zu ermittelnde Gewinn (vgl. § 7 GewStG). Die Gewerbesteuerfestsetzung ist durch ein besonderes Verfahren
gekennzeichnet. Das Finanzamt setzt den Steuermessbetrag fest (§ 184 AO) und die Gemeinde erlässt auf dieser Grundlage den eigentlichen **Gewerbesteuerbescheid** (§§ 1, 16
GewStG). Sie wendet dabei auf den Steuermessbetrag ihren Hebesatz an (§ 16 Abs. 1
GewStG). Der Steuermessbescheid ist für die Gewerbesteuerfestsetzung als sog. Grundlagenbescheid bindend (§§ 184 Abs. 1, 182 Abs. 1 AO). Die Gewerbesteuer entsteht, soweit
es sich nicht um Vorauszahlungen (§§ 19 ff. GewStG) handelt, mit Ablauf des Erhebungs-
zeitraums, für den die Festsetzung vorgenommen wird. Die Ermittlung der Gewerbesteuer
folgt folgendem Schema:

Ausgangswert = Gewinn aus Gewerbebetrieb +/ − gewerbesteuerrechtliche Modifikationen
= maßgebender Gewerbeertrag − Gewerbeverlust Abrundung auf volle 100 € Freibetrag 24 500 € bei nat. Personen und PersGes. 5000 € (ab 2009) für jur. Personen des Privatrechts
= Gewerbeertrag × Steuermesszahl i. H. vom 3,5% Festsetzung des Gewerbesteuermessbescheides durch das Finanzamt × Hebesatz der hebeberechtigten Gemeinde
= Festzusetzende Gewerbesteuer Festsetzung durch Gewerbesteuerbescheid der Gemeinde (Erlass des Realsteuerbeschei- des)

---

[107] S. dazu Rn. 1276 ff.

3. Sonderfragen bei Praxisveräußerung und Praxisaufgabe

1344   **a) Veräußerung einer Einzelpraxis.** Bei der Veräußerung einer Einzelpraxis wird diese gegen Entgelt an einen anderen Rechtsträger – einen anderen Arzt, eine ärztliche Berufsausübungsgemeinschaft, eine Ärzte-GmbH oder an ein MVZ – übertragen. Die dabei entstehenden Veräußerungsgewinne gehören nach § 18 Abs. 3 EStG zu den **freiberuflichen Einkünften aus der ärztlichen Tätigkeit.** Gleichwohl handelt es sich insofern nicht um laufende Gewinne. Diese Unterscheidung ist für den Freibetrag nach § 16 Abs. 4 EStG sowie für die Tarifermäßigung nach § 34 EStG relevant.

1345   **aa) Voraussetzungen.** Veräußerung in diesem Sinne ist die entgeltliche oder teilentgeltliche Übertragung des wirtschaftlichen Eigentums an den veräußerten Wirtschaftsgütern des Betriebsvermögens. Eine Praxisveräußerung liegt nur unter folgenden Voraussetzungen vor:
– entgeltliche Übertragung der wesentlichen Grundlagen der Praxis,
– Übertragung in einem einheitlichen Vorgang sowie
– Beendigung der freiberuflichen Tätigkeit des Veräußerers.

1346   Die wesentlichen Grundlagen einer ärztlichen Praxis bestehen i. d. R. nicht in den materiellen Wirtschaftsgütern (z. B. Praxiseinrichtung, Grundstück, Kraftfahrzeug), sondern in den immateriellen (Praxiswert, insbesondere Patientenstamm). Demnach liegt eine begünstigungsfähige Veräußerung der wesentlichen Grundlagen nur vor, wenn insbesondere der **Patientenstamm** auf den Erwerber übergeht. Demgegenüber ist nicht von einer steuerlich begünstigten Praxisveräußerung auszugehen, wenn der verkaufende Arzt 1/3 des Patientenstammes in seine neue Praxis mitnimmt und diese lediglich einen Kilometer von der ursprünglichen Praxis entfernt ist. Eine Übertragung der materiellen Wirtschaftsgüter bedarf es i. d. R. nicht. Insofern kommt es darauf an, ob diese für die Praxis von besonderer Bedeutung sind. So ist der Gewinn aus der Einbringung einer Einzelpraxis in eine zahnärztliche Berufsausübungsgemeinschaft nicht tarifbegünstigt, wenn das mit der Einzelpraxis verbundene Dentallabor, mit dem bisher ein nicht unbedeutender Anteil am Gesamtumsatz erzielt wurde, nicht ebenfalls in die Gemeinschaft eingebracht wird.[108]

1347   Auf das Vorliegen einer steuerbegünstigen Betriebsveräußerung hat es keinen Einfluss, wenn der Veräußerer eine von der ursprünglichen Haupttätigkeit abgrenzbare **Nebentätigkeit** (Vortragstätigkeit, schriftstellerische Tätigkeit) weiterbetreibt. So ist die Tätigkeit eines praktizierenden Arztes als stellvertretender Truppenarzt eine von der Praxis losgelöste Nebentätigkeit.[109]

1348   Unschädlich ist die **Fortführung** einer freiberuflichen Tätigkeit in geringem Umfang, wenn die darauf entfallenden Umsätze in den letzten drei Jahren weniger als 10 v. H. der gesamten Einnahmen ausmachten.[110] Auch ist die Entwicklung der zurückbehaltenen Beziehungen nach der Veräußerung unerheblich.[111] Dies kann sich jedoch nur auf die Entwicklung der zurückbehaltenen Patienten beziehen. Die Hinzugewinnung neuer Patienten innerhalb einer gewissen Zeit nach der Praxisaufgabe ist – auch ohne Überschreiten der vorerwähnten 10 v. H.-Grenze – in jedem Fall schädlich, da eine Praxisaufgabe dann tatsächlich nicht stattgefunden hat.[112] Bei Veräußerung einer Praxis und Eröffnung einer neuen kommt es für die Frage der Anwendbarkeit der Steuerbegünstigung darauf an, ob die veräußerte und die neue Praxis aus einer wirtschaftlichen Betrachtung heraus identisch sind. Eine tarifbegünstigte Praxisveräußerung liegt nicht vor, wenn das Entgelt lediglich für den Verzicht des bisherigen Praxisinhabers auf seine Kassenzulassung gezahlt wird, ohne dass der Erwerber die Praxis fortführt.[113]

---

[108] BFH vom 16. 12. 2004 – IV R 3/03, DStR 2005, 488.
[109] BFH vom 7. 11. 1991 – IV R 14/90, BStBl. II 1992, 457 = DB 1992, 1024.
[110] BFH vom 29. 10. 1992 – IV R 16/91, BStBl. II. 1993, 182 = DB 1993, 514.
[111] BFH vom 6. 8. 2001 – XI B 5/00, BeckRS 2001, 25 006 283.
[112] OFD Koblenz vom 15. 12. 2006 – S 2249 A – St 31 1, DB 2007, 314.
[113] FG Hamburg vom 5. 4. 2011 – 6 K 191/10, BeckRS 2011, 95576.

Die Steuerbegünstigung der §§ 16, 34 EStG kommt auch im Falle eines Verkaufs einer **1349** **Teilpraxis**, d. h. der wesentlichen Grundlagen eines selbständigen Teils des der freiberuflichen ärztlichen Tätigkeit dienenden Vermögens, in Betracht. Bei einer Arztpraxis ist das Vorliegen einer Teilpraxis in diesem Sinne auf Ausnahmefälle beschränkt. Eine steuerbegünstigte Teilpraxisveräußerung liegt z. B. dann nicht vor, wenn der in einer einheitlichen Praxis Privatpatienten und Kassenpatienten behandelnde Arzt die bis zur Veräußerung örtlich nicht getrennte Kassenpatientenpraxis unter Fortführung der Privatpatientenpraxis veräußert.[114] Auch reicht es für die Annahme einer Teilpraxis nicht aus, dass sich die Art der Behandlungsmethoden des niedergelassenen Arztes unterscheiden.[115] Ebenso wenig handelt es sich bei einem von einer Berufsausübungsgemeinschaft von Zahnärzten betriebenen zahntechnischen Labor um einen Teilbetrieb.[116]

Soweit die tarifbegünstigte Veräußerung einer Arztpraxis voraussetzt, dass die **Tätigkeit** **1350** **des Veräußerers** eingestellt wird, gilt dies nicht absolut. So ist es unschädlich, wenn der bisherige Praxisinhaber als **nichtselbständiger Mitarbeiter** oder als **freier Mitarbeiter** in der veräußerten Praxis tätig ist. Die Einkünfte aus der Tätigkeit als nichtselbständiger Mitarbeiter nicht sind mehr solche aus freiberuflicher Tätigkeit nach § 18 EStG, sondern aus nichtselbständiger Arbeit nach § 19 EStG. Zwar erfolgt bei der Tätigkeit des bisherigen Praxisinhabers als freiberuflicher Mitarbeiter kein solcher Wechsel der Einkunftsart – es liegen in beiden Fällen Einkünfte nach § 18 Abs. 1 Nr. 1 EStG vor. Dieser wird allerdings nicht mehr selbständig, sondern für Rechnung des Erwerbers tätig.[117] Auch hat die **Wiederaufnahme der freiberuflichen Tätigkeit außerhalb des örtlichen Wirkungsbereichs** keine Auswirkungen auf die steuerbegünstigte Praxisveräußerung. Eine tarifbegünstigte Praxisveräußerung wurde wegen unterschiedlicher Praxisräume, Praxisort und Patientenstamm z. B. für einen Fall anerkannt, in dem ein Zahnarzt eine neue Praxis in einem anderen, 25 km entfernten Ort unter Mitnahme der bisherigen Praxiseinrichtung gegründet hat.[118] Schließlich hat auch die Wiedereröffnung einer Praxis in dem **bisherigen Wirkungskreis** keinen Einfluss auf die Steuerbegünstigung, wenn der Arzt seine freiberufliche Tätigkeit wenigstens für eine **gewisse Zeit** eingestellt hat.[119] Dabei ist die Erheblichkeit der zeitlichen Dauer der Einstellung von den Umständen des Einzelfalls abhängig, wobei insofern die räumliche Entfernung der wieder aufgenommenen Berufstätigkeit zur veräußerten Praxis, die Vergleichbarkeit der Betätigung oder die Art und Struktur der Patientenverhältnisse in Betracht kommen.[120] Demnach stellt der Gewinn aus der Veräußerung einer allgemeinmedizinischen Praxis keinen tarifbegünstigten Veräußerungsgewinn, sondern laufenden Gewinn dar, wenn der Steuerpflichtige nur drei Monate nach der Veräußerung im räumlichen Einzugsbereich der bisherigen Praxis eine Praxis für Naturheilkunde eröffnet.[121]

bb) Steuerbegünstigter Veräußerungsgewinn. Veräußerungsgewinn ist der Betrag, **1351** um den der Veräußerungspreis nach Abzug der Veräußerungskosten den Wert des Betriebsvermögens übersteigt, vgl. § 16 Abs. 2 Satz 1 EStG. Der Wert des Betriebsvermögens ist für den Zeitpunkt der Veräußerung durch Bilanzierung nach § 4 Abs. 1 EStG zu ermitteln, selbst wenn der laufende Gewinn der bisherigen Praxis im Wege der Einnahmen-Überschussrechnung nach § 4 Abs. 3 EStG ermittelt worden ist. Für das Veräußerungsjahr ist daher zunächst der laufende, nicht steuerbegünstigte Gewinn zu ermitteln. Aufgrund der dann aufzustellenden **Schlussbilanz** ist der steuerbegünstigte Veräußerungsgewinn zu be-

---

[114] FG München vom 19. 2. 2003 – 9 K 1015/01, DStRE 2003, 1086.
[115] BFH vom 4. 11. 2004 – IV R 17/03, BStBl. II 2005, 208 = DStRE 2005, 244.
[116] BFH vom 22. 12. 1993 – I R 62/93, BStBl. II 1994, 352 = HFR 1994, 326.
[117] BFH vom 29. 6. 1994 – I R 105/93, BFH/NV 1995, 109.
[118] FG Düsseldorf vom 6. 3. 1985 – VIII/XV 362/79 E, DStR 1985, 671.
[119] BFH vom 23. 1. 1997 – IV R 36/95, BStBl. II 1997, 498 = DStR 1997, 610.
[120] BFH vom 1. 12. 2005 – IV B 69/04, BFH/NV 2006, 298.
[121] FG Saarland vom 30. 3. 2006 – 1 K 401/02, EFG 2006, 887.

rechnen. Insofern ist – wenn der bisherige Praxisinhaber seinen Gewinn durch Einnahmen-Überschussrechnung ermittelt hat – zur Gewinnermittlung durch Bilanzierung überzugehen. Ein dabei entstehender Gewinn rechnet noch zum laufenden Gewinn.[122]

1352   Nach § 18 Abs. 3 i. V. m. § 16 Abs. 4 EStG wird der Veräußerungsgewinn auf **Antrag** zur Einkommensteuer nur herangezogen, soweit er **45 000 EUR übersteigt.** Voraussetzung ist, dass der Arzt das **55. Lebensjahr** vollendet hat oder **dauernd berufsunfähig** im sozialversicherungsrechtlichen Sinne ist. Bei den 45 000 EUR handelt es sich um einen Freibetrag, der auch im Falle eines diesen übersteigenden Veräußerungsgewinns in Anspruch genommen werden kann. Er ermäßigt sich allerdings um den Betrag, um den der Veräußerungsgewinn 136 000 EUR übersteigt. Der Freibetrag entfällt, wenn der Veräußerungsgewinn 181 000 EUR oder mehr beträgt. Im Übrigen ist der Freibetrag jedem Steuerpflichtigen nur einmal zu gewähren. Bei den Veräußerungsgewinnen nach § 18 Abs. 3 EStG handelt es sich darüber hinaus um sog. **außerordentliche Einkünfte** i. S. d. § 34 Abs. 2 Nr. 1 EStG, für die eine Tarifermäßigung in Betracht kommt. Möglich ist zum einen die sog. **Fünftelregelung** des § 34 Abs. 1 EStG. Alternativ kann nach § 34 Abs. 3 EStG einmal im Leben ein **ermäßigter Steuersatz** von 56 vom H. angewendet werden. Voraussetzungen sind ein Antrag des Steuerpflichtigen, dessen Vollendung des 55. Lebensjahres oder dessen dauernde Berufsunfähigkeit im sozialversicherungsrechtlichen Sinne.

1353   **b) Aufgabe einer Einzelpraxis.** Eine Betriebsaufgabe im Ganzen ist anzunehmen, wenn alle wesentlichen Betriebsgrundlagen innerhalb einer kurzen Zeit und damit in einem einheitlichen Vorgang, und nicht nach und nach, entweder in das Privatvermögen überführt oder an verschiedene Erwerber veräußert oder teilweise veräußert und teilweise in das Privatvermögen überführt werden und damit der Betrieb als selbstständiger Organismus des Wirtschaftslebens aufhört zu bestehen. Nach § 16 Abs. 3 Satz 1 i. V. m. § 18 Abs. 3 Satz 2 EStG gilt auch die Aufgabe eines Betriebs als Veräußerung, weshalb die steuerrechtlichen Folgen einer Praxisaufgabe denen bei einer Praxisveräußerung entsprechen.

1354   An eine Praxisaufgabe ist insbesondere auch in der Konstellation zu denken, in dem facharztgleiche Kollegen einem ausscheidenden Vertragsarzt dazu veranlassen, auf die Durchführung des vertragsärztlichen Nachbesetzungsverfahrens nach § 103 SGB V zu verzichten, und ihm dafür eine sog. **Stilllegungsprämie** zahlen, die dem Wert der aufgegebenen Praxis entspricht. Die ehemaligen Patienten des verzichtenden Arztes verteilen sich auf die Praxen der übrigen Ärzte.

III. Besteuerung der Berufsausübungsgemeinschaft

1. Systematik

1355   Während im Zivilrecht die Rechtsfähigkeit von Personengesellschaften, die nach außen tätig werden, mittlerweile auch für die GbR anerkannt ist, geht das Ertragsteuerrecht einen anderen Weg. Demnach ist die Personengesellschaft kein Ertragsteuersubjekt; dennoch ist im Rahmen der Ermittlung der Einkünfte die zivilrechtliche Rechtsfähigkeit zu beachten.

1356   **a) Funktionsweise.** Die Gewinnermittlung bei der Mitunternehmerschaft ist im Einkommensteuergesetz nicht abschließend ausformuliert. Eine Personengesellschaft ist für die Einkommensteuer insoweit Steuerrechtssubjekt, als sie in der Einheit ihrer Gesellschafter Merkmale eines Besteuerungstatbestands verwirklicht, welche den Gesellschaftern für deren Besteuerung zuzurechnen sind. Solche Merkmale sind insbesondere die Verwirklichung oder Nichtverwirklichung des Tatbestands einer bestimmten Einkunftsart und das Erzielen von Gewinn oder Überschuss im Rahmen dieser Einkunftsart. Die Personengesellschaft ist selbst nicht Subjekt der Einkommensteuer. Auf der Ebene der Gesellschaft werden die Gewinne lediglich ermittelt, um sie dann den jeweiligen Gesellschaftern zuzurechnen. Die Gesellschaft ist Subjekt der Einkommensermittlung, nicht aber Subjekt der Einkommens-

---

[122] BFH vom 17. 4. 1986 – IV R 151/85, BFH/NV 1987, 759.

besteuerung (sog. **Transparenzprinzip**). Sofern es sich bei den Gesellschaftern um natürliche Personen handelt, unterliegen diese mit ihren Einkünften aus der Mitunternehmerschaft der Einkommensteuer nach § 15 Abs. 1 Nr. 2 i.V.m. § 18 Abs. 4 Satz 2 EStG. Bei Gesellschaften als Gesellschafter einer Mitunternehmerschaft unterliegen diese mit ihren Einkünften der Körperschaftsteuer, vgl. § 1 KStG. Die Mitunternehmerschaft selbst ist als Personengesellschaft nicht körperschaftsteuerpflichtig.[123]

b) Steuerrechtliche Mitunternehmerschaft. Eine steuerrechtliche Mitunternehmerschaft i.S.d. § 15 Abs. 1 Nr. 2 EStG setzt den Betrieb einer **Personengesellschaft** sowie die **Mitunternehmerstellung** der Beteiligten voraus. Die Gesellschafterstellung ist zunächst in Anlehnung an das Zivilrecht zu bestimmen. Ein entsprechendes Gesellschaftsverhältnis liegt insbesondere bei der OHG und KG sowie der GbR vor. Die Mitunternehmerstellung des Beteiligten setzt sog. Mitunternehmerschaft voraus, die an das Vorliegen von **Mitunternehmerinitiative** und **Mitunternehmerrisiko** geknüpft ist. Dabei bedeutet Mitunternehmerinitiative die Teilnahme an unternehmerischen Entscheidungen, Mitunternehmerrisiko die Teilhabe an Erfolg und Misserfolg der Gesellschaft. Bei dem steuerrechtlichen Mitunternehmerbegriff handelt es sich um einen sog. **Typusbegriff,** dessen Definition aus einer Gesamtschau der Umstände des Einzelfalles vorzunehmen ist. **1357**

c) Ermittlung der Einkünfte von Mitunternehmern. Die Einkünfte der Mitunternehmer umfassen den Gewinnanteil an der Personengesellschaft sowie die Vergütungen, die der Gesellschafter von der Gesellschaft für seine Tätigkeit im Dienst der Gesellschaft, für die Hingabe von Darlehen oder für die Überlassung von Wirtschaftsgütern bezogen hat, vgl. § 15 Abs. 1 Satz 1 Nr. 2 EStG. Die Gewinnermittlung erfolgt dementsprechend auf **zwei Stufen:** Zunächst wird der **Gewinnanteil** des einzelnen Mitunternehmers am gesamthänderisch erwirtschafteten Gewinn ermittelt. Sodann sind die Gewinne aus den sog. **Sondervergütungen** zu ermitteln und dem jeweiligen Mitunternehmer zuzurechnen. Dabei ergibt sich der Gesamtgewinn der Mitunternehmerschaft aus der Addition des gesamthänderisch erwirtschafteten Gewinns und dem Ergebnis der Sonderbilanzen der Mitunternehmer. **1358**

aa) Gewinnanteil. Ausgangspunkt für die Gewinnanteile der Mitunternehmer ist der Gewinn der Mitunternehmerschaft. Für die Gewinnermittlung gelten die allgemeinen Vorschriften. Ausgehend davon, dass die ärztliche Berufsausübungsgemeinschaft freiberufliche Einkünfte erzielt, kann der steuerliche Gewinn nach § 4 Abs. 3 EStG im Wege der **Einnahmen-Überschussrechnung** oder freiwillig durch **Betriebsvermögensvergleich** nach § 4 Abs. 1 EStG ermittelt werden.[124] Dabei setzt sich das Betriebsvermögen der Gesellschaft aus den Wirtschaftsgütern zusammen, die im Gesamthandeigentum der Personengesellschaft stehen oder dieser zumindest wirtschaftlich zuzurechnen sind und die dem Betrieb der Berufsausübungsgemeinschaft dienen. Gewillkürtes Betriebsvermögen gibt es insoweit allerdings nicht. Für die Aufteilung des Gewinns an die Gesellschafter sind grundsätzlich die im Gesellschaftsvertrag **vereinbarten Beteiligungsverhältnisse** maßgeblich. **1359**

Besondere Vorgänge wie z.B. der Eintritt eines Gesellschafters[125] können steuerliche Korrekturen im Hinblick auf die Wertansätze in der Bilanz der Berufsausübungsgemeinschaft notwendig machen, die nur einen der Gesellschafter betreffen. Dies erfolgt nicht innerhalb der Bilanz der Gesellschaft, sondern in sog. **Ergänzungsbilanzen,** die für jeden einzelnen Gesellschafter aufgestellt werden können. Sie erhöhen die Übersichtlichkeit und Nachvollziehbarkeit der Gewinnermittlung bei Personengesellschaften. Die Ergänzungsbilanzen enthalten einen Mehr- oder Minderaufwand eines Gesellschafters, der sich nicht in dem Kapitalanteil niederschlägt, der in der Gesamtbilanz der Gesellschaft ausgewiesen wird. Sie enthalten keine Wirtschaftsgüter, sondern lediglich Korrekturposten zu den Ansätzen in der Gesellschaftsbilanz und betreffen nur einen Mitunternehmer. **1360**

---

[123] Zur Körperschaftsteuer s. noch ausführlich Rn. 1396 ff.
[124] S. beim Einzelarzt bereits Rn. 1288.
[125] S. dazu noch ausführlich unter Rn. 1381 ff.

1361   **bb) Sondervergütungen und Sonderbetriebsvermögen.** Nach § 15 Abs. 1 Nr. 2 Satz 1 HS. 2 i. V. m. § 18 Abs. 4 Satz 2 EStG gehören auch **Vergütungen,** die der Gesellschafter von der Gesellschaft für seine Tätigkeit im Dienste der Gesellschaft, die **Hingabe von Darlehen** an die Gesellschaft oder die **Überlassung von Wirtschaftsgütern** zur Nutzung durch die Gesellschaft erlangt (sog. Sondervergütungen) zu den Einkünften aus der steuerrechtlichen Mitunternehmerschaft. Zu denken ist beispielsweise an den Fall, dass ein an einer Berufsausübungsgemeinschaft beteiligter Arzt, der einen Röntgenapparat eignet, diesen der Gemeinschaft gegen Entgelt zur Verfügung stellt.[126] Bei den Mietzinszahlungen der Gesellschaft an den Gesellschafter handelt es um Sondervergütungen. Insofern gilt es aber zu berücksichtigen, dass die einzelnen Gesellschaftern gehörenden Wirtschaftsgüter gerade nicht Teil des gesamthänderisch gebundenen Betriebsvermögens der Gesellschaft darstellen. Dennoch sind sie – der allgemeinen Definition des Betriebsvermögens entsprechend – dem Betrieb der Gesellschaft zu dienen bestimmt und damit – wirtschaftlich betrachtet – auch Betriebsvermögen der Gesellschaft. Solche Wirtschaftsgüter, die im Eigentum eines oder auch mehrerer Gesellschafter stehen, dürfen aber nicht in der Gesamthandsbilanz ausgewiesen werden. Insofern spricht man auch von **Sonderbetriebsvermögen,** das in sog. **Sonderbilanzen** der Gesellschafter zu erfassen ist. Je nach Nutzungszusammenhang wird das Sonderbetriebsvermögen in Sonderbetriebsvermögen I und II unterteilt. Zum Sonderbetriebsvermögen I gehört dasjenige Sonderbetriebsvermögen, das dem Betrieb der Personengesellschaft zu dienen bestimmt ist und im Eigentum eines Mitunternehmers steht. Zum Sonderbetriebsvermögen I würde z. B. der oben genannte Röntgenapparat eines Gesellschafters rechnen. Unter Sonderbetriebsvermögen II ist dasjenige Vermögen zu verstehen, das der Beteiligung eines Mitunternehmers dient. Das ist z. B. ein Darlehen eines Gesellschafters, das dieser zur Finanzierung seiner Beteiligung an der Gesellschaft aufgenommen hat.

1362   **d) Einheitliche und gesonderte Gewinnfeststellung.** Die Zurechnung der einzelnen Gewinnanteile an die Gesellschafter erfolgt in verfahrensrechtlicher Hinsicht im Wege der sog. **einheitlichen und gesonderten Gewinnfeststellung** nach §§ 179, 180 Abs. 1 Nr. 2 Buchst. a AO. Dieses Verfahren ist zweistufig aufgebaut. In einem ersten Schritt wird für die Personengesellschaft deren Gewinn oder Verlust in einem ersten Feststellungsbescheid gesondert und für alle Gesellschafter einheitlich festgestellt und auf diese verteilt. Dieser Gewinnfeststellungsbescheid der Gesellschaft ist ein sog. Grundlagenbescheid für die Einkommensteuerbescheide der Gesellschafter. Er entfaltet nach § 182 Abs. 1 AO Bindungswirkung für die Steuerbescheide der Gesellschafter. Die Gewinn- und Verlustanteile aus diesem Grundlagenbescheid werden in einem zweiten Schritt in die Steuerbescheide der beteiligten Gesellschafter übernommen.

2. Laufende Einkommensbesteuerung

1363   **a) Freiberufliche Einkünfte.** Wie bereits ausgeführt,[127] erfolgt die Einkommensermittlung bei Personengesellschaften auf der Ebene der Gesellschaft. Das gilt auch für die Qualifikation der Einkünfte. Beim Zusammenschluss von Ärzten zu einer Berufsausübungsgemeinschaft erzielen diese nur dann freiberufliche Einkünfte aus ärztlicher Tätigkeit, wenn alle Gesellschafter die Merkmale eines freien Berufes erfüllen.

1364   Auch bei ärztlichen Berufsausübungsgemeinschaften besteht die **Gefahr der Gewerblichkeit** an sich freiberuflicher Einkünfte. Das Damoklesschwert der Gewerbesteuer verliert zwar insoweit an Schrecken, als die Gewerbesteuer auf die Einkommensteuer angerechnet wird (§ 35 EStG). Aktuell entspricht die prozentuale Gesamtsteuerermäßigung bei einem Gewerbesteuerhebesatz von 400% der Gewerbesteuerbelastung, so dass sich die Gewerbesteuerpflicht erst bei einem darüber hinausgehenden Hebesatz nachteilig auswirkt.

---

[126] Zur Umsatzsteuerpflicht solcher Leistungen s. noch unter Rn. 1422.
[127] Rn. 1356.

Die Gewerblichkeit der Einkünfte begründet für den Steuerpflichtigen darüber hinaus aber auch eine Buchführungs- und Bilanzierungspflicht (vgl. §§ 140 f. AO, § 5 Abs. 1 i. V. m. § 4 Abs. 1 EStG), die i. d. R. mit einem größeren (finanziellen) Aufwand einhergeht. Zudem geht der Steuerpflichtige, der gewerbliche Einkünfte erzielt, u. U. seines Rechtes zur Umsatzbesteuerung nach vereinnahmten Entgelten[128] verlustig. Folgen ergeben sich außerdem für die Abschreibung eines Geschäfts- oder Firmenwerts (vgl. § 7 Abs. 1 Satz 3 EStG). Bei ärztlichen Berufsausübungsgemeinschaften besteht die Gefahr der Gewerblichkeit sämtlicher Einkünfte der Gemeinschaft insbesondere in folgenden Fällen:

aa) Beteiligung Berufsfremder. Keine freiberuflichen Einkünfte liegen vor, wenn **1365** nicht alle Gesellschafter die persönlichen Voraussetzungen einer freiberuflichen Tätigkeit erfüllen (sog. berufsfremde Personen).[129] Zwar folgt die Art der Einkünfte der Gesellschafter einer Personengesellschaft in erster Linie durch die Tätigkeit der Gesellschafter in ihrer gesamthänderischen Verbundenheit. Dies bedarf allerdings bei freiberuflichen ärztlichen Tätigkeiten insofern der Einschränkung, als diese an persönliche Eigenschaften (z. B. wissenschaftliche Ausbildung) anknüpfen, die nur eine natürliche Person haben kann. Nach Auffassung des BFH kann eine GbR auch dann freiberuflich tätig sein, wenn die einzelnen Gesellschafter aufgrund ihrer unterschiedlichen Qualifikationen unterschiedliche freiberufliche Tätigkeiten ausüben, aber die von den anderen Gesellschaftern in den von diesen wahrgenommenen Bereichen erforderlichen Qualifikationen nicht besitzen.[130] Sofern nicht alle Gesellschafter als freiberufliche Mitunternehmer zu qualifizieren sind, sind sämtliche Einkünfte der Gesellschaft solche aus Gewerbebetrieb. Eine Aufteilung in freiberufliche und gewerbliche Einkünfte ist nicht zulässig.[131] Gewerbliche Einkünfte liegen insbesondere dann vor, wenn ein Gesellschafter nur **kapitalmäßig beteiligt** ist oder Tätigkeiten ausübt, die keine freiberuflichen sind. Auch die **Beteiligung einer Kapitalgesellschaft** führt zur Gewerblichkeit der Einkünfte der Personengesellschaft. Denn die Tätigkeit einer Kapitalgesellschaft gilt nach § 2 Abs. 2 Satz 1 GewStG stets als Gewerbebetrieb. Damit kann diese nie die Merkmale eines freien Berufs erfüllen.

bb) Abfärberegelung. Insbesondere für die Frage der Gewerbesteuerpflicht von Be- **1366** deutung sind die Konstellationen, in denen eine ärztliche Berufsausübungsgemeinschaft neben der ärztlichen Heilbehandlung auch eine oder mehrere gewerbliche Tätigkeiten ausübt. Geradezu klassischer Fall ist der Verkauf von Kontaktlinsen und Pflegemitteln durch eine ärztliche Berufsausübungsgemeinschaft. Aufgrund der sog. Abfärberegelung des § 15 Abs. 3 Nr. 1 EStG gelten die **Einkünfte** der Berufsausübungsgemeinschaft **in vollem Umfang** als solche aus **Gewerbebetrieb.** Die Abfärbewirkung gilt auch für die Gewerbesteuer. Im Hinblick darauf, dass die gewerbesteuerrechtliche Definition des Gewerbebetriebes – wie bereits aufgezeigt[132] – an die des Einkommensteuerrechts anknüpft, unterliegen damit sämtliche Einkünfte der Gemeinschaft auch der Gewerbesteuer. Eine Aufspaltung in gewerbliche und nicht gewerbliche Einkünfte – wie beim einzelnen Steuerpflichtigen[133] – scheidet bei einer Personengesellschaft aus. Nach Ansicht des BFH kommt die Abfärberegelung auch dann zur Anwendung, wenn der eigentlich gewerblichen Tätigkeit nur eine geringfügige Relevanz zukommt. Lediglich bei einem **äußerst geringen Anteil der originär gewerblichen Tätigkeit** (konkret 1,25%) soll allerdings im Hinblick auf den Verhältnismäßigkeitsgrundsatz die umqualifizierende Wirkung des § 15 Abs. 3 Nr. 1 EStG nicht gelten.[134] Unklar ist, ab welcher prozentualen Höchstgrenze die Abfärbewirkung zwingend ist. Der BFH hatte auch bei einem Anteil der gewerblichen Tätigkeit von 2,81%

---

[128] S. dazu noch unter Rn. 1441.

[129] So bereits BFH vom 14. 2. 1956 – I 84/55 U, BStBl. III 1956, 103 = NJW 1956, 728.

[130] BFH vom 23. 11. 2000 – IV R 48/99, BStBl. II 2001, 241 = DStRE 2001, 370.

[131] So ausdrücklich BFH vom 17. 1. 1980 – IV R 115/76, BStBl. II 1980, 336 = DB 1980, 1054.

[132] Rn. 1343.

[133] S. dazu sub. Rn. 1280.

[134] BFH vom 11. 8. 1999 – XI R 12/98, BStBl. II 2000, 229 = DStR 1999, 1688.

an der Gesamttätigkeit eine Geringfügigkeit in diesem Sinne angenommen,[135] dagegen eine während mehrerer Jahre zwischen 6,27 und 30,77% schwankende gewerbliche Betätigung als schädlich angesehen.[136] Die Finanzverwaltung siedelt die Höchstgrenze in Anlehnung an das o. g. BFH-Urteil bei 1,25% an.[137]

1367 Das Bundesverfassungsgericht hat im Jahr 2008 die **Verfassungsmäßigkeit des § 15 Abs. 3 Nr. 1 EStG** u. a. unter Hinweis auf die Möglichkeit, die Abfärbewirkung durch Gründung einer zweiten Personengesellschaft, bestätigt.[138] Auch die Finanzverwaltung erkennt dieses **Ausgliederungsmodell** an.[139] Folgende Voraussetzungen sind zu beachten:
- Die Zweitgesellschaft muss nach dem Gesellschaftsvertrag wirtschaftlich, organisatorisch und finanziell von der ärztlichen Berufsausübungsgemeinschaft unabhängig sein.
- Es sind getrennte Aufzeichnungen und Bücher zu führen, insbesondere separate Bank- und Kassenkonten einzurichten sowie eigene Rechnungsformulare zu verwenden.
- Die – wie im Fall des Kontaktlinsenverkaufs – Gewerblichkeit begründenden Gegenstände (Linsen, Pflegemittel etc.) sind getrennt vom Betriebsvermögen der Berufsausübungsgemeinschaft zu lagern, sofern diese überwiegend für die gewerbliche Tätigkeit genutzt werden.

1368 Sollte das Ausgliederungsmodell im Einzelfall nicht möglich sein, geht die Empfehlung dahin, dass einzelne Gesellschafter die infektiöse gewerbliche Tätigkeit im **eigenen Namen** und auf eigene Rechnung übernehmen. Möglich ist darüber hinaus auch die Ausgliederung auf eine **eigenständige Kapitalgesellschaft.**

1369 **cc) Betriebsaufspaltung.** Das Risiko der Gewerbesteuerpflicht ergibt sich schließlich auch in den besonderen Fällen einer sog. Betriebsaufspaltung. Dabei wird eine ihrer Art nach nicht gewerbliche Betätigung – das Vermieten bzw. Verpachten von Wirtschaftsgütern – durch eine sachliche und personelle Verflechtung zwischen dem oder den Vermietern bzw. -pächtern (Besitzunternehmen) und einer Personen- oder Kapitalgesellschaft (Betriebsunternehmen) zum Gewerbebetrieb.[140] Diese Folge hat ihren Grund darin, dass die hinter beiden Unternehmen stehenden Personen einen **einheitlichen geschäftlichen Betätigungswillen** haben, der – über das Betriebsunternehmen – auf die Ausübung einer gewerblichen Tätigkeit gerichtet ist. Eine **sachliche Verflechtung** von Besitz- und Betriebsunternehmen liegt dann vor, wenn das überlassene Wirtschaftsgut für die Betriebsgesellschaft eine der wesentlichen Betriebsgrundlagen ist. Die **personelle Verflechtung** setzt einen einheitlichen geschäftlichen Betätigungswillen voraus, d. h. die das Besitzunternehmen beherrschenden Personen müssen in der Lage sein, ihren Willen auch in der Betriebsgesellschaft durchzusetzen. Eine Betriebsaufspaltung läge beispielsweise in der Konstellation vor, in der zwei Ärzte gemeinsam sowohl eine kieferorthopädische Berufsausübungsgemeinschaft als auch eine Labor-GmbH betreiben, wobei die Berufsausübungsgemeinschaft an die Labor-GmbH Laborräume sowie deren Einrichtung vermietet.[141]

1370 **dd) Teilnahme an der integrierten Versorgung.** Auch die Partizipation an der integrierten Versorgung (§§ 140a ff. SGB V) birgt für Berufsausübungsgemeinschaften die Gefahr der gewerblichen Infektion infolge der Abfärberegelung in sich. Die integrierte Versorgung erlaubt es den Krankenkassen, mit den in § 140b Abs. 1 SGB V genannten Leistungserbringern bzw. Zusammenschlüssen von Leistungserbringern Verträge über eine verschieden Leis-

---

[135] BFH vom 8. 3. 2004 – IV B 212/03, BFH/NV 2004, 954.
[136] BFH vom 10. 8. 1994 – I R 133/93, BStBl. II 1995, 171 = BB 1995, 27.
[137] Vgl. beispielsweise OFD Frankfurt vom 28. 2. 2007 – S 2241 A – 65 – St 213, DB 2007, 1282.
[138] BVerfG vom 15. 1. 2008 – 1 BvL 2/04, BVerfGE 120, 1 = DStRE 2008, 1003.
[139] BMF vom 14. 5. 1997 – IV B 4 – S – 2246 – 23/97, BStBl. I 1997, 566.
[140] Grundlegend: BFH vom 8. 11. 1971 – GrS 2/71, BStBl. II 1972, 63 = DStR 1970, 183 Nr. 125.
[141] Zwischen der Berufsausübungsgemeinschaft und der Labor-GmbH besteht eine Betriebsaufspaltung mit der Folge, dass die Praxis durch ihre Vermietungsleistungen Einkünfte aus Gewerbebetrieb erzielt. Brisant ist in dieser Konstellation, dass auch die freiberuflichen Einkünfte der Berufsausübungsgemeinschaft aus der ärztlichen Tätigkeit infolge der Abfärberegelung als Einkünfte aus Gewerbebetrieb zu behandeln sind.

tungssektoren übergreifende Versorgung der Versicherten oder eine interdisziplinär-fachübergreifende Versorgung abzuschließen.[142] Diese Verträge müssen u. a. auch Regelungen über die Vergütung enthalten, wobei die Krankenkassen regelmäßig sog. **Fallpauschalen** pro am Programm teilnehmendem Patienten entrichten. Die Fallpauschalen begleichen indes nicht nur typisch freiberufliche ärztliche Behandlungsleistungen, sondern auch gewerbliche Tätigkeiten, beispielsweise die Abgabe von (technischen) Hilfsmitteln (orthopädische Bandagen, Korsetts) und von Medikamenten an Patienten. Derartige gewerbliche Tätigkeiten färben – unter der Prämisse des Überschreitens der Geringfügigkeitsgrenze i. H. v. 1,25% – auf die freiberuflichen ärztlichen Tätigkeiten ab. Das wäre z. B. für den Fall anzunehmen, dass eine Krankenkasse mit einer orthopädischen Berufsausübungsgemeinschaft einen Vertrag über die integrierte Versorgung abschließt, der neben der ärztlichen Versorgung der Patienten auch die Abgabe von Krücken, Bandagen etc. umfasst. Dafür erhält die Praxis von der Krankenkasse eine einheitliche Pauschale pro teilnehmendem Patienten. Für die Prüfung der Geringfügigkeitsgrenze ist der Anteil der Fallpauschalen, der auf gewerbliche Tätigkeiten entfällt, dem Gesamtumsatz der Berufsausübungsgemeinschaft gegenüberzustellen, wobei der Umsatz aus der Abgabe von Arzneien und Hilfsmitteln anhand der Einkaufspreise ermittelt werden kann, da insoweit kein Gewinn erstrebt wird. Allerdings sind die Erträge und Aufwendungen dieser Tätigkeit aus der Gewinnermittlung mangels Gewinnerzielungsabsicht auszuscheiden. Für die Abfärbewirkung ist allerdings dann kein Raum, wenn sich die freiberufliche und die gewerbliche Leistung derart bedingen, dass die Durchführung der ärztlichen Heilbehandlungsleistung ansonsten nicht möglich wäre. Insofern gilt das beim einzelnen Arzt Ausgeführte entsprechend.[143] Zu denken wäre an den Abschluss eines Vertrages über die integrierte Versorgung zwischen einer augenärztliche Berufsausübungsgemeinschaft und einer Krankenkasse, wobei Bestandteil des Vertrages Augenoperationen und die Abgabe von künstlichen Linsen bei entsprechenden Erkrankungen (z. B. grauer Star), wofür die Krankenkasse eine einheitliche Fallpauschale entrichtet.[144]

Der Vorschlag, eine Zweitgesellschaft zu gründen, mag zwar die Abfärbewirkung aus- **1371** schließen, steht aber in eklatanten Widerspruch zum Sozialrecht, das mit dem System der integrierten Versorgung gerade vernetzte Leistungserbringer im Blick hat. Zudem kann eine Gesellschaft, die ausschließlich Verkaufsgeschäfte tätigt, gar nicht Partner eines Vertrages über die integrierte Versorgung sein. Möglich ist allerdings die Gründung einer Managementgesellschaft als Zwischenelement, die mit der Krankenkasse einen entsprechenden Integrationsvertrag abschließt. Zwischen der Managementgesellschaft und der Berufsausübungsgemeinschaft besteht ein weiteres Vertragsverhältnis bezüglich der von der Gemeinschaft auszuübenden ärztlichen Tätigkeit. Die gewerbliche Tätigkeit wird von der Managementgesellschaft übernommen. An der Managementgesellschaft können sich wiederum die Partner der Berufsausübungsgemeinschaft beteiligen, im Hinblick auf die Abfärberegelung allerdings nicht die Gesellschaft selbst. Der Rückgriff auf eine neu zu gründende Managementgesellschaft verhilft freilich über die fehlende Partizipationsmöglichkeit einer ausschließlich gewerblich tätigen Gesellschaft im Rahmen der integrierten Versorgung hinweg. Es bleibt aber bei der der Teleologie des Systems der integrierten Versorgung widerstrebenden Verteilung ärztlicher und gewerblicher Leistungen auf unterschiedliche Rechtssubjekte. Dies gilt umso mehr, als der Aufgabenbereich einer Managementgesellschaft klassischerweise die Übernahme administrativer Aufgaben, i. e. der Patientensteuerung, des Controlling sowie des Finanzmanagements, vorsieht, nicht dagegen einzelner Leistungskomplexe innerhalb einer einheitlichen ärztlichen Gesamtleistung. Darüber hinaus steht der Steuerpflichtige vor dem Problem, die einheitliche Fallpauschale wertmäßig in einen gewerblichen und einen freiberuflichen Teil aufteilen zu müssen.

---

[142] Ausführlich zur integrierten Versorgung Rn. 249 ff.
[143] S. dazu bereits Rn. 1280.
[144] Ohne die Verwendung der Linsen könnte die Praxis nicht augenärztlich tätig sein, weshalb eine einheitliche freiberufliche Leistung vorliegt. Für die Abfärberegelung bleibt kein Raum.

1372 **ee) Überlassung medizinischer Großgeräte.** Sofern eine Berufsausübungsgemeinschaft einem Krankenhaus oder nicht beteiligten Ärzten medizinische Großgeräte zur Nutzung überlässt, liegen selbst bei einem Gewinnaufschlag in dem Nutzungsentgelt keine gewerblichen Einkünfte vor, wenn keine zusätzlichen Dienstleistungen (z. B. Gestellung von Verbrauchsmaterialien, Personalgestellung zur Bedienungserleichterung) erbracht werden. Dieselben Grundsätze müssen dann gelten, wenn die an einer Teilberufsausübungsgemeinschaft beteiligten Ärzte dieser gegen ein besonderes Entgelt Geräte, Material und/oder Personal überlassen. Die Nutzungsentgelte, originär Einkünfte aus Vermietung und Verpachtung (§ 21 Abs. 1 Nr. 2 EStG) bzw. sonstige Einkünfte i. S. d. § 22 Nr. 3 EStG, unterfallen den freiberuflichen ärztlichen Einkünften, weil die überlassenen Geräte dem freiberuflichen Betriebsvermögen der Gemeinschaft angehören.

1373 **b) Besonderheiten bei der Gewinnermittlung.** Auch auf der Ebene der Berufsausübungsgemeinschaft erfolgt die Gewinnermittlung in der Regel durch Einnahmen-Überschussrechnung, so dass die dazu bereits gemachten Ausführungen entsprechend gelten.[145] Folgende Besonderheiten sind zu beachten:

1374 **aa) Gewerbesteuer.** Die gezahlte Gewerbesteuer und die darauf entfallenden Nebenleistungen (Säumniszuschläge, Verspätungszuschläge, Zinsen und Zwangsgelder) sind nach § 4 Abs. 5 b EStG keine Betriebsausgaben.

1375 **bb) Sondervergütungen.** Die Vergütungen der Berufsausübungsgemeinschaft an die beteiligten Ärzten sind auf der Ebene der Gewinnermittlung der Gesellschaft als Betriebsausgaben abziehbar.

1376 **cc) Praxiswert.** Auch der anlässlich der Gründung einer Berufsausübungsgemeinschaft aufgedeckte Praxiswert stellt ein abnutzbares Wirtschaftsgut dar. Die Mitwirkung des bisherigen Inhabers trägt allerdings dazu bei, dass die Chance des Eintretenden, ein eigenes Vertrauensverhältnis aufzubauen, länger erhalten bleibt als im Falle des Inhaberwechsels. Deshalb geht der BFH davon aus, das die betriebsgewöhnliche Nutzungsdauer eines derivativen „Sozietätspraxiswertes" doppelt so lang ist wie die eines Praxiswertes einer übernommenen Einzelpraxis, mithin **sechs bis zehn Jahre.**[146]

3. Gewerbesteuer

1377 Entsprechend der Verweisung des § 2 Abs. 1 Satz 2 GewStG unterhalten Personengesellschaften bei Vorliegen der Voraussetzungen des § 15 Abs. 2 EStG[147] einen stehenden Gewerbebetrieb. Die Verweisung auf das EStG erfasst auch die Abfärberegelung.[148] Danach gilt in vollem Umfang als Gewerbebetrieb im Sinne des GewStG, wenn eine Personengesellschaft neben gewerblichen Tätigkeiten weitere Tätigkeiten ausübt, die für sich betrachtet z. B. einem freien Beruf zuzuordnen wären. Das wird insbesondere in den bereits oben[149] genannten Fällen relevant. Unternehmer im Sinne des GewStG kann auch eine Personengesellschaft sein, die ein Gewerbe betreibt. Steuerschuldner ist dann nach § 5 Abs. 1 Satz 3 GewStG die Personengesellschaft. Für die Gewerbesteuer ist diese also steuerrechtsfähig.

4. Sonderfragen bei Gründung/Erweiterung/Ausscheiden (aus) einer Berufsausübungsgemeinschaft

1378 **a) Gründung.** Es gibt mehrere Möglichkeiten, eine Berufsausübungsgemeinschaft zu gründen und zwar

---

[145] S. bereits Rn. 1288 ff.
[146] BFH vom 24. 2. 1994 – IV R 33/93, BStBl. II 1994, 590 = NJW 1994, 2311.
[147] S. dazu bereits unter Rn. 1276.
[148] S. bereits Rn. 1366.
[149] Rn. 1366.

– durch den Eintritt eines weiteres Arztes in die Einzelpraxis eines bereits niedergelassenen Kollegen, d. h. durch die Fortführung der Einzelpraxis als Berufsausübungsgemeinschaft,
– durch die Aufnahme eines weiteren Arztes in eine bereits bestehende Berufsausübungsgemeinschaft,
– durch den Zusammenschluss von zwei oder mehreren Ärzten oder
– durch den Erwerb einer Einzelpraxis durch mehrere Ärzte.

aa) Neugründung einer Berufsausübungsgemeinschaft durch mehrere Ärzte. 1379
Nur geringe steuerrechtliche Fragen wirft die Neugründung einer Berufsausübungsgemeinschaft durch mehrere Ärzte auf. In diesem Fall eröffnen zwei oder mehrere Ärzte, die selbst noch nicht als niedergelassene Ärzte selbständig praktiziert haben eine gemeinsame Praxis. Den Vereinbarungen im Gesellschaftsvertag entsprechend bringen die zukünftigen Partner vorhandene Mittel ein und erwerben die notwendige Praxisausstattung.

bb) Gemeinschaftlicher Erwerb einer bestehenden Einzelpraxis. Auch beim ge- 1380
meinschaftlichen Erwerb einer bestehenden Einzelpraxis durch mehrere Ärzte entstehen i. d. R. nur wenige steuerrechtliche Fragen. Für die Erwerber geht es vor allem um die Abschreibungsfähigkeit der Anschaffungskosten für die materiellen und immateriellen Wirtschaftsgüter. Für den veräußernden Arzt ergibt sich die bereits oben ausgeführte Frage der Behandlung des Veräußerungsgewinns.[150]

cc) Aufnahme eines weiteren Arztes in eine Einzelpraxis. Steuerrechtlich stellt 1381
die Errichtung einer Berufsausübungsgemeinschaft durch die Aufnahme eines weiteren Arztes in eine Einzelpraxis die **Veräußerung eines Teils der Einzelpraxis** gegen Entgelt dar. Dabei ist die entgeltliche Aufnahme eines Sozius in eine freiberufliche Einzelpraxis nicht als steuerbegünstigte Veräußerung i. S. d. §§ 18 Abs. 1, 16 Abs. 1 und 4, 34 EStG zu beurteilen, sondern als nicht begünstigter **laufender Gewinn.** Dabei ist Gegenstand des entgeltlichen Erwerbs nicht der Anteil an der Einzelpraxis als solcher, sondern vielmehr der Anteil an den einzelnen Wirtschaftsgütern entsprechend dem Anteil an der entstehenden Mitunternehmerschaft. I. d. R. wird der neu eintretende Arzt als Erwerber eine Ausgleichszahlung leisten, die den Buchwert der übernommenen Wirtschaftsgüter überschreiten wird. Deshalb ist eine sog. Ergänzungsbilanz zum Gesamthandsvermögen aufzustellen. Um die dabei eintretende Aufdeckung der stillen Reserven zu vermeiden bzw. abzuschwächen, gibt es steuerrechtlich unterschiedliche Möglichkeiten:
– Einbringung nach dem Umwandlungssteuerrecht,
– Ausgleich über die Gewinnverteilung sowie
– sog. Überlassungsmodell.

• **Einbringung nach dem Umwandlungssteuerrecht:** 1382
– *Zahlung in das Gesellschaftsvermögen:* Gründet ein Arzt, der eine Einzelpraxis betreibt, zusammen mit einem anderen Arzt eine Berufsausübungsgemeinschaft, bringt er die ihm gehörenden Wirtschaftsgüter der Einzelpraxis in die Gemeinschaft ein. Der andere Arzt zahlt als Gegenleistung für den auf ihn übergehenden Anteil an den eingebrachten Gütern einen Kaufpreis. In beiden Fällen entsteht grundsätzlich ein **Veräußerungsgewinn** beim bisherigen Inhaber der Einzelpraxis, der allerdings nach § 24 UmStG **begünstigt** ist. Wird danach ein Betrieb, Teilbetrieb oder ein Mitunternehmeranteil in eine Personengesellschaft eingebracht und wird der Einbringende Mitunternehmer der Gesellschaft, darf das durch den ehemaligen Praxisinhaber eingebrachte Betriebsvermögen nach seiner Wahl mit dem **Buchwert,** dem **Teilwert** oder mit dem **Zwischenwert** angesetzt werden. Dabei ist der Buchwert der Wert, der sich für die einzelnen Wirtschaftsgüter nach den allgemeinen Vorschriften über die steuerliche Gewinnermittlung in der Schlussbilanz (Übertragungsbilanz) ergibt. Der Teilwert bezeichnet den Betrag, den ein Erwerber des ganzen Betriebs (genauer: der Arztpraxis) im Rahmens des Gesamtkaufpreises für das einzelne Wirtschaftsgut ansetzen würde, wobei von einer Fortführung des Betriebs durch den Erwerber auszugehen ist. Der

---

[150] S. dazu bereits unter Rn. 1344.

Teilwert kann nur durch Schätzung ermittelt werden. Der Zwischenwert liegt zwischen dem Buchwert und dem gemeinen Wert; letzterer ist der erzielbare Verkaufspreis.

§ 24 UmwStG ist auch dann anzuwenden, wenn der in die Einzelpraxis aufgenommene Arzt eine Bareinlage in Form der Kaufpreiszahlung in das Gesellschaftsvermögen der Gemeinschaft einzahlt. Denn es macht keinen Unterschied, ob ein Arzt eine Einzelpraxis, einzelne Wirtschaftsgüter oder eine Bareinlage einbringt. In allen Fällen handelt es sich um die Gründung einer Berufsausübungsgemeinschaft, auf der einen Seite durch eine **Sacheinlage** (Einzelpraxis), auf der anderen Seite durch eine **Bareinlage** (Kaufpreiszahlung). Auch insofern besteht das bereits genannte Bewertungswahlrecht.

Dieses Bewertungswahlrecht besteht nicht nur, wenn der bisherige Praxisinhaber bilanziert, sondern auch wenn er seinen Praxisgewinn im Wege der Einnahmen-Überschussrechnung ermittelt hat. Dann ist aber ein Übergang von dieser zur Gewinnermittlung mittels Bilanzierung erforderlich. Nach der Einbringung ist eine Rückkehr zur Einnahmen-Überschussrechnung möglich.

Sofern bei der Einbringung der Einzelpraxis bzw. der Bareinlage die **Buchwerte** fortgeführt werden, entsteht auf Seiten des einbringenden Arztes kein Veräußerungsgewinn. Nach Auffassung des BFH besteht in diesem Fall ein Wahlrecht, ob ein Übergang zur Gewinnermittlung nach § 4 Abs. 1 EStG vorgenommen wird oder nicht.[151] Die Finanzverwaltung lehnt dies allerdings ab.[152] Die Buchwertfortführung kann auf zweierlei Weise erfolgen: Nach der sog. **Bruttomethode** werden in der Bilanz der Berufsausübungsgemeinschaft die Teilwerte angesetzt, wobei der Veräußerer eine sog. negative Ergänzungsbilanz aufstellt, in der ein Wertansatz mit dem Differenzbetrag zwischen dem Teil- und dem Buchwert erfolgt. Entsprechend den AfA-Vorschriften ist der Wert in der Ergänzungsbilanz erfolgswirksam aufzulösen. Im Rahmen der Einnahmen-Überschussrechnung gibt es keine negative Ergänzungsbilanz. Stattdessen ist ein Verrechnungsposten in Form einer Abschreibung zu bilden. Bei der sog. **Nettomethode** erfolgt der Wertansatz der eingebrachten Praxis mit dem Buchwert. Im Hinblick darauf, dass die neuen Gesellschafter der Berufsausübungsgemeinschaft allerdings am Kapital in gleicher Höhe beteiligt sind, ist die Bilanz der Gemeinschaft durch eine negative und eine positive Ergänzungsbilanz zu berichtigen. Bei der Einnahmen-Überschussrechnung tritt an die Stelle der negativen Ergänzungsbilanz eine entsprechende Abschreibung, an die Stelle der positiven Ergänzungsbilanz eine Zuschreibung.

Bei Ansatz der **Teilwerte** durch die Berufsausübungsgemeinschaft, werden die in dem Betriebsvermögen der freiberuflichen Praxis liegenden stillen Reserven realisiert; es entsteht ein **Veräußerungsgewinn.** Auf den Gewinn sind die Begünstigungsvorschriften der §§ 16 Abs. 4, 34 EStG nicht anzuwenden, wenn der Einbringende an der Personengesellschaft beteiligt ist. Das ist aber bei der Gründung einer Berufsausübungsgemeinschaft gegen Sach- und Bareinlage durch die zukünftigen Gesellschafter gerade der Fall. In diesem Fall gilt der Veräußerungsgewinn als **laufender Gewinn.** Der die Einzelpraxis einbringende Gesellschafter kann bei Teilwertansatz in dem Umfang seiner Beteiligung an der Gesellschaft den Veräußerungsgewinn durch Aufstellung einer negativen Ergänzungsbilanz neutralisieren. Bei Buchwertansatz kann der eintretende Gesellschafter den von ihm erworbenen Anteil an den stillen Reserven durch eine positive Ergänzungsbilanz ausweisen. Es bleibt aber in jedem Fall an der Versteuerung des Veräußerungsgewinns als laufendem Gewinn.

– *Zahlung in das Privatvermögen:* Erhält der Einbringende neben dem Mitunternehmeranteil an der Personengesellschaft eine Zuzahlung, die nicht Betriebsvermögen der Personengesellschaft wird, so ist davon auszugehen, dass

---

[151] BFH vom 13. 9. 2001 – IV R 13/01, BStBl. II 2002, 287 = DStR 2002, 19.
[152] OFD Hannover vom 25. 1. 2007 – S 1978 d – 10 – StO 243, DStR 2007, 1037.

– der Einbringende Eigentumsanteile an den Wirtschaftsgütern des Betriebs veräußert und

– die ihm verbliebenen Eigentumsanteile für eigene Rechnung, sowie die veräußerten Eigentumsanteile für Rechnung des zuzahlenden Gesellschafters in das Betriebsvermögen der Personengesellschaft einlegt.

Der Gewinn, der durch eine Zuzahlung in das Privatvermögen des Einbringenden entsteht, kann nicht durch Erstellung einer negativen Ergänzungsbilanz vermieden werden. Die Veräußerung der Anteile an den Wirtschaftsgütern ist ein Geschäftsvorfall des einzubringenden Betriebs. Der hierbei erzielte Veräußerungserlös wird vor der Einbringung aus dem Betriebsvermögen entnommen. Anschließend wird der Betrieb so eingebracht, wie er sich nach der Entnahme des Veräußerungserlöses darstellt.

Bei Einbringung der Einzelpraxis zu Buchwerten kommt die Anwendung des § 24 UmwStG nicht in Betracht. Es handelt sich nicht um die Veräußerung eines Mitunternehmeranteils; denn eine Mitunternehmerschaft liegt im Zeitpunkt der Veräußerung der Miteigentumsanteile an den Wirtschaftsgütern der Einzelpraxis noch nicht vor. Diese wird vielmehr erst begründet. Insofern handelt es sich bei dem Veräußerungserlös um einen **laufenden Gewinn,** der nicht nach § 18 Abs. 3 i. V. m. §§ 16, 34 EStG begünstigt ist. Da allerdings beide Einbringende Gesellschafter und steuerrechtliche Mitunternehmer der Berufsausübungsgemeinschaft werden, kann die Einzelpraxis nach § 24 Abs. 1, 2 UmwStG zu Buchwerten in die Berufsausübungsgemeinschaft – in unmittelbarem Anschluss an das Veräußerungsgeschäft – eingebracht werden.

Demgegenüber ist die Steuerbegünstigung des § 24 Abs. 3 Satz 2 UmwStG i. V. m. §§ 18 Abs. 3, 16 Abs. 4, 34 EStG anwendbar, wenn die Einzelpraxis zu Teilwerten eingebracht wird.

- **Ausgleich über die Gewinnverteilung:** In dieser Variante leistet der neu eintretende   **1383** Arzt keine Kaufpreiszahlung. Der Ausgleich erfolgt vielmehr über die **Verteilung des laufenden Gewinns,** der von der Berufsausübungsgemeinschaft erwirtschaftet wird. Dabei vereinbaren die Gesellschafter, dass der ursprüngliche Praxisinhaber in den ersten Jahren nach der Gründung der Berufsausübungsgemeinschaft einen höheren Gewinnanteil – und für jedes Jahr der Zusammenarbeit fünf Prozent weniger – erhält, bis schließlich eine hälftige Gewinnverteilung erreicht ist.

  Zwar sind die auf die jeweiligen Gesellschafter entfallenden Gewinnanteile dem vollen Steuersatz zu unterwerfen. Allerdings wird ein Veräußerungsgewinn vermieden. Insbesondere für den ursprünglichen Praxisinhaber besteht ein Vorteil darin, dass er den Veräußerungsgewinn nicht auf einmal als laufenden Gewinn versteuern muss, sondern diesen vielmehr über mehrere Veranlagungszeiträume hinweg verteilen kann. Für den neu eintretenden Gesellschaft entfällt die Pflicht zur Zahlung des Kaufpreises und damit einhergehend die Notwendigkeit einer Finanzierung desselben. Außerdem ist weder die Aufstellung einer Bilanz noch einer Ergänzungsbilanz erforderlich, wodurch weitere Kosten vermieden werden.

  Das Gewinnverteilungsmodell birgt allerdings die Gefahr in sich, dass die Finanzverteilung die vorgenommene Gewinnverteilung als solche nicht anerkannt, sondern – insbesondere weil diese hinsichtlich Höhe und Zeitpunkt zu eindeutig festgelegt ist – als Kaufpreisrate qualifiziert. Diese Kaufpreiszahlungen müssten dann wiederrum als laufende Gewinne versteuert werden.

- **Überlassungsmodell:** Beim sog. Überlassungsmodell bleibt der bisherige Einzelpraxis-   **1384** inhaber Eigentümer des gesamten Praxisvermögens, das er der Berufsausübungsgemeinschaft zur Nutzung überlässt. Insofern entsteht zunächst kein gemeinschaftliches Eigentum der Berufsausübungsgemeinschaft. Das Vermögen der bisherigen Einzelpraxis wird vielmehr nach § 15 Abs. 1 Nr. 2 Satz 1 HS. 2 i. V. m. § 18 Abs. 4 Satz 2 EStG **Sonderbetriebsvermögen** des bisherigen Praxisinhabers. Der aufzunehmende Arzt bezahlt kein Entgelt für die Aufnahme, so dass **kein steuerpflichtiger Veräußerungsgewinn** entsteht. Erst im Laufe der Zeit baut die Berufsausübungsgemeinschaft im Wege von Ersatzbeschaffungen und des Aufbaus eines eigenen Patientenstamms eigene materielle und immaterielle Wirtschaftsgüter auf. Wird der Betrieb ausschließlich in das Sonderbetriebsvermögen einer Personengesellschaft eingebracht, so liegt keine Einbringung i. S. d. § 24 UmwStG vor, selbst wenn der Einbringende danach Mitunternehmer der „aufnehmenden" Gesellschaft wird. Für die Überlassung der Wirtschaftsgüter erhält der bisherige Praxisinhaber einen Gewinnvorab, der seitens der Gesellschaft nicht als Aufwand berücksichtigt wird. Allmählich verflüchtigt sich der Praxiswert der bisherigen Einzelpraxis und es entsteht ein neuer Praxiswert der Berufsausübungsgemeinschaft, was ohne steuerrechtliche Auswirkungen bleibt.

1385   **dd) Verschmelzung von zwei Einzelpraxen.** Bei der Verschmelzung von zwei Einzelpraxen bringen beide Partner der Berufsausübungsgemeinschaft ihre bisherigen Einzelpraxen in die neu gegründete Gesellschaft ein. Auch die Verschmelzung fällt unter § 24 UmwStG.

1386   **b) Erweiterung einer Berufsausübungsgemeinschaft.** Steuerrechtlich stellt die Aufnahme eines neues Gesellschafters in eine Berufsausübungsgemeinschaft die Veräußerung eines Teils der ärztlichen Mitunternehmerschaft dar. Die Begünstigung der §§ 16, 34 EStG ist nach § 16 Abs. 1 Satz 1 Nr. 2 EStG auf den Fall der Veräußerung des gesamten Mitunternehmeranteils beschränkt. Demnach ist die Veräußerung eines Teils eines Mitunternehmeranteils als **laufender Geschäftsvorfall** zu behandeln und damit der Veräußerung eines Teils einer Einzelpraxis gleichgestellt. Insofern kommen dieselben Modelle in Betracht, die sich auch bei der Aufnahme eines neu eintretenden Arztes in eine Einzelpraxis anbieten.

1387   **c) Ausscheiden aus einer Berufsausübungsgemeinschaft**
       aa) Veräußerung an einen Dritten. Zu den Einkünften aus selbständiger Arbeit gehört nach § 16 Abs. 1 Satz 1 Nr. 2 EStG i. V. m. § 18 Abs. 3 EStG auch der Gewinn, der bei der Veräußerung eines selbständigen Teils des Vermögens erzielt wird, das der selbständigen Arbeit dient. Damit findet § 18 Abs. 3 EStG gerade auch auf die Veräußerung eines Anteils an einer ärztlichen Berufsausübungsgemeinschaft Anwendung. Erwirbt ein neu eintretender Arzt den Gesellschaftsanteil eines Gesellschafters, so hat er seine Aufwendungen, soweit sie den Buchwert des Gesellschaftsanteils übersteigen, als zusätzliche Anschaffungskosten in einer Ergänzungsbilanz bzw. Ergänzungsrechnung zum Gesamthandsvermögen aufzustellen. Der ausscheidende Arzt kann von den Steuerbegünstigungen aus §§ 16, 34 EStG profitieren. Ebenso wie bei der Veräußerung der Einzelpraxis müssen alle wesentlichen Grundlagen der freiberuflichen Tätigkeit auf den Erwerber des Praxisanteils übergehen. In einem vom BFH entschiedenen Fall waren an einer zahnärztlichen Berufsausübungsgemeinschaft drei Zahnärzte zu jeweils gleichen Teilen beteiligt, wobei sich einer am 30. September eines Jahres entschied, entsprechend seiner Ausbildung sowohl als Zahnarzt als auch als Mund-, Kiefer- und Gesichtschirurg aus der Gemeinschaft auszusteigen. Dazu übertrug er seinen Anteil auf die beiden übrigen Gesellschafter. Ab dem 1. Oktober desselben Jahres führte er seine ärztliche Tätigkeit, nunmehr mit dem Schwerpunkt der Mund-, Kiefer- und Gesichtschirurgie, in einer neuen Praxis an einem anderen Ort fort. Nach Auffassung des BFH hat der Veräußerer seine Tätigkeit als Zahnarzt, Mund-, Kiefer- und Gesichtschirurg im bisherigen Wirkungskreis weder endgültig noch vorübergehend eingestellt. Er hat vielmehr seine bisherige ärztliche Tätigkeit, nunmehr schwerpunktmäßig im Bereich der Mund-, Kiefer- und Gesichtschirurgie, ohne Unterbrechung fortgesetzt.[153]

1388   **bb) Anwachsung.** Beim Ausscheiden eines Gesellschafters aus einer Mitunternehmerschaft ohne Erwerb des Anteils durch einen anderen (Gesellschafter) kommt es zu einer Anwachsung der anteiligen Wirtschaftsgüter bei den verbleibenden Gesellschaftern. Der ausscheidende Gesellschafter erlangt einen schuldrechtlichen Abfindungsanspruch gegen die fortbestehende Gesellschaft. Die Anwachsung ist steuerlich – entsprechend dem jeweils

---

[153] BFH vom 23. 1. 1997 – IV R 36/95, BStBl. II 1997, 498 = DStR 1997, 610.

zu Grunde liegenden Rechtsgrund der Übertragung – entweder als entgeltliche oder als unentgeltliche Übertragung eines Mitunternehmeranteils zu behandeln. Bei einer entgeltlichen Übertragung liegt eine Anteilsveräußerung i. S. d. § 16 Abs. 1 Nr. 2 EStG vor. Bei einer unentgeltlichen Übertragung handelt es sich um einen Fall des § 6 Abs. 3 EStG, wobei der/die Erwerber, der/die verbleibenden Gesellschafter, die Buchwerte fortführen; der Vorgang ist erfolgsneutral.

5. Exkurs: Abgrenzung zur Praxisgemeinschaft/Laborgemeinschaft

a) Praxisgemeinschaft. Im Gegensatz zur Berufsausübungsgemeinschaft liegt bei einer **1389** Praxisgemeinschaft **keine gemeinschaftliche Gewinnerzielungsabsicht** vor, sondern lediglich jeweils eine individuelle auf Seiten der einzelnen Mitglieder. Die Praxisgemeinschaft verfolgt lediglich den Zweck, denselben Beruf in gemeinsamen Praxisräumen, unter gemeinsamer Beschäftigung von Personal und gemeinsamer Nutzung von Einrichtungsgegenständen auszuüben und damit Kosten zu sparen. Im Übrigen tritt jeder für sich nach außen selbständig unter seinem Namen auf und handelt gegenüber den Patienten für eigene Rechnung. Kennzeichnend für die Praxisgemeinschaft ist, dass sie selbst grundsätzlich **nicht nach außen** in Erscheinung tritt. Die Firmierung erfolgt ausschließlich unter dem eigenen Namen.[154] Damit liegt schon keine für die Annahme einer steuerrechtlichen Mitunternehmerschaft erforderliche Personengesellschaft vor. Damit sind Praxisgemeinschaften **in ertragsteuerlicher Hinsicht unbeachtlich.**

Soweit Kosten entstehen, sind diese den beteiligten Ärzten anteilig zuzurechnen, wobei **1390** insofern eine einheitliche und gesonderte Feststellung nach §§ 179, 180 AO stattzufinden hat. Die Feststellung beschränkt sich allerdings mangels eigener Einnahmen der Gemeinschaft auf die Feststellung und Aufteilung der Betriebsausgaben und Abschreibungsbeträge als negative freiberufliche Einkünfte.

b) Laborgemeinschaft. Unter einer Laborgemeinschaft versteht man den Zusammen- **1391** schluss von Ärzten gleicher oder unterschiedlicher Fachrichtung zur gemeinsamen Nutzung von Laboreinrichtungen. Sie ist eine reine Kostengemeinschaft und wird regelmäßig in der Form der GbR betrieben.[155] Für die ertragsteuerliche Beurteilung der Laborgemeinschaft kommt es maßgeblich auf das Vorhandensein einer **Gewinnerzielungsabsicht** an.

Bei den Tätigkeiten von Laborgemeinschaften **an ihre Mitglieder** handelt es sich um **1392** Hilfstätigkeiten zur eigentlichen heilberuflichen ärztlichen Tätigkeit, die lediglich aus technischen und Kostengründen aus der Einzelpraxis ausgegliedert werden. Die Laborgemeinschaften sollen lediglich kostendeckend arbeiten, jedoch keinen Gewinn erzielen. Eine Gewinnerzielungsabsicht liegt daher grundsätzlich nicht vor. Die Einnahmen aus einer Laborgemeinschaft bzw. aus Laborleistungen sind als Zahlungen im **abgekürzten Zahlungsweg** den Einnahmen aus selbstständiger Arbeit der beteiligten Ärzte zuzurechnen. Eine einheitliche und gesonderte Gewinnfeststellung für die Laborgemeinschaft ist in Ermangelung einer steuerrechtlichen Mitunternehmerschaft nicht vorzunehmen. Gesondert festzustellen nach §§ 178, 180 AO sind bei den Laborgemeinschaften ausschließlich die anteiligen Betriebsausgaben. Zahlungen der kassenärztlichen Vereinigungen an die Laborgemeinschaften sind jeweils Betriebseinnahmen der beteiligten Ärzte und keine Betriebseinnahmen der Laborgemeinschaft. Das für die gesonderte Feststellung der Laborgemeinschaft zuständige Finanzamt hat diese Zahlungen den für die Veranlagung der beteiligten Ärzte zuständigen Finanzämtern nachrichtlich mitzuteilen, die bei der Veranlagung des Arztes sicherzustellen haben, dass die Zahlungen als Betriebseinnahmen in dessen Gewinnermittlung enthalten sind.

Erzielt die Laborgemeinschaft hingegen Gewinne, stellt diese keine Kostengemeinschaft **1393** mehr im oben genannten Sinne, sondern eine Mitunternehmerschaft nach § 15 Abs. 1

---

[154] Zur Praxisgemeinschaft s. auch bereits Rn. 207.
[155] S. bereits Rn. 209.

Satz 1 Nr. 2 i.V.m. § 18 Abs. 4 Satz 2 EStG. Für die Prüfung, ob die Laborgemeinschaft in diesem Fall gewerbliche oder freiberufliche Einkünfte erzielt, gelten die bereits oben dargestellten Grundsätze[156] entsprechend.

1394 Erbringt die Laborgemeinschaft auch Laboruntersuchungen für **Nichtmitglieder,** ist wie bei den niedergelassenen Laborärzten zu prüfen, ob unter Berücksichtigung der Grundsätze zur leitenden und eigenverantwortlichen Tätigkeit von Laborärzten gewerbliche Einkünfte vorliegen.[157] Insofern handelt es sich – aufgrund der Annahme von Gewinnerzielungsabsicht – um eine freiberufliche oder gewerbliche Mitunternehmerschaft.

IV. Besteuerung der Ärzte-GmbH

1395 Die Besteuerung der Ärzte-Gesellschaft in Form einer GmbH unterscheidet sich ganz grundlegend von der der Berufsausübungsgemeinschaft in der Form einer Personengesellschaft. Diese folgt dem Besteuerungsrecht für **Kapitalgesellschaften** als eigenständigem Steuersubjekt nach dem **Körperschaftsteuergesetz,** vgl. § 1 Nr. 1 KStG. Darüber hinaus gilt ihre Tätigkeit nach § 2 Abs. 2 Satz 1 GewStG kraft Rechtsform stets als Gewerbebetrieb.[158]

1. Körperschaftsteuer

1396 Die Körperschaftsteuer ist die Ertragsteuer auf das Einkommen **juristischer Personen** und ihnen gleichgestellter Rechtsgebilde. Sie ist wie die Einkommensteuer eine Subjekt- bzw. Personensteuer. Als direkte Steuer sind Steuerschuldner und Steuerträger identisch. Steuersubjekte der Körperschaftsteuer können nicht Subjekt der Einkommensteuer sein. Das KStG knüpft in vielen Bereichen an die Vorschriften des EStG an, insbesondere bei der Ermittlung des Einkommens (vgl. § 8 Abs. 1 KStG). Das KStG enthält nur insofern eigenständige Regelungen, als eine Verweisung auf das EStG nicht möglich oder nicht sachgerecht ist. Steuersubjekt der Körperschaftsteuer sind u.a. die unbeschränkt steuerpflichtigen Personen oder Rechtsgebilde nach § 1 Abs. 1 KStG, die ihre Geschäftsleitung (vgl. § 10 KStG) oder ihren Sitz (vgl. § 11 KStG) im Inland haben. Die Ärzte-GmbH ist als Kapitalgesellschaft klassisches Körperschaftsteuersubjekt. Nicht der Körperschaftsteuer unterliegt demgegenüber der Geschäftsführer einer Ärzte-GmbH. Dieser erzielt mit seinem Geschäftsführergehalt Einkünfte aus nichtselbständiger Tätigkeit i.S.d. Einkommensteuerrechts. Insoweit unterliegt er dem sog. Lohnsteuerabzug. Subjektive Steuerbefreiungen nach § 5 KStG sind für die Ärzte-GmbH nicht einschlägig.

1397 Bemessungsgrundlage für die tarifliche Körperschaftsteuer ist nach § 7 Abs. 1 KStG das zu versteuernde Einkommen, das für ein Kalenderjahr zu ermitteln ist, vgl. § 7 Abs. 4 KStG. Was als Einkommen gilt und wie das Einkommen zu ermitteln ist, bestimmt sich nach § 8 Abs. 1 Satz 1 KStG nach den Vorschriften des EStG und des KStG. Für die GmbH – wie für alle Kapitalgesellschaften – findet sich in § 8 Abs. 2 KStG im Hinblick auf die Einkommenszuordnung und -ermittlung eine Sonderregelung. Danach erzielt diese stets gewerbliche Einkünfte; einer Einkünftequalifikation wie beim einzelnen Arzt bedarf es deshalb nicht. Da GmbHs nach § 6 HGB i.V.m. § 13 Abs. 3 GmbHG unabhängig vom Betrieb eines Gewerbes Kaufleute sind, sind diese nach § 238 Abs. 1 HGB zur Buchführung verpflichtet. Damit erfolgt die Gewinnermittlung bei GmbHs nach § 5 Abs. 1 EStG

---

156 Vgl. bereits Rn. 1285.
157 S. zur Abgrenzung Rn. 1285.
158 Im Hinblick auf den Grundsatz von der Rechtsformabhängigkeit der Besteuerung finden die steuerrechtlichen Grundsätze zur Ärzte-GmbH auch auf ein in der Rechtsform einer GmbH betriebenes MVZ Anwendung.

durch qualifizierten Betriebsvermögensvergleich. Die Ermittlung des zu versteuernden Einkommens folgt im Einzelnen folgendem Schema:

Gewinn/Verlust lt. Steuerbilanz + / − körperschaftsteuerrechtliche Besonderheiten
= steuerlicher Gewinn − abzugsfähige Zuwendungen
= Gesamtbetrag der Einkünfte − Verlustabzug
= Einkommen − etwaige Freibeträge
= zu versteuerndes Einkommen

Die tarifliche Körperschaftsteuer ergibt sich durch die Anwendung des Steuersatzes auf **1398** das zu versteuernde Einkommen. Der Steuersatz beträgt derzeit einheitlich 15%, vgl. § 23 Abs. 1 KStG. Auch neben der Körperschaftsteuer wird ein Solidaritätszuschlag erhoben, vgl. § 1 Abs. 1 SolZG. Die Körperschaftsteuer entsteht grundsätzlich mit Ablauf des Veranlagungszeitraums (§ 30 Nr. 3 KStG). Ausnahmen gelten für Körperschaftsteuervorauszahlungen, die jeweils mit Beginn des Kalendervierteljahres, in dem die Vorauszahlungen zu entrichten sind, entstehen, vgl. § 30 Nr. 2 KStG. Das Verfahren zur Festsetzung und Erhebung der Körperschaftsteuer entspricht nach § 31 KStG dem bei der Einkommensteuer.

2. Gewerbesteuer

Für Kapitalgesellschaften kommt es auf die Art der Tätigkeit nicht an. Denn nach § 2 **1399** Abs. 2 GewStG gilt die Tätigkeit einer Kapitalgesellschaft stets in vollem Umfang als Gewerbebetrieb.

3. Sonderfragen bei Gründung/Erweiterung/Veräußerung von Anteilen (an) einer Ärzte-GmbH

a) Gründung einer Ärzte-GmbH. Die Gründung einer Ärzte-GmbH kann wie die **1400** jeder anderen GmbH im Wege der Bargründung durch Leistung einer Bareinlage oder als Sachgründung durch Leistung einer Sacheinlage erfolgen.

aa) Leistung einer Bareinlage. Die Bargründung hat steuerrechtlich keine Auswir- **1401** kungen. Die Zahlung der Einlage führt für den Gesellschafter zu Anschaffungskosten auf seine Beteiligung. Sie ist **steuerneutral.**

bb) Leistung einer Sacheinlage. Praktisch bedeutsamer dürfte die Gründung einer **1402** Ärzte-GmbH im Wege der Sacheinlage sein. Zu denken ist insoweit insbesondere an den Fall, in dem ein bereits in seiner Praxis tätiger, niedergelassener Einzelarzt seine Praxis zum Zwecke der Gründung der GmbH gegen die Gewährung von Gesellschaftsrechten in diese einbringt. In dem Übergang des Vermögens des Einbringenden auf die gleichzeitig gegründete Kapitalgesellschaft ist in steuerrechtlicher Hinsicht ein Tausch und damit ein **Veräußerungsvorgang** zu sehen, wobei in der Gewährung der Gesellschaftsrechte an der Kapitalgesellschaft an die Einbringenden die Gegenleistung liegt. Weil es sich danach um den Tatbestand einer Betriebsveräußerung handelt, wäre eigentlich § 16 Abs. 1 i. V. m. § 18 Abs. 3 EStG anzuwenden. Um diese an sich zwingende Folge des Umwandlungsvorgangs zu vermeiden, hat der Gesetzgeber die Regelungen der §§ 20–23 UmwStG geschaffen, die deshalb als Ausnahmeregel und lex specialis gegenüber § 16 EStG zu beachten sind. Wird ein Betrieb oder Teilbetrieb oder ein Mitunternehmeranteil in eine Kapitalgesellschaft (übernehmende Gesellschaft) eingebracht und erhält der Einbringende dafür neue Anteile an der Gesellschaft (Sacheinlage), gelten nach § 20 Abs. 1 UmwStG für die Bewertung des eingebrachten Betriebsvermögens und der neuen Gesellschaftsanteile die in den nachfolgenden Absätzen dargestellten Regeln. Grundregel für die Bewertung des eingebrachten Betriebsvermögens durch die aufnehmende Kapitalgesellschaft ist der **Ansatz zum gemeinen Wert.**

1403   Davon abweichend kann unter bestimmten Voraussetzungen ein Buch- oder Zwischenwertansatz vorgenommen werden. Der Buchwert- oder Zwischenwertansatz erfordert einen Antrag der übernehmenden Gesellschaft. Ein Buchwert- oder Zwischenwertansatz erfordert außerdem die kumulative Erfüllung folgender Voraussetzungen:

– Das eingebrachte Betriebsvermögen muss bei der übernehmenden Kapitalgesellschaft der Besteuerung mit Körperschaftsteuer unterliegen.
– Die Passivposten des eingebrachten Betriebsvermögens dürfen die Aktivposten nicht übersteigen.
– Das Recht Deutschlands hinsichtlich der Besteuerung des Gewinns aus der Veräußerung des eingebrachten Betriebsvermögens darf nicht ausgeschlossen oder beschränkt werden.

1404   Der Wert, mit dem die Kapitalgesellschaft das eingebrachte Vermögen ansetzt, gilt für den Einbringenden als Veräußerungspreis der eingebrachten Wirtschaftsgüter und als Anschaffungskosten der neuen Anteile. So kommt es beim Ansatz des gemeinen Werts des übertragenen Vermögens zur vollen, beim Zwischenwertansatz zur teilweisen und beim Buchwertansatz zu keiner Aufdeckung der im übertragenen Vermögen vorhandenen stillen Reserven. Je nach Ansatz des Vermögens bei der übernehmenden Kapitalgesellschaft kommt es zu unterschiedlichen steuerlichen Vergünstigungen des beim Einbringenden entstehenden Veräußerungsgewinnes. Ist der Einbringende eine natürlichen Person, wird ein durch Ansatz des Vermögens mit Werten über Buchwerten entstehender Veräußerungsgewinn nach § 20 Abs. 4 Satz 2 UmwStG i. V. m. § 34 Abs. 1 und 3 EStG tarifbegünstigt versteuert, wenn die Kapitalgesellschaft das Vermögen mit den gemeinen Werten angesetzt hat und es sich nicht um die Einbringung von Teilen eines Mitunternehmeranteils handelt. Gleiches gilt für den Freibetrag nach § 16 Abs. 4 EStG, der nach § 20 Abs. 4 Satz 1 UmwStG ebenfalls nur anzuwenden ist, wenn das eingebrachte Vermögen bei der Kapitalgesellschaft mit dem gemeinen Wert angesetzt wird.

1405   Um Missbräuche zu verhindern, sieht § 22 UmwStG bei bestimmten Einbringungsvorgängen eine Art **Haltefrist** von sieben Jahren vor. Die Veräußerung der durch Einbringung unter dem gemeinen Wert erhaltenen Anteile innerhalb einer Sieben-Jahresfrist nach dem Einbringungszeitpunkt bewirkt eine rückwirkende Besteuerung der bei der Einbringung vorhandenen, aber im Rahmen der Einbringung nicht aufgedeckten stillen Reserven beim Anteilseigner, so dass rückwirkend die Einbringung nicht mehr steuerneutral bzw. bei Zwischenwertansatz steuerlich privilegiert ist.

1406   Für die sog. **„verschleierte Sachgründung"** kommt die Anwendung der § 20 UmwStG nicht in Betracht. Diese liegt dann vor, wenn die Beteiligten die gesetzlichen Regelungen über die Sacheinlagen dadurch unterlaufen, dass eine Kapitalgesellschaft zwar bar gegründet wird, allerdings zeitnah ein Betrieb oder Teilbetrieb auf die Kapitalgesellschaft übertragen wird, wobei die Übertragung der Wirtschaftsgüter mit der noch zu erbringenden Bareinlage verrechnet bzw. aus der im zeitlichen Zusammenhang der Kapitalgesellschaft zugeflossenen Bareinlage getilgt wird. Nach bislang h. M. war bei verdeckten Sacheinlagen nur das Verpflichtungsgeschäft unwirksam; nunmehr wird auch das Erfüllungsgeschäft als nichtig angesehen. Damit bleibt insbesondere der Gesellschafter zivilrechtlich Eigentümer des übertragenen Betriebs. Die sich daraus ergebenden steuerrechtlichen Konsequenzen sind streitig. Allerdings dürfte – da § 20 UmwStG keine Anwendung findet – für den Einbringenden ein Veräußerungsgeschäft unter Aufdeckung der stillen Reserven vorliegen. Denn das übertragene Vermögen dürfte der Gesellschaft wirtschaftlich zuzurechnen sein. Sofern der zwischen ihm und der Gesellschaft vereinbarte Kaufpreis unangemessen niedrig ist, liegt hinsichtlich des vermuteten unentgeltlichen Teils eine verdeckte

Einlage i. S. d. § 8 Abs. 3 Satz 3 KStG vor, die das Einkommen der Gesellschaft nicht erhöht.

b) Erweiterung einer Ärzte-GmbH. Sofern ein weiterer Gesellschafter in eine bereits **1407** bestehende Ärzte-GmbH eintreten will, gibt es folgende Möglichkeiten:
– Erwerb von Gesellschaftsanteilen von anderen Gesellschaftern,
– Erwerb eigener Anteile von der Gesellschaft und
– Beitritt im Rahmen einer sog. effektiven Kapitalerhöhung.

aa) Erwerb von Anteilen anderer Gesellschafter. Der Beitritt eines neues Gesell- **1408** schafters zu einer bereits existenten Ärzte-GmbH kann auf die Weise erfolgen, dass die bereits vorhandenen Gesellschafter jeweils einen bestimmten Anteil ihrer Anteile an der Gesellschaft veräußern, so dass letztendlich alle Gesellschafter zu gleichen Teilen an der Gesellschaft beteiligt sind.

Gewinne aus der Veräußerung von **Anteilen an einer Kapitalgesellschaft,** die im **Pri-** **1409** **vatvermögen** gehalten werden und die vor dem 1. 1. 2009 erworben wurden, werden zur Hälfte besteuert, wenn ein privates Veräußerungsgeschäft vorliegt, vgl. §§ 22 Nr. 2, 23 Abs. 1 Nr. 2, 3 Nr. 40j, 52a Abs. 3 Satz 2 EStG, oder wenn der Veräußerer innerhalb der letzten fünf Jahre am Kapital der Gesellschaft unmittelbar oder mittelbar mindestens zu einem Prozent beteiligt war, vgl. §§ 3 Nr. 40 c, 17 EStG. Seit Einführung der sog. **Abgeltungsteuer** im Jahr 2009 sind Gewinne aus der Veräußerung von Anteilen an einer Kapitalgesellschaft, die nach dem 31. 12. 2008 erworben wurden und nicht unter § 17 EStG fallen, unabhängig von der Höhe der Beteiligung und der Haltedauer voll steuerpflichtig (§§ 20 Abs. 2, 8, 52a X EStG). Der Steuersatz beträgt dabei einheitlich 25%, vgl. § 32d Abs. 1 Satz 1 EStG. Anteile i. S. d. § 17 EStG fallen dagegen nach § 20 Abs. 8 EStG nicht unter die Abgeltungsteuer. Nach dem sog. **Teileinkünfteverfahren** sind Veräußerungsgewinne zu 60% steuerpflichtig, Betriebsausgaben und Anschaffungskosten sind zu 60% abzugsfähig, vgl. §§ 3 Nr. 40 c, 3 c Abs. 2 EStG. Insofern wird der Freibetrag nach § 17 Abs. 3 EStG gewährt, nicht aber der ermäßigte Steuersatz nach § 34 EStG (§ 34 Abs. 2 Nr. 1 EStG).

Gewinne aus der Veräußerung von Anteilen an einer Kapitalgesellschaft, die sich im **Be-** **1410** **triebsvermögen** befinden, werden unabhängig von der Höhe der Beteiligung zu 60% versteuert, soweit der Gewinn nicht nach § 6b Abs. 10 EStG bis zum Höchstbetrag von 500 000 EUR von den Anschaffungskosten für Anteile an Kapitalgesellschaften oder bestimmten anderen Wirtschaftsgütern abgezogen oder in eine entsprechende Rücklage eingestellt wird.

bb) Erwerb eigener Anteile von der Gesellschaft. Möglich ist es weiterhin, dass die **1411** Ärzte-GmbH über eigene Anteile verfügt. Demnach kann der Beitritt eines neuen Gesellschafters auch durch Veräußerung dieser Anteile an den neuen Gesellschafter erfolgen. Bei einer Kapitalgesellschaft sind Veräußerungsgewinne grundsätzlich nach § 8b Abs. 2 KStG steuerfrei. Restriktionen können sich allerdings insbesondere für Anteile i. S. d. § 22 UmwStG innerhalb einer Frist von sieben Jahren ergeben. Nach § 8b Abs. 3 KStG gelten 5% der steuerfreien Bezüge als nicht abzugsfähige Betriebsausgaben. Demnach werden Veräußerungsgewinne nur zu 95% freigestellt.

cc) Effektive Kapitalerhöhung. Beim Eintritt eines Gesellschafter im Wege einer ef- **1412** fektiven Kapitalerhöhung wird der Kapitalgesellschaft neues Kapital gegen die Gewährung neuer Gesellschaftsrechte zugeführt. Die effektive Kapitalerhöhung hat auf das zu versteuernde Einkommen der Kapitalgesellschaft keine Auswirkungen. Wird bei der effektiven Kapitalerhöhung zusätzlich ein Aufgeld (Agio) gezahlt, ist dieses ergebnisneutral in der Kapitalrücklage zu erfassen. In entsprechender Höhe kommt es zu einem Zugang auf dem steuerlichen Einlagekonto. Wird hingegen auf ein Ausgabeaufgeld verzichtet, das den stillen Reserven entspricht, die auf die bisherigen Anteile entfallen, stellt dies weder eine verdeckte Gewinnausschüttung noch eine nicht den gesellschaftsrechtlichen Vorschriften entsprechende andere Ausschüttung dar.

Die steuerlichen Auswirkungen bei einer Kapitalerhöhung entsprechen grundsätzlich **1413** denjenigen bei der Gründung einer Kapitalgesellschaft. Die Zuführung des Kapitals durch den Gesellschafter kann entweder im Rahmen einer Bareinlage oder durch eine Sacheinlage erfolgen.[159]

1414 Für die bereits vorhandenen Gesellschafter liegt in der Kapitalerhöhung zu Gunsten des neu eintretenden Gesellschafters grundsätzlich eine Verfügung über deren Bezugsrechte. Sofern letztere jedoch an die Altgesellschafter dafür kein Entgelt entrichtet, sondern ein Agio in die GmbH leistet, handelt es sich nicht um die entgeltliche Veräußerung der Bezugsrechte.

1415 **c) Veräußerung eines Anteils an einer Ärzte-GmbH.** In steuerrechtlicher Hinsicht vollzieht sich die Veräußerung der gesamten Anteile eines Gesellschafters an einen neu eintretenden Gesellschafter wie die partielle Veräußerung von Anteilen. Insoweit differenziert das Steuerrecht nicht zwischen der Veräußerung der gesamten Beteiligung an einer Kapitalgesellschaft und der partiellen Veräußerung von Anteilen an einer Kapitalgesellschaft.

V. Umsatzsteuer

1. Systematik

1416 Die Umsatzsteuer[160] zählt zu den indirekten Steuern und ist eine **Objektsteuer,** die an den Umsatz anknüpft. Von ihrer Wirkung her handelt es sich um eine **Verbrauchsteuer,** da die endgültige Belastung mit Umsatzsteuer beim Endverbraucher eintritt. Der Form nach stellt die Umsatzsteuer demgegenüber eine **Verkehrsteuer dar,** da sie an einen Leistungsaustausch anknüpft. In der Rechtsprechung und Literatur hat sich allerdings aufgrund der Ausgestaltung und Wirkung das Verständnis als umfassende Verbrauchsteuer durchgesetzt. Die Umsatzsteuer belastet nicht das erwirtschaftete Einkommen, sondern die Verwendung von Einkommen oder Vermögen für den privaten Gebrauch. Die persönlichen wirtschaftlichen Verhältnisse der Verbraucher sind insoweit ohne Belang.

1417 Steuerobjekt – d. h. Anknüpfungspunkt der Umsatzsteuer – ist ein steuerbarer Umsatz (§ 1 UStG), wobei sich dieser i. d. R. aus einem entgeltlichen Leistungsaustausch ergibt. Insoweit spricht man von einem sog. steuerbaren Umsatz, einem Umsatz der grundsätzlich der Umsatzsteuer unterliegt. Der Umsatz ist auch steuerpflichtig, wenn keine Steuerbefreiung (§§ 4, 5 UStG) eingreift. Bemessungsgrundlage eines steuerpflichtigen Umsatzes ist das Entgelt (§ 10 UStG). Der Steuersatz ergibt sich aus § 12 UStG. Danach beträgt der Regelsteuersatz 19%, der ermäßigte 7%. Die Steuer entsteht entweder mit Ausführung des Umsatzes (sog. Soll-Versteuerung) oder Vereinnahmung des Entgelts (sog. Ist-Versteuerung). Von der Umsatzsteuer abzugrenzen ist die Vorsteuer. Diese bezeichnet den Betrag, den ein Unternehmer für Leistungen an sein Unternehmen an einen anderen Unternehmer bezahlt, vgl. § 15 UStG. Der Vorsteuerabzug kann allerdings bei Verwendung der Leistung für steuerfreie Umsätze ausgeschlossen sein (§ 15 Abs. 2 und 3 UStG). Die Differenz von Umsatzsteuer und Vorsteuer ergibt die Zahllast bzw. den Vergütungsbetrag.

1418 Steuerschuldner der Umsatzsteuer ist nach § 13a Abs. 1 Nr. 1 UStG grundsätzlich der Unternehmer, der die Leistung ausführt.

1419 Die Umsatzsteuer ist eine periodische Steuer, wobei Besteuerungszeitraum das Kalenderjahr ist, vgl. § 16 Abs. 1 UStG. Es ist eine Steueranmeldung vorzunehmen, d. h. der Unternehmer hat seine Steuererklärung abzugeben und dabei die (positive oder negative) Zahllast selbst zu berechnen. Zur Sicherung einer zeitnahen Erhebung der Umsatzsteuer hat der Unternehmer Voranmeldungen (in elektronischer Form) zu übermitteln. In den

---

[159] Vgl. dazu bereits unter Rn. 1400 ff.

[160] In Deutschland gilt die sog. Allphasennetto-Umsatzsteuer mit Vorsteuerabzug. Insofern handelt es sich um kein Mehrwertsteuersystem im eigentlichen Sinne, da nicht der geschaffene Mehrwert, sondern das Nettoentgelt Bemessungsgrundlage der Umsatzsteuer ist.

Voranmeldungen ist die Steuer für den Voranmeldungszeitraum zu berechnen und bis zum 10. Tag nach dessen Ablauf an das Finanzamt zu übermitteln, vgl. § 18 Abs. 1 UStG. Auf diese Weise werden Vorauszahlungen auf die Jahressteuer geleistet. Voranmeldungszeitraum ist nach § 18 Abs. 2 UStG entweder das Kalendervierteljahr oder der Kalendermonat (Steuer für das vorangegangene Kalenderjahr 7500 EUR). Von der Abgabe der Voranmeldungen kann der Unternehmer nach § 18 Abs. 2 Satz 3 UStG befreit werden, wenn die Steuer des Vorjahres unter 1000 EUR lag. Unter den Voraussetzungen des § 18 Abs. 2a UStG kann der Unternehmer den Kalender als Voranmeldezeitraum wählen. Nach § 18 Abs. 3 UStG hat der Unternehmer für das Kalenderjahr eines Jahressteuererklärung abzugeben, aus der sich eine Erstattung oder eine Nachzahlung ergibt.

2. Unternehmer

Voraussetzung für einen steuerbaren Umsatz ist i.d.R., dass dieser von einem Unternehmer getätigt wird. Unternehmer ist nach § 2 Abs. 1 Satz 1 UStG, wer eine gewerbliche oder berufliche Tätigkeit **selbständig** ausübt. Gewerblich oder beruflich ist jede **nachhaltige Tätigkeit** zur Erzielung von Einnahmen, auch wenn die Absicht, Gewinn zu erzielen, fehlt. Der Unternehmerbegriff i.S.d. Umsatzsteuerrechts ist **rechtsformneutral** und findet demnach sowohl auf natürliche als auch auf juristische Personen sowie Personenzusammenschlüsse Anwendung. Damit ist der selbständige, in einer Einzelpraxis niedergelassene Arzt genauso als Unternehmer anzusehen wie die Berufsausübungsgemeinschaft als Personengesellschaft sowie die Ärzte-GmbH. Ebenso als Unternehmer in diesem Sinne zu qualifizieren sind Praxis- und Apparategemeinschaften. Dass diese Gemeinschaften u.U. nur gegenüber ihren Mitgliedern tätig werden, ist insofern ohne Relevanz. Lediglich erforderlich ist ein Leistungsaustausch (Leistung gegen Entgelt),[161] der allerdings auch im Verhältnis zwischen Gemeinschaft und ihren Mitgliedern vorliegen kann. **1420**

Für sog. **Kleinunternehmer,** die anhand von Umsatzgrenzen ermittelt werden (Vorjahresumsatz weniger als 17500 EUR, laufender Jahresumsatz weniger als 50000 EUR) gelten Sonderregeln, vgl. § 19 UStG. Für Lieferungen und sonstige Leistungen, die von Kleinunternehmern mit Wohnsitz im Inland ausgeführt werden, wird keine Umsatzsteuer erhoben. Weiterhin sind Kleinunternehmer zum Vorsteuerabzug[162] nicht berechtigt. Da die Umsätze aus typischen ärztlichen Tätigkeiten von der Umsatzsteuer befreit[163] sind, gewinnt die Besteuerung als Kleinunternehmer für Ärzte nur bei steuerpflichtigen Umsätzen, z.B. aus einer Vortrags- oder Lehrtätigkeit, an Bedeutung. Um etwaige Nachteile für Kleinunternehmer zu vermeiden, kann auf die Regelungen zur Besteuerung von Kleinunternehmern verzichtet werden. Diese Verzichtserklärung ist gegenüber dem Finanzamt abzugeben und bindet den Unternehmer für fünf Jahre. **1421**

3. Steuerbarer Umsatz

Nach § 1 Abs. 1 Nr. 1 UStG sind u.a. steuerbare Umsätze die Lieferungen und sonstigen Leistungen, die ein Unternehmer im Inland gegen Entgelt im Rahmen seines Unternehmens ausführt. **Leistung** ist der Oberbegriff von Lieferung und sonstiger Leistung und erfasst jedes Tun, Dulden oder Unterlassen, das Gegenstand eines Schuldverhältnisses ist. Die Leistung ist das Erfüllungsgeschäft, nicht das diesem zugrunde liegende Kausalgeschäft. **Lieferungen** sind Leistungen, durch die der Unternehmer oder in seinem Auftrag ein Dritter den Abnehmer oder in dessen Auftrag einen Dritten befähigt, im eigenen Namen über einen Gegenstand zu verfügen, sog. **Verschaffung der Verfügungsmacht,** vgl. § 3 Abs. 1 UStG. Demgegenüber bestimmt § 3 Abs. 9 UStG in negativer Weise, dass **sonstige** **1422**

---

[161] S. dazu noch unter Rn. 1423.
[162] Vgl. sub. Rn. 1442.
[163] S. dazu sogleich unter Rn. 1428 ff.

Leistungen solche Leistungen sind, die keine Lieferungen sind. Insofern kommt insbesondere jedes aktive Tun oder passive Dulden oder Unterlassen in Betracht, das gerade nicht in
der Verschaffung der Verfügungsmacht an einem Gegenstand besteht. Typische sonstige
Leistung ist eine **Dienstleistung.** Demnach ist die ärztliche Heilbehandlung als Dienstleistung sonstige Leistung in dem o.g. Sinne. Ebenfalls eine sonstige Leistung in diesem Sinne
ist die Vermietung eines Gegenstands (Röntgengerät) durch einen Gesellschafter einer ärztlichen Berufsausübungsgemeinschaft an diese.

1423   Weiterhin muss es sich um eine Leistung **gegen Entgelt** handeln, um einen **Leistungsaustausch** zwischen einem Unternehmer, der die Leistung bewirkt, und dem Leistungsempfänger. Der Empfänger der Leistung muss kein Unternehmer sein. Bei der typischen
ärztlichen Behandlungsleistung gegenüber einem Patienten handelt es sich um eine derartige Handlung im Leistungsaustausch, so dass ein steuerbarer Umsatz vorliegt. Unentgeltliche Lieferungen können unter den Voraussetzungen des § 3 Abs. 1b UStG steuerbare Umsätze darstellen. Allerdings ist Voraussetzung der Steuerbarkeit, dass der entnommene bzw.
zugewendete oder genutzte Gegenstand zum vollen oder teilweisen Vorsteuerabzug berechtigt hat. Gerade diese Voraussetzung fehlt bei Gegenständen zur ärztlichen Berufsausübung i.d.R., weil diese zur Ausführung steuerfreier Umsätze verwendet werden.[164] Demnach ist z.B. die Entnahme eines Praxiscomputers für private Zwecke oder dessen private
Nutzung mangels Vorsteuerabzug nicht steuerbar. Unentgeltliche sonstige Leistungen können bei Ärzten nach § 3 Abs. 9a Satz 1 Nr. 2 UStG steuerbar sein. Danach ist die unentgeltliche Erbringung einer sonstigen Leistung durch den Unternehmer für Zwecke, die
außerhalb des Unternehmens liegen, oder für den privaten Bedarf seines Personals, sofern
keine Aufmerksamkeiten vorliegen, einer sonstigen Leistung gegen Entgelt gleichgestellt.
Darunter fällt z.B. die ärztliche Behandlung von Familienangehörigen.[165] Auch bei den
Leistungen einer Praxis- und Apparategemeinschaft gegenüber ihren Mitgliedern handelt
es sich um steuerbare Umsätze, soweit die Mitglieder deren Leistungen gegen Entgelt in
Anspruch nehmen.

1424   Die ärztliche Leistung wird i.d.R. auch im **Inland** ausgeführt. Immerhin werden sonstige Leistungen nach § 3a Abs. 1 Satz 1 UStG an dem Ort ausgeführt, von dem aus der Unternehmer sein Unternehmen betreibt. Bei ärztlichen Heilbehandlungsleistungen ist dies
regelmäßig der Sitz der Praxis.

4. Steuerbefreiungen

1425   Im Bereich der ärztlichen Heilbehandlungsleistungen kommt aber den Steuerbefreiungen besondere Bedeutung zu. Steuerbefreiungen bewirken, dass für bestimmte, in § 4
UStG aufgezählte, an sich steuerbare Umsätze, keine Umsatzsteuer entsteht. Relevant sind
insbesondere die Befreiungsvorschriften nach § 4 Nr. 12, 14 und 28 UStG.

1426   **a) Nutzungsüberlassung von Grundstücken und Grundstücksteilen.** Von den
unter § 1 Abs. 1 Nr. 1 UStG fallenden Umsätzen sind steuerfrei die Vermietung und die
Verpachtung von Grundstücken. Nicht befreit sind die Vermietung von Plätzen für das
Abstellen von Fahrzeugen. Die Steuerbefreiung nach § 4 Nr. 12 Satz 1 Buchst. a UStG gilt
nicht nur für die Vermietung und die Verpachtung von ganzen Grundstücken, sondern
auch für die Vermietung und die Verpachtung von **Grundstücksteilen.** Hierzu gehören
insbesondere Gebäude und Gebäudeteile wie Stockwerke, Wohnungen und einzelne
Räume. Zu den steuerfreien Leistungen der Vermietung und Verpachtung von Grundstücken gehören auch die damit in unmittelbarem wirtschaftlichen Zusammenhang stehenden
üblichen Nebenleistungen wie die Lieferung von Wärme, die Versorgung mit Wasser, auch
mit Warmwasser, sowie die Flur- und Treppenreinigung. Keine Nebenleistungen sind die
Lieferungen von Heizgas und Heizöl. Die Steuerbefreiung erstreckt sich ebenfalls nicht auf
mitvermietete Einrichtungsgegenstände, z.B. auf das Büromobiliar. Umsatzsteuerpflichtig

---

[164] S. dazu noch unter Rn. 1442.

[165] Diese Leistung ist zwar steuerbar, im Ergebnis aber steuerfrei nach § 4 Nr. 14 Buchst. a UStG.

ist damit die Vermietung eines Gegenstandes (Röntgengerät) durch einen Arzt der rztlichen Berufsausübungsgemeinschaft an diese.[166] Die Steuerbefreiung des § 4 Nr. 12 Buchst. a UStG gewinnt insbesondere bei Praxis- und Apparategemeinschaften an Bedeutung.[167]

b) Heilbereich. § 4 Nr. 14 UStG ist durch das Jahressteuergesetz 2009 völlig neu gestaltet worden. Der Zweck der Umsatzsteuerbefreiung liegt darin, den Zugang zu ärztlichen Heil- und Krankenhausbehandlungen nicht durch höhere Kosten zu versperren. Darüber hinaus dient sie der Kostensenkung bei den Sozialversicherungsträgern. Danach sind von den unter § 1 Abs. 1 Nr. 1 UStG fallenden Umsätzen steuerfrei: **1427**

– Heilbehandlungen im Bereich der Humanmedizin, die im Rahmen der Ausübung der Tätigkeit als Arzt, Zahnarzt, Heilpraktiker, Physiotherapeut, Hebamme oder einer ähnlichen heilberuflichen Tätigkeit durchgeführt werden;
– Krankenhausbehandlungen und ärztliche Heilbehandlungen einschließlich der Diagnostik, Befunderhebung, Vorsorge, Rehabilitation, Geburtshilfe und Hospizleistungen sowie damit eng verbundene Umsätze, die u. a. von Einrichtungen des öffentlichen Rechts erbracht werden;
– sonstige Leistungen von Gemeinschaften, soweit diese Leistungen für unmittelbare Zwecke der Ausübung der Tätigkeiten nach Buchstabe a oder Buchstabe b verwendet werden und die Gemeinschaft von ihren Mitgliedern lediglich die genaue Erstattung des jeweiligen Anteils an den gemeinsamen Kosten fordert.

aa) Ärztliche Heilbehandlungsleistungen. Die Steuerbefreiung des § 4 Nr. 14 Buchst. a UStG setzt voraus, dass der Steuerpflichtige Heilbehandlungen im Bereich der Humanmedizin im Rahmen eines der dort genannten Berufe ausübt und dass der Umsatz aus einer typischen Tätigkeit des betreffenden Berufs erzielt wird. Betroffen ist die freie Berufstätigkeit der Angehörigen von Heil- und Hilfsberufen. Zu den Umsätzen aus einer berufstypischen Tätigkeit gehören insbesondere nicht sog. Hilfsgeschäfte. Das sind solche Geschäfte, die die Haupttätigkeit mit sich bringt. Zu denken ist beispielsweise an den Verkauf des Praxis-Pkw bzw. die Veräußerung der gesamten Praxis.[168] **1428**

Auf die Rechtsform, in der der heilberuflich Tätige seine Leistungen erbringt, kommt es nicht an. Wesentlich für die Steuerbefreiung ist, dass es sich um **ärztliche oder arztähnliche Leistungen** handelt und diese von solchen Personen erbracht werden, die die erforderlichen ärztlichen Befähigungsnachweise erbringen. Arzt ist, wer unter der Berufsbezeichnung Arzt oder Ärztin aufgrund einer **Approbation** nach der Bundesärzteordnung die Heilkunde ausübt. Möglich ist es auch, dass die Leistungen mit Hilfe von **Arbeitnehmern** erbracht werden, wenn diese die erforderliche Qualifikation besitzen. Steuerbefreit sind deshalb auch die Leistungen von juristischen Personen, deren Gesellschafter Angehörige eines Heil- oder Heilhilfsberufs sind. Das gilt insbesondere für die o. g. **Ärzte-GmbH,** wenn sämtliche Gesellschafter Ärzte sind, oder auch für **MVZ.** Auch die Umsätze von **Berufsausübungsgemeinschaften,** zu denen sich Ärzte zusammengeschlossen haben, fallen unter der Voraussetzung unter die Befreiungsvorschrift, dass alle Gesellschafter die danach erforderliche Qualifikation besitzen und die Umsätze aus einer ärztlichen Tätigkeit stammen. Insofern kommt es auf die einkommensteuerrechtliche Qualifikation der Einkünfte nicht an. Demnach ist es für die umsatzsteuerrechtliche Steuerbefreiung auch unbeachtlich, wenn die Einkünfte der Berufsausübungsgemeinschaft infolge der Abfärberegelung des § 15 Abs. 3 Nr. 1 EStG[169] insgesamt als gewerbliche zu behandeln sind. **1429**

• **Tätigkeit als Arzt:** Der Begriff der „Heilbehandlungen im Bereich der Humanmedizin" erfasst solche Tätigkeiten, die zum Zweck der **Vorbeugung, Diagnose, Behand-** **1430**

---

[166] Das gilt allerdings nur unter der Voraussetzung, dass der vermietende Arzt kein Kleinunternehmer ist. Zu Besonderheiten bei Kleinunternehmern s. bereits Rn. 1421.
[167] S. dazu noch unter Rn. 1436 ff.
[168] Vgl. insoweit aber § 4 Nr. 28 UStG, s. Rn. 1439.
[169] S. dazu unter Rn. 1366 ff.

lung und, soweit möglich, der **Heilung von Krankheiten oder Gesundheitsstörungen bei Menschen** vorgenommen werden; sie müssen dem Schutz einschließlich der Aufrechterhaltung oder Wiederherstellung der Gesundheit bestehen. Insofern unbeachtlich ist, um welche konkrete heilberufliche Leistung es sich handelt (z. B. Attest, Gutachten, Untersuchung), für wen sie erbracht wird (z. B. gegenüber einem Patienten, einem Gericht oder einer Versicherung) und wer sie erbringt (freiberuflicher oder angestellter Arzt, Krankenhäuser). Maßgeblich für die Steuerbefreiung nach § 4 Nr. 14 Buchst. a UStG ist, dass ein **therapeutisches Ziel** im Vordergrund steht.

Neben der typischen ärztlichen Heilbehandlungsleistung steuerfrei sind folgende Leistungen:

- Anpassung von Kontaktlinsen oder Hörgeräten durch Fachärzte, auch die damit zusammenhängende Untersuchung und Beratung,
- Die medizinische Beratung von Schwangeren nach §§ 218, 219 StGB,
- Einsetzen einer Spirale zur Empfängnisverhütung,
- Infektionshygienische Leistungen eines Arztes für andere Ärzte und/oder Krankenhäuser,[170]
- Herauslösen von Knorpelzellen aus übersandten Gewebeproben und die Vermehrung dieser Zellen zur Implantation,[171]
- Durchführung von Lasik-Operationen,[172]
- Durchführung der ersten Leichenschau.

Ob eine **individuelle Gesundheitsleistung** (IGeL), die Ärzte an gesetzlich versicherte Patienten gegen Selbstzahlung anbieten können, eine Heilbehandlung ist, hängt vom Einzelfall ab. Der Umstand, dass die Behandlung von der Krankenkasse nicht finanziert wird, rechtfertigt – im Gegensatz zu ästhetisch-plastischen Operationen – nicht die Annahme, die Leistung sei keine Heilbehandlung.

Demgegenüber sind die folgenden Leistungen steuerpflichtig:

- Gutachten über den Kausalzusammenhang zwischen einem rechtserheblichen Tatbestand und einer Gesundheitsstörung,
- Gutachten über die Tatsache oder Ursache des Todes (außer, wenn als letzte Maßnahme im Rahmen einer Heilbehandlung anzusehen),
- Alkohol-Gutachten (Feststellung der Fahrtauglichkeit oder für gerichtliche Zwecke),
- Gutachten über den Gesundheitszustand als Grundlage für Versicherungsabschlüsse,
- Gutachten über die Berufstauglichkeit (Feuerwehr-, Flug und Tauertauglichkeitsuntersuchungen),
- Gutachten über die Minderung der Erwerbsfähigkeit in Sozialversicherungsangelegenheiten, in Angelegenheiten der Kriegsopferversorgung und in Schadensersatzprozessen (Kunstfehlerprozesse),
- Zeugnisse oder Gutachten über das Sehvermögen,
- Blutgruppenuntersuchungen im Rahmen der Vaterschaftsfeststellung,
- Blutgruppenuntersuchungen und DNA-Analysen zur Spurenauswertung von Tötungsdelikten,
- anthropologisch-erbbiologischen Gutachten,
- psychologische Tauglichkeitstests, die sich ausschließlich auf die Berufsfindung erstrecken,
- Gutachten über die chemische Zusammensetzung des Wassers,
- Gutachten über die Freiheit des Trinkwassers von Krankheitserregern,
- Gutachten für Staatsanwaltschaften und Gerichte zur Frage der anschließenden Behandlung in einem psychiatrischen Krankenhaus oder einer Erziehungsanstalt,

---

[170] BFH vom 18. 8. 2011 – V R 27/10, DStRE 2011, 1405.
[171] EuGH vom 18. 11. 2010 – C-156/09, ABl EU 2011, Nr C 13, 8 = DStRE 11, 311.
[172] FG Münster vom 2. 10. 2009 – 5 K 3452/07 U, EFG 2010, 602.

– Prognoseuntersuchungen im Rahmen des Maßregelvollzugs bzw. zur Aussetzung der Freiheitsstrafe oder Maßregel,
– Dermatologische Untersuchungen von kosmetischen Stoffen,
– schriftstellerische oder wissenschaftliche Tätigkeit, auch bei Berichten in einer ärztlichen Fachzeitschrift,
– Lehrtätigkeit,
– Vortragstätigkeit, auch wenn es sich um einen Vortrag im Rahmen einer Fortbildung gegenüber Ärzten handelt,
– Lieferungen von Hilfsmitteln, z.B. Kontaktlinsen, Schuheinlagen, Hörgeräten,
– entgeltliche Nutzungsüberlassung von medizinischen Großgeräten,
– ästhetisch-plastische Leistungen, soweit ein therapeutisches Ziel nicht im Vordergrund steht (Fettabsaugung, Faltenbehandlung, Brustoperationen, Nasenkorrekturen); Indiz hierfür kann sein, dass die Kosten regelmäßig nicht durch Krankenversicherungen übernommen werden,[173]
– Supervisionsleistungen,[174]
– Abgabe eines Medikaments aus einer sog. ärztlichen Hausapotheke,[175] sofern sie keine Nebenleistung zu einer Heilbehandlung ist (z.B. Medikamentenabgabe bei der Behandlung),
– Durchführung einer Leichenschau, sofern es sich um die zweite oder eine weitere handelt.

• **Tätigkeit als Zahnarzt:** Tätigkeit als Zahnarzt im Sinne von § 4 Nr. 14 Buchst. a UStG ist die Ausübung der Zahnheilkunde, worunter die berufsmäßige, auf zahnärztlich wissenschaftliche Kenntnisse gegründete Feststellung und Behandlung von **Zahn-, Mund- und Kieferkrankheiten** anzusehen ist. Von der Steuerbefreiung ausdrücklich ausgeschlossen ist die Lieferung oder Wiederherstellung von Zahnprothesen, anderen Waren der Zahnprothetik sowie kieferorthopädischen Apparaten und Vorrichtungen, soweit die bezeichneten Gegenstände im Unternehmen des Zahnarztes hergestellt oder wiederhergestellt werden. Dabei ist es unerheblich, ob die Arbeiten vom Zahnarzt selbst oder von angestellten Personen durchgeführt werden. Ebenso Zahnprothesen in diesem Sinne sind Füllungen (Inlays), Dreiviertelkronen (Onlays) und Verblendschalen für die Frontflächen der Zähne (Veneers) aus Keramik, auch wenn sie vom Zahnarzt computergesteuert im sog. CEREC-Verfahren hergestellt werden. Zur Herstellung von Zahnprothesen und kieferorthopädischen Apparaten gehört auch die Herstellung von Modellen, Bissschablonen, Bisswällen und Funktionslöffeln. Möglich ist es auch, dass Zahnärzte Zahnprothesen und andere Waren der Zahnprothetik außerhalb ihres Unternehmens fertigen lassen und dafür Material, z.B. Gold und Zähne, beistellen. Dann ist dies einer Herstellung gleichzusetzen mit der Folge, dass die Lieferung der Zahnprothesen durch den Zahnarzt hinsichtlich des beigestellten Materials steuerpflichtig ist. Bei Herstellung des Zahnersatzes teils durch einen selbständigen Zahntechniker, teils im Unternehmen des Zahnarztes ist der Zahnarzt nur mit dem auf sein Unternehmen entfallenden Leistungsanteil steuerpflichtig. **1431**

Steuerfrei sind die folgenden Leistungen:
– Einsatz einer intraoralen Videokamera eines CEREC-Gerätes für diagnostische Zwecke sowie
– Überlassung von kieferorthopädischen Apparaten (Zahnspangen) und Vorrichtungen, die der Fehlbildung des Kiefers entgegenwirken.

Zahnärzte sind berechtigt, Pauschbeträge oder die tatsächlich entstandenen Kosten gesondert zu berechnen für Abformmaterial zur Herstellung von Kieferabdrücken, Hülsen zum Schutz beschliffener Zähne für die Zeit von der Präparierung der Zähne bis zur

---

[173] BFH vom 17. 7. 2004 – V R 27/03, BStBl. II 2004, 862 = DStR 2004, 1602.
[174] BFH vom 30. 6. 2005 – V R 1/02, BStBl. II 2005, 675 = DStRE 2005, 1279.
[175] BFH vom 26. 5. 1977 – V R 95/76, BStBl. II 1977, 879 = DStR 1978, 47.

Eingliederung der Kronen, nicht individuell hergestellte provisorische Kronen, Material für direkte Unterfütterungen von Zahnprothesen und Versandkosten für die Übersendung von Abdrücken usw. an das zahntechnische Labor, wobei die Pauschbeträge bzw. die berechneten tatsächlichen Kosten zum Entgelt für steuerfreie zahnärztliche Leistungen gehören.

1432   **bb) Krankenhausbehandlungen.** Krankenhausbehandlungen und ärztliche Heilbehandlungen einschließlich der Diagnostik, Befunderhebung, Vorsorge, Rehabilitation, Geburtshilfe und Hospizleistungen sowie damit eng verbundene Umsätze, sind nach § 4 Nr. 14 Buchst. b UStG steuerfrei, wenn sie von **Einrichtungen des öffentlichen Rechts** (§ 4 Nr. 14 Buchst. b Satz 1 UStG) oder von den in § 4 Nr. 14 Buchst. b Satz 2 Doppelbuchst. aa bis gg UStG genannten Einrichtungen jeweils im Rahmen des von der Zulassung, dem Vertrag bzw. der Regelung nach dem Sozialgesetzbuch erfassten Bereichs erbracht werden. Krankenhäuser sind Einrichtungen, die der Krankenhausbehandlung oder Geburtshilfe dienen, fachlich-medizinisch unter ständiger ärztlicher Leitung stehen, über ausreichende, ihrem Versorgungsauftrag entsprechende diagnostische und therapeutische Möglichkeiten verfügen und nach wissenschaftlich anerkannten Methoden arbeiten, mit Hilfe von jederzeit verfügbarem ärztlichen, Pflege-, Funktions- und medizinisch-technischen Personal darauf eingerichtet sind, vorwiegend durch ärztliche und pflegerische Hilfeleistung Krankheiten der Patienten zu erkennen, zu heilen, ihre Verschlimmerung zu verhüten, Krankheitsbeschwerden zu lindern oder Geburtshilfe zu leisten, und in denen die Patienten untergebracht und verpflegt werden können.

1433   Nach der Rechtsprechung des EuGH kommt es für die Abgrenzung des § 14 Nr. 14 Buchst. a und b UStG weniger auf die Art der Leistung sondern vielmehr auf den **Ort ihrer Erbringung** an. Buchst. b befreit danach solche Leistungen, die aus einer Gesamtheit von ärztlichen Heilbehandlungen in Einrichtungen mit sozialer Zweckbestimmung wie der des Schutzes der menschlichen Gesundheit bestehen, während nach Buchst. a Leistungen steuerfrei sein sollen, die außerhalb von Krankenhäusern im Rahmen eines Vertrauensverhältnisses zwischen Patient und Behandelndem erbracht werden, sei es in den Praxisräumen des Behandelnden, in der Wohnung des Patienten oder an einem anderen Ort.[176] Auch für Buchst. b kommt es auf die Rechtsform, in der die Einrichtung betrieben wird, nicht an. Insbesondere erfasst der Begriff der „Einrichtung" auch natürliche Personen, die ein Unternehmen betreiben,[177] beispielsweise den eine Klinik i.S.d. Buchst. b betreibenden Arzt.

1434   Für die in § 4 Nr. 14 Buchst. b UStG genannten Einrichtungen gilt die Steuerbefreiung nur für die mit dem Betrieb **eng verbundenen Umsätze.** Das sind solche Leistungen, die für diese Einrichtungen nach der Verkehrsauffassung **typisch** und **unerlässlich** sind, regelmäßig und allgemein beim laufenden Betrieb vorkommen und damit unmittelbar oder mittelbar zusammenhängen.[178] Zu den eng verbundenen Umsätzen rechnen:

– die stationäre oder teilstationäre Aufnahme von Patienten, deren ärztliche und pflegerische Betreuung einschließlich der Lieferungen der zur Behandlung erforderlichen Medikamente,

– die Behandlung und Versorgung ambulanter Patienten,

– die Lieferungen von Körperersatzstücken und orthopädischen Hilfsmitteln, soweit sie unmittelbar mit einer Leistung im Sinne des § 4 Nr. 14 Buchst. b UStG in Zusammenhang stehen,

– die Überlassung von Einrichtungen (z.B. Operationssaal, Röntgenanlage, medizinisch-technische Großgeräte) und die damit verbundene Gestellung von medizinischem Hilfspersonal durch Einrichtungen nach § 4 Nr. 14 Buchstabe b UStG an andere Einrichtun-

---

[176] EuGH vom 6. 11. 2003 – C-45/01, Slg 2003, I-12911 = IStR 2004, 20.
[177] EuGH vom 7. 9. 1999 – C-216/97, Slg 1999, I-4947 = IStR 1999, 599.
[178] BFH vom 1. 12. 1977 – V R 37/75, BStBl. II 1978, 173 = DStR 1978, 173.

    Staschewski

gen dieser Art, an angestellte Ärzte für deren selbständige Tätigkeit und an niedergelassene Ärzte zur Mitbenutzung,
– die Lieferungen von Gegenständen des Anlagevermögens, z. B. Röntgeneinrichtungen, Krankenfahrstühlen und sonstige Einrichtungsgegenständen,
– die Erstellung von ärztlichen Gutachten gegen Entgelt, sofern ein therapeutischer Zweck im Vordergrund steht.

Nicht zu den eng verbundenen Umsätzen gehören dagegen: **1435**
– die entgeltliche Abgabe von Speisen und Getränken an Besucher,
– die Lieferung von Arzneimitteln an das Personal oder Besucher sowie die Abgabe von Medikamenten gegen besonderes Entgelt an ehemals ambulante oder stationäre Patienten zur Überbrückung,
– die Arzneimittellieferungen einer Krankenhausapotheke an Krankenhäuser anderer Träger,
– die Abgabe von Medikamenten zur unmittelbaren Anwendung durch ermächtigte Krankenhausambulanzen an Patienten während der ambulanten Behandlung sowie die Abgabe von Medikamenten durch Krankenhausapotheken an Patienten im Rahmen der ambulanten Behandlung im Krankenhaus,
– die Erstellung von Alkohol-Gutachten, Zeugnissen oder Gutachten über das Sehvermögen, über Berufstauglichkeit oder in Versicherungsangelegenheiten,
– ästhetisch-plastische Leistungen, soweit ein therapeutisches Ziel nicht im Vordergrund steht,
– Supervisionsleistungen,
– die Leistungen der Zentralwäschereien,
– die Telefongestellung an Patienten, die Vermietung von Fernsehgeräten und die Unterbringung und Verpflegung von Begleitpersonen.

cc) Leistungen von Praxis- und Apparategemeinschaften. Die Befreiungsvor- **1436**
schrift des § 4 Nr. 14 Buchst. d UStG ist insbesondere auf Praxis- und Apparategemeinschaften zugeschnitten, deren Leistung in der Zurverfügungstellung von medizinischen Einrichtungen, Apparaten und Geräten an ihre Mitglieder besteht. Des Weiteren führen die Gemeinschaften beispielsweise mit eigenem medizinisch-technischen Personal Laboruntersuchungen, Röntgenaufnahmen und andere medizinisch-technische Leistungen an ihre Mitglieder aus.[179] Auch Einrichtungen im Sinne des § 4 Nr. 14 Buchst. b UStG können nach der Neufassung Mitglieder der Gemeinschaften sein.

Voraussetzung für die Steuerbefreiung ist, dass die Leistungen von den Mitgliedern **un-** **1437**
mittelbar für ihre nach § 4 Nr. 14 Buchst. a oder b UStG steuerfreien Umsätze verwendet werden, wobei die Leistungen nicht stets allen Mitgliedern gegenüber erbracht werden müssen. An der Unmittelbarkeit fehlt es beispielsweise dann, wenn die Gemeinschaft für ihre Mitglieder Buchführung, Rechtsberatung oder die Tätigkeit einer ärztlichen Verrechnungsstelle übernimmt. Für die Steuerbefreiung ist es unschädlich, wenn die Gemeinschaft den jeweiligen Anteil der gemeinsamen Kosten des Mitglieds direkt im Namen des Mitglieds mit den Krankenkassen abrechnet, weil die Leistungsbeziehung zwischen der Gemeinschaft und dem Mitglied davon unberührt bleibt. Insoweit handelt es sich nur um einen verkürzten Abrechnungsweg. Dies gilt insbesondere für Laborleistungen. Sofern die Gemeinschaft ihren Mitgliedern Praxisräume beschafft und überlässt, handelt es sich dabei nicht mehr um nach § 4 Nr. 14 Buchst. d UStG befreite Umsätze. Indes kommt die Steuerbefreiung für die Vermietung von Grundstücken nach § 4 Nr. 12 Satz 1 Buchst. a UStG in Betracht.[180]

Leistungen der Gemeinschaft an Nicht-Mitglieder sind von der Befreiung nach § 4 **1438**
Nr. 14 Buchst. d UStG nach deren ausdrücklichem Wortlaut ausgeschlossen. Davon bleibt allerdings die Steuerfreiheit der Umsätze an die Mitglieder der Gemeinschaft unberührt.

---

[179] Zur Praxisgemeinschaft s. bereits unter Rn. 207, 1389 f.
[180] S. bereits Rn. 1426.

1439   c) **Weiterlieferung vorbelasteter Gegenstände.** Von den unter § 1 Abs. 1 Nr. 1 UStG fallenden Umsätzen sind nach § 4 Nr. 28 UStG außerdem steuerfrei die Lieferungen von Gegenständen, wenn der Unternehmer die gelieferten Gegenstände ausschließlich für eine nach den Nummern 8 bis 27 steuerfreie Tätigkeit verwendet hat. Unter die Steuerbefreiung fällt insbesondere der Verkauf von Einrichtungsgegenständen.

5. Steuersatz

1440   Die zu zahlende Umsatzsteuer ergibt sich durch Anwendung des maßgeblichen Steuersatzes auf die Bemessungsgrundlage, vgl. § 10 UStG. **Bemessungsgrundlage** der umsatzsteuerpflichtigen ärztlichen Leistungen ist alles, was der Leistungsempfänger aufwendet, um die Leistung zu erhalten, jedoch abzüglich der Umsatzsteuer. Dazu gehört auch das, was ein anderer als der Leistungsempfänger dem Unternehmer für die Leistung gewährt. Nach § 12 UStG ist der Regelsteuersatz vom ermäßigten Steuersatz zu unterscheiden. Der **Regelsteuersatz** beträgt in Deutschland derzeit 19%, der **ermäßigte** 7%. Der Katalog für die mit dem ermäßigten Steuersatz zu versteuernden Umsätze ist in § 12 Abs. 2 UStG enthalten; für alle anderen Umsätze gilt der Regelsteuersatz. Der ermäßigte Steuersatz kommt im Rahmen der ärztlichen Heilbehandlung insbesondere für die Lieferung der in § 12 Abs. 2 Nr. 1 i.V.m. Anlage 2 Nr. 52 UStG genannten Gegenstände, beispielsweise künstliche Gelenke, Prothesen, Hörgeräte und Herzschrittmacher, in Betracht. Darüber hinaus unterfallen nach § 12 Abs. 2 Nr. 6 UStG die Leistungen der Zahnärzte für die Lieferung oder Wiederherstellung von Zahnprothesen und kieferorthopädischen Apparaten, soweit sie der Unternehmer in seinem Unternehmen hergestellt oder wiederhergestellt hat, dem ermäßigten Steuersatz von 7%.

6. Steuerberechnung

1441   Die Steuer ist grundsätzlich nach § 16 Abs. 1 Satz 1 UStG nach **vereinbarten Entgelten** (sog. Soll-Besteuerung) zu berechnen, wenn der Unternehmer nicht die Berechnung nach vereinnahmten Entgelten (sog. Ist-Besteuerung) nach § 20 UStG anwendet. Insofern handelt es sich um den gesetzlich vorgesehenen **Regelfall.** Die Steuer entsteht nach § 13 Abs. 1 Nr. 1 Buchst. a UStG mit Ablauf des Voranmeldezeitraums, in dem die Leistungen ausgeführt worden sind, d. h. grundsätzlich mit **Erbringung der ärztlichen Heilbehandlungsleistung.** Daneben kann das Finanzamt nach § 20 Abs. 1 Satz 1 UStG auf Antrag gestatten, dass ein Unternehmer die Steuer nicht nach vereinbarten Entgelten, sondern nach **vereinnahmten Entgelten** berechnet. Insofern handelt es sich um eine gesetzliche Ausnahmeregelung, die nur in den ausdrücklich vorgesehen Fällen möglich ist. Vorausgesetzt ist, dass der Gesamtumsatz eines Unternehmers im vorangegangenen Kalenderjahr nicht mehr als 250 000 EUR betragen hat (Nr. 1), ein Fall des § 148 AO vorliegt (Nr. 2) oder der Unternehmer Umsätze aus einer Tätigkeit als Angehöriger eines freien Berufs nach § 18 Abs. 1 Nr. 1 EStG ausführt (Nr. 3). Danach steht insbesondere dem in einer Praxis niedergelassenen Einzelarzt die Option zur Ist-Besteuerung offen. Tätigkeiten, die nicht zu denen nach § 18 Abs. 1 Nr. 1 EStG gehören, fallen nicht unter die Vorschrift, selbst wenn diese nach einkommensteuerlichen Grundsätzen als Einkünfte aus selbständiger Arbeit zu qualifizieren sind. Einer Kapitalgesellschaft, zu der sich Freiberufler zusammengeschlossen haben, ist die Genehmigung der Ist-Besteuerung nach § 20 Abs. 1 Satz 1 Nr. 3 UStG nicht zu erteilen. Das gilt insbesondere für die Ärzte-GmbH. Auch Personengesellschaften – wie die ärztliche Berufsausübungsgemeinschaft – können die Ist-Besteuerung anwenden, wenn sie Einkünfte nach § 18 Abs. 1 Nr. 1 EStG[181] erzielen und nicht buchführungspflichtig sind. Bei der Steuerberechnung nach vereinnahmten Entgelten entsteht die Steuer in dem Voranmeldezeitraum, in dem der Unternehmer die Entgelte vereinnahmt hat, vgl. § 13 Abs. 1 Nr. 1 Buchst. b UStG. Das Entgelt ist vereinnahmt in diesem

---

[181] S. dazu unter Rn. 1363 ff.

Sinne, wenn der Leistungsempfänger **bar gezahlt** hat oder einen Betrag auf ein Konto des Unternehmers überwiesen und die Bank diesen **gutgeschrieben** hat. Die Ist-Besteuerung bedeutet v. a. für kleinere Unternehmen dadurch finanzielle Vorteile, dass die Steuer erst mit Ablauf des Voranmeldezeitraums entsteht, in dem ein Entgelt beim Unternehmer eingegangen ist. Außerdem ermöglicht diese Art der Steuerberechnung eine erleichterte Form der Buchführung für kleinere Unternehmen. Sofern die Wahlmöglichkeit zwischen beiden Berechnungsarten nach § 20 Abs. 1 UStG eröffnet ist, bietet sich für Einnahmen-Überschuss-rechner die Berechnung nach vereinnahmten Entgelten an. Demgegenüber sollten Bilanzierende die Besteuerung nach vereinbarten Entgelten bevorzugen, weil insofern an die Buchführung angeknüpft werden kann.

7. Vorsteuerabzug

Die Umsatzsteuerschuld für die ausgeführten Ausgangsumsätze kann der Unternehmer **1442** durch Vorsteuerbeträge aus Eingangsumsätzen nach § 15 UStG mindern. Vorsteuer bezeichnet diejenige Umsatzsteuer, die einem Unternehmer für Umsätze an sein Unternehmer in Rechnung gestellt wird. Dabei handelt es sich z. B. um die Umsatzsteuer, die der Arzt für den Ankauf der Praxiseinrichtung an den Verkäufer zahlen muss. Der Vorsteuerabzug gewährleistet die Kostenneutralität der Umsatzsteuer für Unternehmen, die – wie bereits oben ausgeführt[182] – gerade nicht mit Umsatzsteuer belastet werden sollen. Demnach kommt der Vorsteuerabzug gerade auch für Nichtunternehmer und Umsätze, die nicht dem unternehmerischen Bereich zuzurechnen sind, nicht in Betracht. Der Vorsteuerabzug setzt einen steuerbaren und **steuerpflichtigen Eingangsumsatz** für das eigene Unternehmen, eine **Rechnung** mit entsprechendem Ausweis der Umsatzsteuer (§§ 14, 14a UStG) sowie die **Entrichtung** der Einfuhrumsatzsteuer voraus. Weiterhin darf der Vorsteuerabzug nicht ausgeschlossen sein. Gerade im Heilbereich wird der **Ausschluss des Vorsteuerabzugs** relevant. Nach § 15 Abs. 2 Satz 1 Nr. 1 UStG ist die Steuer für die Lieferungen vom Vorsteuerabzug ausgeschlossen, die der Unternehmer zur Ausführung steuerfreier Umsätze verwendet. Wie bereits oben ausgeführt, ist die ärztliche Heilbehandlung und die Mehrzahl der mit ihr zusammen hängenden Tätigkeiten steuerfrei,[183] weshalb der Vorsteuerabzug ebenfalls ausgeschlossen ist. Sofern ein Arzt nicht nur steuerfreie, sondern auch steuerpflichtige Umsätze erbringt, ist eine Zuordnung des Eingangsumsatzes zu einem Ausgangsumsatz vorzunehmen. Dabei liegt eine Verwendung für einen Ausgangsumsatz vor, wenn ein direkter und unmittelbarer Zusammenhang mit dem Umsatz besteht, wobei in erster Linie die tatsächliche Verwendung der Leistung maßgebend ist. Im Fall eines direkten Zusammenhangs sowohl mit steuerfreien wie auch steuerpflichtigen Ausgangsumsätzen ist der Vorsteuerbetrag aufzuteilen.

8. Sonderfragen

a) Veräußerung einer Einzelpraxis. Nach § 1 Abs. 1a Satz 1 UStG unterliegen die **1443** Umsätze im Rahmen einer **Geschäftsveräußerung** an einen anderen Unternehmer für dessen Unternehmen nicht der Umsatzsteuer. Eine Geschäftsveräußerung in diesem Sinne liegt vor, wenn ein Unternehmen oder ein in der Gliederung eines Unternehmens gesondert geführter Betrieb **im Ganzen** entgeltlich oder unentgeltlich übereignet oder in eine Gesellschaft eingebracht wird. Es müssen die **wesentlichen Grundlagen** eines Unternehmens an einen Unternehmer für dessen Unternehmen übertragen werden, wobei die unternehmerische Tätigkeit des Erwerbers auch erst mit dem Erwerb des Unternehmens oder des gesondert geführten Betriebs beginnen kann. Entscheidend ist, dass die übertragenen Vermögensgegenstände ein hinreichendes Ganzes bilden, um dem Erwerber die Fort-

---

[182] S. dazu bereits unter Rn. 1416.
[183] S. dazu Rn. 1425 ff.

setzung einer bisher durch den Veräußerer ausgeübten unternehmerischen Tätigkeit zu ermöglichen, und der Erwerber dies auch tatsächlich tut. Betrieb in diesem Sinne ist auch eine freiberufliche Praxis. Demnach ist weder die Veräußerung einer Einzelpraxis noch die Einbringung der Praxis in eine Berufsausübungsgemeinschaft oder eine Ärzte-GmbH umsatzsteuerbar.

1444 **b) Veräußerung von Praxisanteilen.** Die Veräußerung eines Anteils an einer Berufsausübungsgemeinschaft ist in zivilrechtlicher Hinsicht die Übertragung eines Anteils an einer Gesellschaft bürgerlichen Rechts durch einen Gesellschafter an einen anderen Rechtsträger. Nach Auffassung des BFH, der sich auch die Finanzverwaltung angeschlossen hat,[184] wird bei der Veräußerung eines bloßen Gesellschaftsanteils kein hinreichendes Ganzes übertragen, das dem Erwerber allein die Fortsetzung einer bisher durch den Veräußerer ausgeübten unternehmerischen Tätigkeit ermöglicht. Auf die Höhe der Beteiligung kommt es dabei nicht an.[185] Damit ist auch die Veräußerung eines Praxisanteils an einer Berufsausübungsgemeinschaft schon **nicht umsatzsteuerbar**. Das gilt auch für die Veräußerung von Anteilen an einer Ärzte-GmbH.

1445 **c) Verzicht auf Durchführung des Nachbesetzungsverfahrens.** Beim Verzicht eines seine ärztliche Tätigkeit einstellenden Arztes auf die Durchführung des Nachbesetzungsverfahrens gegen eine **Stilllegungsprämie** findet **keine Geschäftsveräußerung** i. S. d. § 1 Abs. 1 a UStG statt. Wirtschaftlich betrachtet handelt es sich um die Veräußerung des Patientenstamms der bisherigen Einzelpraxis. Insofern handelt der aufgebende Arzt auch als Unternehmer. Immerhin dürfte es sich bei der „Veräußerung" des Patientenstamms um eine der letzten Tätigkeiten des bisherigen Praxisinhabers handeln. Demnach liegt ein nach § 1 Abs. 1 Nr. 1 UStG steuerbarer Umsatz vor. Allerdings sollte dieser nach § 4 Nr. 28 a UStG von der Umsatzsteuer **befreit** sein. Wie oben bereits ausgeführt, handelt es sich bei dem Patientenstamm einer freiberuflichen Praxis um einen bloß wertbildenden Faktor innerhalb des eigenständigen Wirtschaftsguts Praxiswert. Der Praxiswert ist aber als Gegenstand i. S. d. § 4 Nr. 28 a UStG anzusehen,[186] weshalb dies erst recht für den Patientenstamm gelten dürfte.

VI. Verfahrensrecht

1. Rechtsschutz

1446 Der Rechtsschutz in Steuersachen wird durch außergerichtliche und gerichtliche Rechtsbehelfe sichergestellt. Das außergerichtliche Rechtsbehelfsverfahren richtet sich nach den §§ 347 ff. AO, das gerichtliche nach den Vorschriften der FGO.

1447 **a) Außergerichtliches Rechtsbehelfsverfahren.** Das ordentliche außergerichtliche Rechtsbehelfsverfahren der AO ist das **Einspruchsverfahren.** Das Einspruchsverfahren hat eine **dreifache Zielrichtung** und dient

– dem Rechtsschutz des Steuerpflichtigen als kostenfreies Rechtsschutzverfahren,
– der Selbstkontrolle der Verwaltung als verlängertes Verwaltungsverfahren und
- der Entlastung der FG.

1448 **aa) Zulässigkeitsvoraussetzungen des Einspruchs.** Sachlich kann über den Einspruch nur bei Vorliegen der Zulässigkeitsvoraussetzungen entschieden werden. Die zuständige Finanzbehörde prüft die Zulässigkeit nach § 358 AO von Amts wegen.

1449 • **Statthaftigkeit des Einspruchs, §§ 347, 348 AO:** Der Einspruch ist statthaft gegen Verwaltungsakte in **Abgabenangelegenheiten,** die vom Anwendungsbereich der AO umfasst sind. Nicht zwingend erforderlich ist die Wirksamkeit des angegriffenen Verwal-

---

[184] BMF vom 3. 1. 2012 – IV D 2 – S 7100-b/11/10001, BeckVerw. 256456.
[185] BFH vom 27. 1. 2011 – V R 38/09, BStBl II 2012, 68 = DStR 2011, 454.
[186] BFH vom 21. 12. 1988 – V R 24/87, BStBl. II 1989, 430 = DB 1989, 1010.

Staschewski

tungsakts; auch der Schein eines nichtigen Verwaltungsakts kann mit dem Einspruch beseitigt werden. § 347 Abs. 2 AO definiert, was unter Abgabenangelegenheiten zu verstehen ist. Der Einspruch ist außerdem auch dann statthaft, wenn geltend gemacht wird, die Finanzbehörde habe über einen vom Einspruchsführer gestellten Antrag auf Erlass eines Verwaltungsakts ohne Mitteilung eines zureichenden Grundes binnen angemessener Frist sachlich nicht entschieden (sog. **Untätigkeitseinspruch**). Auch Verwaltungsakte im **Vollstreckungsverfahren** sind mit dem Einspruch angreifbar. Dagegen ist der Einspruch im Straf- und Bußgeldverfahren nicht statthaft, ebenso wenig gegen Einspruchsentscheidungen bzw. die Nichtentscheidung über den Einspruch sowie gegen Verwaltungsakte der obersten Finanzbehörden des Bundes und der Länder. In den Fällen, in denen der Einspruch nicht statthaft ist, ist sogleich der Wege zu den FG zu beschreiten.[187]

- **Einspruchsbefugnis (§§ 350–353 AO):** Ein zulässiger Einspruch setzt die Befugnis des **1450** Einspruchsführers voraus. Nach § 350 AO ist nur befugt, Einspruch einzulegen, wer geltend macht, durch einen Verwaltungsakt oder dessen Unterlassung **beschwert** zu sein. Die Beschwer muss **schlüssig** behauptet werden und muss sich aus dem **Tenor des Verwaltungsaktes** ergeben. Die persönliche Beschwer des Einspruchsführers ergibt sich i.d.R. aus der unmittelbaren persönlichen Betroffenheit desselben durch den angegriffenen Verwaltungsakt. Ein Rechtsnachfolger kann unter den Voraussetzungen des § 353 AO Einspruch einlegen. Im Falle der einheitlichen und gesonderten Feststellung von Besteuerungsgrundlagen[188] ist die persönliche Beschwer durch § 352 AO eingeschränkt; nur die in dieser Vorschrift genannten Feststellungsbeteiligten können Einspruch einlegen.
Eingeschränkt ist die sachliche Beschwer bei Änderungsbescheiden, die nach § 351 Abs. 1 AO grundsätzlich nur angegriffen werden können, soweit die Änderung reicht. Nach § 351 Abs. 2 AO können Entscheidungen in einem **Grundlagenbescheid** nur durch Anfechtung dieses Bescheids, nicht auch durch Anfechtung des Folgebescheids, angegriffen werden.
- **Form und Frist (§§ 355, 356, 357 AO):** Die Einlegung des Einspruchs muss form- **1451** und fristgerecht erfolgen. Er muss nach **schriftlich** oder **zur Niederschrift** erklärt werden. Die Einlegung des Einspruchs durch Telegramm oder Telefax ist zulässig. Unschädlich ist eine unrichtige Bezeichnung des Rechtsbehelfs sowie eine fehlende Begründung. Der Einspruch ist bei der Behörde anzubringen, die den angegriffenen Verwaltungsakt erlassen oder unterlassen hat. Besonderheiten gelten für Feststellungsbescheide und die Festsetzung eines Steuermessbetrages.
Die Einspruchsfrist beträgt nach **einen Monat.** Sie beginnt i.d.R. mit Bekanntgabe des Verwaltungsakts. Die Berechnung der Einspruchsfrist erfolgt nach den zivilrechtlichen Vorschriften, vgl. §§ 187ff. BGB. Bei einem schriftlichen oder elektronischen Verwaltungsakt ist für den Beginn der Frist erforderlich, dass eine **ordnungsgemäße Rechtsbehelfsbelehrung** erfolgt ist. Allerdings ist der Einspruch auch bei unterbliebener oder unrichtiger Erklärung nach Ablauf eines Jahres seit Bekanntgabe des Verwaltungsakts unzulässig. Ausnahmen bestehen im Falle höherer Gewalt und wenn eine Belehrung dahingehend erfolgt ist, dass ein Einspruch nicht gegeben ist. Die Einspruchsfrist ist eine Ausschlussfrist; eine Verlängerung ist daher ausgeschlossen. Allerdings ist im Falle schuldloser Fristversäumnis Wiedereinsetzung in den vorigen Stand nach § 110 AO möglich. Der Untätigkeitseinspruch ist von keiner Frist abhängig.
- **Kein Ausschluss (§§ 354, 362 AO):** Der Einspruch muss weiterhin noch möglich **1452** sein. Das ist im Falle von Verzicht und Rücknahme nicht (mehr) der Fall. Auf die Einlegung des Einspruchs kann nach Erlass des Verwaltungsaktes **verzichtet** werden. Er führt zur Unzulässigkeit desselben. Darüber hinaus kann ein bereits eingelegter Einspruch bis

---

[187] S. dazu noch ausführlich unter Rn. 1456ff.
[188] S. dazu bereits Rn. 1362 bei der Berufsausübungsgemeinschaft.

zur Bekanntgabe der Entscheidung über den Einspruch **zurückgenommen** werden. Die Rücknahme hat den Verlust des eingelegten Einspruchs zur Folge. Dies betrifft aber nur den bereits eingelegten Einspruch; ein neuer Einspruch wird davon nicht berührt.

1453   **bb) Wirkung des zulässigen Einspruchs.** Im Gegensatz zum allgemeinen Verwaltungsprozessrecht wird durch das Einlegen des Einspruchs nach § 361 Abs. AO die **Vollziehung** des angefochtenen Verwaltungsakts **nicht gehemmt.** Eine Ausnahme gilt nur für die Untersagung des Gewerbebetriebes oder der Berufsausübung. Nach § 361 Abs. 2 AO *kann* die Finanzbehörde, auf Antrag oder aber von Amts wegen, die Vollziehung ganz oder teilweise aussetzen. Sie *soll* die Vollziehung aussetzen, wenn ernstliche Zweifel an der Rechtmäßigkeit des angefochtenen Verwaltungsakts bestehen oder wenn die Vollziehung für den Betroffenen eine unbillige, nicht durch überwiegende öffentliche Interessen gebotene Härte zur Folge hätte.

1454   **cc) Einspruchsverfahren und Entscheidung.** Die Ausgangsbehörde hat den Verwaltungsakt **in vollem Umfang** auf **Recht- und Zweckmäßigkeit** zu prüfen, § 367 Abs. 2 AO. Dabei kann der Verwaltungsakt auch zum Nachteil des Einspruchsführers geändert werden, wenn dieser auf die Möglichkeit einer verbösernden Entscheidung unter Angabe von Gründen hingewiesen und ihm Gelegenheit gegeben worden ist, sich hierzu zu äußern (sog. **reformatio in peius**).

1455   Die Einspruchsentscheidung ist nach § 366 AO schriftlich zu erteilen, zu begründen, mit einer Rechtsbehelfsbelehrung zu versehen und den Beteiligten bekannt zu geben. Das Fehlen der Rechtsbehelfsbelehrung hat nicht die Unwirksamkeit der Entscheidung zur Folge, sondern bewirkt nur Erleichterungen im Hinblick auf die Zulässigkeit der Klage. Mangelt es dem Einspruch an einer Zulässigkeitsvoraussetzung, ist dieser als unzulässig zu verwerfen. Im Falle der Unbegründetheit ist er als unbegründet zurückzuweisen. Ist der Einspruch in vollem Umfang begründet, wird die Finanzbehörde den Einspruch durch **Abhilfebescheid** entscheiden; einer förmlichen Einspruchsentscheidung bedarf es in diesem Fall nicht. Bei teilweiser Begründetheit des Einspruchs, ergeht insoweit eine förmliche Entscheidung, als der Einspruch erfolglos bleibt. Hinsichtlich des erfolgreichen Teils erfolgt eine Entscheidung mittels Abhilfebescheid. Das Einspruchsverfahren ist im Übrigen kostenfrei.

1456   **b) Gerichtliches Rechtsbehelfsverfahren.** Die Finanzgerichtsbarkeit ist **zweistufig** aufgebaut, auf Länderebene existieren Finanzgerichte (FG), auf Bundesebene der Bundesfinanzhof (BFH). Insofern handelt es sich um unabhängige, von den Verwaltungsgerichten getrennte, besondere Verwaltungsgerichte. Im ersten Rechtszug entscheiden die FG nach § 35 FGO als Tatsacheninstanz. Der BFH entscheidet als Rechtsmittelinstanz nur über Revisionen und Beschwerden, § 36 FGO.

1457   Das Klagesystem der FGO ähnelt dem der VwGO. Die FGO kennt ebenso die Anfechtungs- und Verpflichtungsklage, die Feststellungsklage, die allgemeine Leistungsklage sowie die sog. Fortsetzungsfeststellungsklage.

1458   Im Hinblick darauf, dass es sich beim Steuerrecht um Eingriffsrecht handelt und der Staat seine Steueransprüche mittels Steuerbescheid realisiert, handelt es sich bei der überwiegenden Zahl der Fälle um Anfechtungsklagen.

1459   **aa) Zulässigkeitsvoraussetzungen der finanzgerichtlichen Klagen:**

1460   • **Finanzrechtsweg:** Die Zulässigkeit einer Klage vor den FG ist unabhängig von der Klageart von der Eröffnung des Finanzrechtswegs nach § 33 FGO abhängig. Der Finanzrechtsweg ist insbesondere in öffentlich-rechtlichen Streitigkeiten über **Abgabenangelegenheiten** gegeben, soweit die Abgaben der Gesetzgebung des Bundes unterliegen und durch Bundesfinanzbehörden oder Landesfinanzbehörden verwaltet werden. Diese Regelung gewinnt insbesondere auf dem Gebiet der Gewerbesteuer besondere Bedeutung. Gegen einen Gewerbesteuerbescheid der Gemeinde ist, weil die Gemeinde insofern als Verwaltungsbehörde auftritt, der Verwaltungsrechtsweg nach § 40 Abs. 1 VwGO eröffnet.[189] Nur Gewerbesteuermessbescheide können im Finanzrechtsweg angefochten

---

[189] Zur Gewerbesteuer s. bereits Rn. 1343, 1377.

werden. Die weiteren Zulässigkeitsvoraussetzungen sind von der jeweiligen Klageart abhängig.

- **Anfechtungs- und Verpflichtungsklage:** Die **Anfechtungsklage** (§ 40 Abs. 1 1. Var. **1461** FGO) ist eine Gestaltungsklage und i. d. R. auf die Änderung eines Verwaltungsaktes, teilweise auch auf dessen Aufhebung gerichtet. Die Anfechtungsklage ist **fristgebunden,** wobei die Klagefrist grundsätzlich einen Monat beträgt. Die Frist beginnt in der Regel mit der Bekanntgabe der Einspruchsentscheidung. Bei unterbliebener Rechtsbehelfsbelehrung beginnt die Frist nicht zu laufen; die Rechtsbehelfsfrist verlängert sich grundsätzlich auf ein Jahr seit Bekanntgabe der Entscheidung. Weitere Voraussetzung einer Anfechtungsklage ist, dass ein Einspruchsverfahren ganz oder teilweise ohne Erfolg geblieben ist.

  Mit der **Verpflichtungsklage** (§ 40 Abs. 1 2. Var. FGO) wird der Erlass eines Verwaltungsaktes begehrt. Auch die Verpflichtungsklage ist **fristgebunden** und grundsätzlich von einem erfolglosen Vorverfahren abhängig. Lediglich bei einer Untätigkeitsklage nach § 46 AO ist ein Vorverfahren nicht erforderlich.

  Ein Unterfall der Anfechtungs- und Verpflichtungsklage ist die **Fortsetzungsfeststellungsklage** nach § 100 Abs. 1 Satz 4 FGO, mit der bei berechtigtem Interesse ein Urteil über bereits erledigte Verwaltungsakte begehrt werden kann.

- **Leistungs- und Feststellungsklage:** Die **Leistungsklage** ist auf die Vornahme einer **1462** Leistung, die gerade nicht in dem Erlass eines Verwaltungsaktes besteht, gerichtet, z. B. auf **Aus- oder Rückzahlung eines Geldbetrages** oder **Akteneinsicht.** Sie ist nicht fristgebunden; auch ein Vorverfahren ist nicht erforderlich.

  Mittels der **Feststellungsklage** kann die Feststellung des Bestehens oder Nichtbestehens eines Rechtsverhältnisses oder der Nichtigkeit eines Verwaltungsakts begehrt werden, wenn der Kläger ein berechtigtes Interesse an der baldigen Feststellung hat, § 41 Abs. 1 FGO. Die Feststellungsklage ist nach § 41 Abs. 2 FGO grundsätzlich subsidiär. Auch sie erfordert weder die Einhaltung einer Klagefrist noch die erfolglose Durchführung eines Vorverfahrens.

- **Sonstige Voraussetzungen:** Die Klage ist nach § 64 Abs. 1 FGO **schriftlich** oder **zur** **1463** **Niederschrift** bei Gericht zu erheben. Nach § 40 Abs. 2 FGO ist eine Anfechtungs-, Verpflichtungs- und allgemeine Leistungsklage nur zulässig, wenn der Kläger geltend macht, durch den Verwaltungsakt oder die Ablehnung oder Unterlassung eines Verwaltungsakts bzw. einer anderen Leistung in seinen Rechten verletzt zu sein (sog. **Klagebefugnis**). Insofern erforderlich und ausreichend ist es, wenn der Kläger solche Umstände vorträgt, die eine Rechtsverletzung seinerseits zumindest als möglich erscheinen lassen. Bei der Feststellungsklage muss der Kläger ein **berechtigtes Interesse** an der baldigen Feststellung haben. Ein derartiges Feststellungsinteresse besteht z. B. zur Vorbereitung eines Amtshaftungsprozesses, zur Beseitigung von Unklarheiten bzw. Unsicherheiten hinsichtlich einer Rechtslage, bei Wiederholungsgefahr und Rehabilitationsinteresse, vor allem nach schwerwiegendem Grundrechtsverstoß. Für die Klagebefugnis bei Klagen gegen Feststellungsbescheide sind die Besonderheiten des § 48 FGO zu beachten. Darüber hinaus sind die Beteiligten- (§ 57 FGO), Prozess- (§ 58 FGO) und Postulationsfähigkeit (§ 62 FGO) zu beachten. Vertretungszwang besteht nur vor dem BFH. Der richtige Klagegegner ergibt sich aus § 63 FGO. Eine Klage ist nicht (mehr) zulässig, wenn auf die Erhebung nach § 50 FGO verzichtet oder die Klage nach § 72 FGO zurückgenommen wurde.

  bb) Verfahren, Entscheidung und Rechtsmittel. Im Verfahren vor den FG gilt der **1464** sog. **Untersuchungsgrundsatz,** wobei das Gericht die Beteiligten zur Mitwirkung anzuhalten hat. Die Dispositionsbefugnis über den Streitgegenstand liegt allerdings bei den Beteiligten. Demnach darf das Gericht über das Klagebegehren nicht hinausgehen. Insbesondere eine Verböserung scheidet aus diesem Grund aus. Die Erhebung der Klage hemmt nach § 69 Abs. 1 FGO die Vollziehung des angefochtenen Verwaltungsakts grundsätzlich nicht. Eine Ausnahme gilt wiederum für die Untersagung des Gewerbebetriebes bzw. der Berufsausübung. Allerdings ist ein Antrag auf Aussetzung der Vollziehung möglich, nach

§ 69 Abs. 2 FGO zunächst bei der Finanzbehörde, anschließend nach § 69 Abs. 3 und 4 FGO beim FG.

1465   Das Gericht entscheidet über eine Klage durch **Urteil.** Das Urteil ergeht grundsätzlich aufgrund einer mündlichen Verhandlung. Zu unterscheiden ist das **Prozessurteil,** mit dem die Klage als unzulässig abgewiesen wird, und das **Sachurteil,** das eine Entscheidung in der Sache enthält. Anstelle des Urteils kann auch ein sog. **Gerichtsbescheid** ergehen, der keine mündliche Verhandlung erfordert. Maßnahmen innerhalb eines Verfahrens ergehen durch **Beschluss,** z.B. durch Beweisbeschluss. Beschlüssen geht keine mündliche Verhandlung voraus.

1466   Das Rechtsmittel gegen ein Urteil ist die **Revision** nach § 115 FGO. Da der Gerichtsbescheid wie ein Urteil wirkt, ist gegen diesen ebenfalls die Revision zulässig. Insofern gilt es aber jeweils zu berücksichtigen, dass ein Revisionsverfahren nur stattfindet, wenn die Revision zugelassen wird. Gegen andere Entscheidungen als Urteile und Gerichtsbescheide ist nach § 128 FGO die **Beschwerde** statthaft.

1467   **c) Praxishilfen. aa) Einspruch zur Fristwahrung:**

Dr. Max Mustermann
Musterstraße 12

34567 Musterstadt

Finanzamt Musterstadt
Musterstraße 89

34566 Musterstadt

Musterstadt, den _____

Steuernummer _____
Identifikationsnummer _____
Einkommensteuerbescheid 20__ vom _____

Sehr geehrte Damen und Herren,

hiermit lege ich gegen den Einkommensteuerbescheid 20__ des Finanzamts Musterstadt vom _____ fristgerecht

Einspruch

ein.

Begründung:

Die Einspruchsbegründung werde ich bis spätestens _____ nachreichen.

Mit freundlichen Grüßen

Max Mustermann

bb) Begründeter Einspruch: 1468

Dr. Max Mustermann
Musterstraße 12

34567 Musterstadt

Finanzamt Musterstadt
Musterstraße 89

34566 Musterstadt

Musterstadt, den _____

Steuernummer _____
Identifikationsnummer _____
Einkommensteuerbescheid 20__ vom _____

Sehr geehrte Damen und Herren,

hiermit lege ich gegen den Einkommensteuerbescheid 20__ des Finanzamts Musterstadt vom _____ fristgerecht

Einspruch

ein und beantrage, die festgesetzte Einkommensteuer auf _____ EUR und den Solidaritätszuschlag auf _____ EUR herabzusetzen.

Begründung:

Dem Betriebsausgabenabzug in Höhe von 123,95 EUR liegt die Anschaffung eines weißen Arztkittels zugrunde, den ich zur Ausübung meiner beruflichen Tätigkeit benötige.

Beweis: Kassenbeleg vom _____

Die Einkünfte aus selbständiger Arbeit sind daher in dieser Höhe zu kürzen.

Mit freundlichen Grüßen

Max Mustermann

cc) Antrag auf Aussetzung der Vollziehung an das Finanzamt: 1469

Dr. Max Mustermann
Musterstraße 12

34567 Musterstadt

Finanzamt Musterstadt
Musterstraße 89

34566 Musterstadt

Musterstadt, den _____

Steuernummer _____
Identifikationsnummer _____
Einkommensteuerbescheid 20__ vom _____

Sehr geehrte Damen und Herren,

hiermit beantrage ich

Aussetzung der Vollziehung

des Einkommensteuerbescheides 20___ des Finanzamts Musterstadt vom _____.

Begründung:

In meiner ersten Steuererklärung, auf deren Grundlage der Einkommensteuerbescheid ergangen ist, hatte ich versehentlich eine Reihe von Betriebsausgaben nicht angegeben, die jedoch zu einer erheblichen Senkung meiner Einkommensteuer führen. Insgesamt muss ich etwa 4500 EUR weniger an Einkommensteuer bezahlen. Ich bitte daher, bis zur Klärung der endgültigen Steuerschuld, meinem Antrag auf Aussetzung der Vollziehung stattzugeben.

Mit freundlichen Grüßen

Max Mustermann

1470   **dd) Klage zum Finanzgericht zur Fristwahrung:**

Dr. Max Mustermann
Musterstraße 12

34567 Musterstadt

Finanzgericht Musterstadt
Musterstraße 98

34566 Musterstadt

Musterstadt, den _____

In dem Rechtsstreit

des Dr. Max Mustermann, Musterstraße 12, 34567 Musterstadt

Klägers,

gegen

das Finanzamt Musterstadt, Musterstraße 89, 34566 Musterstadt, vertreten durch seinen Vorsteher

Beklagter,

wegen: Festsetzung der Einkommensteuer durch Bescheid vom _____

erhebe ich

Klage.

Klageantrag und Klagebegründung folgen in einem gesonderten Schriftsatz. Ich bitte, mir stillschweigend dafür eine Frist von einem Monat zu gewähren.

Max Mustermann

ee) Änderungsklage zum Finanzgericht: 1471

Dr. Max Mustermann
Musterstraße 12

34567 Musterstadt

Finanzgericht Musterstadt
Musterstraße 98

34566 Musterstadt

Musterstadt, den _____

In dem Rechtsstreit

des Dr. Max Mustermann, Musterstraße 12, 34567 Musterstadt

Klägers,
gegen

das Finanzamt Musterstadt, Musterstraße 89, 34566 Musterstadt, vertreten durch seinen Vorsteher

Beklagter,

wegen: Festsetzung der Einkommensteuer durch Bescheid vom _____

erhebe ich

Klage

gegen den Einkommensteuerbescheid 20__ der Beklagten vom _____ in Gestalt der Einspruchsentscheidung vom _____.

In der mündlichen Verhandlung werde ich beantragen:

1. Der Einkommensteuerbescheid 20__ für _____ vom _____ in Gestalt der Einspruchsentscheidung vom _____ wird dahingehend geändert, dass bei der Ermittlung des Gewinns aus freiberuflicher Tätigkeit weitere Betriebsausgaben in Höhe von 3500 EUR berücksichtigt werden.
2. Es wird die Hinzuziehung eines Bevollmächtigten für das außergerichtliche Vorverfahren für notwendig erklärt.

Im Übrigen beantrage ich, für den Fall, dass die Klage ganz oder zum Teil ohne Erfolg bleibt,

die Revision

zuzulassen.

Diesem Schriftsatz ist eine Abschrift des angefochtenen Einkommensteuerbescheides 20__ und der Einspruchsentscheidung vom _____ beigefügt.

Begründung:

Der weitere Betriebsausgabenabzug in Höhe von 3500 EUR beruht auf Aufwendungen für ein Weiterbildungsseminar, an dem ich aus beruflichen Gründen teilgenommen habe.

Beweis: Seminarunterlagen und Abrechnungen

Weiterer Vortrag bleibt vorbehalten.

Max Mustermann

2. Außenprüfung

1472   **a) Begriff.** Die Außenprüfung i. S. d. §§ 193–203 AO ist die besonders angeordnete **Prüfung der steuerlichen Verhältnisse beim Steuerpflichtigen** selbst. Der von der Finanzverwaltung verwendete engere Begriff der Betriebsprüfung bezieht sich auf die allgemeine turnusmäßige Prüfung von Gewerbetreibenden, Land- und Forstwirten sowie von Freiberuflern. Neben den Vorschriften in der AO ist die Betriebsprüfungsordnung zu beachten.

1473   **b) Zulässigkeitsvoraussetzungen.** Eine Außenprüfung ist unzulässig, wenn die Feststellungen unter keinem Gesichtspunkt für die Besteuerung erheblich sein können oder nicht verwertet werden dürfen. Dies ist insbesondere dann der Fall, wenn feststeht, dass die Festsetzungsfrist (§§ 169 ff. AO) abgelaufen ist oder wenn bereits eine rechtmäßige Außenprüfung stattgefunden hat. Unerheblich ist demgegenüber, ob der Steuerpflichtige Steuererklärungen abgegeben hat und ob das Finanzamt für den Prüfungszeitraum bereits Steuerbescheide erlassen hat. Eine Außenprüfung ist aber dann zulässig, wenn festgestellt werden soll, ob Steuern hinterzogen oder leichtfertig verkürzt worden sind und daher eine verlängerte Festsetzungsfrist greift. Der Steuerpflichtige hat hat grundsätzlich keinen Anspruch auf Durchführung einer Außenprüfung. Vielmehr ordnet die Finanzbehörde Prüfungen nach pflichtgemäßem Ermessen an.

1474   **c) Prüfungssubjekte.** Die Außenprüfung ist nach § 193 Abs. 1 AO ohne Weiteres, also auch ohne Angabe von Gründen, bei Gewerbetreibenden, Land- und Forstwirten und **Angehörigen der freien Berufe** zulässig. Die Prüfung ist auch dann zulässig, wenn das Unternehmen veräußert, aufgegeben oder liquidiert worden ist oder wenn der Unternehmer verstorben ist. Erfasst werden **Unternehmer i. S. d. Einkommensteuergesetzes,** wobei insofern unerheblich ist, ob das Unternehmen von einer Einzelperson oder einer Personengesellschaft betrieben wird. Auch gegen gesetzlich zur Verschwiegenheit verpflichtete und zur Verweigerung von Auskünften berechtigte Personen, kann eine Außenprüfung angeordnet werden.[190] Letzteres ist gerade für Ärzte von Relevanz. Damit ist eine steuerliche Außenprüfung sowohl beim **niedergelassenen Einzelarzt** als auch bei der **ärztlichen Berufsausübungsgemeinschaft** sowie der **Ärzte-GmbH** zulässig.

1475   **d) Sachlicher Umfang.** Die Prüfung dient nach § 194 AO der **Ermittlung der steuerlichen Verhältnisse des Steuerpflichtigen;** sie kann eine oder mehrere Steuerarten, einen oder mehrere Besteuerungszeiträume umfassen oder sich auch auf bestimmte Sachverhalte beschränken. Der Finanzbehörde ist es deshalb möglich, bereits in der Prüfungsanordnung Prüfungspunkte oder Zeiträume abzugrenzen. Sie bestimmt den sachlichen Umfang der Prüfung nach pflichtgemäßem Ermessen.

1476   Die steuerlichen Verhältnisse **anderer Personen** können insoweit geprüft werden, als der Steuerpflichtige verpflichtet war oder verpflichtet ist, für Rechnung dieser Personen Steuern zu entrichten oder Steuern einzubehalten und abzuführen. Auf diese Weise ist sichergestellt, dass in den Fällen der sog. Abzugsteuern (z. B. Lohnsteuer) sowohl die Verhältnisse desjenigen, der einzubehalten und abzuführen hat, als auch desjenigen, für den einzubehalten und abzuführen ist, der Überprüfung unterliegen.

1477   Bei **Personengesellschaften** umfasst die Außenprüfung die steuerlichen Verhältnisse der Gesellschafter insoweit, als diese Verhältnisse für die zu überprüfenden gesonderten Feststellungen von Bedeutung sind. Darunter fallen Sonderbetriebseinnahmen, Sonderbetriebsausgaben und Sonderbetriebsvermögen der Gesellschafter. In die Prüfung bei einer Gesellschaft können auch die nicht die einheitliche Feststellung betreffenden steuerlichen Verhältnisse von Gesellschaftern in die durchzuführende Außenprüfung einbezogen werden, wenn dies im Einzelfalle zweckmäßig ist.

1478   Die **Festlegung des Prüfungszeitraums** steht im Ermessen der Finanzbehörden, die sich dabei an der Größenklasse der Betriebe orientiert. Die Finanzverwaltung hat hierzu in

---

[190] BFH vom 8. 4. 2008 – VIII R 61/06, BStBl II 2009, 579 = DStR 2008, 1233.

§ 4 BpO Regelungen geschaffen, auf die sich die Steuerpflichtigen berufen können. Bei Großbetrieben soll sich ein Prüfungszeitraum an den anderen anschließen, so dass diese lückenlos in einem Dreijahresturnus geprüft werden sollen (Anschlussprüfung). Bei anderen Betrieben (Mittel-, Klein- und Kleinstbetriebe) ist kein bestimmter Prüfungsturnus vorgesehen. Ab 1. 1. 2010 gelten folgende Größeneinteilungen:

Einheitliche Abgrenzungsmerkmale für den 20. Prüfungsturnus (Merkmale 1. 1. 2010)				
Betriebsart	Betriebsmerkmale in EUR	Großbetriebe (G)	Mittelbetriebe (M)	Kleinbetriebe (K)
Handelsbetriebe (H)	Umsatzerlöse oder steuerlicher Gewinn über	6 900 000 265 000	840 000 53 000	160 000 34 000
Freie Berufe (FB)	Umsatzerlöse oder steuerlicher Gewinn über	4 300 000 540 000	790 000 123 000	160 000 34 000
Andere Leistungsbetriebe (AL)	Umsatzerlöse oder steuerlicher Gewinn über	5 300 000 305 000	710 000 59 000	160 000 34 000

e) Prüfungsanordnung. Die nach § 195 Satz 1 AO zuständige Finanzbehörde bestimmt den Umfang der Außenprüfung in einer nach § 196 AO **schriftlich** zu erteilenden Prüfungsanordnung mit **Rechtsbehelfsbelehrung** (§ 356 AO). Die Anordnung muss **inhaltlich hinreichend bestimmt** sein. Es soll damit vor der Prüfung klargestellt werden, bei wem und in welchem Umfang geprüft werden soll. Der Steuerpflichtige kann sich auf diese Weise rechtzeitig auf die Prüfung einstellen und unter Umständen auch eine strafbefreiende Selbstanzeige erwägen. Eine solche ist noch bis zum Erscheinen des Prüfers möglich. Darüber hinaus kann er sich bereits jetzt mit dem Einspruch entweder gegen die Prüfung überhaupt oder gegen den sachlichen oder zeitlichen Umfang wehren. **1479**

Die Prüfungsanordnung ist ein nicht begünstigender Verwaltungsakt, der mit **Zwangsmitteln** durchgesetzt werden kann. Es gelten die für Verwaltungsakte üblichen Erfordernisse. So muss der Tenor (Ausspruch) inhaltlich hinreichend bestimmt sein. Aus ihm muss hervorgehen, bei welchem Steuerpflichtigen in welchem Umfang (Zeiträume, Steuerarten, Sachverhalt) geprüft werden soll. Mangelt es an der inhaltlichen Bestimmtheit, so ist die Prüfungsanordnung nichtig und damit unwirksam. Die Begründung ist nur Sollinhalt. Bei einer auf § 193 Abs. 1 AO gestützten Prüfung reicht als Begründung die Angabe der gesetzlichen Fundstelle.[191] Nicht zur Prüfungsanordnung gehören die Anordnung des Prüfungsbeginns und die Bezeichnung des Orts der Prüfung. Dies sind selbständige Verwaltungsakte, die eigens mit dem Einspruch angefochten werden können. **1480**

Die Prüfungsanordnung sowie der voraussichtliche Prüfungsbeginn und die Namen der Prüfer sind dem Steuerpflichtigen nach § 197 Abs. 1 AO **angemessene Zeit vor Beginn der Prüfung** bekannt zu geben. Als angemessen wird im allgemeinen bei Großbetrieben eine Zeit von vier Wochen und bei sonstigen Betrieben von zwei Wochen angesehen. Prüfungsanordnungen, die nach Abschluss der Prüfung bekannt gegeben werden, sind nichtig. **1481**

f) Ort der Außenprüfung. Die Außenprüfung ist in den **Geschäftsräumen des Steuerpflichtigen** durchzuführen, § 200 AO und § 6 BpO, mithin in den **Praxisräumen**. Insoweit hat der Steuerpflichtige einen zur Durchführung der Außenprüfung geeigneten Raum oder Arbeitsplatz sowie die erforderlichen Hilfsmittel unentgeltlich zur Verfü- **1482**

---

[191] BFH vom 2. 10. 1991 – X R 89/89, BStBl. II 1992, 220 = NVwZ 1992, 709.

gung zu stellen. Ist kein geeigneter Geschäftsraum vorhanden, ist in den **Wohnräumen** oder an **Amtsstelle** zu prüfen. Ein anderer Prüfungsort, z. B. das **Büro des Steuerberaters,** kommt nach dem Willen der Finanzverwaltung nur ausnahmsweise in Betracht, wobei dazu ein Antrag notwendig ist. I. d. R. wird diesem Antrag im Hinblick auf die erhöhte Effizienz des Prüfungsablaufs entsprochen.

1483   **g) Prüfungsablauf, Mitwirkungspflichten und Rechte während der Außenprüfung.** Nach § 198 AO haben sich die Prüfer bei Erscheinen unverzüglich **auszuweisen.** Der Beginn der Außenprüfung ist unter Angabe von Datum und Uhrzeit **aktenkundig** zu machen. Bei der Durchführung der Außenprüfung sind nach § 199 AO besondere **Prüfungsgrundsätze** zu beachten, insbesondere das **Objektivitäts- und Neutralitätsgebot,** wonach zugunsten wie zuungunsten des Steuerpflichtigen zu prüfen ist. Darüber hinaus hat der Prüfer im Hinblick auf den Grundsatz der **Verhältnismäßigkeit** darauf zu achten, dass seine Ermittlungsmaßnahmen den Steuerpflichtigen möglichst wenig belasten. Schließlich ist die Prüfung nach § 6 Satz 1 BpO auf das **Wesentliche** zu beschränken. Nach der Finanzverwaltung sind insofern Prüfungsschwerpunkte zu bilden, wobei sich die Prüfung auf solche Felder beschränkt, bei denen nach der Prüfungserfahrung häufig Fehler gemacht zu werden pflegen. Prüfungsschwerpunkte sind u. a. die Vollständigkeit der Betriebseinnahmen, die Abgrenzung Betriebsvermögen/Privatvermögen, Betriebseinnahmen/ Einlagen, Betriebsausgaben/Entnahmen sowie Verträge zwischen nahe stehenden Personen. Bei ärztlichen Betriebsprüfungen erfolgt u. a. eine Überprüfung der Verbuchung aller Praxiseinnahmen (Abrechnungen der Kassenärztlichen Vereinigungen, Honorare aus privatärztlichen Behandlungen) sowie der Abgrenzung privater und beruflicher Unkosten (insbesondere im Hinblick auf Berufskleidung, Kraftfahrzeugkosten). Darüber hinaus hat der Prüfer den Steuerpflichtigen schon während seiner Arbeit über festgestellte Sachverhalte und mögliche steuerrechtliche Auswirkungen zu unterrichten, wenn dadurch Ablauf und Zweck der Prüfung nicht beeinträchtigt werden.

1484   Der Steuerpflichtige hat insbesondere **Unterlagen vorzulegen,** vgl. § 200 AO. Er muss z. B. die vom Prüfer angeforderten Teile der Buchführung oder andere Geschäftspapiere heraussuchen und herbeischaffen. Er ist verpflichtet mündlich oder schriftlich Erläuterungen zu geben. Buchführungssysteme auf EDV-Basis sind aufzuschlüsseln und lesbar zu machen und der Datenzugriff zu ermöglichen. Auf Anforderung sind dem Prüfer die Daten auf Datenträgern für Prüfungszwecke zu übergeben.

1485   **h) Schlussbesprechung und Prüfungsbericht.** Über das Ergebnis der Außenprüfung ist eine Schlussbesprechung abzuhalten, sofern der Steuerpflichtige nicht (formlos) darauf verzichtet oder die Prüfung zu keiner Änderung der Besteuerungsgrundlage führt (§ 201 AO). Durch die Schlussbesprechung soll dem Steuerpflichtigen noch vor Erstellung des Prüfungsberichts (§ 202 AO) ausreichendes rechtliches Gehör gewährt werden. Gleichzeitig dient die Schlussbesprechung dazu, rechtzeitig Missverständnisse und Meinungsverschiedenheiten auszuräumen. Es sind aber auch strittige Sachverhalte in der Schlussbesprechung zu erörtern. Eine Bindungswirkung der Finanzbehörde aufgrund von Äußerungen anlässlich einer Schlussbesprechung besteht nach höchstrichterlicher Rechtsprechung nicht, es sei denn, es liegen die Voraussetzungen einer tatsächlichen Verständigung vor. Die verbindliche Entscheidung über die Steuerfestsetzung wird demnach grundsätzlich erst im Steuerfestsetzungsverfahren getroffen.

1486   Über das Ergebnis der Außenprüfung ergeht nach § 202 AO ein schriftlicher Bericht. In diesem **Prüfungsbericht** werden die für die Besteuerung erheblichen Feststellungen in tatsächlicher und rechtlicher Hinsicht sowie die Änderungen der Besteuerungsgrundlagen dargestellt. Der Prüfungsbericht ist **kein Verwaltungsakt** und kann deshalb nicht angefochten werden. Der Steuerpflichtige muss sich vielmehr gegen die geänderten Steuerbescheide zur Wehr setzen. Mit Bekanntgabe dieser Bescheide ist die Außenprüfung im Übrigen abgeschlossen. Führt die Außenprüfung zu keinen Änderungen der Besteuerungsgrundlagen, so genügt es, wenn dies dem Steuerpflichtigen schriftlich mitgeteilt wird. Auch damit ist die Außenprüfung abgeschlossen.

i) Verwertungsverbote. Nur Feststellungen der Außenprüfung, deren Anordnung   **1487**
rechtskräftig für rechtswidrig erklärt wurden, unterliegen einem Verwertungsverbot.[192]
Demnach darf die Finanzbehörde die aufgrund einer Prüfungsanordnung festgestellten Tatsachen dann nicht zu einer Korrektur von Bescheiden verwerten, wenn der Steuerpflichtige erfolgreich gegen die Prüfungsanordnung vorgegangen ist. Haben (rechtswidrig erlangte) Prüfungsfeststellungen bereits Eingang in Steuerbescheide gefunden, sind zusätzlich die
Steuerbescheide anzufechten.

j) Abgekürzte Außenprüfung. Eine abgekürzte Außenprüfung nach § 203 AO be-   **1488**
trifft nur solche Steuerpflichtigen, die nicht in regelmäßigen Zeitabständen geprüft werden,
und beschränkt sich auf die wesentlichen Besteuerungsgrundlagen. Auf eine solche Außenprüfung ist bereits **in der Prüfungsanordnung hinzuweisen.** Eine eindeutige Abgrenzung zur regulären Außenprüfung ergibt sich aber daraus nicht, da auch bei der gewöhnlichen Außenprüfung in der Praxis weitestgehend nur unregelmäßig und auf
Schwerpunkte beschränkt geprüft wird. Die abgekürzte Außenprüfung hat dieselben Voraussetzungen und löst dieselben Rechtsfolgen wie eine andere Außenprüfung aus. Nach
§ 203 AO sind lediglich eine Schlussbesprechung und die Übersendung des Prüfberichts
zwingend vorgeschrieben. Anstelle des schriftlichen Prüfungsberichts tritt eine schriftliche
Mitteilung über die steuerlich erheblichen Prüfungsfeststellungen.

k) Praxishilfe: **1489**

Dr. Max Mustermann
Musterstraße 12

34567 Musterstadt

Finanzamt Musterstadt
Musterstraße 89

34566 Musterstadt

Musterstadt, den _____

Steuernummer _____
Identifikationsnummer _____
Prüfungsanordnung vom _____

Sehr geehrte Damen und Herren,

hiermit lege ich gegen die Prüfungsanordnung des Finanzamts Musterstadt vom _____
fristgerecht

Einspruch

ein und beantrage festzustellen, dass die Prüfungsanordnung des Finanzamts Musterstadt
vom _____ nichtig war.

Darüber hinaus beantrage ich die

Aussetzung der Vollziehung

der Prüfungsanordnung des Finanzamts Musterstadt vom _____.

---

[192] BFH vom 25. 3. 2009 – VIII B 210/08, BFH/NV 2009, 1396.

Begründung:

In der Prüfungsanordnung des Finanzamts Musterstadt vom _____ fehlt die Angabe, auf welche Zeiträume sich die Außenprüfung erstrecken soll.

Mit freundlichen Grüßen

Max Mustermann

3. Selbstanzeige

1490   **a) Allgemeines.** § 371 AO gibt einem Täter die Möglichkeit, nach Vollendung (oder sogar nach Beendigung) einer Steuerhinterziehung nach § 370 AO **Straffreiheit** zu erlangen. Insoweit handelt es sich um einen **persönlichen Strafaufhebungsgrund.** Die Möglichkeit einer Selbstanzeige findet Anwendung bei Steuerhinterziehung i. S. d. § 370 AO. Für den Bereich der leichtfertigen Steuerverkürzung enthält § 378 Abs. 3 AO eine eigene Regelung. Straffreiheit wird allerdings nur dann erreicht, wenn die Selbstanzeige alle unverjährten Steuerstraftaten einer Steuerart in vollem Umfang umfasst. Straffreiheit durch Selbstanzeige können neben einem **Täter** (Allein-, Mit- oder Nebentäter) auch **Teilnehmer** (Anstifter, Gehilfe) erlangen. Bei der Selbstanzeige handelt es sich um einen persönlichen Strafaufhebungsgrund; er kommt daher nur demjenigen zugute, der die Anzeige erstattet. Der Hauptgrund für die Gewährung der Straffreiheit nach Selbstanzeige liegt in fiskalischen Erwägungen. Bisher dem Staat nicht bekannte Steuerquellen sollen durch Mithilfe des Täters erschlossen werden und ihm die Rückkehr zur Steuerehrlichkeit ermöglichen. Nach § 371 AO erlangt der Täter Straffreiheit, wenn
– er Angaben berichtigt, ergänzt oder nachholt (Abs. 1),
– eine Sperrwirkung nicht eingetreten ist (Abs. 2) und
– er die hinterzogenen Steuern entrichtet (Abs. 3).

1491   **b) Form.** Für die Selbstanzeige ist keine besondere Form vorgeschrieben. Sie kann daher auch telefonisch, mündlich (zur Niederschrift) oder auch elektronisch erfolgen. Aus Beweissicherungsgründen empfiehlt sich die **Schriftform.** Die Selbstanzeige braucht nicht vom Täter persönlich vorgenommen zu werden, er kann sie auch durch einen zuvor (nachträgliche Genehmigung ist nicht möglich) persönlich hierzu Bevollmächtigten (z. B. Steuerberater) vornehmen lassen. Das Wort „Selbstanzeige" braucht nicht aufzutauchen. Mithin reicht auch die Abgabe einer berichtigten Steuererklärung aus, die erkennbar eine vorhergehende unrichtige oder unvollständige Steuererklärung berichtigt. Die Erklärung ist nach dem Gesetzeswortlaut „gegenüber der Finanzbehörde" (§ 6 Abs. 2 AO) abzugeben. Hierunter ist das im Zeitpunkt der Selbstanzeige sachlich und örtlich zuständige Finanzamt zu sehen.

1492   **c) Inhalt.** Bezüglich des Inhalts gilt der **Grundsatz der Materiallieferung,** wonach es dem Finanzamt durch die Angaben in der Selbstanzeige ermöglicht werden muss, ohne komplizierte und langwierige Nachforschungen den wahren Sachverhalt aufzuklären und die Steuer richtig zu errechnen. Die Anzeige muss eine klare und vollständige **Darstellung des Sachverhalts** enthalten; auch Zahlenangaben sind bei Selbstanzeigen regelmäßig erforderlich. Geringfügige Abweichungen führen nicht zum Verlust der Vorzüge einer Selbstanzeige. Eine teilweise Berichtigung oder Ergänzung reicht nach dem Wortlaut des § 371 Abs. 1 AO nicht aus, es gilt vielmehr das sog. **Vollständigkeitsgebot.** Hinsichtlich der Frage, ob eine Steuerstraftat unverjährt ist, wird auf die Strafverfolgungsverjährung nach § 78 Abs. 3 StGB von grundsätzlich fünf Jahren abgestellt. § 376 Abs. 1 AO enthält verlängerte Verjährungsfristen für besonders schwere Fälle. Die Selbstanzeige muss alle Korrekturen für eine Steuerart ermöglichen. Werden verschiedene Steuern eines Veranlagungszeitraums hinterzogen, muss die Selbstanzeige sich nicht auf sämtliche Steuerarten erstrecken. Die Selbstanzeige muss bezüglich der nicht verjährten Zeiträume der jeweiligen Steuerart vollständig sein. Ist dem Steuerpflichtigen eine genau bezifferte vollständige Selbstanzeige (noch) nicht möglich, muss er alle erforderlichen Angaben über die steuerlich erheblichen Tatsachen, notfalls auf der Basis einer Schätzung, anhand der ihm bekannten Informationen berichtigen, ergänzen oder nachholen, sog. gestufte Selbstanzeige.

d) Ausschlussgründe. Nach den Tatbeständen des § 371 Abs. 2 AO ist eine strafbefrei- **1493** ende Selbstanzeige ausgeschlossen. In diesen Fällen würde eine Selbstanzeige nicht mehr freiwillig erstattet, weshalb ein Täter bzw. Teilnehmer nicht mehr in den Genuss der Straffreiheit kommen soll.

Danach ist eine strafbefreiende Selbstanzeige ausgeschlossen, wenn bei einer der zur **1494** Selbstanzeige gebrachten unverjährten Steuerstraftaten vor der Berichtigung, Ergänzung oder Nachholung der Angaben dem Täter oder seinem Vertreter eine **Prüfungsanordnung** i. S. d. § 196 AO bekannt gegeben wurde. Im Gegensatz zum Besteuerungsverfahren gilt hier die Drei-Tages-Fiktion des § 122 Abs. 2 AO wohl nicht. Mithin ist auf den Zeitpunkt des tatsächlichen Zugangs der Prüfungsanordnung abzustellen. Auch eine rechtswidrige Prüfungsanordnung lässt die Sperrwirkung eintreten. Denn auch eine rechtswidrige Anordnung ist wirksam, solange sie nicht nichtig ist. Nach Abschluss der Außenprüfung lebt die Möglichkeit einer wirksamen Selbstanzeige wieder auf.

Die strafbefreiende Selbstanzeige ist weiterhin dann ausgeschlossen, wenn dem Täter vor **1495** der Berichtigung, Ergänzung oder Nachholung von Angaben die **Einleitung eines Strafverfahrens** oder auch eines **Bußgeldverfahrens** bekannt gegeben worden ist. Die reine Einleitung des Strafverfahrens oder des Bußgeldverfahrens ist insofern nach dem Wortlaut der Vorschrift noch nicht ausreichend. Die Tat braucht nicht schon in allen Einzelheiten umrissen zu sein; vielmehr genügt es, dass der Täter aus der Bekanntgabe der Einleitung erkennen kann, welcher Tatkomplex der Einleitung des Verfahrens zugrunde liegt. Der hier verwendete Begriff der Tat entspricht dem der strafprozessualen nach § 264 StPO i. S. e. einheitlichen Lebenssachverhaltes.

Weiterhin ist eine strafbefreiende Selbstanzeige ausgeschlossen, wenn ein **Amtsträger** **1496** beim Steuerpflichtigen zur steuerlichen Prüfung **erschienen** ist. Dies können z. B. Veranlagungssachbearbeiter sein, Lohnsteuerprüfer, Umsatzsteuersonderprüfer, Betriebsprüfer oder Steuerfahnder. Der Vorschrift kommt insbesondere für den Fall Bedeutung zu, dass für die Prüfung keine Prüfungsanordnung nach § 196 AO bekannt zu geben ist. Eine Selbstanzeige kommt danach zu spät, wenn der Prüfer, in der Absicht die Prüfung zu beginnen, die Türklinke des Steuerpflichtigen in der Hand hat, oder mit Prüfungsabsicht in den Räumlichkeiten erscheint, aber niemanden antrifft oder der Steuerpflichtige den Zutritt verweigert. Demgegenüber dürfte es noch rechtzeitig sein, wenn der Prüfer vor der eigentlichen Prüfung beim Steuerpflichtigen erscheint oder der Steuerpflichtige den Prüfer vor seinem Grundstück aufhält und ihm dort seine Selbstanzeige übergibt. Bei einer Prüfung an Amtsstelle tritt eine Sperrwirkung spätestens dann ein, wenn der Steuerpflichtige oder sein Bevollmächtigter dem Prüfer die angeforderten Unterlagen im Finanzamt überreicht.[193] Gleiches gilt für einen benötigten Datenträger mit steuerlich relevanten Daten. In den Fällen, in denen die dem Erscheinen des Amtsträgers zugrunde liegende Prüfungsanordnung nichtig ist, weil sie an besonders schwerwiegenden, offenkundigen Fehlern leidet, wird eine Sperrwirkung ausscheiden. In den Fällen (nur) der Rechtswidrigkeit einer Prüfungsanordnung oder einer Prüfungsdurchführung ist dagegen von einer Sperrwirkung durch das Erscheinen des Prüfers auszugehen.

Die Selbstanzeige ist auch dann ausgeschlossen, wenn eine der **Steuerstraftaten ganz** **1497** **oder teilweise entdeckt** und der Täter dies weiß oder bei verständiger Würdigung der Sachlage damit rechnen muss. Es genügt, dass konkrete Anhaltspunkte für die Tat als solche bekannt sind. Nicht erforderlich ist, dass der Täter der Steuerhinterziehung bereits ermittelt ist. Auch ein hinreichender Tatverdacht ist nicht erforderlich. An die subjektive Vorausset-

---

[193] BFH vom 9. 3. 2010 – VIII R 50/07, DStRE 2010, 773.

zung – Kennen oder Kennenmüssen der Tatentdeckung – sind keine hohen Anforderungen zu stellen. Dieser Sperrgrund wird daher maßgeblich durch die objektive Voraussetzung der Tatentdeckung und weniger durch die subjektive Komponente bestimmt.

1498 Straffreiheit tritt bei einer Selbstanzeige auch dann nicht ein, wenn die verkürzte Steuer bzw. der erlangte Steuervorteil einen Betrag von **50 000 EUR je Tat übersteigt.** Die Vorschrift steht im Zusammenhang mit § 398 a AO. Danach wird von der Strafverfolgung abgesehen, wenn der Täter innerhalb einer bestimmten angemessenen Frist die aus der Tat zu seinen Gunsten hinterzogenen Steuern entrichtet und einen Zuschlag von 5% der hinterzogenen Steuer zugunsten der Staatskasse zahlt. Damit kann auch bei einer Steuerverkürzung in großem Ausmaß durch „freiwillige" Zahlung eines Zuschlags eine Strafe vermieden werden.

1499 **e) Nachentrichtung der Steuer bei Selbstanzeige.** Sind Steuerverkürzungen bereits eingetreten oder Steuervorteile erlangt, so tritt für einen an der Tat Beteiligten Straffreiheit nur ein, wenn er die zu seinen Gunsten hinterzogenen Steuern innerhalb einer ihm bestimmten angemessenen Frist entrichtet, vgl. § 371 Abs. 3 AO. Straffreiheit tritt jedoch nur ein, wenn die zugunsten des Täters hinterzogenen Steuern **vollständig** entrichtet werden, wobei auf die einzelne Tat abzustellen ist. Bei Bestimmung der Frist sind die persönlichen und wirtschaftlichen Verhältnisse zu ermitteln und zu berücksichtigen. Angemessen dürfte die bei Abschlusszahlungen allgemein übliche Frist von **einem Monat** sein. Sie ist verlängerbar. Wiedereinsetzung in den vorigen Stand nach § 110 AO scheidet aus, weil es sich nicht um eine gesetzliche, sondern um eine behördliche Frist handelt. Straffreiheit kommt im Übrigen auch dann nicht in Betracht, wenn den Täter an der Versäumnis der Frist keine Schuld trifft. Sofern jemand als Täter Steuern zum Vorteil eines anderen verkürzt oder als Teilnehmer die Tat eines anderen gefördert hat, bleibt dieser Tatbeteiligte bereits dann straffrei, wenn er die unrichtigen oder unvollständigen Angaben berichtigt oder ergänzt oder unterlassene Angaben nachholt. Eine Entrichtung von Steuern durch diesen Tatbeteiligten ist nicht Voraussetzung für seine Straffreiheit, weil zu seinen Gunsten keine Steuern hinterzogen wurden.

1500 **f) Folgen.** Die Strafverfolgungsbehörden sind grundsätzlich berechtigt und verpflichtet, nach Eingang einer Selbstanzeige ein **Strafverfahren** zur Prüfung der Straffreiheit nach § 371 Abs. 1 und 3 AO einzuleiten[194] Dies bedeutet in der Praxis, dass die Bußgeld- und Strafsachenstellen der Finanzämter z.B. dann ein Strafverfahren einleiten werden, wenn Zweifel an der Vollständigkeit der Selbstanzeige bestehen. Infolge der Selbstanzeige tritt Straffreiheit nur ein wegen der Steuerhinterziehung; sie bewirkt demgegenüber keine Straffreiheit für tateinheitlich oder tatmehrheitlich begangene allgemeine Straftaten.

1501 **g) Bußgeldbefreiende Selbstanzeige.** Auch bei der **leichtfertigen Steuerverkürzung** ist nach § 378 Abs. 3 AO eine bußgeldbefreiende Selbstanzeige möglich. Die Selbstanzeige ist danach möglich, solange dem Täter noch nicht die Einleitung des Strafverfahrens oder Bußgeldverfahrens wegen der Tat bekanntgegeben worden ist. Ein weiterer wichtiger Unterschied zu § 371 Abs. 1 AO besteht darin, dass bei leichtfertiger Steuerverkürzung auch eine **teilweise Selbstanzeige möglich** ist. Das Vollständigkeitsgebot gilt hier nicht. Ebenso wie die Selbstanzeige bei der Steuerhinterziehung, bewirkt die Selbstanzeige bei der leichtfertigen Steuerverkürzung nur dann die Bußgeldbefreiung, wenn der Täter die verkürzte Steuer innerhalb einer ihm vom Finanzamt besonders gesetzten Frist nachentrichtet. Auch hier ist eine Selbstanzeige zugunsten Dritter möglich.

---

[194] BFH vom 29. 4. 2008 – VIII R 5/06, BStBl. II 2008, 844 = DStR 2008, 1875.

h) Praxishilfe:

Dr. Max Mustermann
Musterstraße 12

34567 Musterstadt

Finanzamt Musterstadt
Musterstraße 89

34566 Musterstadt

Musterstadt, den _____

Steuernummer _____
Identifikationsnummer _____
Einkommensteuerbescheid 20__ vom _____
Umsatzsteuerbescheid 20__ vom _____
hier: Ergänzung

Sehr geehrte Damen und Herren,

hiermit teile ich mit, dass bei erneuter Durchsicht der Steuerunterlagen festgestellt wurde, dass die Einkommensteuererklärung 20_____ unrichtig war.

Erst jetzt ergibt sich aus den Abrechnungsunterlagen, dass zusätzlich zu den bereits angegebenen Einnahmen aus freiberuflicher Tätigkeit weitere in Höhe von 15 000,00 EUR hätten erklärt werden müssen. Diesen Einnahmen stehen jedoch auch Betriebsausgaben entsprechend den beigefügten Belegen gegenüber in Höhe von 2500,00 EUR, so dass per Saldo weitere Einnahmen in Höhe von 12 500,00 EUR erklärt werden müssen. Die Einkommensteuer im Veranlagungsjahr erhöht sich dadurch entsprechend. Anliegend füge ich im Übrigen eine berichtigte Umsatzsteuererklärung für das Jahr 20__ bei.

Ich bitte, die beigefügten Unterlagen den zu erlassenden Änderungsbescheiden zu Grunde zu legen.

Zudem bin ich bereit und imstande, die zusätzlichen Steuern zu begleichen, benötige dazu allerdings eine Frist von einem Monat, um den unvorhergesehenen Zahlungspflichten nachkommen zu können. Der errechnete Umsatzsteuerbetrag wird parallel zu diesem Schreiben umgehend angewiesen.

Mit freundlichen Grüßen

Max Mustermann

D. Projektmanagement im ärztlichen Bereich

I. Aufgabenstellung

1. Verortung in der Arztpraxis

1503   Projektmanagement: proiectum (Latein): *das nach vorne Geworfene* und manum agere (Latein): *an der Hand führen*

1504   Obwohl es immer wieder in der Menschheitsgeschichte immense Projekte gab, ist das uns bekannte Projektmanagement typischerweise eine Erfindung, die mit der Industrialisierung aufkam. Auf Letzteres beziehe ich mich. Insofern gibt es eine zu schließende Differenz zwischen dem Führen und Steuern großer komplexer Projekte in ebenso großen Organisationen und den Anwendungsgebieten in der Einzelpraxis, in den größeren Gemeinschaftspraxen oder in Praxisnetzen.

1505   Die Instrumente des Projektmanagements sind sehr abstrakt und das gelebte Projektmanagement ist extrem praktisch. Die Instrumente entfalten ihre Wirkung erst mit der Lebens- und Berufserfahrung eines erfahrenen Projektgebers oder Projektmanagers. Wie bei vielen heuristischen Zusammenhängen sind diese nur knapp zu beschreiben, aber umso wirkungsvoller in der gelebten Praxis. Dieser Beitrag soll den Stellenwert des Projektmanagements in einer Welt des Gesundheitswesens aufzeigen, die immer mehr zu einer Projektgesellschaft wird. Dadurch wird auch der Arzt in seinen beruflichen Zusammenhängen immer mehr mit „Projekten" konfrontiert. Dieser Beitrag soll nicht aus jedem Arzt einen Projektmanager machen, aber er soll dazu beitragen, ihn urteilsfähiger den vielfältigen Projektangeboten zu begegnen. Anlässe gibt es dazu genügend. Von der Aufnahme eines weiteren Partners über die Verlegung der Praxis in ein Ärztehaus bis zum Engagement in einem Arztnetz oder in der berufsständischen Politik.

1506   Überall in den vorgenannten beispielhaften Handlungsfeldern werden Projekte angeboten. Das liegt an der steigenden Komplexität des regulierten und zusätzlich sehr arbeitsteiligen Sektors Gesundheitswesen. Aber auch die immer kürzeren Innovationszyklen in der Welt außerhalb des Gesundheitswesens sind der Nährboden für eine Explosion der Projektvorhaben. Der allgemeine Abstimmungsbedarf steigt, die gefühlten allgemeinen Risiken der postmodernen Industriegesellschaft steigen an (Beck 1996), die Globalisierung aufgrund von innovativen Informationstechnologien und Transportmöglichkeiten erhöht die Arbeitsteiligkeit der Industriegesellschaft noch einmal und führt sie in die Postmoderne (Lyotard 1979).[1] Die Verbreitung des Projektmanagement ist Ausdruck dieser Postmoderne.

1507   Alle Projekte – egal ob in großen Institutionen oder in der Arztpraxis – zeichnen sich durch ihre zeitliche Begrenzung, ihre Komplexität, ihre Neuartigkeit ohne vorherige Lernerfahrung und ihre Zielorientiertheit aus. Typische Beispiele sind aus der Menschheitsgeschichte die Seefahrerentdeckungsfahrten (z.B. James Cook in der Südsee), der Bau des Suezkanals oder das Mondflugprogramm Apollo. Trotz knapper Ressourcen standen in solchen Projektzusammenhängen aufgrund der schieren Größe der beteiligten Parteien

---

[1] Jean-François Lyotard veröffentlichte 1979 die Studie „Das postmoderne Wissen" (Originaltitel: La conditione postmoderne), die er als Auftragsarbeit für den Universitätsrat der Regierung von Québec, Kanada, geschrieben hatte. Er beschäftigt sich darin mit dem Wissen in den hochentwickelten „postindustriellen" Gesellschaften und prägte hier v. a. den Begriff der „Postmoderne". Er verortet sich selbst in der Sprachtheorie und nimmt auf Wittgenstein und dessen Sprachspiele Bezug. Demnach läuft Kommunikation in Form eines Spiels mit bestimmten Regeln ab, die je nach Situation neu gesetzt, verändert oder eingehalten werden (vgl. auch in der Spieltheorie).

immer Mitarbeiter für Projektmanagementaufgaben zur Verfügung. Das ist bei den ärztlichen Berufsausübungsformen völlig anders. Nur selten erreichen Praxen Betriebsgrößen, die sich das Projektmanagement als Stabsstelle oder als Geschäftsführung erlauben können. Im Umkehrschluss handelt es sich dann in der Regel um Chefaufgaben, entweder des einzelnen Praxisinhabers in Form von Selbstmanagement oder eines der Praxispartner. Dennoch bleibt die kritische Größe, um ein wirkungsvolles Projektmanagement entfalten zu können, oftmals unerreicht.

Die fehlenden Betriebsgrößen führten in der Vergangenheit zu den berufsständischen **1508** Zusammenschlüssen, um wenigstens auf den Gebieten der Interessenvertretung „Projektmanagement" betreiben zu können. Kritisch werden die Anforderungen an ein Projektmanagement heute in der Arztpraxis, wenn damit essentielle Projekte wie zum Beispiel Integrationsverträge gesteuert werden müssen. Fast alle Partner des Arztes besitzen mehr Projektmanagementressourcen als er selber, weshalb solche Projektvorhaben oft an der natürlicherweise fehlenden Managementfähigkeit der Arztpraxen gescheitert sind. Aus diesem (generellen) Umstand heraus entstanden in der Vergangenheit zwei unterschiedliche Organisationsformen, die versuchten, „fehlende Managementfähigkeit" einmal eher freiheitlich durch u. a. den Deutschen Ärztetag (1872 nach der Reichsgründung) und einmal eher strukturell durch die Einführung der Ärztekammern (1887 in Preußen) zu kompensieren. Ähnliches gilt für die zentrale Gleichschaltung der Ärztekammern 1936 durch die Reichsärzteordnung, mit der die Reichsärztekammer und die Kassenärztliche Vereinigung entstanden. Man wollte „Managementfähigkeiten", sprich Steuerungsgrößen, erreichen.

Die freiberuflichen Ärzte sind typischerweise mit ihrer persönlichen Dienstleistung keine **1509** Projektmanager wie es andere freie Berufe sein müssen wie beispielsweise die Architekten. Die vertrauensvolle Beziehung des Arzt-Patientenverhältnis lässt im Sinne des betriebswirtschaftlichen Begriffs der handwerklichen, werkstattgestützten Einzelfertigung[2] kein komplexes Projektmanagement zu, es sei denn, man begreift jeden Patienten als einzelnes Projekt.

Um deutlich abzugrenzen, warum Komplexität ein Kriterium ist, an welchem der Stel- **1510** lenwert für den Einsatz in einer Arztpraxis relevant wird, sei auf die folgende Beschreibung durch die deutsche Gesellschaft für Projektmanagement zurück gegriffen:

„Zahlreiche abhängige Teilsysteme, Teilprojekte und Elemente sollten innerhalb der Strukturen eines komplexen Projekts und in Bezug zu ihrem Kontext in der Organisation berücksichtigt werden.

Am Projekt sind mehrere Organisationen beteiligt und/oder verschiedene Einheiten ein und derselben Organisation stellen Mittel für ein komplexes Projekt zur Verfügung bzw. profitieren von ihm.

Mehrere unterschiedliche Fachdisziplinen arbeiten in einem hochkomplexen Projekt zusammen.

---

[2] Der ärztliche Leistungsprozess kann in den Kategorien der (Industrie-)Betriebswirtschaftslehre als *Werkstattfertigung* beschrieben werden. Sie eignet sich in erster Linie für die Einzelfertigung oder die Kleinserienfertigung (analog etwa Hausarztpraxen und Facharztpraxen). Die Werkstattfertigung findet dann Anwendung, wenn eine Anordnung der Maschinen und Arbeitsplätze infolge eines häufigen Produktionswechsels bei unterschiedlichen Arbeitsgängen und ungewissen Arbeitsgangfolgen der herzustellenden Produkte nach keinem allgemeinen Arbeitsablauf erfolgen kann (analog etwa bei Hausarztpraxen). Es ergeben sich Wartezeiten und Zwischenlager (z. B. analog Wartezimmer). Probleme der Maschinenbelegung, die Festlegung der Reihenfolge der Bearbeitung von Aufträgen und die Terminplanung sind laufend im Rahmen einer Prozessplanung zu bewältigen (in fast jeder Praxis). Eine relativ hohe qualitative Kapazität steht dem Problem der transportgünstigsten Anordnung der einzelnen Werkstätten (analog Praxen) gegenüber. Bei einer Vielzahl von unterschiedlichen Produkten mit entsprechenden Fertigungsprozessen und einer Vielzahl von Werkstätten existiert eine nahezu unübersehbare Menge möglicher Lösungen für die räumliche Anordnung der Werkstätten (analog die Herausforderung der Bedarfsplanung).

Das Management eines komplexen Projektes umfasst mehrere, teilweise überlappende Phasen.

Für das Management eines komplexen Projekts werden zahlreiche der zur Verfügung stehenden Projektmanagementmethoden, -techniken und -instrumente benötigt und angewendet. In der Praxis bedeutet dies, dass mehr als sechzig Prozent aller Kompetenzelemente eingesetzt werden." (GPM 2008:29).

1511   Dennoch gibt es Facharztgruppen, die ein ausgeprägtes Projektmanagement beherrschen, eben weil komplexe Projekte zu ihren Herausforderungen gehören. Dazu gehören viele sogenannten Sekundärdienstleister wie z.B. die Laborärzte oder Pathologen, die keinen unmittelbaren Patientenkontakt haben, sondern den jeweiligen ärztlichen Kollegen mit ihren Leistungen zuarbeiten. Je abstrakter der jeweilige Arzt arbeitet und je weniger unmittelbaren Patientenkontakt er besitzt, desto eher wird er Projektmanagement betreiben können. Das hat ganz einfache Ursachen: seine Leistungen sind beliebig reproduzierbar ohne Rücksicht auf die Individualität des Patienten und erhalten so industrieähnlichen Charakter.[3] Bei der Organisation seiner industrieähnlichen Leistungen wird er immer wieder Projekte betreiben, um seine Leistungserbringung zu optimieren. Und damit sind wir wieder bei den Herausforderungen des Projektmanagement wie es herkömmlich verstanden wird.

1512   Bei den übrigen Arztgruppen, die weder als Sekundärdienstleister noch in der Einzelpraxis tätig sind, handelt es sich um große Facharztpraxen oder Arztnetze. Hier kommen Projekte vor und damit entsteht auch die Notwendigkeit eines Projektmanagements. Allerdings sind viele Projekte gerade im Investitionsbereich verortet wie z.B. die Aufstellung eines bildgebenden Diagnostikgerätes oder der Neubau eines Eingriffsraum. Das sind Projekte, die von den betreffenden Ärzten gar nicht durchgeführt werden, sondern eher überwacht werden. Das eigentliche Projektmanagement wird von Architekten oder der liefernden Industrie selber durchgeführt.

1513   Insofern bleibt für diese Arztgruppe es von Interesse, die Methoden des Projektmanagements passiv zu kennen, um ihrer Überwachungstätigkeit z.B. als Bauherr adäquat nachkommen zu können.

1514   Somit ist der Bogen für den Einsatz von Methoden des Projektmanagements bezüglich der ärztlichen Anwender weit gespannt:

	erforderliches Projektmanagementwissen bzw. erforderliches Kompetenzniveau			
Arzttypologie nach Betriebsgröße	kennen	wissen	können	managen
Einzelpraxis	x			
Großpraxis		x		
Sekundärdienstleister			x	
Arztnetz				x

Tabelle 1: Arztgruppen und Projektmanagement (eigene Darstellung)

---

[3] Die wären im Gegensatz zur Werkstattfertigung als Fließfertigung in betriebswirtschaftlichen Kategorien zu bezeichnen. Maschinen und Arbeitsplätze werden nach dem Fertigungsprozess angeordnet. Sie werden nach den Erfordernissen der Reihenfolge der Arbeitsgänge und der zeitlichen Abstimmung der einzelnen Arbeitsgänge festgelegt. Das kann durch den technischen Prozess bedingt sein oder durch eine Zerlegung des Herstellungsprozesses in zeitlich gleiche Takte erreicht werden. Laborpraxen sind ein typisches Beispiel.

Dieser Beitrag ist daher insbesondere für größere Facharztpraxen, Arztnetze und die **1515**
Sekundärdienstleister bei den Facharztgruppen von Interesse, wobei zwischen den erforder-
lichen Kompetenzniveaus Kennen, Wissen, Können und Managen unterschieden wird
(Gessler 2011:23):
- Kennen: Sie haben etwas von dem Inhalt gehört und wissen, wo Sie in der Literatur
  etwas dazu finden.
- Wissen: Sie verstehen das Thema und können Zusammenhänge nachvollziehen und
  erläutern.
- Können: Sie können das Erlernte zur Aufgabenlösung in der Praxis einsetzen.
- Managen: Sie führen die Aufgabe in der Regel nicht mehr selbst durch, sondern dele-
  gieren diese, begleiten die Mitarbeiter bei der Durchführung und können die Lösung auf
  Richtigkeit überprüfen.

2. Definitionen

Das Projektmanagement auch auf der Ebene der Großpraxis bleibt oft Chefaufgabe oder **1516**
Aufgabe eines Praxispartners. Daher wird die Fragestellung, ob überhaupt ein Projektmanagement in Frage kommt, grundsätzlicher aufgrund der knappen Zeitressourcen entschieden. Nur für extrem wichtige Projekte sind Praxisinhaber gewillt, Zeit und Engagement
auch für ein Projektmanagement aufzuwenden. Die differenzierte Unterscheidung von
Projekten in großen Organisationen nach deren Projekt-Euro-Umfang, deren Laufzeit
oder nach der Umsetzungserfahrung der Beteiligten wird es so in einer kleinen Organisation wie einer Arztpraxis nicht geben. Hier wird eher nach „wichtig und unwichtig" bzw.
nach „hohem und geringem Projektrisiko" entschieden, damit der Aufwand für das Projektmanagement in einem der Praxisgröße ökonomisch angemessenen Verhältnis zur Pro-
jektgröße steht.

Um zu ergründen, was überhaupt wichtige Projekte in der Praxis sein können, sollen **1517**
zwei Definitionen vorangestellt werden, und zwar über den Charakter eines Projektes und
über das Projektmanagement als solches:

Nach der seit 2009 gültigen neuen DIN 69901 ist ein *Projekt* ein Vorhaben, „das im We- **1518**
sentlichen durch Einmaligkeit der Bedingungen in ihrer Gesamtheit gekennzeichnet ist,
z.B. durch Zielvorgabe, durch zeitliche, finanzielle, personelle und andere Begrenzungen,
durch Abgrenzung gegenüber anderen Vorhaben und durch eine projektspezifische Organisation." (DIN, 2009:11).

Ursprünglich wurde der Begriff „Projekt" aus der Technik in die betriebswirtschaftliche **1519**
Terminologie übernommen. Und die technischen Berufe haben ihn in der Militär- und
Weltraumforschung für die dortigen Großvorhaben genutzt. In der Betriebswirtschaft wurde er dann vorwiegend für den Bereich der Forschung und Entwicklung (FuE) eingesetzt.
Innovationen sollten im Betrieb oder am Markt eingeführt werden. Die Begriffe „Projekt"
und „Großvorhaben" korrelierten zumeist. Erst seit den letzten Dekaden wird der Begriff
auch für vergleichsweise Kleinstvorhaben eingesetzt.

Nach der Definition der Gesellschaft für Projektmanagement bzw. der International Pro- **1520**
ject Management Association ist *Projektmanagement* „die Gesamtheit von Führungsaufgaben,
-organisation, -techniken und -mittel für die Abwicklung eines Projektes. Es schließt die
Planung, Überwachung und Steuerung aller Aspekte eines Projektes sowie die Führung der
Projektbeteiligten zur sicheren Erreichung der Projektziele ein." (GPM/Michael Gessler,
2011:29ff.).

Es gibt noch eine weitere wichtige Differenzierung, die zur Identifikation eines Projek- **1521**
tes als solches wichtig ist, nämlich die Abgrenzung zu kontinuierlichen Geschäftsprozessen
und zu großen Veränderungsprozessen. Zunächst zeichnet sich ein Projekt immer durch
ein definitives Ende aus. Das ist bei kontinuierlichen Geschäftsprozessen nicht der Fall.
Aber auch große Veränderungsprozesse in einer Organisation haben oft kein absehbares
Ende, obwohl sie häufig als Projekte bezeichnet werden. Insofern gibt es zwar Schnittmen-

gen zwischen Projekten, Geschäftsprozessen und Veränderungsprozessen in einer Praxis, aber diese sind stark begrenzt wie z. B. eine jährlich wiederkehrende Gesundheitsmesse als Schnittmenge zwischen Projekten und kontinuierlichen Geschäftsroutinen.

1522 Vor diesem Hintergrund sind wichtige Projektvorhaben in der Arztpraxis zum Beispiel die Neuaufnahme eines Praxispartners, die Sitzverlegung an ein Krankenhaus, der Neubau eines Ärztehauses mit anderen Partnern oder die Beschaffung von aufwendiger Diagnostik. Während in größeren Organisationen zwischen Organisationsverbesserungs-, Investitions- und Forschungsprojekten unterschieden wird, handelt es sich bei Projekten in Arztpraxen häufig um Investitionsvorhaben.

1523 Vorhaben, die auch in einer Arztpraxis nicht in der Projektform geführt werden sollten, sondern der täglichen Routineorganisation vorbehalten sind, betreffen alle kontinuierlichen Verbesserungsprozesse der Ablauforganisation, alle kontinuierlichen Fortbildungen der Praxismitarbeiter, alle Validierungen von medizintechnischen Gerätschaften etc. und alle Re-Zertifizierungen.

1524 Aus Erfahrung wissen wir, dass Projektvorhaben von einer kleinen Organisation enorme Ressourcen verlangen, da häufig das Projektmanagement zusätzlich zu den täglichen Routineaufgaben von denselben Personen bewältigt werden muss. Nach der obigen Definition von Projektmanagement bedeutet Projektmanagement vor allem Führung. Diese wird erfolgreich sein, wenn sie auf ein übergeordnetes Ziel hin zugeschnitten ist, welches mit den Praxiszielen generell harmoniert und nicht im Widerspruch zu ihnen steht. Die Führung wird durch Planung, Überwachung und Steuerung der Abläufe des Projektes praktiziert, wobei in der Arztpraxis spezielle Techniken und Mittel eingesetzt werden können, aber nicht durch eine Projektorganisation als solches wie in großen Betrieben.

1525 In größeren Arztpraxen oder in Arztnetzen kann aber es durchaus möglich sein, sich doch eine Projektorganisation zu leisten. In inhabergeführten Betrieben wie eben Arztpraxen wird dann der Projektleiter meist direkt beim Inhaber oder Geschäftsführer eingesetzt, oft eher als *Koordinator* denn als verantwortlicher Projektführer. Sind Projekte, wie es eben in Arztpraxen der Fall ist, eher die Ausnahme im täglichen Geschäft, kann diese Projektorganisation durch ihre Flexibilität und schnelle personelle Umsetzbarkeit eine echte Alternative sein. Sind allerdings die Entscheidungswege alleinig vom Praxisinhaber abhängig, können sie umständlich werden und viel Zeit und Geld kosten.

1526 Alternativ gibt es dazu *das autonome Projektmanagement,* bei welchem der Projektleiter die volle Entscheidungsbefugnis besitzt. Das kann zu Akzeptanzproblemen beim Inhaber führen, ist jedoch bei klarer Zielvorgabe extrem effizient. Häufig werden Bauvorhaben von den Praxisinhabern an ein autonomes Projektmanagement bei Architekten und professionellen Bauleiterbüros abdelegiert.

1527 Eine weitere Definition ist im Zusammenhang mit einem erfolgreichen Projektmanagement wichtig: die *Projektbeteiligten* und ihre Rollen. Die Projektbeteiligten sind diejenigen Personen oder Personengruppen, die von Projektauswirkungen betroffen sind oder schlicht nur an dem Projekt aus vielfältigsten Motiven interessiert sind. Das Interesse heißt aber nicht, dass sie das Projekt auch unterstützen. Daher muss ein zukünftiger erfolgreicher Projektleiter sich die Interessen, Sichtweisen, Rollen, formalen Aufgaben und zugewiesenen Verantwortlichkeiten der Projektbeteiligten vergegenwärtigen. Dazu können neben dem Auftraggeber der Projektleiter selber, die Projektmitarbeiter, die Patienten und ggfs. die Sozialleistungsträger, die Lieferanten, die diversen Aufsichtsbehörden, die berufständischen Organisationen wie die Kassenärztliche Vereinigung und die Fachgesellschaften sowie natürlich die späteren Nutzer und Anwender gehören.

1528 Aus der Aufzählung wird deutlich, dass zwischen den einzelnen Beteiligten ganz unterschiedliche Erwartungen liegen können, die nicht unerhebliches Konfliktpotential in sich bergen. Diese muss ein Projektleiter frühzeitig erkennen.

3. Projektentscheidung und kritische Erfolgsfaktoren

Das erste kritische Erfolgskriterium für ein erfolgreiches Projekt ist die Entscheidung, ein **1529** Vorhaben tatsächlich zum Projekt zu küren oder nicht.

Letztendlich werden Vorhaben, die klassischerweise in der Arztpraxis umgesetzt werden **1530** sollen, stets relativ große Budgets beanspruchen und zielen in der Regel darauf ab, die Zukunft des Betriebs zu sichern. Was wirklich wichtig ist und in einem endlichen Verfahren zum Erfolg geführt werden soll, ist in der Regel eine unternehmerische Entscheidung, d.h. sie ist vom Praxisinhaber oder den Praxisinhabern zu treffen. Dennoch kann man sich bei der Auswahl der wirklich wichtigen Vorhaben behelfen. Was dann tatsächlich Projektcharakter erhält und damit zeit- und budgetrelevant wird, kann an den folgenden Kriterien
– hohe Bedeutung wegen wesentlicher Unterstützung der Praxisstrategie,
– besonders hohe Dringlichkeit (z.B. behördliche Fristen),
– besonders hohe Wirtschaftlichkeit und
– überschaubares Risiko
beurteilt werden.

Diese Kriterien kann man in eine quantitative Rangordnung bringen, indem man sie mit **1531** einer schulnotenähnlichen Skala bewertet oder einer Nutzenanalyse unterwirft, die grob skizziert die Eintrittswahrscheinlichkeit verschiedener Nutzenkategorien innerhalb eines festgelegten (Investitions-)Zeitraums festlegt.

In der Arztpraxis könnten es folgende häufigste Gründe für den Anstoß eines Projektes **1532** geben, die aus dem Dienstleistungssektor bekannt sind (Meier 2007:21):
– Optimierung der Arbeitsabläufe,
– Quantitative Verbesserungen,
– Qualitative Verbesserungen,
– Kundennähe,
– Einsparungen,
– Steigerung der Leistungsfähigkeit,
– Gesetzliche Vorschriften.

Ist ein Vorhaben einmal in den Projektstatus erhoben worden, gilt es, den Erfolg des **1533** Projektes zu sichern. Aus der Managementliteratur sind kritische Erfolgsfaktoren bekannt, für die stellvertretend folgende acht Kriterien benannt werden und von einer Vielzahl von Praktikern immer wieder bestätigt werden (Stein, 2009a:17):
Es gibt acht kritische Erfolgsfaktoren: **1534**
– Klare Zieldefinition,
– Professionelles Projektmanagement,
– Sorgfältige Schätzung, Planung und Risikosicherung,
– Methodisches Vorgehen,
– Beherrschte Schnittstellen,
– Sicherung der Qualität des Ergebnisses,
– Optimale, offene Kommunikation aller Beteiligten und
– Motivierte Projektmitarbeiter.

Das Ganze ist stets immer etwas mehr als nur die Summe der einzelnen Teile. Die ent- **1535** scheidende Qualität kommt erst durch das Zusammenspiel aller Faktoren zum Tragen, was man auch als Zielerreichungsgrad bezeichnen kann. Beim Projektmanagement führt die Erfüllung der o.g. Erfolgskriterien eher zum ganzen Engagement der Projektteammitglieder, die bereitwillig Verantwortung für das Ganz übernehmen, als beim Fehlen der genannten Erfolgskriterien. In der Folge sind Projekte schneller und kosteneffizienter abgearbeitet, weil ein/eine
– hohe Zielklarheit,
– große Transparenz,
– guter Informationsaustausch,
– offene Kommunikation zwischen allen Beteiligten,

– klare Verantwortlichkeiten,
– verbindliche Verantwortlichkeiten,
– schnelle Regelungen bei Abweichungen sowie
– besser bearbeitete und weniger Konflikte
herrschen.

4. Normen

1536 Da außerhalb der Zielgruppe dieser Publikation Projekte in vielen Bereichen der Wirtschaft und der Politik eine große, auch internationale Rolle spielen, gibt es *europäische und internationale Normwerke* als Projektleitfäden. Neben den schon erwähnten DIN 69900:2009-01 bzw. DIN 69901-1:2009-01 bis 05 sind noch die Normen DIN ISO 10006 und 10007 zur Qualität im Projektmanagement nennenswert. Die Normen legen Begriffsdefinitionen und Verfahrensnormen fest, mit Hilfe derer Projekte auch international unter der Beteiligung verschiedener Kulturen mit einem gleichen Verständnis geführt werden können.

1537 So besteht die Norm DIN 69 901 unter dem Haupttitel „Projektmanagement – Projektmanagementsysteme" aus den Teilen
– Teil 1: Grundlagen
– Teil 2: Prozesse, Prozessmodell
– Teil 3: Methoden
– Teil 4: Daten, Datenmodell
– Teil 5: Begriffe.

1538 Der genannte Normenkreis ist ursprünglich aus der Weiterentwicklung der Netzplantechnik entstanden. Der Arbeitsausschuss NA 147-00-04 AA „Projektmanagement" des Normenausschuss 147 Qualitätsmanagement, Statistik und Zertifizierungsgrundlagen (NQSZ) im Deutschen Institut für Normung e. V. (DIN) hat 2009 die genannten Normen DIN 69900 und 69901 als Ersatz für die zuvor geltenden DIN veröffentlicht.

1539 Die relativ junge Norm 69901 besteht aus einem Modell der Prozesse im Projektmanagementsystem: Ein erwünschtes Ergebnis lässt sich effizienter erreichen, wenn Tätigkeiten und dazugehörige Ressourcen als Prozesse geleitet und gelenkt werden. Die wesentlichen Tätigkeiten werden mit den Wechselwirkungen in ihrem Projektumfeld in Beziehung gesetzt. Damit wird die Orientierung der Projektbeteiligten erleichtert. Durch die Transparenz der Projektstruktur wird das Zusammenwirken der Prozesse und Ergebnisse sowie der Teilergebnisse sichtbar und ihre Bedeutung für das Erreichen der Projektziele sichtbar.

1540 Damit wird die effektive Kommunikation aller Projektbeteiligten erreicht. Eindeutig festgelegte Projektphasen und Schnittstellen helfen, die Prozesse, die Organisationsstrukturen und den Personalbedarf zu planen, vorzubereiten und durchzuführen. So werden die Voraussetzungen für eine systematische Projektüberwachung geschaffen, weil die Risiken und Fehlentwicklungen frühzeitig sichtbar werden. Hier kann dann frühzeitig präventiv eingegriffen werden.

1541 Prominentes Beispiel für die Auswirkungen von unterschiedlichen Standards war die US-amerikanische Marsflugmission des Mars Climate Orbiter, bei welcher der Marsvorbeiflug am 23. 9. 1999 durch einen tieferen Vorbeiflug als geplant (60 Kilometer Höhe zur Marsoberfläche statt 150 geplanten Kilometern) in der turbulenten Mars-Atmosphäre zum Totalverlust führte. Das Klimateam war von Lockheed Martin und rechnete die Navigation mit englischen Maßeinheiten, während das Flugteam von NASA metrisch rechnete (CNN, 1999).

II. Durchführung

1. Kennen, Wissen, Können und Managen

Je nach Arztgruppe sind unterschiedliche Kompetenzniveaus für den Umgang mit Projekten und dem Projektmanagement erforderlich. Die Basis eines erfolgreichen Umgangs mit Projekten und mit Projektmanagement ist die Kompetenz des jeweiligen Arztes oder Netzmanagers, die sich als *Performance* erst und nur in konkreten Situationen zeigt. (Gessler 2011:24). **1542**

„Wenn Wissen produktiv und reflexiv sowie regelbasiert und innovativ in Handlung umgesetzt wird, zeigt sich in der Performance die Kompetenz einer Person." (Gessler a. a. O.). **1543**

Projektmanagement ist nicht nur eine Angelegenheit, technische Kompetenzen im Hinblick auf den adäquaten Einsatz der diversen Instrumente, Methoden und Techniken zur Abarbeitung eines Projektes einzusetzen, sondern es entsteht bei einem Projektvorhaben stets auch ein Bedarf an Verhaltenskompetenz. Die Verhaltenskompetenz umfasst die Abstimmung mit den Projektbetroffenen und kann als „emotionale Intelligenz" bezeichnet werden. **1544**

Die Verhaltenskompetenz steht zusammen mit der technischen Kompetenz in einem Kontext der Rahmenbedingungen des Projektes – im Gesundheitswesen typischerweise die spezifischen Regelwerke der Branche, gesetzliche Vorschriften und marktumfeldtypische Konditionen. Auch hierfür gilt es, eine Kompetenz zu besitzen. **1545**

Nicht selten scheitern im Gesundheitswesen erfolgreiche Manager, wenn sie in Projekten mit für das Gesundheitswesen untypischen Marktstrukturen konfrontiert werden. Ihnen fehlt schlicht die erforderliche Umfeldkompetenz. **1546**

Den Unterschied und den Sinnzusammenhang der diversen Kompetenzen sollte jeder Arzt, der sich unabhängig von seiner Ebene mit Projekten beschäftigen muss, vor Augen haben. Wenn er Projekte beurteilen muss, weil er die Projektmanager überwacht, dann sollte er auch auf die Qualität der drei Kompetenzkreise *technische Kompetenz, emotionale Intelligenz und Kontex-Kompetenz* beim Projektmanagement achten. Führt er persönlich Projekte durch, dann sollte er sich vergewissern, dass er auf den genannten drei Kompetenzgebieten sicher ist. Führt er Projektmanager unternehmerisch, dann sollte er darauf achten, dass die vorgenannten Qualitäten aktiv vorhanden sind. **1547**

Der Charakter eines Projektes besteht u. a. aus seiner Neuartigkeit und seiner Einmaligkeit, selbst für die Projektmanager aus der Industrie ist trotz Produktgleichheit jedes Projekt immer wieder etwas anders gelagert und birgt mannigfache Überraschungen in sich. **1548**

Der neuartige Charakter eines Projektes hat zur Folge, dass innerhalb von Projekten sehr projektspezifische Aufgaben und Probleme zu erledigen sind. Die Projektmanager und ggfs. seine Mitarbeiter müssen daher in der Lage sein, einen Werkzeugkasten an Methoden und Instrumenten für Standardsituationen zu beherrschen und darüber hinaus diese *in Problemlagen auch anzupassen, abzuändern und weiterzuentwickeln*. Nur so werden sie der Einmaligkeit der Projektbedingungen gerecht. Beim Militär wird vom Infanterieoffizier gefordert, dass der Entschluss und der Einsatzbefehl im Befehlsschema der jeweiligen Gefechtslage unter Berücksichtigung der Geländebedingungen anzupassen ist. **1549**

Nicht nur personengebundene Kompetenzen sind für die erfolgreiche Projektdurchführung erforderlich. Auch die Organisation, für welche der jeweilige Arzt arbeitet, muss „projektkompetent" sein. In seiner eigenen Praxis sind die Bedingungen für erfolgreiche Projekte zumindest auf Zeit herzustellen. Das passiert in größeren Praxen dadurch, dass einer der Praxispartner sich hauptsächlich um die Projektüberwachung oder um die **1550**

Projektdurchführung bei einem größeren Vorhaben kümmert. Alleine das wird nicht reichen. Auch die Praxismitarbeiter müssen sich so verhalten, dass das Projekt eine Chance hat.

1551 In den Praxen, die „industrieähnliche" Leistungen wie z. B. Laborärzte anbieten, gehören Projekte eher zum Geschäftsalltag als bei den anderen Praxistypen. Hier ist besonders darauf zu achten, dass die Praxisorganisation „eine Systemkompetenz im Umgang mit Projekten" (Gessler 2011:25) entwickelt. So hat auch die Medizinindustrie zum Beispiel projektorientierte Organisationsformen geschaffen, um bei ihren Kunden Geräte professionell inklusive Bauplanung etc. aufzustellen. Sie besitzt eine *Systemkompetenz im Umgang mit Projekten,* weil sie gelernt hat, dass Systeme eine eigenständige Identität entwickeln, die mit eigenen Gesetzmäßigkeiten ausgestattet ist. Ein kompetenter Projektmanager benötigt eine kompetente Systemumgebung, die gewohnt ist oder darauf eingestellt wird, mit Projekten und deren Gesetzmäßigkeiten umzugehen.

1552 Projekte kann man auch dadurch beschreiben, dass sich fortwährend die Systemkonfiguration ändert. Unterschiedliche Managertypen erleben dies persönlich sehr unterschiedlich und bewerten es in der Folge auch anders: während Routine-Manager und ihre Systeme durch festgelegte Strukturen und Regeln von der Notwendigkeit entlastet werden, Entscheidungen aus der Situation heraus zu treffen, erfahren Sanierungsmanager die Veränderung der Systemkonfiguration als Zugewinn an Flexibilität.

1553 In vielen Projekten ändern sich permanent Systemkonfigurationen und Entscheidungen müssen sach- und situationsgerecht sowie erfahrungs- und theoriegeleitet getroffen werden (Gessler 2011:25). Während Systeme – auch eine projektkompetente Organisation – an *Stabilität* durch determinierte Entscheidungen gewinnen, gewinnen sie auch zusätzliche *Flexibilität,* wenn Entscheidungen situationsabhängig getroffen werden müssen. Beides (!) ist in einem erfolgreichen Projektmanagement zu vereinen.

2. Machen Sie mal ein Projekt!

1554 Völlig unabhängig davon, ob nur Projekte überwacht werden müssen oder man sie selber durchführt oder managt: die wichtigsten Voraussetzungen für ein erfolgreiches Projekt werden gleich im Vorfeld des Projektes und zu Projektbeginn geschaffen. Im Umkehrschluss werden in dieser Phase auch die meisten Fehler gemacht, die sich nachhaltig auswirken. Die Projektinitialisierungsphase gehört zu den schwierigsten Teilen im Projektmanagement.

1555 Projektinitialisierungsphase bedeutet, dass das Projekt noch nicht begonnen hat. Erst wenn die Vorfeldklärungen
– Nutznießer des Projektes?
– Rahmenbedingungen des Projektes?
– Umfeldanalyse für das Projekt?
– Projektrisiken?
– Projektauftrag geklärt?
– Projektziele genau formuliert?
geklärt sind (Definitionsphase), kann das Kick-off Meeting des Projektes starten und die eigentliche Projektarbeit beginnen.

1556 So verhält es sich übrigens auch beim militärischen Führungsvorgang. Nach Lagevortrag inkl. Lagefeststellung beginnt die Planung mit Lagebeurteilung, Entschluss und Operationsplan bzw. Plan für den Einsatz (von Bataillonsebene abwärts). Die Lagebeurteilung ist ausgiebig und entspricht den umfangreichen Analysen in der Projektinitialisierungsphase. Sie umfasst die Beurteilung des Auftrags, Beurteilung der eigenen Lage, Beurteilung der Feindlage, Geländebeurteilung, Kräftevergleich, Handlungsmöglichkeiten (Auftragserfüllung, Verluste etc.). Dann ergibt sich der *Entschluss,* was gleichbedeutend mit dem präzise formulierten Projektauftrag wäre.

Der Entschluss ist die Entscheidung eines militärischen Führers, wie er eine ihm gestellte **1557** Aufgabe zu erfüllen beabsichtigt oder wie er auf eine Veränderung der Lage reagiert. Er muss knapp und unmissverständlich die Absicht der Führung wiedergeben.[4]

Bereits vor Beginn der Planung sollte der Projektleiter ernannt sein. Im Vorfeld eines **1558** Projektes müssen die Klärung des Projektauftrags und viele andere Definitionen erfolgen, was ein starker Projektleiter vorantreiben kann.

Dann ist es zu klären, wer denn überhaupt der *Nutznießer des Projektes* wirklich sein soll. **1559** Es werden nicht immer die eigenen Mitarbeiter in der eigenen Arztpraxis sein, sondern auch Externe außerhalb der eigenen Betriebe. Das können Patienten, andere Ärzte, Krankenhäuser und deren Kliniken oder sogar Sozialleistungsträger sein. Hier gilt es herauszufinden, welches überhaupt die Erwartungen sind, die nicht immer klar artikuliert werden, sondern „erforscht" werden müssen. Auch wird der vermeintliche Nutzen eines Projektes von verschiedenen Vertretern dieses externen Kreises ganz unterschiedlich beschrieben. Die Erwartungshaltung des Chefarztes im Krankenhaus ist an eine Patienteneinweisung eine andere als die der leitenden Stationsschwester oder der Chefarztsekretärin oder des Krankenhaus-Fallmanagements. Häufig fällt es auch den Projektinitiatoren schwer, die richtigen Erwartungshaltungen zu erfassen.

Projekte, die grundlegende Veränderungen in der eigenen Organisation erreichen sollen, **1560** sind nach Praktikererfahrungen am häufigsten von der Gefahr des Scheiterns bedroht. Veränderungsprozesse und deren Projekte betreffen nach Praxistypologien am ehesten die Sekundärdienstleister und die Arztnetze. Das Motiv der Projektinitiatoren ist meisten eine Wahrnehmung der Veränderungen der Rahmenbedingungen: die Vergütung für bestimmte ärztliche Leistungen verschiebt sich und Haupteinnahmen brechen fort oder die schleichende Veränderung der Demografie führt zu einem anderen Patientenklientel und zu anderen ärztlichen Leistungen.

Veränderungen rufen zunächst Widerstände hervor, die auch erfolgreich sein können. **1561** Starke Kräfte drängen zum alten Zustand oder verfolgen ganz andere Ziele. Das passiert zum Beispiel, wenn die Lebensalter der Praxispartner sehr unterschiedlich sind und in der Folge lebensabschnittweise auch andere Interessen verfolgt werden. Ein starker Grund, warum Organisationsveränderungsprojekte scheitern, liegt darin, wenn eine Leitfigur, die mit der Veränderung identifiziert wurde, die Organisation verlässt. Beispielsweise verstirbt überraschend der Praxispartner, welcher die Leitfigur war oder verkauft überraschend seinen Praxisanteil.

Widerstände sind oft Ausdruck von Kontrollverlust und nicht stark entwickeltes Selbst- **1562** vertrauen. Organisationen, die viele Veränderungen erlebt und umgesetzt haben, reagieren

---

[4] Wer?
- Eigener Truppenteil in seiner Gesamtheit
 „PzBtl 203"
 Was?
- Tätigkeit der Truppe (Gefechtsart oder sonstige Aufgaben)
 „greift"
 Wie?
- Kräfteansatz, Schwerpunkt und die große Linie der Durchführung
 „mit Schwerpunkt rechts"
 Wann?
- Zeit der Durchführung
 „unverzüglich"
 Wo?
- Raum, Richtung und örtliches Ziel
 „Feind bei A-Dorf an (und zerschlägt ihn),"
 Um zu
- Zweck des beabsichtigten Handelns
 „um den Schutz der linken Flanke der Brigade sicherzustellen."

positiver auf erforderliche Veränderungen als Organisationen, die lange in ihren Routinen Erfolge erlebt haben. Der Projektleiter muss diese Untiefen zu Beginn eines Projektes ausloten und angemessen reagieren.

1563   Das Schaffen der wichtigsten Voraussetzungen für ein erfolgreiches Projekt wird in verschiedenen Disziplinen methodisch ähnlich abgearbeitet:
– Industrielle Produktion: Arbeitsvorbereitung
– Rechtswissenschaften: Klärung des Sachverhalts oder Tatbestandes
– Medizin: Diagnose.

1564   Deshalb sollten die *Rahmenbedingungen für das Projekt* abgeklärt werden. In der Praxis geschieht dies durch die Untersuchung einer Vielzahl von technischen und interessengeleiteten Schnittstellen.

1565   Es hat sich als praktisch erwiesen, diese Schnittstellen mit Hilfe einer Checkliste abzuarbeiten. Eine gute Checkliste für diesen Zusammenhang und weitere Sachverhalte rund um das Projektmanagement findet sich bei Stein (Stein, 2009a:18):
– Für welche Zielgruppe ist das Projektergebnis bestimmt?
– Welchen Nutzen soll das Projektergebnis wem bringen?
– Wer hat ein Nutzen von einem erfolglosen Projekt?
– Welche Vorprojekte gibt es schon?
– Welche anderen Projekte kann das Projekt fördern?
– Mit welchen parallelen Projekten kann das Projekt kollidieren?
– Welche Ressourcenkonflikte können aus der Projektkollision entstehen?
– Welche Teilergebnisse anderer Projekte können übernommen werden?
– Wie ist der Kostenrahmen für das Projekt?
– Kann der Kostenrahmen erweitert werden?
– Unter welchen Bedingungen kann der Kostenrahmen für das Projekt erweitert werden?
– Wie ist der Zeitrahmen für das Projekt?
– Ist der Zeitrahmen eher fix oder weich?
– Wovon ist der Zeitrahmen abhängig?
– Ist es zulässig, dass durch das Projekt ein neuer Dienstleistungsprozess entsteht?
– Mit welchen Prozessen in der Routineorganisation sollen welche Aspekte des Projekts vereinbart werden?
– Welche zusätzlichen Projektauswirkungen sind erwünscht oder sollen bzw. müssen sogar verhindert werden?
– Welche Normen und Gesetze müssen eingehalten werden?
– Wie müssen die Projektbeteiligten eingebunden und informiert bzw. befragt werden?
– Wer trifft welche Entscheidungen im Projekt?
– Welche Bedeutung unter den anderen Vorhaben hat das Projekt in der Praxis?
– Wer interessiert sich besonders für das Projekt und dessen Ergebnisse?
– Wer ist der Promotor des Projekts? Was liegt ihm daran? Was sind seine Beweggründe?
– Wer möchte das Projekt am liebsten verhindern? Warum?
– Welche besonderen Methoden, Verfahren und Vorgehensweisen sollen in dem Projekt angewendet werden?

1566   Nachdem mit den Rahmenbedingungen die Grenzen des Projektes innerhalb der Organisation betrachtet wurden, sollte zusätzlich vor dem Projektstart das *Projektumfeld* abgeklärt werden. Das Projektumfeld betrifft alle Personen oder Gruppen von Personen sowie Institutionen, die Interesse an dem Projekt haben oder davon betroffen sind. Gerade in regulierten Märkten wie dem Gesundheitswesen gilt es, die oft mit Interessen verbundenen Regelungen zu identifizieren, die mit dem Projekt zusammenhängen können. Die Verflechtung im Umfeld erscheint zu stark, um diesen Aspekt im Gesundheitswesen außen vor zu lassen.

1567   Um eine Übersicht der Einflussgruppen zu gewinnen, genügt eine einfache Übersicht mit einem je Einflussgruppe individuellen Ranking 1–10 zu den Themen
– Einfluss,

- Haltung,
- Erwartung/Befürchtung,
- Maßnahmen im Umgang mit der Gruppe.

Zunächst sollten alle Personen und Personengruppen ermittelt werden, die in irgendei- **1568**
nem Zusammenhang mit dem Projekt stehen. Sie werden überrascht sein, wie viele Betroffenen es geben wird. Die Recherche sollte folgende Fragestellungen abarbeiten:
- Versuchen Sie, die Beziehungen zu finden, welche diese Personen etc. zum Projekt ha-
  ben und bewerten Sie diese Beziehung sofort mit deren Bedeutung und Stärke für das
  Projekt.
- Ergründen Sie die Personen und Gruppen, die das Projekt positiv oder negativ beein-
  flussen können, indem sie Macht und Einfluss gelten machen.
- Bestimmen Sie die Grundhaltung, mit der jede Person und Personengruppe zum Projekt
  seine Haltung einnimmt, und zwar hinsichtlich Unterstützer, neutrale Personen und
  Gegner.
- Leiten Sie für sich den Informationsbedarf für die Einflussgruppen ab, um hier mit dem
  Instrument der Transparenz arbeiten zu können.
- Leiten Sie zum Schluss dieses Arbeitsschrittes gezielte Maßnahmen ab, die Sie bezüglich
  der Einflussgruppen in Gang setzen wollen.

Nach dieser Recherche können die Ergebnisse in Analysen veranschaulicht werden, um **1569**
sofort auf einen Blick die Problemlandschaft zu erkennen. Dazu können alle Einflussgruppen in einem Portfolio abgebildet werden, wobei die x-Achse das Ausmaß der Haltung
zum Projekt von positiv (Wert 1) über neutral bis zu negativ (Wert 10) darstellt. Die y-
Achse stellt den Einfluss/Macht von gering (Wert 1) über mittel (Wert 5) bis zu hoch (Wert
10) dar.

3. Das Risiko fliegt immer mit

Piloten wissen es. Es gibt immer einen blinden Passagier und der heißt Risiko. Projekt- **1570**
manager und Projektauftraggeber wissen es oft nicht oder verdrängen es aus Zeitgründen,
Vermeidung von Mehraufwand, übertriebenen Optimismus etc. Dabei steht die Risikoig-
noranz in keinem Verhältnis zur Bedeutung der meisten Projektaufträge.

Aufgrund des Einmaligkeitscharakter der Projekte schlechthin müssen die Beteiligten mit **1571**
dem Thema Unsicherheit umgehen. Deswegen starten erfahrene Projektmanager und Projektauftraggeber gleich in der Initialisierungsphase eines Projektes frühzeitig mit einer *Risikoanalyse,* um Projektrisiken zu identifizieren, zu bewerten und einen Abwehrmaßnahmen-
plan zu entwerfen. Auch überarbeiten sie regelmäßig die Risikoanalyse im späteren
Projektverlauf, mindesten nach Projektabschnitten.

Das Tückische am Risiko ist, dass es zwar quantifizierbar ist, aber es keine Gewähr **1572**
gibt, ob es einen persönlich trifft. Die beste Wahrscheinlichkeitsberechnung hilft eben
nicht weiter, wenn das Risiko tatsächlich eintritt. Aber das Risikomanagement trägt dazu
bei, mit dem Risiko umzugehen. Das Risikomanagement als Teil des Projektmanagements
erkennt potenzielle Gefahren für das Projekt und begrenzt oder vermeidet sogar den Schadensfall durch geeignete Maßnahmen. Prävention und Schadensminderung ist also ange-
sagt.

„Das Projektrisiko ist umso größer, **1573**
- je länger das Projekt dauert,
- je länger die Zeitspanne zwischen Projektplanung und Projektbeginn ist,
- je schwieriger und unsicherer die Umfeld- und Rahmenbedingungen sind,
- je weniger erfahren der Projektleiter, das Projektteam oder die Organisation im Umgang mit Projekten ist,
- je neuer die Technologie oder Arbeitsmethoden sind." (Stein, 2009 b:4)

1574   Stein hat eine gute Checkliste (und auch weitere) in Ergänzung seiner Veröffentlichung für die Loseblattsammlung „Qualitätsmanagement im Gesundheitswesen" entwickelt (Stein 2009 b):

Nr.	Frage	Ja	Nein	Antwort
1.	Ändert sich die finanzielle Situation des Kunden/ der Auftraggeber?			
2.	Ändern sich die Kundenanforderungen?			
3.	Hat der Kunde bzw. interne Auftraggeber (AG) nur noch geringes Interesse am Projekt?			
4.	Gab es schon früher mal Probleme mit dem Kunden bzw. Auftraggeber?			
5.	Ist Ihr Kontakt zum Kunden bzw. Auftraggeber intensiv und offen?			
6.	Ist das Projekt Ergebnis einer spontanen Entscheidung, nicht einer sorgfältigen Überlegung?			
7.	Fehlt ein überzeugender Nutzen für den Kunden/den Auftraggeber bei erfolgreicher Projektdurchführung?			
8.	Ändern sich die Rahmenbedingungen in der Organisation? (Umstrukturierungen, Verlagerungen etc.)			
9.	Steht der Auftraggeber weiterhin zu seinen Zielvorgaben?			
10.	Fehlen ein oder mehrere Projektziele? Gibt es Zielkollisionen?			
11.	Ist das Projekt falsch ausgewählt? Passen die Ziele zu der Philosophie der Organisation?			
12.	Werden bei der Produktentwicklung die Wünsche und Bedürfnisse der Zielgruppe erreicht?			
13.	Werden bei Organisationsprojekten die Wünsche und Bedürfnisse der Stakeholder erreicht?			
14.	Wird mit der Präsentation der Projektergebnisse der Geschmack der Zielgruppe getroffen, oder ggf. gar Entrüstung erzeugt?			
15.	Gibt es politische Risiken?			
16.	Sind die Verträge unpräzise, unscharf oder unvollständig formuliert?			
17.	Gibt es offene Punkte, zurückgestellte Klärungen bei der Zieldefinition bzw. Vertragsgestaltung?			
18.	Sind die Konzepte generell realistisch? Ist die Machbarkeit gewährleistet?			
19.	Wie alt ist die Basis der Hard- bzw. Software?			

Nr.	Frage	Ja	Nein	Antwort
20.	Ist die Kompatibilität zwischen den Teilsystemen gesichert?			
21.	Mit welcher Art von Ausfällen von Teilsystemen oder Baugruppen muss gerechnet werden?			
22.	Müssen klimatische/infrastrukturelle Besonderheiten berücksichtigt werden?			
23.	Sind die Werkverträge eindeutig formuliert?			
24.	Können Schäden aus Personalleasing-Verträgen entstehen?			
25.	Sind die Unteraufträge eindeutig formuliert?			
26.	…			

Rasch und effizient können die Projektrisiken in einem Risikoworkshop gesucht werden, bei dem mindestens das zukünftige Projektteam oder ein ausgewählter extra ausgesuchter Personenkreis mit besonderer Kompetenz zum Projektthema die möglichen Katastrophen beschreibt. Auswertungen aus früheren Projekten können helfen. Die Kausalkette für Risiken lautet dann „Grundursachen (Risiken) – Szenarien (Folgesituationen der Katastrophe) – Katastrophale Folgen (die zu vermeiden wären)". **1575**

Die Arbeitsweise zur Erforschung der Risiken wäre allerdings genau umgekehrt: die Workshopteilnehmer lassen ihre Fantasie spielen und formulieren Katastrophen für das Projekt. Dann werden Szenarien – sprich Situationen – abgeleitet, die zu solchen Katastrophen führen könnten. Im letzten Schritt werden die Grundursachen für die Situationen gesucht, welches dann die Grundrisiken sind. Ein Horrorszenario wäre, dass der Projektleiter tot umfällt. Oder der Bauunternehmer für den OP Neubau Insolvenz anmelden muss. **1576**

Solche Risiken verzerren bei Ereigniseintritt des Risikos das ansonsten bei Normalverlauf gleichseitige Dreieck mit den Schenkeln Zeitraum, Ressourcen wie Finanzen und Personal und das zu erreichende Projektergebnis. Plötzlich ist es kein gleichseitiges Dreieck mehr, sondern irgendein Dreieck. Die Kosten laufen aus dem Ruder, der Zeitplan ist hin und das Projektergebnis ist in Gefahr. **1577**

Weitere Risiken verbergen sich hinter **1578**
– der Projektplanung,
– der Projektdurchführung,
– der Teamarbeit (z.B. Motivationsschwankungen),
– den Vertragsrisiken (z.B. aus Zulieferverträgen),
– den Umgebungseinflüssen (vgl. Umfeldanalyse),
– den regulatorischen Risiken gerade im Gesundheitswesen,
– den kommerziellen Risiken (z.B. Kalkulationsrisiken),
– den Konflikten mit den Einflussgruppen?

Anschließend bewerten die Workshopbeteiligten die Risiken, wobei oft eine Verdichtung auf dieselben Risiken deutlich wird. Die Schadenshöhe je potentielles Risiko wird in Bezug auf die Projektaspekte Zeitplan, Ressourcen und Projektergebnis möglichst genau abgeschätzt. Hierbei wird der Schaden in Verzögerungsmonaten oder -wochen bzw. in Euros angegeben. **1579**

Anschließend werden die Risiken nach ihrer geschätzten Auftretenswahrscheinlichkeit gruppiert. Beide Aspekte der Analyse, nämlich die Risikobedeutung für das Projekt und seine Auftretenswahrscheinlichkeit während des Projektes, können wieder in einem Risikoportfolio abgebildet werden. Die x-Achse bildet die Auftretenswahrscheinlichkeit ab, die y-Achse die Bedeutung. **1580**

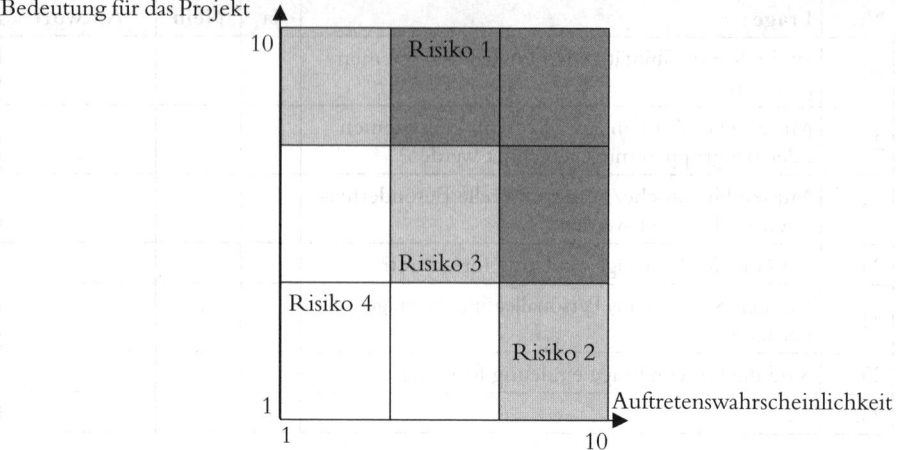

Abbildung 2: Risikoportfolio (eigene Darstellung)

1581 Die Risiken, die in den Quadranten oben rechts liegen, umfassen die Risiken mit hoher Auftretenswahrscheinlichkeit und großen Konsequenzen für das Projekt, weil sie teuer sind oder extrem die Zeitplanung verschieben. Sie sind vorrangig zu beobachten. Vorbeugemaßnahmen sind erforderlich, die sich z. B. in Vertragsabschlüssen niederlegen lassen. Bei ernsten Bedrohungen sollten Notfallpläne entworfen werden. Möglicherweise ergeben sich aber auch Vermeidungsstrategien durch Veränderung von Teilprojektzielen.

1582 Die Risiken in den Feldern der Diagonalen müssen situativ begegnet werden. Die Risiken in den linken Quadranten sind aus Sicht der Projektbeteiligten tragbar und zu akzeptieren. Vor allem ist diese Darstellung geeignet, beim Projektstart den Beteiligten von vornherein die geschätzten Risiken aus dem zukünftigen Projekt zu präsentieren. Und als nur überwachender Beteiligter sollten Sie die Projektmanager nach deren Risikoanalysen befragen.

1583 Das Risikoinstrument kann noch verfeinert werden. Durch die zunehmende Gesetzgebung auf dem Gebiet der Risikoabschätzung drängt das Thema zunehmend auch in das Bewusstsein der Beteiligten. Im Bereich der Ingenieurwissenschaften ist der Umgang methodisch gut bekannt und bietet viele Instrumente und Normen für den Umgang damit.[5]

4. Projektauftrag

1584 Der Projektauftrag hat zur alleinigen Aufgabe, die Projektdefinition zu erstellen und verbindlich zu vereinbaren. Die meisten Projektaufträge sind nicht durchdacht, sondern eher Ideen. Am schwierigsten ist die Formulierung des Projektzieles. Hier entpuppen sich Ideen als nette Vorhaben oder als unternehmerische Zielsetzung mit einem definierten Ergebnis. Allerdings geht das nicht auf Knopfdruck, sondern eher nach einem iterativen Optimierungsprozess. Ziele sind eben geplante Endzustände und keine Vorgänge oder Aktionen (beispielsweise „Wir müssen einmal unsere Zuweiser befragen …").

---

[5] Verwandte Risikomanagementmethoden sind die beispielsweise noch die DIN EN ISO 14971 für Medizintechnik, Pharma und Lebensmittel und die FMEA (Failure Mode and Effect Analysis) als Methode der Zuverlässigkeitstechnik für technische Systeme in der Industrie. In der Gesetzgebung finden sich Elemente der Risikoprävention im Gesetz über Haftung für fehlerhafte Produkte (ProdHaftG), im Arzneimittelgesetz (AMG), im Gesetz über die Bereitstellung von Produkten auf dem Markt (Produktsicherheitsgesetz – ProdSG) sowie im Gesetz zur Kontrolle und Transparenz im Unternehmensbereich (KonTraG) und im Kreditwesengesetz (KWG).

Ein Projektauftrag – sei es sich selbst als Praxisinhaber oder gegenüber einem Projektma- **1585**
nager bzw. Projektgeber – sollte folgende Inhalte umfassen, ggfs. auch als Anhang:
- Wozu? Das Ziel ist geklärt und festgelegt, und zwar mit dem Hinweis, wozu das Projekt
  dient (Zweck); und zwar sowohl intern als auch extern. Die inhaltlichen Ziele sind klar
  beschrieben, denn sie gelten als Leitfaden, wenn in schwierigen Projektphasen Entscheidungen fallen müssen.
- Für wen? Die Engpässe und der Bedarf für die Projektumsetzung sind geklärt. Die Anforderungen des Projektgeber und der Einflussgruppen sind bekannt und sollen befrie-
  digt werden (oder auch nicht). Die Probleme der Einflussgruppen sind erfasst und entsprechende Maßnahmen sind festgelegt.
- Was und wie viel? Detaillierte Projektbeschreibung, die das Projektergebnis liefern soll,
  liegt vor. Grobe Budgetaufstellung und ein grober Phasenplan (Meilenstein-Plan) liegen
  ebenfalls vor.
- Wann? Ein klarer Zeitpunkt, zu dem das Projekt abgeschlossen sein soll, ist bestimmt.
- Welche Rahmenbedingungen? Umweltannahmen und andere externe Einflüsse mit ihren Restriktionen liegen vor. Potentielle Risiken sind identifiziert, beschrieben und
  Maßnahmen sind definiert.
- Wer ist wofür verantwortlich? Die Verantwortung und Befugnisse des Projektleiters sind
  festgelegt. Die Rolle ist allen Beteiligten klar kommuniziert.
- Welche Erfolgskriterien? Potentielle Risiken sind identifiziert, beschrieben und Maß-
  nahmen sind definiert.

Die Projektteammitglieder sollten festgelegt sein und sich kennen gelernt haben. Die **1586**
möglichen Konflikte sind ebenfalls identifiziert. Alle organisatorischen Fragen wie der Pro-
jektrahmen, die Einzelschritte etc. sind zu diesem Zeitpunkt grob durchdacht. Allerdings
sollten im Interesse des Projektgebers und auch des Projektmanagers alle Festlegungen für
die explizite Ausführung entfallen. Das gehört in keine Zieldefinition, es sei, es sind explizite und unternehmensrelevante Nebenbedingungen.

Zu diesem Zeitpunkt sollte ein Zeitplan grob strukturiert sein, damit man die Plausibili- **1587**
tät der Erwartungen der Beteiligten überprüfen kann. Auch bietet er den Teammitgliedern
eine erste Orientierung.

Diese Agenda über den Projektauftrag ist für jeden wichtig, der sich mit Projektmana- **1588**
gement beschäftigen muss, also auch für diejenigen im ärztlichen Umfeld, die nur passives
Wissen darüber benötigen, weil sie Vorhaben überwachen oder beobachten müssen.

5. Kick-off

Nach der Vorbereitung des Projektstarts kann dieser in Form eines viel zitierten Kick- **1589**
off-Meetings stattfinden. Die meisten Projektstarts erfolgen schnell, aber maximal formal
und mit geringem Informationsgehalt. Diese Defizite müssen dann in der Frühphase des
Projekts nachgeholt werden und kosten dann Projektzeit, die dann gegenüber dem Projekt-
tende fehlt und die Beteiligten hinter den Zielen herlaufen lässt.

Die Zeit vergeht dann in der Frühphase für den vielfachen Abstimmungs- und Analyse- **1590**
aufwand, der bei guter Vorbereitung gar nicht mehr in das eigentliche Projekt fallen würde.
So entstehen Zeitpläne, die ohne Berücksichtigung dieser Vorbereitungszeit entstehen und
ein unrealistisches Bild vom Zeitverlauf des Projektes und damit auch unrealistische Erwartungshaltungen wecken. Auch hangelt sich dann die Projektplanung von Zwischenziel zu
Zwischenziel. Sie ist oft auf dem richtigen Weg, verfehlt aber die Termine, weil sie von
Anfang an zu kleine, zu zögerliche und zu langsame Schritte gemacht hat.

Anders verhält es sich bei Adaptionen der Zeitplanung während des Projektverlaufs. Zie- **1591**
le und auch zeitliche Ziele beruhen auf den heutigen Erkenntnissen und müssen immer
wieder angepasst werden. Sind die Veränderungen gravierend, so muss ggfs. der Projektauftrag angepasst werden. Das erfolgt dann aber transparent für alle Beteiligten und ist nicht
auf nachlässiges Projektmanagement zurückzuführen.

1592   Ziel des Kick-off-Meetings sollte die inhaltliche Zusammenfassung der Vorbereitungsar-
beiten für das Projekt sein.

1593   Dazu gehören (vgl. Stein, 2009 b:30):
– Allen Beteiligten sind die unterschiedlichen Interessen und Erwartungen klar.
– Der Projektauftrag ist geklärt und besitzt die erforderliche Klarheit.
– Alle Beteiligten kennen die Ziele, den Nutzen, das erwartete Projektergebnis, die grobe
  Zeitplanung und das veranschlagte Budget.
– Die Beteiligten kennen alle anderen Personen im Team und deren Rollen, Beiträge und
  Kompetenzen.
– Alle Beteiligten sollen ein gemeinsames Verständnis des Projektplans finden und sind sich
  der Risiken und Chancen des Vorhabens bewusst.
– Alle Beteiligten identifizieren sich mit dem Projektauftrag, dessen Zielen und dem ange-
  strebten Ergebnis.
– Das Projektteam vereinbart verbindliche Regeln für die Projektarbeit.

1594   Das Kick-off-Meeting bietet die seltene Chance, alle Beteiligte an einem Ort mit einer
gemeinsamen Information zu versorgen und damit Standards zu setzen. Diese Gelegenheit
ist unbedingt zu nutzen. Man hat in der Regel – je nach Sichtweise – den Projektgeber
oder Projektleiter als wesentliche Promotoren anwesend. Damit können die übergeordne-
ten Ziele verdeutlicht werden.

1595   Alle Mitglieder des Projektkernteams sind anwesend. Je nach Betriebsgröße sind das in
der Praxis vielleicht nur die erste Arzthelferin oder in größeren Arztpraxen und Arztnetzen
mehrere Partner oder Mitgliedsärzte. Lieferantenvertreter und/oder andere externe Vertreter z. B. von Krankenkassen sind ebenfalls anwesend.

1596   Je nach Thema und Projektumfang kann das Kick-off-Meeting zwischen 2,0 Stunden
und einem Tag andauern. Wenn das Kick-off-Meeting gut strukturiert abläuft, ist das eine
echte Motivation für alle Beteiligten. Es erfolgen im Meeting keine Abstimmungen oder
Grundsatzdiskussionen mehr, weil diese bereits im zeitlichen Vorfeld zu dem Termin durch
den Projektleiter abgeklärt wurden.

1597   Die Motivationsgrundlage durch ein gutes und klares Kick-off-Meeting ist für die später
immer wieder vorkommenden Stimmungstiefs aufgrund vielfacher Projektrückschläge
wichtig. Es gibt durch die klare Struktur Vertrauen in den Projektleiter, auch andere Herausforderungen gut strukturiert zu bewältigen. Insofern ist das Kick-off-Meeting auch ein
„vermarkten" des Projektes an die eigene Mannschaft. Projektmitglieder wollen Struktur
haben, beteiligt sein, regelmäßig gut informiert werden und ernst genommen werden
(„Respekt").

1598   Um nicht gleich auf die Interessenskonfliktminen zu treten, müssen Vorbeugemaßnahmen gleich im Kick-off-Meeting getroffen werden. Dazu gehört die Bekanntgabe und
Vereinbarung grundsätzlicher, einfacher Spielregeln, wie mit unterschiedlichen Meinungen
und daraus resultierenden Konflikten umgegangen wird. Die Zusammenfassung des Ter-
mins mit Statements der wichtigsten Beteiligten beendet das Kick-off-Meeting.

6. Projektplanung

1599   Planung heißt Formulare, Formulare und Formulare ...

1600   Planen heißt auch strukturieren. Das „strukturieren" übernimmt in der Regel die erste
Praxis- oder Arzthelferin und im Krankenhaus die Chefsekretärin oder die Stationsleitung.
Bei der Projektplanung geht es auch um das „strukturieren", aber nicht als alltäglichen
Routineprozess, sondern eben auf ein festgelegtes Ziel hin.

1601   „Strukturieren" heißt, Verantwortungen festzulegen, Informationsflüsse festzulegen, Zeit
abzuschätzen und zu planen, Ressourcen wie Personalkosten und z. B. Investitionskosten
ebenfalls zu schätzen und festzulegen. Insgesamt werden Aufgaben inklusive der Projekt-

steuerung in viele Teilaufgaben zerlegt, delegiert, überwacht und wieder zusammengeführt. Als weitere Aufgaben muss das Ganze dokumentiert und die Kosten überwacht werden.

Mit anderen Worten: es ist das auf der Problemanalyse aufgebaute System von einander **1602** abgestimmten Teilentscheidungen, durch die ein Projekt im Voraus in Inhalt und Ablauf hypothetisch unter der Berücksichtigung von Rückkoppelungseffekten festgelegt wird (Dülfer 1984).

Obwohl es dazu viele Softwareinstrumente gibt, reicht der bloße Einsatz der Instrumen- **1603** te gepaart mit etwas Fleiß nicht aus. Projektarbeit ist wie das Führen eines Unternehmens auf Zeit. Die ganze Führungsintelligenz kommt noch hinzu. Das Beziehungsnetz um das Projekt herum muss gepflegt werden. Mitarbeiter und externe Einflussgruppen wollen bei Laune gehalten werden und brauchen dennoch Zielansagen. Ein bloßer Projektkoordinator würde hier scheitern. Daher ist für die Durchführung und Umsetzung der Planung die unbedingte Rückendeckung des Projektgebers für den Projektleiter erforderlich; letztendlich ist dieser quasi ein Geschäftsführer einer Tochterfirma auf Zeit.

Für den ärztlichen Zusammenhang bedeutet dies, dass neben dem gelernten medizinisch **1604** therapeutischen Vorgehen eine andere Methodenqualität des Vorgehens bekannt sein muss. Es geht nicht mehr um die Einzelbeziehung mit Wissensvorsprung gegenüber einem Patienten, sondern um das Führen eines Themas mit Hilfe einer Mannschaft oder um die Überwachung eines Themas, was eine professionelle Mannschaft für den Arzt erledigt. Diese Fähigkeiten sind andere Qualitäten als üblicherweise von einem Mediziner in seiner Ausbildung gefordert werden.

Gut bringt das DeMarco auf den Punkt. Ich habe das folgende Zitat von Tom DeMarco **1605** bei dem Beitrag von Gessler (2011) gefunden. DeMarco hat professionell insbesondere Anforderungen an die Softwareentwicklung formuliert, ist aber über seinen belletristischen Roman „Der Termin. Ein Roman über Projektmanagement" bekannt geworden.[6] Hier formuliert er die Anforderungen an Projektmanager, was natürlich auch für Manager gilt:

„Die wichtigsten Körperteile eines Managers sind Herz, Bauch, Seele und Nase. Sie **1606** braucht er um: mit dem Herzen zu führen, dem Gefühl im Bauch zu vertrauen (auf die innere Stimme zu hören), die Organisation zu beseelen und zu riechen, dass etwas stinkt." (DeMarco 1998:51).

Zu Beginn der Projektplanung muss geklärt werden, *wer für welche Aufgabe in welcher Wei-* **1607** *se* in Frage kommt *(Verantwortungsfrage)*. Hier gibt es die Abstufungen

– Richtlinienkompetenz,
– operativ verantwortlich,
– berät,
– wird informiert.

Jeder Aufgabe des Projektplans werden die Projektbeteiligten zugeordnet und mit einer **1608** der Abstufungen ausgestattet. Die Richtlinienkompetenz liegt in der Regel beim Projektgeber. Die operativen Verantwortlichkeiten können delegiert werden, aber auch nur einmal pro Aufgabe! Besondere Untiefen lauern bei der Festlegung des Informationsverteilerschlüssels. Im Zweifel muss der Projektmanager mit jedem einzelnen Betroffenen seinen Status absprechen, damit die E-Mailverteiler nicht überquellen. Die Absprache umfasst Qualität der Information, Umfang (z.B. mit oder ohne Anhang) und Zeitpunkt des passiven Informationsflusses.

Die Projektmanagementszene benutzt für die anschließende Strukturierung des Projektes **1609** diverse Software wie z.B. den Projektstrukturplan oder Netzbilder (Mindmanager von Mindjet). Es gibt in den projekterfahrenen Organisationen auch in der Regel fertige Master-Strukturpläne. Wenn diese Hilfsmittel auf der Ebene, die wir hier vornehmlich ansprechen, nicht vorhanden sind, dann hilft nur noch Papier oder MS-Excel weiter.

---

[6] The Deadline: A Novel About Project Management. Und den viel zitierten Tipp für eine gute Projektmanagerauswahl gibt im Roman in Kapitel 6 dem Helden Mr. Tompkins die am Burnout leidende Ex-Top-Managerin Belinda Binda.

1610 Dazu sammelt man alle zu erledigenden Aufgaben des gesamten Projektes und erstellt für *jede Aufgabe ein Arbeitspaket,* was je ein einziges Blatt auch nur sein soll. Die Aufgaben werden durchnummeriert, Ziel und Ergebnis der Aufgabe wird beschrieben und die Aufgabe als solches selber auch. Hinweise auf besondere Rahmenbedingungen sind ebenfalls nötig. Zeitpunkte von Beginn und Ende sowie das verantwortliche Teammitglied und dessen Chef sind ebenfalls auf dem Formular unterzubringen. Man kann sich diese Formulare von den einschlägigen Homepages sowohl kostenlos als auch kostenpflichtig aus dem Netz herunterladen.

1611 Wenn alle Arbeitsauftragsblätter zusammengetragen sind, sollte eine *Liste mit allen Projektaufgaben* erstellt werden. Sie umfasst die laufende Nummerierung der Aufgabe/des Ergebnisses oder des Projektabschnittes (sog. Meilenstein) mit Hinweisen zu den jeweiligen Ressourcen, der geplanten Arbeitszeitdauer und der – ganz wichtig – inhaltlichen Vorgänger Aufgaben Nummer. Somit verschafft man sich einen Überblick über alle Aufgaben. Auch ist es eine Hilfe beim Erkennen von Abhängigkeiten bestimmter Aufgaben von Vorgängeraufgaben.

1612 Auch werden bestimmte Aufgaben mit Warteschleifen versehen werden, weil fremde Dritte etwas beitragen müssen, z.B. Daten der Kassenärztlichen Vereinigung über das letzte Quartal, die aber noch nicht liefern können. Zubringer-Aufgaben sind immer schwierig, weil sie nicht der unmittelbaren Projektgewalt unterstehen. Deswegen sollten Zubringer-Aufgaben in kleinere Zeitabschnitte gegliedert werden und regelmäßig bzgl. des Fortschritts- und Fertigungsstand abgefragt werden. Zum Beispiel können Verlagslektoren hier bei Buchprojekten ein Lied davon Singen.

1613 Wiederum andere Aufgaben werden mit Korrekturschleifen arbeiten müssen. Hier ist das Ergebnis eines Arbeitsschrittes unbedingt abnahmepflichtig und es gilt, genügend Zeitpuffer dafür einzuplanen; letztendlich muss der Schritt eventuell noch einmal wiederholt werden. Solche Zusammenhänge sind in den Arbeitsblättern nur schwer abzubilden. Die professionelle Praxis im Projektmanagement benutzt auch hier Softwareinstrumente als Ablaufpläne. Bekannt ist v.a. die Netzplantechnik, die auch für die DIN zum Projektmanagement als Pate zur Verfügung stand. Alternativ dazu werden zur Darstellung der zeitlichen Abläufe auch Gantt-Balkendiagramme[7] verwendet. Halbwegs erschwinglich ist das Softwareinstrument MS-Visio, welches für kleine und mittlere Projekte im ärztlichen Bereich ausreichend Gantt-Kapazität bietet. Die meisten anderen Instrumente sind für den professionellen Gebrauch und große Projekte mit vielen vernetzten Einzelaktivitäten bestimmt und benötigen eigene Schulungen zur Anwendung.

1614 Herkömmlicherweise werden Projekte in *Phasen* eingeteilt. Die Phasen können sich überschneiden. Sowohl die Netzplantechnik als auch die Gantt-Balkendiagramme bringen den gedachten Projektablauf in eine zeitliche Ordnung, wobei sie inhaltliche Abhängigkeiten einzelner Arbeitsschritte visualisieren. Die Projektphasen werden durch *„Meilensteine"* (Zwischenziele, Teilziele, Etappenziele) abgegrenzt. Sie sind Messpunkte wie die früheren Postmeilensäulen auf den Poststrecken. Die DIN 69900 spricht bei Meilensteinen von Ereignissen „besonderer Bedeutung".

1615 Am besten werden sie als Zwischenziele bezeichnet, an denen das ganze Projekt innehält, um Nachbesserungen von unzureichenden Ergebnissen zu prüfen oder gar den bewussten Abbruch des Projektes zu beschließen. Die Meilensteine legen Termine und die

---

[7] Henry Laurence Gantt war ein US-amerikanischer Maschinenbauingenieur (1861–1919) und arbeitete eine Zeitlang mit Frederick Winslow Taylor, dem Begründer des nach ihm benannten Taylorismus oder der Arbeitswissenschaften zusammen. Er entwickelte als Mitbegründer des Scientific Management als einem Vorläufer der Betriebswirtschaftslehre das Gantt-Diagramm, was er für Maschinenbelegungspläne oder Auftragsdiagramme einsetzte. Beim Gantt-Diagramm werden nicht wie bei der Projektplanung den Phasen die Ressourcen zugeteilt, sondern umgekehrt den Ressourcen die Aufgaben zugeordnet werden (die knappen Ressourcen wirken sich also auf die Ablaufplanung aus).

Beschreibung von Teilergebnissen fest. Der Meilenstein als solcher ist nicht mehr der Testtermin, sondern nur noch der Entscheidungstermin. Die Testung ist in der Vorbereitung auf den Meilensteintermin schon erfolgt.

In der Beratersprache ausgedrückt werden im zeitlichen Vorfeld zu solchen Punkten die **1616** Knock-out Kriterien für oder gegen die Weiterführung des Projektes befragt. Das Projektteam erbringt zu solchen Terminen seine Teilergebnisse und ermöglicht so indirekt die Überwachung des Projektfortschritts.

Nachdem alle Arbeitspakete (als Ausdruck der Projektaufgaben) gesammelt wurden und **1617** die Meilensteine festgelegt sind, erfolgt die Sortierarbeit *(Projekt-Ablaufplan)*. Die einzelnen Arbeitspakete mit ihren Arbeitsschritten werden in einen inhaltlichen Bezug gesetzt, d. h. vernetzt. Man kann jedes Arbeitspaket bereit als ein Teilnetz bezeichnen. Die Teilnetze werden jetzt aufeinander abgestimmt. Das ist die wesentliche Aufgabenstellung der Ablaufplanung.

Um möglichst kurze Projektlaufzeiten zu erreichen, wird man versuchen, möglichst **1618** viele Schritte parallel zu planen. Dabei ist es praktisch, vom zeitlichen Ende her das Projekt rückwärts zu planen. Bei dieser Vorgehensweise ist sicher gestellt, dass man nicht so leicht übersieht, welche Voraussetzungen in früheren Phasen geschaffen werden müssen, damit die späteren Schritte überhaupt planmäßig umgesetzt werden können. Ein psychologischer Nutzen liegt bei der Rückwärtsplanung in der Bewusstseinsbildung für die Projektbeteiligten, wie viel noch zu erledigen ist und wie viele Etappenziele noch vor einem liegen.

Die Kunst des Projektmanagements liegt für den Projektmanager beim Ablaufplan darin, **1619** viele Ereignisse parallel im Blick zu halten und ggfs. bei internen oder externen Störungen des Projektgeschehens rasch umzudisponieren. Je nach Umfang des Projektes kann die Vernetzung rasch komplexe Ausmaße annehmen, d. h. jedes zusätzlich zum Projekt hinzukommende Element in Form einer Information o. ä. erhöht die möglichen Wechselbeziehungen zwischen allen im Projekt befindlichen Elementen überproportional (d. h. das Wachstum der Komplexität wird über eine Exponentialfunktion abgebildet). Gerade die Abschätzung nicht-lineare Abläufe bzw. exponentieller Verläufe scheint im Alltagsdenken schwierig zu sein (Dörner/Reither 1978, Dörner 1989) und bedeutet für jeden Projektmanager eine Herausforderung.

Bei solchen Herausforderungen des Projektmanagements ist es kein Wunder, wenn **1620** Nichtbeteiligte und Außenstehende den Projektzusammenhang nachvollziehen möchten auch ohne unmittelbar im Projektgeschehen eingebunden zu sein. Dazu dient eine vollständige *Projektdokumentation*. Außenstehende sind in gewisser Weise sogar Projektgeber, die ihren Auftrag überwachen wollen. Aber auch Lieferanten sind Außenstehende, mit denen man u. U. Nachverhandlungen führen muss. Auch gehören Nachforderungen und deren rechtliche Durchsetzung zu den Themen, die mit einer ordentlichen Dokumentation besser bewältigt werden können. Für die eigene Rekonstruktion der Ausgangslage und der objektiven Verhältnisse ist bei Projektkrisen die Dokumentation ein unerlässliches Werkzeug für sowohl den Projektmanager als auch für den Projektgeber.

Neben einem Projektordner sollte man für sich selbst unbedingt ein Projekttagebuch **1621** führen. Das Projekttagebuch dient zur Erfassung der wesentlichen Termine und Telefonate, die man persönlich geführt hat. Der physische oder digitale Projektordner sollte in folgende Kategorien unterteilt sein:
– Projektplanung Soll/Ist
– Kompletter Schriftverkehr und Telefonnotizen sowie Aktenvermerke
– Protokolle der Besprechungen und Vereinbarungen
– Sämtliche Berichte (Prüf-, Freigabe-, Begehungs-, Vermessungs-, Mängel-, Bewertungs-, Status-, Meilensteinberichte)
– Beweismittel wie z. B. Foto-Dokumente
– Entscheidungen und Versand wichtiger Unterlagen
– Bestätigungen der Arbeitsanweisungen

– Alle Pläne mit Wiedervorlagesystem
– Alle Dokumente im Zusammenhang mit Unfällen, Schäden und Garantiefällen.

1622 Dokumentation ist kein besonders viel geliebtes Thema. Daher sollte gleich zu Beginn des Projektes klar gestellt werden, was und wie dokumentiert werden muss, wo sie archiviert werden sollen und wer dafür verantwortlich ist. Die Sorge für eine vollständige Dokumentation ist einer der beiden relevanten Querschnittsthemen, die sich durch das gesamte Projektmanagement von Anfang bis zum Ende hinziehen. Als zweite Querschnittsfunktion gehört die *Kostenüberwachung* zu den Projektmanagerdauerpflichten.

1623 Es gibt ein Grundgesetz bei der Projektkostenüberwachung: der Projektmanager trägt die Kostenverantwortung.

1624 Es biete sich an, das Projektvorhaben in der eigenen Finanzbuchhaltung abzubilden. Das Projekt mit seiner Bezeichnung wird der Kostenträger, auf den alle projektspezifischen Einzelkosten und Projektstunden gebucht werden. Von der Systematik unterscheidet sich die Projektkostenrechnung nicht von anderen Geschäftsvorfällen. Es fallen Kostenarten an, die einem Bereich zugeordnet werden können (Kostenstelle), die dann wiederum mit einem Kostenträger (nämlich der Projektbezeichnung) versehen werden. So wird eine – bei exakter und zeitnaher Dokumentation – Auskunftsfähigkeit über den Projektkostenstand herbeigeführt.

1625 Tücken liegen bei den Themen der internen Stundenverrechnungssätze, der exakten Erfassung der Reisekosten und der Erfassung der Projektmanagementkosten.

1626 Das Kostenmanagement arbeitet mit diesen Angaben. Es macht einerseits die Projektkostenplanung und den anschließenden Soll-/Istabgleich mit den entsprechenden Korrekturmaßnahmen, um im Budgetrahmen zu bleiben. Typische Abweichungen bei den Projektkosten können auf Fehlbuchungen in der Finanzbuchhaltung, unrichtigen Projektstundendokumentationen, Preisveränderungen und Terminverschiebungen zurück zu führen sein. Diese Abweichungen müssen vom Projektleiter nach Möglichkeit wieder aufgefangen werden. Es gilt die Erfahrung, dass das Kostenmanagement oft von den Beteiligten unterschätzt wird.

1627 Im Bereich der Ärzte und deren Berufsumfeld können Projekte nicht aus der Portokasse bezahlt werden. Es wird sich daher um essentielle Projekte handeln, die bestens kalkuliert sein müssen und ggfs. eine solide Finanzierung besitzen. Letztendlich muss das Projektergebnis die Kosten gerechtfertigen, indem es erfolgreich größeren Schaden von der Praxis abgewandt hat oder tatsächlich zu Mehreinnahmen geführt hat.

7. Projekte steuern

1628 Projekte steuern bedeutet, im echten Projektleben angekommen zu sein. Was kann man tun, damit trotz guter Vorbereitung nicht Termine, Kosten und das Ergebnis aus dem Ruder laufen?

1629 In der Technik spricht man von permanenten Regelverhalten, welches als Gegenkoppelung (oder negativer Rückkoppelung) einen Teil der Ausgangsgröße so auf den Eingang zurückführt, dass er dem Eingangssignal entgegenwirkt. So muss man sich auch das Steuerungsverhalten des Projektmanagers während der Projektphasen vorstellen. Dieses Verhalten wird in der Literatur auch oft als Projektcontrolling beschrieben und vielfache Instrumente angeboten. Diese sind aber für viele Projekte zu groß ausgelegt.

1630 Es biete sich an, während der Projektsteuerung zwischen Änderungen, Abweichungen und Störungen zu unterscheiden:
– *Änderungen* sind meistens ein bewusster Vorgang und wird von Projektbeteiligten veranlasst. Irgendetwas soll verbessert werden wie ein Produkt oder ein Prozess. Aber auch die Planung selber kann geändert werden, weil sich Rahmenbedingungen wie z.B. gesetzliche Vorgaben geändert haben.

- Eine *Abweichung* ist dagegen die Nichterfüllung einer Vorgabe wie ein Termin, eine Ausführungszeit oder ein Budget und stellt damit die klassische Differenz zwischen Soll und Ist dar.
- *Störungen* sind Abweichungen von einem durch Planung festgelegten Vorgang aufgrund von eigen verursachten oder fremd verursachten Einwirkungen. Sie sind Schlechtleistungen oder Verzug.

Meistens treten Änderungen auf. Wichtig sind jedoch die Ursachen für die Änderungen. **1631** Die eigene Regelfähigkeit kann aber nur so gut sein, wie man die Änderungen rechtzeitig erkennt und ihren vollen Umfang erkennt. Nur so kann noch adäquat reagiert werden, und zwar mit angemessenen Korrekturmaßnahmen. Signifikant sind immer die klassischen Änderungen bei Terminen, Kosten und Ergebnissen.

Der Prüfschritt der Projektüberwachung ist daher ein unerlässlicher Zwischenschritt zwi **1632** schen dem permanenten Vorantreiben des Projektes und dem Anpassen an immer wieder neue Verhältnisse, ansonsten man den Ereignissen hinterherläuft. Zwischen dem Feststellen der Abweichung und dem Eingreifen der Gegenmaßnahmen verliert man oft viel sogenannte „Totzeit". Auch die Zahlen werden oft mit Verspätung, auf alle Fälle nicht in Echtzeit über die Kostenentwicklung und die (drohenden) Terminüberschreitungen geliefert. Schon dann sind die Handlungsmöglichkeiten des Projektmanagers eingeschränkt. Insofern muss man sich auf Frühwarnsignale aus dem eigenen Team verlassen.

Das kann man abwarten bis ein Teammitglied einen Trend äußert oder aber man fragt **1633** den Projektstatus proaktiv in der Projektteamrunde ab. Das kann einerseits als Ritual regelmäßig erfolgen und andererseits aber auch in größeren Zeitintervallen als Meilenstein-Trend abgefragt werden.

Der Meilenstein-Trend soll schleichende Terminverschiebungen frühzeitig identifizieren **1634** und nutzt dabei die Termin- und Fertigstellungsprognosen seiner Teammitglieder. Das kann man auch grafisch abbilden wie so vieles im Projektmanagement. Das Meilenstein-Trenddiagramm gibt an, wie zu diversen Abfragezeitpunkten sich die Prognosen der einzelnen Teammitglieder hinsichtlich der Einhaltung eines Liefertermins verändern. Das ist wie eine Wettervorhersage. Normalerweise müsste ein stabiler Termin über den Abfragezeitraum als horizontale Linie eingetragen werden. Erfolgen Abweichungsschätzungen mit zeitlichen Verzögerungen, so bricht die Linie nach oben aus. Die Abweichung ist klar zu sehen und wird sich je näher man sich dem Echtzeitpunkt nähert (auch D-Day (Delivery Day) im Projektjargon genannt) verfestigen. Dann sind Gegenmaßnahmen noch realistisch in ihrer Umsetzungskraft.

Und: die Abfragen zeigen auch die Erfolge des Projektmanagers, die Abweichungen **1635** wieder auf die horizontale Linie zurückzuführen. Das wäre dann eine Zick-Zack-Kurve. Steigt die Linie permanent an, so scheint es keine fundierte Planungg zu geben, was dafür spricht, dass sie zu optimistisch war. Steigt die Linie erst im Zeitverlauf dramatisch an, so konnten wohl Gegenmaßnahmen nicht rechtzeitig genug eingeleitet werden. Das Team wurde überrascht. Das kann sich schon zu einer Projektkrise auswachsen.

Die Überprüfung des Projektfortschritts ist für den Projektmanager eine Aufgabe, bei **1636** der er im Wesentlichen auf die Informationen seiner Mitarbeiter angewiesen ist. Sollte der Arzt aber wie in dieser Publikation vermutet nur den Projektmanager überwachen wollen, so gelten dieselben Regeln. Die Eignung der Projektmitarbeiter oder des Projektmanagers ist immer noch ausschlaggebend für die Qualität eines Projektes. Kommunikationsverhalten und andere Fähigkeiten der emotionalen Intelligenz sind ausschlaggebend für den Projekterfolg. Zwischen Wissen und Wissen sowie zwischen Können und Können liegt ein erheblicher Unterschied wie schon ganz am Anfang ausgeführt: technische Kompetenz, Verhaltenskompetenz und Kontextkompetenz ist der Fähigkeitenkontext. Viel Wissen heißt noch lange nicht „viel Können". Zu oft ist Wissen nur als träges Wissen vorhanden, was zwar vorhanden ist, aber nicht zur Anwendung kommt (vgl. Gessler 2011:21).

Regelbasierte Handlungen erfahren ihre Grenzen, wenn das Handlungsschema nicht **1637** mehr zur Situation passt. Sie müssen sich zu innovativen Handlungen umwandeln, was ein

Zeichen von wachsender Expertenstärke ist. Beide Handlungsarten sind zunächst produktiv, wenn sie situationsadäquat erfolgen. Aber erst die Reflexivität führt dazu, dass die Übereinstimmung zwischen Handlung und Situation nicht zufällig ist. Die Reflexivität führt zum Lernerfolg nicht erfolgreicher Handlungen und ist daher eine Kernfähigkeit erfolgreicher Projektmanager und Projektmitarbeiter (vgl. Gessler 2011:21 ff.).

1638　Praktiker bezeichnen diesen Zusammenhang als „siebten Sinn", der dazu führt, dass ein Projektmanager die richtigen Fragen stellt, eine aufmerksame Wahrnehmung besitzt und eine genauere Interpretationsfähigkeit einsetzt. Und so fängt ein Projektmanager an, die Antworten seiner Umgebung zu interpretieren und sein eigenes Frühwarnsystem einzusetzen, und zwar als Dauerfunktion.

1639　So erfährt der Projektmanager in der Regel von den eigentlichen Problemen. Jetzt muss er nur noch die Handlungsaktivität der Korrektur aufbringen. Das bedeutet, den entsprechenden Partner eine Problemlösung entwickeln zu lassen, denn das Frühwarnsystem ist keine Problemlösungsinstanz. Es sorgt nur dafür, dass die Verantwortung dort bleibt, wo sie von Anfang an zur Lösung eines Problems bleiben sollte. Die Unterstützung des Projektmanagers besteht darin, sofort die erneute Umsetzung inklusive Terminvereinbarung mit den Betroffenen und Beteiligten zu besprechen. Neben dem Trendradar des Projektleiters mit seinen Umfragen gibt es noch die regelmäßigen Projekt-Statusbesprechungen und die Meilensteine als Zwischenbilanzen.

1640　Bei Projekt-Statusbesprechungen sollen die erforderlichen Ergebnisse erstellt worden sein, der Stand des Projektes hinsichtlich Qualität, Mitteleinsatz und Widersprüchlichkeiten geprüft werden, die Projektfortschritte dargestellt werden und mögliche Risiken transparent gemacht werden. Soll- und Ist-Zustände werden klar, die Planung wird an aktuelle Entwicklungen angepasst, die Aufgabenverteilung für den nächsten Schritt ist besprochen.

1641　Die Meilenstein Zwischenbilanzen sind Gelegenheiten, mit dem Projektgeber den Projektfortschritt gemeinsam zu betrachten. Der Projektmanager wird Empfehlungen abgeben und der Projektgeber wird Entscheidungen treffen. Alles, was in den Projektstatus Besprechungen auf der internen Projektebene abgehandelt wird, gilt es, in den Meilenstein Zwischenbilanzen auf die Projektphasenebene zu heben. Es ist wie eine Lagebesprechung.

1642　Wichtigstes Ziel ist dabei die Freigabe des Projektgebers für den nächsten Projektabschnitt. Die Inhalte der nächsten Phase sind mit ihm und allen Beteiligten abgestimmt. Unter Umständen werden noch Nachbesserungen vereinbart. Dabei nimmt der Projektmanager eine ähnliche Rolle wie beim Kick-off-Meeting ein. Er moderiert die Veranstaltung und hat sie vorbereitet. Bei größeren Investitionsvorhaben werden Meilenstein Zwischenbilanzen auch mit Teilabnahmen verbunden und sind mit Teilzahlungen an Lieferanten verbunden.

8. Abnahme und Projektabschluss

1643　Die Abnahme und der Projektabschluss ist ein eigenes Kapitel für sich und oft mit großen Unterschieden hinsichtlich des abzunehmenden Projektgegenstand ausgestattet. Fast immer sind Abnahmen auch mit Probeläufen verbunden. Das wird zum Beispiel bei Veränderungsprozessen in der Unternehmensorganisation gerne vergessen oder verdrängt; bei technischen Gewerken wie Softwareentwicklung oder der Medizintechnik eher eine Selbstverständlichkeit.

1644　Für alle Projekte gilt, dass zu Beginn des Projektauftrags definiert sein muss, wie die *Abnahme* zu erfolgen ist. Erfolgt dann die Abnahme, ist das Projekt formal beendet. Ist es versäumt worden, wie die Ergebnisse im Einzelnen geprüft werden sollen oder während des Projektes Ziele der Teilprojekte verändert wurden, kann es zu massiven Konflikten kommen. Auch kann es zu Konflikten kommen, weil der Projektgeber gewechselt hat und der neue Ansprechpartner eine ganz andere Zielerwartung hat, diese aber nicht kommuniziert hat. Um so wichtiger ist es daher, die Abnahmemodalitäten bereits zu Projektbeginn festzuschreiben.

Deswegen legen die meisten Firmen Wert darauf, dass das Lastenheft und die vereinbar- **1645** ten Abnahmebedingungen die Grundlagen für eine Abnahme sind. Die Abnahme ist eine Prüfprozedur, welche die Merkmale der vereinbarten Leistungsfähigkeit im Einzelnen nachweisen soll. Das bedeutet:
- Klare Festschreibung der Methode, mit der die Abnahme durchgeführt wird (Checklisten, Prüfverfahren etc.).
- Zugesichertes Lieferdatum.
- Verhalten im Grenzbereich und Fehlerfall. Hier sollte v. a. die Fehlertoleranz festgehalten werden.

Die Abnahme selber wird durch ein Abnahmeprotokoll dokumentiert. Das kann man **1646** vorbereiten. Nach jedem Schritt sollte eine gemeinsame Bewertung der Ergebnisse erfolgen und protokolliert werden. Am Ende sollten die Einzelergebnisse zusammengefasst werden und eine gemeinsame Bewertung mit dem Projektgeber über das Gesamtprojekt abgegeben werden. Und alles wird hoffentlich mit Unterschrift unter dem Protokoll auch anerkannt. In technischen Projekten gibt es eine Vielzahl von Verifizierungen (Vorgaben eingehalten?) und Validierungen (für den Einsatzzweck geeignet?), die hier nicht beschrieben werden. Sie enthalten diverse Testverfahren.

Auch sollte man die Spannung im Termin entschärfen, indem im Vorfeld vorbereitende **1647** Gespräche mit allen Beteiligten geführt werden.

Der Projektabschluss ist ähnlich wie der Projektstart neben seiner Ritualfunktion wichtig **1648** für die Lernkurve der Beteiligten. Ein starker Projektabschluss sollte die Erfahrungen aus dem Projekt einsammeln, auswerten und für weitere Projekte verfügbar machen. Die Zusammenarbeit im Team sollte reflektiert werden sowie die zu anderen Projektbeteiligten und Betroffenen. Wichtig sind dann „nur" noch:
- Abschließen der restlichen Verpflichtungen
- Bewertung des Projektes
- Nachkalkulation des Projektes
- Bewertung des Projektmanagements
- Verlauf des Risikomanagements
- Zufriedenheit der Projektbeteiligten
- Konfliktumgang und Konfliktlösungen
- Konsequenzen für weitere Projekte
- Erstellung der Abschlussdokumentation
- Identifizierung von nachlaufenden Kosten
- Ggfs. formaler Abschlussbericht und Entlastung des Projektleiters.

Literatur:

Beck, U. (1986). Risikogesellschaft. Auf dem Weg in eine andere Moderne. Frankfurt am Main: Suhrkamp.
CNN (1999). http://articles.cnn.com/1999-09-30/tech/9909_30_mars.metric.02_1_climate-orbiter-spacecraft-team-metric-system?_s=PM:TECH
DeMarco, T. (1998). Der Termin. Ein Roman über Projektmanagement. München Wien: Hanser. Engl. Ausg. (1997). The Deadline: A Novel About Project Management. New York: Dorset House Pub.
DIN Deutsches Institut für Normung e. V. (2009). Projektmanagement. Netzplantechnik und Projektmanagementsysteme. Berlin: Beuth.
Dörner, D., Reither, F. (1978). Über das Problemlösen in sehr komplexen Realitätsbereichen. In: Zeitschrift für experimentelle und angewandte Psychologie 25, Heft 4, 527–551.
Dörner, D. (1989). Die Logik des Misslingens: strategisches Denken in komplexen Situationen. Reinbeck: Rowohlt.
Dülfer, E. (1984). Entwicklungsländer, Fragen der betriebswirtschaftlichen Projektplanung. In: Grochla, E., Wittmann, W. (1984). Handwörterbuch der Betriebswirtschaftslehre. Stuttgart: Poeschel.
Gessler, M. (2011). Grundannahmen eines kompetenzbasierten Projektmanagement. In: GPM Deutsche Gesellschaft für Projektmanagement, Gessler, M. (Hrsg.). (2011). Kompetenzbasiertes Pro-

jektmanagement (PM3). Handbuch für die Projektarbeit, Qualifizierung und Zertifizierung auf Basis der IPMA Competence Baseline Version 3.0, 7–29. Nürnberg: GMP.

GPM Deutsche Gesellschaft für Projektmanagement. (2008). ICB – IPMA Competence Baseline in der Fassung als Deutsche NCB 3.0. National Comptence Baseline der PM-ZERT, Zertifizierungstelle der GMP. Nürnberg: GMP.

GPM Deutsche Gesellschaft für Projektmanagement, Gessler, M. (Hrsg.). (2011). Kompetenzbasiertes Projektmanagement (PM3). Handbuch für die Projektarbeit, Qualifizierung und Zertifizierung auf Basis der IPMA Competence Baseline Version 3.0. Nürnberg: GMP.

Lytard, J-F. (1979) La Condition postmoderne: Rapport sur le savoir. Paris: Edition de Minuit. Schriftenreihe Collection Critique. Dt. Ausg. (1986). Das postmoderne Wissen. Graz Wien: Böhlau.

Meier, M. (2007). Projektmanagement. Stuttgart: Schaeffer-Poeschel

Stein, F. (2009a). Projektmanagement Teil 1 – Sinn und Zweck und Grenzen der Methode in der Leistungserbringung des Gesundheitswesens. In: Herbig, N., Poppelreuther, S., Thomann, H.J. (Hrsg.). (2012). Qualitätsmanagement im Gesundheitswesen. 28. Akt./Erg.-Lieferung.

Stein, F. (2009 b). Projektmanagement Teil 5 – Die Projektrisiken im Griff und Projekt-Kick-off. In: Herbig, N., Poppelreuther, S., Thomann, H.J. (Hrsg.). (2012). Qualitätsmanagement im Gesundheitswesen. 28. Akt./Erg.-Lieferung.

Zweiter Teil. Compliance und Haftungsrisiken

Unwissenheit ist gefährlich. Halbwissen noch mehr. Wer hingegen weiß, welche Gren- **1649** zen das Recht seiner beruflichen Tätigkeit setzt, spart Zeit und Geld. Und zwar in beträchtlichem Ausmaß. Ein weiterer Vorteil liegt darin: Durch die unvoreingenommene Auseinandersetzung mit rechtlichen Themen erfahren Ärzte, in welchen Strukturen Juristen denken. In Problemfällen erleichtert das die Kommunikation ungemein. Gleichzeitig wird man für rechtliche Risiken **sensibilisiert.** Das ist der erste Schritt, um potentielle Probleme frühzeitig zu erkennen und zu umschiffen. Außerdem können sich juristisch Vorgebildete gezielt einbringen: Ihr fachlicher Input ist imminent wichtig. Hierdurch gewinnen Lösungen und Strategien ihrer anwaltlichen Interessenvertreter an Substanz und Schnelligkeit – beispielsweise durch Hinweise auf Fehler in Sachverständigengutachten. Wer am Recht orientierte Beiträge erbringen kann, ist in der Lage, mitzugestalten, statt nur passiver Beobachter eines Verfahrens zu sein, das gravierende Konsequenzen für sein Berufs- und Sozialleben haben kann.

Sich mit den rechtlichen Koordinaten seines Berufes auseinander zu setzen, ist – um das **1650** Unwort des Jahres 2010 zu gebrauchen – alternativlos. Ärzte begegnen dem Recht auf Schritt und Tritt. Es ist ein Gebot der Klugheit, solche Begegnungen sozialverträglich zu gestalten (Masochisten und Abenteurer ausgenommen). Deshalb gibt dieses Kapitel einen Überblick über zentrale Aspekte des zivilrechtlichen Arzthaftungsrechts. Außerdem informiert es über die berufs-, disziplinar- und strafrechtliche Risiken, die mit ärztlicher Tätigkeit einhergehen. Da die einschlägige Literatur und Rechtsprechung mittlerweile ganze Bibliotheken füllt, kann der Leser in diesem Abschnitt nur in Grundzüge eingeführt werden. Durch diese Einführung sollen Ärzte nicht zu Anwälten in eigener Sache ausgebildet werden. Das wäre aus verschiedenen Gründen nicht in ihrem Sinne. Vielmehr soll ihre Fähigkeit gefördert werden, juristische Fallstricke zu umgehen und – sollte das einmal nicht funktionieren – konstruktiv an juristischen Problemlösungen mitzuarbeiten.

Informationsquellen für juristisch Interessierte gibt es mittlerweile viele. Wer sich nicht **1651** mit der Lektüre von Newslettern und ähnlichem zufrieden geben möchte, hat die Gelegenheit, viele Gerichtsentscheidungen im Volltext abzurufen. Die Bundesgerichte (BVerfG, BGH, BSG) stellen wichtige Urteile und Beschlüsse bereits seit einigen Jahren auf ihre Homepages. Entscheidungen sind allerdings immer einzelfallbezogen zu lesen. Da jeder Fall anders ist, darf man gerichtliche Feststellungen nicht unbesehen verallgemeinern und auf einen Fall übertragen, der einen selbst gerade beschäftigt.

Wie man es auch dreht und wendet: Das Recht gleicht einer Glocke, die nahezu alles **1652** umschließt. Es gilt aus dieser Tatsache, die richtigen Konsequenzen zu ziehen.

A. Compliance

Compliance ist ein juristischer Mode-Begriff, der in seiner heute vorherrschenden Ver- **1653** wendungsvariante nichts mit dem Behandlungsverhalten von Patienten zu tun hat. Er steht vielmehr für das strukturierte Bemühen, Gesetze und sonstige Regeln einzuhalten: Im Interesse von Unternehmen, deren Mitarbeitern und Dritten. Ziel ist **Haftungsvermeidung.** Typische Compliance-Instrumente sind Risikoanalysen, Verhaltensrichtlinien, Schulungen, Hinweisgebersysteme und interne Audits. Insoweit verbindet Compliance zwei

Konzepte, die in der Medizin immer mehr an Bedeutung gewonnen haben: Qualitäts- und Risikomanagement. Vieles, was Juristen als Compliance-Maßnahmen empfehlen, kennen Ärzte unter diesen Etiketten. Es besteht allerdings keine Deckungsgleichheit.

1654   Der Hauptvorteil von Compliance liegt auf der Hand: Je geringer die Gefahr ist, dass es in Organisationseinheiten zu Normverstößen kommt, desto geringer ist die Gefahr, dass die unmittelbar Handelnden und die für die Organisationseinheit Verantwortlichen haftbar gemacht werden. Rechtliche Haftungsfolgen können sich unter anderem aus Zivil-, Steuer- und Strafrecht ergeben. Man denke z. B. an Schadensersatzpflichten, Freiheitsstrafen oder Unternehmensgeldbußen. Großkonzerne und Unternehmen des Mittelstands haben deshalb in den letzten Jahren große Anstrengungen unternommen, um wirksame Compliance-Instrumente zu implementieren. Angefangen bei Ethik-Kodices bis hin zu Hinweisgebersystemen. Zugegeben: Arztpraxen haben nicht die Größe von börsennotierten Wirtschaftsunternehmen. Vieles, was dort geschieht, ist für sie nicht in gleicher Weise sinnvoll und praktikabel. Andererseits beschäftigten sie in der Regel so viele Mitarbeiter, dass auch hier **unübersichtliche Strukturen** und fehleranfällige Arbeitsprozesse mit unklaren Zuständigkeiten entstehen können. Das ist überall der Nährboden für haftungsbegründende Regelverstöße. Eine mindestens ebenso große Risikoquelle ist das normative Anforderungsprofil an Ärzte. Es ist zum einen sehr hoch, weil ärztliche Tätigkeit durch Gesetze, Verordnungen sowie Richt- und Leitlinien stark reglementiert ist. Zum anderen sind diese Vorgaben häufig interpretationsbedürftig oder regelmäßigen Änderungen unterworfen. Je mehr (unklare) rechtliche Vorgaben es gibt, desto größer ist die Wahrscheinlichkeit von Übertretungen.

1655   Im ersten Moment wird Compliance vielen Ärzten als Zumutung erscheinen. Denn Compliance klingt nach noch mehr Regeln und nach noch mehr Bürokratie. Da kein anderer Berufsstand so lautstark über Bürokratisierung klagt wie die Ärzteschaft, ist eine skeptische Grundhaltung zumindest konsequent und psychologisch nachvollziehbar. Allerdings zielt Compliance nicht auf eine überflüssige Verkomplizierung der ärztlichen Berufsausübung, sondern auf den **Schutz** der an ihr beteiligten Personen. Im Übrigen darf man eines nicht vergessen: Vieles fällt auf den zurück, der an der Spitze steht. Jeder Fehler einer Praxisangestellten wirft die Frage auf, inwiefern ihr Arbeitgeber mit-verantwortlich ist. Hat er die Mitarbeiterin sorgfältig ausgewählt, hat er sie überfordert, sie nicht ausreichend kontrolliert oder sogar sehenden Auges in Kauf genommen, dass sie etwas falsch macht, weil dies für ihn vorteilhaft ist? Man denke in diesem Zusammenhang an die Auszubildende, die ohne hinreichende Schulung komplexe GOÄ-Liquidationen vorzubereiten hat. Insgesamt ist die Rechnung relativ einfach: Je mehr Mitarbeiter in einer Praxis tätig sind, desto größer ist die Fremdverantwortung des Inhabers.

1656   Dieser Verantwortung wird nur gerecht, wer die Strukturvoraussetzungen für legales und fehlerminimiertes Arbeiten schafft. Das gilt für alle Unternehmer – und somit auch für niedergelassene Ärzte in eigener Praxis. Vertragsärzte hat der Gesetzgeber ausdrücklich dazu verpflichtet, ein einrichtungsinternes Qualitätsmanagement einzuführen (§ 135 a SGB V). Das ist dem Grunde nach nichts Außergewöhnliches. Jeder Unternehmer hat die (manchmal unliebsame) Aufgabe, sich um Organisation und Verwaltung seines Betriebes zu kümmern. Selbstständige, die sich ausschließlich um die Erledigung fachlicher Aufgaben kümmern können, gibt es kaum. Unter dem Strich sollte man maßvolle Compliance als **Chance** und nicht als Belastung begreifen.

1657   Compliance sollte immer bedarfsorientiert sein. Deshalb ist vor der Implementierung eines Compliance-Konzepts eine Bedarfsanalyse durchzuführen. Hierbei gilt es, Risiken zu identifizieren und anschließend hinsichtlich ihres Schadenspotentials zu bewerten.

1658   Typische Risikoquellen in einer Arztpraxis sind:
   – Patientenbehandlung,
   – Abrechnung,
   – Kooperationen und Verträge mit nicht-ärztlichen Leistungserbringen sowie
   – steuerliche und gesellschaftsrechtliche Gestaltungen.

A. Compliance

1. Grundregeln der Risikominimierung im Behandlungsbereich

Die fehlerfreie Ausübung des Arztberufs ist eine Illusion. Trotz aller Anstrengungen wird **1659** es nicht gelingen, diesen Zustand herzustellen. Nichtsdestotrotz sind Annäherungen möglich – vorausgesetzt man beachtet die folgenden Grundregeln. Sie ergeben sich aus einem 5-Stufen-System:

Sorgfältige Personalauswahl: Auf der ersten Stufe steht eine sorgfältige Personalaus- **1660** wahl, die sich sowohl auf geeignete und zuverlässige Mitarbeiter als auch auf qualifizierte Aufsichtspersonen (z. B. erfahrene MTA) beziehen kann. Warum ist das wichtig? Weil jeder Dirigent nur so gut wie sein Orchester ist. Oder anders gewendet: Jeder Arzt ist nur so gut wie sein (Praxis-)Team. Das mag eine Vereinfachung sein, hat aber viel Plausibilität. Aus genau dem gleichen Grund ist darauf zu achten, dass Mitarbeiter ausreichend geschult und weitergebildet werden. **Wissensdefizite** führen schnell zu Fehlern und sollten daher vermieden werden. Die regelmäßige Teilnahme an Fortbildungen – insbesondere zu abrechnungsrelevanten Themen – sollte aktiv eingefordert werden. Es wäre falsch, an diesem Ende zu sparen. Zumal eine professionelle Fortbildungsplanung auch für kreditvergebende Banken eine Rolle spielen soll.[1]

Sachgerechte Organisation und Aufgabenverteilung: Auf der zweiten Stufe folgt **1661** die sachgerechte Organisation und Aufgabenverteilung durch den Inhaber der Praxis. Hierfür muss er zunächst analysieren, wie viele Mitarbeiter er für einen reibungslosen Praxisbetrieb benötigt und welche Pflichten ihn und seine Angestellten treffen. Diese Analyse kann einen beachtlichen Katalog an Verhaltensvorgaben ergeben: Angefangen bei der Entsorgung bestimmter Abfälle über die Dokumentation der Behandlung bis hin zur Meldung bestimmter Infektionen. Wer in der Substitutionsbehandlung tätig und an die BtMVV gebunden ist, weiß, was ein umfangreicher Pflichtenkatalog ist. Die KBV hat einen Überblick über die wesentlichen Rechtsvorschriften für Ärzte und Psychotherapeuten erstellt, der ein gutes Hilfsmittel zur Orientierung darstellt. Wichtig ist, dass die Erfüllung der einschlägigen Pflichten durch präzise Arbeitsabläufe und **klare Zuständigkeiten** sichergestellt wird. Als Instrumente bieten sich an: Organigramm, Verfahrens- und Arbeitsanweisungen (z. B. in Form von Flussdiagrammen), Checklisten (z. B. zu Hygiene und Gerätewartung), Richtlinien zur Einhaltung von Gesetzen, Verordnungen, Leitlinien etc. und Arbeitsplatzbeschreibungen. Diese Instrumente entfalten aber nur dann Wirkung, wenn ärztliches und nicht-ärztliches Personal genügend Zeit haben, das geschriebene Wort mit Leben zu erfüllen. Dies zu gewährleisten, ist ebenfalls eine Organisationsaufgabe.

Kommunikation: Instruktion und Überzeugung der Mitarbeiter: Hieran schließt **1662** die Pflicht an, die Mitarbeiter über ihre Aufgaben und Pflichten aufzuklären. Jeder muss exakt wissen, was er zu tun und zu unterlassen hat. Ein Zuständigkeitsvakuum kann ebenso fatal sein wie eine ungewollte Zuständigkeitsüberschneidung. Deshalb bedarf es, wie bereits erwähnt, klarer Arbeitsanweisungen und Zuständigkeiten.

Der Praxisinhaber muss sich ohne Vorbehalte zu den oben angesprochenen Instrumenten **1663** seines Compliance-Systems bekennen und nachdrücklich deren Beachtung einfordern. Ohne ein klares Bekenntnis von Oben, wird das System nicht funktionieren.

Überwachung und Kontrolle der Mitarbeiter: Auf der vierten Stufe ist die Pflicht an- **1664** gesiedelt, Mitarbeiter ausreichend zu überwachen und zu kontrollieren. Was das konkret erfordert, hängt von den Umständen des Einzelfalls ab. Während man neue und unerfahrene Mitarbeiter noch engmaschig kontrollieren muss, reichen bei altbewährten Kräften in der Regel unangekündigte Stichprobenkontrollen aus. Regelmäßige Teamsitzungen, in denen Probleme und Auffälligkeiten angesprochen werden können, sind ebenfalls ein geeignetes Kontrollinstrument. Unterlässt ein Arzt die gebotene Überwachung, macht er sich angreifbar.

Einschreiten bei Verstößen: Auf der fünften und letzten Stufe hat der Praxisinhaber **1665** angemessen auf Fehlverhalten seiner Mitarbeiter zu reagieren, was die Androhung und

---

[1] Vgl. Ärzte Zeitung, 31. 5. 2011: Banken erwarten Qualitätsmanagement.

Verhängung von Sanktionen einschließen kann. Kommt es zu Pflichtverstößen, weil ein Arzt die Nachlässigkeiten seiner Mitarbeiter toleriert hat, ist er unter Umständen selbst haftbar.

1666 Alle Aufsichtsmaßnahmen müssen objektiv erforderlich und zumutbar sein. Das Ausmaß der Aufsichtspflicht hängt auf jeder Stufe von den konkreten Umständen und Gegebenheiten in der betreffenden Arztpraxis ab.

2. Zusammenarbeit mit Unternehmen am Gesundheitsmarkt

1667 Die Zusammenarbeit von Ärzten mit Dritten kann völlig unproblematisch sein. Es wäre jedoch weltfremd anzunehmen, dass Unternehmen, die am Gesundheitsmarkt tätig sind, rein altruistische Ziele verfolgen, wenn sie Ärzten Geschenke machen, sie als Referenten beauftragen oder ihnen die Teilnahme an Studien anbieten. Um dem Eindruck entgegenzuwirken, Ärzte seien käuflich, sollten die folgenden Grundregeln beachtet werden.

1668 • **Dokumentation:** Ein Leistungsverhältnis (egal ob ein- oder zweiseitig) ist schriftlich zu fixieren, um dem Eindruck entgegenzuwirken, man habe etwas zu verbergen. Deshalb muss auch das dokumentiert werden, was tatsächlich gelebt werden soll. Abdeckerklärungen, die nicht den wirklichen Willen der Parteien widergeben und durch Geheimabsprachen ergänzt werden, lassen Unrechtsbewusstsein und gegebenenfalls kriminelle Energie erkennen.

1669 • **Äquivalenz:** Leistung und Gegenleistung müssen angemessen sein. Orientierungspunkte kann die GOÄ liefern. Man sollte außerdem kritisch prüfen, ob die ärztlicherseits erwartete Leistung für ihren Empfänger objektiv von Interesse ist. Soll der Arzt keine Gegenleistung erbringen (passive Teilnahme an einer Veranstaltung, deren Kosten übernommen werden), handelt es sich um ein Geschenk, für dessen Annahme die Berufsordnungen der Landesärztekammern wichtige Regeln aufgestellt haben. Die nicht selbst finanzierte Teilnahme an Veranstaltungen, bei denen der Freizeit- und Unterhaltungscharakter im Vordergrund steht, ist danach unzulässig.

1670 • **Trennung:** Keine Koppelung von Vorteilen gleich welcher Art mit dem Verordnungs- oder Zuweisungsverhalten.

1671 • **Transparenz:** Offenlegung gegenüber dem Dienstherrn (z.B. angestellter Arzt gegenüber Praxisinhaber). In Zweifelsfällen kommt eine Vorab-Anfrage bei der zuständigen Ärztekammer in Betracht.

3. Fehler- und Krisenmanagement

1672 Gutes Krisenmanagement ist Gold wert. Durch richtige Weichenstellungen kann man auch in scheinbar verfahrenen Situationen viel bewirken. Hierzu benötigt man verschiedene Qualitäten, auf die hier nicht im Einzelnen eingegangen werden soll.

1673 • **Interner Umgang** mit Fehlern: Diskussion im Team zur Vermeidung von Wiederholungsfällen. Anonyme Erfassung von Beinah-Fehlern.

1674 • **Externer Umgang** mit Fehlern: Kommunikation mit Patienten und Medien. Es gilt zur richtigen Zeit, die richtigen Worte zu finden. Ein Kardinalfehler wäre es, vermeintlich geschädigte Patienten brüsk abzuweisen. Eine derartige Reaktion hat schon oft zur Erstattung einer Strafanzeige geführt. Wegen der juristischen und sonstigen Implikationen, die mit Fehler-Kommentaren verbunden sind, empfiehlt sich die Konsultation eines Anwalts und in besonderen Fällen eines Medienexperten.

1675 • **Durchsuchungsplan:** Stehen Staatsanwaltschaft und Polizei mit einem Durchsuchungsbefehl vor der Praxistür, gilt es, kühlen Kopf zu bewahren. Allgemeine Verhaltensempfehlungen sind in diesem Kapitel („Strafprozessuales Einmal Eins") aufgeführt.

1676 • **Kommunikation mit Aufsichts- und Kontrollbehörden:** Es muss durch eine interne Anweisung sichergestellt sein, dass Behördenanfragen nur durch den Praxisinhaber beantwortet werden dürfen und im Falle telefonischer Anfragen an diesen zu verweisen ist.

4. Externe Hilfe: Rechtlicher Praxis-Check

Wer wissen möchte, ob in seiner Praxis nicht nur effektiv, sondern auch rechtskonform **1677** gearbeitet wird, kann sich an einen externen Auditor wenden. Dessen Tätigkeit besteht darin, alle Arbeitsprozesse und Verträge einer neutralen und kritischen Rechtsprüfung zu unterziehen sowie Verbesserungsvorschläge zu erarbeiten. Es geht dabei weniger um betriebswirtschaftliches Optimierungspotential als um die Einhegung von Rechtsrisiken. Seine Inanspruchnahme bietet sich insbesondere für solche Ärzte an, denen aufgrund kritischer Selbsteinschätzung klar geworden ist, dass ihre Stärken (noch) nicht im Bereich des Praxismanagements liegen oder die wissen, dass sie in besonders fehleranfälligen Arbeitsbereichen tätig sind.

5. Exkurs: Strafrechtsschutzversicherung

Krisen sind teuer. Man braucht häufig fremde Hilfe, um sie zu überstehen. Mit den ei- **1678** genen Fähigkeiten kommt man nur bedingt weiter. In Spezialdisziplinen, deren ansatzweise Beherrschung zumindest ein mehrjähriges Studium voraussetzt, steht man selbst als interessierter Laie schnell auf verlorenem Posten. Qualifizierter juristischer Beistand hat jedoch seinen Preis. Im Laufe der Zeit können erkleckliche Summen zusammenkommen, die auch ein Besserverdiener als erhebliche finanzielle Belastung empfindet. Das gilt insbesondere für Strafverfahren, die sich über mehrere Monate und Jahre hinziehen können. Diese Einsicht sollte Anlass genug sein, sich auch mit den Angeboten spezieller Strafrechtschutzversicherungen für Ärzte auseinander zu setzen. Dabei sollte man nicht aus dem Blick verlieren, dass man auch unverschuldet in strafprozessuale Ermittlungen hineingezogen werden kann und selbst dann, wenn ein Ermittlungsverfahren ohne Konsequenzen eingestellt wird, regelmäßig auf den Anwaltskosten sitzen bleibt. Das ist keine Werbung für die Versicherungswirtschaft, sondern der Hinweis auf ein Thema, zu dem man sich als risikobewusster Arzt eine eigene Meinung bilden sollte. Zu beachten ist auch, dass einige Versicherungen nur die gesetzlichen Gebühren nach dem Rechtsanwaltsvergütungsgesetz (RVG) übernehmen, spezialisierte Anwälte in der Regel aber nur auf Stundensatzbasis arbeiten. Ferner ist zu berücksichtigen, dass die Versicherungen bei einer Verurteilung wegen eines Vorsatzdelikts (z.B. Betrug) die bereits gezahlten Anwaltskosten von ihrem Versicherungsnehmer (dem Arzt) zurückverlangen.

B. Zivilrechtliche Haftung

I. Zivilrechtliche Grundlagen im Arzthaftungsrecht

1679   Arztrecht wird nicht selten als Arzthaftungsrecht verstanden und mit diesem Gebiet gleichgesetzt. Das hängt sicherlich stark mit der öffentlichen Wahrnehmung zusammen. Ärztliche Fehler bei der Behandlung haben oft fatale Folgen für den Patienten. Die Medien tun ein Übriges, um auf aus ihrer Sicht spektakuläre Fälle ärztlicher Fehlbehandlungen hinzuweisen und darüber zu berichten. Hinzu kommt ein stärkeres Rechtsbewusstsein des mündigen Patienten, der, nachdem er vom Arzt keine Heilung erfahren oder in der Behandlung sogar Schaden genommen hat, sein Recht dort sucht, wo er es nach seiner Auffassung verloren hat: Beim Arzt.

1. Arzthaftpflicht und Statistiken: Eine Bestandsaufnahme

1680   In diesem Zusammenhang ist es keineswegs erstaunlich, dass die Haftpflichtversicherungen für Ärzte und Krankenhäuser in den letzten 20 Jahren deutlich in den Beiträgen, aber auch in den Versicherungssummen gestiegen sind.

1681   Reichten in den 70-er und 80-er Jahren noch Haftpflichtversicherungen bis etwa 2 000 000,00 DM, so stieg dies in den 90-er Jahren schon auf mehrere Millionen DM; seit etwa 10 Jahren sind Versicherungssummen von 5 000 000,00 bis 20 000 000,00 EUR durchaus gängig und den Ärzten auch zu empfehlen. Dies hängt selbstverständlich auch sehr stark von der Schadenshäufigkeit und der Schadensintensität der einzelnen Arztgruppen ab.

1682   **a) Behandlungsfehlerstatistik der Bundesärztekammern.** Einen Überblick über die Schadenshäufigkeit kann insofern beispielsweise die zuletzt am 19. 6. 2012 veröffentlichte Behandlungsfehlerstatistik der Bundesärztekammer geben. Auf Beschluss der ständigen Konferenz der Gutachterkommissionen und Schlichtungsstellen werden die Daten jährlich nach bundeseinheitlichen Parametern mittels eines elektronischen Statistikbogens gesammelt. Dabei enthält die Bundesstatistik wesentliche quantitative und qualitative Aspekte:
– zum einen eine Aufstellung zu Antrags- und Erledigungszahlen und der Zahl der festgestellten Behandlungsfehler,
– zum anderen eine Untersuchung zu Art, Häufigkeit und Verteilung der Behandlungsfehler auf die medizinischen Fachgebiete und Behandlungseinrichtungen.

1683   Die von den Schlichtungsstellen ermittelte Zahl der Antragsgegner zeigt, dass Behandlungsfehlervorwürfe im stationären Bereich weitaus häufiger sind als im Bereich der niedergelassenen Ärzte:

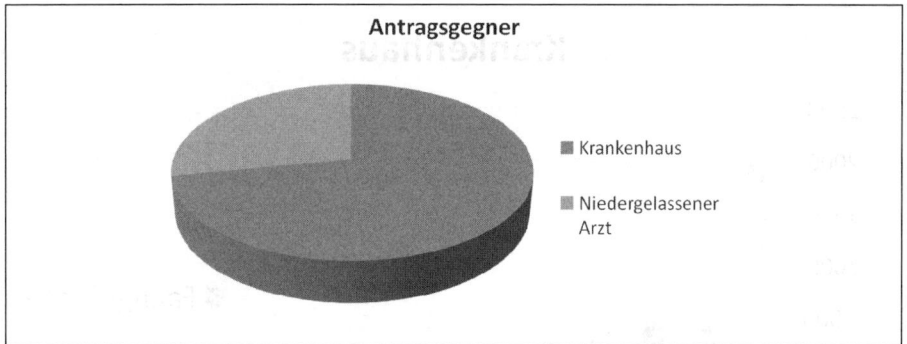

Die Ergebnisse der Sachentscheidungen der Schlichtungsstellen illustrieren allerdings, **1684** dass die Vorwürfe – zumindest nach der Einholung eines Fachgutachtens und interner Beratung zwischen Juristen und Medizinern – im Rahmen des Schlichtungsverfahrens größtenteils nicht berechtigt waren. In fast $^3/_4$ aller begutachteten Fälle konnte kein dem Arzt vorwerfbarer Behandlungsfehler festgestellt werden bzw. zumindest keine Kausalität zwischen Fehler und Schaden festgestellt werden:

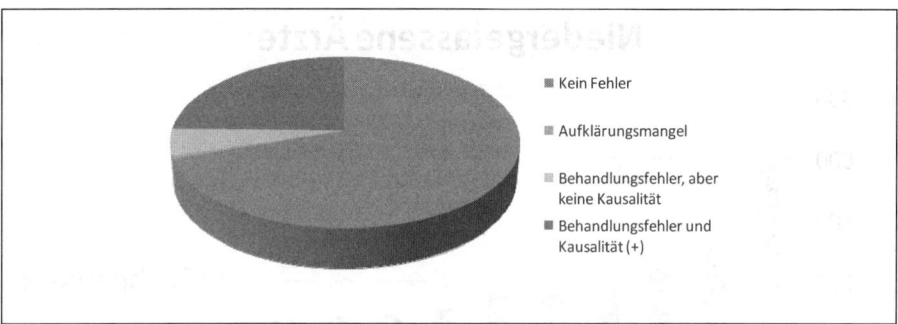

Die Fachgebietsbeteiligung der einzelnen Antragsgegner zeigt, dass die Fachdisziplinen **1685** der Orthopädie und Unfall-Chirurgie zahlenmäßig am häufigsten Behandlungsfehlervorwürfen ausgesetzt sind, und zwar sowohl im Bereich der stationären als auch der ambulanten Behandlung:

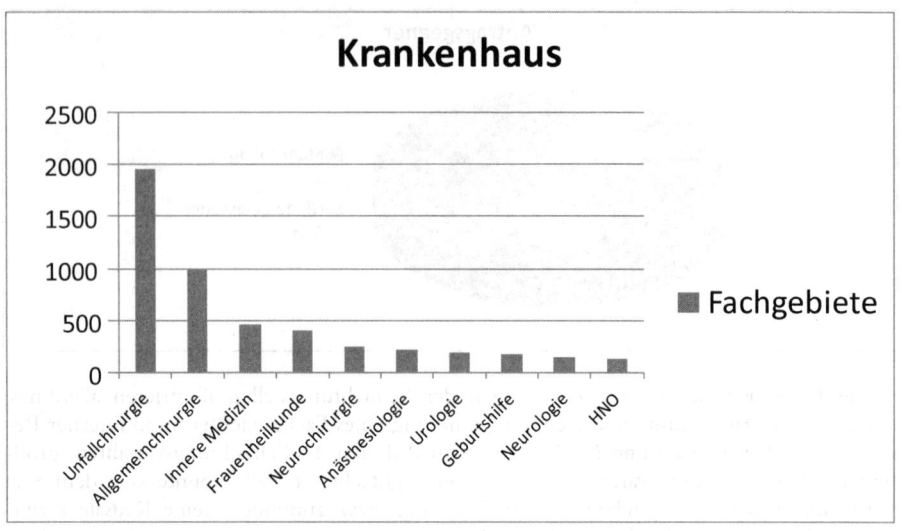

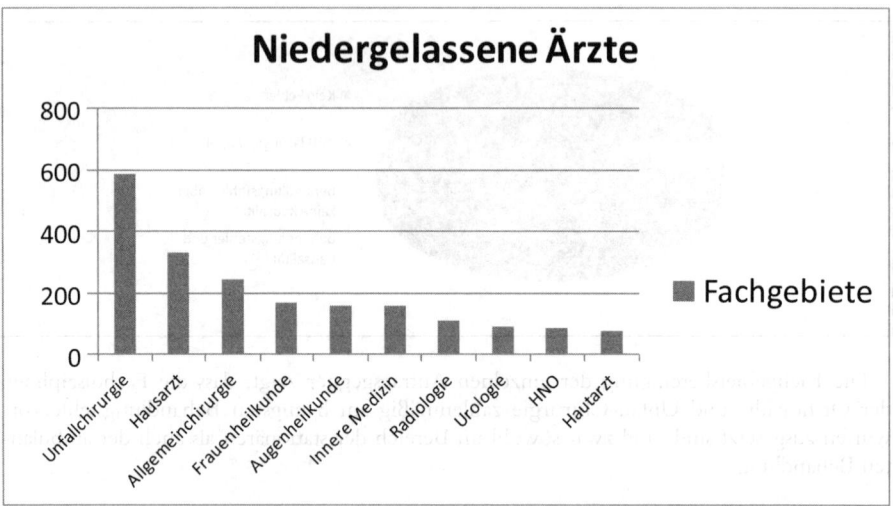

1686   **b) Grundlagenstudie des GDV 2009.** Der GDV hat als Gesamtverband der Deutschen Versicherungswirtschaft, der seinen Sitz in Berlin hat und als Dachorganisation der privaten Versicherer in Deutschland über 464 Mitgliedsunternehmen verfügt, eine Studie zur Fachgebietsbeteiligung und Häufigkeit sowie Schadenhöhe durchgeführt, die im Jahre 2009 veröffentlicht wurde:

Verteilung der Schadenhäufigkeit in den Hochrisiko-Disziplinen

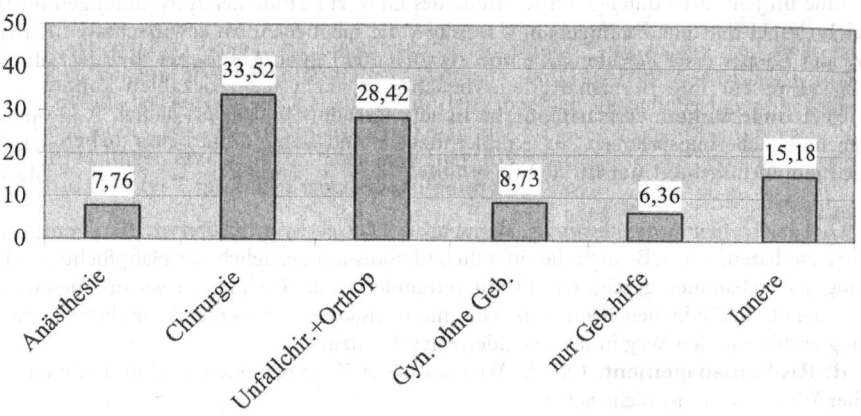

Auch diese Untersuchung bestätigt, dass die ärztlichen Disziplinen der Unfallchirurgie **1687** und Orthopädie am häufigsten Behandlungsfehlervorwürfen ausgesetzt sind. Dementgegen zeigt sich, dass bei der Höhe der Aufwendungen, d.h. des Gesamtbetrages, der von den Haftpflichtversicherern in den einzelnen Fachdisziplinen an Entschädigungszahlungen geleistet wird, eine erhebliche Diskrepanz besteht. Dort tritt der Bereich der Gynäkologie und Geburtshilfe hervor:

Verteilung des Gesamtaufwandes

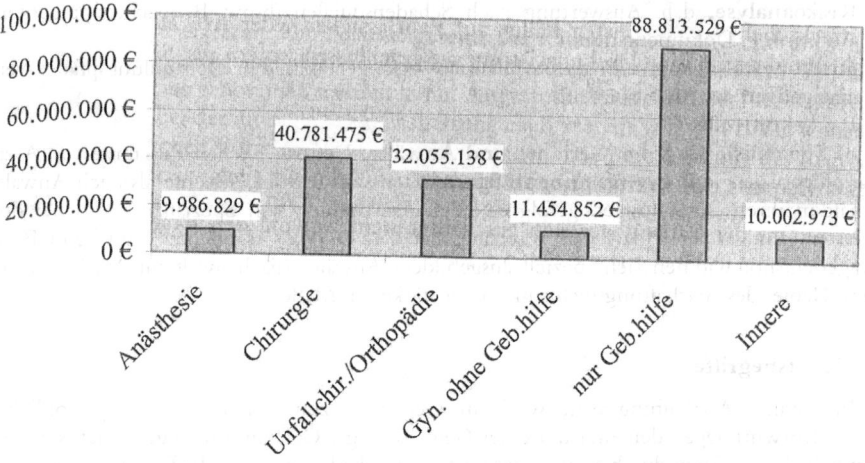

Der erhebliche Umfang der Aufwendungen im Bereich der Gynäkologie und Geburts- **1688** hilfe beruht vor allem auf den Zahlungen der Haftpflichtversicherer im Bereich der Geburtsschäden. So spricht die Rechtsprechung Schwerstgeschädigten häusliche Rundumpflege durch professionelle Kräfte zu, allein ein Verdienstausfallschaden wird z.B. bei Kindern auf bis zu 500 000 € taxiert. Mitverantwortlich ist nicht zuletzt auch der medizinische Fortschritt, z.B. Sinken des Vorversterblichkeitsrisikos: Entsprechend der längeren Lebensdauer sind auch Heilbehandlungs-, Pflege- und Rentenversicherungskosten in der Regel höher.

1689 Eine im Jahr 2010 durchgeführte Studie des GDV zur Höhe der Aufwendungen im Bereich des Heilwesens hat ergeben, dass ein Vergleich der Aufwendungen zwischen den Meldejahresperioden 1995 bis 1998 und 2000 bis 2003 einen Anstieg der Schadenhöhe um 32% aufweist.

1690 **c) Auswirkungen: Arzthaftpflicht in der Krise?** Folge der steigenden Aufwendungen sind auch Steigerungen der Haftpflichtversicherungsprämie. Im Fachgebiet Gynäkologie und Geburtshilfe werden teilweise über 40 000 € jährlich verlangt (vgl. Schlösser, MedR 2011, 227).

1691 Dies reicht sowohl für die Ärzte als auch die Haftpflichtversicherer an die Grenzen des Finanzierbaren, wie z.B. auch die öffentliche Diskussion bezüglich der Haftpflichtversicherung der Hebammen gezeigt hat. Damit verbunden ist die Gefahr von Versorgungsengpässen, gerade in ländlichen Regionen. Die immer risikoreicher werdende ärztliche Behandlung eröffnet so den Weg in die sog. „defensive Medizin".

1692 **d) Risikomanagement.** Ob ein Weg aus dieser Krise gefunden wird und wie ein solcher Weg aussieht, ist nicht sicher.

1693 Wichtig und hilfreich wird aber sicherlich sein, eine neue Kultur im Umgang mit Fehlern in der Medizin zu suchen:
Die Frage muss nicht mehr lauten:
– „*Wer* war schuld?"
– sondern: „*Was* war schuld?".

1694 Es ist essentiell, im Sinne eines Risikomanagements Ursachen für Fehler zu erkennen und für die Zukunft zu vermeiden:
– Risiko**identifikation,** d.h. Sammlung von Informationen durch Patientenbeschwerden, Aktenanalyse, Schadenmelderegister oder krankenhausinterne Fehlerberichtsysteme (CIRS) zur Meldung von (Beinahe)fehlern
– Risiko**bewertung**
– Risiko**analyse,** d.h. Auswertung nach Schadensquellen (bspw. Beobachtungpflichten, Aufklärung, Dokumentation, Organisation)
– **Risikobewältigung,** z.B. durch Dienstanweisungen, klinische Behandlungspfade; Veränderungen des Arbeitsumfelds
– Risiko**kontrolle.**

1695 **e) Spezialisierung der Gerichte und Anwälte.** Der erheblichen Zunahme von Arzthaftpflichtfällen in den vergangenen 3 Jahrzehnten sind sowohl Gerichte als auch Anwaltschaft in ihren Bemühungen gefolgt. Neben der Bildung von Spezialkammern bei den meisten Landgerichten bzw. Spezialsenaten bei den Oberlandesgerichten und beim Bundesgerichtshof widmen sich speziell ausgebildete Anwälte (Fachanwalt für Medizinrecht) dem Gebiet des Arzthaftungsrechts in immer stärkerem Maße.

2. Rechtsbegriffe

1696 Im zivilen Arzthaftungsrecht wird im Gegensatz zum Strafrecht kein persönlicher Schuldvorwurf gegen den Arzt mit einer Geld- oder gar Gefängnisstrafe geahndet, sondern ein Schadenausgleich durch Schmerzensgeld oder Schadenersatz geschaffen, wenn der Patient durch einen ärztlichen Fehler einen Schaden erlitten hat.

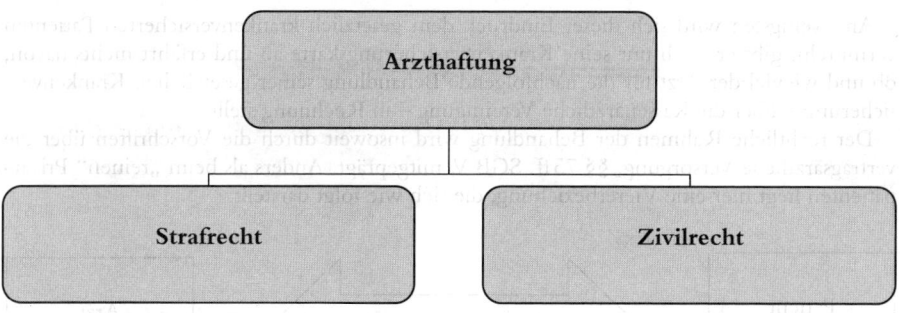

Im Rahmen der zivilrechtlichen Haftung ist wiederum zwischen vertraglicher und delik- **1697**
tischer Haftung zu unterscheiden. Der Arzt kann also gegenüber dem Patienten zum einen
wegen Schlechterfüllung des Behandlungsvertrages haften, zum anderen wegen einer sog.
„unerlaubten Handlung". Beide Anspruchsgrundlagen stehen dabei selbständig nebeneinander, wobei die Rechtsfolgen, nämlich Schadenersatz und Schmerzensgeld, gleich sind.

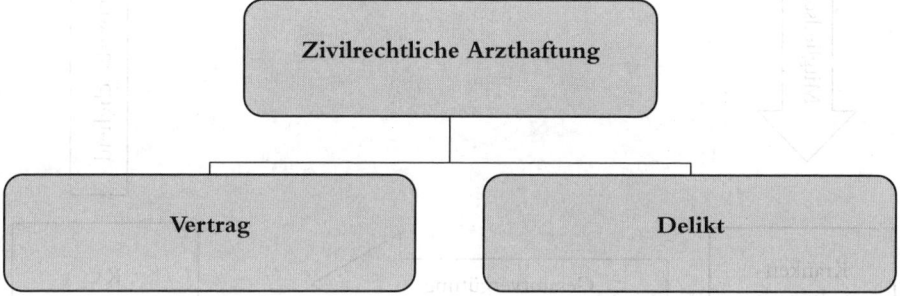

Während das Schmerzensgeld den sog. immateriellen Schaden ersetzt, umfasst der mate- **1698**
rielle Schadenersatz den Ausgleich der in finanzieller Hinsicht erlittenen Mehraufwendungen.

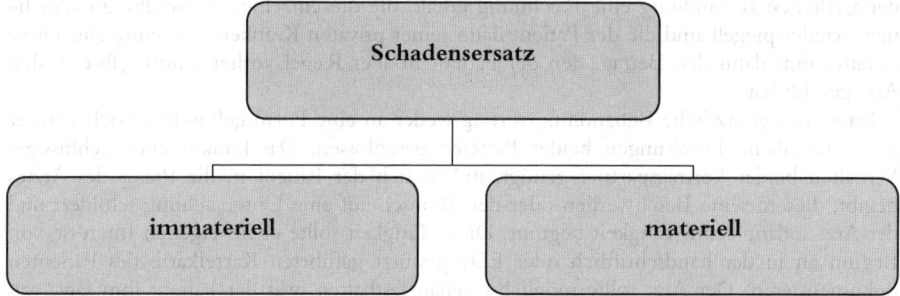

Bevor auf die Rechtsfolgen eingegangen wird, sollen zunächst aber die vertraglichen, so- **1699**
dann die deliktischen Haftungsgrundlagen näher beleuchtet werden.

3. Vertragliche Haftung

a) Vertragsschluss. Begibt sich der Patient in die Behandlung eines Arztes, wird er **1700**
kaum daran denken, dass schon mit Beginn des Arzt-Patienten-Kontaktes zumindest konkludent, also stillschweigend, eine vertragliche Beziehung zwischen diesen beiden Personen
begründet wird.

1701 Am wenigsten wird sich dieser Eindruck dem gesetzlich krankenversicherten Patienten vermitteln, gibt er doch nur seine Krankenversicherungskarte ab und erfährt nichts davon, ob und wieviel der Arzt für die nachfolgende Behandlung seiner gesetzlichen Krankenversicherung – über die Kassenärztliche Vereinigung – in Rechnung stellt.

1702 Der rechtliche Rahmen der Behandlung wird insoweit durch die Vorschriften über die vertragsärztliche Versorgung, §§ 75 ff. SGB V, mitgeprägt. Anders als beim „reinen" Privatpatienten liegt hier eine Viererbeziehung, die sich wie folgt darstellt:

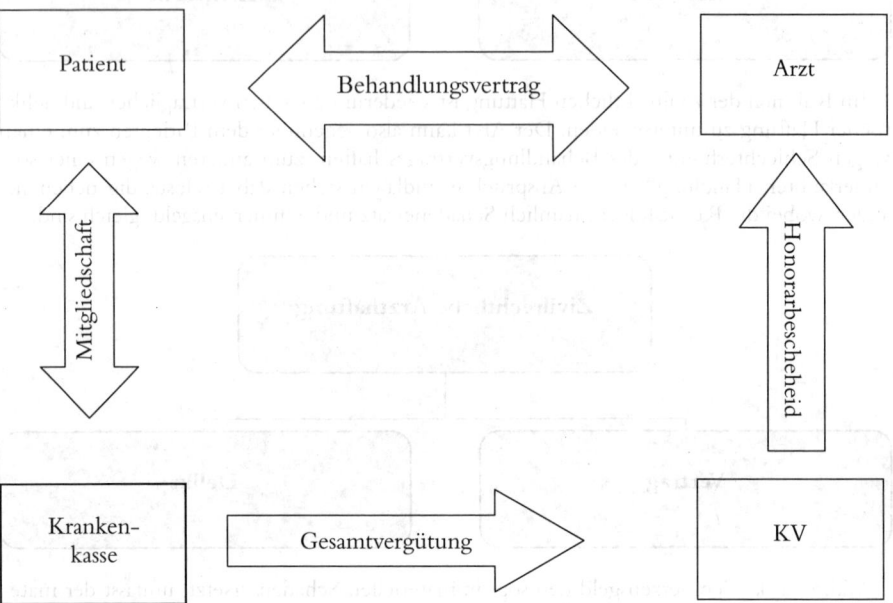

1703 Eher vermittelt sich die Vertragsbeziehung noch dem Privatpatienten, der zum Schluss der ärztlichen Behandlung eine Rechnung erhält, die die einzelnen Behandlungsmaßnahmen wiederspiegelt und die der Patient dann seiner privaten Krankenkasse einreicht. Diese erstattet ihm dann den Betrag, den der Patient in aller Regel vorher schon selbst an den Arzt gezahlt hat.

1704 Dabei ist der ärztliche Behandlungsvertrag weder an eine Form gebunden, noch wird er durch förmliche Erklärungen beider Parteien geschlossen. Das konkludente (schlüssige) Verhalten beider Vertragspartner genügt, indem sich der Patient in die Praxis des Arztes begibt, diesem seine Beschwerden oder den Wunsch auf eine Untersuchung schildert und der Arzt sodann seine Tätigkeit beginnt. Diese Tätigkeit sollte er im eigenen Interesse von Beginn an in der handschriftlich oder EDV-gestützt geführten Karteikarte des Patienten dokumentieren. Der Arzt sollte möglichst genau festhalten, was der Patient ihm sagt, was der Arzt selbst diagnostisch feststellt und was er therapeutisch unternimmt.

1705 Ein Behandlungsvertrag kommt auch dann zustande, wenn sich der Patient **telefonisch** an den Arzt wendet, dieser ihm zu bestimmten Verhalten oder auch nur dazu rät, sich bei fortbestehenden Beschwerden gegebenenfalls wieder bei ihm, dem Arzt, zu melden. Auch ein solches Telefongespräch ist – nicht nur für das ärztliche Honorar – zu dokumentieren.

1706 Nicht jeder Arzt-Patientenkontakt führt aber zu einem Vertragsschluss. Leistet der Arzt bei einem Unfall erste Hilfe oder wird er im Rahmen des ärztlichen Notdienstes für den Patienten tätig, genügt er damit seiner standesrechtlichen Verantwortung oder den entsprechenden Dienstpflichten als Notarzt, ohne zugleich auch vertragliche Beziehungen zum Patienten herzustellen. Der bei einem Unglücksfall helfende Arzt handelt dabei, juristisch gesehen, im Rahmen einer „**Geschäftsführung ohne Auftrag**" und erwirbt darüber auch einen Honoraranspruch, und zwar beim gesetzlich versicherten Patienten gegenüber der Kassenärztlichen Vereinigung (KV) und beim Privatpatienten gegenüber diesem selbst.

Übernimmt der Arzt die Behandlung eines bewusstlosen Patienten, der gar nicht im- **1707** stande ist zu entscheiden, ob der bestimmte Arzt seine Behandlung übernehmen soll, handelt der Arzt zumindest im vermeintlichen Interesse des Patienten, um diesen vor Schaden zu bewahren, und erwirbt auch so einen Anspruch auf die Begleichung seines Honorars über das Rechtsinstitut der Geschäftsführung ohne Auftrag.

Bei minderjährigen Kindern ist zu beachten, dass sie im Alter von unter 7 Jahren nicht **1708** geschäftsfähig sind und im Alter zwischen 7 und 18 Jahren eingeschränkt geschäftsfähig sind. Üblicherweise schließen in diesen Fällen die Eltern bzw. der alleinsorgeberechtigte Elternteil mit dem Arzt einen Vertrag zu Gunsten des Kindes ab. Behandlungsverträge, die eine Geburt betreffen, begründen einen Schutz für die Mutter und das Kind. Die mangelnde Rechtsfähigkeit des Kindes vor Vollendung der Geburt steht dem nicht entgegen.

b) Freiheit der Arztwahl. Dass der Patient – gesetzlich Krankenversicherter wie Pri- **1709** vatpatient – den Arzt seiner Wahl aufsuchen kann, ist Ausfluss des Grundsatzes der Vertragsfreiheit und wird auch durch die Besonderheiten der Regelungen für gesetzlich Krankenversicherte grundsätzlich nicht eingeschränkt.

Anders ist es beim Arzt: Zwar kann auch dieser eine Behandlung und damit die Begrün- **1710** dung eines Vertragsverhältnisses mit dem Patienten ablehnen, z.B. wenn er überlastet ist oder befürchten muss, dass das nötige Vertrauensverhältnis zu dem Patienten nicht aufgebaut werden kann, kurz: wenn triftige Gründe dafür sprechen. Beim Vertragsarzt besteht allerdings gegenüber dem gesetzlich krankenversicherten Patienten eine grundsätzliche Behandlungsverpflichtung, wobei es eine Reihe von Möglichkeiten gibt, die Behandlung abzulehnen. Liegen z.B. Gründe für die Ablehnung in der Person des Patienten, weil dieser sich ungebührlich verhält, ärztliche Behandlungen verlangt, die nicht angezeigt sind oder die außerhalb des Fachgebietes des Arztes liegen, kann der Vertragsarzt die Behandlung verweigern. Das gilt auch, falls die Entfernung zwischen Arztpraxis und Wohnung des Patienten für den gewünschten Hausbesuch sehr weit ist und andere niedergelassene Ärzte für den Patienten näher zu erreichen sind.

Es müssen allerdings triftige Gründe sein, die den Arzt veranlassen, die Behandlung ab- **1711** zulehnen. Dazu gehört nicht der Fall, dass der Patient seine Krankenversicherungskarte nicht vorlegen kann. Allerdings ist der Arzt, falls die Karte nicht innerhalb von 10 Tagen nach der Behandlung nachgereicht wird, berechtigt, seine Behandlung gegenüber dem Patienten privat zu liquidieren.

c) Beendigung des Arztvertrages. Weder Arzt noch Patient sind dauerhaft an den **1712** Vertrag gebunden. Ärztliche Leistungen gelten als „Dienste höherer Art" gemäß § 627 Abs. 1 BGB mit der Folge, dass jede Seite jederzeit den Vertrag beenden kann, ohne dass dies Ersatzansprüche oder -verpflichtungen auslöst.

Auch hier spielt wieder das notwendige Vertrauensverhältnis zwischen Patient und Arzt **1713** eine gewichtige Rolle. Fehlt es aus Sicht des Patienten oder des Arztes, kann das Behandlungsverhältnis beendet werden. Allerdings darf der Arzt – Vertrags- wie Privatarzt – seinen Patienten nicht unversorgt lassen; dies gilt insbesondere für einen im konkreten Fall hilfsbedürftigen Patienten. Hier muss gesichert sein, dass dieser anderweitig ärztliche Hilfe ohne Schwierigkeiten in Anspruch nehmen kann.

Der Kassenpatient muss darauf achten, einen wichtigen Grund für seine Kündigung zu **1714** haben, wenn er während des laufenden Quartals den Arzt wechseln möchte. Andernfalls droht ihm die Privatliquidation des neuen Arztes, weil dessen Kosten nicht von der gesetzlichen Krankenkasse übernommen werden.

Im Übrigen sind die triftigen Gründe für die Beendigung des Behandlungsvertrages **1715** durch den Arzt ähnlich denen, die er bei Ablehnung der Übernahme der Behandlung des Patienten vorbringen kann, also ungebührliches, beleidigendes Verhalten des Patienten oder dessen Weigerung, sich nach den ärztlichen Anordnungen zu richten.

1716   **d) Rechtsnatur des Behandlungsvertrages.** Der Arzt, dem hippokratischen Eid verpflichtet, erbringt seine Leistungen aufgrund der besonderen Zuwendung zum Patienten. Das Vertragsverhältnis ist also von dem gegenseitigen Vertrauen und der partnerschaftlichen Zusammenarbeit zwischen Arzt und Patient geprägt.

1717   Im Übrigen wird der ärztliche Behandlungsvertrag von der Rechtsprechung und der juristischen Literatur einhellig als Dienstvertrag angesehen. D. h. der Arzt schuldet nicht einen bestimmten Behandlungserfolg, sondern lediglich das fachgerechte Bemühen darum. Diese Einordnung wird durch die Neueinführung der Regelungen über den Behandlungsvertrag im Dienstvertragsrecht (§§ 630 a ff. BGB) bestätigt. Im Unterschied zum Werkvertrag (der Handwerker muss fachgerecht herstellen und reparieren, der Architekt leistungsgerecht bauen) kann der Arzt nicht Heilung von Krankheit oder Linderung von Beschwerden „garantieren", weil der menschliche Organismus in seinen Reaktionen auf äußere Einwirkungen und damit auch auf ärztliche Eingriffe nicht vollständig beherrschbar ist.

1718   Ausnahmen gibt es lediglich, soweit der Arzt im Rahmen seiner Behandlung rein handwerkliche Tätigkeiten vornimmt, wie z. B. die Herstellung von Zahnprothesen, Arm- oder Beinprothesen. Hier hat der Patient Anspruch auf fachgerechte Erstellung der entsprechenden Prothesen, also ausnahmsweise auf einen „Erfolg". Daher hat der Arzt in diesen Fällen ein Recht zur Nachbesserung, das er auch einem etwaigen Schadenersatz- und Schmerzensgeldanspruch entgegenhalten kann.

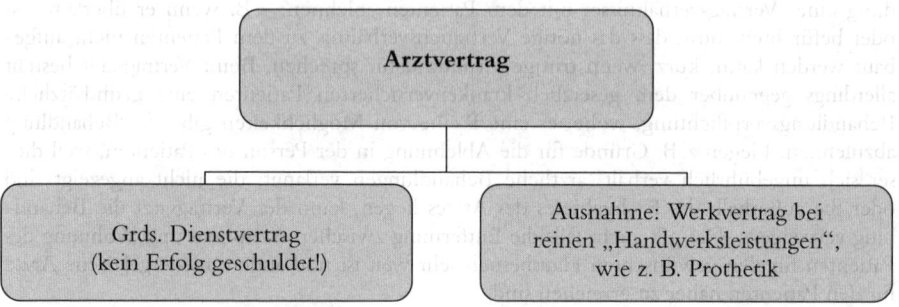

1719   **e) Pflichten des Patienten.** Der Patient ist im Wesentlichen zur Zahlung des Honorars, dies vor allem beim Privatpatienten, und darüber hinaus zur Mitwirkung bei der Behandlung verpflichtet.

1720   Letzteres darf nicht unterschätzt werden. Nur der kooperative Patient kann erwirken, dass die Tätigkeit des Arztes ihm mögliche Heilung oder Linderung seiner Beschwerden bringe.

1721   Der Einwand, dass ein Patient nicht „compliant" war, wird immer wieder in Arzthaftungsprozessen thematisiert, eine Haftung z. B. in Zweifel gezogen, weil sich der Patient entgegen der ärztlichen Weisung nicht wieder zu Kontrolluntersuchungen vorgestellt hat oder gegen ärztlichen Rat die Klinik verlassen hat. Insofern ist allerdings zu beachten, dass die Rechtsprechung nur in Ausnahmefällen eine Haftung des Arztes entfallen lässt und den Patienten in der Regel keine Mitschuld trifft. Der BGH hat in diesem Zusammenhang betont, dass eine „non compliance" des Patienten den Arzt nur dann haftungsrechtlich (teil-)entlastet, wenn sichergestellt ist, dass der Patient die Weisungen des Arztes verstanden und verinnerlicht hat: Dem Patienten kann die Nichtbefolgung ärztlicher Anweisungen und seine non compliance mit Rücksicht auf den Wissens- und Informationsvorsprung des Arztes gegenüber dem medizinischen Laien nur dann als Obliegenheitsverletzung angelastet werden, wenn er diese Anweisungen auch verstanden hat.

1722   Um die Kooperation der Patienten zu fördern, kann den Ärzten letztlich nur geraten werden, die medizinischen Sachverhalte und die Verhaltenshinweise für die Patienten möglichst laienverständlich zu schildern und diese – auch zur eigenen beweisrechtlichen Absicherung – durch entsprechende schriftliche Dokumentation zu fixieren. In der Praxis bietet sich z. B. nach ambulanten Operationen ein Hinweiszettel zu den Verhaltensweisen für den Zeitraum nach der Operation an.

f) Hauptpflichten des Arztes. Der Arzt ist zuvorderst verpflichtet, nach dem zum 1723 Zeitpunkt der Behandlung gültigen medizinischen **Standard seines Fachgebietes** vorzugehen, also den Patienten **lege artis** zu behandeln. Hierbei kommt auf den zum Zeitpunkt der Behandlung aktuellen Stand der medizinischen Wissenschaft an.

Wesentliche Verpflichtungen aus dem Behandlungsvertrag ergeben sich für den Arzt 1724 auch bei der **Aufklärung** des Patienten vor Beginn der Behandlung, insbesondere bei invasiven diagnostischen Maßnahmen oder operativen Eingriffen. Will der Arzt tätig werden, ist neben der Indikation des Eingriffs und der Heilbehandlung nach ärztlichem Standard das Einverständnis des Patienten erforderlich. Dieser muss zuvor vom Arzt ordnungsgemäß aufgeklärt worden sein. Noch immer gilt die höchstrichterliche Rechtsprechung, wonach der medizinische Eingriff tatbestandlich eine Körperverletzung im Sinne des Strafrechts sowie des deliktischen Zivilrechts darstellt. Dies stößt bei vielen Medizinern auf Unverständnis, erklärt sich aber aufgrund der juristischen Subsumtion, d. h. aufgrund des juristischen Vorgangs, bei dem man einen Lebenssachverhalt unter die Voraussetzungen der Norm ordnet. Die Einordung ergibt sich also schlicht daraus, dass der Arzt bei der Heilbehandlung bei juristischer Einordnung einen „Eingriff in den Körper" des Patienten vornimmt, enthält aber daher keinerlei moralische Wertung. Diese Körperverletzung ist nämlich gerechtfertigt, wenn der Patient – nach hinreichender Aufklärung – in die Maßnahme eingewilligt hat. Das neue Patientenrechtegesetz fixiert das Erfordernis der aufgeklärten Einwilligung des Patienten in den ärztlichen Eingriff nunmehr in § 630 d BGB.

Die heutige Aufklärungspraxis ist das Ergebnis langjähriger juristischer Überprüfung und 1725 Instruktion sowie medizinischer Diskussion. Sie ist – aus ärztlicher Sicht – schließlich auch Folge leidvoller Erfahrung. Auf Schmerzensgeld und Schadensersatz gerichtete Patientenklagen hatten oftmals Erfolg, obwohl dem Arzt kein Behandlungsfehler vorzuwerfen war. Aber: Er hatte zuvor gar nicht, unzureichend oder ungenau aufgeklärt, und der mit dem Ergebnis unzufriedene Patient berief sich auf sein verletztes Selbstbestimmungsrecht. Dabei hat es sich für die Praxis als sehr wesentlich erwiesen, dass dem Patient nicht nur sorgfältig erstellte mehrseitige Aufklärungsbögen, die Grundlage eines medizinischen Kollegs sein könnten, vorgelegt werden, sondern dass sich der Arzt Zeit nimmt für das Aufklärungsgespräch, Fragen des Patienten bedenkt und beantwortet und diese zeichnerisch oder sprachlich erläutert.

Nebenpflichten des Arztes. Zu den Nebenpflichten des Arztes gehören: 1726
– ärztliche Dokumentation,
– Verschwiegenheit,
– ordnungsgemäße Organisation der Abläufe und
– Auskunft über Behandlungshergang und Beteiligte.

Die ärztliche Dokumentation soll sicherstellen, festzuhalten, welche diagnostischen oder 1727 therapeutischen Maßnahmen der Arzt getroffen hat. Das ist einmal wichtig für seine Abrechnung gegenüber den Patienten oder der Kassenärztlichen Vereinigung und zum anderen zum Nachweis der ärztlichen Maßnahmen, die er getroffen hat.

4. Haftungsrechtliche Unterschiede in einzelnen Vertragsverhältnissen

a) Ambulante Behandlung. Die Vertragsverhältnisse im Bereich der niedergelassenen 1728 Ärzte können grundsätzlich rechtlich relativ einfach beurteilt werden, weil der Patient mit dem ihm behandelnden Arzt in der Regel konkludent durch die Übernahme der Behandlung einen Vertrag schließt.

Im Rahmen einer Behandlung in einer von mehreren Ärzten unterhaltenen Organisa- 1729 tionsstruktur ist zwischen der Gemeinschaftspraxis und der Praxisgemeinschaft zu unterscheiden:

Eine Praxisgemeinschaft ist unter Ärzten eher selten: Es handelt sich um einen meist lo- 1730 ckeren Zusammenschluss von Ärzten, u. U. auch verschiedener Fachrichtungen, um Praxiskosten, beispielsweise durch die gemeinsame Nutzung von Räumlichkeiten oder Personal, zu sparen. Die Eigenständigkeit der einzelnen Ärzte muss nach außen deutlich hervorgehen und die Behandlung jeweils nur durch einen bestimmten Arzt vorgenommen werden. In diesem Fall bestehen vertragliche Beziehungen und damit eine vertragliche Haftung nur zwischen dem einzelnen Arzt und dem Patienten.

1731   Anders ist dies bei einer Gemeinschaftspraxis, also einem Zusammenschluss niedergelassener Ärzte der gleichen Fachrichtung, wobei die Praxis räumlich und fachlich als Einheit geführt wird. Da sich die Ärzte zu einer nach außen hin gemeinsam geführten Praxis zur Erbringung gleichartiger Leistungen zusammengeschlossen haben, stellen sie in der Regel rechtlich eine GbR, also eine Gesellschaft bürgerlichen Rechts, dar.

1732   Es handelt sich gesellschaftsrechtlich um sog. Außengesellschaften, so dass durch die gemeinsame Außenwirkung eine vertragliche Rechtsbeziehung zu der Gesellschaft begründet wird. Von daher können in einem Arzthaftungsprozess sämtliche Partner Gesellschafter einer Gemeinschaftspraxis und die Gemeinschaftspraxis selbst verklagt und verurteilt werden, obwohl die Behandlung des Patienten ausschließlich durch einen Arzt vorgenommen wurde. Ein Ausgleich nach Verursachungsbeiträgen kann dann erst im Innenverhältnis erfolgen.

1733   Von daher ist Gesellschaftern einer Gemeinschaftspraxis dringend anzuraten, eine Haftpflichtversicherung bei derselben Versicherungsgesellschaft abzuschließen.

1734   **b) Stationäre Behandlung.** Die Behandlung im Krankenhaus ist durch eine wesentlich komplexere Ausgangssituation gekennzeichnet.

1735   Dies liegt daran, dass zum einen die zu erbringenden Leistungen wie Unterbringung, Pflege, ärztliche Betreuung etc. vielfältig sind und zum anderen daran, dass auch die einzelnen Verantwortungsbereiche aufgeteilt und differenziert werden müssen.

1736   **aa) Totaler Krankenhausaufnahmevertrag.** Der Regelfall der Aufnahme in ein Krankenhaus ist der sogenannte „totale oder einheitliche Krankenhausaufnahmevertrag". Dieser ist dadurch gekennzeichnet, dass der Träger des Krankenhauses sämtliche Leistungen wie Unterbringung, Pflege und ärztliche Betreuung aus einer Hand zu erbringen hat und der Patient ausschließlich mit dem Krankenhausträger einen Vertrag schließt. Vertraglich haftet in diesen Fällen nur der Krankenhausträger für die Behandlung, nicht die einzelnen an der Behandlung beteiligten Ärzte und Pflegekräfte. Diese trifft ausschließlich eine deliktische Haftung, die im Folgenden dargestellt wird.

1737   **bb) Arztzusatzvertrag.** Ein Sonderfall kann eintreten, wenn der Patient zusätzlich zu dem totalen Krankenhausaufnahmevertrag einen Arztzusatzvertrag abschließt, beispielsweise gesondert eine Chefarztbehandlung oder Wahlarztbehandlung vereinbart. Ein Arztzusatzvertrag ist dadurch gekennzeichnet, dass
– sich der Arzt zur persönlichen Behandlung des Patienten verpflichtet und
– der Arzt zur selbstständigen Liquidation nach Maßnahme der GOÄ berechtigt ist.

1738   Die Konstellation führt dazu, dass zum einen der Krankenhausträger vertraglich gegenüber dem Patienten haftet, zum anderen aber auch der aus dem Arztzusatzvertrag verpflichtete Arzt für die von ihm erbrachten Leistungen vertraglich einstehen muss. Der liquidationsberechtigte Arzt haftet in solchen Fällen sowohl für eigene Fehler als auch für Fehler der ihm nachgeordneten Ärzte und Fehler des ihm nachgeordneten nichtärztlichen Personals, soweit diese weisungsgebunden handeln.

1739   **cc) Gespaltener Krankenhausvertrag.** Eine dritte Konstellation im stationären Bereich betrifft den sogenannten „gespaltenen Krankenhausvertrag". Die wichtigste Erscheinungsform dieses Vertragstypus ist der Belegarztvertrag, bei dem der Belegarzt als nicht bei dem Krankenhaus angestellter Vertragsarzt Patienten im Krankenhaus unter Inanspruchnahme der dortigen Dienste, Einrichtungen und Mittel behandelt.

1740   Diese Vertragskonstellation führt zu einer Haftungstrennung, d.h. der Belegarzt haftet eigenständig in seinem belegärztlichen Bereich für seine Leistungen. Dies betrifft nicht nur sein eigenes Handeln, sondern auch von ihm veranlasstes Handeln anderer Ärzte und Nichtärzte, soweit diese ihm gegenüber weisungsanhängig sind und von ihm hinzugezogen wurden. Den Träger des Krankenhauses trifft demgegenüber keine Haftung für Fehler des Belegarztes, sondern nur für Fehler der – vom Belegarzt weisungsunabhängigen – Ärzte der klinikeigenen Abteilungen und des nichtärztlichen Personals.

Bei gynäkologischen Belegarztabteilungen ist zu beachten, dass die am Krankenhaus an- **1741** gestellte Hebamme dem Belegkrankenhaus und nicht dem Belegarzt haftungsrechtlich zu- zuordnen ist, solange nicht der Belegarzt die Leitung des Geburtsvorgangs übernommen hat.

dd) Ambulante Leistungen im Krankenhaus. Auch ambulante Leistungen sind im **1742** Krankenhaus möglich. Diese Konstellation betrifft hauptsächlich die sogenannte „Chefarzt- Ambulanz". In diesen Fällen begründet wiederum nur der Chefarzt bzw. der nach § 31 Ärztezulassungsverordnung ermächtigte Arzt vertragliche Beziehungen mit dem Patienten und nicht das Krankenhaus selbst. Anders wird der Krankenhausträger Vertragspartner des Patienten bei ambulanten Operationen nach § 115b SGB V oder bei vor- bzw. nachstatio- närer Behandlung nach § 115a SGB V.

c) Durchgangsarzt. Eine Besonderheit stellt die durchgangsärztliche Behandlung dar, **1743** also bspw. die Behandlung von Patienten, die bei einem Arbeitsunfall verletzt worden sind. Der Durchgangsarzt wird hierbei für den gesetzlichen Unfallversicherungsträger tätig.

Soweit er hierbei lediglich eine Entscheidung über das „Ob" der Heilbehandlung trifft, **1744** also im Aufgabenbereich des berufsgenossenschaftlichen Versicherungsträgers tätig wird, haftet der Durchgangsarzt nicht persönlich. Es besteht dann lediglich eine öffentlich- rechtliche Tätigkeit. Diese öffentlich-rechtliche Entscheidung über „Ob" der Heilbehand- lung betrifft aber letztlich nur die Frage, ob überhaupt die Heilbehandlung im Auftrage und auf Kosten der Berufsgenossenschaft durchgeführt wird.

Wenn der Durchgangsarzt darüber hinausgehend über das „Wie" der Heilbehandlung **1745** entscheidet, also die konkrete Behandlung übernimmt und durchführt, haftet er nach normalen zivilrechtlichen Grundsätzen für etwaige, von ihm begangene Fehler bei der Durchführung der Behandlung.

5. Deliktische Haftung

Neben der vertraglichen Haftung steht im Arzthaftungsverfahren die sog. deliktische **1746** Haftung des Arztes, also die Haftung aus sog. „unerlaubter Handlung", §§ 823ff. BGB.

Diese knüpft nicht an eine vertragliche Bindung von Arzt und Patient an, sondern an **1747** eine bloße tatsächliche Handlung: Wenn der Arzt durch eine fehlerhafte oder mangels Einwilligung nicht gerechtfertigte Behandlung dem Patienten einen Schaden an „Leben, Körper oder Gesundheit" zufügt und ihn hieran ein Verschulden trifft, haftet er. Das De- liktsrecht beruht insoweit auf dem Rechtsgedanken, dass der Einzelne gegen widerrechtli- che Eingriffe in seinen Rechtskreis geschützt werden soll.

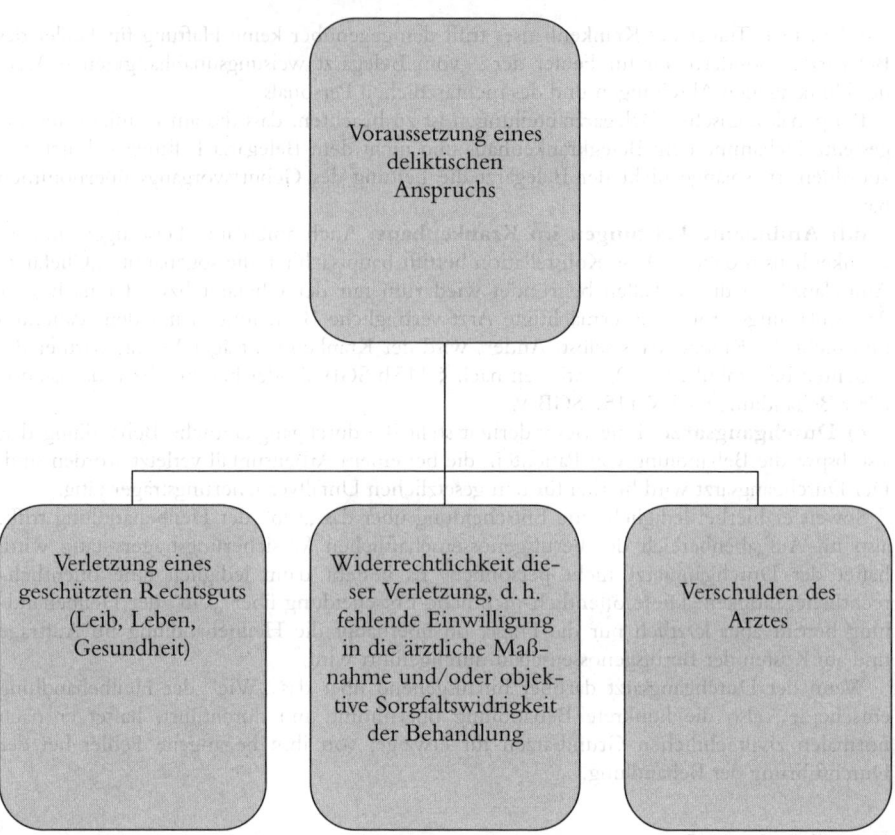

6. Verjährung

1748   **a) Das objektive Moment, Frist und Zeitablauf.** Schadenersatz- und Schmerzensgeldansprüche können von Patienten nicht zeitlich unbegrenzt geltend gemacht werden.

1749   Auch im Arzthaftungsrecht gilt die regelmäßige, von der **Kenntnis** des Patienten abhängige **dreijährige** Verjährungsfrist gem. § 195 BGB.

1750   Diese kurze Frist findet allerdings ihr Korrelat in der Regelung des § 199 BGB. Dort gibt es eine Sonderregelung für Schadensersatzansprüche, die auf der Verletzung des Lebens, des Körpers, der Gesundheit oder Freiheit beruhen. Diese verjähren **ohne Rücksicht auf ihre Erstehung und die Kenntnis** oder grob fahrlässige Unkenntnis des Anspruchsberechtigten in **30 Jahren** von der Begehung der Handlung, der Pflichtverletzung oder einem sonstigen den Schaden verursachenden Ereignis an, § 199 Abs. 2 BGB.

1751   Die Verjährungsfrist beginnt mit dem Schluss des Jahres, in dem der Anspruch entstanden ist und die Kenntnis oder grob fahrlässige Unkenntnis des Patienten fallen.

1752   Dabei versteht der Jurist unter dem objektiven „Entstehen des Anspruchs", dass der Anspruch geltend gemacht werden kann, d.h. fällig ist, und notfalls im Wege der Klage durchgesetzt werden kann. Diese objektive Voraussetzung ist im Arzthaftungsrecht kaum relevant, da es um die Verletzung eines Rechtsgutes geht und selbst bei noch in Entwicklung befindlichen Schadenfolgen eine sog. Feststellungsklage erhoben werden kann, d.h. das Gericht feststellen kann, dass der Arzt für etwaige Zukunftsschäden haftet.

1753   **b) Das subjektive Moment: Die Kenntnis.** Relevanter als das objektive Entstehen des Anspruchs ist im Arzthaftungsrecht das subjektive Moment, also die Kenntnis von den anspruchsbegründenden Tatsachen.

Der Geschädigte, also im Arzthaftungsrecht der Patient, muss subjektive Kenntnis davon **1754** bekommen, also erfahren, dass der Arzt einen Fehler begangen oder ihn, den Patienten, nicht oder nur unzureichend aufgeklärt hat.

Dieser positiven Kenntnis des Patienten wird seine grob fahrlässige Unkenntnis, wenn **1755** sich der Patient also leichtfertig und sorglos den ohne Schwierigkeiten zu bekommenden Information verschließt, gleichgesetzt.

Die Kenntnis vom Schadenseintritt muss bei dem anspruchsberechtigten Patienten vor- **1756** handen sein. Bei Minderjährigen genügt es, wenn ein Elternteil davon erfährt. Hat der Patient zur Wahrnehmung seiner Interessen einen Rechtsanwalt beauftragt, kann auch grob fahrlässige Unkenntnis des Anwalts die Verjährung in Gang setzen.

Zur Kenntnis gehört selbstverständlich auch, dass der Patient weiß, **wer** den Schaden **1757** verursacht hat. In der Regel ergibt sich die Person des Handelnden aus den ärztlichen Behandlungsunterlagen, bezüglich derer dem Patienten ein Recht zur Einsichtnahme zusteht.

c) Kenntnis von den anspruchsbegründenden Tatsachen. Es kommt für die die **1758** Verjährungsfrist in Gang setzende Kenntnis allein darauf an, dass der Patient das **tatsächliche Geschehen** kennt, auf dem der bei ihm eingetretene Schaden an Körper oder Gesundheit beruht. Es ist nicht nötig, dass er daraus auch, quasi wie ein Richter, den Schluss auf eine Ursachenkette zieht.

Allerdings muss der Patient die Vorstellung haben, dass der Arzt vom medizinischen **1759** Standard abgewichen ist oder aber medizinisch gebotene Handlungen nicht vorgenommen hat. Die Juristen sprechen in diesem Zusammenhang von einer „Parallelwertung in der Laiensphäre".

In der Praxis wird eine subjektive Kenntnis des Patienten oder grob fahrlässige Unkennt- **1760** nis nur selten anzunehmen sein, weil die Rechtsprechung Rücksicht darauf nimmt, dass der Patient medizinischer Laie ist und die Zusammenhänge nicht einordnen kann. Gerichte neigen eher dazu, dem Patienten in dieser Situation zu helfen, um das Prinzip der „Waffengleichheit" zwischen Arzt und Patient zu wahren.

Wie aber kommt der Patient zu der Erkenntnis, dass der Arzt vom medizinischen Stan- **1761** dard abgewichen ist? In aller Regel gelingt dies nur durch die Überprüfung durch einen anderen sachkundigen Mediziner. Zu diesem Zweck kann er sich auch im medizinischen Bereich der hierzu geschaffenen Schlichtungsstellen bzw. Gutachterkommissionen, zumeist angesiedelt bei den Ärzte- oder Zahnärztekammern, bedienen, um eine erste Einschätzung über den ärztlichen Fehler und die darauf beruhende Ursachenkette zu bekommen. Wenn ein solches Gutachten einen Fehler feststellt, liegt spätestens zu diesem Zeitpunkt auch die Kenntnis des Patienten im Sinne des Verjährungsrechts vor.

Dabei ist von erheblicher Bedeutung, dass der Patient die **wesentlichen Behandlungs-** **1762** **vorgänge** kennt. Dies gilt vor allem bei chirurgischen Eingriffen im Krankenhaus wegen des Zusammenspiels von Narkosearzt und Operateur. Haben im Vorfeld, z.B. bei der Diagnostik, andere Ärzte mitgewirkt (Internisten, Radiologen), dann ist auch deren Handeln zu überprüfen. Unter Umständen stellt sich heraus, dass der eine oder andere Arzt überhaupt nicht ursächlich und verantwortlich geworden ist, dafür ein anderer, der gar nicht im Fokus der Ermittlungen des Patienten oder seines Anwalts stand, umso mehr.

Schließlich muss der Patient den Schaden kennen, die Juristen sprechen in diesem Zu- **1763** sammenhang vom **„Primärschaden".** Das ist die erste für den Patienten erkennbare Beeinträchtigung seiner körperlichen Unversehrtheit, die als nicht regelhaft oder typisch anzusehen ist. Beispiel: Nach der Blinddarmentfernung entwickelt sich eine Peritonitis; der Patient erleidet eine Embolie, blutverflüssigende Substanzen wurden nicht verabreicht; die Wundheilung verzögert sich oder wird hochkompliziert, das Pflegepersonal hatte die Hygienevorschriften nicht eingehalten und dergleichen mehr.

Stützt der Patient seine Ersatzansprüche gegenüber dem Arzt auf mangelhafte Aufklä- **1764** rung, beginnt die Verjährung zu laufen, wenn der Patient weiß, dass der Arzt ihn auf einen bestimmten Umstand, der mit der Behandlung eintreten könnte, nicht hingewiesen hat, obwohl das nach ärztlichem Standard notwendig gewesen wäre. Des Weiteren muss er darüber informiert sein, dass sich ein mit der ärztlichen Maßnahme einhergehendes typisches oder eigentümliches Handlungsrisiko verwirklicht hat, über das er, der Patient, hätte informiert werden müssen.

1765 **d) Verjährungsverzicht.** Vereinbarungen über die Verjährungsdauer, den Beginn der Verjährung und vor allem dazu, auf die Einrede der Verjährung unter bestimmten Umständen oder auf einen bestimmten Zeitpunkt ausgerichtet zu verzichten, können getroffen werden.

1766 Hier ist allerdings für den behandelnden Arzt Vorsicht geboten: So wie es selbstverständliche Pflicht des Arztes ist, seine Haftpflichtversicherung von möglichen Ersatzansprüchen des Patienten ihm gegenüber zu informieren, sollte er auch seiner Versicherung grundsätzlich alle Vereinbarungen, die Einfluss auf den Lauf der Verjährung nehmen könnten, überlassen. Der Verzicht auf die Einrede der Verjährung ist allein Angelegenheit des Haftpflichtversicherers. Er kennt sich darin aus, weiß vor allem, wie ein solcher Verzicht auszusehen hat. Macht das – unabgesprochen – der Arzt, kann er seinen Versicherungsschutz verlieren.

7. Schadenfolgen: Schmerzensgeld und Schadensersatz

1767 **a) Zweck des Schmerzensgeldes.** Regelmäßig verlangt der geschädigte Patient ein Schmerzensgeld als Ausgleich seines immateriellen Schadens. Dabei ist die Spruchpraxis der mit Arzthaftpflichtfällen befassten Gerichte von der ursprünglichen Zurückhaltung, vor allem bei Schwerstschädigungen hohe Beträge zuzusprechen, abgerückt. „Amerikanische Verhältnisse" werden wir in Deutschland zwar nicht erleben, wohl aber eine Rechtsprechung, die sich stärker an dem Wesen des Schmerzensgeldes orientiert, nämlich den Funktionen der Ausgleichung und Genugtuung. Bei der Arzthaftung dürfte die Ausgleichsfunktion im Vordergrund stehen. Das gezahlte Schmerzensgeld soll die erlittene körperliche Beeinträchtigung, die nicht ungeschehen gemacht werden kann, zumindest finanziell ausgleichen. So sind die Art der Verletzung, Anzahl und Schwere der operativen Eingriffe, Dauer der Behandlung im Krankenhaus und selbstverständlich auch die Intensität und Dauer der erlittenen Schmerzen von Bedeutung. Schließlich sind auch die durch den Fehler bedingten Eingriffe in die persönliche Lebensführung des Patienten relevant. Im Rahmen der Genugtuungsfunktion kann die Schwere des Verschuldens des Arztes von Bedeutung sein, also auch die Frage, auf die weiter unten einzugehen sein wird, ob ein „einfacher" oder ein „grober Behandlungsfehler" vorlag.

1768 **b) Wie „errechnet" sich ein Schmerzensgeld?** Die Bemessung des Schmerzensgeldes ist einer der wenigen Fälle in der juristischen Praxis, in denen es für eine zulässige Klage reicht, eine bestimmte Schmerzensgeldhöhe in der Begründung des Antrags (bei einem Prozess in der Klageschrift) zu nennen und im Übrigen die Höhe des Schmerzensgeldes dem Gericht zu überlassen. Das Gericht kann von der Schmerzensgeldvorstellung nach oben oder unten abweichen.

1769 Das hat seinen guten Grund: Das Gesetz spricht in § 253 BGB nur von einem „angemessenen" Schmerzensgeld. Der Gesetzgeber hat es also bewusst offen gelassen, ob und welches Schmerzensgeld bei einer Beeinträchtigung der körperlichen Unversehrtheit gerechtfertigt erscheint.

1770 Die Bemessung in der Praxis bereitet immer noch erhebliche Schwierigkeiten, und zwar trotz aller „Schmerzensgeldtabellen", die fußend auf der nahezu unüberschaubaren Rechtsprechung zu diesem Gebiet erstellt worden sind und immer noch aktualisiert werden.

1771 Darin spiegelt sich eine Entwicklung der Rechtsprechung wider, die vor allem die Schmerzensgelder bei schwerstgeschädigten Kindern in Folge mangelhafter Geburtsleitung regelrecht hat in die Höhe schnellen lassen. Während die Rechtsprechung bis hin zum Bundesgerichtshof noch im Jahre 1976 dahin ging, beispielsweise bei schwerst geburtsgeschädigten Kindern nur ein symbolisches Schmerzensgeld von wenigen tausend DM zuzusprechen, weil Schmerzen nicht gefühlt bzw. Beeinträchtigungen nicht eingeordnet werden können, wird mittlerweile darauf abgestellt, dass auch die „völlige Zerstörung der Persönlichkeit" angemessen berücksichtigt werden muss. Seither werden in solchen Fällen durchweg Schmerzensgelder von 500 000,00 € oder sogar mehr zugesprochen.

Das und die gerade mit Geburtsschäden verbundenen erheblichen weiteren Schadensersatzansprüche für Folgeschäden haben im Bereich der Gynäkologie auch zu erheblichen Steigerungen der Prämien für ärztliche Haftpflichtversicherungen geführt. In den USA hat die Entwicklung die absurde Folge nach sich gezogen, dass ausgebildete Gynäkologen ihre Tätigkeit nicht mehr ausüben oder vorzeitig beenden, weil sie die ständig steigenden Prämien ihrer Haftpflichtversicherung nicht mehr aufbringen können oder wollen. **1772**

Wichtig ist für die in schadensträchtigen ärztlichen Bereichen tätigen Ärzte, also vor allem Geburtshelfer, Chirurgen und Orthopäden, dass ihre Haftpflichtversicherung nicht nur die Mindestsummen beinhaltet, sondern möglichst höher ausgelegt ist. Der Gesamtschaden bei einem schwerstgeschädigten Kind kann schnell mehrere Millionen Euro ausmachen, weil es nicht nur um die Ansprüche des Kindes geht, sondern auch um die Regressansprüche der Sozialversicherungsträger, also vor allem der Kranken- oder auch der Rentenversicherer. Versicherer wissen dies und weisen die Ärzte auf entsprechende Absicherungen in den Verträgen hin. **1773**

c) Materieller Schadenersatz. Zusätzlich zu dem erlittenen „immateriellen Schaden" kann ein ärztlicher Fehler bewirken, dass auch finanzielle Einbußen entstehen, der Patient also einen materiellen Schaden erleidet. Die Berechnung solcher materieller Schäden („Personenschäden") ist für Rechtsprechung und juristische Literatur ein ausgesprochen weites Feld, das nicht nur die Arzthaftung betrifft. Sein Schwerpunkt liegt im Unfallschadensrecht, vor allem dem Verkehrsrecht. Es gibt zahlreiche Aufsätze, Beiträge und auch Monographien zum Recht des Personenschadens. **1774**

Dabei wird zu Recht auch beim Haftungsumfang die Frage geprüft, welche Schadenspositionen auf das fehlerhafte Verhalten des Arztes zurückgeführt werden können. Aus Sicht des Patienten verschmelzen Schuld und Sühne zu einem Posten. In der anwaltlichen Beratung gehört dies häufig zu den schwierigsten Dingen, die zwischen Patient (Mandant) und Anwalt besprochen und abgestimmt werden müssen. Nicht selten entzünden sich hieran Streitgespräche, weil dem Patienten (Mandanten) klar gemacht werden muss, dass nicht zum haftungsbegründeten Schaden gehört, was als Folge der Grunderkrankung des Patienten angesehen werden muss. Schicksalhaft bedingte Leiden und ihre Folgen muss der Patient immer noch selbst tragen, selbst wenn sie sich erst im Laufe einer Behandlung zeigen, die aufgrund eines ärztlichen Fehlers notwendig geworden ist. In diesem Zusammenhang sind vor allem die ärztlichen Gutachter gefordert: Sie müssen unterscheiden, was dem schicksalhaften Befund des Patienten zuzuschreiben ist und was auf der anderen Seite als Folge ärztlicher Fehlbehandlung angesehen werden muss. **1775**

Das Schadensrecht wird geprägt von dem Grundsatz der **Naturalrestitution.** Das heißt, es ist der Zustand wiederherzustellen, der ohne das schadensbegründende Ereignis – hier dem Fehler des Arztes – bestanden hätte. Nun wird gerade diese Naturalrestitution auf dem Gebiet der Heilkunde in der Regel nicht gelingen. Ist die körperliche Unversehrtheit erst einmal beschädigt, dann lässt sich dies in der Regel nicht wieder „reparieren". Häufig bleibt nach einer fehlerhaften Behandlung ein gesundheitlicher Zustand zurück, der nicht wiederhergestellt werden kann, beispielsweise nach einer Sauerstoffunterversorgung bei der Geburt, durch die ein Kind sowohl geistig als auch körperlich behindert bleibt. Selbst in weniger schweren Fällen können die Schadensfolgen oft nicht durch eine Revisionsoperation wiederhergestellt werden. Im übrigen verbleiben selbst dann finanzielle Aufwendungen aufgrund der weiteren Operationsnotwendigkeit, längeren Arbeitsausfällen, größeren Narben, psychischen Folgeschäden etc. Diese Folgeschäden, die nicht wiederhergestellt werden können, sind finanziell zu kompensieren. **1776**

Dies können unter anderem sein: Fahrtkosten, Zuzahlungen zu Medikamenten oder Hilfsmitteln, Kosten für einen behinderungsbedingten Hausumbau, Pflegemehraufwand, **1777**

Erwerbsschaden oder sog. Haushaltsführungsschaden (d. h. Beeinträchtungen bei der Haushaltsführung, die mit (fiktiven) Kosten für eine Putzhilfe verbunden sind). Dabei können diese einzelnen materiellen Schadenpositionen oft hohe Beträge ausmachen.

1778 Zu den Heilbehandlungskosten gehören Zuzahlungen für Krankenhausbehandlung oder Arzneimittel sowie sonstige Hilfsmittel, aber auch beispielsweise heilungsfördernde bzw. heilungsbegleitende Maßnahmen, wie die Kosten für Schwimmkurse, Muskelaufbau im Fitnessstudio, Fahrtkosten zum Arzt, Besuchskosten und Nebenkosten im Krankenhaus wie z. B. Telefon. Selbst Kosten für Besuche naher Angehöriger werden nach der Rechtsprechung anerkannt, ebenso Kosten für die Unterbringung von Begleitpersonen bei schweren Verletzungen.

1779 Im Rahmen der sogenannten „vermehrten Bedürfnisse" können Pflegekosten geltend gemacht werden, soweit sie nicht von der Pflegeversicherung bezahlt werden, ein teurer Posten bei Geburtsschäden.

1780 Relevant ist weiter der sogenannte Erwerbsschaden, d. h. Verdienstausfall. Wenn der Patient infolge der fehlerhaften Behandlung seinen Beruf teilweise oder dauerhaft nicht mehr ausüben kann, steht ihm deswegen ein Schadenersatz zu, soweit dieser Schaden nicht durch Krankengeldzahlungen bzw. eine Rente ausgeglichen wird. Hierbei werden sämtliche schadensbedingte Nachteile für den Erwerb und das Fortkommen berücksichtigt, so dass dann im Sinne einer Prognose hinterfragt werden muss, wie sich die weitere berufliche Entwicklung gestaltet hätte, wenn es nicht zu dem schädigenden Ereignis gekommen wäre. So kann bei einem dauerhaften Erwerbsschaden bis zum Ende der Erwerbstätigkeit eine außerordentlich hohe Schadenersatzrente ausgeurteilt werden, der allenfalls noch der Einwand der Schadensminderungspflicht, z. B. durch Umschulungsmaßnahmen, entgegen gehalten werden kann.

1781 In der Rechtspraxis gewinnt auch der sogenannte Haushaltsführungsschaden immer größere Bedeutung. Die Rechtsprechung zum Haushaltsführungsschaden ist dem Umstand geschuldet, dass dem Geschädigten nicht nur Einbußen bei der Berufstätigkeit durch einen Schaden entstehen, sondern auch Einbußen bei der Fähigkeit, den Haushalt zu führen eintreten können. Dies gilt nicht nur für die Nur-Hausfrau, sondern auch für Teilleistungen der Ehepartner bei der Haushaltsführung, die im Rahmen des Schadenersatzes Berücksichtigung finden. Bei diesen Haushaltsführungsschäden ist zu ermitteln, in welchem Umfang die geschädigte Person vor dem Ereignis den Haushalt geführt hat und in welchem Umfang sie nun infolge des schädigenden Ereignisses nicht mehr in der Lage dazu ist. Der Schaden kann konkret berechnet werden, d. h. der Lohn für eine eingestellte Ersatzkraft gefordert werden. Es ist aber auch eine sogenannte fiktive Berechnung möglich, wenn keine bezahlte Ersatzkraft beschäftigt wird. Die Rechtsprechung geht dabei zur Ermittlung dieses Ersatzanspruches so vor, dass berechnet wird, was eine zum Ausgleich des Ausfalls beschäftigte bezahlte Ersatzkraft, wäre sie eingestellt worden, gekostet hätte, wobei hier der Nettolohn zugrunde gelegt wird, ohne Steuern und Sozialbeiträge.

1782 Beispielsweise ist bei einem geburtsgeschädigten Kind sowohl der Aufwand für die Pflege und/oder Aufsicht durch Angehörige erstattungsfähig, aber auch ein Erwerbsschaden zu berechnen, also zu hinterfragen, welche Ausbildung und schließlich welchen Verdienst das Kind erzielt hätte, wenn es gesund auf die Welt gekommen wäre. Geschuldet wird beim Personenschaden der Mehrbedarf für das Kind, der auf dessen Behinderung zurückgeführt werden kann. Je ausgeprägter der Geburtsschaden ist (z. B. hypoxische Schädigung des Gehirns mit weitreichenden Auswirkungen auf körperliche und geistige Fähigkeiten), umso höher kann auch der Mehrbedarf ausfallen.

8. Anspruchsberechtigte

1783 **a) Der Patient als unmittelbar Geschädigter.** Dass dem Patienten, der vom Arzt fehlerhaft behandelt worden ist, ein Anspruch auf Schadensersatz und Schmerzensgeld zusteht, ist oben bereits behandelt und erläutert worden. Bei Minderjährigen, die noch nicht geschäftsfähig sind, werden die Ansprüche von den sorgeberechtigten Eltern oder dem Elternteil, dem das Sorgerecht zusteht, geltend gemacht.

b) Angehörige. Anspruchsberechtigt im Fall des Todes eines Menschen, insbesondere, **1784** wenn damit der Ernährer der Familie wegfällt, sind die Hinterbliebenen, die den Schaden geltend machen können, der aufgrund des nun wegfallenden Verdienstes des Ernährers entsteht. Dabei muss allerdings der hypothetische Kostenanteil des Verstorbenen abgezogen werden. Anspruchsberechtigt sein können auch die Halb- oder Vollwaisen des Verstorbenen, soweit ihnen Unterhaltsleistungen, die der Verstorbene erbracht hätte und zu denen er verpflichtet gewesen wäre, nunmehr entgehen.

Neben den eigenen materiellen Schadenersatzansprüchen im Sinne von Unterhaltsan- **1785** sprüchen können die Hinterbliebenen auch ein ererbtes Schmerzensgeld geltend machen, wenn der Verstorbene vor seinem Tod eine längere Leidenszeit durchgemacht hat. Einen eigenen Schmerzensgeldanspruch wegen des Todes des nahen Angehörigen erkennt die Rechtsprechung allerdings nur in äußersten Ausnahmefällen dann an, wenn das Miterleben des Todes des nahen Angehörigen für den Erben selbst Krankheitswert hat.

Nicht geltend gemacht werden können Erwerbsschäden von Angehörigen, bspw. wenn **1786** aufgrund einer Erkrankung oder des Todes Einbußen bei der eigenen Erwerbstätigkeit entstehen. Hierbei handelt es sich um einen typischen Fall eines sog „Drittschadens", den also der Patient selbst nicht als eigenen Schaden geltend machen kann, den der Angehörige aber ebenso nicht geltend machen kann, weil er nicht selbst der Geschädigte des Arztfehlers ist.

c) Anspruchsberechtigte Dritte. Einen breiten Raum in der Rechtspraxis nehmen **1787** die Zahlungen ein, die Dritte im Zusammenhang mit einem ärztlichen Haftpflichtfall erbringen. Das sind in aller Regel die gesetzlichen oder privaten Krankenversicherungen sowie die übrigen Sozialversicherungsträger, vor allem die Rentenversicherungen, Pflegeversicherungen, die Bundesagentur für Arbeit, Sozialhilfeträger und gesetzliche Unfallversicherungen.

Soweit Aufwendungen von diesen Dritten geleistet wurden, können diese im Wege eines **1788** Regresses beim Arzt geltend gemacht werden, da ein Anspruchsübergang kraft Gesetzes stattfindet, bei privaten Krankenkassen und Pflegekassen gem. § 86 VVG und bei Sozialversicherungsträgern gem. § 116 SGB X.

Aber auch Arbeitgeber des Patienten können Ansprüche gegen den Arzt richten, wenn **1789** sie durch die Arbeitsunfähigkeit des Patienten einen Schaden erlitten haben, z.B. die Lohnfortzahlung erbringen mussten. Ebenso kann der Dienstherr gem. § 52 des Beamtenrechtsrahmengesetzes und § 87a des Bundesbeamtengesetzes und schließlich § 30 des Soldatengesetzes Ansprüche geltend machen.

In der Regel erfahren die zuständigen Sozialversicherungsträger, vor allem gesetzliche **1790** Krankenkassen, Rentenversicherungsträger und Arbeitsagenturen, von dem Grund der Behandlung durch den Patienten selbst. Die gesetzlichen Krankenversicherer sind in den letzten Jahren dazu übergegangen, ihre Versicherten in derartigen Fällen zu unterstützen, ihnen insbesondere Rat zu erteilen über ihre ärztlichen Institutionen, vor allem dem medizinischen Dienst der Krankenkassen (MDK). Das Patientenrechtegesetz, das 2013 in Kraft tritt, sieht sogar eine Verpflichtung der Krankenkassen zur Unterstützung des Patienten vor.

Dahinter steht ein verständliches vitales Interesse der Sozialversicherungsträger, die häu- **1791** fig immensen Heilbehandlungskosten, die ärztliche Behandlungsfehler und deren Folgen nach sich ziehen können, und die im Wege der Sachleistung zunächst von ihnen übernommen werden müssen, von den Haftpflichtversicherungen der Ärzte zurückzuholen. Die Sozialversicherungsträger hängen sich nicht selten an entsprechende Verfahren der Patienten an, lassen sich von diesen über den Fortgang des Regressverfahrens gegen den Arzt informieren und machen dann ihrerseits ihre Ansprüche geltend.

Bei besonders aufwändigen Verfahren der Heilbehandlung und entsprechend hohen da- **1792** mit verbundenen Kosten geschieht es auch, dass die Sozialversicherungsträger von sich aus Klage erheben. Dafür gibt es verschiedene Gründe: Entweder sind sie mit dem Vorgehen des Patienten nicht einverstanden oder aber es sind so hohe Kosten aufgelaufen, dass sie auf den Ausgang der Bemühungen des Patienten entweder außergerichtlich oder gerichtlich Schmerzensgeld und Schadensersatz zugesprochen bekommen, nicht warten wollen.

1793 **d) Sonderfälle. aa) Das gesunde aber ungewollte Kind.** Ein Kind als „Schaden" anzusehen, wenn es gesund zur Welt kommt, aber nicht gewollt war, und den Arzt oder Apotheker dafür verantwortlich zu machen, dass das Kind gleichwohl auf die Welt gekommen ist, widerstrebt zunächst dem gesunden Menschenverstand. Betroffen sind Fallgestaltungen einer Sterilisation, die unzureichend war und den Eintritt einer Schwangerschaft nicht verhindert hat, fehlerhafter Behandlung mit einem empfängnisverhütenden Mittel (z. B. Spiralanlage) oder fehlerhafter Beratung über die Sicherheit der Wirkungen eines verordneten empfängnisverhütenden Hormonpräparats. Zu klären war, ob trotz der Tatsache, dass ein vollkommen gesundes Kind zur Welt kommt, wegen finanzieller Mehraufwendungen Schadenersatzansprüche geltend gemacht werden können.

1794 Auch die Juristen hatten es mit der Annahme einer Schadenersatzpflicht in diesen Fällen einer „ungewollten Schwangerschaft" keineswegs leicht. Deshalb hatte das Bundesverfassungsgericht – also das höchste Gericht in Deutschland, das auch die Rechtsprechung der unteren Gerichtsbarkeiten in gewissem Umfang kontrollieren kann, wenn das Grundgesetz berührt wird – noch im Jahre 1993 betont, dass eine rechtliche Qualifikation des Daseins eines Kindes als Schadensquelle von Verfassungswegen (Art. 1 Abs. 1 Grundgesetz) nicht in Betracht kommt und es sich verbietet, die Unterhaltspflicht für ein Kind als Schaden zu begreifen.

1795 Zugegeben, das ist typisches Juristendeutsch und erschließt sich einem erst beim zweiten Lesen. Was das Bundesverfassungsgericht letztlich hat sagen wollen, ist, dass die Geburt eines noch dazu gesunden Kindes eigentlich Freude auslösen und nicht die Quelle von Schadensersatzansprüchen darstellen sollte.

1796 Das Urteil des Bundesverfassungsgerichts aus dem Jahr 1993 hat letztlich die Rechtsprechung des mit Arzthaftpflichtfällen befassten 6. Senats des Bundesgerichtshofs nicht abgehalten, dennoch Schadenersatz in solchen Fällen eines „ungewünschten Kindes" zuzusprechen. Allgemein wurde die Entscheidung des Bundesverfassungsgerichts als „obiter dictum", also als eine letztlich nicht verpflichtende Rechtsauffassung angesehen, die nicht verbindlich für die Rechtsprechung der übrigen Gerichte war. Es war durchaus verständlich, dass der Bundesgerichtshof dem Bundesverfassungsgericht nicht gefolgt ist: Der Begründung lässt sich entnehmen, dass das Gericht eben nicht das Kind als Schaden angesehen hat, sondern die sich aus der ungewollten Geburt ergebende Tatsache, dass die Eltern nun mit Mehraufwendungen konfrontiert waren, die sie zuvor wegen ihrer andersgearteten Familienplanung gerade hatten ausschließen wollen.

1797 Im Übrigen: In Deutschland stehen wir mit dieser Rechtsprechung keineswegs allein. So wird Schadensersatz wegen der Geburt eines unerwünschten Kindes z. B. auch in Frankreich und Holland zugesprochen. Es gibt allerdings auch andere Rechtsentwicklungen, z. B. in England und Österreich. Dort wird bei der Geburt eines gesunden, wenngleich unerwünschten Kindes kein Schadensersatz zugesprochen, sondern nur für den Fall, dass behinderte Kinder geboren werden, die nicht hätten geboren werden sollen, weil die Eltern – rechtmäßig – die Abtreibung des Fötus, eben weil ein krankes Kind zu erwarten war, dem Arzt gegenüber gewünscht hatten.

1798 Der Fall des ungewünschten, wenngleich gesund auf die Welt gekommenen Kindes hat bis zur jetzt gefestigten Rechtsauffassung in Rechtsprechung und Literatur hohe Wellen geschlagen. Es hat einer langen Gewöhnung an den Gedanken bedurft, dass das unerwünschte Kind Schadensersatzansprüche gegenüber demjenigen stellen kann, der für die Verhinderung der Geburt eigentlich „zuständig" gewesen wäre. Im Übrigen: Die Eltern können das Kind nicht voll auf Kosten des „schuldigen" Arzt oder Apothekers aufziehen, bekommen sie doch in der Regel nur den normalen Unterhaltssatz zugesprochen, selbst dann, wenn sie im Übrigen so gestellt sind, dass sie ihrem Kind aufgrund ihrer Einkommens- und Vermögenssituation durchaus mehr zukommen lassen können und dies auch tun. Zurzeit ist es gängige Rechtspraxis, den Schadenersatz auf den Regelunterhalt zu beschränken.

Neben diesen Unterhaltsansprüchen für das Kind hat die Mutter eines ungewollten Kindes Anspruch auf Schmerzensgeld gegenüber dem Arzt oder Apotheker, der die Konzeption nicht verhindert hat. Zwar ist die Schwangerschaft keine Krankheit, sondern ein normaler physiologischer Vorgang. Die ungewollt schwanger gewordene Frau, die sich darauf verlassen hat, dass der Arzt entsprechende Maßnahmen getroffen hat (z.B. Einsatz einer Spirale), kann Anspruch auf Schmerzensgeld geltend machen, weil der unbefugte Eingriff in ihr körperliches Befinden eine Körperverletzung darstellt. Das gilt nach der Rechtsprechung selbst dann, wenn die Schwangerschaft ohne krankhafte Begleitumstände verläuft. **1799**

bb) fehlerhafte genetische Beratung. Neben dieser Fallkonstellation eines ungewünscht, aber gesund geborenen Kindes hat sich die Rechtsprechung auch damit zu beschäftigen, ob Eltern und das Kind Anspruch auf Schadensersatz wegen fehlerhafter genetischer Beratung vor der Zeugung haben, d.h. der Arzt haftbar gemacht werden kann, wenn beispielsweise eine Fruchtwasseruntersuchung oder ein „Triple-Test" unterlassen oder eine Chromosomenanalyse fehlerhaft durchgeführt wurde und dadurch eine Behinderung des Kindes nicht erkannt wird. **1800**

In diesen Fällen fordert die Rechtsprechung, dass die Kindesmutter darlegt und beweist, dass bei korrekter Pränataldiagnostik ein Schwangerschaftsabbruch wegen medizinischer Indikation möglich gewesen und von ihr durchgeführt worden wäre. Es ist also eine nachträgliche, auf den Zeitpunkt des Schwangerschaftsabbruchs bezogene Prognose anzustellen. **1801**

Wenn dieser Beweis, dass ein Schwangerschaftsabbruch durchgeführt worden wäre, gelingt, ist die Zahlung eines Schmerzensgeldes an die Eltern gerechtfertigt, weil mit dem Handeln des Arztes eine schwere Verletzung des Persönlichkeitsrechts der Eltern verbunden ist. Daneben ist der erhebliche Vermögensschaden, also der Mehrbedarf für das behindert geborene Kind, zu ersetzen. **1802**

Früher wäre man vielleicht geneigt gewesen, diese Situation als schicksalsbedingt anzusehen, so wie man noch in den 50er Jahren häufig davon sprach, das Kind habe einen „Geburtsfehler", wenn bei einem jungen Menschen ein Defizit im körperlichen oder geistigen Bereich beobachtet wurde, der auf die Geburt zurückgeführt wurde. Allein an der Sprachregelung, wonach **das Kind** einen Geburtsfehler habe, der von den Eltern als schicksalsbedingt hingenommen wurde, war zu erkennen, dass man den mit der Geburt befassten Arzt oder die Hebamme mit diesem Fehler nicht in Verbindung bringen wollte oder konnte. **1803**

In einer Welt, die schicksalhafte Entwicklungen oder deren Folgen von den Menschen abzuwenden versucht, ist es nur folgerichtig, an Ersatzansprüche zu denken, wenn die schicksalhafte Entwicklung von einem Dritten hätte abgewendet werden können oder müssen. **1804**

Auch aus diesem Grund ist eine erhebliche Erweiterung der ärztlichen Haftung gerade auf dem Gebiet des Geburtsschadens in den letzten 20 Jahren zu beobachten, die aufgrund der Höhe der geltend gemachten Forderungen den Haftpflichtversicherungsmarkt in eine Krise führt. Wenn man Schuld nicht gleichsetzt mit Schaden, sondern jeweils sauber abgrenzt und prüft, ob der Schaden durch den ärztlichen Fehler begründet oder mitbegründet worden ist, ist die Rechtsfolge, dass hierfür Schadensersatz zu leisten ist, – zumindest juristisch – konsequent. **1805**

II. Behandlungsfehler

Wenn sich die Frage nach der Haftung des Arztes stellt, ist das ausgeblieben, was Arzt und Patient gemeinsam angestrebt haben, nämlich die Heilung, und es ist das eingetreten, was keiner wünscht: Ein Schaden. **1806**

Der häufigste Vorwurf in einem Arzthaftungsprozess stellt der des Behandlungsfehlers dar. Der Behandlungsfehler eröffnet und begrenzt zugleich die Arzthaftung. Von dem Begriff des „Kunstfehlers" hat sich die juristische Literatur inzwischen verabschiedet. Die **1807** höchstrichterliche Rechtsprechung, vor allem der Bundesgerichtshof, hat diesen Begriff stets vermieden und nur vom Behandlungsfehler gesprochen. Dabei kann nicht nur die **ärztliche Behandlung** Ausgangspunkt einer Haftung sein, sondern auch die **Diagnose** sowie **Vor- und Nachsorge.**

1. Sorgfaltsmaßstab

1808   Um zu klären, ob ein Behandlungsfehler vorliegt, ist der Sorgfaltsmaßstab entscheidend. Das Bürgerliche Gesetzbuch hält für den vertraglich generell anzuwendenden Sorgfaltsmaßstab eine Definition in § 276 Abs. 2 BGB bereit. Danach gilt: „Fahrlässig handelt, wer die im Verkehr erforderliche Sorgfalt außer Acht lässt." Die im Verkehr erforderliche Sorgfalt ist das, was von jemandem in seiner Position an seiner Stelle, gemessen an dem, was der Berufsstand an Standards für erforderlich hält, erwartet werden darf.

1809   Die Frage nach dem Behandlungsfehler lässt sich also nur dann beantworten, wenn festgestellt wird, was der objektive Standard zum Zeitpunkt der Behandlung war. Was der jeweilige Standard der Medizin ist, ergibt sich aus dem Stand der naturwissenschaftlichen (medizinischen) Kenntnisse und der ärztlichen Erfahrung, der sich in der praktischen Erprobung bewährt hat und dessen Einsatz zur Erreichung des ärztlichen Behandlungszieles erforderlich ist.

1810   Der Leser erkennt bereits: Das ist wieder eine sehr juristisch geprägte Definition des Fachstandards und entspricht juristischer Arbeitsweise. Danach wird von einer generalisierenden Grundregel jeweils auf den Einzelfall abgestellt, der Jurist spricht von „subsumieren". Ein Behandlungsfehler liegt folglich dann vor, wenn der Arzt bei seinem ärztlichen Tun gegen den jeweils geltenden medizinischen Standard verstoßen hat, d. h. wenn er nicht das getan hat, was von einem gewissenhaften und aufmerksamen Arzt aus berufsfachlicher Sicht seines bestimmten Fachbereiches erwartet werden kann, weil es dem Kenntnisstand der medizinischen Wissenschaft **zum Zeitpunkt der Behandlung** entsprach. Letzteres ist sehr wichtig, denn die Medizin macht ständig Fortschritte. Behandlungsfehlerhaft kann aber nur etwas sein, was nach dem Kenntnis- und Erkenntnisstand zum Zeitpunkt des ärztlichen Handelns als Standard angesehen wurde, nicht was erst danach, wenn der Richter viele Jahre später über das ärztliche Handeln richten muss, als Standard angesehen wird.

1811   Abgestellt wird auf den Standard eines **Facharztes.** Weicht der Arzt hiervon ab, dann stellt das einen Behandlungsfehler dar. Dabei entschuldigen den Arzt keineswegs individuelle Unkenntnis oder Schwächen. Er ist berufsrechtlich verpflichtet, sich durch ständige Fortbildung auf dem jeweiligen Niveau seines Fachs zu halten.

1812   Rechtsprechung und Literatur halten sogar einen mit besonderen Fähigkeiten und Kenntnisse ausgestatteten Arzt für verpflichtet, die ihm zu Gebote stehenden ungewöhnlichen Fähigkeiten zu Gunsten des Patienten einzusetzen. Tut er das nicht, so kann auch das einen Behandlungsfehler begründen, obwohl der Standard eingehalten ist.

1813   Der Arzt kann sich nicht damit entschuldigen, er habe sich bei der Behandlung in einer besonders ungünstigen Situation (Übermüdung, Überarbeitung, fehlende Vertrautheit mit dem medizinischen Gerät) befunden. Vielmehr reicht die **objektive Verletzung der Sorgfaltspflicht,** die ihm dann auch subjektiv vorgeworfen wird. Das kann im Arztstrafrecht anders sein, wenn es um die Frage geht, ob dem Arzt die Körperverletzung strafrechtlich vorzuwerfen ist. Im Zivilrecht hat sich demgegenüber der schuldhafte Behandlungsfehler deutlich objektiviert, weil es nicht um persönliche Schuld, sondern um Abweichung vom ärztlich geforderten Standard geht.

1814   Dabei ist ärztliches Fehlverhalten nicht nur durch Fahrlässigkeit möglich, also weil der Arzt versehentlich ärztliche Standards nicht einhält. Selbstverständlich kann auch ein vorsätzliches Verhalten gegeben sein. Dass dies zu einer Haftung des Arztes führt, leuchtet sogleich ein. Dabei sind die Fälle vorsätzlichen Handelns, die letztlich gleichbedeutend sind mit einer vorsätzlichen Körperverletzung, zum Glück außerordentlich gering, wenngleich sie gelegentlich durch die Presse spektakulär aufgemacht werden.

Nahezu sämtliche Fälle ärztlicher Fehlleistung gehen auf fahrlässiges Handeln des Arztes **1815** zurück. Der Arzt verletzt die Regeln seines Facharztstandards nicht bewusst, also vorsätzlich. Er übersieht sie eher „versehentlich" entweder, weil er sie bei der Behandlung nicht genau kennt oder aber meint, er halte sich an den geforderten Standard.

2. Bedeutung von Leitlinien und Richtlinien bei der Ermittlung des ärztlichen Standards

Um den medizinischen Standard zu ermitteln, den der Arzt bei seiner Behandlung ein- **1816** zuhalten hat, greifen Sachverständige bei der Bewertung häufig auf Leitlinien und Richtlinien zurück, insbesondere, um für die Verfahrensbeteiligten nachvollziehbare Bewertungen für die Definition des Standards zu liefern. Hierin liegt ihre hohe praktische Bedeutung. Sie sind allerdings nur ein Hilfsinstrument, um den jeweiligen medizinischen Standard zu ermitteln.

a) Leitlinien. Die Arbeitsgemeinschaft der wissenschaftlichen und medizinischen Fach- **1817** gesellschaften (AWMF, siehe www.awmf.org) ist das wichtigste Netzwerk der medizinischen Fachgesellschaften. Sie veröffentlicht regelmäßig Leitlinien, um darin die betreffenden Standards der Medizin widerzuspiegeln. Nach eigenem Verständnis der AWMF kommt den Leitlinien folgende Bedeutung zu:

„Die Leitlinien der wissenschaftlichen medizinischen Fachgesellschaften sind systema- **1818** tisch entwickelte Hilfen für Ärzte zur Entscheidungsfindung in spezifischen Situationen. Sie beruhen auf aktuellen wissenschaftlichen Erkenntnissen und in der Praxis bewährten Verfahren und sorgen für mehr Sicherheit in der Medizin, sollen aber auch ökonomische Aspekte berücksichtigen. Die Leitlinien sind für Ärzte rechtlich nicht bindend und haben daher weder haftungsbegründende noch haftungsbefreiende Wirkung."

Die Leitlinien sind in verschiedene Kategorien unterteilt, und zwar **1819**
- **S 1-Leitlinie:** Hierbei erarbeitet eine repräsentativ zusammengesetzte Expertengruppe der Fachgesellschaften im informellen Konsens eine Empfehlung, die vom Vorstand der Fachgesellschaften verabschiedet wird.
- **S 2-Leitlinien** unterliegen erhöhten Qualitätsanforderungen und sind gleichsam die „Durchlaufstufe" zur höchsten Entwicklungsstufe. Sie sind wiederum unterteilt in Leitlinien der Klasse S 2 e (evidenz-basiert) und Klasse S 2 k (konsens-basiert).
- **S 3-Leitlinie**: Sie stellt eine Leitlinie mit allen Elementen systematischer Entwicklung dar.

Die umfangreichen Kataloge der Qualitätskriterien für die einzelnen Leitlinienstufen **1820** können auf der Internetseite www.awmf.org nachgelesen werden.

Für die Praxis und Rechtsprechung im Arzthaftpflichtrecht gilt materiell-rechtlich, was **1821** die Leitlinien anbelangt, folgendes:
- Leitlinien spiegeln in der Regel, nicht aber ohne Weiteres den Standard wider. Dieser wird grundsätzlich in jedem Einzelfall durch den Sachverständigen ermittelt.
- Die Nichtbeachtung einer Leitlinie stellt somit nicht ohne Weiteres einen Behandlungsfehler dar.
- Beachtet der Arzt eine Leitlinie nicht, gerät er aber in hohen „Rechtfertigungsdruck", je weiter die einschlägige Leitlinie entwickelt ist.

b) Richtlinien. Von den Leitlinien der Fachgesellschaften sind die **Richtlinien** zu un- **1822** terscheiden. Der Begriff der Richtlinie kommt aus dem Sozialrecht, und zwar dem Sozialgesetzbuch V (§§ 91 ff.).

Anders als die Leitlinien sind die Richtlinien des Bundesausschusses der Ärzte oder **1823** Zahnärzte und Krankenkassen **verbindlich.** Das hat der Bundesgerichtshof in einem Beschluss vom 28. 3. 2008 ausdrücklich hervorgehoben. Richtlinien definieren im Rahmen der kassenärztlichen (besser vertragsärztlichen) Versorgung vom gesetzlich krankenversicherten Patienten Mindestanforderungen. Sie haben die Qualität von Rechtsnormen. Sie legen den medizinischen Standard insoweit fest, als ihre Unterschreitung unzulässig ist und Konsequenzen für den Arzt beispielsweise bei der Abrechnung oder im Disziplinarbereich haben kann. Kann eine ärztliche Behandlung nach den Richtlinien nicht oder nur eingeschränkt abgerechnet werden, wird sie sich schwerlich zum Standard ausbilden. Auf der anderen Seite kann man nicht schlussfolgern, dass eine Behandlung, die nicht in einer Richtlinie festgelegt ist, sogleich fehlerhaft sei.

1824   Die Kernpunkte lassen sich wie folgt festhalten:
- Richtlinien geben nicht ohne Weiteres den medizinischen Standard wieder.
- Weil sie einer Rechtsnorm gleichkommen, legen sie aber im Bereich der Versorgung gesetzlich versicherter Patienten Mindestanforderungen für die Behandlung fest.
- Wird eine Richtlinie nicht beachtet, stellt dies im Verhältnis zum gesetzlich versicherten Patienten eine Unterschreitung des Standards und folglich einen Behandlungsfehler dar. Das ist nicht ganz unumstritten, entspricht aber der Rechtsprechung des Bundesgerichtshofes.

3. Einfacher oder grober Behandlungsfehler

1825   Die Unterscheidung zwischen einfachen und groben Behandlungsfehlern ist in der Rechts- und Gerichtspraxis meist die Kernfrage der Auseinandersetzung. Oft „steht und fällt" ein Prozess mit der Einordnung eines Fehlverhaltens als „einfach" oder „grob", da sich entsprechend die Beweislast umkehrt.

1826   Das Zivilprozessrecht wird beherrscht vom Grundsatz der Beweislast. Wer etwas haben will (der Kläger), der muss beweisen, dass ärztliches oder zahnärztliches Verschulden für seinen Schaden verantwortlich ist. Diese Beweislastverteilung gilt jedenfalls für den „einfachen Behandlungsfehler" und entspricht der Systematik des Schadensersatzrechts. Das bedeutet: Verläuft eine Behandlung wider Erwarten atypisch, ist nicht dies schon ein Beweis für ärztliches Verschulden. Von dieser grundsätzlichen Beweislastverteilung gibt es im Rahmen des Arzthaftungsrechts eine Ausnahme für den Fall, dass dem Arzt ein **grober Behandlungsfehler** vorzuwerfen ist. Dann kehrt sich die Beweislast um. Ist der grobe Behandlungsfehler generell geeignet, den eingetretenen Schaden zumindest mitursächlich herbeizuführen, ist es am Arzt, das Gegenteil zu beweisen. Die Fälle, in denen es dem Arzt gelingt, zu beweisen, dass ein grober Fehler gänzlich unwahrscheinlich für den eingetretenen Personenschaden ist, sind sehr selten. Hat der Patient erst einmal die „Klippe" des groben Behandlungsfehlers überwunden, hat er danach im Verfahren gegenüber dem Arzt relativ leichtes Spiel.

1827   Von einem einfachen Behandlungsfehler spricht man, wenn der ärztliche Fehler zwar verständlich ist, aber ein Verstoß gegen den ärztlichen Standard vorliegt. Grob ist ein Behandlungsfehler dagegen dann, wenn ein eindeutiger fundamentaler Verstoß gegen bewährte ärztliche Behandlungsregeln oder gesicherte medizinische Erkenntnisse vorliegt, der nach den Umständen des konkreten Falles aus objektiver Sicht nicht mehr verständlich erscheint und einem Arzt schlechterdings nicht unterlaufen darf.

1828   Diese formelhafte Wiedergabe der Voraussetzungen eines groben Behandlungsfehlers spielt im Gerichtsalltag eines Arzthaftungsprozesses eine bedeutende Rolle. Sie deckt sich im Wesentlichen mit der Definition für „grobe Fahrlässigkeit". Diese liegt vor, wenn die verkehrserforderliche Sorgfalt in besonders schwerem Maße verletzt wird, d.h. wenn schon einfachste, ganz naheliegende Überlegungen nicht angestellt werden und nicht das beachtet wird, was im konkreten Fall jedem einleuchten muss. Dabei stellt die Rechtsprechung beim groben Behandlungsfehler ähnlich wie beim einfachen Behandlungsfehler auf **objektive** Kriterien ab, nämlich
- dass eindeutig gegen bewährte ärztliche Behandlungsregeln oder gesicherte medizinische Erkenntnisse verstoßen wurde,
- der Arzt einen Fehler begangen hat, der aus objektiver Sicht nicht mehr verständlich erscheint,
- und zwar, weil dieser Fehler einem Arzt schlechterdings nicht unterlaufen darf.

Warum hat nun die Unterscheidung zwischen einfachem und grobem Behandlungsfehler **1829** solch eine große Bedeutung? Das liegt an der **Beweissituation**. So trifft beim einfachen Behandlungsfehler die Beweislast noch den Patienten, d. h. muss dieser beweisen, dass auf dem Arztfehler auch sein Körperschaden beruht. Kommt der medizinische Sachverständige zu der Auffassung, dass auch die Grunderkrankung des Patienten unabhängig vom ärztlichen Fehler geeignet ist, den Schaden zu verursachen, dann bleibt der Patient den letzten Beweis schuldig mit der Folge, dass er Schadensersatzansprüche nicht durchsetzen kann.

Anders ist das im Fall des groben Behandlungsfehlers. Dort trifft **den Arzt** die Beweis- **1830** last. Er muss beweisen, dass sein ärztliches Handeln hinweggedacht werden kann, ohne dass der „Erfolg", also der Personenschaden bei dem Patienten, entfällt. Die Beweislast kehrt sich also um: sie wird dem Arzt aufgebürdet, weil er den Personenschaden sorglos verursacht hat. Dieser Beweis fällt dem Arzt in aller Regel schwerer als derjenige, den der Patient bei Vorliegen eines einfachen Behandlungsfehlers zu erbringen hat.

Letztlich entscheidet in einem gerichtlichen Verfahren der Richter, ob ein Behandlungs- **1831** fehler als einfach oder als grob einzustufen ist. Das gelingt ihm aber nur mit Hilfe des medizinischen Sachverständigen.

Der Gerichtsalltag in Arzthaftungssachen ist geprägt davon, dass der Sachverständige da- **1832** nach gefragt wird, ob ein grober oder einfacher Behandlungsfehler vorliegt. Die Spezialkammern an den Landgerichten, besetzt mit in Arzthaftpflicht geschulten Richtern, und die mit Arzthaftungsfragen sehr vertrauten Spezialsenate an den Oberlandesgerichten stellen in aller Regel schon im Beweisbeschluss, also dem Beschluss, der einer Beweisaufnahme, nämlich den Fragen an Zeugen oder Sachverständigen, vorausgeht, die Frage nach der Schwere des Fehlers, in dem sie auf die rechtlichen Wertungsmaßstäbe beim groben Behandlungsfehler verweisen. Forensisch erfahrene Gutachter kennen sich hierin aus und beantworten die Frage zumeist mit der wünschenswerten Klarheit. Reichen die Ausführungen des Gutachters in seiner schriftlichen Stellungnahme nicht aus, muss der Richter im Verhandlungstermin gezielt nachfragen.

Wichtig ist hierbei allerdings, dass nicht der Sachverständige selbst darüber entscheidet, **1833** ob nun ein grober oder einfacher Fehler vorliegt, sondern der Sachverständige lediglich dem Gericht – zumindest im Idealfall – medizinische Entscheidungshilfen an die Hand gibt, die es dem Gericht ermöglichen, die Einordnung vorzunehmen.

Verständlicherweise wird von Patienten, d. h. deren Rechtsanwälten, gerne der grobe **1834** Behandlungsfehler als ein wesentliches Argument bei der Geltendmachung von Schmerzensgeld und Schadensersatz ins Feld geführt. Es gibt kaum ein Verfahren, in dem nicht entweder die **Aufklärungsrüge** erhoben, d. h. dass vom Patienten gesagt wird, er sei unzureichend aufgeklärt worden, oder wenigstens das Vorliegen **grober Behandlungsfehler** behauptet wird. Regelmäßig wird sich das Gericht mit beiden Angriffspunkten auseinandersetzen müssen.

Erschwert wird die Arbeit für Sachverständige und Gericht dann, wenn der Fall grenz- **1835** wertig ist, und es dem Gutachter erkennbar schwer fällt, den Stab über seinen Kollegen, dessen ärztliches Verhalten er nachvollziehen muss, zu brechen. Hier ist richterliches und anwaltliches Geschick gefragt, wenn man außerhalb der formelhaften Wiedergabe der Definition des groben Behandlungsfehlers eine gerechte Wertung vornehmen will.

Die Rechtsfigur des groben Behandlungsfehlers ist letztlich eine verständliche Hilfe für **1836** den Patienten. Unter anderem auch sie stellt die „Waffengleichheit" zwischen Arzt und Patient im Arzthaftungsprozess her. Dieser etwas martialisch anmutende Begriff erklärt sich aus dem Informationsgefälle zwischen der ärztlichen Seite und der des Patienten. Das Herrschaftswissen hat in der Regel der Arzt. Der Patient dagegen steht aufgrund der tatsächlichen Gegebenheiten einer Heilbehandlung vor erheblichen Schwierigkeiten bei der Beweisführung. Ihm fehlt nicht nur die Kenntnis der jeweils gegebenen medizinischen Besonderheiten, sondern auch die konkrete Kenntnis von dem, was der Arzt tatsächlich vorgenommen hat.

1837 Die Entlastung beim groben Behandlungsfehler gelingt dem Arzt nur dann, wenn er entweder beweist, dass der Behandlungsfehler generell nicht geeignet war, den eingetretenen Gesundheitsschaden zu verursachen oder aber, dass ein Ursachenzusammenhang aufgrund der besonderen Umstände des Einzelfalls äußerst unwahrscheinlich ist. Wie schmal der Grat ist, auf dem der betroffene Arzt dann wandelt, zeigt die Auffassung der herrschenden Meinung im Arzthaftpflichtrecht, dass die Kausalität nur dort fehlt, wo nur mehr eine akademisch–theoretische Möglichkeit für eine ursächliche Verbindung zwischen Behandlungsfehler und Gesundheitsschaden spricht. Man kann sich gut vorstellen, dass medizinische Sachverständige eine derartige Konstellation nur sehr selten erkennen.

4. Einzelne Formen der Behandlungsfehler

1838 **a) Diagnosefehler und Abgrenzung von der Rechtsfigur der „unterlassenen Befunderhebung".** Die wohl schwierigste ärztliche Tätigkeit steht gleich am Beginn ärztlichen Tuns, nämlich, die richtige Diagnose zu stellen.

1839 Die Rechtsprechung hat deshalb Diagnoseirrtümer, also eine ärztliche Fehlinterpretation ordnungsgemäß erhobener Befunde, bisher nur sehr zurückhaltend als Behandlungsfehler gewertet. Irrtümer sind bei der Diagnose eher möglich, weil Erkrankungen sich nicht bei jedem Patienten in einer einheitlichen Symptomatik darstellen und die Symptomatik vielschichtig sein kann. Immer dann, wenn die Fehldeutung von Befunden, die der Arzt ordnungsgemäß erhoben hat, im Einzelfall nicht vorwerfbar erschien, hat die Rechtsprechung folglich einen Behandlungsfehler verneint.

1840 Übersieht dagegen der Arzt eindeutige charakteristische Symptome einer Erkrankung, kann die falsche Diagnose auch als Behandlungsfehler zu werten sein. Als Faustregel kann dabei aber gelten, dass Diagnosefehler nur mit Zurückhaltung als Behandlungsfehler gewertet werden.

1841 So erkennt auch die Rechtsprechung an, dass Irrtümer bei der Diagnosestellung, die in der Praxis nicht selten vorkommen, oft nicht die Folge eines vorwerfbaren Versehens des Arztes sind. Insofern werden Diagnoseirrtümer nur mit Zurückhaltung als Behandlungsfehler gewertet.

Eine andere rechtliche Bewertung ist allerdings dann vorzunehmen, wenn der Arzt die **1842** Diagnostik nicht nach den geltenden Standards durchführt, also medizinisch zwingend erforderliche Befunde nicht erhebt, wie z.B. Röntgenaufnahmen oder Laboruntersuchungen. Dabei gilt das Gebot der schrittweisen Diagnostik. Kein Arzt ist also gefordert, das gesamte Register an diagnostischen Maßnahmen für den Patienten sofort zu ziehen. Das ist auch deshalb verständlich, weil der Arzt bei seiner Tätigkeit wirtschaftlich, d.h. kostenbewusst vorgehen muss. Je weniger akut die Erkrankung, je weniger bedrohlich der Zustand des Patienten ist, umso mehr wird man dem Arzt einen Spielraum für die Beurteilung und die Entscheidung, welche diagnostischen Maßnahmen zu treffen sind, lassen müssen.

Unterlässt der Arzt aber eine vom medizinischen Standard gebotene diagnostische Maß- **1843** nahme, kann dies nicht nur zur Annahme eines Behandlungsfehlers, sondern zu dessen Wertung als grob führen. Beispielsfälle:

- Die histologische Untersuchung gibt klare Hinweise auf eine vorliegende Krebserkrankung, die der Arzt übersieht
- Ein bei einem Notfall irrtümlich als HWS-Syndrom eingestufter Herzinfarkt wird übersehen und diagnostisch nicht hinreichend abgeklärt
- Es besteht Verdacht auf eine Beckenendlage des ungeborenen Kindes. Der Geburtshelfer versäumt es, auf ein Missverhältnis zwischen Kopf und Rumpf des Kindes zu achten
- Eindeutige Anzeichen sprechen für eine bakterielle Infektion. Der Arzt übersieht dies.

Selbst wenn aber ein Befunderhebungsfehler nicht als grob einzuordnen ist, hat die **1844** Rechtsprechung Mitte der 90-er Jahre eine Umkehr der Beweislast in Fällen der Unterlassung medizinisch gebotener Befunderhebung durch ein Konstrukt eines „fiktiven groben Fehlers" entwickelt. Hierbei sind folgende „Stufenfragen" relevant:

Stufe 1: Hat der Arzt eine medizinisch (zweifelsfrei/zwingend) gebotene Be- **1845** **funderhebung unterlassen?**

Stufe 2: Welches Ergebnis hätte der Befund, wäre er erhoben worden, mit hinreichender Wahrscheinlichkeit erbracht? Hätte mit mehr als 50%-iger Wahrscheinlichkeit ein reaktionspflichtiger Befund vorgelegen?

Stufe 3: Wie wäre die Nichtreaktion auf den Befund bzw. die Verkennung des „mit hinreichender Wahrscheinlichkeit" anzunehmenden (also zu unterstellenden!) Befundes zu gewichten: als einfacher oder als grober Fehler?

Stufe 4: Erst dann, wenn es sich bei dem (zu unterstellenden) Befund um einen so gravierenden handelt, dass dessen Verkennung oder Nichtreaktion sich als fundamental und damit grob fehlerhaft erweist, greift zu Gunsten des Patienten wieder die Beweislastumkehr.

Allerdings ist eine genaue Abgrenzung notwendig: **1846**
- Liegt ein bloßer – aber nicht vorwerfbarer – Diagnoseirrtum vor, weil es sich um eine (vorläufige) „Arbeitsdiagnose" handelt?

– Oder handelt es sich um einen „echten" Diagnosefehler, weil der Arzt z.B. schuldhaft bei einem EKG eine Auffälligkeit übersieht?

– Oder hat der Arzt eine falsche Diagnose deshalb getroffen, weil sie auf einer unzureichenden Befunderhebung („Diagnostik") beruht? Das wäre dann juristisch kein „Diagnosefehler", sondern ein Befunderhebungsfehler, der völlig anderen juristischen Regeln unterliegt!

1847 Schwierig ist die rechtliche Einordnung, wenn als „Folgefehler" der falschen Diagnose weitere Befunde nicht erhoben wurden. Der BGH hat in einem im Jahr 2011 veröffentlichten Urteil klar zur Abgrenzung zwischen einem nicht vorwerfbaren Diagnoseirrtum und einer Haftung unter dem Gesichtspunkt der unterlassenen Befunderhebung wie folgt ausgeführt:

1848 „Ein Befunderhebungsfehler ist gegeben, wenn die Erhebung medizinisch gebotener Befunde unterlassen wird. Im Unterschied dazu liegt ein **Diagnoseirrtum** vor, wenn der Arzt **erhobene oder sonst vorliegende Befunde falsch interpretiert** und deshalb nicht die aus der berufsfachlichen Sicht seines Fachbereichs gebotenen – therapeutischen oder diagnostischen – Maßnahmen ergreift.... Ein Diagnosefehler wird **nicht** dadurch zu einem **Befunderhebungsfehler,** dass bei objektiv zutreffender Diagnosestellung noch weitere Befunde zu erheben gewesen wären."

1849 Als Faustregel ist daher festzuhalten: Wenn als Folge eines Diagnoseirrtum keine weiteren Befunde erhoben werden, ist die Rechtsfigur der unterlassenen Befunderhebung nicht anwendbar. Anders ist dies aber dann, wenn von Anfang an nicht die an sich notwendige Diagnostik veranlasst wurde, beispielsweise sich der Arzt auf eine bloße „Blickdiagnose" beschränkt.

1850 **b) Übernahmeverschulden.** Verfügt der behandelnde Arzt für die Diagnostik oder die Behandlung des Patienten nicht über notwendige Spezialkenntnisse oder aber auch die erforderliche medizinische Ausstattung, darf er die Behandlung nicht übernehmen. Macht er dies gleichwohl, ist dies als Behandlungsfehler zu werten. Rechtsprechung und Literatur sprechen in diesem Zusammenhang von einem Übernahmeverschulden. Reicht die apparative Ausstattung eines Krankenhauses nicht aus, um den Patienten nach medizinischem Standard zu behandeln, so muss dieser in ein anderes, entsprechend ausgerüstetes Krankenhaus überwiesen werden.

1851 In diesen Fällen stehen Behandlungsfehler und ärztliche Aufklärung in einem engen Zusammenhang. Dem Patienten muss die Möglichkeit, in einem personell und/oder apparativ besser ausgestatteten Krankenhaus behandelt zu werden, eröffnet werden, d.h. er muss darauf hingewiesen werden, damit er eine Entscheidungsalternative erhält.

1852 **c) Organisationsverschulden.** In Arztpraxen und insbesondere in Krankenhäusern ist es notwendig, den Behandlungsablauf zu strukturieren und die Aufgaben unter den Ärzten und den verschiedenen Abteilungen sinnvoll und übersichtlich zu verteilen. Beispielsweise müssen Behandlungsräume und Krankenzimmer den erforderlichen Hygienestandard aufweisen, notwendige Medikamente und Blutkonserven in ausreichendem Maße vorgehalten werden, für operative Eingriffe müssen hinreichend qualifizierte Chirurgen sowie geschultes und erfahrenes nichtärztliches Personal vorhanden sein.

1853 Strukturen und Behandlungsabläufe sollten klar gegliedert sein. Durch Dienstanweisungen sowie deren stichprobenhafte Überprüfung sollte sichergestellt werden, dass diese eingehalten werden. Auch die Rechtsprechung stellt immer höhere Anforderungen an die Beachtung der Organisationspflichten, und zwar mit Rücksicht darauf, dass in immer größeren und unübersichtlicheren Klinikbetrieben mit arbeitsteiliger Medizin und weitgehenden Möglichkeiten der Delegation die Qualität der Behandlung gefährdet sein kann. Nachlässigkeiten und Versäumnisse im organisatorischen Bereich, vor allem bei der gegenseitigen Information der Abteilungen, der Ärzte und des Pflegepersonals, können zu unübersehbaren und schwersten Folgen für den Patienten führen.

Daher hat die Rechtsprechung zu Recht festgestellt, dass nicht nur die einzelnen Ärzte **1854** ihre Abteilungen strukturieren und organisieren müssen, sondern auch eine originäre Pflicht des Krankenhausträgers zur Organisation besteht, deren Vernachlässigung eine eigene Haftung des Krankenhausträgers begründen kann. Der Krankenhausträger hat die Pflicht, die Chefärzte hinsichtlich der ihnen übertragenen Organisationsaufgaben zu überwachen. Darüber hinaus muss der Krankenhausträger durch die Gestaltung der Einsatzpläne und der Regelung über die Vertretung sicherstellen, dass in jeder Behandlungsphase ein Facharzt bereit steht, der nicht in Folge von Nachtdienst übermüdet ist, und zwar auch im Notdienst und an Sonn- und Feiertagen. Die Narkose muss stets ein ausgebildeter Anästhesist einleiten und überwachen.

So stellt es beispielsweise einen **Organisationsfehler** dar, einen noch nicht ausreichend **1855** qualifizierten Assistenzarzt mit einer OP zu betrauen. Kommt es dabei zu einer Gesundheitsschädigung des Patienten, kann der Geschädigte sich nicht nur an den überforderten Assistenzarzt halten, sondern seine Ansprüche auch gegenüber dem für die Zuteilung der Operation verantwortlichen Arzt und/oder gegen das Krankenhaus richten. Natürlich muss auch der noch nicht hinreichend erfahrene Arzt an Operationen schwierigerer Art herangeführt werden. Das geht aber nur dann, wenn dem Operationen leichterer Art vorausgegangen sind und ein Facharzt die Aufsicht führt.

Schwierig ist dies häufig im gynäkologischen Bereich, vor allem bei der Geburtshilfe. **1856** Dort kündigen sich komplizierte Geburten in der Regel nicht an, sondern zeigen sich erst im Laufe des Geburtsvorganges. In einem solchen Fall hat es die Rechtsprechung für ausreichend gehalten, dass ein Anfänger im Nachtdienst – die Geburt hält sich nun einmal nicht an die reinen Tagstunden – einer geburtshilflichen Abteilung eingesetzt wird, solange sich zumindest ein Hintergrunddienst in unmittelbarer Rufbereitschaft findet.

d) Verkehrssicherungspflicht. Zur Organisationspflicht gehört auch die Verpflichtung **1857** von Arzt und Krankenhaus, den Patienten vor allgemeinen Gefahren, aber auch vor solchen durch andere Kranke oder Besucher zu schützen.

Patienten müssen davor bewahrt werden, zu stürzen. Entsprechend müssen die Maßnah- **1858** men für Bewegung und Transport des Patienten ausgestaltet sein. Bestehen dagegen keine besonderen Anhaltspunkte dafür, dass der Patient unruhig ist und sich insbesondere im Schlaf unruhig verhält, muss er nicht am Bett fixiert oder durch ein Bettgitter geschützt werden.

e) Voll beherrschbares Risiko. Das Rechtsinstitut des „voll beherrschbaren Risikos" **1859** bzw. „voll beherrschbaren Gefahrenbereichs" haben Rechtsprechung und Lehre für den Risikobereich entwickelt, der eindeutig dem Arzt – oder Krankenhausbetrieb zugeordnet werden kann.

Die Grundsätze des vollbeherrschbaren Risikos gelten also überall dort, wo man von der **1860** Behandlerseite die Einhaltung von Regeln und Vorschriften erwarten darf, die dazu dienen, den Patienten vor Schäden zu bewahren. Werden diese Regeln verletzt und erleidet der Patient dadurch einen Schaden, dann folgt daraus die Haftung. Das gilt nur dann nicht, wenn es trotz Einhaltung der entsprechenden Regeln, vor allem Hygienevorschriften, aufgrund eines nicht vorhersehbaren Ereignisses zur Gesundheitsbeeinträchtigung des Patienten gekommen ist.

Der Bereich des vollbeherrschbaren Risikos betrifft in der Rechtspraxis beispielsweise **1861** Fälle von zurückgelassenen Gegenständen im Operationsbereich. Es wird aber auch bei der Hygiene oder bei Lagerungsschäden die Anwendung diskutiert. Hier ist allerdings Vorsicht geboten:

Hinsichtlich der Frage, ob der Krankenhausträger einen angemessenen Hygienestandard **1862** gewährleistet hat, kann sich der Patient nicht automatisch auf Erleichterungen hinsichtlich der Darlegungs- und Beweislast berufen. Eine Umkehr der Darlegungs- und Beweislast für die Kausalität eines Hygienemangels für eine Infektion und sogleich auch für das Verschulden hinsichtlich des Hygienemangels kann nur dann angenommen werden, wenn feststeht, dass die Infektion aus einem hygienisch beherrschbaren Bereich hervorgegangen ist. Die Rechtsprechung erkennt insoweit zu Recht an, dass eine absolute Keimfreiheit im Operationsbereich nicht zu erreichen ist. Keimübertragungen, die sich aus nicht beherrschbaren Gründen und trotz Einhaltung der gebotenen hygienischen Vorkehrungen ereignen, gehören zum entschädigungslos bleibenden Krankheitsrisiko des Patienten.

1863   Im Hinblick darauf sind bei Hygienemängeln die Anforderungen an den substantiierten Vortrag eines Klägers, der glaubt, Opfer von Hygienedefiziten geworden zu sein, hoch. Insbesondere reicht es nach höchstrichterlicher Rechtsprechung nicht aus, wenn der Patient lediglich vorträgt, ohne Infektion eine Behandlung angetreten zu haben und nach der Behandlung infiziert gewesen zu sein. Erforderlich ist insofern die Darlegung von Anhaltspunkten, dass es im Rahmen der Behandlung zu einem Hygienemangel in einem hygienisch beherrschbaren Bereich gekommen ist, der vom Ansatz her die tatsächlich eingetretene Infektion hätte verursachen können. Der Patient muss konkrete Umstände darlegen, die ein bestimmtes, in hygienischer Hinsicht unzureichendes Verhalten von Mitarbeitern des Krankenhauses beschreiben oder die indizielle Bedeutung haben und den Schluss auf eine mangelhafte Hygiene zulassen. Hierzu reicht nicht eine unterschiedlichste mögliche Verhaltensweisen zusammenfassende Wertung.

1864   Ein weiterer Bereich, in dem die Anwendung des „voll beherrschbaren Risikobereichs" diskutiert wird, sind Lagerungsschäden. Bei der Lagerung des Patienten während der Operation obliegt es beispielsweise grundsätzlich dem Krankenhausträger und den behandelnden Ärzten zu beweisen, dass der Patient zur Vermeidung von Lagerungsschäden sorgfältig und richtig auf dem Operationstisch gelagert wurde einschließlich einer entsprechenden Kontrolle. Der Patient hat demgegenüber den Eintritt des Schadens und auch die Kausalität zwischen Lagerung und Schädigung zu beweisen. Im Rahmen der rechtlichen Beurteilung eines bei einer Operation eingetretenen Lagerungsschadens findet insbesondere dann keine Beweislastumkehr zugunsten des Patienten statt, wenn die Lagerung auf dem Operationstisch dem medizinischen Standard entsprach. Dabei ist anerkannt, dass Lagerungsschäden auch bei Anwendung aller Sorgfalt nicht immer beherrschbar sind.

1865   **f) Haftung für andere, insbesondere Arbeitsteilung und Delegation.** Medizinischer Fortschritt ist ohne Spezialisierung und Arbeitsteilung nicht denkbar. Die Gesamtsicht und die Koordination der erforderlichen Heilbehandlungsmaßnahmen darf dabei nicht aus den Augen verloren werden.

1866   Zu unterscheiden ist zwischen der **horizontalen** und der **vertikalen** Arbeitsteilung. Horizontal wird die Arbeit geteilt zwischen weisungsfreien ärztlichen Berufsträgern verschiedener Fachgebiete (Radiologen, Anästhesisten, Chirurgen, Pathologen). Die vertikale Arbeitsteilung ergibt sich aus der fachlichen Über- und Unterordnung (Chefarzt, Assistenzarzt, nichtmedizinische Angestellte).

1867   **aa) Horizontale Arbeitsteilung.** Für seinen Bereich ist jeweils der Facharzt zuständig, beispielsweise der Chirurg für den operativen Eingriff, der Anästhesist für Einleitung und Überwachung der Narkose. Bei der Zusammenarbeit gilt der sog. Vertrauensgrundsatz in der arbeitsteiligen Medizin. Die jeweiligen Fachärzte dürfen darauf vertrauen, dass der Kollege oder die Kollegin der jeweils anderen Fachrichtung fehlerfrei und sorgfältig arbeitet. Ergeben sich allerdings deutliche Anhaltspunkte dafür, dass dies nicht der Fall ist, muss der Arzt Zweifeln nachgehen, wenn er sich nicht selbst dem Vorwurf eines Behandlungsfehlers aussetzen will. So wird man, wenn es bei einem Narkosearzt deutliche Anzeichen für mangelnde Sorgfalt gibt, vom Chirurg erwarten müssen, dass er den Kollegen darauf anspricht und notfalls auch die Klinikleitung informiert. Beispiel: Dem Chirurgen fällt auf, dass der Narkosearzt häufig übermüdet oder nach Alkohol riechend seine Arbeit antritt. Gleiches gilt selbstverständlich für den umgekehrten Fall.

1868   Wird ein besonderer Facharzt als Konsiliarius hinzugezogen, wird von diesem in aller Regel eine bestimmte ärztliche Leistung oder ein bestimmter ärztlicher Rat erwartet. Das heißt nicht, dass der hinzugezogene Arzt nicht auch eigenständige Verpflichtungen im Rahmen seiner Tätigkeit übernimmt. So ist er, wenn er dies besser weiß als der hinzuziehende Arzt, verpflichtet, selbst zu überprüfen, ob die von ihm erbetene Leistung lege artis und nicht etwa kontraindiziert ist. Weder darf der Konsiliarius eigenmächtig über das, um was er gebeten ist, hinausgehen, noch darf er aber trotz Zweifeln an der ihm mitgeteilten Diagnose schweigen.

Die Koordination bei der Behandlung ist wichtig, vor allem die gegenseitige Information. **1869** Stets ist das Wohl des Patienten oberstes Gebot. Gegenseitige Information und Abstimmung sind deshalb unverzichtbare Kriterien bei der horizontalen Arbeitsteilung. Exakt an diesen Nahtstellen kommt es nicht selten immer noch zu Informationsdefiziten. Beispiel:

Der einweisende Arzt weist nicht auf die Dringlichkeit der Behandlung hin. Der einwei- **1870** sende Gynäkologe vergisst es, die Risikoschwangerschaft hervorzuheben. Der einweisende Hausarzt vergisst, auf die Makumarmedikation seines Patienten hinzuweisen. Darauf, dass der Patient selbst diese Information liefert, darf sich der Arzt nicht verlassen.

bb) Vertikale Arbeitsteilung. Bei der vertikalen Arbeitsteilung geht es vor allem dar- **1871** um, ob und welche Aufgaben auf ärztliche und nichtärztliche Mitarbeiter übertragen werden dürfen. Das kann auch die Frage betreffen, ob der Chefarzt an den Oberarzt oder Assistenzarzt delegieren darf.

Für den Fall, dass der Privatpatient ausdrücklich Chefarztbehandlung vereinbart hat, wird **1872** das nur möglich sein, wenn bei der Krankenhausaufnahme für die Wahlleistungsvereinbarungen ausdrücklich die Delegation vorgesehen ist. Begibt sich der Patient gerade wegen einer besonderen Spezialität des Chefarztes in dessen Behandlung, wird er auch erwarten dürfen, dass der Chefarzt persönlich die Behandlung oder den Eingriff vornimmt. Seinen diesbezüglichen Willen muss er aber nach der Rechtsprechung klar zum Ausdruck bringen, um im Falle eines Misslingens eine Haftung bei Nichtübernahme durch den Chefarzt herzuleiten.

Wichtig ist darüber hinaus die Frage, welche Aufgaben auf nichtärztliche Mitarbeiter, **1873** also vor allem Kräfte des Pflegedienstes, übertragen werden können. Die Verantwortlichen von Verwaltung, Ärzteschaft und Pflege in den deutschen Krankenhäusern bewegt aktuell vor allem die Frage, ob und in welchem Maße ärztliche Leistungen auch durch nicht ärztliches Personal wahrgenommen werden können. Der Ärztemangel, vor allem der Facharztemangel in den deutschen Krankenhäusern ist absehbar. In den nächsten 10 Jahren scheiden etwa 18 000 Klinikärzte aus dem Erwerbsleben aus, die Zahl der Studierenden in dem Fach Humanmedizin ist in den letzten 10 Jahren um etwa 15% zurückgegangen. Viele Krankenhäuser planen einen Stellenabbau im ärztlichen Dienst. Etwa die Hälfte aller Krankenhäuser will ärztliche Aufgaben deshalb verstärkt auf andere Berufsgruppen delegieren. Während sich die Rechtslehre mit den sich daraus ergebenden Haftungsgefahren schon recht intensiv beschäftigt, gibt es bislang kaum Rechtsprechung zu den Fragen von Delegation und Substitution ärztlicher Leistungen. Beispielsweise kann einer erfahrenen und fachgerecht ausgebildeten Medizinisch-Technischen Assistentin der Radiologie intravenöse Injektionen zur Vorbereitung von Diagnosemaßnahmen übertragen werden, sofern für eine regelmäßige Kontrolle und Überwachung durch den Arzt Sorge getragen wird. Eine derartige Injektion stellt zwar einen Eingriff dar, der zum Verantwortungsbereich des Arztes gehört, es handelt sich aber nicht um eine Tätigkeit, die aufgrund ihrer Schwierigkeit, Gefährlichkeit oder Unvorhersehbarkeit zwingend von einem Arzt erbracht werden muss. Vielmehr entspricht es dem gesetzgeberischen Leitbild, dass einfache und mit nur geringen Risiken verbundene Injektionen auch ausgebildetem Pflegepersonal übertragen werden können. Dies gilt aber nur für die Durchführung der Injektion selbst, nicht für die vorherige Patientenaufklärung.

Im Übrigen gilt die Arbeitsteilung in vertikaler Linie, also Chefarzt, Assistenzarzt, **1874** Schwester, medizinische Geräte. Auch dann, wenn es keine besonderen vertraglichen Beziehungen zum Patienten gibt, haften die Verantwortlichen diesem gegenüber aus deliktsrechtlichen Grundsätzen, also wie oben ausgeführt aus „unerlaubter Handlung", wenn ein nachgeordneter Mitarbeiter fehlerhaft handelt.

Diese grundsätzliche Verteilung der Haftung steht allerdings manchmal im Widerspruch **1875** zu der hierarchischen Ordnung im Krankenhaus. Der Assistenzarzt muss also nicht eigenständig die Indikation zur OP überprüfen, wenn Chefarzt oder Oberarzt diese schon positiv entschieden haben. Das gilt jedenfalls so lange, wie dem Assistenzarzt nicht konkrete Zweifel daran hätten kommen müssen.

III. Aufklärung

1876   Neben der Behauptung von Fehlern bei der Durchführung der Behandlung selbst stützen sich die meisten Arzthaftungsprozesse auch auf Fehler bei der Risikoaufklärung. Der Arzthaftungsprozess steht damit in der Regel auf zwei Säulen: zum einen dem Vorwurf eines Behandlungsfehlers, für den – so lange kein grober Behandlungsfehler festgestellt wurde – der Patient beweisbelastet ist, zum anderen der sog. „Aufklärungsrüge", bei der der Arzt die ordnungsgemäße Risikoaufklärung beweisen muss.

1. Körperverletzungsdoktrin

1877   Die Säule der Aufklärungsrüge des Patienten lässt sich vor dem Hintergrund der sog. Körperverletzungsdoktrin begründen: Zu den Grundvoraussetzungen ärztlichen Handelns gehört neben der Indikation des Eingriffs sowie der lege artis durchgeführten Heilbehandlung das Einverständnis des Patienten in den ärztlichen Eingriff nach vorangegangener ordnungsgemäßer Aufklärung.

1878   Noch immer gilt, wenn es für Mediziner auch nach wie vor fremd erscheint, die höchstrichterliche Rechtsprechung, wonach jeder medizinische Eingriff sowohl strafrechtlich (§§ 223 ff. Strafgesetzbuch) als auch zivilrechtlich (§§ 823 ff. Bürgerliches Gesetzbuch) eine **Körperverletzung** darstellt. Um ihn zu rechtfertigen, braucht es die Einwilligung des Patienten, wie es auch der neue § 630 d BGB bestätigt.

1879   Die Einwilligung ist nur wirksam, wenn eine ausreichende Aufklärung vorangegangen ist. Diese juristische Einordnung geht sehr weit zurück, nämlich auf eine Entscheidung des Reichsgerichts aus dem Jahre 1894, wonach der ärztliche Heileingriff tatbestandsmäßig eine Körperverletzung darstellt. In der Folgezeit hat es vielfach Bemühungen gegeben, Behandlungen, die nach den Erkenntnissen der medizinischen Wissenschaften angezeigt sind, um Krankheiten, Leiden, Körperschäden, körperliche Beschwerden oder seelische Störungen zu verhüten, zu erkennen, zu heilen oder zu lindern, nicht als Körperverletzung anzusehen. Das ist bislang nicht umgesetzt worden, so dass die Mediziner weiter mit dem aus ihrer Sicht bestehenden Makel leben müssen, dass ihr Eingriff zumindest tatbestandlich eine Körperverletzung darstellt, die allerdings dann, wenn der Patient ordnungsgemäß aufgeklärt worden ist und in den Eingriff einwilligt, gerechtfertigt ist.

1880   Im Sinne des „informed consent" muss der Arzt den Patienten im **persönlichen Gespräch** darüber aufklären, welche Behandlung oder welchen operativen Eingriff er für erforderlich hält. Beides muss er „im Großen und Ganzen" und in groben Zügen erläutern, also kein medizinisches Kolleg abhalten. Der Patient soll durch die Aufklärung soweit informiert sein, dass er die Risiken kennt und abwägen kann, ob er sich ihnen mit Blick darauf, dass ihm geholfen werden kann, aussetzen will. Dies ist Ausfluss des Selbstbestimmungsrechts des Patienten und spiegelt sich auch in den neuen Regelungen zum Behandlungsvertrag wider.

1881   Missachtet der Arzt die Aufklärungspflicht, klärt er gar nicht oder unzureichend auf, dann führt dies, wenn der Patient dadurch einen Schaden erleidet, zu einer deliktischen Haftung des Arztes nach den §§ 823 ff. BGB wegen, wie die Juristen es nennen, „unerlaubter Handlung". Zum anderen haftet der Arzt aber auch aus dem Arzt-Patienten-Vertrag, weil er eine Leistungspflicht aus diesem Vertrag, nämlich die Pflicht zur Aufklärung, verletzt hat.

1882   Dabei haftet der Arzt selbst dann, wenn er den Eingriff lege artis durchgeführt hat, sich mit dem Misserfolg oder der unerwünschten Nebenfolge aber ein für dem Eingriff eigentümliches Risiko verwirklicht hat. Nicht dagegen gibt es aber eine Haftung der Behandlerseite wegen der bloßen Verletzung der Aufklärungspflicht, wenn im Übrigen der Eingriff ohne Schaden für den Patienten verlaufen ist.

2. Grundlagen: Formen der Aufklärung

Es gibt zwei Arten der Patientenaufklärung: Einmal die **Selbstbestimmungsaufklä-** 1883 **rung,** also die Information des Patienten über Diagnose, Verlauf und Risiko der ärztlichen Behandlung. Davon zu unterscheiden ist die **therapeutische Aufklärung,** die durch das Patientenrechtegesetz zur Informationspflicht umbenannt wird.

Mit der Selbstbestimmungsaufklärung soll die Entscheidungsfreiheit des Patienten und 1884 die Wirksamkeit seiner Einwilligung in den ärztlichen Heileingriff erreicht werden. Im Rahmen der therapeutischen Aufklärung gibt der Arzt dem Patienten Verhaltensmaßregeln an die Hand, die den Therapieerfolg sichern sollen.

Die Unterscheidung ist im Rahmen von Arzthaftpflichtverfahren bedeutsam. Die thera- 1885 peutische Aufklärung (oder Information) ist Teil der ärztlichen Behandlung. Folglich hat der Patient, der sich darauf beruft, zu beweisen, dass er nicht oder unzureichend oder falsch informiert wurde. Die Voraussetzungen der Selbstbestimmungsaufklärung dagegen muss der Arzt beweisen, denn es geht um die Rechtfertigung des von ihm vorgenommenen Eingriffs.

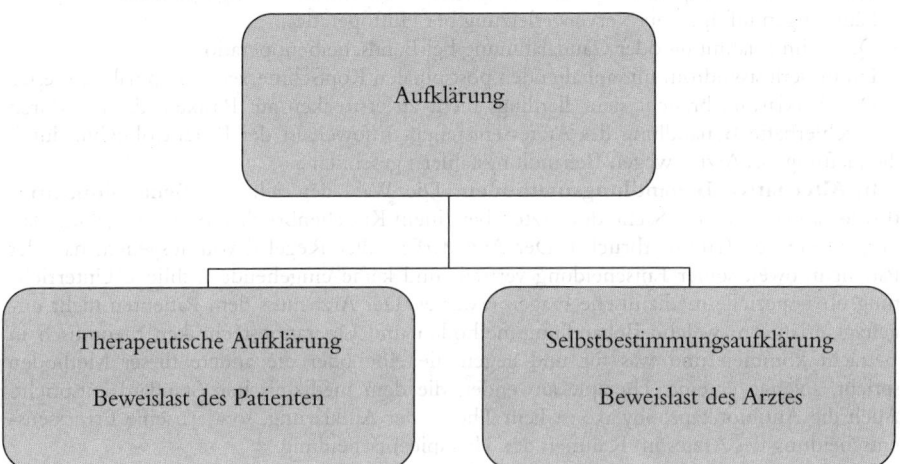

3. Eingriffsaufklärung/Selbstbestimmungsaufklärung

Damit die Einwilligung des Patienten von seinem Selbstbestimmungsrecht getragen 1886 wird, muss der Arzt ihm eine allgemeine Vorstellung vermitteln von Art und Schweregrad der in Betracht stehenden Behandlung sowie den damit verbundenen Belastungen und Risiken, denen sich der Patient aussetzt.

Der Patient soll im „Großen und Ganzen" aufgeklärt werden, hat also eine Grundaufklä- 1887 rung über Art und Schwere des Eingriffs zu erhalten. Die erforderliche Grundaufklärung ist nur erteilt, wenn dem Patienten ein zutreffender Eindruck von der Schwere des Eingriffs und von der Art der Belastungen vermittelt wird, die für seine körperliche Integrität und Lebensführung auf ihn zukommen können.

„Aufklärung im Großen und Ganzen" erfordert keine exakte medizinische Beschrei- 1888 bung. Der Patient muss aber ein allgemeines Bild von der Schwere und Richtung der Risiken dieses Eingriffs gewinnen. Für den Patienten muss das Risiko nachhaltiger Belastungen für die zukünftige Lebensführung erkennbar sein (z.B. Risiko von Entstellungen, Inkontinenz, Querschnittslähmung, Dauerschmerz). So kann die allgemeine Erwähnung von „Lähmungen" nicht ausreichen, wenn die Gefahr einer Querschnittslähmung droht. Die Grundaufklärung setzt ferner voraus, dass der Patient auch einen Hinweis auf das schwerste in Betracht kommende Risiko erhalten hat.

1889 **a) Seltene Risiken.** Der Arzt hat nicht nur über die typischerweise mit dem Eingriff verbundenen Risiken, sondern auch über atypische Risiken aufzuklären, wenn sie im Einzelfall das zukünftige Leben des Patienten schwer belasten können und – auch bei geringer Komplikationsrate – für den Eingriff spezifisch, für den Laien jedoch überraschend sind. Die Rechtsprechung geht auch dann von einer Haftung des Arztes aus, wenn er nicht auf **seltene** und sogar **extrem seltene Risiken** hingewiesen hat.

1890 Zu den typischen Risiken, die trotz ihrer Seltenheit genannt werden müssen, weil sie wegen des Risikos der Letalität, des Funktionsverlusts wichtiger Organe, der Gefahr dauernder Entstellungen oder lebzeitiger Beeinträchtigung die Lebensführung des Patienten schwer belasten können, zählen beispielsweise:

– Halbseitenlähmung bei der Angiographie,
– Armplexuslähmung oder Rückenmarksschädigung im Rahmen der Strahlentherapie,
– Harnleiterverletzung bei der abdominalen Hysterektomie,
– Amputation des Fußes bei Resektion eines „Hammerzehs",
– Fehlschlagrisiko bei Umstellungsosteotomie,
– Sudeck'sche Dystrophie bei – nicht dringlicher – Gelenkversteifungsoperation,
– Lähmungen infolge von Nervenverletzung bei Hüftoperation,
– Querschnittslähmung oder Caudalähmung bei Bandscheibenoperation,
– Liquorverlustsyndrom mit anhaltenden postspinalen Kopfschmerzen bei Spinalanästhesie.

1891 Die Aufklärung braucht sich allerdings nicht zu erstrecken auf Risiken, die nur durch eine fehlerhafte Behandlung des Arztes entstehen. Insoweit ist der Patient ohnehin durch die Haftung des Arztes wegen Behandlungsfehlern geschützt.

1892 **b) Alternative Behandlungsmethoden.** Die Wahl der richtigen **Behandlungsmethode** ist grundsätzlich Sache des Arztes (bei einem Knochenbruch z. B. die Nagelung statt Verplattung des Trümmerbruchs). Der Arzt darf in aller Regel davon ausgehen, dass der Patient insoweit seiner Entscheidung vertraut und keine eingehende fachliche Unterrichtung über spezielle medizinische Fragen erwartet. Der Arzt muss dem Patienten nicht ungefragt erläutern, welche Behandlungsmethoden und Operationstechniken theoretisch in Betracht kommen und was für und gegen die eine oder die andere dieser Methoden spricht, solange er eine Therapie anwendet, die dem medizinischen Standard entspricht. Auch die Antibiotikaprophylaxe ist kein Thema der Aufklärung, sondern eine Ermessensentscheidung des Arztes im Rahmen der Therapieentscheidung.

1893 Darüber hinaus muss dem Patienten aber die medizinische Indikation für die Behandlung oder den Eingriff, den der Arzt vorschlägt, erläutert und über konkrete **Behandlungsalternativen** informiert werden. Eine Aufklärung über eine alternative Behandlungsmethode ist entbehrlich, wenn diese keine risikoärmeren oder besseren Erkenntnismöglichkeiten verspricht und hinsichtlich Wirkung und Risiken gleichwertig ist.

1894 Eine Aufklärung über Alternativen ist aber dann zu verlangen, wenn der Patient eine **echte Wahlmöglichkeit** hat, d. h. wenn im Rahmen einer medizinisch sinnvollen und indizierten Therapie verschiedene Behandlungsmethoden zur Auswahl stehen, die zu jeweils **unterschiedlichen Belastungen** des Patienten führen oder mit **unterschiedlichen Risiken und Erfolgschancen** verbunden sind. Der Patient muss in diesen Fällen nach sachverständiger Beratung durch den Arzt selbst prüfen und entscheiden können, was er an Belastungen und Gefahren im Hinblick auf möglicherweise unterschiedliche Erfolgsaussichten der zur Wahl stehenden Behandlungsmethoden auf sich nehmen will.

1895 Ist eine Operation nur relativ indiziert, also nicht akut notwendig, um eine möglicherweise dramatische Entwicklung der Krankheit zu vermeiden, muss der Patient auch über die Möglichkeit einer abwartenden Behandlung oder sogar des Nichtstuns aufgeklärt werden.

c) Arzneimittelnebenwirkungen. So wie der Arzt den Patienten informieren muss 1896
über Schwere des Eingriffs und Art der Belastungen, die auf ihn zukommen können, hat er
den Patienten auf die möglicherweise gefährlichen **Nebenwirkungen von Medikamen-**
ten hinzuweisen.

Beispielsweise reicht bei der Aufklärung über Nebenwirkungen der Antibabypille ein 1897
Warnhinweis in der Packungsbeilage („Waschzettel") ebenso wenig aus, wie der bloße
Hinweis des Arztes, wonach Pille und Rauchen sich nicht vertragen. Die Aufklärungspflicht und die Anforderungen hieran erhöhen sich erheblich bei einem Heilversuch mit
einem noch nicht zugelassenen Medikament oder beim sog. „off label use" eines Medikaments.

d) Diagnostische Eingriffe. Je weniger indiziert ein Eingriff, z.B. bei diagnostischer 1898
Abklärung ohne therapeutischen Wert, ist, umso höher werden die Anforderungen an die
Aufklärung sein. Ist dagegen der diagnostische Eingriff – z.B. bei Verdacht auf eine Krebserkrankung – vital indiziert, kann dies den Umfang der Aufklärung beschränken. Gleichwohl
ist über die Risiken des diagnostischen Eingriffs in angemessener Weise zu informieren.

e) Kosmetische Operationen. Bei kosmetischen Operationen, die fraglos nicht vital 1899
indiziert sind, muss der Arzt schonungslos über Risiken aufklären, so z.B. über das Risiko
einer Erblindung bei einer Lidkorrektur, Sensibilitätsstörungen bei einer Bauchdeckenstraf-
fung, Bildung von Dellen oder Unregelmäßigkeiten der Kontur bzw. Narbenbildung/
Nekrose bei einer Liposuktion.

f) Außenseitermethoden/Neulandverfahren. Je weniger sich der Arzt üblicher und 1900
fachlich anerkannter Methoden bedient, umso umfassender muss er aufklären.

Die Anforderungen an die Aufklärung bei Verwendung einer Neulandmethode, die sich 1901
noch in der Erprobung befindet, sind streng: Der Patient muss darüber informiert werden,
dass er sich auf eine hinsichtlich der Chancen und Risiken noch nicht vollständig erforschte Methode einlässt und ihm unbekannte und nicht erforschte Risiken drohen können.

4. Aufklärungspflichtiger

Immer wieder wird beobachtet und von Patienten bemängelt, das Aufklärungsgespräch 1902
habe nicht der für die Behandlung entscheidende Arzt geführt, sondern eine junge Assis-
tenzärztin/ein junger Assistenzarzt, die/der sich dazu noch uninformiert gezeigt oder sich
der Aufklärung in einem Drei-Minuten-Gespräch entledigt habe.

Daher noch einmal ganz deutlich, was Rechtsprechung und Literatur im Arzthaftpflicht- 1903
recht hierzu fordern: Die Aufklärung ist grundsätzlich Pflicht des behandelnden Arztes.
Auch wenn eine Delegation der Risikoaufklärung auf andere Ärzte möglich ist, muss der
behandelnde Arzt zumindest dafür sorgen, dass der aufklärende Arzt hinreichende Kenntnis
von dem bevorstehenden Eingriff hat. Der Chefarzt darf sich auf die ordnungsgemäße
Durchführung und insbesondere die Vollständigkeit der Aufklärung durch den nachgeordneten Arzt nämlich nur dann verlassen, wenn er hierfür ausreichende Anweisungen erteilt
hat, die er gegebenenfalls im Arzthaftungsprozess darlegen muss. Zu dieser Darlegungslast
gehört zum einen die Angabe, welche organisatorischen Maßnahmen er getroffen hat, um
eine ordnungsgemäße Aufklärung durch den nicht operierenden Arzt sicherzustellen, und
zum anderen die Darlegung, ob und gegebenenfalls welche Maßnahmen er ergriffen hat,
um die ordnungsgemäße Umsetzung der von ihm erteilten Aufklärungsanweisungen zu
überwachen.

Der Krankenhausarzt darf sich beispielsweise nicht darauf verlassen, dass der einweisende 1904
Hausarzt oder ein anderes Krankenhaus, das eine Vorbehandlung des Patienten durchgeführt hat, den Patienten aufgeklärt hat.

Betrifft die medizinische Frage allerdings ein anderes Fachgebiet und ist der Patient zuvor 1905
vom Kollegen dieses anderen Fachgebietes behandelt worden, so darf sich der Arzt im
Rahmen des Vertrauensgrundsatzes darauf verlassen, dass dieser Kollege den Patienten in
seinem Fachgebiet ordnungsgemäß aufgeklärt hat.

5. Aufklärungsadressat: Wer muss aufgeklärt werden?

1906 Der erwachsene und mündige Patient ist **persönlich** aufzuklären.

1907 Bei **Minderjährigen** sind die Eltern aufzuklären, weil es auf deren Einwilligung ankommt. Nur bei Routinefällen, z. B. einer Routineimpfung, dürfte es ausreichen, wenn ein Elternteil das minderjährige Kind begleitet. Verfügen die minderjährigen Patienten über eine ausreichende Urteilsfähigkeit und geht es nur um einen relativ indizierten Eingriff mit dem Risiko erheblicher Folgen für die zukünftige Lebensgestaltung, dann billigt der Bundesgerichtshof dem minderjährigen Patienten eine Art „Vetorecht" gegen die Einwilligung der gesetzlichen Vertreter, also seiner Eltern, zu.

1908 Unter Umständen ist der Betreuer für den von ihm Betreuten aufzuklären. Das zuständige Betreuungsgericht kann im Übrigen vom Arzt oder Krankenhaus eingeschaltet werden, wenn die Sorgeberechtigten aus unvernünftigen oder religiösen Gründen für einen notwendigen medizinischen Eingriff die Einwilligung verweigern.

1909 Bei fremdsprachigen Patienten hat der Arzt sich sorgfältig zu vergewissern, ob der Patient die deutschen Erklärungen versteht. Da der Arzt im Streitfall hierfür den Beweis zu führen hat, empfiehlt es sich im Zweifelsfalle, einen Dolmetscher hinzuzuziehen.

6. Zeitpunkt der Aufklärung

1910 Wichtig ist der Zeitpunkt der Aufklärung. Ausgangspunkt ist dabei die Forderung, dass der Patient vor dem geplanten Eingriff so rechtzeitig über dessen Erfolgsaussichten und Risiken aufgeklärt werden muss, dass er durch sorgfältige Abwägung des Für und Wider seine Entscheidungsfreiheit und damit sein Selbstbestimmungsrecht wahren kann.

1911 Schon früh hat der Bundesgerichtshof den Grundsatz aufgestellt, die Aufklärung dürfe nicht „zur Unzeit" erfolgen, z. B. wenn der Patient sich bereits auf dem Operationstisch befindet oder schon medikamentös auf die Operation vorbereitet ist.

1912 Selbst eine am Vorabend der Operation erteilte Aufklärung kann unzureichend sein, wenn der Patient dabei erstmals etwas über gravierende Risiken des beabsichtigten operativen Eingriffs erfährt.

1913 Bei einfachen ambulanten Eingriffen reicht die Aufklärung unter Umständen noch am Tage der Operation aus, dann darf die OP aber der Aufklärung nicht sofort und ohne Unterbrechung folgen. Der Patient muss genügend Gelegenheit haben, Für und Wider der Operation gegeneinander abzuwägen.

1914 Ist der Patient bei Einlieferung in das Krankenhaus nicht mehr ansprechbar, der operative Eingriff aber unbedingt erforderlich und kann auch der gesetzliche Vertreter nicht befragt werden, dann darf der Arzt von einer **mutmaßlichen Einwilligung** des Patienten ausgehen, allerdings nur dann, wenn ein verständiger Patient in seiner Lage bei entsprechender Aufklärung in den Eingriff eingewilligt haben würde.

7. Telefonische Aufklärung

1915 Eine telefonische Aufklärung kann im Einzelfall zulässig sein. Für die Aufklärung ist ein vertrauensvolles Gespräch zwischen Arzt und Patient, das die Möglichkeit eröffnet, auf individuelle Belange des Patienten einzugehen und eventuelle Fragen zu beantworten, erforderlich. Diesen Belangen kann allerdings nicht nur in einem persönlichen Vier-Augen-Gespräch Rechnung getragen werden, auch in einem Telefonat kann sich der Arzt anhand der Reaktion oder durch Nachfrage davon überzeugen, dass der Patient die wesentlichen Punkte verstanden hat. Ein Telefonat bietet ebenso wie ein Gespräch unter Anwesenden die Möglichkeit, individuelle Aspekte anzusprechen und sich unmittelbar durch Fragen und Antworten auszutauschen. Grundsätzlich kann sich der Arzt in einfach gelagerten Fällen auch in einem telefonischen Aufklärungsgespräch davon überzeugen, dass der Patient die entsprechenden Hinweise und Informationen verstanden hat. Ein Telefongespräch gibt ihm ebenfalls die Möglichkeit, auf individuelle Belange des Patienten einzugehen und eventuelle Fragen zu beantworten Dem Patienten bleibt es unbenommen, auf ein persönliches Gespräch zu bestehen. Handelt es sich dagegen um komplizierte Eingriffe mit erheblichen Risiken, wird eine telefonische Aufklärung regelmäßig unzureichend sein.

8. Entbehrlichkeit der Aufklärung

In bestimmten Sonderfällen kann eine Aufklärung des Patienten entbehrlich sein: Wenn **1916** der Patient bereits aus einer vorangegangenen Behandlung informiert ist, kann eine erneute Aufklärung unter Umständen unterbleiben. Gleichwohl empfiehlt sich eine erneute Aufklärung aus Gründen der eigenen Absicherung. Bei Wiederholungsbehandlungen (z. B. Injektionsserien) kann auf die Voraufklärung Bezug genommen werden, die neu aus der Wiederholung entstehenden Risiken müssen jedoch erwähnt werden.

Ebenfalls kann eine Aufklärung entfallen, wenn der Patient bereits aufgrund seiner Aus- **1917** bildung oder eigener Erfahrungen informiert ist. Dies ist beispielsweise dann der Fall, wenn der Patient aus eigenem medizinischen Vorwissen − z.B. weil er selbst Arzt ist − ein hinreichendes Bild von dem Eingriff hat. Aber auch hier gilt: Im Zweifel erneute Aufklärung. Der Arzt kann sich nicht uneingeschränkt darauf verlassen, dass der Patient seinem Bildungsgrad entsprechend medizinische Vorkenntnisse hat.

Die Aufklärung kann entbehrlich sein, wenn der Patient ausdrücklich darauf verzichtet. **1918** Ein Blankoverzicht verbietet sich aber. Der verzichtende Patient muss regelmäßig die Erforderlichkeit des Eingriffs kennen, dessen Art und den Umstand, dass die Operation nicht ganz ohne Risiko verlaufe. Der Patient wird also grundsätzlich nur auf die Information über Einzelheiten des Verlaufs und Gefahren verzichten können.

Ist eine Operationserweiterung aufgrund akuter vitaler Indikation geboten und ist ein **1919** entgegenstehender Patientenwille nicht bekannt, darf der Arzt sie unter dem Gesichtspunkt der mutmaßlichen Einwilligung vornehmen. Auch ohne vitale Indikation ist die Operationserweiterung erlaubt, wenn der Abbruch oder die Wiederholung der Operation den Patienten mehr belasten oder gefährden würde als die sofortige Operationserweiterung. In allen anderen Fällen ist der Eingriff abzubrechen.

Die Rechtsprechung hat immer wieder entschieden, dass über allgemein bekannte Risi- **1920** ken nicht aufzuklären ist. Deshalb kann der Arzt, sofern der Patient den Eingriff nicht offenbar für ganz ungefährlich hält, das Wissen voraussetzen, dass mit jeder größeren, unter Narkose vorgenommenen Operation Allgemeinrisiken verbunden sind wie z.B. Wundinfektionen, Narbenbrüche, Thrombosen, Embolien, die im unglücklichen Fall zu schweren Schäden oder zum Tode führen können. Allgemein gilt aber, dass der Arzt sich im Zweifel vergewissern muss.

9. Hypothetische Einwilligung

Hat der Arzt gar nicht, nicht rechtzeitig oder fehlerhaft aufgeklärt, kann sich der Arzt im **1921** Haftungsfall − gewissermaßen als zweite Verteidigungslinie − auf den Einwand der hypothetischen Einwilligung berufen. Eine **hypothetische Einwilligung** ist anzunehmen und der vorgenommene Eingriff dadurch gerechtfertigt, wenn der Arzt geltend machen kann, der Patient hätte auch bei ordnungsgemäßer Aufklärung dem Eingriff zugestimmt. Man spricht dann von einem „rechtmäßigen Alternativverhalten".

Der Patient kann demgegenüber aber geltend machen, eine ordnungsgemäße Aufklä- **1922** rung hätte ihn in einen Entscheidungskonflikt geführt darüber, ob er dem Eingriff denn überhaupt zustimmen solle. Kann er das Gericht davon überzeugen, dass er auch eine andere Behandlungsalternative als die durchgeführte für sich in Erwägung gezogen hätte und stellt sich dies nicht als reines „Lippenbekenntnis" dar, dann bleibt der Eingriff rechtswidrig, weil er ohne zutreffende Aufklärung erfolgt ist.

10. Dokumentation der Aufklärung

1923   Wichtig ist, wie überhaupt bei jeder ärztlichen Maßnahme von Bedeutung, dass Arzt und Krankenhaus die Aufklärung ordnungsgemäß dokumentieren. Während bisher keine ausdrückliche rechtliche Verpflichtung zur Dokumentation bestand und diese lediglich als zu Beweiszwecken ratsam angesehen wurde, wird sie im Zuge des Patientenrechtegesetzes nun gesetzlich vorgeschrieben. Soweit, wie bei operativen Eingriffen inzwischen üblicher Standard, kein Aufklärungsformular verwendet wird, muss der Arzt die Aufklärung im Krankenblatt, der Karteikarte oder in seiner EDV festhalten. Bei Verwendung der Formulare hat es sich in der Praxis, vor allem im Rahmen von Arzthaftpflichtprozessen, als sehr nützlich erwiesen, wenn der Arzt im Aufklärungsbogen die Hinweise auf spezielle Risiken handschriftlich vornimmt, und soweit möglich, Art und Umfang des Eingriffs in einer Skizze festhält. Die in einer Handskizze erläuterte OP vermag der Patient viel besser einzuordnen und sich vorzustellen, wie der Eingriff im Großen und Ganzen verlaufen wird.

1924   Der Patient neigt dazu, den Inhalt eines Aufklärungsgesprächs schon in sehr kurzer Zeit zu verdrängen oder zu vergessen. Jeder Arzt tut also gut daran, das Aufklärungsgespräch so zu führen und zu dokumentieren, dass daran später nicht mehr gezweifelt werden kann. Die Akten von Haftpflichtprozessen gegenüber Ärzten sind voll davon, dass die Patienten behaupten, gar nicht, unzureichend, falsch oder zum unrechten Zeitpunkt aufgeklärt worden zu sein.

11. Therapeutische Aufklärung/Informationspflichten

1925   Hat die Selbstbestimmungsaufklärung der **Arzt** zu beweisen, sieht das bei der therapeutischen Aufklärung/Information anders aus. Sie ist Teil der ärztlichen Behandlung lege artis, folglich muss der **Patient** den Beweis dafür führen, er sei therapeutisch falsch aufgeklärt worden.

1926   Das gilt z. B. bei der Medikation in der Weise, dass der Arzt über Dosierung, Nebenwirkungen und Unverträglichkeiten des Medikaments zu informieren hat. Wichtig ist die Aufklärung vor allem dort, wo der Patient im Heilverfahren mitwirken muss. Unterzieht sich der Patient einer ambulanten Operation, dann muss der Arzt über das richtige Verhalten in der Phase nach der OP unterrichten, z. B. über Aufnahme von Nahrung oder Flüssigkeiten, den denkbaren Eintritt von postoperativen Komplikationen und wie sich der Patient dabei zu verhalten hat. So hat der Bundesgerichtshof z. B. den Arzt für den Tod seines Patienten verantwortlich gemacht, der sich nach einer ambulant durchgeführten Magenspiegelung, ohne vorher entlassen worden zu sein, aus dem Krankenhaus entfernte, mit seinem eigenen Kraftfahrzeug aus ungeklärter Ursache auf die Gegenfahrbahn geriet, dort mit einem LKW zusammenstieß und noch an der Unfallstelle verstarb. Der Bundesgerichtshof hob hervor, angesichts der starken Sedierung des Patienten mit dem Mittel Midazolan hätte der Patient überwacht und seine Entfernung aus dem Krankenhaus verhindert werden müssen.

12. Wirtschaftliche Aufklärung

1927   Vom Arzt wird auch erwartet, dass er über mögliche wirtschaftliche Folgen seiner Behandlung aufklärt. Dies gilt vor allem dann, wenn für den Arzt aufgrund seiner Abrechnungspraxis leicht erkennbar ist, dass den Patienten wirtschaftliche Nachteile treffen können. Auch hier gilt wieder: Der Arzt hat das bessere Wissen als der Patient. Er weiß aufgrund seiner Ausbildung oder der gemachten EDV Erfahrung, ob und wann sich eine gesetzliche oder private Krankenversicherung weigern kann, die Behandlungskosten zu übernehmen. Dazu kann gehören, dass er den Patienten darauf hinweist, ein von ihm, dem Arzt, vorgeschlagener Krankenhausaufenthalt werde möglicherweise nicht als notwendige medizinische Behandlung anerkannt und die Kosten der Behandlung würden daher vom

Versicherer nicht erstattet. Der Arzt darf nicht darauf warten, dass der Patient die Frage nach der Übernahme der Kosten durch seine Versicherung stellt, eben weil er die bessere Kenntnis beim Patienten nicht vermuten darf.

An der Rechtsprechung hierzu hat sich durchaus Kritik entwickelt, weil der Arzt damit **1928** in eine Rolle gedrängt wird, in der er für fremde Vermögensinteressen geradezustehen hat. Die Rechtsprechung wurde jedoch wiederum durch das Patientenrechtegesetz kodifiziert, weshalb die Kritik daran wahrscheinlich abnehmen wird. Über diese Anforderungen hinaus sehen die neuen Regelungen auch vor, dass der Arzt dem Patienten eine ungefähre Vorstellung über die Mehrkosten der Behandlung zu vermitteln hat und diese Information in Textform zu erbringen ist (§ 126b BGB). So wie man bei der Selbstbestimmungsaufklärung darauf verweist, dass der Arzt das bessere, nämlich das Herrschaftswissen, habe, wird dies auch in einem bestimmten Ausmaß bei der wirtschaftlichen Aufklärung so sein, zumal dann, wenn für den Arzt die möglichen Schwierigkeiten des Patienten bei der Abrechnung mit seiner Krankenkasse auf der Hand liegen.

IV. Dokumentation

Verletzungen der ärztlichen Dokumentationspflicht bilden zwar keine eigene Haftungs- **1929** grundlage. Die ärztliche Dokumentation ist allerdings zur Beurteilung der Haftung des Arztes unerlässlich, da sie Grundlage der Begutachtung durch den Sachverständigen ist und bei Lücken in der Dokumentation Beweisschwierigkeiten auf den Arzt zukommen.

Lückenhafte Dokumentationen können dann nur durch **1930**
– dezidierte Schilderung des Behandlungsgeschehens im Schriftsatz und
– persönliche Anhörung des Arztes und
– Zeugenbeweis, z.B. durch Arzthelferin,
geschlossen werden.

1. Beweiserleichterung

Dokumentationsversäumnisse begründen **keine eigenständige Haftung.** Sie führen **1931** aber zu einer Beweiserleichterung dahingehend, dass vermutet wird, dass eine nicht dokumentierte Maßnahme vom Arzt nicht getroffen bzw. sich ein nicht dokumentierter, aber dokumentationspflichtiger Umstand so ereignet hat, wie ihn der Patient glaubhaft schildert.

Ein allgemeiner Hinweis auf einen Verstoß des Arztes gegen die Dokumentationspflicht **1932** ersetzt andererseits nicht einen schlüssigen Vortrag zum Vorliegen eines Behandlungsfehlers oder eines hierdurch kausal verursachten Gesundheitsschaden beim Patienten.

Eine unterlassene oder lückenhafte Dokumentation einer aus medizinischer Sicht zu do- **1933** kumentierenden Maßnahme führt zu der **Vermutung,** dass diese Maßnahme unterblieben ist. Allerdings tritt eine Beweislastumkehr hinsichtlich des Ursachenzusammenhangs für den Schaden grundsätzlich nicht ein. Ausnahmsweise kann dies nur dann gelten, wenn eine gänzlich unterlassene oder unvollständige Dokumentation einen groben Behandlungsfehler oder das Unterlassen einer Diagnostik mit behandlungspflichtigem Ergebnis indiziert.

2. Zweck und Umfang der Dokumentation

Für die Führung eines Arzthaftungsprozesses ist selbstverständlich eine möglichst lücken- **1934** lose und in sich schlüssige ärztliche Dokumentation förderlich.

Die Rechtsprechung erkennt allerdings auch Grenzen der ärztlichen Dokumentations- **1935** pflicht an: Maßnahmen sind nur dann in den Krankenunterlagen zu dokumentieren, wenn die Dokumentation erforderlich ist, um **Ärzte und Personal** über den Verlauf der

Krankheit und die bisherige Behandlung im Hinblick auf **künftige medizinische Entscheidungen** ausreichend zu informieren.

1936 Ein Operations-Bericht muss zwar eine stichwortartige Beschreibung der jeweiligen Eingriffe und Angaben über die hierbei angewandte Technik enthalten. Dokumentationsbedürftig sind aber **wesentliche Vorkommnisse** und die daraufhin eingeleiteten therapeutischen Maßnahmen.

1937 Bei einer Schulterdystokie unter der Geburt ist beispielsweise der bloße Vermerk „schwere Schulterentwicklung" unzureichend. Sowohl der Eintritt der Schulterdystokie als auch die **vorgenommenen Schritte der Geburtshelfer zur Behebung der Komplikation** sind zeitnah schriftlich zu dokumentieren.

3. Dokumentation der Patientenaufklärung

1938 Aus Gründen der eigenen Absicherung und zum Zwecke der Führung des dem Arzt obliegenden Beweises der ordnungsgemäßen Risikoaufklärung bietet sich natürlich eine sorgfältige Dokumentation des Aufklärungsgesprächs, z. B. unter Zuhilfenahme der handelsüblichen Aufklärungsbögen aus dem Diomed- oder ProCompliance-Verlag an. Wichtig ist allerdings vor allem **das mündliche Gespräch.**

1939 Es kann dabei grundsätzlich zur Überzeugungsbildung des Gerichts anerkanntermaßen ausreichen, wenn die **ständige Praxis** einer ordnungsgemäßen Aufklärung nachgewiesen wird und **Indizien** vorliegen, dass dies auch im konkreten Fall so gehandhabt worden ist.

1940 Der ständigen Aufklärungsübung des Arztes in Verbindung mit einer erfolgten Dokumentation kommt eine **Indizwirkung** zu: Ist einiger Beweis für ein gewissenhaftes Aufklärungsgespräch erbracht, wird dem Arzt im Zweifelsfall geglaubt werden, dass die Aufklärung in der von ihm beschriebenen Weise geschehen ist – dies auch mit Rücksicht darauf, dass aus vielerlei verständlichen Gründen Patienten sich im Nachhinein an den genauen Inhalt solcher Gespräche nicht mehr erinnern.

1941 Gerade dem Nachweis der „ständigen und ausnahmslosen Übung" („immer so") kommt erhebliche prozessuale Bedeutung zu. Selbst wenn der Arzt keine konkrete Erinnerung mehr an das Aufklärungsgespräch hat, genügt es zur Überzeugungsbildung der Gerichte regelmäßig, wenn er in nachvollziehbarer und in sich stimmiger Weise den üblichen Ablauf schildert und zugleich bekräftigt, dass er sich ganz sicher ist, dieses Programm, das er „immer so" durchführt, eingehalten zu haben.

1942 Soweit ein Patient – was in der Praxis nicht selten ist – nachträgliche Ergänzungen des Aufklärungsformulars behauptet, ist in der Rechtsprechung anerkannt, dass das Formular als Privaturkunde die Vermutung der Vollständigkeit und Richtigkeit für sich hat, §§ 440 II, 416 ZPO. Der Patient trägt die Beweislast dafür, dass die Erklärung nach der Unterschriftsleistung durch nachträgliche Ergänzungen manipuliert worden ist.

4. Aufbewahrungszeit

1943 Behandlungsunterlagen sind in der Regel 10 Jahre aufzubewahren, teilweise sehen jedoch Ländergesetze längere Aufbewahrungsfristen vor. Krankenunterlagen sind über diese Aufbewahrungszeit hinausgehend nur so lange aufzubewahren, wie sie eine **medizinische Relevanz** besitzen. Die Pflicht des Arztes zur Dokumentation besteht in erster Linie als notwendige Grundlage für die Sicherheit des Patienten in der Behandlung und **dient nicht der Beweissicherung für den Haftungsprozess.** Die Vernichtung ist unschädlich, so lange keine medizinische oder rechtliche Notwendigkeit zur Aufbewahrung mehr besteht. Nach Ablauf der Aufbewahrungszeit führen Dokumentationsversäumnisse nicht zu Beweiserleichterungen zugunsten des Patienten, so dass es bei seiner vollen Darlegungs- und Beweislast bleibt.

V. Das „Patientenrechtegesetz"

Das Ziel, die Patientenrechte und das Arzthaftungsrecht im Einzelnen gesetzlich zu re- **1944** geln und die weitere Ausgestaltung nicht mehr der Rechtsprechung zu überlassen, war seit längerer Zeit Gegenstand der politischen Diskussion. Die richterrechtliche Ausgestaltung dieser Rechte entwickelte über die Jahre hinweg eine Eigendynamik.

Wegen der originären Zuständigkeit des Gesetzgebers, Recht zu setzen und zu schaffen, **1945** war es daher an der Zeit, Abhilfe zu verschaffen. Während der über zwei Jahre andauern- den Entwicklung der Idee der Schaffung einer Rechtsgrundlage für den Behandlungsver- trag zu einem beschlussreifen Gesetzesentwurf kamen die unterschiedlichsten Zielsetzun- gen zutage. Letztlich hat sich jedoch die von der schwarz-gelben Koalition befürwortete Variante einer Umsetzung der geltenden Arzthaftungsrechtsprechung in den Regelungen zum **Behandlungsvertrag** als speziellen Dienstvertrag durchgesetzt. Diese Regelungen treten 2013 in Kraft und sind in den §§ 630a ff. BGB untergebracht (BT-Drs. 17/11710). Das Gesetz folgt dabei sechs Hauptzielen (vgl. BT-Drs. 17/10488, S. 1), und zwar:

– Kodifizierung des Behandlungs- und Arzthaftungsrechts
– Förderung der Fehlervermeidungskultur
– Stärkung der Verfahrensrechte bei Behandlungsfehlern
– Stärkung der Rechte gegenüber Leistungsträgern
– Stärkung der Patientenbeteiligung
– Stärkung der Patienteninformation

Das so bezeichnete „Gesetz zur Verbesserung der Rechte von Patientinnen und Patien- **1946** ten" soll für den Patienten, aber auch für den Arzt, Transparenz und Übersichtlichkeit schaffen, weil Rechte und Pflichten der Vertragspartner erstmalig im Bürgerlichen Gesetz- buch aufgeführt sind.

Im Zentrum der Neuregelungen steht die Einführung des neuen Vertragstypus des „Be- **1947** handlungsvertrages" in den §§ 630a bis h BGB. Systematisch werden die Regelungen in den Titel 8 „**Dienstvertrag** und ähnliche Verträge" eingeordnet. Es werden – in Anleh- nung an die bisherige Rechtsprechung – die Haupt- und Nebenpflichten aus dem Behand- lungsverhältnis geregelt. Dieses Pflichtenprogramm spiegelt in Verbindung mit dem allge- meinen Schuldrecht und dem Deliktsrecht das Arzthaftungsrecht wider. In prozessualer Hinsicht erfolgt eine Kodifizierung der Beweisregeln, die der für die Arzthaftung zuständi- ge 6. Zivilsenat des Bundesgerichtshofes und die Instanzgerichte formuliert haben (vgl. § 630h).

Eine wesentliche neue Verpflichtung des Arztes gegenüber dem Patienten ist die in **1948** § 630c Abs. 2 BGB normierte Pflicht zur Information des Patienten über Umstände der Behandlung, die einen Behandlungsfehler begründet haben können. Diese Verpflichtung hat der Arzt, wenn der Patient explizit nach Fehlern fragt oder die Mitteilung zur Abwen- dung gesundheitlicher Gefahren für den Patienten notwendig erscheint. Die erste Version des Gesetzesentwurfs zur Verbesserung der Rechte von Patientinnen und Patienten sah noch vor, eine generelle **Informationspflicht über Behandlungsfehler** zu begründen. Diese Formulierung wurde jedoch geändert, so dass der Arzt nun die Pflicht zur Informa- tion des Patienten über „Umstände", die „die Annahme eines Behandlungsfehlers begrün- den" (BT-Drs. 17/11710), hat. Mit dieser Variante soll sichergestellt werden, dass dem Arzt nicht die rechtliche Wertung eines Behandlungsfehlers auferlegt wird. Im Ergebnis handelt es sich nach der Konzeption um eine erweiterte, nachfragebezogene Pflicht des Arztes, Transparenz in Bezug auf das Geschehen herzustellen. Wie weit der Anspruch reicht, bleibt unklar. Es bleibt insbesondere unklar, ob er den grundsätzlichen Rahmen der ärztlichen Dokumentationspflicht überschreitet, nämlich das, was aus medizinischen Gründen fest- gehalten werden muss (vgl. § 630f Abs. 2). Für den Arzt ist es empfehlenswert, eine ent- sprechende Auskunft – losgelöst von der medizinischen Relevanz – zu dokumentieren, damit dies später nachgehalten werden kann.

1949   Eine weitere Neuerung im Rahmen des Gesetzes ist die Ausgestaltung der **Informationspflicht** des Arztes **über wirtschaftliche Folgen** einer möglicherweise nicht (vollständig) durch die Krankenversicherung getragenen Behandlung des Patienten. Der Arzt soll in Textform (§ 126 b BGB) eine klare Auskunft über die wahrscheinliche Höhe der Mehrkosten geben. Die Anforderungen an den Arzt zur Verantwortungsübernahme auch für die finanziellen Fragen der Behandlung werden daher durch die gesetzlichen Neuerungen höher.

1950   Bezüglich der **Dokumentation der Risikoaufklärung** sind nach § 630 e Abs. 2 S. 2 dem Patienten Abschriften von Unterlagen, die er im Zusammenhang mit der Aufklärung oder Einwilligung unterzeichnet, auszuhändigen. Hier stellt sich die Frage nach dem Verhältnis dieser Regelung der derjenigen über den allgemeinen Auskunftsanspruch. Dieser hat seinen Niederschlag nunmehr in § 630 g Abs. 2 gefunden. Da die Formulierung des Entwurfes nicht auf ein entsprechendes Verlangen bzw. Auskunftsbegehren des Patienten abstellt, wird man die Bestimmung dahingehend auszulegen haben, dass in jedem Fall ungefragt Abschriften auszuhändigen sind.

1951   Eine wichtige Neuregelung findet sich auch im Zusammenhang mit der Dokumentation der Behandlung. In § 630 f Abs. 1 heißt es: „**Berichtigungen** sind nur zulässig, wenn der ursprüngliche Inhalt erkennbar bleibt". Grundsätzlich handelt es sich hier um eine Selbstverständlichkeit, da der Arzt unter Berücksichtigung der prozessualen Wahrheitspflicht selbstverständlich gehalten war und ist, nicht die Dokumentation nachträglich zu ergänzen.

1952   Die **Aufbewahrungsfrist** von Krankenunterlagen wird explizit geregelt: Der Behandelnde hat die Patientenakte für die Dauer von 10 Jahren nach Abschluss der Behandlung aufzubewahren, § 630 f Abs. 3. Die Regelung setzt einerseits die Rechtsprechung um und lehnt sich im Übrigen an § 10 Abs. 3 MBO-Ä an.

1953   Darüber hinaus enthält das Gesetz für den Arzt oder den Patienten keine ausdrücklich neuen Rechte oder Pflichten. Die nun gesetzlich festgeschriebene Pflicht zur Dokumentation der wesentlichen Umstände der Behandlung ist de facto keine Neuerung für den Arzt. Vor allem haben die Beweislastregeln im Prozess keine Änderung erfahren. Die von der Rechtsprechung entwickelten Grundsätze der Beweiserleichterungen für den Patienten (s. Teil VI) bleiben bestehen.

1954   Zwar bleibt abzuwarten, wie die Rechtsprechung die einzelnen Formulierungen der neuen Regelungen auslegen wird. Größere Veränderungen sind jedoch neben den oben benannten kaum zu erwarten.

VI. Beweisrechtliche Fragen

1955   Zivilrechtlich wird ein Behandlungsfehler immer dann diskutiert, wenn ein Patient Forderungen aus der behaupteten Fehlbehandlung herleiten möchte. Es geht also um Schmerzensgeld für die erlittenen Beeinträchtigungen und um die Kompensation aller finanziellen Nachteile, die aufgrund der Fehlbehandlung eingetreten sind.[1] Dabei gelten im Zivilrecht besondere Beweislastregeln – unabhängig davon, ob die Auseinandersetzung im Rahmen eines Arzthaftungsprozesses oder im Rahmen sonstiger außergerichtlicher Verhandlungen erfolgt. Die Beweislastregeln gelten auch für etwaige Forderungen Dritter, wie z. B. einer Kranken- oder Pflegekasse, die zusätzliche Aufwendungen aufgrund einer Fehlbehandlung regressieren möchte.

1956   Die speziellen Beweislastregeln des Arzthaftungsrechts basieren darauf, dass für die Entwicklung einer körperlichen Beeinträchtigung eine Vielzahl von Ursachen in Betracht kommt und eine definitive Ursache häufig nicht auszumachen ist – es kann sich um die

---

[1] Vgl. im Einzelnen oben Rn. 1767 ff.

Folge einer Grunderkrankung, einer Komplikation oder eines Behandlungsfehlers handeln. Kann eine Differenzierung im Einzelfall nicht sicher erfolgen, so ist es entscheidend, zu wessen Lasten die **Unaufklärbarkeit** der kausalen Ursache geht – es ist eine Frage der Darlegungs- und Beweislast.[2]

1. Grundsätzliche Beweislastverteilung

Es gilt der Grundsatz, dass jede Partei diejenigen Umstände zu beweisen hat, die für sie **1957** günstig sind. Dies ist eine Selbstverständlichkeit für jeden Zivilprozess, auch für den Arzthaftungsprozess.

Begehrt ein Patient Schadenersatz wegen einer behaupteten Fehlbehandlung, so muss er **1958** – grundsätzlich – darlegen und beweisen, dass ein Behandlungsfehler vorliegt und dass er hierdurch einen Schaden erlitten hat. Die Beweislast des Patienten betrifft also:
– den Fehler selbst,
– den Schadeneintritt und
– die kausale Verknüpfung zwischen beiden Faktoren.

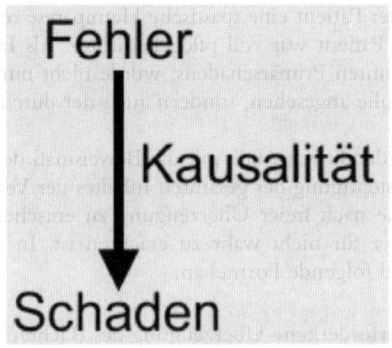

Grundsätzlich[3] verbietet sich der Rückschluss von einer misslungenen Behandlung auf **1959** einen Behandlungsfehler, da der Arzt nicht den Erfolg der Behandlung schuldet, sondern sein sorgfältiges Bemühen um Heilung, orientiert am medizinischen Standard. Der BGH hat bereits in einer Entscheidung aus dem Jahr 1968 festgehalten, dass der Kernbereich ärztlichen Handelns nur begrenzt steuerbar ist. Die Vorgänge im lebenden Organismus können auch von dem besten Arzt nicht immer so beherrscht werden, dass schon der ausbleibende Erfolg oder auch ein Fehlschlag auf ein Verschulden bei der Behandlung hindeuten würde.[4] Der Patient muss vielmehr die fehlerkausale Verursachung eines Schadens beweisen.

Dieser Grundsatz ist mit dem 2013 in Kraft getretenen **Patientenrechtegesetz** nun- **1960** mehr auch gesetzlich normiert (§§ 630 a BGB ff.). **§ 630 h BGB** übernimmt die von der Rechtsprechung zur Beweislast und zur Beweislastumkehr entwickelten Grundsätze und legt damit auch gesetzlich diejenigen Fälle fest, in denen dem Patienten der Beweis eines Fehlers oder eines kausalen Schadens erleichtert werden kann. In der Begründung zum Patientenrechtegesetz wird noch einmal die grundsätzliche Beweislast des Patienten hervorgehoben. Hier heißt es:

---

[2] Die Mehrzahl der im Folgenden zitierten Entscheidungen ist kostenfrei auf der Homepage des jeweiligen Oberlandesgerichts und des Bundesgerichtshofes abrufbar.
[3] Zur Ausnahme des Anscheinsbeweises siehe oben Rn. 2080 ff.
[4] BGH vom 17. 12. 1968 – VI ZR 212/67 = VersR 1969, 310.

1961 „Wer einen Schadenersatzanspruch gelten macht, muss dessen Voraussetzungen darlegen und im Streitfall beweisen. Darzulegen und zu beweisen sind für einen Schadenersatzanspruch nach § 280 Absatz 1 die **Pflichtverletzung,** der **Schaden** und dass die Pflichtverletzung für den schaden **ursächlich** war."[5]

1962 In der juristischen Terminologie wird dabei zwischen der so genannten haftungsbegründenden Kausalität und der so genannten haftungsausfüllenden Kausalität unterschieden. Dieser Unterscheidung kommt fundamentale Bedeutung zu, gerade auch für die Reichweite etwaiger Beweiserleichterungen zugunsten des Patienten.

1963 **a) Haftungsbegründende Kausalität.** Die haftungsbegründende Kausalität betrifft die Ursächlichkeit eines Behandlungsfehlers für einen bestimmten körperlichen Schaden, den **Primärschaden.**

1964 Als Primärschaden hat das OLG Hamm in einer Entscheidung aus dem Jahr 2000[6] all diejenigen Schäden bezeichnet, die als so genannter erster Verletzungserfolg geltend gemacht werden. In dem entschiedenen Fall ging es um eine Fehlbeurteilung einer Phlebographie durch einen Radiologen, die dazu führte, dass gebotene Maßnahmen zur Thrombosebehandlung verzögert eingeleitet wurden. Hierdurch kam es zu einer Lungenembolie, in deren Folge der Patient eine spastische Hemiparese rechts mit einer kompletten Aphasie erlitten hat. Der Patient war voll pflegebedürftig. Als Folge des Behandlungsfehlers, in Form des so genannten Primärschadens, wurde nicht nur die ausgebildete Thrombose mit der Lungenembolie angesehen, sondern auch der durch einen Hirninfarkt eingetretene Hirnschaden.

1965 Für die haftungsbegründende Kausalität gilt das Beweismaß des § 286 ZPO. Danach hat das Gericht unter Berücksichtigung des gesamten Inhaltes der Verhandlung und des Ergebnisses der Beweisaufnahme nach freier Überzeugung zu entscheiden, ob eine tatsächliche Behauptung für wahr oder für nicht wahr zu erachten ist. In ständiger Rechtsprechung wenden die Gerichte dabei folgende Formel an:

1966 „Die nach § 286 ZPO erforderliche Überzeugung des Richters erfordert keine absolute oder unumstößliche Gewissheit und auch keine ‚an Sicherheit grenzende Wahrscheinlichkeit', sondern nur einen für das praktische Leben brauchbaren **Grad von Gewissheit, der Zweifeln Schweigen gebietet.**"[7]

1967 Insofern stehen theoretische Alternativursachen für den Primärschaden der haftungsbegründenden Kausalität nicht entgegen, wenn das Gericht – sachverständig beraten – zu der Überzeugung gelangt, dass der Behandlungsfehler den Primärschaden verursacht hat. Ist andererseits die fehlerkausale Verursachung des Primärschadens nach dem Stand der Wissenschaft lediglich möglich oder in einem hohen Maße wahrscheinlich, so gehen verbleibende Zweifel zu Lasten des Patienten. Eine Haftung des Arztes wird verneint.

1968 Interessant ist in diesem Zusammenhang auch eine Konstellation, die das OLG Karlsruhe im Rahmen eines Prozesskostenhilfeverfahrens im Jahr 2003 zu entscheiden hatte.[8] In dem dortigen Fall hatte eine Patientin einer Arthroskopie des Handgelenks zugestimmt. Nicht von der Einwilligung gedeckt war die operative Erweiterung der Arthroskopie um eine offene dorsale Gelenkrevision und Kapselextension mit Durchtrennung des Nervus interos-

---

[5] Gesetzesentwurf der Bundesregierung „Entwurf eines Gesetzes zur Verbesserung der Rechte von Patientinnen und Patienten" – BT Drucksache 17/11710 unter Verweis auf BT Drucksache 17/10448.

[6] OLG Hamm vom 23. 8. 2000 – 3 U 229/99 = VersR 2002, 315.

[7] So etwa BGH vom 28. 1. 2003 – VI ZR 139/02 = VersR 2003, 474; zur Frage der Haftung bei einem Kfz-Unfall für eine HWS-Verletzung.

[8] OLG Karlsruhe vom 17. 2. 2003 – 7 U 156/02 = GesR 2003, 239.

seus dorsalis. Postoperativ war eine sympathische Reflexdystrophie aufgetreten, die Patientin konnte ihre linke Hand nicht mehr gebrauchen. Nach der Anhörung des Sachverständigen blieb unklar, ob der Primärschaden durch den von der Einwilligung gedeckten und behandlungsfehlerfrei durchgeführten Teil des Eingriffs (Arthroskopie) hervorgerufen worden war oder durch den von der Einwilligung nicht mehr gedeckten und daher nicht rechtmäßigen Teil des Eingriffes (Erweiterung). Das OLG Karlsruhe hielt fest, dass der Arzt nur dann hafte, wenn der Patient beweisen könne, dass der Schaden durch den nicht rechtmäßigen Teil des Eingriffs verursacht worden sei. Da die Patientin in dem vom OLG Karlsruhe entschiedenen Fall diesen Beweis nicht führen konnte, wurde auch ihr Antrag auf Prozesskostenhilfe zurückgewiesen. Eine Haftung des Arztes wurde verneint.

b) Haftungsausfüllende Kausalität. Die haftungsausfüllende Kausalität betrifft den **1969** Zusammenhang zwischen dem eingetretenen Primärschaden und einem weiteren Gesundheits- oder Vermögensschaden, dem **Sekundärschaden.** Anders als beim Primärschaden gilt hier nicht das strenge Beweismaß von § 286 ZPO, sondern der freie Beweis nach § 287 ZPO. In diesem Fall genügt es bereits, wenn das Gericht mit **überwiegender Wahrscheinlichkeit** davon ausgeht, dass durch den Behandlungsfehler – und den hierdurch eingetretenen Primärschaden – ein weiterer, sekundärer Schaden verursacht wurde.

Der Patient muss den Sekundärschaden – unabhängig von etwaigen Beweiserleichterun- **1970** gen – immer beweisen, wobei durch die ausreichende Glaubhaftmachung der überwiegenden Wahrscheinlichkeit die Beweisführung erheblich erleichtert ist.

Ein Beispiel für einen gesundheitlichen Sekundärschaden ist die Bewegungseinschrän- **1971** kung des Ellenbogen-Gelenks, wenn die Luxation eines Radiusköpfchens behandlungsfehlerhaft – also als Primärschaden – in Fehlstellung verheilt ist. Die Fehlstellung selbst ist der Primärschaden, die folgende Bewegungseinschränkung der Sekundärschaden.[9]

Besonders anschaulich ist auch eine Entscheidung des OLG Karlsruhe aus dem Jahr **1972** 2006.[10] In dem dort entschiedenen Fall kam es bei einer laparoskopischen Überprüfung der Eileiterdurchgängigkeit zu einer Verletzung des Dünndarmes, die zwei Tage zu spät erkannt wurde. Es hatte sich eine Peritonitis herausgebildet. Die Patientin war der Auffassung, dass neben der verzögerten Behandlung der Peritonitis (Primärschaden) auch eine Verantwortung der Ärzte dafür bestünde, dass aufgrund von Verwachsungen ein Verschluss des vor der Operation noch durchlässigen Eileiters mit der Folge der Infertilität eingetreten sei. Das OLG Karlsruhe ordnete zu Recht die Infertilität als Sekundärschaden ein, dessen kausale Verknüpfung zu dem Behandlungsfehler (also der verzögerten Behandlung der Peritonitis) von der Patientin zu beweisen war. Sachverständig beraten ging das Gericht nicht mit überwiegender Wahrscheinlichkeit davon aus, dass die Peritonitis zur Infertilität beigetragen hat. Der behauptete Sekundärschaden wurde daher verneint.

Neben der Behauptung eines weiteren Gesundheitsschadens, fallen auch sämtliche For- **1973** derungen eines Patienten nach **materiellem Schadenersatz** unter den Sekundärschaden. Dies betrifft sowohl den Verdienstausfall als auch den Haushaltsführungsschaden, den Pflegemehrbedarf und sonstige materielle Aufwendungen, die der Patient als fehlerkausal geltend macht. Nach dieser Abgrenzung sind auch sämtliche Regressforderungen eines Sozialversicherungsträgers als Sekundärschaden einzuordnen.

c) Mitursächlichkeit. Oft genug kann man bei einem medizinischen Sachverhalt und **1974** der Bewertung eines Behandlungsfehlers nicht klar abgrenzen zwischen den krankheitsbedingten Folgen und möglicherweise durch den Behandlungsfehler hinzugekommenen Schäden. Der festgestellte Schaden ist quasi ein Konglomerat verschiedener Ursachen, ohne dass eine genaue Differenzierung möglich wäre.

Für die Ursächlichkeit eines Behandlungsfehlers für den eingetretenen Schaden genügt **1975** jedoch grundsätzlich bereits die bloße Mitursächlichkeit. Dies gilt sowohl für Primär- als auch für Sekundärschäden. Eine Alleinursächlichkeit ist haftungsrechtlich nicht zu fordern,

---

[9] So entschieden vom OLG Oldenburg vom 14. 10. 1997 – 5 U 58/97 = VersR 1999, 63.
[10] OLG Karlsruhe vom 24. 5. 2006 – 7 U 242/05 = OLGR Karlsruhe 2006, 617.

so dass bereits dann eine Haftung des Arztes für einen Schaden aus einem Behandlungsfehler anzunehmen ist, wenn er neben anderen krankheitsbedingten Faktoren **Mitursache** für die weitere Entwicklung war.

1976 Der BGH hat dies wiederholt bestätigt, unter anderem in einer Entscheidung über die Folgen eines Verkehrsunfalles, bei dem ein bereits zuvor Querschnittsgelähmter erheblich verletzt wurde. Bei der Differenzierung zwischen den ursprünglichen Einschränkungen und den unfallbedingten Schäden wies der BGH in aller Deutlichkeit darauf hin, dass eine richtungsgebende Veränderung nicht zu fordern sei, vielmehr genüge bereits die bloße Mitverursachung, um einen Ursachenzusammenhang zu bejahen.[11]

Anders ist der Sachverhalt nur dann zu beurteilen, wenn ein bestimmter Schadenkomplex abgegrenzt werden kann, im Sinne einer **Teilkausalität.**

1977 **d) Reserveursache.** Vor allem in Fällen einer Behandlungsverzögerung, aber auch in anderen Konstellationen, wird vom Arzt eingewandt, dass ein bestimmter **Schaden sowieso** eingetreten wäre, auch ohne den Behandlungsfehler. In der juristischen Terminologie wird dies als **hypothetische Kausalität** einer so genannten Reserveursache bezeichnet, für die der Arzt darlegungs- und beweisbelastet ist, da er dies zu seiner Entlastung anführt. Erfolgreich ist dieser Einwand nur dann, wenn mit an Sicherheit grenzender Wahrscheinlichkeit feststeht, dass die Reserveursache zu demselben Schaden geführt hätte. Dieser Beweis ist im Einzelfall schwer zu führen.

1978 **e) Mitverschulden.** Der Einwand, eigenmächtiges Verhalten des Patienten sei mitursächlich für den Eintritt des Gesundheitsschadens geworden, wird von Seiten des Arztes erhoben, wenn dieser grundsätzlich für den eingetretenen Schaden haftet. Folgerichtig trägt daher auch der Arzt die Beweislast dafür, dass überhaupt Mitverschulden vorliegt und dass dieses auch kausal für den weiteren Verlauf wurde.

1979 Ein solches Mitverschulden kommt zum Beispiel in Betracht, wenn sich der Patient über ausdrückliche Therapieanweisungen hinweg setzt und damit einen Gesundheitsschaden provoziert oder verschlimmert.

1980 Der BGH hat bereits im Rahmen einer Entscheidung aus dem Jahr 1992[12] darauf hingewiesen, dass der geschädigte Patient ganz oder zum Teil seinen Schadensersatzanspruch inklusive Schmerzensgeld verliert, wenn ihn an der Entstehung des Schadens ein Mitverschulden trifft, weil er diejenige Sorgfalt außer Acht gelassen hat, die ein ordentlicher und verständiger Mensch zur Vermeidung eigenen Schadens anzuwenden pflegt.

1981 Dabei werden an die Darlegung des Mitverschuldens hohe Anforderungen gestellt. In einer Entscheidung des OLG München aus dem Jahr 2004[13] wandte der beklagte Arzt erfolglos ein, der Patient habe die notwendige weitere Behandlung nicht durchführen lassen, weshalb es zu einer Progredienz der Beschwerden gekommen sei. Die Mitarbeit des Patienten bei der Weiterbehandlung hängt grundsätzlich davon ab, dass er **ausreichende Verhaltensmaßregeln durch den Arzt** erhält. Fehlen solche Verhaltensmaßregeln, so kann in dem weiteren gesundheitsschädigenden Eigenverhalten des Patienten kein Mitverschulden liegen. Vor diesem Hintergrund blieb das OLG München bei der vollen Haftung des Arztes.

1982 Nur **bewusst heilungsschädliches Verhalten** eines Patienten kann dessen Mitverschulden begründen.

1983 Sehr interessant ist in diesem Zusammenhang eine Entscheidung des BGH aus dem Jahr 2003.[14] In dem dortigen Fall wurde bei einem Patienten unter Sedierung eine Magenspiegelung durchgeführt. Der Patient kam mit dem PKW ins Krankenhaus und wurde ausdrücklich darauf hingewiesen, dass er kein eigenes Kraftfahrzeug nach dem Eingriff führen dürfe. Diese Belehrung hatte der Patient bereits durch seinen Hausarzt erhalten. Der Pati-

---

[11] BGH vom 19. 4. 2005 – VI ZR 175/04 = VersR 2005, 945.
[12] BGH vom 30. 6. 1992 – VI ZR 337/91 = NJW 1992, 2961.
[13] OLG München vom 23. 9. 2004 – 1 U 5198/03 = MedR 2006, 147.
[14] BGH vom 8. 4. 2003 – VI ZR 256/02 = VersR 2003, 1121.

ent versicherte auch, dass er nach der Magenspiegelung mit dem Taxi nach Hause fahren wolle. Trotz dieser Ankündigung fuhr der Patient – vom Krankenhauspersonal unbemerkt – mit dem eigenen Kraftfahrzeug nach Hause und verunglückte auf dieser Fahrt. Er verstarb noch am Unfallort. Das Krankenhaus wurde wegen Verletzung der ihr obliegenden Überwachungspflicht in Anspruch genommen und wandte ein, dass sich der Patient eigenmächtig entfernt habe, was ein Mitverschulden begründe. Mit diesem Einwand wurde das Krankenhaus vom BGH jedoch nicht gehört. Der BGH vertrat vielmehr die Auffassung, das Krankenhauspersonal hätte sicherstellen müssen, dass der Patient das Krankenhaus nicht unbemerkt verlässt. Hierfür genügte es nach Auffassung des BGH nicht, dass über zwei Stunden nach dem Eingriff wiederholt Blick- und Gesprächskontakte zu dem Patienten stattfanden, bevor dieser sich eigenmächtig entfernte. Dass die Gefährdung des Patienten für die Behandler nicht erkennbar war, blieb für den BGH ebenfalls ohne Bedeutung. Entscheidend wurde darauf abgestellt, dass den Arzt die Pflicht treffe, das unbemerkte Verlassen des Patienten aus dem Krankenhaus zu verhindern. Das Krankenhaus haftete voll für den eingetretenen Unfalltod des Patienten.

Die Entscheidung des BGH kann sicherlich kritisch hinterfragt werden. Die Grenzen der **1984** Überwachungspflichten des Arztes sind hieran kaum auszumachen. Warum der BGH bei allen Bestrebungen, den Patienten als mündigen Teilnehmer der Behandlung anzusehen, dem Arzt gleichwohl auferlegt, klare Aussagen seines Patienten zu hinterfragen und ihm insofern keinen Glauben zu schenken, dürfte zumindest fragwürdig sein.

Auf jeden Fall belegt dieses Urteil allerdings sehr anschaulich, wie hoch die Anforderun- **1985** gen der Rechtsprechung an den Arzt sind, ein behandlungskonformes Verhalten des Patienten zu bewirken. Der erfolgreiche Einwand eines Mitverschuldens des Patienten bleibt daher die Ausnahme.

f) Schadenminderungspflicht. Grundsätzlich ist jeder geschädigte Patient verpflichtet, **1986** die Folgen des eingetretenen Gesundheitsschadens so gering wie möglich zu halten oder den Schaden – sofern möglich – zu beheben. Dies dürfte bereits im Eigeninteresse eines jeden Geschädigten sein. Nicht selten kommt es jedoch zum Streit darüber, ob der tatsächliche Gesundheitsschaden bzw. der Grad der Beeinträchtigung nicht durch den geschädigten Patienten minimiert werden könnte, wenn dieser nur wollte.

Ebenso wie der Einwand des Mitverschuldens ist auch ein Verstoß gegen die Schaden- **1987** minderungspflicht vom Arzt zu beweisen.

Lässt sich ein Schaden nur durch eine **Nachoperation** beheben, so ist der Patient nicht **1988** verpflichtet, einen solchen Eingriff vornehmen zu lassen. Es stellt keinen Verstoß gegen die Schadenminderungspflicht dar, sich mit einem Gesundheitsschaden zu arrangieren, der nur operativ behoben werden kann. Dahinter steht, dass jede Operation mit eigenen Risiken verbunden ist, deren Inkaufnahme dem Patienten nicht zugemutet werden soll.

Im Rahmen der Schadenminderungspflicht geht es also nur um solche Maßnahmen, die **1989** **zumutbar, einfach und gefahrlos** sowie nicht mit besonderen Schmerzen verbunden sind, die dabei aber eine sichere Aussicht auf Heilung oder zumindest wesentliche Besserung bieten.[15]

g) Fehler des nachbehandelnden Arztes. Wird die haftungsrechtliche Verant- **1990** wortung eines Arztes grundsätzlich bejaht, so haftet dieser für alle Schadenfolgen, die im Zusammenhang mit der Fehlbehandlung stehen, auch für etwaige Fehler nachbehandelnder Ärzte, es sei denn, der Fehler des nachbehandelnden Arztes wiegt so schwer, dass hierdurch der **Zurechnungszusammenhang** zwischen dem früheren Fehler und dem später eingetretenen Schaden unterbrochen wird. Dies ist nur dann der Fall, wenn der die Zweitschädigung herbeiführende Arzt in außergewöhnlich hohem Maß die an ein gewissenhaftes ärztliches Verhalten zu stellenden Anforderungen außer Acht gelassen und derart gegen alle ärztlichen Regeln und Erfahrungen verstoßen hat, dass der eingetretene Schaden seinem Handeln haftungsrechtlich wertend allein zugerechnet werden muss.

---

[15] BGH vom 18. 4. 1989 – VI ZR 221/88 = VersR 1989, 701.

1991 Der BGH hat dies unter anderem in einer Entscheidung aus dem Jahr 2003 bestätigt.[16] In dem dortigen Fall wurde der Erstbehandler wegen einer fehlerhaften Entfernung eines intrauterinen Pessars in Anspruch genommen, bei der es zu einer Perforation des Uterus kam. Die Patientin hat anschließend den Arzt gewechselt und es wurde eine – nach sachverständiger Wertung nicht indizierte – Uterusentfernung vorgenommen. Dem erstbehandelnden Arzt wurde der gesamte weitere Verlauf mit der Uterusentfernung angelastet, eine Durchbrechung des Zurechnungszusammenhangs durch den Fehler der Folgebehandlung mit der nicht indizierten Hysterektomie wurde verneint.

1992 **h) Zusammenfassung.** Grundsätzlich gilt für die Beweislast:
Der Patient muss
– das Vorliegen eines Behandlungsfehlers,
– einen primären Gesundheitsschaden,
– die kausale Verknüpfung zwischen Behandlungsfehler und Primärschaden (haftungsbegründende Kausalität),
– einen zusätzlichen Gesundheitsschaden oder Vermögensschaden (Sekundärschaden) und
– die kausale Verknüpfung zwischen Behandlungsfehler und Sekundärschaden (haftungsausfüllende Kausalität)
beweisen.

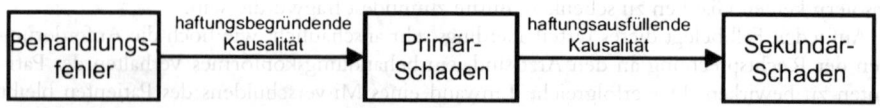

Abbildung 1: Grundsätzliche Beweislast

1993 Demgegenüber muss der Arzt zu seiner Entlastung
– das Vorliegen einer Reserveursache,
– das Mitverschulden des Patienten sowie
– den Verstoß gegen die Schadenminderungspflicht
beweisen.

2. Beweislastumkehr

1994 Von dem Grundsatz, dass der Patient neben dem Behandlungsfehler auch den kausal eingetretenen Primär- und Sekundärschaden beweisen muss, hat der BGH im Laufe der Jahre eine Vielzahl von Ausnahmen entwickelt.

1995 Grund für die Beweislaständerungen ist die Annahme einer schwächeren Position des Patienten im Arzthaftungsprozess. Zum einen kommt der Patient meist hilfsbedürftig zu einem Arzt – wegen einer Krankheit. Zum anderen finden viele Behandlungsschritte (wie etwa eine Operation unter Narkose) nicht im Bewusstsein des Patienten statt, so dass er aus eigener Wahrnehmung die Behandlung gar nicht wiedergeben kann. Schließlich hat auch der Patient als Laie nur ein sehr limitiertes Verständnis von den medizinischen Abläufen und kann das Behandlungsgeschehen nicht ohne fachkundige Erläuterung nachvollziehen. Der Arzt hat insofern einen nicht unerheblichen Wissensvorsprung, den der BGH durch Beweislastregeln auszugleichen versucht. Ziel ist die Schaffung einer **„Waffengleichheit"** im Arzthaftungsprozess.

1996 Ganz ausdrücklich hat sich auch das Patientenrechtegesetz dem Prinzip der Chancengleichheit verschrieben. In der Gesetzesbegründung heißt es zur Beweislast:

---

[16] BGH vom 6. 5. 2003 – VI ZR 259/02 = MedR 2004, 51.

„Der Nachweis einer solchen Pflichtverletzung in Form des Behandlungsfehlers sowie **1997** der Nachweis der Ursächlichkeit dieses Fehlers für den eingetretenen Schaden fällt Patientinnen und Patienten oft schwer, da sie nicht über das notwendige Wissen der Behandlungsabläufe und die medizinischen Zusammenhänge verfügen. Deshalb hat die Rechtsprechung besondere Regelungen zur Beweislastverteilung im Arzthaftungsrecht entwickelt. (…) Diese von der Rechtsprechung entwickelten Beweislastregelungen sollen gesetzlich festgeschrieben werden."[17]

§ 630 h BGB regelt für das Dienstvertragsrecht die Beweislast in der Arzthaftung. Die **1998** Grundsätze gelten inhaltsgleich auch für das Deliktsrecht. Die Beweislast kann sich in folgenden Fällen zu Lasten des Arztes umkehren:
– Grober Behandlungsfehler
– Unterlassene Befunderhebung
– Voll beherrschbares Risiko
– Dokumentationsmängel
– Aufklärungsfehler
– Anfänger-Eingriff.

Dabei betreffen etwaige Beweiserleichterungen zugunsten des Patienten ausschließlich **1999** die Frage nach einem schuldhaften Fehler oder der haftungsbegründenden Kausalität. Der Patient muss **immer** und ohne Ausnahme beweisen:
– den Primärschaden
– den Sekundärschaden und
– die haftungsausfüllende Kausalität.
Auf diese erstrecken sich Beweiserleichterungen **niemals**.

a) Grober Behandlungsfehler. Die älteste und wohl auch bedeutendste Beweislastre- **2000** gel im Arzthaftungsrecht knüpft an den groben Behandlungsfehler an. Sprach man früher im Falle eines groben Behandlungsfehlers noch von Beweiserleichterungen bis hin zur Beweislastumkehr, so hat sich dies im Laufe der Jahre dahingehend verkürzt, dass im Falle eines groben Behandlungsfehlers eine **Beweislastumkehr** hinsichtlich der Ursächlichkeit des Behandlungsfehlers für den eingetretenen Primärschaden (haftungsbegründende Kausalität) eintritt.

Normiert ist die Beweislast beim groben Behandlungsfehler nach dem Patientenrechte- **2001** gesetz in § 630 h Abs. 5 S. 1 HBG. Hier heißt es:

„Liegt ein grober Behandlungsfehler vor und ist dieser grundsätzlich geeignet, eine Ver- **2002** letzung des Lebens, des Körpers oder der Gesundheit der tatsächlich eingetretenen Art herbeizuführen, wird vermutet, dass der Behandlungsfehler für diese Verletzung ursächlich war."

Dabei wird ein grober Behandlungsfehler als Fehler definiert, der aus objektiver ärztli- **2003** cher Sicht nicht mehr verständlich erscheint, weil er dem Arzt schlechterdings nicht passieren darf. Es kommt entscheidend darauf an, dass das ärztliche Verhalten eindeutig gegen gesicherte und bewährte medizinische Erkenntnis und Erfahrung verstößt.[18] Sämtliche Versäumnisse eines Arztes – ob nun im Rahmen der eigentlichen Behandlung, der Diagnose, der Befunderhebung, der Hygiene oder der Organisation – können losgelöst von anderen Beweislastregeln als grobe Fehler gewertet werden, mit der Folge einer Beweislastumkehr.

aa) Reichweite der Beweislastumkehr. Der BGH hat wiederholt ausgesprochen, dass **2004** durch einen groben Behandlungsfehler eine Aufklärungserschwernis in das Behandlungsge-

---

[17] Gesetzentwurf der Bundesregierung mit Gesetzesbegründung (BT-Drucksache 17/10488) abzurufen unter http://www.bmg.bund.de/praevention/patientenrechte/patientenrechtegesetz.html.
[18] Wegen der Einzelheiten vergleiche Rn. 1825 ff.

schehen hineingetragen werde, das nach Billigkeitserwägungen verteilt werden müsse. Diese Aufklärungserschwernis sei darin begründet, dass das Spektrum der für den Misserfolg in Betracht kommenden Ursachen gerade wegen der besonderen Schadensneigung des Fehlers verbreitet bzw. verschoben werde. Außerdem sei es in vielen Fällen so, dass der grobe Behandlungsfehler dem Behandlungsverlauf sein besonderes Gepräge gebe und insofern dem Misserfolg der Behandlung besonders nahe sei.[19]

2005 Der grobe Behandlungsfehler wirkt sich also derart auf das Behandlungsgeschehen aus, dass es dem Patienten nicht mehr zugemutet werden soll oder kann, den Beweis dafür zu führen, dass der Schaden gerade auf dem Fehler beruht und nicht etwa auf anderen Ursachen. Vielmehr ist in diesen Fällen der Arzt dafür beweisbelastet, dass der eingetretene Primärschaden eben nicht Folge des Behandlungsfehlers ist, sondern Folge der Grunderkrankung oder sonstiger schicksalhafter Geschehensabläufe.

2006 Voraussetzung ist lediglich, dass der grobe Behandlungsfehler **generell geeignet** ist, den Schaden in der tatsächlich eingetretenen Art hervorzurufen.

2007 Dabei genügt grundsätzlich die Mitverantwortung des groben Behandlungsfehlers für den eingetretenen Primärschaden. Er braucht nicht alleinige Ursache zu sein. Die Kausalität wird nur dann verneint, wenn der grobe Behandlungsfehler nicht geeignet ist, den eingetretenen Schaden zu begründen.

2008 Der BGH hat diese Rechtsprechung unter anderem in einer Entscheidung aus dem Jahr 2008[20] bestätigt. Im dortigen Fall ging es um einen grob fehlerhaften Hygieneverstoß bei einer intraartikulären Injektion in das Kniegelenk. Im Nachhinein ließ sich nicht mehr aufklären, ob die anschließend bei dem Patienten eingetretene Infektion auf diesem Hygienemangel beruhte oder ob sich eine hyperergisch-allergische Entzündungsreaktion entwickelt hatte. Das Berufungsgericht war noch davon ausgegangen, dass die Unklarheit im Ursachenspektrum zu Lasten des Patienten gehe. Dies hat der BGH allerdings richtiggestellt und unter Bezugnahme auf seine verfestigte Rechtsauffassung die Beweislast dafür, dass die eingetretene Infektion gerade nicht auf dem Hygienemangel beruhe, der Arztseite auferlegt. Dabei ging der BGH davon aus, dass grundsätzlich der Hygienemangel geeignet war, den späteren Primärschaden zu begründen. Die Unsicherheit, ob der Schaden tatsächlich durch den groben Fehler oder durch eine andere Ursache bedingt sei, solle in einem solchen Fall die fehlerhaft behandelnde Seite aufklären, nicht der Patient. Die Beweislastumkehr erstreckt sich dabei auf den Primärschaden, welcher in dem entschiedenen Fall der behauptete Gelenkschaden in seiner konkreten Ausprägung war.

2009 In einem vom BGH im Jahr 2004 entschiedenen Fall[21] hatte ein Arzt eine beginnende Netzhautablösung bei seinem Patienten grob fehlerhaft nicht erkannt. Die eingetretene Schädigung des Sehvermögens wurde als Primärschaden angesehen, auf den sich die Beweislastumkehr zu Lasten des Arztes erstreckte. Der Arzt hätte beweisen müssen, dass die Schädigung des Sehvermögens auf jeden Fall auch unabhängig von seinem groben Behandlungsfehler eingetreten wäre. Dieser Beweis war dem Arzt nicht gelungen.

2010 Wenn sich allerdings der Patient weiterer Schäden berühmt, etwa eines Verdienstausfallschadens, so bleibt er hierfür trotz der Feststellung des groben Behandlungsfehlers und der Beweislastumkehr für den Primärschaden beweisbelastet. Die Beweislastumkehr erstreckt sich eben **nicht auf die Sekundärschäden.** Dieser muss weiterhin vom Patienten dargelegt und bewiesen werden.

2011 Etwas anderes gilt nur dann, wenn der Sekundärschaden als **typische Folge** der Primärverletzung anzusehen ist. Dann erstreckt sich die Beweislastumkehr auch hierauf.

2012 **bb) Keine Beweislastumkehr bei äußerster Unwahrscheinlichkeit.** Eine Beweislastumkehr kommt trotz eines groben Behandlungsfehlers und grundsätzlicher Eignung für

[19] BGH vom 16. 3. 2010 – VI ZR 64/09 = MedR 2011, 575 – unter Verweis auf BGH vom 21. 9. 1982 – VI ZR 302/80 = MedR 1983, 144.
[20] BGH vom 8. 1. 2008 – VI ZR 118/06 = MedR 2009, 228.
[21] BGH vom 16. 11. 2004 – VI ZR 328/03 = MedR 2005, 226.

den eingetretenen Schaden dann nicht in Betracht, wenn der Kausalzusammenhang zwischen dem Fehler und dem eingetretenen Primärschaden „äußerst unwahrscheinlich" bzw. „gänzlich unwahrscheinlich" ist.

So hat das OLG Düsseldorf in einer Entscheidung aus dem Jahr 1999[22] trotz der Annahme eines groben Behandlungsfehlers im Zusammenhang mit der um einen Tag verzögerten Einweisung eines Säuglings mit klaren Hinweisen auf einen Hydrocephalus eine Haftung verneint, da diese Verzögerung für die Schädigung des kindlichen Gehirns aufgrund der weiteren Umstände als äußerst unwahrscheinlich angesehen wurde. **2013**

Es genügt jedoch nicht, dass der Kausalzusammenhang aus wissenschaftlicher Sicht „eher unwahrscheinlich" oder „äußerst gering" ist. Der Ausschluss der Beweislastumkehr ist erst dann anzunehmen, wenn eine gänzliche Unwahrscheinlichkeit bzw. eine äußerste Unwahrscheinlichkeit vorliegt. Dies ist im Einzelfall vom Sachverständigen zu klären. **2014**

Das Brandenburgische Oberlandesgericht hat in einer Entscheidung aus dem Jahr 2003[23] eine Erfolgschance von etwa 10% nicht genügen lassen, um die Schadenkausalität im Sinne einer „gänzlichen Unwahrscheinlichkeit" auszuschließen. In dem dortigen Fall bestand nach der Geburt eines Kindes aus Beckenendlage der Verdacht auf eine Hüftfehlbildung. Das behandelnde Krankenhaus hatte es jedoch versäumt, für eine umgehende sonographische Hüftuntersuchung Sorge zu tragen oder die Kindseltern auf das dringende Erfordernis einer alsbaldigen Vorstellung des Kindes bei einem Orthopäden sowie einer sonographischen Hüftkontrolle hinzuweisen. Dies war als grober Behandlungsfehler gewertet worden. Als Primärschaden wurde die Entwicklung einer Luxation mit nachfolgender Immobilisierung im Lorenz-Gips und blutiger Reposition angesehen. Ein Kausalzusammenhang zwischen der grob fehlerhaften Behandlungsverzögerung und dem eingetretenen Primärschaden wurde angenommen, auch wenn der erstinstanzliche gerichtliche Sachverständige davon ausgegangen war, dass sich der in Rede stehende Fehler letztendlich wohl nicht ausgewirkt habe, da die Vorstellung beim Orthopäden noch in den ersten 6 Lebenswochen des Kindes erfolgt sei. Der in der zweiten Instanz hinzugezogene Sachverständige sprach von einer bis zu 10%igen Erfolgswahrscheinlichkeit von alsbald einsetzenden konservativen Maßnahmen, was nach der Rechtsansicht des Gerichts nicht genügte, um eine „gänzliche Unwahrscheinlichkeit" der Kausalität zwischen dem groben Behandlungsfehler und dem Primärschaden anzunehmen. Zugunsten des Kindes wurde angenommen, dass bei früherer Diagnose und Therapie die Luxation und die blutige Reposition vermeidbar gewesen wären. **2015**

Von besonderem Interesse ist die Abgrenzung zwischen einer gänzlich unwahrscheinlichen Kausalität und einer noch zumindest geringen Erfolgschance vor allem dann, wenn eine **Behandlungsverzögerung** vorgeworfen wird, etwa bei der Diagnose einer Tumorerkrankung. **2016**

Ein solcher Fall war vom OLG Düsseldorf im Jahr 2003 zu entscheiden.[24] Dort war der behandelnden Gynäkologin vorgeworfen worden, grob fehlerhaft die Patientin nicht auf die dringend notwendige Abklärung einer möglichen Brustkrebserkrankung hingewiesen zu haben. Es war zwar eine Überweisung zur Mammographie erfolgt, jedoch ohne entsprechenden Hinweis auf Dringlichkeit, was als grober Behandlungsfehler angesehen wurde. Die Erfolgswahrscheinlichkeit einer brusterhaltenden Operation bei frühzeitiger Behandlung war nach Meinung des Sachverständigen mit etwa 20% anzusetzen. Dies genügte nicht, um den Kausalzusammenhang zwischen grobem Behandlungsfehler und eingetretenem Primärschaden zu erweichen, so dass es bei der Beweislastumkehr zugunsten der Patientin blieb. **2017**

Ähnliche Entscheidungen beziehen sich etwa auf eine Überlebensrate von 10–20% oder eine Heilungschance von 10–20 %, was jeweils nicht ausreicht, die Kausalität zwischen Fehler und Primärschaden auszuheben. Dabei ist die Grenze natürlich sehr weich, zumal sich Sachverständige auch sehr schwer damit tun, eine zahlenmäßige Eingrenzung vorzunehmen. Oft **2018**

---

[22] OLG Düsseldorf vom 6. 5. 1999 – 8 U 185/97 = VersR 2000, 853.
[23] Brandenburgisches OLG vom 8. 4. 2003 – 1 U 26/00 = MedR 2004, 226.
[24] OLG Düsseldorf vom 6. 3. 2003 – 8 U 22/02 = VersR 2003, 1310.

sind die Feststellungen des Sachverständigen schwammig, es ist z.B. die Rede davon, dass es „eher unwahrscheinlich" sei, dass sich bei früherer Intervention der weitere Verlauf geändert hätte. Auch dies führt nicht dazu, dass die Kausalitätsvermutung entkräftet würde.

2019   **cc) Zusammenfassung.** Die Annahme eines groben Behandlungsfehlers führt dazu, dass der Patient lediglich den Fehler und den Schaden beweisen muss. Der Behandler muss indes beweisen, dass der grobe Behandlungsfehler gerade nicht kausal für den eingetretenen Schaden war. Grundsätzlich genügt die Eignung des Fehlers für den Schaden; die Kausalitätsvermutung greift nicht bei gänzlicher Unwahrscheinlichkeit.

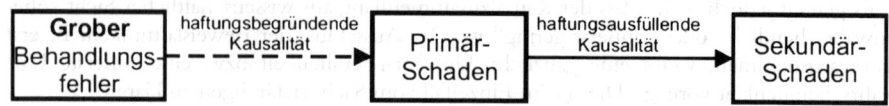

Abbildung 2: Beweislast bei grobem Behandlungsfehler[25]

2020   **b) Unterlassene Befunderhebung.** Hat der Arzt einen an sich gebotenen Befund (z.B. eine Röntgenuntersuchung, ein Blutbild, eine körperliche Untersuchung) nicht erhoben, so kann bereits dies für sich betrachtet einen **groben Behandlungsfehler** darstellen mit der Folge, dass sich die Beweislast für die Kausalität zwischen dem groben Behandlungsfehler und dem eingetretenen Primärschaden zugunsten des Patienten und zu Lasten des Arztes umkehrt. Es stellt sich – wie immer für den groben Behandlungsfehler – die Frage, ob es sich um ein Versäumnis handelt, welches schlechterdings nicht vorkommen darf. Wird dies bejaht, dreht sich die Beweislast um.

2021   In Ergänzung dieses Grundsatzes hat der BGH in einer Grundsatzentscheidung aus dem Jahr 2004[26] eine weitere Möglichkeit der Beweislastumkehr bei unterlassener Befunderhebung konstituiert.[27] Danach ist auch in den Fällen einer **einfach fehlerhaften unterlassenen Befundung** eine Umkehr der Beweislast hinsichtlich der Kausalität des Behandlungsfehlers für den eingetretenen Schaden anzunehmen, wenn folgende **drei Kriterien kumulativ** erfüllt sind:
– Eine gebotene Befunderhebung wurde **einfach behandlungsfehlerhaft** versäumt.
– Wäre die Befunderhebung durchgeführt worden, so hätte sich mit **hinreichender Wahrscheinlichkeit** ein so deutlicher und gravierender Befund ergeben, dass sich
– die Verkennung dieses Befundes als fundamental und die **Nichtreaktion** auf ihn als **grob fehlerhaft** darstellen müsste.

2022   Normiert ist dies nach dem Patientenrechtegesetz in § 630h Abs. 5 S. 2 BGB:

2023   „Dies (Anm. Kausalitätsvermutung zugunsten des Patienten) gilt auch dann, wenn es der Behandelnde unterlassen hat, einen medizinisch gebotenen Befund rechtzeitig zu erheben oder zu sichern, soweit der Befund mit hinreichender Wahrscheinlichkeit ein Ergebnis erbracht hätte, das Anlass zu weiteren Maßnahmen gegeben hätte, und wenn das Unterlassen solcher Maßnahmen grob fehlerhaft gewesen wäre."

2024   In dem 2004 vom BGH entschiedenen Fall wurde dem behandelnden Hausarzt vorgeworfen, bei seinem Patienten, der mit einem Herzschrittmacher versorgt war, nach einem auffälligen EKG die notwendige Schrittmacherkontrolle unterlassen zu haben – der Hausarzt hatte lediglich die Indikation zu einem Austausch gestellt, nicht jedoch die notwendigen Kontrollen veranlasst. Der Austauschtermin sollte dann 2 Tage später stattfinden. Vor der Operation brach der Patient zusammen und musste reanimiert werden. Er erlitt ein

---

[25] Die durchgehenden Linien und Rahmen bezeichnen die vom Patienten zu beweisenden Umstände; die gestrichelten Linien und Rahmen bezeichnen diejenigen Umstände, die der Arzt zu beweisen bzw. zu entkräften hat.
[26] BGH vom 23. 3. 2004 – VI ZR 428/02 = MedR 2004, 559.
[27] Vgl. hierzu auch Rn. 1838 ff.

Apallisches Syndrom. Der BGH nahm diese Entscheidung zum Anlass, ausdrücklich die Beweislastumkehr unter besonderen Bedingungen auch im Fall der einfach fehlerhaften unterlassenen Befunderhebung zu unterstreichen. Wichtig ist dabei, dass die Beweislastumkehr nur dann eintritt, wenn der unterstellte Befund mit hinreichender Wahrscheinlichkeit ein reaktionspflichtiges positives Befundergebnis gehabt hätte. Hierfür ist eine Wahrscheinlichkeit von mindestens 50% erforderlich.

Instruktiv ist in diesem Zusammenhang auch eine neuere Entscheidung des BGH aus dem Jahr 2011.[28] In dem dort entschiedenen Fall ging es um eine 33-jährige Frau, die mit Starrezustand des ganzen Körpers bei wachem Bewusstsein (Stupor) in ein Krankenhaus eingewiesen worden war. Dort waren eine Computertomographie und eine Liquordiagnostik durchgeführt worden mit der Diagnose eines psychogenen bzw. depressiven Stupors. Die Patientin wurde in eine psychiatrische Einrichtung verlegt. Den dortigen Ärzten wurde zum Vorwurf gemacht, die Einlieferungsdiagnose trotz entsprechender Symptome nicht überprüft zu haben. Dies wurde als einfacher Behandlungsfehler gewertet, der zur Beweislastumkehr führte. Hätte man nämlich weitere Befunde erhoben, so hätten diese mit hinreichender Wahrscheinlichkeit (mehr als 50%) den Befund eines embolischen Thalamusinfarktes (Hirninfarkt) ergeben. Tatsächlich stellte sich erst 5 Monate später heraus, dass bei der Patientin ein solcher Thalamusinfarkt am Tage der Einlieferung in die Klinik eingetreten war. In der Zwischenzeit war es jedoch durch die unterlassene Behandlung zu irreparablen Schäden gekommen.

2025

Auch in einer weiteren Entscheidung des BGH aus dem Jahr 2011 wurde unter Beachtung der oben skizzierten drei Kriterien eine Beweislastumkehr wegen einer unterlassenen EKG-Untersuchung trotz Hinweisen auf ein koronares Geschehen angenommen.[29] Die Konsequenz der Beweislastumkehr ist deckungsgleich mit dem groben Behandlungsfehler. Insofern ist es auch nicht erforderlich, dass der Fehler die einzige Ursache für den Schaden ist. Der BGH führt hierzu aus:

2026

„Es genügt, dass er (Anm.: der Fehler) **generell geeignet** ist, den eingetretenen Schaden zu verursachen; wahrscheinlich braucht der Eintritt eines solchen Erfolges nicht zu sein. Eine Umkehr der Beweislast ist nur ausgeschlossen, wenn jeglicher haftungsbegründende Ursachenzusammenhang **äußerst unwahrscheinlich** ist."

2027

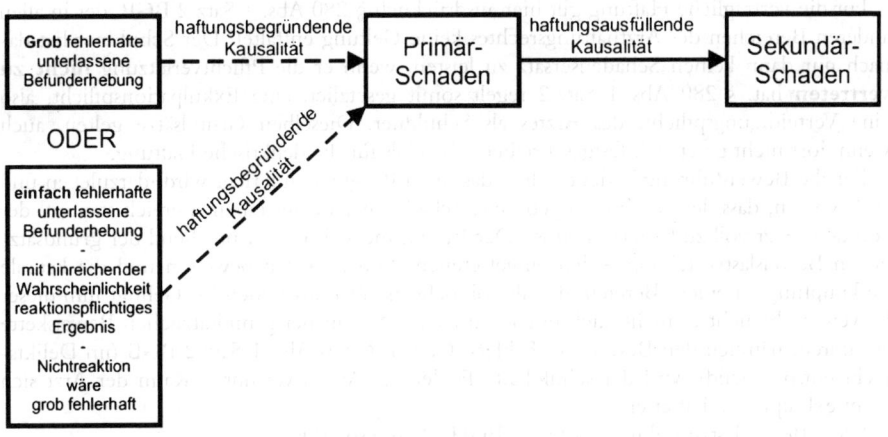

Abbildung 3: Beweislast bei unterlassener Befunderhebung[30]

[28] BGH vom 7. 6. 2011 – VI ZR 87/10 = VersR 2011, 1148.

[29] BGH vom 13. 9. 2011 – VI ZR 144/10 = MedR 2012, 383.

[30] Die durchgehenden Linien und Rahmen bezeichnen die vom Patienten zu beweisenden Umstände; die gestrichelten Linien und Rahmen bezeichnen diejenigen Umstände, die der Arzt zu beweisen bzw. zu entkräften hat.

2028 **c) Voll beherrschbares Risiko.** Im Bereich des voll beherrschbaren Risikos findet sich eine grundsätzlich andere Beweislastverteilung als bei allen anderen Konstellationen des Arzthaftungsrechts.[31] Hat sonst grundsätzlich der Patient zu beweisen, dass der Arzt einen Pflichtverstoß begangen hat und er hierdurch zu Schaden gekommen ist, muss der Arzt bei der Verwirklichung eines voll beherrschbaren Risikos beweisen, dass er nicht schuldhaft fehlerhaft gehandelt hat. Diesen Grundsatz hat der BGH bereits im Jahr 1977[32] – in einer Entscheidung die als „Meilenstein auf dem Weg zur Entwicklung des Arztrechts" gefeiert wurde[33] – festgeschrieben.

2029 „Der Arzt kann regelmäßig nur kunstgerechtes Bemühen, nicht aber den Heilerfolg (häufig nicht einmal eine objektiv zutreffende Diagnose) zusagen (…). Dieser Grundsatz kann jedoch auf die Erfüllung voll beherrschbarer Nebenpflichten, insbesondere die Gewährleistung technischer Voraussetzungen für eine sachgemäße und gefahrlose Behandlung, keine Anwendung finden."

2030 Normiert ist der voll beherrschbare Risikobereich nach dem Patientenrechtegesetz in § 630h Abs. 1 BGB. Dort heißt es:

2031 „Ein **Fehler** des Behandelnden **wird vermutet,** wenn sich ein allgemeines Behandlungsrisiko verwirklicht hat, das für den Behandelnden voll beherrschbar war und das zur Verletzung des Lebens, des Körpers oder der Gesundheit des Patienten geführt hat."

2032 **aa) § 280 Abs. 1 Satz 2 BGB.** Diese Ausnahme rührt daher, dass das voll beherrschbare Risiko solche Bereiche betrifft, in denen dem Arzt auferlegt wird, durch ausreichende Organisationsmaßnahmen den Patienten zu schützen und damit die Verwirklichung eines Risikos zu verhindern. Hier ist **nicht der Kernbereich des ärztlichen Handelns** gemeint, also die Heilbehandlung selbst, sondern z.B. Hygiene,[34] medizinische Geräte und Materialien, die Sicherung eines Patienten vor einem Sturz sowie – eingeschränkt – Lagerungsschäden.

2033 Für die vertragliche Haftung gilt hier ausdrücklich § 280 Abs. 1 Satz 2 BGB, der in allen anderen Bereichen des Arzthaftungsrechtes keine Geltung entfaltet. Der Schuldner hat danach nur dann keinen Schadensersatz zu leisten, wenn er die Pflichtverletzung **nicht zu vertreten** hat. § 280 Abs. 1 Satz 2 regelt somit gesetzlich eine Exkulpationspflicht, also eine Verteidigungspflicht, des Arztes als Schuldner. Dieselben Grundsätze gelten, auch wenn dort nicht gesetzlich festgeschrieben, ebenfalls für die deliktische Haftung.

2034 Für die Beweisführung bedeutet dies, dass dem Patienten auferlegt wird, darzulegen und zu beweisen, dass der bei ihm eingetretene Schaden gerade aus einem Bereich stammt, der von dem Arzt voll zu beherrschen ist. Der Patient muss also – entsprechend der grundsätzlichen Beweislastverteilung – den eingetretenen Primärschaden beweisen und die kausale Verknüpfung zu einem Bereich, der als voll beherrschbar anzusehen ist. Gelingt ihm dieser Beweis, so braucht er nicht auch noch den letzten Schritt der grundsätzlichen Beweiskette zu führen, nämlich den Beweis des Fehlers. Gemäß § 280 Abs. 1 Satz 2 BGB (im Deliktsrecht entsprechend) wird der schuldhafte Fehler des Arztes vermutet. Kann der Arzt sich nicht exkulpieren, haftet er.

2035 Diese Beweislastverteilung wird vom BGH[35] heute so erklärt:

---

[31] Vgl. hierzu auch Rn. 1859 ff.
[32] BGH vom 11. 10. 1977 – VI ZR 110/75 = VersR 1978, 82.
[33] Deutsch JZ 1978, 277.
[34] Hierunter werden etwa Schäden durch verunreinigtes Desinfektionsmittel oder die Verwendung unsteriler Injektions- oder Infusionsflüssigkeiten gefasst.
[35] BGH vom 20. 3. 2007 – VI ZR 158/06 = VersR 2007, 847.

„Anders als im Bereich des ärztlichen Handelns, in dem grundsätzlich der Patient die   **2036**
Darlegungs- und Beweislast für einen von ihm behaupteten Behandlungsfehler sowie
dessen Ursächlichkeit für den eingetretenen Gesundheitsschaden trägt, kommt bei der
Verwirklichung von Risiken, die nicht vorrangig aus den Eigenheiten des menschlichen
Organismus erwachsen, sondern durch den Klinikbetrieb oder die Arztpraxis gesetzt
und **durch sachgerechte Organisation und Koordination des Behandlungsgeschehens objektiv voll beherrscht werden können,** der Rechtsgedanke von § 282
BGB a. F. (nunmehr § 280 Abs. 1 Satz 2 BGB) zum Tragen, wonach die Darlegungs-
und Beweislast für die Verschuldensfreiheit bei der Behandlungsseite liegt. (…)
    Die Verlagerung der Darlegungs- und Beweislast auf die Behandlungsseite (…)
setzt (…) nicht voraus, dass die aus dem Klinikbetrieb oder der Arztpraxis stam-
mende objektiv gegebene Gefahr für die Behandlungsseite im konkreten Fall erkennbar
war."

Dem voll beherrschbaren Risiko ist also eine **Fehlervermutung** eigen. Die haftungsbe-   **2037**
gründende Kausalität ist nicht umfasst. Die Beweiserleichterungen zugunsten des Patienten
gehen insofern nicht so weit wie beim groben Behandlungsfehler.
    bb) Inhalt und Umfang der Beweislastumkehr. Nachvollziehbar wird die mit dem   **2038**
voll beherrschbaren Risiko verbundene Beweislastumkehr bei der Betrachtung einzelner
Anwendungsfälle.
    Die wohl griffigste Konstellation dürfte die **Fehlfunktion medizinischer Geräte** sein.   **2039**
Die Bereitstellung fehlerfrei funktionierender Geräte gehört zu dem voll beherrschbaren
Verantwortungsbereich des Arztes. Kommt es bei der Verwendung eines medizinischen
Gerätes – zum Beispiel eines Röntgentherapiegerätes – zu einer Verletzung des Patienten,
so muss sich der Arzt gem. § 280 Abs. 1 Satz 2 BGB vom Vorwurf des schuldhaften Fehlers
entlasten. Kann in einem solchen Fall der Arzt darlegen, dass sämtliche Schutzvorkehrungen und Wartungsauflagen erfüllt wurden und dass das Gerät noch nie zuvor versagt hatte,
kann dies zur Exkulpation genügen.[36]
    Anschaulich ist auch ein Beschluss des OLG Hamm aus dem Jahr 2011,[37] in dem eine   **2040**
klare Differenzierung für die Beweislastfragen bei **Lagerungsschäden** festgeschrieben
wird. Hier gilt die Besonderheit, dass nach sachverständiger Bewertung Lagerungsschäden
auch bei Anwendung aller Sorgfalt eben nicht immer beherrschbar sind. Kann in einem
solchen Fall der Behandler beweisen, dass eine standardgerechte Lagerung während der
Operation erfolgte, so haftet er nicht für den eingetretenen Schaden. Das OLG Hamm hat
in diesem Zusammenhang noch einmal ausdrücklich hervorgehoben, dass die Beweislastumkehr im Falle eines voll beherrschbaren Risikos nur die Frage nach einem schuldhaften
Fehler des Behandlers betrifft, nicht jedoch die Frage nach der Ursächlichkeit des Fehlers
für den eingetretenen Schaden. Es findet keine Umkehr der Beweislast hinsichtlich der
haftungsbegründenden Kausalität statt.
    Spannend ist auch die Bewertung einer **Infektion** infolge einer ärztlichen Behandlung,   **2041**
zum Beispiel eines Spritzenabszesses. Der BGH hatte im Jahr 2007 den Fall zu entscheiden,
dass eine Patientin nach einer orthopädischen Injektionsbehandlung im Nackenbereich
einen Spritzenabszess erlitten hatte. Der Spritzenabszess beruhte auf einer Staphylokokken-
Infektion. Der Klägerin war der Nachweis gelungen, dass Ausgangsträger der Keime eine
in der orthopädischen Gemeinschaftspraxis angestellte Arzthelferin war, die bei der Verabreichung der Spritzen assistierte. Der von der Patientin zu führende Beweis des eingetretenen Schadens und der kausalen Verknüpfung zur Injektionsbehandlung war daher geführt.
Unter dem Gesichtspunkt des voll beherrschbaren Risikos oblag es dem Arzt, sich vom

---

[36] So entschieden vom Thüringer Oberlandesgericht vom 12. 7. 2006 – 4 O 705/04 = MedR 2006,
    584 – mit anschließender Zurückweisung der Nichtzulassungsbeschwerde der Klägerin durch den
    BGH vom 13. 2. 2007 – VI ZR 174/06 = VersR 2007, 1416.
[37] OLG Hamm vom 5. 1. 2011 – 3 U 64/10 = MedR 2011, 240.

vermuteten Verschulden zu entlasten. Dieser Entlastungsbeweis konnte nicht geführt werden, was die Haftung des Arztes zur Folge hatte.[38]

2042   Hätte in einem solchen Fall die Patientin nicht sicher nachweisen können, dass die Infektion aus der Sphäre des Arztes stammte, so wäre kein Raum für das Institut des voll beherrschbaren Risikos gewesen, da absolute Keimfreiheit grundsätzlich nicht gewährleistet werden kann und das Risiko einer Infektion zum allgemeinen Lebensrisiko gehört.

2043   Der Nachweis, dass die Infektion bzw. Keimübertragung aus einem für den Arzt voll beherrschbaren Bereich stammt, ist für den Patienten im Regelfall sehr schwer zu führen. Vereinzelte Bestrebungen, hier eine grundsätzliche Beweislastumkehr zugunsten des Patienten – mit der Reichweite eines groben Behandlungsfehlers – zu implementieren, sind indes zurückzuweisen, da es schlichtweg unmöglich ist, in einem Krankenhaus oder einer Arztpraxis absolute Keimfreiheit zu gewährleisten. Für Keimübertragungen, die trotz Einhaltung der gebotenen hygienischen Vorkehrungen stattfinden, kann und darf der Arzt nicht herangezogen werden. Dies gehört zum entschädigungslos hinzunehmenden Krankheitsrisiko des Patienten. Nur wenn feststeht, dass die Infektion aus einem hygienisch voll beherrschbaren Bereich hervor ging, haftet der Arzt für die eingetretene Infektion, wenn er nicht beweisen kann, dass er organisatorisch und technisch alle Vorkehrungen gegen vermeidbare Keimübertragungen getroffen hatte.[39]

2044   Auch im Falle des **Sturzes** eines Patienten bei Bewegungs- oder Transportmaßnahmen in einer Kranken- oder Pflegeeinrichtung greift die Beweislastregel des voll beherrschbaren Risikos, so dass die Behandlerseite nachzuweisen hat, dass der Sturz nicht auf einem pflichtwidrigen Verhalten der Pflegekräfte beruhte.[40] Kommt es zum Beispiel bei einem verwirrten Patienten gerade des Nachts immer wieder zu Stürzen, weil dieser eigenmächtig das Bett verlässt, so wäre es von der Behandlerseite zu fordern, von dem Patienten das Einverständnis zur Anbringung von Bettgittern zu erhalten, gegebenenfalls auch von den Angehörigen oder unter Hinzuziehung des Betreuungsgerichtes.[41]

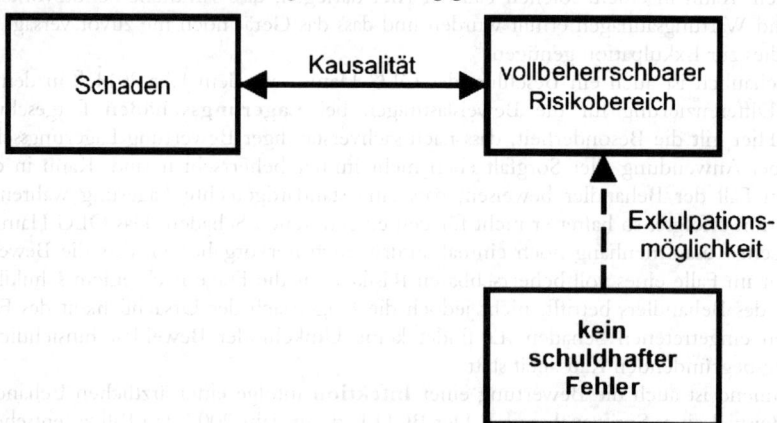

Abbildung 4: Beweislast bei voll beherrschbarem Risiko[42]

---

[38] BGH vom 20. 3. 2007 – VI ZR 158/06 = VersR 2007, 847.

[39] Vgl. auch OLG Zweibrücken vom 27. 7. 2004 – 5 U 15/02 = GesR 2004, 468.

[40] Vgl. OLG Hamm vom 1. 2. 2006 – 3 U 182/05 = MedR 2006, 584. Das OLG vermutete nach den Grundsätzen des voll beherrschbaren Risikos das Verschulden des Begleitpersonals eines Krankentransportes dafür, dass der Patient während des Liegendtransportes mit dem Kopf an die Oberkante des Fahrzeuges schlug und sich dabei verletzte.

[41] Vgl. hierzu BGH vom 14. 7. 2005 – III ZR 391/04 = MedR 2005, 721.

[42] Die durchgehenden Linien und Rahmen bezeichnen die vom Patienten zu beweisenden Umstände; die gestrichelten Linien und Rahmen bezeichnen diejenigen Umstände, die der Arzt zu beweisen bzw. zu entkräften hat.

d) Dokumentation.[43] Der Behandelnde ist verpflichtet, eine Patientenakte zu führen **2045** und die Einzelheiten der Behandlung zu dokumentieren. Die Anforderungen an eine ordnungsgemäße Dokumentation hat der Gesetzgeber mit dem Patientenrechtegesetz in § 630f BGB festgeschrieben. Aus einer unzureichenden Dokumentation ist für sich genommen kein Anspruch des Patienten herzuleiten. Anderes gilt nur dann, wenn die lückenhafte Dokumentation den Rückschluss auf eine lücken- bzw. fehlerhafte Behandlung zulässt.

Normiert ist dies nach dem Patientenrechtegesetz in § 630h Abs. 3 BGB: **2046**

„Hat der Behandelnde eine medizinisch gebotene wesentliche Maßnahme und ihr Er- **2047** gebnis (…) nicht in der Patientenakte aufgezeichnet oder hat er die Patientenakte (…) nicht aufbewahrt, wird **vermutet,** dass er diese **Maßnahme nicht getroffen** hat."

Ansatzpunkt für etwaige Beweiserleichterungen aufgrund unzureichender Dokumentatio- **2048** nen ist immer die Frage, ob ein bestimmter Behandlungsumstand **dokumentationspflichtig** ist. Dabei gilt der Grundsatz, dass sich die Dokumentation ausschließlich an den medizinischen Erfordernissen orientiert. Was medizinisch nicht dokumentiert werden muss – etwa zur Therapiesicherung – muss auch aus Rechtsgründen nicht dokumentiert werden.[44]

aa) Unzureichende Dokumentation. Es muss zum Beispiel der Patient bei einem be- **2049** gründeten Verdacht auf eine Krebserkrankung auf die Notwendigkeit weiterer Untersuchungen hingewiesen werden. Fehlt in der Dokumentation ein Vermerk über den erteilten Hinweis, so ist die Annahme gerechtfertigt, dass die notwendige Information des Patienten unterblieben ist. Das Gleiche gilt für die Verweigerung des Patienten, eine bestimmte Diagnosemaßnahme durchführen zu lassen. Ist eine solche Verweigerung nicht dokumentiert, so rechtfertigt sich die Annahme, dass der Patient der indizierten Diagnosemaßnahme nicht widersprochen hat.[45]

Welche beweisrechtliche Konsequenz mit der Dokumentationslücke im Konkreten ver- **2050** bunden ist, richtet sich nach den klassischen, von der Rechtsprechung entwickelten Beweisregeln, wie oben dargestellt.

Wird zum Beispiel die Durchführung einer dokumentationspflichtigen Befundmaßnah- **2051** me nicht vermerkt, so ist aus der Dokumentation zunächst der Schluss zu ziehen, dass diese Maßnahme nicht erfolgt ist. Die beweisrechtliche Konsequenz richtet sich nach den Grundsätzen der **unterlassenen Befunderhebung.** Wäre also die unterlassene Befunderhebung selbst ein grober Behandlungsfehler, so würde sich die Beweislast umkehren. Dasselbe würde gelten, wenn die nicht dokumentierte Befundmaßnahme, die insofern als nicht durchgeführt unterstellt wird, medizinisch zweifelsfrei geboten gewesen wäre und mit hinreichender Wahrscheinlichkeit einen reaktionspflichtigen Befund erbracht hätte, auf den nicht zu reagieren einen groben Behandlungsfehler dargestellt hätte.

Zur Beweiserleichterung aufgrund unzureichender Dokumentation kann es auch kom- **2052** men, wenn die Behandlungsdetails nach der Dokumentation nicht mehr nachvollziehbar sind und insofern auch nicht feststellbar ist, ob der Patient standardgerecht behandelt wurde oder nicht.

Das OLG Koblenz hatte im Jahre 2002[46] den Fall einer Schulterdystokie zu entscheiden, **2053** in deren Folge es zu einer Rückenmarksschädigung mit Querschnittslähmung des Kindes gekommen war. Die geburtshilfliche Dokumentation gab keinen Aufschluss darüber, welche Maßnahmen zur Schulterentwicklung nach eingetretener Schulterdystokie durchgeführt wurden. In der Behandlungsdokumentation war lediglich von einer Gesichtslage und

---

[43] Vgl. hierzu auch Rn. 1929ff.
[44] Zur Bedeutung der Dokumentation vgl. OLG Koblenz vom 15. 1. 2004 – 5 U 1145/03 = MedR 2004, 388.
[45] OLG Düsseldorf vom 6. 3. 2003 – 8 U 22/02 = VersR 2003, 1310.
[46] OLG Koblenz vom 17. 4. 2002 – 7 U 893/98 = OLGR Koblenz 2002, 303.

einer etwas schwierigen Schulterentwicklung nach spontaner Geburt die Rede. Zum konkreten Vorgehen beim Lösen der Schulterdystokie fehlten jegliche Angaben. Die genauen Abläufe waren daher unaufklärbar, was zu Lasten der Ärzte ging. Es war nicht mehr feststellbar, wie die Schulterdystokie gelöst wurde – aufgrund mangelhafter Dokumentation. Es wurde unterstellt, dass die Schulterdystokie fehlerhaft behandelt wurde, was ursächlich für die eingetretene Querschnittslähmung gewesen sei. Das Gericht sprach ein Schmerzensgeld von 285 000,00 EUR zu.

2054   Erlaubt die unzureichende Dokumentation den Rückschluss auf einen **groben Behandlungsfehler,** so begründet auch dies die **Umkehr der Beweislast.**

2055   Dabei hat der Arzt natürlich die Möglichkeit, im Rahmen des Zivilprozesses etwaige Lücken der Dokumentation durch sonstige Beweismittel zu füllen, zum Beispiel durch **Anhörung von Zeugen.** Dies erfordert jedoch, dass sich der Zeuge auch wirklich konkret noch an die Behandlung und die durchgeführten Maßnahmen, die geführten Gespräche und die eingeleitete Behandlung sowie die erhobenen Befunde erinnern kann. Oft genug wird ein Zivilprozess erst Jahre nach der eigentlichen Behandlung geführt, so dass eine konkrete Erinnerung nur selten zu erhoffen ist. Der vollständigen Dokumentation kommt daher im Zivilprozess entscheidende Bedeutung zu. Die Niederlage im Zivilprozess, alleine in Folge mangelhafter Dokumentation, ist für den Arzt regelmäßig eine sehr unbefriedigende Erfahrung, so dass man an dieser Stelle nicht deutlich genug anmahnen kann, die Dokumentation mit besonderer Sorgfalt zu führen.

2056   **bb) Nicht auffindbare oder veränderte Dokumentation.** Mit einer ähnlichen Konsequenz ist es verbunden, wenn die Behandlungsdokumentation, obwohl grundsätzlich noch aufzubewahren, als Ganze nicht mehr vorhanden ist. In diesem Fall ist das gesamte Behandlungsgeschehen nicht mehr aufzuklären, was ebenfalls zur **Beweislastumkehr** führen kann.

2057   Eine Beweislastumkehr tritt auch dann ein, wenn der Arzt, im Einzelfall aber auch der Patient, die Behandlungsdokumentation **nachträglich verändert** und insofern das Beweismittel schuldhaft beseitigt oder beeinträchtigt. Die Behandlungsdokumentation dient im Zivilprozess der Nachvollziehbarkeit des Behandlungsgeschehens. Sie wird im Wege der Urkunde in das Verfahren eingebracht. Die nachträgliche Änderung des Beweismittels – auch fahrlässig – führt zur Beweislastumkehr. § 444 ZPO regelt die Folgen der Beseitigung einer Urkunde ausdrücklich wie folgt:

2058   „Ist eine Urkunde von einer Partei in der Absicht, ihre Benutzung dem Gegner zu entziehen, beseitigt oder zur Benutzung untauglich gemacht, so können die **Behauptungen des Gegners** über die Beschaffenheit und den Inhalt der Urkunde **als bewiesen angesehen** werden.“

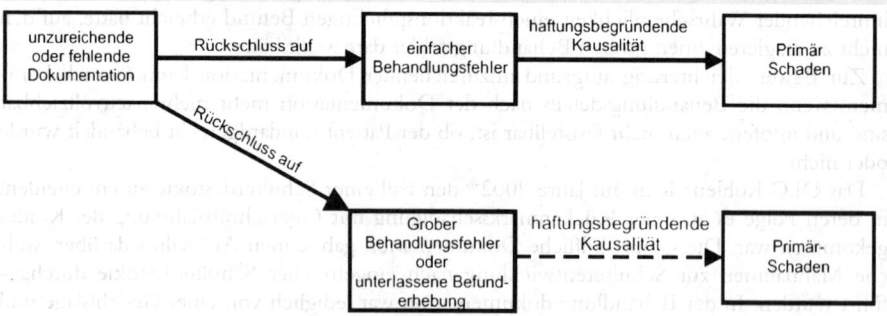

Abbildung 5: Beweislast bei Dokumentationsmängeln[47]

---

[47] Die durchgehenden Linien und Rahmen bezeichnen die vom Patienten zu beweisenden Umstände; die gestrichelten Linien und Rahmen bezeichnen diejenigen Umstände, die der Arzt zu beweisen bzw. zu entkräften hat.

e) Aufklärung.[48] Bei der Aufklärung ist zu differenzieren zwischen der therapeutischen 2059
Aufklärung und der Selbstbestimmungsaufklärung. Die **therapeutische Aufklärung** ist
dabei dem allgemeinen Behandlungsgeschehen zugeordnet, so dass etwaige Versäumnisse in
diesem Zusammenhang vom Patienten darzulegen und zu beweisen sind. Beweisrechtlich
sind die Folgen einer unzureichenden therapeutischen Aufklärung an den allgemeinen
Grundsätzen des einfachen oder groben Behandlungsfehlers zu bemessen.

Die **Selbstbestimmungsaufklärung** hingegen dient der Rechtfertigung der durchge- 2060
führten Behandlung, weshalb das Vorliegen einer wirksamen Einwilligung nach umfassender Aufklärung auch vom Arzt zu beweisen ist, da es sich um einen für den Arzt günstigen
Umstand handelt. Normiert sind die Anforderungen an eine umfassende Aufklärung nach
dem Patientenrechtegesetz in § 630 e BGB; das Erfordernis einer Einwilligung ist in
§ 630 d BGB geregelt. Die Beweislast für das Vorliegen einer Einwilligung ist in § 630 h
Abs. 2 BGB festgeschrieben.

„Der Behandelnde hat zu beweisen, dass er eine Einwilligung gemäß § 630 d eingeholt 2061
und entsprechend den Anforderungen des § 630 e aufgeklärt hat. Genügt die Aufklärung nicht den Anforderungen des § 630 e, kann der Behandelnde sich darauf berufen,
dass der Patient auch im Fall einer ordnungsgemäßen Aufklärung in die Maßnahme eingewilligt hätte."

Gerade bei der Aufklärung spielt die Dokumentation eine entscheidende Rolle, anhand 2062
derer der Arzt die Durchführung des Aufklärungsgespräches und die erklärte Einwilligung
des Patienten darlegen und beweisen kann. Dabei gilt zwar grundsätzlich keine Schriftformerfordernis, es ist jedoch im Rahmen eines Zivilprozesses für den Arzt mit erheblichen
Problemen verbunden, Aufklärung und Einwilligung zu beweisen, wenn keinerlei Dokumentation hierüber vorliegt. Der Zivilprozess findet oftmals Jahre nach der eigentlichen
Behandlung statt. Hier Zeugen oder sonstige valide Beweismittel anzuführen, die die ordnungsgemäße Aufklärung und die rechtfertigende Einwilligung des Patienten beweisen, ist
nicht nur schwer, sondern teilweise unmöglich.

Wenn zumindest die Durchführung eines Aufklärungsgespräches vermerkt – oder un- 2063
streitig – ist, kann der Behandler Inhalt und Umfang der geführten Aufklärung anhand
seiner ständigen und **ausnahmslosen Übung** („immer-so") belegen. Es genügt dann der
Nachweis des üblichen Inhaltes eines Aufklärungsgespräches anhand einer nachvollziehbaren und stimmigen Aussage des aufklärenden Arztes.

Gelingt es dem Arzt nicht, die Wirksamkeit von Aufklärung und Einwilligung zu bewei- 2064
sen, so kann er sich – quasi als zweite Verteidigungslinie – auf die **hypothetische Einwilligung** des Patienten berufen. Der Arzt muss in diesem Falle allerdings darlegen und
beweisen, dass der Patient auch bei sachgerechter Aufklärung der durchgeführten Behandlungsmaßnahme zugestimmt hätte.

Dem Einwand der hypothetischen Einwilligung wiederum kann der Patient dadurch 2065
wirksam entgegen treten, dass er einen **ernsthaften Entscheidungskonflikt** behauptet.

Maßgeblich ist dabei die konkrete und individuelle Situation des betroffenen Patienten; 2066
auf den „vernünftigen Patienten" kommt es nicht an.

Anders zu bewerten ist die sogenannte mutmaßliche Einwilligung. Diese ist immer dann 2067
zu prüfen, wenn eine Aufklärung über ein bestimmtes Risiko oder eine bestimmte Behandlungsmaßnahme **nicht möglich** war, etwa bei der Notfallbehandlung eines bewusstlosen Patienten oder der dringend indizierten Operationserweiterung, die nicht vorhersehbar war.

Die Rahmenbedingungen der mutmaßlichen Einwilligung sind vom Arzt zu beweisen – 2068
so z. B. die vitale, unvorhersehbare und absolut indizierte Erweiterung des operativen Eingriffes. Die mutmaßliche Einwilligung selbst wird dann von Amts wegen geprüft. Hierbei

---

[48] Vgl. hierzu ausführlich Rn. 1876 ff.

kommt es, anders als bei der hypothetischen Einwilligung, auf den „vernünftigen" Patienten an. Es findet also eine **objektive Betrachtung** statt und keine subjektive. Dies unterscheidet die mutmaßliche Einwilligung von der hypothetischen Einwilligung.

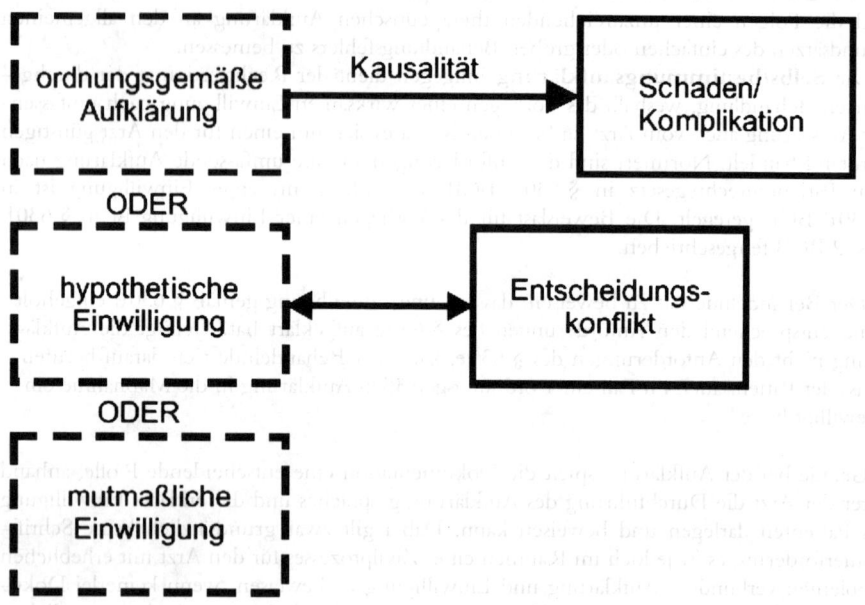

Abbildung 6: Beweislast bei der Selbstbestimmungsaufklärung[49]

2069   **f) Anfänger OP.** Von Ärzten wird erwartet, nur solche Behandlungen durchzuführen, für die sie auch ausreichend qualifiziert sind. Vor diesem Hintergrund besteht für Krankenhäuser und ausbildende Fachärzte die **Organisationspflicht,** Anfängern nur solche Aufgaben zu übertragen, die sie nach ihrem jeweiligen Ausbildungsstand sicher bewältigen können. Der Einsatz von Ärzten in der Ausbildung darf nicht zu einer Risikoerhöhung für den Patienten führen. Die organisatorische Vorsorge, nur qualifiziertes Personal einzusetzen, wird dabei vom BGH als „voll beherrschbar" angesehen.

2070   Die Beweislast beim Einsatz unqualifizierter Anfänger hat der Gesetzgeber mit dem Patientenrechtegesetz in § 630h Abs. 4 BGB geregelt, wo es heißt:

> „War ein Behandelnder für die von ihm vorgenommene Behandlung nicht befähigt, wird **vermutet,** dass die **mangelnde Befähigung** für den Eintritt der Verletzung des Lebens, des Körpers oder der Gesundheit **ursächlich** war.

2071   Dabei hat der BGH bereits in einer Grundsatzentscheidung aus dem Jahr 1984[50] eine **Beweislastumkehr bezüglich der Kausalität** zwischen Anfängereinsatz und eingetretenem Schaden festgeschrieben. Führt ein Anfänger eine Operation durch, bei der es – aus unbekannten Gründen – zu einem Schaden des Patienten kommt, so muss der ausbildende Arzt bzw. das Krankenhaus darlegen und beweisen, dass der Fehlschlag der Operation nicht auf der mangelnden Qualifikation des Berufsanfängers beruht.

---

[49] Die durchgehenden Linien und Rahmen bezeichnen die vom Patienten zu beweisenden Umstände; die gestrichelten Linien und Rahmen bezeichnen diejenigen Umstände, die der Arzt zu beweisen bzw. zu entkräften hat.

[50] BGH vom 27. 9. 1983 – VI ZR 230/81 = NJW 1984, 655.

Die Beweislastumkehr bezieht sich daher nicht nur – wie beim voll beherrschbaren Risi- 2072
ko – auf den schuldhaften Fehler, sondern auch auf den Kausalzusammenhang zwischen
nicht hinreichender Qualifikation und Schaden.

Hintergrund dieser sehr weit reichenden Beweislastumkehr ist die Forderung, dass ein 2073
Assistenzarzt erst dann Operationen mit einem hohen Schwierigkeitsgrad durchführen soll,
wenn er bereits einfache Operationen erfolgreich bewältigt und eine entsprechende Qualifikation angeeignet hat.

In einer Entscheidung aus dem Jahre 1993[51] hat der BGH dies wie folgt zusammen ge- 2074
fasst:

„Wird einem erst in der Weiterbildung zum Facharzt dienenden Arzt eine eigen- 2075
verantwortliche Tätigkeit übertragen, für die er noch nicht ausreichend qualifiziert
ist, so darf hierdurch, also für den Patienten, **kein zusätzliches Risiko** entstehen. Die
mit der Ausbildung junger Ärzte naturgemäß verbundenen höheren Verletzungsge-
fahren, die von dem für den Einsatz dieser Ärzte Verantwortlichen voll beherrschbar
sind, müssen deshalb durch besondere Maßnahmen ausgeglichen werden, damit gegenüber dem Patienten im Ergebnis **stets der Standard eines Facharztes gewahrt**
bleibt."

In dem entschiedenen Fall ging es um einen Assistenzarzt in der Weiterbildung zum 2076
Facharzt für Anästhesie, der keine ausreichenden Erfahrungen in der intraoperativ notwendigen Umlagerung des Patienten hatte. Er führte die Narkose in dieser Phase gleichwohl alleine durch. In der Folge kam es zu einem Hirnschaden des Patienten. Der BGH
unterstellte, dass der eingetretene Hirnschaden auf der mangelnden Qualifikation des
Assistenzarztes beruhte – eine mögliche Entlastung des Ausbildungskrankenhauses gelang
nicht.

Insoweit, als der Einsatz eines Anfängers als voll beherrschbarer organisatorischer Um- 2077
stand angenommen wird, trifft dies den aufsichtführenden Arzt und den Krankenhausträger. Daneben kann aber auch der Assistenzarzt selbst unter dem Gesichtspunkt des **Übernahmeverschuldens** haften, wenn er nämlich hätte erkennen können und müssen, dass er
für den anstehenden Eingriff nicht ausreichend qualifiziert ist. Der BGH hat in der bereits
erwähnten Entscheidung aus dem Jahre 1984 hierzu ausdrücklich festgehalten, dass es dem
Assistenzarzt zuzumuten ist, gegen die Weisungen des Facharztes seine Bedenken zu äußern und notfalls die Behandlung oder den Eingriff abzulehnen.[52]

Der Vorwurf des Übernahmeverschuldens stellt jedoch grundsätzlich eine Behauptung 2078
dar, die wiederum vom Patienten darzulegen und zu beweisen ist. Hier gelten die allgemeinen beweisrechtlichen Grundsätze. Im Rahmen einer sogenannten sekundären Beweislast muss allerdings der angegriffene Anfänger substantiiert seinen Ausbildungsstand sowie
seine Erfahrung bezüglich der in Frage stehenden Behandlungsmaßnahme darlegen. Er
muss erläutern, warum er von seiner grundsätzlichen Kompetenz zur Durchführung des
Eingriffs ausging.[53]

Eine Verpflichtung des Arztes, den Patienten an einen anderen, besser qualifizierten Arzt 2079
zu verweisen (oder an eine besser ausgestattete Einrichtung), besteht nur dann, wenn
eine Behandlung dem medizinischen Standard entsprechend nicht gewährleistet werden
kann.

---

[51] BGH vom 15. 6. 1993 – VI ZR 175/92 = NJW 1993, 2989.
[52] BGH vom 27. 9. 1983 – VI ZR 230/81 = NJW 1984, 655.
[53] OLG München vom 22. 7. 2011 – 1 U 333/L – nicht veröffentlicht.

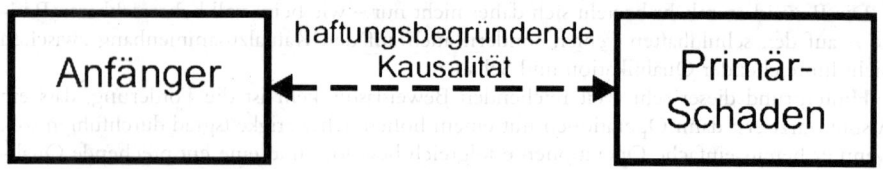

Abbildung 7: Beweislast beim Anfänger-Eingriff[54]

2080 **g) Anscheinsbeweis.** Der Anscheinsbeweis beschreibt eine Konstellation, in der von einem bestimmten Schaden auf einen kausalen Fehler rückgeschlossen werden kann. Dies setzt eine gewisse **Verlaufstypizität** voraus, die im Bereich ärztlicher Behandlungen nur selten bis gar nicht zu finden ist.

2081 Ausnahmsweise hat der BGH den Anscheinsbeweis im Falle der HIV-Infektion bei der Verabreichung von Blutprodukten gelten lassen.[55] Der Entscheidung lag ein Sachverhalt zugrunde, bei dem ein Patient im Jahre 1985 nach einem Motorradunfall mehrere aus Blutspenden hergestellte Produkte erhalten hatte. Im Jahre 1997 war eine HIV-Infektion bei dem Patienten festgestellt worden, ein Jahr später auch bei dessen Ehefrau. Der BGH hat in dieser Entscheidung noch einmal die Grundsätze des Anscheinsbeweises festgehalten und darauf hingewiesen, dass der Beweis des ersten Anscheines bei typischen Geschehensabläufen greife, also in den Fällen, in denen ein bestimmter Tatbestand nach der Lebenserfahrung auf eine bestimmte Ursache für den Eintritt eines bestimmten Erfolges hinweise. Ein solcher typischer Geschehensablauf sei anzunehmen, wenn die Kontaminierung eines verwendeten Blutproduktes feststehe und keine weiteren Ursachen außerhalb des Verantwortungsbereiches der Behandlerseite für die der Kontaminierung entsprechende Erkrankung ersichtlich seien. Dies setze voraus, dass der Patient weder zu einer HIV-gefährdeten Risikogruppe gehöre, noch aufgrund seiner Lebensführung einer gesteigerten Infektionsgefahr ausgesetzt sei, gleichwohl (erwiesenermaßen) HIV-kontaminiertes Blut oder kontaminierte Blutprodukte erhalten habe.

2082 Abzugrenzen ist der Anscheinsbeweis immer von dem voll beherrschbaren Risiko. Etwas ungenau wird oft vom „Beweis des ersten Anscheins" gesprochen, obwohl an sich ein voll beherrschbares Risiko gemeint ist. Aufgrund der unterschiedlichen beweisrechtlichen Konsequenzen beider Konstellationen muss hier genau differenziert werden. Beim voll beherrschbaren Risiko muss der Patient den Schaden und dessen Ursache in einem voll beherrschbaren Risikobereich beweisen. Dann wird ein schuldhafter Fehler vermutet, von dem sich der Arzt exkulpieren muss. Erheblich weitreichender ist hingegen die Annahme eines Anscheinsbeweises. Hier begründet der eingetretene Schaden die Vermutung eines kausalen Fehlers. Dies ist die mit Abstand weitreichendste Beweislastumkehr im Arzthaftungsrecht. Der Patient braucht nur noch einen Schaden beweisen – mehr nicht.

2083 Es ist dann Aufgabe des Arztes, zur Überzeugung des Tatrichters zu beweisen, dass die ernsthafte Möglichkeit eines **atypischen Geschehensablaufes** mit einer anderen Schadensursache besteht. Hiermit kann der Anscheinsbeweis erschüttert werden.

2084 Bei genauer Betrachtung wird fast immer das voll beherrschbare Risiko gemeint sein, trotz aller terminologischen Ungenauigkeiten. Der Anscheinsbeweis bleibt in der Arzthaftung ein Exot.

---

[54] Die durchgehenden Linien und Rahmen bezeichnen die vom Patienten zu beweisenden Umstände; die gestrichelten Linien und Rahmen bezeichnen diejenigen Umstände, die der Arzt zu beweisen bzw. zu entkräften hat.
[55] BGH vom 14. 6. 2005 – VI ZR 179/04 = VersR 2005, 1238.

Abbildung 8: Beweislast beim Anscheinsbeweis[56]

h) Zusammenfassung. Grundsätzlich muss der Patient Fehler, Primärschaden und 2085
die kausale Verknüpfung zwischen beiden Faktoren (haftungsbegründende Kausalität) beweisen. Ebenso muss er einen Sekundärschaden – weiterer Gesundheitsschaden sowie
Vermögensschaden – und dessen kausale Verknüpfung mit dem Behandlungsfehler (haftungsausfüllende Kausalität) beweisen. Demgegenüber muss der Arzt das Vorliegen einer
Reserveursache beweisen, außerdem das Mitverschulden des Patienten und einen Verstoß
gegen die Schadenminderungspflicht.

Die von der Rechtsprechung entwickelten **Beweiserleichterungen** zugunsten des Pati- 2086
enten erstrecken sich **niemals** auf den Sekundärschaden und die haftungsausfüllende Kausalität – diese sind stets vom Patienten zu beweisen, genau wie der eigentliche Primärschaden. Die Beweiserleichterungen betreffen **ausschließlich** den eigentlichen Fehler und/
oder die haftungsbegründende Kausalität.

Dabei gilt im Einzelnen Folgendes:

- Bei einem **groben Behandlungsfehler** dreht sich die Beweislast bezüglich der haf- 2087
tungsbegründenden Kausalität. Der Arzt muss beweisen, dass der Schaden unabhängig
vom groben Fehler eingetreten ist.
- Wird ein gebotener Befund nicht erhoben, so kann dies einen groben Behandlungsfehler 2088
darstellen mit der Folge der Beweislastumkehr hinsichtlich der haftungsbegründenden
Kausalität. Dieselbe Konsequenz hat eine einfach fehlerhafte **unterlassenen Befunderhebung,** wenn die an sich gebotene Maßnahme mit überwiegender Wahrscheinlichkeit
einen gravierenden Befund ergeben hätte, auf den nicht zu reagieren einen groben Behandlungsfehler dargestellt hätte.
- Kann der Patient beweisen, dass sein Schaden aus einem Bereich stammt, dessen Risiken 2089
vom Arzt voll beherrscht werden müssen, so wird ein schuldhafter Fehler des Arztes
vermutet. Der Arzt muss sich exkulpieren. Die Beweislastumkehr erstreckt sich beim
voll beherrschbaren Risiko nur auf den Fehler, nicht auf die haftungsbegründende
Kausalität.
- Eine unzureichende **Dokumentation** begründet für sich betrachtet keine Haftung des 2090
Arztes. Etwas anderes gilt jedoch, wenn die unzureichende Dokumentation den Rückschluss auf eine fehlerhafte Behandlung erlaubt. Ist der in dieser Weise unterstellte Fehler
des Arztes als grob zu werten, dreht sich die Beweislast für die haftungsbegründende
Kausalität. Wird eine unterlassene Befunderhebung angenommen, gelten die obigen
Grundsätze.
- Fehler in der **therapeutischen Aufklärung** sind vom Patienten zu beweisen. Sind et- 2091
waige Versäumnisse des Arztes insofern als grob zu bewerten, dreht sich die Beweislast
für die haftungsbegründende Kausalität.
- Dem Arzt obliegt der Beweis einer ordnungsgemäßen **Selbstbestimmungsaufklärung** 2092
als Grundlage der rechtfertigenden Einwilligung des Patienten in eine Behandlungsmaßnahme. Kann er diesen Beweis nicht führen, haftet er für die Verwirklichung einer
Komplikation des Eingriffs. Eine unzureichende Aufklärung kann der Arzt mit dem
Einwand der **hypothetischen Einwilligung** heilen – der Patient muss dann einen
ernsthaften **Entscheidungskonflikt** darlegen. War eine ordnungsgemäße Aufklärung
nicht möglich, so muss der Arzt beweisen, dass eine Aufklärung nicht erfolgen konnte,

---

[56] Die durchgehenden Linien und Rahmen bezeichnen die vom Patienten zu beweisenden Umstände; die gestrichelten Linien und Rahmen bezeichnen diejenigen Umstände, die der Arzt zu beweisen bzw. zu entkräften hat.

das Gericht prüft dann von Amts wegen eine **mutmaßliche Einwilligung** des Patienten.

2093 • Hat ein **Anfänger** eine Behandlung durchgeführt, für die er nicht qualifiziert war, wird vermutet, dass der Anfängereinsatz ursächlich für den eingetretenen Schaden war. Die Beweislastumkehr erstreckt sich auf die haftungsbegründende Kausalität.

2094 • Im Falle des **Anscheinsbeweises** wird von einem Schaden (Primärschaden) auf einen Kausalen Fehler geschlossen. Die Beweislastumkehr erstreckt sich auf den Fehler und die haftungsbegründende Kausalität.

VII. Arzthaftpflichtversicherung

2095 Wie wichtig eine Berufshaftpflichtversicherung für jeden Arzt ist, zeigen die umfassenden Folgen, die mit der Haftung für einen Behandlungsfehler und den eingetretenen Schaden verbunden sind.[57] Neben Schmerzensgeldforderungen des Patienten sind auch sämtliche materiellen Schäden des Patienten zu kompensieren, dazu alle Ansprüche sonstiger Dritter, etwa des Arbeitgebers, der Kranken- oder Pflegekasse oder sonstiger Sozialversicherungsträger. Die Aufwendungen können mehrere Millionen umfassen.

2096 Müsste der Arzt hierfür persönlich aufkommen, wäre dies nicht selten mit seinem beruflichen und privaten Ruin verbunden. Die suffiziente Absicherung durch eine Berufshaftpflichtversicherung ist daher für jeden Arzt von existenzieller Bedeutung.

2097 Dabei ist es unentbehrlich, sich als Arzt mit dem Umfang und Inhalt seines Versicherungsvertrages genau auseinanderzusetzen, um Deckungslücken zu vermeiden. Ebenso unerlässlich ist es, sich im Schadensfall den Obliegenheiten aus dem Versicherungsvertrag konform zu verhalten, um nicht zu riskieren, den Versicherungsschutz zu verlieren.[58]

1. Rechtliche Grundlagen

2098 Jeder Arzt ist verpflichtet, eine ausreichende **Berufshaftpflichtversicherung** für seine ärztliche Tätigkeit abzuschließen. Dies ist bundesweit in allen Berufsordnungen der Kammern geregelt,[59] basierend auf § 21 der Musterberufsordnung für Ärzte (MBO-Ärzte), der lautet:

2099 „Ärztinnen und Ärzte sind **verpflichtet,** sich ausreichend gegen Haftpflichtansprüche im Rahmen ihrer beruflichen Tätigkeit zu versichern."

2100 Daneben haben acht der sechzehn deutschen Bundesländer in ihren Heilberufs- und Kammergesetzen den Abschluss einer Berufshaftpflichtversicherung gesetzlich vorgeschrieben – nämlich Baden-Württemberg, Brandenburg, Bremen, Hamburg, Mecklenburg-Vorpommern, Nordrhein-Westfalen, Sachsen-Anhalt und Schleswig-Holstein.[60] Hier ist die Berufshaftpflicht des Arztes als **Pflichtversicherung** qualifiziert, mit den dazu gehörenden versicherungsrechtlichen Folgen. In den übrigen acht Bundesländern fehlt – zumindest bislang – eine solche **gesetzliche Regelung.** Hier bleibt es bei der rein satzungsmäßigen Verpflichtung der Berufsordnungen.

---

[57] Vgl. oben Rn. 1767 ff.
[58] Vgl. hierzu ausführlich P. Weidinger „Die Praxis der Arzthaftung", 1. Auflage 2010, S. 109 ff.
[59] So zum Beispiel § 21 BO Ärztekammer Westfalen-Lippe.
[60] Vgl. § 31 Abs. 1 Satz 2 Heilberufe-KammerG Baden-Württemberg, § 31 Abs. 1 Nr. 4 HeilberufsG Brandenburg, § 28 Nr. 4 HeilberufsG Bremen, § 27 Abs. 4 KammerG für Heilberufe Hamburg, § 32 Abs. 1 Nr. 6 HeilberufsG Mecklenburg-Vorpommern, § 30 Nr. 4 HeilberufsG Nordrhein-Westfalen, § 19 Abs. 2 Nr. 4 KammerG für Heilberufe Sachsen-Anhalt, § 30 Nr. 6 Heilberufe-KammerG Schleswig-Holstein.

Die Bedeutung einer ausreichenden Berufshaftpflichtversicherung hat der Gesetzgeber mit 2101
dem Patientenrechtegesetz durch eine Änderung der Bundesärzteordnung (BÄO) unterstrichen. Nunmehr kann das **Ruhen der Approbation** angeordnet werden, wenn der Arzt
keine ausreichende Berufshaftpflichtversicherung hat. In § 6 Abs. 1 Nr. 5 BÄO heißt es:

„Das Ruhen der Approbation kann angeordnet werden, wenn (...) sich ergibt, dass der 2102
Arzt nicht ausreichend gegen die sich aus seiner Berufsausübung ergebenden Haft-
pflichtgefahren versichert ist, sofern kraft Landesrechts oder kraft Standesrechts eine
Pflicht zur Versicherung besteht."

Was ein Arzt allerdings tun soll, der nach dem Ende seines alten Versicherungsvertrages 2103
(etwa durch Kündigung) keinen neuen Vertrag – oder keinen zu annehmbaren Bedingungen – findet, lässt der Gesetzgeber offen. Nach § 6 Abs. 1 Nr. 5 BÄO muss er mit dem
Ruhen der Approbation – dem Aus für seine berufliche Tätigkeit – rechnen. Letztlich
bleibt der Arzt hier allein. Versicherungswirtschaft und Politik haben jedoch ebenfalls ein
originäres Interesse daran, die Versicherbarkeit ärztlichen Handelns zu gewährleisten. Es
bleibt daher die Hoffnung, dass man gar nicht erst so weit kommt, die Sanktion des § 6
Abs. 1 Nr. 5 BÄO auszusprechen.

Für den Krankenhausträger besteht keine Verpflichtung, eine **Betriebshaftpflichtversi-** 2104
cherung im Sinne von § 102 VVG abzuschließen. So waren zum Beispiel die Universitätskliniken im Lande Nordrhein-Westfalen bis in die 90er Jahre nicht versichert. Sie wurden etwas irreführend als sogenannte Selbstversicherer bezeichnet. Hier liegt jedoch das
nicht zu unterschätzende Risiko unzureichender Rückstellungen, um etwaige Schäden
umfassend zu regulieren, was im Schadenfall die wirtschaftliche Lage des Krankenhauses
gefährden kann.

Der Abschluss einer ausreichenden Haftpflichtversicherung ist daher sowohl für den nie- 2105
dergelassenen Arzt als auch für den Krankenhausträger **dringend geboten.**

a) Inhalt des Versicherungsvertrages. Der Gegenstand der ärztlichen Haftpflichtver- 2106
sicherung richtet sich zum einen nach den Allgemeinen Versicherungsbedingungen für die
Haftpflichtversicherung (AHB)[61] und zum anderen nach den besonderen Haftpflichtversi-
cherungsbedingungen für Ärzte sowie der speziellen Risikobeschreibung für die Arzthaftpflichtversicherung.[62] Außerdem sind einzelvertragliche Regelungen möglich.

Grundsätzlich hat die ärztliche Haftpflichtversicherung zwei Aufgaben, nämlich 2107
– dem Arzt als Versicherungsnehmer Versicherungsschutz für berechtigte Ansprüche des
Patienten zu gewähren – ihn also insofern von etwaigen Forderungen **freizustellen** und
– unberechtigte Ansprüche **abzuwehren** (§ 5 Ziffer 1 AHB).

Wird ein Arzt wegen Schadensersatz in Anspruch genommen, so obliegt es der Haft- 2108
pflichtversicherung, die gesamte Bearbeitung zu übernehmen, sowohl bezüglich einer Abwehr der Ansprüche als auch bezüglich deren Regulierung. Dies gilt für Schmerzensgeld
und für materielle Forderungen des Patienten oder eines Sozialversicherungsträgers.

Vorsicht ist geboten bei sogenannten „reinen" Vermögensschäden, also Schäden, die un- 2109
abhängig von einem Gesundheitsschaden eintreten. Auch diese müssen für den Arzt mit
versichert sein, was gem. § 2 Ziffer 1 AHB einer besonderen Vereinbarung bedarf. Hierauf
muss der Arzt achten. Kein Versicherungsschutz besteht hingegen für sogenannte Erfül-
lungsschäden sowie für Nacherfüllung.

Die übliche **Deckungssumme** für reine Vermögensschäden liegt heute bei 2110
100 000,00 EUR; als Deckungssumme für den Personenschaden sollten heute mindestens

---

[61] Musterbedingungen des Gesamtverbandes der Deutschen Versicherungswirtschaft e. V. (GDV) –
abzurufen unter http://www.gdv.de/wp-content/uploads/2011/11/AHB_2010.pdf.
[62] Risikobeschreibungen und Besondere Bedingungen Haftpflichtversicherung für das Heilwesen
(RBH Heilw) Stand 1. 10. 2005 – abzurufen u. a. unter http://www.dov-online.de/_templates/
pdf/kooperation_bhv_risiko.pdf.

5 000 000,00 EUR vereinbart werden; bei Krankenhäusern gehen die Deckungssummen gar bis 20 000 000,00 EUR, was insbesondere dann zu empfehlen ist, wenn eine geburtshilfliche Gynäkologie vorgehalten wird. Auch ein niedergelassener Geburtshelfer sollte eine Haftpflichtversicherung von mindestens 10 000 000,00 EUR abgeschlossen haben. Im Falle einer unzureichenden Deckungssumme wird der Arzt persönlich in Anspruch genommen, was regelmäßig die Existenzgrundlage bedroht.

2111   Je nach Ausgestaltung des Versicherungsvertrages ist außerdem der **„erweiterte Strafrechtschutz"** mitumfasst, also die Übernahme strafrechtlicher Verteidigungskosten durch den Versicherer.

2112   **b) Personelle Reichweite.** Für den niedergelassenen Arzt erstreckt sich die ärztliche Haftpflichtversicherung grundsätzlich auf seine eigene berufliche Tätigkeit, darüber hinaus aber auch auf die Tätigkeit eines **ständigen Vertreters.** Dieser ist meist mitversichert. Nicht mitversichert ist hingegen grundsätzlich der vorübergehend bestellte Vertreter, also klassisch der **Urlaubsvertreter.** Wird insofern der Urlaubsvertreter eines Arztes wegen eines ärztlichen Behandlungsfehlers in Anspruch genommen, so ist dessen persönliche Versicherung zuständig. Dieser muss für ausreichenden Versicherungsschutz seiner Tätigkeit als Urlaubsvertreter sorgen. Daneben kann aber auch der Praxisinhaber aus dem Behandlungsvertrag in Anspruch genommen werden, da ihm die Handlungen des Urlaubsvertreters zugerechnet werden, was von dessen Versicherung umfasst ist. Es haften also beide nebeneinander, im Innenverhältnis aber regelmäßig der handelnde Urlaubsvertreter als Letztverantwortlicher.

2113   Das **nichtärztliche Personal** ist grundsätzlich mitversichert, je nach Vereinbarung auch weiteres ärztliches Personal.

2114   Die Betriebshaftpflichtversicherung eines Krankenhauses erstreckt sich grundsätzlich auf das ärztliche und nichtärztliche Krankenhauspersonal, auch wenn es eine Verpflichtung, das Personal in den Vertrag einzubeziehen, nicht gibt. Dem im Krankhaus angestellten Arzt ist deshalb zu empfehlen, sich bei der Verwaltung wegen des Umfangs der dortigen Haftpflichtversicherung zu informieren und im Bedarfsfalle eine ergänzende eigene Haftpflichtversicherung vorzuhalten.

2115   Nicht versichert ist grundsätzlich der **beamtete Arzt,** für den der Staat nach Amtshaftpflichtgrundsätzen einsteht (§ 839 BGB, Art. 34 GG). Soweit ein **Durchgangsarzt** über das „Ob und Wie" der besonderen Heilbehandlung eines Arbeitsunfalles entscheidet, wird er im Auftrag der Berufsgenossenschaft hoheitlich tätig, so dass ebenfalls Amtshaftungsgrundsätze gelten. Seine persönliche Haftpflicht ist hierfür nicht zuständig. Etwas anderes gilt jedoch, wenn der Durchgangsarzt die Heilbehandlung selbst übernimmt.

2116   Die ärztliche Tätigkeit eines **Belegarztes** ist grundsätzlich nicht vom Versicherungsvertrag des Krankenhauses umfasst, da insofern ein gespaltener Krankenhausvertrag abgeschlossen wird und keine Haftung des Krankenhauses für die ärztliche Leistung des Belegarztes besteht. Der Belegarzt hat daher für seine ärztliche Leistung eine eigene Haftpflichtversicherung abzuschließen.

2117   Das Gleiche gilt für den **Chefarzt** einer Abteilung, soweit dieser im Rahmen einer Nebentätigkeitsgenehmigung eine Privatpraxis oder eine Krankenhausambulanz betreibt. Auch hier ist eine gesonderte Haftpflichtversicherung notwendig.

2118   Für den **angestellten Krankenhausarzt** ist außerdem zu beachten, dass trotz bestehender Versicherung der dienstlichen Tätigkeit für das Krankenhaus durch den Krankenhausträger eine mögliche Deckungslücke für außerdienstliche Tätigkeit vorliegen kann, die durch eine eigene Haftpflichtversicherung zu schließen ist. Hier kommen zum Beispiel Gefälligkeitsbehandlungen bei Freunden oder Verwandten in Betracht, ebenso die Mitwirkung am ärztlichen Notfall und Sonntagsdienst sowie Erste-Hilfe-Leistungen. Derartige Tätigkeiten sollten eigens abgesichert werden.

2119   Grundsätzlich ist im Rahmen der ärztlichen Haftpflichtversicherung vorsätzliches Verhalten nicht mitversichert, allerdings durchaus grob fahrlässiges Handeln. Dies ist in anderen Versicherungszweigen nicht so, erklärt sich aber für die Arzthaftpflichtversicherung gerade aus der besonderen Bedeutung, die einem groben Behandlungsfehler, welcher gegebenenfalls eine grobe Fahrlässigkeit unterstellen mag, zukommt. Die Haftung des Versicherers auch für grobe Fahrlässigkeit kann jedoch vertraglich abbedungen werden. Dies kann im schlimmsten Fall dazu führen, dass ein Krankenhausträger, der wegen einer groben Fahrlässigkeit eines angestellten Arztes in Anspruch genommen wird, nach arbeits- und tarifrechtlichen Vorschriften Rückgriff verlangen und durchsetzen kann. Für den angestellten Krankenhausarzt bleibt in diesem Falle – sofern er keine eigene Haftpflichtversicherung abgeschlossen hat – eine erhebliche Deckungslücke. In diesem Fall haftet er für den Rückgriff des Krankenhausträgers persönlich, mit erheblichen Folgen für seine Existenz. Auch insofern sei dem angestellten Krankenhausarzt empfohlen, sich mit dem Krankenhausträger wegen des dort bestehenden Versicherungsschutzes kurzzuschließen.

c) Zeitliche Reichweite. Wird ein Arzt wegen eines Behandlungsfehlers in Anspruch 2120 genommen, so ist diejenige Versicherung zuständig, in deren Versicherungszeit das **„Schadensereignis"** fällt (§ 1 AHB). Als Schadensereignis wird der Vorgang bezeichnet, der die Schädigung unmittelbar herbeiführt. In § 1 Ziffer 1 AHB ist dies so formuliert:

„Schadensereignis ist das Ereignis, als dessen Folge die Schädigung des Dritten unmittel- 2121 bar entstanden ist. Auf den Zeitpunkt der Schadensverursachung, die zum Schadensereignis geführt hat, kommt es nicht an."

Die Frage nach dem Schadensereignis ist immer dann entscheidend, wenn über einen 2122 bestimmten Zeitraum verschiedene Haftpflichtversicherungen tätig waren. Hat zum Beispiel ein Arzt zum 1. 1. eines Jahres seine Versicherung gewechselt und wird er im Folgejahr wegen eines vergessenen Tupfers in Anspruch genommen, der aus einer Operation im Vorjahr stammt, so ist diejenige Versicherung zuständig, bei der der Arzt im Vorjahr versichert war. Die Versicherung, bei der er zum Zeitpunkt der Schadensmeldung versichert war, ist hingegen nicht zuständig. Hat der Arzt zum 1. 1. eines Jahres die Versicherung gewechselt, Ende Dezember des Vorjahres aber noch ein Rezept über ein fehlerhaftes Medikament ausgestellt, welches erst Anfang Januar eingenommen worden war, so liegt die Schadenverursachung zwar im Vorjahr, das Schadensereignis – auf das es einzig entscheidend ankommt – liegt jedoch mit der Einname des Medikamentes im Folgejahr. Insofern ist die neue Versicherung zuständig.

Ist einem Arzt nicht abschließend klar, welche Versicherung zuständig sein mag, so soll- 2123 te er den Vorgang bei allen Versicherern melden, damit diese sich intern abstimmen können.

Wichtig ist gerade für den niedergelassenen Arzt auch die Frage, wie er sich verhalten 2124 soll, wenn er seine Praxistätigkeit aufgibt und in **Rente** geht. Hier kommt oft die Frage auf, ob weiterhin eine Haftpflichtversicherung unterhalten werden muss. Grundsätzlich gilt dabei die Schadensereignistheorie; es kommt also einzig und entscheidend auf den Zeitpunkt der Schädigung an, welcher regelmäßig vor der Praxisaufgabe liegen dürfte. In Ausnahmefällen liegt das Schadensereignis aber im versicherungsfreien Raum. Auf das obige Beispiel mit dem Medikament sei verwiesen. Endet mit dem Zeitpunkt der Praxisaufgabe auch der Versicherungsschutz, kann eine erhebliche Deckungslücke entstehen. Der Arzt haftet dann mit seinem Privatvermögen. Diese Konsequenz kann der Arzt durch eine sogenannte **Nachhaftungsversicherung** ausschließen. Eine solche Nachhaftung wird zum Ende der ärztlichen Tätigkeit von dem Versicherer angeboten und sollte angenommen werden. Dabei empfiehlt sich, auch im Ruhestand für gelegentliche ärztliche Tätigkeiten eine Versicherung vorzuhalten.

d) Versichertes Risiko. Für den Arzt ist es entscheidend, dass seine gesamte berufliche 2125 Tätigkeit von der Haftpflichtversicherung umfasst ist. Dies setzt voraus, dass er seinem Versicherer eine genaue Beschreibung von Art und Umfang der ausgeübten Tätigkeiten zukommen lässt, damit keine Deckungslücken entstehen. Ist zum Beispiel ein HNO-Arzt auch plastisch chirurgisch tätig, so muss dieses Risiko dem Versicherer bekannt sein, damit sich die Deckung auch auf dieses Risiko erstrecken kann.

2126   Ändert sich die ärztliche Tätigkeit im Laufe eines Versicherungsvertrages, so ist im Rahmen einer **Ergänzungsversicherung** auch das geänderte Risiko versichert; der Versicherer kann ab diesem Zeitpunkt einen dem Risiko entsprechenden Betrag verlangen.

2127   Liegt indes ein neues Risiko vor, so ist auch dies gemäß § 4 AHB im Rahmen der **Vorsorgeversicherung** sofort mitversichert. Der Versicherer wird dem Versicherungsnehmer eine neue Kalkulierung vorlegen, die der Versicherungsnehmer nicht zu akzeptieren braucht. In diesem Fall entfällt jedoch der Versicherungsschutz ab dem Zeitpunkt des geänderten Risikos. Auch dies begründet eine erhebliche Deckungslücke, wenn zwischen dem weggefallenen Versicherungsschutz und der neuen Versicherung ein Zeitraum ohne jeden Versicherungsschutz liegt.

2128   Geänderte oder neue Risiken hat der Versicherungsnehmer dem Versicherer nach Aufforderung umgehend mitzuteilen. Unterlässt er dies, riskiert er ebenfalls den Verlust seines Versicherungsschutzes. So wurde etwa in dem Fall, in dem ein Arzt seit 1995 lediglich die Versicherungsprämie für die Versicherung als Arzt im Praktikum zahlte – obschon er regelmäßig vom Versicherer wegen Änderungen des versicherten Risikos angefragt worden war – der Versicherungsschutz für einen im Jahre 2010 eingetretenen Schadensfall – der Versicherungsnehmer war bereits jahrelang als Facharzt in eigener Praxis tätig – versagt. Eine lückenlose Zusammenarbeit zwischen Versicherungsnehmer und Versicherer ist daher unentbehrlich.

2. Verhalten im Schadensfall

2129   Sobald der Arzt mit dem Vorwurf eines ärztlichen Versäumnisses konfrontiert wird, muss umgehend den Versicherer informiert und das Behandlungsgeschehen aufgearbeitet werden. Eine offene Zusammenarbeit zwischen Versicherungsnehmer und Versicherer ist Grundvoraussetzung für eine zügige Bearbeitung und – im Bedarfsfalle – eine reibungslose Regulierung.

2130   **a) Regulierungsvollmacht.** Grundsätzlich steht es dem Versicherer frei, einen Schadensfall zu regulieren oder die Regulierung abzulehnen. Dies ist ausdrücklich in § 5 Ziffer 2 AHB geregelt. Dort heißt es:

2131   „Der Versicherer ist bevollmächtigt, alle zur Beilegung oder Abwehr des Anspruchs ihm zweckmäßig erscheinenden Erklärungen im Namen des Versicherungsnehmers abzugeben".

2132   Im Rahmen der Regulierungsvollmacht entscheidet der Versicherer autonom darüber, ob er den Schaden regulieren möchte oder nicht. Das Einverständnis des Versicherungsnehmers braucht er hierfür nicht einzuholen. Dabei ist aber kaum einem Versicherer daran gelegen, einen Schaden gegen den Willen seines Versicherungsnehmers zu erledigen. Kommt es ausnahmsweise zu einer Diskrepanz zwischen den Regulierungsplänen des Versicherers und den ausdrücklichen Wünschen des Versicherungsnehmers, so hilft meist ein klärendes Gespräch über die Risikoeinschätzung des Versicherers. Der Arzt kann oft nicht abschließend beurteilen, welche Prozessrisiken in dem konkreten Sachverhalt stecken und warum es gegebenenfalls sinnvoll ist, den Vorgang frühzeitig außergerichtlich durch einen sogenannten Risikovergleich beizulegen. Die äußerst differenzierte Rechtsprechung im Arzthaftungsrecht ist für den Arzt als Laien nur schwer zu durchdringen. Auf der anderen Seite arbeiten in den Regulierungsabteilungen der Haftpflichtversicherer ausschließlich erfahrene Sachbearbeiter, meist Juristen, die in der Einschätzung des Prozessrisikos eines konkreten Sachverhaltes geschult sind und die insofern die Notwendigkeit einer frühzeitigen Regulierung am besten beurteilen können.

2133   Im Extremfall kann es aber sein, dass ein Schaden gegen den Willen des Versicherten reguliert wird. Hiergegen hat der Versicherte keine Handhabe. Dies gilt selbst dann, wenn der

Schaden die Deckungssumme übersteigt und insofern das persönliche Vermögen des Versicherten betroffen ist. Hintergrund ist das Schutzziel der Regulierungsvollmacht des Versicherers, das auch auf die persönlichen und wirtschaftlichen Belange des Versicherungsnehmers gerichtet ist. Identisches gilt für den Fall, dass in einem Versicherungsvertrag eine Selbstbeteiligung des Versicherungsnehmers vereinbart ist. Der Versicherungsnehmer hat in diesem Fall für einen Teil des Schadens selbst aufzukommen – mit seinem eigenen Vermögen. Erst ein Schadensbetrag über die Selbstbeteiligung hinaus wird vom Versicherer übernommen. Trotzdem besteht die uneingeschränkte Regulierungsvollmacht des Versicherers.

Es ist auch alleinige Aufgabe des Versicherers, einen **geeigneten Rechtsanwalt** für die 2134 Prozessvertretung auszuwählen, sofern es zu einem Zivilverfahren kommt. Die meisten Haftpflichtversicherungen haben einen ausgewählten Pool von erfahrenen Medizinrechtlern, mit denen regelmäßig zusammengearbeitet wird.

b) Obliegenheiten. Der Versicherungsnehmer ist verpflichtet, dem Versicherer bei der 2135 Bearbeitung des Haftungsfalles zu helfen, den Schaden frühzeitig anzuzeigen, alle Anfragen des Versicherers umgehend zu beantworten und sämtliche Unterlagen und Informationen für die Schadensbearbeitung zur Verfügung zu stellen. Die Obliegenheiten aus dem Versicherungsverhältnis sind in § 25 AHB[63] geregelt. Danach ist jeder Versicherungsfall binnen einer Woche **anzuzeigen,** auch wenn noch keine Schadensersatzansprüche erhoben wurden. Wird gegen den Versicherungsnehmer ein gerichtliches Verfahren eingeleitet, so muss er dies unverzüglich anzeigen – also ohne schuldhaftes Zögern. Der Arzt sollte vorsorglich jeden Vorgang dem Versicherer mitteilen, bei dem er von einem ärztlichen Fehler mit hieraus resultierendem Schaden ausgeht, auch wenn sich der Patient selbst noch gar nicht gemeldet hat. Ebenso ist ein Vorgang anzuzeigen, sobald die Behandlungsunterlagen unter Hinweis auf einen möglichen Schadensersatzanspruch angefordert werden – ob nun vom Patienten selbst oder der Krankenkasse bzw. dem MDK. § 25 AHB regelt die weiteren Obliegenheiten wie folgt:

„Der Versicherungsnehmer muss nach Möglichkeit für die Abwendung und Minderung 2136 des Schadens sorgen. Weisungen des Versicherers sind dabei zu befolgen, soweit es für den Versicherungsnehmer zumutbar ist. Er hat dem Versicherer ausführliche und wahrheitsgemäße Schadensberichte zu erstatten und ihn bei der Schadensermittlung und -regulierung zu unterstützen. Alle Umstände, die nach Ansicht des Versicherers für die Bearbeitung des Schadens wichtig sind, müssen mitgeteilt sowie alle dafür angeforderten Schriftstücke übersandt werden. Wird gegen den Versicherungsnehmer ein Haftpflichtanspruch erhoben, ein staatsanwaltliches, behördliches oder gerichtliches Verfahren eingeleitet, ein Mahnbescheid erlassen oder ihm gerichtlich der Streit verkündet, hat er dies ebenfalls unverzüglich anzuzeigen. Gegen einen Mahnbescheid oder eine Verfügung von Verwaltungsbehörden auf Schadensersatz muss der Versicherungsnehmer fristgemäß Widerspruch oder die sonst erforderlichen Rechtsbehelfe einlegen. Einer Weisung des Versicherers bedarf es nicht."

Ausdrücklich ist in § 25 AHB geregelt, dass im Falle der gerichtlichen Geltendmachung 2137 eines Haftpflichtanspruches die Führung des Verfahrens dem Versicherer zu überlassen ist – hier wird die **Prozessführungshoheit des Versicherers** statuiert, die einen Ausfluss aus der Regulierungsvollmacht des Versicherers darstellt. Der Versicherer beauftragt im Namen des Versicherungsnehmers einen Rechtsanwalt. Der Versicherungsnehmer muss dem Rechtsanwalt Vollmacht sowie alle erforderlichen Auskünfte erteilen und die angeforderten Unterlagen zur Verfügung stellen.

Verletzt der Versicherungsnehmer vorsätzlich seine Obliegenheiten, so führt dies gemäß 2138 § 28 Abs. 2 VVG, § 26 Ziffer 2 AHB zur Leistungsfreiheit des Versicherers. Die Deckung

---

[63] Musterbedingungen des Gesamtverbandes der Deutschen Versicherungswirtschaft e. V. (GDV) – abzurufen unter http://www.gdv.de/wp-content/uploads/2011/11/AHB_2010.pdf.

für den vorliegenden Fall wird versagt; der Versicherungsnehmer haftet mit seinem eigenen Vermögen. Bei der einfach fahrlässigen Verletzung der Obliegenheiten besteht indes volle Leistungspflicht des Versicherers. Von der fahrlässigen Verletzung der Obliegenheiten ist jedoch die grob fahrlässige Verletzung abzugrenzen. Früher wurde bei einer grob fahrlässigen Verletzung von Obliegenheiten die Leistungsfreiheit des Versicherers angenommen, wie bei der vorsätzlichen Verletzung. Nach der Neuordnung des VVG führt die grob fahrlässige Verletzung zu einer Kürzung der Leistung des Versicherers nach dem Grad des Verschuldens des Versicherungsnehmers; dies ist ebenfalls geregelt in § 28 Abs. 2 VVG, § 26 Ziffer 2 AHB.

2139 Die Abgrenzung zwischen einfach fahrlässiger und grob fahrlässiger **Obliegenheitsverletzung** erfolgt im Einzelfall. Gerade eine verzögerte Schadensanzeige (etwa um mehrere Monate oder Jahre) schädigt die Regulierung des Versicherers und kann daher im Einzelfall als grob fahrlässig eingeordnet werden, was zur gekürzten Leistungsverpflichtung des Versicherers führt.

2140 Um das Risiko der Leistungskürzung zu vermeiden, ist jeder Arzt angehalten, die Obliegenheiten aus seinem Haftpflichtvertrag sorgfältig und mit Priorität zu behandeln.

2141 **c) Anerkenntnisverbot.** Besonderes Interesse gilt immer dem Anerkenntnisverbot, also dem Verbot, das eigene Fehlverhalten gegenüber dem Patienten einzuräumen und eine verbindliche Verpflichtung zum Schadensersatz auszusprechen. Dabei geht es zum Beispiel um die Zusicherung des Arztes, dass er für den Schaden aufkommen werde. Nach der früheren Rechtslage war es dem Versicherungsnehmer untersagt, ein Anerkenntnis auszusprechen. Dies hat sich mit der VVG-Reform geändert. Dort wird explizit in § 105 VVG geregelt, dass Vereinbarungen eines Anerkenntnis- oder Befriedigungsverbotes im Versicherungsvertrag unwirksam sind. Diese Norm ist auch nicht disponibel. Insofern verstößt der Arzt grundsätzlich nicht gegen den bestehenden Versicherungsvertrag, wenn er ein Anerkenntnis ausspricht.

2142 Hier ist aber **Vorsicht** geboten, da der Arzt als juristischer Laie oft nicht abschließend beurteilen kann, ob tatsächlich eine Einstandspflicht für einen Schaden besteht oder nicht. So mag sich ein Arzt zum Beispiel moralisch verantwortlich für eine Komplikation im Rahmen einer Operation fühlen; wenn hierüber jedoch aufgeklärt wurde, handelt es sich um die Verwirklichung eines behandlungsimmanenten Risikos, welche gerade keinen Ersatzanspruch begründet. Das Anerkenntnis eines Arztes bindet diesen **persönlich** gegenüber dem Patienten. Wenn es jedoch unberechtigt erklärt wurde, wird die Versicherung hierfür nicht einstehen. Der Arzt haftet dann mit seinem eigenen Vermögen aus dem erklärten Anerkenntnis, auch wenn an sich kein Haftpflichtanspruch des Patienten besteht. Es muss daher vor voreiligen Anerkenntnissen gewarnt werden. In einem vertrauensvollen Arzt-Patienten-Gespräch mag sich der Arzt insofern auf die Erörterung des medizinischen Sachverhaltes beschränken, ohne eine Diskussion über Fehler, Verschulden oder Schuldzuweisungen aufkommen zu lassen.

2143 Dabei besteht auch grundsätzlich keine Rechtspflicht des Arztes, gegenüber dem Patienten einen Fehler zu offenbaren. Eine Pflicht zur Offenbarung kann im Ausnahmefall dadurch begründet werden, dass die Nichtbehandlung des fehlerhaften Zustandes für den Patienten mit einer Gesundheitsgefahr verbunden ist. Hier muss der Arzt den Patienten informieren, um eine Schädigung abzuwenden.

2144 Geregelt ist die Auskunftspflicht des Arztes nach dem Patientenrechtegesetz nun auch in § 630c Abs. 2 S. 2 BGB. Dort heißt es:

„Sind für den Behandelnden Umstände erkennbar, die die Annahme eines Behandlungsfehlers begründen, hat er den Patienten über diese auf Nachfrage oder zur Abwendung gesundheitlicher Gefahren zu informieren."

2145 Diese Formulierung ist noch unproblematisch, suggeriert sie doch, dass nicht nur über objektive Tatsachen informiert werden soll, sondern auch über die rechtliche Einordnung als „Fehler". Nach dem Willen des Gesetzgebers soll sich die **Informationspflicht** zudem auf Fehler anderer Ärzte erstrecken, was im Widerspruch zum berufsrechtlich normierten Grundsatz der kollegialen Zusammenarbeit (§ 29 Abs. 1 bzw. Abs. 4 der Musterberufsordnung) stünde.

Von Medizinrechtlern wird eine derartig weit reichende Informationspflicht unter Bezug- **2146**
nahme auf die bisherige Rechtsprechung zurückgewiesen.[64] Danach ist der Arzt auch nach der Neuregelung in § 630 c BGB nicht verpflichtet, eine Bewertung seiner Behandlung oder gar der Behandlung eines Kollegen als fehlerhaft oder lege artis vorzunehmen. Die Informationspflicht erstreckt sich einzig auf die Offenlegung der behandlungswesentlichen Tatsachen. Ob diese Auslegung auch von den Gerichten bestätig wird, bleibt abzuwarten.

d) Sonstige Verhaltensempfehlungen. Erlangt der Arzt Kenntnis davon, dass ihn ein **2147**
Patient wegen eines unterstellten Behandlungsfehlers in Anspruch nehmen möchte, sollte er sich noch einmal genau mit dem Behandlungsgeschehen auseinander setzen und die Behandlungsdokumentation durcharbeiten. Fällt dem Arzt dabei auf, dass bestimmte Umstände, die ihm noch erinnerlich sind, nicht vermerkt sind, so verbietet sich eine nachträgliche Änderung der Dokumentation. Zu empfehlen ist vielmehr die Fertigung eines **Erinnerungsprotokolles** des Arztes, welches sorgsam verwahrt werden sollte. Hintergrund ist der Umstand, dass möglicherweise eine klageweise Klärung des Behandlungsgeschehens erst Jahre nach der Erstanmeldung des Schadens erfolgt. Nach vielen Jahren kann sich der Arzt sicher nicht mehr so genau an die Einzelheiten der Behandlung (mögliche Symptome, Beschwerdeschilderungen, Inhalt therapeutischer Gespräche und Aufklärungen etc.) erinnern. Insofern ist eine zeitnahe Niederlegung der vorhandenen Erinnerung unentbehrlich. Dies bezieht sich auch auf möglicherweise bei der Behandlung anwesende Mitarbeiterinnen, die der Arzt ebenfalls um ein Erinnerungsprotokoll bitten sollte.

Sofern gleichwohl eine nachträgliche Eintragung in der Dokumentation vorgenommen **2148**
wird, muss diese Eintragung ausdrücklich als nachträglich deklariert werden. Sie sollte das Datum des Nachtrages und die Unterschrift des Arztes bzw. der ärztlichen Mitarbeiterin enthalten.

Gegen eine Fortführung der Behandlung des Patienten bestehen grundsätzlich keine Be- **2149**
denken, auch wenn Schadenersatzansprüche im Raume stehen. Etwas Anderes gilt erst dann, wenn das Arzt-Patienten-Verhältnis durch die Schadenersatzansprüche und die in diesem Zusammenhang erhobenen Vorwürfe – etwa ein vollständig falscher Sachverhalt oder eine Beschimpfung des Arztes bzw. seiner Mitarbeiterin – zerrüttet ist. Dann sollte der Arzt höflich, aber bestimmt, die weitere Behandlung ablehnen und den Patienten an einen geeigneten Fachkollegen verweisen.

Grundsätzlich ist zu empfehlen, dass der Arzt versucht, mit dem fraglichen Patienten ei- **2150**
nen möglichst normalen Umgang zu haben. Nicht selten ist eine Eskalation von Fehlervorwürfen gerade dadurch begründet, dass die Kommunikation zwischen Arzt und Patient gestört ist. Sofern der Arzt hier steuernd eingreifen kann, mag er dies tun. Eine Eskalation von Seiten des Patienten kann naturgemäß nicht beeinflusst werden.

3. Zusammenfassung

Jeder Arzt sollte unbedingt auf einen ausreichenden Versicherungsschutz ohne De- **2151**
ckungslücken achten, wobei vor allem Folgendes zu bedenken ist:
– Abdeckung der gesamten beruflichen Tätigkeit.
– Für den Krankenhausarzt besonders zu beachten, dass Mitversicherung durch das Krankenhaus gegeben ist, die auch grobe Fahrlässigkeit umfasst; außerdem etwaige außerdienstliche Tätigkeiten separat absichern.
– Belegärztliche Tätigkeit im Bedarfsfalle mitversichern.

---

[64] Vgl. Schelling/Warntjen „Die Pflicht des Arztes zur Offenbarung von Behandlungsfehlern", MedR 2012, 506.

– Ausreichende Deckungssumme wählen.
– Erweiterten Strafrechtschutz mit einschließen.
– Ggf. weiteres ärztliches Personal mitversichern.
– Bei Versicherungswechsel lückenlosen Versicherungsschutz sicherstellen.
– Versicherer über geänderte bzw. neue Risiken informieren (Ergänzungsversicherung/ Vorsorgeversicherung).
– Für Rente Nachversicherung abschließen und weitere Tätigkeiten abdecken.

2152   Im Schadenfall zu ist zu beachten:
– Umgehende Anzeige des Schadenfalles beim Versicherer.
– Zeitnahes Aufarbeiten des Behandlungsgeschehens und ggf. Anfertigung eines Erinnerungsprotokolles – auch der Mitarbeiter.
– Enge Zusammenarbeit mit dem Versicherer bei der Schadenbearbeitung (Stellungnahme etc.).
– Vorsicht vor Anerkenntnis.

VIII. Einsichtnahme in Behandlungsunterlagen

2153   Den eigentlichen Fehlervorwürfen vorangestellt ist häufig das Begehren des Patienten, Einsicht in die Behandlungsdokumentation zu nehmen, oftmals unter dem pauschalen Hinweis auf mögliche Schadensersatzansprüche. Daneben ist der Arzt auch mit Anfragen von Krankenversicherungen oder des Medizinischen Dienstes der Krankenkassen konfrontiert, die Behandlungsunterlagen einzusehen. Im Einzelnen gilt hierzu folgendes:

1. Einsichtsrecht und Auskunftsanspruch des Patienten

2154   Der Patient kann zu jeder Zeit Einsicht in seine Krankenunterlagen verlangen. Mit dem Patientenrechtegesetz wurde das Einsichtsrecht des Patienten im § 630g Abs. 1 und 2 BGB normiert:

2155   (1) Dem Patienten ist auf Verlangen unverzüglich Einsicht in die vollständige, ihn betreffende Patientenakte zu gewähren, soweit der Einsichtnahme nicht erhebliche therapeutische Gründe oder sonstige erhebliche Rechte Dritter entgegenstehen. Die Ablehnung der Einsichtnahme ist zu begründen. § 811 ist entsprechend anzuwenden.

(2) Der Patient kann auch elektronische Abschriften von der Patientenakte verlangen. Er hat den behandelnden die entstandenen Kosten zu erstatten.

2156   Dieses Einsichtsrecht wird verfassungsrechtlich aus Artikel 2 Abs. 1 in Verbindung mit Artikel 1 Abs. 1 Grundgesetz hergeleitet und bezieht sich auf alle Aufzeichnungen und Informationen, welche **objektive** physische Befunde und Berichte über Behandlungsmaßnahmen betreffen. Dabei ist es unerheblich, ob die Krankenunterlagen handschriftlich geführt werden oder digital. Das Einsichtsrecht beschränkt sich auf die objektivierbaren Befunde und die Behandlungsfakten. Indessen besteht kein Einsichtsrecht in die persönlichen Aufzeichnungen eines Arztes, etwa seine Eindrücke beim Patientengespräch und subjektiven Wertungen. Diese muss der Arzt nicht offenlegen.

2157   Der Patient braucht sein Begehren auf Einsicht in die Krankenunterlagen nicht zu begründen. Es steht ihm zu jedem Zeitpunkt der Behandlung zu. Ebenso kann der Patient einem Dritten Vollmacht zur Einsichtnahme erteilen, so einem Angehörigen oder einem Rechtsanwalt.

2158   Das Einsichtsrecht umfasst auch das Recht, **Kopien** der Krankenunterlagen zu erhalten – gegen entsprechende Kostenerstattung. Bei digitalen Daten erstreckt sich der Anspruch auf einen Ausdruck aus der EDV. Oftmals wird der Arzt in diesem Zusammenhang aufgefordert, die Vollständigkeit der Kopien zu versichern. Hierauf hat der Patient jedoch nach der aktuellen Rechtsprechung[65] keinen Anspruch. Es besteht keine Rechtsgrundlage für das Verlangen des Patienten, der Arzt möge eidesstattlich versichern, dass die dem Patienten zur Verfügung gestellten Kopien vollständig sind. Ebenso wenig besteht eine Rechtsgrundlage für eine eidesstattliche Versicherung, dass die vorgelegten Originalbehandlungsunterlagen authentisch und vollständig sind.

Der Patient hat zudem ein grundsätzliches Recht, Einsicht in **Originalröntgenbilder**   **2159** zu nehmen. Soweit die Kopiekosten für Originalröntgenbilder, welche nicht digital erfasst sind, außer Verhältnis zu dem Begehren des Patienten stehen, kann der Patient verlangen, die Originalröntgenaufnahmen zur Einsichtnahme an eine Person seines Vertrauens – etwa einem Rechtsanwalt – zu versenden. Die Röntgenbilder bleiben jedoch **Eigentum des Arztes.** Mit Blick auf die Bedeutung, die Röntgenbildern regelmäßig bei der Sachverständigenbegutachtung (ob nun gerichtlich oder außergerichtlich) zukommt, empfiehlt es sich, auf einen sicheren Versendungsweg zu achten und genau zu vermerken, wann und an wen welche Röntgenbilder konkret herausgegeben wurden.

Nur im Ausnahmefall kann der Arzt die Einsicht in die Krankenunterlagen – oder Teile   **2160** davon – **verweigern,** weil aus seiner Sicht ein begründetes Interesse an der Nichtoffenbarung besteht, so etwa bei psychiatrischen und psycho-therapeutischen Aufzeichnungen, deren Einsichtnahme mit einer Gefährdung des Patienten einhergehen mag. Der Arzt muss im Zweifelsfall das übergeordnete therapeutische Interesse darlegen.

Neben dem Einsichtsrecht in Unterlagen hat der Patient auch einen **Auskunftsan-**   **2161** **spruch** bezüglich all derjenigen Personen, die an der konkreten Behandlung beteiligt waren. Insofern wird ein Auskunftsanspruch bezüglich der den Patienten operierenden Ärzte während eines Krankenhausaufenthaltes bejaht, nicht indes ein Anspruch auf Mitteilung sämtlicher Ärzte und Pfleger, die ihn während des Krankenhausaufenthaltes betreut haben.[66] Grundsätzlich besteht auch kein Anspruch auf Mitteilung der Privatadresse des operierenden Arztes. Es genügt, wenn dieser noch im Klinikum tätig ist. In diesem Fall kann ihm eine mögliche Klage im Klinikum zugestellt werden. Ein Anspruch auf Mitteilung der Privatanschrift des Arztes besteht lediglich dann, wenn dieser nicht mehr in der Klinik tätig ist. Dann mag die letztbekannte Anschrift dem Patienten mitgeteilt werden.

Begehrt ein Patient Auskunft über die Identität eines Mitpatienten – ob nun als Zeuge   **2162** oder als vermeintlich schädigende Person – so darf der Krankenhausträger diesem Ansinnen nicht nachkommen. Die ärztliche Schweigepflicht steht dem entgegen.

2. Einsichtsrecht nach dem Tod des Patienten

Das Einsichtsrecht eines Patienten geht nach seinem Tod auf seine Erben über, soweit   **2163** eine vermögensrechtliche Komponente, also die Geltendmachung von Schadensersatzansprüchen, betroffen ist. Dies hat der BGH bereits im Jahre 1983 entschieden.[67] Inzwischen ist das Einsichtsrecht der Erben durch das Patientenrechtegesetz auch im BGB normiert. In § 630 g Abs. 3 BGB heißt es:

(3) Im Fall des Todes des Patienten stehen die Rechte aus den Absätzen 1 und 2 zur   **2164** Wahrnehmung der vermögensrechtlichen Interessen seinen Erben zu. Gleiches gilt für die nächsten Angehörigen des Patienten, soweit sie immaterielle Interessen geltend machen. Die Rechte sind ausgeschlossen, soweit der Einsichtnahme der ausdrückliche oder mutmaßliche Wille des Patienten entgegensteht.

---

[65] OLG München vom 16. 11. 2006 – 1 W 2713/06 = VersR 2007, 1130.
[66] OLG Frankfurt vom 23. 9. 2004 – 8 U 67/04 = VersR 2006, 81.
[67] BGH vom 31. 5. 1983 – VI ZR 259/81 = MedR 1984, 24.

2165   Da allerdings die ärztliche Schweigepflicht auch über den Tod des Patienten hinaus gilt, muss bei einer Einsichtnahme durch die Erben genau geprüft werden, ob dies dem mutmaßlichen Willen des Erblassers entspricht. Die Erben müssen ihr besonderes Interesse an der Einsichtnahme darlegen. Sofern sich der Arzt auf einen entgegenstehenden Patientenwillen beruft, trifft ihn hierfür die Darlegungslast.

3. Einsichtsrecht der Krankenkassen und des MDK

2166   Der Medizinische Dienst der Krankenversicherung (MDK) hat nach §§ 275, 276 SGB V die Aufgabe, medizinische Sachverhalte zu begutachten. In diesem Zusammenhang wird dem MDK auch ein Einsichtsrecht in Patientenunterlagen zugestanden. Meldet sich daher bei einem Arzt oder einem Krankenhausträger der MDK mit der Aufforderung, Patientenunterlagen in Kopie zu erhalten, so sind diese direkt an den MDK zu versenden.

2167   Problematischer ist die Frage, ob eine Krankenkasse selbst ein Einsichtsrecht in die Krankenunterlagen ihrer Versicherten hat. Immer wieder schreiben Krankenkassen Ärzte und Krankenhausträger an mit der Aufforderung, die Krankenunterlagen in Kopie direkt an die Krankenkasse zu senden – teilweise unter Hinweis darauf, dass die Krankenkasse die Unterlagen an den MDK weiterleiten würde. Ob den Krankenkassen ein originäres Einsichtsrecht in die Krankenunterlagen ihrer Versicherten zusteht, ist sowohl in der juristischen Literatur als auch vor den Zivilgerichten und den Sozialgerichten äußerst umstritten. Einzelne Gerichte vertreten die Auffassung, Krankenkassen stehe ein Einsichtsrecht in die Behandlungsunterlagen ihrer Versicherten zu. Das Landessozialgericht Niedersachsen-Bremen hat ein solches Einsichtsrecht der Krankenkasse jedoch ausdrücklich verneint.[68] Ein Einsichtsrecht der Krankenkassen kann allenfalls dann angenommen werden, wenn die Krankenkassen ausdrücklich zur Unterstützung ihrer Versicherten bei der Klärung eines möglichen Behandlungsfehlers tätig werden (§ 66 SGB V). In diesem Fall werden die Krankenkassen auch eine entsprechende Schweigepflichtentbindungserklärung sowie eine Vollmacht des Patienten, dass die Krankenkassen die Behandlungsunterlagen in Kopie beziehen mögen, vorlegen.

IX. Verfahren

2168   Meldet sich der Patient – ob nun allein oder durch einen Rechtsanwalt – mit Schadenersatzforderungen beim Arzt, so wird der Versicherer nach Abschluss seiner Prüfung die Haftung entweder zurückweisen oder befriedigen bzw. den Vorgang im Rahmen eines sogenannten Risikovergleiches durch die Zahlung eines pauschalen Einmalbetrages erledigen. Dessen ungeachtet hat der Patient die Möglichkeit, die Behauptung eines Behandlungsfehlers durch ein Gutachten zu untermauern. Er kann sich hierbei sowohl des Medizinischen Dienstes der Krankenversicherung (MDK) bedienen als auch der Schlichtungsstellen und Gutachterkommissionen der verschiedenen Ärztekammern.

2169   Wünscht der Patient keine außergerichtliche Begutachtung oder scheitern außergerichtliche Verhandlungen, so bleibt nur der Weg vor die Zivilgerichte. Hier besteht zum einen die Möglichkeit eines sogenannten selbständigen Beweisverfahrens, andererseits aber auch die klassische Möglichkeit eines Zivilprozesses – teilweise unter Voranstellung eines Prozesskostenhilfeverfahrens.

1. MDK

2170   Die Krankenkassen sollen nach dem ausdrücklichen Willen des Gesetzgebers, geregelt in § 66 SGB V, ihre Versicherten bei der Verfolgung von Schadensersatzansprüchen, die aus

---

[68] Landessozialgericht Niedersachsen-Bremen vom 11. 11. 2009 – L 1 KR 152/08 = ArztR 2011, 249.

Behandlungsfehlern entstanden sind, unterstützen. Zur Klärung des medizinischen Sachverhaltes bedient sich die Krankenkasse ihres Medizinischen Dienstes. Dessen Kompetenzen sind in §§ 275 ff. SGB V geregelt. Nach §§ 275 Abs. 3 Nr. 4 SGB V können die Krankenkassen in geeigneten Fällen durch den MDK prüfen lassen, ob Versicherten bei der Inanspruchnahme von Versicherungsleistungen aus Behandlungsfehlern ein Schaden entstanden ist. Der MDK wird nach Hinzuziehung einer Kopie der Behandlungsdokumentation ein Gutachten veranlassen. In der Vergangenheit war oft das Problem von MDK-Gutachten, dass diese nur ungenügend Akzeptanz fanden. Dies lag zum einen daran, dass teilweise kein Gutachter aus der selben Fachrichtung wie der behandelnde Arzt beauftragt worden war, vor allem aber wurde an den MDK-Gutachten kritisiert, dass diese nicht ausreichend sorgfältig und zudem ergebnisorientiert erstellt worden seien. Diese Kritik mag in Teilen durchaus zutreffend gewesen sein. Die Qualität der MDK-Gutachten hat sich jedoch inzwischen erheblich verbessert. Man ist bemüht, eine objektive Bewertung des Behandlungsgeschehens vorzunehmen. Das gewisse eigene Interesse der Krankenkasse an einem für den Arzt negativen MDK-Gutachten lässt sich indes nicht vollständig von der Hand weisen. Schließlich kann die Krankenkasse bei Vorliegen eines Behandlungsfehlers auch ihre eigenen Aufwendungen regressieren.

Der Verfahrensablauf bis zum Erhalt eines MDK-Gutachtens ist vergleichsweise einfach. **2171** Der Patient wendet sich mit seiner Vermutung eines Behandlungsfehlers an seine Krankenkasse; diese leitet die Begutachtung durch den MDK in die Wege. Die Behandlungsunterlagen werden von dem MDK angefordert.[69]

Mit der Anforderung der Behandlungsdokumentation hat der Arzt im Allgemeinen **2172** Kenntnis vom Schadensfall und sollte den Vorgang seiner Haftpflichtversicherung melden. Diese wird sich dann regelmäßig bei der Krankenkasse bzw. dem MDK melden und die Tätigkeit anzeigen.

Sofern der MDK-Gutachter einen Behandlungsfehler bestätigt, wird sich der Patient – **2173** und in der Folge natürlich auch die Krankenkasse – mit konkreten Forderungen beim Versicherer des Arztes melden.

2. Schlichtungsverfahren

Eine fachmedizinische Begutachtung kann der Patient – ohne hierfür eine anwaltliche **2174** Vertretung zu benötigen – auch bei den Gutachterkommissionen oder Schlichtungsstellen der jeweiligen Landesärztekammern erhalten.

a) Schlichtungsstellen. Sämtliche Landesärztekammern verfügen über eine Gutachter- **2175** kommission, Gutachterstelle oder Schlichtungsstelle.[70] Als erste Landesärztekammer hat Bayern im Jahre 1975 eine Gutachterstelle für Arzthaftungsfragen eingerichtet. In den Folgejahren bildeten auch sämtliche anderen Landesärztekammern Gutachter- und Schlichtungsstellen aus. Nach der Wiedervereinigung im Jahre 1990 traten alle Landesärztekammern der neuen Bundesländer – mit Ausnahme Sachsens – der norddeutschen Schlichtungsstelle (in Hannover) bei. Die sächsische Landesärztekammer gründete eine eigene Schlichtungsstelle. Die mit Abstand größte Schlichtungsstelle ist die Schlichtungsstelle für Arzthaftpflichtfragen der norddeutschen Ärztekammern in Hannover, zu der sich die Ärztekammern Berlin, Brandenburg, Bremen, Hamburg, Mecklenburg-Vorpommern, Niedersachsen, Sachsen-Anhalt, Schleswig-Holstein und Thüringen zusammengeschlossen haben.[71]

b) Verfahren. Das Verfahren vor den jeweiligen Schlichtungsstellen unterscheidet sich – **2176** bedauerlicherweise – erheblich. Gemein ist allen Schlichtungsstellen und Gutachterkom-

---

[69] Bezüglich der von den Krankenkassen teilweise geübten Praxis, die Behandlungsdokumentation direkt anzufordern, wird auf die obigen Ausführungen unter VIII. „Einsichtsrecht" verwiesen.

[70] Im Folgenden wird zur Vereinfachung immer von Schlichtungsstelle die Rede sein, gemeint sind aber auch alle Gutachterkommissionen und Gutachterstellen.

[71] Adressen bei den Landesärztekammern zu finden über www.bundesaerztekammer.de (dort Patientensicherheit; Gutachterkommissionen/Schlichtungsstellen).

missionen, dass sowohl eine juristische als auch eine medizinische Betrachtung des Behandlungsgeschehens vorgenommen werden soll.

2177 Der Verfahrensablauf ist dabei **uneinheitlich** geregelt. So wird bei der Schlichtungsstelle der norddeutschen Ärztekammern regelmäßig ein Gutachten eingeholt. Es schließt sich automatisch eine Bewertung durch die Schlichtungskommission an, welche mit dem Schlichtungsbescheid endet, in dem die Vorwürfe des Patienten als begründet oder unbegründet bewertet werden und gegebenenfalls eine Regulierung angeraten wird. Im Schlichtungsbescheid können etwaige Einwände der jeweiligen Parteien zu dem zuvor eingeholten Gutachten Beachtung finden. Das Gutachten fertigt ein Fachmediziner, den abschließenden Bescheid unterzeichnen ein Jurist und ein Mediziner.

2178 Die Gutachterkommission bei der Ärztekammer Westfalen-Lippe wird indes automatisch zwei Gutachten in Auftrag geben. Unterscheiden sich jedoch die Gutachten derart, dass der eine Gutachter einen Behandlungsfehler annimmt, der andere Gutachter nicht, so endet das Verfahren mit der Feststellung der Gutachterkommission, dass keine abschließende Bewertung möglich sei. Dies ist für alle Beteiligten unbefriedigend. Gegebenenfalls wird hier das Verfahren aber künftig verbessert. Bei der Gutachterkommission der Ärztekammer Nordrhein wird hingegen zunächst nur ein Gutachten in Auftrag gegeben. Die jeweils belastete Partei (Patient oder Arzt) kann die Entscheidung der Gutachterkommission beantragen. Hier gilt eine Frist von einem Monat. Nur auf entsprechenden Antrag wird die Kommission das Geschehen noch einmal bewerten. Dasselbe Verfahren ist auch für die Gutachterkommission der Landesärztekammer Hessen geregelt.

2179 Die Gutachterkommission der Landesärztekammer Baden-Württemberg lädt regelmäßig zu einem mündlichen Termin ein, bei dem sich Arzt und Patient zusammen mit der Kommission über das Behandlungsgeschehen austauschen sollen.

2180 Mit dieser – keinesfalls abschließenden – Auflistung der gravierenden Unterschiede sei die Schwierigkeit im Umgang mit Schlichtungsverfahren untermalt.

2181 Ein weiteres Problem liegt darin, dass teilweise die Haftpflichtversicherer nicht in das Verfahren eingebunden sind, obwohl sie die Kosten des Verfahrens tragen. Für den Patienten und den Arzt ist das Verfahren stets kostenfrei; es bestehen jedoch Vereinbarungen zwischen den einzelnen Schlichtungsstellen und den Versicherern, dass teilweise eine Verfahrenspauschale, teilweise aber auch die vollständigen Gutachterkosten (so bei der Schlichtungsstelle der norddeutschen Ärztekammern) übernommen werden.

2182 **c) Obliegenheiten des Arztes.** Oft ist der Ablauf so, dass der Arzt direkt von der Gutachterkommission oder der Schlichtungsstelle angeschrieben und um eine Stellungnahme gebeten wird, die er auch umgehend abgibt. Erst anschließend wird der Vorgang dem Versicherer gemeldet, der dann kaum eine Handhabe gegen das laufende Schlichtungsverfahren hat, auch wenn dessen Durchführung im konkreten Fall nicht sinnvoll ist.

2183 Entsprechend den Obliegenheiten des Haftpflichtvertrages kann auch an dieser Stelle dem Arzt nur geraten werden, nicht voreilig zu dem Schlichtungsverfahren Stellung zu nehmen, sondern zunächst seinen Versicherer über das Verfahren zu informieren und das weitere Vorgehen mit diesem abzustimmen. Im Einzelfall mag das Verfahren nämlich nicht geeignet sein, eine Klärung des Behandlungsgeschehens zu bewirken, etwa wenn der tatsächliche Sachverhalt streitig ist oder die Aufklärung. Es ist daher sinnvoll, dem Versicherer die Entscheidung über die Durchführung des Schlichtungsverfahrens zu überlassen, zumal das Verfahren auch für den Arzt freiwillig ist. Das Schlichtungsverfahren bei den norddeutschen Ärztekammern wird überhaupt erst dann durchgeführt, wenn eine Erklärung des Versicherers vorliegt, für die Kosten des Verfahrens einzustehen. Hierdurch wird eine Beteiligung des Versicherers zu einem frühen Verfahrenszeitpunkt gewährleistet.

2184 **d) Prozessvermeidung.** Wie bereits erwähnt, liegen die Probleme des Schlichtungsverfahrens vor allem darin, dass teilweise entscheidende Fragen gerade nicht geklärt werden können. Im Schlichtungsverfahren wird ausschließlich ein medizinisches Gutachten durch einen Fachkollegen des betroffenen Arztes eingeholt. Dieser ist natürlich nicht in der Lage, bei unterschiedlicher Darstellung des Behandlungsverlaufes durch Patienten und Arzt zu entscheiden, was tatsächlich geschehen ist. Er wird im Zweifelsfall eine Begutachtung nach Aktenlage vornehmen. Die Möglichkeit, Zeugen anzuhören, besteht nicht. Bezweifelt der Patient daher, dass die Behandlung wie dokumentiert durchgeführt wurde, wird das Schlichtungsverfahren von vorn herein keine befriedigende Wirkung entfalten. Das Gleiche gilt für die Aufklärung, die regelmäßig nur durch Anhörung der Beteiligten erschöpfend geklärt werden kann. In diesen beiden Fällen mag man zu Recht über den Sinn eines Schlichtungsverfahrens streiten und gegebenenfalls die Durchführung ablehnen.

Dabei darf die prozessvermeidende Wirkung eines Schlichtungsverfahrens nicht unter- **2185** schätzt werden. Die Schlichtungsstellen führen seit Jahren umfassende Statistiken.[72] Nach eigenen Ermittlungen dient die Durchführung eines Schlichtungsverfahrens in 90,9% der Prozessvermeidung. Die Schlichtungsstelle der norddeutschen Ärztekammern beruft sich hierbei auf 800 im Jahre 2002 abgeschlossene Verfahren, bei denen sich 72,9% der Ansprüche als unbegründet herausstellten (583 Fälle) und 27,1% als begründet (217 Fälle). Die Schlichtungsstelle hat anschließend die Haftpflichtversicherer des in Anspruch genommenen Krankenhauses oder Arztes befragt, in wie vielen Fällen ein Prozess vermieden werden konnte. Lediglich in 73 der 800 Fälle schloss sich an das Schlichtungsverfahren ein Gerichtsverfahren an.

Interessante Zahlen zur Arbeit der Gutachterkommission und Schlichtungsstelle liefert **2186** auch die statistische Erhebung der Gutachterkommissionen, durchgeführt durch die Bundesärztekammer[73] aus dem Jahre 2011. Bei einem leichten Anstieg der bundesweiten Anträge (im Jahre 2010 insgesamt 11016 Anträge) bleibt die Quote der als begründet bezeichneten Ansprüche relativ konstant. Im Jahre 2010 wurden 24,8% der behaupteten Vorwürfe als begründet bezeichnet – mit einem kausalen Schaden. Bei 70,1% der Fälle konnte kein Fehler festgestellt werden, in weiteren 5,1% wurde zwar ein Fehler festgestellt, jedoch kein kausaler Schaden. Dabei bezogen sich 72% der begutachteten Behandlungen auf Krankenhäuser und 28% auf den niedergelassenen Bereich. Die am häufigsten betroffenen Fachgebiete waren im niedergelassenen Bereich Unfallchirurgie und Orthopädie, gefolgt von der hausärztlichen Behandlung und der allgemeinchirurgischen Versorgung, im Bereich der stationären Behandlung ebenfalls primär die unfallchirurgische und orthopädische Behandlung, gefolgt von der allgemeinchirurgischen Versorgung und der inneren Medizin.

e) Keine Bindung. Maßgeblich für das Schlichtungsverfahren ist die medizinische Be- **2187** gutachtung, auf deren Basis die Gutachterkommission in geeigneten Fällen einen Schlichtungsversuch unternehmen wird. Hier wird im Einzelfall die Regulierung empfohlen. Das Schlichtungsverfahren ist jedoch für keinen der Beteiligten bindend. Hält der Versicherer die Einschätzung der Schlichtungsstelle für unzutreffend, kann er trotz dort festgestellter Haftung des Versicherungsnehmers die Regulierung der Forderungen des Patienten ablehnen. Ebenso bleibt dem Patienten die Möglichkeit, nach einem für ihn ungünstigen Schlichtungsverfahren einen Prozess gegen den Arzt anzustrengen.

Regelmäßig wird in einem Zivilprozess ein neues Gutachten eingeholt. Theoretisch be- **2188** stünde zwar die Möglichkeit, gemäß § 411a ZPO, das schriftliche Gutachten der Schlichtungsstelle auch im Zivilverfahren zu verwerten und insofern kein neues Gutachten einzuholen. Dies würde allerdings voraussetzen, dass das eingeholte Gutachten alle Fragen erschöpfend beantwortet, die aus richterlicher Sicht für das Verfahren entscheidend sind. Im Allgemeinen wird dies bei Schlichtungsgutachten verneint. Gleichwohl kann das Schlichtungsgutachten im Wege des Urkundenbeweises in den Prozess eingebracht werden. Der gerichtliche Sachverständige wird sich dann auch mit abweichenden Feststellungen aus dem Schlichtungsverfahren auseinandersetzen.

---

[72] Vgl. Statistik zur Prozessvermeidungsquote der Schlichtungsstelle für Arzthaftpflichtfragen der norddeutschen Ärztekammern – abzurufen unter www.norddeutsche-schlichtungsstelle.de/evaluation.html.
[73] Abzurufen unter www.bundesaerztekammer.de/downloads/Statistische_Erhebung_der_Gutachterkommissionen_Praesentation.pdf.

3. Selbständiges Beweisverfahren

2189 Bei dem selbständigen Beweisverfahren handelt es sich nicht um ein streitiges Verfahren – also einen Rechtsstreit zwischen Arzt und Patient – sondern um ein Verfahren, im Rahmen dessen eine **sachverständige Begutachtung** durchgeführt werden kann. Nach § 485 Abs. 1 ZPO kann auf Antrag einer Partei ein Sachverständigengutachten eingeholt werden, wenn der Verlust eines Beweismittels zu befürchten ist oder die Gegenseite zustimmt. Ein drohender Beweismittelverlust kommt im Rahmen von Arzthaftungssachen zum Beispiel dann in Betracht, wenn eine Korrekturoperation ansteht, für die Frage eines Behandlungsfehlers aber der Zustand vor der Revision entscheidend ist.

2190 Ebenso kann ein selbständiges Beweisverfahren nach § 485 Satz 1 Nr. 2 ZPO zur Klärung der **Ursache eines Personenschadens** durchgeführt werden, sofern eine Partei (dies ist regelmäßig der Patient) dies beantragt und ein rechtliches Interesse an der Begutachtung angenommen wird. Ein solches Interesse wird grundsätzlich bejaht, wenn die Begutachtung der Vermeidung eines Rechtsstreites dient.

2191 Die Betrachtung dieser Voraussetzungen zeigt bereits, dass ein selbständiges Beweisverfahren für die abschießende Klärung der Frage, ob ein Behandlungsfehler vorliegt oder nicht, **grundsätzlich ungeeignet** ist. Im Rahmen der sachverständigen Begutachtung nach § 485 Abs. 2 Satz 1 Nr. 2 ZPO kann nur die Ursache eines Personenschadens ermittelt werden. Die Frage nach einem schuldhaften Behandlungsfehler oder gar einem groben Behandlungsfehler stellt sich nicht. Auch werden im Rahmen eines selbständigen Beweisverfahrens keine Zeugen angehört; die Frage der rechtmäßigen Aufklärung kann also nie in einem selbständigen Beweisverfahren abschließend geklärt werden, da hierfür die Anhörung der Beteiligten und ggf. Zeugen notwendig ist.

2192 Ob in Anbetracht der eingeschränkten Klärungsmöglichkeiten eines selbständigen Beweisverfahrens ein Arzthaftungsprozess vermieden werden kann, ist mehr als fraglich. Die Erfahrung zeigt, dass in einem selbständigen Beweisverfahren gerade nicht alle Fragen im Zusammenhang mit einem Behandlungsgeschehen beantwortet werden und sich eben doch ein Zivilprozess anschließt. Oft genug weicht die Erinnerung des Patienten an das Behandlungsgeschehen von der Dokumentation des Arztes ab. Hier muss entschieden werden, wessen Behauptungen zutreffen. Dies geht nicht in einem selbständigen Beweisverfahren. Auch ist es heutzutage die absolute Ausnahme, dass sich die Vorwürfe des Patienten ausschließlich auf die eigentliche medizinische Behandlung beziehen. Regelmäßig wird auch die Aufklärung moniert, die – wie gesagt – nicht Gegenstand des selbständigen Beweisverfahrens sein kann.

2193 Vor diesem Hintergrund war lange streitig, ob überhaupt ein selbständiges Beweisverfahren im Arzthaftungsrecht zulässig ist. Dies wurde durch eine wegweisende Entscheidung des BGH aus dem Jahre 2003 jedoch geklärt – ein selbständiges Beweisverfahren ist auch im Arzthaftungsrecht grundsätzlich zulässig.[74] Es muss eine Einzelfallprüfung erfolgen. Richtet sich das selbständige Beweisverfahren nach der Antragstellung des Patienten auf die Klärung eines Behandlungsfehlers oder des schuldhaften Verhaltens des Arztes, so ist diese Frage unzulässig, mithin auch das beantragte selbständige Beweisverfahren.

2194 Mit der Durchführung eines selbständigen Beweisverfahrens wird oft nur die abschießende Erledigung der Auseinandersetzung in die Länge gezogen. Die für den klagenden Patienten entscheidende Frage, ob ein Behandlungsfehler vorliegt und ob er hieraus Schadensersatzansprüche herleiten kann (vor allem in welcher Höhe), wird im Zivilprozess nicht nur besser, sondern auch schneller geklärt.

4. Zivilprozess

2195 Der Vorwurf eines Patienten, ein ärztliches Versäumnis habe bei ihm einen Schaden verursacht, weswegen ein Schmerzensgeld- und Schadensersatzanspruch bestehe, wird regelmäßig in einem Arzthaftungsprozess geklärt.

---

[74] BGH vom 21. 1. 2003 – VI ZB 51/02 = MedR 2003, 405.

a) Zuständigkeit und Verfahrensablauf. Die Zuständigkeit des angerufenen Gerich- 2196
tes richtet sich nach der Höhe der Forderung des Patienten. Liegt der Streitwert über
5000,00 EUR, was bei Arzthaftungssachen fast immer der Fall ist, so ist das Landgericht
erstinstanzlich zuständig, § 23 Nr. 1 GVG. Die meisten Landgerichte haben **Spezialkam-**
mern für Streitigkeiten über Ansprüche aus Heilbehandlungen, § 348 Abs. 1 Satz 2 Nr. 2
lit. e ZPO. Diese Spezialkammern verfügen über umfassende Kenntnisse und langjährige
Erfahrung in der Bearbeitung von Arzthaftungsprozessen. Die diffizile Rechtsprechung zu
den einzelnen Punkten des Arzthaftungsrechtes ist den Spezialkammern geläufig. Bei einzelnen Landgerichten gibt es leider keine solchen Spezialkammern.

Wird dem Beklagten die Klage zugestellt, so ist es entscheidend, dass umgehend der 2197
Versicherer informiert wird, damit dieser einen geeigneten Rechtsanwalt mit der Betreuung des Verfahrens beauftragen kann. Mit der **Klagezustellung** wird nämlich eine
Notfrist von zwei Wochen in Gang gesetzt, innerhalb derer eine Verteidigungsanzeige beim
Gericht eingehen muss. Unterbleibt die Verteidigungsanzeige, ergeht ein **Versäumnis-**
urteil, aus dem gegen den Arzt vollstreckt werden kann. Diese Erklärung kann vor Landgerichten nur von einem Rechtsanwalt abgegeben werden, da dort Anwaltszwang besteht.

Der beauftragte Rechtsanwalt wird den Vorgang noch einmal mit dem Arzt besprechen 2198
und auf der Grundlage der erfolgten Rücksprache und der Behandlungsdokumentation auf
die Vorwürfe des Klägers erwidern.

Da die Vorwürfe betreffend eines ärztlichen Fehlverhaltens so gut wie nie ohne ein 2199
Sachverständigengutachten geklärt werden können, empfiehlt sich die Einholung eines
Sachverständigengutachtens bereits im schriftlichen Verfahren – § 358a ZPO.

Eine mündliche Verhandlung vor Einholung eines Sachverständigengutachtens ist indes 2200
dann anzuraten, wenn die vergleichsweise Erledigung des Vorganges möglich und sinnvoll
erscheint. Beide Parteien können den Ablauf des Verfahrens durch entsprechende Anregungen mit gestalten.

Regelmäßig findet spätestens nach dem Sachverständigengutachten eine mündliche Ver- 2201
handlung statt, zu der, je nach Anordnung des Gerichtes, auch die involvierten Ärzte persönlich erscheinen müssen. Der Anordnung des Gerichtes auf persönliches Erscheinen ist
Folge zu leisten. Im Rahmen einer solchen mündlichen Verhandlung werden auch die von
den Parteien benannten Zeugen vernommen und der Sachverständige – sofern dies von
den Beteiligten beantragt wurde – ergänzend mündlich angehört.

Üblicherweise spricht das Gericht im Anschluss an die mündliche Verhandlung ein Ur- 2202
teil. Nur in Einzelfällen wird eine weitere Beweisaufnahme angeordnet.

b) Verfahrensrechtliche Besonderheiten. Grundsätzlich gilt im Zivilverfahren – an- 2203
ders als etwa im Verwaltungsgerichtsverfahren – der sogenannte Beibringungsgrundsatz.
Dies bedeutet, dass alle Parteien die aus ihrer Sicht günstigen Tatsachen vortragen müssen.
Das Gericht führt grundsätzlich keine Ermittlungen von Amts wegen durch. Von diesem
Grundsatz wird im Arzthaftungsprozess abgewichen. Gerade für den Patienten gilt eine
abgesenkte Substantiierungspflicht, da man dem Patienten als medizinischem Laien nicht
auferlegen möchte, den genauen Ablauf des Behandlungsgeschehens darzulegen. Nur ganz
ausnahmsweise wird eine Klage wegen von vornherein unsubstantiierten oder unschlüssi-
gen Vortrages abgewiesen, bevor ein Sachverständigengutachten eingeholt wird. Grundsätzlich wird das Gericht dem Kläger von Amts wegen bei der Aufklärung des Behandlungsgeschehens helfen. Das Verfahren nähert sich dem Amtsermittlungsverfahren.

Die **Amtsermittlung** im Arzthaftungsprozess kommt vor allem im Rahmen des Be- 2204
weisbeschlusses, dessen Formulierung dem Gericht obliegt, zum Tragen. Mit dem Beweisbeschluss wird der beauftragte **Sachverständige** aufgefordert, das Behandlungsgeschehen
zu bewerten, wobei teilweise konkrete, teilweise aber auch sehr allgemein gehaltene Fragen
formuliert werden. Dies liegt im Ermessen des Gerichtes. Regelmäßig wird der Sachverständige wegen der Schwere eines möglichen Behandlungsfehlers befragt, damit das
Gericht anschließend die Rechtsfrage eines groben Behandlungsfehlers bewerten kann.

Moniert der Patient zudem die unzureichende Information und Aufklärung, wird auch dies Gegenstand des Beweisbeschlusses und daher auch des Sachverständigengutachtens sein.

2205 Über die Auswahl des beauftragten Sachverständigen entscheidet das Gericht allein, es sei denn, die Parteien haben sich auf einen gemeinsamen Sachverständigen geeinigt, was aber die Ausnahme ist. Nach der ständigen Rechtsprechung des BGH[75] hat das Gericht einen Sachverständigen auszuwählen, der in dem medizinischen Fachgebiet sachkundig ist, aus dem die angegriffene Behandlung stammt. Abgestellt wird auf die Facharztbezeichnung. So soll die Behandlung durch einen Internisten auch nur von einem Internisten überprüft werden. Zu empfehlen wäre darüber hinaus auch eine Beachtung des jeweiligen Tätigkeitsschwerpunktes. Beispielsweise kann einem Facharzt für Gynäkologie und Geburtshilfe, der überhaupt nicht geburtshilflich tätig ist, die Sachkunde für die Beurteilung eines Fehlers während einer Geburt fehlen.

2206 Fehler des Gerichts bei der Auswahl des Sachverständigen müssen die Parteien rügen. Tun sie dies nicht, so wird der Sachverständige sein Gutachten erstellen und die Parteien sind hieran gebunden. Nur in Ausnahmefällen wird eine **Befangenheit** des Sachverständigen anzunehmen sein. Hat eine Partei die Besorgnis der Befangenheit des Sachverständigen, so muss sie einen Ablehnungsantrag stellen.

2207 Hervorzuheben ist, dass in jedem Stadium des Prozesses ein **Vergleich** zwischen den Beteiligten möglich ist. Im Allgemeinen wird das Gericht auch darauf hinwirken, dass eine gütliche Einigung erfolgt. Gelingt der Abschluss eines umfassenden Prozessvergleiches, so sind hiermit alle Ansprüche des Klägers aus der angegriffenen Behandlung erledigt. Auf eine entsprechende Erledigungsklausel werden die beauftragten Rechtsanwälte achten.

2208 **c) Berufung und Revision.** Endet das erstinstanzliche Verfahren mit einem Urteil, so kann die jeweils belastete Partei – im Einzelfall auch beide Parteien – das Rechtsmittel der Berufung einlegen. Hier gelten bestimmte Fristen, deren Einhaltung den beauftragten Rechtsanwälten obliegt. Im Rahmen des Berufungsverfahrens, welches vor Spezialsenaten der Oberlandesgerichte durchgeführt wird,[76] sind die Parteien mit neuem Vorbringen grundsätzlich ausgeschlossen. Wichtig ist daher, alles Prozessentscheidende bereits vor dem erstinstanzlichen Gericht vorzubringen. Nach § 529 Abs. 1 Nr. 1 ZPO hat das Berufungsgericht grundsätzlich die vom erstinstanzlichen Gericht festgestellten Tatsachen zugrunde zu legen.

2209 Wird das Berufungsverfahren, im Rahmen dessen natürlich auch jederzeit eine vergleichsweise Erledigung möglich ist, mit einem Urteil abgeschlossen, so ist nur in Ausnahmefällen eine weitere Kontrolle durch den BGH möglich, wenn die Revision ausdrücklich zugelassen wird. Regelmäßig wird die Revision allerdings nicht zugelassen, weshalb der belasteten Partei nur die sogenannte **Nichtzulassungsbeschwerde** beim BGH bleibt. Diese ist nur dadurch zu begründen, dass der Entscheidung eine grundsätzliche Bedeutung zukomme oder die Fortbildung des Rechts oder die Sicherung einer einheitlichen Rechtsprechung eine Entscheidung des Revisionsgerichts erfordere. Der Erfolg einer Nichtzulassungsbeschwerde ist dabei grundsätzlich nicht zu erwarten. Nur in absoluten Ausnahmefällen wird sich der BGH bei nicht zugelassener Revision noch einmal mit dem Vorgang auseinander setzen.

5. Prozesskostenhilfe

2210 Dem Zivilprozess vorangehen kann ein Verfahren auf Gewährung von Prozesskostenhilfe, auf Antragstellung des Patienten. Ein solches Verfahren wird immer dann eingeleitet, wenn der Patient zum einen nicht rechtsschutzversichert ist und zum anderen nicht die

---

[75] Vgl. BGH vom 18. 11. 2008 – VI ZR 198/07 = VersR 2009, 257.

[76] Bei erstinstanzlicher Zuständigkeit des Amtsgerichtes findet die Berufung vor den Landgerichten statt.

finanziellen Mittel hat, um den angestrebten Zivilprozess selbst zu finanzieren. Dies muss er im Rahmen des Prozesskostenhilfegesuches darlegen. Mit dem Antrag auf Prozesskostenhilfe wird auch ein Klageentwurf übermittelt, aus dem der eigentliche Vorwurf eines ärztlichen Versäumnisses hervorgeht.

Die Gewährung von Prozesskostenhilfe bedeutet, dass der Kläger von den Gerichtskosten 2211 und den Kosten für den eigenen Anwalt frei gestellt wird; teilweise wird auch eine Ratenzahlung festgelegt. Im Falle des Unterliegens muss der Kläger allerdings die Kosten der Gegenseite tragen.

Geht dem betroffenen Arzt oder Krankenhausträger ein Antrag auf Prozesskostenhilfe zu, 2212 so gilt hier das Gleiche wie bei der Klage. Die umgehende Benachrichtigung des Haftpflichtversicherers ist geboten.

C. Strafrechtliche Verantwortung

2213 Das Strafrecht gilt als das schärfste Schwert des Staates. Wie und wo es zuschlägt, wird in diesem Abschnitt ausschnittweise beleuchtet. In der Regel unterscheidet das Strafrecht nicht zwischen Ärzten und Zahnärzten, so dass diese Differenzierung nur dort aufgegriffen wird, wo sie praktische Auswirkungen haben kann.

I. Verletzung der Schweigepflicht

1. Bedeutung

2214 Vertrauen auf Diskretion: Das ist die Basis jeder funktionierenden Arzt-Patienten-Beziehung. Deshalb gibt es die ärztliche Schweigepflicht. Sie ist schon im Eid des Hippokrates angelegt und seit Langem standesrechtlich verankert.[1] Auch das Grundgesetz erkennt sie an. Das Recht des Patienten auf die umfassende Verschwiegenheit des behandelnden Arztes ist durch Art. 2 Abs. 1 S. 1 i. V. m. Art. 1 Abs. 1 GG geschützt. Das Bundesverfassungsgericht stellt dazu fest:

2215 „Wer sich in ärztliche Behandlung begibt, muss und darf erwarten, dass alles, was der Arzt im Rahmen seiner Berufsausübung über seine gesundheitliche Verfassung erfährt, geheim bleibt und nicht zur Kenntnis Unberufener gelangt. Nur so kann zwischen Patient und Arzt jenes Vertrauen entstehen, das zu den Grundvoraussetzungen ärztlichen Wirkens zählt, weil es die Chancen der Heilung vergrößert und damit – im ganzen gesehen – der Aufrechterhaltung einer leistungsfähigen Gesundheitsfürsorge dient."[2]

2216 Wegen ihrer überragenden Bedeutung für die Gesundheitsfürsorge wird die ärztliche Schweigepflicht durch das Strafrecht mitgeschützt. Die einschlägige Vorschrift ist § 203 StGB (s. unten). Im Jahr 2010 wurde bundesweit gegen 377 Tatverdächtige ermittelt.[3] Für Ärzte hat die Daumenregel „Reden ist Silber, **Schweigen ist Gold**" deshalb besondere Bedeutung. Dem steht nicht entgegen, dass sich ein Arzt scheinbar gegensätzlichen Erwartungshaltungen gegenübersieht: Auf der einen Seite wünscht sich jeder Patient ein hohes Maß an Kommunikationsfähigkeit. Auf der anderen Seite erwartet er die Verschwiegenheit „seines Doktors". Zwar stellt sich die Frage nach der richtigen Balance zwischen Reden und Schweigen auch im Arzt-Patienten-Verhältnis, doch entsteht ein Konflikt mit § 203 StGB erst dann, wenn **Dritte** informiert werden sollen. Das wird in dem nachfolgenden Fallbeispiel besonders deutlich.

2217 **Fallbeispiel:** Der behandelnde Hausarzt stellt bei seinem Patienten eine HIV-Infektion fest. Wegen des hohen Ansteckungsrisikos rät er diesem ausdrücklich dazu, seine Ehefrau umgehend über die Erkrankung zu informieren. Der Patient lehnt das ab. Außerdem verbietet er seinem Arzt, irgendjemandem von seiner Erkrankung zu berichten. Als die Ehefrau, die ebenfalls Patientin des Arztes ist, das nächste Mal einen Termin in seiner Praxis wahrnimmt, unterrichtet der Arzt sie trotzdem über die Erkrankung des Ehemannes. Hat sich der Arzt strafbar gemacht?

---

[1] § 9 (Muster-)Berufsordnung für die deutschen Ärztinnen und Ärzte (Stand 2011).
[2] BVerfG *Beschluss* vom 8. 3. 1972 – 2 BvR 28/71 = NJW 1972, 1123 (1124).
[3] Polizeiliche Kriminalstatistik 2010, S. 53. Zu beachten ist jedoch, dass hierunter nicht nur Ärzte, sondern auch andere zur Verschwiegenheit verpflichtete Personen fallen.

2. Strafbarkeit nach § 203 StGB

Eine ungeschriebene **Grundregel** für Ärzte lautet wie folgt: Bevor patientenbezogene **2218** Informationen an Dritte weitergegeben werden, ist an die ärztliche Schweigepflicht zu denken. Dieser Satz muss Ärzten in Fleisch und Blut übergehen. Nur dann kann er auch im Berufsalltag als Kontrollschranke wirken. Ein Verstoß gegen die Schweigepflicht kann zu einer Strafbarkeit nach § 203 StGB führen.[4] Das Gesetz sieht als Sanktion Geldstrafe oder eine Freiheitsstrafe von bis zu einem Jahr vor. Allerdings werden die Strafverfolgungsbehörden nur dann tätig, wenn der Verletzte einen Strafantrag stellt (§ 205 StGB).

a) Täter. Die Vorschrift richtet sich an alle Ärzte. Deren Fachrichtung spielt keine Rol- **2219** le. Deshalb kann auch der Hausarzt in unserem Fallbeispiel Täter sein. Darüber hinaus gilt § 203 StGB neben Zahn-, Amts-, Betriebs- und Tierärzten auch für Angehörige anderer Heilberufe. Letztere sind allerdings nur dann erfasst, wenn sie für ihre Berufsausübung oder das Führen ihrer Berufsbezeichnung eine staatlich geregelte Ausbildung benötigen. Hierzu gehören unter anderem Hebammen und Entbindungspfleger, Krankenschwestern und Krankenpfleger, medizinisch-technische Assistenten, Ergotherapeuten, Rettungsassistenten und Altenpfleger. Weil es keine staatlich geregelte Ausbildung für Heilpraktiker gibt, sind diese nicht von § 203 StGB erfasst.

Gemäß § 203 Abs. 3 S. 2 StGB gilt die Schweigepflicht auch für die berufsmäßig tätigen **2220** **Gehilfen und Auszubildenden** von Ärzten. Dabei kommt es darauf an, dass ein innerer Zusammenhang zwischen der Tätigkeit des Gehilfen und der Tätigkeit des Arztes besteht. Aus Sicht des Patienten müssen die Gehilfen in den organisatorischen und weisungsgebundenen internen Bereich einbezogen sein. Das ist beispielsweise der Fall bei: der Sprechstundenhilfe des Arztes, internen EDV-Betreuern, dem technischen Bedienungspersonal ärztlicher Apparaturen, dem Personal von Labors und Röntgenabteilungen sowie bei Abrechnungsstellen in Krankenhäusern.

b) Tat: Unbefugtes Offenbaren eines fremden Geheimnisses. Strafbar macht sich **2221** derjenige, der unbefugt ein fremdes Geheimnis offenbart, das ihm als Arzt oder Zahnarzt anvertraut worden oder sonst bekannt geworden ist.

Definition Geheimnis: Tatsachen, die nur einem Einzelnen oder einem beschränkten **2222** Personenkreis bekannt sind und an deren Geheimhaltung der Betroffene (sog. Geheimnisträger) ein schutzwürdiges Interesse hat.

Grundsätzlich kann jede Tatsache ein **Geheimnis** sein. Um eine umfassende Verschwie- **2223** genheitsverpflichtung des Arztes zu gewährleisten, wird der Begriff weit ausgelegt. Beispielhaft für Geheimnisse, die der Schweigepflicht des Arztes unterfallen, sind:
- Persönliche Daten des Patienten (Name, Anschrift etc.),
- Anamnese- und Diagnoseergebnisse,
- Krankheiten und erlittene Verletzungen,
- Psychische Auffälligkeiten,
- Körperliche Besonderheiten,
- Drogenkonsum,
- Familiäre, berufliche oder wirtschaftliche Umstände,
- Identität der Begleitperson des Patienten bei der Krankenhausaufnahme,
- das Behandlungsverhältnis als solches (Existenz einer Arzt- Patientenbeziehung).

Eine Tatsache ist nicht mehr nur einem beschränkten Personenkreis bekannt, wenn so **2224** viele Personen davon wissen, dass es keinen Unterschied mehr macht, wer noch davon erfährt. Dasselbe gilt bei offenkundigen Tatsachen, die für jedermann wahrnehmbar sind.

---

[4] Hierzu auch die Empfehlungen der BÄK zur ärztlichen Schweigepflicht, Datenschutz und Datenverarbeitung in der Praxis, Deutsches Ärzteblatt, Heft 6, Juni 2008, S. 283.

2225   Durch § 203 Abs. 1 StGB werden „zum persönlichen Lebensbereich" gehörende Geheimnisse geschützt. Grundsätzlich ist davon auszugehen, dass jedermann ein legitimes Interesse an der Geheimhaltung gesundheitlicher, familiärer, sozialer und finanzieller Verhältnisse hat. Hierzu gehört zum Beispiel auch die Tatsache, dass sich ein Mensch *überhaupt* in ärztlicher Behandlung befindet. In unserem Fallbeispiel stellt die Erkrankung des Patienten ein geschütztes Geheimnis dar.

2226   Sog. **Dritt-Geheimnisse** werden ebenfalls von § 203 StGB geschützt. Gemeint sind solche Geheimnisse, die weder unmittelbar noch mittelbar den Patienten tangieren. Der Patient fungiert hier als Informant des Arztes und trägt ihm vertrauliche Informationen über Dritte zu (z. B. die geheime Erkrankung eines prominenten Bekannten, Klatschgeschichten etc.). Voraussetzung ist, dass ein Arzt von diesen Tatsachen in untrennbarem Zusammenhang mit seiner Tätigkeit erfährt. Wie weit der Schutz von Dritt-Geheimnissen reicht, ist im Einzelnen umstritten. Tatsachen, die den Patienten selbst betreffen, sind keine Dritt-Geheimnisse, sondern vielmehr als dessen Geheimnisse anzusehen. Beispiele: Krankheiten von Angehörigen, soziale Hintergründe bei einer Familienanamnese, vertrauliche Gespräche mit Begleitpersonen im Wartezimmer, die Beziehungen des Patienten zu Dritten.

2227   Auch nach dem Tod des Geheimnisträgers sind seine Geheimnisse schutzwürdig, § 203 Abs. 4 StGB

2228   Des Weiteren muss das Geheimnis dem Täter als Angehörigem einer der genannten Berufsgruppen **anvertraut oder sonst bekannt geworden** sein.

2229   **Definition: Anvertrauen** ist das Einweihen in ein Geheimnis unter ausdrücklicher Auflage des Geheimhaltens oder unter solchen Umständen, aus denen sich eine Verpflichtung zur Verschwiegenheit ergibt.

2230   Das Geheimnis muss dem Täter **„als Arzt"** anvertraut werden, § 203 Abs. 1 Nr. 1 StGB. Das Gesetz stellt dabei auf das **spezifische Vertrauensverhältnis** ab, das die Schweigepflicht begründet. Das Geheimnis muss dem Betroffenen gerade in seiner Eigenschaft als Arzt anvertraut worden sein. D. h.: Das Anvertrauen muss in einem inneren Zusammenhang mit der ärztlichen Berufstätigkeit stehen. Ist das der Fall, ist es unerheblich, wo und wie das Geheimnis dem Arzt anvertraut wird. Dies kann auch außerhalb der Sprechstunde geschehen, etwa auf der Straße, im Supermarkt oder bei einem Empfang. Anvertraut ist ein Geheimnis außerdem, wenn der Patient bei einem Arztbesuch allgemein über seine Probleme spricht. In unserem Fallbeispiel steht die Kenntnisnahme von der Erkrankung des Patienten in unmittelbarem Zusammenhang mit der Berufsausübung des Arztes. Dieser hatte bei seinen Untersuchungen die Erkrankung des Patienten diagnostiziert. Das darin liegende Geheimnis wurde ihm damit „als Arzt anvertraut".

2231   **Definition: Sonst bekannt geworden** ist das Geheimnis dem Täter, wenn er es auf andere Weise erfahren hat.

2232   Ein Geheimnis wird einem Arzt auf sonstige Art und Weise bekannt, wenn er von ihm durch eigene oder fremde Handlungen Kenntnis erlangt. Entscheidend ist auch hier, dass der Täter von dem Geheimnis kraft Berufsausübung erfährt. Beispiele sind: Beobachtungen, die ein Arzt bei der Krankenhausaufnahme eines Patienten macht oder ein zufällig mitangehörtes Gespräch in Rahmen eines Hausbesuches.

2233   Die Tathandlung des § 203 Abs. 1 StGB besteht darin, dass ein Arzt ein Geheimnis unbefugt **offenbart.**

2234   **Definition Offenbaren:** Jedes Mitteilen eines Geheimnisses an einen Dritten.

2235   Ein Offenbaren liegt vor, wenn ein Geheimnis in irgendeiner Weise an einen Dritten gelangt. Die Art und Weise der Mitteilung ist unerheblich. Das Offenbaren kann z. B. mündlich, durch Gesten oder per E-Mail erfolgen. Eine Kenntnisnahme ist nur bei mündlichen Mitteilungen erforderlich. Bei schriftlich oder elektronisch fixierten Geheimnissen kann es ausreichen, dass ein Dritter ungehindert auf sie zugreifen kann, weil ihm der Arzt den Zugang ermöglicht hat. Erforderlich ist, dass sowohl die geheime Tatsache als auch die Person des Geheimnisträgers offenbart werden. Es muss möglich sein, den Geheimnisträger konkret zu identifizieren. **Anonymisierte Mitteilungen** sind daher keine Offenbarung im Sinne des § 203 Abs. 1 StGB. Deshalb ist die Mitteilung eines Patientencodes auf Basis von § 5a Abs. 2 BtMVV an das Bundesinstitut für Arzneimittel und Medizinprodukte nicht erfasst.

Ob der Empfänger der Mitteilung dem Patienten nahe steht (z.B. als Angehöriger) oder **2236** selbst zur Verschwiegenheit verpflichtet ist, spielt keine Rolle. Fachsimpeln unter Ärzten anhand identifizierbarer Fälle ist demnach unzulässig. Gleiches gilt, wenn alle an einer **Praxisgemeinschaft** beteiligten Ärzte ohne Einschränkung auf die gesamten Patientendaten zugreifen können. Kommt es zu einem solchen Daten-Übergriff, ist dem Arzt, dessen Patienten hiervon betroffen sind, ein Offenbaren durch Unterlassen anzukreiden. Der strafrechtliche Vorwurf geht dahin, keine geeigneten Schutzvorkehrungen ergriffen zu haben. In dieser Fallkonstellation kommt auch ein Offenbaren durch die bloße Ermöglichung des Zugriffs durch nicht in die Behandlung einbezogene Ärzte in Betracht.

3. Ausnahmen von der Schweigepflicht

Nach § 203 StGB ist das Offenbaren eines Geheimnisses nur dann strafbar, wenn es **un-** **2237** **befugt** erfolgt. Das ist dann der Fall, wenn das Geheimnis ohne Zustimmung des Patienten und ohne ein Recht zur Mitteilung weitergegeben wird. Im Folgenden werden praxisrelevante Fälle aufgezeigt, in denen der Arzt nicht an die Schweigepflicht gebunden ist. Im Wesentlichen kommt dies bei vier Konstellationen in Betracht:
– Der Patient ist mit der Offenbarung seines Geheimnisses einverstanden.
– Ein Einverständnis des Betroffenen kann nicht eingeholt werden, die Offenbarung seines Geheimnisses entspricht jedoch seinem mutmaßlichen Willen.
– Der Arzt ist zur Offenbarung des Geheimnisses gesetzlich verpflichtet.
– Die Einhaltung der Schweigepflicht würde die Gesundheit oder das Leben Dritter gefährden (vgl. § 34 StGB).

a) Entbindung von der Schweigepflicht durch ausdrückliche Erklärung. Willigt **2238** der Patient wirksam in die Offenbarung seines Geheimnisses ein, so ist der Arzt zur Offenbarung befugt und macht sich nicht gemäß § 203 StGB strafbar. Eine wirksame Einwilligung ist allerdings an mehrere Bedingungen geknüpft. Zunächst muss der Einwilligende zur Entbindung von der Schweigepflicht **verfügungsberechtigt** sein. Das ist bei einem Patienten hinsichtlich eigener Geheimnisse immer der Fall. Geht es um ein Dritt-Geheimnis, so soll nach umstrittener Auffassung nur der Dritte in die Weitergabe einwilligen können. Danach reicht es nicht aus, wenn nur der Patient einverstanden ist.

Die Wirksamkeit einer Einwilligung setzt weiter voraus, dass der Patient einwilligungsfä- **2239** hig ist. Er muss dazu in der Lage sein, die Bedeutung und die Folgen seiner Handlung zu erkennen und danach zu handeln. Hieran kann es z.B. fehlen, wenn er sediert ist, unter Einfluss von Medikamenten steht, unter 14 Jahren alt ist oder sich in einer schlechten psychischen Konstitution befindet. Außerdem muss die Einwilligung bereits *vor* Durchbrechung der Schweigepflicht geäußert werden. Dies kann sowohl ausdrücklich als auch durch schlüssiges Verhalten geschehen. Eine bestimmte Form (z.B. Schriftform) muss die Einwilligung nicht aufweisen, um wirksam zu sein. Zu Beweiszwecken empfiehlt es sich allerdings, den Patienten eine schriftliche Einwilligung unterschreiben zu lassen. Von entscheidender Bedeutung ist, dass der Betroffene weiß, worauf er sich mit der Entbindung des Arztes von der Schweigepflicht einlässt. Es ist daher darauf zu achten dass er die Auswirkungen seiner Einwilligung tatsächlich versteht und überschauen kann. Vor allem bei der Annahme einer stillschweigenden Einwilligung ist daher Vorsicht geboten.

2240   Der nachfolgende Fall verdeutlicht, welche Anforderungen für die Einwilligung eines Patienten in die Weitergabe seiner Daten gelten.

2241   **Relevant in der Praxis: Abrechnung über externe Verrechnungsstellen**

Jede Arztpraxis, die mit einer externen Verrechnungsstelle zusammen arbeitet, muss dieser die zur Liquidation notwendigen Patientendaten übermitteln. Diese Informationsweitergabe tangiert die ärztliche Schweigepflicht. Daher bedarf es einer wirksamen Einwilligung der betroffenen Patienten. Obwohl die Zusammenarbeit von Ärzten mit Verrechnungsstellen allgemein bekannt ist, geht der BGH nicht von einer stillschweigenden Einwilligung aus. Eine solche sei auch nicht darin zu sehen, dass die Betroffenen einen Praxisaushang, der auf die Einschaltung einer Verrechnungsstelle hinweist, unwidersprochen zur Kenntnis nehmen. Aufgrund der Sensibilität der weiterzugebenden Daten seien hohe Anforderungen an eine wirksame Einwilligung zu stellen. Deshalb sollte jeder Patient schriftlich und vollständig über die Weitergabe seiner Daten an eine Verrechnungsstelle aufgeklärt werden.

Wie wichtig eine vollständige Aufklärung ist, zeigt eine Entscheidung des OLG Karlsruhe. Obwohl ein Patient schriftlich in die Weitergabe seiner Daten an eine externe Verrechnungsstelle eingewilligt hatte, sah das Gericht diese Erklärung als unwirksam an. Es monierte, dass der Patient unvollständig aufgeklärt worden sei. Dieser hätte wissen müssen, dass die Verrechnungsstelle nicht nur mit der Rechnungsstellung beauftragt war, sondern dass der Arzt ihr auch seine Honorarforderungen gegen die Patienten abgetreten hatte. In der Entscheidung des OLG Karlsruhe heißt es: *„Ein wirksames Einverständnis i. S. von § 203 Absatz 1 Nr. 1 StGB setzt aber voraus, dass der Einwilligende eine im wesentlichen zutreffende Vorstellung davon hat, worin er einwilligt, und die Bedeutung und Tragweite seiner Entscheidung zu überblicken vermag. Er muss deshalb wissen, aus welchem Anlass und mit welcher Zielsetzung er welche Personen von ihrer Schweigepflicht entbindet, und über Art und Umfang der Einschaltung Dritter unterrichtet sein."* Vor diesem Hintergrund sollte eine Arztpraxis vor der Weitergabe der Patientendaten an eine externe Verrechnungsstelle genau darauf achten, dass jeder betroffene Patient über folgende Punkte informiert wird:

– An wen werden Daten weitergegeben?
– Welche Daten werden weitergegeben?
– Zu welchem Zweck (z. B. Rechnungsstellung und/oder Forderungsabtretung) erfolgt die Weitergabe?

2242   Ein weiterer Fall betrifft die Weitergabe von Patientendaten anlässlich einer Praxisübergabe an einen Nachfolger. Auch wenn die Patientendaten dabei nicht „herausgegeben" werden, sondern „in der Praxis bleiben", liegt ohne Einwilligung der Patienten ein Verstoß gegen die ärztliche Schweigepflicht vor.

2243   **Relevant in der Praxis: Praxisnachfolgen**

Übergibt ein Arzt seine Praxis einem Nachfolger, ist eine ausdrückliche Einwilligung der Patienten in die Weitergabe der Behandlungsdaten erforderlich. Der Bundesgerichtshof hat hierzu entschieden, dass eine ausdrückliche Einwilligung des Patienten auch nicht deshalb entbehrlich ist, weil die Übergabe der Patientendaten im seinem Interesse liegen dürfte. Es sei vielmehr die Pflicht des Arztes, die Zustimmung des Patienten zur Weitergabe seiner Daten einzuholen. Es gelten dabei die oben benannten Anforderungen. Insbesondere ist der Patient über Adressat, Umfang und Zweck der Weitergabe seiner Daten zu informieren.

2244   Eine stillschweigende Einwilligung des Patienten ist anzunehmen, wenn seine Daten zu Zwecken der Behandlungsoptimierung innerhalb **therapeutischer Teams** weitergegeben werden. Diese wichtige Ausnahme gilt nicht nur in Krankenhäusern und Pflegeeinrichtungen, sondern auch in Arztpraxen. Darüber hinaus hat das OLG München bestätigt, dass ein Klinikarzt oder dessen Konsiliarius dem einweisenden Hausarzt eines Patienten per Arztbrief berichten darf.

b) Entbindung von der Schweigepflicht durch mutmaßliche Einwilligung. Eine 2245
mutmaßliche Einwilligung schließt eine Strafbarkeit nach § 203 StGB aus. Dieser Ausschlussgrund kommt nur dann in Betracht, wenn eine ausdrückliche oder schlüssig erteilte Einwilligung in die Geheimnisoffenbarung fehlt und auch nicht eingeholt werden kann.
Beispiele:

- Mutmaßliche Einwilligung eines Verstorbenen zur Klärung seines Geisteszustandes vor 2246
  dem Versterben, wenn er seine Familie enterbt hatte und Zweifel an der Testierfähigkeit
  bestehen.
- Mutmaßliche Einwilligung eines Bewusstlosen in die Offenbarung von Vorerkrankungen 2247
  etc. durch seinen Hausarzt, wenn dieser nach einem Unfall des Patienten einen Anruf
  des aufnehmenden Krankenhauses erhält.
- Mutmaßliche Einwilligung eines Selbstmörders in die Offenlegung seines Gesundheits- 2248
  zustands, wenn dies erforderlich ist, um in einem Versicherungsrechtsstreit nachträglich
  seine Schuldfähigkeit beurteilen zu können.
- In der Regel wird man auch eine mutmaßliche Einwilligung in die Herausgabe von 2249
  Krankenunterlagen an nahe Angehörige annehmen können, wenn dies der **Verfolgung
  von möglichen Behandlungsfehlern** dient.

Auch hier gilt der Grundsatz, dass die ärztliche Schweigepflicht nur in Ausnahmefällen 2250
durchbrochen werden darf. Die mutmaßliche Einwilligung eines Patienten sollte daher
nicht leichtfertig angenommen werden. Ein nur unterstelltes „wohlverstandenes Interesse"
des Betroffenen reicht jedenfalls nicht aus. Der Arzt hat vielmehr nach konkreten Anhaltspunkten zu forschen, die Rückschlüsse auf den tatsächlichen Willen des Geheimnisträgers
zulassen und diese im Rahmen einer Gesamtabwägung kritisch zu würdigen.

c) Gesetzliche Offenbarungspflichten. Die Offenbarung eines fremden Geheimnis- 2251
ses ist auch dann straffrei, wenn der Arzt oder Zahnarzt gesetzlich dazu verpflichtet ist. Die
strafprozessuale Pflicht, als Zeuge auszusagen, legitimiert keine Durchbrechung der
Schweigepflicht. Der Arzt muss zwar wahrheitsgemäß aussagen, doch hat er ein **Zeugnis-
verweigerungsrecht** (§ 53 Abs. 1 StPO). Es erfasst alles, was ihm in seiner Eigenschaft als
Arzt anvertraut oder sonst bekannt geworden ist. Wenn er hierzu als Zeuge aussagt, obwohl
keine Entbindung von der Schweigepflicht vorliegt, macht er sich grundsätzlich wegen
eines Geheimnisverrats strafbar. Nachfolgend werden einige gesetzlich angeordnete Offenbarungspflichten aufgeführt:

- **Anzeige schwerer Straftaten, § 138 StGB:** Grundsätzlich unterliegt jedes Geheimnis 2252
  der Schweigepflicht des Arztes, wenn es ihm in dieser Eigenschaft bekannt geworden ist.
  Darunter fallen selbst solche Geheimnisse, die Straftaten betreffen. Ausnahmen gelten jedoch bei besonders gravierenden Straftaten (vgl. §§ 138 f. StGB). Dabei ist nach der
  Schwere der in Rede stehenden Straftat zu differenzieren. In einigen Fällen kann der
  Arzt nach § 139 Abs. 3 StGB frei entscheiden: Erfährt er etwa von einem geplanten
  Raub, ist er nicht verpflichtet, dieses Vorhaben zur Anzeige zu bringen. In diesem Fall
  muss er sich allerdings ernsthaft bemühen, den potentiellen Täter von der Tat abzuhalten
  oder den Taterfolg abzuwenden. Etwas anderes gilt, wenn Straftaten wie Mord oder Totschlag in Rede stehen. In diesen Fällen muss der Arzt rechtzeitig die Polizei oder den
  Bedrohten informieren. Die Schweigepflicht tritt per Gesetz hinter die Aufklärungspflicht zurück. Eine Berechtigung zum Schweigen kann sich in seltenen Fällen noch aus
  folgendem Gesichtspunkt ergeben: Die Offenbarung muss dem Arzt unzumutbar sein.
  Hieran werden extrem strenge Anforderungen gestellt.
- **Meldepflichten in Krankenhäusern, Pflegeheimen und ähnlichen Einrichtun-** 2253
  gen, § 16 Melderechtsrahmengesetz (MRRG): Es kann zulässig sein, die Identität
  von Personen zu offenbaren, die in Krankenhäuser, Pflegeheime und ähnliche Einrich-

tungen aufgenommen wurden. Wenn die Offenbarung notwendig ist, um eine erhebliche und gegenwärtige Gefahr abzuwehren, Straftaten oder das Schicksal von Vermissten und Unfallopfern aufzuklären, so trifft den Leiter der zuvor genannten Einrichtungen eine Offenbarungspflicht. Er ist verpflichtet, auf Verlangen der zuständigen Behörde Angaben über die Identität der aufgenommenen Patienten zu machen.

2254 • **Meldepflichtige Krankheiten, §§ 6 ff. Infektionsschutzgesetz (IfSG):** Das IfSG ordnet bei einer Vielzahl ansteckender Krankheiten und Krankheitserreger eine Meldepflicht des Arztes an. Teilweise verpflichtet das Gesetz den Arzt auch zur namentlichen Nennung des Patienten nebst weiterer Angaben wie Anschrift und Geburtsdatum.

2255 • **Vorlage von Röntgenaufnahmen, §§ 17 a Abs. 4, 28 Abs. 1 u. 8 Röntgenverordnung (RöV):** Zur Qualitätssicherung kann die zuständige (zahn-)ärztliche Stelle nach der RöV die Vorlage von Röntgenbildern verlangen. Grundsätzlich ist der angesprochene Arzt nicht dazu verpflichtet, seine hiervon betroffenen Patienten namentlich zu benennen. Genau dies geschieht durch die Vorlage von Originalröntgenbildern, in die der Name des Patienten untrennbar integriert ist. Das Verwaltungsgericht Frankfurt hat jedoch geurteilt, dass die Vorlage von Röntgenbildern nach § 17 a Abs. 4 S. 3 RöV gerechtfertigt ist (Urt. v. 13. 2. 2008 – 4 E 1892/07).

2256 • **Anzeige von Geburten, §§ 18 ff. Personenstandsgesetz (PerStdG):** Sind die sorgeberechtigten Eltern nach der Geburt ihres Kindes an der Anzeige der Geburt bei dem zuständigen Standesamt verhindert, ist der bei der Geburt anwesende Arzt zur Anzeige verpflichtet. Die Mitteilungspflicht erstreckt sich auf Angaben zur Identität des geborenen Kindes sowie der Eltern.

2257 • **Auskunftspflicht bei Organspende, § 7 Transplantationsgesetz (TPG):** Das TPG sieht eine Auskunftspflicht für Ärzte bezüglich personenbezogener Daten eines möglichen Organspenders vor.

2258 • **Anzeigepflicht bei Berufskrankheiten, § 202 SGB VII:** Besteht der begründete Verdacht, dass Versicherte an einer Berufskrankheit leiden, haben Ärzte und Zahnärzte dies dem Unfallversicherungsträger oder der für den Arbeitsschutz zuständigen Stelle unverzüglich mitzuteilen.

2259 • **Übermittlung von Informationen für die Abrechnung von GKV-Leistungen, §§ 295 ff. SGB V:** Die an der vertragsärztlichen Versorgung teilnehmen Ärzte haben in ihren Abrechnungsunterlagen u. a. „die von ihnen erbrachten Leistungen einschließlich des Tages der Behandlung anzugeben". In Fällen ärztlicher Behandlung sind die Diagnosen hinzuzufügen, bei zahnärztlicher Behandlung sind Befunde und Zahnbezug mitzuteilen.

2260 **d) Rechtfertigender Notstand.** In unserem Fallbeispiel liegt weder eine Einwilligung des Patienten zur Weitergabe seines Geheimnisses noch ein Fall einer gesetzlichen Offenbarungspflicht vor. Eine mutmaßliche Einwilligung scheitert daran, dass der Geheimnisträger konkret befragt werden konnte. Bedeutet das, dass der Arzt sich strafbar gemacht hat, obwohl er die Ehefrau des Patienten geschützt hat? Die Antwort lautet: Nein. Dieses Ergebnis wird auf den Rechtfertigungsgrund des rechtfertigenden Notstandes (§ 34 StGB) gestützt. § 34 StGB verlangt eine umfassende Güter- und Interessenabwägung. In manchen Fällen ist ein Arzt danach berechtigt, seine Schweigepflicht zu brechen. Voraussetzung ist u. a., dass wichtige Rechtsgüter Dritter akut gefährdet werden. Außerdem muss das Interesse an der Erhaltung dieser Rechtsgüter das Geheimhaltungsinteresse des Patienten wesentlich überwiegen. Dies ist insbesondere dann der Fall, wenn die Gesundheit oder das Leben eines anderen Menschen auf dem Spiel steht.

2261 In diesem Zusammenhang ist auch an die Fälle zu denken, in denen Ärzte davon erfahren, dass Eltern ihre kindlichen Patienten misshandeln oder sexuell missbrauchen. Weil § 34 StGB eine Ausnahmevorschrift mit strengen Voraussetzungen empfiehlt es sich hier, juristische Expertise in Anspruch zu nehmen. So kann z. B. fraglich sein, ob die Gefahr für die Gesundheit des Kindes noch „gegenwärtig" ist, was § 34 StGB ausdrücklich verlangt.

Die Sorge um die sozialen Belange eines betreuungsbedürftigen, aber uneinsichtigen Patienten vermag grundsätzlich keine Rechtfertigung nach § 34 StGB zu begründen. So ist ein Arzt nicht berechtigt, einem Vormundschaftsgericht ein Attest über den Gesundheitszustand eines Patienten zu übermitteln, wenn dieser hiermit nicht einverstanden ist und es „nur" um dessen wirtschaftliche oder soziale Belange geht:[5]

Rechtsprechung zum rechtfertigenden Notstand
2263

- **Benachrichtigung der Verkehrsbehörde über Gesundheitszustand des Patienten (BGH NJW 1968, 2288)**

Der Bundesgerichtshof hat in diesem Fall entschieden, dass ein Arzt trotz grundsätzlich bestehender Schweigepflicht berechtigt sein kann, die Verkehrsbehörde über eine Erkrankung seiner Patientin zu unterrichten. Der Arzt hatte bei ihr eine paranoide Psychose festgestellt, die dazu führte, dass sie eine Gefahr für sich selbst und andere darstellte. Obwohl die Patientin aufgrund ihrer Erkrankung dazu nicht mehr in der Lage war, hatte sie am Straßenverkehr teilgenommen. Der Arzt informierte daraufhin die Verkehrsbehörde darüber, dass das Führen eines Kraftfahrzeugs durch die Patientin aufgrund ihres krankhaften Zustandes nicht mehr verantwortbar sei.

Das Gericht hält dieses Vorgehen für zulässig, wenn der Arzt den Patienten zuvor auf seinen Zustand und die Gefahren seiner Teilnahme am Straßenverkehr aufmerksam gemacht hat. Auch wenn der Bundesgerichthof in dieser Entscheidung nicht ausdrücklich auf den rechtfertigenden Notstand einging, ist der Fall ein klassisches Beispiel für dessen Anwendung.

- **Aufklärung über Aids-Erkrankung (OLG Frankfurt a. M. Beschluss vom 8. 7. 1999 – 8 U 67/99)**

Dieser Fall liegt unserem Beispiel zugrunde. Das OLG Frankfurt musste über die Reichweite der ärztlichen Schweigepflicht bei einer drohenden Ansteckung mit dem HI-Virus entscheiden. Ein infizierter Patient hatte seinem Hausarzt jede Auskunftserteilung über die Erkrankung untersagt. Auch eine Information seiner Ehefrau lehnte der Patient ab. Diese war ebenfalls Patientin des behandelnden Arztes. Gegenüber der Ehefrau verschwieg der Hausarzt die Erkrankung ihres Mannes. Nach dessen Tod wurde auch bei ihr die Ansteckung mit dem HI-Virus festgestellt.

Das Gericht entschied, dass der Arzt nicht an seine Schweigepflicht gegenüber dem Patienten gebunden war. Vielmehr hätten die Voraussetzungen des rechtfertigenden Notstandes vorgelegen. Für die Ehefrau des Patienten habe die höchste Gefahr einer Ansteckung und damit eine drohende Lebensgefahr bestanden. Ein Leitsatz der Entscheidung lautet:

„Die ärztliche Schweigepflicht verbietet nicht die Aufklärung über die Aids-Erkrankung des Lebenspartners und die bestehende Ansteckungsgefahr, wenn der Kranke erkennbar uneinsichtig ist und die Bekanntgabe verbietet."

Das Gericht ging in seiner Entscheidung noch weiter und nahm sogar eine Pflicht des Arztes an, die Ehefrau des Patienten zu informieren:

„Sind beide Lebenspartner Patienten des gleichen Arztes, ist dieser nicht nur berechtigt, sondern sogar verpflichtet, den anderen Lebenspartner über die Aids-Erkrankung und die bestehende Ansteckungsgefahr aufzuklären."

4. Postmortale Schweigepflicht

§ 203 Abs. 4 StGB stellt klar, dass die Schweigepflicht des Arztes nicht mit dem Tod des Geheimnisträgers endet. Die Angehörigen oder Erben des Verstorbenen können den Arzt nicht von der Schweigepflicht entbinden. Der Patient muss darauf vertrauen dürfen, dass
2264

---

[5] Vgl. Deutsches Ärzteblatt 2012, 109(4): A-172/B-156/C-156: Verstoß gegen die ärztliche Schweigepflicht.

sein Geheimnis über den Tod hinaus bewahrt wird. In diesem Zusammenhang hat das OVG Lüneburg entschieden, dass das Interesse eines Kindes, die Todesursachen des leiblichen Vaters zu erfahren, gegenüber dem Geheimhaltungsinteresse des Verstorbenen nicht höherrangig ist. Deshalb hatte sich der Arzt in diesem Fall zulässigerweise auf seine Schweigepflicht berufen.

II. Urkundenfälschung an Krankenakten etc.

2265   Die Verantwortung für einen Fehler zu übernehmen, ist nicht einfach – vor allem dann nicht, wenn hiermit zivil- und strafrechtliche Konsequenzen einhergehen. Deshalb erliegen nicht wenige Menschen der Versuchung, die Vergangenheit zu beschönigen oder auf vielfältige Weise zu verfälschen. Existenzängste setzen ein beachtliches Manipulationspotential frei. Das gilt auch für Ärzte. Es wird von einem Chefarzt für Anästhesie berichtet, der seine Assistenzärzte anwies, auf OP-Protokollen seine Anwesenheit zu vermerken, obwohl er sich während der in Rede stehenden Operationen nicht einmal im Klinikum aufhielt. In Behandlungsfehler-Fällen soll es vorkommen, dass in der lange verschwundenen Patientenakte eine Risikoaufklärung dokumentiert ist, die nach Aussage des vermeintlich Geschädigten nie stattgefunden hat. Wer als Arzt in Betracht zieht, nach einem unerwünschten Ereignis Patientenakten, OP-Protokolle etc. zu „glätten", sollte wissen, dass er kurz davor steht, eine Urkundenfälschung gemäß § 267 StGB zu begehen. Die Fälschung ärztlicher Unterlagen ist dazu geeignet, das allgemeine Vertrauen in die Seriosität der Ärzteschaft zu beschädigen, so dass eine Verurteilung zu einem Widerruf der Approbation führen kann.

1. Schutzzweck der Vorschrift

2266   § 267 StGB schützt in erster Linie die Sicherheit und Zuverlässigkeit des Rechtsverkehrs mit Urkunden. Es soll gewährleistet werden, dass Urkunden auch von demjenigen stammen, der aus ihnen als Aussteller hervorgeht. Auf die **inhaltliche Richtigkeit** kommt es dagegen nicht an. Notiert ein Arzt in einer Krankenakte, als deren Aussteller er gilt, wissentlich eine falsche Diagnose, liegt demnach *keine* Urkundenfälschung vor. Gleiches gilt, wenn ein Arzt über die persönliche Leistungserbringung täuscht, in dem er den Befundbericht eines Fremdlabors und seinen eigenen Briefkopf zu einer „Collage" zusammenkopiert und diese Fotokopie seinen Patienten vorlegt. Hier kommt stattdessen ein Abrechnungsbetrug in Betracht.

2267   **Definition Echtheit:** Eine Urkunde ist echt, wenn sie in ihrer gegenwärtigen Gestalt vom angegebenen Aussteller herrührt.

2. Urkunde

2268   **Definition Urkunde:** Die Verkörperung einer allgemein oder für Eingeweihte verständlichen Gedankenerklärung, die den Aussteller erkennen lässt und geeignet und bestimmt ist, im Rechtsverkehr Beweis zu erbringen.

2269   Auch wenn diese sperrige Definition es auf den ersten Blick nicht vermuten lässt: Es gibt im ärztlichen Berufsalltag eine Vielzahl von Dokumenten, die Urkunden im Sinne des Strafrechts sind. Z. B.:
– Schriftliche Einwilligungserklärungen,
– Untersuchungsbefunde,

– Anamnesen sowie
– Operationsberichte.

Besteht eine **Krankenakte** aus mehreren Einzel-Dokumenten, kann sie als Ganzes eine   **2270**
„Gesamturkunde" sein. Röntgenbilder werden dagegen nicht von § 267 StGB erfasst. Als
technische Aufzeichnungen fallen sie unter § 268 StGB (Fälschung technischer Aufzeichnungen). Erst dann, wenn Röntgenbilder mit anderen Krankenunterlagen zusammengefasst
sind, können auch sie Teil einer Gesamturkunde sein.

Aussteller einer Urkunde ist derjenige, dem ihr Inhalt geistig zuzurechnen ist. Bei niedergelassenen Ärzten ist das regelmäßig der Praxisinhaber. In Kliniken ist der behandelnde
Arzt als Aussteller der Krankenakte als Ganzes anzusehen. Aussteller einzelner Dokumente
in der Krankenakte kann auch derjenige sein, der für den betreffenden Teil der Untersuchung verantwortlich ist.

3. Tathandlungen

Tathandlungen sind: Das Herstellen einer unechten Urkunde, das Verfälschen einer ech-   **2271**
ten Urkunde und das Gebrauchen einer unechten oder verfälschten Urkunde.

Definition Herstellen einer unechten Urkunde: Das Anfertigen einer Urkunde un-   **2272**
ter Identitätstäuschung über die Person des Ausstellers.

Das Herstellen einer unechten Urkunde erfordert ein Auseinanderfallen von scheinba-   **2273**
rem und tatsächlichem Aussteller. Es liegt immer dann vor, wenn ein Arzt eine (schriftliche) Erklärung „für einen anderen" ohne dessen Wissen abgibt. Dies ist beispielsweise der
Fall, wenn der behandelnde Arzt die Einwilligungserklärung zu einer Operation mit dem
Namen seines Patienten unterschreibt oder unter dem Namen eines Kollegen ein Untersuchungsergebnis festhält.

Definition Verfälschen einer echten Urkunde: Veränderung der gedanklichen Er-   **2274**
klärung, so dass der geänderte Inhalt nicht mehr von dem scheinbaren Aussteller herrührt.

Die Tathandlung mit der höchsten Praxisrelevanz ist das Verfälschen einer echten Ur-   **2275**
kunde. Ein Verfälschen setzt voraus, dass eine Erklärung des tatsächlichen Urkundenausstel-
lers im Nachhinein durch einen Dritten verändert wird. Der Beweggrund eines Arztes für
ein solches Verhalten kann darin liegen, durch Manipulation der Krankenakte einen Be-
handlungs- oder Aufklärungsfehler vertuschen zu wollen. Beispiele für das Verfälschen einer echten Urkunde sind:
– Die nachträgliche Veränderung einer schriftlichen Einwilligungserklärung des Patienten,
  so dass weitergehende Eingriffe von der Erklärung mit umfasst werden.
– Die nachträgliche „Korrektur" von Labor- oder Untersuchungsbefunden in Krankenak-
  ten.

Geht es um nachträgliche Korrekturen, ist wie folgt zu differenzieren: Nimmt jemand   **2276**
Korrekturen vor, obwohl er nicht Aussteller der Originalerklärung ist, liegt grundsätzlich
eine Urkundenfälschung vor. Der Originalaussteller täuscht demgegenüber bei einer Änderung nicht über seine Identität. Er kann daher prinzipiell keine unechte Urkunde herstellen. Dennoch kann auch seine nachträgliche Korrektur nach § 267 StGB strafbar sein. Dies
gilt jedenfalls dann, wenn seine **Veränderungsbefugnis** erloschen ist. Das bedeutet Folgendes: Solange die Behandlung eines Patienten noch andauert und keine abschließende
Befundung stattgefunden hat, ist der behandelnde Arzt berechtigt, die Krankenakte zu ändern. Sind die Befunde jedoch abschließend dokumentiert, darf er den Inhalt der Krankenakte nicht mehr korrigieren – auch wenn er diese selbst geführt hat. Hält er ein bereits
verschriftetes Untersuchungsergebnis für falsch, bleibt ihm die Möglichkeit, der Akte eine

berichtigende Anmerkung hinzuzufügen. Eine solche Hinzufügung muss jedoch erkennen lassen, dass sie nachträglich vorgenommen wurde.

2277   **Definition Gebrauchen einer unechten oder verfälschten Urkunde:** Jede Handlung, welche die Urkunde der sinnlichen Wahrnehmung zugänglich macht.

2278   Unter die Tathandlung des Gebrauchens fällt unter anderem das Vorlegen, Übergeben oder Veröffentlichen der Urkunde. Legt ein Arzt eine manipulierte Krankenakte dem anfordernden Patienten, einem Zivilgericht oder einer Staatsanwaltschaft vor, so macht er von einer verfälschten Urkunde Gebrauch. In der Praxis besitzt diese Tathandlung nur eine geringe Relevanz. Geht dem Gebrauchen ein Verfälschen der Urkunde voraus, liegt nach ständiger Rechtsprechung nur **eine** Tat vor.

4. Vorsatz

2279   Der Straftatbestand der Urkundenfälschung verlangt Vorsatz. Dazu muss der Täter seine Tathandlung, die Urkundeneigenschaft und Unechtheit der Urkunde zumindest „billigend in Kauf nehmen." Außerdem muss er „zur Täuschung im Rechtsverkehr" handeln. Dieses Merkmal ist erfüllt, wenn ein Arzt mit dem Willen handelt, eine andere Person aufgrund ihres Irrtums zu einem rechtserheblichen Verhalten zu veranlassen (z.B. Absehen von Schadensersatzforderungen). Ausgenommen sind lediglich solche Konstellationen, bei denen im sozial-gesellschaftlichen oder zwischenmenschlichen Bereich getäuscht wird, ohne dass hieraus irgendeine Rechtswirkung entsteht.

III. Ausstellen unrichtiger Gesundheitszeugnisse

1. Einleitung

2280   Empathie für Patienten ist wichtig. Sie darf aber nicht zu einer unheiligen Allianz zwischen Behandler und Behandeltem führen. Die augenzwinkernde Bitte eines Patienten, es beim Ausfüllen einer ärztlichen Bescheinigung nicht so genau zu nehmen, ist konfliktträchtig und geht genau in diese Richtung.

2281   Mit § 278 widmet das Strafgesetzbuch dem Ausstellen unrichtiger Gesundheitszeugnisse einen eigenen Straftatbestand. Hierdurch soll die Beweiskraft ärztlicher Zeugnisse für Behörden und Versicherungsgesellschaften gesichert werden. Da ärztliche Zeugnisse in vielen Bereichen als Entscheidungsgrundlage benötigt werden, kommt ihrer inhaltlichen Richtigkeit große Bedeutung zu. Zu denken ist an eine Verwendung in Gerichtsverhandlungen, die den Umfang von Schmerzensgeld zum Gegenstand haben oder an eine Vorlage zur Erteilung von Krankengeld durch die Krankenkassen. Daher stellt § 278 StGB die „schriftliche Lüge" unter Strafe. Diese ist abstrakt verboten. Eine Strafbarkeit entsteht damit unabhängig davon, ob tatsächlich jemand getäuscht wurde!

2. Tatbestand des § 278 StGB

2282   **a) Täter.** Täter des § 278 StGB können nur Ärzte und andere approbierte Medizinalpersonen, wie beispielsweise Hebammen, Heilpraktiker, Krankengymnasten oder Psychotherapeuten sein. Voraussetzung für die Eigenschaft als „andere approbierte Medizinalperson" ist eine gesetzlich geregelte Ausbildung.

2283   **b) Tathandlung.** Tathandlung des § 278 StGB ist das Ausstellen eines inhaltlich unrichtigen Gesundheitszeugnisses.

2284   **Definition Gesundheitszeugnis:** Erklärungen über die jetzige, frühere oder voraussichtliche künftige Gesundheit eines Menschen.

Gesundheitszeugnisse sind beispielsweise:　　　　　　　　　　　　　　　**2285**
- Krankenscheine,
- Impfscheine,
- Arbeitsunfähigkeitsbescheinigungen,
- Ärztliche Berichte über Blutalkoholuntersuchungen,
- Gutachterliche Äußerungen,
- Ärztliche Bescheinigungen mit Darstellung von Krankheitsgeschichte, Befunden und Empfehlungen,
- Ärztliche Bescheinigungen der durchgeführten Beratung vor einem Schwangerschaftsabbruch.

Ob Röntgenbilder und Laborbefunde Gesundheitszeugnisse im Sinne des § 278 StGB **2286** darstellen, hat der Bundesgerichtshof bislang offen gelassen. Die unrichtige Angabe der Todesursache auf einem Totenschein ist jedenfalls nicht erfasst.

Inhaltlich unrichtig ist ein Gesundheitszeugnis, wenn wesentliche Feststellungen nicht **2287** im Einklang mit objektiven Tatsachen oder dem allgemein anerkannten Stand der medizinischen Wissenschaft stehen. Beispiele hierfür sind:
- Falsche Diagnosen,
- Falsche Prognosen,
- Falsche Einzelbehauptungen, Einzeltatsachen oder Einzelbefunde,
- Falsche Bezugsquellen.

Ein Zeugnis gilt auch dann als unrichtig, wenn es über einen Befund ausgestellt wird, **2288** obwohl gar **keine Untersuchung** des Patienten stattgefunden hat. Jedenfalls im Regelfall ist für eine ordnungsgemäße ärztliche Befundung eine körperliche Untersuchung des Patienten notwendig. Eine inhaltliche Unrichtigkeit liegt daher beispielsweise dann vor, wenn Arbeitsunfähigkeitsbescheinigungen mit Blankounterschriften versehen und ohne Untersuchung an Patienten ausgehändigt werden. Auf eine Untersuchung des Patienten kann nur ausnahmsweise verzichtet werden, wenn eine solche aufgrund seines physischen oder psychischen Zustandes nicht möglich oder unzumutbar war.

Nach der Rechtsprechung des Bundesgerichtshofes ist derzeit noch offen, ob nach Aus- **2289** stellen einer Arbeitsunfähigkeitsbescheinigung die Folgebescheinigungen immer nur nach einer erneuten Untersuchung ausgestellt werden dürfen.[6]

Das Zeugnis muss zudem zum Gebrauch bei einer Behörde oder Versicherungsgesell- **2290** schaft ausgestellt worden sein. Durch § 278 StGB sollen nur die Stellen geschützt werden, die das Gesundheitszeugnis dazu nutzen, um den darin attestierten Gesundheitszustand eines Menschen zu beurteilen. Aus diesem Grund genügt die Vorlage von Röntgenbildern an eine Sachverständigenstelle zur Qualitätssicherung bei Röntgeneinrichtungen nicht. Dort wird nur die Qualität der Röntgenbilder, nicht aber der daraus zu entnehmende Gesundheitszustand bewertet.

c) Subjektiver Tatbestand: Wider besseren Wissens. Einfacher Vorsatz genügt **2291** nicht, um § 278 StGB zu verwirklichen. Daneben ist erforderlich, dass der Täter hinsichtlich der Unrichtigkeit des Gesundheitszeugnisses **wider besseren Wissens** handelt. Dies bedeutet, dass er *wissen* muss, dass das von ihm ausgestellte Gesundheitszeugnis einen Fehler aufweist. Ein bloßes „für-möglich-halten" der Unrichtigkeit genügt nicht.

IV. Strafbarer Umgang mit Betäubungsmitteln und Medikamenten

1. Einleitung

Die ärztliche Verordnung von Betäubungsmitteln und Medikamenten ist aufgrund der ho- **2292** hen Missbrauchsgefahr ein äußerst sensibles Thema. Der Gesetzgeber hat diese Bereiche de-

---

[6] BGH Urteil vom 8. 11. 2006 – 2 StR 384/06 = BeckRS 2006, 15082.

tailliert geregelt. Für Ärzte und Zahnärzte ist die Fülle der sehr umfangreichen und interpretationsoffenen Vorschriften kaum mehr zu überblicken. Daher gibt dieses Kapitel einen kurzen Überblick über die strafrechtlichen Vorschriften, die für die entsprechende Behandlung relevant sind. In den Verdacht zu geraten, unerlaubt Betäubungsmittel und Medikamente abzugeben, kann traumatisieren. Ärzte und Zahnärzte werden nicht selten als Dealer in weißen Kitteln tituliert, denen es nicht um das Wohlergehen ihrer Patienten, sondern allein um Geldverdienen geht. Trotz ihrer Bereitschaft, sich für schwierige Patienten zu engagieren, schlägt ihnen seitens der Aufsichtsbehörden häufig ein stark ausgeprägtes Misstrauen entgegen. Sie sind daher gut beraten, penibel auf eine aussagekräftige Dokumentation zu achten, um sich überzeugend gegen Behandlungsfehlervorwürfe verteidigen zu können.

2. Strafbarkeit nach dem Betäubungsmittelgesetz (BtMG)

2293   **a) Grundlagen.** Das BtMG hat drei Anlagen, die Betäubungsmittel in drei Kategorien einordnen:
- Anlage I: Nicht verkehrsfähige Betäubungsmittel,
- Anlage II: Verkehrsfähige, aber nicht verschreibungsfähige Betäubungsmittel,
- Anlage III: Verkehrsfähige und verschreibungsfähige Betäubungsmittel.

2294   Bei den Substanzen aus Anlage I sind sowohl Handel als auch Abgabe verboten. Bei den Substanzen aus Anlage II ist zwar der Handel erlaubt, aber die Abgabe verboten. Nur die in Anlage III aufgezählten Betäubungsmittel kommen für eine Verschreibung durch den Arzt in Betracht. Hierunter fallen unter anderem Substitutionsstoffe wie Methadon, Morphin, Opium, Cannabis und kokainhaltige Präparate.

2295   **b) Strafbarkeit gemäß §§ 13, 29 Abs. 1 Nr. 6 BtMG.** Das BtMG erkennt die ärztliche Rezeptier- und Behandlungsfreiheit auch im Hinblick auf Betäubungsmittel an, setzt ihr jedoch in § 13 deutliche Grenzen. Erfüllt ein Arzt die Voraussetzungen dieser Vorschrift nicht, macht er sich gemäß § 29 Abs. 1 Nr. 6 BtMG strafbar. Das hat der BGH in einer neueren Entscheidung bekräftigt.

2296   **aa) Erlaubte Formen der Abgabe.** Zunächst begrenzt § 13 Abs. 1 BtMG die möglichen Abgabeformen auf das Verschreiben, das Verabreichen und das Überlassen zum unmittelbaren Verbrauch. Eine legale **Verschreibung** liegt nur dann vor, wenn sie ein im Inland approbierter Arzt persönlich und schriftlich ausstellt. Eine Delegation der Rezeptausstellung ist unzulässig. Unter einer **Verabreichung** ist jede Form des Einführens von Betäubungsmitteln in den Körper des Patienten zu verstehen, beispielsweise durch eine Injektion. Das **Überlassen** von Betäubungsmitteln ist grundsätzlich nur dann zulässig, wenn es dem unmittelbaren Verbrauch dient, also der sofortigen Einnahme des Betäubungsmittels vor Ort, und nicht der Mitnahme durch den Patienten.

2297   **bb) Begründetheit der Anwendung.** Kernvoraussetzung des § 13 BtMG ist die Begründetheit der Anwendung. Durch den Terminus *„Die Anwendung ist insbesondere dann nicht begründet, wenn der beabsichtigte Zweck auf andere Weise erreicht werden kann"* macht das Gesetz deutlich, dass der Einsatz von Betäubungsmitteln zu medizinischen Zwecken **ultima ratio** sein muss. Gibt es andere, gleich effektive Mittel um den Heilungszweck zu erfüllen, so muss der Arzt auf diese zurückgreifen. Eine Verschreibung von Betäubungsmitteln wäre in diesem Fall strafbar. An die Begründetheit der Anwendung sind nach der Rechtsprechung strenge Anforderungen zu stellen. Zunächst muss der Arzt durch Untersuchung und Diagnosestellung zu dem Ergebnis kommen, dass die Verschreibung eines bestimmten Betäubungsmittels indiziert ist. Die Wahl des „richtigen" Betäubungsmittels unterliegt grundsätzlich der Therapiefreiheit des Arztes, solange sich seine Entscheidung noch in medizinisch vertretbaren Bahnen bewegt und unter mehreren gleich wirksamen Therapiemöglichkeiten das für den Patienten geringste Risiko darstellt. Die Indikation muss sich auch auf die Menge des verschriebenen Betäubungsmittels beziehen. Die Höchstmengen bei Verschreibungen bestimmter Betäubungsmitteln sind in § 2 der Betäubungsmittel-Verschreibungsverordnung (BtMVV) festgelegt. Die richtige Dosis zu finden, ist eine der schwierigsten Aufgaben des behandelnden Arztes. Hier setzen nicht selten Behandlungsfehler-Vorwürfe an. Für alle Betäubungsmittel gilt, dass Vorratsverschreibungen unzulässig sind, da hierdurch eine effektive ärztliche Kontrolle unmöglich gemacht und die Sucht- und Missbrauchsgefahr erhöht wird.

c) Besondere Anforderungen im Rahmen der Substitutionstherapie. Im Jahr **2298** 2011 gab es nach Angaben des Bundesamtes für Arzneimittel und Medizinprodukte in Deutschland 76200 Substitutionspatienten.[7] Für die Substitutionstherapie gelten spezielle gesetzliche Regelungen, die § 13 BtMG ergänzen. Eine davon ist § 5 BtMVV. Nach dieser Vorschrift gibt es drei zulässige **Substitutionstherapieziele:**[8]
– Die Behandlung der Opiatabhängigkeit durch schrittweise Entwöhnung.
– Die Behandlung einer neben der Opiatabhängigkeit bestehenden schweren Erkrankung.
– Verringerung abhängigkeitsbedingter Risiken während der Schwangerschaft und nach der Geburt.

§ 5 BtMVV ist eine sehr detaillierte Vorschrift. Ihre grundlegenden **Voraussetzungen** **2299** lauten wie folgt:
– Der Substitution dürfen keine medizinisch allgemein anerkannten Ausschlussgründe entgegenstehen.
– Erforderliche psychiatrische, psychotherapeutische oder psychosoziale Behandlungs- und Betreuungsmaßnahmen müssen in die Behandlung bzw. das Gesamtbehandlungskonzept miteinbezogen werden.
– Jeder Arzt, der Substitutionsmittel für einen opiatabhängigen Patienten verschreibt, ist verpflichtet, vorgenommene Verschreibungen unverzüglich an das Bundesamt für Arzneimittel und Medizinprodukte zu melden, damit diese in das Substitutionsregister aufgenommen werden können. Details zu dieser Meldepflicht findet man in § 5a Abs. 2 BtMVV.
– Es dürfen keine Erkenntnisse darüber vorliegen, dass der betreffende Patient von einem anderen Arzt verschriebene Substitutionsmittel erhält, erforderliche psychiatrische, psychotherapeutische oder psychosoziale Behandlungs- und Betreuungsmaßnahmen dauerhaft nicht in Anspruch nimmt, Stoffe gebraucht, deren Konsum nach Art und Menge den Zweck der Substitution gefährdet oder das ihm verschriebene Substitutionsmittel nicht bestimmungsgemäß verwendet.
– Der Patient muss im erforderlichen Umfang, in der Regel wöchentlich, den behandelnden Arzt konsultieren.
– Der Arzt muss die Mindestanforderungen an eine suchttherapeutische Qualifikation erfüllen, die von den Ärztekammern festgelegt werden. In der Regel handelt es sich hierbei um ein von den Landesärztekammern zertifiziertes Curriculum mit 50-stündiger Weiterbildung und anschließender Prüfung.

Grundsätzlich ist es gemäß § 5 Abs. 5 bis 7 BtMVV nicht zulässig, dem Substitutionspati- **2300** enten Verschreibungen oder Substitutionsmittel zur eigenen Verfügung auszuhändigen. Das Substitutionsmittel darf ihm nur zum unmittelbaren Verbrauch in der Praxis, dem Krankenhaus oder einer anderen anerkannten Einrichtung überlassen werden. Eine **Take-Home-Verordnung** ist als Ausnahme nur unter den engen Voraussetzungen des § 5 Abs. 8 BtMVV möglich. Die Koppelung der Take-Home-Verordnung an zusätzliche Voraussetzungen trägt der Missbrauchsgefahr Rechnung, die einer solchen Maßnahme innewohnt. Hierauf hat die Bundesregierung kürzlich im Rahmen einer Antwort auf eine Kleine Anfrage hingewiesen. Sie bezieht sich dabei auf eine Studie, bei der 23 Prozent der Substitutionspatienten angaben, das Substitut schon einmal verkauft oder weitergegeben zu haben.[9]

---

[7] „Bericht zum Substitutionsregister – Januar 2012", abrufbar unter http://www.bfarm.de/cae/servlet/contentblob/1010620/publicationFile/65966/Subst_Bericht_2010.pdf (Letzter Abruf am 13. 6. 2012).
[8] § 5 Abs. 1 BtMVV.
[9] BT-Drucksache 17/9114 mit Verweis auf die IMPROVE-Studie, abrufbar unter <http://www.akzept.org/experten_gespraech/pdf/IMPROVE_kurzfinal.pdf> (Letzter Abruf am 30. 5. 2012).

2301 Verstöße gegen die besonderen Vorschriften des BtMVV können entweder eine Straftat nach § 29 Abs. 1 Nr. 14 BtMG oder eine Ordnungswidrigkeit nach § 32 Abs. 1 Nr. 6 BtMG darstellen. Der Gesetzgeber unterscheidet hierbei nach der Schwere des Verstoßes. Verstöße gegen „bloße Formvorschriften" des BtMVV, wie beispielsweise gegen gesetzlich normierte Dokumentationspflichten, stellen eine Ordnungswidrigkeit dar. Demgegenüber ist das Verordnen von Substitutionsmitteln ohne das Vorliegen eines zulässigen Therapieziels im Sinne des § 5 Abs. 1 BtMVV eine Straftat, da es hier um die grundsätzlichen Voraussetzungen der Substitution als solche geht.

3. Strafbarer Umgang mit Medikamenten

2302 Das Arzneimittelgesetz (AMG) ist das Gesetz für den richtigen Umgang mit Arzneimitteln. Die Vorschriften des AMG richten sich primär an die Hersteller. Jedoch kann sich auch ein Arzt nach dem AMG strafbar machen, wenn er Arzneimittel verwendet (vgl. §§ 95, 96 AMG). Hierzu ein kurzer Überblick:

2303 • **Inverkehrbringen von minderwertigen und gefälschten Arzneimitteln und Wirkstoffen, vgl. § 8 AMG:** Die einschlägige Strafvorschrift ist § 95 Abs. 1 Nr. 3 AMG. Tathandlung ist das „Inverkehrbringen". Nach § 4 Abs. 17 AMG erfasst es das Vorrätighalten zum Verkauf oder zu sonstiger Abgabe, das Feilhalten, das Feilbieten und die Abgabe an andere. Das Arzneimittel, das in den Verkehr gebracht werden soll, muss in seiner Qualität nicht unerheblich gemindert sein (§ 8 Abs. 1 Nr. 1 AMG) oder hinsichtlich seiner Identität oder Herkunft falsch gekennzeichnet sein. Das Gleiche gilt für Wirkstoffe. Schon der Versuch ist strafbar.

2304 • **Handel mit verschreibungspflichtigen Arzneimitteln und deren Abgabe, vgl. § 43 AMG:** Wer mit verschreibungspflichtigen Arzneimitteln handelt und dabei die Apothekenprivilegien im Sinne des § 43 AMG missachtet, macht sich nach § 95 Abs. 1 Nr. 4 AMG strafbar. Das gilt auch für denjenigen, der Arzneimittel in dieser Form abgibt. Flächendeckende Ermittlungsverfahren gegen Gynäkologen im Jahr 2012 zeigen, dass diese Vorschrift durchaus praktische Bedeutung hat.

2305 • **Klinische Prüfungen gemäß §§ 40, 41 AMG:** Bevor ein Medikament zugelassen werden darf, muss es im Rahmen klinischer Prüfungen auf seine Wirksamkeit sowie auf etwaige Nebenwirkungen getestet werden. Ziel einer solchen klinischen Prüfung ist es, sich von der Unbedenklichkeit oder Wirksamkeit der Arzneimittel zu überzeugen. Führt ein Arzt die klinische Prüfung durch, muss er die Vorschriften der §§ 40, 41 AMG beachten. Hält er deren Anforderungen nicht ein, kann er sich gemäß § 96 AMG strafbar machen.

2306 **Klinische Prüfungen an gesunden Menschen** unterliegen den Voraussetzungen des § 40 AMG. Danach darf eine Prüfung nur durchgeführt werden, wenn sie nach Abwägung der vorhersehbaren Risiken mit der möglichen Bedeutung des Arzneimittels für die Heilkunde ärztlich vertretbar ist. Die Prüfung muss in einer geeigneten Einrichtung von einem qualifizierten Prüfer mit mindestens zweijähriger Erfahrung in der klinischen Prüfung von Arzneimitteln durchgeführt werden. § 40 AMG verlangt unter anderem, dass die Teilnehmer volljährig und in der Lage sind, Wesen, Bedeutung und Tragweite der Prüfung zu erkennen. Sie müssen dementsprechend aufgeklärt werden. Dies umfasst die Aufklärung über das Recht, die Teilnahme an der klinischen Prüfung jederzeit zu beenden. Nach erfolgter Aufklärung ist eine schriftliche Einwilligung erforderlich.

2307 Für **klinische Prüfungen an Kranken** stellt § 41 AMG zusätzliche Anforderungen auf. Die Anwendung des Arzneimittels muss nach den Erkenntnissen der medizinischen Wissenschaft angezeigt sein, um das Leben der betreffenden Person zu retten, ihre Gesundheit wiederherzustellen oder ihr Leiden zu erleichtern. Alternativ muss die Anwendung für die Gruppe der Patienten, die an der gleichen Krankheit leiden, mit einem direkten Nutzen verbunden sein. § 41 Abs. 1 S. 2 AMG sieht hierbei für Notfälle Ausnahmen von dem Einwilligungsvorbehalt dergestalt vor, dass eine Behandlung, die ohne

Aufschub erforderlich ist, um das Leben der betreffenden Person zu retten, ihre Gesundheit wiederherzustellen oder ihr Leiden zu erleichtern, zunächst durchgeführt werden darf. Die entsprechende Einwilligung ist nachträglich einzuholen, sobald dies möglich und zumutbar ist.

Klinische Prüfungen bei Minderjährigen haben zu gewährleisten, dass sie mit möglichst **2308** geringen Risiken und Belastungen verbunden sind.

- **„Off-Label-Use":** Ein sogenannter „Off-Label-Use" liegt vor, wenn der Arzt ein Me- **2309** dikament für eine andere Therapie anwendet, als für jene, für die es eigentlich zugelassen ist. Grundsätzlich entscheidet der Arzt im Rahmen der Therapiefreiheit, welche Medikamente er bei der Behandlung eines Patienten für medizinisch geboten hält. Darauf, ob das Medikament für die konkrete Anwendung zugelassen ist, kommt es nicht an. Der Arzt macht sich nicht nach dem AMG strafbar, er muss jedoch ein erhöhtes Maß an Risikoabwägung, Aufklärung und Kontrolle gewährleisten. Handelt es sich hingegen um ein Arzneimittel *ohne jede* Zulassung, so macht sich nicht nur derjenige gemäß § 96 Nr. 5 AMG strafbar, der das Medikament zuerst in den Verkehr gebracht hat, sondern auch der Arzt, der es anwendet.

- **Doping:** Seit November 2007 ist das Dopingverbot im AMG gesetzlich verankert. Ge- **2310** mäß § 6 a Abs. 1 AMG ist es verboten, „Arzneimittel zu Dopingzwecken im Sport in den Verkehr zu bringen, zu verschreiben oder bei anderen anzuwenden". Ebenso ist der Besitz von Arzneimitteln in nicht geringer Menge zu Dopingzwecken bei Menschen gemäß § 6 a Abs. 2 a AMG verboten. Der Arzt kann sich in diesen Fällen gemäß § 95 Abs. 1 Nr. 2 a, b AMG strafbar machen.

V. Körperverletzung, Tötung und unterlassene Hilfeleistung

1. Einleitung

Wegen fahrlässiger Körperverletzung und fahrlässiger Tötung wird am Häufigsten gegen **2311** Ärzte ermittelt. Das ist aus verschiedenen Gründen plausibel. Erstens: Heilbehandlung ist gefahrgeneigte Arbeit. Sie bringt immer Unwägbarkeiten und Risiken mit sich. Für einen Heilerfolg gibt es gerade in schwierigen Fällen keine Garantie. Zweitens: Ökonomische Zwänge, die auf das Gesundheitswesen einwirken, erzeugen Zeitmangel. Diese Verknappung ist der Versorgungsqualität abträglich. Drittens: Patienten hoffen auf das Beste. Wird ihre Hoffnung konterkariert, weil der behandelnde Arzt sie an ihrer Gesundheit schädigt, können tiefgreifende Frustration und Verärgerung entstehen. Handeln Ärzte in dieser Situation nicht umsichtig, sondern abweisend, sind Patienten geneigt, Strafanzeige zu erstatten. In überraschenden Todesfällen, in denen Anhaltspunkte für ärztliche Fehler vorliegen, ist es für viele Angehörige aus persönlichen Gründen wichtig, den Sachverhalt auch strafrechtlich überprüfen zu lassen. Das ist insofern verständlich, als mit Gesundheit und Leben zwei zentrale Rechtsgüter in Rede stehen. Schließlich kann auch der öffentliche Druck durch die Medien dafür sorgen, dass Staatsanwaltschaften intensive Ermittlungstätigkeiten entfalten.

Eine Strafbarkeit wegen Körperverletzung oder Tötung kommt sowohl bei Vorsatz als **2312** auch bei Fahrlässigkeit in Betracht. Vorsatz setzt die „billigende Inkaufnahme" einer Verletzung voraus. Die Tätigkeit eines Arztes ist demgegenüber darauf ausgerichtet, Patienten zu helfen. Das steht der Annahme eines Verletzungsvorsatzes bereits dem Grunde nach entgegen. Allerdings bleibt eine Fahrlässigkeitsstrafbarkeit möglich. Die folgende Darstellung rückt diese in den Mittelpunkt.

2. Körperverletzung und Tötung: Objektive Tatbestandsvoraussetzungen

a) Das Grundproblem: Der ärztliche Heileingriff als tatbestandsmäßige Kör- **2313** perverletzung (?). Ärzte und Zahnärzte wollen heilen, nicht verletzen. Dennoch geht die

ständige Rechtsprechung davon aus, dass grundsätzlich jeder ärztliche Heileingriff eine tatbestandliche Körperverletzung ist.[10] Dies gilt selbst dann, wenn feststeht, dass der Eingriff kunstgerecht und erfolgreich durchgeführt wurde. Diese Auffassung hat das LG Köln in seinem viel beachteten Urteil zur Beschneidung von Kindern bestätigt. Diesem Standpunkt, der in der Rechtslehre heftig umstritten ist, liegt das nachvollziehbare Bestreben zu Grunde, das Selbstbestimmungsrecht des Patienten zu schützen. Nur wenn der Patient wirksam in eine Behandlung einwilligt, soll eine Strafbarkeit des Arztes ausscheiden. Da die Rechtsprechung dieser Sichtweise folgt, orientiert sich die folgende Darstellung an ihren Vorgaben.

2314   **b) Taterfolg Körperverletzung: Körperliche Misshandlung/Gesundheitsschädigung.** Eine Strafbarkeit wegen fahrlässiger Körperverletzung setzt nach §§ 229, 223 Abs. 1 StGB voraus, dass der Betroffene körperlich misshandelt oder an der Gesundheit geschädigt wurde.

2315   **Definition Körperliche Misshandlung:** Jede üble und unangemessene Behandlung, durch die das körperliche Wohlbefinden mehr als nur unerheblich beeinträchtigt oder sonst nachteilig auf die körperliche Unversehrtheit eingewirkt wird.

2316   Eine körperliche Misshandlung liegt beispielsweise in Fällen einer nachteiligen Veränderung des Körpers vor. Hierzu gehören:
– Amputation von Gliedmaßen
– Verminderung körperlicher Funktionen (z. B. Gehbehinderungen, Sehstörungen)
– Zufügen von Schwellungen, Schnitten etc.
– Körperliche Verunstaltungen wie z. B. Narben
– Zu hoch dosierte Röntgenbestrahlung.

2317   **Definition Gesundheitsschädigung:** Jedes Hervorrufen oder Steigern eines pathologischen Zustandes.

2318   Als Gesundheitsschädigungen kommen in Betracht:
– Erkrankungen innerer und äußerer Organe
– Knochenbrüche
– Wunden
– Infektionen
– Hämatome
– Auf den Körper wirkende Beeinträchtigungen infolge psychischer Belastungen.

2319   Der Tatbestand der Körperverletzung kann sowohl durch ein Tun als auch durch ein Unterlassen verwirklicht werden. Eine Strafbarkeit wegen **Unterlassen** setzt voraus, dass den Täter eine sogenannte Garantenpflicht trifft. Er muss rechtlich dafür einzustehen haben, dass ein Schaden des Patienten nicht eintritt, § 13 Abs. 1 StGB. Die Garantenstellung eines Arztes kann auf ganz verschiedene Weise begründet werden, beispielsweise durch gesetzliche Vorschriften, dienstlichen Auftrag, **Übernahme der Behandlung** oder die organisatorische Einteilung in einer medizinischen Einrichtung. Eine Körperverletzung durch Unterlassen wird immer dann in Betracht kommen, wenn der Arzt erforderliche und durchführbare Maßnahmen nicht ergreift und dies zu einer körperlichen Beeinträchtigung des Patienten führt. Ein Beispiel hierfür ist die Untätigkeit des zuständigen Arztes bei behandelbaren Schmerzen.

2320   **c) Verursachung des Todes.** Eine fahrlässige Tötung kann jedes Verhalten sein, das für den Tod eines Menschen ursächlich ist. Es kann sowohl in einem aktiven Tun als

---

[10] Die ständige Rechtsprechung geht zurück auf eine Entscheidung des Reichsgerichts aus dem Jahre 1894; abgedruckt in RGSt 25, 375.

auch in einem Unterlassen bestehen. Das Verhalten eines Arztes ist kausal, wenn es nicht hinweggedacht werden kann, ohne dass der Tod des Patienten entfiele. Daran kann es fehlen, wenn berechtigte Zweifel bestehen, ob der Patient nicht ohnehin verstorben wäre.

d) Objektive Sorgfaltspflichtverletzung (Fahrlässigkeit). Fahrlässigkeitstaten setzen 2321 voraus, dass der Arzt gegen eine Sorgfaltspflicht verstößt und die hierdurch verursachte Körperverletzung/Tötung objektiv vorhersehbar und vermeidbar war. Ob eine Sorgfaltspflicht existiert und welchen Inhalt sie hat, wird objektiv bestimmt. Dabei geht es regelmäßig um die Einhaltung medizinischer Behandlungsstandards. Maßstab für die Sorgfaltspflichtverletzung bei Ärzten ist *„der Standard eines erfahrenen Facharztes, also das zum Behandlungszeitpunkt in der ärztlichen Praxis und Erfahrung bewährte, nach naturwissenschaftlicher Erkenntnis gesicherte, von einem durchschnittlichen Facharzt verlangte Maß an Kenntnis und Können.* "[11] Es kommt nicht darauf an, ob die Sorgfaltspflicht dem Arzt aufgrund seiner individuellen Aus- und Fortbildung bekannt war. Art und Umfang der Sorgfaltspflicht werden aus einer **ex ante**-Perspektive beurteilt. Entscheidend ist allein, wie sich die Sachlage in dem Zeitpunkt des Eingriffs dargestellt hat.

Eine allgemeingültige Aussage dazu, wann der **Facharztstandard** als erfüllt angesehen 2322 wird, ist nicht möglich. Hier spielen viele Faktoren eine Rolle. Beispielhaft zu nennen sind die Gefährlichkeit der Behandlung, die konkreten räumlichen und zeitlichen Gegebenheiten und die verfügbaren ärztlichen Mittel. Gibt es mehrere anerkannte Heilmethoden oder hat sich noch keine Standard-Behandlungsmethode herausgebildet, kann sich der Arzt auf seine Therapiefreiheit berufen. Diese endet jedoch dort, wo eine Methode als überlegen anerkannt ist. Hieraus folgt auch die Pflicht eines Arztes zur steten Fortbildung. Dabei gelten strenge Anforderungen. Der Bundesgerichtshof sieht eine Pflicht, *„sich bis an die Grenze des Zumutbaren über die Erkenntnisse und Erfahrungen der Wissenschaft unterrichtet zu halten"*.[12]

Rechtsprechung zur objektiven Sorgfaltspflichtverletzung   2323

- **Sorgfaltspflichtverletzung bei mangelnder Erfahrung mit einer Behandlungsweise (BGH NJW 2003, 2311, 2313)**
  In diesem Fall hatte der behandelnde Arzt bei einer Operation kein Hysteroskop benutzt, obwohl dies dem medizinischen Standard entsprach. Anlass dafür war, dass er sich im Umgang mit dem Instrument nicht für hinreichend erfahren hielt. Der Bundesgerichtshof stellte hierzu fest:
  „Das Absehen von einer medizinisch gebotenen Vorgehensweise bedeutet eine Abweichung von dem haftungsrechtlich maßgeblichen Standard eines Facharztes und begründet einen ärztlichen Behandlungsfehler. Auf die subjektiven Fähigkeiten des behandelnden Arztes kommt es insoweit nicht an."
- **Sorgfaltspflichten medizinischer Berufsanfänger (BGH NJW 1988, 2298)**
  Eine Assistenzärztin, die seit neun Wochen in ihrer ersten Anstellung in einer Klinik arbeitete, hatte trotz auffälliger Laborbefunde bei einem Patienten keine weiteren diagnostischen Maßnahmen veranlasst. Sie erkannte daher nicht, dass der Patient unter einem Nierentumor litt. Der Bundesgerichtshof bejahte eine Sorgfaltspflichtverletzung. Die Ärztin hätte erkennen müssen, dass ihr Wissen nicht zur Behandlung bzw. zum Abwarten ohne weitere Maßnahmen ausreichte und dass sie zumindest einen erfahrenen Kollegen um Rat hätte fragen müssen. Denn: *„Gerade von einem ärztlichen Berufsanfänger muss erwartet werden, dass er gegenüber seinen Fähigkeiten besonders selbstkritisch und sich der u. U. lebensbedrohenden Gefahr für einen Patienten bewusst ist, die er durch gedankenloses Festhalten an einem Behandlungsplan, durch Mangel an Umsicht oder das vorschnelle Unterdrücken von Zweifeln heraufbeschwören kann."*

---

[11] OLG Hamm, Beschluss vom 8. 6. 2005 – 3 Ws 473–476/04 = MedR 2006, 358.
[12] BGH, Urteil vom 15. 3. 1977 – VI ZR 201/75.

2324   Der sog. **Vertrauensgrundsatz** schränkt die strafrechtliche Verantwortung von Ärzten erheblich ein. In seiner horizontalen Ausprägung erlaubt er es ihnen, grundsätzlich auf kunstgerechtes Handeln ihrer Kollegen aus anderen Fachgebieten zu vertrauen. Vorausgesetzt, es gibt keine Anhaltspunkte für Qualifikationsdefizite oder Sorgfaltsmängel. Der Vertrauensgrundsatz gilt z. B. im Verhältnis von Allgemeinmediziner zu Facharzt sowie von Haus- zu Krankenhausarzt. Kein Platz für Vertrauen ist, wenn Dokumentationsmängel aufgetreten sind oder Behandlungsunterlagen fehlen. Hat ein Arzt Zweifel an den Ergebnissen des vor- oder mitbehandelnden Kollegen, so hat er diesen nachzugehen. Ärzte desselben Fachgebiets dürfen die Diagnosen und Therapieentscheidungen ihrer vorbehandelnden Kollegen nicht ungeprüft übernehmen.

2325   Der Vertrauensgrundsatz gilt grundsätzlich auch bei vertikaler Arbeitsteilung. Angestellte Ärzte und nichtmedizinische Mitarbeiter sind jedoch sorgfältig auszuwählen, zu instruieren, zu koordinieren und zu überwachen. Ihnen dürfen nur solche Tätigkeiten übertragen werden, die sie fachgerecht erfüllen können. Geht es um Leistungen, die Ärzten vorbehalten sind (z. B. Anamnese), verbietet sich eine Delegation auf nichtmedizinisches Personal (sog. Arztvorbehalt).

2326   Eine Überwachung von Hilfspersonen ist insbesondere bei **mündlichen Aufträgen** geboten, weil die Gefahr von Übermittlungsfehlern durch Versprechen und die Möglichkeit von Hörfehlern bestehen.

2327   Für alle Fälle der Zusammenarbeit gilt: Je fehlerträchtiger Untersuchungen und je gefährlicher die Auswirkungen falscher Untersuchungsergebnisse sind, desto intensiver müssen sie überwacht bzw. kontrolliert werden.

2328   **e) Objektive Vorhersehbarkeit.** Die Beeinträchtigung des Patienten musste ein gewissenhafter und besonnener Arzt vorhersehen können. Daran fehlt es beispielsweise, wenn der Geschehensverlauf außerhalb jeder Lebenserfahrung lag und insoweit völlig atypisch war.

3. Rechtfertigungsgründe

2329   **a) Tatsächliche Einwilligung des Patienten.** Die Einwilligung des Patienten hat im Medizinstrafrecht zentrale Bedeutung. Sie setzt eine hinreichende Aufklärung des Patienten durch den Arzt voraus. Der Patient kann sein Selbstbestimmungsrecht nur ausüben, wenn er das nötige Wissen über den bevorstehenden Heileingriff und die damit verbundenen Risiken hat. Er kann seine Einwilligung ausdrücklich oder stillschweigend erklären. Inzwischen hat der Gesetzgeber eine umfassende Aufklärungspflicht in § 630e BGB verankert.

2330   **Checkliste Aufklärung**
- **Wer muss aufklären?**
  Grundsätzlich muss der behandelnde Arzt, der den Eingriff eigenverantwortlich durchführt, den Patienten aufklären. Er kann die Aufklärung aber auch auf andere Ärzte übertragen, die über die zur Durchführung der Maßnahme notwendige Ausbildung verfügen. Ist das der Fall, muss er allerdings durch Kontrollen sicherstellen, dass die Aufklärung ordnungsgemäß erfolgt ist. Eine Übertragung auf nichtärztliches Personal, wie beispielsweise Pflegepersonal, ist dagegen nicht zulässig.
- **Wer ist Aufklärungsadressat?**
  Aufklärungsadressat ist im Regelfall der zu behandelnde Patient selbst. Anders ist dies nur, wenn der Patient minderjährig oder nicht einwilligungsfähig ist. Bei minderjährigen Patienten gibt es für die Einwilligungsfähigkeit keine festen Altersgrenzen. Es kommt vielmehr auf die grundsätzliche Fähigkeit an, die Tragweite des Eingriffs verstehen zu können. Bei Minderjährigen unter 14 Jahren ist davon noch nicht auszugehen. Es ist daher die Einwilligung der Eltern einzuholen. Steht ein schwerwiegender Eingriff mit schwer zu überschauenden Risiken in Rede, gilt das auch für ältere Minderjährige. Bei volljährigen Patienten, die beispielsweise aufgrund eines Komas nicht einwilligungsfähig sind, muss grundsätzlich ein Betreuer bestellt und befragt werden. Zu beachten ist, dass nahe Angehörige in diesen Fällen regelmäßig *nicht* einwilligungs-

berechtigt sind, sondern nur Anhaltspunkte über den mutmaßlichen Willen des Patienten geben können. Nach Auffassung des LG Köln wirkt die Einwilligung der Erziehungsberechtigten in Eingriffe, die nicht medizinisch indiziert sind, nicht rechtfertigend.

- **Wann muss aufgeklärt werden?**
  Wann genau eine Aufklärung geboten ist, hängt von den Umständen des Einzelfalles ab. Allgemein gilt, dass der Patient faktisch in der Lage sein muss, eine eigenverantwortliche und wohlüberlegte Entscheidung zu treffen. Dazu muss er noch genügend Zeit haben, seine Haltung zu dem ärztlichen Eingriff in Ruhe zu überdenken. Die Aufklärung muss also rechtzeitig erfolgen.
- **In welcher Form ist aufzuklären?**
  Die Aufklärung muss nach § 630e BGB mündlich erfolgen. Auf schriftliche Informationsblätter kann ergänzend Bezug genommen werden.
- **Welchen Umfang muss die Aufklärung haben?**
  Die Aufklärung muss alle Umstände erfassen, die für die Einwilligung wesentlich sind. Dazu gehören insbesondere folgende Aspekte:

Diagnoseaufklärung: Die Diagnoseaufklärung steht am Anfang der Behandlung. Der Patient wird über den ärztlichen Befund aufgeklärt, der Grundlage und Anlass für den geplanten Heileingriff ist. Die Rechtsprechung verlangt auch dann eine volle Aufklärung, wenn die Diagnose den Patienten schwer belasten kann. Eine Ausnahme ist nur dort denkbar, wo eine „ernste und nicht behebbare Gesundheitsschädigung" des Patienten droht.

Verlaufsaufklärung: Eine Verlaufsaufklärung soll dem Patienten aufzeigen, wie sich sein Gesundheitszustand voraussichtlich entwickeln wird, je nachdem, ob er sich für oder gegen eine Behandlung entscheidet. Dies umfasst eine Aufklärung über Art, Umfang, Durchführung und Schmerzhaftigkeit des Eingriffs sowie mögliche Behandlungsalternativen. Grundsätzlich hat der Arzt im Rahmen seiner Therapiefreiheit zwischen gleich erfolgversprechenden Behandlungsmethoden ein Wahlrecht. Dabei muss er grundsätzlich nicht begründen, warum er sich für eine bestimmte Behandlungsmethode entschieden hat. Unterscheiden sich die Behandlungsalternativen jedoch hinsichtlich Art oder Risiko, muss der Patient hierüber aufgeklärt werden. Die Entscheidung für eine bestimmte Vorgehensweise liegt dann ganz bei ihm.

Risikoaufklärung: Die Risikoaufklärung soll dem Patienten die Gefahren des geplanten Eingriffs verdeutlichen. Es besteht keine Pflicht, den Patienten über alle denkbaren Risiken aufzuklären. Aufzuzeigen sind jedoch die *typischerweise* mit dem Eingriff verbundenen Gefahren. Sind schwere Komplikationen nicht auszuschließen, ist auch darüber aufzuklären. Dies gilt selbst dann, wenn diese äußerst selten auftreten. Hierzu führt der Bundesgerichtshof unter Verweis auf seine ständige Rechtsprechung aus: „[Es] *ist für die ärztliche Hinweispflicht nicht entscheidend auf einen bestimmten Grad der Komplikationsdichte, sondern maßgeblich darauf abzustellen, ob das in Frage stehende Risiko dem Eingriff spezifisch anhaftet und bei seiner Verwirklichung die Lebensführung des Patienten besonders belastet. Ist dies der Fall, dann sind zwar Art und Umfang der Aufklärung daran auszurichten, wie dringlich die beabsichtigte Operation ist; es ist jedoch regelmäßig nicht Sache des Arztes, sondern des Patienten, darüber zu entscheiden, ob das mit dem Eingriff verbundene Risiko eingegangen werden soll."* [13]

Therapieaufklärung: Hierdurch soll der Patient Informationen über die notwendigen Therapien und die Möglichkeiten zum Schutz vor Nachteilen erhalten, die mit der Behandlung verbunden sein können. Hierzu gehört beispielsweise auch die Aufklärung über ärztlich gebotene Nachkontrollen und gegebenenfalls erforderliche Nachbehandlungen.

---

[13] BGH, Urteil vom 2. 11. 1993 – VI ZR 245/92 = NJW 1994, 793.

2331 **b) Mutmaßliche Einwilligung des Patienten.** Fehlt eine ausdrückliche oder stillschweigende Einwilligung, kommt eine mutmaßliche Einwilligung des Patienten in Betracht. Bei diesem Rechtfertigungsgrund ist allerdings besondere Vorsicht geboten! Er kommt nur dann zur Anwendung, wenn der Patient tatsächlich nicht nach seinem wahren Willen befragt werden kann. Ob ein bestimmter Eingriff dem mutmaßlichen Willen eines Patienten entspricht, ist oft schwierig zu bestimmen. Eine mutmaßliche Einwilligung ist jedenfalls dann zu verneinen, wenn der Patient sich bereits im Vorfeld gegen den Eingriff ausgesprochen hat und keine Anhaltspunkte für einen Meinungswandel bestehen.

2332 Besonders wichtig ist die mutmaßliche Einwilligung, wenn bei einem chirurgischen Eingriff eine nachträgliche **Operationserweiterung** indiziert ist. Grundsätzlich ist der Arzt zwar in solchen Situationen verpflichtet, die Operation abzubrechen und eine tatsächliche Einwilligung des Patienten einzuholen, wenn dies ohne dessen Gefährdung möglich ist. Die Rechtsprechung erkennt jedoch Ausnahmen an: *„Ein Abbruch der Operation wird deshalb dann nicht in Betracht kommen, wenn dies den Patienten mindestens ebenso gefährden würde, wie das Risiko, das in der Fortsetzung des Eingriffs liegt, wenn also der Abbruch der Operation medizinisch kontraindiziert ist.“*[14] Letzteres ist insbesondere dann der Fall, wenn die Operationserweiterung im Interesse des Patientenwohls alternativlos ist. Das befreit den Arzt allerdings nicht von seiner Pflicht, den Patienten im Vorfeld des Eingriffs sorgfältig aufzuklären: Je naherliegender die Wahrscheinlichkeit einer Operationserweiterung ist, desto konkreter muss der Patient über diese Möglichkeit aufgeklärt werden.

2333 **c) Hypothetische Einwilligung.** Hat ein Arzt falsch oder fehlerhaft aufgeklärt, scheidet eine wirksame Einwilligung grundsätzlich aus. Möglicherweise kann er sich aber auf eine „hypothetische Einwilligung“ des Patienten berufen. Diesem Rechtfertigungsgrund liegt folgender Gedanke zugrunde: Hätte der Patient sowieso in den konkreten Eingriff eingewilligt, hat der Aufklärungsfehler keine negativen Auswirkungen. Diese Sichtweise teilt auch der Bundesgerichtshof: *„Aufklärungsmängel können [...] eine Strafbarkeit des Arztes wegen Körperverletzung nur begründen, wenn der Patient bei einer den Anforderungen genügenden Aufklärung in den Eingriff nicht eingewilligt hätte. Dies ist dem Arzt – anders als im Zivilrecht – nachzuweisen. Verbleiben Zweifel, so ist davon auszugehen, dass die Einwilligung auch bei ordnungsgemäßer Aufklärung erteilt worden wäre.“*[15] In einer späteren Entscheidung hat der BGH klargestellt, dass sich eine hypothetische Einwilligung grundsätzlich nur auf eine lege artis durchgeführte Heilbehandlung beziehe. Die Rechtsprechung stellt an diesen Rechtfertigungsgrund insgesamt strenge Anforderungen. So soll es beispielsweise nicht genügen, dass sich ein Patient ohnehin hätte operieren lassen müssen oder dass ein vernünftiger Patient eingewilligt hätte. Entscheidend ist, dass der Patient auch bei ordnungsgemäßer Aufklärung in den tatsächlich durchgeführten Eingriff eingewilligt hätte. Um schwierigen Abgrenzungsfragen vorzubeugen, sichert sich der Arzt daher am besten durch eine umfassende Aufklärung des Patienten und eine lückenlose Dokumentation über diesen Vorgang ab.

2334 **d) Andere Rechtfertigungsgründe.** Neben der ausdrücklichen, mutmaßlichen und hypothetischen Einwilligung kommen in der Praxis auch andere Rechtfertigungsgründe in Betracht. Zu nennen sind hier insbesondere die Nothilfe nach § 32 StGB und der rechtfertigende Notstand gemäß § 34 StGB. An sie ist z.B. dann zu denken, wenn der Arzt bei einem Kleinkind eine lebensnotwendige Bluttransfusion durchführt, obwohl die Eltern diese aus Glaubensgründen verweigern und die Zustimmung eines Ergänzungspflegers nicht rechtzeitig eingeholt werden kann.

---

[14] BGH, Urteil vom 2. 11. 1976 – VI ZR 134/75 = NJW 1977, 337 (338).
[15] BGH, Urteil vom 29. 6. 1995 – 4 StR 760/94 = NStZ 1996, 34 (35).

Rechtsprechung zu Aufklärung und Einwilligung

2335

- **Aufklärung über Außenseitermethoden – Der „Zitronensaft-Fall" (BGH NJW 2011, 1088)**

Nach einer Dickdarmoperation entzündete sich die Operationswunde der Patientin erheblich. Trotz Verabreichung von Antibiotika ging es ihr zunehmend schlechter. Einer Reoperation stimmte die kaum noch ansprechbare Patientin durch Kopfnicken zu. Am Ende der Reoperation legte der Arzt einen mit Zitronensaft getränkten Streifen in die Wunde ein und vernähte diese. Aufgrund seiner beruflichen Erfahrungen war er der Überzeugung, dies sei ein geeignetes Mittel zur Behandlung schwerwiegender Wundheilungsstörungen. Sterile Bedingungen bei der Gewinnung des Zitronensaftes hielt er aufgrund der keimtötenden Wirkung des Saftes nicht für erforderlich. Der Saft wurde daher in der Stationsküche mit einer handelsüblichen Saftpresse gewonnen. Dem Arzt war bewusst, dass das Einbringen von Zitronensaft in Wunden nicht dem allgemein üblichen medizinischen Standard entsprach und Wirkung sowie allgemeine Verträglichkeit noch nicht wissenschaftlich untersucht waren. Er wiederholte die Behandlung der Operationswunde mit Zitronensaft noch zweimal, ohne die Patientin darüber aufgeklärt zu haben. Der Bundesgerichtshof entschied, dass der Arzt sich durch die zweite Operation wegen einer gefährlichen Körperverletzung strafbar gemacht hatte. Die von der Patientin für diese Operation erteilte Einwilligung sei unwirksam gewesen, da sie nicht über den beabsichtigten Einsatz von Zitronensaft aufgeklärt worden war. Hierzu heißt es:

„Im Rahmen der primär dem Arzt überlassenen Therapiewahl ist ihm zwar die Anwendung einer nicht allgemein anerkannten Heilmethode nicht untersagt. Zur Wirksamkeit der Einwilligung muss der Patient aber über die beabsichtigte Therapie aufgeklärt worden sein; neben der allgemeinen Aufklärung über das Für und Wider dieser Methoden ist auch darüber zu informieren, dass der geplante Eingriff (noch) nicht medizinischer Standard ist und dass unbekannte Risiken derzeit nicht auszuschließen sind. "

- **Keine hypothetische Einwilligung bei Vortäuschen des Operationsanlasses (BGH NStZ 2004, 442)**

Während einer Schulteroperation ergab sich die Notwendigkeit, Löcher in das Schulterblatt des Patienten zu bohren. Hierbei brach der Bohrer ab und die circa zwei cm lange Bohrerspitze blieb stecken. Nachdem es dem Arzt während der Operation nicht gelungen war, die Bohrerspitze zu entfernen, verblieb diese im Körper des Patienten. Noch am selben Abend überraschte ihn der Arzt mit der Mitteilung, es sei besser, noch einmal zu operieren. Er habe festgestellt, dass für ein hundertprozentiges Behandlungsergebnis eine zweite Operation notwendig sei. Den Bohrerabbruch verschwieg der Arzt dabei. Der Patient war enttäuscht, nochmals operiert werden zu müssen, willigte aber ein, nachdem der Arzt ihn abermals auf die Notwendigkeit der Operation hingewiesen hatte. Bei der zweiten Operation entfernte der Arzt die Bohrerspitze. Außerdem nahm er eine Kapselraffung vor. Weder in dem Operationsprotokoll noch in den später verfassten Operationsberichten wurde die Bergung der Bohrerspitze erwähnt. Der Bundesgerichtshof nahm eine vorsätzliche Körperverletzung an. Für die zweite Operation habe wegen der Täuschung des Arztes keine wirksame Einwilligung vorgelegen. Der Eingriff habe in erster Linie der Bergung der Bohrerspitze gedient. Der Arzt habe vermeiden wollen, dass der Patient von dem Abbruch des Bohrers erfährt. Die Kapselraffung sei wenig effektiv gewesen und habe primär der Rechtfertigung des durchgeführten Eingriffs gedient. Der Bundesgerichtshof lehnte auch eine hypothetische Einwilligung ab. Es sei eindeutig gewesen, dass der Patient eine Einwilligung nicht erteilt hätte, wenn er über den wahren Grund der Operation aufgeklärt worden wäre.

- **Hypothetische Einwilligung bei Untersuchungserweiterung (BGH Urteil vom 11. 10. 2011, 1 StR 134/11)**

Der angeklagte Arzt hatte in seinen Praxisräumen bei einem 85-jährigen Patienten eine Darmspiegelung durchgeführt, die dessen Urologe aufgrund von Blut im Stuhl erbeten hatte. Über die Risiken des Eingriffs war der Patient aufgeklärt worden und hatte eine Einwilligungserklärung unterschrieben. Da die Darmspiegelung keinen Hinweis auf eine Blutquelle ergab, entschloss sich der Arzt, im Anschluss noch eine Magenspiegelung vorzunehmen. Der Patient stand noch unter Einfluss der Narkotika, die er für die Darmspiegelung erhalten hatte und war dadurch nicht aufklärungs- und einwilligungsfähig. Mehrfache Versuche der Magenspiegelung scheiterten. Bei einem dieser Versuche kam es zu einer Perforation der Speiseröhre, an deren Folgen der Patient verstarb.

Das Landgericht hatte den Arzt unter anderem mit der Begründung freigesprochen, dass der Patient seine Einwilligung erteilt haben würde, wenn er vor der Maßnahme ordnungsgemäß über die Notwendigkeit, Risiken und möglichen Komplikationen des Eingriffs aufgeklärt worden wäre. Der Bundesgerichtshof verneinte dagegen eine hypothetische Einwilligung des Patienten. Auch der Umstand, dass eine Magenspiegelung grundsätzlich indiziert war, reichte dem Gericht nicht als Grundlage einer hypothetischen Einwilligung aus. Hierzu heißt es in dem Urteil:

„Die Feststellung, dass auch eine Magenspiegelung grundsätzlich indiziert war, sagt nichts darüber aus, dass diese Untersuchung eilig erfolgen musste und nicht eine vorherige Einwilligung des P. eingeholt werden konnte. Das zur Wahrung der Persönlichkeit des Patienten erforderliche Selbstbestimmungsrecht steht einer voreiligen ärztlichen Maßnahme entgegen, zumal, wenn es sich – wie hier – nicht um eine dringende Heilbehandlung, sondern lediglich um eine Untersuchung aus Diagnosegründen handelt."

4. Schuld

2336   Voraussetzung jeder strafrechtlichen Verurteilung ist, dass die Tat schuldhaft begangen wurde. Bei Fahrlässigkeitsdelikten ist danach zu fragen, ob es dem Täter nach seinen persönlichen Fähigkeiten und individuellen Kenntnissen möglich war, die gebotene Sorgfalt aufzubringen und das Geschehen vorauszusehen. Während im Rahmen der objektiven Sorgfaltspflichtverletzung der abstrakte Facharztstandard zugrunde gelegt wird, geht es an dieser Stelle darum, ob der *individuelle* Arzt die ihn *konkret* treffende subjektive Sorgfaltspflicht hätte einhalten und die negativen Konsequenzen für seinen Patienten voraussehen können. Die Beeinträchtigung des Patienten muss als Ereignis einzustufen sein, mit dem der Arzt nach seinen persönlichen Erfahrungen, Kenntnissen und Fähigkeiten rechnen musste.

2337   **Rechtsprechung zur subjektiven Sorgfaltspflicht**

- **Übernahmeverschulden bei fehlenden fachlichen Kenntnissen (BGH JR 1986, 248)**

Bei einem Arzt, der sich in der Ausbildung zum Facharzt für Gynäkologie befand, kam es bei einer vom ihm geleiteten Geburt zu gravierenden Komplikationen. Auffälligkeiten bei der Kardiotokografie (CTG) hatte der Arzt zunächst nicht bemerkt. Als die Werte sich weiter verschlechterten versuchte er, das Kind zunächst mittels Saugglocke, anschließend mittels Geburtszange zur Welt zu bringen. Mehrere Versuche scheiterten jedoch. Erst dem inzwischen herbeigerufenen Oberarzt gelang es, das Kind aus dem Körper der Mutter zu holen. Aufgrund eines Erstickungszustandes war der Säugling allerdings irreversibel hirngeschädigt und schwerstbehindert. Das Landgericht hatte den Arzt mangels Verschulden freigesprochen. Die kindliche Sauerstoffmangelsituation sei zwar bei nachträglicher Begutachtung des CTG für Sachverständige erkennbar gewesen. Der Angeklagte habe aber angesichts seines Ausbildungsstandes, der Problematik des Falles und seiner sonstigen Belastung an diesem Tag den drohenden Schaden nicht erkennen können. Der Bundesgerichtshof hob das Urteil auf. Nach seiner Ansicht hätte der Arzt zumindest den Oberarzt in Rufbereitschaft für die Auswertung der Kardiotokografie hinzuziehen müssen. Denn:

„Die Frage, ob der Angeklagte nach seinen damaligen Kenntnissen und Fähigkeiten das CTG richtig deuten und einen drohenden Schaden einwandfrei diagnostizieren konnte, schöpft die rechtliche Problematik hier nicht aus. Es ist vielmehr anerkannt, dass auch derjenige schuldhaft handeln kann, der eine Tätigkeit vornimmt, obwohl er weiß oder erkennen kann, dass ihm die dafür erforderlichen Kenntnisse fehlen. Ein derartiges Verschulden kann sowohl in der Übernahme einer die Fähigkeiten des Handelnden übersteigenden Tätigkeit liegen wie auch in ihrer Fortführung."

5. Exkurs: Sterbehilfe

Das Thema Sterbehilfe ist alt, komplex und seit jeher umstritten.[16] Es beschäftigt auch **2338** niedergelassene Ärzte, wie eine Repräsentativbefragung des Allensbach-Instituts aus dem Jahr 2010 zeigt.[17] Aus diesem Grund werden nachfolgend die Grenzen strafrechtlich zulässiger Sterbehilfe skizziert.

a) Aktive Sterbehilfe außerhalb medizinischer Behandlungen. In Deutschland ist **2339** aktive Sterbehilfe, die keinen Behandlungsabbruch darstellt (dazu sogleich), verboten. Dies folgt unmittelbar aus § 216 StGB. Selbst wenn es dem Wunsch eines Menschen entspricht, darf ein Dritter sein Leben nicht aktiv beenden. Hiervon ist die Teilnahme an einem Suizid zu unterscheiden. Hat der sich Tötende die „Tatherrschaft" über seinen Freitod, ist es nicht strafbar, ihn dabei zu unterstützen. Dieses Ergebnis hat das VG Berlin in einer berufsrechtlichen Entscheidung aus dem Jahr 2012 bestätigt.[18] Entscheidend für die Abgrenzung zur strafbaren aktiven Sterbehilfe ist die Frage, wer den zum Tod führenden Schritt tatsächlich in der Hand hat. Eine straffreie Teilnahme am Suizid liegt etwa vor, wenn der Patient das für ihn besorgte Gift noch ohne Hilfe zu sich nehmen kann. Wird dem Patienten das Gift dagegen eingeflößt, liegt eine strafbare aktive Sterbehilfe vor. Nach § 16 der MBOÄ dürfen Ärzte keine Hilfe zur Selbsttötung leisten.

b) Passive Sterbehilfe/Behandlungsabbruch. Unter passiver Sterbehilfe versteht **2340** man das Unterlassen lebensverlängernder Maßnahmen. Schon in der Vergangenheit war anerkannt, dass dies unter bestimmten Voraussetzungen straffrei ist. Schwierigkeiten bestanden jedoch bei der Abgrenzung zwischen aktiver – strafbarer – und passiver – straffreier – Sterbehilfe. Eine Grundsatzentscheidung des Bundesgerichtshofes aus dem Jahr 2010 brachte hier Klarheit. Danach ist ein Behandlungsabbruch, der auf einer Einwilligung des Patienten beruht, unter bestimmten Voraussetzungen straffrei. Dies gilt unabhängig davon, ob die Behandlung durch ein Tun oder Unterlassen beendet wird. In seiner anspruchsvollen Begründung führt das Gericht aus:

„Eine solche wertende Umdeutung aktiven Tuns in ein normatives Unterlassen wird **2341** den auftretenden Problemen nicht gerecht. Ein „Behandlungsabbruch" erschöpft sich nämlich nach seinem natürlichen und sozialen Sinngehalt nicht in bloßer Untätigkeit; er

[16] S. Grundsätze der Bundesärztekammer zur ärztlichen Sterbebegleitung, Deutsches Ärzteblatt, Jg. 108, Heft 7, 18. Februar 2011, A 346.
[17] „Ärztlich begleiteter Suizid und aktive Sterbehilfe aus Sicht der deutschen Ärzteschaft", Juli 2010, abrufbar über die Homepage der BÄK.
[18] VG Berlin, Urt. v. 30. 3. 2012, 9 K 63.09, abrufbar über http://www.gerichtsentscheidungen.berlin-brandenburg.de.

kann und wird vielmehr fast regelmäßig eine Vielzahl von aktiven und passiven Handlungen umfassen, deren Einordnung nach Maßgabe der in der Dogmatik und von der Rechtsprechung zu den Unterlassungstaten des § 13 StGB entwickelten Kriterien problematisch ist und teilweise von bloßen Zufällen abhängen kann. Es ist deshalb sinnvoll und erforderlich, alle Handlungen, die mit einer solchen Beendigung einer ärztlichen Behandlung im Zusammenhang stehen, in einem normativ-wertenden Oberbegriff des Behandlungsabbruchs zusammenzufassen, der neben objektiven Handlungselementen auch die subjektive Zielsetzung des Handelnden umfasst, eine bereits begonnene medizinische Behandlungsmaßnahme gemäß dem Willen des Patienten insgesamt zu beenden oder ihren Umfang entsprechend dem Willen des Betroffenen oder seines Betreuers nach Maßgabe jeweils indizierter Pflege- und Versorgungserfordernisse zu reduzieren. Denn wenn ein Patient das Unterlassen einer Behandlung verlangen kann, muss dies gleichermaßen auch für die Beendigung einer nicht (mehr) gewollten Behandlung gelten, gleich, ob dies durch Unterlassen weiterer Behandlungsmaßnahmen oder durch aktives Tun umzusetzen ist, wie es etwa das Abschalten eines Respirators oder die Entfernung einer Ernährungssonde darstellen. Dasselbe gilt, wenn die Wiederaufnahme einer dem Patientenwillen nicht (mehr) entsprechenden medizinischen Maßnahme in Rede steht, die verhindert werden soll."[19]

2342   Der Bundesgerichtshof benennt verschiedene Kriterien, um den straffreien Behandlungsabbruch von der strafbaren Sterbehilfe abzugrenzen. Danach muss der Verstorbene lebensbedrohlich erkrankt und die unterlassene Maßnahme grundsätzlich dazu geeignet gewesen sein, lebenserhaltend zu wirken.[20] Unter diesen Umständen darf eine Behandlung aktiv abgebrochen werden, wenn der Patient oder sein Betreuer wirksam eingewilligt hat. Zugleich weist das Gericht darauf hin, dass für das Vorliegen einer solchen Einwilligung strenge Maßstäbe gelten.[21] Diese sind mittlerweile durch die Vorschriften zur Patientenverfügung (§§ 1901 a ff. BGB) gesetzlich geregelt.

2343   c) „Indirekte" Sterbehilfe. Indirekte Sterbehilfe steht für schmerzlindernde Maßnahmen bei einem sterbenden Menschen, die den Todeseintritt beschleunigen können. Nach der Rechtsprechung des Bundesgerichtshofs ist diese Art der Sterbehilfe straffrei, wenn eine ausdrückliche oder mutmaßliche Einwilligung des Patienten dazu vorliegt: *„Eine ärztlich gebotene schmerzlindernde Medikation bei einem sterbenden Patienten wird nämlich nicht dadurch unzulässig, dass sie als unbeabsichtigte, aber in Kauf genommene unvermeidbare Nebenfolge den Todeseintritt beschleunigen kann. [...] die Ermöglichung eines Todes in Würde und Schmerzfreiheit gemäß dem erklärten oder mutmaßlichen Patientenwillen ist ein höherwertiges Rechtsgut als die Aussicht, unter schwersten, insbesondere sog. Vernichtungsschmerzen noch kurze Zeit länger leben zu müssen.*"[22] Trotz dieser klärenden Worte sind die Grenzen der Zulässigkeit indirekter Sterbehilfe weiterhin umstritten.

6. Unterlassene Hilfeleistung

2344   Ärzte sind nicht immer im Dienst. Ihre Pflicht zur Hilfeleistung endet andererseits nicht mit dem Abschließen der Praxistür. Sie lebt in modifizierter Form fort – allerdings nur unter bestimmten Voraussetzungen.

2345   § 323 c StGB erzwingt in akuten Notlagen ein Mindestmaß an gesellschaftlicher Solidarität. Eine entsprechende Hilfspflicht kann für jedermann entstehen. Die Vorschrift richtet sich nicht speziell, aber auch an Ärzte.

---

[19] BGH, Urteil vom 25. 6. 2010 – 2 StR 454/09 Rn. 31.
[20] BGH, Urteil vom 25. 6. 2010 – 2 StR 454/09 Rn. 33.
[21] BGH, Urteil vom 25. 6. 2010 – 2 StR 454/09 Rn. 38.
[22] BGH NJW 1997, 807 (810).

a) Abgrenzung unterlassene Hilfeleistung/Körperverletzung und Tötung durch 2346
Unterlassen. Die Jedermanns-Pflicht des § 323 c StGB unterscheidet sich von den Pflichten eines sogenannten Garanten. Ein strafrechtlicher Garant hat aus besonderen Gründen dafür einzustehen, dass sich Risiken für bestimmte Rechtsgüter nicht verwirklichen. Ärzte sind z. B. Garanten für die körperliche Unversehrtheit ihrer Patienten. Sie müssen alle erforderlichen Maßnahmen ergreifen, damit sich der Gesundheitszustand eines Patienten nicht verschlechtert. Demgegenüber dient § 323 c StGB lediglich der Durchsetzung einer allgemeinen Handlungspflicht. Anknüpfungspunkt des strafrechtlichen Vorwurfs ist die „bloße" Untätigkeit in einer Notlage. Eine solche kann z. B. dann bestehen, wenn ein Mensch hilflos auf einer vielbefahrenen Straße liegt. In diesen Fällen ist auch der Arzt ein „Jedermann". Zwar besteht für ihn keine spezifisch ärztliche Sonderpflicht, dafür aber die allgemeine Pflicht zur Hilfeleistung.

b) Unglücksfall/Gefahrenlage. § 323 c StGB setzt voraus, dass ein Unglücksfall, eine 2347
gemeine Gefahr oder gemeine Not vorliegt.

Definition Unglücksfall: Ein plötzlich eintretendes Ereignis, das erhebliche Gefahren 2348
für Personen oder Sachen verursacht oder zu verursachen droht.

Definition Gemeine Gefahr: Die konkrete Gefahr für eine unbestimmte Zahl von 2349
Menschen oder zahlreiche Sachen von insgesamt hohem Wert.

Definition Gemeine Not: Eine die Allgemeinheit betreffende Notlage. 2350

Gemeine Gefahr und gemeine Not bezeichnen Situationen, in denen, wie etwa bei ei- 2351
ner Naturkatastrophe, ganze Teile der Bevölkerung betroffen sind. Der Begriff des Unglücksfalls umfasst auch alltägliche Situationen. Darunter fallen beispielsweise **Verkehrsunfälle.** Die Frage nach dem Vorliegen eines Unglücksfalles wird überwiegend aus einer expost-Perspektive beurteilt, so dass auch erst später bekannt gewordene Umstände eine Rolle spielen können.

Der Täter muss eine gewisse räumliche und zeitliche Beziehung zu dem Ereignis haben, 2352
das die Hilfpflicht begründet. Es genügt allerdings, wenn der Arzt telefonisch zu Rat gezogen wird.

Für Ärzte ist von Belang, ob auch **Krankheiten** Unglücksfälle sein können. Die Recht- 2353
sprechung zeigt sich hier zurückhaltend. Insbesondere das Merkmal eines plötzlichen Eintritts wird regelmäßig nicht vorliegen. Umgekehrt folgt daraus aber auch, dass eine **akute Verschlechterung** des Gesundheitszustandes einen Unglücksfall darstellt. Beispiele sind:
– Schwere Atemnot und Schmerzen in der Brust,
– sich steigernde starke Schmerzen in der Bauchhöhle,
– drohender Herzinfarkt oder
– Komplikationen während der Schwangerschaft.

Für die Rechtsprechung ist auch die Gefahrenlage nach einem **Suizidversuch** ein Un- 2354
glücksfall. Dass der Suizident diese Lage selbst herbeigeführt hat, soll irrelevant sein. Gleiches gilt für die Frage, ob dieser freiverantwortlich oder aufgrund von Willensmängeln gehandelt hat und ob die eingetretene Gefahrlage (noch) seinem Willen entspricht.

c) Erforderlichkeit der Hilfeleistung. Die Hilfeleistung muss erforderlich sein. Das 2355
ist jede Maßnahme, die notwendig ist, um den Eintritt eines nicht ganz unerheblichen Schadens zu verhindern. Es fehlt ausnahmsweise an der Erforderlichkeit, wenn der Hilfsbedürftige bereits verstorben ist oder die an sich erforderliche Hilfe schon von einer anderen, nicht weniger geeigneten Person geleistet wird. Auf die Erfolgsaussichten der Hilfeleistung kommt es grundsätzlich nicht an. Der Helfende muss sich aller notwendigen Hilfsmittel bedienen, die ihm zu Verfügung stehen. An die Hilfeleistung eines Arztes werden dabei aufgrund seiner Kenntnisse und Fähigkeiten in der Regel hohe Anforderungen gestellt. Es

genügt bei ihm nicht, dass er überhaupt handelt. Er muss vielmehr seine speziellen Hilfsmöglichkeiten voll ausschöpfen. Das umfasst insbesondere seine diagnostischen Fähigkeiten: *„Beim Arzt ist die Pflicht zur Hilfe [...] einer nach Lage des Falles durchzuführenden Untersuchungspflicht erweitert. Wenn er mögliche und zweckmäßige Untersuchungsmethoden nicht ausführt, hat er objektiv den Straftatbestand erfüllt.“*[23] Anders als die Frage, ob *überhaupt* ein Unglücksfall vorliegt, bestimmt sich die Erforderlichkeit aus einer ex-ante-Sicht. Beurteilungsgrundlage ist die Einschätzung eines objektiven Beobachters zum Zeitpunkt des Unglücksfalls.

2356   **Rechtsprechung zur Erforderlichkeit der Hilfeleistung**
● **Erforderliche Hilfe eines Bereitschaftsarztes (BGH NStZ 1985, 409)**
Da ihre schwer herzkranke Mutter am Wochenende über Herzschmerzen, Schmerzen im linken Arm sowie allgemeines Unwohlsein klagte, wandte sich eine Frau telefonisch an einen Bereitschaftsarzt. Sie schilderte ihm den Gesundheitszustand ihrer Mutter und bat ihn um einen sofortigen Hausbesuch. Der Arzt lehnte ab und bot der Anruferin an, ihre Mutter in seine Praxis zu bringen. Als diese ihm mitteilte, dass das nicht möglich sei, riet der Arzt ihr, sie solle ihre Mutter, falls nötig mit einem Taxi, ins Krankenhaus bringen. Auf die dringende Notwendigkeit, ein Krankenhaus aufzusuchen, wies er dagegen nicht hin. Kurz nach dem Telefonat erlitt die Mutter einen Herzinfarkt. Der herbeigerufene Notarzt veranlasste die sofortige Verbringung in ein Krankenhaus. Dort verstarb die Patientin am nächsten Tag. Der Bundesgerichtshof ging von einer unterlassenen Hilfeleistung des Bereitschaftsarztes aus:
„Auf Grund der telefonischen Unterrichtung durch die Zeugin O war er sich darüber im Klaren, dass der Zustand von Frau B dringend deren umgehenden Transport – unter Begleitung eines Notarztes – in einem Rettungswagen zum Krankenhaus gebot. Wie im Urteil zu Recht ausgeführt wird, hätte er die Zeugin O hierüber eindringlich informieren und sich vergewissern müssen, dass diese unverzüglich die notwendigen Maßnahmen treffen werde. Nur wenn er sicher gewesen wäre, dass die sofortige Benachrichtigung des Notarztdienstes gewährleistet sei, durfte er davon absehen, selbst weiter tätig zu werden. Diesen Verpflichtungen hat er jedoch nicht genügt. [...] Bei seinen „Ratschlägen“ handelte es sich um Scheinmaßnahmen eines in Wirklichkeit zur Hilfeleistung nicht Bereiten.“
Auch der Umstand, dass der Tod der Patientin wahrscheinlich selbst durch die sofortige Verständigung eines Notarztes nicht hätte vermieden werden können, stand einer Verurteilung nicht entgegen. Nach der hier anzusetzenden Perspektive ex ante kam es auf die Erfolgsaussichten der Hilfeleistung gerade nicht an.

2357   **d) Zumutbarkeit der Hilfeleistung.** Die Hilfeleistung muss zumutbar sein. Hieran fehlt es, wenn sich der Helfende selbst gefährden würde oder wenn er andere wichtige Pflichten verletzten würde. Auch in anderen Konstellationen kann eine Hilfeleistung unzumutbar sein. Erforderlich ist eine **umfassende Würdigung** aller Umstände des Einzelfalles. Bei einem Notarzt kann es vorkommen, dass er die individuelle Hilfsbedürftigkeit mehrerer Verletzter prüfen muss. Dabei hat er beispielsweise die jeweiligen Rettungschancen und die Schwere der Verletzungen zu berücksichtigen. Eine pauschale Unterteilung in „noch zumutbar“ oder „nicht mehr zumutbar“ verbietet sich. Folgende Beispiele aus der Rechtsprechung können nur Anhaltspunkte geben:

2358   ● Ein Mangel an verfügbaren Krankenhausbetten macht die Hilfeleistung nicht insgesamt unzumutbar. Die Nichtaufnahme und der Weitertransport in ein anderes aufnahmefähiges Krankenhaus können aber dann straflos sein, wenn der Arzt den Patienten untersucht und danach entscheidet, dass dieser keiner sofortigen Hilfe bedarf und transportfähig ist.

2359   ● Entscheidet ein Arzt nach eingehenden Untersuchungen, dass der Patient zur Operation in ein anderes Krankenhaus verlegt werden soll, da die diensthabenden Ärzte aufgrund von Übermüdung nicht mehr in der Lage sind, eine Operation durchzuführen und

---

[23] OLG München, Beschl. v. 20. 12. 1978 – VII BerL 642/77.

kümmert sich der Arzt auch um eine Aufnahme in einem anderen Krankenhaus, hat er alles Zumutbare getan.

- Grenzsituationen der Zumutbarkeit können sich bei einem eindeutig freiverantwortlichen Suizidversuch ergeben. Befindet sich der Arzt in einem Gewissenskonflikt zwischen der Pflicht zum Eingreifen und dem Respektieren der Entscheidung des Sterbewilligen, wird eine Zumutbarkeit der Hilfeleistung zumindest genau zu überprüfen sein. **2360**

e) Vorsatz. Für eine Strafbarkeit wegen unterlassener Hilfeleistung ist Vorsatz erforder- **2361**
lich. Es genügt, dass der Arzt einen Unglücksfall und eine daraus entstehende Hilfspflicht zumindest für möglich hält.

VI. Betrug

1. Einleitung

Betrüger! Im Berufsleben gibt es kaum einen Vorwurf, der schwerer wiegt. „Betrüger **2362**
haben keine Ehre. Sie sind unaufrichtig, skrupellos und nur auf ihren eigenen Vorteil bedacht." So jedenfalls die Einschätzung vieler Bürger. Auch deswegen rufen Betrugsvorwürfe gegen Ärzte seit jeher öffentliche Empörung hervor. In jüngerer Vergangenheit häufen sich die Meldungen über Fälle des Abrechnungsbetruges im Gesundheitswesen. Der Abrechnungsbetrug wird in den Medien sogar als „modernes Massendelikt" bezeichnet.[24] Die kriminalstatistischen Zahlen können diese Annahme allerdings nicht bestätigen. Nach Angaben des Bundeskriminalamtes gingen die Fälle des Abrechnungsbetruges im Gesundheitswesen 2010 um rund 20 Prozent auf 3790 zurück, wobei die Schäden um circa 25 Prozent auf 35 Millionen Euro sanken.[25] Nichtsdestotrotz handelt es sich um ein ernstzunehmendes Problem, das durch die Intransparenz und Komplexität des deutschen Abrechnungssystems begünstigt wird.[26] Spezialisierte Staatsanwaltschaften und Ermittlungsbehörden bemühen sich deshalb in einigen Bundesländern intensiv darum, den Verfolgungsdruck hoch zu halten. Das Entdeckungsrisiko für schwarze Schafe hat insbesondere im GKV-Bereich zugenommen. Krankenkassen und Kassenärztliche Vereinigungen sind seit einigen Jahren gesetzlich verpflichtet, Stellen zur Bekämpfung von Fehlverhalten im Gesundheitswesen einzurichten. Diese Stellen werden zwar teilweise als zahnlose Tiger bezeichnet, müssen aber Verdachtsfälle gegenüber den Staatsanwaltschaften anzeigen. Die meisten Hinweise erhalten die Bekämpfungsstellen von den Krankenkassen und sonstigen Kostenträgern. Aber auch die KV-Verwaltung informiert über Auffälligkeiten aus Wirtschaftlichkeits- und Plausibilitätsprüfungen.[27] Nur am Rande sei erwähnt, dass eine Abrechnung nach neuer Rechtsprechung des BSG sowohl anhand von Tages- als auch von Quartalsprofilen überprüft werden kann.[28] Beispiele für entsprechende Implausibilitäten sind: Schwangerschaftsberatungen bei vier- und 83-jährigen Patientinnen sowie auffällig viele Hausbesuche am Wochenende, die zu Arbeitstagen von 22 Stunden führen.[29] Insgesamt ist nicht zu übersehen, dass sowohl die Krankenkassen als auch die Staatsanwaltschaften ein wirtschaftliches

---

[24] DER SPIEGEL 29/2010, Artikel abrufbar unter http://www.spiegel.de/spiegel/print/d-71892482.html (Letzter Abruf am 25. 1. 2012).

[25] BKA Bundeslagebild Wirtschaftskriminalität 2010, abrufbar unter https://www.bka.de/nn_196810/SharedDocs/Downloads/DE/Publikationen/JahresberichteUndLagebilder/Wirtschaftskriminalitaet/wirtschaftskriminalitaetBundeslagebild2010.html?_nnn=true (Letzter Abruf am 25. 1. 2012).

[26] Die Liste der Abrechnungsbetrüger im Gesundheitswesen sollen Physiotherapeuten und Krankengymnasten anführen, vgl. Ärzte Zeitung, 29. 2. 2012: Zu lasche Betrugskontrolle durch die KVen? und Ärztezeitung online, 17. 4. 2012: Mehr Hinweise auf Abrechnungsbetrug.

[27] Vgl. Ärzte Zeitung, 2. 7. 2012: Korrupte Ärzte und zahnlose Tiger.

[28] Deutsches Ärzteblatt 2012, 109 (16): A-834/B-718/C-714.

[29] Vgl. aerzteblatt.de, 11. 10. 2010: Staatsanwaltschaft ermittelt gegen Hamburger Arzt.

Interesse daran haben, Abrechnungsbetrug aufzudecken. Die DAK-Gesundheit meldete, aufgrund ihrer Ermittlungstätigkeiten im Jahr 2011 Gelder in Höhe von 1,7 Mio. € „zurückgeholt" zu haben.[30] Mitunter behaupten böse Zungen, dass Ermittlungsverfahren in Einzelfällen jedenfalls auch deshalb von Krankenkassen angestoßen werden, um die Kompromissbereitschaft streitlustiger Ärzte zu erhöhen.

2363   Es gibt zahlreiche Varianten des Abrechnungsbetruges, in denen Ärzte Leistungen abrechnen, die sie nicht oder nicht in der bezeichneten Weise erbracht haben. Es folgen einige Beispiele:

2364   • Ein Vertragsarzt wurde wegen Betruges verurteilt, weil er Hausbesuche bei Patienten abgerechnet hatte, die nachweislich niemals stattgefunden haben. Bei den Hausbesuchen gab er an, jeweils mehrere, teilweise bis zu acht Familienmitglieder behandelt zu haben.[31]

2365   • Immer häufiger werden Fälle des angeblichen **Rezeptbetruges** publik. Einem Arzt und seiner als PTA beschäftigten Frau wurde im Jahr 2011 vorgeworfen, eine private Krankenversicherung mit gefälschten Rezepten betrogen zu haben. Der Mediziner soll Privatrezepte ausgestellt und diese anschließend seiner Frau ausgehändigt haben. Seine Frau soll die Rezepte in der Apotheke abgestempelt haben, ohne dass Medikamente an Patienten ausgehändigt wurden.[32]

2366   • Eine weitere Form des Abrechnungsbetruges ist der sogenannte **Diagnosebetrug**. Hiervon spricht man, wenn Ärzte ihren Patienten fiktive Krankheiten andichten, um mehr Geld abrechnen zu können. Diese Vorgehensweise wird durch die vor einigen Jahren eingeführte Abrechnungsmethode nach Diagnosen statt wie zuvor nach Liegezeiten ermöglicht. So werde laut einer Studie bei Gallenblasenoperationen oftmals eine Zusatzdiagnose verrechnet, die 2366 Euro mehr einbringe.[33]

2367   Obwohl die Gerichte neuerdings dazu tendieren, vertrags- und privatärztlichen Abrechnungsbetrug an den gleichen rechtlichen Maßstäben zu messen, werden beide Phänomene im Folgenden getrennt dargestellt.

2. Strafbarkeit des Vertragsarztes

2368   Bevor die einzelnen Voraussetzungen des Betrugs und die Anwendungsfälle für Vertragsärzte genauer betrachtet werden, sind die für die Abrechnung relevanten Rechtsverhältnisse zu skizzieren. Die Rechtsbeziehungen zwischen dem Vertragsarzt, der gesetzlichen Krankenkasse, der Kassenärztlichen Vereinigung und dem versicherten Patienten sind maßgeblich im Sozialgesetzbuch V (SGB V) geregelt.

2369   Grob vereinfacht lässt sich das GKV-System wie folgt zusammenfassen: Der Vertragsarzt ist verpflichtet, GKV-Patienten zu behandeln. Tut er dies, kommt hierdurch ein Vertrag mit dem jeweiligen Patient zustande. Eine Zahlungspflicht des Patienten gegenüber dem Arzt wird allerdings nicht begründet. Die erbrachten Leistungen rechnet der Arzt am Quartalsende gegenüber seiner Kassenärztlichen Vereinigung ab. Nach sachlich-rechnerischer Prüfung der Abrechnung erlässt die Kassenärztliche Vereinigung einen vorläufigen Honorarbescheid, der die Grundlage für die Überweisung des Honorarbetrags ist. Anschließend leitet die Kassenärztliche Vereinigung die Abrechnung der jeweiligen Kranken-

---

[30] Ärztezeitung online, 17. 4. 2012: Mehr Hinweise auf Abrechnungsbetrug. Siehe auch aerzteblatt.de, 26. 1. 2011: 1,5 Millionen Euro Schadensersatz wegen Abrechnungsbetrug an Ersatzkassen in Hessen.

[31] „Betrug: Arzt (61) verurteilt" Artikel abrufbar unter http://www.chiemgau-online.de/portal/lokales/trostberg-traunreut_Betrug-Arzt-(61)-verurteilt-_arid,201 871.html (Letzter Abruf am 25. 1. 2012).

[32] „Betrugsverdacht gegen Arzt und PTA" Artikel abrufbar unter http://www.apotheke-adhoc.de/nachrichten/panorama/betrugsverdacht-gegen-arzt-und-pta (Letzter Abruf am 30. 1. 2012).

[33] „Mehr Geld mit falschen Diagnosen" Artikel abrufbar unter http://www.focus.de/finanzen/versicherungen/krankenversicherung/krankenhaeuser-mehr-geld-mit-falschen-diagnosen_aid_610608.html (Letzter Abruf am 30. 1. 2012).

kasse zwecks Plausibilitäts- und Wirtschaftlichkeitsprüfung zu. Das individuelle Honorar des abrechnenden Vertragsarztes wird der sog. Gesamtvergütung entnommen, die von den Krankenkassen an die Kassenärztlichen Vereinigungen gezahlt wird, um damit die Honoraransprüche der Ärzteschaft in toto zu begleichen. Auf Grundlage des jeweils geltenden Honorarverteilungsvertrages wird die Gesamtvergütung durch die jeweils zuständige Kassenärztliche Vereinigung auf die Vertragsärzte in ihrem Bezirk verteilt.

Obwohl der Vertragsarzt durch die Zulassung in ein öffentlich-rechtliches System einge- **2370** bunden wird, bleibt er Freiberufler. Eine seiner wichtigsten Pflichten ist es, abzurechnende Leistungen persönlich zu erbringen. Eng umgrenzte Ausnahmen von dieser Regel sind allerdings zulässig; z.B. in Vertretungsfällen. Er muss nicht jeden Handschlag selbst tun. Entscheidend ist, dass er die delegierbare Leistungserbringung konkret anordnet und fachlich überwacht. Unter diesen Voraussetzungen kann er beispielsweise auch Leistungen abrechnen, die ein genehmigter Assistent oder – wenn kein Arztvorbehalt besteht – nichtärztliches Personal erbracht haben, wenn diese hierzu entsprechend qualifiziert sind. Außerdem muss die Behandlung durch den Vertragsarzt wirtschaftlich, ausreichend, zweckmäßig und notwendig sein.

3. Täuschung über Tatsachen

Der Betrug setzt zunächst eine Täuschung über eine Tatsache voraus. Die etwas sperri- **2371** gen Definitionen dieser Begriffe lauten wie folgt:

Definition Tatsachen: Gegenwärtige oder vergangene Verhältnisse, Zustände oder **2372** Geschehnisse, die prinzipiell dem Beweis zugänglich sind.

Definition Täuschung: Jede Handlung, die einen Erklärungswert hinsichtlich Tatsa- **2373** chen besitzt und durch Einwirken auf die Vorstellung einer anderen natürlichen Person bei dieser zu einem Irrtum hierüber führen kann.

a) Erscheinungsformen der Täuschung. Eine Täuschung kann sowohl ausdrücklich **2374** als auch durch schlüssiges Verhalten erfolgen. Um zu ergründen, ob ein Arzt die Unwahrheit erklärt hat, muss man in einem ersten Schritt seine Abrechnung analysieren. Der Vertragsarzt gibt gegenüber der kassenärztlichen Vereinigung vierteljährlich eine **Sammelerklärung** ab. Der Text dieser Sammelerklärung variiert je nach Kassenärztlicher Vereinigung. In der Regel versichert der Arzt damit die inhaltliche Richtigkeit seiner Abrechnung („Ich versichere, dass die in Rechnung gestellten Leistungen den tatsächlich ausgeführten Verrichtungen entsprechen"). Außerdem versichert er, dass die abgerechneten Leistungen von ihm persönlich oder unter seiner ärztlichen Aufsicht erbracht worden sind.[34] Entspricht diese Erklärung nicht der Wahrheit, liegt hierin eine Täuschung durch *ausdrückliche* Erklärung. Eine Täuschung durch schlüssiges Verhalten ist vor allem dort denkbar, wo grundlegende Prinzipien des gesetzlichen Krankenversicherungssystems in Rede stehen. Dies liegt daran, dass der Vertragsarzt mit dem Einreichen seiner Quartalsabrechnung schlüssig erklärt, dass er die tragenden Prinzipien der GKV beachtet hat. In diesem Zusammenhang ist beispielsweise an die Notwendigkeit und Wirtschaftlichkeit einer Leistung zu denken.

b) Täuschungsformen. Der Betrugstatbestand kennt mehrere Tatmodalitäten, durch **2375** die eine Täuschung begangen werden kann. Namentlich gehören hierzu das Vorspiegeln falscher Tatsachen, das Entstellen sowie das Unterdrücken wahrer Tatsachen.

Definition Vorspiegeln falscher Tatsachen: Das unwahre Behaupten von Umstän- **2376** den, die nicht gegeben sind.

---

[34] Vgl. Formular KV Berlin, abrufbar unter http://www.kvberlin.de/20praxis/30abrechnung_ honorar/60quartalsabrechnung/hauptdeckblatt.pdf (Letzter Abruf am 15. 2. 2012); Hellmann/ Herffs Rn. 55.

2377   **Definition:** Das **Entstellen wahrer Tatsachen** geschieht durch Zusätze, Auslassungen oder Verzerrungen eines Sachverhaltes.

2378   **Definition Unterdrücken wahrer Tatsachen:** Das Unterlassen gebotener Aufklärung durch aktives Verhindern der Kenntnisnahme.

2379   Nachfolgend werden Täuschungsformen dargestellt, die im vertragsärztlichen Bereich häufiger anzutreffen sind:

2380   • **Der Arzt rechnet bewusst eine nicht erbrachte Leistung ab:** Die Abrechnung fingierter Leistungen, so genannter „Luftleistungen", stellt den Paradefall des Abrechnungsbetruges dar. Hierzu gehört beispielsweise die Abrechnung nicht vollständig erbrachter Leistungen, das Hinzufügen von Gebührenziffern, das Eintragen falscher Diagnosen, die überhöhte Sachkostenabrechnung oder die Abrechnung nicht erbrachter Leistungen für bereits verstorbene oder mittlerweile bei einer anderen Krankenkasse versicherte Patienten. Hierbei handelt es sich um ausdrückliche Täuschungen, weil der abrechnende Arzt die tatsächliche Leistungserbringung mittels Sammelerklärung explizit zugesichert hat.

2381   • **Der Arzt rechnet Leistungen ab, die er nicht persönlich erbracht hat:** Eine solche Täuschung kommt immer dann in Betracht, wenn ein Arzt gegen seine vertragsärztliche Pflicht zur persönlichen Leistungserbringung verstoßen hat. Beispiel: Nichtärztliches Praxispersonal nimmt intravenöse Injektionen vor, ohne dass sich der Arzt zuvor selbst von dem Gesundheitszustand des Patienten überzeugt und eine einzelfallbezogene Anweisung an sein Personal gegeben hat. Ein Arzt rechnet Laborleistungen ab, die er in einem Facharztlabor eingekauft und an deren Erbringung er nicht mitgewirkt hat. Auch hierbei handelt es sich im Regelfall um ausdrückliche Täuschungen, da auch die persönliche Leistungserbringung Erklärungsinhalt einer Sammelerklärung ist.

2382   • Der Arzt rechnet **unwirtschaftliche Leistungen** ab: Eine Täuschung wird von vielen Juristen auch dann bejaht, wenn ein Arzt tatsächlich erbrachte, aber objektiv unwirtschaftliche Leistungen abrechnet. Hierunter fallen zum Beispiel medizinisch nicht indizierte oder nicht effizient durchgeführte Behandlungsmaßnahmen. Getäuscht werde darüber, dass eine therapierbare Krankheit vorliege und es keine medizinisch vergleichbare, aber wirtschaftlich günstigere Behandlungsmethode gebe. Die Täuschung erfolge hier stillschweigend. Weil das Wirtschaftlichkeitsprinzip ein Kernprinzip der GKV sei, werde seine Beachtung qua Abrechnung schlüssig miterklärt. In solchen Fällen wird allerdings sehr genau zu prüfen sein, ob der abrechnende Arzt vorsätzlich gehandelt hat. Immerhin kann man sich über die angebliche Unwirtschaftlichkeit einer Leistung trefflich streiten. Eine noch ungeklärte Frage ist, ob die für die Abrechnung zuständigen Sachbearbeiter der Kassenärztlichen Vereinigungen überhaupt über die Wirtschaftlichkeit einer Leistung irren können. Schließlich sind sie nicht dafür zuständig, diesen Aspekt zu prüfen. Hiermit sind rechtlich selbstständige Prüfungsstellen betraut worden (vgl. § 106 Abs. 4 SGB V). Gleichwohl ist davor zu warnen, bewusst unwirtschaftliche Leistungen abzurechnen. Das strafrechtliche Risiko, das damit einhergeht, ist unkalkulierbar groß.

2383   • **Abrechnung durch „scheinselbstständige" Ärzte/„Strohmann"-Fälle:** Heftig umstritten ist, ob die vertragsärztlichen Zulassungsvoraussetzungen ebenfalls Gegenstand einer betrugsrelevanten Täuschung sein können. Ein wichtiges Bespiel ist die Abrechnung durch einen **„scheinselbstständigen Arzt"**. Gemäß § 32 Abs. 1 S. 1 Ärzte-ZV ist Zulassungsvoraussetzung, dass der Vertragsarzt seine vertragsärztlichen Tätigkeiten in freier Praxis ausübt. Er muss also freiberuflich tätig sein. Um dieses Erfordernis zu umgehen, werden zum Teil Scheingesellschaften gegründet, bei denen zwei oder mehr Ärzte als Mitglieder einer Gemeinschaftspraxis auftreten, obwohl tatsächlich ein Angestelltenverhältnis vorliegt. Obwohl die Quartalssammelerklärung keine Erklärungen über das (fortdauernde) Bestehen der Zulassungsvoraussetzungen enthält, wird teilweise eine konkludente Täuschung bejaht. Eine Täuschung kann auch in sogenannten „**Stroh-mann**"-**Fällen** vorliegen. Hier wird der Patient von einem Arzt behandelt, der mangels Approbation, Qualifikation oder Zulassung keine Kassenpatienten behandeln darf. Die Abrechnung gegenüber der Kassenärztlichen Vereinigung erfolgt dann über einen zuge-lassenen Vertragsarzt als „Strohmann" Der Strohmann erbringt keine Leistung, sondern fungiert als bloße Abrechnungsstelle.

c) Betrug durch Unterlassen. Ein Abrechnungsbetrug kann auch durch das **Unter-** **2384** **lassen einer gebotenen Aufklärung** begangen werden. Das setzt eine Offenbarungs-pflicht voraus, die insbesondere in zwei Fallkonstellationen diskutiert wird: Zum einen, wenn dem Arzt nachträglich die Unrichtigkeit seiner Abrechnung auffällt (nachträgliche Offenbarungspflicht) oder wenn ihm **Rabatte,** Boni oder sonstige Vergünstigungen für die Bestellung medizinischer Produkte oder für die Verordnung bestimmter Heil- und Hilfs-mittel eingeräumt wurden (anfängliche Offenbarungspflicht).

aa) Nachträgliche Offenbarungspflicht. Eine nachträgliche Korrekturpflicht ist bei- **2385** spielsweise in folgender Konstellation denkbar: Nachdem ein Vertragsarzt gegenüber seiner Kassenärztlichen Vereinigung abgerechnet hat, fällt ihm auf, dass seine Abrechnung unrich-tig war. Offenbart er diesen Fehler nicht, ist eine Unterlassungsstrafbarkeit denkbar. Eine solche trifft ihn allerdings nur dann, wenn er eine **Garantenpflicht zur Aufklärung** hat. Er müsste dann für das Ausbleiben eines vermögensrelevanten Irrtums der Kassenärztlichen Vereinigung rechtlich einzustehen haben, § 13 Abs. 1 StGB. Eine Garantenpflicht ist re-gelmäßig Ausdruck eines speziellen Vertrauensverhältnisses. Ein solches kommt aufgrund der Mitgliedschaft des Arztes in einer Kassenärztlichen Vereinigung in Betracht. Dort ist der Vertragsarzt aber nicht aus eigenem Entschluss, sondern vielmehr als Zwangsmitglied erfasst. Es besteht m. E. keine besondere Vertrauensbeziehung, die eine rechtliche Aufklä-rungspflicht begründet. Daneben könnte sich eine Garantenstellung aus sogenannter Inge-renz ergeben. Die Handlungspflicht resultiert dabei aus einem pflichtwidrigen Vorverhal-ten. Zugrunde liegt dem der Gedanke, dass jeder, der durch ein objektiv pflichtwidriges Tun oder Unterlassen die nahe Gefahr eines Schadens für Rechtsgüter Dritter geschaffen hat, zur Abwendung dieses Schadens verpflichtet ist. Die Anforderungen sind allerdings auch hier hoch. Entdeckt der Arzt in einer sorgfältig und redlich erstellten Abrechnung erst nach der Versendung einen Fehler, genügt das nach einer verbreiteten Literaturmeinung noch nicht für eine Garantenstellung aus Ingerenz. Es trifft ihn somit keine nachträgliche Korrekturpflicht. Anzumerken ist, dass es noch an einer höchstrichterlichen Entscheidung zu dieser Frage fehlt.

bb) „Kick-Back" & Co. Vergünstigungen durch Hersteller von Heil- und Hilfsmit- **2386** teln sind keine Seltenheit. Legt der Arzt, dem solche Vergünstigungen gewährt wurden, diese bei der Abrechnung nicht offen, kommt unter Umständen ein Betrug durch Unter-lassen in Betracht. Ein häufig vorzufindendes „Bonussystem" ist die Vereinbarung von Rückvergütungen (sog. „Kick-Backs"). Der sog. „Globudent-Skandal" fand in diesem Zusammenhang große öffentliche Aufmerksamkeit:[35]

Eine Dentalfirma hatte ein für Zahnärzte lukratives Rückvergütungssystem ersonnen. **2387** Einerseits belieferte sie ihre Vertragspartner mit Zahnersatz, den sie zu günstigen Kondi-tionen im Ausland eingekauft hatte. Aufgrund der hiermit verbunden Einsparungen konn-te sie eine Bargeldrückerstattung an die Zahnärzte vornehmen. Die Summe beider Beträge (der Zahnersatzkosten und der Rückerstattung) wurde auf den Rechnungen an die Zahn-ärzte als einheitlicher Betrag ausgewiesen, der offiziell allein für die Zahnersatzlieferung zu leisten war. Es war damit nicht erkennbar, dass die Rechnung tatsächlich auch einen „kick back" an die Zahnärzte enthielt. Absprachegemäß wurden die Rechnungen – bei Kassen-patienten gegenüber den Kassenärztlichen Vereinigungen, bei Privatpatienten gegenüber diesen direkt – von den Zahnärzten in voller Höhe abgerechnet. Die Rechnungsempfänger ahnten dabei nicht, dass sie nicht nur die eigentlich geschuldete Leistung, sondern zu-

---

[35] „Globudent-Skandal", LG Duisburg Urt. v. 22. 9. 2004 – 34 KLs 6/04.

gleich die Bargeldrückerstattung an den abrechnenden Arzt finanzierten. Da das Modell der Dentalfirma sich unter den von ihr angesprochenen Zahnärzten einer gewissen Beliebtheit erfreute, konnte sie ihre Umsätze erheblich steigern. Unter dem Strich bereicherten sich damit sowohl die Firma als auch die Zahnärzte auf Kosten der Abrechnungsempfänger.

2388   Die höchstrichterliche Rechtsprechung wertet eine solche Nichtanzeige von Rückvergütungen als Betrug. Gleiches gilt unter Umständen für die Nichtanzeige von Boni, Rabatten, Skonti, Umsatzbeteiligungen und anderen Fällen, in denen dem Arzt durch Herstellerfirmen Vergünstigungen eingeräumt werden. Eine ärztliche Abrechnung enthält nach Ansicht des Bundesgerichtshofes die konkludente Erklärung, dass die abgerechneten Kosten tatsächlich und endgültig angefallen sind. Es handelt sich somit nicht um einen Betrug durch Unterlassen, sondern sogar um einen Betrug durch aktive konkludente Täuschung. Rechnet nicht der Arzt, sondern der Leistungserbringer ab, kommt eine Beihilfe zu dessen Betrug in Betracht. Berufsrechtlich ist die Verpflichtung zur Offenlegung von Vergünstigungen mittlerweile in § 44 Abs. 5 BMV-Ä geregelt: *„[...] Der Vertragsarzt ist verpflichtet, die tatsächlich realisierten Preise in Rechnung zu stellen und ggf. vom Hersteller bzw. Lieferanten gewährte Rückvergütungen, wie Preisnachlässe, Rabatte, Umsatzbeteiligungen, Bonifikationen und rückvergütungsgleiche Gewinnbeteiligungen mit Ausnahme von Barzahlungsrabatten bis zu 3% weiterzugeben".* In einigen Bundesländern enthält zudem die Sammelerklärung einen Passus, nach welchem der Arzt versichert, erhaltene Vergünstigungen offen gelegt zu haben. Ein Beispiel einer solchen Klausel findet sich in der Sammelerklärung der Kassenärztlichen Vereinigung Baden-Württemberg:[36] *„Es wurden nur die tatsächlich realisierten Preise in Rechnung gestellt. Vom Hersteller, bzw. Lieferanten gewährte Rückvergütungen wie Preisnachlässe, Rabatte, Umsatzbeteiligungen, Bonifikationen und rückvergütungsgleiche Gewinnbeteiligungen mit Ausnahme von Barzahlungsrabatten wurden weitergegeben."* Unterschreibt der abrechnende Arzt wahrheitswidrig eine solche Sammelerklärung, liegt eine ausdrückliche Täuschung vor.

2389   **cc) Zuweisungsprämien.** Immer wieder werden Fälle publik, in denen niedergelassene Ärzte für die Überweisung von Patienten an Fachärzte und andere Leistungserbringer „entlohnt" werden. Müssen Ärzte solche Zuweisungsprämien bei der Abrechnung offenlegen, um sich nicht wegen Betruges strafbar zu machen? Vor einer Antwort ist darauf hinzuweisen, dass in diesem Bereich vieles umstritten und im Fluss ist, so dass bei Verstößen durchaus mit der Einleitung von Ermittlungsverfahren zu rechnen ist.

2390   Da AG Kiel hat im Jahr 2011 einen Betrug in folgendem Fall für naheliegend gehalten: Ein Orthopädieschuhtechniker hatte einem Vertragsarzt für die Zuführung von Patienten Vorteile gewährt. Die Abrechnung des Technikers gegenüber der Krankenkasse wertete das AG Kiel als Betrug, obwohl die Leistungen für die zugeführten Patienten ordnungsgemäß erbracht worden waren. Entscheidend sei, dass ein Verstoß gegen das Zuweisungsverbot des § 128 SBG V vorliege. Das führe dazu, dass der Techniker seine Leistungen nicht habe abrechnen können/dürfen.

2391   Bei dem „geschmierten" Vertragsarzt komme zumindest eine Beihilfe zum Betrug in Betracht. Auf ermächtigte Krankenhausärzte, die Kopfprämien an niedergelassene Kollegen zahlen, sind diese Überlegungen entsprechend übertragbar. Das ergibt sich aus den §§ 73 Abs. 7, 116 SGB V.

2392   **dd) Verordnungsprämien.** Die Nichtoffenlegung berufs- und sozialrechtswidriger Prämien, die ein Arzt für das Verordnen bestimmter Medikamente erhält, ist bei einer wirtschaftlichen Betrachtung in der Regel kein Betrug gegenüber der Krankenkasse. Dieser entsteht kein finanzieller Nachteil, solange die Zuwendung nicht von vornherein in den Herstellerabgabepreis einkalkuliert wurde und somit zu einer versteckten Preiserhöhung geführt hat. Das dürfte eher die Ausnahme sein. Da es für verschreibungspflichtige Fertig-

---

[36] Abrufbar unter http://www.kvbw-admin.de/data/dateiverwaltung/sammelerklaerung-stand-august-2011.pdf; letzter Abruf 18. 4. 2012.

arzneimittel eine Preisbindung gibt,[37] lassen sich Verordnungsprämien jedenfalls nicht nachträglich im Preis verstecken. Außerdem ist zu berücksichtigen, dass die Kassen gemäß §§ 35, 35a, 92 Abs. 1 S. 2 Nr. 6 SGB V ohnehin nur ein Festbudget auszahlen. Gleichwohl hat der **Bundesgerichtshof** angedeutet, dass er in diesen Fällen eine Betrugsstrafbarkeit für möglich hält (BGH, Beschl. v. 11. 10. 2012 – 5 StR 115/11). Deshalb ist hier erhöhte Vorsicht geboten.

4. Irrtum

Die Täuschung muss einen Irrtum erregt oder unterhalten haben.   2393

Definition Irrtum: Jeder Widerspruch zwischen einer subjektiven Vorstellung und der   2394
Wirklichkeit.

Definition Erregen eines Irrtums: Das Begründen einer Fehlvorstellung.   2395

Definition Unterhalten eines Irrtums: Das Bestärken oder Bestätigen einer bestehenden Fehlvorstellung.   2396

Regelmäßig wird es sich bei dem Täuschungsadressaten um den Sachbearbeiter der Kassenärztlichen Vereinigung handeln, der die Abrechnung überprüft. Nimmt dieser fälschlicherweise an, die ihm vorgelegte Abrechnung sei inhaltlich richtig, unterliegt er einem Irrtum. Angesichts des standardisierten Abrechnungsverfahrens werden an die Vorstellungen, die er sich vom Inhalt der Abrechnungen machen muss, keine hohen Anforderungen gestellt. Es soll ausreichen, dass er davon ausgeht, die ihm vorliegende Abrechnung sei insgesamt „in Ordnung". Selbst wenn der zuständige Sachbearbeiter der Kassenärztlichen Vereinigung Zweifel an der Richtigkeit der Abrechnung hat, soll dies der Annahme eines Irrtums nicht entgegenstehen. Ein Irrtum wird von der Rechtsprechung so lange angenommen, wie der Zweifelnde die Wahrheit des ihm Vorgetragenen noch für möglich hält.   2397

Weil ein Irrtum bei positiver Kenntnis ausgeschlossen ist, sollten Arzt und Verteidiger in geeigneten Fällen prüfen, ob die zuständige KV bereits in der Vergangenheit über die in Rede stehenden Abrechnungsumstände informiert wurde. Es kann beispielsweise sein, dass ein Konkurrent angebliche Missstände in einer Arztpraxis bereits gegenüber der KV angezeigt hat oder strittige Vorgänge in Gespräche mit KV-Mitarbeitern thematisiert wurden.   2398

5. Vermögensverfügung

Ungeschriebene Voraussetzung eines Betruges ist die sog. Vermögensverfügung. Sie verlangt, dass der Getäuschte infolge seines Irrtums über eigenes oder fremdes Vermögen verfügt.   2399

Definition Vermögensverfügung: Jedes Tun, Dulden oder Unterlassen, das sich unmittelbar vermögensmindernd auswirkt.   2400

Eine Vermögensverfügung ist im Erlass des Honorarbescheids bzw. in der konkreten Zahlungsanweisung seitens der zuständigen Kassenärztlichen Vereinigung zu sehen.   2401

---

[37] § 78 Abs. 2, 3 AMG.

Dann

6. Vermögensschaden

2402 Unter dieser Überschrift stellen sich äußerst komplexe Rechtsfragen, die hier nur vereinfacht und verkürzt behandelt werden können.

2403 **Definition: Ein Vermögensschaden** liegt vor, wenn der Vergleich des Vermögens vor und nach der Vermögensverfügung eine Wertminderung ergibt.

2404 Ein Vermögensschaden liegt vor, wenn das Vermögen des Betroffenen nach der Vermögensverfügung gemindert ist (negativer Saldo). Im Falle des vertragsärztlichen Abrechnungsbetruges wird für die Zeit bis zum 31. 12. 2008 überwiegend ein Schaden auf Seiten der ordnungsgemäß abrechnenden Vertragsärzte derselben Fachgruppe angenommen. Deren Honoraransprüche seien durch eine Verringerung der Punktwerte vermindert worden. Bei einigen Täuschungsvarianten war der Eintritt eines Vermögensschadens demnach eindeutig: Hatte der abrechnende Arzt eine Leistung in Wahrheit gar nicht erbracht, entstand ein Vermögensschaden, wenn er für diese Nichtleistung ein Honorar erhielt. Die korrekte Abrechnung hätte hier zu einer niedrigeren Gesamtvergütung geführt. Die Honoraransprüche der anderen, ordnungsgemäß abrechnenden Vertragsärzte wären dementsprechend höher ausgefallen. Gleiches galt auch bei der Abrechnung unwirtschaftlicher Leistungen. Rechnete der Arzt eine medizinisch nicht indizierte oder unwirtschaftliche Behandlung ab, trat ein Vermögensschaden ein, da eine dem Wirtschaftlichkeitsprinzip entsprechende Abrechnung entweder zu keiner oder einer deutlich niedrigeren Gesamtvergütungsfeststellung durch die Kassenärztliche Vereinigung geführt hätte.

2405 Seit 2009 gelten andere Abrechnungsregularien, was zur Folge hat, dass ein Schaden nur noch ausnahmsweise mit einer Verringerung des Punktwerts begründet werden kann. Falschabrechnungen wirken sich aber auch nach neuer Rechtslage zu Lasten ordnungsgemäß abrechnender Ärzte aus. Es entstehen beispielsweise Fehlbeträge, die zur Vergütung von Leistungen hätten verwandt werden können, die das Regelleistungsvolumen der Ärzte überschreiten. Darüber hinaus wirkt es sich zu Lasten der Vertragsärzteschaft aus, wenn ein Arzt aufgrund von Abrechnungsmanipulationen sein arzt- und praxisbezogenes Regelleistungsvolumen überschreitet und mit abgestaffelten Preisen vergütet wird. Infolgedessen kommt es zu einer Verringerung des Punktwerts, was wiederum zu einer Benachteiligung solcher Vertragsärzte führt, die ihr Regelleistungsvolumen ordnungsgemäß überschritten haben.

2406 Heftig umstritten ist, ob ein Vermögensschadens auch dann vorliegt, wenn nur „formal" falsch abgerechnet wurde und der Patient eine fachgerechte Behandlung erhalten hat, die für sich genommen nicht zu beanstanden ist. In diesem Zusammenhang ist zum Beispiel an die oben beschriebenen Fälle **scheinselbstständiger Ärzte** zu denken. Dort wird der Patient von einem zugelassenen und qualifizierten Arzt behandelt. Es wird allenfalls darüber getäuscht, dass der Arzt nicht freiberuflich tätig ist, sondern ein Angestelltenverhältnis vorliegt. Der Arzt war damit allein aus „formellen" Gründen nicht abrechnungsbefugt. Es ist :: erst zweifelhaft, ob dieses Manko einen Vermögensschaden begründen kann.

2407 'sätzlich gilt im Rahmen des § 263 StGB das Prinzip der Gesamt-Saldierung. Ein fordert, dass die Gesamt-Vermögenslage des Betroffenen nach der Verfügung als zuvor. Es ist nicht leicht zu verstehen, warum eine solche Verschlechte- ' zu bejahen sein soll, wenn scheinselbstständige Ärzte, nicht ermächtigte 'rohmänner lege artis gearbeitet haben. Dennoch nahm die Rechtspre- ' Fallkonstellationen einen Vermögensschaden an. Zur Begründung 'r den Bereich des Sozialversicherungsrechts geltende **„streng for-** **'ise".** Hiernach ist „eine Leistung insgesamt nicht erstattungsfähig 'chen nicht den gestellten Anforderungen genügt." Das Argu- ' infolge der erbrachten Leistungen Aufwendungen erspart der Behandlung durch einen abrechnungsberechtigten Arzt

Dann

entstanden wären, lässt der Bundesgerichthof nicht gelten. Ungeachtet der wirtschaftlichen Gegebenheiten zogen sich die Gerichte auf den Standpunkt zurück, dass eine **Schadens-kompensation** durch lege artis erbrachte Leistungen bei § 263 StGB keine Rolle spiele.[38]

Für die Strafbarkeit von Vertragsärzten hat diese formale Betrachtungsweise weitreichen- **2408** de Konsequenzen. Im Ergebnis führt sie dazu, dass jede inkorrekte Abrechnung zu einem Vermögensschaden führt, da es nicht darauf ankommt, ob die Kassenärztliche Vereinigung durch eine fachgerechte Behandlung einen „Gegenwert" erhalten hat – eine wirtschaftliche Betrachtung findet gerade nicht statt.

Die Rechtsprechung zum Vermögensschaden beim ärztlichen Abrechnungsbetrug wurde **2409** zu Recht scharf kritisiert. Leider bislang mit wenig Erfolg. Immerhin ließ der Bundesgerichtshof in einer neueren Entscheidung anklingen, dass Einschränkungen der formal sozialversicherungsrechtlichen Betrachtungsweise geboten sein könnten. Eine vorsichtige Bereitschaft zu partiellem Umdenken zeigt das folgende Zitat, das inhaltlich auf die Konstellation der Scheinselbstständigkeit begrenzt ist: „*In solchen Fällen mag tatsächlich zweifelhaft sein, ob der Irrtum der Verantwortlichen bei der Kassenärztlichen Vereinigung nicht allein eine „Statusfrage", nicht aber die Abrechnungsvoraussetzungen betrifft und ob nicht die Auszahlung des Honorars deswegen auch keinen Vermögensschaden begründet.*"[39] Auf Strohmann-Fälle, in denen der leistungserbringende Arzt keine Zulassung hat, ist dieses obiter dictum allerdings nicht anwendbar. Es ist lediglich auf solche Täuschungen bezogen, die berufsständische Statusfragen betreffen.

Das **Bundesverfassungsgericht** hat zuletzt in zwei Entscheidungen angemahnt, dass **2410** der Begriff des strafrechtlichen Vermögensschadens nicht ins Uferlose ausgeweitet werden darf. Im Rahmen einer Entscheidung zum Straftatbestand der Untreue, § 266 StGB, wies das Gericht darauf hin, dass zur Wahrung des verfassungsrechtlichen Bestimmtheitsgrundsatzes eine **präzisierende und restriktive Auslegung** des Tatbestandsmerkmals „Nachteil" angezeigt sei. Diese Forderung hat das Bundesverfassungsgericht inzwischen ausdrücklich für bestimmte Fälle des Betruges für anwendbar erklärt. Dazu führt es aus:

„*Das Tatbestandsmerkmal des Vermögensschadens begrenzt die Betrugsstrafbarkeit und kennzeichnet § 263 Abs. 1 StGB als Vermögens- und Erfolgsdelikt. [...] Normative Gesichtspunkte können bei der Bewertung von Schäden eine Rolle spielen; sie dürfen die wirtschaftliche Betrachtung allerdings nicht überlagern oder verdrängen.*"[40]

Angesichts dieser Rechtsprechungsentwicklung bestand durchaus Hoffnung, dass es zu **2411** einer wirtschaftlich orientierten Auslegung des Schadensbegriffes kommen würde. Ein Beschluss des 1. Strafsenats des Bundesgerichtshofes hat diese Hoffnung jäh zunichte gemacht. In der Entscheidung ging es zwar um privatärztliche Falschabrechnungen, doch hat der Senat die streng formale Betrachtungsweise des Sozialrechts bestätigt. Er hat trotz lege artis erbrachter Leistungen keine Schadenskompensation gelten lassen und allein darauf abgestellt, ob die in Rede stehenden Leistungen nach der Gebührenordnung für Ärzte abrechnungsfähig waren. Fehlt es an einer Abrechenbarkeit, nimmt der Senat einen Vermögensschaden unabhängig davon an, ob der Patient tatsächlich eine lege artis durchgeführte Behandlung erhalten und sich somit die Kosten für eine ansonsten notwendige Behandlung erspart hat.[41] Auch wenn sich diese Rechtsprechung auf den privatärztlichen Bereich bezieht, so zeigt sie doch auf, dass der Bundesgerichthof zum aktuellen Zeitpunkt nicht gewillt ist, den Schadensbegriff im Rahmen des § 263 StGB restriktiver auszulegen. Es bleibt abzuwarten, ob das Bundesverfassungsgericht erneut korrigierend eingreift und damit nachhaltige Wirkung erzielen wird.

---

[38] Dies wurde auch für die Verordnung von Hilfsmitteln (Schuheinlagen) angenommen, welche auf einer unzulässigen Absprache zwischen Arzt und Hersteller beruhte: AG Kiel, NZS 2011, 821.
[39] BGH, Urteil vom 5. 12. 2002 – 3 StR 161/02.
[40] BVerfG, Beschluss vom 7. 12. 2011 – 2 BVR 1857/10.
[41] BGH, Beschluss vom 25. 1. 2012 – 1 StR 45/11.

7. Vorsatz und Bereicherungsabsicht

2412   Um sich strafbar zu machen, muss ein Arzt **vorsätzlich** handeln. Das bedeutet, dass er billigend in Kauf nehmen musste, durch eine falsche Abrechnung eine irrtumsbedingte Honorarauszahlung seitens der KV auszulösen. Darüber hinaus setzt der Betrug nach § 263 StGB voraus, dass der Arzt in der Absicht handelt, sich oder einen Dritten rechtswidrig zu **bereichern**. Es muss ihm darauf ankommen, ein Honorar zu erlangen, auf das er keinen Anspruch hat, jedenfalls nicht in der geltend gemachten Höhe.

2413   **Definition Bereicherungsabsicht:** Die Absicht des Täuschenden, für sich selbst oder einen Dritten einen rechtswidrigen Vermögensvorteil zu erlangen.

2414   Ist der beschuldigte Arzt nicht geständig, müssen ihm Vorsatz und Bereicherungsabsicht nachgewiesen werden. Hierfür benötigt die Staatsanwaltschaft tragfähige Indizien. Während Kriterien wie die Vollständigkeit der Abrechnungsunterlagen, das Fehlen von Verschleierungshandlungen und gefälschten Sachverhalten einen Vorsatz des Arztes zumindest in Zweifel ziehen, wird ein systematisches und auf Verdeckung ausgerichtetes Handeln einen Vorsatz nahe legen.

8. Strafbarkeit im Rahmen der Privatliquidation

2415   Auch für privatliquidierende Ärzte wird der Vorwurf des Abrechnungsbetrugs eine immer größere Rolle spielen. Das hängt maßgeblich mit einem kürzlich ergangenen Grundsatzbeschluss des Bundesgerichtshofes zusammen (BGH v. 25. 1. 2012, 1 StR 45/11). Der Bundesgerichtshof hat ein Urteil des Landgerichts München I bestätigt, wonach ein privat abrechnender Arzt wegen Abrechnungsbetruges in 129 Fällen zu einer Freiheitsstrafe von drei Jahren und drei Monaten verurteilt wurde. Außerdem wurde es ihm verboten, für die Dauer von drei Jahren als liquidationsberechtigter Arzt oder als angestellter Arzt mit eigenem Abrechnungsrecht tätig zu werden. Im Zentrum der Entscheidung steht die Aussage, dass die Bezahlung von Leistungen, die nach der GOÄ nicht abrechenbar sind, einen Vermögensschaden begründet. Der die Rechnung empfangende Patient gehe davon aus, dass alle Anforderungen der GOÄ beachtet wurden, ohne sich konkrete Vorstellungen von den Abrechnungsdetails zu machen. Spätestens damit ist der privatärztliche Abrechnungsbetrug in den Fokus der Staatsanwaltschaften gerückt. Dieser Abschnitt befasst sich mit seinen Besonderheiten.

2416   **a) Rechtsbeziehungen.** Die Rechtsbeziehungen, die bei der Behandlung eines Privatpatienten entstehen, sind deutlich unkomplizierter als im GKV-Bereich. Arzt und Privatpatient schließen einen **Behandlungsvertrag**. Weitere Vertragsbeziehungen geht der Arzt nicht ein. Die Krankenkasse oder Beihilfestelle unterhält eine Rechtsbeziehung nur mit dem dort versicherten Patienten, nicht mit dem Arzt. Eine Täuschung durch den Arzt kann damit grundsätzlich nur gegenüber dem Patienten oder über diesen erfolgen. Rechnet der Arzt diesem gegenüber zu hohe oder (so) nicht erbrachte Leistungen ab, tritt der Vermögensschaden bei dem Patienten selbst ein. Dass dieser Schaden anschließend durch Zahlung der Krankenkasse oder Beihilfestelle kompensiert wird, spielt keine Rolle.

2417   **b) Typische Fälle.** Da der Rechnungsadressat die Behandlung zumindest im ambulanten Bereich selbst „miterlebt", ist die Abrechnung von „Luftleistungen" eher selten. Anders kann es dagegen bei Laborleistungen aussehen. Vergleichsweise häufig sind Manipulationen, die das Regelungsdickicht der GOÄ ausnutzen. Denn eine Abrechnung anhand von (analogen) Gebührenziffern wird der Patient faktisch kaum kontrollieren.

2418   Beispielhaft für einen privatärztlichen Abrechnungsbetrug sind folgende Fälle:
– Der Arzt rechnet eine **nicht persönlich erbrachte** Leistung ab.
– Der Arzt rechnet trotz **fehlenden Behandlungsvertrages** zwischen Arzt und Patient ab.
– Der Arzt rechnet **zu hohe Gebühren** ab.

c) Einzelfragen. Ein Privatarzt rechnet individuell gegenüber seinen Patienten ab. Da- 2419
bei ist er an die GOÄ gebunden. Ist der rechnungsstellende Arzt in ein solches Gebühren-
system eingebunden, hat seine Abrechnung nach Ansicht der Rechtsprechung den Erklärungswert, dass die abgerechneten Beträge dieser Gebührenordnung entsprechen. Ist das
nicht der Fall, liegt grundsätzlich eine tatbestandsmäßige Täuschung vor.

Eine Täuschung steht damit regelmäßig in solchen Fällen in Rede, in denen ein Arzt 2420
entgegen der Vorgaben der GOÄ abrechnet. Zu berücksichtigen ist allerdings, dass die
GOÄ einige Abrechnungsvoraussetzungen benennt, die unterschiedlich ausgelegt werden
können. Beispiele für „schwammige" Begrifflichkeiten sind etwa:
- Medizinische Notwendigkeit (§ 1 Abs. 2 GOÄ).
- Die Einzelvoraussetzungen der persönlichen Leistungserbringung: Aufsicht und fachliche
  Weisung (§ 4 Abs. 2 GOÄ).
- Gleichwertigkeit der Leistung (§ 6 Abs. 2 GOÄ).

In diesen Fällen ist es naheliegend, dass die Auslegung dieser Begriffe durch Ärzte, Pati- 2421
enten, Krankenversicherungen und Ärztekammern voneinander abweicht. Das gilt z. B. im
Hinblick auf die Anforderungen, die Ärzte bei der Abrechnung von Speziallaborleistungen
erfüllen müssen.

Getäuscht werden kann im Rahmen des § 263 StGB nur über **Tatsachen,** nicht aber über 2422
Rechtsansichten. Sind mehrere Auslegungsmöglichkeiten einer GOÄ-Vorschrift vertretbar
und folgt der Arzt einer davon, fehlt es nach hier vertretener Auffassung an einer Täuschung.
Denn GOÄ-Interpretationen sind nichts anderes als Rechtsansichten. Welche Auslegungen
noch vertretbar sind, ist dabei keiner pauschalen Antwort zugänglich. Entscheidend sind jeweils die Umstände des Einzelfalles. Ein starkes Indiz für die Vertretbarkeit ist es dabei, wenn
der Abrechnung eine objektiv nachvollziehbare Begründung zugrunde liegt. Allerdings ist
nicht zu verschweigen, dass folgende Gefahr besteht: Staatsanwaltschaften können ihnen
nicht genehme Auslegungen als unvertretbar disqualifizieren und auf dieser Basis ein Ermittlungsverfahren einleiten. In Fällen, in denen Abrechnungen auf umstrittene GOÄ-Ausle-
gungen gestützt werden sollen, ist daher ein hohes Maß an Vorsicht geboten.

Noch nicht abschließend geklärt ist der Fall, in dem der Patient weiß, dass die abgerech- 2423
nete Leistung nicht von demjenigen erbracht wurde, der hierzu vertraglich verpflichtet ist.
Nach überzeugender Auffassung kommt es hier nicht zu einer Täuschung.

Ein **Vermögensschaden** ist nach Auffassung des BGH schon dann anzunehmen, wenn 2424
ein Patient wegen eines Abrechnungsfehlers nicht zur Zahlung verpflichtet ist.

VII. Untreue

1. Einleitung

Untreue war für Ärzte lange ein Fremdwort. Das hat sich erheblich geändert. Der Anwen- 2425
dungsbereich des Untreuetatbestandes (§ 266 StGB) hat in den letzten Jahren in nahezu allen
Bereichen des Wirtschaftslebens eine erhebliche Ausweitung erfahren. Diese Entwicklung
betrifft auch das Gesundheitswesen. Nachdem die Untreue im Arztstrafrecht lange ein Schat-
tendasein führte, werden seit einer Entscheidung des BGH aus dem Jahr 2003 bestimmte
Sachverhaltskonstellationen anhand von § 266 StGB beurteilt. In den bisher veröffentlichten
Entscheidungen ging es z. B. um Ärzte, die **unwirtschaftliche Verordnungen** für Medi-
kamente ausstellten oder im Zusammenhang mit der Bestellung von Praxisbedarf „Kick-
Backs" erhielten. Nach Auffassung der Gerichte hat der Vertragsarzt bei der Verordnung von
Medikamenten etc. eine sog. „Vermögensbetreuungspflicht" gegenüber den Krankenkassen.
Das bedeutet, dass er deren Vermögensinteressen zu wahren hat. Tut er dies nicht, kann er
sich unter bestimmten Voraussetzungen einer Untreue strafbar machen.

Untreue-Fälle weisen eine Nähe zu Betrugskonstellationen auf, in denen Ärzte Leistun- 2426
gen unrichtig abrechnen. Wegen der Besonderheiten des Abrechnungssystems der gesetzli-

chen Krankenkassen stellen gesetzeswidrige Verschreibungen mangels Täuschungshandlung aber keinen Betrug dar. Demgegenüber ist der Untreuetatbestand nicht auf durch Täuschung verursachte Vermögensschäden beschränkt. Eine Strafbarkeit des Arztes kann sich daher nicht nur aufgrund einer unrichtigen Abrechnung gegenüber der Krankenkasse, sondern auch durch unrichtige **Verordnungen** ergeben. Diese Linie der Rechtsprechung setzt den Trend fort, ärztliche Verhaltensweisen verstärkt einer wirtschaftsstrafrechtlichen Kontrolle zu unterziehen. Im Hintergrund scheint die rechtspolitische Überzeugung zu stehen, dass die ungerechtfertigte Bereicherung von Ärzten, wenn irgendwie möglich, auch mit den Mitteln des Strafrechts sanktioniert werden muss.

2. Voraussetzungen für eine Strafbarkeit gemäß § 266 StGB

2427   § 266 StGB enthält zwei Tatbestandsvarianten: Einen Missbrauchs- und einen Treuebruchtatbestand. Beide erfordern die Verletzung einer Vermögensbetreuungspflicht und einen hierdurch entstehenden Nachteil für das zu betreuende Vermögen. Der Missbrauchstatbestand ist die speziellere Tatvariante. Er setzt das weitere Merkmal der Verletzung einer Verfügungs- oder Verpflichtungsbefugnis voraus.

2428   **a) Missbrauch der Verfügungs- oder Verpflichtungsbefugnis.** Unter einer Verfügungs- oder Verpflichtungbefugnis ist die Befugnis zu verstehen, für einen Dritten wirksam Rechtsgeschäfte vorzunehmen. Als typisches Beispiel kann der Abschluss eines den Dritten bindenden Vertrages genannt werden. Diese Befugnis muss durch den Arzt missbraucht werden.

2429   **Definition Missbrauch:** Das Überschreiten des rechtlichen Dürfens (im Innenverhältnis zum Vermögensinhaber) unter Einhaltung des rechtlichen Könnens (im Außenverhältnis zu Dritten).

2430   Vereinfacht gesagt liegt ein Missbrauch vor, wenn eine Handlung vorgenommen wird, die von der Befugnis zwar umfasst wird, aber den Vorgaben oder Beschränkungen widerspricht, die an diese Befugnis geknüpft sind.

2431   Nach Auffassung der Rechtsprechung hat der Vertragsarzt eine Verfügungs- bzw. Verpflichtungsbefugnis gegenüber den Krankenkassen. Begründet wird das mit dem System der Abrechnung vertragsärztlicher Leistungen: Die gesetzlich Versicherten haben einen gesetzlichen Anspruch auf die notwendige Versorgung mit Arznei-, Verband-, Heil- und Hilfsmitteln. Das bedeutet aber nicht, dass die Versicherten ihre Arznei- oder Hilfsmittel selbst wählen können. Das Recht darauf, ein bestimmtes Arzneimittel zu verlangen, hat der Versicherte vielmehr erst, wenn es ihm von einem Vertragsarzt verschrieben wird. Dieser konkretisiert durch die Verordnung eines bestimmten Medikaments den Anspruch des Versicherten auf medizinische Versorgung. Aus diesem Grund soll der Arzt bei der Medikamentenverordnung als Vertreter der Krankenkasse handeln. Dem Versicherten wird das verordnete Medikament von einem Apotheker ausgehändigt, der es auf Grundlage der ärztlichen Verordnung gegenüber der Krankenkasse abrechnet. Durch die Verordnung wird folglich eine Zahlungsverpflichtung der Krankenkasse gegenüber dem Apotheker begründet. Der Vertragsarzt hat dabei die Pflicht, keine Arzneimittel oder Leistungen zu verordnen, die nicht notwendig, nicht ausreichend, unwirtschaftlich oder unzweckmäßig sind (§ 12 SGB V). Verstößt er dagegen, missbraucht er grundsätzlich die ihm eingeräumte Befugnis, die Krankenkasse zur Zahlung der verordneten Leistungen zu verpflichten. Dasselbe soll auch bei der Bestellung von Medizinprodukten für den vertragsärztlichen Praxisbedarf gelten, sofern diese bei einer Krankenkasse abgerechnet werden.

2432   Beispiele einer Untreuestrafbarkeit im vertragsärztlichen Bereich sind:

2433   • **Verordnung medizinisch nicht indizierter Leistungen:** In diesem Zusammenhang ist nach einzelnen Leistungsbestandteilen zu differenzieren. Eine Strafbarkeit kommt vor allem dort in Betracht, wo es an einer medizinischen Indikation fehlt. So wurde eine Untreuestrafbarkeit in einem Fall bejaht, in dem der Vertragsarzt seinem Patienten über den tatsächlichen Bedarf hinausgehende Arzneimittel verschrieb.[42] In dem konkreten Fall verordnete der Hausarzt auf Verlangen eines Patienten, der sich per Infusion ernähren musste, das Zwei- und später das Dreifache des täglichen Kalorienbedarfs, ohne dass für die Übermengen an Infusionslösungen eine ärztliche Indikation vorgelegen hätte. Die gemäß der Vorlage der kassenärztlichen Rezepte durch die Apotheken ausgelieferten Übermengen verwendete der Patient mit Wissen des Hausarztes anderweitig

- **Bestellung überteuerter Produkte bei umsatzbezogenen Rückvergütungen** 2434 **(„kick back").** Eine Strafbarkeit wegen Untreue kann auch in der Bestellung überteuerter Produkte liegen, wenn diese von den Krankenkassen bezahlt werden. Das ist beispielsweise dann der Fall, wenn in den Kaufpreis für ein Produkt Beträge eingerechnet werden, die der Arzt durch den Lieferanten als „Bestellprämie" ausbezahlt bekommt. Da es nicht der Arzt, sondern die Krankenkasse ist, die für den Kaufpreis aufkommt, liegt darin eine Untreue zu ihren Lasten.[43]

- **Unterlassene Anzeige der Erstattung von Entsorgungskosten gegenüber der** 2435 **Krankenkasse.** Eine Untreuestrafbarkeit soll auch in Betracht kommen, wenn der Vertragsarzt von einem Lieferanten im Gegenzug für seine Bestellungen geldwerte Vorteile in Form von Dienstleistungen erhält. Das OLG Hamm entschied dazu folgenden Fall: Ein Arzt bestellte bei einer Firma Röntgenkontrastmittel. Diese rechnete er unmittelbar bei der Krankenkasse ab. Gegenüber der Krankenkasse verschwieg der Arzt, dass ihm die Firma für seine Bestellungen die kostenlose Entsorgung medizinischen Sondermülls aus seiner Praxis gewährt hatte.[44] Das Gericht nahm eine Untreuestrafbarkeit an, da eine entsprechende Mitteilungspflicht bestanden hätte.

b) Verletzung einer Vermögensbetreuungspflicht. Beide Varianten der Untreue 2436 setzen das Bestehen einer Vermögensbetreuungspflicht voraus. Es kann sich nur strafbar machen, wer die Pflicht hat, die Vermögensinteressen eines anderen wahrzunehmen. Hierzu gehört insbesondere die Verpflichtung, keine für das Vermögen nachteiligen Rechtsgeschäfte vorzunehmen. Außerdem müssen drohende Vermögensnachteile abgewendet werden. Diese Vermögensfürsorge muss sich als wesentliche Pflicht gegenüber dem Vermögensinhaber darstellen

Ärzte haben zwar in erster Linie die Pflicht, ihre Patienten medizinisch zu versorgen und 2437 ihre Tätigkeit an deren Wohl auszurichten. Nach der Rechtsprechung hat der Vertragsarzt aber auch die Vermögensinteressen der Krankenkassen zu berücksichtigen. Da die Kassen durch eine ärztliche Verordnung zur Zahlung des verordneten Medikaments bzw. der verordneten Leistung verpflichtet werden, hat der Arzt großen Einfluss auf ihr Vermögen. Ihn trifft daher die Pflicht, dem Vermögen der Krankenkassen nicht dadurch Nachteile zuzufügen, dass er unnötige oder überteuerte Arzneimittel verschreibt.

Bei angestellten Ärzten ist eine differenzierte Betrachtung angezeigt. Hier trifft nicht je- 2438 den Arzt die Pflicht, die Vermögensinteressen seines Arbeitgebers wahrzunehmen. Eine solche haben vielmehr nur Ärzte, zu deren Aufgabenbereich es gehört, über den Ankauf von medizinischen Produkten und Geräten oder über Auftragserteilungen an Dritte zu entscheiden. Insofern kommt im Bereich der angestellten Tätigkeit eine Untreuestrafbarkeit in der Regel nur für Chefärzte oder ärztliche Direktoren von Krankenhäusern bzw. Universitäten in Betracht. Diesen kommt regelmäßig die Pflicht zu, auf günstige Vertragsabschlüsse für den Arbeitgeber hinzuwirken.[45] Deshalb kann z. B. der Bezug von Medizinprodukten für das Krankenhaus, die wegen der eingepreisten Rückvergütung an den Arzt überteuert sind, eine Strafbarkeit wegen Untreue begründen.

---

[42] BGH, Beschluss vom 25. 11. 2003 – 4 StR 239/03.
[43] BGH, Beschluss vom 27. 4. 2004 – 1 StR 165/03.
[44] Vgl. OLG Hamm NStZ-RR 2006, 13.
[45] Vgl. BGH, Urteil vom 23. 5. 2002 – 1 StR 372/01.

2439   **c) Vermögensnachteil.** Weitere Voraussetzung einer Untreuestrafbarkeit ist der Eintritt eines Vermögensnachteils. Der Begriff des Nachteils stimmt mit dem Vermögensschaden im Sinne des Betrugstatbestandes überein. Insoweit kann an dieser Stelle im Wesentlichen auf die dortigen Ausführungen verwiesen werden. Eine Besonderheit der Untreue ist, dass der Nachteil gerade bei dem betreuten Vermögen eintreten muss. Im vertragsärztlichen Bereich muss der Schaden daher bei der Krankenkrankasse entstehen; im Bereich der angestellten Tätigkeit eines Arztes bei dem jeweiligen Arbeitgeber.

2440   Verschreibt der Arzt medizinisch nicht indizierte Medikamente, erleidet die Krankenkasse einen Vermögensnachteil. Ohne die pflichtwidrige Verordnung hätte sie keine bzw. eine geringere Zahlung an den abrechnenden Apotheker leisten müssen. Bestellt der Arzt in Erwartung einer Rückvergütung überteuerte Medizinprodukte bei seinem Lieferanten, liegt der Schaden der Kasse in der Summe, um die der Bezugspreis aufgrund des an den Arzt gewährten „kick backs" erhöht wurde.

2441   An einem Vermögensnachteil fehlt es dagegen, wenn der Arzt für seine Bestellungen von dem Lieferanten zwar eine Prämie erhält, diese aber nicht aus einem erhöhten Preis für die bestellten Produkte bezahlt wird. Der Bezugspreis wäre ohne die Prämie nicht niedriger ausgefallen.

2442   **d) Vorsatz.** Schließlich setzt eine Strafbarkeit wegen Untreue ein vorsätzliches Handeln des Arztes voraus. Dies bedeutet, dass er sich insbesondere seiner Verfügungs- bzw. Verpflichtungsbefugnis sowie seiner Pflicht zur Wahrnehmung fremder Vermögensinteressen bewusst sein muss. Weiterhin muss er wissen, dass seine Verordnung pflichtwidrig erfolgt. Er muss Kenntnis davon haben, dass er gesetzlich dazu verpflichtet ist, keine unnötigen, unwirtschaftlichen oder überteuerten Leistungen zu verordnen, die bewusst gegen diese Vorgabe verstoßen.

VIII. Korruption

1. Einleitung

2443   Kooperation ist ein positiv besetzter Schlüsselbegriff des Berufslebens. Fachlicher Austausch und gegenseitige Unterstützung befördern nicht nur das eigene Fortkommen, sondern auch Innovationen und Produktverbesserungen. Aus diesem Grund sind Kooperationsmodelle im Gesundheitswesen gängige Praxis. Die Zusammenarbeit von Medizinern untereinander sowie von Ärzten und verschiedenen Industriebranchen dient vielfach dem Patientenwohl. Kooperation erfordert aber auch Nähe. Zu viel davon kann ungesunde **Abhängigkeitsverhältnisse** schaffen.

2444   Abhängigkeit im hier verstandenen Sinne meint, dass ein Arzt nicht-medizinische Faktoren in seine Behandlungsentscheidungen einfließen lässt, weil er sich hierzu unterschwellig verpflichtet fühlt. Dieses Gefühl kann eine mächtige Triebfeder sein. Wer meint, in jemandes Schuld zu stehen, ist nicht frei. (Kleine) Geschenke erhalten nicht nur die Freundschaft. Sie motivieren die Beschenkten häufig, sich zum Nutzen des Schenkers irgendwann selbst erkenntlich zu zeigen („eine Hand wäscht die andere"). Das Prinzip „erst schenken, dann fordern" ist weit verbreitet. Zwischen dem Ende sinnvoller Zusammenarbeit und dem Anfang strafbarer Korruption liegt manchmal ein schmaler Grat. Dies gilt auch im Gesundheitswesen. In Zeiten, die von erhöhtem Kostendruck und einem intensiven Wettbewerb um volle Krankenhausbetten und Arztpraxen sowie um den Absatz von Medikamenten und medizinischem Equipment geprägt sind, wachsen Druck und Verlockung, mit unlauteren Marketingmethoden zu arbeiten.

2445   Nach der Entscheidung des **Großen Strafsenats** vom 22. 6. 2012 könnte man meinen, niedergelassene Vertrags(zahn)-ärzte bräuchten sich nicht weiter für das Thema Korruption zu interessieren. Das wäre falsch gedacht. Schon deshalb, weil die Entscheidung weder die berufs- noch die sozialrechtliche Unzulässigkeit von Zuweisungsmodellen tangiert. Der

Große Strafsenat hat zwar entschieden, dass niedergelassene Vertragsärzte bei der Verordnung von Medikamenten weder Amtsträger noch Beauftragte der Krankenkassen sind, doch gibt es mit Betrug (§ 263 StGB), Untreue (§ 266 StGB) und Steuerhinterziehung (§ 371 AO)[46] noch andere Straftatbestände, die zumindest einige Korruptionsphänomene erfassen. Darüber hinaus statuiert **§ 7 HWG** ein ausdrückliches Verbot, als Angehöriger der Fachkreise Zuwendungen oder sonstige Werbegaben anzunehmen, wenn diese Angebote dem Absatz eines konkreten Heilmittels dienen. Die Annahme solcher Werbegaben ist nur in eng umgrenzten Ausnahmefällen zulässig. Eine Zuwiderhandlung stellt eine Ordnungswidrigkeit dar, die mit einer Geldbuße von bis zu 50 000 € geahndet werden kann. Es spricht sehr viel dafür, dass die Strafverfolgungsbehörden diese Vorschriften in geeigneten Fällen anwenden werden.

Die Entscheidungen des OLG Braunschweig, des LG Verden, des LG Hamburg und des **2446** AG Ulm haben gezeigt, dass viele Juristen es für strafwürdig erachten, wenn Industrievertreter versuchen, das Verordnungsverhalten von Vertragsärzten durch das Angebot materieller Vorteile zu beeinflussen. Die Bereitschaft, hiergegen strafrechtlich vorzugehen, ist nach wie vor groß. Außerdem wird man abwarten müssen, wie lange die Analyse des Großen Strafsenats Bestand haben wird.[47] Der Gesetzgeber hat es z.B. in der Hand, den Anwendungsbereich des § 299 StGB zu erweitern. Eine Reform dieses Tatbestands, die internationale Vorgaben umsetzt, ist ohnehin seit Langem geplant. Transparency International hat demgegenüber gefordert, „Kassenärzte per Gesetz als Amtsträger anzuerkennen."[48] Die Politik hat die Diskussion über ergänzende strafrechtliche Regelungen zur Korruptionsbekämpfung im Gesundheitswesen ebenfalls aufgenommen.[49] In einer aktuellen Stunde am 28. 6. 2012 forderten Vertreter der Oppositionsfraktionen, „einen Straftatbestand zur Medizinerbestechung einzuführen".[50] Die Entscheidung des Großen Strafsenats wird diese Debatte intensivieren – zumal auch Industrievertreter öffentlich über korrupte Praktiken von Vertragsärzten klagen.[51] Auch Staatsanwälte halten eine Klarstellung des Gesetzgebers für wünschenswert,[52] sehen sich aktuell aber gezwungen, Ermittlungsverfahren einzustellen.[53] Ärztevertreter haben bereits gefordert, die Ermittlungskompetenzen der Ärztekammern auszuweiten, um erfolgreich gegen käufliche Ärzte vorgehen zu können.[54] Es steht zu erwarten, dass hierüber erst dann entschieden wird, wenn sich der Gesetzgeber zu einer Änderung des Strafgesetzbuchs entschieden hat.

Im Übrigen gilt die Entscheidung des Großen Strafsenats nur für das Verhältnis von nie- **2447** dergelassenen Vertragsärzten zu Krankenkassen. Die Frage, ob sich angestellte Ärzte wegen Bestechlichkeit strafbar machen, wenn sie als Gegenleistung für ihr Verordnungsverhalten

---

[46] Z. B. bei steuerlich nicht korrekter Behandlung von Zuweisungspauschalen und Fangprämien.

[47] Zustimmung durch Oberstaatsanwalt Badle, vgl. Ärzte-Zeitung vom 26. 4. 2012.

[48] Pressemitteilung vom 22. 6. 2012, abrufbar über: http://www.transparency.de/2012-06-22-BGH-Urteil.2123.0.html.

[49] Vgl. Antrag der SPD-Fraktion im Bundestag „Korruption im Gesundheitswesen wirksam bekämpfen" (BT-Drs 17/3685).

[50] Meldung des Deutschen Bundestags vom 28. 6. 2012, Opposition will Straftatbestand für Ärztebestechung, abrufbar über: http://www.bundestag.de/dokumente/textarchiv. Obwohl die Regierungsfraktionen sich zurückhaltend bis ablehnend äußerten, wird auch aus Kreisen der Union eine Verschärfung gefordert, vgl. Ärzte Zeitung, 8. 7. 2012: Geschenke an Ärzte: Ministerin fordert strengere Regeln.

[51] Vgl. z.B. Stellungnahme Bundesinnung für Hörgeräteakustiker zur BT-Drs 17/3685, Ausschuss Drucksache 17(14)0248(1).

[52] Vgl. Ärzteblatt vom 12. 7. 2012: Auswirkungen des BGH-Urteils zur Bestechlichkeit von Ärzten auf die Praxis, Interview mit Oberstaatsanwalt Baumert aus Wuppertal.

[53] Vgl. Ärztezeitung online, 5. 7. 2012: Korruptionsprozesse gegen Ärzte werden gestoppt.

[54] Vgl. aezteblatt.de vom 28. 6. 2012: Korruption im Gesundheitswesen: SPD drängt auf Gesetzesänderung sowie vom 27. 6. 2012: MB: Ärztekammern im Kampf gegen Korruption stärken. Siehe auch Ärzte Zeitung online vom 26. 6. 2012: Korruption: Kammer knöpft sich schwarze Schafe vor.

persönliche Vorteile erhalten, ist noch nicht abschließend beantwortet.[55] Somit sind die Korruptionsdelikte für einige Ärzte schon heute relevant. Für andere werden sie es womöglich. Wer noch nicht persönlich betroffen ist, hat gute Gründe sich mit ihnen zu beschäftigen. Hierdurch wird nicht nur das Verständnis der berufs- und vertragsärztlichen Antikorruptionsregeln (vgl. z. B. § 73 Abs. 7 SGB V) geschärft, sondern auch die Voraussetzung geschaffen, um als potentiell Betroffener informiert am rechtspolitischen Diskurs teilnehmen zu können.

2. Ärzte als Amtsträger: Vorteilsannahme und Bestechlichkeit

2448 Vorteilsannahme und Bestechlichkeit sind Korruptionsdelikte, die für die sog. „Nehmerseite" gelten. Beide Vorschriften traten 1994 mit dem Herzklappenskandal ins Bewusstsein der Ärzteschaft. Sie haben einen weiten Anwendungsbereich und zeichnen sich durch erhebliche Unschärfen aus.

2449 **a) Amtsträgereigenschaft von Ärzten.** Vorteilsannahme und Bestechlichkeit können nur von Amtsträgern begangen werden. Als Amtsträger gelten nicht nur verbeamtete Ärzte, sondern auch angestellte Ärzte an Universitätskliniken, Kreis-, Bezirks- oder städtischen Krankenhäusern, die im Rahmen der Daseinsvorsorge Aufgaben der öffentlichen Verwaltung wahrnehmen.

2450 Belegärzte an städtischen Krankenhäusern sollen hingegen keine Amtsträger sein. Dasselbe soll für Ärzte gelten, die bei Krankenhäusern beschäftigt sind, die unter der Trägerschaft der evangelischen und katholischen Kirche stehen.

2451 Die Ärzte-Zeitung berichtete beispielsweise von Ermittlungen gegen einen ehemaligen Transplantationschirurg des Göttinger Universitätsklinikums, der gegen Geldzahlung einen ausländischen Patienten bevorzugt behandelt und diesem so zu einer neuen Leber verholfen haben soll.[56] Dieser – zunächst isoliert erscheinende Vorfall – hat sich inzwischen zu einem handfesten Skandal ausgewachsen.

2452 Hochumstritten war die Beantwortung der Frage, ob auch **niedergelassene Vertragsärzte** Amtsträger sein können. Rechtsprechung und Literatur hatten sich nahezu einhellig dagegen ausgesprochen. Im Jahr 2011 ließ jedoch der 3. Strafsenat des BGH große Sympathien für diese Qualifikation erkennen.[57] Zur Begründung seiner Auffassung stellte er darauf ab, dass es sich bei den gesetzlichen Krankenkassen um eine sonstige Stelle gemäß § 11 Abs. 1 Nr. 2c StGB handelt. Durch ihre Zulassung seien Vertragsärzte zur Wahrnehmung von Aufgaben der öffentlichen Verwaltung bestellt. Hierzu heißt es: *„Dieses sozialrechtliche Regelungsgefüge weist dem Vertragsarzt bei der Sicherstellung der Versorgung der Versicherten insbesondere im Rahmen der Verordnungstätigkeit eine Schlüsselstellung zu."*[58] Weil es sich um eine Rechtsfrage von grundlegender Bedeutung handelte, wandte sich der 3. Strafsenat an den Großen Strafsenat des BGH. Wenig später folgte ihm der 5. Strafsenat, der die Amtsträgereigenschaft niedergelassener Vertragsärzte ebenfalls geklärt wissen wollte. Inzwischen hat der Große Strafsenat entschieden: Niedergelassene Vertragsärzte sind **keine Amtsträger,** wenn sie Medikamente verschreiben.

2453 **b) Vorteilsannahme gemäß § 331 StGB.** Amtsträger sind gut beraten, zu Geschenken und Einladungen eine ähnlich kritische Haltung aufzubauen wie der Teufel zum Weihwasser. Weil § 331 StGB einen sehr weiten Anwendungsbereich hat, ist die Gefahr sonst groß, ins Visier der Strafverfolgungsbehörden zu geraten.

2454 **aa) Regelungszweck und Anwendungsbereich.** § 331 StGB schützt das Vertrauen in die Sachbezogenheit und Unparteilichkeit der Verwaltung. Der Gesetzgeber will bereits

---

[55] Bejahend: Transparency International, Pressemitteilung vom 22. 6. 2012, abrufbar über: http://www.transparency.de/2012-06-22-BGH-Urteil.2123.0.html.

[56] Ärzte Zeitung, 11. 7. 2012: Ermittlungen gegen Transplantationsarzt.

[57] BGH Beschl. v. 5. 5. 2011 – 3 StR 458/10.

[58] BGH Beschl. v. 5. 5. 2011 – 3 StR 458/10.

den bösen Anschein der Käuflichkeit vermeiden. Was in der freien Wirtschaft noch im Rahmen des Üblichen liegt, ist einem Amtsträger deshalb schon nicht mehr erlaubt. Er darf die Entscheidung darüber, wie er seinen Dienst ausübt, nicht von sachfremden Faktoren abhängig machen. Alles andere liefe dem Gebot der Neutralität der öffentlichen Verwaltung zuwider. In der Sache geht es im arztstrafrechtlichen Bereich um die vielfältigen Berührungspunkte zwischen Ärzteschaft und Industrie. Beispiele hierfür sind Drittmittelfinanzierung, Einladungen zu Fortbildungsveranstaltungen, Teilnahme an Studien, Spenden und Sponsoring.

bb) Forderung, Annahme, Sich-Versprechen-Lassen eines Vorteils. Vorausset-   **2455** zung einer Strafbarkeit nach § 331 StGB ist zunächst, dass der Täter einen Vorteil für sich oder einen Dritten fordert, sich versprechen lässt oder annimmt.

Definition Vorteil: Jede Leistung des Zuwendenden, die den Amtsträger oder einen   **2456** Dritten materiell oder immateriell in seiner wirtschaftlichen, rechtlichen oder persönlichen Lage objektiv besser stellt und auf die er keinen rechtlich begründeten Anspruch hat.

Der Vorteilsbegriff ist sehr weit gefasst. Außer Frage steht, dass **materielle Zuwendun-**   **2457** **gen aller Art** Vorteile darstellen. Beispiele hierfür sind:
- Rabatte,
- Einladungen/Freikarten für Veranstaltungen (Sportereignisse, kulturelle Veranstaltungen etc.),
- Bezahlung von Kongressreisen,
- Bezuschussung von Weihnachtsfeiern,
- Überlassung eines Leihwagens,
- Vermittlung einer Nebentätigkeit,
- Gewährung eines Darlehens,
- kostenlose Überlassung medizinischer Geräte,
- Finanzierung von Zulassungsstudien,
- Spenden an Fördervereine,
- Einladungen in Gourmet-Restaurants,
- Honorare für Vorträge, die Moderation von Veranstaltungen etc. sowie
- Beraterverträge, die einen Honoraranspruch begründen.

Auch ein Vertrag, bei dem sich Leistung und Gegenleistung angemessen gegenüber ste-   **2458** hen, stellt einen Vorteil dar. Voraussetzung ist, dass der als Amtsträger fungierende Arzt auf den Abschluss des Vertrages keinen Anspruch hat – was in aller Regel der Fall ist. Das heißt nicht, dass jeder Vertragsschluss strafbar ist. Die Einordnung als Vorteil bedeutet nur, dass ein solcher Vertrag sich an den übrigen Strafbarkeitskriterien messen lassen muss und insoweit Vorsicht geboten ist. Neben materiellen Zuwendungen kommen auch **immaterielle Vorteile** in Betracht, soweit diese „einen objektiv messbaren Inhalt haben und den Amtsträger in irgendeiner Weise tatsächlich besser stellen."[59] Nach der Rechtsprechung fallen hierunter:
- Ehrungen,
- Ehrenämter,
- sexuelle Zuwendungen,
- Erwerbsaussichten und
- Beförderungschancen.

§ 331 StGB stellt auch **Zuwendungen an Dritte** unter Strafe. Dritte können dabei so-   **2459** wohl natürliche als auch juristische Personen sein. Relevant wird dies insbesondere dann, wenn Ärzte einen Vorteil nicht für sich selbst, sondern für „ihre" Klinik verwenden wollen.

---

[59] BGH, Urteil vom 23. 5. 2002 – 1 StR 372/01.

2460   Exemplarisch sei folgender Fall genannt: Ein verbeamteter Chefarzt einer Universitäts-
klinik hatte in 30 Fällen Patienten nur gegen Zahlung einer „Spende für Forschungszwe-
cke" persönlich operiert beziehungsweise in der von ihm geleiteten Privatstation aufgenommen. Die so eingetriebenen Gelder wurden durch den Arzt auf ein Drittmittelkonto
des Uniklinikums weitergeleitet und dort für klinikspezifische Aufwendungen unterschied-
lichster Art verwendet. Das Landgericht Essen entschied hierzu, dass auch eine Anstel-
lungskörperschaft „Dritter" im Sinne der Korruptionsnormen sein kann.[60] Die dagegen
eingelegte Revision verwarf der Bundesgerichtshof als unbegründet.[61]

2461   Strafbar macht sich, wer den Vorteil fordert, sich versprechen lässt oder annimmt. Diese
Aufzählung zeigt, dass es bereits unzulässig ist, bestimmte Begehrlichkeiten zu artikulieren.
Die Strafbarkeitszone beginnt sehr früh. Sie ist – anders als der Begriff „Vorteilsannahme"
vermuten lässt – nicht auf die Entgegennahme von Vorteilen beschränkt.

2462   **Definition fordern:** Der Täter lässt ausdrücklich oder konkludent erkennen, dass er
einen Vorteil begehrt.

2463   **Definition sich versprechen lassen:** Der Täter nimmt das entsprechende Angebot
einer künftigen Leistung ausdrücklich oder schlüssig an.

2464   **Definition annehmen:** Der Täter empfängt einen geforderten oder angebotenen Vorteil entweder selbst oder gibt ihn an einen Dritten weiter, für den er bestimmt ist.

2465   Das Sich-versprechen-lassen und das Annehmen eines Vorteils setzen eine Willensüber-
einstimmung zwischen Geber und Nehmer voraus. Beide müssen sich einig sein. Demgegenüber liegt ein Fordern auch dann vor, wenn der Angesprochene sich weigert, einen
Vorteil zu gewähren. Es genügt, dass der Täter seine Forderung kundtut. Wer diese Schwelle überschreitet, muss damit rechnen, postwendend angezeigt zu werden.

2466   **cc) Für die Dienstausübung/Unrechtsvereinbarung.** Die Annahme eines Vorteils
ist nicht per se strafbar. Der Täter muss den Vorteil *für die Dienstausübung* fordern, sich versprechen lassen oder annehmen. Aus dem Wort *„für"* wird eine zentrale Strafbarkeitsvor-
aussetzung gefolgert: Dienstausübung und Vorteilszuwendung müssen im Sinne eines Gegenseitigkeitsverhältnisses inhaltlich miteinander verknüpft sein **(= Unrechtsvereinbarung).** Die Unrechtsvereinbarung ist das Herzstück der Korruptionstatbestände. Sie
begründet deren Unrechtsgehalt.

2467   **Definition Dienstausübung:** Alle Handlungen, durch die ein Amtsträger oder Ver-
pflichteter im öffentlichen Dienst die ihm übertragenen Aufgaben wahrnimmt.

2468   Bezugspunkt ist die Dienstausübung eines Amtsträgers. Hierzu können zählen:
– die Operation und Behandlung von Patienten, soweit es sich nicht um eine Nebentätigkeit handelt (umstritten),[62]
– die generelle Entscheidung über die Beschaffung von Medizinprodukten, Medikamenten
und Sprechstundenbedarf,
– Gespräche mit Herstellerfirmen.

2469   Keine Bestandteile der Dienstausübung sind Nebentätigkeiten wie z.B. die privatärztliche Behandlung von Wahlleistungspatienten und die Mitwirkung an Fortbildungsveranstaltungen.

---

[60] LG Essen Urt. v. 12. 3. 2010 – 56 KLs 20/08.
[61] Vgl. BGH, Beschluss vom 13. 7. 2011 – 1 StR 692/10.
[62] Vgl. LG Essen, Urt. v. 12. 3. 2010, 56 KLs 20/08, abrufbar über: http://www.justiz.nrw.de/nrwe/
lgs/essen/lg_essen/j2010/56_KLs_20_08urteil20100312.html.

In diesem Zusammenhang kommt es nicht darauf an, ob der Täter konkret für die in Rede stehende Handlung zuständig ist. Es reicht aus, dass diese zu seinem dienstlichen Aufgabenkreis gehört und von ihm in dienstlicher Eigenschaft vorgenommen wird. **2470**

Wichtig ist, dass der Vorteil nicht als Gegenleistung für eine *konkrete* Diensthandlung bestimmt sein muss. Daher fallen auch solche Zuwendungen in den Anwendungsbereich des § 331 StGB, die der **„Klimapflege"** dienen und den Amtsträger im Hinblick auf seine Dienstausübung gewogen machen sollen. Es genügt, dass die Beteiligten den Vorteil allgemein mit der Dienstausübung im Sinne eines Gegenseitigkeitsverhältnisses verknüpfen. **2471**

Um nicht jede alltagsübliche Handlung unter den Tatbestand des § 331 StGB fallen zu lassen, bedarf die Norm einer einschränkenden Auslegung. In Fällen der **Sozialadäquanz** wird eine Unrechtsvereinbarung daher abgelehnt. Sozialadäquat sind solche Leistungen, die der Höflichkeit oder Gefälligkeit entsprechen, sozial üblich sind und allgemein gebilligt werden. In diesem Zusammenhang ist z. B. an runde Geburtstage und Dienstjubiläen zu denken. **2472**

Wo die Grenze zwischen noch sozialadäquater Zuwendung und strafbarem „Schmieren" zu ziehen ist, ist teilweise schwer zu beurteilen. So wird man es beispielsweise durchaus als sozialadäquat ansehen können, wenn ein angemessener Betrag als Trinkgeld in die Kaffeekasse einer Krankenhausstation gezahlt wird. Zur besseren Orientierung wird in diesem Zusammenhang eine Wertgrenze von ca. € 30 bis maximal € 50 vorgeschlagen. Unterhalb dieses Betrages wird in der Regel von der Sozialadäquanz einer Zuwendung ausgegangen.[63] **2473**

Die Höhe des Vorteils ist jedoch nur ein Aspekt von vielen. Für eine Unrechtsvereinbarung können die Stellung des Amtsträgers, dienstliche Berührungspunkte zum Vorteilsgeber, die Plausibilität einer anderen Zielsetzung, die Höhe des Vorteils,[64] Verschleierungsmaßnahmen, fehlende Dokumentation, fehlende Äquivalenz von Leistung und Gegenleistung im Rahmen vertraglicher Verhältnisse sowie Dauer und Zeitpunkt der Gewährung von Vorteilen sprechen. Die Einhaltung gesetzlich vorgeschriebener Anzeige- und Genehmigungsverfahren schließt die Annahme einer Unrechtsvereinbarung tendenziell aus. **2474**

Rechtsprechung zur Drittmittelakquise
• BGH NJW 2002, 2801 **2475**

In der Diskussion über die Strafbarkeit von Ärzten nach § 331 StGB ist eine Entscheidung des Bundesgerichtshofs berühmt geworden, die sich mit der Drittmittelakquise im Hochschulbereich befasst. Ein Professor der Medizin und Ärztlicher Direktor eines Universitätsklinikums, zu dessen Dienstaufgaben unter anderem die Einwerbung von Drittmitteln für die Forschung gehörte, vereinbarte mit einer Medizintechnikfirma „Boni" auf getätigte Bestellungen. Die anfallenden Beträge waren als zusätzliche Geldquellen für Forschungsvorhaben bestimmt und wurden dafür auch verwendet. Die Geldzahlungen der Firma wurden nicht über die Universitätsverwaltung, sondern über ein von dem Medizinprofessor gegründeten Verein abgewickelt. Der Bundesgerichtshof entschied dazu, dass im Hochschulbereich eine **Einschränkung des § 331 StGB** zur Vermeidung von Wertungswidersprüchen zwischen Hochschulrecht und Strafrecht geboten ist. Wörtlich heißt es dazu in der Entscheidung:

„Regelt wie hier das Landeshochschulrecht [...] die Einwerbung von zweckbestimmten Mitteln durch einen Amtsträger, die sich i. S. des § 331 I StGB als Vorteil darstellen [...], so ist das vom Straftatbestand geschützte Rechtsgut, das Vertrauen in die Sachgerechtigkeit und ‚Nicht-Käuflichkeit' dienstlichen Handelns, dann nicht in dem vom Gesetzgeber vorausgesetzten Maße strafrechtlich schutzwürdig, wenn das in jedem Gesetz vorgesehene Verfahren eingehalten, namentlich die Anzeige der Mittel angezeigt und genehmigt wird."

---

[63] OLG Hamburg MedR 2000, 371 (374) (100 DM als Wertgrenze).

[64] Das OVG Lüneburg hat die Ausstattung von Ratsmitgliedern mit Jahreskarten für einen Freizeitpark, deren Wert € 80 überschritt, als nicht geeignet angesehen, um „eine bedeutsame planerische Entscheidung" zu beeinflussen, Urt. v. 10. 8. 2010 – Az. 1 KN 218/07.

Im konkreten Fall bestätigte der BGH die Verurteilung wegen Vorteilsannahme trotzdem. Da der Angeklagte das hochschulrechtlich vorgeschriebene Verfahren (Anzeige und Genehmigung) zum Umgang mit Drittmitteln nicht eingehalten hatte, wurde dies als Unrechtsvereinbarung gewertet. Aufgrund seiner Stellung sei er Amtsträger gewesen. In der Verbesserung seiner Arbeits- und Forschungsbedingungen habe ein Vorteil gelegen.

Vor dem Hintergrund dieser Entscheidung des BGH empfiehlt es sich, zur Vermeidung von Strafbarkeitsrisiken im Zusammenhang mit Fragen der Drittmittelakquise und des Industriesponsorings folgende Grundsätze zu beachten:
– Trennung von Umsatzgeschäft und Zuwendung,
– Offenlegung von Zuwendungen,
– Dokumentation von Zuwendungen,
– Äquivalenz von Leistung und Gegenleistung.

2476   **dd) Vorsatz.** Der Täter muss vorsätzlich handeln. Das umfasst sowohl seine Amtsträgerstellung als auch die Unrechtsvereinbarung. Er muss zumindest billigend in Kauf nehmen, dass es bei der Vereinbarung mit seinem Gegenüber um einen Vorteil geht, auf den er keinen Anspruch hat und der in einem Gegenleistungsverhältnis zu seiner Dienstausübung steht.

2477   **ee) Wirksame Genehmigung nach § 331 Abs. 3 StGB.** Eine Vorteilsannahme ist nach § 331 Abs. 3 gerechtfertigt, wenn sie durch die zuständige Behörde vorab oder unmittelbar nach Anzeige der Annahme genehmigt wurde. Erforderlich ist, dass es sich um einen nach dem Dienstrecht genehmigungsfähigen Vorgang handelte und die Genehmigung von der örtlich und sachlich zuständigen Behörde erteilt wurde. Eine Genehmigung ist ausgeschlossen, wenn der Täter den Vorteil gefordert hat oder es sich um pflichtwidrige Diensthandlungen handelt. Benötigen angestellte oder verbeamtete Ärzte eine Genehmigung, so ist hierfür ihr Arbeitgeber bzw. ihr Dienstherr zuständig.

2478   **c) Bestechlichkeit gemäß § 332 StGB. aa) Anwendungsbereich.** Der Straftatbestand der Bestechlichkeit entspricht in den meisten Voraussetzungen der Vorteilsannahme gemäß § 331 StGB. Allerdings zeichnen sich Straftaten nach § 332 StGB durch einen erhöhten Unrechtsgehalt aus. Das zeigt schon der Strafrahmen, der eine Mindestfreiheitsstrafe von sechs Monaten vorsieht. Grund hierfür ist, dass der Täter den Vorteil nicht für eine pflichtgemäße, sondern eine pflichtwidrige Diensthandlung fordert, annimmt etc. Darüber hinaus erfasst § 332 StGB ausdrücklich auch Vorteile, die sich auf **Ermessensentscheidungen** beziehen. Die besonderen Voraussetzungen der Bestechlichkeit werden nachfolgend erläutert. Im Übrigen gelten die Ausführungen zu § 331 StGB entsprechend.

2479   **bb) Pflichtwidrigkeit der Diensthandlung.** Die Diensthandlung, für die sich der Amtsträger einen Vorteil als Gegenleistung versprechen lässt etc., muss pflichtwidrig sein. Diese Voraussetzung ist erfüllt, wenn der Amtsträger eine konkrete Dienstpflicht verletzt.[65] Das ist der Fall, wenn die Diensthandlung gegen ein Gesetz, eine Rechtsverordnung, eine Verwaltungsvorschrift oder eine dienstliche Weisung verstößt.[66] Ist eine Handlung dienstlich geboten, stellt ihr Unterlassen eine pflichtwidrige Diensthandlung dar, § 336 StGB. Ob der Arzt in seiner Entscheidung gebunden ist, oder ihm ein gewisses Ermessen zusteht, spielt dabei grundsätzlich keine Rolle.

2480   In dem oben geschilderten Fall des Chefarztes, der nur gegen Zahlung von Spenden Betten in der von ihm geleiteten Privatstation an Patienten vergab und diese persönlich operierte, hat das Landgericht eine **pflichtwidrige Ermessensausübung** bejaht. Der Arzt konnte grundsätzlich entscheiden, durch wen eine Operation durchgeführt und ob ein Patient auf seiner Station aufgenommen wurde. Diese Entscheidungen durfte er aber nur von sachlichen Kriterien abhängig machen. Er ließ sich jedoch bei seiner Ermessensent-

---

[65] Vgl. BGH, Urteil vom 23. 5. 2002 – 1 StR 372/01.
[66] BGH, Urteil vom 23. 10. 2002 – 1 StR 541/01.

scheidung maßgeblich von dem Anreiz finanzieller Zuschüsse leiten. Seine Ermessensausübung war daher pflichtwidrig.[67]

Besondere Anforderungen an die Pflichtgemäßheit einer Ermessensausübung gelten ins- **2481**
besondere hinsichtlich der **Auswahl von Medikamenten und Medizinprodukten.**
Lässt sich der Besteller solcher Mittel von sachfremden Erwägungen, beispielsweise finanziellen Anreizen, leiten, ist die Diensthandlung pflichtwidrig.

cc) Sich-Bereit-Zeigen zu einer künftigen Handlung, § 332 Abs. 3 StGB. Ge- **2482**
mäß § 332 Abs. 3 StGB macht sich auch derjenige strafbar, der sich gegen einen Vorteil zur
Vornahme einer künftigen pflichtwidrigen Diensthandlung oder einer künftigen pflichtwidrigen Ermessensausübung „bereit zeigt". Der Täter muss dafür ausdrücklich oder konkludent erklären, dass er in der Zukunft seine Dienstpflichten verletzen oder sich bei einer
Ermessensentscheidung von dem Vorteil beeinflussen lassen werde. Der Bundesgerichtshof
hat die Voraussetzung des Sich-bereit-zeigens in einer Entscheidung konkretisiert, die sich
inhaltlich mit der Einwerbung von Drittmitteln befasste.[68] Dort stellte er klar, dass ein Sich-
bereit-zeigen nicht ohne Weiteres schon aus der Annahme eines Vorteils geschlossen werden kann. Hierzu heißt es: *„Das Merkmal des (vorsätzlichen) Sichbereitzeigens zur Beeinflussung
verlangt den Nachweis eines entsprechenden Sachverhalts. Ein solcher Eindruck kann durch ausdrückliche Erklärung, aber auch durch schlüssiges Verhalten in einem bestimmten Zusammenhang erweckt
werden. Dabei werden in der Regel die Rahmenbedingungen eine wichtige Rolle spielen. Allein die
Annahme eines Vorteils reicht dazu grundsätzlich nicht aus. Maßgebend sind die jeweiligen Umständen des Einzelfalles [. . .]."*[69]

Vor diesem Hintergrund ließ es der Bundesgerichtshof nicht als Sich-bereit-zeigen im **2483**
Sinne des § 332 Abs. 3 StGB genügen, dass ein Leiter der chirurgischen Abteilung eines
Universitätsklinikums sich und seiner Abteilung regelmäßig von Firmen Kongressreisen
sowie Betriebs- und Weihnachtsfeiern bezahlen ließ. Das Gericht beließ es hier bei einer
Strafbarkeit nach § 331 StGB. Anders beurteilte der Bundesgerichthof jedoch einen Fall, in
dem sich ein Arzt die Dauerleihe eines medizinischen Gerätes versprechen ließ und im
Gegenzug die Bestellung von mindestens 300 Oxygenatoren jährlich für die Dauer von
drei Jahren zusagte.

3. Bestechlichkeit und Bestechung im geschäftlichen Verkehr gemäß § 299 StGB

a) Regelungszweck der Vorschrift. Jeder Arzt, der weder Amtsträger noch Selbst- **2484**
ständiger ist, hat vor der Annahme von Geschenken und anderen Vorteilen an § 299 StGB
zu denken. Diese Vorschrift stellt Bestechlichkeit und Bestechung im geschäftlichen Verkehr unter Strafe. Sie schützt in erster Linie den lauteren Wettbewerb und soll verhindern,
dass von Dritten verliehene Entscheidungsmacht zugunsten von miteinander konkurrierenden Unternehmen „verkauft" wird. Angestellte und Beauftragte von Arztpraxen, Krankenhäusern, MVZ und anderen Gesundheitseinrichtungen sollen die Vergabe von Aufträgen
und ähnlichem nicht von sachfremden Erwägungen abhängig machen.

b) Angestellter/Beauftragter eines geschäftlichen Betriebes. Eine Strafbarkeit **2485**
nach § 299 StGB setzt voraus, dass der Täter Angestellter oder Beauftragter eines geschäfli-
chen Betriebes ist.

Definition Angestellter i. S. d. § 299 StGB: Derjenige, der in einem mindestens **2486**
faktischen Dienstverhältnis zum Geschäftsherrn steht und dessen Weisungen unterworfen ist.

---

[67] LG Essen Urt. v. 12. 3. 2010 – 56 KLs 20/08.
[68] BGH, Urteil vom 23. 10. 2002 – 1 StR 541/01.
[69] BGH, Urteil vom 23. 10. 2002 – 1 StR 541/01.

2487 **Definition Beauftragter i. S. d. § 299 StGB:** Derjenige, der ohne Angestellter zu sein, für einen Geschäftsbetrieb tätig wird und dabei aufgrund seiner Stellung berechtigt und verpflichtet ist, auf Entscheidungen des Betriebes, die den Waren- oder Leistungsaustausch betreffen, Einfluss zu nehmen.

2488 Arztpraxen, private Krankenhäuser und andere medizinische Einrichtungen, wie z. B. MVZ, sind geschäftliche Betriebe. Ärzte, die in derartigen Einrichtungen angestellt sind und zumindest mittelbar auf wettbewerbsrelevante Entscheidungen Einfluss nehmen können, sind daher taugliche Täter des § 299 StGB. Gleiches gilt z. B. für die Geschäftsführer einer MVZ-GmbH. Grundsätzlich kommt auch der in einem Unternehmen angestellte Betriebsarzt als tauglicher Täter in Betracht, wenn er z. B. den Einkauf von Geräten und Materialien durch seinen Arbeitgeber beeinflusst. Wer keine Berührungspunkte zu Beschaffungsentscheidungen etc. hat, scheidet demgegenüber als Täter aus.

2489 **Niedergelassene Vertragsärzte** werden ebenfalls nicht von § 299 StGB erfasst, weil sie – Stand August 2012 – keine Beauftragten der Krankenkassen sind. Dies hat der Große Senat des Bundesgerichtshofs in einem mit Spannung erwarteten Grundsatzbeschluss ausdrücklich bestätigt.[70] Als Betriebsinhaber ihrer eigenen Praxis fallen sie derzeit nicht in den Anwendungsbereich von § 299 StGB.

2490 **c) Weitere Strafbarkeitsvoraussetzungen des § 299 StGB. aa) Forderung, Annahme, Sich-Versprechen-Lassen eines Vorteils.** Auch § 299 StGB setzt das Fordern, Annehmen oder das Sich-Versprechen-Lassen eines Vorteils voraus. Insofern kann auf die Ausführungen zu §§ 331/332 StGB verwiesen werden kann.

2491 **bb) Handeln im geschäftlichen Verkehr.** Da § 299 StGB den freien Wettbewerb schützt, muss die Tathandlung im geschäftlichen Verkehr erfolgen. Ein Zusammenhang der Vorteilsannahme mit dem Geschäftsbetrieb der Arztpraxis etc. genügt an dieser Stelle. Die Annahme eines Vorteils im Zusammenhang mit privaten Handlungen ist demgegenüber nicht erfasst.

2492 **cc) Unrechtsvereinbarung.** Das entscheidende Kriterium, das einen zulässigen Leistungsaustausch von einer strafbaren Handlung abgrenzt, ist auch bei § 299 StGB die sog. Unrechtsvereinbarung. Sie setzt voraus, dass der Vorteil als Gegenleistung für eine zukünftige **unlautere Bevorzugung** im Wettbewerb beim Bezug von Waren oder gewerblichen Leistungen bestimmt ist.

2493 **Definition Bevorzugung:** Die Gewährung von Vorteilen im Wettbewerb gegenüber den Mitbewerbern.

2494 **Definition unlautere Bevorzugung:** Jede Bevorzugung, die geeignet ist, Mitbewerber durch Umgehung der Regeln des Wettbewerbs und durch Ausschaltung der Konkurrenz zu schädigen.

2495 Eine Bevorzugung *im Wettbewerb* setzt voraus, dass im zukünftigen Zeitpunkt des Waren- oder Leistungsbezugs nach Vorstellung des Arztes eine Wettbewerbslage besteht. Das heißt, dass zumindest zwei Bewerber (z. B. Anbieter von Sprechstundenbedarf) um einen Auftrag der Arztpraxis, des MVZ etc. konkurrieren müssen. Angesichts der Konkurrenz auf dem gesamten Gesundheitsmarkt wird es an einer solchen Wettbewerbslage nur äußerst selten fehlen.

2496 Eine Bevorzugung ist **unlauter,** wenn sie nicht auf sachgerechten Erwägungen beruht. Das soll bereits dann der Fall sein, wenn sie durch den in Aussicht gestellten Vorteil motiviert ist.

2497 Die Bevorzugung muss sich auf den Bezug von Waren oder gewerblichen Leistungen beziehen. Beziehen wird regelmäßig der Betrieb sein, bei dem der Arzt angestellt ist. In die-

---

[70] BGH, Beschluss vom 29. 3. 2012 – GSSt 2/11.

sem Zusammenhang ist an die Bestellung von Sprechstunden- und Praxisbedarf sowie von Medizingeräten zu denken. Ob externe Laborleistungen nur der Patient oder auch die anfordernde Arztpraxis bezieht, ist noch nicht gerichtlich geklärt.

Es genügt nicht, wenn nur der Patient Waren oder gewerbliche Leistungen bezieht, was **2498** bei der Medikamenten- und Hilfsmittelverordnung der Fall sein dürfte. Abschließend geklärt ist dieser Punkt jedoch nicht.

Sozialadäquate Zuwendungen sind auch bei § 299 StGB zulässig. Hier legt man deutlich **2499** großzügigere Maßstäbe an, als dies bei den Amtsträgerdelikten der §§ 331, 332 StGB der Fall ist.

Anders als bei § 331 StGB fallen allgemeine Zuwendungen zur „Klimapflege" oder zur **2500** Schaffung einer wohlwollenden Atmosphäre nicht unter § 299 StGB.

Umstritten ist, ob es strafbarkeitsausschließend wirkt, wenn z. B. der Praxisinhaber damit **2501** einverstanden ist, dass sein angestellter Arzt Vorteile von interessierten Dritten erhält.

dd) Vorsatz. Auch für eine Strafbarkeit nach § 299 StGB muss der Täter vorsätzlich **2502** handeln. Dies muss sowohl seine Stellung als Angestellter oder Beauftragter eines geschäftlichen Betriebes als auch das Bestehen einer Wettbewerbslage und die unlautere Bevorzugung umfassen.

d) Potentiell problematische Fallgruppen. Die folgenden Fallgruppen sind seit Län- **2503** gerem Bestandteil der strafrechtlichen Diskussion zu Umfang und Reichweite des § 299 StGB. Je nachdem wie der Gesetzgeber auf die Entscheidung des Großen Strafsenats reagiert, können diese Konstellationen strafrechtlich (wieder) problematisch werden. Unter berufsrechtlichen Gesichtspunkten sind sie das ohnehin schon. Im Kern geht es um Patientenzuweisungen gegen Entgelt. Die Diskussion um das Thema wurde nicht zuletzt durch eine aktuelle Pressemitteilung des GKV-Spitzenverbandes neu beflügelt.[71] Im Mai 2012 veröffentlichte der Verband eine von ihm selbst in Auftrag gegebene Studie mit dem Titel „Unzulässige Zusammenarbeit im Gesundheitswesen durch Zuweisung gegen Entgelt". Im Rahmen der Studie war untersucht worden, ob und in welchem Umfang medizinische Leistungserbringer Patientenzuweisungen im Gegenzug für wirtschaftliche Vorteile vornehmen. Sie kommt zu dem Ergebnis, dass Patientenzuweisungen gegen wirtschaftliche Vorteile im deutschen Gesundheitswesen verbreitete Praxis sind. Insgesamt 14 Prozent der befragten niedergelassenen Ärzte stuften diese als üblich ein, 35 Prozent stimmten dem zumindest teilweise zu. Jeder Fünfte gab an, ein solches Vorgehen komme gegenüber anderen Ärzten oder Hilfsmittelbringern „gelegentlich oder häufig" vor. Seitens der Kliniken beurteilten 24 Prozent der Befragten diese Praxis als üblich.

aa) Zuweisungen gegen Entgelt unter niedergelassenen Ärzten. Berufsgruppen **2504** wie Radiologen und Laborärzte sind auf Patientenzuweisungen durch andere Ärzte angewiesen. Teilweise wird daher versucht, das Zuweisungsverhalten niedergelassener Ärzte durch das Gewähren von Vorteilen zu beeinflussen.

bb) Zuweisungen gegen Entgelt an Krankenhäuser. Auch Krankenhäuser sind dar- **2505** an interessiert, dass niedergelassene Ärzte ein gutes Wort für sie gegenüber Patienten mit stationärem Behandlungsbedarf einlegen. Wer sich nicht auf den guten Ruf seines Hauses verlassen will, wird mitunter auch problematische Wege ersinnen, um niedergelassene Ärzte gezielt zu beeinflussen. In diesem Zusammenhang ist an sog. „Kopfpauschalen" und „Fangprämien" zu denken.

cc) Vorteilsgewährung von Heil- und Hilfsmittelbringern. Auch die Zusam- **2506** menarbeit zwischen Ärzten und Heil- und Hilfsmittelbringern kann auf künstliche Absatzsteigerung ausgerichtet sein. Andernfalls hätte es beispielsweise des § 128 SGB V nicht bedurft, wonach es Hilfsmittelbringern und pharmazeutischen Unternehmen nicht erlaubt ist, Zuwendungen oder Entgelte für die Verordnung von Heil- und Hilfsmitteln zu gewähren. Beispiele für solche unzulässigen Kooperationsmodelle gibt es in vielen Aus-

---

[71] Pressemitteilung GKV-Spitzenverband v. 22. 5. 2012, abrufbar unter <https://www.gkv-spitzen-verband.de/PM_20120522_Studie_Fangpraemien.gkvnet> (Letzter Abruf am 6. 6. 2012).

prägungen, etwa in Form von Nachlässen oder Rückvergütungen bei dem Kauf von Medizinprodukten und Medikamenten. Ein plastisches Beispiel bietet folgender Fall: Ein Hilfsmittelanbieter für „TENS-Geräte" hatte seinen Handelsvertretern ein bestimmtes Geschäftsmodell vorgegeben. Jedem niedergelassenen Arzt, der hochwertige Geräte von dem Hilfsmittelanbieter gemietet beziehungsweise geleast hatte, wurde das hierfür zu zahlende Entgelt anteilig erstattet oder ganz erlassen, wenn er im Gegenzug eine bestimmte Anzahl von Verordnungen für den Bezug eines TENS-Gerätes ausstellte und dem Anbieter zukommen ließ.[72]

IX. Strafbare Werbung

1. Berufsrechtliche Werbebeschränkungen für Ärzte

2507   Das traditionelle Bild eines (Zahn-)Arztes, der sich ausschließlich am Wohl seiner Patienten und nicht an Profitmaximierung orientieren soll, kann durch Werbung schwer ramponiert werden. Aus diesem Grund sahen die landesrechtlichen Berufsordnungen bis zum Jahre 2002 sogar ein **allgemeines Werbeverbot** für Ärzte vor. Dieses Werbeverbot sollte Patienten vor Beeinflussung und Verunsicherung schützen und ihr Vertrauen darin stärken, dass ärztliche Untersuchungen, Behandlungen oder Medikamentenverordnungen nicht deshalb vorgenommen werden, weil sie für den Arzt besonders lukrativ sind. Von diesem absoluten Werbeverbot haben die Landesärztekammern mittlerweile Abstand genommen und **Lockerungen** dieses Verbotes vorgenommen. Dies ist nicht zuletzt dem steigenden Konkurrenzdruck unter Ärzten und Krankenhäusern, aber auch Faktoren wie der zunehmenden Spezialisierung von Ärzten und dem damit wachsenden Informationsinteresse der Patienten geschuldet. Nach jetzigem Stand ist ärztliche Werbung nun **grundsätzlich erlaubt,** unterliegt jedoch einigen **Beschränkungen.** Die maßgebliche standesrechtliche Vorschrift hierfür ist § 27 MBO-Ä:[73]

2508   Es ist also nur solche Werbung zulässig, die berufsbezogen und sachlich ist. Durch die Berufswidrigkeit **anpreisende**r Werbung soll sichergestellt werden, dass kranke Menschen, die aufgrund ihres Leidens besonders empfänglich für Heilungsversprechen sind, nicht ausgenutzt werden. Auch **vergleichende** Werbung verstößt gegen das Standesrecht. Es würde hierdurch ein unzulässiger Wettbewerb zwischen Ärzten geschürt. Die **irreführende** Werbung setzt ein täuschendes Element voraus. Sie liegt etwa vor, wenn die Vermittlung von Patientenanrufen zu Zahnarztpraxen durch einen privat organisierten Notdienst in allgemein zugänglichen Verzeichnissen ohne die Klarstellung beworben wird, dass es sich um eine private Organisation handelt. Es besteht dann die Gefahr der Verwechslung mit dem „öffentlichen", durch die Heilberufkammer organisierten Notdienst, dem die Bevölkerung besonders Vertrauen entgegenbringt.[74]

2. Spezialgesetzliche Strafvorschriften

2509   Nach § 27 Abs. 3 MBO-Ä bleiben Werbeverbote aufgrund anderer gesetzlicher Bestimmungen unberührt. Für Ärzte relevante Vorschriften finden sich insbesondere in dem Gesetz gegen den unlauteren Wettbewerb (§ 16 UWG), im Heilmittelwerbegesetz (§§ 3, 14 HWG) sowie im Strafgesetzbuch (§ 219a StGB).

2510   **a) Strafbarkeit gemäß § 16 UWG.** § 16 UWG schützt die Entscheidungsfreiheit der Verbraucher. Diese sollen nicht durch unwahre Werbeversprechen manipuliert werden. Der Tatbestand setzt in objektiver Hinsicht voraus, dass die Werbung des Arztes unwahre Anga-

---

[72] LG Stade Urt. v. 4. 8. 2010 – AZ 12 KLs 17 Js 18 207/09.
[73] Geändert durch Beschl. des 105. Dt. Ärztetages 2002.
[74] OVG NRW Beschl. v. 19. 9. 2008 – 13 B 1070/08.

ben enthält. Dies ist beispielsweise der Fall, wenn eine Einrichtung als „Klinik" beworben wird, es aber tatsächlich an der erforderlichen Konzession fehlt. In subjektiver Hinsicht ist zusätzlich erforderlich, dass der Arzt in der Absicht handelt, den Anschein eines besonders günstigen Angebotes hervorzurufen. Der Terminus „besonders günstig" ist nicht nur auf den Preis bezogen. Er erfasst vielmehr jede Art der Vorteilhaftigkeit. In dem vorherigen Klinik-Beispiel liegt das besonders günstige Angebot in der scheinbaren Möglichkeit, stationär aufgenommen zu werden.

b) Strafbarkeit gemäß §§ 3, 14 HWG. Während das UWG sich allgemein gegen 2511 Werbung richtet, die dem fairen Wettbewerb zuwiderläuft, befasst sich das HWG speziell mit unzulässiger Werbung im Gesundheitswesen.

§ 3 HWG erklärt insbesondere solche Werbemaßnahmen für unzulässig, bei denen über 2512 die Wirksamkeit, Erfolgsgarantie oder Unschädlichkeit von Behandlungen, Medikamenten oder anderen medizinischen Mitteln beziehungsweise Verfahren getäuscht wird. Das Geschäft mit Kranken und deren Hoffnung auf medizinische Hilfe soll unterbunden werden. In diesem Zusammenhang hat der Bundesgerichtshof festgestellt:

> „[Es] sind überall dort, wo die Gesundheit in der Werbung ins Spiel gebracht wird, be- 2513 sonders strenge Anforderungen an die Richtigkeit, Eindeutigkeit und Klarheit der Aussagen zu stellen. Dies rechtfertigt sich in erster Linie daraus, dass die eigene Gesundheit in der Wertschätzung des Verbrauchers einen hohen Stellenwert hat und sich deshalb an die Gesundheit anknüpfende Werbemaßnahmen erfahrungsgemäß als besonders wirksam erweisen, ferner daraus, dass mit irreführenden gesundheitsbezogenen Werbeangaben erhebliche Gefahren für das hohe Schutzgut der Gesundheit des Einzelnen sowie der Bevölkerung verbunden sein können."[75]

Eine Irreführung kann beispielsweise vorliegen, wenn bei Schlankheitspillen wahrheits- 2514 widrig eine Gewichtsabnahme garantiert wird. Dasselbe gilt, wenn eine allgemeine wissenschaftliche Anerkennung einer Behandlungsweise behauptet wird, die in Wahrheit nicht gegeben ist.[76] Irreführend ist es auch, wenn ein Wunderheiler durch das bloße Auflegen seiner Hände eine wirksame Behandlung verspricht.[77] Die in § 3 HWG aufgezählten Beispiele für irreführende Werbeinhalte sind nicht abschließend. Außer in diesen Fällen ist eine Irreführung dann gegeben, wenn der **durchschnittliche Patient** durch objektiv unrichtige Angaben oder das Verschweigen von Tatsachen falschen Vorstellungen über die Eigenschaften des beworbenen Produktes oder einer angepriesenen Behandlung unterliegt.

In subjektiver Hinsicht ist ein vorsätzliches Verhalten des Täters erforderlich. Handelt er 2515 fahrlässig, hätte er also bei Beachtung der erforderlichen Sorgfalt erkennen können, dass seine Werbung irreführend ist, stellt das keine Straftat, sondern eine Ordnungswidrigkeit gemäß § 15 Abs. 2 HWG dar.

c) Strafbarkeit gemäß § 219a StGB. § 219a StGB stellt die Werbung für einen 2516 Schwangerschaftsabbruch unter Strafe. Das ungeborene Leben soll dadurch geschützt werden, dass der Schwangerschaftsabbruch nicht kommerzialisiert oder bagatellisiert wird. Die Absätze 2 und 3 grenzen den Tatbestand insofern ein, als eine berufsspezifische Information nicht strafbar ist. Weitere Einschränkungen kennt § 219a StGB nicht. Insbesondere kommt es nicht darauf an, ob bei dem Anbieten eines Schwangerschaftsabbruchs auch Preise genannt werden. So hat das LG Bayreuth einen Gynäkologen für schuldig befunden, der auf der Homepage seiner Praxis unter dem Stichwort „Operationen" neben seinem anderen medizinischen Angebot auch das Durchführen von Schwangerschaftsabbrüchen als mögliche Leistung angeführt hatte.[78]

---

[75] BGH Urteil vom 3. 5. 2001 – I ZR 318/98.
[76] KG Berlin, Beschluss vom 11. 7. 2011 – 5 U 115/09.
[77] Vgl. AG Meldorf Urteil vom 18. 5. 2010 – 29 Ds 315 Js 27 580/09.
[78] LG Bayreuth, Urt. v. 15. 9. 2005 – 2 Ns 118 Js 12 007/04.

X. Strafprozessuales Einmal-Eins

1. Die Risiken eines Strafverfahrens

2517   Ein Strafverfahren ist ein nervenzehrendes und kraftraubendes Dauer-Ereignis. Es kann das Berufs- und Sozialleben massiv belasten – nicht nur über Wochen und Monate, sondern mitunter über Jahre.[79] Wie lange es im Einzelfall dauern wird, kann kein Jurist prognostizieren. Denn es ist durch vielfältige Ungewissheiten geprägt, die selbst hartgesottene Zeitgenossen auf Dauer nur schwer ertragen können („wie und wann geht es weiter", „wie geht es aus"). Zusammenbrüche der einen oder anderen Art sind deshalb keine Seltenheit.[80]

2518   Ein Strafverfahren kann die Reputation eines Arztes irreversibel beschädigen. Das gilt selbst dann, wenn am Ende ein Freispruch steht: Irgendetwas bleibt immer hängen – auch in den Köpfen potentieller Patienten. Die Auswirkungen, die ein solcher Schatten für die berufliche Zukunft haben kann, liegen auf der Hand: Wer in der Öffentlichkeit einen zweifelhaften bis schlechten Ruf hat, genießt kein Vertrauen. Letzteres ist für den Aufbau einer Arzt-Patienten-Beziehung und eine erfolgreiche Behandlung essentiell. Daneben drohen originär strafrechtliche und strafprozessuale Maßnahmen, die in diesem Abschnitt kurz dargestellt werden.

2519   Deswegen ist jeder Arzt gut beraten, ein Strafverfahren nicht auf die leichte Schulter zu nehmen. Zumal sich hieran Folgeverfahren anschließen können, die beispielsweise zum Widerruf der Approbation oder dem Entzug der Vertragsarztzulassung führen können. Obwohl viel auf dem Spiel steht, verhalten sich einige Beschuldigte wie Patienten, die aus heiterem Himmel eine ungünstige Diagnose erhalten: Sie setzten sich nicht angemessen und rechtzeitig mit ihrer Situation auseinander, sondern schieben die Inanspruchnahme professioneller Hilfe solange auf, bis der Leidensdruck zu groß wird. Das ist aus mindestens drei Gründen unklug. Erstens: Wer das Ziel hat, eine Hauptverhandlung mit öffentlicher Berichterstattung zu vermeiden, muss sich frühzeitig und aktiv verteidigen lassen. Er muss sich darauf verlassen können, dass seine Verfahrensrechte (z. B. Akteneinsicht, Schweigerecht, rechtliches Gehör) mit Nachdruck durchgesetzt werden. Mit absoluter Passivität erreicht man in der Regel wenig. Zweitens: Der zeitliche Faktor spielt in Strafverfahren eine wichtige Rolle. Verpasst man beispielsweise den richtigen Moment, um die Staatsanwaltschaft von einer Verfahrenseinstellung gegen Geldauflage (§ 153a StPO) zu überzeugen, kann es schnell zu einer Anklage oder zum Antrag eines Strafbefehls kommen. Drittens: Ohne professionelle Hilfe ist Erfolg ein Produkt des Zufalls. Will man es hierauf ankommen lassen, wenn es um die persönliche Freiheit oder die berufliche Zukunft geht? Noch eine (sehr zugespitzte) Kontrollfrage: Ist es klug, einen Hals-Nasen-Ohrenarzt zu konsultieren, nachdem eine Lebererkrankung im Anfangsstadium diagnostiziert wurde? Wer diese Frage verneint und den Gang zu einem Spezialisten empfiehlt, weiß, wie er sich als Beschuldigter in einem Ermittlungsverfahren zu verhalten hat. Der Versuch, ein solches Verfahren alleine durchzustehen, kann tragisch enden.

2. Rechte, Pflichten und Grundregeln

2520   Jeder Beschuldigte hat elementare Rechte und Pflichten. Die wichtigsten lauten wie folgt:

---

[79] Zum Fall des Mainzer Allgemeinmediziners Braunbeck vgl. Ärzte Zeitung, 25. 4. 2012: Das Braunbeck-Modell: Faire Prüfung.

[80] Vgl. den Spiegel-Bericht vom 4. 1. 2010 („Unmöglicher Spagat") über einen Substiutionsarzt, der der KV 660 000 € Honorar zurückzahlen sollte: „Zehn Tage vor Weihnachten hielt Quathamer, der wegen der Ermittlungen von seinem Dienst suspendiert worden war, den Druck nicht mehr aus. Er beging Selbstmord."

- **Schweigerecht:** Der Beschuldigte ist in keiner Weise verpflichtet, an seiner eigenen **2521** Überführung mitzuwirken. Daraus folgt eine Wahlmöglichkeit, entweder auszusagen, oder die Einlassung zu verweigern. Nimmt der Beschuldigte dieses Recht in Anspruch, dürfen hieraus keine für ihn nachteiligen Schlüsse gezogen werden. Das Schweigerecht steht dem Beschuldigten von Beginn des Ermittlungsverfahrens an zu (§ 136 StPO) und bleibt ihm bis zum Ende einer möglichen Hauptverhandlung erhalten (§ 243 StPO).
- **Recht auf anwaltlichen Beistand:** Der Beschuldigte ist berechtigt, in jeder Verfah- **2522** renslage einen Verteidiger hinzuzuziehen (§§ 136, 137 StPO). Stehen gravierende Vorwürfe im Raum oder droht ein Berufsverbot, kann ein Fall der notwendigen Verteidigung vorliegen (§ 140 StPO). In diesen Konstellationen muss der Beschuldigte einen Verteidiger haben. Fehlt es daran, wird ihm im Zweifel ein Pflichtverteidiger bestellt.
- **Akteneinsicht über Verteidiger:** Der Beschuldigte selbst hat nur eine beschränkte **2523** Möglichkeit, den Akteninhalt kennen zu lernen. Für den Verteidiger ist das anders. Jedenfalls nach Abschluss der Ermittlungen ist sein Akteneinsichtsrecht umfassend (§ 147 StPO).
- **Anspruch auf rechtliches Gehör:** Der Beschuldigte ist grundsätzlich vor jeder **2524** nachteiligen gerichtlichen Entscheidung innerhalb oder außerhalb der Hauptverhandlung anzuhören (§ 33 StPO).

Die Pflichten des Beschuldigten sind dagegen überschaubar. Aktiv ist er nur verpflichtet, **2525** wahrheitsgemäße Angaben zu seiner Person zu machen. Darunter fallen Name, Geburtstag, Familienstand und Wohnort (§ 111 OWiG). Zwar ist auch der Beruf anzugeben, doch genügt hier die bloße Benennung. Alles Weitere unterfällt dem Schweigerecht des Beschuldigten.

Daneben besteht eine Verpflichtung, zu Vernehmungen vor dem Ermittlungsrichter und **2526** der Staatsanwaltschaft zu erscheinen. Auch für die Hauptverhandlung besteht eine Anwesenheitspflicht. Kommt der Beschuldigte dem nicht nach, besteht grundsätzlich die Möglichkeit der zwangsweisen Vorführung. Der Beschuldigte kann – und sollte – sich stets von einem Verteidiger begleiten lassen. Eine Pflicht, vor der Polizei zu erscheinen, besteht dagegen nicht.

Darüber hinaus treffen den Beschuldigten nur passive Pflichten. So ist er verpflichtet, mit **2527** dem Strafverfahren verbundene Beeinträchtigungen zu dulden. Als Beispiele seien hier etwa die Untersuchungshaft oder die Gegenüberstellung mit Zeugen benannt.

Der beste Verteidiger bleibt wirkungslos, wenn beschuldigte Ärzte gegen die folgenden **2528** Grundregeln verstoßen:

- **Abstimmung** mit dem Verteidiger ist das A und O. Die linke Hand muss wissen, was **2529** die rechte tut. Unabgestimmte Schreiben an Polizei, Staatsanwaltschaft, Kassenärztliche Vereinigung, Patienten oder gegnerische Rechtsanwälte können verheerende Folgen haben. Für verbale Äußerungen gilt das Gleiche. Blinder Aktionismus, der die Vernichtung von Unterlagen und die Beeinflussung von Zeugen betrifft, kann auf direktem Wege in die Untersuchungshaft führen.
- **Kommunikative Vorsicht:** Ehemals Verbündete können zu erbitterten Feinden wer- **2530** den. In Anbetracht dessen sollte man den Kreis derjenigen, die von einem Ermittlungsverfahren, der Erinnerung an das potentielle Tatgeschehen und der Verteidigungsstrategie wissen, so klein wie möglich halten.
- **Kritische Selbstreflexion:** Wer das, was ihm die Staatsanwaltschaft vorwirft, unreflek- **2531** tiert (!) fortsetzt, schmälert regelmäßig seine Verteidigungsmöglichkeiten. Nicht selten werden Ermittlungsverfahren in zeitlicher Hinsicht ausgeweitet, um größeren Druck auf die Beschuldigten auszuüben. Diese können dann als unverbesserliche Wiederholungstäter dargestellt werden. Es gilt deshalb sorgfältig abzuwägen, ob eine (vorübergehende) Änderung des angeblich rechtswidrigen Verhaltens nach Bekanntwerden der Tatvorwürfe sinnvoll oder sogar notwendig ist. Auf der anderen Seite steht allerdings die Befürchtung, dass eine Verhaltensänderung als indirektes Schuldeingeständnis gewertet werden könnte. Eine Lösung für dieses Problem kann nur auf Basis einer kritischen Analyse der Sach- und Rechtslage entwickelt werden.

3. Ablauf des Strafverfahrens

2532 Die Anfangssequenz eines Strafverfahrens ist das sog. **Ermittlungsverfahren.** Sobald die Staatsanwaltschaft von konkreten Tatsachen Kenntnis erlangt, die nach kriminalistischer Erfahrung auf eine Straftat hindeuten („Anfangsverdacht"), muss sie ermitteln. Dabei spielt es keine Rolle, woher diese Kenntnis stammt.

2533 Typische Auslöser von Ermittlungsverfahren sind:
- Hinweise eines rachsüchtigen Ehepartners oder einer Lebensgefährtin, von denen man sich getrennt hat,
- Hinweise einer gekündigten Mitarbeiterin,
- anonyme Anzeigen von Konkurrenten,
- Zufallsfunde bei Dritten (die Staatsanwaltschaft durchsucht ein Pharmaunternehmen und findet dort kompromittierende Korrespondenz mit dem Chefarzt eines Universitätsklinikums. Die Staatsanwaltschaft durchsucht bei einem Arzt wegen des Verdachts der Steuerhinterziehung und findet bei dieser Gelegenheit Anhaltspunkte für die Abrechnung fiktiver Leistungen).[81]

2534 An den Anfangsverdacht, der oben bereits angesprochen wurde, werden keine hohen Anforderungen gestellt. Die Staatsanwaltschaft muss allen möglichen, nicht von vornherein unglaubwürdigen Verdachtsgründen nachgehen. Im Rahmen des Ermittlungsverfahrens soll sie den Sachverhalt erforschen, um entscheiden zu können, ob gegen den Arzt eine Anklage erhoben wird. Hierbei muss sie alle belastenden *und* entlastenden Umstände ermitteln und Beweise sichern. Diese Arbeiten erledigt die Polizei für sie. Faktisch liegt ein deutliches Übergewicht auf dem Zusammentragen belastender Tatsachen. Am Ende des Ermittlungsverfahrens muss sich die Staatsanwaltschaft entscheiden: Entweder sie erhebt eine Anklage, beantragt einen Strafbefehl oder sie stellt das Verfahren ein. Entscheidend ist dafür, ob nach dem Abschluss des Ermittlungsverfahrens ein **hinreichender Tatverdacht** besteht. Ein solcher liegt vor, wenn die Staatsanwaltschaft eine Verurteilung nach Durchführung einer Hauptverhandlung für wahrscheinlicher hält als einen Freispruch. Ist diese Voraussetzung erfüllt und kommen weder eine Einstellung nach § 153 a StPO noch ein Strafbefehl in Betracht, muss sie Anklage erheben. Mit der Anklageerhebung beginnt das sog. **Zwischenverfahren.** In diesem Stadium obliegt es dem zuständigen Gericht darüber zu entscheiden, ob es die Anklage zulässt oder ob es die Eröffnung des Hauptverfahrens ablehnt (§ 204 StPO). Es hat in diesem Zusammenhang zu prüfen, ob die Anklageschrift hinreichenden Tatverdacht darlegt und den formalen Anforderungen des Gesetzes genügt. So muss z.B. hinreichend konkretisiert sein, welche Tat dem Angeklagten überhaupt vorgeworfen wird. Wegen der stigmatisierenden Wirkung, die eine öffentliche Hauptverhandlung hat, sollte man das Zwischenverfahren nicht ungenutzt verstreichen lassen, sondern stattdessen Einwände gegen die Anklageschrift vortragen. Hauptansprechpartner ist das Gericht, das für die Argumente der Verteidigung möglicherweise ein offeneres Ohr hat als die Staatsanwaltschaft. Ist das nicht der Fall, eröffnet das Gericht das Hauptverfahren. Infolgedessen erhält der Angeklagte die Ladung zu einem Gerichtstermin. In komplexeren Fällen werden von vornherein mehrere Verhandlungstage angesetzt. Der wesentliche Ablauf einer **Hauptverhandlung** ergibt sich aus der Strafprozessordnung:

2535 Nach dem Aufruf der Sache stellt der Vorsitzende Richter fest, ob die geladenen Zeugen und Sachverständigen erschienen sind. Anschließend verlassen diese den Sitzungssaal. Daraufhin wird der Angeklagte zu seinen persönlichen Verhältnissen befragt. Es folgt die Verlesung der Anklageschrift durch den Vertreter der Staatsanwaltschaft. Danach hat der Angeklagte die Möglichkeit, sich zur Sache zu äußern. Tut er dies nicht, beginnt die Beweisaufnahme. Diese umfasst z.B. die Verlesung von Urkunden sowie die Vernehmung von Zeugen und Sachverständigen. Nach dem Schluss der Beweisaufnahme halten der

---

[81] Vgl. Ärzte Zeitung, 4. 2. 2011: Abrechnungsbetrug: Steckten Arzt und Privatpatient unter einer Decke?

Staatsanwalt und der Verteidiger ihre Plädoyers. Das letzte Wort hat allerdings der Angeklagte. Das gilt selbst dann, wenn zuvor ein Verteidiger für ihn gesprochen hat.

4. Ermittlungsmaßnahmen

Im Rahmen des Ermittlungsverfahrens verfügt die Staatsanwaltschaft über eine Vielzahl **2536**
von Möglichkeiten, den Sachverhalt zu erforschen. Diese Maßnahmen können für den
betroffenen Arzt sehr belastend sein („Zwangsmaßnahmen"). Häufig werden sie unange-
kündigt durchgeführt („Durchsuchung"). Nicht zuletzt aus diesem Grund ist die Gefahr
groß, vermeidbare Fehler zu begehen. Deshalb werden nachfolgend praktisch wichtige
Ermittlungsmaßnahmen und der jeweils richtige Umgang mit ihnen erläutert. Ausführungen zu Sachverständigengutachten dürfen in diesem Kontext nicht fehlen. Diese lenken
Strafverfahren regelmäßig in eine bestimmte Richtung, so dass sie schon aus diesem Grund
besondere Beachtung verdienen.

a) Durchsuchung. Eine sehr einschneidende, aber häufig vorkommende Ermittlungs- **2537**
maßnahme ist die Durchsuchung. So werden bei Ärzten, die des Abrechnungsbetruges
verdächtig sind, regelmäßig die Praxisräume durchsucht. Ziel der Staatsanwaltschaft ist es
dabei, Beweismittel zu finden (z. B. Abrechnungsunterlagen, Verträge etc.), die den Tatverdacht bestätigen.

Eine Durchsuchung setzt nach § 102 StPO voraus, dass zureichende tatsächliche An- **2538**
haltspunkte für eine Straftat vorliegen. Vage Anhaltspunkte und bloße Vermutungen reichen nicht aus. Durchsucht werden dürfen sowohl die Wohnung als auch andere Räume
des Verdächtigen. Da hierzu auch Geschäftsräume zählen, ist die Durchsuchung einer Arztpraxis rechtlich möglich.

Grenzen setzen der Durchsuchung zum einen der **Durchsuchungsbeschluss** und zum **2539**
anderen der Verhältnismäßigkeitsgrundsatz. Die Durchsuchung muss gemäß § 105 StPO
grundsätzlich von einem Richter autorisiert werden. Nur in Ausnahmefällen darf die
Staatsanwaltschaft die Durchsuchung anordnen. Der durch den Richter erlassene Durchsuchungsbeschluss muss Rahmen, Grenzen und Ziel der Durchsuchung definieren. Hierzu
gehören insbesondere die Bezeichnung der vermeintlich begangenen Straftat, die Anlass zu
der Durchsuchung gibt, sowie Angaben zum Inhalt des Tatvorwurfs. Anders als die Staatsanwaltschaft dürfen zur Durchsuchung eingesetzte Polizeibeamte im Übrigen aufgefundene
Unterlagen grundsätzlich nur grob nach äußeren Kriterien sichten. Soweit keine entsprechende Anordnung der Staatsanwaltschaft vorliegt, darf sich die Polizei daher keine inhaltliche Kenntnis von Unterlagen verschaffen (§ 110 StPO).

Der Verhältnismäßigkeitsgrundsatz verlangt, dass die Durchsuchung in einem angemes- **2540**
senen Verhältnis zu ihrem legitimen Zweck steht. Sie kommt daher nicht in Betracht,
wenn andere, weniger belastende Maßnahmen vergleichbar wirksam sind.

Kommt es tatsächlich zu einer Durchsuchung, gilt es in dieser für den betroffenen Arzt **2541**
äußerst schwierigen Situation, bestimmte Verhaltensregeln zu beachten.

Steht die Polizei – möglicherweise auch in Begleitung eines Staatsanwaltes – vor der Tür **2542**
einer Arztpraxis, um eine Durchsuchung durchzuführen, sollte der Praxisinhaber versuchen, Ruhe zu bewahren. Die nachfolgende Checkliste gibt nützliche Hinweise für das
richtige Verhalten während einer Durchsuchung. Unabhängig davon ist das frühzeitige
Hinzuziehen eines strafrechtlich spezialisierten Rechtsanwaltes unverzichtbar. Auf das
Recht, den Rechtsanwalt seines Vertrauens noch *vor* Beginn der Durchsuchung anzurufen,
muss der Arzt eventuell mit Nachdruck bestehen. Die anschließenden Handlungsschritte
wie die Übermittlung des Durchsuchungsbeschlusses an den Rechtsanwalt oder auch das
Bestehen auf dessen Anwesenheit bei der Durchsuchung, ermöglichen diesem erst die effektive rechtliche Unterstützung.

2543 Checkliste Durchsuchung

- Kein Einverständnis mit der Durchsuchung erklären.
- Durchsuchungsbeschluss aushändigen lassen und kopieren.
- Sofort strafrechtlich spezialisierten Rechtsanwalt anrufen.
- Den Rechtsanwalt nach Möglichkeit mit dem Einsatzleiter der Polizei/Staatsanwaltschaft verbinden.
- Durchsuchungsbeschluss unverzüglich an Rechtsanwalt faxen oder mailen.
- Die Ermittlungsbeamten bitten, mit dem Beginn der Durchsuchung bis zum Eintreffen des Rechtsanwaltes zu warten.
- Feststellen, welche Personen anwesend sind und deren Namen schriftlich festhalten.
- Ermittlungsbeamte in ruhig gelegenen Besprechungsraum führen. Personal beruhigen und an gegebenenfalls durchgeführte Schulung für den Durchsuchungsfall erinnern.
- Nach Abschluss der Durchsuchung: Durchsuchungsprotokoll aushändigen lassen.
- Anschließend internes Protokollformular an Rechtsanwalt übermitteln.
- Keine Bekanntgabe der Durchsuchung gegenüber Dritten – Personal anweisen, Stillschweigen zu bewahren.

2544 b) Vernehmungen und Befragungen. Im Rahmen einer Durchsuchung können die Ermittlungsbeamten dazu ansetzen, Vernehmungen oder Befragungen durchzuführen. Dies kann sowohl den Praxisinhaber selbst als auch dessen Personal betreffen. Als Grundregel gilt hier für alle Beteiligten: Kein Gespräch ohne rechtlichen Beistand! Eine Durchsuchungssituation ist ein denkbar ungeeigneter Zeitpunkt für eine Aussage! Zum einen sind den Betroffenen die rechtlichen Konsequenzen ihrer Äußerungen oft nicht bewusst. Zum anderen können Tatsachen in Rede stehen, die der ärztlichen Schweigepflicht unterliegen. Hier sollte sich der Arzt unbedingt zunächst mit seinem Rechtsanwalt beraten, um eine Strafbarkeit gemäß § 203 StGB auszuschließen. Auch deshalb ist der rechtsanwaltliche Beistand in diesen Situationen unerlässlich.

2545 Checkliste Vernehmungen/Befragungen während der Durchsuchung

- Erfragen, ob es sich um eine Zeugen- oder Beschuldigtenvernehmung handeln soll.
- Belehrung über Rechte verlangen.
- Zeugenvernehmung:
  - Gegenüber der *Polizei*: Es besteht keine Verpflichtung, eine Zeugenaussage zu machen. Sie sollte auch nicht – jedenfalls nicht ohne Zeugenbeistand – gemacht werden. Jeder Zeuge hat das Recht, sich durch einen Zeugenbeistand (Rechtsanwalt) begleiten zu lassen. Dieser kann ihn vor einer Aussage über die Rechte und Pflichten als Zeuge informieren.
  - Gegenüber dem *Staatsanwalt*: Keine Aussage machen und darauf bestehen, dass der Sachverhalt zunächst mit dem Zeugenbeistand besprochen und dieser hinzugezogen werden kann.
- Beschuldigtenvernehmung:
  Der Beschuldigte hat das Recht zu schweigen. Es besteht keine Verpflichtung, eine Einlassung abzugeben. In Abwesenheit eines Verteidigers sollte niemals eine Aussage erfolgen.
- Informelles Gespräch:
  Selbst wenn die Polizei oder Staatsanwaltschaft „nur" ein informelles Gespräch führen will, sollte dieses auf keinen Fall ohne vorherige Beratung mit dem Rechtsanwalt geschehen. Auch beiläufige Äußerungen können Eingang in die Akte finden und später im Verfahren belastend verwertet werden.

2546 Diese Regeln gelten auch dann, wenn der Beschuldigte außerhalb einer Durchsuchung eine polizeiliche Ladung zu einer Vernehmung erhält. Wer einer solchen Ladung ohne anwaltlichen Beistand Folge leistet und dabei annimmt, durch ein schnelles Gespräch alle Verdachtsmomente aus dem Weg räumen zu können, ist auf dem Holzweg. Es entspricht anwaltlichem Standardvorgehen, einen solchen Termin für den Mandanten abzusagen und erst einmal Akteneinsicht zu beantragen. Einlassungen vor (vollständiger) Akteneinsicht sind in aller Regel untunlich.

b) Beschlagnahme. Finden Polizei oder Staatsanwaltschaft bei einer Durchsuchung **2547** potentielle Beweismittel, haben sie das Recht dazu, diese sicherzustellen. Werden sie nicht freiwillig herausgegeben, besteht auch die Möglichkeit einer Beschlagnahme. Das kann Gegenstände jeglicher Art betreffen, so auch Datenträger, Computerausdrucke oder digital gespeicherte Informationen. Nach der Rechtsprechung des Bundesverfassungsgerichts dürfen sogar Krankenunterlagen beschlagnahmt werden, wenn diese sich auf die dem Arzt vorgeworfene Tat beziehen. Der Schutz des patientenbezogenen Vertrauensverhältnisses sei nicht darauf gerichtet, den Arzt vor strafrechtlicher Verurteilung zu schützen.[82] Auch für die Beschlagnahme gilt der Verhältnismäßigkeitsgrundsatz. Sie muss in angemessenem Verhältnis zur Schwere der in Rede stehenden Straftat und der Stärke des Tatverdachtes stehen und für die Ermittlungsarbeit erforderlich sein. Die Beschlagnahme der gesamten Praxis-EDV ist daher in der Regel unverhältnismäßig, wenn die Möglichkeit besteht, eine Kopie der relevanten Daten anzufertigen.

Checkliste Beschlagnahme **2548**

- Grundsätzlich Unterlagen, Daten etc. nicht freiwillig herausgeben!
  Sollte die Polizei oder Staatsanwaltschaft um die freiwillige Herausgabe von Unterlagen bitten, ist dies erst einmal abzulehnen. Der Praxisinhaber sollte auf eine förmliche Beschlagnahme bestehen. Im Einzelfall kann nach Rücksprache mit dem Rechtsanwalt der Widerspruch zurückgenommen werden, um eine kooperative Atmosphäre zu schaffen.
- Im Fall einer Durchsuchung: Sind die zu beschlagnahmenden Gegenstände vom Durchsuchungs- und Beschlagnahmebeschluss erfasst?
  Sollten die Ermittlungsbeamten gezielt nach Beweismitteln suchen, die nach dem Beschlagnahmebeschluss nicht im Zusammenhang mit dem Ermittlungsverfahren stehen, so sollte dieser unzulässige Vorgang mit Angabe des Namens der betreffenden Beamten schriftlich erfasst werden.
- Sind die Gegenstände zur Aufrechterhaltung des Betriebes unentbehrlich?
  In diesen Fällen kann unter Umständen die Anfertigung von Kopien mit den Ermittlungspersonen ausgehandelt werden.
- Beschlagnahmenachweis aushändigen lassen!
  Die Ermittlungsbeamten sind verpflichtet, einen Beschlagnahmenachweis anzufertigen und vor dem Abtransport der Gegenstände zu übergeben.
- Auf genaue Dokumentation achten!
  Die Bezeichnung der von den Behörden beschlagnahmten Unterlagen sollte so präzise wie möglich erfolgen. Pauschale Bezeichnungen wie etwa „1 Aktenordner" müssen vermieden werden.
- Auf Versiegelung der Papiere vor Abtransport bestehen, wenn die Staatsanwaltschaft keine Durchsicht durch die Polizei angeordnet hat!
- Nach der Beschlagnahme:
  – Beschlagnahmenachweis durch präzise Erläuterung der Gegenstände konkretisieren und für den Rechtsbeistand eine Prioritätenliste für eine eventuelle Herausgabe erarbeiten („Was wird zuerst zurück benötigt?").
  – Eventuelle betriebswirtschaftliche Schäden aufgrund der Beschlagnahme erfassen.

---

[82] http://www.bverfg.de/pressemitteilungen/bvg78-00.html (mit Verweis auf das Urteil) zur Verwertung von Patientinnenkarteien im Zusammenhang mit vorgenommenen Schwangerschaftsabbrüchen.

2549   **c) Untersuchungshaft.** Die Untersuchungshaft greift besonders stark in die Freiheitssphäre des Betroffenen ein. Das gilt umso mehr, als bis zu einer strafrechtlichen Verurteilung die Unschuldsvermutung gilt. Die Untersuchungshaft darf daher nur in streng begrenzten Ausnahmefällen angeordnet werden. Die Anordnung geschieht durch einen schriftlichen Haftbefehl des Richters. Gemäß § 112 StPO sind hierfür ein dringender Tatverdacht gegen den Beschuldigten sowie ein Haftgrund erforderlich. Als solcher kommen unter anderem Flucht, Fluchtgefahr, Verdunkelungsgefahr, Wiederholungsgefahr und die Schwere der Tat in Betracht. Fluchtgefahr wird dann angenommen, wenn es aufgrund bestimmter Tatsachen wahrscheinlicher ist, dass der Beschuldigte sich dem Strafverfahren entzieht, als dass er sich ihm zur Verfügung stellt. Wichtige Kriterien können eine (hohe) Straferwartung, das Fehlen sozialer Bindungen oder intensive Auslandsbeziehungen sein. So wurde im Mai 2012 eine Zahnärztin nach (!) ihrem Auslandsaufenthalt verhaftet, da sie Verwandtschaft in den USA hat.[83] **Verdunkelungsgefahr** liegt vor, wenn wegen bestimmter Tatsachen der dringende Verdacht besteht, dass der Beschuldigte in unlauterer Weise die Beweislage verändert, wenn er nicht verhaftet wird. Hier ist beispielsweise an die Einschüchterung von Zeugen oder die Vernichtung von Beweismaterial zu denken. Von ganz entscheidender Bedeutung ist auch hier der Verhältnismäßigkeitsgrundsatz. Besonders zu berücksichtigen ist dabei die Schwere der vorgeworfenen Straftat und die entsprechende Straferwartung. Untersuchungshaft ist partiell als Ermittlungsmaßnahme anzusehen, weil sie Verdunklungsgefahr abwenden und damit die vollständige Aufklärung der Tat gewährleisten soll.

2550   **d) Der Sachverständige.** Die Frage, ob ein Arzt bei der Behandlung eines Patienten gegen Sorgfaltspflichten verstoßen hat, ist eine reine Rechtsfrage. Sie ist daher allein von Staatsanwaltschaft und Gericht zu entscheiden. Fehlt es diesen an der notwendigen medizinischen Fachkenntnis, wird ein Sachverständiger zu Rate gezogen. Dieser sollte aufgrund seiner wissenschaftlichen Qualifikation und praktischen Erfahrung in der Lage sein, die ihm vorgelegten Fragen **medizinischer Natur** zuverlässig zu beantworten. Darauf beschränkt sich sein Beitrag zum Verfahren allerdings auch. Seine Rolle bleibt punktuell unterstützender Natur. Das Urteil fällt der Richter, nicht der Sachverständige. Nichtsdestotrotz kommt seiner Einschätzung große Bedeutung zu. Oft steht das Sachverständigengutachten am Beginn des Ermittlungsverfahrens, prägt dieses damit von Anfang an und droht – gerade bei komplexen Sachverhalten – bei den Ermittlungsbehörden für schwer korrigierbare Überzeugungen zu sorgen.

2551   Ist die Hauptverhandlung eröffnet, kann der Sachverständige zwar wegen Besorgnis der Befangenheit abgelehnt werden (§ 74 StPO). Regelmäßig geht es allerdings gerade darum, eine solche Hauptverhandlung zu vermeiden. Umso wichtiger ist es daher, schon die Bestimmung des Sachverständigen kritisch zu begleiten. Auswahlbefugt ist die Staatsanwaltschaft. Sie hat darauf zu achten, dass der Sachverständige sich durch besondere Sachkunde und Neutralität auszeichnet. Nach Nr. 70 RiStBV gibt der Staatsanwalt dem Verteidiger vor der Auswahl des Sachverständigen grundsätzlich Gelegenheit zur Stellungnahme. Diese sollte unbedingt genutzt werden. Dabei sind insbesondere folgende Punkte zu beachten:

2552   **Checkliste Sachverständiger**
- Verfügt der Sachverständige über die notwendige Sachkenntnis? Ist er in dem verfahrensrelevanten Fachbereich nachhaltig und aktuell tätig?
- Bestehen persönliche Beziehungen zu dem beschuldigten Arzt? Ist der Sachverständige ein beruflicher Konkurrent?
- Bestehen persönliche Beziehungen zu dem behandelten Patienten?

---

[83] http://www.neuepresse.de/Hannover/Meine-Stadt/Fluchtgefahr!-Aerztin-wird-in-Frankfurt-verhaftet.

Hat der Sachverständige sein Gutachten erst einmal erstattet und fällt es für den Be- 2553
schuldigten nachteilig aus, bedarf es einer sorgfältigen Auseinandersetzung mit den enthaltenen Erkenntnissen. Regelmäßig sind Sachverständigengutachten zeit- und kostenintensiv.
Ein vollständig neues Gutachten fordert der Richter daher nur dann an, wenn er das ihm
vorliegende Gutachten für „ungenügend" erachtet (§ 83 StPO). Oft wird das nicht nötig
sein. Da im Zweifel zugunsten des Angeklagten zu entscheiden ist, geht es für den Verteidiger – in Zusammenarbeit und Abstimmung mit dem Arzt als Mandanten – regelmäßig
vor allem darum, die Ergebnisse des Gutachtens zu erschüttern. Dabei werden insbesondere folgende Punkte geprüft:

Checkliste Sachverständigengutachten 2554
- Beantwortet das Gutachten vollumfänglich den Gutachtenauftrag?
- Sind die zugrunde gelegten Tatsachen zutreffend?
- Genügt das Gutachten wissenschaftlichen Ansprüchen? Geht es auf alle relevanten
  Forschungsergebnisse und Lehrmeinungen ein?
- Werden die Grenzen des medizinischen Sachverstandes beachtet oder werden viel-
  mehr überzogene Leistungspflichten postuliert?
- Beurteilt der Sachverständige das Geschehen aus einer ex ante Perspektive oder – un-
  zulässiger Weise – aus einer ex post Perspektive?
- Ist das Gutachten verständlich, präzise, widerspruchs- und wertfrei?
- Äußert sich der Sachverständige nur zu den ihm vorgelegten Fragen oder geht er mit
  Belastungseifer darüber hinaus?
- Beachtet das Gutachten das Verbot, eigene rechtliche Bewertungen vorzunehmen
  (etwa zu Fragen der „Schuld" oder der „Strafwürdigkeit")?

e) Andere Ermittlungsmaßnahmen. Die StPO eröffnet der Staatsanwaltschaft ein 2555
großes Repertoire an Ermittlungsmaßnahmen. Hierzu gehört beispielsweise die körperliche Untersuchung des Beschuldigten einschließlich der Entnahme von Blutproben, die
erkennungsdienstliche Behandlung durch Aufnahme von Lichtbildern und Fingerabdrü-
cken sowie die DNA-Identitätsfeststellung. Auch angesichts solcher Ermittlungsschritte
empfiehlt sich gegenüber den Ermittlungsbehörden ein freundlich zurückhaltender Umgang. Parallel dazu sollte unbedingt der Kontakt zu einem strafrechtlich spezialisierten
Rechtsanwalt gesucht werden.

5. Konsequenzen

Läuft es für den Beschuldigten optimal, stellt die zuständige Staatsanwaltschaft das Er- 2556
mittlungsverfahren gemäß § 170 Abs. 2 StPO ein. Diese Einstellung ist mit keinen Konsequenzen verbunden. Sie ist anzuordnen, wenn keine Verurteilungswahrscheinlichkeit besteht (kein „hinreichender Tatverdacht"). Gelangt der sachbearbeitende Staatsanwalt
hingegen zu der Überzeugung, dass eine strafrechtliche Reaktion zu erfolgen hat, stehen
ihm verschiedene Wege offen. Er kann eine Einstellung gegen Zahlung einer Geldauflage
vorschlagen, er kann den Erlass eines Strafbefehls („schriftliche Verurteilung zu Geld- oder
Freiheitsstrafe") beantragen oder er kann Anklage zum Amts- oder Landgericht erheben.
Sozial verträglich ist in der Regel nur eine Einstellung, die gegen Zahlung einer Geldauflage erfolgt.

a) Einstellung gegen Geldauflage – § 153a StPO. In nicht eindeutigen Fällen kann 2557
es sinnvoll sein, auf eine Verfahrenseinstellung gegen Auflagen hinzuarbeiten (§ 153a
StPO). Eine solche Einstellung setzt unter anderem voraus, dass dem Beschuldigten kein
Verbrechen zur Last gelegt wird (z.B. Mord) und seine *angebliche* Schuld nicht so schwer
wiegt, dass sie einer Einstellung entgegensteht. Eine Verfahrensbeendigung gemäß § 153a
StPO ist nicht mit einer Verurteilung zu verwechseln. Sie beinhaltet keinen Schuldspruch.
Die Unschuldsvermutung bleibt deshalb unberührt. Die in Rede stehende Tat wird nicht

nachgewiesen. Auch ein strafrechtliches Berufsverbot kann nicht verhängt werden. Nach einem Beschluss des Bundesverfassungsgerichts über den Widerruf einer ärztlichen Approbation sind auch Verwaltungsbehörden und Gerichte an die aufrecht erhaltene Unschuldsvermutung gebunden.[84] Auch eine Zustimmung des Angeklagten zu der Verfahrenseinstellung rechtfertigt den Approbationswiderruf daher nicht.

2558   Es erfolgt zudem keine Eintragung in das Bundeszentralregister und damit auch nicht in das Führungszeugnis. Eine Einstellung im Ermittlungsverfahren löst zudem keine Mitteilungspflicht der Strafverfolgungsbehörden an die zuständige Ärztekammer aus. Ein Mitteilungsrecht bleibt den Strafverfolgungsbehörden allerdings erhalten.

2559   Durch eine Einstellung nach § 153a StPO kann das Verfahren regelmäßig erheblich abgekürzt werden, weil eine öffentliche Hauptverhandlung mit Beweisaufnahme vermieden wird. Dennoch ist sie nicht frei von Nebenwirkungen. Zunächst ist zu bedenken, dass dem Beschuldigten eine erhebliche Geldauflage erteilt werden kann. Bei deren Bemessung lassen sich viele Staatsanwälte von der undifferenzierten Annahme leiten, dass Ärzte noch immer Topverdiener sind. Ausnahmen von dieser Regel sind durch die Verteidigung aktiv anzusprechen. Außerdem kann sich ein berufs- oder disziplinarrechtliches Verfahren anschließen. Bei einem Angebot „Einstellung gegen geständige Einlassung" ist daher Vorsicht geboten. Ein guter Strafverteidiger wird darauf achten, dass er – trotz der Zustimmung seines Mandanten in die Einstellung – die Tatvorwürfe zurückweist.

2560   Lässt sich eine Hauptverhandlung nicht vermeiden, bedeutet das noch keine endgültige Absage an eine Verfahrenseinstellung. Nach § 153a Abs. 2 StPO ist eine Einstellung bis zum Ende aller Verhandlungstermine möglich, falls sowohl das Gericht als auch die Staatsanwaltschaft ein solches Vorgehen für richtig halten.

2561   Wichtig ist, dass stets die Zustimmung des Beschuldigten erforderlich ist. Schließlich muss er bereit sein, die erteilten Auflagen und Weisungen zu akzeptieren und zu erfüllen.

2562   **b) Geldstrafe.** Die Geldstrafe ist eine echte Kriminalstrafe. Sie wird nach Tagessätzen bemessen. Ob das Gericht die Möglichkeit hat, eine Geldstrafe zu verhängen, erhellt ein Blick ins Strafgesetzbuch. Dort sind nicht nur die abstrakten Voraussetzungen der Strafbarkeit festgeschrieben, sondern auch die sog. Rechtsfolgen. Sowohl fahrlässige Körperverletzung und Tötung als auch Betrug und Untreue können mit einer Geldstrafe geahndet werden. Die Entscheidung, ob eine Geld- oder eine Freiheitsstrafe verhängt wird, hängt u.a. vom Schuldgehalt der Tat (Höhe des Schadens, Dauer etc.) und dem Vorleben des Täters ab. Die Höhe einer Geldstrafe lässt sich nicht pauschal vorhersagen, da jede strafrechtliche Verurteilung von den Umständen des individuellen Falles abhängig ist. Es gibt jedoch gewisse Erfahrungswerte. So schwankt für Fälle der fahrlässigen Körperverletzung die Verurteilung zu einer Geldstrafe im Regelfall zwischen 30 und 120 Tagessätzen, bei einer fahrlässigen Tötung zwischen 60 und 250 Tagessätzen, abhängig von Faktoren wie der Schwere des Verschuldens, den Folgen der Pflichtverletzung und den persönlichen und wirtschaftlichen Verhältnissen des Arztes. Eine Geldstrafe, die über 90 Tagessätzen liegt, wird in das Bundeszentralregister eingetragen.

2563   **c) Freiheitsstrafe.** Die Freiheitsstrafe ist das schärfste Schwert des Strafrechts. Sie soll nur dann verhängt werden, wenn mildere Mittel unangemessen wären. Bei groben Fehlern oder leichtsinnigem Verhalten des Arztes kommt aber auch eine Freiheitsstrafe in Betracht. Wenn diese zwei Jahre nicht übersteigt, wird sie nach Möglichkeit zur Bewährung ausgesetzt. Bei einer Verurteilung wegen Abrechnungsbetrugs ist die Verhängung einer Freiheitsstrafe dagegen der Regelfall. So verurteilte das Landgericht München einen Arzt wegen Abrechnungsbetruges in 129 Fällen zu einer Freiheitsstrafe von drei Jahren und drei Monaten. Der Bundesgerichtshof hat dieses Urteil mittlerweile bestätigt.[85] Die tatsächliche Strafhöhe schwankt im Übrigen sehr stark. Wesentliche Einfluss-Faktoren sind z.B. die Schwere eines Vertrauensbruches, die eingesetzte kriminelle Energie und die Schadenshöhe.

---

[84] BVerfG, Beschluss vom 16. 1. 1991 – 1 BvR 1326/90 = NJW 1991, 1530 (1531).
[85] *BGH* Beschluss vom 25. 1. 2012 – 1 StR 45/11.

d) (Vorläufiges) Berufsverbot. Gemäß § 70 StGB kann der Strafrichter gegen den **2564**
Arzt auch ein Berufsverbot von einer Dauer zwischen einem und fünf Jahren aussprechen.
Voraussetzung hierfür ist die Verurteilung aufgrund einer rechtswidrigen Tat, die unter
Missbrauch des Berufs oder unter grober Verletzung der hiermit verbundenen Pflichten
begangen wurde. Beispiele hierfür sind die Vornahme eines unerlaubten Schwangerschaftsabbruchs und betrügerische Abrechnungen eines Arztes. Ein Berufsverbot ist dabei auch
dann möglich wenn der Betroffene nicht verurteilt wurde, weil seine Schuldunfähigkeit
erwiesen oder nicht auszuschließen war. Weitere Voraussetzung zur Verhängung eines Be-
rufsverbotes ist die Gefahr künftiger erheblicher rechtswidriger Taten, sollte dem Betroffenen die Berufsausübung nicht untersagt werden. Diese Wiederholungsgefahr muss sich aus
der Gesamtwürdigung des Täters und der Tat ergeben. Das Berufsverbot kann dabei auch
nur partiell erfolgen. So wurde ein Allgemeinmediziner wegen der Abgabe von Methadon
an Suchtpatienten zu einem Berufsverbot von drei Jahren verurteilt, das sich auf den Bereich der Substitution beschränkte.[86]

In besonders schwerwiegenden Fällen kann der Richter sogar ein lebenslanges Berufs- **2565**
verbot verhängen. Einen solchen nahm das Landgericht Aachen etwa bei einer Narkoseärz-
tin an, die ihren Ehemann zugunsten ihres Liebhabers mit einer Überdosis Morphium tö-
tete.[87]

Abschließend ist darauf hinzuweisen, dass ein Richter bereits im Ermittlungsverfahren **2566**
ein vorläufiges Berufsverbot verhängen kann. Dies setzt gemäß § 132a StPO das Vorliegen
dringender Gründe für die Annahme voraus, dass im späteren Urteil ein dauerhaftes Berufsverbot angeordnet werden wird. Diese extrem einschneidende Maßnahme darf allerdings nur angeordnet werden, wenn eine hohe Wahrscheinlichkeit für ein späteres Berufsverbot vorliegt.

e) Verfall. Stellt das Strafgericht eine rechtswidrige Tat fest und hat der Arzt etwas aus **2567**
dieser erlangt (z.B. durch Betrug oder Untreue), so kann es den Verfall des Erlangten anordnen, § 73 Abs. 1 StGB. Sinn dieser Vorschrift ist es, unrechtmäßig erlangten Ver-
mögenszuwachs abzuschöpfen, also eine rechtswidrige Bereicherung zu beseitigen. Zu beachten ist, dass eine Sicherstellung möglicherweise davon betroffener Gegenstände nach
§§ 111b ff. StPO bereits im Ermittlungsverfahren erfolgen kann.

---

[86] http://www.az-online.de/nachrichten/landkreis-uelzen/uelzen/falsch-verstandene-hilfsbereit
schaft-1125415.html.
[87] http://www.spiegel.de/panorama/justiz/narkoseaerztin-aus-aachen-muss-wegen-mordes-lebens
lang-in-haft-a-843580.html.

D. Berufsrechtliche Folgen

I. Berufsrechtliche Pflichten

2568 Aus der Berufsordnung der jeweiligen (Zahn-)Ärztekammern (siehe vorstehend Rn. 57 ff.) ergeben sich verschiedene Pflichten für den (Zahn-)Arzt[1] und rechtliche Beschränkungen seiner Berufstätigkeit, von denen die wichtigsten im Folgenden kurz dargestellt werden. Zwischen den Berufsordnungen der einzelnen Landesärztekammern gibt es geringfügige Abweichungen, so dass der Arzt die jeweils für ihn geltende Berufsordnung konsultieren sollte; die folgende Darstellung folgt der Musterberufsordnung (MBO). Die Berufsordnungen der Zahnärztekammern weichen teilweise stärker von der Musterberufsordnung (MBO-Z) ab, enthalten aber inhaltlich weitgehend die gleichen Vorgaben wie die ärztlichen Berufsordnungen.

1. Verhältnis zum Patienten

2569 **a) Selbstbestimmungsrecht des Patienten/Einwilligung.** Der Arzt ist verpflichtet, bei seiner Behandlung die Persönlichkeit und das Selbstbestimmungsrecht des Patienten zu beachten (§ 7 Abs. 1 MBO). Er darf z.B. den Patienten nicht daran hindern, den Arzt zu wechseln; das Recht auf freie Arztwahl muss auch in einer Berufsausübungsgemeinschaft gewährleistet werden (§ 18 Abs. 4 MBO). Der Behandlungswunsch eines Patienten darf grundsätzlich abgelehnt werden, wenn kein Notfall vorliegt (§ 7 Abs. 2 MBO; § 2 Abs. 5 MBO-Z). Unberührt bleibt die vertragsärztliche Behandlungspflicht (vgl. § 13 Abs. 7 Bundesmantelvertrag-Ärzte [BMV-Ä]/§ 13 Abs. 6 Arzt-Ersatzkassenvertrag [AEKV]).

2570 Grundlage jeder Behandlung ist die Einwilligung des Patienten. Ausfluss der Menschenwürde (Art. 1 GG) und des allgemeinen Persönlichkeitsrechts (Art. 2 Abs. 1 GG) ist es, dass kein Mensch zu einer Behandlung gezwungen werden darf. Ohne Einwilligung des Patienten handelt es sich bei der Heilbehandlung selbst dann um eine Körperverletzung, wenn die Behandlung medizinisch indiziert ist und *lege artis* durchgeführt wird; der Patient kann dann den Ersatz seines immateriellen Schadens (wegen Verletzung seines Selbstbestimmungsrechts) verlangen.[2]

2571 Das Selbstbestimmungsrecht gilt bis zum Lebensende. Besondere Bedeutung hat die **Patientenverfügung** erlangt. Diese ist seit dem Jahr 2009 gesetzlich geregelt (§§ 1901a ff. BGB). Hierzu hat die *BÄK* Empfehlungen zum Umgang mit Vorsorgevollmacht und Patientenverfügung in der ärztlichen Praxis veröffentlicht (DÄBl. 2010, A-877). In der Patientenverfügung kann ein Patient im Vorhinein festlegen, in welche Behandlungen und Eingriffe er einwilligt, falls er nicht mehr handlungsfähig ist. Die Verfügung muss schriftlich erstellt werden, kann aber jederzeit formlos widerrufen werden. Sie dient vor allem als Leitlinie für die gemeinsame Entscheidung von Arzt und Betreuer, um den jeweiligen Willen des Patienten zu ermitteln. Nur dann, wenn die Auffassung von Arzt und Betreuer auseinanderfallen, ist das Betreuungsgericht zur Entscheidung berufen (§ 1904 BGB).

---

[1] Der Einfachheit halber werden im Folgenden nur die männlichen Bezeichnungen verwendet, auch wenn immer Ärztinnen und Ärzte sowie Zahnärztinnen und Zahnärzte gemeint sind, ebenso wie Patientinnen und Patienten.

[2] BGH vom 27. 5. 2008 – VI ZR 69/07 = GesR 2008, 419.

Entscheidungsunfähige Patienten – Entscheidungspfad   2572
• Ist die Behandlungsmaßnahme medizinisch indiziert?
  – Was ist das Behandlungsziel?
  – Ist das Behandlungsziel realistisch?
  – Ist die Maßnahme zum Erreichen des Behandlungsziels geeignet?
• Entspricht die Maßnahme dem Wunsch des Patienten?
  – Ausdrücklich?
  – Konkludent?
  – Stimmt Betreuer/Bevollmächtigter zu?
→ Nur wenn Betreuer/Bevollmächtigter ablehnt und bei Durchführung/Nichtdurch-
führung der Behandlungsmaßnahme die Gefahr des Todes oder einer schweren und län-
ger andauernden Gesundheitsbeeinträchtigung besteht:
• Einschaltung des Betreuungsgerichts.

Der Arzt ist gegenüber dem Patienten zur gewissenhaften Versorgung mit geeigneten   2573
Untersuchungs- und Behandlungsmethoden verpflichtet (§ 11 Abs. 1 MBO). Weder dür-
fen Heilerfolge als gewiss zugesichert werden noch darf der Arzt Vertrauen, Unwissenheit,
Leichtgläubigkeit oder Hilflosigkeit der Patienten missbräuchlich ausnutzen (§ 11 Abs. 2
MBO). Maßstab für ärztliches Handeln ist die „evidence-based medicine" (EbM), d.h. die
Behandlung auf der Grundlage empirisch nachgewiesener Wirksamkeit. Eine besondere
Rolle spielen Leitlinien der medizinischen Fachgesellschaften, bei denen nach dem wissen-
schaftlichen Status unterschieden werden muss. Nur Leitlinien der Stufe 3 sind praktisch
verbindlich, wobei im begründeten Einzelfall immer von den Vorgaben abgewichen wer-
den kann. Die Verletzung oder Nichtbeachtung einer Leitlinie kann haftungsrechtliche
Bedeutung haben, bis hin zu einer Umkehr der Beweislast. Die Leitlinien werden gesammelt von der *Arbeitsgemeinschaft der Wissenschaftlichen Medizinischen Fachgesellschaften* e.V.
(AWMF) und veröffentlicht unter www.awmf.org.

b) Aufklärung. Jede medizinische Behandlung bedarf der Einwilligung. Die Einwilli-   2574
gung ist nur dann wirksam, wenn der Patient wirksam **aufgeklärt** wurde. Die Anforderungen an die Aufklärung sind in § 8 MBO festgehalten. Die Aufklärung hat grundsätzlich in
einem mündlichen Gespräch zu erfolgen. Aufzuklären hat ein Arzt, der mit dem durchzuführenden Eingriff vertraut ist. Behandlungsalternativen und Risiken sind deutlich darzulegen.
Das Aufklärungsgespräch hat so rechtzeitig zu erfolgen, dass der Patient sich frei entscheiden
kann; die Aufklärung im OP-Vorraum ist damit selbst bei ambulanten Eingriffen zu spät.

Bisher nicht geklärt ist, wie früh aufgeklärt werden kann; zweckmäßigerweise sollte bei   2575
einer Aufklärung mehrere Monate vor dem Eingriff ein „Auffrischungsgespräch" in zeitlicher Nähe zum Operationstermin erfolgen.

Bei minderjährigen Patienten sind die Eltern (auch) aufzuklären, wobei die Aufklärung   2576
eines Elternteils zumindest bei Routineeingriffen telefonisch erfolgen kann. Die Aufklärung auch des Kindes ist immer dann angezeigt, wenn dieses über die erforderliche Reife
verfügt; starre Altersgrenzen können nicht festgelegt werden. Generell gilt, dass die Ent-
scheidungskraft des Kindes größer wird, je näher der Zeitpunkt der Volljährigkeit heran-
rückt; von Bedeutung sind auch Schwere des Eingriffs und mögliche Risiken.

c) Telemedizin. Während bisher fraglich war, ob eine **telemedizinische Behandlung**   2577
generell unzulässig ist, wurde nunmehr § 7 Abs. 4 MBO klarstellend korrigiert. Danach dürfen
Ärzte eine individuelle ärztliche Behandlung, insbesondere aber auch Beratung, nicht ausschließlich über Print- und Kommunikationsmedien durchführen. Bei der telemedizinischen
Behandlung ist zu gewährleisten, dass ein Arzt den Patienten unmittelbar behandeln kann.
Dies bedeutet, dass z.B. die Einholung einer zweiten Ansicht durch einen nicht physisch anwesenden Spezialisten möglich ist, der den Patienten nicht persönlich untersuchen kann, aber
aufgrund der vom unmittelbar behandelnden Arzt erhobenen und übermittelten Daten seine
Beurteilung abgibt. Auf diese Weise können deutsche Ärzte ihre Kenntnisse weltweit anbieten

und vorab abklären, ob eine Behandlung in Deutschland erfolgversprechend ist. Verboten bleibt die reine Fernbehandlung. In einem Internetforum dürfen medizinische Fragen nur allgemein, nicht individuell, beantwortet werden.[3] Ungeklärt ist die Frage, wie die Fernbehandlung abgerechnet werden soll, da die GOÄ sie nicht adäquat abbildet.

2578   **d) Schweigepflicht.** Die ärztliche Schweigepflicht ist nicht nur strafrechtlich (§ 203 StGB), sondern auch berufsrechtlich in § 9 MBO geregelt. Für die Behandlung eines Patienten durch mehrere Ärzte geht die MBO davon aus, dass die Ärzte bei einer derartigen gemeinsamen Behandlung untereinander von der Schweigepflicht befreit sind (§§ 7 Abs. 7 Satz 1, 9 Abs. 7 MBO). Im strafrechtlichen Sinne liegt ein mutmaßliches Einverständnis vor; im Einzelfall kann dies jedoch anders sein. Zulässig ist der Erfahrungsaustausch in anonymisierter Form, d. h. ohne Informationen, mit denen ein Patient identifiziert werden kann. Fotos des Patienten sollten grundsätzlich nur mit seiner Einwilligung verwendet werden, selbst wenn der Patient unkenntlich gemacht wurde. Die Schweigepflicht ist auch gegenüber Angehörigen zu beachten; so ist die Anwesenheit von Angehörigen bei Untersuchung und Behandlung nur mit Zustimmung des Patienten zulässig (vgl. § 7 Abs. 5 MBO). Die Schweigepflicht gilt grundsätzlich auch über den Tod hinaus. Allerdings kann dann ein Fall der mutmaßlichen Entbindung eintreten, was z. B. im Verfahren über einen möglichen Behandlungsfehler angenommen wird; die Entscheidung hierüber obliegt dem Arzt.

2579   Die Schweigepflicht ist insbesondere beim **Praxiskauf** zu beachten. Wenn die Patientenunterlagen einfach mit verkauft werden, führt dies zur Nichtigkeit des Praxiskaufvertrages. Es sollte eine „Zwei-Schränke-Lösung" vereinbart werden, wonach die Altunterlagen in einem Schrank verwahrt werden und der Praxisnachfolger nur dann Zugriff darauf nehmen kann, wenn ein Patient weiter die Praxis zur Behandlung aufsucht.[4] Bei elektronischen Patientenunterlagen sollte ein gesondertes Passwort vereinbart werden.

2580   Gegenüber dem Finanzamt kann sich der Arzt nicht auf die Schweigepflicht berufen. Dies ist besonders bei den Fachgruppen von Bedeutung, die nicht nur medizinisch erforderliche Heilbehandlungen durchführen (die nach § 4 Nr. 14 lit. a UStG von der Umsatzsteuer befreit sind), sondern auch weitere (z. B. kosmetische) Eingriffe.

2581   **e) Dokumentation.** Nach § 10 MBO hat der Arzt seine Befunde zu **dokumentieren.** *BÄK* und *KBV* haben gemeinsame Empfehlungen zu Schweigepflicht und Datenverarbeitung veröffentlicht, in denen viele Hinweise für die ärztliche Praxis enthalten sind (DÄBl. 2008, A-1026). Befunde und sonstige Aufzeichnungen sind für die Dauer von zehn Jahren nach Abschluss der Behandlung aufzubewahren. Dies stellt gerade bei einer EDV-gestützten Dokumentation hohe Anforderungen an Datensicherheit und Lesbarkeit (z. B. durch Verwahren alter Programme). Unberührt bleibt die Verpflichtung zur Aufbewahrung von Röntgenunterlagen für dreißig Jahre (§ 28 Abs. 3 Satz 1 RöV). Aus haftungsrechtlichen Gründen sollten die Unterlagen solange aufbewahrt werden, bis sämtliche möglichen Ansprüche verjährt sind, d. h. ebenfalls 30 Jahre (§ 199 Abs. 2 BGB). Bei Zahnärzten enthält § 12 Abs. 1 MBO-Z die Besonderheit, dass die Modelle (die viel Raum erfordern) nur zwei Jahre aufbewahrt werden müssen.

2582   Wenn ein Arzt seine Tätigkeit beendet, muss er dafür Sorge tragen, dass seine ärztlichen Unterlagen für die Dauer der Aufbewahrungsfrist von anderen verwahrt werden. Die Verantwortung für die Unterlagen verbleibt bei dem dann ausgeschiedenen Arzt oder seinen Erben. Häufig verwahrt der Praxisnachfolger die entsprechenden Patientenunterlagen mit. Allerdings darf er nicht automatisch Zugriff nehmen auf die entsprechenden Unterlagen, so dass die „Zwei-Schränke-Lösung" (siehe vorstehend Rn. 2443) gewählt werden sollte. Teilweise versuchen Ärzte, die entsprechenden Unterlagen bei der Ärztekammer unterzubringen. Diese übernimmt die Unterlagen nur dann, wenn keine anderweitige Aufbewahrungsmöglichkeit besteht (weil z. B. weder Erben noch Nachfolger vorhanden sind).

---

[3] Ärztl. BerufsG Nds vom 7. 3. 2012 – BG 6/11, MedR 2012, 839.

[4] Vgl. Münchener Empfehlung zur Wahrung der ärztlichen Schweigepflicht bei Veräußerung einer Arztpraxis, MedR 1992, 207.

Der Patient hat ein Recht auf Einsicht in seine Behandlungsunterlagen; ausgenommen **2583** sind die Notizen über subjektive Wahrnehmungen und Eindrücke des Arztes. Der Arzt hat gegen Kostenerstattung auch Kopien der Behandlungsunterlagen herauszugeben (§ 10 Abs. 2 MBO). Die Kostenerstattung kann in Anlehnung an die gebührenrechtlichen Vorgaben (Nr. 7000 RVG, Nr. 9000 GKG) mit ca. 0,50 € pro Seite bemessen werden. Bei Röntgenaufnahmen darf der Patient diese entleihen, um sie z. B. einem eigenen Sachverständigen zu zeigen; der Arzt hat darauf zu achten, dass sie wieder zurückgebracht werden, denn er ist weiter zur Aufbewahrung nach der RöV verpflichtet. Wenn die Aufnahmen im Verantwortungsbereich des Patienten „untergehen", kann dies nicht zu einer Veränderung der Beweislast des Arztes führen

f) Honorar/Vergütung. Hinsichtlich des ärztlichen Honorars sieht § 12 MBO vor, **2584** dass die Honorarforderung angemessen sein muss. Insoweit ist auf die verbindlichen Vorgaben der Gebührenordnung für Ärzte (GOÄ) abzustellen, nach der jede ärztliche Tätigkeit gegenüber Patienten oder öffentlichen Leistungsträgern (§ 11 GOÄ) abzurechnen ist. Die Vereinbarung eines Pauschalhonorars ist unzulässig;[5] ebenso gibt es enge Grenzen für individuelle Vereinbarungen mit den Patienten, in denen nur eine abweichende Gebührenhöhe festgelegt werden darf (§ 2 Abs. 1 GOÄ). Bei Kooperationen mit anderen Leistungserbringern, z. B. Krankenhäusern, muss die Vergütung aber nicht zwingend nach der GOÄ erfolgen, da es sich um Schutzvorschriften für die Patienten handelt. Der Verband der privaten Krankenversicherung fordert, dass bei einer Novellierung der GOÄ Öffnungsklauseln ermöglicht werden, d. h. dass einzelne private Krankenversicherungen auch niedrigere Gebühren als in der GOÄ festgelegt mit den Ärzten vereinbaren können. Es bleibt abzuwarten, ob diese Forderung erfüllt wird.

Soweit § 12 Abs. 1 Satz 3 MBO vorsieht, dass die Sätze nach der GOÄ nicht in unlaute- **2585** rer Weise unterschritten werden dürfen, bezieht sich dies auf einen möglichen Unterbietungswettbewerb (praktisch relevant v. a. im Laborbereich). Dieser wäre schon unter wettbewerbsrechtlichen Aspekten unzulässig, so dass es auf die Frage, inwieweit diese Vorgabe den Ermächtigungsnormen der jeweiligen Heilberufsgesetze entspricht, nicht mehr ankommt. Nur noch historisch zu erklären ist die „Erlaubnis", Verwandte sowie Kollegen und deren Angehörige ohne Honorar zu behandeln (§ 12 Abs. 2 MBO): Früher hatten viele Ärzte keine Krankenversicherung oder nur eine für stationäre Behandlungen. Spätestens mit Einführung der Versicherungspflicht 2009 (§ 193 Abs. 3 Satz 1 VVG) dürfte dieser Grund entfallen sein. Von Bedeutung ist hingegen die Ausnahme für mittellose Patienten. Bei Leistungen, die erkennbar nicht von einer Krankenversicherung übernommen werden, hat der Arzt den Patienten über die Höhe der nach der GOÄ voraussichtlich anfallenden Kosten zu informieren (§ 12 Abs. 4 MBO). Für individuelle Gesundheitsleistungen (IGeL) enthalten § 3 Abs. 1 Satz 3 BMV-Ä/§ 2 Abs. 11 Satz 2 AEKV besondere Formvorgaben.

Besteht Streit über die Angemessenheit des Honorars, können Arzt oder Patient ein **2586** Gutachten der Ärztekammer über die Angemessenheit der Honorarforderung einholen (§ 12 Abs. 3 MBO). Dieses ist zwar nicht rechtlich bindend, hat aber faktisch in einem Gerichtsverfahren eine große Bedeutung, in dem ansonsten ein weiteres Gutachten eingeholt werden müsste. Die meisten Honorarstreitigkeiten werden zwischen Patient und privater Krankenversicherung unter Einbeziehung des Arztes geführt, einige aber auch als Rückforderung vorgeblich zuviel gezahlten Honorars (§§ 194 Abs. 2 i. V. m. 86 Abs. 1 VVG).

Der Arzt darf keine Vorleistung verlangen (§ 12 Abs. 1 GOÄ); insoweit gilt die sonst üb- **2587** liche Regelung der Leistung Zug-um-Zug (§ 320 BGB) nicht. Es ist daher z. B. unzulässig, einen Leichenschauschein nur gegen Zahlung einer Gebühr auszuhändigen. Eine medizinisch nicht dringend erforderliche Behandlung darf ein Arzt aber ablehnen, wenn ein Patient Rechnung für vorhergehende Behandlungen noch nicht ausgeglichen hat. Bei Zahnärzten, bei denen gerade aufwändige Behandlungen mit erheblichen Laborkosten

---

[5] BVerfG vom 19. 4. 1991 – 1 BvR 1301/89 = NJW 1992, 737.

verbunden sind, gilt das Verbot der Vorleistung nur für Notfallbehandlungen (§ 14 Abs. 2 MBO-Z).

2588 **g) Gutachten und medizinische Zeugnisse.** Der Arzt ist verpflichtet, Gutachten und Zeugnisse mit der notwendigen Sorgfalt und nach bestem Wissen seiner ärztlichen Überzeugung sowie in angemessener Zeit zu erstellen (§ 25 MBO). Die Frist dürfte jedenfalls bei einfachen Patientenanfragen maximal drei Monate betragen.

2589 Grundsätzlich ist ein Arzt nicht zur Erstellung von Gutachten verpflichtet. Eine entsprechende Pflicht kann sich zum einen aus dem Behandlungsvertrag mit dem Patienten ergeben. Zum anderen kann eine Pflicht nach Bestellung zum Sachverständigen durch ein Gericht bestehen (§ 404 ZPO). Als gerichtlich bestellter Sachverständiger muss der Arzt sein Gutachten persönlich erstellen; die Hinzuziehung von Hilfspersonal muss (mit dem jeweiligen Tätigkeitsumfang) angegeben werden (§ 407a Abs. 2 ZPO).

2590 Gutachten im Auftrag des Patienten sind nach der GOÄ zu vergüten. Gerichtliche Gutachten werden nach den Regelungen des JVEG bezahlt, die sich nach dem Zeitaufwand orientieren. Grundsätzlich hat der Arzt Umsatzsteuer zu berechnen, jedenfalls wenn er häufiger Gutachten erstellt und die Geringfügigkeitsschwelle des § 19 UStG überschreitet.

2591 Für sein Gutachten haftet der gerichtlich bestellte Sachverständige nach § 839a BGB nur für Vorsatz oder grobe Fahrlässigkeit; ein einfacher Fehler führt hingegen nicht zur Haftung. Bei einem sonstigen Gutachten haftet er hingegen schon bei einfacher Fahrlässigkeit. Wenn der Arzt wider besseres Wissen ein Gesundheitszeugnis zum Gebrauch bei einer Behörde oder einer Versicherung ausstellt, macht er sich strafbar (§ 278 StGB).

2592 Erstellt ein Zahnarzt ein Gutachten (was z.B. insbesondere bei der prothetischen Versorgung häufig auf Antrag der Krankenkassen geschieht), darf er den Patienten − außer im Notfall − 24 Monate nach der Begutachtung nicht behandeln (§ 13 Abs. 2 MBO-Z). Hierdurch soll verhindert werden, dass der Zahnarzt sich als Gutachter zur Verfügung stellt, um Patienten zu werben.

2. Besondere medizinische Verfahren und Forschung

2593 Die Berufsordnung enthält Vorgaben für besondere medizinische Verfahren (§ 13 MBO). Dies betrifft insbesondere den Bereich der reproduktionsmedizinischen Behandlung. Hierfür haben die einzelnen Ärztekammern die von der Bundesärztekammer verfassten Richtlinien zur assistierten Reproduktionsmedizin (DÄBl. 2006, A-1392) aufgenommen und in ihr eigenes Kammerrecht überführt. Aus der Richtlinie ergeben sich die Anforderungen, die im Einzelnen an die assistierte Reproduktion gestellt werden, z.B. für die Zulässigkeit von Methoden oder die von den Ärzten zu beachtenden Verfahrensvorschriften. Daneben gibt es eine Vielzahl weiterer Richtlinien, z.B. zur Transplantation peripherer Blutstammzellen (DÄBl. 1997, A-158), zur Feststellung des Hirntodes (DÄBl. 1998, A-1861), zur Qualitätssicherung laboratoriumsmedizinischer Untersuchungen (DÄBl. 2008, A-341) oder zur Durchführung der prädiktiven genetischen Diagnostik (DÄBl. 2003, A-1297).

2594 Nach § 14 MBO ist kein Arzt verpflichtet, einen **Schwangerschaftsabbruch** vorzunehmen. Er darf hierdurch keine Nachteile erleiden. Dieses Recht gilt auch z.B. im Rahmen der ärztlichen Weiterbildung. Daher sieht die Muster-Weiterbildungsordnung (MWBO) nur vor, dass der Arzt Kenntnisse in der Beratung zum Schwangerschaftsabbruch erwerben muss, aber nicht in der Durchführung selbst.[6] Ein Arzt, der einen Schwangerschaftsabbruch durchführt oder eine Fehlgeburt betreut, soll dafür sorgen, dass die Leibesfrucht keiner missbräuchlichen Verwendung zugeführt wird. Durch eine Änderung von § 29 AVO-PStG können nunmehr auch Früh- und Fehlgeburten mit einem Geburtsgewicht unter 500 g als Kinder eingetragen und dann begraben werden; Übergangs- und Sonderregelungen in den Bestattungsgesetzen der Länder (z.B. § 14 Abs. 2 BestG NRW) sind nicht mehr erforderlich. Teilweise enthalten

---

[6] BVerfG vom 28. 5. 1993 − 2 BvF 2/90, BVerfGE 88, 203 (294) = NJW 1993, 1753.

die Heilberufsgesetze der Länder noch detailliertere Vorgaben (z. B. Art. 18 Abs. 2 BayH-KaG). Zu beachten sind auch die Regelungen der §§ 218 a ff. StGB und des Schwangerschaftskonfliktgesetzes (insbesondere §§ 12 ff.).

Bei der Durchführung von **Forschungsvorhaben** haben die Ärzte insbesondere die **2595** Schweigepflicht zu beachten (§ 15 MBO). Daneben kann es erforderlich sein, eine Ethikkommission zu befragen, ob bestimmte Forschungsvorhaben zulässig sind. Derartige Ethikkommissionen sind sowohl bei den medizinischen Fakultäten der Universitätsklinika eingerichtet worden als auch bei den jeweiligen Ärztekammern. Zur Wahrung der Unabhängigkeit haben Ärzte bei der Publikation von Forschungsergebnissen die Beziehungen zum Auftraggeber und dessen Interessen offenzulegen (§ 15 Abs. 2 MBO).

Besondere Aufmerksamkeit hat in jüngster Zeit die Regelung des § 16 MBO erfahren. **2596** Darin ist festgelegt, dass Ärzte **Sterbenden beizustehen** haben. Allerdings ist es ihnen nach der 2011 novellierten Musterberufsordnung verboten, Patienten auf deren Verlangen zu töten und auch – insoweit über das Verbot des § 216 StGB hinausgehend – keine Beihilfe zur Selbsttötung leisten. In den Grundsätzen der BÄK v. 21. 1. 2011 (DÄBl. 2011, A-346) war noch – in bewusster Erweiterung der bisherigen Formulierung – festgelegt worden, dass die Mitwirkung bei der Selbsttötung „keine ärztliche Aufgabe" sei. Daran entzündete sich eine Diskussion, die zur aktuellen restriktiven Formulierung führte. In der Begründung der aktuellen Fassung heißt es:

„Die Neufassung trägt der inzwischen in § 1901a [BGB] enthaltenen Regelung der Pa- **2597** tientenverfügung Rechnung. Sie referiert das strafrechtliche Verbot der Tötung auf Verlangen (§ 216 StGB) und formuliert erstmals ausdrücklich das über das Strafrecht hinausgehende Verbot einer ärztlichen Beihilfe zu Selbsttötungen. Beide Verbote gelten nicht nur in Bezug auf Sterbende, sondern darüber hinaus in Bezug auf alle Patientinnen und Patienten und insofern insbesondere auch für eine berufsmäßige Beihilfe zur Selbsttötung."

Die Tötung auf Verlangen ist auch gemäß § 216 StGB strafbar. Ebenso wenig dürfen die **2598** Ärzte bei einer Selbsttötung helfen (was strafrechtlich nicht sanktioniert ist). Dies bedeutet aber gerade keinen Ausschluss palliativmedizinischer Maßnahmen. Diese sollen nach dem Willen der Bundesärztekammer und des Gesetzgebers gefördert werden und dazu beitragen, dass gerade der Sterbenswunsch von schwerkranken Patienten nicht stärker, sondern eher schwächer wird. So haben Versicherte Anspruch auf Leistungen der Spezialisierten Ambulanten Palliativversorgung (SAPV) gemäß § 37 a SGB V sowie auf stationäre oder ambulante Hospizleistungen gemäß § 39 a SGB V. Die Palliativmedizin ist Pflichtbestandteil des ärztlichen Studiums geworden. Berufs- und strafrechtlich zulässig ist die passive Sterbehilfe, d. h. das Sterbenlassen des Patienten durch den Verzicht auf lebensverlängernde Maßnahmen, wenn die Weiterbehandlung aussichtslos erscheint und der Patient einwilligt oder dies dem mutmaßlichen Willen des Patienten entspricht. Ebenso zulässig ist die indirekte Sterbehilfe, d. h. die Inkaufnahme eines schnelleren Todeseintritts wegen erhöhter Schmerzmedikation. Heftig diskutiert wird organisierte Sterbehilfe, die – zumindest nach Ansicht des 115. Deutschen Ärztetags – verboten werden soll (DÄBl. 2012, A-1130).

3. Berufsausübung

Die Landesärztekammern regeln in ihren Berufsordnungen insbesondere die Einzelhei- **2599** ten der ärztlichen Berufsausübung. Gesetzliche Grundlage sind die jeweiligen Heilberufsgesetze der Länder (z. B. §§ 31, 32 HeilBerG NRW, Art. 18 Abs. 3, 19 BayHKaG).

a) Allgemeines. Der Arzt darf grundsätzlich nur in seinem Fachgebiet tätig werden. Al- **2600** lerdings ist es unschädlich, wenn er in geringerem Umfang auch ärztliche Leistungen außerhalb seines Fachgebietes erbringt (wenn er sie beherrscht).[7]

---

[7] BVerfG vom 1. 2. 2011 – 1 BvR 2383/10 = MedR 2011, 572.

2601 Die **Fortbildungspflicht** ist in § 4 MBO geregelt; auf Verlangen haben Ärzte ihre ausreichende Fortbildung nachzuweisen. Für Vertragsärzte und in Medizinischen Versorgungszentren (MVZ) angestellte Ärzte gilt § 95 a SGB V: Bei einer Verletzung der Fortbildungspflicht drohen finanzielle Sanktionen. Bei der Weiterbildung ist der weiterbildende Arzt verpflichtet, die Pflichten nach der Weiterbildungsordnung gegenüber den Ärzten in der Weiterbildung zu erfüllen (§ 29 Abs. 5 MBO).

2602 Ärzte sind verpflichtet, an von der Ärztekammer eingeführten Qualitätssicherungsmaßnahmen teilzunehmen (§ 5 MBO); auch hier haben die Vorgaben des Gemeinsamen Bundesausschusses zur Qualitätssicherung und die Vorgaben der Vereinbarungen der Kassenärztlichen Vereinigungen (KV) mit den Krankenkassen eine erheblich größere praktische Bedeutung.

2603 Nach § 7 MBO haben Ärzte unerwünschte Arzneimittelwirkungen der Arzneimittelkommission der deutschen Ärzteschaft zu melden. Daneben empfiehlt sich eine Meldung an die zuständige Bundesbehörde; dies sind entweder das Bundesinstitut für Arzneimittel und Medizinprodukte (BfArM) oder das Paul-Ehrlich-Institut (siehe § 77 AMG).

2604 Bei einer Überweisung des Patienten an einen anderen Arzt sind die erhobenen Befunde rechtzeitig zu übermitteln. Überlassene Originalunterlagen (insbesondere Röntgenbilder) sind an den Kollegen zurückzugeben (vgl. § 7 Abs. 7 MBO).

2605 **b) Bedeutung der Ärztekammer bei Vertragsangelegenheiten.** Nach § 24 MBO sollen Ärzte alle Verträge über ihre Tätigkeit vor Abschluss der Ärztekammer vorlegen, damit diese die Vereinbarkeit der jeweiligen Vereinbarung mit den berufsrechtlichen Belangen prüfen kann. Es handelt sich hier um eine Sollvorschrift, die in der Praxis keine große Wirkung entfaltet. Gerade bei der Beteiligung von Anwälten bei der Vertragsgestaltung werden die Verträge nur selten noch der Ärztekammer vorgelegt, zumal oft Zeitdruck besteht und eine Prüfung aller Verträge auch die Kapazitäten der Ärztekammern erschöpfen dürfte. Unberührt bleibt die Vorlagepflicht bei den Zulassungsgremien für Vertragsärzte, z. B. bei Genehmigung einer Anstellung oder einer Berufsausübungsgemeinschaft.

2606 Die Vorlage eines Vertrages kann allerdings in allen Konstellationen hilfreich sein, die rechtlich nicht vollständig geklärt sind. Sollte sich später herausstellen, dass die Vertragskonstruktion doch unzulässig ist, können sich die beteiligten Ärzte auf einen nicht vermeidbaren Verbotsirrtum berufen – auch wenn die Prüfung durch die Ärztekammer keine rechtliche Bindungswirkung entfaltet.[8]

2607 Unabhängig von der Vorlagepflicht sind alle Zusammenschlüsse sowie deren Änderung und Beendigung der Ärztekammer anzuzeigen; eine inhaltliche Prüfung erfolgt dabei nicht. Bei einem Zusammenschluss über die Kammergrenzen hinweg hat jeder Arzt die für ihn zuständige Kammer auf alle am Zusammenschluss beteiligten Ärzte hinzuweisen (§ 18 Abs. 6 MBO).

2608 **c) Praxissitz.** Nach der Berufsordnung ist dem Arzt die Ausübung der ambulanten ärztlichen Tätigkeit nur an seinem Praxissitz, d. h. als niedergelassener Arzt, gestattet. Unzulässig ist hingegen die Ausübung der ambulanten ärztlichen Tätigkeit im Umherziehen. Der „Reisedoktor" ist also grundsätzlich nicht möglich. Allerdings können die einzelnen Ärztekammern Ausnahmen hiervon zulassen, wenn dies aus medizinischen Gründen erforderlich ist (§ 17 Abs. 3 MBO). Angesichts der wachsenden Versorgungslücken gerade im ländlichen Bereich dürften einige Ärztekammern in Zukunft auch häufiger von dieser Möglichkeit Gebrauch machen, um überhaupt eine ärztliche Versorgung sicherstellen zu können. Für Vertragsärzte gilt die Vorgabe, dass die Verlegung des Vertragsarztsitzes der Genehmigung des Zulassungsausschusses bedarf; dies ist nicht rückwirkend möglich.

2609 Außerhalb ihres Praxissitzes dürfen Ärzte noch an zwei weiteren Orten tätig sein (§ 17 Abs. 2 MBO). Diese Vorgabe ist insoweit strenger als die Zweigpraxisregelung der KV (§ 24 Abs. 3 Ärzte-ZV, § 15a Abs. 1, 2 BMV-Ä/AEKV). Bei MVZ oder überörtlichen Berufsausübungsgemeinschaften gilt diese Begrenzung nicht; allerdings darf der einzelne

---

[8] LBerufsG HeilB NRW vom 6. 7. 2011 – 6t A 1816/09.T = MedR 2012, 69 (74).

Arzt nur an drei Sitzen tätig sein.[9] Damit ist es zulässig, eine MVZ-Kette zu bilden. Für Zahnärzte besteht keine zahlenmäßige Beschränkung; diese müssen nur gewährleisten, dass an allen Standorten die ordnungsgemäße Patientenversorgung gesichert ist (§ 9 Abs. 2 MBO-Z).

Niedergelassenen Anästhesisten ist es gestattet, an verschiedenen Orten tätig zu sein. Für **2610** sie gilt die Begrenzung der Tätigkeitsorte nicht.[10] Vertragsarztrechtlich muss jede Betriebsstätte (d. h. jeder Ort, an dem Operationen betreut werden) von der KV genehmigt werden (§ 15a Abs. 2 BMV-Ä/AEKV).

Generell gilt, dass Ort und Zeitpunkt der Aufnahme der Tätigkeit sowie die Auf- **2611** nahme weiterer Tätigkeiten und jede Veränderung der Ärztekammer unverzüglich mitzuteilen sind (§ 17 Abs. 5 MBO). Diese Meldung hat aber gegenüber den Patienten keine Bedeutung.

§ 9 Abs. 5 MBO-Z stellt noch besondere Anforderungen für den Betrieb einer Zahnkli- **2612** nik auf. Gefordert werden eine umfassende zahnärztliche und pflegerische Betreuung rund um die Uhr, ebenso die Notfallintervention bei entlassenen Patienten und die baulichtechnischen und hygienischen Voraussetzungen für eine stationäre Behandlung. Diese Voraussetzungen entsprechen den Anforderungen an eine Privatklinik nach § 30 GewO.

d) Berufsausübungsgemeinschaften. Nach den berufsrechtlichen Regelungen dürfen **2613** sich Ärzte zu Berufsausübungsgemeinschaften, Organisationsgemeinschaften, Kooperationsgemeinschaften und Praxisverbünden zusammenschließen.

Für die Berufsausübung des Arztes alleine oder in Gemeinschaft sieht die Berufsordnung **2614** vor, dass jede Gesellschaftsform zulässig ist, wenn sie die eigenverantwortliche, medizinisch unabhängige sowie nicht gewerbliche Berufsausübung gewährleistet. Dies schließt z.B. die Kommanditgesellschaft (KG) und die offene Handelsgesellschaft (OHG) als Rechtsformen der Zusammenarbeit aus. In praktischer Hinsicht kommen insoweit nur die Gesellschaft bürgerlichen Rechts (GbR) und die Partnerschaftsgesellschaft (PartG) in Betracht.

Inhaltliche Vorgaben zur Binnenstruktur der Berufsausübungsgemeinschaft enthielt die **2615** Berufsordnung bisher kaum. Neben den allgemeinen gesetzlichen Vorgaben (§§ 705–740 BGB) ist zu beachten, dass jeder Gesellschafter eigenverantwortlich, medizinisch unabhängig und nicht gewerblich tätig sein muss (§ 18 Abs. 2 MBO). Dies bedeutet, dass er wirtschaftlich an der Gesellschaft und am Ergebnis beteiligt ist und über zumindest gewisse Entscheidungsmöglichkeiten verfügt; ein vollständiger Ausschluss eines Gesellschafters von der Geschäftsführung ist unzulässig. Es bedarf ebenfalls eines schriftlichen Gesellschaftsvertrags, mit dem sich die Gesellschafter gegenseitig verpflichten, die Erreichung eines gemeinsamen Zwecks in bestimmter Weise zu fördern (§ 18 Abs. 2a MBO). Zusammengefasst ist dies in § 18 Abs. 2a Satz 4 MBO:

„Erforderlich ist weiterhin regelmäßig eine Teilnahme aller Gesellschafter der Berufsaus- **2616** übungsgemeinschaft an deren unternehmerischen Risiko, an unternehmerischen Entscheidungen und an dem gemeinschaftlich erwirtschafteten Gewinn."

Das BSG hat die Anforderungen an die freie Berufsausübung für Vertragsärzte wie folgt **2617** konkretisiert:[11]
– Der Vertragsarzt muss als Gesellschafter einer Berufsausübungsgemeinschaft an deren Gewinn und Verlust beteiligt sein. Dieses Erfordernis gilt auch bereits während der Dauer einer „Probezeit".
– Eine Beteiligung am materiellen Vermögen der Berufsausübungsgemeinschaft ist nicht Voraussetzung für eine Tätigkeit in „freier Praxis".

---

[9] Siehe BSG vom 9. 2. 2011 – B 6 KA 12/10 R = ZMGR 2011, 175.
[10] BÄK, Niederlassung und berufliche Kooperation, DÄBl. 2008, A-1019 (1020).
[11] BSG vom 23. 6. 2010 – B 6 KA 7/09 R = MedR 2011, 298.

– Grundsätzlich setzt die Tätigkeit in „freier Praxis" die Beteiligung am immateriellen Wert der Praxis voraus, wobei die vertragliche Ausgestaltung im Einzelfall unterschiedlich sein kann.

2618   Wenn diese Voraussetzungen nicht gegeben sind, drohen erhebliche Rückforderungen der KV, selbst wenn die Genehmigung der Berufsausübungsgemeinschaft nicht rückwirkend aufgehoben wurde; der „Scheingesellschafter" gilt als verdeckter Angestellter, dessen Tätigkeit nicht genehmigt wurde und dessen Leistungen mithin nicht abrechenbar sind. Für derartige Rückforderungen haften alle Gesellschafter der Berufsausübungsgemeinschaft.

2619   Wegen der erheblichen Bedeutung der vertraglichen Gestaltung ist von der Verwendung von Musterverträgen oder Eigenlösungen abzuraten. Vielmehr sollte ein im Medizinrecht erfahrener Rechtsanwalt hinzugezogen werden, der die verschiedenen Anforderungsebenen (Zivilrecht, Berufsrecht, Vertragsarztrecht, Steuerrecht) ebenso wie die Interessen der beteiligten Ärzte berücksichtigen kann.

2620   Ein Arzt darf mehreren Berufsausübungsgemeinschaften angehören. Dabei muss jede Berufsausübungsgemeinschaft über mindestens einen gemeinsamen Praxissitz verfügen und an jedem Praxissitz mindestens ein Mitglied verantwortlich tätig sein (§ 18 Abs. 3 MBO). Der einzelne Arzt hat die Maximalzahl der Tätigkeitsorte von drei zu beachten (§ 17 Abs. 2 Satz 1 MBO).

2621   Berufsausübungsgemeinschaften haben jeweils Namen und Arztbezeichnung aller Ärzte zu führen, die der Gesellschaft angehören (§ 18 a Abs. 1 MBO). Jeder Praxissitz ist ggf. gesondert anzukündigen. Unzulässig ist die Fortführung eines Namens eines ausgeschiedenen Gesellschafters.[12] Hierdurch ist es – anders als bei Anwälten (§ 10 Abs. 4 BORA) – nicht möglich, durch die Fortführung des Namens eines besonders prägenden Gesellschafters eine Verstetigung des Rufes und der Außendarstellung zu erreichen.

2622   Zulässig ist der Zusammenschluss zur Ausübung nur eines Teils ärztlicher Leistungen **(Teilberufsausübungsgemeinschaft),** sofern hiermit nicht das Verbot der Zuweisung gegen Entgelt umgangen werden soll. Dies wird insbesondere dann angenommen, wenn ersichtlich der Beitrag eines Arztes auf das Erbringen medizinisch-technischer Leistungen auf Veranlassung der übrigen Mitglieder beschränkt wird (§ 18 Abs. 1 Satz 3 MBO). Insofern ist die Regelung etwas unschärfer als die Vorgabe in § 33 Ärzte-ZV, wonach die Angehörigen überweisungsgebundener und überweisender Fächer nicht in einer Berufsausübungsgemeinschaft zusammenarbeiten dürfen.

2623   **Beispiel:** Orthopäden und Radiologen schließen sich für die Erbringung von Funktions-MRT zusammen, wobei die Orthopäden nur die Leistung anordnen, die vollständig von den Radiologen erbracht wird; hierbei besteht keine gemeinsame Tätigkeit. Diese Art der Teilberufsausübungsgemeinschaft ist unzulässig.

2624   Die Berufsordnung enthält als weiteres Kriterium für unzulässige Zusammenschlüsse die Regelung zur Gewinnverteilung. Der Gewinn muss in einer Weise verteilt werden, die dem Anteil der persönlich erbrachten Leistungen entspricht, wobei allein die Anordnung einer Leistung nicht zählt. Verträge über die Gründung von Teilberufsausübungsgemeinschaften sind zwingend der Ärztekammer vorzulegen; dieses Vorlageerfordernis ist stärker als die „Soll-Regelung" in § 24 MBO.

2625   **e) Ärztegesellschaften.** Hinsichtlich der Tätigkeit von Ärzten in der Form einer juristischen Person des Privatrechts (z. B. GmbH, AG) (auch Ärztegesellschaft genannt) enthalten die meisten Berufsordnungen der Landesärztekammern Vorgaben, wie diese GmbH zu strukturieren ist (§ 23 a MBO). Dabei können Gesellschafter der Gesellschaft nur Ärzte oder Angehörige medizinischer Fachberufe sein, die selbst in der Gesellschaft beruflich tätig sein müssen. Zudem muss gewährleistet sein, dass die Gesellschaft verantwortlich von

---

[12] OVG Münster vom 29. 6. 2008 – 13 A 3968/04 = GesR 2006, 570.

einem Arzt geführt wird, die Mehrheit der Gesellschaftsanteile und der Stimmrechte Ärzten zusteht, Dritte nicht am Gewinn beteiligt sind und eine ausreichende Berufshaftpflichtversicherung besteht.

In einigen Bundesländern ist Ärzten die Berufsausübung in der Rechtsform der GmbH **2626** verboten (Art. 18 Abs. 1 Satz 2 BayHKaG). In anderen Bundesländern steht dies unter dem Vorbehalt entsprechender berufsrechtlicher Regelungen (§ 29 Abs. 2 Satz 3 HeilBerG NRW); wenn also die Kammer keine entsprechenden Regelungen erlassen hat, darf eine ärztliche GmbH nicht in das Handelsregister eingetragen werden.[13]

f) Kooperationen mit Angehörigen anderer Fachberufe. § 23b MBO enthält **2627** Vorgaben für die Kooperation von Ärzten mit Angehörigen anderer Fachberufe (z.B. Hebammen oder Psychotherapeuten). Dies umfasst nicht Heilpraktiker. Die Kooperation bedarf eines schriftlichen Vertrages und ist nur in den Rechtsformen der Partnerschaftsgesellschaft, der Gesellschaft bürgerlichen Rechts oder der Ärztegesellschaft zulässig. Ziel ist die Zusammenarbeit bei der Heilbehandlung durch ein räumliches nahes und koordiniertes Zusammenwirken. Die freie ärztliche Tätigkeit muss jederzeit gesichert bleiben.

An Partnerschaftsgesellschaften mit anderen freien Berufen dürfen sich Ärzte gemäß **2628** § 23c MBO beteiligen, wenn sie dort nicht die ärztliche Tätigkeit ausüben. Dies betrifft z.B. Ärzte, die in Unternehmensberatungen als Berater oder in Kanzleien (bei entsprechender Qualifikation) als Rechtsanwälte arbeiten.

Bei der Zusammenarbeit mit Angehörigen anderer Fachberufe im Gesundheitswesen **2629** müssen die Verantwortungsbereiche des Arztes und der anderen Fachberufe klar getrennt bleiben (§ 29a Abs. 2 MBO). Bei direktem Patientenkontakt dürfen neben Ärzten nur ihre Mitarbeiter sowie Personen, die sich in der Ausbildung zu einem ärztlichen Beruf oder einem Fachberuf im Gesundheitswesen befinden, anwesend sein (§ 29 Abs. 1 MBO). Hierdurch soll z.B. verhindert werden, dass Mitarbeiter von Pharmaunternehmen in Arztpraxen die Wirkung ihrer Produkte bei Patienten direkt beobachten können.

g) Organisationsgemeinschaft und Praxisverbund. Wenn Ärzte Einrichtungen **2630** oder Räume gemeinsam nutzen, handelt es sich um eine **Apparategemeinschaft** (Geräte) oder **Praxisgemeinschaft** (Räume, Geräte und Personal). Hierbei teilen sich die Ärzte die Kosten, üben ihren Beruf aber weiterhin getrennt aus. Dies bedeutet, dass jeder Arzt mit seinen Patienten eigene Behandlungsverträge schließt, in die die anderen Ärzte der Praxisgemeinschaft nicht eingebunden sind; daher ist z.B. die Führung einer gemeinsamen Patientenkartei unzulässig. Die Kostenverteilung sollte sich grundsätzlich nach dem Grad der Inanspruchnahme richten (bei Räumen z.B. nach dem Nutzungsanteil), aus sachlichen Gründen ist aber auch eine andere Verteilung möglich. Dabei ist zu beachten, dass bei einer ungleichen Kostenverteilung gleichzeitig eine Entgeltverschiebung stattfindet. Die gemeinsame Beschäftigung von Personal stellt keine genehmigungspflichtige Arbeitnehmerüberlassung dar. Praxisgemeinschaft und Apparategemeinschaft sind der KV anzuzeigen (§ 33 Abs. 1 Satz 2 Ärzte-ZV).

Teilweise versuchen Ärzte, nach außen eine Praxisgemeinschaft zu betreiben, führen tat- **2631** sächlich aber eine Berufsausübungsgemeinschaft, um sich bei der Abrechnung gegenüber der KV Vorteile zu verschaffen. Sobald jedoch eine zu große Übereinstimmung der Patienten besteht, kommt es zunächst zu einer Plausibilitätsprüfung (20% bei fachgleichen, 30% bei fachfremden Praxisgemeinschaften). Wird dann festgestellt, dass die Praxisgemeinschaft tatsächlich nur zum Schein genutzt wurde, kann dies sowohl zu erheblichen Rückforderungen führen als auch zu einer Anklage wegen Abrechnungsbetrugs.[14] Genauso problematisch ist das Einnahmenpooling, auch wenn es nicht grundsätzlich verboten ist.

Neben der Möglichkeit, sich zu einer Berufsausübungsgemeinschaft zusammenzuschlie- **2632** ßen, können Ärzte auch eine Kooperation bilden, den sog. **Praxisverbund** (§ 23d MBO). Der Unterschied zur Praxisgemeinschaft liegt darin, dass der Praxisverbund auf die Erfül-

---

[13] OLG Düsseldorf vom 6. 10. 2006 – I-3 Wx 107/06 = MedR 2007, 249.
[14] BSG vom 22. 3. 2006 – B 6 KA 76/04 R = BSGE 96, 99.

lung eines durch gemeinsame oder gleichgerichtete Maßnahmen bestimmten Versorgungs-auftrags oder auf eine andere Form der Zusammenarbeit zur Patientenversorgung gerichtet ist, d. h. eine gemeinsame Patientenbehandlung (die bei der Praxisgemeinschaft gerade nicht erfolgt). Der Teilnehmerkreis darf fachlich oder räumlich beschränkt sein, aber ohne Diskriminierung bestimmter Ärzte. Grundlage des Praxisverbundes ist ein schriftlicher Vertrag, der der Ärztekammer vorzulegen ist. Sofern die ärztliche Unabhängigkeit gewährleistet ist, können auch Krankenhäuser oder Angehörige anderer Gesundheitsberufe einbezogen werden. Praktische Relevanz besitzt der Praxisverbund nicht.

2633   **h) Angestellte Ärzte.** Die Beschäftigung angestellter Ärzte ist anzeigepflichtig (§ 19 Abs. 1 Satz 3 MBO). Die Ärzte dürfen nur zu angemessenen Bedingungen beschäftigt werden (§ 19 Abs. 3 MBO). Jedem Arzt ist eine angemessene Zeit zur Fortbildung einzuräumen. Dem angestellten Arzt ist eine angemessene Vergütung zu gewähren (§ 29 Abs. 2 Satz 3 MBO). Wenn ein Arzt über ein Liquidationsrecht verfügt und er zur Ausübung seiner Tätigkeit weitere Ärzte heranzieht (z. B. als Chefarzt gegenüber seinen Abteilungsärzten), ist er verpflichtet, den herangezogenen Ärzten eine angemessene Vergütung zu gewähren oder sich dafür einzusetzen, dass die Mitarbeit angemessen vergütet wird (§ 29 Abs. 3 MBO).

2634   Die Anstellung von Ärzten in der Vertragsarztpraxis bedarf der Genehmigung des Zulassungsausschusses, wobei jeder Arzt maximal drei Ärzte (bei medizinisch-technischen Fächern vier) beschäftigen darf (§ 14a Abs. 1 BMV-Ä). Bei der rein privatärztlichen Tätigkeit sieht die Berufsordnung keine Begrenzung vor. Allerdings besteht bei einer zu großen Zahl von angestellten Ärzten die Gefahr der Gewerbesteuerpflichtigkeit.[15]

2635   Die Patienten sind über die in der Praxis tätigen Ärzte in angemessener Weise zu informieren (§ 19 Abs. 4 MBO). Es ist dabei nicht erforderlich, sie auf dem Praxisschild aufzunehmen. Jedoch sollte zumindest in der Praxis ein Aushang befestigt werden, welche Ärzte insgesamt in der Praxis tätig sind. Bei angestellten Zahnärzten sieht § 18 Abs. 4 MBO-Z vor, dass diese nach außen mit Hinweis auf das Anstellungsverhältnis anzukündigen sind.

2636   Angestellte Ärzte dürfen bei ihren ärztlichen Entscheidungen keine Weisungen von Nichtärzten entgegennehmen (§ 2 Abs. 4 MBO). Dies betrifft vor allem Ärzte in Krankenhäusern. Problematisch sind Vergütungsmodelle, die die ärztliche Unabhängigkeit beeinträchtigen (z. B. durch eine zu große umsatzabhängige Vergütung); denn grundsätzlich sieht § 23 Abs. 2 MBO vor, dass ein Arzt seine Vergütung für die ärztliche Tätigkeit nicht so vereinbaren darf, dass sie ihn in der Unabhängigkeit seiner medizinischen Entscheidungen beeinträchtigt. In MVZ muss ein ärztlicher Leiter vor Ort tätig sein (§ 95 Abs. 1 Satz 3 SGB V); hierdurch soll die ärztliche Unabhängigkeit gesichert werden (BT-Drs. 17/6906, S. 70).

2637   § 29 Abs. 2 Satz 2 MBO erklärt es für berufsrechtswidrig, wenn sich Ärzte innerhalb eines Jahres ohne Zustimmung des Praxisinhabers im Einzugsbereich der Praxis niederlassen, in der sie in der Aus- oder Weiterbildung mindestens drei Monate tätig waren. Dieses Verbot ist zivilrechtlich nicht wirksam (vgl. § 74a Abs. 1 HGB). Sofern im Arbeitsvertrag Wettbewerbsverbote vereinbart werden, ist zwingend eine angemessene Ausgleichszahlung vorzusehen (§ 74 Abs. 2 HGB). Gänzlich unzulässig ist das Verbot der Beschäftigung von Praxispersonal; untersagt werden kann nur die aktive Abwerbung (§ 75f HGB).

2638   **i) Vertretung.** Die niedergelassenen Ärzte sollen sich nach dem Idealbild des Berufsordnungsgebers gegenseitig vertreten (§ 20 Abs. 1 MBO). Dabei ist eine Vertretung nur durch einen Facharzt des gleichen Fachgebiets möglich. Die bisher bestehende Anzeigepflicht der Vertretung gegenüber der Ärztekammer wurde gestrichen, da für Vertragsärzte ohnehin eine Begrenzung in § 32 Abs. 1 Ärzte-ZV besteht, wonach jede Vertretung über eine Woche der KV anzuzeigen ist. Verstirbt ein Arzt, kann die Praxis zugunsten der Erben bis zu einer Dauer von drei Monaten nach dem Ende des Quartals, in dem der Tod eingetreten ist, durch einen anderen Arzt fortgesetzt werden (§ 20 Abs. 2 MBO). Hierdurch soll eine sachgerechte Verwertung der Praxis erreicht werden, denn in dieser Zeit können Ausschreibung und Nachbesetzungsverfahren erfolgen.

---

[15] Michels/Möller, Ärztliche Kooperationen, 2. Aufl. 2010, 100f. m. w. N.

j) Haftpflichtversicherung. Nach § 21 MBO sind Ärzte verpflichtet, über eine ausrei- 2639
chende Haftpflichtversicherung zu verfügen. Entsprechende Regelungen enthalten auch
z. B. die Heilberufsgesetze der Länder (z. B. § 30 Nr. 4 HeilBerG NRW, § 31 Abs. 1 Satz 3
HBKG BW). Im Unterschied zu Rechtsanwälten ist das Bestehen der Haftpflichtversicherung nicht Voraussetzung für die Approbation. § 6 Abs. 1 Nr. 5 BÄO i. d. F. des Patientenrechtegesetzes sieht den Widerruf der Approbation durch die zuständige Behörde vor,
wenn eine kraft Landesrechts oder Standesrechts bestehende Verpflichtung zur Versicherung nicht erfüllt wird. Es bleibt abzuwarten, wie sich die Vorschrift in der Praxis bewährt,
zumal verschiedene Versicherer sich aus dem Bereich der Heilberufsversicherungen zu-
rückgezogen haben und es für einige Berufsgruppen (z. B. Geburtshelfer) immer schwieriger
oder teurer wird, eine Haftpflichtversicherung zu finden. Jedenfalls ist die Ärztekammer nicht
verpflichtet, das Vorhandensein einer Berufshaftpflichtversicherung zu überprüfen[16] und
Patienten über eine Haftpflichtversicherung Auskunft zu erteilen.

k) Notfalldienst. § 26 MBO regelt die Vereinbarung über die Teilnahme am ärztlichen 2640
Notfalldienst; Grundlage sind jeweils die Heilberufsgesetze der Länder (§§ 6 Abs. 1 Satz 1
Nr. 3, 30 Nr. 2, 31 Abs. 1 HeilBerG NRW; Art. 18 Abs. 1 Satz 1 Nr. 2 BayHKaG; § 33
Abs. 3 HKG Nds; § 31 Abs. 1 Satz 2 HBKG BW). Die Notfalldienstverpflichtung ist
rechtmäßig, bedarf aber der Festlegung in den Heilberufsgesetzen.[17] Der Notfalldienst umfasst die Gewährung ärztlicher Leistungen außerhalb der üblichen Praxiszeiten, d. h. nachts
und am Wochenende sowie am Mittwochnachmittag. Inzwischen sind die Praxisöffnungszeiten immer flexibler geworden, so dass zumindest in der Woche der ärztliche Notfalldienst nicht mehr so stark frequentiert wird – im Gegensatz zum Wochenende.

Vom ärztlichen Notfalldienst zu trennen ist der Rettungsdienst, der auf der Grundlage 2641
der Rettungsdienstgesetze der Länder durch Hilfsorganisationen oder die Feuerwehr
durchgeführt wird und dessen Kosten von den Krankenkassen erstattet werden.

Alle niedergelassenen Ärzte sind zur Teilnahme am Notfalldienst verpflichtet; für Ver- 2642
tragsärzte ergibt sich diese Verpflichtung zusätzlich aus § 75 Abs. 1 Satz 2 SGB V i. V. m.
der jeweiligen Satzung der KV. Dabei gilt diese Pflicht ebenfalls für angestellte Ärzte, wobei
sich der Umfang der Pflicht nach dem Tätigkeitsumfang richtet. Andere Regelungen gelten
in vielen Zahnärztekammern und Kassenzahnärztlichen Vereinigungen, bei denen angestellte Zahnärzte vollständig vom Notfalldienst befreit sind. Einzelheiten regelt eine entsprechende Notfalldienstordnung, die die Ärztekammer meist zusammen mit der jeweiligen KV aufstellt und die einen gemeinsamen Notfalldienst begründet.

Die Genehmigung einer Zweigpraxis führt dazu, dass der Arzt auch am Ort der Zweig- 2643
praxis am Notfalldienst teilnehmen muss (wenn auch im reduzierten Umfang). Dies kann
dazu führen, dass die Teilnahmepflicht am Notfalldienst sogar in mehreren KV-Bezirken
besteht.[18]

In den letzten Jahren wurden immer mehr **zentrale Notfallpraxen** eingerichtet. Für 2644
die Patienten hat dies den Vorteil, dass sie nur eine Anlaufstelle haben. Für die einzelnen
Ärzte ist vorteilhaft, dass sie den Notfalldienst nicht mehr in ihren eigenen Praxisräumen
mit eigenem Personal verrichten müssen; die diensthabenden Ärzte können sich absprechen und unterstützen und die Aufgaben aufteilen (z. B. den Sitzdienst und den Fahrdienst). Ebenso steht ein zentraler Fahrdienst zur Verfügung. Nachteilig für die Ärzte ist,
dass die zentralen Notfallpraxen mit erhöhten Kosten verbunden sind. Aus den jeweiligen
Notfalldienstordnungen ergibt sich die Verpflichtung der Ärzte, diese Kosten zu tragen[19]

---

[16] KG vom 6. 9. 2002 – 9 W 8/02 = KGR 2002, 8; LG Dortmund vom 13. 8. 2004 – 8 O 428/03
= GesR 2005, 72; LG Hannover vom 2. 4. 2012 – 19 O 199/11.
[17] BVerwG vom 12. 12. 1972 – I C 30.69 = NJW 1973, 576 (577).
[18] Siehe LSG NRW vom 19. 3. 2012 – L 11 KA 15/12 B ER, GesR 2012, 614; vgl. auch § 33 Abs. 3
Satz 2 HKG Nds.
[19] BSG vom 11. 5. 2011 – B 6 KA 23/10 R = GesR 2011, 487; LSG NRW vom 25. 8. 2011 –
L 11 KA 13/11 B ER; OVG Münster vom 6. 6. 2011 – 13 B 393/11.

und ihre Dienste in der zentralen Notfallpraxis abzuleisten.[20] Die Notfallpraxen sind meist an Krankenhäusern eingerichtet und beziehen einen Teil ihrer Leistungen vom jeweiligen Krankenhaus (z.B. Röntgen oder Labor).

2645   Im Jahr 2012 wurde eine zentrale Telefonnummer in Betrieb genommen (116 117), unter der die jeweils zuständige Notfalldienstzentrale erreicht werden kann.

2646   Ärzte können sich vom Notfalldienst ganz, teilweise oder vorübergehend befreien lassen. Gründe hierfür sind insbesondere körperliche Behinderung, Teilnahme an einem klinischen Bereitschaftsdienst mit Notfallversorgung, Elternzeit, Alter über 65 Jahre oder Schwangerschaft. Ein Arzt kann sich nicht vom Notfalldienst befreien lassen unter Verweis darauf, dass er keine Kenntnisse für den Notfalldienst mehr hat und diese für seine normale Tätigkeit nicht benötigt.[21] Der ärztliche Psychiater muss sich in dem Umfang fortbilden, wie es zur Teilnahme am Notfalldienst erforderlich ist. Da die Befreiung schwerwiegende Gründe voraussetzt, sind die Befreiungstatbestände eng auszulegen. Eine besondere Befreiungsregelung besteht für Ärzte, die in anderer Weise Bereitschaftsdienste leisten, z.B. als Belegarzt an einem Krankenhaus oder wegen gleichzeitiger Tätigkeit in Krankenhaus und Praxis.

2647   Die Notfalldienstordnungen sehen die Möglichkeit der Vertretung vor. Einige Ärzte erzielen zusätzliche Einnahmen dadurch, dass sie die Notfalldienste anderer Ärzte mit übernehmen. Da der Arzt an seiner Stelle (und auf seine Kosten) einen Vertreter beauftragen kann, wird die Verpflichtung zur Fortbildung für den Notfalldienst nicht als zu belastend bewertet.

2648   **l) Kollegiale Zusammenarbeit.** § 29 MBO verpflichtet die Ärzte zur kollegialen Zusammenarbeit. Dies bedeutet z.B. das Verbot unsachlicher Kritik oder herabsetzender Äußerungen (§ 29 Abs. 1 Satz 3 MBO). In Gegenwart von Patienten oder anderen Personen sind Beanstandungen der ärztlichen Tätigkeit und zurechtweisende Belehrungen zu unterlassen; dies gilt auch für den Dienst in Krankenhäusern sowie zwischen Vorgesetzten und Mitarbeitern (§ 29 Abs. 4 MBO). Hierdurch soll das Vertrauen in die Ärzteschaft generell gewahrt werden.

2649   Durch unlautere Handlungen darf ein Arzt nicht aus der Behandlung oder dem Wettbewerb um eine berufliche Tätigkeit verdrängt werden (§ 29 Abs. 2 Satz 1 MBO) (zur unlauteren Werbung siehe Rn. 2543ff.; zur Begutachtung durch Zahnärzte siehe Rn. 2456).

4. Werbung

2650   Der niedergelassene Arzt ist (auch) Unternehmer, selbst wenn er kein Gewerbe ausübt (§ 1 Abs. 1 Satz 2 MBO). Er ist daher darauf angewiesen, auf seine Praxis und sein medizinisches Angebot aufmerksam zu machen. Allerdings sind dabei Grenzen zu beachten.

2651   **a) Allgemein.** Einem Arzt ist sachgerechte Werbung gestattet. Ein vollständiges Werbeverbot enthält die Berufsordnung nicht mehr, nachdem früher den Ärzten Werbung nur sehr eingeschränkt erlaubt war. Dies ist mit Art. 12 GG nicht zu vereinbaren. So hat das BVerfG entschieden:[22]

2652   „Das Werbeverbot für Ärzte soll dem Schutz der Bevölkerung dienen. Es soll das Vertrauen der Patienten darauf erhalten, dass der Arzt nicht aus Gewinnstreben bestimmte Untersuchungen vornimmt, Behandlungen vorsieht oder Medikamente verordnet. Die ärztliche Berufsausübung soll sich nicht an ökonomischen Erfolgskriterien sondern an medizinischen Notwendigkeiten orientieren. Das Werbeverbot beugt einer gesundheitspolitisch unerwünschten Kommerzialisierung des Arztberufes vor. Werberechtliche Vorschriften in der ärztlichen Berufsordnung hat das Bundesverfassungsgericht daher mit der Maßgabe als verfassungsmäßig angesehen, dass nicht jede, sondern lediglich die berufswidrige Werbung verboten ist. [...]

---

[20] Durch die Änderung der Notfalldienstordnung (RhÄBl. 1/2012, 55 [57]) ist das anderslautende Urteil des LSG NRW v. 9. 9. 2009 – L 11 KA 49/07 – überholt.

[21] BSG vom 15. 9. 1977 – 6 Rka 4/77 = BSGE 44, 252; vom 6. 2. 2008 – B 6 KA 13/06 R = MedR 2009, 428.

[22] BVerfG vom 23. 7. 2001 – 1 BvR 873/00 = NJW 2001, 2788 (2789).

Für interessengerechte und sachangemessene Informationen, die keinen Irrtum erregen, muss im rechtlichen und geschäftlichen Verkehr Raum bleiben."

Die *BÄK* hat bereits 2003 Hinweise und Erläuterungen zu Werberegelungen erlassen (DÄBl. 2004, A-292). Der Literatur und einer Vielzahl von Gerichtsentscheidungen können ebenfalls Anhaltspunkte zur zulässigen Werbung entnommen werden.   **2653**

Immer noch gibt es eine standesübliche Zurückhaltung, die von den meisten Patienten erwartet wird. Allzu auffällige Werbung (z.B. auf Plakatwänden) wird als „Verstoß gegen die guten Sitten" empfunden, selbst wenn sie nicht verboten werden kann.   **2654**

b) Einzelne Vorgaben der Berufsordnung. Im Rahmen der Werbung und der Außendarstellung darf ein Arzt seine nach der Weiterbildungsordnung erworbene **Bezeichnung**, nach sonstigen öffentlich-rechtlichen Vorschriften erworbenen **Qualifikationen**, bis zu drei besondere Leistungsangebote und organisatorische Hinweise ankündigen (§ 27 Abs. 4 MBO). Die Ärztekammern überprüfen insbesondere, ob die Grenze der Leistungsangebote eingehalten wird. Dabei ist zusätzlich darauf zu achten, dass die Leistungsangebote nicht mit Qualifikationen nach der Weiterbildungsordnung verwechselt werden können; zudem muss der Arzt die Tätigkeiten nicht nur gelegentlich ausüben. Die Ärztekammern können die Berechtigung eines Arztes zur Führung einer entsprechenden Bezeichnung oder zur Ankündigung besonderer Leistungsangebote überprüfen und die Vorlage von Nachweisen verlangen (§ 27 Abs. 6 MBO).   **2655**

Es ist umstritten, ob und inwieweit ein Arzt gegen berufsrechtswidrige Werbung Dritter für seine Tätigkeit einschreiten muss. Dies betrifft insbesondere die **Werbung für Privatkliniken** (i.S.d. § 30 GewO), die im (überwiegenden) Eigentum eines Arztes stehen und praktisch nur ambulante Leistungen (z.B. Schönheitsoperationen) anbieten, denn die Privatklinik unterliegt nicht dem ärztlichen Berufsrecht. § 27 Abs. 3 Satz 2 MBO bestimmt, dass Ärzte berufsrechtswidrige Werbung durch andere weder veranlassen noch dulden dürfen. Hieraus ergibt sich aber keine Handhabe gegen die Privatklinik; ebenso wenig kann der Arzt zur Verantwortung gezogen werden, wenn die Privatklinik eigenständig in einer Weise wirbt, die dem Arzt berufsrechtlich untersagt ist. Vielmehr hat das BVerfG mehrfach klargestellt, dass für Privatkliniken als gewerbliche, gewinnorientierte Einrichtungen liberalere Regelungen gelten müssen als für Arztpraxen:[23]   **2656**

„Kliniken und vergleichbare Unternehmen dürfen in sachangemessener Weise für ihre eigenen – wenngleich durch die dort beschäftigten Ärzte erbrachten – Leistungen in sachangemessener Weise werben. Verboten ist lediglich eine berufswidrige Werbung. Sachangemessen ist eine Werbung dann, wenn sie einem berechtigten Informationsbedürfnis des Patienten entspricht."   **2657**

Dabei ist auch zu berücksichtigen, dass Kliniken einen erheblich höheren Kapitalbedarf haben (z.B. für zusätzliche Räume und Personal). Problematisch wird es nur, wenn es sich rein formal um eine Privatklinik (sozusagen mit einem Zimmer) handelt, de facto jedoch nur ambulante Eingriffe durchgeführt werden. Ferner kann es unzulässig sein, wenn die Klinikwerbung praktisch nur eine Werbung für den Arzt ist.   **2658**

Beispiel:[24] Ein Zahnarzt betrieb im selben Gebäude, in dem sich seine Praxis befand, eine Zahnklinik in der Rechtsform der GmbH mit zwei Betten. Für die Zahnklinik wurde mit einem farbigen Faltblatt geworben, das in der Klinik auslag. In diesem Faltblatt wurden Technik und Ablauf von Implantatbehandlungen als eine Methode der Zahnbehandlung geschildert, die anders als herkömmliche Behandlungen mehr Lebens-   **2659**

---

[23] BVerfG vom 19. 11. 1985 – 1 BvR 38/78 = NJW 1986, 1536; vom 26. 9. 2003 – 1 BvR 1608/02 = GRUR 2004, 68 (69).
[24] BVerfG vom 4. 7. 2000 – 1 BvR 547/99 = MedR 2000, 523.

qualität sichern könne („Der Natur ein Stück näher … sicher"; „Implantate – ein guter Weg"; „Zahn für Zahn mehr Lebensqualität"; „sicher – bequem – ästhetisch"). Die Zahnärztekammer erhob Klage wegen unlauteren Wettbewerbs. Das LG wies die Klage ab, der BGH gab ihr auf die Berufung hin statt. Das BVerfG hat das Urteil aufgehoben. Für Kliniken gälten andere Werbebeschränkungen als für niedergelassene Ärzte. Das Angebot der Klinik gehe über die üblichen Behandlungen in der Praxis hinaus; selbst bei ambulanten Behandlungen sei das Behandlungsspektrum anders. Etwas anderes könne nur dann gelten, wenn die Klinik nur auf einen Arzt hinweise oder nur als Vorwand betrieben werde.

2660   Die vorstehenden Erleichterungen gelten auch für die Werbung einer reinen Belegklinik (d. h. ohne eigenes ärztliches Personal).[25]

2661   Die Werbung als „Klinik", ohne über eine Konzession nach § 30 GewO oder einen Versorgungsvertrag nach § 109 SGB V zu verfügen, ist wettbewerbswidrig (§§ 3, 5 Abs. 1, Abs. 2 Nr. 3 UWG).[26]

2662   Ein Arzt darf in einem **Fernsehbeitrag** mitwirken, solange dabei nicht der werbliche Charakter für den Arzt im Vordergrund steht, sondern der Informationsgehalt für die Patienten. Die Ausgestaltung der Beiträge durch den Fernsehsender in unterhaltsamer Form ist unschädlich.[27] Eigene Werbespots dürften aber ebenso wenig zulässig sein wie eine unsachliche Darstellung, z. B. eine Verharmlosung der mit einem Eingriff verbundenen Risiken.

2663   **c) Besonderheiten bei Zahnärzten.** § 21 Abs. 2 MBO-Z sieht vor, dass der Zahnarzt zwar auf besondere personenbezogene Kenntnisse und Fertigkeiten hinweisen darf, allerdings nur, soweit keine Verwechslungsgefahr mit Fachzahnarztbezeichnungen oder die Gefahr der Irreführung bestehen. Gestattet ist z. B. die Bezeichnung als „Praxis für ganzheitliche Zahnmedizin".[28]

2664   Da die Abweichungen der einzelnen Berufsordnungen von der Musterberufsordnung im zahnärztlichen Bereich größer sind als im ärztlichen Bereich, gibt es in einzelnen Zahnärztekammern strengere Vorschriften. In Rheinland-Pfalz z. B. darf ein Zahnarzt nur Tätigkeiten anzeigen und bewerben, die mit der Zahnheilkunde direkt verbunden sind; so wurde einer Zahnarztpraxis die Werbung mit den Tätigkeitsschwerpunkten „Klinische Hypnose/ Hypnotherapie" oder „Zahnärztliche Hypnose" untersagt.[29]

2665   **d) Praxisnamen.** Praxisbezeichnungen mit dem Wortbestandteil „Zentrum" oder die Ankündigung als „Institut" wurden lange Zeit wegen des Anscheins der damit verbundenen Größe und Bedeutung als unzulässig angesehen (für Zahnärzte gilt die strengere Regelung des § 21 Abs. 5 MBOZ).[30] Nach einer Entscheidung des BVerfG aus dem Jahr 2005 ist diese Rechtsprechung jedoch als überholt einzuordnen.[31] Durch die Einführung Medizinischer Versorgungszentren gemäß § 95 Abs. 1 Satz 2 SGB V, für die zwei Fachgebiete und damit lediglich zwei Ärzte genügen, ist der Begriff „Zentrum" unscharf geworden und einem Wandel unterworfen.[32] Es ist daher zulässig, eine Gemeinschaftspraxis von zwei Hausärzten als „Hausarzt-Zentrum" zu bezeichnen.[33] Die Firmierung einer Berufsaus-

---

[25] BGH vom 31. 10. 2002 – I ZR 60/00 = MedR 2003, 344.

[26] BGH vom 15. 6. 1988 – I ZR 51/87 = BGHZ 104, 384; vom 7. 6. 1996 – I ZR 103/94 = MedR 1996, 563; OLG Düsseldorf vom 9. 9. 2008 – I-20 U 168/07 = AZR 2009, 25; OLG Nürnberg vom 12. 2. 1997 – 3 U 2096/96 = NJW-RR 1998, 113.

[27] Vgl. LBerufsG HeilB NRW vom 25. 4. 2007 – 6t A 1014/05.T = MedR 2007, 681.

[28] OLG Hamm vom 14. 9. 2000 – 4 U 57/00 = NJW 2001, 2809.

[29] VG Koblenz vom 23. 6. 2008 – 3 K 450/07.KO.

[30] Die Vorschrift lautet: *„Eine Einzelpraxis sowie eine Berufsausübungsgemeinschaft darf nicht als Akademie, Institut, Poliklinik, Zentrum, Ärztehaus oder als ein Unternehmen mit Bezug zu einem gewerblichen Betrieb bezeichnet werden."*

[31] Vom 9. 2. 2005 – 1 BvR 2751/04 = NVwZ 2005, 683.

[32] LG Erfurt vom 22. 4. 2008 – 1 HK O 221/07 = MedR 2008, 619.

[33] OVG Münster vom 3. 9. 2008 – 6t 429/08.T = GesR 2009, 49.

übungsgemeinschaft von drei Fachärzten als „Westdeutsches Prostatazentrum" wurde hingegen wegen des Adjektivs für unzulässig betrachtet, da eine fachliche Bedeutung behauptet werde, die objektiv nicht gegeben sei.[34] Das BVerfG hat ebenfalls entschieden, dass die Bezeichnung „Zahnärztehaus" für eine zahnärztliche Gemeinschaftspraxis nur bei Irreführung unzulässig sei – was nach den konkreten Verhältnissen zu beurteilen ist.[35] Der gleiche Maßstab gilt für das generelle Verbot, eine Zahnarztpraxis als „Zentrum" zu bezeichnen.[36] Eine Zahnarztpraxis darf dann unter der Bezeichnung „Ärztegemeinschaft" werben, wenn deutlich wird, dass es sich um eine Zahnarztpraxis ohne andere Ärzte handelt.[37]

Die Bezeichnung der Praxis ist (unter Beachtung der Vorgaben des Wettbewerbsrechts, **2666** insbesondere dem Verbot der Behauptung einer Alleinstellung [§§ 3 Abs. 1, 5 Abs. 1 Satz 2 Nr. 3 UWG] oder eines zu großen Einzugsbereichs)[38] sehr flexibel möglich. Ortsangabe („Radiologische Praxis Stadt-West"), Straßenname („Kardiologische Praxis Schlossallee") oder Bauwerk („Praxis im Stadttor", „Hausarztpraxis am Marienkrankenhaus") können im Praxisnamen geführt werden. Sowohl auf dem Briefbogen als auch auf dem Praxisschild sollten die Namen der Ärzte genannt werden, die in der Praxis tätig sind.

Ebenso darf eine Praxis eine **Fantasiebezeichnung** führen, solange diese hinreichend **2667** unterscheidungsfähig ist und die in der Praxis tätigen Ärzte erkennbar sind. Zwar schreibt § 23a Abs. 2 MBO der Ärztegesellschaft vor, dass ihre Bezeichnung nur die Namen der Gesellschafter verwenden darf. Da es aber Anwälten gestattet ist, einen Fantasiekanzleinamen zu wählen,[39] sind keine sachlichen Gründe erkennbar, Ärzte (die ebenfalls Freiberufler sind) anders zu behandeln. Eine größere zahnärztliche Praxisgemeinschaft darf die Bezeichnung „die + Zahnärzte" verwenden.

e) Praxisschild. Der Arzt hat seinen Praxissitz grundsätzlich durch ein Praxisschild an- **2668** zuzeigen. Während es früher sehr detaillierte Vorgaben hinsichtlich Größe, Ausgestaltung und Schriftart gab, sind nunmehr nur noch die Pflichtangaben in der Berufsordnung geregelt. Teilweise geben die Landesärztekammern entsprechende Hinweise heraus (z.B. <http://www.aekno.de/downloads/aekno/praxisschilder-2008.pdf>). Dies betrifft den Namen, die (Fach-)Arztbezeichnung, die Sprechzeiten (siehe auch § 17 Abs. 1 BMV-Ä/§ 13 Abs. 7 AEKV), sowie ggf. die Zugehörigkeit zu einer Berufsausübungsgemeinschaft. Für Ärzte, die nicht unmittelbar patientenbezogen tätig werden (z.B. Pathologen), ist die Ankündigung durch ein Praxisschild entbehrlich, sofern dies der Ärztekammer entsprechend angezeigt wird (§ 17 Abs. 4 Satz 2 MBO).

Zulässig ist die Verwendung eines Logos, wobei dieses – auch aus Marketinggründen – **2669** einen Bezug zum Tätigkeitsbereich aufweisen sollte.[40] Ein gemeinsames Logo kann allerdings zur gemeinsamen Haftung führen, wenn aus Sicht des Patienten der Schein einer gemeinsamen Berufsausübung gesetzt wird.[41]

Beispiel:[42] Eine Arztpraxis verwendete auf dem Briefbogen und der Homepage ein **2670** farbliches MAC®-Schild mit der Umschrift „Geprüfte Qualitätsstandards". Das Landes-

---

[34] LG Köln vom 20. 3. 2007 – 33 O 420/06 = GesR 2007, 543.
[35] BVerfG vom 14. 7. 2011 – 1 BvR 407/11 = NJW 2011, 3147.
[36] BVerfG vom 7. 3. 2012 – 1 BvR 1209/11.
[37] OLG Hamm vom 24. 3. 2009 – 4 U 195/08 = NJW-RR 2009, 1556.
[38] OLG Stuttgart vom 16. 3. 2006 – 2 U 147/05 = NJW 2006, 2273.
[39] BGH vom 17. 12. 2001 – AnwZ (B) 12/01 = NJW 2002, 608; vom 23. 10. 2003 – I ZR 64/01 = NJW 2004, 1099; vom 11. 3. 2004 – I ZR 62/01 = NJW 2004, 1651.
[40] Vgl. BVerfG vom 24. 7. 1997 – 1 BvR 1863/96 = NJW 1997, 2510; OLG München vom 4. 2. 1999 – 6 U 1845/98 = ArztR 2000, 71.
[41] LG Aurich vom 6. 10. 2006 – 3 O 27/04 = GesR 2007, 256.
[42] LBerufsG HeilB NRW vom 26. 6. 2008 – 13 A 1712/06 = GesR 2009, 46, aufgehoben durch BVerwG vom 24. 9. 2009 – 3 C 4.09 = GesR 2010, 33.

berufsgericht für Heilberufe NRW hielt dies wegen des fehlenden Informationswerts und dem hervorgerufenen Anschein, besser als andere Kollegen zu sein, für irreführend. Das BVerwG hingegen hob diese Entscheidung auf, da eine derartige Beschränkung der Werbemöglichkeiten unverhältnismäßig war.

2671 Nach der Verlegung der Praxis darf das Praxisschild zumindest für eine Übergangszeit am alten Standort beibehalten werden. Genauere Vorgaben enthält für Zahnärzte § 22 MBO-Z: Danach darf bei Verlegung der Praxis das Schild am alten Standort maximal ein Jahr verbleiben; bei Übernahme einer Praxis darf der Name des ehemaligen Praxisinhabers ebenfalls ein Jahr weitergeführt werden. In jedem Fall bedarf der Verbleib des Schildes der Absprache mit dem Vermieter; viele Mietverträge gestatten den Aushang nur für eine kurze Übergangsfrist (z. B. drei Monate). Dies ist insbesondere bei der Nachnutzung der Praxisräume durch einen anderen Arzt, der keinen Hinweis auf mögliche Konkurrenten dulden will, von Bedeutung.

2672 **f) Verzeichnisse.** Bis zum Jahr 2011 enthielt die MBO in § 28 Vorgaben zu Verzeichnissen, in die sich Ärzte eintragen lassen durften. Diese mussten allen Ärzten mit einem kostenfreien Grundeintrag offenstehen (Nr. 1), die Eintragungen mussten sich auf die ankündigungsfähigen Informationen beschränken (Nr. 2) und die Systematik musste zwischen den Qualifikationen nach der Weiterbildungsordnung und sonstigen Tätigkeitsschwerpunkten unterscheiden (Nr. 3). Die Aufhebung dieser Norm wurde damit begründet, dass die Anforderung nach Nr. 1 nach der Rechtsprechung unzulässig sei und der restliche Regelungsgehalt sich bereits aus § 27 MBO ergebe.

2673 Seit einigen Jahren gibt es zwielichtige Unternehmen, die Ärzten „Angebote" zur Eintragung in Ärzteverzeichnisse im Internet zusenden. Diese Angebote sind so gestaltet, dass ein kostenpflichtiger Inseratsvertrag über regelmäßig mehrere Jahre abgeschlossen wird, für den Kosten von mehreren hundert Euro pro Jahr anfallen. Dabei hoffen die Unternehmen darauf, im Praxisalltag werde nicht erkannt, dass es sich nicht um eine reine Datenbestätigung handelt, sondern um einen neuen Vertrag. Inzwischen gibt es mehrere Gerichtsentscheidungen, in denen dieses Geschäftsmodell für unlauter erklärt wurden.[43] Dennoch legen die Unternehmen regelmäßig anderslautende Entscheidungen von Amtsgerichten vor, die ihre Forderungen für berechtigt gehalten haben. Damit werden Ärzte unter Druck gesetzt, zumindest einen Teilbetrag im Vergleichswege zu zahlen. Auch im Interesse der seriösen Verzeichnisbetreiber bleibt zu hoffen, dass entschiedener gegen die „schwarzen Schafe" vorgegangen wird. Im Fall des Falles sollte ein Arzt sich nicht einschüchtern lassen, sondern einen Rechtsanwalt konsultieren.

2674 **g) Heilmittelwerberecht.** Neben den Vorschriften der Berufsordnung ist die Außendarstellung von Ärzten durch das Heilmittelwerbegesetz (HWG) geregelt. Dieses enthält detaillierte Vorgaben, welche Werbung gegenüber Patienten unzulässig ist, z. B. die Vorher-Nachher-Darstellung. Relevant für die Werbung gegenüber Patienten ist § 11 HWG.

2675 Unzulässig ist es, Behandlungsverfahren eine Wirkung zuzusprechen, die sie nicht haben (§ 3 Nr. 1 HWG). Darlegungs- und beweisbelastet für den wissenschaftlichen Nachweis der Wirksamkeit ist der werbende Arzt.[44]

2676 Häufig ist streitig, inwieweit Zuwendungen und Werbegeschenke zulässig sind. Einschlägig ist das Verbot in § 7 HWG; danach sind geringwertige Werbegeschenke (z. B. einfache Kugelschreiber) ebenso zulässig wie handelsübliches Zubehör oder Nebenleistungen (z. B. Lieferung und Aufbau oder die Erstattung von Fahrtkosten) und Auskünfte oder Ratschläge sowie Kundenzeitschriften (z. B. Apothekenumschau). Kostenlose ärztliche Bera-

---

[43] Z. B. BGH vom 30. 6. 2011 – I ZR 157/10 = NJW 2012, 1449; OLG Düsseldorf vom 14. 2. 2012 – I-20 U 100/11 = LMuR 2012, 175. Die Entgeltklausel dürfte nach § 305 c BGB unwirksam sein, siehe BGH vom 26. 7. 2012 – VII ZR 262/11 = NJW 2012, 3427.

[44] OLG Braunschweig vom 7. 3. 2012 – 2 U 90/11 = GRUR-RR 2012, 431; OLG Celle vom 4. 10. 2012 – 13 U 36/12.

tung oder eine Erstuntersuchung sind hingegen nicht als Auskunft zu bewerten. So wurde es einem Venenzentrum untersagt, mittels einer Telefonsprechstunde zum Thema Venenleiden und der anschließenden Möglichkeit einer kostenlosen Kurzuntersuchung zu werben.[45] Das generelle Verbot, Gutscheine für Bleaching zu verlosen, dürfte verfassungswidrig sein; dennoch ist bei derartigen Werbemaßnahmen Zurückhaltung geboten.[46]

Das Verbot der Darstellung in Berufskleidung (§ 11 Abs. 1 Satz 1 Nr. 4 HWG a. F.) war **2677** verfassungsgemäß dahingehend auszulegen, dass nur eine solche Werbung unzulässig ist, die geeignet ist, den Patienten unsachlich zu beeinflussen; dies ist bei Fotos bei üblichen Tätigkeiten kaum anzunehmen.[47] Das Verbot der Werbung mit Gutachten (§ 11 Abs. 1 Satz 1 Nr. 1 HWG a. F.) war ebenfalls verfassungsgemäß auf den Fall zu beschränken, dass von der Werbung zumindest eine mittelbare Gesundheitsgefährdung der Öffentlichkeit ausgeht.[48] Beide Beschränkungen sind gestrichen worden. Hintergrund der Änderung des HWG war eine Anpassung an die Vorgaben der RL 2001/83/EG, wobei nicht nur die Werbung für Arzneimittel liberalisiert wurde, sondern jegliche Werbung im Gesundheitsbereich (siehe BT-Drs. 17/9341, 17/10156).

Verstöße gegen das HWG könnten mit einer Geldbuße von bis zu 50000 € sanktioniert **2678** werden (§ 15 Abs. 1, 3 HWG). Es ist nicht bekannt, ob die zuständigen Ordnungsämter hiervon Gebrauch machen. Relevanter ist die Möglichkeit, eine gegen § 11 HWG verstoßende Werbung eines Mitbewerbers abzumahnen.

h) Wettbewerbsrecht. Der Arzt hat bei seiner Werbung immer die Grenzen des Wettbe- **2679** werbsrechts zu beachten, insbesondere §§ 4 und 5 UWG; die Vorgaben der ärztlichen Berufsordnung sind dabei nach §§ 3, 4 Nr. 11 UWG verbindlich. Verstöße können von Wettbewerbern, d. h. konkurrierenden Ärzten, verfolgt werden. Dabei kann der Wettbewerber Unterlassung und Schadensersatz verlangen, zudem auch Ersatz seiner Abmahnkosten (i. d. R. die Kosten seines Anwalts i. H. v. mehr als 1000 €). Eine Begrenzung der Abmahnkosten durch gesetzliche Regelungen ist (anders als im Urheberrecht) nicht vorgesehen und nicht geplant.

Teilweise schalten die Landesärztekammern Verbrauchervereine ein, damit diese berufs- **2680** rechtswidriges Verhalten von Ärzten abmahnen. Dies wird zwar kritisch gesehen, da die Kammern durch die Einschaltung Dritter zusätzliche Kosten erzeugen, obwohl sie auch unmittelbar gegen die Ärzte vorgehen könnten, ist aber rechtlich nicht angreifbar.[49]

Normalerweise wird dem Arzt zunächst eine Abmahnung übersandt, verbunden mit einer **2681** Unterlassungserklärung (und der Verpflichtung zur Kostenübernahme). Gibt der Arzt die Unterlassungserklärung nicht ab, wird der Abmahnende den Erlass einer einstweiligen Verfügung beantragen. Diese wird vom angerufenen Gericht regelmäßig nur aufgrund der Angaben des Abmahnenden erlassen, ohne den Arzt zu hören. Die einzige Abwehrmöglichkeit ist die Hinterlegung einer Schutzschrift, mit der die eigenen Argumente bereits im Vorhinein dem Gericht mitgeteilt werden. Eine einstweilige Verfügung wirkt nur dann, wenn sie vom Gerichtsvollzieher auf Antrag des Antragstellers zugestellt wurde; es reicht nicht aus, sie der Gegenseite einfach nur zur Kenntnis zu bringen. Gegen eine einstweilige Verfügung kann Widerspruch eingelegt werden, über den dasselbe Gericht nach mündlicher Verhandlung entscheidet. Gegen das Urteil, mit dem die einstweilige Verfügung entweder aufgehoben oder aufrecht erhalten wird, steht der jeweils unterlegenen Partei die Möglichkeit der Berufung zu. Eine einstweilige Verfügung soll nur eine Übergangslösung darstellen. Daher kann der Abgemahnte z. B. beantragen, dass der Abmahner innerhalb einer festzulegenden Frist Klage im Hauptsachever-

---

[45] LG Stade vom 16. 6. 2011 – 8 O 23/11 = WRP 2011, 1667; OLG Celle vom 3. 11. 2011 – 13 U 167/11 = GRUR-RR 2012, 262.

[46] BVerfG vom 1. 6. 2011 – 1 BvR 233/10 = NJW 2011, 2636; siehe auch LG Hamburg vom 24. 7. 2012 = 406 HKO 101/12.

[47] BGH vom 1. 3. 2007 – I ZR 51/04 = MedR 2008, 159.

[48] BVerfG vom 30. 4. 2004 – 1 BvR 2334/03 = NJW 2004, 2660.

[49] BGH vom 6. 4. 2006 – I ZR 272/03 = MedR 2006, 477; zur umgekehrten Situation siehe LBerufsG Heilb Rh-Pf vom 8. 10. 2012 – LBG-H A 10353/12.

fahren erhebt; geschieht dies nicht, kann er Aufhebung der einstweiligen Verfügung verlangen. Der Abmahner kann vom Abgemahnten die Abgabe einer sogenannten „Abschlusserklärung" verlangen, wonach beide Parteien das Ergebnis des Verfügungsverfahrens als endgültig anerkennen und ein Hauptsacheverfahren nicht für nötig erachten.

2682 **i) Internetdarstellung.** Nach § 5 TMG muss jede Internetdarstellung über ein Impressum verfügen, dessen Inhalt weitgehend festgelegt ist. Daneben sieht § 2 Abs. 1 Nr. 11 DL-InfoV vor, dass auch die Angaben zur Berufshaftpflichtversicherung (Anschrift, Geltungsbereich) aufzuführen sind.

2683 **Angaben im Impressum:**
  – Name und Anschrift,
  – E-Mail-Adresse oder Kontaktformular,
  – Zuständige Aufsichtsbehörde,
  – bei Partnerschaftsgesellschaft oder GmbH Registerangaben,
  – Kammer,
  – gesetzliche Berufsbezeichnung und Recht des Staates, nach dem diese erworben wurde,
  – die Bezeichnung der berufsrechtlichen Regelungen und dazu, wie diese zugänglich sind (z.B. Link auf die Seite der Landesärztekammer) sowie
  – Berufshaftpflichtversicherung (Name und Anschrift des Versicherers).

2684 Der häufig zu findende Disclaimer zu Links mit dem Hinweis auf ein Urteil des LG Hamburg ist nicht weiterführend und sollte unterbleiben.[50] Die Verantwortung für fremde Inhalte kann nicht generell durch eine derartige Erklärung ausgeschlossen werden. Wenn es an der Einflussmöglichkeit auf die fremden Inhalte fehlt, dann haftet der Seitenbetreiber ohnehin nur für die Inhalte, die ihm bekannt waren. Zudem ist es widersinnig, zwar auf Internetseiten zu verweisen (sie also für hilfreich zu halten), andererseits aber anzudeuten, dass die dortigen Inhalte rechtlich bedenklich sein könnten.

2685 Bei der Verwendung von Fotos sollte darauf geachtet werden, dass die Rechte der Fotografen beachtet werden. Im Internet veröffentlichte Bilder sollten nur nach den Kriterien verwendet werden, die der Autor aufgestellt hat; das unvorsichtige Kopieren sollte unterlassen werden. Bei Bildern aus dem Internetlexikon Wikipedia gilt z.B. eine Variante der Creative-Commons-Lizenz, die u.a. dazu führt, dass auch die eigene Seite unter den gleichen Bedingungen genutzt werden darf. Am sichersten ist es, die Bilder über eine professionelle Bildagentur zu beziehen. Dies mag zwar kostenpflichtig sein, vermeidet aber spätere Streitigkeiten.

2686 Im Übrigen gelten für die Internetseite die gleichen Vorgaben wie beim sonstigen Außenauftritt (z.B. für das Praxisschild und den Briefbogen) und insbesondere die Werbevorgaben. So darf z.B. eine Klinik für nahegelegene Hotels auf ihrer Homepage werben;[51] ebenso darf auf der Homepage einer Zahnarztpraxis auf technische Geräte hingewiesen werden (aber nicht auf den Hersteller).[52] Einige Landesärztekammern haben Hinweise für Ärzte veröffentlicht (z.B. <http://www.aekno.de/downloads/aekno/internet-darstellung-2007.pdf>), die jedoch wegen ihres Alters kritisch hinterfragt werden müssen.

2687 Besondere Sorgfalt ist bei der Auswahl der **Praxisdomain** zu wahren. Unzulässig ist die Behauptung einer (so nicht vorhandenen) Spitzenstellung. Allein die Verknüpfung eines Gattungsbegriffs mit einem Ortsnamen ist nicht in dieser Weise zu werten („kardiologie-stadt.de"). Erst die Hinzufügung eines bestimmten Artikels ist problematisch („der-kardiologe-stadt.de")[53] (siehe auch vorstehend unter Rn. 2530).

---

[50] Vgl. Degen, VBlBW 2005, 329 (337, Fn. 96); zur Sinnlosigkeit von Disclaimern in E-Mails siehe Makoski, KuR 2007, 246.
[51] OLG Hamm vom 9. 6. 2009 – 4 U 70/09.
[52] BVerfG vom 1. 6. 2011 – 1 BvR 233/10 = NJW 2011, 2636.
[53] Vgl. OLG Hamm vom 19. 6. 2008 – 4 U 63/08 = MMR 2009, 50.

5. Wahrung der ärztlichen Unabhängigkeit

In den letzten Jahren standen Zahlungen an Ärzte als Gegenleistung für Überweisungen **2688** oder Verschreibungen immer wieder im Fokus der Öffentlichkeit. Dies ist angesichts der klaren berufsrechtlichen Vorgaben eigentlich erstaunlich.

a) Rechtliche Vorgaben. Der Arzt hat bei allen vertraglichen und sonstigen berufli- **2689** chen Beziehungen zu Dritten seine ärztliche Unabhängigkeit zu wahren. Die maßgeblichen Regelungen in §§ 30 ff. MBO wurden im Jahre 2011 neu gefasst und enthalten ein umfassendes Verbot jeglicher Vorteilsgewährung im Zusammenhang mit der ärztlichen Tätigkeit. Besonders bedeutsam sind die Verbote von Zuwendungen und Zuweisungen: Vergleichbare Vorschriften finden sich z. B. in § 31a KHGG NRW für Krankenhausträ- **2690** ger oder – für Vertragsärzte besonders bedeutsam – in § 73 Abs. 7 i. V. m. § 128 Abs. 2 SGB V.

Dem Arzt ist es untersagt, seine Patienten ohne hinreichenden Grund an bestimmte Ärz- **2691** te, Apotheken, Heil- oder Hilfsmittelerbringer zu verweisen oder diese zu empfehlen. Dieser hinreichende Grund muss ein sachlicher sein, z. B. bereits bekannte gute Erfahrungen oder ein besonderes Leistungsangebot, welches andere Anbieter nicht vorweisen können.

Besondere Probleme weist die Einschaltung von **Patientenvermittlern** auf, jedenfalls **2692** dann, wenn der Arzt den Vermittler bezahlt und nicht der Patient. Diese Geschäftspraktiken sind als unzulässige Zuweisung gegen Entgelt eingestuft worden – mit der Folge, dass der Vermittler keinen Provisionsanspruch hat.[54] Zulässig sind nur Vereinbarungen, bei denen der Vermittler vom Patienten bezahlt wird. Eine Ausnahme wurde allerdings für Vergleichsportale bei zahnärztlichen Heil- und Kostenplänen (HKP) eingeführt, bei denen der Patient eine geringe Gebühr und der Zahnarzt im Erfolgsfall ein Entgelt in Höhe von 20% des Zuschlagsbetrages zu zahlen hat.[55] Es ist zu vermuten, dass dadurch die bisherige strikte Rechtsprechung gelockert wird, jedenfalls in den Fällen, in denen dem Patienten die Zahlung an den Vermittler grundsätzlich bekannt ist und er einen Vorteil (hier Ersparnis der Gesamtkosten) hat. Daneben wird die Patientenvermittlung in einigen Konstellationen als unzulässige Werbung eingestuft (wenn ein Arzt eine Patientenvermittlung gegründet hat, die Patienten nur an ihn verweist).[56]

b) Beispiele. In den letzten Jahren hat sich die Rechtsprechung sehr intensiv mit der **2693** Zuweisungsproblematik beschäftigt. Im Folgenden seien einige Beispiele aufgeführt:
– Die Beteiligung von Vertragsärzten an einer Labor-GmbH mit einem geringen Kapitalbetrag, dem eine zuweisungsbezogene Ergebnisbeteiligung gegenübersteht, ist unzulässig.[57]
– Ein Labormediziner darf Ärzten in einer Laborgemeinschaft nicht die Erbringung von Laboruntersuchungen unter den Gestehungskosten anbieten, um damit von ihnen Aufträge für Speziallaboruntersuchungen zu erhalten.[58]
– Die Gründung eines Zytostatika-Herstellers durch Hämatoonkologen und Apotheker, der den Apothekern auf Verschreibung der Hämatoonkologen Zytostatika zur Abgabe an die Patienten liefert, ist unzulässig;[59] es handelt sich um einen Missbrauch der Sonderregelungen für die Zytostatikaversorgung der Patienten (§ 11 Abs. 2 ApoG).
– Ein HNO-Arzt darf Aktien eines börsennotierten Hörgeräteunternehmens halten, da er durch seine eigene Tätigkeit Börsenkurs und Gewinn praktisch nicht beeinflussen kann.[60]

---

[54] OLG Hamm vom 22. 10. 1984 – 2 U 172/83 = MedR 1985, 181; LG Kiel vom 28. 10. 2011 – 8 O 28/11.
[55] BGH vom 24. 3. 2011 – III ZR 69/10 = NJW 2011, 2209.
[56] OLG Hamburg vom 13. 3. 2003 – 3 U 160/00 = MedR 2004, 48.
[57] OLG Stuttgart vom 10. 5. 2007 – 2 U 176/06 = MedR 2007, 543.
[58] BGH vom 21. 4. 2005 – I ZR 201/02 = NJW 2005, 3718.
[59] LBerufsG HeilB NRW vom 6. 7. 2011 – 6t A 1816/09.T = MedR 2012, 69.
[60] OLG Köln vom 4. 11. 2005 – 6 U 46/05 = ZMGR 2006, 67.

- Ein Augenarzt darf nicht selbst Brillen abgeben; auch bei der Zusammenarbeit mit Optikern muss er Zurückhaltung wahren.[61]
- Ein HNO-Arzt darf Patienten nicht direkt an einen bestimmten Hörgeräteakustiker verweisen; wenn ihn der Patient aber selbst fragt, darf er eine bestimmte Empfehlung geben;[62] unzulässig ist schon die Auslegung eines Werbeflyers.
- Ein Pharmaunternehmen darf Ärzten nicht eine sehr günstige Unternehmensberatung zu Fragen der Praxisorganisation für möglichst viele Verschreibungen anbieten.[63]
- Ein Pharmaunternehmen darf einem Arzt die notwendigen Reisekosten und die Teilnahmegebühren für einen Kongress erstatten (§ 32 Abs. 2 MBO); unzulässig ist aber die Gewährung besonderer Vorteile, z.B. der Flugkosten 1. Klasse oder der Unterbringung in einem Luxushotel.
- Ein plastischer Chirurg darf Patientinnen in sachlich begründeten Fällen an ein Kosmetikinstitut verweisen.[64]
- Ein Krankenhausträger darf nicht an einweisende Ärzte Zahlungen leisten (z.B. für Nachsorgeleistungen); ebenso wenig dürfen die Ärzte Zahlungen fordern.[65]
- Ärzte dürfen nicht mit Geldzahlungen dazu veranlasst werden, Patienten für Disease-Management-Programme (DMP) einer Krankenkasse anzuwerben.[66]
- Ärzte dürfen in einem Vertrag über die hausärztliche Versorgung (§ 73b SGB V) oder integrierte Versorgung (§ 140 SGB V) einen Anreiz erhalten, günstigere Mittel abzugeben (§ 32 Abs. 1 Satz 2 MBO).
- Ein Apotheker darf nicht an Ärzte vergünstigt Praxisräume vermieten oder einen Umbaukostenzuschuss gewähren.[67]
- Ebenso wenig darf eine Ärztegemeinschaft, die ein Ärztehaus betreibt, einem Apotheker Räume gegen eine überhöhte Miete überlassen.

2694 Eine umsatzabhängige Miete ist grundsätzlich unbedenklich, soweit sie in einem sachlich angemessenen Rahmen bleibt. Problematisch sind Fallgestaltungen, in denen der Arzt in eine persönliche und wirtschaftliche Abhängigkeit geriete, die seine ärztliche Handlungsfreiheit beeinträchtigen würde.[68]

2695 Bei der **vor- und nachstationären Behandlung (§ 115a SGB V)** dürfen Krankenhäuser seit dem 1. 1. 2012 auch niedergelassene Ärzte beauftragen. Hierdurch wird eine seit längerem geführte Diskussion beendet, die teilweise durch die Praxis einzelner KVen motiviert war, in denen vertragsärztliche Leistungen vor und/oder nach einem Krankenhausaufenthalt nicht vergütet und die Vertragsärzte auf einen Anspruch gegen den Krankenhausträger verwiesen wurden. Mehrfach haben die Gerichte entschieden, dass ein Krankenhausträger nicht einem Vertragsarzt für die Nachsorge Geld zahlen darf (zumal die angebotenen Beträge meist außer Verhältnis zur Leistung standen).[69] Gleiches gilt für einen operativ tätigen Augenarzt und Zahlungen an einen konservativ tätigen Augenarzt.[70] Diese Rechtsprechung ist nunmehr teilweise veraltet. Als Grenze bleibt weiterhin die Angemessenheit der Vergütung bestehen. Zwar gilt im Verhältnis Arzt-Krankenhausträger nicht zwingend die GOÄ; ein erhebliches Abweichen von den Gebührensätzen der GOÄ dürfte

---

[61] BGH vom 24. 6. 2010 – I ZR 182/08 = GRUR 2010, 850.

[62] BGH vom 13. 1. 2011 – I ZR 111/08 = MedR 2011, 500.

[63] LG München I vom 12. 1. 2008 – 1HK O 13279/07 = MedR 2008, 563; Krais, PharmR 2010, 513.

[64] HeilBG VG Gießen vom 10. 1. 2011 – 21 K 1584/10.

[65] Vgl. Makoski, MedR 2009, 376 (379 ff.) m.w.N.

[66] LG München I vom 5. 3. 2009 – 17 HKO 17938/08.

[67] OLG Braunschweig vom 23. 2. 2010 – Ws 17/10 = MedR 2010, 497.

[68] Vgl. BayObLG vom 6. 11. 2000 – 1 Z RR 612/98 = MedR 2001, 206 (210).

[69] OLG Düsseldorf vom 1. 9. 2009 – I-20 U 121/08 = MedR 2009, 664.

[70] OLG Koblenz vom 20. 5. 2003 – 4 U 1532/02 = MedR 2003, 580; OLG Schleswig vom 4. 11. 2003 – 6 U 17/03 = MedR 2004, 270; differenzierend OLG Düsseldorf vom 16. 11. 2004 – I-20 U 30/04 = MedR 2005, 169.

jedoch ein deutliches Anzeichen dafür sein, dass hier nicht die Behandlung des Patienten im Vordergrund steht, sondern die Bindung eines zuweisenden Arztes.

Die Diskussion um Zuweisungspauschalen hat den Gesetzgeber dazu veranlasst, die Vor- **2696** gaben entsprechend zu verschärfen und in mehreren Schritten § 128 SGB V immer weiter auszudehnen. Diese Vorschrift gestattet es den Krankenkassen, bestimmte Anbieter für bis zu zwei Jahre von der Versorgung der GKV-Patienten auszuschließen. Einem Vertragsarzt, der von einem Heilmittelerbringer oder Hilfsmittellieferanten eine Vergütung annimmt, droht ein Disziplinarverfahren, das im Extremfall zum Verlust der Zulassung führen kann.

Problematisch ist die **Beteiligung von Ärzten an Unternehmen im Gesundheits-** **2697** **wesen**. Zunächst sei auf die vorstehend aufgeführten Beispiele verwiesen. Daneben ist § 128 Abs. 2 Satz 3 SGB V zum 1. 1. 2012 deutlich verschärft worden (siehe vorstehend Rn. 2560). Danach darf ein Vertragsarzt keine Einkünfte aus Beteiligungen an Unternehmen von Leistungserbringern erhalten, die Vertragsärzte durch ihr Verordnungs- oder Zuweisungsverhalten selbst maßgeblich beeinflussen. Es ist nicht jede Beteiligung verboten, sondern nur eine an Leistungserbringern, denen der Vertragsarzt Patienten zuweisen kann. Damit dürfte jedenfalls die Beteiligung an einem Leistungserbringer im Einzugsbereich der ärztlichen Praxis unzulässig sein; eine rein kapitalmäßige Beteiligung an einem auswärts gelegenen Leistungserbringer (der auch keine Leistungen im Fernbezug erbringt) dürfte hingegen zulässig sein.[71] Der Gesetzgeber wollte Ärzten, die fachnahe Hilfsmittelleistungen erbringen (z. B. HNO-Arzt und Hörgeräteakustiker oder Augenarzt und Optiker), ihre gewerbliche Nebentätigkeit nicht untersagen (BT-Drs. 17/6906, S. 85). Es bleibt abzuwarten, wie die Gerichte diese Vorschrift auslegen. Ungeklärt ist weiter, ob jede Beteiligung ausgeschlossen ist oder zumindest eine rein kapitalmäßige Beteiligung zulässig ist, wobei die Ergebnisbeteiligung unabhängig von der Zuweisung ist. Hiergegen dürfte sprechen, dass bei jeder Art der Beteiligung der Vertragsarzt von seinen Zuweisungen profitiert – und sei es nur, indem der Gesamtgewinn des Unternehmens steigt (siehe vorstehend Rn. 2557).

Dem Arzt ist als Ausfluss seiner durch Art. 12 GG geschützten Berufsfreiheit grundsätz- **2698** lich die Ausübung einer **gewerblichen Nebentätigkeit** gestattet.[72] § 3 Abs. 2 MBO, wonach es Ärzten untersagt ist, im Zusammenhang mit der Ausübung ihrer ärztlichen Tätigkeit Waren abzugeben oder gewerbliche Dienstleistungen zu erbringen, ist insoweit verfassungskonform auszulegen. Allerdings hat der Arzt darauf zu achten, dass eine organisatorische Trennung stattfindet. Die gewerbliche Ernährungsberatung eines Arztes ist z. B. dann nicht berufsrechtswidrig, wenn sie außerhalb der Sprechstunden stattfindet; sie muss aber nicht zwingend in anderen Räumen erfolgen.[73] Hingegen dürfte der Vertrieb von Hilfsmitteln in der Sprechstunde weiterhin unzulässig sein. Zu beachten ist auch die Gefahr der steuerlichen „Infektion". Eine zu große gewerbliche Tätigkeit kann dazu führen, dass der gesamte Umsatz (auch aus Heilbehandlung) der Gewerbesteuer unterliegt.

In den letzten Jahren wurden immer mehr niedergelassene Ärzte in Krankenhäusern an- **2699** gestellt, um dortige Personallücken zu schließen oder das stationäre Leistungsangebot auszuweiten. Die Krankenkassen sehen dies sehr kritisch und verweigern teilweise die Übernahme der betreffenden Behandlungskosten. Die Sozialgerichte geben häufig den Krankenkassen Recht, während bei Verfahren über die Budgetvereinbarungen die Verwaltungsgerichte die Position der Krankenhäuser gestärkt haben. Mit dem Gesetz zur Einführung eines pauschalierenden Enttgeltsystems für psychiatrische und psychosomatische Einrichtungen (v. 21. 7. 2012, BGBl. I S. 1613) hat der Gesetzgeber durch eine Änderung in § 2 KHEntgG klargestellt, dass der Einsatz von Honorarärzten in Krankenhäusern zulässig ist; allerdings müssen sie zu vergleichbaren Bedingungen beschäftigt werden wie festange-

---

[71] Vgl. Dahm/Bäune/Flasbarth, MedR 2012, 77 (92 f.).
[72] BVerfG vom 19. 11. 1985 – 1 BvR 38/78 = BVerfGE 71, 183 (195 f.); BGH vom 26. 4. 1989 – I ZR 172/87 = GRUR 1989, 601.
[73] BGH vom 29. 5. 2008 – I ZR 75/05 = NJW 2008, 2850.

stellte Krankenhausärzte.[74] Die Rechtsprechung, wonach ein Krankenhaus nicht ambulante Operationen von niedergelassenen Ärzten erbringen lassen darf,[75] ist durch die Einfügung von § 115a Abs. 1 Satz 4 SGB V und die nachfolgende Änderung des AOP-Vertrages überholt.

2700 Rechtssicherheit bei Kooperationsvereinbarungen ist für den Arzt nur schwer zu bekommen – gerade angesichts einer im Fluss befindlichen Rechtsprechung. Nach einer größeren öffentlichen Diskussion über „Zuweiserprämien" von Krankenhäusern und Krankenkassen schlugen BÄK, KBV und DKG die Einrichtung gemeinsamer **Clearingstellen** vor (DÄBl. 2009, A-1760). Diese wurden bisher aber nur in wenigen Bundesländern eingerichtet (z.B. in Schleswig-Holstein, siehe <http://www.aeksh.de/aerzte/arzt_und_recht/berufsrecht_der_praxis/vereinbarung_clearingverfahren.html>). In den meisten Bezirken prüfen die einzelnen Institutionen unabhängig voneinander. Für den Arzt ist sein Ansprechpartner die Ärztekammer, die kraft Gesetzes zur Wahrnehmung berufsrechtlicher Belange berufen ist (Art. 2 Abs. 1 BayHKaG, § 4 Abs. 1 Nr. 2 HBKG BW, § 5 Abs. 1 Satz 1 Nr. 1 HeilBG Hessen, § 6 Abs. 1 Satz 1 Nr. 6 HeilBerG NRW). Wenn die Ärztekammer zuerst die Auskunft erteilt, ein bestimmtes Vorhaben sei zulässig, und nachher ihre Auffassung – zu Recht – ändert, kann sich der Arzt auf einen nicht vermeidbaren Verbotsirrtum (§ 17 MBO) berufen.[76]

2701 Bei der Zusammenarbeit mit Pharmaunternehmen ist besondere Vorsicht geboten. Für Anwendungsbeobachtungen sieht § 33 MBO vor, dass die Vergütung des Arztes der erbrachten Leistung entsprechen muss. Nach diesem Maßstab dürften z.B. Zahlungen von 100 € für einen einfachen Fragebogen unzulässig sein. Die Zusammenarbeit bedarf eines schriftlichen Vertrags, der der Ärztekammer vorgelegt werden soll. § 32 Abs. 3 MBO regelt, dass Veranstaltungen nur offen und im angemessenen Umfang gefördert werden dürfen. Ein vollständiges Verbot von Sponsoring wurde hingegen nicht für sinnvoll erachtet. Unberührt bleiben anderweitige Regelungen (z.B. die Begrenzung der Abgabe von Mustern in § 47 Abs. 3 AMG).

2702 Der Arzt darf keine erheblichen **Geldgeschenke** von seinen Patienten entgegennehmen (§ 32 Abs. 1 MBO) – selbst wenn der Patient darauf besteht.[77] Besondere Vorsicht ist auch geboten bei der Einsetzung des Arztes als Erbe oder der Aussetzung eines Vermächtnisses. Zwar gilt nicht das strikte Verbot des § 14 Abs. 5 HeimG; dennoch sollte der Arzt Zurückhaltung walten lassen.

2703 **c) Besonderheiten bei Zahnärzten.** § 2 Abs. 7 und 8 MBO-Z enthält vergleichbare Vorgaben. Auch ein Zahnarzt darf für Verschreibungen oder Überweisungen keine Vorteile annehmen. Dies ist insbesondere relevant bei der Zusammenarbeit mit zahntechnischen Labors. Von einem Fremdlabor darf der Zahnarzt keine Entgelte für die Zuführung von Patienten verlangen. Unberührt bleibt die Zulässigkeit des zahntechnischen Eigenlabors. Umstritten ist die Zulässigkeit von gemeinsamen Eigenlabors (sog. „Praxislaborgemeinschaft"), da § 11 MBO-Z ein Eigenlabor außerhalb der Praxis zwar zulässt, aber keine Aussage zu gemeinsamen Labors trifft.[78]

II. Folge von Berufspflichtverletzungen

2704 Die Bedeutung vieler der vorgenannten Pflichten wird insbesondere dann deutlich, wenn die möglichen Folgen in den Blick genommen werden.

---

[74] Zu Honorarärzten im Krankenhaus siehe *Möller/Makoski*, GesR 2012, 647.
[75] LSG Sachsen vom 30. 4. 2008 – L 1 KR 103/07 = MedR 2009, 114.
[76] LBerufsG HeilB NRW vom 6. 7. 2011 – 6t A 1816/09.T = MedR 2012, 69.
[77] OVG Münster vom 6. 11. 2007 – 6t E 1292/06.T = MedR 2008, 397.
[78] Siehe Niggehoff, Festschrift 10 Jahre AG MedR im DAV, 2008, 769.

1. Auswirkungen auf Verträge

Die Verletzung bestimmter Normen der Berufsordnung führt zur Nichtigkeit entspre- **2705** chender Verträge nach § 134 BGB.[79] Dies ist besonders relevant bei Absprachen, die gegen das Verbot der Zuweisung gegen Entgelt verstoßen.

2. Sanktionen durch die Kammer

Neben zivil- und strafrechtlichen Folgen einer Verletzung von Berufspflichten gibt es **2706** Sanktionen, die die jeweilige Ärztekammer (ohne Einschaltung der Berufsgerichte) verhängen kann.

a) Zwangsgeld. Die Berufsordnung sieht verschiedene Pflichten der einzelnen Ärzte **2707** gegenüber ihrer Kammer vor. So haben Ärzte auf Anfragen der Ärztekammer, welche diese in Erfüllung ihrer Aufgaben bei der Berufsaufsicht an sie richtet, in angemessener Frist zu antworten und auf Verlangen Nachweise zu erbringen (§ 2 Abs. 6 MBO). Wenn Ärzte diese Pflicht nicht einhalten, kann gegen sie ein Zwangsgeld festgesetzt werden. Festsetzung und Vollstreckung des Zwangsgeldes erfolgen nach den üblichen Vorschriften der Verwaltungsvollstreckung. In NRW ist dieses Zwangsgeld auf einen Betrag von 2000 € festgesetzt worden.

b) Rügerecht, Missbilligung. Stellt die Kammer fest, dass ein Arzt seine Berufspflich- **2708** ten verletzt hat, ihn aber nur eine geringe Schuld trifft oder das Vergehen gering ist, kann die Kammer eine Rüge aussprechen. Die Rüge kann mit einem Ordnungsgeld bis zu 5000 € verbunden werden. Dabei handelt es sich um die geringste Art der Sanktion. Eine Rüge kann auf Antrag des Arztes vom Berufsgericht überprüft werden (§ 71 Abs. 2 Heil-BerG NRW), allerdings in einem vereinfachten Verfahren.[80]

Daneben kann die Kammer eine Missbilligung aussprechen, auch wenn dies nicht im **2709** Heilberufsgesetz vorgesehen ist; für die Überprüfung sind die Verwaltungsgerichte zuständig.[81]

3. Berufsgerichtliches Verfahren

Ist die Ärztekammer der Auffassung, dass ein Arzt seine Berufspflichten in erheblichem **2710** Umfange verletzt hat, kann sie beschließen, die Einleitung eines berufsgerichtlichen Verfahrens zu beantragen. Dieser Antrag wirkt ähnlich wie die Anklage in einem Strafverfahren. Andere Mittel (z. B. eine Untersagungsverfügung) stehen der Ärztekammer nicht zur Verfügung.[82] Diese Kompetenz haben nur – in Ausnahmefällen – die Ordnungsbehörden der Länder.

Bisher ungeklärt ist die Frage, inwieweit die Ärztekammer Disziplinargewalt über Leis- **2711** tungserbringer aus dem EU-Ausland, die in ihrem Bezirk vorübergehend tätig werden, ausüben kann. Dem EuGH liegt die Frage vor, ob derartige Beschränkungen des freien Dienstleistungsverkehrs mit dem EU-Recht (insbesondere RL 2005/36/EG) vereinbar sind.[83]

a) Verfahrensablauf. Die Berufsgerichte sind teilweise bei den Verwaltungsgerichten **2712** (u. a. Hessen, Nordrhein-Westfalen, Rheinland-Pfalz), teilweise bei den ordentlichen Gerichten (Bayern, Sachsen) eingerichtet. In einigen Bundesländern sind sie als selbständige

---

[79] BGH vom 22. 1. 1986 – VIII ZR 10/85 = NJW 1986, 2360; vom 20. 3. 2003 – III ZR 135/02 = MedR 2003, 459; BayObLG vom 6. 11. 2000 – 1 ZR 612/98 = MedR 2001, 206 (209 f.).

[80] Siehe LBerufsG HeilB NRW vom 15. 7. 2005 – 13 E 466/04.T = MedR 2006, 68.

[81] VG Minden vom 30. 6. 2005 – 7 K 818/04 = MedR 2006, 305.

[82] OVG Lüneburg vom 15. 8. 1988 – 8 OVG A 45/87 = MedR 1989, 99; OVG Koblenz vom 6. 3. 2002 – 6 A 11724/01 = ArztR 2003, 187.

[83] BerufsG HeilB Gießen vom 2. 8. 2011 – 21 K 1604/10.GI.B; das Verfahren wird geführt unter dem Az. C-475/11 (Konstantinides).

Spruchkörper bei der Ärztekammer organisiert (Baden-Württemberg, Niedersachsen, Saarland). Das Berufsgericht für Heilberufe besteht üblicherweise aus einem Berufsrichter als Vorsitzendem und zwei Berufsangehörigen als Beisitzern. Berufung ist möglich zum Landesberufsgericht für Heilberufe, welches üblicherweise mit drei Berufsrichtern und zwei Beisitzern besetzt ist. Die Beisitzer werden von einem Wahlausschuss bestimmt, der aus verschiedenen Gerichtspräsidenten sowie Kammerangehörigen besteht. Die einzelnen Kammern legen Wahllisten vor. Dies führt dazu, dass die Beisitzer oft schon eine Beziehung zu den einzelnen Kammern haben und daher Zweifel an der Neutralität bestehen können.

2713 Ein berufsgerichtliches Verfahren kann von der jeweiligen Kammer oder der Aufsichtsbehörde eingeleitet werden. Meist ist der Kammervorstand zuständig, nur in Baden-Württemberg gibt es einen besonderen „Kammeranwalt". Auch kann jeder Kammerangehörige selbst die Eröffnung eines Verfahrens gegen sich beantragen, um sich vom „Verdacht eines Berufsvergehens zu reinigen". Während offensichtlich unzulässige Anträge (z.B. von Patienten oder anderen Ärzten) vom Gericht ohne Weiteres zurückgewiesen werden können, sind formgerechte Anträge dem Beschuldigten mit der Einräumung einer Äußerungsfrist zuzustellen. Wird das Verfahren danach eröffnet, kann das Berufsgericht zunächst ein Ermittlungsverfahren durchführen, um den Sachverhalt zu klären. Ist dies nicht erforderlich, wie meist, wird sofort die Hauptverhandlung eröffnet.

2714 Das Berufsgericht darf wie jedes andere staatliche Gericht Zeugen und Sachverständige laden. Es darf alle anderen Behörden um Amtshilfe ersuchen.

2715 Das Verfahren folgt grundsätzlich den Regelungen der Strafprozessordnung. Dies bedeutet, dass das Gericht den Sachverhalt von Amts wegen ermittelt und nicht alleine auf die Ausführungen der Beteiligten angewiesen ist. Das Landesberufsgericht als zweite Instanz überprüft das erstinstanzliche Urteil in tatsächlicher und rechtlicher Hinsicht.

2716 **b) Mögliche Sanktionen.** Im berufsgerichtlichen Verfahren kann üblicherweise erkannt werden auf Warnung, Verweis, Entziehung des passiven Berufswahlrechts, Geldbußen bis zu 50000 € (in Niedersachsen: 100000 €) und als höchste Strafe Feststellung der Unwürdigkeit zur Ausübung des Berufs. Einige Sanktionen können auch nebeneinander getroffen werden. Die Feststellung der Unwürdigkeit zur Ausübung des Berufs führt häufig zur Einleitung eines approbationsrechtlichen Verfahrens (Zum Verhältnis der verschiedenen Sanktionsmechanismen siehe nachstehend Rn. 2583 ff.).

2717 Gegen die Entscheidung des Berufsgerichts für Heilberufe ist Berufung statthaft. Im Unterschied zu anderen Verfahren sehen die Heilberufsgesetze der Länder üblicherweise vor, dass ein Beschuldigter auch dann die Berufung einlegen kann, wenn das Gericht festgestellt hat, dass eine Verletzung der Berufspflicht nicht erwiesen ist (§ 99 Abs. 1 HeilBerG NRW). Ein „Freispruch zweiter Klasse" muss insoweit nicht geduldet werden, sondern kann noch in der zweiten Instanz geändert werden.

2718 Gegen die Entscheidung des Landesberufsgerichts für Heilberufe besteht kein Rechtsmittel mehr. Dies ist schon deswegen verständlich, weil es sich jeweils um Landesrecht handelt und eine Überprüfung durch Bundesgerichte nicht zulässig ist. In Betracht kommt aber die Verfassungsbeschwerde. Diese hat – entgegen den üblichen Verfahren – häufiger als andere Verfassungsbeschwerden gegen Urteile Aussicht auf Erfolg, da die Berufsgerichte schon mehrfach die Vorgaben der Verfassung – insbesondere die Berufsfreiheit – nicht hinreichend beachtet haben, z.B. bei Werbebeschränkungen.

2719 **c) Verhältnis des berufsgerichtlichen Verfahrens zu anderen Verfahren.** Selbst wenn ein Arzt bereits wegen des jeweiligen Tatbestandes strafrechtlich verurteilt wurde, kann zusätzlich ein berufsgerichtliches Verfahren durchgeführt werden. Dies verstößt nicht gegen das Verbot der Doppelbestrafung (Art. 103 Abs. 3 GG).[84] Allerdings muss ein sog. **„berufsrechtlicher Überhang"** bestehen, d.h. durch die Tat muss neben der Strafnorm eine berufsrechtliche Norm verletzt worden sein, deren Schutzzweck nicht bereits von dem

---

[84] BVerfG vom 29. 10. 1969 – 2 BvR 545/68 = BVerfGE 27, 180.

Strafgesetz erfasst wird. Dies bedeutet u. a., dass selbst dann, wenn ein Strafverfahren wegen geringer Schuld (§ 153 StPO) oder gegen eine Auflage (§ 153 a StPO) eingestellt wird, immer noch ein berufsgerichtliches Verfahren durchgeführt werden kann.

Unberührt bleibt weiter die Möglichkeit eines Disziplinarverfahrens durch die KV, wenn **2720** neben berufsrechtlichen Vorschriften auch vertragsarztrechtliche Vorgaben verletzt wurden. Die KV darf zwar kein Disziplinarverfahren nur wegen einer Verletzung berufsrechtlicher Vorschriften durchführen kann. Andererseits kann die Verletzung vertragsarztrechtlicher Regelungen auch einen Berufsrechtsverstoß darstellen und demzufolge von den Berufsgerichten geahndet werden.

Wird die Unwürdigkeit zur Ausübung des Berufs festgestellt, kann die Approbationsbe- **2721** hörde nach eigener Würdigung des Sachverhalts die Approbation widerrufen (§§ 5 Abs. 2 Satz 1 i. V. m. 3 Abs. 1 Satz 1 Nr. 2 BÄO).

4. Anwaltlicher Beistand

In jedem Stadium des Verfahrens kann sich der Arzt durch einen Rechtsanwalt vertreten **2722** lassen. Eine fachkundige Beratung ist sogar dringend anzuraten, da berufsrechtliche Probleme auch in anderen Rechtsgebieten (z. B. dem Strafrecht oder dem Vertragsarztrecht) Konsequenzen haben können und stets mögliche Auswirkungen zu bedenken sind. Dabei sind wirtschaftliche Aspekte genauso zu berücksichtigen wie Fragen der weiteren beruflichen Entwicklung.

Schon vor einem förmlichen berufsgerichtlichen Verfahren, z. B. bei Anfragen an die **2723** Ärztekammer, sollte ein Anwalt konsultiert werden. Ansonsten besteht die Gefahr, dass mangels Kenntnis der Vorgaben und der Rechtsprechung Angaben gemacht werden, in denen sich der Arzt selbst belastet.

E. Ärztliches Disziplinarrecht

I. Gegenstand und Zweck des Disziplinarverfahrens

2724 Neben dem von den Ärztekammern durchzuführenden Berufsrechtsverfahren[1] existiert das vertragsärztliche Disziplinarverfahren. Da die vertragsärztliche Disziplinargewalt durch die Kassenärztlichen Vereinigungen im Gegensatz zur berufsrechtlichen Aufsicht nicht gegenüber allen Ärzten Anwendung findet, müssen für die Verfahren zunächst klare Abgrenzungskriterien eingehalten werden. Wie Disziplinarverfahren anderer Berufsgruppen auch kontrolliert das vertragsärztliche Disziplinarrecht die Einhaltung bestimmter Pflichten, die einem speziellen Personenkreis obliegen und die aus einem bestimmten Verwaltungszweck resultieren, der durch diese Personengruppe verfolgt wird. Das bedeutet konkret, das vertragsärztliche Disziplinarverfahren greift nur gegenüber Ärztinnen und Ärzten, die zu konkreten Bedingungen an der vertragsärztlichen Versorgung teilnehmen, da es ausschließlich der **Durchsetzung vertragsärztlicher Pflichten** dient. Es kommt somit lediglich zum Einsatz, wenn **Vertragsärztinnen und Vertragsärzte als Pflichtmitglieder einer Kassenärztlichen Vereinigung** ihre vertragsärztlichen Pflichten verletzen.

2725 Anders als bei dem Arztberuf als Kammerberuf[2] resultiert die vertragsarztrechtliche Disziplinargewalt nicht aus der Zugehörigkeit zur Selbstverwaltungskörperschaft selbst. Vielmehr begründet die besondere öffentlich-rechtliche Aufgabe der Kassenärztlichen Vereinigungen als Körperschaften öffentlichen Rechts gegenüber den Krankenkassen, die ebenfalls Körperschaften öffentlichen Rechts sind, spezielle Überwachungspflichten für bestimmte Verantwortungsbereiche. So haben die Kassenärztlichen Vereinigungen Gewähr dafür zu übernehmen, dass die **vertragsärztliche Versorgung** entsprechend gesetzlicher und vertraglicher Erfordernisse funktionsfähig gehalten wird und müssen dabei vor allem dem **staatlichen Sicherstellungsauftrag**[3] gerecht werden. Die Kassenärztlichen Vereinigungen stehen insoweit in der Verantwortung, eine rechtskonforme vertragsärztliche Versorgung zu gewährleisten. Vor diesem Hintergrund dienen Disziplinarmaßnahmen der „Systemerhaltung" und sind generell Ausdruck der Missbilligung nachgewiesener Verletzungen vertragsärztlicher Pflichten.

2726 Zur Frage der Sühnefunktion von Disziplinarmaßnahmen hat das Bundessozialgericht in seiner Rechtsprechung einen Kurswechsel vorgenommen. Wurde in einer Entscheidung vor 25 Jahren noch der Zweck der Sühne für begangene Rechtsverstöße erwogen,[4] hielt der Senat hieran in einer Entscheidung im Jahr 2000 nicht mehr fest. Disziplinarmaßnahmen dienten anders als strafrechtliche Sanktionen gerade **nicht der Vergeltung oder Sühne.** Überhaupt nur wegen ihrer vom Strafrecht abweichenden präventiven Zielrichtung seien die disziplinarische und strafrechtliche Verfolgung einer Tat nebeneinander zulässig. Disziplinarmaßnahmen sollten vielmehr bewirken, dass der der Disziplinargewalt Unterworfene in seiner besonderen Pflichtstellung (noch bzw wieder) tragbar sei.[5]

2727 Wie bei anderen Disziplinarverfahren auch, wird durch die Sanktionierung selbst natürlich auch eine gewisse **Präventionswirkung** erzeugt.

---

[1] S. o. D. II. 3 Berufsgerichtliches Verfahren.
[2] Weitere Beispiele: Rechtsanwälte, Apotheker, Architekten.
[3] § 75 Abs. 1 Satz 2 SGB V.
[4] BSG vom 29. 10. 1986 – 6 RKa 4/86.
[5] BSG vom 8. 3. 2000 – B 6 KA 62/98 R; so auch BVerfG und BVerwG.

Haak

II. Sanktionssystem im Vertragsarztrecht

Auch wenn das förmliche Disziplinarverfahren mit seinen festgelegten Disziplinarmaß- **2728** nahmen den Schwerpunkt dieser Ausführungen bilden soll, müssen der Vollständigkeit halber weitere Maßnahmen erwähnt werden, die im Vertragsarztrecht als Präventiv- oder Erziehungsmaßnahme bzw. Sanktion vorgesehen sind. Diese Maßnahmen sind gegenüber den klassischen Disziplinarmaßnahmen keinesfalls von untergeordneter Bedeutung; sie müssen vielmehr gemeinsam in Relation gesetzt werden. Folgendes System orientiert sich grob an der Folgenschwere der jeweiligen Maßnahme:
– Beratungen,
– Honorarkürzungen,
– Entzug spezieller (Abrechnungs-)Genehmigungen,
– Disziplinarmaßnahmen sowie
– Zulassungsentziehungen.

Die genannten Maßnahmen bauen nicht unbedingt aufeinander auf. So kann beispiels- **2729** weise in bestimmten Fällen sofort ein Zulassungsentziehungsverfahren eingeleitet werden. In anderen Fällen wiederum bilden wiederholte Honorarkürzungen erst die Vorstufe zur Einleitung eines Disziplinarverfahrens.

1. Beratung

Bei der Beratung handelt es sich eher um eine Präventivmaßnahme. Falls sie jedoch als **2730** oktruierte Maßnahme in die Freiheit der Berufsausübung eingreift, hat sie trotz aller Sinn-haftigkeit im Kontext der Disziplinarmaßnahmen im weiteren Sinne durchaus ihren be-rechtigten Platz.

Das Sozialgesetzbuch regelt zunächst eine allgemeine **Beratungspflicht der Kranken-** **2731** **kassen und Kassenärztlichen Vereinigungen.**[6] Sie ist vorgesehen für „erforderliche Fälle" und hat den Zweck der Förderung von Wirtschaftlichkeit und Finanzierbarkeit in der Gesetzlichen Krankenversicherung. Die Beratung kann als Einzelberatung durchgeführt werden. In den letzten Jahren kamen den verpflichtenden Beratungselementen im vertrags-arztrechtlichen System immer größere Bedeutung zu. Dies ist nicht zuletzt dem hochkom-plizierten und sich stets verändernden Abrechnungssystem geschuldet. So wurde beispiels-weise in das Verfahren der **Wirtschaftlichkeitsprüfung** mit dem Gesetz zur Modernisierung der Gesetzlichen Krankenversicherung im Jahr 2004 ausdrücklich das Mit-tel der Beratung in die Überwachungspflichten von Krankenkassen und Kassenärztlichen Vereinigungen einbezogen.[7] Das GKV-Versorgungsstrukturgesetz erweiterte 2012 schließ-lich die Rechtsfolgenseite der Wirtschaftlichkeitsprüfung mit dem Grundsatz **„Beratung** **vor Regress".**[8] Konkret bedeutet dies, dass bei erstmaliger Überschreitung des Richtgrö-ßenvolumens um mehr als 25% kein Regress mehr festgesetzt werden darf, bevor den be-troffenen Vertragsärzten nicht zuvor zumindest eine Beratung angeboten worden ist.

Ob nun für Kassenärztliche Vereinigungen und Krankenkassen oder für die Vertragsärz- **2732** tinnen und -ärzte verpflichtend, werden Beratungen als Maßnahmen vermutlich auch in anderen Bereichen des Vertragsarztwesens Einzug halten. Auf lange Sicht sollte das Mittel der Beratung zu einer Verminderung von Disziplinarverfahren führen. Für dennoch ermit-telte Verstöße gegen wirtschaftliche Verhaltensweisen bedeutet dies vermutlich aber auch, dass aufgrund der vorgeschalteten Beratung eine Kenntnis des Vertragsarztes hinsichtlich der Pflichtverletzung im Disziplinarverfahren eindeutiger nachweisbar ist.

---

[6] § 305 a SGB V.
[7] § 106 Abs. 1, 1 a SGB V.
[8] § 106 Abs. 5 e SGB V.

2. Honorarkürzung

2733   Die Honorarkürzung ist eine durchaus populäre Maßnahme im Vertragsarztrecht. Sie ist als Folge zum Teil ausdrücklich geregelt,[9] kann sich aber auch aus der Natur der Verfehlung ergeben. So sind Leistungen, die nicht persönlich erbracht wurden, auch nicht abrechenbar, so dass bei entsprechend nachgewiesenem Verhalten das Honorar um diese Leistungsziffern gekürzt bzw. bereits ausgezahltes Honorar zurückgefordert wird. Die so genannte **sachlich-rechnerische Berichtigung** ergeht als Bescheid und kann mit Widerspruch und Klage angegriffen werden. Rückforderungen sind für einen zurückliegenden Zeitraum von maximal vier Jahren möglich.[10]

2734   Aber auch bei Pflichtverletzungen, die nicht im unmittelbaren Zusammenhang mit Abrechnung und vertragsärztlichem Honorar stehen, ist eine Honorarkürzung als Sanktion vorgesehen. So sind etwa bei Verstößen gegen die vertragsärztliche **Fortbildungspflicht** konkrete Honorarkürzungen in Prozent je nach Fortschreiten der Verspätung vorgesehen.[11]

3. Entzug spezieller (Abrechnungs-)Genehmigungen

2735   Im Rahmen der Qualitätssicherung der vertragsärztlichen Versorgung werden seitens der Kassenärztlichen Vereinigungen Voraussetzungen und Ergebnisqualität so genannter **genehmigungspflichtiger Leistungen** geprüft.[12] Es handelt sich um Leistungen, die Vertragsärzte nur auf Antrag erbringen und abrechnen dürfen, wenn sie die dafür erforderliche fachliche Kompetenz, apparative und personelle Ausstattung, hygienischen Verhältnisse oder baulichen Gegebenheiten der Praxis nachweisen. Um eine genehmigungspflichtige Leistung als Leistung der Gesetzlichen Krankenversicherung langfristig erbringen und abrechnen zu dürfen, muss die Qualifikation regelmäßig z. B. durch Fortbildung oder eine Mindestanzahl von Untersuchungen bzw. Behandlungen nachgewiesen werden. Die Qualität der erbrachten Leistungen wird zudem im Einzelfall mittels Stichprobenprüfungen einer fachkompetenten Kommission kontrolliert. Wird ein Vertragsarzt den Anforderungen wiederholt nicht mehr gerecht, kann die erteilte Genehmigung widerrufen bzw. entzogen werden. Ein solcher Entzug der einmal erteilten Genehmigung kann somit ebenfalls als Disziplinarmaßnahme im weiteren Sinne gewertet werden.

4. Disziplinarmaßnahmen im engeren Sinne

2736   **Disziplinarmaßnahmen** im engeren Sinne sind Verwarnung, Verweis, Geldbuße bis 10 000 EUR und die Anordnung des Ruhens der Zulassung oder der vertragsärztlichen Beteiligung bis zu zwei Jahren.[13] Das gesamte Disziplinarverfahren wird ausführlich in den folgenden Abschnitten beschrieben.[14]

5. Zulassungsentziehung

2737   Von der schärfsten Sanktion des Disziplinarrechts, dem Ruhen der Zulassung für die Dauer von maximal zwei Jahren, ist die Zulassungsentziehung abzugrenzen. Die Zulassung kann nur vom **Zulassungsausschuss** entzogen werden. Grund ist, dass in Zulassungsangelegenheiten, zu denen die Entziehung gehört, auch die Krankenkassen in die Entscheidungen eingebunden sind. Die Zulassung ist zu entziehen, wenn ihre Voraussetzungen nicht

---

[9] § 50 Abs. 1, 3 SGB X; Bsp. § 106 a Abs. 5 c SGB V.
[10] Zuletzt BSG vom 14. 12. 2011 – B 6 KA 7/11 C; BSG vom 23. 6. 2010 – B 6 KA 7/09 R.
[11] S. u. VII. 2. i) Fortbildungsverpflichtung.
[12] §§ 136 i. V. m. 92 Abs. 1 Nr. 13 SGB V; Qualitätsprüfungs-Richtlinien des G-BA.
[13] S. u. IV. 5. Disziplinarrechtliche Folgen.
[14] S. u. IV. Disziplinarverfahren.

oder nicht mehr vorliegen, der Vertragsarzt die vertragsärztliche Tätigkeit nicht aufnimmt oder nicht mehr ausübt.[15] Voraussetzung für eine dauerhafte Entziehung ist auch eine **gröbliche Verletzung vertragsärztlicher Pflichten,**[16] so dass insgesamt Überschneidungen zum Disziplinarverfahren nicht ausgeschlossen sind. Häufig geht insofern auch ein Disziplinarverfahren dem Zulassungsentziehungsverfahren voraus. Anders als bei Pflichtverletzungen, die im Rahmen des förmlichen Disziplinarverfahrens geahndet werden, ist jedoch für die Entziehung der Zulassung nicht erforderlich, dass der Vertragsarzt die gröbliche Verletzung vertragsärztlicher Pflichten verschuldet hat; auch unverschuldete Pflichtverletzungen können zu einer Zulassungsentziehung führen.[17] Eine Pflichtverletzung ist laut Bundessozialgericht jedenfalls dann gröblich, wenn sie so schwer wiegt, dass ihretwegen die Entziehung zur Sicherung der vertragsärztlichen Versorgung notwendig ist. Davon sei dann auszugehen, wenn durch sie das Vertrauen der vertragsärztlichen Institutionen in die ordnungsgemäße Behandlung der Versicherten und in die Rechtmäßigkeit der Abrechnungen durch den Vertragsarzt so gestört ist, dass ihnen eine weitere Zusammenarbeit mit dem Vertragsarzt nicht mehr zugemutet werden kann.[18]

Da das Anordnen des Ruhens der Zulassung den Zulassungsstatus nicht beseitigt, lebt die Zulassung nach Ablauf der disziplinarrechtlichen Ruhensfrist automatisch wieder auf; bei Zulassungsentziehung ist allenfalls die Wiedererlangung über eine **Neubeantragung** möglich. **2738**

III. Rechtsgrundlagen

Die Ausübung der Disziplinargewalt der Kassenärztlichen Vereinigungen gegenüber **2739** ihren Mitgliedern fußt auf **§ 75 Abs. 2 Satz 2 des Fünften Sozialgesetzbuches (SGB V).** Diese Norm sieht vor, dass die Kassenärztlichen Vereinigungen die Erfüllung der den Vertragsärzten obliegenden Pflichten zu überwachen und Vertragsärzte, sofern dies geboten ist, unter Anwendung der in § 81 Abs. 5 SGB V vorgesehenen Maßnahmen zur Erfüllung dieser Pflichten anzuhalten haben. Die rechtliche Verankerung des Disziplinarverfahrens findet sich dementsprechend in **§ 81 Abs. 5 SGB V.** Darin wird den Kassenärztlichen Vereinigungen auferlegt, in ihren **Satzungen** „die Voraussetzungen und das Verfahren zur Verhängung von Maßnahmen gegen Mitglieder" zu bestimmen, „die ihre vertragsärztlichen nicht oder nicht ordnungsgemäß erfüllen". Auch gibt diese bundesgesetzliche Regelung dem **Satzungsrecht** der Kassenärztlichen Vereinigungen bereits abschließend sämtliche Maßnahmen der Ahndung im Rahmen eines Disziplinarverfahrens vor.[19] Der Großteil der Kassenärztlichen Vereinigungen haben dies – über die eigene Satzung – in separaten **Disziplinarordnungen** umgesetzt.[20] Die übrigen Kassenärztlichen Vereinigungen haben die disziplinarrechtlichen Normen in die Satzung integriert.[21] Die Disziplinarordnungen bedürfen der Genehmigung der zuständigen Aufsichtsbehörde. Die jeweiligen Disziplinarordnungen oder Satzungen regeln den Verfahrensablauf. Sollten darin bestimmte Verfahrensregelungen nicht vorhanden oder lückenhaft sein, greift das **Zehnte Sozialgesetzbuch (SGB X),** das auf alle öffentlich-rechtlichen Verwaltungsverfahren Anwendung findet. Da die Verhängung einer Disziplinarmaßnahme ein Verwaltungsakt ist,

---

[15] § 95 Abs. 6 SGB V.
[16] § 95 Abs. 6 SGB V.
[17] BSG vom 5. 11. 2003 – B 6 KA 54/03 B.
[18] BSG vom 20. 10. 2004 – B 6 KA 67/03 R.
[19] S. o. II. 4. Disziplinarmaßnahmen im engeren Sinne.
[20] KV Sachsen-Anhalt, KV Niedersachsen, KV Westfalen-Lippe, KV Sachsen, KV Berlin, KV Hessen, KV Saarland, KV Nordrhein, KV Bremen, KV Rheinland-Pfalz, KV Baden-Württemberg, KV Thüringen, KV Mecklenburg-Vorpommern, KV Brandenburg.
[21] KV Hamburg, KV Bayern, KV Schleswig-Holstein.

richtet sich das Rechtsschutzverfahren außerdem nach dem **Sozialgerichtsgesetz (SGG)**.[22]

2740   Das **Bundessozialgericht** bestätigt in ständiger Rechtsprechung die grundsätzliche und verfassungskonforme Geltung des vertragsärztlichen Disziplinarrechts. Insbesondere seien die gesetzlichen Vorgaben für die Festsetzung von Disziplinarmaßnahmen als hinreichend bestimmt anzusehen.[23]

IV. Disziplinarverfahren

1. Disziplinarausschüsse

2741   Die Kassenärztlichen Vereinigungen haben die Ausübung der Disziplinargewalt nicht dem Vorstand bzw. der Vertreterversammlung übertragen, sondern für die Durchführung von Disziplinarverfahren wurden **Disziplinarausschüsse** eingerichtet.[24] Je nach Struktur oder Organisation der Kassenärztlichen Vereinigung sind beispielsweise auch auf Bezirksstellenebene eigenständige Disziplinarausschüsse tätig.

2742   Die Disziplinarausschüsse setzen sich zusammen aus einem **Vorsitzenden und zwei Beisitzern** sowie der erforderlichen Zahl von Stellvertretern. Viele Disziplinarordnungen haben den Vorsitz mit der **Befähigung zum Richteramt** verknüpft; weder aus dem Sozialgesetzbuch noch aus allgemeinrechtsstaatlichen Erwägungen ergibt sich, dass ein Jurist dem Disziplinarausschuss vorsitzen muss.[25] Meistens sehen dies die Disziplinarordnungen dennoch vor und regeln sogleich, dass auch der Stellvertreter des Vorsitzenden des Disziplinarausschusses über die Befähigung zum Richteramt verfügen muss. Es gibt jedoch auch Kassenärztliche Vereinigungen, die für den Vorsitz explizit ein **ordentliches Mitglied** und damit einen Vertragsarzt vorsehen und lediglich von einem Beisitzer die Befähigung zum Richteramt verlangen.[26] Bisweilen regeln einige Disziplinarordnungen, dass in Disziplinarverfahren, die sich gegen einen psychologischen **Psychotherapeuten** bzw. einen Kinder- und Jugendlichenpsychotherapeuten richten, der Ausschuss auch mit einem Psychotherapeuten als Beisitzer besetzt wird.[27]

2743   Sämtliche Mitglieder des Disziplinarausschusses werden von der Vertreterversammlung der Kassenärztlichen Vereinigung oder der Bezirksstelle gewählt bzw. vom Vorstand bestellt. Meist gilt dies für die Dauer von **sechs Jahren;**[28] es gibt jedoch auch Kassenärztliche Vereinigungen, in denen Disziplinarausschüsse nur über eine **zweijährige Amtszeit** verfügen.[29] Um Interessenkollisionen zu vermeiden, sehen Disziplinarordnungen häufig vor, dass Mitglieder des Vorstandes nicht zugleich Mitglieder des Disziplinarausschusses sein können.[30] In einigen Fällen schließen Disziplinarordnungen Mitglieder dann aus dem Disziplinarausschuss aus, wenn gegen diese in einem berufsrechtlichen oder disziplinarrechtlichen Verfahren ein Verweis, eine Geldbuße oder schwerere Strafe rechtskräftig verhängt worden ist[31] bzw. lassen das Amt bis zum Abschluss eines solchen Verfahrens ruhen. Andere Disziplinarordnungen sehen zusätzlich die Mitgliedschaft im Ausschuss als erloschen an, wenn ein Mitglied im Strafverfahren zu einer Geld- oder Freiheitsstrafe rechtskräftig verurteilt wor-

---

[22] S. u. V. Rechtsschutz.

[23] BSG vom 6. 11. 2002 – B 6 KA 9/02 R.

[24] S. o. III. Rechtsgrundlagen.

[25] BSG vom 14. 3. 2001 – B 6 KA 36/00 R.

[26] Bsp. § 3 Nr. 1 Disziplinarordnung KV Saarland.

[27] Bsp. § 2 Abs. 2 Disziplinarordnung Sachsen; § 2 Abs. 4 Disziplinarordnung KV Rheinland-Pfalz.

[28] Bsp. § 2 Absatz 3 Disziplinarordnung KV Sachsen-Anhalt.

[29] Bsp. § 3 Disziplinarordnung KV Nordrhein.

[30] Bsp. § 2 Abs. 2 Disziplinarordnung KV Niedersachsen.

[31] Bsp. § 3 Nr. 4 Disziplinarordnung KV Saarland.

den ist.[32] Generell gelten für die Ausschließung von Mitgliedern aus dem Disziplinarausschuss die **Ausschluss- und Befangenheitsgründe** des Zehnten Sozialgesetzbuches.[33] Danach dürfen Personen beispielsweise nicht tätig werden, die selbst Beteiligte oder Angehörige eines Beteiligten sind oder bei Misstrauen gegen eine unparteiische Amtsausübung. Dem Beteiligten steht gleich, wer durch die Tätigkeit oder durch die Entscheidung einen unmittelbaren Vorteil oder Nachteil erlangen kann. Besteht der Verdacht der Befangenheit, darf der Betroffene selbstverständlich an der Entscheidung über den Ausschluss nicht mitwirken.

Der **Vorstand** der Kassenärztlichen Vereinigung ist zwar antragsberechtigt,[34] jedoch **nicht weisungsbefugt** gegenüber dem Disziplinarausschuss. Streitfälle zwischen diesen Organen können daher nur auf gerichtlichem Wege geklärt werden.   **2744**

2. Beteiligte am Verfahren

Am Disziplinarverfahren sind das **betroffene Mitglied** und der **Vorstand** der Kassen-   **2745** ärztlichen Vereinigung oder ein von ihm Bevollmächtigter beteiligt. Da die Kassenärztlichen Vereinigungen lediglich gegen ihre Mitglieder disziplinarrechtlich vorgehen kann, die vertragsärztliche Landschaft in den letzten Jahren jedoch an Vielfalt gewonnen hat, ist bezüglich der Einstufung als Mitglied einer bestimmten Kassenärztlichen Vereinigung Eindeutigkeit gefragt. Mitglieder der für ihren Vertragsarztsitz zuständigen Kassenärztlichen Vereinigung sind die **zugelassenen Ärzte** sowie die im Rahmen der vertragsärztlichen Versorgung in den zugelassenen Medizinischen Versorgungszentren und bzw. oder bei Vertragsärzten **angestellten Ärztinnen und Ärzte.** Voraussetzung für die Eigenschaft als Mitglied ist bei der Anstellung jedoch mindestens eine **Halbtagsbeschäftigung.**[35] Ärztinnen und Ärzte sowie Institutionen, die aufgrund einer **Ermächtigung** an der vertragsärztlichen Versorgung teilnehmen, können ebenfalls der jeweiligen Kassenärztlichen Vereinigung mit einem Disziplinarverfahren überzogen werden.[36] Bei ärztlich geleiteten Einrichtungen wie Medizinischen Versorgungszentren oder ermächtigten Einrichtungen werden zunächst die **ärztlichen Leiter** einbezogen. Die Aufgabe der ärztlichen Leitung wird in der Praxis häufig unterschätzt. Vielfach lassen sich Vertragsärzte beispielsweise in Medizinischen Versorgungszentren die ärztliche Leitung übertragen, ohne hierfür angemessen zeitlich und vor allem finanziell entschädigt zu werden. Dies steht in keinem Verhältnis zu der hohen Verantwortung, die eine solche Aufgabe insbesondere im vertragsärztlichen Kontext birgt.

Bezüglich des Schicksals eines laufenden Disziplinarverfahrens bei **Beendigung der**   **2746** **Mitgliedschaft** haben die Kassenärztlichen Vereinigungen unterschiedliche Regelungen getroffen. So sehen einige Disziplinarordnungen die Option der Einstellung des Disziplinarverfahrens vor, sofern ein Vertragsarzt nach Antragstellung in den Bereich einer anderen Kassenärztlichen Vereinigung verzieht und dort als Vertragsarzt oder ermächtigter Arzt tätig wird.[37] Andere Kassenärztliche Vereinigungen sehen in einem solchen Fall und zum Teil sogar noch vor Antragstellung die Zuständigkeit des Disziplinarausschusses als unberührt an, da sie zur Ahndung von Pflichtverstößen auf die Zeit während der Tätigkeit des Vertragsarztes abstellen.[38]

---

[32] Bsp. § 5 Abs. 1 Disziplinarordnung KV Westfalen-Lippe.
[33] §§ 16, 17 SGB X.
[34] S. u. IV. 4. a) Antragsberechtigung.
[35] § 77 Abs. 3 Satz 2 SGB V.
[36] § 95 Abs. 4 Satz 2 SGB V.
[37] Bsp. § 20 Disziplinarordnung KV Nordrhein.
[38] Bsp. § 8 Disziplinarordnung KV Westfalen-Lippe.

3. Konkurrenz zum Strafrecht und Berufsrecht

2747 Immanent ist die Konkurrenz pflichtwidrigen vertragsärztlichen Verhaltens zur gleichzeitigen Verwirklichung strafrechtlicher Tatbestände. Denkbar ist hierbei unter anderem ein vorsätzlicher Verstoß gegen die vertragsärztliche Pflicht der peinlich genauen Abrechnung, der zugleich den Tatbestand des Betruges verwirklichen kann. Die Verhängung einer Disziplinarmaßnahme ist neben einer strafrechtlichen Verurteilung nicht ausgeschlossen. Im Verhältnis zwischen Strafverfahren und Disziplinarverfahren gilt der verfassungsrechtlich geschützte Grundsatz „ne bis in idem" nicht. Es handelt sich beim Disziplinarverfahren gerade nicht um ein zweites Strafverfahren, sondern um ein Verwaltungsverfahren, so dass das **Verbot der Doppelbestrafung**[39] **nicht** greift. Im Verfahrensablauf ruht zumeist das Disziplinarverfahren bis zum Abschluss des Strafverfahrens.[40]

2748 Da das ärztliche Berufsrecht für jegliche Form der ärztlichen Tätigkeit Anwendung findet, kommt es auch hier nicht selten zu Überschneidungen im Zusammenhang mit pflichtwidrigem speziell vertragsärztlichem Handeln. In diesem Zusammenhang fiel bereits in nicht unkritischer Tonart der Begriff der **„Versozialrechtlichung" ärztlicher Berufsausübung.**[41] So kann zum Beispiel ein Verstoß gegen das Gebot der persönlichen Leistungserbringung Berufspflichten und vertragsarztrechtliche Regelungen gleichzeitig verletzen; Gleiches gilt für Mängel bei der Dokumentation oder Versäumnisse im Zusammenhang mit dem ambulanten Notfalldienst. Da sich zwei Verwaltungsverfahren gegenüber stehen, greift das Verbot der Doppelbestrafung auch hier nicht. Das bedeutet, dass theoretisch diese beiden Disziplinarverfahren mit unterschiedlicher Zielrichtung und abweichendem Schutzzweck zeitgleich durchgeführt werden können. Praktisch werden Verstöße gegen das ärztliche Berufsrecht vorrangig durch die Ärztekammern verfolgt. Hierbei ist Schutzzweck die **Wahrung des Ansehens der Ärzteschaft** und des Vertrauens in die ärztliche Leistung. Der Ausgang eines solchen Verfahrens wird seitens der Kassenärztlichen Vereinigungen zumeist abgewartet. Viele Disziplinarordnungen regeln diese Aussetzung sogar ausdrücklich.[42] Denn auch eine vertragsarztrechtliche Disziplinarmaßnahme ist im Einzelfall und vor dem Hintergrund des Verhältnismäßigkeitsgrundsatzes nur dann erforderlich, wenn ihr konkreter Zweck nicht bereits durch eine andere Maßnahme erreicht worden ist. Daher spricht man im Sozialrecht von einem **(vertragsarzt-)rechtlichen Überhang,** der nach berufsrechtlicher Ahndung durch die Ärztekammern die zusätzliche Durchführung eines Disziplinarverfahrens durch die Kassenärztlichen Vereinigungen rechtfertigen müsste. Die berufsrechtliche Ahndung darf nicht ausreichen, um den Vertragsarzt zu einem -auch vertragsarztrechtlich- ordnungsgemäßen Verhalten anzuhalten.

2749 Kurz erwähnt sei an dieser Stelle, dass sich berufs- und vertragsärztliche Pflichten keineswegs nur überlagern. Vielmehr steht durch die zunehmende **Weisungsgebundenheit von Vertragsärzten** und insbesondere die wirtschaftlichen Einschränkungen in der vertragsärztlichen Versorgung zu befürchten, dass berufsrechtskonformes Verhalten gegen Vertragsarztrecht verstößt bzw. sogar die Einhaltung vertragsärztlicher Pflichten einen Berufsrechtsverstoß auslöst.

2750 Aufgrund des vom Berufsrecht abweichenden Schutzzwecks ist auch der Ausspruch einer Disziplinarmaßnahme wegen **außerberuflicher Verfehlungen** im Vertragsarztrecht unmöglich. Vertragsärzte unterliegen als Ärzte bereits dem berufsgruppenbezogenen Vertrauensschutz.

2751 Im Zuge disziplinarrechtlicher Ermittlungen besteht jederzeit die Gefahr, dass bei Anhaltspunkten für strafrechtlich oder berufsrechtlich relevante Verhaltensweisen eine Weiter-

---

[39] Abgeleitet aus Art. 103 Abs. 3 GG.

[40] S. u. IV. 4. c) Verfolgungsverjährung und d) Ermittlung des Sachverhalts.

[41] So 2006 der damalige Präsident der Bundesärztekammer, Prof. Dr. med. Jörg-Dietrich Hoppe, zum Entwurf des Vertragsarztrechtsänderungsgesetzes.

[42] Bsp. § 16 Disziplinarordnung KV Bremen.

leitung der Vorgänge an die Staatsanwaltschaft, das Berufsgericht oder die Approbationsbehörde erfolgt.[43]

4. Ablauf des Verfahrens

Der Ablauf des förmlichen Verfahrens ist in den Disziplinarordnungen und Satzungen 2752 der Kassenärztlichen Vereinigungen geregelt.[44] Sollten im Satzungsrecht bestimmte Verfahrensregelungen nicht vorhanden oder lückenhaft sein, greift das **Zehnte Sozialgesetzbuch**,[45] das auf alle sozialrechtlichen Verwaltungsverfahren Anwendung findet.

a) Antragsberechtigung. Antragsberechtigt für die Einleitung eines Disziplinarverfah- 2753 rens ist der **Vorstand** der zuständigen Kassenärztlichen Vereinigung. Er hat hierüber nach pflichtgemäßem Ermessen zu entscheiden. Der Sachverhalt sollte mit hinreichender Wahrscheinlichkeit eine sanktionsfähige Verfehlung hergeben. Die Disziplinarordnungen fordern zudem eine **Antragsbegründung**, die auch die relevanten Ermessenserwägungen abbildet als Ausfluss des verfassungsrechtlichen **Willkürverbots**.[46]

Die meisten Disziplinarordnungen formulieren explizit die Antragsberechtigung eines 2754 Vertragsarztes **gegen sich selbst.** Von dieser Berechtigung ist in allen Kassenärztlichen Vereinigungen auszugehen, da Mitglieder die Möglichkeit haben sollten, sich selbst von Verdachtsmomenten zu befreien.

Krankenkassen sind im Rahmen des Disziplinarverfahrens nicht antragsberechtigt; sie 2755 sind allein dazu berechtigt einen Antrag auf Entziehung der Zulassung beim Zulassungsausschuss zu stellen. Auch andere Organe oder **hauptamtlich tätige Mitarbeiter** einer Kassenärztlichen Vereinigung sind keinesfalls antragsberechtigt. So wurden im Jahr 2011 Entscheidungen eines Disziplinarausschusses in Niedersachsen vom zuständigen Sozialgericht als formell rechtswidrig eingestuft, weil die **Geschäftsführung** einer Bezirksstelle der Kassenärztlichen Vereinigung die Einleitung eines Disziplinarverfahrens gegen einen Vertragsarzt wegen fehlerhafter Abrechnung beantragt hatte.[47] Der Anwalt des Vertragsarztes hatte den Verfahrensfehler erkannt und in der mündlichen Verhandlung vor dem Disziplinarausschuss darauf hingewiesen. Der Disziplinarausschuss sah die Geschäftsführung als vom Vorstand hinreichend bevollmächtigt. Das Sozialgericht ging jedoch mangels rechtmäßigen Antrags nicht von einer wirksamen Einleitung des Verfahrens aus; der Vorstand sei nicht berechtigt, die Antragstellung an Mitarbeiter zu übertragen.

b) Eröffnung des Verfahrens. Aufgrund des Antrags beim zuständigen Disziplinaraus- 2756 schuss wird der Vorsitzende des Ausschusses dem betroffenen Arzt binnen einer angemessenen Frist **Gelegenheit zur Stellungnahme**[48] geben, um im Anschluss über die Eröffnung des Disziplinarverfahrens zu entscheiden. Die Weisungsfreiheit des Disziplinarausschusses gegenüber dem Vorstand geht indes nicht so weit, dass der Vorstand der Kassenärztlichen Vereinigung nicht eine Weigerung der Verfahrenseröffnung mittels Klage gerichtlich überprüfen lassen könnte. Die Eröffnung des Verfahrens ist abzulehnen, wenn **kein hinreichender Anlass zu der Annahme** besteht, dass das betroffene Mitglied schuldhaft gegen seine Pflichten verstoßen hat. Es gibt disziplinarrechtliche Regelungen,[49] die bereits eine Ablehnung der Eröffnung des Verfahrens explizit für den Fall ablehnen, dass die Schuld des Mitgliedes gering ist oder die Folgen seiner Verfehlung unbedeutend sind oder wenn gegenüber einer wegen derselben Tat ausgesprochenen gerichtlichen Strafe die in Betracht

---

[43] § 285 Absatz 3a SGB V (nach Änderung des Krebsfrüherkennungs- und -registergesetzes 2013).
[44] S. o. III. Rechtsgrundlagen.
[45] SGB X.
[46] Art. 3 Abs. 1 GG.
[47] SG Hannover vom 25. 5. 2011 – S 61 KA 131/07.
[48] S. u. V. 1. Zusammenfassung Rechte im Disziplinarverfahren.
[49] Bsp. § 67 Abs. 1 Satzung der KV Hamburg.

kommende Disziplinarmaßnahme nicht ins Gewicht fallen würde.[50] Andere sehen dies erst als Einstellungsgründe nach Durchführung des Verfahrens an.[51]

2757 **c) Verfolgungsverjährung.** Wenn auch bundesrechtlich nicht ausdrücklich gefordert, enthalten die meisten Disziplinarordnungen Regelungen zur Verfolgungsverjährung, d. h. in welcher Zeit nach Bekanntwerden oder Stattfinden des pflichtwidrigen Verhaltens ein Antrag auf Eröffnung des Disziplinarverfahrens überhaupt noch gestellt werden darf. Gängig sind hierbei Höchstfristen wie etwa **zwei Jahre nach Bekanntwerden** der Verfehlung und **fünf Jahre nach der Tat.** Ein Verstoß gegen vertragsärztliche Pflichten ist dann bekannt, wenn der Vorstand der Kassenärztlichen Vereinigung aufgrund des ermittelten Sachverhalts mit hinreichender Wahrscheinlichkeit von einer sanktionsfähigen Verfehlung ausgehen kann. Dies bedeutet, dass bei einem bloßen Anfangsverdacht noch keine Verjährungsfristen zu laufen beginnen. Die Fünf-Jahres-Frist wird erst mit Beendigung der Tat in Gang gesetzt. Bei gleichzeitiger Verwirklichung eines Straftatbestandes ist bis zur **strafgesetzlichen Verjährung** ein Antrag möglich.

2758 **d) Ermittlung des Sachverhaltes.** Der Entscheidung des Disziplinarausschusses muss eine mündliche Verhandlung in **nichtöffentlicher Sitzung** vorausgehen, zu der das betroffene Mitglied mit dem Hinweis zu laden ist, dass auch im Falle seines Ausbleibens verhandelt werden kann. Die Ladung soll spätestens **14 Tage vor der mündlichen Verhandlung** zugestellt sein. Um eine angemessene Verteidigung zu ermöglichen, muss bereits die Ladung den gesamten Gegenstand der Beschuldigung enthalten. Der betroffene Arzt darf sich meist durch ein **anderes Mitglied,** sicher aber von einer rechtskundigen Person mit Befähigung zum Richteramt – meist einem **Rechtsanwalt** – im Disziplinarverfahren **vertreten** lassen. Er kann sich auch eines **Beistandes** bedienen. Die Verhandlung beginnt nach dem Aufruf der Sache mit der Darstellung des Sachverhalts durch den Vorsitzenden. Dieser leitet die Verhandlung, Beratung und Abstimmung. Der Disziplinarausschuss hat den Sachverhalt bezüglich der erhobenen Vorwürfe vollumfänglich aufzuklären. Hierzu gehört neben der Sichtung des vom Antragsteller **vorgelegten Materials** unter anderem auch das Laden und Vernehmen von Zeugen. Nicht zuletzt soll die **hinreichende Anhörung** des betroffenen Arztes der lückenlosen Aufklärung des Sachverhalts dienen. Im konkreten Fall sollte der betroffene Arzt –mit oder ohne anwaltliche Hilfe– entscheiden, ob eine Einlassung in der Sache tatsächlich sinnvoll ist, ob sie eher ent- oder belastende Wirkung entfalten wird.

2759 Über den Verlauf der mündlichen Verhandlung ist ein **Protokoll** anzufertigen.

2760 Bezüglich der **Zeugenvernehmung** gilt wiederum das Zehnte Sozialgesetzbuch, wonach Zeugen zur Aussage nur verpflichtet sind, soweit dies durch eine Rechtsvorschrift bestimmt ist.[52] Eine solche Regelung sieht das einschlägige Sozialgesetzbuch jedoch nicht vor, so dass der Disziplinarausschuss bei Aussageverweigerung eines Zeugen nur die Möglichkeit hat, das örtlich zuständige Sozialgericht um die Vernehmung zu ersuchen.[53] Es besteht die Möglichkeit, unter den sozialrechtlichen Voraussetzungen bei andern Behörden um **Amtshilfe** zu ersuchen.[54]

2761 Sofern bezüglich derselben Tat der betroffene Arzt durch Strafurteil oder ein Strafbefehl rechtskräftig verurteilt worden ist, darf der Disziplinarausschuss auf den darin festgestellten Sachverhalt zurückgreifen. Etwas anderes gilt bei Einstellung eines Ermittlungsverfahren durch die Staatsanwaltschaft und mit Zustimmung des Gerichts und des Beschuldigten, wenn bestimmte Auflagen und Weisungen geeignet sind, das öffentliche Interesse an der Strafverfolgung zu beseitigen und die Schwere der Schuld nicht entgegensteht.[55] Der An-

---

[50] Vgl. IV. 3. Konkurrenz zum Strafecht und Berufsrecht.
[51] S. u. IV. 6. Einstellung und Freispruch.
[52] § 21 Abs. 3 SGB X.
[53] § 22 SGB X.
[54] §§ 3 ff. SGB X.
[55] § 153 a StPO.

geschuldigte darf in diesem Fall natürlich die Vorwürfe, die auch Gegenstand des Disziplinarverfahrens sind, im Ermittlungsverfahren und vor Gericht nicht eingeräumt haben. In diesen Fällen einer gerichtlichen Einstellung hat der Disziplinarausschuss unter Umständen eigene bzw. weitergehende Ermittlungen anzustrengen.

5. Disziplinarrechtliche Folgen

Den Abschluss des Verfahrens nach Sachverhaltsaufklärung und entsprechender Anhörung **2762** des Betroffenen bildet die Entscheidung des Disziplinarausschusses. Sofern ein Pflichtverstoß positiv festgestellt worden ist, können adäquate Disziplinarmaßnahmen verhängt werden.

a) Maßnahmen. Wie bereits erwähnt, gibt das Fünfte Sozialgesetzbuch neben der ge- **2763** nerellen Regelungsbefugnis von Disziplinarverfahren den Kassenärztlichen Vereinigungen bereits abschließend sämtliche Maßnahmen der Ahndung vor.[56] Folgende disziplinarrechtliche Folgen sind dementsprechend möglich:
- Verwarnung,
- Verweis,
- Geldbuße bis 10 000 EUR und
- Anordnung des Ruhens der Zulassung oder der vertragsärztlichen Beteiligung bis zu 2 Jahren.

aa) Allgemeine Voraussetzungen der Verhängung. Die Disziplinarmaßnahmen dür- **2764** fen nicht miteinander kombiniert werden. Es gilt der **Grundsatz der Einheitlichkeit der Disziplinarmaßnahme.** Sind mehrere und unterschiedliche Verfehlungen Gegenstand eines Disziplinarverfahrens, bilden auch sie grundsätzlich eine Einheit, sind zusammenhängend zu würdigen und durch eine Maßnahme einheitlich zu ahnden. Dies wird unter anderem mit dem Wortlaut der Rechtsgrundlage begründet, welcher keine Kumulation vorsieht, sondern vielmehr die einzelnen Maßnahmen an die Schwere der (gesamten) Verfehlung knüpft und die einzelnen Maßnahmen mit einem „oder" voneinander abgrenzt. Zudem zieht das Bundessozialgericht Parallelen zum Beamtenrecht, bei dem ebenfalls nur durch eine einheitliche Bewertung aller einzelnen Verhaltensweisen des Betroffenen die vom Disziplinarrecht geforderte Würdigung der Gesamtpersönlichkeit vorgenommen werden könne.[57]

Die Entscheidung zur Verhängung einer konkreten Maßnahme richtet sich grundsätzlich **2765** nach der **Schwere der Verfehlung** und dem **Verschulden** des Vertragsarztes und steht insofern im Ermessen des Disziplinarausschusses.[58] Die Maßnahme muss erforderlich und verhältnismäßig sein. **Erforderlich** ist eine Disziplinarmaßnahme nur dann, wenn die Gefahr für die künftige Einhaltung vertragsärztlicher Pflichten nicht durch ein milderes Mittel als die konkret angestrebte Disziplinarmaßnahme effektiv beseitigt werden kann. Mildere Mittel können daher sowohl Maßnahmen außerhalb des Disziplinarverfahrens als auch mildere Disziplinarmaßnahmen sein. Im Rahmen der Verhältnismäßigkeit gilt auch bei Disziplinarmaßnahmen das so genannte **Übermaßverbot. Verhältnismäßig** ist eine Disziplinarmaßnahme dann, wenn ihre Verhängung von den getroffenen Tatfeststellungen getragen wird.[59]

In der Vergangenheit verhängte Disziplinarmaßnahmen dürfen bei einer Beschlussfassung **2766** nur dann berücksichtigt werden, wenn ihnen eine gleichartige Verfehlung zugrunde lag und sie keiner Verjährung unterfallen. Hat eine verhängte erstmalige Disziplinarmaßnahme keinen grundlegenden Verhaltenswandel beim Vertragsarzt bewirkt, so kann im Fall eines gleichartigen Pflichtverstoßes bereits eine erheblich höhere Geldbuße gerechtfertigt sein.[60]

bb) Verwarnung und Verweis.[61] Eine **Verwarnung** ist die mildeste Sanktion und als **2767** Missbilligung oder der Tadel eines pflichtwidrigen Verhaltens mit der Aufforderung zu ver-

---

[56] S. o. III. Rechtsgrundlagen; § 81 Abs. 5 SGB V.
[57] BSG vom 8. 3. 2000 – B 6 KA 62/98 R.
[58] S. u. IV. 5. b) Verschulden und c) Strafzumessung.
[59] S. u. IV. 5. B) Verschulden und V. 2. Gerichtliche Kontrolle.
[60] Vgl. LSG NRW vom 28. 6. 2006 – L 10 KA 36/05.
[61] S. u. VI. Urteilsübersicht (Beispiele).

stehen, die sich aus Gesetz, Satzung oder Vertrag ergebenden Pflichten in gehöriger Weise zu erfüllen. Der **Verweis** kommt bei nicht völlig geringfügigen Verstößen oder wiederholtem Handeln ebenfalls auf Ebene der Geringfügigkeit in Betracht.

2768   **cc) Geldbuße.**[62] Überschreitet die Verletzung vertragsärztlicher Pflichten die Schwelle der Geringfügigkeit, werden häufig Geldbußen verhängt. Auch deren Höhe richtet sich nach der Schwere der Verfehlung, ist aber auf 10 000 EUR begrenzt. Disziplinarordnungen bzw. Satzungen regeln häufig ausdrücklich, dass Geldbußen vom vertragsärztlichen Honorar oder von anderen Ansprüchen des Mitgliedes an die Kassenärztliche Vereinigung einbehalten werden können.[63]

2769   **dd) Ruhensanordnung.**[64] Die wohl folgenschwersten Disziplinarmaßnahmen sind das **Anordnen des Ruhens der Zulassung oder anderen vertragsärztlichen Beteiligung,**[65] wobei vornehmlich an Ermächtigungen oder Anstellungsgenehmigungen zu denken ist. Diese Anordnung kommt bei groben Pflichtverstößen in Betracht, die das Verhältnis zur Kassenärztlichen Vereinigung oder zu den Krankenkassen empfindlich beeinträchtigt haben. Meist kommen die Aspekte mangelnde **Einsicht** und Weigerung des Vertragsarztes hinzu, sich künftig pflichtgemäß zu verhalten. Der Disziplinarausschuss entscheidet über die Dauer des Ruhens bis zu maximal zwei Jahren und über den Zeitpunkt des Beginns.

2770   **b) Verschulden.** Ein vieldiskutiertes und auch in der Praxis stets relevantes Problem sind die subjektive Vorwerfbarkeit und das Verschulden im Zusammenhang mit einem objektiv pflichtwidrigen Verhalten. Denn auch im Rahmen eines Disziplinarverfahrens kann nur sanktioniert werden, wenn der betroffene Vertragsarzt schuldhaft gehandelt hat. Das so genannte **Schuldprinzip** ergibt sich aus dem verfassungsrechtlich geschützten **allgemeinen Persönlichkeitsrecht**[66] in Verbindung mit dem **Rechtsstaatsprinzip.**[67] Es gilt nach ständiger Rechtsprechung des Bundesverfassungsgerichts auch im Rahmen von Disziplinarverfahren, denn es besagt, dass jede Strafe oder **strafähnliche Sanktion** Schuld voraussetzt. Weiß ein Vertragsarzt, dass er pflichtwidrig handelt und führt die Verfehlung dennoch willentlich herbei, handelt er **vorsätzlich** und zweifelsfrei schuldhaft. Für die Annahme schuldhaften Handelns reicht jedoch grundsätzlich auch **Fahrlässigkeit** aus. Fahrlässig handelt, wer die **objektiv im Verkehr erforderliche Sorgfalt außer acht lässt.** Die Fahrlässigkeit grenzt sich vom Vorsatz dadurch ab, dass die Folge der Handlung nicht unmittelbar vom Willen des Handelnden getragen ist. Die Verfehlung samt Folgen war jedoch vorhersehbar und hätte vermieden werden können. Zudem war ein alternatives Verhalten in der jeweiligen Situation – für einen objektiv pflichtbewussten Vertragsarzt – zumutbar. Bezogen auf die ärztliche bzw. vertragsärztliche Tätigkeit geht es um die für diese Tätigkeit erforderliche Sorgfalt. Persönliche Erschwernisse bedingt durch Alter, Krankheit oder Wissensdefizite sind somit grundsätzlich unbeachtlich.

2771   Bei einem Vertragsarzt, der sowohl zum Zeitpunkt der vorgeworfenen Handlung als auch danach als **schuldunfähig** eingestuft wird, steht die generelle Ungeeignetheit als Vertragsarzt im Raum, so dass in diesem Fall eher ein Zulassungsentziehungsverfahren[68] angestrengt werden würde.

2772   Ist die Schuld gering, kommt neben der Ablehnung der Eröffnung des Disziplinarverfahrens[69] auch deren Einstellung[70] in Betracht.

---

[62] S. u. VI. Urteilsübersicht (Beispiele).
[63] Bsp. § 18 Disziplinarordnung KV Bremen.
[64] S. u. VI. Urteilsübersicht (Beispiele).
[65] Abgrenzung zur Zulassungsentziehung s. o. II. 5. Zulassungsentziehung.
[66] Art. 1 Abs. 1, Art. 2 Abs. 1 GG.
[67] Art. 20 Abs. 3, Art. 28 Abs. 1 Satz 1 GG.
[68] S. o. II. 5. Zulassungsentziehung.
[69] S. o. IV. 4. b) Eröffnung des Verfahrens.
[70] S. u. IV. 6. Einstellung und Freispruch.

c) Strafzumessung. Die Strafe selbst muss in einem gerechten Verhältnis zum **Ver-** 2773 **schulden** des Arztes[71] und zur **Schwere der Tat** stehen. Hierbei ist eine Heranziehung der strafrechtlichen Grundsätze der **Strafzumessung** hilfreich. Der Disziplinarausschuss wägt die Umstände gegeneinander ab, die für und gegen den betroffenen Arzt sprechen. Dabei kommen „die **Beweggründe** und die **Ziele** des Täters, die **Gesinnung,** die aus der Tat spricht, und der bei der Tat aufgewendete **Wille**, das **Maß der Pflichtwidrigkeit,** die **Art der Ausführung** und die verschuldeten **Auswirkungen** der Tat, das **Vorleben** des Täters, seine **persönlichen und wirtschaftlichen Verhältnisse** sowie sein **Verhalten nach der Tat,** besonders sein Bemühen, den **Schaden wiedergutzumachen,** sowie das Bemühen des Täters, einen Ausgleich **mit dem Verletzten** zu erreichen" in Betracht.[72] **Verbale Äußerungen** im Verfahren können in diese Gesamtbewertung des Verhaltens einbezogen werden, selbst wenn einige davon für sich genommen unter dem Schutz der Meinungsfreiheit[73] stehen.[74] Andererseits existieren auch Urteile, die aus nachvollziehbaren Gründen davon ausgehen, dass bei der Ermessensausübung in einem Disziplinarbescheid die bewusste Pflichtverletzung des Vertragsarztes als Ausdruck eines **zivilen Ungehorsams nicht sanktionsverschärfend** berücksichtigt werden dürfe, soweit ihm nicht angelastet werden kann, aus Wettbewerbsgründen gehandelt zu haben.[75]

6. Einstellung und Freispruch

Sofern **kein Pflichtverstoß** festgestellt werden konnte, wird der Disziplinarausschuss das 2774 Verfahren einstellen und den betroffenen Arzt förmlich freisprechen. Der Disziplinarausschuss hat seine Entscheidung zu begründen. Die Begründung hat die wesentlichen tatsächlichen und rechtlichen Gründe zu enthalten, die zur Entscheidung geführt haben.[76]

Eine **Einstellung** des Disziplinarverfahrens kommt auch in Betracht, wenn die **Schuld** 2775 des Vertragsarztes gering ist oder die **Folgen** seiner Verfehlung unbedeutend sind oder wenn gegenüber einer wegen derselben Tat ausgesprochenen **gerichtlichen Strafe** die in Betracht kommende Disziplinarmaßnahme nicht ins Gewicht fällt. Eine Einstellung des Verfahrens kann sich auch daraus ergeben, dass der Betroffene nicht mehr Arzt oder ins Ausland verzogen ist. Disziplinarausschüsse haben zudem die Möglichkeit, Disziplinarverfahren **vorläufig einzustellen.**

7. Kosten des Disziplinarverfahrens

Bei Entscheidung zu Lasten des betroffenen Arztes werden diesem zusätzlich die Kosten 2776 des Disziplinarverfahrens auferlegt. Die Kosten des Verfahrens werden von dem Vorsitzenden des Disziplinarausschusses festgesetzt. Diese Verwaltungsgebühr hat einem Gebührenrahmen in Höhe von **250 bis 5000 EUR.**[77]

Der Beschluss ist mit einer Rechtsmittelbelehrung zu versehen und dem Mitglied zuzu- 2777 stellen. Auch die vom betroffenen Arzt zu erstattenden Kosten können genau wie Geldbußen vom vertragsärztlichen Honorar und von anderen Ansprüchen des Mitgliedes an die Kassenärztliche Vereinigung einbehalten werden. Bei **Einstellung** des Disziplinarverfahrens trägt die Kassenärztliche Vereinigung die Kosten mit Ausnahme der Kosten und Auslagen, die dem betroffenen Arzt entstanden sind. Dieser Aspekt ist unbedingt zu beachten, sollte eine **anwaltliche Vertretung** im Verfahren in Anspruch genommen worden sein. Die

---

[71] S. o. IV. 5. b) Verschulden.
[72] Vgl. § 46 StGB.
[73] Art. 5 GG.
[74] Vgl. BSG vom 5. 11. 2003 – B 6 KA 54/03 B.
[75] SG Marburg vom 15. 3. 2006 – S 12 KA 25/05.
[76] Vgl. § 35 SGB X.
[77] SG Marburg vom 2. 2. 2011 – S 12 KA 902/09.

Kosten des betroffenen Arztes werden in der Regel nur dann erstattet, wenn das Disziplinarverfahren wegen erwiesener Unschuld eingestellt worden ist.[78] Allerdings gibt es auch Disziplinarordnungen, die eine Kostenerstattung, unabhängig vom Ausgang des Verfahrens, generell ausschließen.[79]

2778 Zeugen und Sachverständige haben einen geringen Erstattungsanspruch nach Maßgabe des **Gesetzes über die Entschädigung von Zeugen und Sachverständigen**, das auf das Disziplinarverfahren Anwendung findet.[80]

V. Rechtsschutz

1. Zusammenfassung der Rechte im Disziplinarverfahren

2779 Die betroffenen Vertragsärztinnen und -ärzte sollten bereits im Disziplinarverfahren ihre Rechte kennen. Allein auf eine gerichtliche Überprüfung zu vertrauen, kostet nicht nur Zeit, sondern kann unter Umständen auch zu einer Verwirkung von Rechten bzw. Rechtsmitteln führen. Neben der ausführlichen Erläuterung in den jeweiligen Abschnitten hier noch einmal die Zusammenfassung der wichtigsten Rechte im Verfahren:

- **Antragsberechtigt** für die Einleitung eines Disziplinarverfahrens sind nur der Vorstand der Kassenärztlichen Vereinigung oder ein betroffener Vertragsarzt selbst.[81] Erforderlich ist eine Begründung des Antrags inklusive relevanter Ermessenserwägungen.
- Sämtliche Beteiligte – somit auch der betroffene Arzt selbst – sind zu den nichtöffentlichen Sitzungen des Disziplinarausschusses spätestens 14 Tage zuvor zu laden. Bereits die **Ladung** muss den gesamten Gegenstand der Beschuldigung umfassen.
- Die Beteiligten sind berechtigt, im Verfahren **Anträge** zu stellen und hierin gehört zu werden.
- Es gilt das rechtsstaatliche **Anhörungsgebot**.[82] Bevor ein Verwaltungsakt erlassen wird, der in Rechte eines Beteiligten eingreift, muss der Betroffene sich zu den für die Entscheidung erheblichen Tatsachen äußern dürfen.
- Das Gebot, sich nicht durch Aussagen selbst belasten zu müssen (**nemo tenetur se ipsum accusare**) sollte in diesem Zusammenhang jedoch unbedingt Beachtung finden.
- **Zeugen** sind zur Aussage nur verpflichtet, soweit dies durch eine Rechtsvorschrift bestimmt ist. Eine solche Regelung sieht das Sozialgesetzbuch nicht vor, so dass der Disziplinarausschuss bei Aussageverweigerung nur die Möglichkeit hat, das örtlich zuständige Sozialgericht um die Vernehmung des Zeugen zu ersuchen.[83]
- Die jeweiligen Regelungen zur **Verfolgungsverjährung** sind zu beachten.[84] Meist handelt es sich um Höchstfristen wie zwei Jahre nach Bekanntwerden der Verfehlung und fünf Jahre nach der Tat. Bei gleichzeitiger Verwirklichung eines Straftatbestandes ist bis zur strafgesetzlichen Verjährung ein Antrag möglich.
- Der betroffene Arzt kann sich durch ein anderes Mitglied oder eine rechtskundige Person mit Befähigung zum Richteramt im Disziplinarverfahren **vertreten** lassen. Er kann sich auch eines **Beistandes** bedienen.[85] Die jeweilige Regelung der einschlägigen Disziplinarordnung oder Satzung ist zu beachten.
- Der betroffene Vertragsarzt bzw. sein Vertreter haben das Recht auf **Akteneinsicht**.[86]

---

[78] Bsp. § 11 Abs. 1 der Disziplinarordnung KV Niedersachsen.
[79] Bsp. § 15 Disziplinarordnung KV Westfalen-Lippe.
[80] § 1 ZuSEG.
[81] S. o. IV. 4. a) Antragsberechtigung.
[82] § 24 SGB X.
[83] S. o. IV. 4. d) Ermittlung des Sachverhalts.
[84] S. o. IV. 4. c) Verfolgungsverjährung.
[85] S. o. IV. 4. d) Ermittlung des Sachverhaltes.
[86] § 25 SGB X.

– Die Besetzung des Disziplinarausschusses sollte den Vorgaben der einschlägigen Disziplinarordnung entsprechen. Zudem sollten auf die Personen des Ausschusses keine **Ausschließungs- oder Befangenheitsgründe** zutreffen.[87]

2. Gerichtliche Kontrolle

Bei den Entscheidungen des Disziplinarausschusses handelt es sich um Verwaltungsakte, **2780** so dass Rechtsschutz gegen Disziplinarbeschlüsse bei den **Sozialgerichten** zu suchen ist. Da der Betroffene in der Regel die Aufhebung der Disziplinarmaßnahme in ihrer konkreten Ausgestaltung wünscht, wäre richtige Klageart die so genannte **Anfechtungsklage**. Die Klage ist innerhalb eines Monats nach Zustellung der Entscheidung des Disziplinarausschusses beim zuständigen Sozialgericht zu erheben. Zuständig ist das Sozialgericht des jeweiligen Bezirks der Kassenärztlichen Vereinigung. Betroffen bzw. beschwert kann in diesem Sinne auch eine Kassenärztliche Vereinigung als Verfahrensbeteiligte sein; von der Klagebefugnis machen die Kassenärztlichen Vereinigungen durchaus Gebrauch.

Voll nachprüfbar ist für das Sozialgericht die Frage, ob objektiv eine **Pflichtverletzung** **2781** durch den betroffenen Vertragsarzt vorliegt. Es überprüft in diesem Zusammenhang auch die Richtigkeit und Vollständigkeit des zugrunde gelegten **Sachverhalts**. Bei der Auswahl der Disziplinarmaßnahme und der Festsetzung der Höhe der Geldbuße oder der Dauer des Ruhens der Zulassung trifft der Disziplinarausschuss jedoch eine so genannte **Ermessensentscheidung**. Solche Ermessensentscheidungen sind durch Gerichte nur unter sehr eingeschränkten Voraussetzungen überprüfbar. Die Kontrolle durch das Gericht ist reduziert auf echte Ermessensfehler bei der Rechtsfolgenentscheidung. Hierzu zählen die **Ermessensüberschreitung** und der **Ermessensfehlgebrauch**.[88] Die Entscheidung des Disziplinarausschusses muss ausgerichtet sein an der Schwere der Verfehlung und dem Verschulden des Vertragsarztes.[89] Die Disziplinarmaßnahmen dürfen nicht miteinander kombiniert werden. Es gilt der **Grundsatz der Einheitlichkeit der Disziplinarmaßnahme**.[90] Die Maßnahme muss zudem erforderlich und verhältnismäßig sein.[91] Die Klage gegen den Disziplinarbeschluss hat **aufschiebende Wirkung**.[92] Dies bedeutet, die Vollziehung des Disziplinarbescheides wird ausgesetzt, bis über die Klage entschieden worden ist. Jedoch kann ein Sofortvollzug im Bescheid angeordnet werden[93] und muss vom Disziplinarausschuss gesondert und hinreichend begründet werden. Der betroffene Vertragsarzt hat die Möglichkeit, einen Antrag auf Wiederherstellung der aufschiebenden Wirkung seiner Klage zu stellen.[94]

VI. Urteilsübersicht (Beispiele)

Wegweisende höchstrichterliche Urteile insbesondere des Bundessozialgerichts werden in **2782** den jeweiligen Abschnitten des Kapitels zum ärztlichen Disziplinarrecht zitiert. Im Folgenden werden beispielhaft einige Urteile von Sozialgerichten benannt, in denen vertragsärztliche Pflichtverstöße mit der Verhängung einer konkreten Maßnahme ins Verhältnis gesetzt wurden. Diese Urteile sind selbstverständlich Entscheidungen konkreter Einzelfälle und

---

[87] S. o. IV. 1. Disziplinarausschüsse.
[88] § 54 Absatz 2 SGG.
[89] S. o. IV. 5. a) aa) Allgemeine Voraussetzungen der Verhängung und IV. 5. b) Verschulden.
[90] S. o. IV. 5. a) aa) Allgemeine Voraussetzungen der Verhängung.
[91] S. o. IV. 5. a) aa) Allgemeine Voraussetzungen der Verhängung.
[92] § 86 a SGG.
[93] § 86 a Abs. 2 Nr. 5 SGG.
[94] § 86 b Abs. 1 Satz 2 SGG.

haben keine unmittelbar bindende Wirkung; sie sollen jedoch als kleine Orientierungshilfe dienen.

1. Verweis/Verwarnung/Geldbuße/Verwaltungsgebühr

2783 „Zur Überzeugung des Senats steht zunächst fest, dass der Kläger vertragsärztliche Pflichten verletzt hat, indem er **als Gynäkologe bei dem männlichen Patienten B. eine Behandlung** (Untersuchung und Aufbereitung des Spermas) **vorgenommen hat** und damit die Fachgebietsgrenzen des Gynäkologen überschritten hat. (…)

Auch die Art der gewählten Disziplinarmaßnahme ist nach Auffassung des Senats nicht zu beanstanden. Die Beklagte hat zu Gunsten des Klägers gewertet, dass er bislang disziplinarrechtlich nicht in Erscheinung getreten sei und es sich im Falle des Patienten B. um eine Ausnahmesituation gehandelt und das Wohl des Patienten im Vordergrund gestanden habe. Zu Lasten des Klägers wurde gewertet, dass der Kläger sich uneinsichtig zeige. In Abwägung aller Umstände hat die Beklagte es anstelle der beantragten Geldbuße im oberen Bereich bei einer Verwarnung – der nach der Satzung der Beklagten geringsten Disziplinarmaßnahme – belassen."
(Bayerisches LSG vom 25. 1. 2006 – L 12 KA 657/04)

„Die – im Übrigen zwischen den Beteiligten nicht streitige – **Nichtdurchführung eines Hausbesuches zur ärztlichen Versorgung der Heimbewohnerin** (…) stellt einen derartigen schuldhaften Pflichtverstoß dar. (…) Denn die Bewohnerin, die sich verbal nicht zu ihren Beschwerden äußern konnte, litt an einem erheblichen Krankheitsbild (Stauungspneumonie) und bedurfte nach den Schilderungen des Pflegepersonals zu ihrem Allgemeinzustand und der gestellten Diagnose ärztlicher Hilfe, was schon daraus erhellt, dass sie zumindest nachmittags an erheblich erhöhter Körpertemperatur von über 39 °C mit Fieber litt. Eine körperliche Untersuchung war damit unabdingbar. (…) Der Kläger wusste um seine Pflichten bereits aus dem früheren Disziplinarverfahren (…), als er es ebenfalls abgelehnt hatte, einen Hausbesuch in dem hier in Rede stehenden Pflegeheim durchzuführen. Ein pflichtbewusster Arzt hätte bei der hier gegebenen Sachlage einen Hausbesuch durchgeführt und auch durchführen müssen, so dass dem Kläger zumindest Fahrlässigkeit anzulasten ist." *(Anm.: Geldbuße in Höhe von 1000 Euro)*
(LSG Berlin-Brandenburg, Urteil vom 21. 12. 2011, L 24 KA 76/08)

„**Das Nichteinziehen der Praxisgebühr ist pflichtwidrig und kann disziplinarisch geahndet werden.** Die Beteiligten streiten um die Rechtmäßigkeit eines Verweises und einer Geldbuße in Höhe von 2000 Euro, den die Beklagte als Disziplinarmaßnahme wegen Verletzung seiner Auskunftspflicht und wegen Verletzung der Pflicht zur Einziehung der Praxisgebühr verhängt hat. (…) Der Disziplinarbescheid ist aber hinsichtlich der Ermessensüberlegungen fehlerhaft. Der Disziplinarausschuss hat ausgeführt, wie auch jeder andere Bürger habe der Vertragsarzt die ihn betreffenden Rechtsnormen zu beachten und könne er nicht seine Einschätzung über den Sinngehalt einer ordnungsgemäß zustande gekommenen Gesetzesvorschrift über die Rechtsordnung stellen. Weshalb es deshalb angezeigt sei, dem Kläger eine empfindliche Geldbuße aufzuerlegen, wird in Anbetracht des Verhältnismäßigkeitsgrundsatzes und den Darlegungen des Klägers, aus Protest im Sinne eines zivilen Ungehorsams gegen die Einzugspflicht verstoßen zu haben, nicht vollends nachvollziehbar. Die Kammer hält es jedenfalls für **unzulässig, die protestierende Absicht im Hinblick auf die Maßnahme als belastenden Umstand anzusehen.**"
(SG Marburg vom 15. 3. 2006 – S 12 KA 25/05)

„Ein Vertragsarzt, der über mehrere Jahre hinweg die **Abrechnung wiederholt mit Verspätungen zum Teil von mehr als einem Jahr** einreicht, kann mit einer Disziplinarbuße in Höhe von 3000 EUR belegt werden.

Die **Verwaltungsgebühr** in Höhe von 2500 EUR ist bei einem Gebührenrahmen in Höhe von 250 EUR bis 5000 EUR nicht unverhältnismäßig."
(SG Marburg vom 2. 2. 2011 – S 12 KA 902/09)

„Eine an der vertragsärztlichen Versorgung teilnehmende Kinder- und Jugendpsychotherapeutin verstößt gegen ihre vertragsärztlichen Pflichten, wenn sie die **Zuzahlung von 5 Euro pro Sitzung** verlangt. Die Verhängung einer Geldbuße von 3000 Euro bei einem nachgewiesenen Zuzahlungsverlangen in zwei Behandlungsfällen sowie der **Abrechnung von zwei nicht durchgeführten Therapiesitzungen** ist nicht unverhältnismäßig."
(SG Marburg vom 29. 11. 2006 – S 12 KA 656/06)

„Die Verhängung einer Disziplinarbuße von 5000 Euro gegen einen Vertragsarzt, der **unzulässigerweise ein Privatrezept ausgestellt**, eine **Kassenleistung privat abgerechnet** und in einem dritten Fall eine **Unkostenpauschale von 20 Euro erhoben** hat, ist nicht unverhältnismäßig."
(SG Marburg vom 7. 5. 2008 – S 12 KA 349/07)

„Streitig ist die Rechtmäßigkeit eines Disziplinarbescheids, mit dem Kläger eine Geldbuße in Höhe von EUR 5000 zuzüglich Verfahrenskosten auferlegt wurde. (...)
Zum einen wird dem Kläger vorgeworfen, entgegen der bundesmantelvertraglichen Regelung kurative Behandlungsleistungen bei zuvor **kurärztlich betreuten Patienten nicht auf dem Kurarztschein, sondern auf einem kurativen Behandlungsausweis abgerechnet** zu haben und dadurch im Rahmen der Anwendung der Regelungen der Praxis- und Zusatzbudgets ein zusätzliches fallzahlbezogenes Budgetvolumen geschaffen zu haben, was zur Erhöhung der Quote des im Rahmen der Budgetierung anzuerkennenden Gesamtpunktzahlvolumens für die Behandlung kurativer Patienten (Nichtkurpatienten) geführt habe.
Daneben wird dem Kläger vorgeworfen, im streitgegenständlichen Zeitraum in einer Vielzahl von Fällen die GOP 3 EBM-Ä bei **Kurpatienten abgerechnet** zu haben, **ohne weder die Voraussetzungen des sog. Kurarztvertrages noch die Leistungslegende des EBM-Ä zu erfüllen**."
(Bayerisches LSG vom 28. 2. 2007 – L 12 KA 3/06)

„Der angefochtene Disziplinarbescheid (...) ist rechtmäßig, weil der Kläger durch **rechtsmissbräuchliche Ausnutzung der Kooperationsform der Praxisgemeinschaft** *(Anm.: über 3½ Jahre)* schuldhaft gegen seine Pflicht zur peinlich genauen Leistungsabrechnung verstoßen hat. Die Entscheidung zur Auswahl einer Geldbuße und deren Bemessung in Höhe von 10 000,00 Euro stellt sich als nicht ermessensfehlerhaft dar."
(Bayerisches LSG vom 26. 2. 2008 – L 12 KA 673/04)

2. Ruhen der Zulassung

„Durch Urteil (...) wurde er wegen **Betruges** in zwei Fällen zu einer Gesamtgeldstrafe von 200 Tagessätzen verurteilt. (...) Das Gericht hielt es für erwiesen, dass der Kläger sich im Zeitraum Mai 2000 bis Oktober 2002 von den Verantwortlichen der Firmen G. und A. eine **Barrückerstattung in Höhe von 20% der Nettoleistungssumme versprechen ließ und auch erhielt, den Zahnersatz jedoch zu den Höchstpreisen des Bundeseinheitlichen Leistungsverzeichnisses abrechnete, obwohl er zur Weitergabe des Rabatts an die Krankenkassen und die Patienten verpflichtet gewesen wäre.** Insgesamt habe er so einen Betrag von 31 000,00 EUR vereinnahmt, den er hätte weitergeben müssen." 2784

„Begeht ein Vertragsarzt einen Abrechnungsbetrug, dann steht seine persönliche Eignung zur Teilnahme an der vertragsärztlichen Versorgung generell in Frage. Zweck des Disziplinarrechts ist es, nur geeigneten Ärzten die Teilnahme an der vertragsärztlichen Versorgung zu ermöglichen." *(Anm.: Ruhen Zulassung für zwei Jahre)*
(LSG Hamburg vom 17. 3. 2010 – L 2 KA 37/07)

„Mit Bescheid vom (…) ordnete der Disziplinarausschuss das Ruhen der vertragszahnärztlichen Zulassung für die Dauer von sechs Monaten an und legte und der Klägerin die Kosten des Verfahrens auf. Zur Begründung führte der Disziplinarausschuss aus, gegen die Klägerin sei die Disziplinarmaßnahme nach § 5 Abs. 1 ihrer Disziplinarordnung zu verhängen gewesen, weil ihr ein **fortgesetzter und umfangreicher Verstoß gegen das Gebot der wirtschaftlichen Behandlungsweise** vorzuwerfen sei. Die Gutachten des Dr. E und Dr. D kämen nahezu übereinstimmend in den jeweils elf verschiedenen Begutachtungsfällen zu dem Ergebnis, dass die Klägerin die **kieferorthopädische Behandlung von Kindern und Jugendlichen mit einem deutlich überzogenen Aufwand** betreibe. Es fehle ein zielgerichtet-systematisches Vorgehen. Gerade die sorgfältige Planung diene nach den Richtlinien der Sicherstellung einer ausreichenden, zweckmäßigen und insbesondere wirtschaftlichen Versorgung. Auch halte die Klägerin sich nicht an ihre Planung. So würden vielfach die **Behandlungsapparaturen während der Behandlung ohne besondere Begründung entfernt und die Behandlung mit neu erstellten und ebenso neu abgerechneten Apparaturen fortgesetzt. Behandlungen würden auch viel zu früh ohne entsprechende Indikation begonnen werden**. Modelle könnten nur zur Planung und Durchführung der Behandlung angefertigt werden, nicht zur Demonstration für den Patienten."
(SG Marburg vom 21. 3. 2007 – S 12 KA 1202/05)

3. Zulassungsentziehung

2785   Auch wenn es sich bei der Zulassensentziehung nicht um eine Maßnahme des förmlichen Disziplinarverfahrens handelt,[95] sollen die folgenden Entscheidungen der Abgrenzung zu den klassischen Disziplinarmaßnahmen dienen.

2786   „Eine solche gröbliche Pflichtverletzung liegt u. a. dann vor, wenn der Zahnarzt gesetzlich Versicherte dahingehend manipuliert, dass sie, um eine im Rahmen der gesetzlichen Krankenversicherung geschuldete vertragszahnärztliche Leistung zu erlangen, **gezwungen wurden, zu Gunsten des Zahnarztes eine Zusatzvereinbarung zur Professionellen Zahnreinigung abzuschließen und ihm dafür fortlaufend monatlich nicht unerhebliche Geldleistungen zu erbringen**."
(LSG Nordrhein-Westfalen vom 1. 7. 2010 – L 11 KA 68/07)

„Die Entziehung der Zulassung ist nicht unverhältnismäßig im Fall einer Kinderärztin, die (…) über sechs Monate hinweg ihren **Ehemann, der keine Approbation oder heilkundliche Erlaubnis besaß, in ihrer Praxis fast täglich für zwei Stunden beschäftigt** hat und gegen die zuvor 1999 wegen unrichtiger Angaben über die Qualifikation des Ehemanns zwecks Erreichung einer Assistentengenehmigung und 2003 wegen einer weiteren Pflichtenverletzung eine Disziplinarbuße verhängt worden war."
(SG Marburg vom 10. 9. 2008 – S 12 KA 40/08)

VII. Vertragsärztliche Pflichten

1. Rechtsgrundlagen

2787   Eine Zusammenstellung der Rechte und Pichten der Vertragsärztinnen und -ärzte existiert nicht. Die vertragsärztlichen Pflichten ergeben sich aus der Fülle der gesetzlichen und

---

[95] S. o. II. 5. Zulassungsentziehung.

vertraglichen Grundlagen der vertragsärztlichen Versorgung. Hierzu zählen vor allem das **Fünfte Sozialgesetzbuch** (SGB V) und die **Zulassungsverordnung** für Vertragsärzte (Ärzte-ZV) und deren konkrete Ausgestaltung in untergesetzlichen Normen bzw. Verträgen wie den **Bundesmantelverträgen** (BMV-Ä/EKV) und nicht zuletzt im **Satzungsrecht** der jeweiligen Kassenärztlichen Vereinigung.[96] Jegliches Verhalten von Ärzten, das mit der durch die Zulassung übernommenen Verpflichtung der Versorgung gesetzlich Versicherter im Zusammenhang steht und nicht mit den genannten Normen vereinbar ist, kann Gegenstand eines disziplinarrechtlichen Vorwurfs sein.

2. Pflichten der Vertragsärzte im Einzelnen

Bei der nun folgenden Aufzählung geht es um die elementarsten vertragsärztlichen **2788** Pflichten, deren Verletzung häufig Gegenstand von Disziplinarverfahren ist. Es handelt sich keinesfalls um eine abschließende Aufzählung; zahlreiche weitere Verpflichtungen sind im Sozialrecht verankert beziehungsweise bei entsprechender Auslegung denkbar.

a) Präsenzpflicht/Persönliche Leistungserbringung. Eine der Kernpflichten eines **2789** Vertragsarztes bildet die Präsenzpflicht.[97] Sie beinhaltet die Pflicht zur **persönlichen Leistungserbringung am Vertragsarztsitz.** Der Sicherstellungsgedanke, also eine ausreichende und zweckmäßige vertragsärztliche Versorgung der Bevölkerung zu gewährleisten, bildet den Hintergrund dieser vertragsärztlichen Verpflichtung. Daher ist die Präsenzpflicht eng verknüpft mit der einst strengen **Residenzpflicht,**[98] der Pflicht zur Teilnahme am organisierten ambulanten **Bereitschaftsdienst,**[99] den **Vertretungsgrundsätzen**[100] und nicht zuletzt der Pflicht zur persönlichen Leistungserbringung.

Zur Präsenz eines Vertragsarztes zählt unter anderem die Pflicht zur Abhaltung von (of- **2790** fenen) **Sprechstunden** am Vertragsarztsitz. Bei einem vollen Versorgungsauftrag sollen es mindestens 20 reine Sprechstunden sein; bei dem mit dem Vertragsarztrechtsänderungsgesetz 2007 eingeführten halben Versorgungsauftrag reduziert sich die Anforderung entsprechend auf die Hälfte. Die Sprechstunden sind aus Gründen der Transparenz auf dem **Praxisschild** – grundsätzlich mit festen Uhrzeiten – bekannt zu geben.[101] Es ist allgemein anerkannt, dass diese Grundsätze der Präsenzpflicht auf Grund der Art ihrer Tätigkeit bei Anästhesisten nicht derart angewandt werden wie bei anderen Fachärzten. Dennoch sind auch Anästhesisten nicht vollkommen befreit von der Präsenzpflicht.

Natürlich gelten die genannten Pflichten auch für Mitglieder Kassenärztlicher Vereini- **2791** gungen, die nicht als Selbständige, sondern als **Angestellte** in der Arztpraxis oder in einem Medizinischen Versorgungszentrum arbeiten. Zusätzlich ist auf Grund der – zum Teil auch vertragsarztrechtlichen – Verantwortlichkeit der Arbeitgeber, eine Ahndung der Verletzung von Überwachungspflichten durch die ärztliche Leitung von Medizinischen Versorgungszentren oder Vertragsärzten als Arbeitgeber denkbar.

Da eine uneingeschränkte Präsenz keinem Vertragsarzt möglich bzw. zumutbar ist, haben **2792** die Partner der Bundesmantelverträge auf Geheiß des Gesetzgebers Ausnahmen wie den vertragsärztlichen Bereitschaftsdienst oder Möglichkeiten der **Vertretung** geschaffen. Ist der Vertragsarzt länger als eine Woche an der Ausübung seiner Praxis verhindert, so hat er dies der Kassenärztlichen Vereinigung im Vorfeld unter Benennung der vertretenden Ärzte mitzuteilen.[102]

Insbesondere auf Grund der Neuerungen des Vertragsarztrechtsänderungsgesetzes fand in **2793** den letzten Jahren eine umfangreiche Flexibilisierung der vertragsärztlichen Tätigkeit statt.

---

[96] S. o. III. Rechtsgrundlagen.
[97] §§ 20, 24 Abs. 2 Satz 1 Ärzte-ZV, § 17 BMV-Ä.
[98] S. u. VII. 2. b) Residenzpflicht.
[99] S. u. VII. 2. c) Teilnahme am Bereitschaftsdienst.
[100] S. u. VII. 2. d) Vertretung bei Abwesenheit.
[101] § 17 Abs. 1 BMV-Ä.
[102] § 17 Abs. 3 BMV-Ä.

So können Vertragsärzte etwa in **Zweigpraxen** oder im Rahmen ihrer Tätigkeit in **überörtlichen Gemeinschaftspraxen** auch an weiteren Orten als dem eigentlichen Vertragsarztsitz tätig werden. Umso strenger wird seitens der Kassenärztlichen Vereinigungen und Zulassungsausschüsse die Präsenzpflicht am Vertragsarztsitz und die **Höchstzeiten an weiteren Tätigkeitsorten** überwacht. In jedem Fall muss bei einem vollen Versorgungsauftrag die Tätigkeit am Vertragsarztsitz zeitlich insgesamt alle weiteren Tätigkeiten überwiegen.[103]

2794   Auch die Pflicht zur **persönlichen Leistungserbringung** hat mit der Flexibilisierung der ambulanten und vertragsärztlichen Landschaft in den letzten Jahren an Bedeutung gewonnen. Anders als bei der stationären Versorgung im Krankenhaus ist die vertragsärztliche Tätigkeit an die personenbezogene Zulassung gebunden. Dies war in Zeiten von Einzelpraxen ohne echte Anstellungsmöglichkeiten und weniger medizinisch-technischem Gerät weniger problematisch. Das Gebot der persönlichen Leistungserbringung wird nicht verletzt durch die genehmigte Anstellung von Ärzten und Beschäftigung von Assistenten, die über eine Approbation oder eine Berufserlaubnis verfügen.[104] Aber auch diesbezüglich treffen die Arbeitgeber entsprechende Überwachungspflichten.

2795   **b) Residenzpflicht.** Da Zulassungen für den Ort der Niederlassung erteilt werden, waren Vertragsärztinnen und -ärzte bislang verpflichtet, ihre Wohnung so zu wählen, dass sie für die ärztliche Versorgung ihrer Patienten an ihrem Vertragsarztsitz zur Verfügung stehen.[105] Das Bundessozialgericht hatte die einst sehr streng von den Zulassungsausschüssen gehandhabte Residenzpflicht für Vertragsärzte bereits in den letzten Jahren gelockert[106] und starre Distanzen und Maximalfahrtzeiten, wie etwa eine Wohnung in 15 Minuten Entfernung von der Praxis zu wählen, als rechtlich nicht haltbar eingestuft. Die Residenzpflicht solle nur gewährleisten, dass der Vertragsarzt an seinem Praxissitz regelmäßig und in ausreichendem Umfang Sprechstunden anbiete. Zweck der Regelung sei nicht, dafür zu sorgen, dass der Vertragsarzt für jede Notfallbehandlung unverzüglich zur Verfügung stehe. Anordnungen der Residenzpflicht sollten sich somit nach dem **konkreten Einzelfall** richten, der etwa die konkrete Versorgungssituation oder den Umfang des Patientenkontaktes der betroffenen (Fach-)Arztgruppe einbeziehe. Mit dem im Jahr 2012 in Kraft getretenen **GKV-Versorgungsstrukturgesetz entfällt die förmliche Residenzpflicht.** Hintergrund sind vor allem der Ärztemangel und die so genannte Landflucht. Nunmehr können beispielsweise auch Vertragsärztinnen und -ärzte, die in einer weiter entfernten Stadt wohnen, Praxen auf dem Land errichten und führen. Allerdings müssen die Sprechstunden für Versicherte der gesetzlichen Krankenversicherung so eingerichtet werden, dass eine dem **Behandlungsbedarf der Patienten** entsprechende medizinische Versorgung sichergestellt ist.[107] Dieser Nachweis wird im Rahmen der Erteilung der Zulassung zu führen sein und bleibt als vertragsärztliche Pflicht für die Dauer der Zulassung bestehen.

2796   **c) Teilnahme am Bereitschaftsdienst.** Die Pflicht zur Teilnahme am Bereitschaftsdienst besteht sowohl nach Berufs- als auch nach Vertragsarztrecht.[108] Vor dem Hintergrund der weggefallenen Residenzpflicht[109] gewinnt auch der vertragsärztliche Bereitschaftsdienst zusätzlich an Bedeutung für die Sicherstellung einer umfänglichen und flächendeckenden ambulanten Versorgung. Die meisten Kassenärztlichen Vereinigungen haben mit den jeweils zuständigen Ärztekammern **gemeinsame Notfalldienstordnungen** verabschiedet, um Überschneidungen zu vermeiden. Häufig ist es die Kassenärztliche Vereinigung, die den gemeinsamen ambulanten Notfalldienst organisiert. In den vergange-

---

[103] § 17 Abs. 2 BMV-Ä.
[104] SG Marburg vom 10. 9. 2008 – S 12 KA 40/08.
[105] § 24 Abs. 1 und Abs. 2 Satz 2 Ärzte-ZV.
[106] BSG vom 5. 11. 2003 – B 6 KA 2/03 R.
[107] S. o. VII. 2. a) Präsenzpflicht.
[108] §§ 75 Abs. 1, 76 Abs. 1 SGB V.
[109] S. u. VII. 2. b) Residenzpflicht.

nen Jahren wurde in einigen Bundesländern dazu übergegangen, **zentrale Notfalldienstpraxen** einzurichten, so dass Ärzte den Dienst nicht mehr in der eigenen Praxis versehen dürfen. Die Kassenärztliche Vereinigung darf den zum Notdienst in einer zentralen Notfalldienstpraxis eingeteilten Vertragsarzt sogar verpflichten, während der festgelegten Dienstzeiten in der Praxis ständig präsent zu sein.[110] Dies gilt allerdings nur bei entsprechender Regelung. Fehlt eine Rechtsgrundlage, etwa als Satzung oder Ermächtigung des Vorstandes durch die Vertreterversammlung der Kassenärztlichen Vereinigung, wäre das Anordnen ständiger Präsenz in der Notfalldienstpraxis rechtswidrig.[111]

In den Ärztekammerbezirken bzw. Bereichen der Kassenärztlichen Vereinigungen gibt es   2797
durchaus Abweichungen in Bezug darauf, wer zum Notfalldienst herangezogen wird und welche **Befreiungsgründe** gelten. Hauptgründe für eine Befreiung ganz oder auf Zeit sind eine vorübergehende oder dauerhafte Erkrankung sowie die Geburt eines Kindes. Diese Gründe müssen im Rahmen eines Antrags auf Befreiung vom Arzt hinreichend nachgewiesen werden. Bei einer vorübergehenden Erkrankung wird die Befreiung nur bis zur voraussichtlichen Genesung beschieden. Generell wird mit Befreiungsgründen im Rahmen des (vertrags-)ärztlichen Notfalldienstes sehr **restriktiv** umgegangen. Hintergrund ist die Natur des Notfalldienstes als kollektive bzw. solidarische Verpflichtung aller (Vertrags-)Ärzte. Daher muss häufig sogar begründet werden, warum eine Delegation des eigenen Dienstes an einen Kollegen – auf eigene Kosten natürlich – ebenfalls nicht zumutbar ist. Auch der Einwand, fachlich für den Notfalldienst nicht geeignet zu sein, schützt vor einer Einteilung zum Notfalldienst nicht. Vor dem Hintergrund der Gleichbehandlung wurde in den letzten Jahren seitens einiger Kassenärztlicher Vereinigungen dazu übergegangen, **sämtliche Fachgruppen und Ärzte jeden Alters** zum Notfalldienst einzuteilen mit der Maßgabe, sich für den Notfalldienst entsprechend fortbilden zu lassen. Folge ist, dass beispielsweise auch ein 75-jähriger Pathologe den größtenteils allgemeinmedizinischen Notfalldienst zu verrichten hat. Dies ist aus haftungsrechtlicher Sicht zum Teil nicht unproblematisch. In der Regel werden unerwünschte Dienste an Kollegen abgegeben, die diese freiwillig verrichten. Diesbezüglich ist jedoch Vorsicht geboten, da der Vertretene wie bei der Vertretung in eigener Praxis **für die Eignung und das tatsächliche Erscheinen des Notfalldienstvertreters verantwortlich** bleibt.[112] Nicht selten wird beispielsweise bei Nichterscheinen des Vertreters der Vertretene mit einem **Disziplinarverfahren** überzogen. Insofern bietet sich an, mit dem Vertreter im Vorfeld eine schriftliche Vereinbarung zu treffen, die den Vertretenen entsprechend entlastet.

d) Vertretung bei Abwesenheit. Nicht selten sind Vertretungsangelegenheiten Ge-   2798
genstand der Einleitung disziplinarrechtlicher Ermittlungen. Auch die Vorgaben zur Vertretung in Abwesenheit sind Ausfluss des Gebots persönlicher Leistungserbringung; Vertragsärztinnen und -ärzte dürfen sich nur in eingeschränktem Maße vertreten lassen. Vertretungsgründe sind **Urlaub, Krankheit, Fortbildung und Teilnahme an einer Wehrübung.** Der Vertragsarzt darf sich hierfür **innerhalb von zwölf Monaten** lediglich **drei Monate** vertreten lassen.[113] Eine länger andauernde Vertretertätigkeit bedarf der Genehmigung der Kassenärztlichen Vereinigung. Vertragsärztinnen können sich in unmittelbarem Zusammenhang mit einer Entbindung bis zur Dauer von sechs Monaten innerhalb von zwölf Monaten vertreten lassen.[114]

Darüber hinaus ist der Vertretene für die **Geeignetheit seines Vertreters** verantwort-   2799
lich und sollte daher gegebenenfalls nachweisen können, dass er Approbation, Gebietsbezeichnung, Weiterbildung und Qualifikationen seines Vertreters in hinreichendem Maße geprüft hat.[115]

---

[110] BSG vom 11. 5. 2011 – B 6 KA 23/10 R.
[111] LSG NRW vom 9. 9. 2009 – L 11 KA 49/07.
[112] S. u. VII. 2 d) Vertretung bei Abwesenheit.
[113] § 32 Abs. 1 Ärzte-ZV.
[114] § 17 Abs. 3 Satz BMV-Ä.
[115] §§ 32 Abs. 1 Satz 5, 3 Abs. 2 Ärzte-ZV.

2800 **e) Pflicht zur Behandlungsübernahme.** Es gehört zu den grundsätzlichen Berufspflichten eines Arztes, die Untersuchung und Behandlung von Patienten zu übernehmen. Darüber hinaus sind Vertragsärzte unter den Bedingungen der gesetzlichen Krankenversicherung zur **Behandlung von gesetzlich versicherten Patienten** verpflichtet. Den Umfang des vertragsärztlichen Leistungsangebots normiert das Sozialgesetzbuch nur allgemein und verweist auf die Verträge der Krankenkassen mit den so genannten Leistungserbringern.[116] Vorrangig seien hier die **Bundesmantelverträge** und die fachspezifischen **Richtlinien des Gemeinsamen Bundesausschusses** genannt.

2801 Auf Grund des steigenden Kostendrucks in der gesetzlichen Krankenversicherung kam es in den letzten Jahren vermehrt zu Disziplinarverfahren wegen der **Verweigerung von Behandlungen, weil diese nicht kostendeckend seien.** Schon aus präventiven Gesichtspunkten werden in solchen Fällen Vertragsärzten mit hohen Disziplinarstrafen belegt. Dies gilt insbesondere dann, wenn Patienten dieselbe Leistung gegen Privatliquidation angeboten wird.[117] Auch diesbezüglich gibt es durchaus Ungeklärtes. So kann – wie beschrieben – die Ablehnung einer Behandlungsleistung sanktioniert werden. Da aber bisher **nicht zwingend das gesamte Leistungsspektrum** eines Tätigkeitsbereiches angeboten werden musste, konnten Vertragsärzte, die insbesondere im medizinisch-technischen Bereich Leistungen, die sich nicht rechneten, gar nicht vorhalten, dafür auch nicht bestraft werden. Mit dem Versorgungsstrukturgesetz und damit der vermehrten Orientierung am tatsächlichen Versorgungsbedarf und -angebot wird auch in Bezug auf die individuellen Leistungsspektren ein Umdenken stattfinden.

2802 Selbstverständlich gilt auch für Vertragsärzte in begründeten Fällen das **Recht der Behandlungsablehnung.**[118] Dies ist der Fall, sofern das Vertrauensverhältnis zum Patienten nachhaltig zerstört ist. Eine optimale Behandlung kann in so einem Fall nicht mehr gewährleistet werden und ist daher weder im Interesse des Patienten noch des Arztes. In medizinischen Notfällen gelten selbstverständlich andere Maßstäbe.

2803 **f) Verstoß gegen das Wirtschaftlichkeitsgebot.** Das Wirtschaftlichkeitsgebot ergibt sich aus dem Sozialgesetzbuch.[119] Danach müssen die ärztlichen und ärztlich verordneten Leistungen **ausreichend, zweckmäßig und wirtschaftlich** sein und dürfen das Maß des **Notwendigen** nicht überschreiten. Dieses Gebot sorgt stets von Neuem für Rechtsstreitigkeiten und politische Diskussionen. Vertragsärztinnen und -ärzte sollen einerseits für die Nichtachtung des Wirtschaftlichkeitsgebots einstehen und sind andererseits aus berufsrechtlicher und -ethischer Sicht dazu verpflichtet, dem Patienten jede gebotene Behandlung zuteil werden zu lassen. Wenn auch von politischer Seite bestritten, werden zudem aus Sicht vieler Vertragsärzte den gesetzlich Versicherten mittlerweile zum Teil sogar zweckmäßige Leistungen vorenthalten, so dass sogar das Wirtschaftlichkeitsgebot seinen eigenen Anforderungen nicht mehr gerecht zu werden scheint.

2804 Im Rahmen der disziplinarrechtlichen Ahndung jedenfalls sind die Disziplinarausschüsse an bestandskräftig gewordene **Entscheidung der Prüf- und Beschwerdeausschüsse gebunden** und leiten bei dauerhaften Verstößen auf Antrag des Vorstand der Kassenärztlichen Vereinigung trotz bereits erfolgter Honorarkürzungen zusätzlich Disziplinarverfahren ein.

2805 **g) Pflicht zur peinlich genauen Abrechnung.** Das Gebot der peinlich genauen Abrechnung von **Vertragsärzten** und **MVZ** gilt nach gefestigter Rechtsprechung als eines der wichtigsten Gebote innerhalb des Rechts der gesetzlichen Krankenversicherung. Vertragsärztinnen und -ärzte kommen dieser Pflicht nach, indem sie die erbrachten Leistungen den dazugehörigen Abrechnungsziffern zuordnen und dies entsprechend genau dokumentieren. Insofern wird von Vertragsärzten auch verlangt, stets auf dem neusten Stand der sich

---

[116] §§ 2 Abs. 2 Satz 1, 13 SGB V.
[117] S. o. VI. Urteilsübersicht (Beispiele).
[118] § 13 Abs. 7 Satz 3 BMV-Ä.
[119] §§ 12 Abs. 1, 72 Abs. 1, 135 Abs. 1 SGB V.

ständig ändernden Abrechnungsmodalitäten zu sein. Die peinlich genaue Abrechnung soll eine möglichst korrekte Abrechnung der Kassenärztlichen Vereinigungen nach den aktuellen Regelungen zur Honorarverteilung gewährleisten. Insofern ist die Abrechnung nicht nur peinlich genau zu erfolgen, sondern eben auch rechtzeitig. Das wiederholt **verspätete Einreichen der Abrechnungsunterlagen** wird also ebenfalls disziplinarrechtlich geahndet.[120] Der Grundsatz der peinlich genauen Abrechnung gilt unabhängig davon, ob die Abrechnung auf manuellem Wege oder mittels elektronischer Datenträger erfolgt.[121] Nicht nur Abrechnungsabteilungen, Prüf- und Beschwerdeausschüsse, Disziplinarausschüsse oder Sozialgerichte sind permanent mit dem Gebot der peinlich genauen Abrechnung beschäftigt. Auch die obersten Gerichte sind dadurch nicht selten mit dieser vertragsärztlichen Pflicht befasst. So urteilte zuletzt das Bundesverfassungsgericht, die Pflicht des Vertragsarztes zur peinlich genauen Abrechnung gehöre zu den essentiellen Grundlagen des Systems der vertragsärztlichen Versorgung, dessen Funktionsfähigkeit ein wichtiges Gemeinschaftsgut sei. Das Vertrauen der Kassenärztlichen Vereinigungen und der Krankenkassen in die ordnungsgemäße Abrechnung sei von entscheidender Bedeutung, weil ordnungsgemäße Leistungserbringung und Abrechnung lediglich in einem beschränkten Umfang der Überprüfung derjenigen zugänglich seien, die die Gewähr für die Sicherstellung der Versorgung zu tragen hätten. Hinzu käme, dass nach den Besonderheiten des vertragsärztlichen Vergütungswesens unberechtigte Honorarforderungen eines Arztes zu Honorarverlusten bei anderen Ärzten führten.[122]

Da eine Verletzung der Pflicht zur peinlichen genauen Abrechnung aufgrund des zum   **2806**
Teil hoch komplizierten und steten Veränderungen unterworfenen Abrechnungssystems schneller passiert als gewollt ist, dürfte jeder Vertragsarzt wissen. Mit dem Versorgungsstrukturgesetz wurde für den Fall der erstmaligen Überschreitung des Richtgrößenvolumens um mehr als 25% der Grundsatz „Beratung vor Regress" eingeführt.[123] Dies bedeutet natürlich auch, dass bei einem dennoch erfolgten Verstoß gegen die peinlich genaue Abrechnungspflicht im Disziplinarverfahren ein Verschulden leichter darstellbar wäre.

h) Zuweisungsverbot. Mit dem GKV-Versorgungsstrukturgesetz 2012 ist nun auch das   **2807**
Verbot der Zuweisung gegen Entgelt ausdrücklich in das Fünfte Sozialgesetzbuch aufgenommen worden.[124] Das Verbot der Zuweisung gestattet Vertragsärzten nicht, für die Zuweisung von Versicherten ein Entgelt oder sonstige wirtschaftliche Vorteile sich versprechen oder sich gewähren zu lassen oder selbst zu versprechen oder zu gewähren. Eine solche Regelung hielt bis dahin nur die ärztliche Berufsordnung vor.[125] Es handelt sich bei der ausdrücklichen Aufnahme in das Sozialgesetzbuch somit um die Klarstellung der ohnehin bereits bestandenen Rechtslage, dass eine Verletzung Zuweisungsverbots gleichzeitig auch einen Verstoß gegen vertragsärztliche Pflichten darstellt. Durch die Neuregelung sollen unter anderem die (Teil-)Berufsausübungsgemeinschaften ins Visier genommen werden. Die Zulassungsausschüsse können nunmehr auf Basis einer expliziten Rechtsgrundlage prüfen, ob Berufsausübungsgemeinschaften allein zu dem Zweck gegründet werden sollen oder gegründet worden sind, um unzulässige Zuweisungen gegen Entgelt oder sonstige wirtschaftliche Vorteile zu ermöglichen.

i) Fortbildungsverpflichtung. Die Pflicht zur Fortbildung war als Aspekt der Sicher-   **2808**
stellung der vertragsärztlichen Versorgung seit jeher im Sozialgesetzbuch verankert. Im Jahr 2004 jedoch wurde eine konkretere Ermächtigungsgrundlage für die Kassenärztlichen Vereinigungen geschaffen, diese Fortbildungsverpflichtung auch tatsächlich zu überwachen.[126]

---

[120] S. o. VI. Urteilsübersicht (Beispiele).
[121] SG Marburg vom 2. 2. 2011 – S 12 KA 902/09.
[122] BVerfG vom 8. 11. 2010 – 1 BvR 722/10.
[123] S. o. II. 1. Beratung.
[124] § 73 Abs. 7 SGB V.
[125] § 31 MBO.
[126] § 95 d SGB V.

Anders als im Rahmen des ärztlichen Berufsrechts, das lediglich die allgemeine Pflicht des Arztes zur fachlichen Fortbildung festschreibt, haben nach der sozialrechtlichen Regelung nun Vertragsärzte, Angestellte und Ermächtigte in einem **Fünf-Jahres-Zeitraum** ganz konkrete Nachweise gegenüber ihrer Kassenärztlichen Vereinigung zu erbringen.

2809   Als direkte Sanktionierung – ohne das Vorschalten eines Disziplinarverfahrens – ist bei einem Verstoß gegen die Fortbildungsverpflichtung eine **Honorarkürzung** der Vergütung aus vertragsärztlicher Tätigkeit vorgesehen.[127] Konkret handelt es sich dabei um eine Kürzung von 10% in den ersten vier Quartalen nach Ablauf der Fortbildungsfrist und im Anschluss um eine Kürzung in Höhe von 25% der vertragsärztlichen Vergütung. Die Honorarkürzung endet erst mit Ablauf des Quartals, in dem der vollständige Fortbildungsnachweis erbracht wurde. Die Honorarkürzung schließt insbesondere bei wiederholtem oder gravierendem Verstoß gegen die Fortbildungsverpflichtung die Durchführung eines **Disziplinarverfahrens** nicht aus.

2810   **j) Qualitätspflichten.** Vertragsärztinnen und -ärzte sind zur Teilnahme an Qualitätssicherungsmaßnahmen verpflichtet. Für bestimmte Leistungen werden besondere Genehmigungen der zuständigen Kassenärztlichen Vereinigung erforderlich.[128] Dauerhafte Verstöße etwa gegen die so genannten Qualitätssicherungsrichtlinien werden ebenfalls disziplinarrechtlich geahndet.

2811   **k) Auskunfts- bzw. Mitwirkungspflicht.** Nicht zu unterschätzen sind die so genannten Auskunfts- und Mitwirkungspflichten gegenüber der Kassenärztlichen Vereinigung als Basis für eine **sachliche und vertrauensvolle Zusammenarbeit** im Rahmen der Selbstverwaltung. So finden sich nicht selten Vertragsärzte in Disziplinarverfahren wieder, weil sie trotz mehrfacher Aufforderung seitens der Kassenärztlichen Vereinigung keine Stellungnahme zu einer Patientenbeschwerde abgegeben haben. Da eine solche Patientenbeschwerde eigens wiederum relevante Vorwürfe enthalten kann, gilt selbstverständlich auch bei der Aufforderung um Stellungnahme das Gebot, dass **niemand sich selbst belasten muss.** Die Mitwirkungs- bzw. Auskunftspflicht ginge im konkreten Fall jedoch so weit, dass der Vertragsarzt seiner Kassenärztlichen Vereinigung zumindest mitteilt, dass er sich zur Sache nicht einlassen wird. Dies trifft zum Beispiel auch für Anfragen im Zusammenhang mit der Abrechnungs- oder Plausibilitätsprüfung zu. Grundsätzlich gilt jedoch, dass ein Vertragsarzt erbetene Auskünfte zu erteilen und auf Bitten – etwa bei Fragen zur Bedarfsplanung oder Ähnlichem – mit der Kassenärztlichen Vereinigung zusammenzuarbeiten hat. Entsprechende Regelungen finden sich in den Satzungen der Kassenärztlichen Vereinigungen.

2812   **l) Kritische Äußerungen von Vertragsärzten.** Vertragsärzte haben ein Recht darauf, die Umstände ihrer Tätigkeit zu kritisieren. Überbordende und in Teilen sinnlose Abrechnungsvorgaben oder unzumutbare Bürokratie etwa sind Aspekte, die nicht zu Unrecht auch berufspolitisch und damit öffentlich massiv kritisiert werden. Auf den Einzelfall bezogen betont das Bundessozialgericht, dass Äußerungen eines Vertragsarztes, die Gegenstand eines Disziplinarverfahrens sind, immer auch das Grundrecht der Meinungsfreiheit[129] berühren. Jedoch erfährt dieses Recht auf Meinungsfreiheit Einschränkungen, sofern Streitigkeiten mit Krankenkassen und Kassenärztlichen Vereinigungen zu Lasten der gesetzlich Versicherten ausgetragen werden. Hierzu zählt unter anderem die Ablehnung einer Behandlung, die sich aus Sicht des Vertragsarztes nicht rechnet.[130] Äußerungen können allerdings im Rahmen der Gesamtbewertung des Verhaltens und der Strafzumessung herangezogen werden, selbst wenn einige davon für sich genommen unter dem Schutz der verfassungsrechtlich verankerten Meinungsfreiheit stehen.[131]

---

[127] § 95 d Abs. 3 SGB V.

[128] Bsp.: Ambulante Operationen, Arthroskopie, Belegarzttätigkeit, DMP, Koloskopie, Substitution u. v. m.

[129] Art. 5 Abs. 1 GG.

[130] S. o. VII. 2. e) Pflicht zur Behandlungsübernahme.

[131] BSG vom 5. 11. 2003 – B 6 KA 54/03 B.

Dritter Teil. Arbeitsrecht: Mitarbeiter einstellen, beschäftigen und kündigen

Niedergelassene Ärzte oder Zahnärzte sind in der Regel auch Arbeitgeber. Sie beschäfti- **2813** gen etwa Arzthelferinnen sowie Schreibkräfte oder fungieren als Ausbilder für die zu ihrer Ausbildung Beschäftigten. Auch die Beschäftigung ärztlicher Mitarbeiter durch einen niedergelassenen Arzt ist grundsätzlich möglich. Bei der Beschäftigung auf Grund eines Arbeitsvertrags sind jedoch die Vorgaben des § 19 Satz 3 MBO-Ä 1997 zu beachten, da die ärztliche Dienstleistung in der Regel persönlich zu erbringen ist. Die Möglichkeit ärztliche Mitarbeiter zu beschäftigen, ist daher begrenzt. Bei einem Kassenarzt bedarf eine solche Beschäftigung zudem der Genehmigung der Kassenärztlichen Vereinigung nach § 32 Abs. 2 Ärzte-ZV.[1] Im Bereich der vertragsärztlichen Versorgung sind Hilfeleistungen anderer Ärzte nur dann ärztliche Leistungen (des niedergelassenen Arztes), wenn sie in der Praxis des Arztes unter seiner Aufsicht und Verantwortung von ärztlichen Mitarbeitern erbracht werden.[2] Auch in der Funktion als Arbeitgeber müssen einige Besonderheiten beachtet werden. Werden diese Besonderheiten nicht beachtet, kann dies zu langwierigen Auseinandersetzungen führen, die nicht selten vor den Arbeitsgerichten enden. Hinzu kommt stets auch ein erheblicher finanzieller Aufwand. Im Folgenden sollen daher die wichtigsten arbeitsrechtlichen Grundkenntnisse vermittelt werden.

Die arbeitsrechtlichen Bestimmungen gelten jedoch gegenüber dem Praxisvertreter oder **2814** dem Praxisverweser nicht, da diese die Praxis des abwesenden oder verstorbenen Praxisinhabers selbstständig führen und damit selbst (vorübergehend) die Arbeitgeberstellung inne haben.[3]

A. Einstellungsverfahren

I. Anforderungen an Stellenanzeigen

Bereits bei der Suche nach geeignetem Fachpersonal für die Praxis sind viele verschiedene **2815** Rechtspflichten zu beachten. Insbesondere ein Verstoß gegen die **Diskriminierungsverbote** des **Allgemeinen Gleichbehandlungsgesetzes** (AGG), welches am 18. 8. 2006 in Kraft getreten ist, kann unerwünschte Folgen nach sich ziehen. Gemäß § 11 AGG sind die Diskriminierungsverbote auch bei der Ausschreibung einer Stelle durch den Arbeitgeber zu beachten. Die Stellenanzeige ist insbesondere geschlechtsneutral zu formulieren. Im Text der Stellenanzeige sollte daher nicht ausschließlich nach einer „Arzthelferin" gesucht werden, da eine geschlechtsspezifische Stellenausschreibung grundsätzlich ein Indiz für eine Benachteiligung darstellt.[4] Die Stellenanzeige sollte vielmehr „Arzthelferin oder Arzthelfer" bzw. „Arzthelfer/in" lauten. Dieses Diskriminierungsverbot gilt nur dann nicht, wenn das jeweilige Geschlecht unverzichtbare Voraussetzung für die auszuübende Tätigkeit ist.[5] Bei der Annahme dieser Ausnahme ist jedoch Vorsicht geboten. So muss etwa eine Frauenbeauftragte des Landes Nordrhein-Westfalen nicht zwingend weiblichen Geschlechts sein.[6]

---

[1] Vgl. MünchArbR/*Richardi* § 338 Rn. 8–10.
[2] *Laufs/Kern,* Handbuch des Arztrechts, § 20 Rn. 1.
[3] *Laufs/Kern,* Handbuch des Arztrechts, § 20 Rn. 3.
[4] LAG Hamm vom 24. 4. 2008 – 11 Sa 95/08 = AuR 2008, 360.
[5] BAG vom 18. 3. 2010 – 8 AZR 77/09 = NZA 2010, 872.
[6] BAG vom 12. 11. 1998 – 8 AZR 365/97 = NZA 1999, 371.

2816 Auch die Beschränkung der Bewerbersuche auf ein bestimmtes Alter oder eine bestimmte Altersspanne ist im Rahmen einer Stellenanzeige unzulässig. Zudem sollten die übrigen im AGG genannten Diskriminierungsverbote bei der Ausschreibung einer Stelle Beachtung finden.

2817 Bedient sich ein Arbeitgeber für die Durchführung des Bewerbungsverfahrens eines Dritten, also etwa eines Personalberaters oder Personalvermittlers, haftet er nach der gefestigten Rechtsprechung nicht nur für eigene Verletzungen des AGG, sondern auch für eventuelle diskriminierende Handlungen durch den Dritten.[7] Dies folgt unter anderem daraus, dass ein Bewerber regelmäßig nicht selbst in der Lage ist, zu ermitteln, wie es zu einer Stellenausschreibung gekommen ist und ob Zeugen vorhanden sind, die entlastende Behauptungen des Unternehmens widerlegen können.[8] Der Arbeitgeber muss sich das Verhalten des Personalvermittlers zurechnen lassen, wenn dieser eine Stellenausschreibung unter Verstoß gegen § 11 AGG schaltet.[9] Die Delegation des Auswahlverfahrens an unternehmensfremde Dritte schließt die Haftung des Arbeitgebers somit nicht aus. Den Arbeitgeber trifft im Fall der Fremdausschreibung die **Sorgfaltspflicht,** die ordnungsgemäße Ausschreibung zu überwachen.[10] Das BAG hat allerdings bislang dabei offen gelassen, ob und welche Grenzen der Einstandspflicht des Arbeitgebers ggf. greifen können, insbesondere, ob dem Arbeitgeber jeglicher Handlungsbeitrag eines eingeschalteten Dritten zuzurechnen ist.[11] Ein Kriterium zur Beantwortung dieser Frage könnte die Entscheidungsbefugnis hinsichtlich der Auswahl eines Bewerbers sein. Wer ist Herr des Verfahrens?

2818 Die Ausschreibung einer Stelle stellt noch kein bindendes Angebot an den Bewerber zum Abschluss eines Arbeitsvertrags dar. Allerdings muss sich der Arbeitgeber an den in der Stellenanzeige gemachten Zusagen in der Regel festhalten lassen. Nach den Grundsätzen der Vertrauenshaftung darf sich der Bewerber jedoch lediglich ausnahmsweise auf die in der Anzeige veröffentlichten Angaben verlassen und kann nur im Einzelfall bei seiner Einstellung etwa die in der Stellenanzeige zu hoch angegebene Vergütung einfordern.[12]

2819 Der Arbeitgeber ist nach § 7 Abs. 1 TzBfG dazu verpflichtet, einen Arbeitsplatz als Teilzeitarbeitsplatz auszuschreiben, wenn sich der Arbeitsplatz dafür eignet. Dies gilt für lediglich innerbetrieblich ausgeschriebene ebenso wie für öffentlich ausgeschriebene Stellen.

2820 Sofern im Betrieb ein Betriebsrat besteht, kann dieser gemäß § 93 BetrVG verlangen, dass Arbeitsplätze, die besetzt werden sollen, allgemein oder für bestimmte Arten von Tätigkeiten, vor ihrer Besetzung innerhalb des Betriebs ausgeschrieben werden. Dem Arbeitgeber steht es jedoch frei, neben der durch den Betriebsrat verlangten internen Stellenausschreibung, die Stelle parallel auch extern auszuschreiben. Auch ist der Arbeitgeber nicht dazu verpflichtet, die ausgeschriebene Stelle tatsächlich mit dem internen Bewerber zu besetzen. Dem betriebsinternen Bewerber soll lediglich die Möglichkeit zur Bewerbung eingeräumt werden.[13] Zwischen der betriebsinternen Ausschreibung und der Einstellung eines externen Bewerbers muss mindestens eine Woche liegen, da der Betriebsrat sonst der Einstellung gemäß § 99 Abs. 2 Nr. 5 BetrVG widersprechen kann.[14]

---

[7] BAG vom 17. 12. 2009 – 8 AZR 670/08 = NZA 2010, 383; bereits zur Regelung in § 611a BGB a. F.: BAG vom 5. 2. 2004 – 8 AZR 112/03 = NZA 2004, 540; BVerfG vom 21. 9. 2006 – 1 BvR 308/03 = NZA 2007, 195.

[8] BVerfG vom 21. 9. 2006 – 1 BvR 308/03 = NZA 2007, 195.

[9] BAG vom 5. 2. 2004 – 8 AZR 112/03 = NZA 2004, 540; LAG Hamm vom 24. 4. 2008 – 11 Sa 95/08 = AuR 2008, 360.

[10] BAG vom 5. 2. 2004 – 8 AZR 112/03 = NZA 2004, 540.

[11] *Diller* NZA 2007, 649.

[12] Schaub/*Linck* ArbRHdb § 25 Rn. 4; Hess. LAG vom 13. 1. 1993 – 2 Sa 522/92 = NZA 1994/884.

[13] BAG vom 23. 2. 1988 – 1 ABR 82/86 = NZA 1988, 551.

[14] ArbG Reutlingen vom 9. 9. 1993 – 1 BV 20/93 = AiB 1994, 122.

II. Diskriminierungsverbote beim Einstellungsverfahren

Nach § 7 Abs. 1 AGG dürfen Beschäftigte nicht wegen eines der in § 1 AGG genannten **2821** Merkmale benachteiligt werden. Diese Verbote sind (insbesondere) vom Arbeitgeber zu beachten und gelten sowohl für jedes Stadium des Einstellungsverfahrens als auch für das bestehende Arbeitsverhältnis.

Die Diskriminierung wegen folgender Merkmale ist nach Maßgabe des AGG verboten: **2822**
– Rasse
– Ethnische Herkunft
– Geschlecht
– Religion/Weltanschauung
– Behinderung
– Alter
– Sexuelle Identität.

Das AGG benennt vier Grundformen der Benachteiligung. Eine **unmittelbare Benach-** **2823** **teiligung** liegt nach § 3 Abs. 1 AGG vor, wenn wegen eines der genannten Merkmale eine weniger günstige Behandlung erfolgt. Demgegenüber liegt eine **mittelbare Benachteiligung** nach § 3 Abs. 2 AGG dann vor, wenn augenscheinlich neutrale Vorschriften oder Kriterien Personen wegen eines der genannten Merkmale gegenüber anderen Personen benachteiligen können, es sei denn diese sind durch ein rechtmäßiges Ziel sachlich gerechtfertigt und die Mittel sind zur Erreichung dieses Ziels angemessen und erforderlich. Als dritte Form bezeichnet das AGG in § 3 Abs. 3 AGG die **Belästigung.** Damit sind solche unerwünschte Verhaltensweisen gemeint, die mit einem Grund nach § 1 AGG im Zusammenhang stehen und bezwecken oder bewirken, dass die Würde einer Person verletzt und ein von Einschüchterung, Anfeindung, Erniedrigung, Entwürdigung oder Beleidigung gekennzeichnetes Umfeld geschaffen wird.[15] Schließlich ist auch die **sexuelle Belästigung** nach § 3 Abs. 4 AGG verboten. Dabei handelt es sich um ein im Beruf unerwünschtes, sexuell bestimmtes Verhalten, das bezweckt oder bewirkt, dass die Würde der Person verletzt wird, insbesondere wenn ein von Einschüchterung, Anfeindung, Erniedrigung, Entwürdigung oder Beleidigung gekennzeichnetes Umfeld geschaffen wird.[16]

Anders als die übrigen drei Formen der Diskriminierung sieht das AGG im Falle einer **2824** mittelbaren Diskriminierung eine Rechtfertigungsmöglichkeit vor. Nach § 8 Abs. 1 AGG ist eine unterschiedliche Behandlung wegen eines der in § 1 AGG genannten Merkmale dann zulässig, wenn diese je nach Art der auszuübenden Tätigkeit oder deren Ausübungsbedingung eine wesentliche oder entscheidende berufliche Anforderung darstellt, sofern der Zweck rechtmäßig und die Anforderung angemessen ist. Es kommt also entscheidend auf das konkret geforderte Anforderungsprofil an.

Ein besonderer Schutz vor Diskriminierung für schwerbehinderte Bewerber im Rahmen **2825** der Einstellung folgt aus § 81 Abs. 2 SGB IX. Die Vorschrift besteht neben den Diskriminierungsverboten des AGG.

III. Auswahl/Vorstellungsgespräch (Un-/Zulässige Fragen)

1. Grundsätzliches

Durch das Vorstellungsgespräch vor Abschluss des Arbeitsvertrags hat der Arbeitgeber die **2826** Gelegenheit, den ersten Eindruck, den er von dem Bewerber durch die Bewerbungsunterla-

---

[15] *Hanau* NZA 2010, 1.
[16] BAG vom 24. 9. 2009 – 8 AZR 705/08 = NZA 2010, 387.

gen erhalten hat, zu vertiefen. Er kann sich dadurch einen persönlichen Eindruck von der Eignung des Bewerbers verschaffen. Auch der Bewerber erhält im Rahmen des Vorstellungsgesprächs die Möglichkeit, mehr von seinem potentiellen neuen Arbeitgeber zu erfahren.

2827   Es wird regelmäßig im Interesse des Arbeitgebers liegen, im Rahmen des Gesprächs möglichst viel über den Bewerber zu erfahren. Im Gegensatz dazu wird der Bewerber eher bestrebt sein, möglichst wenig private Informationen von sich preiszugeben und vielmehr seine beruflichen Qualifikationen zu bekräftigen.[17] Bei der Beurteilung der Zulässigkeit einer Frage des Arbeitgebers ist also stets eine Abwägung zwischen dem **Informationsinteresse** des Arbeitgebers und dem **Persönlichkeitsrecht** des Mitarbeiters vorzunehmen.

2828   Dem Bewerber steht nach einem Vorstellungsgespräch ein Anspruch auf Erstattung der **Vorstellungskosten** gegen den Arbeitgeber zu, sofern er vom Arbeitgeber zur persönlichen Vorstellung aufgefordert worden ist.[18] Dies gilt unabhängig davon, ob ein Arbeitsvertrag tatsächlich zustande gekommen ist oder nicht. Erklärt sich der Arbeitgeber nicht zur Erstattung bereit, muss dies frühzeitig und zweifelsfrei gegenüber dem Bewerber erklärt werden. Bei den zu erstattenden Kosten handelt es sich insbesondere um Fahrt- und Unterbringungs- sowie Verpflegungskosten. Weist die Agentur für Arbeit dem Bewerber die Stelle zur Vorstellung zu oder unternimmt er die persönliche Vorstellung auf Grund eigener Initiative, entfällt der Anspruch auf Erstattung der Kosten.[19]

2. Fragerecht des Arbeitgebers

2829   **a) Allgemeines.** Der Arbeitgeber hat ein berechtigtes Interesse an solchen Informationen, die Auskunft über die Eignung des Bewerbers für die jeweilige Stelle geben. Seinem Informationsrecht sind jedoch zum Schutze des Bewerbers Grenzen gesetzt. Der Arbeitgeber darf zulässigerweise nur solche Fragen stellen, an deren wahrheitsgemäßer Beantwortung er ein berechtigtes, billigenswertes und schutzwürdiges Interesse hat, hinter dem die Belange des Bewerbers zurücktreten müssen.[20] Ein Bezug zu dem angestrebten Arbeitsplatz ist demnach zwingende Voraussetzung.

2830   Zum Schutz des Bewerbers vor unzulässigerweise gestellten Fragen, wird diesem ein sogenanntes **„Recht zur Lüge"** eingeräumt.[21] Der Bewerber ist nur verpflichtet Tatsachen von sich aus zu offenbaren, wenn sie für den Arbeitgeber nicht erkennbar, jedoch für die Entscheidung über den Abschluss des Arbeitsvertrags **offensichtlich** von Bedeutung sind. Die Zulässigkeit einer Frage beurteilt sich nach verschiedenen Kriterien.

2831   Das **Persönlichkeitsrecht** des Bewerbers sowie die **Diskriminierungsverbote** nach dem AGG sind zu beachten. Auch bei dem Fragerecht des Arbeitgebers sind Datenschutzrechtliche Bestimmungen nach dem Bundesdatenschutzgesetz einzuhalten.

2832   Antwortet der Bewerber auf eine zulässige Frage wahrheitswidrig, ist der Arbeitgeber zur Anfechtung des in Folge dessen zustande gekommenen Arbeitsvertrags auf Grund arglistiger Täuschung nach § 123 BGB berechtigt. Voraussetzung ist jedoch, dass die Täuschung für das Eingehen des Arbeitsverhältnisses ursächlich gewesen ist und der Bewerber dies zudem hätte wissen müssen oder erkennen können.

2833   Daneben kommt auch eine Anfechtung wegen Irrtums nach § 119 Abs. 2 BGB in Betracht. Dies ist immer dann der Fall, wenn der Arbeitgeber sich über eine „verkehrswesentliche Eigenschaft" in der Person des Bewerbers geirrt hat. Verkehrswesentliche Eigenschaften sind Tatsachen, welche die arbeitsvertraglich vereinbarte Tätigkeit für längere Zeit wesentlich oder ganz verhindern können.[22]

---

[17] BAG vom 5. 10. 1995 – 2 AZR 923/94 = NZA 1996, 371.
[18] ErfK/*Preis* § 611 BGB Rn. 244.
[19] ErfK/*Preis* § 611 BGB Rn. 245.
[20] BAG vom 7. 6. 1984 – 2 AZR 270/83 = AP BGB § 123 Nr. 26.
[21] *Wisskirchen/Bissels* NZA 2007, 169, 170.
[22] BAG vom 21. 2. 1991 – 2 AZR 449/90 = AP BGB § 123 Nr. 35.

Welche Folgen die Anfechtung des Arbeitsvertrags hat, hängt davon ab, ob das Arbeits- **2834** verhältnis bereits in Vollzug gesetzt wurde oder nicht. Erklärt der Arbeitgeber die Anfechtung, bevor der Bewerber seine Tätigkeit aufgenommen hat, ist der Arbeitsvertrag nach § 142 Abs. 1 BGB von Anfang an nichtig. Wird die Anfechtung erklärt, wenn der Bewerber seine Tätigkeit bereits aufgenommen hat, wirkt die Anfechtung rechtlich wie eine Kündigung des Arbeitsverhältnisses. Die Anfechtung wirkt dann erst für die Zukunft. Eine Rückforderung des bereits verdienten und gezahlten Entgelts ist nicht möglich.[23]

Eine Anfechtung scheidet aus, wenn der Bewerber zulässigerweise von seinem „Recht **2835** zur Lüge" Gebrauch gemacht und eine unzulässige Frage des Abreitgebers falsch beantwortet hat. Beantwortet der Bewerber eine unzulässige Frage trotz dieses Rechts wahrheitsgemäß und stellt der Arbeitgeber ihn deshalb nicht ein, können dem Arbeitgeber Schadenersatz- oder Entschädigungsansprüche des Bewerbers drohen.

b) Einzelne Fragerechte. aa) Schwangerschaft. Die Kenntnis einer bestehenden **2836** Schwangerschaft wird regelmäßig im Interesse des Arbeitgebers sein, da mit einem längerfristigen Arbeitsausfall der Bewerberin zu rechnen ist. Der EuGH[24] sieht allerdings in der Verweigerung der Einstellung aufgrund einer bestehenden Schwangerschaft **stets** eine Diskriminierung wegen des Geschlechts. Es handele sich dabei sogar um einen Fall der unmittelbaren Diskriminierung wegen des Geschlechts, da sie nur gegenüber Frauen in Betracht komme. Eine solche Diskriminierung sei auch nicht dadurch gerechtfertigt, dass die zu erwartenden Fehlzeiten zu erheblichen wirtschaftlichen Beeinträchtigungen des Arbeitgebers führen können. Dieser Rechtsprechung hat sich nunmehr auch das BAG vollumfänglich angeschlossen.[25] Sofern die Bewerberin die geschuldete Tätigkeit nach Ablauf der Schutzfristen grundsätzlich wieder erbringen kann, ist die Frage nach einer Schwangerschaft – auch bei Abschluss eines befristeten Beschäftigungsverhältnisses – unzulässig.

Auch für den Fall, dass bei Beschäftigung der Bewerberin unmittelbar ein Beschäfti- **2837** gungsverbot auf Grund der Schwangerschaft zum Zuge kommt, führt dies nicht zur Zulässigkeit der Frage. Die Frage nach einer bestehenden Schwangerschaft ist daher in jedem Fall **unzulässig.** Dies gilt sogar dann, wenn die Bewerberin die vereinbarte Tätigkeit wegen eines mutterschutzrechtlichen Beschäftigungsverbotes (z. B. Röntgentätigkeit) zunächst nicht aufnehmen darf.

bb) Gesundheitszustand. Fragen zum Gesundheitszustand eines Bewerbers sind dann **2838** zulässig, wenn sie darauf abzielen herauszufinden, ob eine Erkrankung vorliegt, welche die Eignung des Bewerbers für die vorgesehene Tätigkeit **auf Dauer** oder **periodisch wiederkehrend** einschränkt. Ein berechtigtes Interesse besteht auch dann, wenn die Frage darauf abzielt herauszufinden, ob eine ansteckende Krankheit vorliegt, die Arbeitskollegen oder Dritte gefährdet, auch wenn die eigene Leistungsfähigkeit des Bewerbers dadurch nicht eingeschränkt wird.[26]

Die Frage nach einer bestehenden **Aids-Erkrankung** ist in Anbetracht der Schwere der **2839** Krankheit und der zu erwartenden erheblichen Arbeitsausfällen zulässig.[27] Unzulässig ist dem gegenüber jedoch grundsätzlich die Frage nach einer bestehenden HIV-Infektion. Vor Ausbruch der Krankheit soll der Bewerber auf diese Frage keine wahrheitsgemäße Antwort geben müssen. Diese unterschiedliche Beurteilung folgt daraus, dass nach derzeitigem medizinischen Kenntnisstand im Falle einer HIV-Infektion nicht vorhersehbar ist, wann und ob die Krankheit überhaupt ausbrechen wird. In diesem Stadium kann noch nicht von einer Krankheit oder von einer Beeinträchtigung des Gesundheitszustandes gesprochen werden. Im Falle einer Tätigkeit im Gesundheitsbereich, welche ein hohes Ansteckungsri-

---

[23] *Strick* NZA 2000, 695.
[24] EuGH vom 8. 11. 1990 – Rs. C-177/88 = NZA 1991, 171; EuGH vom 30. 6. 1998 Rs. C-394/96 = NZA 1998, 871.
[25] BAG vom 6. 2. 2003 – 2 AZR 621/01 = NZA 2003, 114.
[26] BAG vom 7. 6. 1984 – 2 AZR 270/83 = AP § 123 Nr. 26.
[27] *Lichtenberg/Schücking* NZA 1990, 41, 44.

siko für Arbeitskollegen oder Patienten mit sich bringt, soll jedoch auch die Frage nach einer HIV-Infektion zulässig und damit wahrheitsgemäß zu beantworten sein.[28] Dies ist insbesondere dann der Fall, wenn mit Blutübertragungen im Zuge der Tätigkeit zu rechnen ist, da dann von einem erhöhten Ansteckungsrisiko auszugehen ist.

2840 **cc) Schwerbehinderteneigenschaft.** Seit Inkrafttreten des AGG gilt ein gesetzliches Diskriminierungsverbot für Schwerbehinderte. Die **tätigkeitsneutrale** Frage nach einer Behinderung wird aber für den Fall als zulässig erachtet, wenn Ziel der Frage die Eingliederung eines Behinderten im Rahmen der Beschäftigungspflicht nach § 71 Abs. 1 SGB IX ist.[29]

2841 Wird die Frage nach einer Behinderung oder Schwerbehinderung **tätigkeitsbezogen** gestellt, ist sie dann zulässig, wenn die Art der auszuübenden Tätigkeit eine bestimmte körperliche Funktion oder geistige Fähigkeit voraussetzt, welche durch die konkrete Behinderung eingeschränkt ist. Die falsche Beantwortung einer dem Bewerber bei der Einstellung zulässigerweise gestellten Frage nach einer Schwerbehinderung kann den Arbeitgeber dazu berechtigen, den Arbeitsvertrag wegen arglistiger Täuschung anzufechten, wenn die Täuschung für den Abschluss des Arbeitsvertrags ursächlich war.[30]

2842 **dd) Vorstrafen.** Soweit eine Vorstrafe für den zu besetzenden Arbeitsplatz relevant ist, darf der Arbeitgeber nach ihr Fragen.[31] So kann etwa eine Vorstrafe wegen eines Vermögensdeliktes (etwa Betrug nach § 263 StGB) bei einer Tätigkeit, bei der dem Bewerber besondere Vermögensbetreuungspflichten obliegen, von Relevanz und damit mitteilungspflichtig sein.

2843 **ee) Ermittlungs- und Strafverfahren.** Unter bestimmten Einschränkungen hat das BAG die Frage nach einem laufenden oder vergangenen Ermittlungs- oder Strafverfahren gegen den Bewerber für zulässig erachtet.[32] Es muss dabei stets auf die **absolute Integrität** des Bewerbers ankommen. Das ist insbesondere bei einzelnen öffentlichen Arbeitgebern der Fall. Im Falle eines Einstellungsverfahrens für eine Tätigkeit im Rahmen einer Arztpraxis dürfte ein solches besonderes Interesse jedoch in der Regel nicht bestehen.

2844 **ff) Religionszugehörigkeit.** Die Frage nach der Religionszugehörigkeit ist grundsätzlich unzulässig. Anders ist die Zulässigkeit nur dann zu beurteilen, wenn auf Grund religiöser Gebote oder Verbote die Tätigkeit nicht oder nur eingeschränkt erbracht werden kann.[33]

2845 Für eine Einstellung in einer kirchlichen Einrichtung gilt die Sondervorschrift des § 9 AGG. Auf Grund des verfassungsmäßig garantierten Selbstbestimmungsrechts der Kirchen ist es zulässig nach der Zugehörigkeit zu einer Religionsgemeinschaft sowie einer „kirchlichen Lebensführung" zu fragen.

2846 **gg) Partei- und Gewerkschaftszugehörigkeit/Privatsphäre.** Die Frage nach der Zugehörigkeit des Bewerbers zu einer Partei oder Gewerkschaft ist unzulässig. Als Teil des Merkmals der „Weltanschauung" ist eine derartige Zugehörigkeit nach §§ 1, 3 AGG geschützt. Fragen, welche den privaten Lebensbereich des Bewerbers betreffen, sind stets unzulässig.[34]

2847 **hh) Beruflicher Werdegang/Vergütung/Wettbewerbsverbote.** Fragen nach dem bisherigen beruflichen Werdegang eines Bewerbers sowie dessen Vergütung bei seinem bisherigen Arbeitgeber sind grundsätzlich zulässig, wenn die bisherige und die angestrebte Tätigkeit vergleichbar sind. Die Frage nach einen weiteren Arbeitsverhältnis, welches neben dem angestrebten ausgeübt wird, sowie nach bestehenden Wettbewerbsverboten ist ebenso zulässig.[35]

[28] *Wisskirchen/Bissels* NZA 2007, 169, 171.
[29] Düwell BB 2006, 1741.
[30] BAG vom 7. 7. 2011 – 2 AZR 396/10 = NZA 2012, 34.
[31] BAG vom 20. 5. 1999 – 2 AZR 320/98 = NZA 1999, 975.
[32] BAG vom 20. 5. 1999 – 2 AZR 320/98 = NZA 1999, 975.
[33] Schaub/*Linck* § 26 Rn. 31.
[34] *Wisskirchen/Bissels* NZA 2007, 173.
[35] ErfK/*Preis* § 123 BGB Rn. 273; HessLAG vom 1. 12. 2010 – 2 Sa 687/10.

ii) Aufenthalts- und Arbeitserlaubnis. Gerade in Zeiten des „Ärztemangels" in **2848** Deutschland kommt es häufig vor, dass sich ärztliches Personal aus dem Ausland in einer Praxis bewirbt. Für den Arbeitgeber ist es daher von großer Bedeutung zu erfahren, ob der Bewerber im Besitz einer Aufenthalts-, Arbeits- und einer Berufserlaubnis ist. Gerade die Beantragung einer Berufserlaubnis und die damit verbundene Anerkennung der im Ausland erworbenen beruflichen Qualifikation (Gleichwertigkeitsprüfung) stellen nicht selten einen erheblichen bürokratischen Aufwand dar, der einige Zeit in Anspruch nehmen kann. Ein entsprechendes Fragerecht des Arbeitgebers ist vor diesem Hintergrund stets zu bejahen. Es besteht sogar eine **Offenbarungspflicht** des Bewerbers, wenn er nicht im Besitz der erforderlichen Papiere ist.[36] Die Ausführungen hinsichtlich des Fragerechts gelten entsprechend für die Einstellung nichtärztlichen Personals.

IV. Personalfragebogen

Der Arbeitgeber hat das Recht, den Bewerber einen Personal- bzw. Einstellungsfragebo- **2849** gen ausfüllen zu lassen. Ist die Bewerberanzahl groß, kann mittels eines solchen Fragebogens eine Vorauswahl getroffen werden. Ein Einstellungsfragebogen ist eine formularartige Zusammenfassung von Fragen über die persönlichen Fähigkeiten, Verhältnisse und Kenntnisse einer Person.[37] Hinsichtlich der Zulässigkeit der einzelnen Fragen wird auf die vorstehenden Ausführungen zum Fragerecht verwiesen.

Bei der Verwendung eines solchen Fragebogens handelt es sich um eine Datenerhebung **2850** nach dem Bundesdatenschutzgesetz (BDSG).[38] Gemäß § 32 Abs. 1, 2 BDSG dürfen personenbezogene Daten erhoben, verarbeitet und genutzt werden, wenn dies für die Entscheidung über die Begründung des Arbeitsverhältnisses erforderlich ist. Auch der Personalfragebogen unterliegt somit dem Datenschutz. So steht einem abgelehnten Bewerber ein Anspruch auf Vernichtung der Daten zu.[39]

Bei der Erstellung eines Personalfragebogens ist das Mitbestimmungsrecht des Betriebsra- **2851** tes – sofern vorhanden – nach § 94 BetrVG zu beachten. Die fehlende Mitbestimmung entbindet den Bewerber jedoch nicht davon, auf zulässigerweise gestellte Fragen des Arbeitgebers in einem Personalfragebogen wahrheitsgemäß zu antworten.

V. Offenbarungspflicht des Bewerbers

Sowohl durch die (zulässigen) Fragen des Arbeitgebers sowie durch Personalfragebögen **2852** als auch durch Einstellungsuntersuchungen und Einstellungstests erlangt der Arbeitgeber ein umfassendes Bild von der beruflichen Eignung des Bewerbers. Es ist daher nur in eng umgrenzten Ausnahmefällen von einer eigenständigen, unaufgeforderten Offenbarungspflicht des Bewerbers auszugehen. Nach höchstrichterlicher Rechtsprechung soll dies dann der Fall sein, wenn es sich um Tatsachen handelt, die dazu geeignet sind, die arbeitsvertragliche Leistungspflicht zu vereiteln.[40] Anerkannte Beispiele sind etwa, die Bewerbung eines transsexuellen Mannes für die Stelle einer Sprechstundenhilfe bei einem Frauenarzt[41] oder die Bewerbung eines Alkoholabhängigen für die Stelle eines Berufskraftfahrers.[42] Der Be-

---

[36] LAG Nürnberg Urteil vom 21. 9. 1994 – 3 Sa 1176/93 = NZA 1995, 228.

[37] BAG vom 21. 9. 1993 – 1 ABR 28/93 = AP BetrVG 1972 § 94 Nr. 4.

[38] ErfK/*Preis* § 611 BGB Rn. 242.

[39] BAG vom 6. 6. 1984 – 5 AZR 286/81 = AP BGB § 611 Persönlichkeitsrecht Nr. 7.

[40] BAG vom 1. 8. 1985 – 2 AZR 101/83 = AP BGB § 123 Nr. 30.

[41] BAG vom 21. 2. 1991 – 2 AZR 449/90 = NZA 1991, 719.

[42] ArbG Kiel vom 21. 1. 1982 – 2 c C 2062/81 = BB 1982, 804.

werber muss auch offenbaren, nicht im Besitz einer erforderlichen Arbeits- oder Aufenthaltserlaubnis zu sein[43] oder eine ansteckende Krankheit zu haben, wenn diese eine Gefahr für Arbeitskollegen oder Dritte darstellt.[44]

2853   Die Verletzung der Offenbarungspflicht berechtigt den Arbeitgeber zur Anfechtung des Arbeitsvertrags nach § 123 BGB.

VI. Ablehnungsschreiben

2854   Auch bei dem Ablehnungsschreiben gegenüber einem nicht ausgewählten Bewerber sind die Bestimmungen des AGG zu beachten. Es ist zu empfehlen, das Schreiben möglichst neutral und ohne die Nennung von Ablehnungsgründen zu fassen.

2855   Der abgelehnte Bewerber hat **keinen** Anspruch darauf, dass ihm die Gründe, die zu seiner Ablehnung geführt haben, mitgeteilt werden. Von einer Benennung der Gründe ist auch bei telefonischer Nachfrage des Bewerbers abzuraten.

2856   Es ist jedoch zu beachten, dass die Verweigerung jeglicher Information gegenüber einem abgelehnten Bewerber nach aktueller Rechtsprechung des Europäischen Gerichtshofes als Indiz für eine Diskriminierung gewertet werden kann. Es besteht jedoch die Gefahr, dass auf diese Weise „durch die Hintertür" ein Auskunftsanspruch des abgelehnten Bewerbers geschaffen wird.[45] Aus diesem Grunde ist hervorzuheben, dass das Vorliegen einer Diskriminierung stets im Einzelfall durch die nationalen Arbeitsgerichte festgestellt werden muss.

VII. Ersatzansprüche des Bewerbers wegen Diskriminierung

2857   Ein Verstoß gegen ein Diskriminierungsverbot nach dem AGG hat gemäß § 134 BGB i. V. m. § 7 Abs. 1 AGG zur Folge, dass ein dagegen verstoßendes Rechtsgeschäft nichtig ist. Bestimmungen, die gegen ein Diskriminierungsverbot verstoßen, sind nach § 7 Abs. 2 AGG unwirksam.

2858   Zwar erlangt der abgelehnte Bewerber im Falle einer Diskriminierung **keinen** Anspruch auf eine Einstellung (§ 15 Abs. 6 AGG). Nach § 15 Abs. 1, 2 AGG steht ihm jedoch ein **Schadensersatz- bzw. Entschädigungsanspruch** zu, wenn ein Verstoß gegen ein Benachteiligungsverbot vorliegt und der Arbeitgeber diesen zu vertreten hat.[46] Im Hinblick auf die Höhe des Anspruchs ist die Begrenzung des materiellen Schadensersatzanspruches auf den hypothetischen ersten Kündigungstermin vorstellbar. Eine gerichtliche Entscheidung liegt hierzu indes noch nicht vor.

2859   Wäre der Bewerber auch bei benachteiligungsfreier Auswahl nicht eingestellt worden, gilt eine Höchstgrenze für den Schadensersatzanspruch in Höhe von drei Monatsgehältern. Ein Verschulden des Arbeitgebers ist dabei nicht erforderlich. Von dem Entstehen dieses immateriellen Schadens bei dem Bewerber auf Grund der Benachteiligung ist in der Regel auszugehen.[47]

2860   Ein Anspruch auf Schadensersatz scheidet jedoch vollständig aus, wenn sich der Bewerber rechtsmissbräuchlich auf eine Stelle beworben hat. Das ist dann der Fall, wenn er an der Begründung eines Arbeitsverhältnisses kein Interesse hat, sondern lediglich die Zahlung einer Entschädigung wegen Benachteiligung erreichen möchte. Als Indiz für einen solchen

---

[43] LAG Nürnberg vom 21. 9. 1994 – 3 Sa 1176/93 = NZA 1995, 228.
[44] BAG vom 7. 6. 1984 – 2 AZR 270/83 = AP § 123 Nr. 26.
[45] EuGH vom 19. 4. 2012 – C-415/10 mit Anm. *Kock* = NJW 2012, 2497.
[46] BAG vom 7. 4. 2011 – 8 AZR 679/09 = NZA 2011, 1184.
[47] BAG vom 22. 1. 2009 – 8 AZR 906/07 = NZA 2009, 945.

Rechtsmissbrauch gilt u.a., wenn sich der Bewerber ausschließlich auf Stellen bewirbt, die auf das jeweils andere Geschlecht ausgeschrieben sind oder wenn er für die Stelle nicht qualifiziert oder offensichtlich überqualifiziert ist. In einem Stellenbesetzungsverfahren kann demnach nur benachteiligt werden, wer sich subjektiv ernsthaft beworben hat und objektiv für die zu besetzende Stelle in Betracht kommt.[48]

Nach § 15 Abs. 4 AGG muss der Entschädigungsanspruch nach § 15 Abs. 1, 2 AGG in- **2861** nerhalb von zwei Monaten nach Kenntniserlangung schriftlich gegenüber dem potentiellen Arbeitgeber oder einem von ihm bevollmächtigten Vertreter geltend gemacht werden, es sei denn, es wurde tarifvertraglich etwas anderes vereinbart. Dem Arbeitgeber ist daher dazu zu raten, eine schriftliche Dokumentation darüber zu fertigen, dass der ausgewählte Bewerber dem (diskriminierungsfreien) Anforderungsprofil für die Stelle eher entspricht, als der abgelehnte Bewerber und diese Dokumentation zusammen mit den Bewerbungsunterlagen mindestens drei Monate lang aufzubewahren. So stehen dem Arbeitgeber im Falle eines gerichtlichen Prozesses bereits geeignete Beweismittel zur Verfügung um darzulegen, dass eine diskriminierungsfreie Auswahl stattgefunden hat. Empfehlenswert ist es darüber hinaus, das Vorstellungsgespräch mindestens zu zweit zu führen, da auf diese Weise bereits ein Zeuge für eine gerichtliche Auseinandersetzung zur Verfügung steht.

Nach § 22 AGG trägt der Arbeitgeber die Beweislast dafür, dass kein Verstoß gegen ein **2862** Benachteiligungsverbot vorgelegen hat, wenn der Beschäftigte/Bewerber zuvor Indizien bewiesen hat, die eine Benachteiligung auf Grundlage von § 1 AGG vermuten lassen (sog. Beweiserleichterung).

VIII. Besondere Einstellungsbedingungen

In einigen Fällen regelt ein Gesetz oder eine tarifvertragliche Bestimmung bestimmte, be- **2863** sondere Einstellungsbedingungen. Diese knüpfen häufig an ein bestimmtes Alter eines Bewerbers an. Auch eine Bezugnahme auf eine konzerneigene Ausbildung kommt in der Praxis vor.

Nach § 10 S. 1 AGG ist eine unterschiedliche Behandlung wegen des Alters zulässig, **2864** wenn sie objektiv, angemessen und durch ein legitimes Ziel gerechtfertigt ist. Es stellt sich die Frage, ob ein solches legitimes Ziel erst dann vorliegt, wenn wichtige Interessen der Allgemeinheit vorliegen oder ob auch berechtigte Interessen eines einzelnen Arbeitgebers oder einer der Tarifvertragsparteien ausreichend sind.

In diesem Zusammenhang ist auf verschiedene neuere Entscheidungen des EuGH hin- **2865** zuweisen. Danach ist die Befristung eines Arbeitsvertrags nach § 14 Abs. 3 TzBfG a. F. bis zum 31. 12. 2006, wenn der Mitarbeiter bei Beschäftigungsbeginn das 52. Lebensjahr vollendet hat, wegen unzulässiger Altersdiskriminierung europarechtswidrig.[49]

Am 19. 1. 2010 hat der EuGH zudem entschieden, dass die Anknüpfung von verlänger- **2866** ten Kündigungsfristen an die Vollendung des 25. Lebensjahres in § 622 Abs. 2 BGB eine unzulässige Altersdiskriminierung darstellt.[50] Diese Vorschrift wird seitdem von der Rechtsprechung nicht mehr angewandt.

Schwierig zu beurteilen ist nach Inkrafttreten des AGG die Zulässigkeit tariflicher **2867** Höchstaltersgrenzen (z.B. 60 Jahre). Vor Inkrafttreten des AGG hatte das BAG diese tarifliche Altersgrenze für wirksam erachtet. Nunmehr muss eine Einzelfallbetrachtung vorgenommen werden. Der EuGH hat eine für Piloten festgelegte tarifliche Altersgrenze von 60 Jahren und die automatische Beendigung der Arbeitsverträge mit Erreichen der Alters-

---

[48] BAG vom 12. 11. 1998 – 8 AZR 365/97 = NJW 1999, 1419 (zu § 611a BGB); LAG Kiel vom 29. 1. 2009 – 4 Sa 346/08 (zum AGG).
[49] EuGH vom 22. 11. 2005 – C-144/04 („Mangold") = NJW 2005, 3695.
[50] EuGH vom 19. 1. 2010 – C-555/07 („Kücükdeveci") = NZA 2010, 85.

grenze als ungerechtfertigte Altersdiskriminierung betrachtet.[51] Dies lag jedoch daran, dass andere Vorschriften erst das 65. Lebensjahr für Piloten als Grenze betrachtet haben. Die für Fluglotsen in der Deutschen Flugsicherung (DFS) tariflich bestimmte Altersgrenze von 55 Jahren hat das LAG Düsseldorf als unwirksam angesehen.[52] Dagegen seien Klauseln, die eine automatische Beendigung des Anstellungsverhältnisses bei der Erreichung der gesetzlichen Regelaltersgrenze vorsehen, zwar altersdiskriminierend, allerdings auch sachlichem Grund gerechtfertigt.[53]

IX. Einstellungsuntersuchung

2868   Sinn und Zweck einer Einstellungsuntersuchung ist es festzustellen, ob der Bewerber physisch die Anforderungen des Arbeitsplatzes erfüllt.[54] Analog zum Fragerecht des Arbeitgebers müssen auch hier die Vorschriften des AGG Beachtung finden. Da auch die Einstellungsuntersuchung in das Allgemeine Persönlichkeitsrecht des Bewerbers eingreift, müssen die Untersuchung selbst sowie deren Umfang im berechtigten Interesse des Arbeitgebers liegen.[55] Ein berechtigtes Interesse ist regelmäßig dann anzunehmen, wenn die Untersuchung Aufschluss darüber geben soll, ob eine mögliche Erkrankung besteht, welche die Eignung des Bewerbers für die angestrebte Tätigkeit auf Dauer oder in periodisch wiederkehrenden Abständen erheblich beeinträchtigt oder aufhebt.[56]

2869   Ein **Drogen- oder Alkoholtest** vor der Einstellung ist nur dann zulässig, wenn eine entsprechende Arbeitsplatzrelevanz besteht.[57] Diese liegt u. a. dann vor, wenn der Bewerber durch eine alkohol- oder drogenbedingte Schlechtleistung sich selbst oder Gesundheit und Leben Dritter gefährden würde und ein erhöhtes Risiko für den Schadenseintritt setzen kann.[58]

2870   Die Durchführung **psychologischer Eignungstests** ist nur mit vorheriger Zustimmung des Bewerbers und zur Ermittlung arbeitsplatzbezogener Daten zulässig.[59] Psychologische Tests, die der Bestimmung der Gesamtpersönlichkeit des Bewerbers oder der Ermittlung der Intelligenz dienen, stellen einen unzulässigen Eingriff in das Persönlichkeitsrecht des Bewerbers dar. Bei ihnen fehlt es an dem erforderlichen Zusammenhang zum Arbeitsplatz.

2871   Die Einstellungsuntersuchung muss durch einen Arzt sowie im Falle psychologischer Untersuchungen durch einen Psychologen durchgeführt werden. Dabei darf es sich jedoch nicht um den Arbeitgeber selbst handeln. Das folgt daraus, dass der Arbeitgeber nach der Einstellungsuntersuchung nur Auskunft über die allgemeine Tauglichkeit für den in Aussicht gestellten Arbeitsplatz, nicht jedoch über einzelne Untersuchungsergebnisse erhalten darf.[60] Auch wenn der Arzt die Untersuchung im Interesse des Arbeitgebers vornimmt, hat er die ärztliche Schweigepflicht (§ 203 StGB) zu beachten.

2872   Zwar hat vor Mitteilung des Untersuchungsergebnisses eine Entbindung des Arztes von der Schweigepflicht durch den Bewerber zu erfolgen. Von einer Einwilligung der Weitergabe ist jedoch im Regelfall bei Einwilligung in die Untersuchung selbst auszugehen. Die

---

[51] EuGH vom 13. 9. 2011 – C-447/09 („Prigge") auf Vorlage des BAG vom 17. 6. 2009 – 7 AZR 112/08.

[52] LAG Düsseldorf vom 9. 3. 2011 – 12 TaBV 81/10 = NZA-RR 2011, 474.

[53] EuGH vom 12. 10. 2010 – C-45/09 („Rosenbladt").

[54] ErfK/*Preis* § 611 BGB Rn. 292.

[55] BAG vom 23. 2. 1967 – 2 AZR 124/66 = AP BAT § 7 Nr. 1.

[56] BAG vom 7. 6. 1984 – 2 AZR 270/83 = AP BGB § 123 Nr. 26.

[57] *Künzel* BB 1993, 1581 (1583).

[58] *Diller/Powietzka* NZA 2001, 1227.

[59] ErfK/*Preis* § 611 BGB Rn. 382.

[60] *Keller* NZA 1988, 561, 563.

Teilnahme an der Einstellungsuntersuchung ist für den Bewerber grundsätzlich freiwillig. Im Falle einer Weigerung muss er jedoch mit seiner sofortigen Ablehnung rechnen.

Der Arbeitgeber sollte darauf achten, dass er die Einstellung unter die auflösende Bedin- **2873** gung eines positiven Ergebnisses der Einstellungsuntersuchung gestellt wird.[61] Eine entsprechende Klausel sollte in den schriftlichen Arbeitsvertrag aufgenommen werden.

X. Informationen durch den bisherigen Arbeitgeber

Ob es uneingeschränkt zulässig ist, dass ein Arbeitgeber ohne Zustimmung des Bewer- **2874** bers Erkundigungen über diesen bei dessen bisherigem Arbeitgeber einholt, ist nicht abschließend geklärt. Dies wird jedoch allgemein angenommen. In bisheriger (älterer) Rechtsprechung hält das BAG entsprechende Kontaktaufnahmen für grundsätzlich zulässig.[62] Es nimmt unter dem Gesichtspunkt einer sogenannten „Sozialpartnerschaft" der Arbeitgeber untereinander an, dass sich diese bei der Wahrung ihrer Belange unterstützen dürfen.[63] Vor einer solchen Vorgehensweise sollte jedoch im Hinblick auf das Persönlichkeitsrecht des Bewerbers stets eine Abwägung der gegenläufigen Interessen vorgenommen werden.

Der bisherige Arbeitgeber ist jedoch zur **wahrheitsgemäßen** Beantwortung der Fragen **2875** des künftigen Arbeitgebers verpflichtet. Andernfalls kann er sich gegenüber dem Bewerber schadenersatzpflichtig machen, wenn der im Übrigen zur Einstellung bereite Arbeitgeber auf Grund der falschen Auskunft Abstand von einer Einstellung nimmt.[64] Von derartigen Erkundigungen ist allerdings abzusehen, falls und solange sich der Bewerber (noch) in einem ungekündigten Arbeitsverhältnis befindet und der potenzielle neue Arbeitgeber Kenntnis davon hat.

---

[61] ErfK/*Preis* § 611 BGB Rn. 370.
[62] BAG vom 25. 10. 1957 – 1 AZR 434/55 = AP BGB § 630 Nr. 1.
[63] BAG vom 5. 8. 1976 – 3 AZR 491/75 = EzA BGB § 630 Nr. 8.
[64] BGH vom 10. 7. 1959 = AP BGB § 630 Nr. 2.

B. Begründung von Arbeitsverhältnissen

I. Abschluss des Arbeitsvertrags

2876   Arbeitgeber und Mitarbeiter begründen ein Arbeitsverhältnis mit dem Abschluss des Arbeitsvertrags. Beim Arbeitsvertrag handelt es sich um einen im Gegenseitigkeitsverhältnis stehenden zivilrechtlichen Vertrag. Dieser ist der Rechtsgrund für den Austausch der Leistungen im Arbeitsverhältnis, wonach der Mitarbeiter die persönliche Arbeitsleistung und der Arbeitgeber die Gewährung der vereinbarten Vergütung schuldet (vgl. § 611 Abs. 1 BGB). Der Arbeitsvertrag kommt wie jeder Vertrag durch Angebot und Annahme, also zwei sich gegenüberstehende, übereinstimmende Willenserklärungen zu Stande.

2877   Für den Abschluss eines Arbeitsvertrags bestehen keine gesetzlichen Formvorschriften. Während die Beendigung des Vertrags nach § 623 BGB zwingend schriftlich erfolgen muss, kann der wirksame Vertragsschluss auch mündlich oder durch konkludentes Handeln bewirkt werden. Gegenstand des Arbeitsvertrags sind dann die zwischen Arbeitgeber und Mitarbeiter besprochenen Arbeitsbedingungen, die ggf. durch gesetzliche oder tarifvertragliche Regelungen ergänzt werden. Im Streitfall muss diejenige Vertragspartei beweisen, was im Einzelnen vereinbart wurde, die sich auf die Vereinbarung beruft. Hinsichtlich der Vergütung ist im Zweifelsfall dasjenige zu zahlen, was „üblich" ist, also für vergleichbare Tätigkeiten am gleichen Ort unter besonderer Berücksichtigung der persönlichen Verhältnisse des Berechtigten gewährt wird (§ 612 BGB).[1]

2878   Der Grundsatz der Formfreiheit des Arbeitsvertrags[2] wird gesetzlich nur für einzelne Vertragsklauseln durchbrochen, etwa für die Vereinbarung einer Befristung (vgl. § 14 Abs. 6 TzBfG).

II. Dokumentationspflichten der Arbeitsbedingungen

1. Nachweisgesetz

2879   **a) Inhalt der Verpflichtung.** Den Problemen, die aus der fehlenden Verpflichtung zum Abschluss eines schriftlichen Arbeitsvertrags resultieren, soll das Nachweisgesetz (NachwG) begegnen. Dieses Gesetz verpflichtet den Arbeitgeber, die wesentlichen Vertragsbedingungen spätestens einen Monat nach dem vereinbarten Beginn des Arbeitsverhältnisses schriftlich niederzulegen, die Niederschrift zu unterzeichnen und dem Mitarbeiter auszuhändigen. Dies gilt nicht nur im Falle der erstmaligen Aufnahme des Arbeitsverhältnisses, sondern auch für alle nachfolgenden Änderungen von Arbeitsbedingungen. Allerdings ist die Wirksamkeit des Arbeitsvertrags nicht von der Erfüllung des NachwG abhängig.

2880   Zumeist erfüllen die Arbeitgeber die aus dem NachwG folgende gesetzliche Verpflichtung mit dem Abschluss eines schriftlichen Arbeitsvertrags, der die nach dem NachwG erforderlichen Angaben enthält. Schriftlich niedergelegt bzw. bestätigt werden müssen danach mindestens folgende zehn Punkte:

- Name und Anschrift der Vertragsparteien,
- Zeitpunkt des Beginns des Arbeitsverhältnisses,
- bei befristeten Arbeitsverhältnissen: die vorhersehbare Dauer des Arbeitsverhältnisses,

---

[1] BAG vom 20. 4. 2011 – 5 AZR 171/10.
[2] Küttner/*Röller*, Personalbuch 2011, Arbeitsvertrag Rn. 13.

– Arbeitsort oder, falls der Mitarbeiter nicht nur an einem bestimmten Arbeitsort tätig sein soll, ein Hinweis darauf, dass der Mitarbeiter an verschiedenen Orten beschäftigt werden kann,
– Bezeichnung oder allgemeine Beschreibung der vom Mitarbeiter zu leistenden Tätigkeit,
– Zusammensetzung und Höhe des Arbeitsentgelts einschließlich der Zuschläge, Zulagen, Prämien und Sonderzahlungen sowie anderer Bestandteile des Arbeitsentgelts und deren Fälligkeit,
– vereinbarte Arbeitszeit,
– Dauer des jährlichen Erholungsurlaubes,
– Kündigungsfristen,
– ein in allgemeiner Form gehaltener Hinweis auf die Tarifverträge, Betriebs- oder Dienstvereinbarungen, die auf das Arbeitsverhältnis anzuwenden sind.

Bei Mitarbeitern, die eine geringfügige Beschäftigung i.S.d. § 8 SGB IV ausüben, ist der **2881** zusätzliche Hinweis aufzunehmen, dass der Mitarbeiter die Stellung eines versicherungspflichtigen Mitarbeiters in der gesetzlichen Rentenversicherung erwerben kann, wenn er auf die Versicherungsfreiheit verzichtet. Sofern auf das Arbeitsverhältnis Tarifverträge, Betriebsvereinbarungen und ähnliche Regelungen Anwendung finden, aus denen sich die vorgenannten Arbeitsbedingungen ergeben, kann der Arbeitgeber auf diese Regelungswerke verweisen.

Im Übrigen können Arbeitgeber und Mitarbeiter über die im NachwG angesprochenen **2882** Mindestarbeitsbedingungen hinaus alles in den Arbeitsvertrag aufnehmen, was für das Arbeitsverhältnis Bedeutung hat oder Bedeutung erlangen kann.

b) Rechtsfolge bei Verstößen. Unterlässt ein Arbeitgeber einzelne Hinweise oder **2883** wird die Nachweispflicht gänzlich missachtet, können Schadenersatzansprüche des Mitarbeiters entstehen. Dies kann insbesondere bei tarifvertraglichen Ausschlussfristen von Bedeutung sein, wenn kein Hinweis auf die Geltung des Tarifvertrags erfolgt ist. Allerdings muss der Mitarbeiter die Kausalität zwischen der unterlassenen Aufklärung und dem eingetretenen Schaden darlegen.[3]

Im Übrigen bestimmt das NachwG selbst keine Sanktion.[4] **2884**

2. Weitere gesetzliche Dokumentationspflichten

Weitere gesetzliche Dokumentationspflichten ergeben sich auch dem Berufsbildungsgesetz (vgl. § 4 BBiG) sowie aus dem Arbeitnehmerüberlassungsgesetz (AÜG). **2885**

III. AGB-Kontrolle von Arbeitsverträgen

1. Arbeitsverträge als Allgemeine Geschäftsbedingungen (AGB)

Zumeist nutzen Arbeitgeber von ihnen vorformulierte Verträge oder andere Vertrags- **2886** muster. Bei diesen Verträgen handelt es sich in der Regel um Allgemeine Geschäftsbedingungen (AGB), die seit der Schuldrechtsreform auch im Arbeitsrecht der Kontrolle nach dem AGB-Recht (§§ 305 ff. BGB) unterliegen.[5] Allgemeine Geschäftsbedingungen liegen nur dann nicht vor, soweit die Vertragsparteien im Rahmen von tatsächlichen Verhandlungen über den Vertrag zu inhaltlichen Änderungen des vorformulierten Textes kommen (sog. „Vorrang der Individualabrede").[6] Dies ist jedoch eine im Arbeitsrecht nur sehr theoretische Ausnahme.[7]

---

[3] BAG vom 20. 4. 2011 – 5 AZR 171/10; BAG vom 5. 11. 2003 – 5 AZR 676/02.
[4] Küttner/*Röller*, Personalbuch 2011, Arbeitsvertrag Rn. 50.
[5] BAG vom 27. 7. 2005 – 7 AZR 486/04; BAG vom 25. 5. 2005 – 5 AZR 572/04; ausführlich *Henssler/Moll*, AGB-Kontrolle vorformulierter Arbeitsbedingungen, München 2011.
[6] BAG vom 27. 7. 2005 – 7 AZR 486/04.
[7] BAG vom 19. 5. 2010 – 5 AZR 253/09.

2887 Die arbeitsvertraglichen Klauseln müssen entsprechend den allgemeinen zivilrechtlichen Kriterien, bei denen arbeitsrechtliche Besonderheiten zu berücksichtigen sind, zulässig sein.

2888 Nach § 307 Abs. 3 Satz 1 BGB unterliegen Bestimmungen in Allgemeinen Geschäftsbedingungen nur dann der uneingeschränkten Inhaltskontrolle, wenn durch sie von Rechtsvorschriften abgewichen wird. Klauseln, die lediglich den Gesetzeswortlaut wiederholen (sog. deklaratorische Klauseln), unterliegen deshalb nicht der Inhaltskontrolle, weil anstelle der unwirksamen Klausel ohnehin die gesetzliche Regelung träte. Nicht kontrollfähig sind auch Klauseln, die den Umfang der von den Parteien geschuldeten Vertragsleistung festlegen; im Arbeitsrecht sind dies vor allem die Arbeitsleistung und das Arbeitsentgelt. Es ist nicht Aufgabe der Arbeitsgerichte, den „gerechten Preis" zu ermitteln, sondern nur zu ermitteln, ob die betreffende Klausel den Mitarbeiter unangemessen benachteiligt.[8]

2. Überraschende Klauseln

2889 Der Inhaltskontrolle vorgeschaltet ist die Prüfung, ob einzelne Klausel von vornherein nicht Vertragsbestandteil werden, weil es sich nach § 305 c Abs. 1 BGB um überraschende Klauseln handelt. Diese Folge ergibt sich, wenn eine Klausel objektiv ungewöhnlich und damit für den Verwendungsgegner überraschend ist.[9] Solche inhaltlich untypischen Klauseln werden nur dann Vertragsbestandteil, wenn besondere Umstände bei Vertragsabschluss ihnen den überraschenden Charakter nehmen.

2890 Als überraschende Klausel hat das Bundesarbeitsgericht (BAG) versteckte, drucktechnisch nicht hervorgehobene Ausschlussfristen,[10] überraschende Ausgleichsquittungen[11] oder drucktechnisch nicht hervorgehobene Befristungsabreden[12] angesehen. Das Überraschungsmoment kann sich dabei nicht nur aus dem Inhalt, sondern auch aus der Positionierung im Vertrag, der Formatierung oder der Art der Formulierung ergeben.[13]

3. Inhaltskontrolle von Arbeitsverträgen

2891 **a) Vertragsauslegung/Unklarheitenregelung.** Der Inhaltskontrolle geht die Auslegung des Vertrags voraus.[14] Allgemeine Geschäftsbedingungen sind nach ihrem objektiven Inhalt und typischen Sinn einheitlich so auszulegen, wie sie von verständigen und redlichen Vertragspartnern unter Abwägung der Interessen der normalerweise beteiligten Verkehrskreise verstanden werden.[15] Dabei sind nicht die Verständnismöglichkeiten des konkreten, sondern die des durchschnittlichen Vertragspartners des Verwenders zugrunde zu legen. Ansatzpunkt für die nicht am Willen der konkreten Vertragspartner zu orientierende Auslegung ist in erster Linie der Vertragswortlaut. Ist der Wortlaut eines Formularvertrags nicht eindeutig, kommt es für die Auslegung entscheidend darauf an, wie der Vertragstext aus der Sicht der typischerweise an Geschäften dieser Art beteiligten Verkehrskreise zu verstehen ist, wobei der Vertragswille verständiger und redlicher Vertragspartner beachtet werden muss. Soweit auch der mit dem Vertrag verfolgte Zweck einzubeziehen ist, kann das nur in Bezug auf typische und von redlichen Geschäftspartnern verfolgte Ziele gelten.[16]

2892 Führt die objektive Auslegung zu keinem eindeutigen, sondern zu einem mehrdeutigen Ergebnis bzw. bleibt nach dieser Auslegung ein Zweifel, greift die in § 305 c Abs. 2 BGB enthaltene Unklarheitenregelung.[17] Zweifel bei der Auslegung Allgemeiner Geschäftsbe-

---

[8] Küttner/*Röller,* Personalbuch 2011, *Arbeitsvertrag* Rn. 29.
[9] BAG vom 13. 7. 2005 – 10 AZR 532/04.
[10] BAG vom 31. 8. 2005 – 5 AZR 545/04.
[11] BAG vom 23. 2. 2005 – 4 AZR 139/04.
[12] BAG vom 16. 4. 2008 – 7 AZR 132/07.
[13] BAG vom 31. 8. 2005 – 5 AZR 545/04.
[14] Küttner/*Röller,* Personalbuch 2011, *Arbeitsvertrag* Rn. 28.
[15] BAG vom 19. 5. 2010 – 5 AZR 253/09.
[16] BAG vom 24. 10. 2007 – 10 AZR 825/06.
[17] Küttner/*Röller,* Personalbuch 2011, *Arbeitsvertrag* Rn. 28.

dingungen gehen demnach zu Lasten des Verwenders.[18] Stehen mehrere theoretisch denkbare Auslegungsergebnisse fest, ist zunächst die Variante, die dem Mitarbeiter ungünstig ist, der Inhaltskontrolle zu unterwerfen. Ergibt diese, dass diese Variante unwirksam ist und ist die Unwirksamkeit eine dem Mitarbeiter günstige Rechtsfolge, verbleibt es hierbei. Ergibt die Auslegung, dass die dem Mitarbeiter ungünstigste Variante rechtswirksam ist, gilt die Auslegungsvariante, die dem Mitarbeiter am günstigsten ist.[19]

b) Transparenzgebot/Verbot unangemessener Benachteiligung. Eine zur Un- **2893** wirksamkeit der jeweiligen Klausel führende unangemessene Benachteiligung des Mitarbeiters kann sich auch daraus ergeben, dass die Bestimmung nicht klar und verständlich ist (§ 307 Abs. 1 Satz 2 BGB). Das Transparenzgebot verpflichtet somit den Arbeitgeber, die Rechte und Pflichten des Mitarbeiters möglichst klar und verständlich darzustellen.

Genügt eine Klausel dem Transparenzgebot, ist sie der Inhaltskontrolle nach § 308 BGB **2894** (Klausel mit Wertungsmöglichkeit) und § 309 BGB (Klausel ohne Wertungsmöglichkeit) zu unterziehen. Finden sich dort keine einschlägigen Regelungen, ist auf die Generalklausel des § 307 BGB zurückzugreifen. Nach § 307 Abs. 1 Satz 1 BGB sind Bestimmungen in Allgemeinen Geschäftsbedingungen unwirksam, wenn sie den Vertragspartner des Verwenders entgegen den Geboten von Treu und Glauben unangemessen benachteiligen.[20] Zur Beurteilung der Unangemessenheit ist ein genereller, typisierender, vom Einzelfall losgelöster Maßstab anzulegen.

c) Rechtsfolgen unwirksamer Bestimmungen. Soweit Allgemeine Geschäftsbedin- **2895** gungen ganz oder teilweise unwirksam sind, werden diese Regelungen nicht Vertragsbestandteil. Im Übrigen bleibt der Arbeitsvertrag (abweichend von § 139 BGB) jedoch wirksam (§ 306 Abs. 1 BGB).[21] Die Teilbarkeit einer Klausel ist mittels einer Streichung des unwirksamen Teils mit einem „blauen Stift" zu ermitteln, dem sogenannten blue pencil-Test.[22] Unzulässig ist es dagegen, eine unwirksame Klausel im Wege einer geltungserhaltenden Reduktion auf das noch zulässige Maß zurückzuführen.[23]

Ist die Bestimmung unwirksam, tritt an ihre Stelle das Gesetz (§ 306 Abs. 2 BGB), wozu **2896** auch ungeschriebene Rechtssätze zählen. Ist der Gegenstand der unwirksamen Vereinbarung gesetzlich nicht geregelt, ist zu fragen, ob ein ersatzloser Wegfall der unwirksamen Klausel eine sachgerechte Lösung darstellt. Falls kein zur Auffüllung der Lücke geeigneter Rechtssatz vorhanden ist, kann unter besonderen Voraussetzungen zum Mittel der ergänzenden Vertragsauslegung gegriffen werden, die danach fragt, was die Parteien redlicherweise wahrscheinlich vereinbart hätten, wenn ihnen die Unwirksamkeit der Klausel bekannt gewesen wäre (ergänzende Vertragsauslegung). Dies kommt jedoch nur dann in Frage, wenn sich das Festhalten am Vertrag für den Verwender als unzumutbare Härte i. S. v. § 306 Abs. 3 BGB darstellen würde oder – anders herum betrachtet – eine Aufrechterhaltung der nicht ergänzten lückenhaften vertraglichen Regelung keine angemessene, den typischen Interessen der Vertragsparteien Rechnung tragende Lösung bedeutet.[24]

Wegen der sich weiterhin im Fluss befindlichen Rechtsprechung ist das Abfassen von **2897** Arbeitsverträgen oder einzelnen Klauseln weiterhin mit Risiken verbunden. Eine stete Kontrolle der Verträge und eine sorgfältige Vertragsgestaltung sind daher unerlässlich.[25]

---

[18] BAG vom 24. 3. 2009 – 9 AZR 983/07.

[19] BAG vom 30. 7. 2008 – 10 AZR 606/07.

[20] BAG vom 21. 4. 2005 – 8 AZR 425/04.

[21] Küttner/*Röller*, Personalbuch 2011, *Arbeitsvertrag* Rn. 36.

[22] BAG vom 13. 4. 2010 – 9 AZR 36/09; BAG vom 6. 5. 2009 – 10 AZR 443/08.

[23] BAG vom 25. 5. 2005 – 5 AZR 572/04.

[24] BAG vom 25. 5. 2005 – 5 AZR 572/04; Küttner/*Röller*, Personalbuch 2011, *Arbeitsvertrag* Rn. 36.

[25] Eine aktuelle und ausführliche Bewertung verschiedenster Vertragsklauseln und Musterformulierungen finden sich in: *Henssler/Moll,* AGB-Kontrolle vorformulierter Arbeitsbedingungen, München 2011.

IV. Einzelne Inhalte arbeitsvertraglicher Regelungen

2898   Den Inhalt des Arbeitsvertrags bestimmen grundsätzlich Arbeitgeber und Mitarbeiter. Es besteht insoweit eine gesetzlich garantierte Vertragsfreiheit (§ 105 GewO).[26] Diese Gestaltungsfreiheit findet ihre Grenzen in bestehenden Gesetzen sowie in anzuwendenden Tarifverträgen oder Betriebsvereinbarungen. Hiervon kann, sofern Gegenteiliges nicht ausdrücklich zugelassen ist, wirksam nur zu Gunsten des Mitarbeiters abgewichen werden.

1. Beginn des Arbeitsverhältnisses

2899   Jeder Arbeitsvertrag enthält – ob ausdrücklich oder konkludent – eine Vereinbarung über den rechtlichen Beginn des Arbeitsverhältnisses, also den Zeitpunkt, an dem der Mitarbeiter seine Tätigkeit aufnehmen soll. Ab diesem Zeitpunkt bestehen die Rechte und Pflichten des Mitarbeiters und des Arbeitgebers. Wann der Mitarbeiter seine Tätigkeit dann tatsächlich aufnimmt, ist unbeachtlich sofern der Zeitpunkt nach dem vereinbarten Beginn des Arbeitsverhältnisses liegt.

2900   Nimmt der Mitarbeiter seine Tätigkeit allerdings bereits vor dem vereinbarten Beginn auf, besteht das Arbeitsverhältnis schon ab diesem Zeitpunkt mit allen Rechten und Pflichten. Zumeist bestimmen sich ab dem rechtlichen Beginn des Arbeitsverhältnisses Fragen des sozialen Besitzstandes. Abweichungen hiervon können sich ergeben, wenn der Mitarbeiter zuvor eine Ausbildung beim Arbeitgeber gemacht hat.[27]

2. Probezeit

2901   **a) Regelungsgehalt der Probezeit.** Die Vereinbarung einer Probezeit ermöglicht, in dem festgelegten Zeitraum mit verkürzter Frist kündigen zu können. Sie dient einerseits dazu, dass der Arbeitgeber prüfen kann, ob der Mitarbeiter die Anforderungen des Arbeitsplatzes erfüllt oder zumindest nach Einarbeitung erfüllen kann und ob er in das Team passt. Der Mitarbeiter kann andererseits innerhalb der Probezeit testen, ob ihm Job und Arbeitsumfeld gefallen und er auf Dauer die Anforderungen erfüllen kann.

2902   **b) Vereinbarung der Probezeit.** Eine Probezeit kann in Form einer vorgeschalteten Probezeit in einem sonst unbefristeten Arbeitsvertrag vereinbart werden. Bei dieser vertraglichen Vereinbarung besteht von Anfang an ein unbefristetes Arbeitsverhältnis, dessen Anfangszeit als Probezeit gilt. Will eine Vertragspartei das Arbeitsverhältnis über die Probezeit hinaus nicht fortsetzen, muss sie den Arbeitsvertrag (spätestens am letzten Tag der Probezeit) kündigen.

2903   Alternativ kann zunächst ein befristeter Arbeitsvertrags zur Erprobung geschlossen werden. Befristete Arbeitsverträge, die ausschließlich dazu dienen, die Eignung des Mitarbeiters für einen konkreten Arbeitsplatz zu erproben, sind nach § 14 Abs. 1 Nr. 5 TzBfG zulässig. Will eine Vertragspartei das Arbeitsverhältnis über die vereinbarte Probezeit hinaus nicht fortsetzen, muss sie nichts unternehmen. Der befristete Probearbeitsvertrag endet automatisch mit Ablauf der vereinbarten Befristung. Bei einer befristeten Probezeit sind die Arbeitsvertragsparteien nur dann zum Handeln gezwungen, wenn sie das Arbeitsverhältnis fortsetzen wollen. Dann müssen die Arbeitsvertragsparteien einen neuen Arbeitsvertrag schließen. Allerdings führt auch die einvernehmliche Fortsetzung des befristeten Arbeitsvertrags dazu, dass er sich auf unbestimmte Zeit (unbefristet) verlängert (§ 15 Abs. 5 TzBfG).

---

[26] Küttner/*Röller,* Personalbuch 2011, *Arbeitsvertrag* Rn. 7.
[27] Für die Berechnung von Kündigungsfristen: BAG vom 9. 9. 2010 – 2 AZR 714/08; BAG vom 2. 12. 1999 – 2 AZR 139/99.

Lüders

c) Dauer der Probezeit. Die Dauer der Probezeit kann grundsätzlich zwischen Mitar- **2904** beiter und Arbeitgeber frei vereinbart werden. Eine Verkürzung der Kündigungsfrist ist nach § 622 Abs. 3 BGB nur in den ersten sechs Monaten des Arbeitsverhältnisses möglich. Daneben entfallen nach einer Betriebszugehörigkeit von sechs Monaten die erleichterten Kündigungsmöglichkeiten, falls das Kündigungsschutzgesetz Anwendung findet. Zudem enthalten manche Tarifverträge Regelungen zur Mindest- und Höchstdauer der Probezeit.

Im Berufsausbildungsverhältnis beträgt die Mindestdauer der Probezeit einen Monat, die **2905** Höchstdauer vier Monate (§ 20 BBiG).

3. Auszuübende Tätigkeit

Der Arbeitsvertrag muss die Bezeichnung der auszuübenden Tätigkeit oder eine allge- **2906** meine Beschreibung hiervon enthalten: der Mitarbeiter muss wissen, was von ihm verlangt wird. Ergänzend können noch einzelne Tätigkeiten aufgezählt werden, die der Mitarbeiter darüber hinaus zu erfüllen hat. Es darf im Arbeitsvertrag aber auch auf eine Stellenbeschreibung Bezug genommen werden. Je genauer die Aufgaben im Arbeitsvertrag beschrieben werden, desto geringer ist der Spielraum des Arbeitgebers, im Rahmen des Direktionsrechts (§ 106 GewO) andere Tätigkeiten zuzuweisen. Allerdings grenzt ein eng umschriebenes Tätigkeitsfeld auch die Zahl der vergleichbaren Mitarbeiter ein, so dass eine eventuelle Sozialauswahl im Falle betriebsbedingter Kündigungen übersichtlicher wird.

4. Versetzungsklauseln

Der Arbeitgeber kann sich im Vertrag das Recht zur Versetzung auf einen anderen zu- **2907** mutbaren Arbeitsplatz, der der Qualifikation und den Fähigkeiten des Mitarbeiters entspricht, ausdrücklich vorbehalten.[28] Derartige Klauseln enthalten eine Erweiterung des Direktionsrechtes und sind an den §§ 305 ff. BGB zu messen. Auch ohne entsprechenden Vorbehalt im Arbeitsvertrag ist der Arbeitgeber berechtigt, die Pflichten des Mitarbeiters zu konkretisieren: Gemäß § 106 GewO kann der Arbeitgeber Inhalt, Ort und Zeit der Arbeitsleistung nach billigem Ermessen näher bestimmen, soweit diese Arbeitsbedingungen nicht durch den Arbeitsvertrag, Bestimmungen einer Betriebsvereinbarung, eines anwendbaren Tarifvertrags oder gesetzliche Vorschriften festgelegt sind.

Außerhalb des Direktionsrechtes sind Änderungen von Arbeitsbedingungen nur einver- **2908** nehmlich oder mittels Änderungskündigung möglich. Eine Änderungskündigung ist die mit dem Angebot verbundene Kündigung des bisherigen Arbeitsverhältnisses, das Arbeitsverhältnis auf einem anderen Arbeitsplatz oder zu geänderten Bedingungen fortzusetzen.

5. Vergütungsfragen

Ist auf das Arbeitsverhältnis ein Tarifvertrag anwendbar, bestimmt sich die Höhe des zu **2909** zahlenden Arbeitsentgelts (einschließlich der Nebenleistungen) nach diesem Tarifvertrag. Der Mitarbeiter wird in diesen Fällen entsprechend der auszuübenden Tätigkeit, seinem Alter[29] und/oder seiner Berufserfahrung sowie weiteren Eingruppierungsmerkmalen in eine bestimmte Vergütungsgruppe eingestuft.

Besteht kein Tarifvertrag oder wird auf einen solchen nicht Bezug genommen, ist die **2910** Höhe des Arbeitsentgelts zwischen Arbeitgeber und Mitarbeiter grundsätzlich – in den Grenzen der Sittenwidrigkeit („Dumpinglöhne") – frei vereinbar. Dies gilt auch für Zusatzleistungen wie die Zahlung eines Weihnachts- oder Urlaubsgeldes, eines 13. Monatsgehalts oder von vermögenswirksamen Leistungen.

---

[28] BAG vom 13. 7. 2007 – 9 AZR 433/06.
[29] Die Bemessung der Grundvergütungen nach Lebensaltersstufen verstößt gegen das Verbot der Diskriminierung wegen des Alters: BAG vom 10. 11. 2011 – 6 AZR 148/09; BAG vom 10. 11. 2011 – 6 AZR 481/09.

2911   Wenn der Arbeitgeber eine freiwillige Zahlung (dies kann auch eine freiwillige Lohnerhöhung in Anlehnung an tarifliche Entwicklungen sein) erbringen will, auf die der Mitarbeiter keinen Anspruch erlangen soll, muss er dies deutlich zum Ausdruck bringen und einen Freiwilligkeitsvorbehalt erklären. Unterlässt er dies und zahlt er mindestens dreimal hintereinander eine freiwillige Leistung vorbehaltlos, kann er damit einen Rechtsanspruch des Mitarbeiters auf diese Zahlung (sog. betriebliche Übung)[30] begründen.

6. Arbeitszeit und Ruhepausen

2912   Die zu erbringende Arbeitszeit kann grundsätzlich – in den Grenzen des Arbeitszeitgesetzes – zwischen Mitarbeiter und Arbeitgeber frei vereinbart werden. Sofern auf das Arbeitsverhältnis ein Tarifvertrag über Arbeitszeit Anwendung findet, kann einzelvertraglich nur eine Arbeitszeit vereinbart werden, die die tarifvertraglich festgelegte Arbeitszeit unterschreitet (Teilzeittätigkeit).

2913   Das Arbeitszeitzeitgesetz erlaubt eine vertragliche Arbeitszeit von bis zu acht Stunden täglich; wobei auch eine Verlängerung auf zehn Stunden erfolgen kann, wenn entsprechende Ausgleichszeiträume bestehen (§ 3 ArbZG). Arbeitszeit ist dabei die Zeit vom Beginn bis zum Ende der Arbeit ohne die Ruhepausen. Es ist auch zulässig, bereits im Arbeitsvertrag schwankende Arbeitszeiten vorzusehen. Hier bestehen Gestaltungsspielräume, die allerdings der Inhaltskontrolle Stand halten müssen.[31]

2914   Ab einer Arbeitszeit von mehr als sechs Stunden hat ein Mitarbeiter einen Anspruch auf eine Unterbrechung der Arbeit durch Ruhepausen von mindestens 30 Minuten. Dieser Pausenanspruch erhöht sich bei einer Arbeitszeit von mehr als neun Stunden auf mindestens 45 Minuten. Die Ruhepausen können in Zeitabschnitte von mindestens 15 Minuten Dauer aufgeteilt und über den Arbeitstag verteilt werden. Länger als sechs Stunden hintereinander darf jedoch kein Mitarbeiter ohne Ruhepause beschäftigt werden.

7. Urlaubsanspruch

2915   Jeder Mitarbeiter hat Anspruch auf den gesetzlichen Mindesterholungsurlaub nach dem Bundesurlaubsgesetz. Dieser Mindesturlaub beträgt derzeit 24 Werktage, wobei von sechs Werktagen pro Woche (Montag bis Samstag) ausgegangen wird. Arbeitet der Mitarbeiter weniger als diese sechs Tage, wird der Urlaubsanspruch in Arbeitstage umgerechnet. Bei einer Fünf-Tage-Woche besteht also ein Mindesturlaubsanspruch von 20 Arbeitstagen.

2916   Einzelvertraglich oder tarifvertraglich werden zumeist höhere Urlaubsansprüche gewährt. Aufgrund der verstärkten Diskriminierungskontrolle sollte keine Staffelung von Urlaubsansprüchen nach dem Lebensalter vereinbart werden.

8. Kündigungsfristen

2917   Findet ein Tarifvertrag auf das Arbeitsverhältnis Anwendung, gelten die dort festgelegten Kündigungsfristen. Von diesen kann durch eine einzelvertragliche Vereinbarung nur in Form einer Verlängerung der Kündigungsfristen abgewichen werden.[32] Individuelle Kündigungsfristen dürfen nicht kürzer sein als die gesetzlichen Fristen (§ 622 BGB). Zudem dürfen die Kündigungsfristen, die für den Mitarbeiter einzuhalten sind, nicht länger sein als die Fristen für Kündigungen durch den Arbeitgeber (§ 622 Abs. 6 BGB). Inzwischen hat das Bundesarbeitsgericht zudem entschieden, dass § 622 Abs. 2 Satz 2 BGB, wonach bei der Berechnung der Beschäftigungsdauer Zeiten, die vor der Vollendung des 25. Lebensjahrs des Mitarbeiters liegen, nicht berücksichtigt werden sollen, mit dem Unionsrecht unver-

[30] Küttner/*Kreitner,* Personalbuch 2011, *Betriebliche Übung* Rn. 1.
[31] BAG vom 12. 1. 2005 – 5 AZR 364/04.
[32] BAG vom 25. 9. 2008 – 8 AZR 717/07.

einbar ist und für Kündigungen wegen des Anwendungsvorrangs des Unionsrechts nicht mehr anzuwenden ist.[33]

9. Verschwiegenheitspflichten

Viele Arbeitsverträge verpflichten den Mitarbeiter ausdrücklich zum Stillschweigen. Eine **2918** Verschwiegenheitspflicht besteht für den Mitarbeiter indes auch ohne ausdrückliche vertragliche Regelung. Sie ist Teil seiner Treuepflicht gegenüber dem Arbeitgeber. Verstößt der Mitarbeiter gegen seine Verschwiegenheitspflichten während des bestehenden Arbeitsverhältnisses, kann der Arbeitgeber zu einer Kündigung berechtigt sein. Verstößt er nach Beendigung des Arbeitsverhältnisses gegen seine Verschwiegenheitspflichten, kann der Arbeitgeber Unterlassung verlangen und unter Umständen auch Schadenersatzansprüche geltend machen.

10. Schriftformklauseln

Eine einfache Schriftformklausel, wonach Vertragsänderungen oder -ergänzungen der **2919** Schriftform bedürfen, dient der Rechtssicherheit beider Seiten. Sie soll verhindern, dass während des Bestehens des Arbeitsverhältnisses mündliche Vereinbarungen getroffen werden, die sich zu einem späteren Zeitpunkt nur noch schwer nachweisen lassen. Oftmals enthält eine Schriftformklausel auch noch die zusätzliche Vereinbarung, dass auf die Schriftform nur durch eine schriftliche Erklärung verzichtet werden kann (sog. doppelte Schriftformklausel). Damit wird sichergestellt, dass beide Parteien sich bewusst werden, dass sie für die Zukunft auf mündliche Erklärungen verzichten.

Lange Zeit waren doppelte Schriftformklauseln auch als arbeitsvertragliches Gestal- **2920** tungsmittel anerkannt,[34] um eine betriebliche Übung zu verhindern. Diese Ansicht hat allerdings mittlerweile im Anwendungsbereich des AGB-Rechts eine Korrektur erfahren.[35] Das Bundesarbeitsgericht verlangt für eine wirksame doppelte Schriftformklausel, die auch zur Verhinderung betrieblicher Übungen führen soll, dass dem Mitarbeiter durch die Klausel deutlich und rechtlich sauber vor Augen geführt wird, welche Rechtsfolgen ausgelöst werden. Die Klausel muss demzufolge darauf hinweisen, dass individuelle mündliche Absprachen trotz der Schriftformklausel wirksam sind.

11. Verfallklauseln/Ausschlussfristen

Ausschlussfristen bzw. Verfallklauseln werden oftmals in Tarifverträgen und in individuel- **2921** len Verträgen aufgenommen, um die Geltendmachung wechselseitiger Ansprüche bereits vor Verjährungseintritt auszuschließen. Weil solche Verfallklauseln nicht nur die Durchsetzbarkeit, sondern auch den Bestand des Anspruchs betreffen, müssen sie besonders sorgfältig formuliert sein, um einer AGB-Kontrolle Stand zu halten.

Unzulässig ist es beispielsweise, nur den Mitarbeiter zu einer fristgebundenen Geltend- **2922** machung zu verpflichten.[36] Weiter ist erforderlich, dass diese Klauseln drucktechnisch hervorgehoben sind. Um eine unangemessene Benachteiligung des Mitarbeiters auszuschließen, verlangt die Rechtsprechung eine Frist von zumindest drei Monaten[37] für die Geltendmachung ab Fälligkeit des Anspruchs.[38] Zusätzlich können in Formulararbeitsverträgen auch zweistufige Ausschlussklauseln vereinbart werden, die nach der schriftlichen oder mündlichen Geltendmachung innerhalb einer weiteren Frist die gerichtliche Gel-

---

[33] BAG vom 9. 9. 2010 – 2 AZR 714/08.
[34] BAG vom 24. 6. 2003 – 9 AZR 302/02.
[35] BAG vom 20. 5. 2008 – 9 AZR 382/07.
[36] BAG vom 31. 8. 2005 – 5 AZR 545/04.
[37] BAG vom 12. 3. 2008 – 10 AZR 152/07.
[38] BAG vom 1. 3. 2006 – 5 AZR 511/05.

tendmachung von Ansprüchen verlangen. Auch die Frist für die zweite Stufe darf drei Monate nicht unterschreiten.[39]

12. Vertragliches Wettbewerbsverbot

2923   Jedem Mitarbeiter ist es verboten, bei einem bestehenden Arbeitsverhältnis in Wettbewerb zum Arbeitgeber zu treten. Dieses Wettbewerbsverbot gilt auch dann, wenn im Arbeitsvertrag keine entsprechende Vereinbarung steht. Es ist während eines bestehenden Arbeitsverhältnisses an dessen rechtliche Dauer gebunden. Es kommt nicht darauf an, wann der Mitarbeiter seine Tätigkeit tatsächlich aufnimmt oder beendet.

13. Nachvertragliches Wettbewerbsverbot

2924   Grundsätzlich darf ein Mitarbeiter seine Arbeitskraft nach der Beendigung des Arbeitsverhältnisses frei verwerten. Er darf also bei einem Konkurrenten in einer Position tätig werden, in der er die betrieblichen Interessen des vorherigen Arbeitgebers beeinträchtigen kann oder selbst ein Unternehmen betreiben, das zum Unternehmen des bisherigen Arbeitgebers in Konkurrenz treten kann. Dieses Risiko kann durch Vereinbarung eines nachvertraglichen Wettbewerbsverbots zeitlich begrenzt werden (§ 110 GewO i. V. m. §§ 74 bis 75 f HGB). Generell sollte sich ein Arbeitgeber an diesen gesetzlichen Regelungen orientieren, wenn ein nachvertragliches Wettbewerbsverbot vereinbart werden soll.

2925   Um gegenüber dem Mitarbeiter die Einhaltung des Verbots durchsetzen zu können, bedarf es der Vereinbarung einer Verpflichtung, für die Dauer des Wettbewerbsverbots eine Entschädigung (Karenzentschädigung) zu zahlen, die für jedes Jahr des Verbots mindestens die Hälfte der letzten vertraglichen Bezüge des Mitarbeiters erreicht. Daneben muss das Verbot den berechtigten geschäftlichen Interessen des bisherigen Arbeitgebers dienen und darf unter Berücksichtigung der gezahlten Karenzentschädigung nach Ort, Zeit und Gegenstand keine unbillige Erschwerung des Fortkommens des Mitarbeiters enthalten. Dies bedeutet beispielsweise, dass ein Zeitraum von zwei Jahren nicht überschritten werden darf.

2926   Erfüllt eine nachvertragliche Wettbewerbsvereinbarung diese Voraussetzungen nicht oder verstößt sie gegen die guten Sitten, besteht die Gefahr, dass sie nach §§ 134, 138 BGB nichtig ist. Wurde das nachvertragliche Wettbewerbsverbot so formuliert, dass dessen Einhaltung nicht erzwungen werden kann, ist der Mitarbeiter an das Wettbewerbsverbot nicht gebunden.

14. Salvatorische Klausel

2927   Mit salvatorischen Klauseln soll verhindert werden, dass der gesamte Arbeitsvertrag hinfällig ist, wenn auch nur eine Formulierung des Vertrags sich als unwirksam herausstellt. Enthält ein Arbeitsvertrag eine salvatorische Klausel, bleibt mit Ausnahme der unwirksamen Bestimmung der Arbeitsvertrag bestehen. Mitarbeiter und Arbeitgeber müssen also nicht den gesamten Arbeitsvertrag, sondern nur die nichtige Regelung ersetzen. Der rechtliche Wert einer solchen Klausel ist jedoch begrenzt. Die Wirksamkeit des Vertrags im Übrigen entspricht ohnehin der arbeitsrechtlichen Rechtsprechung. Die vielfach beabsichtigte geltungserhaltende Reduktion verstößt indes gegen § 306 Abs. 2 BGB.

15. Schlussbestimmungen

2928   Unter dem Stichwort „Sonstige Bestimmungen" oder „Schlussbestimmungen" werden alle sonstigen Vereinbarungen zusammengefasst, die zu keinem der anderen Regelungspunkte passen.

---

[39] BAG vom 25. 5. 2005 – 5 AZR 572/04.

V. Anwendung eines Tarifvertrags

1. Tarifverträge im Gesundheitswesen

Der Gesundheitsbereich ist einer der „klassischen" Wirtschaftssektoren, in denen Tarif- **2929** verträge geschlossen werden. Dies gilt sowohl für das (zahn-)ärztliche Personal als auch für die nichtärztlichen Mitarbeiter. Derzeit gelten beispielsweise folgende Tarifverträge:
- Tarifvertrag für den öffentlichen Dienst (TVöD) – Besonderer Teil Krankenhäuser (BT-K) zwischen der Vereinigung der kommunalen Arbeitgeberverbände und ver.di (Vereinte Dienstleistungsgewerkschaft) vom 1. 8. 2006,
- Tarifvertrag für Ärztinnen und Ärzte an Universitätskliniken (TV-Ärzte) zwischen der Tarifgemeinschaft deutscher Länder und dem Marburger Bund vom 30. 10. 2006,
- Tarifvertrag für Ärztinnen und Ärzte an kommunalen Krankenhäusern (TV-Ärzte/VKA) zwischen der Vereinigung der kommunalen Arbeitgeberverbände und dem Marburger Bund vom 17. 8. 2006,
- Manteltarifvertrag für Medizinische Fachangestellte/Arzthelferinnen zwischen der Arbeitsgemeinschaft zur Regelung der Arbeitsbedingungen der Arzthelferinnen/Medizinischen Fachangestellten und dem Verband medizinischer Fachberufe e. V. vom 20. 1. 2011,
- Manteltarifvertrag für Zahnmedizinische Fachangestellte/ZahnarzthelferInnen in Berlin, Hamburg, Hessen, Landesteil Westfalen-Lippe zwischen Arbeitsgemeinschaft zur Regelung der Arbeitsbedingungen der Zahnmedizinischen Fachangestellten/Zahnarzthelferinnen und Verband medizinischer Fachberufe e. V. vom 1. 7. 2011.

Möglich ist auch, dass ein Arbeitgeber selbst mit Gewerkschaften verhandelt und einen **2930** nur für sein Unternehmen geltenden Tarifvertrag verhandelt (sog. Haustarifvertrag).

2. Unmittelbare und zwingende Geltung von Tarifverträgen

a) Voraussetzungen. Zwar besteht ein hoher Verbreitungsgrad von Tarifverträgen in **2931** der Gesundheitsbranche. Dies lässt gleichwohl nicht den Schluss zu, dass ein in der Branche bestehender Tarifvertrag auch Anwendung findet. Die Regelungen eines Tarifvertrags gelten für das einzelne Arbeitsverhältnis unmittelbar und zwingend nur unter den Voraussetzungen, dass
- die Parteien des Arbeitsvertrags tarifgebunden sind; also der Arbeitgeber Mitglied eines Arbeitgeberverbandes ist und der Mitarbeiter einer Gewerkschaft angehört, die jeweils am Abschluss des Tarifvertrags beteiligt sind (§ 4 Abs. 1 Satz 1 TVG),
- der Tarifvertrag rechtswirksam ist,
- die einzelnen Arbeitsverträge rechtswirksam sind und
- die Arbeitsverträge dem sachlichen, räumlichen und zeitlichen Geltungsbereich der Tarifverträge unterfallen.

Beim Vorliegen dieser Voraussetzungen sind die Regelungen des Tarifvertrags die Min- **2932** destarbeitsbedingungen, die im Arbeitsverhältnis zu berücksichtigen sind und von denen nicht zum Nachteil des Mitarbeiters abgewichen werden darf. Da die Regelungen das Arbeitsverhältnis sogar unabhängig von der Kenntnis der Vertragsparteien gestalten, sind Tarifverträge insoweit einem Gesetz vergleichbar.

b) Allgemeinverbindliche Tarifverträge. Auch wenn die Parteien des Arbeitsvertrags **2933** nicht tarifgebunden sind, können sie trotzdem zur Beachtung und Einhaltung von Tarifverträgen verpflichtet sein. Denn es ist nach § 5 TVG möglich, dass einzelne Tarifverträge durch das Bundesministerium für Wirtschaft und Arbeit für allgemeinverbindlich erklärt werden, um die Tarifbindung auch auf die Nichtmitglieder der Tarifvertragsparteien auszudehnen.

2934 Ist ein Tarifvertrag für allgemeinverbindlich erklärt, erfassen seine Rechtsnormen in seinem Geltungsbereich auch die bisher nicht tarifgebundenen Arbeitgeber und Mitarbeiter (§ 5 Abs. 4 TVG). Die Allgemeinverbindlichkeit eines Tarifvertrags endet entweder durch Aufhebung der Allgemeinverbindlichkeit oder durch den Ablauf des Tarifvertrags.

2935 Im Gesundheitssektor ist auf diese Weise für die Pflegebranche ein gesetzlicher Mindestlohn festgeschrieben worden.[40]

2936 **c) Nachwirkung von Tarifverträgen.** Sobald der zeitliche Geltungsbereich eines Tarifvertrags durch Ablauf der vereinbarten Laufzeit oder durch Kündigung einer der Tarifvertragsparteien endet, fallen die Tarifnormen nicht einfach ersatzlos weg. Nach § 4 Abs. 5 TVG haben alle Tarifnormen eine Nachwirkung. Dies bedeutet, dass die Tarifnormen so lange weiter gelten, bis sie durch eine andere Regelung (einen neuen Tarifvertrag, einzelvertragliche Vereinbarungen oder Betriebsvereinbarungen mit dem Betriebsrat) ersetzt werden.

3. Bezugnahme auf Tarifverträge im Arbeitsvertrag

2937 Tarifverträge oder Teile von Tarifverträgen können auch individualvertraglich zum Bestandteil eines Arbeitsvertrags gemacht werden. In diesem Fall entfalten die tarifvertraglichen Regelungen, auf die Bezug genommen wurde, dieselbe Wirkung wie die sonstigen vertraglichen Vereinbarungen.

2938 Grundsätzlich kann auf jeden beliebigen Tarifvertrag Bezug genommen werden. Bei der Formulierung ist darauf zu achten, ob nur der im Zeitpunkt des Vertragsschlusses geltende Tarifvertrag Anwendung finden soll oder ob auch alle Regelungen künftiger Tarifverträge dynamisch zur Anwendung gelangen sollen.[41] Im letzten Fall wird jede Änderung des Tarifvertrags automatisch Bestandteil des Arbeitsvertrags, auch dann, wenn dies eine der Arbeitsvertragsparteien nicht will.

2939 Die in Bezug genommenen tariflichen Regelungen haben nicht die unmittelbare und zwingende Wirkung der Tarifnormen. Deshalb können diese Bestimmungen jederzeit bei einem Neuabschluss eines Arbeitsvertrags mit einem neuen Mitarbeiter oder bei der Änderung eines bestehenden Arbeitsvertrags durch andere ersetzen und auch zu Ungunsten der Mitarbeiter von den tariflichen Bestimmungen abweichen.

VI. Befristete Arbeitsverträge

2940 Allgemeine Rechtsgrundlage für den Abschluss befristeter Arbeitsverträge ist seit Anfang 2001 das „Teilzeit- und Befristungsgesetz" (TzBfG). Dieses regelt die Zulässigkeit von Arbeitsverträgen, die (nur) auf bestimmte Zeit abgeschlossen werden und ohne den Ausspruch einer Kündigung enden.[42] Dabei wird zwischen einer Befristung ohne Sachgrund und einer Befristung mit Sachgrund sowie verschiedenen Befristungsarten unterschieden. Im Gesundheitssektor ist zudem das Gesetz über befristete Arbeitsverträge mit Ärzten in der Weiterbildung (ÄArbVtrG) von Bedeutung.

2941 Selbstverständlich müssen Befristungsabreden in Arbeitsverträgen den Anforderungen des AGB-Rechts genügen, sie dürfen also insbesondere nicht überraschend (§ 305c Abs. 1 BGB) oder intransparent (§ 307 Abs. 1 Satz 2 BGB) sein.[43] Zu beachten ist, dass die Befristungsregeln des TzBfG auch in Kleinbetrieben nach § 23 KSchG Anwendung finden.

---

[40] Verordnung über zwingende Arbeitsbedingungen für die Pflegebranche (Pflegearbeitsbedingungenverordnung – PflegeArbbV) vom 15. 7. 2010.

[41] BAG vom 29. 6. 2011 – 5 AZR 186/10; BAG vom 19. 9. 2007 – 4 AZR 710/06.

[42] Küttner/*Kania*, Personalbuch 2011 *Befristetes Arbeitsverhältnis*, Rn. 1.

[43] BAG vom 16. 4. 2008 – 7 AZR 132/07; Küttner/*Kania*, Personalbuch 2011 *Befristetes Arbeitsverhältnis*, Rn. 3.

1. Befristungsarten

Das TzBfG unterscheidet zwischen folgenden Befristungsarten: **2942**

a) Zeitbefristung. Bei der kalendermäßigen Befristung ist die Befristungsdauer, also **2943** Anfang und Ende des Arbeitsverhältnisses, im Arbeitsvertrag durch ein Kalenderdatum eindeutig bestimmt. Sofern dieses Vertragsverhältnis entgegen der Vertragsabrede über den vereinbarten Zeitpunkt einvernehmlich fortgesetzt wird, entsteht ein auf unbestimmte Zeit abgeschlossener Arbeitsvertrag (vgl. § 625 BGB, § 15 Abs. 5 TzBfG). Dieser gesetzlichen Fiktion kann sich der Arbeitgeber nur durch einen unverzüglichen Widerspruch entziehen.

b) Zweckbefristung. Bei der Zweckbefristung ist die Dauer des Arbeitsverhältnisses **2944** nicht kalendermäßig bestimmbar, sondern von vornherein von dem Eintritt eines von den Parteien als gewiss angesehenen Ereignisses abhängig gemacht, wobei lediglich der genaue Zeitpunkt des Eintritts dieses Ereignisses als ungewiss angesehen wird.[44] Es ist also der Beginn des Arbeitsverhältnisses kalendermäßig bestimmt, dessen Ende hängt jedoch vom Erreichen des arbeitsvertraglich vereinbarten Zwecks ab. Typisches Beispiel ist die Krankheitsvertretung. Der konkrete Zweck, mit dessen Erreichung das Arbeitsverhältnis enden soll, muss im Vertrag schriftlich niedergelegt sein.

Nach § 15 Abs. 2 TzBfG endet ein zweckbefristeter Vertrag mit Erreichen des Zwecks, **2945** frühestens jedoch zwei Wochen nach Zugang der schriftlichen Unterrichtung des Mitarbeiters durch den Arbeitgeber über den Zeitpunkt der Zweckerreichung.

c) Auflösende Bedingung. Vom zeit- oder zweckbefristeten Arbeitsverhältnis ist das **2946** auflösend bedingt geschlossene Arbeitsverhältnis zu unterscheiden. Bei einer auflösenden Bedingung hängt die Beendigung des Arbeitsverhältnisses ebenfalls vom Eintritt eines künftigen Ereignisses ab. Zweckbefristung und auflösende Bedingung unterscheiden sich in der Frage der Gewissheit des Eintritts des künftigen Ereignisses. Im Fall einer Zweckbefristung betrachten die Vertragsparteien den Eintritt des künftigen Ereignisses als feststehend und nur den Zeitpunkt des Eintritts als ungewiss. Bei einer auflösenden Bedingung ist demgegenüber schon ungewiss, ob das künftige Ereignis, das zur Beendigung des Arbeitsverhältnisses führen soll, überhaupt eintreten wird. Worauf sich die Vertragsparteien geeinigt haben, ist durch Auslegung der getroffenen Vereinbarungen zu ermitteln.[45] Das BAG macht die Entscheidung vom Grad der Ungewissheit abhängig.[46]

d) Kombination. Eine Kombination von Zweckbefristung oder auflösender Bedingung **2947** einerseits und Zeitbefristung andererseits ist grundsätzlich ebenfalls zulässig. Die Wirksamkeit der Befristungsarten ist dann rechtlich getrennt zu beurteilen.

2. Befristung ohne Sachgrund

Der Abschluss eines befristeten Arbeitsvertrags ohne sachlichen Grund ist nur einge- **2948** schränkt zulässig (vgl. § 14 Abs. 2 TzBfG).

a) Keine „zuvor"-Beschäftigung. Nach dem Wortlaut des Gesetzes ist eine kalen- **2949** dermäßige Befristung ohne Vorliegen eines sachlichen Grundes unzulässig, wenn dieselben Vertragsparteien *„bereits zuvor"* ein befristetes oder unbefristetes Beschäftigungsverhältnis begründet hatten. Darunter wurde bis zuletzt verstanden, dass eine sachgrundlose Befristung nur bei einer erstmaligen Zusammenarbeit der Parteien möglich ist.[47] Nach jüngster Rechtsprechung des Bundesarbeitsgerichts steht jedoch der sachgrundlosen Befristung auch ein früheres Arbeitsverhältnis, welches mehr als drei Jahre zurückliegt, nicht (mehr) entgegen.[48]

---

[44] Küttner/*Kania*, Personalbuch 2011, *Befristetes Arbeitsverhältnis* Rn. 4.

[45] BAG vom 29. 6. 2011 – 7 AZR 6/10.

[46] BAG vom 24. 9. 1997 – 7 AZR 669/96.

[47] BAG vom 6. 11. 2003 – 2 AZR 690/02; Küttner/*Kania*, Personalbuch 2011, *Befristetes Arbeitsverhältnis* Rn. 10.

[48] BAG vom 6. 4. 2011 – 7 AZR 716/09.

2950 **b) Maximalzeitraum einschließlich der Verlängerung.** Die sachgrundlose Befristung darf die Gesamtdauer von zwei Jahren nicht überschreiten, wobei bis zu dieser zeitlichen Grenze eine höchstens dreimalige Verlängerung zulässig ist (§ 14 Abs. 2 TzBfG). Der Verlängerungsvertrag muss sich nahtlos an den vorausgegangenen Vertrag anschließen. Außerdem muss der Verlängerungsvertrag vor Ablauf des zu verlängernden Vertrags vereinbart sein und die erforderliche Schriftform wahren.

2951 Von einer Verlängerung ist jedoch nur dann auszugehen, wenn ausschließlich die Vertragszeit geändert wird, nicht jedoch auch andere Arbeitsbedingungen (wie z. B. die Arbeitszeit oder das Aufgabengebiet).[49] Dann handelt es sich um einen Neuabschluss, dem das Abschlussverbot des § 14 Abs. 2 Satz 2 TzBfG entgegen steht. Mit Ausnahme der Vertragszeit darf folglich nichts geändert werden. Dies sei aus dem Begriff „Verlängerung" abzuleiten. Eine Verlängerung lasse die übrigen Vertragsteile unberührt.[50]

2952 **c) Befristungen bei Existenzgründungen.** Eine sachgrundlose kalendermäßige Befristung eines Arbeitsvertrags ist auch in den ersten vier Jahren nach der Gründung eines Unternehmens zulässig, sofern die Befristung oder ihre mehrfache Verlängerung die Gesamtdauer von vier Jahren nicht überschreitet (§ 14 Abs. 2a TzBfG). Um unter das „Gründungsprivileg" zu fallen, muss der befristete Vertrag am letzten Tag des Vierjahreszeitraums ab Aufnahme der Unternehmenstätigkeit abgeschlossen werden.[51]

2953 Die Privilegierung gilt nicht für Neugründungen im Zusammenhang mit der rechtlichen Umstrukturierung von Unternehmen und Konzernen.

2954 **d) Befristung mit älteren Mitarbeitern.** Das Gesetz erlaubt schließlich eine sachgrundlose Befristung, wenn der befristet eingestellte Mitarbeiter bei Beginn des befristeten Arbeitsverhältnisses das 52. Lebensjahr vollendet hat, unmittelbar vor Beginn des befristeten Arbeitsverhältnisses mindestens vier Monate beschäftigungslos im Sinne des § 119 Abs. 1 Nr. 1 SGB III war, Transferkurzarbeitergeld bezogen oder an einer öffentlich geförderten Beschäftigungsmaßnahme nach dem Sozialgesetzbuch II oder III teilgenommen hat und die Befristung oder ihre mehrfache Verlängerung die Gesamtdauer von fünf Jahren nicht überschreitet (§ 14 Abs. 3 TzBfG).

3. Befristung mit Sachgrund

2955 Darüber hinaus ist die Befristung eines Arbeitsverhältnisses nach § 14 Abs. 1 TzBfG erlaubt, wenn sie durch einen sachlichen Grund gerechtfertigt ist.

Ein sachlicher Grund liegt insbesondere vor, wenn
- der betriebliche Bedarf an der Arbeitsleistung nur vorübergehend besteht,
- die Befristung im Anschluss an eine Ausbildung oder ein Studium erfolgt, um den Übergang des Mitarbeiters in eine Anschlussbeschäftigung zu erleichtern,
- der Mitarbeiter zur Vertretung eines anderen Mitarbeiters beschäftigt wird,
- die Eigenart der Arbeitsleistung die Befristung rechtfertigt,
- die Befristung zur Erprobung erfolgt,
- in der Person des Mitarbeiters liegende Gründe die Befristung rechtfertigen,
- der Mitarbeiter aus Haushaltsmitteln vergütet wird, die haushaltsrechtlich für eine befristete Beschäftigung bestimmt sind, und er entsprechend beschäftigt wird oder
- die Befristung auf einem gerichtlichen Vergleich beruht.

2956 § 14 Abs. 1 TzBfG enthält keine abschließende Aufzählung, weshalb auch andere sachliche Gründe eine Befristung unter Berücksichtigung des konkreten Einzelfalles rechfertigen können. Ob ein sachlicher Grund für die Befristung vorliegt, kann gerichtlich überprüft werden. Maßgeblicher Zeitpunkt für die Überprüfung der Zulässigkeit der Befristung ist der Abschluss des Arbeitsvertrags.[52] Der sachliche Grund muss also bereits im Zeitpunkt

---

[49] BAG vom 20. 2. 2008 – 7 AZR 786/06; BAG vom 18. 1. 2006 – 7 AZR 178/05.
[50] BAG vom 20. 2. 2008 – 7 AZR 786/06.
[51] Küttner/*Kania*, Personalbuch 2011, *Befristetes Arbeitsverhältnis* Rn. 12.
[52] Küttner/*Kania*, Personalbuch 2011, *Befristetes Arbeitsverhältnis* Rn. 22.

des Vertragsschlusses vorliegen. Zwischenzeitlich eintretende andere Entwicklungen sind grundsätzlich unerheblich.[53] Bei zweckbefristeten Arbeitsverträgen ist die Angabe des Grundes wesentlicher Vertragsbestandteil und damit zwingend erforderlich, nicht jedoch bei kalendermäßigen Befristungen.[54]

Der Mitarbeiter muss sich – spätestens innerhalb von drei Wochen nach Ablauf der ver- **2957** einbarten Befristung – auf die Unwirksamkeit der Befristung berufen und eine entsprechende Klage beim Arbeitsgericht einreichen.

4. Schriftform

Nach § 14 Abs. 4 TzBfG bedarf die Befristung eines Arbeitsvertrags der Schriftform, um **2958** rechtswirksam zu sein. Dies gilt auch für die Vereinbarung der befristeten Weiterbeschäftigung des Mitarbeiters nach Ablauf der Kündigungsfrist bis zum rechtskräftigen Abschluss des Kündigungsschutzprozesses.[55]

Das Schriftformerfordernis bezieht sich nur auf die Befristungsabrede selbst, nicht auf die **2959** sonstigen Arbeitsbedingungen.[56]

5. Kündigungsmöglichkeiten

Ein befristeter Vertrag endet grundsätzlich mit dem Ablauf der Zeit, für die der Vertrag **2960** eingegangen wurde. Eine Kündigung zu einem früheren Zeitpunkt ist nur möglich, wenn im Vertrag das Recht zur ordentlichen Kündigung vereinbart wurde (§ 15 Abs. 3 TzBfG). Ein nicht in Schriftform geschlossener befristeter Arbeitsvertrag kann ebenfalls, weil die fehlende Schriftform einen unbefristeten Vertrag bewirkt, vor dem vereinbarten Ende gekündigt werden.

Ein befristetes Arbeitsverhältnis gilt als auf unbestimmte Zeit verlängert, wenn der Ar- **2961** beitgeber nach Ablauf der Datumsbefristung oder nach Erreichen des vereinbarten Zwecks der Fortsetzung des Arbeitsverhältnisses nicht unverzüglich widerspricht (§ 15 Abs. 5 TzBfG). Zu einem unbefristeten Arbeitsverhältnis kommt es außerdem, wenn der Arbeitgeber dem Mitarbeiter die Erreichung des Zwecks nicht unverzüglich mitteilt. Im Falle einer kombinierten Befristung führt die Weiterarbeit nach Zweckerreichung oder trotz des Eintritts einer auflösenden Bedingung allerdings nur dazu, dass ein befristeter Fortbestand des Arbeitsverhältnisses bis zum Erreichen der Zeitbefristung eintritt.[57]

VII. Teilzeitarbeit

Auf Teilzeitarbeitsverhältnisse finden die arbeitsrechtlichen Vorschriften gleichermaßen **2962** Anwendung wie auf Vollzeitarbeitsverhältnisse. Abweichungen, beispielsweise bei der Lage der Arbeitszeit, ergeben sich aus der verringerten Arbeitszeit (der „Natur der Teilzeitarbeit") und gegebenenfalls aus den Motiven des teilzeitbeschäftigten Mitarbeiters.[58]

1. Definition der Teilzeitbeschäftigung

Nach § 2 TzBfG ist ein Mitarbeiter teilzeitbeschäftigt, dessen Wochenarbeitszeit kürzer **2963** ist als die eines vergleichbaren vollzeitbeschäftigten Mitarbeiters. Zu den Teilzeitbeschäftig-

---

[53] BAG vom 31. 10. 1974 – 2 AZR 483/73.
[54] BAG vom 21. 12. 2005 – 7 AZR 541/04.
[55] BAG vom 22. 10. 2003 – 7 AZR 113/03.
[56] Küttner/*Kania*, Personalbuch 2011, *Befristetes Arbeitsverhältnis* Rn. 8.
[57] BAG vom 29. 6. 2011 – 7 AZR 6/10.
[58] BAG vom 17. 7. 2007 – 9 AZR 819/06.

ten zählen auch geringfügig entlohnte Beschäftigte. Mitarbeiter, mit denen keine feste wöchentliche Arbeitszeit vereinbart ist, gelten als teilzeitbeschäftigt, wenn ihre regelmäßige durchschnittliche Arbeitszeit unter der durchschnittlichen Arbeitszeit eines vergleichbaren vollzeitbeschäftigten Mitarbeiters liegt. Dabei kann die durchschnittliche Arbeitszeit auf der Grundlage eines Beschäftigungszeitraums von bis zu zwölf Monaten berechnet werden.

2964   Vergleichbar sind diejenigen Vollzeitmitarbeiter des Betriebs mit derselben Art des Arbeitsverhältnisses und der gleichen oder einer ähnlichen Tätigkeit. Bei der Art des Arbeitsverhältnisses werden z. B. nur unbefristete oder nur befristete Arbeitsverhältnisse miteinander verglichen. Gibt es im Betrieb keinen vergleichbaren vollzeitbeschäftigten Mitarbeiter, muss dieser aufgrund des anzuwendenden Tarifvertrags bestimmt werden. Ist auch dies nicht möglich, wird auf den Wirtschaftszweig, zu dem das Unternehmen gehört, abgestellt und geprüft, wer dort üblicherweise als vollzeitbeschäftigter Mitarbeiter gilt.

2. Diskriminierungs- und Benachteiligungsverbot

2965   Nach § 4 Abs. 1 TzBfG darf ein teilzeitbeschäftigter Mitarbeiter nicht schlechter behandelt werden als ein vergleichbarer vollzeitbeschäftigter Mitarbeiter, es sei denn, dass sachliche Gründe eine Ungleichbehandlung rechtfertigen. Umfang der Arbeitszeit scheidet damit als Differenzierungsmerkmal aus.[59] Einem teilzeitbeschäftigten Mitarbeiter ist das Arbeitsentgelt oder eine andere teilbare geldwerte Leistung, die für einen bestimmten Bemessungszeitraum gewährt wird, mindestens in dem Umfang zu gewähren, der dem Anteil seiner Arbeitszeit an der Arbeitszeit eines vergleichbaren vollzeitbeschäftigten Mitarbeiters entspricht.

2966   Beruft sich ein teilzeitbeschäftigter Mitarbeiter auf seine Rechte aus dem Gesetz über Teilzeitarbeit und befristete Arbeitsverträge, darf er deswegen nicht benachteiligt werden (§ 5 TzBfG). Insofern hat der Arbeitgeber auch teilzeitbeschäftigte Mitarbeiter im Rahmen der Aus- und Weiterbildung zu fördern (§ 10 TzBfG).

3. Förderung von Teilzeitarbeit

2967   § 6 TzBfG verpflichtet die Arbeitgeber, in allen Unternehmensbereichen Teilzeitarbeit zu ermöglichen. Um dies zu erreichen, hat der Gesetzgeber den Arbeitgebern verschiedene Ausschreibungs- und Informationspflichten auferlegt.

2968   Nach § 7 Abs. 1 TzBfG hat der Arbeitgeber einen Arbeitsplatz, den er öffentlich oder auch nur innerbetrieblich ausschreibt, grundsätzlich auch als Teilzeitarbeitsplatz auszuschreiben. Voraussetzung dieser Pflicht ist außerdem, dass sich der zu besetzende Arbeitsplatz für eine Teilzeitbeschäftigung eignet. Der Arbeitgeber muss also nicht jeden Arbeitsplatz auch als Teilzeitarbeitsplatz ausschreiben, sondern er hat ein Ermessen, welche Arbeitsplätze im Rahmen seiner betrieblichen Möglichkeiten auch als Teilzeitarbeitsplätze geeignet sind.

2969   Hat ein Mitarbeiter gegenüber dem Arbeitgeber bereits den Wunsch geäußert, die Dauer und Lage seiner Arbeitszeit zu verändern, ist der Arbeitgeber verpflichtet, diesen Mitarbeiter über entsprechende Arbeitsplätze, die im Betrieb oder Unternehmen besetzt werden sollen, zu informieren. Der Arbeitgeber muss den Mitarbeiter auf diejenigen Arbeitsplätze hinweisen, für die der Mitarbeiter aufgrund seiner Eignung und seiner Wünsche in Betracht kommt. Eine Informationspflicht über alle zu besetzenden Arbeitsplätze besteht also nicht.

4. Rechtsanspruch auf Teilzeitarbeit

2970   § 8 TzBfG gewährt den Mitarbeitern einen Rechtsanspruch auf Verringerung der Arbeitszeit. Der Anspruch auf Verringerung der Arbeitszeit ist an die Voraussetzungen gebunden, dass

– in der Regel mehr als 15 Mitarbeiter (ohne Auszubildende) beschäftigt werden,

---

[59] Küttner/*Reineke,* Personalbuch 2011, *Teilzeitbeschäftigung* Rn. 9.

– der Mitarbeiter mehr als sechs Monate ununterbrochen beschäftigt ist und
– dem Teilzeitwunsch keine betrieblichen Gründe entgegenstehen.

Ein Mitarbeiter, der seine vertraglich vereinbarte Arbeitszeit verringern will, muss dem **2971** Arbeitgeber diesen Wunsch spätestens drei Monate vor dem gewünschten Beginn der Verringerung der Arbeitszeit mitteilen. Er muss dabei auch angeben, in welchem Umfang er seine Arbeitszeit verringern will.[60] Außerdem muss er sich zur gewünschten Verteilung der Arbeitszeit äußern. Innerhalb der Ankündigungsfrist soll der Arbeitgeber prüfen können (und müssen), ob und inwieweit der Wunsch des Mitarbeiters verwirklicht werden kann. Welche betrieblichen Gründe im konkreten Fall einer Ablehnung des Teilzeitwunsches und/oder der Verteilung der Arbeitszeit entgegenstehen können, hängt von der Art und Größe des betroffenen Unternehmens und den individuellen Wünschen des Mitarbeiters ab.[61] Nach dem Gesetz liegt ein betrieblicher Grund insbesondere vor, wenn die Verringerung der Arbeitszeit die Organisation, den Arbeitsablauf oder die Sicherheit im Betrieb wesentlich beeinträchtigt oder unverhältnismäßige Kosten verursacht.

Der Arbeitgeber ist nach § 8 Abs. 5 TzBfG verpflichtet, dem Mitarbeiter seine Entschei- **2972** dung über die Verringerung der Arbeitszeit und ihre Verteilung spätestens einen Monat vor dem gewünschten Beginn der Verringerung schriftlich mitzuteilen. Zuvor sollen die Parteien eine einvernehmliche Lösung suchen. Können sich die Parteien allerdings nicht einigen und lehnt der Arbeitgeber die Arbeitszeitverringerung nicht spätestens einen Monat vor deren gewünschtem Beginn schriftlich ab, verringert sich die Arbeitszeit in dem vom Mitarbeiter gewünschten Umfang. Es tritt also eine gesetzliche Zustimmungsfiktion ein.

Spätere einseitige Änderungen der Verteilung der Arbeitszeit durch den Arbeitgeber **2973** können im Wege des Direktionsrechts erfolgen, wenn
– das betriebliche Interesse an einer neuen Verteilung der Arbeitszeit das Interesse des Mitarbeiters an der Beibehaltung der bisherigen Verteilung erheblich überwiegt und
– der Arbeitgeber die Änderung der Verteilung der Arbeitszeit spätestens einen Monat vorher angekündigt hat (§ 8 Abs. 5 TzBfG).

Weitere gesetzliche Regelungen zur Verringerung der Arbeitszeit finden sich für beson- **2974** dere Mitarbeitergruppen in § 15 BEEG (Elternzeitgesetz), in § 3 PflegeZG (Pflegezeitgesetz), im neuen Familienpflegezeitgesetz sowie für Schwerbehinderte in § 81 SGB IX.

5. Verlängerung der Arbeitszeit

Der Arbeitgeber hat teilzeitbeschäftigten Mitarbeitern, die ihre Arbeitszeit verlängern **2975** möchten, bei der Besetzung entsprechender freier Arbeitsplätze im Betrieb oder Unternehmen bevorzugt zu berücksichtigen, sofern der Mitarbeiter für den zu besetzenden Arbeitsplatz nach Ausbildung, Qualifikation und Fähigkeiten geeignet ist (§ 9 TzBfG). Unbeachtlich ist, ob die Teilzeit infolge eines Wunsches des Mitarbeiters nach Arbeitszeitverringerung zustande kam oder der Mitarbeiter von Anfang an als Teilzeitbeschäftigter oder gar befristet eingestellt war.[62] Der bevorzugten Berücksichtigung, der eine entsprechende Mitteilung des Mitarbeiters über seinen Aufstockungswunsch vorausgehen muss, können dringende betriebliche Gründe oder die Wünsche anderer teilzeitbeschäftigter Mitarbeiter entgegenstehen. Unter mehreren teilzeitbeschäftigten Mitarbeitern kann der Arbeitgeber seine Auswahl frei unter Berücksichtigung des billigen Ermessens treffen.

6. Arbeit auf Abruf (§ 12 TzBfG)

Zwischen Arbeitgeber und Mitarbeiter kann sogenannte „Arbeit auf Abruf" vereinbart **2976** werden. Abrufarbeit liegt vor, wenn der Mitarbeiter seine Arbeitsleistung entsprechend dem Arbeitsanfall zu erbringen hat.

---

[60] BAG vom 16. 10. 2007 – 9 AZR 239/07.
[61] *Lüders*, Teilzeitarbeit nach § 8 TzBfG – Das Ablehnungsrecht des Arbeitgebers, Berlin 2007.
[62] BAG vom 16. 1. 2008 – 7 AZR 603/06.

2977 § 12 Abs. 1 TzBfG regelt den Mindestinhalt entsprechender Absprachen. Danach muss eine entsprechende Vereinbarung eine bestimmte Dauer der wöchentlichen und täglichen Mindestarbeitszeit festlegen. Ist die Dauer der wöchentlichen Arbeitszeit nicht festgelegt, gilt eine Dauer von zehn Stunden kraft Gesetzes als vereinbart. Fehlt es an einer Vereinbarung zur täglichen Arbeitszeit, hat der Arbeitgeber die Arbeitsleistung des Mitarbeiters täglich für mindestens drei aufeinander folgende Stunden in Anspruch zu nehmen. Im Übrigen besteht nur dann eine Arbeitspflicht, wenn der Arbeitgeber die Lage der Arbeitszeit zumindest vier Tage im Voraus mitteilt.

7. Arbeitsplatzteilung (§ 13 TzBfG)

2978 Arbeitgeber und (mehrere) Mitarbeiter können auch vereinbaren, dass sich mehrere Mitarbeiter die Arbeitszeit an einem Arbeitsplatz teilen. Ist einer dieser Mitarbeiter an der Arbeitsleistung verhindert, sind die anderen Mitarbeiter nach § 13 TzBfG zur Vertretung nur verpflichtet, wenn sie der Vertretung im Einzelfall zugestimmt haben.[63]

2979 § 13 Abs. 2 TzBfG untersagt dem Arbeitgeber die Beendigungskündigung eines Arbeitsverhältnisses für den Fall, dass einer der an der Arbeitsplatzteilung beteiligten Mitarbeiter aus dem Arbeitsverhältnis unbeachtlich der Gründe ausscheidet. Der Arbeitgeber kann in diesen Fällen wirksam nur eine Änderungskündigung aussprechen. Eine Kündigung aus anderen Gründen bleibt unberührt.

VIII. Freier Mitarbeiter

2980 Neben Mitarbeitern in einem sozialversicherungspflichtigen Beschäftigungsverhältnis werden oftmals auch sog. freie Mitarbeiter tätig. Hierbei handelt es sich um eine selbstständige unternehmerische Tätigkeit einer natürlichen Person für ein fremdes Unternehmen auf dienst- oder werkvertraglicher Grundlage.[64] In den meisten Fällen ist die Abgrenzung schwierig. Denn es gibt keine festen Kriterien für die in jedem Fall gesondert zu prüfende Abgrenzung. Von wesentlicher Bedeutung ist der Grad der persönlichen Abhängigkeit des Mitarbeiters vom Auftraggeber. Freie Mitarbeiter leisten fremdbestimmte Arbeit und unterscheiden sich so durch das Ausmaß der Weisungsgebundenheit. Als freier Mitarbeiter wird grundsätzlich angesehen, wer
– seine Tätigkeit im Wesentlichen frei gestalten,
– seine Arbeitszeit frei bestimmen und
– seine persönliche Selbständigkeit wahren kann.

2981 Für die rechtliche Einordnung ist die von den Parteien getroffene Bezeichnung nicht entscheidend. Abzustellen ist vielmehr auf die praktische Durchführung des Vertrags. Widersprechen sich Vertragsbezeichnung und Vertragsdurchführung, ist in aller Regel die tatsächliche Durchführung des Vertrags maßgebend. Folgende Kriterien sprechen in der Regel für ein reguläres Arbeitsverhältnis und gegen eine freie Mitarbeitertätigkeit
– persönliche und fachliche Weisungsgebundenheit,
– zeitliche und örtliche Bindung in einem Betrieb,
– ausgeübte Kontrolle durch den Unternehmer,
– ständige Dienstbereitschaft auf Abruf des Unternehmers,
– vollständige Eingliederung in den Betriebsablauf,
– Unterordnung unter einen fremden Plan,
– fehlende Möglichkeit zur Ablehnung einzelner Aufträge,
– die Pflicht des Nachweises von Arbeitsunfähigkeitszeiten,

---

[63] LAG München vom 15. 9. 1993 – 5 Sa 976/92.
[64] Küttner/*Röller*, Personalbuch 2011, *Freie Mitarbeit* Rn. 1.

– die Pflicht zum Besuch von Schulungen und
– die Verpflichtung zu regelmäßigen Berichten über durchgeführte Besuche und deren
  Ergebnisse.

Die Ausgestaltung eines Dienstverhältnisses als freies Mitarbeiterverhältnis ist im Rahmen **2982**
der allgemeinen Vertragsfreiheit grundsätzlich erlaubt. Wenn die Vereinbarung allerdings
dazu dienen soll, die arbeits- und sozialrechtlichen Schutzvorschriften zu umgeben, ist ein
solcher Vertrag unzulässig. In diesem Fall werden der Unternehmer und der freie Mitarbeiter so behandelt, als hätten sie einen normalen Arbeitsvertrag geschlossen.

Verträge mit freien Mitarbeitern müssen sorgfältig in jedem Einzelfall formuliert werden **2983**
und die aufgeführten Abgrenzungskriterien zu einer Beschäftigung als Mitarbeiter berücksichtigen.

IX. Telearbeit

Bei Telearbeit werden betriebliche Arbeiten in die Privatwohnung des Mitarbeiters verla- **2984**
gert. Eine Verbindung zwischen der Wohnung und dem Betrieb besteht über moderne
EDV-Anlagen (PC, Fax, Telefon, Internet). In manchen Fällen entfällt bei Telearbeit der
Arbeitsplatz im Betrieb vollkommen, in anderen hat der Mitarbeiter neben seinem Home-
office noch einen weiteren Arbeitsplatz im Betrieb, den er sich ggf. mit anderen Telearbei-
tern teilt. Wie Telearbeit im Einzelfall ausgestaltet und durchgeführt wird, hängt von den
Vereinbarungen zwischen Arbeitgeber und Mitarbeiter, den betrieblichen Gegebenheiten
und der Art der zu erledigenden Arbeiten ab. Sie kann in Freier Mitarbeit auf der Grundlage von Dienst-, Werk- oder Werklieferungsverträgen, als Heimarbeit oder im Arbeitsverhältnis durchgeführt werden.[65]

X. Arbeitsvertrag mit Ausländern

Für ausländische Mitarbeiter gelten grundsätzlich die gleichen arbeitsrechtlichen Rege- **2985**
lungen wie für deutsche Mitarbeiter. Besonderheiten ergeben sich jedoch aus öffentlich-
rechtlichen Vorschriften, die insbesondere die Fragen regeln, welcher Ausländer mit einer
Arbeitserlaubnis oder ohne eine solche beschäftigt werden darf. Die maßgeblichen Vorschriften finden sich im Zuwanderungsgesetz, welches sich in zwei Teile gliedert, nämlich
das Aufenthaltsgesetz (AufenthG) und das Freizügigkeitsgesetz/EU (Freizüg/EU). Darin
finden sich Vorschriften
– zur Einreise und zum Aufenthalt von Ausländern in Deutschland,
– zu möglichen Aufenthaltszwecken,
– zur Aufenthaltsbeendigung und
– zum Asylverfahren.

Staatsangehörige der EU-Mitgliedstaaten benötigen keinen Aufenthaltstitel und damit **2986**
auch keine behördliche Arbeitserlaubnis. Für EU-Bürger, die in Deutschland eine Beschäftigung aufnehmen wollen, besteht (wie für Deutsche) eine Meldepflicht bei den Meldebe-
hörden und eine Ausweispflicht (§§ 5, 8 Freizüg/EU). Besonderheiten gelten nur für die
seit 2004 neu beigetretenen Länder. Hier gelten Übergangsvorschriften, die den freien Zugang zum deutschen Arbeitsmarkt einschränken und die Erteilung einer Zustimmung der
Bundesagentur für Arbeit vor Aufnahme einer Tätigkeit vorsehen.

Personen, die nicht die deutsche Staatsangehörigkeit besitzen und keine EU-Bürger sind, **2987**
benötigen zur Aufnahme einer Tätigkeit in Deutschland nach den Vorschriften des Aufent-
haltsgesetzes

---

[65] Küttner/*Röller*, Personalbuch 2011, *Telearbeit* Rn. 1 ff.

– einen gültigen Pass (§ 3 AufenthG) und
– einen Aufenthaltstitel der Ausländerbehörde (§ 4 AufenthG).

2988 Der Aufenthaltstitel wird nur erteilt, wenn der Lebensunterhalt des Ausländers gesichert ist, seine Identität geklärt ist, kein Ausweisungsgrund vorliegt und die Interessen der Bundesrepublik aus sonstigen Gründen nicht beeinträchtigt oder gefährdet sind (§ 5 AufenthG).

2989 Ausländische Mitarbeiter sind arbeitsrechtlich grundsätzlich wie deutsche Mitarbeiter zu behandeln, wenn sie in einem in Deutschland ansässigen Unternehmen beschäftigt werden. Für diese Mitarbeiter gilt deutsches Arbeitsrecht. Allerdings können den Arbeitgeber bei ausländischen Mitarbeitern erhöhte Pflichten treffen, die sich aus einer besonderen Schutzbedürftigkeit des ausländischen Mitarbeiters herleiten. Unter Umständen kann z.B. eine Pflicht des Arbeitgebers bestehen, an der Erlangung der Arbeitserlaubnis mitzuwirken. Worin diese Mitwirkungspflicht im Einzelnen bestehen kann, entscheidet sich aufgrund der Umstände des konkreten Einzelfalls.

XI. Arbeitnehmerüberlassung

2990 Von Arbeitnehmerüberlassung wird gesprochen, wenn ein selbständiger Unternehmer (Verleiher) einen Mitarbeiter (Leiharbeitnehmer), mit dem er einen Arbeitsvertrag geschlossen hat, einem Dritten (Entleiher) aufgrund einer zumindest konkludent getroffenen Vereinbarung vorübergehend zur Verfügung stellt und dieser den Mitarbeiter nach seinen Vorstellungen und Zielen in seinem Betrieb wie seine eigenen Beschäftigten zur Förderung seiner Betriebszwecke einsetzt.[66] Der entliehene Mitarbeiter ist verpflichtet, für den Betrieb des Entleihers dessen Weisungen zu arbeiten. Der Entleiher kann den Mitarbeiter wie eigene Mitarbeiter einsetzen.

2991 Das Recht der Arbeitnehmerüberlassung ist im Arbeitnehmerüberlassungsgesetz (AÜG) geregelt. Das AÜG ist zuletzt zum 1.12.2011 geändert worden. Eine der wesentlichen Neuerungen des AÜG besteht darin, dass künftig alle Unternehmen, die Arbeitnehmerüberlassung im Rahmen ihrer wirtschaftlichen Tätigkeit betreiben, eine Erlaubnis hierfür einholen müssen. Ein „gewerbsmäßiges" Handeln ist nicht mehr erforderlich. Unter wirtschaftlicher Tätigkeit ist jede Tätigkeit zu verstehen, die darin besteht, Güter oder Dienstleistungen auf einem bestimmten Markt anzubieten. Gewinnerzielungsabsicht ist nicht erforderlich. Das AÜG findet damit auch auf konzerninterne Verleihunternehmen Anwendung, die Mitarbeiter „zum Selbstkostenpreis" überlassen. Die Arbeitnehmerüberlassung soll auch nur noch „vorübergehend" zulässig sein. Höchstüberlassungsfristen wurden im Gesetz allerdings nicht festgelegt. Insgesamt ist der Gesetzgeber bemüht, die Rechte der Leiharbeitnehmer weitestgehend den Rechten der Stammbelegschaft anzupassen.

2992 Keine Arbeitnehmerüberlassung im beschriebenen Sinn liegt vor, wenn ein Unternehmer durch Mitarbeiter eines anderen Unternehmers, aber unter dessen Aufsicht, in seinem Betrieb Arbeiten erledigen lässt (z.B. bei Reparaturen oder Montagearbeiten). In diesem Fall erfolgt der Einsatz der Mitarbeiter aufgrund eines Werk- oder Dienstvertrags.

XII. Betriebsübergang

2993 Grundsätzlich ist es die freie Entscheidung eines Arbeitgebers und eines Mitarbeiters, ob sie ein Arbeitsverhältnis eingehen wollen oder nicht. Diese durch die Verfassung gewährleistete Abschlussfreiheit ist nur an wenigen Stellen durch gesetzliche Schutzbestimmungen durchbrochen, unter anderem bei einer Betriebsübertragung.

---

[66] BAG vom 13.8.2008 – 7 AZR 269/07.

Nach § 613a Abs. 1 Satz 1 BGB tritt der Erwerber eines Betriebes oder Betriebsteils in **2994** die Rechte und Pflichten der im Zeitpunkt des Übergangs bestehenden Arbeitsverhältnisse ein. Ein Betriebsübergang liegt vor, wenn ein neuer Rechtsträger die wirtschaftliche Einheit unter Wahrung ihrer Identität fortführt. Der Begriff „wirtschaftliche Einheit" bezieht sich auf eine organisatorische Gesamtheit von Personen und Sachen zur auf Dauer angelegten Ausübung einer wirtschaftlichen Tätigkeit mit eigener Zielsetzung. Bei der Prüfung, ob eine solche Einheit unter Wahrung ihrer Identität übergegangen ist, sind sämtliche den betreffenden Vorgang kennzeichnende Tatsachen zu berücksichtigen. Zu diesen zählen insbesondere die Art des betreffenden Betriebs, der Übergang materieller Betriebsmittel sowie deren Wert und Bedeutung, die Übernahme der immateriellen Betriebsmittel und der vorhandenen Organisation, der Grad der Ähnlichkeit mit der Betriebstätigkeit des bisherigen Inhabers, die Weiterbeschäftigung der Hauptbelegschaft, der Übergang von Kundschaft und Lieferantenbeziehungen sowie die Dauer der evtl. Unterbrechung der Betriebstätigkeit.[67]

In einer jüngeren Entscheidung hat das BAG die Übernahme einer Arztpraxis nicht als **2995** Betriebsübergang qualifiziert.[68] Letztlich dienten die getroffenen Vereinbarungen im konkreten Fall nur dem „Verkauf der kassenärztlichen Zulassung", der als solcher nach § 103 Abs. 4 SGB V rechtlich nicht möglich ist, weil nur die Arztpraxis als solche Gegenstand des Privatrechtsverkehrs ist und durch Rechtsgeschäft übertragen werden kann. Trotz der materiellen Betriebsmittel, ohne die eine Arztpraxis nicht betrieben werden kann, steht die Patientenbetreuung durch den Arzt und die nichtärztlichen Praxismitarbeiter im Mittelpunkt der betrieblichen Tätigkeit. Zumeist ist die gesamte Organisation einer von einem Arzt allein betriebenen Praxis auf die Person des Arztes zugeschnitten, insbesondere auf dessen individuelle ärztliche Arbeitsweise. Hinzu kommt, dass Patienten eine Arztpraxis häufig deshalb aufsuchen, weil sie dem dort tätigen Arzt besonderes Vertrauen entgegenbringen oder dessen Sachkunde oder Fähigkeiten schätzen und weil sie sich von ihm und seinen Mitarbeitern gut betreut fühlen. Damit wird die Arbeit einer Arztpraxis in der Regel durch die dort tätigen Personen, nicht durch die vorhandenen Betriebsmittel geprägt. Zur Erreichung des Betriebszweckes einer Arztpraxis kommt es deshalb im Wesentlichen auf die menschliche Arbeitskraft an. Die materiellen und immateriellen Betriebsmittel spielen nur eine untergeordnete Rolle, weshalb es sich demnach um einen betriebsmittelarmen Betrieb handelt, bei dem es auf ein „eingespieltes Mitarbeiterteam" und die Fachkenntnisse dieser Mitarbeiter ankommt. Ein solcher Betrieb kann zwangsläufig unter Aufrechterhaltung seiner Identität nur dann von einem Betriebserwerber fortgeführt werden, wenn dieses Mitarbeiterteam übernommen wird, weil dieses beim betriebsmittelarmen Betrieb identitätsbildend ist. Ausnahmen von diesem Grundsatz können jedoch dann vorliegen, wenn eine Arztpraxis vor allem durch die vorhandenen medizinischen Geräte und weniger durch die dort tätigen Ärzte geprägt ist und die Praxis vor allem wegen der medizinischen Untersuchungs- bzw. Behandlungsgerätschaften (z.B. radiologische oder nuklearmedizinische Praxen) aufgesucht wird.[69]

Die von einem Betriebsübergang betroffenen Mitarbeiter haben das Recht, dem Über- **2996** gang ihrer Arbeitsverhältnisse zu widersprechen (§ 613a Abs. 6 BGB). Daher ist der Arbeitgeber unabhängig von der Betriebsgröße und unabhängig von dem Vorhandensein eines Betriebsrates verpflichtet, die von einem Übergang betroffenen Mitarbeiter in Textform zu informieren (§ 613a Abs. 5 BGB), um ihnen eine ausreichende Wissensgrundlage für die Ausübung des Widerspruchsrechts zu verschaffen.[70] Erst mit dem Zugang der gesetzeskonformen Unterrichtung beginnt die einmonatige Widerspruchsfrist zu laufen.

---

[67] BAG vom 22. 6. 2011 – 8 AZR 107/10.
[68] BAG vom 22. 6. 2011 – 8 AZR 107/10.
[69] BAG vom 22. 6. 2011 – 8 AZR 107/10.
[70] BAG vom 14. 12. 2006 – 8 AZR 763/05.

C. Inhalt des Arbeitsverhältnisses

I. Rechte und Pflichten im Arbeitsverhältnis

1. Pflichten des Mitarbeiters

2997   Die Verpflichtung des Mitarbeiters zur Arbeitsleistung ergibt sich aus dem Arbeitsvertrag i. V. m. § 611 BGB. Sie ist die Hauptleistungspflicht des Mitarbeiters. Konkretisiert werden die Pflichten des Mitarbeiters durch Tarifverträge oder Betriebsvereinbarungen. Weitere Konkretisierungen ergeben sich durch Ausübung des Direktionsrechts durch den Arbeitgeber oder durch „betriebliche Übung".

2998   Gemäß § 613 Satz 1 BGB schuldet der Mitarbeiter die Arbeitsleistung im Zweifel in Person. Der Ersatz durch eine andere Person erfüllt diese Verpflichtung nicht. Es handelt sich um eine höchstpersönliche Pflicht. Daraus folgt, dass das Arbeitsverhältnis mit dem Tod des Mitarbeiters erlischt. Nach § 613 Satz 2 BGB schuldet der Mitarbeiter im Zweifel seine Leistung auch nur gegenüber seinem Arbeitgeber, also demjenigen, mit dem der Arbeitsvertrag geschlossen wurde. Eine verbreitete Ausnahme von dieser Auslegungsregel ist das Leiharbeitsverhältnis. Dabei wird der Anspruch des Arbeitgebers (Verleiher) auf die Arbeitsleistung an einen Dritten, den Entleiher, abgetreten.

2999   Da es sich bei einem Arbeitsvertrag um eine besondere Form eines Dienstvertrags handelt, schuldet der Mitarbeiter anders als beim Werkvertrag keinen bestimmten Erfolg, sondern lediglich die Erbringung der Arbeitsleistung als solche. Die Leistung des Mitarbeiters richtet sich grundsätzlich nach dessen individuellen Leistungsvermögen.[1] Er muss seine Arbeitsleistung jedoch, unter Berücksichtigung seiner individuellen Fähigkeiten, sorgfältig erbringen.

3000   Das Arbeitsverhältnis geht nach dem Tod des Mitarbeiters nicht auf dessen Erben gemäß § 1967 BGB über. Nach den Grundsätzen der Erbenhaftung können diese aber dazu verpflichtet sein, einige Pflichten aus dem Arbeitsverhältnis zu erfüllen. So sind sie etwa dazu verpflichtet im Eigentum des Arbeitgebers sehende Gegenstände an diesen herauszugeben.

2. Pflichten des Arbeitgebers

3001   Da der Arbeitsvertrag ein gegenseitiger Vertrag ist, stehen den Pflichten des Mitarbeiters auch Pflichten des Arbeitgebers gegenüber. Auch diese lassen sich in Haupt- und Nebenpflichten aufteilen. Dabei ist stets zu berücksichtigen, dass dem Mitarbeiter ein besonderes Schutzbedürfnis zu Gute kommt, da er in aller Regel seinen Lebensunterhalt mit dem Arbeitslohn bestreiten muss und damit wirtschaftlich von seinem Arbeitgeber bzw. dem Bestand seines Arbeitsverhältnisses abhängig ist.

3002   **a) Lohnzahlungspflicht.** Hauptleistungspflicht des Arbeitgebers aus dem Arbeitsverhältnis ist die Pflicht zur Zahlung des Arbeitsentgelts. Das Arbeitsentgelt ist die Gegenleistung für die Arbeitsleistung des Mitarbeiters. Das ist grundsätzlich jeder geldwerte Vorteil, der zur Vergütung der Arbeitsleistung gezahlt wird. Ansprüche auf Aufwendungsersatz sind kein Arbeitsentgelt, da sie nicht Gegenleistung für die erbrachte Arbeitsleistung, sondern Ersatz für verschiedene Vermögensopfer sind, die im Zusammenhang mit der Arbeitsleistung entstanden sind.[2] Auch Entlassungsentschädigungen nach § 143a SGB III (Abfindungen, Entschädigungen, o. ä.) sind kein Arbeitsentgelt sondern Leistungen für den Verlust des Arbeitsplatzes. Diese Leistungen sind für die Zeit nach der Tätigkeit wegen deren Beendigung vorgesehen.[3]

---

[1] BAG vom 17. 3. 1988 – 2 AZR 576/87 = NZA 1989, 261.
[2] BAG vom 10. 2. 1988 – 7 AZR 36/87 = NZA 1989, 112.
[3] Vgl. dazu MHdbArbR/*Krause* § 54 Rn. 1.

aa) Grundsatz. Nach § 611 Abs. 1 BGB steht die Pflicht des Arbeitgebers zur Entgelt- **3003**
zahlung der Pflicht des Mitarbeiters zur Erbringung der Arbeitsleistung gegenüber. Diese
beiden Hauptleistungspflichten stehen im Austauschverhältnis (Synallagma). Die Höhe des
Arbeitsentgelts sowie sonstige Zahlungsmodalitäten werden regelmäßig im Arbeitsvertrag
vereinbart. Sie sind wesentlicher Bestandteil des Arbeitsvertrags. Liegt eine solche vertragliche Grundlage nicht vor, gilt gemäß § 612 Abs. 1 BGB eine Vergütung als „stillschweigend
vereinbart, wenn die Dienstleistung den Umständen nach nur gegen eine Vergütung zu erwarten ist". Durch diese gesetzliche Vermutung soll verhindert werden, dass der Arbeitsvertrag mangels Vereinbarung einer Vergütung unwirksam ist.[4] Soll die Arbeitsleistung ausnahmsweise unentgeltlich sein, muss dies ausdrücklich vereinbart werden, soweit nicht nach
den Umständen des Einzelfalls die Leistung als unentgeltlich anzusehen ist. Die bedeutsamste
Rechtsgrundlage der Arbeitsvergütung ist der Tarifvertrag. Ein Anspruch auf eine bestimmte
Vergütung entsteht entweder aus dessen Allgemeinverbindlichkeit nach § 5 Abs. 4 TVG, aus
der Tarifbindung der Arbeitsvertragsparteien nach § 4 Abs. 1 TVG oder kraft einzelvertraglicher Einbeziehung der tarifvertraglichen Regelung in den Arbeitsvertrag. Im Hinblick auf
die Höhe des Arbeitsentgelts können auch die betriebliche Übung sowie der allgemeine arbeitsrechtliche Gleichbehandlungsgrundsatz Anspruchsgrundlage sein.

Für alle Arbeitsverhältnisse gilt im Hinblick auf die Abrechnung des Arbeitsentgelts **3004**
§ 108 GewO. Dem Mitarbeiter ist danach eine Abrechnung in Textform (§ 126 b BGB) zu
erteilen. Daraus müssen sich Angaben über den Abrechnungszeitraum sowie die Zusammensetzung des Entgelts ergeben. Allerdings obliegt dem Arbeitgeber diese Pflicht für einen Abrechnungszeitraum gemäß § 108 Abs. 1 Satz 3 GewO nur dann, wenn sich gegenüber der letzten ordnungsgemäßen Abrechnung Änderungen ergeben haben.

bb) Tarifvertrag. Sind die Arbeitsvertragsparteien tarifgebunden oder ist ein Tarifver- **3005**
trag kraft Inbezugnahme auf das Arbeitsverhältnis anwendbar, darf die Vergütungsvereinbarung die tariflich vorgesehene Vergütung nicht unterschreiten (§ 4 Abs. 3 TVG). Erhöht
ein Arbeitgeber über einen Zeitraum von mehreren Jahren das Entgelt, ohne dass eine Tarifbindung vorliegt, kann der Mitarbeiter nur bei zusätzlichen und unmissverständlichen
Anhaltspunkten davon ausgehen, dass der Arbeitgeber auch in Zukunft die von den Tarifvertragsparteien ausgehandelten Tariflohnerhöhungen übernehmen möchte.

cc) Grundsatz der Lohngleichheit. Seit Inkrafttreten des AGG findet sich der zuvor in **3006**
§ 612 Abs. 3 BGB festgeschriebene **Grundsatz der Lohngleichheit** in § 2 Abs. 1 Nr. 2
AGG wieder und besagt, dass für gleiche Arbeit, der gleiche Lohn zu zahlen ist. Die Vorschrift
untersagt eine Benachteiligung bei Beschäftigungs- und Arbeitsbedingungen einschließlich
des Arbeitsentgelts aus Gründen der Rasse oder ethnischen Herkunft, wegen des Geschlechts,
der Religion oder Weltanschauung, einer Behinderung, des Alters oder der sexuellen Identität. Der Begriff des Arbeitsentgelts ist in Art. 157 Abs. 2 AEUV (= Vertrag über die Arbeitsweise der Europäischen Union) legal definiert. Es sind sämtliche Vergütungsformen erfasst.
Die Geltendmachung besonderer Schutzvorschriften für ein Geschlecht stellen keinen
Rechtfertigungsgrund für eine Ungleichbehandlung dar (§ 8 Abs. 2 AGG). Gleiche Arbeit im
Sinne des Gleichheitssatzes setzt gleichartige Arbeitsvorgänge auf verschiedenen Arbeitsplätzen voraus. Gleichwertig ist die Arbeit, wenn derselbe Arbeitswert erreicht wird.[5] Zwar ist
eine unmittelbar an ein Merkmal nach § 1 AGG anknüpfende Entgeltdifferenzierung unzulässig. Eine mittelbare Diskriminierung wegen des Geschlechts durch Zahlung von Markt-
löhnen wird jedoch weitgehend für zulässig erachtet.[6] Bei dem Vorliegen einer solchen mittelbaren Diskriminierung hat der Arbeitgeber die Möglichkeit darzulegen, dass die von ihm
angewandte Regelung im Sinne von § 3 Abs. 2 AGG gerechtfertigt ist.

Der Rückgriff auf das Dienstalter als entgeltbestimmender Faktor ist grundsätzlich zulässig, **3007**
da dieses Kriterium in der Regel dazu geeignet ist, die erlangte Berufserfahrung zu honorie-

---

[4] BAG vom 15. 3. 1960 – 5 AZR 409/58 AP BGB § 612 Nr. 13.
[5] BAG vom 22. 4. 2009 – 5 AZR 436/08 = NZA 2009, 837.
[6] *Thüsing* NZA 2000, 570.

ren. Das Verbot der mittelbaren und unmittelbaren Diskriminierung bei der Lohnfestsetzung gilt auch für Regelungen in Tarifverträgen[7] und Betriebsvereinbarungen. Rechtsfolge der Verletzung des Grundsatzes der Lohngleichheit ist, dass der benachteiligte Mitarbeiter einen Anspruch auf die Leistungen erhält, die der bevorzugten Gruppe gewährt werden.[8]

3008   **dd) Lohnwucher.** Hinsichtlich der Bemessung der Lohnhöhe ist der Arbeitgeber, sofern keine Tarifbindung besteht und der Grundsatz der Lohngleichheit beachtet wurde, zwar grundsätzlich frei. Eine Lohnvereinbarung, bei der jedoch der Wert der Arbeitsleistung gemessen an Dauer, Schwierigkeitsgrad und körperlicher wie geistiger Beanspruchung und die Vergütung in einem groben Missverhältnis stehen und der Arbeitgeber dabei eine Zwangslage oder die Unerfahrenheit des Mitarbeiters ausnutzt, bezeichnet man als **Lohnwucher** und ist nach § 138 Abs. 2 BGB nichtig.[9] Nach Auffassung des BAG führt eine Vergütung in Höhe von 70% des üblichen Arbeitslohnes – gemessen an dem jeweiligen tariflichen Entgelt – noch nicht zu einem groben Missverhältnis.[10] Ein grobes, auffälliges Missverhältnis zwischen Arbeitsleistung und Entgelt liegt jedoch vor, wenn die Vergütung nicht einmal zwei Drittel des in der betreffenden Branche und Wirtschaftsregion üblicherweise gezahlten Tariflohns umfasst.[11]

3009   Eine Vergütungsvereinbarung kann auch dann wegen Lohwuchers nichtig sein, wenn eine Existenzsicherung trotz angemessener Arbeitsleistung nicht möglich ist oder wenn eine Überbürdung des wirtschaftlichen Risikos der Arbeit ohne Ausgleich erfolgt. Die Nichtigkeitsfolge des § 138 Abs. 2 BGB bezieht sich lediglich auf die Vergütungsvereinbarung und nicht auf den gesamten Arbeitsvertrag. Der Mitarbeiter kann stattdessen bei Tarifbindung die Nachzahlung des Tariflohnes und im Übrigen die Zahlung eines angemessenen Lohnes nach § 612 Abs. 2 BGB verlangen.[12]

3010   **ee) Tariflohn und Zulagen.** Besteht das Arbeitsverhältnis im Geltungsbereich eines Tarifvertrags, gelten grundsätzlich dessen Bestimmungen im Hinblick auf Zusammensetzung und Höhe der geschuldeten Vergütung. So werden regelmäßig ein tarifliches Grundgehalt sowie weitere **tarifliche oder übertarifliche Zulagen** oder Vergütungszuschläge gezahlt. Diesen von dem Arbeitgeber gezahlten Gesamt-Bruttolohn bezeichnet man als Effektivverdienst.[13] Die Gründe für die Gewährung von Zulagen oder Zuschlägen sind vielfältig.

3011   Man spricht von **persönlichen Zulagen,** wenn etwa die besondere Vertrauensstellung eines Mitarbeiters oder einer Mitarbeitergruppe im Betrieb zusätzlich vergütet werden soll. Sogenannte Sozialzulagen berücksichtigen die jeweilige soziale Situation des Mitarbeiters. Viele Tarifverträge sehen daher Ortszuschläge, Kinderzuschläge oder Verheiratetenzuschläge vor. **Arbeitszeitzuschläge** dienen der zusätzlichen Vergütung von ungünstigen Arbeitszeiten, wie z. B. Nacharbeit, Sonn- und Feiertagsarbeit oder Zulagen für Schicht- und Wechselschichtarbeit. Von **Erschwerniszulagen** spricht man, wenn mit der Zahlung der Zulage eine besondere Arbeitsbelastung des Mitarbeiters zusätzlich vergütet werden soll. Das ist der Fall bei besonders gesundheitsgefährdenden Arbeiten, bei Schmutz oder besonders gefährlichen Arbeitsbedingungen. Funktionszulagen gewähren eine zusätzliche Vergütung für die Übernahme besonderer, zusätzlich übernommener Funktionen im Unternehmen.

3012   Alle Zulagen oder Zuschläge teilen das Merkmal, dass sie eine grundsätzlich mit dem konkreten Arbeitsplatz oder der Person des Mitarbeiters zusammenhängende Erschwernis oder einen bestimmten Zustand zusätzlich vergüten. Sie fallen regelmäßig an und werden so lange gezahlt, wie das jeweilige Merkmal vorliegt. Bei Arbeitsunfähigkeit im Krankheitsfall werden sie weitergezahlt. Zusätzliche Zahlungen, die lediglich einen konkreten Mehr-

---

[7] EuGH vom 15. 1. 1998 – C15/96 = NZA 1998, 205.
[8] BAG vom 23. 9. 1992 – 4 AZR 30/92 = AP BGB § 612 – Diskriminierung Nr. 1.
[9] BAG vom 11. 1. 1973 – 5 AZR 322/72 = AP BGB § 138 Nr. 30.
[10] BAG vom 24. 3. 2004 – 5 AZR 303/03 = NZA 2004, 971.
[11] BAG vom 22. 4. 2009 – 5 AZR 436/08 = NZA 2009, 837.
[12] BAG vom 23. 5. 2001 – 5 AZR 527/99 = AuR 2001, 509, 510.
[13] BAG vom 7. 2. 2007 – 5 AZR 41/06 = NZA 2007, 934.

aufwand des Mitarbeiters ausgleichen sollen, zählen nicht dazu und entfallen in Zeiten der Arbeitsunfähigkeit.[14] Die zuvor genannten tariflichen Zulagen sind stets zweckgebunden oder werden aus persönlichen Gründen (vgl. persönliche Zulagen) gewährt. Wird das jeweilige Merkmal, von dem die Gewährung der Zulage abhängt, erfüllt, steht dem Mitarbeiter ein tariflicher Zahlungsanspruch zu.

Ergibt sich der Anspruch auf Zahlung einer Zulage nicht aus einem Tarifvertrag, besteht **3013** die Möglichkeit, nach § 4 Abs. 3 TVG übertarifliche, freiwillige Zulagen zu gewähren. Eine solche Zulage kann grundsätzlich befristet oder unter dem Vorbehalt des jederzeitigen Widerrufs gewährt werden. Handelt es sich um einen formularmäßigen Arbeitsvertrag, ist dabei § 308 Nr. 4 BGB zu beachten. Diese Vorschrift schränkt die Möglichkeit eines Freiwilligkeit- oder Widerrufvorbehalts ein. Es kann darüber hinaus arbeitsvertraglich bestimmt werden, dass die Zulage bei **Tariflohnerhöhungen** ganz oder zum Teil **angerechnet** bzw. damit verrechnet wird.

Besteht eine solche Anrechnungsklausel zulässigerweise, führt eine Tariflohnerhöhung **3014** solange nicht dazu, dass der Effektivverdienst steigt, bis die Zulage durch die Erhöhung aufgezehrt ist.[15] Davor steigt lediglich der tariflich abgesicherte Anteil am Effektivverdienst (tarifliches Grundgehalt), ohne das dies Auswirkungen auf das ausgezahlte Bruttoentgelt hat. Wird eine übertarifliche Zulage ohne ausdrückliche Vereinbarung der Anrechnung auf Tariflohnerhöhungen gewährt, erfolgt dennoch grundsätzlich eine Anrechnung.[16] Die Anrechnung übertariflicher Zulagen gilt als arbeitsrechtlich üblich im Sinne von § 310 Abs. 4 Satz 1 BGB. Maßgeblich ist jedoch, dass es sich ausdrücklich und unzweifelhaft um eine übertarifliche Zulage und nicht um eine zweckgebundene Zulage handelt und diese dem Mitarbeiter nicht vertraglich als selbständiges Entgelt neben dem tariflichen Entgelt zugesagt wurde.[17] Die zweckgebundenen Zulagen (z.B. Erschwerniszulagen) werden daher auch nach einer Tariflohnerhöhung in ihrer bisherigen Höhe weitergezahlt.[18]

Hat sich der Arbeitgeber wirksam die Möglichkeit des Widerrufs der Zulage vorbehalten, kann er von diesem Recht Gebrauch machen. Der Widerruf einer Zulage muss jedoch nach Auffassung des BAG billigem Ermessen entsprechen. Entscheidend ist, ob ein sachlicher Grund für den Widerruf vorliegt.[19] Beispiele für einen solchen sachlichen Grund sind etwa die tarifliche Höhergruppierung eines Mitarbeiters, eine Tariflohnerhöhung oder der Wegfall eines zusätzlichen Aufgabenbereiches, für den die Zulage ursprünglich gewährt wurde. **3015**

Zu beachten ist jedoch, dass es durch den vorbehaltenen Widerruf einer Zulage nicht zu **3016** einer unzulässigen Umgehung des Kündigungsschutzes kommen darf. Das Gleichgewicht zwischen Arbeitsleistung und Arbeitsentgelt darf nicht gestört werden. Das ist in der Regel dann nicht der Fall, wenn die Zulage nur etwa 25% der Gesamtentgelts ausmacht.[20] Wird dieses Verhältnis gestört, kann eine Änderungskündigung in Betracht kommen, wenn ein dringendes betriebliches Erfordernis zur Änderung der Arbeitsbedingungen vorliegt.

Wird die Anrechnung übertariflicher Lohnbestandteile auf eine Tariflohnerhöhung vereinbart, hängt deren Zulässigkeit neben individualarbeitsrechtlichen auch von **kollektivarbeitsrechtlichen** Aspekten ab.[21] Besteht in einem Betrieb ein Betriebsrat, kann die Anrechnung von Tariflohnerhöhungen auf Zulagen oder der Vorbehalt des Widerrufs von Zulagen der Mitbestimmung des Betriebsrates nach § 87 Abs. 1 Nr. 10 BetrVG unterliegen und damit von dessen Zustimmung abhängen. **3017**

---

[14] BAG vom 5. 9. 2002 – 9 AZR 202/01 = NZA 2003, 563.
[15] *Meisel* BB 1991, 406.
[16] BAG vom 15. 3. 2000 – 5 AZR 557/98 = NZA 2001, 105.
[17] BAG vom 21. 1. 2003 – 1 AZR 125/02 = NZA 2003, 1056.
[18] BAG vom 23. 3. 1993 – 1 AZR 520/92 = NZA 1993, 806.
[19] BAG vom 7. 9. 1994 – 10 AZR 716/93 = NZA 1995, 430.
[20] BAG vom 7. 12. 2005 – 5 AZR 535/04 = NZA 2006, 423; BAG vom 11. 10. 2006 – 5 AZR 721/05 = NZA 2007, 87.
[21] Richardi/*Richardi* BetrVG § 87 Rn. 790.

3018   Das Mitbestimmungsrecht besteht grundsätzlich auch bei übertariflichen Zulagen. Nach der Entscheidung des Großen Senats vom 3. 12. 1991[22] unterliegt die Änderung der **Verteilungsgrundsätze** infolge der Anrechnung einer Tariflohnerhöhung auf über-/außertarifliche Zulagen grundsätzlich der Mitbestimmung des Betriebsrats, unabhängig davon, ob der Arbeitgeber sich die Anrechnung bzw. den Widerruf vorbehalten hat. Dieses Mitbestimmungsrecht des Betriebsrats entfällt, soweit tatsächliche oder rechtliche Hindernisse entgegenstehen.[23] Ein **tatsächliches Hindernis** liegt nach Maßgabe des Großen Senats des BAG vor bei der Reduzierung des Zulagenvolumens auf Null (dann findet keine Verteilung mehr statt). Ein **rechtliches Hindernis** liegt bei einer vollständigen und gleichmäßigen Anrechnung einer Tariflohnerhöhung auf über-/außertarifliche Zulagen vor.

3019   Das Mitbestimmungsrecht entfällt somit, wenn der Arbeitgeber eine Tariflohnerhöhung auf übertarifliche Entgeltbestandteile vollständig und gleichmäßig anrechnet.[24] Wenn ein **Tarifvertrag** die Anrechnung einer Tariflohnerhöhung auf die Differenz zu einer höheren Entgeltgruppe ausdrücklich vorsieht, besteht das Mitbestimmungsrecht des Betriebsrates gemäß § 87 Abs. 1 Satz 1 BetrVG wegen Vorrang der tarifvertraglichen Regelung bereits nicht.[25] Für ein Mitbestimmungsrecht des Betriebsrats besteht zudem dann kein Spielraum, wenn die **rechtsunwirksame** Anrechnung einer tariffesten Zulage auf eine Tariflohnerhöhung in Rede steht.[26] Im Ergebnis kommt die Mitbestimmung des Betriebsrats nur in Betracht, wenn die Anrechnung bereits **individualarbeitsrechtlich zulässig** ist.[27]

3020   Eine sogenannte Effektivklausel in einem Tarifvertrag ist nach Ansicht des BAG unzulässig.[28] Mit Hilfe dieser Klausel wird tarifvertraglich festgelegt, dass der übertarifliche Lohnanteil stets auch bei einer Erhöhung des Tariflohnes erhalten bleiben muss, auch wenn einzelvertraglich oder mittels einer Betriebsvereinbarung etwas anderes bestimmt ist. Das Recht des Arbeitgebers zur Anrechnung der freiwillig gewährten Zulagen darf durch eine solche Vorgabe jedoch nicht ausgeschlossen werden.

3021   **ff) Pfändung, Aufrechnung und Abtretung.** Der Mitarbeiter bestreitet in aller Regel mit dem fortlaufenden Bezug des Arbeitsentgelts seinen Lebensunterhalt. Daher gelten für die Aufrechnung mit der Entgeltforderung sowie der Abtretung oder Pfändung einer solchen Forderung verschiedene dem Schutz des Mitarbeiters dienende Sonderregeln.

3022   Die Lohnansprüche des Mitarbeiters gegen den Arbeitgeber sind der **Pfändung** nach §§ 850–850i ZPO nur beschränkt unterworfen. Der Pfändungsschutz kann auch nicht durch kollektive oder einzelvertragliche Regelung umgangen werden. Zu dem Arbeitsentgelt nach § 850 Abs. 1 ZPO zählen alle Vergütungen, die dem Mitarbeiter aus der Arbeitsleistung zustehen. Es kommt nicht darauf an, ob die Vergütung einmalig oder fortlaufend gezahlt wird. Bei einmaliger Geldleistung besteht der Pfändungsschutz allerdings nur auf Antrag des Mitarbeiters nach § 850i ZPO. Pfändbar sind zudem nur Nettoeinkünfte. Der Pfändungsschutz für Arbeitsentgelt nach Maßgabe der §§ 850ff. ZPO ist gestaffelt ausgestaltet. Einkünfte, die unter die Vorschrift des § 850a ZPO fallen sind unpfändbar. Bedingt pfändbar sind Bezüge nach § 850b ZPO und „relativ" pfändbar sind Einkünfte nach § 850c ZPO. Unterliegt eine Forderung grundsätzlich der Pfändung, sind die gesetzlichen Pfändungsgrenzen zu beachten. Das pfändbare Arbeitseinkommen wird auf Grundlage der Nettoeinkünfte berechnet (§ 850e ZPO). Nicht einzubeziehen sind die unpfändbaren Anteile sowie die vom Arbeitgeber einzubehaltenden Steuern.[29] Der Grundfreibetrag für einen nicht unterhaltspflichtigen Mitarbeiter beträgt derzeit 1029,99 EUR netto pro Monat

---

[22] BAG vom 3. 12. 1991 – GS 2/90 = AP BetrVG 1972 § 87 – Lohngestaltung Nr. 51.

[23] BAG vom 27. 8. 2008 – 5 AZR 820/07 = NZA 2009, 49.

[24] BAG vom 31. 10. 1995 – 1 AZR 276/95 = NZA 1996, 613.

[25] BAG vom 10. 11. 1992 – 1 AZR 183/92 = NZA 1993, 570.

[26] Richardi/*Richardi* BetrVG § 87 Rn. 791; BAG vom 23. 3. 1993 – 1 AZR 520/92 = AP BetrVG 1972 § 87 – Tarifvorrang Nr. 26.

[27] Richardi/*Richardi* BetrVG § 87 Rn. 792.

[28] BAG vom 16. 9. 1087 – 4 AZR 265/87 = AP TVG § 4 – Effektivklausel Nr. 15.

[29] *Bengelsdorf* NZA 1996, 176, 179.

(Stand 1. 7. 2011). Die Anhebung des Grundfreibetrags erfolgt regelmäßig alle zwei Jahre. Der Gläubiger des Mitarbeiters, der gegen diesen einen Pfändungs- und Überweisungsbeschluss erwirkt hat, kann von dem Arbeitgeber Auskunft über die bereits gepfändeten Forderungen verlangen, sobald der Pfändungsbeschluss zugestellt wurde.

Eine **Aufrechnung** gegen die Forderung des Mitarbeiters auf Lohnzahlung durch den Arbeitgeber ist dem Grunde nach zulässig. Kraft der Verweisung in § 394 BGB auf die Pfändungsvorschriften ist die Lohnforderung des Mitarbeiters jedoch nur beschränkt aufrechenbar. Danach kann der Arbeitgeber gegen die Lohnforderung des Mitarbeiters nur insoweit aufrechnen, als sie auch der Pfändung unterworfen ist (vgl. § 850 d ZPO). Aufrechnungsverbote bzw. -beschränkungen können daneben auch auf Grund entsprechender Vereinbarung im Arbeitsvertrag oder einer kollektivrechtlichen Vereinbarung bestehen. **3023**

Der Mitarbeiter kann grundsätzlich seine Vergütungsforderung gegen den Arbeitgeber nach § 398 BGB an einen Dritten **abtreten.** Nach § 400 BGB kann die Forderung jedoch nicht abgetreten werden, soweit sie nicht der Pfändung unterliegt. Eine entgegenstehende Vereinbarung betreffend den unpfändbaren Anteil des Arbeitsentgelts ist nach § 134 BGB nichtig.[30] Einzelvertraglich kann gemäß § 399 BGB die Abtretung der Vergütungsansprüche ausgeschlossen werden. Nach bisheriger Rechtsprechung ist ein solcher Ausschluss auch durch Tarifvertrag[31] oder Betriebsvereinbarung[32] möglich. Ob diese Rechtsprechung im Hinblick auf ein Verbot mittels Betriebsvereinbarung weiterhin aufrecht erhalten wird, ist jedoch zweifelhaft, da fraglich ist, ob die Betriebsparteien für diese Frage eine Regelungsbefugnis haben.[33] **3024**

Abtretungsverbote in Formulararbeitsverträgen stellen hingegen nicht generell eine unangemessene Benachteiligung dar.[34] Die Mehrbelastung bei der Lohnabrechnung durch die Bearbeitung der Abtretung begründet keinen Erstattungsanspruch des Arbeitgebers gegen den Mitarbeiter und berechtigt den Arbeitgeber nicht zur Kündigung.[35] Eine entgegen dem Abtretungsverbot vorgenommene Lohnabtretung kann durch den Arbeitgeber genehmigt werden. Zahlt der Arbeitgeber jedoch trotz eines bestehenden Abtretungsverbotes an einen Dritten, bleibt er gegenüber dem Mitarbeiter zur Zahlung des Arbeitsentgelts verpflichtet. **3025**

b) Maßregelungsverbot. Nach § 612 a BGB ist es dem Arbeitgeber verboten, einen Mitarbeiter zu benachteiligen, weil er in zulässiger Weise seine Rechte ausübt. Dieses Verbot gilt nur dem Schutz von Arbeitnehmern und gilt nicht für arbeitnehmerähnliche Personen. Eine Benachteiligung arbeitnehmerähnlicher Personen ist gemäß § 138 BGB wegen Sittenwidrigkeit untersagt.[36] Wann eine zulässige Rechtsausübung des Mitarbeiters vorliegt, beurteilt sich nach der gesamten Rechtsordnung.[37] Der Mitarbeiter darf die ihm zustehenden Rechte gegenüber dem Arbeitgeber geltend machen. Ausreichend ist insoweit die Wahrnehmung vermeintlicher Rechte, solange kein Rechtsmissbrauch vorliegt.[38] Maßnahmen, die gegen das Verbot nach § 612 a BGB verstoßen, sind nach § 134 BGB nichtig. Der Mitarbeiter ist so zu stellen, als läge keine Benachteiligung vor. Auch die Geltendmachung von Schadenersatzansprüchen nach § 280 BGB oder § 823 Abs. 2 BGB kommt in Betracht. **3026**

3. Umfang und Grenzen des Weisungsrechts

Der Mitarbeiter ist nach § 611 BGB verpflichtet, seine Arbeitsleistung an einem vom Arbeitgeber festgelegten Ort und zu einer durch den Arbeitgeber bestimmten Zeit zu **3027**

---

[30] BAG vom 21. 11. 2000 – 9 AZR 692/99 = NZA 2001, 654 = EzA § 400 BGB Nr. 2.
[31] LAG Hessen vom 2. 3. 1971 – 7 (4) Sa 537/70 = DB 1972, 243.
[32] BAG vom 20. 12. 1957 – 1 AZR 237/56 = AP BGB § 399 Nr. 1.
[33] BAG vom 14. 11. 2006 – 1 ABR 5/06 = NZA 2007, 462.
[34] BGH Urteil vom 13. 7. 2006 – VII ZR 51/05 = NJW 2006, 3486.
[35] BAG vom 4. 11. 1981 – 7 AZR 264/79 = AP KSchG 1969 § 1 – Verhaltensbedingte Kündigung Nr. 4 zur Lohnpfändung.
[36] BAG vom 14. 12. 2004 – 9 AZR 23/04 = NZA 2006, 637.
[37] ErfK/*Preis* § 621 a BGB, Rn. 6.
[38] BAG vom 23. 2. 2000 – 10 AZR 1/99 = NZA 2001, 680.

erbringen. Der jeweilige Inhalt der Arbeitspflicht wird durch den Arbeitsvertrag festgelegt. Regelmäßig wird in einem Arbeitsvertrag jedoch lediglich der Rahmen der zum Teil vielfältigen Leistungspflichten bestimmt. Im Rahmen dieser Grenzen ist der Arbeitgeber berechtigt, die Arbeitspflicht des Mitarbeiters im Hinblick auf die Art, den Ort und die Zeit einseitig, durch Ausübung seines Weisungsrechtes (§ 106 GewO) zu konkretisieren.[39]

3028   **a) Art der Arbeitsleistung.** Die **Art** der vom Mitarbeiter zu leistenden Arbeit richtet sich nach dem durch Auslegung zu ermittelnden Inhalt des Arbeitsvertrags. Lässt dieser hinsichtlich der Art der geschuldeten Tätigkeit einen gewissen Spielraum, ist diese im Wege der Ausübung des Direktionsrechts durch den Arbeitgeber auszufüllen. Ist die Tätigkeit jedoch im Arbeitsvertrag hinreichend beschrieben, bedarf es zur Änderung des Tätigkeitsbereichs einer Änderungskündigung oder einer einvernehmlichen Änderung des Arbeitsvertrags.

3029   Es ist darauf zu achten, dass die Zuweisung bestimmter Tätigkeiten im Rahmen der Ausübung des Direktionsrechts nicht die Übertragung einer geringerwertigen Tätigkeit ermöglicht.[40] Im Geltungsbereich eines Tarifvertrags bewegt sich das Weisungsrecht daher stets im Rahmen der jeweiligen Entgeltgruppe. Das Verbot der einseitigen Versetzung auf einen unterwertigen Arbeitsplatz gilt auch dann, wenn die vorherige, höhere Vergütung beibehalten wird.[41]

3030   Auch durch die Übertragung einer höherwertigen Tätigkeit überschreitet der Arbeitgeber die Grenzen seines Direktionsrechts. Auch eine solche Tätigkeitsänderung ist nur im Wege einer einvernehmlichen Vertragsänderung möglich.[42]

3031   Die der richterlichen Nachprüfung zugängliche Frage, ob der Arbeitgeber sein Direktionsrecht wirksam ausgeübt hat, ist anhand einer zweistufigen Prüfung zu beantworten.[43] Zunächst (1. Stufe) ist der Inhalt der vertraglichen Regelungen zu der geschuldeten Tätigkeit unter Berücksichtigung aller Umstände des Einzelfalls durch Auslegung zu ermitteln. Festzustellen ist, ob ein bestimmter Tätigkeitsinhalt (oder Tätigkeitsort) vertraglich festgelegt ist und welchen Inhalt ein ggf. vereinbarter Versetzungsvorbehalt hat. Aus dieser Feststellung leitet sich ab, ob und in welchem Umfang dem Arbeitgeber in der konkreten Fallkonstellation ein Direktionsrecht zusteht, welches die Zuweisung wechselnder Aufgabengebiete erlaubt. Sodann (2. Stufe) ist im Rahmen der „Ausübungskontrolle" zu prüfen, ob die Ausübung des grundsätzlich bestehenden Direktionsrechts unter Berücksichtigung der Umstände des konkreten Einzelfalls billigem Ermessen (§ 315 Abs. 3 BGB) entspricht.

3032   Im Rahmen der **Ausübungskontrolle** muss der Arbeitgeber alle wesentlichen Umstände des Einzelfalles abwägen und dabei die beiderseitigen Interessen angemessen berücksichtigen.[44] Je allgemeiner die vom Mitarbeiter zu leistenden Dienste im Arbeitsvertrag festgelegt sind, desto weiter geht die Befugnis des Arbeitgebers, dem Mitarbeiter unterschiedliche Aufgaben im Wege des Direktionsrechts zuzuweisen.[45] § 106 GewO räumt dem Arbeitgeber ein sehr weitgehendes Bestimmungsrecht ein.[46] So kann eine bestimmte Tätigkeit erstmalig zugewiesen und im Laufe des Arbeitsverhältnisses verändert werden. Das Direktionsrecht kann durch konkludentes Verhalten des Arbeitgebers auch nachträglich eingeschränkt werden, beispielsweise wenn ein Mitarbeiter über einen längeren Zeitraum ausschließlich mit einer bestimmten Tätigkeit betraut (Zeitmoment) wird und sich aus den Gesamtumständen ergibt, dass diese Tätigkeit nunmehr allein die vertraglich geschuldete sein soll (Umstandsmoment). In einem solchen Fall, der allerdings in der Praxis nur selten

[39] BAG vom 23. 6. 1993 – 5 AZR 337/92 = AP BGB § 611 – Direktionsrecht Nr. 42.
[40] BAG vom 30. 8. 1995 – 1 AZR 47/95 = AP BGB § 611 – Direktionsrecht Nr. 44.
[41] LAG Baden-Württemberg vom 20. 4. 2009 – 4 Sa 4/09 = BB 2009, 1069.
[42] HessLAG vom 1. 9. 2011 – 5 Sa 48/11 = BeckRS 2012, 70747.
[43] Vgl. zuletzt BAG vom 19. 1. 2011 – 10 AZR 738/09 = NZA 2011, 631; BAG vom 25. 8. 2010 – 10 AZR 275/09 = NZA 2010, 1355.
[44] BAG vom 23. 6. 1993 – 5 AZR 337/92 = AP BGB § 611 – Direktionsrecht Nr. 42.
[45] BAG vom 25. 8. 2010 – 10 AZR 275/09 = NZA 2010, 1355; BAG vom 2. 3. 2006 – 2 AZR 23/05 = NZA 2006, 1350.
[46] BAG vom 11. 4. 2006 – 9 AZR 557/05.

angenommen wird, kann sich die Arbeitspflicht auf diese bestimmte Tätigkeit konkretisieren. Der Arbeitgeber kann fortan sein Direktionsrecht nur noch in diesen neuen Grenzen ausüben.[47] Entscheidend ist jedoch, dass das Umstandsmoment erfüllt ist. Ist diese Voraussetzung nicht erfüllt, kann der Arbeitgeber sein Weisungsrecht auch dann noch ausüben, wenn er davon für einen längeren Zeitpunkt keinen Gebrauch gemacht hat.

Zudem können die Arbeitsvertragsparteien das Direktionsrecht im Wege einer Vereinbarung **erweitern**. Durch eine Arbeitsvertragsklausel, die dem Arbeitgeber das Recht einräumt, dem Mitarbeiter statt der vereinbarten auch eine andere Tätigkeit zuzuweisen, die seiner Vorbildung und seinen Fähigkeiten entspricht, kann nicht die Zuweisung von Tätigkeiten rechtfertigen, deren Anforderungen hinter der Vorbildung und Fähigkeiten des Mitarbeiters zurückbleiben und nicht gleichwertig sind.[48] **3033**

Ist ein Mitarbeiter krankheitsbedingt dauerhaft außerstande die arbeitsvertraglich geschuldete Arbeitsleistung auf seinem bisherigen Arbeitsplatz zu erbringen, muss der Arbeitgeber ihn auf einen leidensgerechten Arbeitsplatz im Betrieb versetzen, wenn dieser gleichwertig oder jedenfalls zumutbar ist und sich der Mitarbeiter als geeignet für diese Tätigkeit erweist.[49] Ist ein solcher Arbeitsplatz nicht frei, kann der Arbeitgeber dazu verpflichtet sein, diesen mittels Ausübung seines Direktionsrechts gegenüber einem anderen Mitarbeiter frei zu machen.[50] **3034**

Darf eine Schwangere auf Grund eines Beschäftigungsverbots ihre vertraglich geschuldete Leistung nicht mehr erbringen, kann sie von ihrem Arbeitgeber dazu verpflichtet werden eine andere zumutbare Tätigkeit vorübergehend auszuüben, sofern sie dadurch nicht über Gebühr belastet wird und die Zuweisung billigem Ermessen entspricht. Für diese Beurteilung ist stets auf den jeweiligen Einzelfall abzustellen.[51] **3035**

Nach überwiegend vertretener Auffassung darf der Arbeitgeber dem Mitarbeiter sogar in **Notfällen** vorübergehend Tätigkeiten zuweisen, die nicht seiner arbeitsvertraglich geschuldeten Tätigkeit entspricht.[52] Dies ergibt sich aus der **Treuepflicht** des Mitarbeiters gegenüber seinem Arbeitgeber. Der Mitarbeiter ist danach verpflichtet, Schäden von seinem Arbeitgeber abzuwenden. Da es sich dabei jedoch um eine Ausnahmeregelung handelt, darf der Arbeitgeber von diesem Recht nur restriktiv Gebrauch machen. **3036**

b) Ort der Arbeitsleistung. aa) Grundsatz. In der Regel ergibt sich der **Arbeitsort** unmittelbar aus dem Arbeitsvertrag. Dabei wird es sich in den meisten Fällen um den Betrieb des Arbeitgebers handeln. Sollte der Arbeitsort nicht genau festgelegt sein, bestimmt der Arbeitgeber den Arbeitsort kraft seines Direktionsrechts nach billigem Ermessen. **3037**

Ist ein konkreter Arbeitsort arbeitsvertraglich bestimmt, kann der Arbeitgeber nicht ohne Weiteres eine Versetzung des Mitarbeiters gegen dessen Willen vornehmen. Eine Vereinbarung im Arbeitsvertrag, nach der eine Versetzung an einen anderen Arbeitsort vereinbart wird, ist hingegen zulässig und in der Praxis üblich. Behält sich der Arbeitgeber jedoch in einer formularmäßig vorformulierten Klausel im Arbeitsvertrag vor, einseitig in den Inhalt des Arbeitsvertrags einzugreifen, kann dies eine unangemessene Benachteiligung des Mitarbeiters darstellen. Dies ist regelmäßig dann der Fall, wenn nicht gewährleistet ist, dass die Zuweisung eine mindestens gleichwertige Tätigkeit zum Gegenstand hat.[53] Da der Mitarbeiter in der Regel für einen konkreten Betrieb eingestellt wird, ist eine Versetzung innerhalb des Betriebs durch Ausübung des Direktionsrechts zulässig. Erlaubt das Direktionsrecht keine Versetzung in einen anderen Betrieb, muss der Arbeitgeber eine Änderungskündigung aussprechen. Zu beachten ist, dass auch eine räumliche Veränderung, die von dem **3038**

---

[47] BAG vom 13. 3. 2007 – 9 AZR 433/06 = AP BGB § 307 Nr. 26.
[48] LAG Köln vom 22. 12. 2004 – 7 Sa 839/04 = BB 2005, 2196.
[49] BAG vom 19. 5. 2010 – 5 AZR 162/09 = NZA 2010, 1119.
[50] BAG vom 22. 9. 2005 – 2 AZR 519/04 = NZA 2006, 486.
[51] BAG vom 22. 4. 1998 – 5 AZR 478/97 = NZA 1998, 936.
[52] BAG vom 8. 10. 1962 – 2 AZR 550/61 = AP BGB § 611 Direktionsrecht Nr. 18.
[53] BAG vom 9. 5. 2006 – 9 AZR 424/05 = NZA 2007, 145.

Direktionsrecht gedeckt ist, eine mitbestimmungsrechtliche Versetzung darstellt. Sollte in dem Betrieb also eine betriebliche Interessenvertretung gebildet worden sein, ist vor einer Versetzung des Mitarbeiters das Mitbestimmungsverfahren durchzuführen.

3039 **bb) Versetzung/Umsetzung.** Im individualarbeitsrechtlichen Sinn ist eine Versetzung eine „Änderung des Aufgabenbereichs des Mitarbeiters nach Art, Ort und Zeit seiner Tätigkeit".[54] Sie kann, je nach Inhalt des Arbeitsvertrags, im Rahmen der zulässigen Ausübung des Weisungsrechts durch den Arbeitgeber erfolgen. Wird das Weisungsrecht überschritten, ist eine Versetzung nur nach einvernehmlicher Änderung des Arbeitsvertrags oder mittels Änderungskündigung möglich. Eine Versetzung ist nur dann wirksam, wenn sie von den arbeitsvertraglichen Bestimmungen gedeckt ist. Eine einseitige Zuweisung einer anderen Beschäftigung ist nicht ohne weiteres möglich. Weigert sich der Mitarbeiter eine nicht vom Weisungsrecht gedeckte andere Tätigkeit auszuüben, berechtigt dies den Arbeitgeber nicht zur Kündigung.

3040 Versetzungsklauseln in Formulararbeitsverträgen unterliegen der Inhaltskontrolle nach §§ 305 ff. BGB. Eine Klausel, nach der der Arbeitgeber berechtigt ist, den Mitarbeiter „entsprechend seinen Leistungen und Fähigkeiten mit einer anderen im Interesse des Unternehmens liegenden Tätigkeit zu betrauen oder ihn an einem anderen Ort zu beschäftigen", ist nach Auffassung der Rechtsprechung wirksam.[55] Dies gilt jedoch nur für gleichwertige Tätigkeiten.[56] Eine Änderung der Vergütung des Mitarbeiters ist auf Grund einer Versetzung nicht möglich.

3041 Im betriebsverfassungsrechtlichen Sinn ist eine Versetzung die „Zuweisung eines anderen Arbeitsbereichs, die voraussichtlich die Dauer von einem Monat überschreitet oder die mit einer erheblichen Veränderung der Umstände verbunden ist, unter denen die Arbeit zu leisten ist" (vgl. § 95 Abs. 3 BetrVG). Die einen Monat nicht überschreitende Zuweisung eines anderen Arbeitsbereichs stellt damit nur dann eine Versetzung dar, wenn mit ihr eine erhebliche Änderung der Umstände verbunden ist, unter denen die Arbeit zu leisten ist.[57] Voraussetzung der Zuweisung eines anderen Arbeitsbereichs ist, dass der Gegenstand der arbeitsvertraglich geschuldeten Arbeitsleistung ein anderer wird und sich in Folge dessen das Gesamtbild der Tätigkeit ändert.[58] Im Hinblick auf den Wechsel des Arbeitsorts für weniger als einen Monat liegt eine Versetzung im Sinne des BetrVG vor, wenn es dadurch zu einer erschwerten Anfahrt zum Arbeitsplatz kommt.[59] Dem gegenüber stellt die Zuweisung einer anderen Schicht keine Versetzung dar.[60]

3042 Liegt eine Versetzung im Sinne von § 95 Abs. 3 BetrVG vor, muss der Betriebsrat vor Durchführung der Maßnahme zustimmen. Widerspricht der Betriebsrat der Versetzung aus einem der in § 99 Abs. 2 BetrVG aufgezählten Gründe, muss der Arbeitgeber die Zustimmung durch das Arbeitsgericht ersetzen lassen. Andernfalls ist die Maßnahme unwirksam. Wird ein Mitarbeiter in einen anderen Betrieb versetzt, ist sowohl der Betriebsrat des abgebenden wie auch des aufnehmenden Betriebs zu beteiligen.[61]

3043 Unter einer Umsetzung versteht man in der Regel die dauerhafte Zuweisung eines neuen individuellen Einsatzortes innerhalb des Betriebs (z.B. eines anderen Raumes, einer anderen Etage oder eines anderen Gebäudes).[62] Erfolgt eine Umsetzung ohne Veränderung des Aufgabenbereichs, wird sie sich in aller Regel im Rahmen des Weisungsrechts bewegen,[63] da gemäß § 106 Satz 1 GewO der Arbeitgeber u.a. den Ort der Arbeitsleistung nach billigem Er-

---

[54] Schaub/*Koch*, ArbRHdb § 241 Rn. 20.
[55] BAG vom 13. 3. 2007 – 9 AZR 433/06 = AP BGB § 307 Nr. 26.
[56] BAG vom 9. 5. 2006 – 9 AZR 424/05 = NZA 2007, 145.
[57] Schaub/*Koch*, ArbRHdb § 241 Rn. 20.
[58] BAG vom 13. 3. 2007 – 1 ABR 22/06 = AP BetrVG 1972 § 95 Nr. 52.
[59] BAG vom 1. 8. 1989 – 1 ABR 51/88 = NZA 90, 196.
[60] BAG vom 23. 11. 1993 – 1 ABR 38/93 = NZA 94, 718.
[61] BAG vom 20. 9. 1990 – 1 ABR 37/90 = NZA 91, 195.
[62] *Meisel* BB 1974, 559, 560.
[63] LAG Düsseldorf vom 23. 9. 1977 – 17 Ta BV 76/77 = AuR 1979, 27 (L).

messen näher bestimmen kann, soweit nicht höherrangiges Recht entgegen steht. Im Rahmen der gebotenen Billigkeitskontrolle ist insbesondere die Zumutbarkeit des Ortswechsels im Hinblick auf den konkreten Aufgabenbereich zu berücksichtigen.[64] Der betrieblichen Mitbestimmung unterliegt die Umsetzung im Gegensatz zur Versetzung nicht.

c) Arbeitszeit. aa) Grundsätze. Die Dauer der **Arbeitszeit** wird in der Regel durch den Arbeitsvertrag oder einen Tarifvertrag festgelegt. Fehlt eine ausdrückliche Regelung, wird regelmäßig die betriebsübliche Arbeitszeit gelten, soweit keine davon abweichende Regelung getroffen wurde.[65]   **3044**

Aus Gründen des Arbeitsschutzes ist die Vertragsfreiheit im Hinblick auf die Arbeitszeit   **3045** erheblich eingeschränkt. Insbesondere das Arbeitszeitgesetz legt verschiedene Höchstgrenzen und Verbote im Hinblick auf die Arbeitszeit fest. Danach sind grundsätzlich Höchstarbeitszeiten von 8 Stunden an allen Werktagen, insgesamt 48 Stunden pro Woche zulässig. Auch in Tarifverträgen sind Arbeitszeitregelungen zu finden. Sollte eine einzel- oder kollektivvertragliche Regelung bezüglich der Verteilung der Arbeitszeit fehlen, kann der Arbeitgeber in den Grenzen der gesetzlichen Schutzvorschriften die Arbeitszeit kraft seines Direktionsrechts festlegen. Die Festlegung muss auf Grundlage einer Ermessensentscheidung, nach billigem Ermessen getroffen werden. So hat der Arbeitgeber z. B. auf schutzwürdige familiäre Belange des Arbeitgebers Rücksicht zu nehmen, soweit nicht betriebliche Gründe oder berechtigte Belange anderer Mitarbeiter entgegenstehen.[66] Ist die Lage der Arbeitszeit im Arbeitsvertrag eindeutig geregelt, scheidet eine einseitige Änderung durch Ausübung des Direktionsrechts aus.

Besteht im Betrieb ein Betriebsrat, steht diesem ein erzwingbares Mitbestimmungsrecht   **3046** im Hinblick auf die Festlegung von Beginn und Ende der Arbeitszeit zu (§ 87 Abs. 1 Nr. 2 BetrVG).

bb) Ruhepausen. Ruhepausen sind im Voraus festliegende Zeiten, in denen der Mitarbeiter   **3047** seine arbeitsvertragliche Leistungspflicht nicht zu erfüllen braucht. Pausen sind grundsätzlich unbezahlt (vgl. § 2 Abs. 1 Satz 1 ArbZG) und dienen der Ruhe.

Bei einer Arbeitszeit von mehr als sechs Stunden ist nach § 4 ArbZG eine 30-minütige   **3048** Pause vorgeschrieben. Sie kann in zwei mal 15 Minuten Pause aufgeteilt werden. Dauert die Arbeitszeit länger als neun Stunden an, sieht das ArbZG eine 45-minütige Pause vor. Diese, dem Schutz des Mitarbeiters dienenden Vorschriften sind unabdingbar. Eine Verkürzung der Ruhepausen ist auch nicht mittels einer Betriebsvereinbarung oder durch eine Regelung im Tarifvertrag möglich. Die einzige „Ausnahme" bildet § 7 Abs. 1 Nr. 2 ArbZG, welcher in Betrieben, in denen in Schichtarbeit gearbeitet wird oder in Verkehrsbetrieben die Pausen auf kleinere Einheiten aufgeteilt werden können. Eine Verkürzung der Gesamtzeit ist jedoch auch dadurch nicht möglich.

Spätestens zu Beginn der täglichen Arbeitszeit muss zumindest ein festgelegter zeitlicher   **3049** Rahmen durch den Arbeitgeber bestimmt werden, in dem die Pause genommen werden kann.[67] Zudem muss spätestens zu Beginn der Arbeitsunterbrechung auch deren Dauer feststehen, da es sich andernfalls nach Ansicht der Rechtsprechung nicht um eine Pause im Sinne des ArbZG handelt.[68] Der Mitarbeiter muss während der Pause von jeder Arbeitspflicht freigestellt werden. Er braucht sich während der Pause auch nicht in Arbeitsbereitschaft halten. Macht er dies dennoch oder wird eine solche Bereitschaft vom Arbeitgeber (stillschweigend) vorausgesetzt, handelt es sich um Arbeitszeit und nicht um eine Pause.[69] Ist die Lage der Pause nicht individual- oder kollektivarbeitsrechtlich durch Betriebsvereinbarung festgelegt, kann der Mitarbeiter die Lage seiner Pause selbst bestimmen. Da der

---

[64] MünchHdbArbR/*Reichold* § 36 Rn. 51.
[65] LAG Baden-Württemberg LAGE BetrVG 1972 § 77 Nr. 16.
[66] BAG vom 23. 9. 2004 – 6 AZR 567/03 = NZA 2005, 359.
[67] BAG vom 23. 9. 1992 – 4 AZR 562/91 = AP AZO Kr § 3 Nr. 5.
[68] BAG vom 29. 10. 2002 – 1 AZR 603/01 = NZA 2003, 1212.
[69] BAG vom 5. 5. 1988 – 6 AZR 658/85 = NZA 1989, 138.

Wortlaut des § 4 Satz 1 ArbZG auf eine Unterbrechung der Arbeit abstellt, kann eine Pause weder direkt zu Beginn, noch am Ende der täglichen Arbeitszeit genommen werden.[70]

3050 Der Mitarbeiter kann frei bestimmen, wie und wo er seine Pause verbringt. Schwierig zu beurteilen ist die Frage, ob für die Dauer der Pause Rufbereitschaft oder Bereitschaftsdienst angeordnet werden darf. Da nach aktueller Rechtsprechung der Bereitschaftsdienst als Arbeitszeit im Sinne des Arbeitszeitgesetzes gilt, darf dieser wohl während der Ruhezeit nicht angeordnet werden. Im Gegenzug bedeutet dies, dass auch während des Bereitschaftsdienstes eine Pause gewährt werden muss. Die praktische Handhabung bereitet insbesondere im Krankenhausbetrieb zum Teil erhebliche organisatorische Schwierigkeiten.

3051 Der Arbeitgeber muss arbeitsorganisatorisch sicherstellen, dass die Einhaltung der vorgeschriebenen Pausenzeiten im Arbeitsablauf möglich ist. Werden in einem Betrieb allgemeingültige oder für eine bestimmte Mitarbeitergruppe geltende Pausenregelungen aufgestellt, ist das Mitbestimmungsrecht des Betriebsrates nach § 87 Abs. 1 Nr. 2 BetrVG zu beachten und eine entsprechende Regelung mittels Betriebsvereinbarung zu treffen.

3052 **cc) Ruhezeiten.** Nach § 5 ArbZG beträgt die gesetzliche Ruhezeit zwischen Beendigung der täglichen Arbeitszeit und deren erneutem Beginn am Folgetag (nicht Kalendertag, sondern individueller Arbeitstag, vgl. § 3 ArbZG) grundsätzlich elf Stunden. In diese Ruhezeit dürfen weder Arbeitsbereitschaft noch Bereitschaftsdienst fallen. Etwas anderes gilt jedoch für die Rufbereitschaft. Wird die Arbeitszeit im Falle einer tatsächlichen Inanspruchnahme im Rufdienst oder durch einen Notfall nach § 14 ArbZG unterbrochen, beginnt sie erneut zu laufen. Ordnet der Arbeitgeber innerhalb der Ruhezeit außerhalb von Rufbereitschaft oder einem Fall nach § 14 ArbZG Arbeitsleistung an, steht dem Mitarbeiter ein Leistungsverweigerungsrecht zu.[71]

3053 Durch Tarifvertrag ist eine Reduzierung der Ruhezeit auf bis zu neun Stunden gemäß § 7 Abs. 1 Nr. 3 ArbZG möglich. Für einzelne Branchen sind Ausnahmen im Hinblick auf die elfstündige Ruhezeit nach Maßgabe von § 5 Abs. 2 bis 4 ArbZG zugelassen. Die Ruhezeit kann danach um eine Stunde verkürzt werden, wenn innerhalb eines Kalendermonats oder innerhalb von vier Wochen ein Ausgleich durch Verlängerung einer anderen Ruhezeit auf mindestens zwölf Stunden gewährt wird. Nach § 5 Abs. 3 ArbZG ist in Arbeitsbereichen, in denen eine dauerhafte Dienstbereitschaft zur Behandlung, Pflege und Betreuung von Personen besteht (Krankenhaus und Pflegeeinrichtungen), durch Inanspruchnahme während der Rufbereitschaft eine Verkürzung der Ruhezeit auf bis zu 5½ Stunden möglich, ohne dass im Anschluss an die Unterbrechung eine erneute Ruhezeit eingehalten werden muss. Die Zeit der Verkürzung muss zu anderen Zeiten ausgeglichen werden.

3054 **dd) Sonn- und Feiertagsarbeit.** Grundsätzlich dürfen Mitarbeiter nach § 9 Abs. 1 ArbZG an Sonn- und gesetzlichen Feiertagen nicht beschäftigt werden. Welche Tage Feiertage sind, richtet sich nach Bundes- und Landesrecht.[72] Dabei kommt es auf die Feiertagsregelung am Beschäftigungsort an.[73] Für Arbeiten, die nicht an einem Werktag vorgenommen werden können, sieht § 10 ArbZG jedoch Ausnahmen von diesem Verbot vor. So nennt die Vorschrift verschiedene Arbeitsbereiche bzw. Sondersituationen, für die Sonn- und Feiertagsarbeit zulässig ist (z. B. Krankenhäuser, Gaststätten oder Produktionsgewerbe, die eine dauerhafte Produktion erfordern). Greift eine der benannten Ausnahmen ein und ist die Leistung von Sonn- und Feiertagsarbeit nicht durch einen einschlägigen Tarifvertrag oder eine Betriebsvereinbarung ausgeschlossen, ist der Mitarbeiter grundsätzlich dazu verpflichtet, auf Weisung des Arbeitgebers an Sonn- und Feiertagen zu arbeiten.[74]

---

[70] ErfK/*Wank* § 4 ArbZG Rn. 2.
[71] LAG Bremen Urteil vom 12. 6. 1963 – 1 Sa 114/62 = AP BGB § 611 Hafenarbeiter Nr. 1.
[72] BeckOK/*Leopold* MuSchG § 8 Rn. 12.
[73] *Dalheimer* MuSchG § 8 Rn. 18.
[74] Schaub/*Linck* ArbRHdb § 45 Rn. 64, 65.

Eine entsprechende Ausübung des Direktionsrechtes muss dabei stets billigem Ermessen entsprechen. Berechtigte Interessen des Mitarbeiters, sind bei der Ermessensausübung zu berücksichtigen.[75]

§ 11 Abs. 1 ArbZG bestimmt, dass mindestens 15 Wochenenden pro Jahr für den Mitar- 3055 beiter beschäftigungsfrei bleiben müssen. Nach § 11 Abs. 3 ArbZG steht dem Arbeitgeber ein Ersatzruhetag für Sonntagsarbeit innerhalb der folgenden zwei Wochen und innerhalb von acht Wochen bei Arbeit an einem gesetzlichen Feiertag zu.

Es ist vorgesehen, dass für Arbeiten an Sonn- und Feiertagen eine angemessene Zahl 3056 bezahlter freier Tage oder ein angemessener Zuschlag auf das dem Mitarbeiter zustehende Arbeitsentgelt gezahlt wird (§ 11 Abs. 2 i.V.m. § 6 Abs. 5 ArbZG).[76] Aus § 11 Abs. 2 ArbZG ergibt sich jedoch kein unmittelbarer gesetzlicher Zahlungsanspruch. Nicht selten sehen Tarifverträge entsprechende Zuschläge vor.

Für bestimmte, besonders schutzbedürftige Mitarbeiter gelten Einschränkungen im Hin- 3057 blick auf die Arbeit an Sonn- und Feiertagen (vgl. etwa für werdende und stillende Mütter § 8 MuSchG).

ee) Nachtarbeit/-schicht und Wechselschicht. Gemäß § 2 Abs. 4 ArbZG ist Nacht- 3058 arbeit jede Arbeit, die mehr als zwei Stunden Nachtzeit umfasst. Im Sinne von § 2 Abs. 3 ArbZG ist Nachtzeit die Zeit zwischen 23 und 6 Uhr. Nachtarbeitnehmer im Sinne von § 2 Abs. 5 ArbZG ist ein Mitarbeiter, der auf Grund seiner Arbeitszeitgestaltung norma-lerweise Nachtarbeit in Wechselschicht zu leisten hat **oder** der Nachtarbeit an mindestens 48 Tagen im Kalenderjahr leistet. Bei § 2 Abs. 5 Nr. 1 ArbZG kommt es dabei auf die rechtliche Verpflichtung zur Leistung von Nachtarbeit im Rahmen des bestehenden Wech-selschichtmodells an. Im Falle von § 2 Abs. 5 Nr. 2 ArbZG kommt es demgegenüber auf die tatsächliche Erbringung der Nachtarbeitszeiten an. Die Nachtarbeitstage aus verschie-denen Arbeitsverhältnissen sind dabei zu addieren.

Aus Gründen des Gesundheitsschutzes sind in § 6 ArbZG verschiedene vom Arbeitgeber 3059 zu beachtende Bestimmungen festgelegt. Sie sollen zu einer Verbesserung der Lebens- und Arbeitsbedingungen führen. Dazu zählen insbesondere:
– Nachtschichtfolgen von lediglich zwei bis vier Nachtschichten,
– ausreichende Ruhezeiten zwischen zwei Nachtschichten,
– regelmäßige freie Wochenenden,
– ein Wechsel der verschiedenen Schichten von Früh- über Spät- zu Nachtschicht
Rechtzeitige Information über den Schichtplan.[77]

ff) Überstunden. Überstunden kann der Arbeitgeber nur anordnen, wenn der Arbeits- 3060 vertrag dies vorsieht oder wenn es sich um einen Notfall handelt. Eine Grundlage für die Anordnung von Überstunden kann auch im Wege einer Betriebsvereinbarung zwischen Arbeitgeber und Betriebsrat geschaffen werden. Weigert sich der Mitarbeiter, ordnungs-gemäß angeordnete Überstunden zu leisten, ist der Arbeitgeber berechtigt, arbeitsrechtliche Schritte (Abmahnung bzw. Kündigung) gegen den Mitarbeiter einzuleiten.[78]

Ist der Anspruch auf Überstundenvergütung bereits entstanden, so kann er nicht einseitig 3061 durch Freistellung von der Arbeit erfüllt werden, wenn keine derartige Ersetzungsbefugnis vereinbart ist.[79]

gg) Besonderheiten für Jugendliche, Schwangere/stillende Mütter. Hinsichtlich 3062 der arbeitszeitrechtlichen Vorschriften enthält das Mutterschutzgesetz für **Mütter** im We-sentlichen keine abweichenden Sonderregelungen. § 8 MuSchG stellt ein Verbot der Nachtarbeit auf. Nach § 8 Abs. 1 MuSchG gilt zudem ein Beschäftigungsverbot für wer-dende und stillende Mütter an Sonn- und Feiertagen, wovon § 8 Abs. 4 MuSchG für be-

---

[75] BAG vom 15. 9. 2009 – 9 AZR 757/08 = NJW 2010, 394.
[76] BAG vom 11. 1. 2006 – 5 AZR 97/05 = NZA 2006, 372.
[77] Baeck/*Deutsch* ArbZG § 6 Rn. 23.
[78] LAG Köln vom 21. 1. 1999 – 6 Sa 1252/98 = NZA-RR 1999, 517.
[79] BAG vom 18. 9. 2001 – 9 AZR 307/00 = NZA 2002, 268.

stimmte Wirtschaftszweige Ausnahmen vorsieht. Aus diesen Verboten können sich jedoch mittelbare Auswirkungen auf die Lage der Ruhezeit nach § 5 ArbZG ergeben.[80]

3063 Nach § 7 Abs. 1 MuSchG ist „stillenden Müttern auf ihr Verlangen die zum Stillen erforderliche Zeit, mindestens aber zweimal täglich eine halbe Stunde oder einmal täglich eine Stunde freizugeben. Bei einer zusammenhängenden Arbeitszeit von mehr als acht Stunden soll auf Verlangen zweimal eine Stillzeit von mindestens 45 Minuten oder, wenn in der Nähe der Arbeitsstätte keine Stillgelegenheit vorhanden ist, einmal eine Stillzeit von mindestens 90 Minuten gewährt werden. Die Arbeitszeit gilt als zusammenhängend, soweit sie nicht durch eine Ruhepause von mindestens zwei Stunden unterbrochen wird." Dieser Anspruch muss durch den Arbeitgeber auf Verlangen der stillenden Mutter gewährt werden und darf nicht zu einem Verdienstausfall führen. Nach § 7 Abs. 2 MuSchG dürfen die Stillzeiten nicht auf die gesetzlichen oder tariflichen Ruhepausen angerechnet werden.

3064 Für die Ruhezeiten der **Jugendlichen** gilt im Hinblick auf die einzuhaltenden Ruhezeiten anstelle des § 5 ArbZG die Sonderregelung in § 13 JArbSchG. Für Jugendliche beträgt die einzuhaltende Ruhezeit danach zwölf Stunden. Sie wird als „Freizeit" bezeichnet. Während dieser Zeit dürfen Jugendliche anders als Erwachsene nicht zum Rufdienst herangezogen werden.

3065 Nach § 11 JArbSchG müssen dem Jugendlichen die Ruhepausen zur freien Verfügung stehen. Der Jugendliche ist berechtigt, den Betrieb zu verlassen, selbst wenn dadurch zu befürchten ist, dass er nicht rechtzeitig zum Pausenende wieder im Betrieb sein wird. Die Ruhepausen müssen i.d.R. **im Voraus feststehen**.[81] Die Pausen müssen zudem frühzeitig vor Beginn der Arbeitszeit festgelegt werden. Eine Festlegung unmittelbar vor Beginn der Arbeitszeit ist ausnahmsweise und nur dann möglich, wenn eine frühere Festlegung wegen der Art der Arbeitsabläufe nicht möglich ist.

3066 **d) Weisungen zum Verhalten.** Weisungen des Arbeitgebers beziehen sich häufig auch auf das Verhalten des Mitarbeiters im Allgemeinen. Beispiele für solche Anordnungen sind Kleiderordnungen sowie Alkohol- oder Rauchverbote. Wie auch in anderen Fällen der Ausübung des Weisungsrechts durch den Arbeitgeber muss dieser nach billigem Ermessen handeln. Das Persönlichkeitsrecht des Arbeitgebers muss dabei besonders beachtet werden. Weisungen in Bezug auf eine bestimmte Kleidung sind demnach nur dann zulässig, wenn die Tätigkeit bzw. Funktion des Mitarbeiters dies erfordert.[82] Insbesondere wenn der Mitarbeiter Kundenkontakt hat, ist der Arbeitgeber berechtigt, auf angemessene und korrekte Kleidung zu achten. Ein Rauchverbot ist hingegen stets zumutbar, da der Mitarbeiter regelmäßig die Gelegenheit hat, in seiner Pause, außerhalb der Arbeitsstätte zu rauchen. § 5 Abs. 1 Satz 2 ArbStättVO (in Kraft seit dem 1. 9. 2007) verpflichtet den Arbeitgeber, ein allgemeines bzw. ein auf bestimmte Teile der Arbeitsstätte beschränktes Rauchverbot zu erlassen, wenn dies erforderlich ist. Zu beachten ist jedoch, dass dem Gesundheitsinteresse der Nichtraucher stets der Vorrang einzuräumen ist.

3067 Besteht im Betrieb ein Betriebsrat, sind dessen Mitbestimmungsrechte im Bezug auf Maßnahmen zur Regelung der Ordnung im Betrieb zu beachten. Maßnahmen oder Anordnungen, die sich auf das Arbeitsverhalten des Mitarbeiters beziehen sind demgegenüber mitbestimmungsfrei. Zur Beurteilung der Frage, ob eine Anordnung dem Ordnungs- oder Arbeitsverhalten dient, ist der objektive Regelungszweck zu beachten und nicht die Motivation des Arbeitgebers.[83]

3068 **e) Kontrolle der Ausübung des Direktionsrechts.** Die Ausübung des Direktionsrechts unterliegt verschiedenen Beschränkungen. Sind die Grenzen des Direktionsrechts überschritten, begeht der Mitarbeiter bei Nichtbefolgung der Weisung keine den Arbeitgeber zur Kündigung berechtigende Vertragsverletzung. Auch muss der Arbeitgeber bei Be-

[80] Baeck/*Deutsch* ArbZG § 5 Rn. 52.
[81] *Zmarzlik/Anzinger* JArbSchG § 11 Rn. 17.
[82] BAG vom 1. 12. 1992 – 1 AZR 260/92 = NZA 1993, 711.
[83] BAG vom 11. 6. 2002 – 1 ABR 46/01 = NZA 2002, 1299.

achtung des Verhältnismäßigkeitsgrundsatzes von seinem Weisungsrecht Gebrauch machen, bevor er eine Änderungskündigung gegenüber dem Mitarbeiter ausspricht.[84]

Das Direktionsrecht wird von verschiedenen gesetzlichen Bestimmungen, wie z. B. dem **3069** ArbZG und den verschiedenen Bestimmungen des Arbeitsschutzrechts eingeschränkt. Auch die Regelungen im Arbeitsvertrag selbst, Mitbestimmungsrechte und Tarifverträge schränken das Weisungsrecht ein.

Der Arbeitgeber muss bei der Ausübung des Weisungsrechts ein sachlich gerechtfertigtes **3070** Interesse verfolgen und im Rahmen des Auswahlermessens, die geeignete und den Mitarbeiter am wenigsten belastende Maßnahme auswählen.

Bei einer arbeitsgerichtlichen Klage gegen eine unbillige Weisung wird diese durch eine **3071** angemessene Weisung im Wege der Gestaltungsklage ersetzt. Bis dahin ist der Mitarbeiter an die Weisung des Arbeitgebers gebunden.[85]

f) Zurückbehaltungsrecht. Zahlt der Arbeitgeber dem Mitarbeiter den ihm zustehen- **3072** den Lohn nicht, steht dem Mitarbeiter ein Zurückbehaltungsrecht zu. Das gilt jedoch dann nicht, wenn der Lohnrückstand oder die zeitliche Verzögerung nur gering ist. Vor Ausübung des Zurückbehaltungsrechts muss der Mitarbeiter den Arbeitgeber auf die Ausübung des Zurückbehaltungsrechts hinweisen. Dies entspricht dem Grundsatz der Verhältnismäßigkeit. Ebenso kann ein Verstoß des Arbeitgebers gegen § 618 BGB (Schutzmaßnahmen) oder Arbeitsschutzvorschriften den Mitarbeiter dazu berechtigen, seine Arbeitsleistung zurückzubehalten, da es ihm nicht zumutbar ist, seine Leistung unter Selbstgefährdung zu erbringen.[86] Ein Verstoß gegen die dem Arbeitgeber obliegenden Rücksichtnahmepflichten aus dem Arbeitsvertrag nach § 241 Abs. 2 BGB kann dann zu einem Zurückbehaltungsrecht führen, wenn der Mitarbeiter das Zurückbehaltungsrecht nicht rechtsmissbräuchlich ausübt. Ein pauschales Berufen auf einen „Mobbingsachverhalt" führt beispielsweise noch nicht zu einem Zurückbehaltungsrecht.

Wegen des **Fixschuldcharakters** der Arbeitsleistung wird der Mitarbeiter durch die **3073** Ausübung des Zurückbehaltungsrechts von der Leistungspflicht frei, ohne zur Nachleistung verpflichtet zu sein.[87] Es tritt sofort Unmöglichkeit ein. Da die Arbeitsleistung nicht nachholbar ist, ist auch der Verzug ausgeschlossen. Eine nachträgliche Ausübung des Zurückbehaltungsrechts ist wegen der beabsichtigten Druckwirkung auf den Arbeitgeber ausgeschlossen. Die Arbeitsleistung ist also in Folge der Ausübung des Zurückbehaltungsrechts stets **unmöglich.** Nach § 275 Abs. 1 BGB wird der Schuldner (hier: Mitarbeiter) im Falle der Unmöglichkeit von seiner Leistungspflicht frei. Rechtsfolge ist nach § 326 Abs. 1 BGB grundsätzlich der Wegfall des Vergütungsanspruches. Nach § 326 Abs. 2 BGB behält der Mitarbeiter jedoch den Anspruch auf Zahlung des Arbeitsentgelts, wenn der Arbeitgeber die Unmöglichkeit der Arbeitsleistung zu vertreten hat. Hat der Mitarbeiter selbst die Nichtleistung zu vertreten, weil er vertragswidrig und ohne gesetzlichen Befreiungsgrund seine Arbeitspflicht verletzt hat (etwa eigenmächtiger Urlaubsantritt), kommen Schadensersatzansprüche des Arbeitgebers oder die Kündigung des Arbeitsverhältnisses in Betracht. Ist die Unmöglichkeit von keiner der Arbeitsvertragsparteien zu vertreten, so wird auch der Arbeitgeber von seiner Leistungspflicht gemäß § 326 Abs. 1 Satz 1 BGB befreit (Grundsatz: „ohne Arbeit kein Lohn"). Es bestehen verschiedene Durchbrechungen dieses Grundsatzes (z. B. § 616 BGB, EFZG, BUrlG, § 11 MuSchG). Die gesetzlich geregelten Leistungshindernisse müssen kausal für den Arbeitsausfall gewesen sein.

§ 615 BGB bildet eine weitere Ausnahme von diesem Grundsatz. Im Falle des Annahme- **3074** verzugs des Arbeitgebers bleibt der Lohnanspruch aus dem Arbeitsvertrag nach § 615 Satz 1 BGB aufrecht erhalten.[88] Ein Verschulden des Arbeitgebers ist nicht erforderlich. § 615 Satz 3

---

[84] BAG vom 28. 4. 1982 – 7 AZR 1139/79 = AP KSchG 1969 § 2 Nr. 3.
[85] BAG vom 22. 2. 2012 – 5 AZR 249/11 = NZA 2012, 858.
[86] BAG vom 2. 2. 1994 – 5 AZR 273/93 = NZA 1994, 610.
[87] Staudinger/*Richardi* § 611 Rn. 414.
[88] BAG vom 5. 9. 2002 – 8 AZR 702/01 = NZA 2003, 973.

BGB weist zu Gunsten des Mitarbeiters, das **Betriebsrisiko** dem Arbeitgeber zu. Das ist dann der Fall, wenn der Arbeitgeber das Risiko des Arbeitsausfalls trägt, wenn er also ohne eigenes Verschulden die Belegschaft aus betriebstechnischen Gründen nicht beschäftigen kann[89] (etwa bei Naturkatastrophen, witterungsbedingtem Arbeitsausfall oder Brandschäden).[90]

3075 Wird die Erbringung der Arbeitsleistung wegen Auftrags- oder Absatzmangels wirtschaftlich sinnlos, spricht man vom **Wirtschaftsrisiko.**[91] Der Arbeitgeber hat das Wirtschaftsrisiko zu tragen. Bei Nichtbeschäftigung des Mitarbeiters gerät er ebenfalls in Annahmeverzug.

3076 Im Gegensatz zum Betriebsrisiko, hat der Mitarbeiter das **Wegerisiko zu tragen.** Er trägt das Risiko, dass er zum Betrieb gelangt. War es dem Mitarbeiter etwa wegen eingetretener Eisglätte[92] oder wegen eines witterungsbedingten Fahrverbots[93] objektiv unmöglich, seinen Arbeitsplatz zu erreichen, trägt er das Wegerisiko.[94] Sowohl der Mitarbeiter als auch der Arbeitgeber werden von der Leistungspflicht frei. Kann der Mitarbeiter auf Grund eines behördlichen Betriebsverbots seine Arbeitsleistung nicht erbringen, so greift die Betriebsrisikolehre mit der Folge, dass der Anspruch auf Entgeltzahlung erhalten bleibt.[95]

4. Nebenpflichten

3077 **a) Rücksichtnahme- und Schutzpflichten.** Da das Arbeitsverhältnis ein Schuldverhältnis im Sinne des BGB ist, bestehen für die Vertragsparteien auch Nebenpflichten nach § 241 Abs. 2 BGB. So gelten für Mitarbeiter und Arbeitgeber gegenseitige Rücksichtnahme- und Schutzpflichten.

3078 Umfang und Grenzen der Nebenpflichten aus dem Arbeitsverhältnis ergeben sich vor allem aus der Art der jeweiligen Tätigkeit. Die Nebenpflichten können sich aus Gesetz, Tarifvertrag, Betriebsvereinbarung, dem Arbeitsvertrag oder dem Grundsatz von Treu und Glauben (§ 242 BGB) ergeben. Die Nebenpflichten haben ihre Grenzen dort, wo Grundrechte des Mitarbeiters, wie das Persönlichkeitsrecht, die Meinungsfreiheit und die Berufsfreiheit betroffen sind.

3079 Der Mitarbeiter hat im Rahmen seiner Nebenpflichten dem Arbeitgeber Schäden und Störungen im Rahmen des Zumutbaren mitzuteilen.[96] Im Bezug auf Schäden, die durch einen Arbeitskollegen verursacht wurden, gilt diese Verpflichtung jedoch nur eingeschränkt, nämlich nur dann, wenn die Überwachung zu den Arbeitsaufgaben des Mitarbeiters gehört oder die beschädigte oder entwendete Sachen von besonderer Bedeutung oder besonderem Wert ist.[97] Der Mitarbeiter braucht sich jedoch durch die Wahrnehmung seiner Mitteilungspflicht nicht selbst einer strafbaren Handlung bezichtigen.[98] Von einer Anzeige oder Aussage gegen seinen Arbeitgeber darf der Mitarbeiter grundsätzlich jedoch nur zurückhaltend Gebrauch machen. Vorrangig sollte versucht werden, eine innerbetriebliche Lösung zu finden. Eine Ausnahme von diesem Grundsatz gilt allerdings dann, wenn von vornherein nicht damit zu rechnen ist, dass der Arbeitgeber tätig werden wird. Der Europäische Gerichtshof für Menschenrechte (EGMR) entschied kürzlich im Falle der fristlosen Kündigung einer Altenpflegerin, die Strafanzeige gegen ihre Arbeitgeberin gestellt hatte, zu Gunsten der Mitarbeiterin für die Freiheit der Meinungsäußerung nach Artikel 10 der Europäischen Menschenrechtskonvention (EMRK).[99] Die Mitarbeiterin hatte Strafanzeige

---

[89] BAG vom 22. 12. 1980 – 1 ABR 2/79 = AP GG Art. 9 Arbeitskampf Nr. 70.

[90] BAG vom 9. 7. 2008 – 5 AZR 810/07 = NZA 2008, 1407.

[91] BAG vom 22. 12. 1980 – 1 ABR 2/79, AP GG Art. 9 Arbeitskampf Nr. 70.

[92] BAG vom 8. 12. 1982 – 4 AZR 134/80 = AP BGB § 616 Nr. 58.

[93] BAG vom 8. 9. 1982 – 5 AZR 283/80 = AP BGB § 616 Nr. 59.

[94] MünchArbR/*Boewer* § 69 Rn. 57.

[95] *Richardi* NJW 1987, 1231.

[96] MünchHdbArbR/*Reichold* § 49, Rn. 4.

[97] BAG vom 12. 5. 1958 – 2 AZR 539/56 = NJW 1958/1747.

[98] BGH vom 23. 2. 1989 – IX 2 R 236/86 = NJW 1989, 614; *Diller* DB 2004, 313.

[99] EGMR vom 21. 7. 2011 – 28274/08 (Heinisch ./. Deutschland), NZA 2011, 1269.

wegen besonders schweren Betrugs nach § 263 Abs. 3 StGB gestellt. Obwohl das Strafverfahren im Nachhinein eingestellt wurde und die Gefahr einer schädigenden Wirkung des Verfahrens für den Arbeitgeber bestand, hielt der EGMR die fristlose Kündigung der Mitarbeiterin für nicht gerechtfertigt. Das öffentliche Interesse an der Offenlegung von Mängeln in der institutionellen Altenpflege überwöge gegenüber den Interessen der Arbeitgeberin. Das Urteil spricht jedoch nicht grundsätzlich für die Zulässigkeit von Anzeigen gegen den eigenen Arbeitgeber. Zu beachten ist, dass dabei im vorliegenden Verfahren das öffentliche Interesse als maßgebliches Entscheidungskriterium diente. Es verbleibt somit bei dem Vorrang der innerbetrieblichen Lösung.[100]

b) Nebentätigkeit. Der Mitarbeiter hat grundsätzlich ein Recht darauf, eine Nebentätigkeit auszuüben. Ein Nebentätigkeitsverbot kann nur ausgesprochen werden, wenn der Arbeitgeber daran ein **berechtigtes Interesse** hat. Das ist regelmäßig dann der Fall, wenn die Nebentätigkeit mit der geschuldeten Arbeitsleistung zeitlich oder aus anderen Gründen unvereinbar ist.[101]   **3080**

Ein Grund zur Verweigerung besteht etwa, wenn der Mitarbeiter die Nebentätigkeit während der Arbeitszeit ausübt oder die Nebentätigkeit ihn in einem solchen Maße in Anspruch nimmt, dass er seine Pflicht gegenüber dem Arbeitgeber nicht mehr ordnungsgemäß erfüllen kann. Eine Nebentätigkeit während der Arbeitsunfähigkeit ist zwar nicht grundsätzlich verboten, darf jedoch den Heilungserfolg nicht verzögern.[102]   **3081**

In verschiedenen Gesetzen, aber auch in Tarifverträgen und Arbeitsverträgen finden sich Anzeige- und Zustimmungspflichten im Hinblick auf eine Nebentätigkeit. So enthält etwa § 15 Abs. 4 Satz 3 BEEG einen Zustimmungsvorbehalt, wonach eine Teilzeittätigkeit bei einem anderen Arbeitgeber oder eine selbstständige Tätigkeit während der Elternzeit der Zustimmung des Arbeitgebers bedarf.   **3082**

Eine in der Praxis bedeutsame Beschränkung der Nebentätigkeit enthält § 2 Abs. 1 Satz 1 ArbZG. Danach dürfen die Arbeitszeiten bei mehreren Arbeitgebern zusammengerechnet die Höchstgrenze nach § 3 ArbZG nicht überschreiten (werktägliche Arbeitszeit maximal 8 bzw. 10 Stunden). Nach § 8 BUrlG darf der Mitarbeiter zudem während des gesetzlichen Mindesturlaubs keiner dem Urlaubszweck zuwiderlaufende Nebentätigkeit nachgehen.   **3083**

Formularmäßige, absolute Nebentätigkeitsverbote in Arbeitsverträgen sind nach § 307 BGB unwirksam, da sie den Mitarbeiter unangemessen benachteiligen.[103]   **3084**

Üblich und rechtlich zulässig ist es jedoch, die Nebentätigkeit eines Mitarbeiters von der Zustimmung des Arbeitgebers abhängig zu machen.[104] Zwar muss der Arbeitgeber die Erlaubnis erteilen, solange seine berechtigten Interessen nicht beeinträchtigt werden. Auf diesem Wege ist jedoch sichergestellt, dass er von jeder Nebentätigkeit im erforderlichen Umfang Kenntnis erlangt.   **3085**

b) Abwerbungsverbot. Plant ein Mitarbeiter, etwa ein zunächst in der Arztpraxis angestellter Arzt, sich selbstständig zu machen, darf er nicht versuchen, bereits während der Dauer des Arbeitsverhältnisses seine Arbeitskollegen abzuwerben. Wie der Begriff des unzulässigen Abwerbens auszulegen ist, stellt in der Praxis häufig ein Problem dar. Die innerhalb des Arbeitsverhältnisses bestehende Treuepflicht gegenüber dem Arbeitgeber verbietet dem Mitarbeiter die Wahrnehmung berechtigter eigener Interessen nicht. So wird man wohl nur das Abwerben unter Vertragsbruch und das Abwerben in sittenwidriger bzw. aggressiver Art und Weise als unzulässig bewerten können.[105]   **3086**

---

[100] *Ulber* NZA 2011, 962.

[101] BAG vom 6. 9. 1990 – 2 AZR 165/90 = AP BGB § 615 Nr. 47.

[102] BAG vom 26. 8. 1993 – 2 AZR 154/93 = AP BGB § 626 Nr. 112 mit Anm. *Berning* NZA 1994, 63.

[103] BAG vom 3. 12. 1970 – 2 AZR 110/70 = AP BGB § 626 Nr. 60.

[104] BAG vom 11. 12. 2001 – 9 AZR 464/00 = NZA 2002, 965.

[105] LAG Rheinland-Pfalz vom 7. 2. 1992 – 6 Sa 528/91 = LAGE § 626 BGB Nr. 64.

3087 **c) Verschwiegenheitspflicht.** Einer vertraglichen Festlegung der Verschwiegenheit während des Arbeitsverhältnisses bedarf es in der Regel nicht, da sich diese im Hinblick auf Betriebs- und Geschäftsgeheimnisse des Arbeitgebers bereits aus §§ 823 Abs. 1, 826 BGB, §§ 3, 17 UWG sowie aus den arbeitsvertraglichen Nebenpflichten ergibt. Für die Zeit nach Beendigung des Arbeitsverhältnisses kann wirksam vereinbart werden, dass der Mitarbeiter bestimmte Betriebsgeheimnisse, die er auf Grund seiner Tätigkeit erfahren hat, nicht nutzen oder weitergeben darf. Ein Betriebsgeheimnis liegt dann vor, wenn Tatsachen im Zusammenhang mit einem Geschäftsbetrieb, die nur einem eng umgrenzten Personenkreis bekannt und nicht offenkundig sind, nach dem Willen des Arbeitgebers auf Grund eines berechtigten wirtschaftlichen Interesses geheim gehalten werden.[106] Zwingende Voraussetzung ist demnach, dass der Arbeitgeber ein Geheimhaltungsinteresse hat. Dieses Interesse muss sich in einer Vereinbarung konkret wiederfinden. Bezieht sich die Vereinbarung ohne Differenzierung auf alle Geschäftsvorgänge, ist diese Vereinbarung unzulässig. Die Grenze zum Wettbewerbsverbot wird dadurch überschritten.[107]

3088 **d) Außerdienstliches Verhalten.** Der Arbeitgeber kann und darf grundsätzlich auf das außerdienstliche Verhalten des Mitarbeiters keinen Einfluss nehmen. Berührt der Mitarbeiter durch sein außerdienstliches Verhalten jedoch seine arbeitsvertraglichen Pflichten, kann dadurch auch eine Kündigung des Arbeitsverhältnisses nach § 1 Abs. 2 KSchG sozial gerechtfertigt sein.[108] Ein krankgeschriebener Mitarbeiter muss sich beispielsweise so verhalten, dass er den Genesungsverlauf nicht verzögert. Ihm obliegt eine Pflicht zu gesundheitsförderndem Verhalten. Auch in diesem Fall kann eine Kündigung sozial gerechtfertigt sein, wenn das Verhalten einen groben Vertrauensbruch gegenüber dem Arbeitgeber darstellt. Eine Kündigung wegen zahlreicher Lohnpfändungen kann etwa dann gerechtfertigt sein, wenn dies zu wesentlichen Störungen im Arbeitsablauf in der Lohnbuchhaltung oder der Rechtsabteilung führt.[109]

5. Entgeltfortzahlung

3089 Den Arbeitgeber kann eine Pflicht zur Lohnzahlung ausnahmsweise auch dann treffen, wenn der Mitarbeiter keine Arbeitsleistung erbracht hat. Diese Lohnzahlungspflicht ohne Arbeitsleistung des Mitarbeiters kann auf Grund verschiedener rechtlicher Grundlagen bestehen.

3090 **a) Unmöglichkeit der Arbeitsleistung.** Im Falle des Eintritts einer Unmöglichkeit der Erbringung der Arbeitsleistung auf Seiten des Mitarbeiters nach Abschluss des Arbeitsvertrags (§ 275 BGB) wird dieser von seiner Pflicht zur Erbringung der Arbeitsleistung frei. Nach § 326 Abs. 1 BGB verliert der Mitarbeiter grundsätzlich seinen Anspruch auf Vergütung, wenn die Unmöglichkeit der Arbeitsleistung von keiner der Arbeitsvertragsparteien zu vertreten ist. Der Vergütungsanspruch bleibt jedoch ausnahmsweise dann erhalten, wenn der Mitarbeiter für eine unerhebliche Zeit durch **in seiner Person liegende Gründe** an der Erbringung der Arbeitsleistung gehindert, **arbeitsunfähig erkrankt** oder in einer Maßnahme zur **Rehabilitation** ist oder die Arbeit aus **im Betrieb liegenden Gründen** nicht erbracht werden kann.[110] Kann die Arbeitsleistung aus Gründen nicht mehr erbracht werden, die der Mitarbeiter zu vertreten hat, verliert er seinen Vergütungsanspruch. Hat der Arbeitgeber die Unmöglichkeit der Arbeitsleistung zu vertreten, bleibt er gemäß § 615 BGB zur Zahlung des Arbeitsentgelts verpflichtet; so etwa bei Annahmeverzug hinsichtlich der Arbeitsleistung nach Ausspruch einer unwirksamen Kündigung durch den Arbeitgeber.

---

[106] BAG vom 16. 3. 1982 – 3 AZR 83/79 = AP BGB § 611- Betriebsgeheimnis Nr. 1.

[107] BAG vom 19. 5. 1998 – 9 AZR 394/97 = NZA 1999, 200.

[108] BAG vom 20. 9. 1084 – 2 AZR 233/83 = AP KSchG 1969 § 1 – Verhaltensbedingte Kündigung Nr. 13.

[109] BAG vom 12. 1. 2006 – 2 AZR 179/05 = AP KSchG 1969 § 1 – Verhaltensbedingte Kündigung Nr. 54.

[110] Schaub/*Linck* § 96 Rn. 3.

b) Arbeitsverhinderung aus persönlichen Gründen (§ 616 BGB). Der Grund aus **3091** dem der Mitarbeiter seine Arbeitsleistung nicht mehr erbringen kann, muss in seiner Person oder in seinen persönlichen Verhältnissen begründet sein. Ein solcher persönlicher Grund liegt z.B. dann nicht vor, wenn der Mitarbeiter auf Grund witterungsbedingter Probleme seinen Arbeitsplatz nicht erreichen kann.[111] Auch, wenn er seinen Arbeitsplatz wegen Stau oder Bahnstreik nicht erreichen kann, liegt keine personenbedingte Unmöglichkeit vor.

Nach § 275 Abs. 3 BGB liegt ein Leistungshindernis auch dann vor, wenn dem Mitar- **3092** beiter nach Treu und Glauben (§ 242 BGB) die Erbringung der Arbeitsleistung nicht zugemutet werden kann. Das ist etwa der Fall, wenn der Mitarbeiter einen Unfall erleidet, der Mitarbeiter kirchlich oder standesamtlich eine Ehe schließt oder ein außergewöhnliches Ereignis in der Familie stattfindet (Geburt, Todesfall, Begräbnis, Kommunion oder Konfirmation).[112] Ein Verhinderungsgrund, bei dem die Arbeitsleistung dem Mitarbeiter nicht zugemutet werden kann, liegt im Falle eines Arztbesuchs nur dann vor, wenn die ärztliche Versorgung während der Arbeitszeit medizinisch erforderlich ist oder der Mitarbeiter keinen Termin außerhalb der Arbeitszeit vereinbaren kann.[113] Der Hinderungsgrund darf weder vom Mitarbeiter verschuldet sein noch in gröblicher Weise gegen das von einem verständigen Menschen zu erwartende Verhalten verstoßen.[114] Die Darlegungs- und Beweislast für ein Verschulden des Mitarbeiters trägt der Arbeitgeber.

Der Zeitraum der Arbeitsverhinderung darf nur eine „verhältnismäßig nicht erhebliche **3093** Zeit" ausmachen (vgl. § 616 BGB). Kriterien zur Beurteilung des demnach zulässigen Zeitraums sind:
– Verhältnis der Verhinderungszeit zur Dauer des Arbeitsverhältnisses,
– Objektiv notwendige Zeit,
– Art und Schwere des Verhinderungsgrundes sowie
– Möglichkeit der anderweitigen Verhinderungsbeseitigung.[115]

Hinsichtlich der Erforderlichkeit der Arbeitsbefreiung trägt der Mitarbeiter die Darle- **3094** gungs- und Beweislast.

c) Lohnausfallprinzip. Folge des Vorliegens eines Entgeltfortzahlungstatbestandes ist, **3095** dass der Mitarbeiter trotz der Nichterbringung seiner Arbeitsleistung einen Anspruch auf Zahlung des Bruttolohns hat, den er erhalten hätte, wenn er nicht verhindert gewesen wäre. Da die Arbeitsleistung als absolute Fixschuld anzusehen ist, besteht auch keine Pflicht zur Nachleistung der Arbeit. Der Mitarbeiter muss sich jedoch auf seine Entgeltfortzahlung den Betrag anrechnen lassen, den er für die Zeit der Verhinderung aus einer auf Grund gesetzlicher Verpflichtung bestehenden Kranken- oder Unfallversicherung erhält (vgl. § 616 Satz 2 BGB). Anderweitige Einkünfte oder Zahlungen von anderen freiwilligen Versicherungen sind dagegen nicht anzurechnen.

Die Regelung des § 616 BGB ist abdingbar oder erweiterbar, wenn dies sachlich ge- **3096** rechtfertigt ist.

d) Krankengeld nach § 45 SGB V. Gesetzlich krankenversicherte Mitarbeiter haben **3097** Anspruch auf Krankengeld, wenn es erforderlich ist, dass sie zur Beaufsichtigung, Betreuung oder Pflege ihres erkrankten und versicherten Kindes der Arbeit fernbleiben. Dies muss durch ärztliches Zeugnis belegt werden. Weitere Voraussetzung ist, dass keine andere im Haushalt lebende Person die Pflege des Kindes übernehmen kann und das Kind das zwölfte Lebensjahr noch nicht vollendet hat. Nach § 45 Abs. 2 SGB V besteht in jedem Kalenderjahr für jedes Kind ein Anspruch auf Krankengeld für zehn Tage, bei Alleinerziehenden für maximal 20 Arbeitstage. Bei mehreren Kindern gilt eine Höchstgrenze von

---

[111] BAG vom 8. 12. 1982 – 4 AZR 134/80 = AP BGB § 616 Nr. 58.
[112] ErfK/*Dörner*/*Preis* § 616 Rn. 4.
[113] BAG vom 29. 2. 1984 – 5 AZR 455/81 = NJW 1985, 2720.
[114] BAG vom 18. 12. 1970 – 1 AZR 171/70 = AP BGB § 611 Nr. 62 Haftung des Arbeitnehmers.
[115] BAG vom 19. 4. 1978 – 5 AZR 834/76 = AP BGB § 616 Nr. 48.

25 Tagen, bei Alleinerziehenden von 50 Tagen pro Kalenderjahr. Nach Ablauf dieser Zeit gilt § 275 Abs. 3 BGB. Der Mitarbeiter muss seine Arbeitsleistung nicht wieder aufnehmen, wenn sein Kind weiter krank ist, da ihm dies regelmäßig nicht zumutbar ist.[116]

3098 Das Konkurrenzverhältnis zwischen § 45 SGB V und § 616 BGB regelt § 45 Abs. 3 SGB V. Danach haben Mitarbeiter, die einen Anspruch auf Krankengeld haben, einen „Anspruch auf unbezahlte Freistellung von der Arbeitsleistung, soweit nicht aus dem gleichen Grund ein Anspruch auf bezahlte Freistellung (nach § 616 BGB) besteht". Der Anspruch auf bezahlte Freistellung nach § 616 BGB geht dem Anspruch auf Kinderkrankengeld und unbezahlte Freistellung nach § 45 SGB V also vor. Das bedeutet im Ergebnis, dass der Arbeitgeber bei privat krankenversicherten Mitarbeitern eine bezahlte Freistellung nach § 616 BGB gewähren muss.

3099 **e) Krankheitsbedingte Arbeitsunfähigkeit.** Der Arbeitgeber hat nach § 2 Abs. 1 Satz 1 EFZG für die Dauer von sechs Wochen Entgeltfortzahlung im Krankheitsfall zu leisten, wenn der Mitarbeiter in Folge einer Krankheit arbeitsunfähig wird und aus diesem Grunde daran gehindert ist, seine Arbeitsleistung zu erbringen. Mitarbeiter im Sinne von § 1 Abs. 2 EFZG sind Arbeiter, Angestellte und zu ihrer Ausbildung Beschäftigte. Zu beachten ist, dass nicht jede Krankheit zwingend zur Arbeitsunfähigkeit führt. Wann eine Arbeitsunfähigkeit vorliegt, ist von Art um Umfang der geschuldeten Arbeitsleistung abhängig. Eine Teilarbeitsunfähigkeit gibt es dagegen nicht.[117] Zudem muss die Arbeitsunfähigkeit unverschuldet eingetreten sein. Verschuldet ist sie demgegenüber dann, wenn ein gröblicher Verstoß gegen das von einem verständigen Menschen zu erwartende Verhalten vorliegt.[118] Die Rechtsprechung ist bei der Beurteilung des Verschuldens großzügig. So sind allgemeine Erkrankungen in aller Regel unverschuldet. Auch Unfälle und Sportunfälle sind nur dann als verschuldet anzusehen, wenn sie entweder vorsätzlich oder grob fahrlässig verursacht wurden oder der Mitarbeiter bei einer besonders gefährlichen Sportart seine eigenen Fähigkeiten deutlich überschätzt bzw. leichtfertig gegen anerkannte Regeln des Sportes verstößt.[119] Will der Arbeitgeber die Entgeltfortzahlung auf Grund einer schuldhaften Herbeiführung der Arbeitsunfähigkeit durch den Mitarbeiter verweigern, hat er die Tatsachen vorzutragen, aus denen sich der Ausschließungsgrund ergibt. Da dies für den Arbeitgeber in der Regel auf Grund fehlender Kenntnisse über die Geschehensabläufe schwierig ist, ist der Mitarbeiter verpflichtet, an der Klärung der Ursachen mitzuwirken. Anderenfalls kann davon ausgegangen werden, dass die Arbeitsunfähigkeit verschuldet ist.[120] Auch genesungswidriges Verhalten des Mitarbeiters kann dem Entgeltfortzahlungsanspruch entgegenstehen.[121]

3100 Der Mitarbeiter trägt für die Arbeitsunfähigkeit als Voraussetzung des Entgeltfortzahlungsanspruchs die Darlegungs- und Beweislast. In der Regel genügt er seiner Darlegungspflicht durch Vorlage einer ärztlichen Arbeitsunfähigkeitsbescheinigung. Diese Bescheinigung hat einen hohen Beweiswert, kann jedoch durch den Arbeitgeber erschüttert werden. Der Arbeitgeber kann seinerseits Umstände darlegen und beweisen, die ernsthafte Zweifel an der behaupteten krankheitsbedingten Arbeitsunfähigkeit hervorrufen.[122] Derartige Zweifel können sich insbesondere aus dem Verhalten des Mitarbeiters oder aus einem Verstoß des Attestes gegen die zwischen Ärzten und Krankenkassen vereinbarten Richtlinien ergeben. So darf etwa eine Arbeitsunfähigkeitsbescheinigung nur bis zu zwei Tage rückdatiert werden.[123]

---

[116] *Greiner* NZA 2007, 496.
[117] BAG vom 29. 1. 1992 – 5 AZR 37/91 = NZA 1992, 643.
[118] BAG vom 7. 8. 1991 – 5 AZR 410/90 = NZA 1992, 69.
[119] BAG vom 7. 10. 1981 – 5 AZR 338/79 = AP LohnFG § 1 Nr. 45.
[120] ErfK/*Dörner* § 3 EFZG Rn. 32.
[121] BAG vom 26. 8. 1993 – 2 AZR 154/93 = NZA 1994, 63.
[122] BAG vom 19. 2. 1997 – 5 AZR 83/96 = NZA 1997, 652.
[123] LAG Köln vom 21. 11. 2003 – 4 Sa 588/03 = NZA-RR 2004, 572.

Der Anspruch auf Entgeltfortzahlung gegen den Arbeitgeber entsteht nach Ablauf einer **3101** Wartezeit von vier Wochen gemäß § 3 Abs. 3 EFZG. Erkrankt der Mitarbeiter innerhalb der Wartezeit, hat er nach Ablauf dieser Zeit weiterhin einen Anspruch auf Entgeltfortzahlung für die Dauer von sechs Wochen. Dies gilt nach § 8 Abs. 1 Satz 1 EFZG auch dann, wenn das Arbeitsverhältnis in der Wartezeit aus Anlass der Arbeitsunfähigkeit gekündigt wird.[124] Die Darlegungs- und Beweislast für diesen Anlass trägt der Mitarbeiter. Ein Hinweis auf einen unmittelbaren zeitlichen Zusammenhang zwischen Arbeitsunfähigkeit und Kündigung reicht jedoch aus.[125] Erkrankt der Mitarbeiter während das Arbeitsverhältnis ruht, wird die Zeit des Ruhens nicht auf den Sechs-Wochen-Zeitraum angerechnet.

Bei einer **Fortsetzungserkrankung** ist die Pflicht des Arbeitgebers zur Entgeltfortzah- **3102** lung eingeschränkt. Eine Fortsetzungserkrankung liegt dann vor, wenn die Krankheit, auf der früherer Arbeitsunfähigkeit beruhte, in der Zeit zwischen Ende der vorausgegangenen Arbeitsunfähigkeit und dem Beginn der neuen Erkrankung nicht völlig ausgeheilt war, sondern latent fortbesteht.[126] Das gilt auch, wenn dies zu unterschiedlichen Krankheitsauswirkungen führt. Bei mehreren Arbeitsunfähigkeiten auf Grund von Fortsetzungserkrankungen werden die Ausfallzeiten grundsätzlich addiert. Ein Anspruch auf Entgeltfortzahlung besteht nur für insgesamt sechs Wochen auf Grund derselben Grunderkrankung in einem Kalenderjahr. Die Rahmenfrist von zwölf Monaten beginnt ab dem Beginn des erstmaligen Eintritts der Arbeitsunfähigkeit und gilt nur bei demselben Arbeitgeber. Im Gegensatz dazu handelt es sich bei mehreren Erkrankungen, die zu Arbeitsunfähigkeitszeiten führen, aber verschiedene Krankheitsursachen haben, um sogenannte **Wiederholungserkrankungen.**[127]

Die gesetzliche Krankenkasse ist nach § 69 Abs. IV SGB X dazu verpflichtet, gegenüber **3103** dem Arbeitgeber mitzuteilen, dass eine Fortsetzungserkrankung vorliegt. Bei einer privaten Krankenversicherung muss der Mitarbeiter die Versicherung von ihrer Schweigepflicht entbinden.

Die Höhe des Entgeltfortzahlungsanspruchs richtet sich gemäß §§ 4, 4 a EFZG nach der **3104** dem Mitarbeiter während seiner Arbeitszeit zustehenden Vergütung. Auch Lohnzulagen sind grundsätzlich fortzuzahlen. Auf die Zahlung von Feiertagszuschlägen hat der Mitarbeiter einen Anspruch, wenn die Arbeitsunfähigkeit auf einen Feiertag fällt, an dem der Mitarbeiter nach einem Dienstplan hätte arbeiten müssen.

6. Anzeige- und Nachweispflichten

Nach § 5 Abs. 1 Satz 1 EFZG ist der Mitarbeiter verpflichtet, dem Arbeitgeber **unver-** **3105** **züglich,** das heißt ohne schuldhaftes Zögern, die Arbeitsunfähigkeit und deren voraussichtliche Dauer mitzuteilen. In der Regel ist die telefonische Benachrichtigung des Arbeitgebers zu Beginn der betrieblichen Arbeitszeit am ersten Tag der Erkrankung als unverzüglich im Sinne der Vorschrift zu bewerten. Bis zu einer Dauer von drei Kalendertagen ist der Mitarbeiter grundsätzlich nicht dazu verpflichtet, die Arbeitsunfähigkeit durch ärztliches Attest nachzuweisen (vgl. § 5 Abs. 1 Satz 2 EFZG). Auf Verlangen des Arbeitgebers kann der Mitarbeiter jedoch zur Vorlage eines entsprechenden Nachweises bereits ab dem ersten Tag der Arbeitsunfähigkeit verpflichtet werden (§ 5 Abs. 1 Satz 3 EFZG). Entgegen einer häufigen Annahme bedarf eine solche Anordnung von Gesetzes wegen keiner Begründung oder Rechtfertigung.[128] Eine entsprechende Anordnung kann im Wege einzelvertraglicher Vereinbarung, (freiwilliger) Betriebsvereinbarung oder durch Tarifvertrag erteilt werden.

---

[124] BAG vom 26. 5. 1999 – 5 AZR 476/98 = NZA 1999, 1273.
[125] BAG vom 2. 12. 1981 – 5 AZR 953/79 = AP LohnFG § 6 Nr. 19.
[126] BAG vom 13. 7. 2005 – 5 AZR 389/04 = AP EntgeltFG § 3 Nr. 25.
[127] BAG vom 18. 1. 1995 – 5 AZR 818/93 = NJW 1996, 805.
[128] BAG vom 14. 11. 2012 – 5 AZR 886/11 (noch nicht veröffentlicht).

3106   Die Nachweispflicht erfüllt der Mitarbeiter in der Regel durch Vorlage einer ärztlichen Arbeitsunfähigkeitsbescheinigung. Darin müssen die Tatsache der Arbeitsunfähigkeit, der Name der betroffenen Person und die Dauer der Arbeitsunfähigkeit genannt werden.[129] Angaben über die Art und Ursache der Erkrankung darf der Arzt in der Bescheinigung dagegen nicht machen. Angaben dazu sind gegenüber dem Arbeitgeber nur nach ausdrücklicher Entbindung von der Schweigepflicht durch den Mitarbeiter zulässig. Nach § 275 Abs. 1 a Satz 3 SGB V kann der Arbeitgeber die gesetzliche Krankenkasse zur Einholung einer gutachterlichen Stellungnahme des Medizinischen Dienstes der Krankenkassen zur Überprüfung der Arbeitsunfähigkeit veranlassen.

7. Urlaub

3107   Nach § 1 BUrlG hat jeder Arbeitnehmer einen Anspruch Freistellung von der Arbeitsleistung unter Fortzahlung des Arbeitsentgelts. Die Vorschrift dient dem Schutz der Gesundheit und dem Erhalt der Leistungsfähigkeit des Mitarbeiters. § 2 Satz 1 BUrlG definiert den Arbeitnehmerbegriff für dieses Gesetz. Danach sind Arbeitnehmer im Sinne des BUrlG Arbeiter und Angestellte sowie die zu ihrer Ausbildung Beschäftigten. Nach § 2 Satz 2 BUrlG zählen auch die sogenannten arbeitnehmerähnlichen Personen zu den Anspruchsberechtigten im Sinne des Gesetzes. Das sind solche Personen, die zwar nicht in einem Arbeitsverhältnis stehen, aber dennoch als wirtschaftlich unselbstständig und daher als schutzbedürftig gelten.

3108   Der volle Urlaubsanspruch entsteht nach Ablauf einer Wartezeit von sechs Monaten und im bestehenden Arbeitsverhältnis zu Beginn jeden Kalenderjahres. Eine Zwölftelung wird nur in den Fällen des § 5 BUrlG vorgenommen.

3109   Urlaubsjahr ist das Kalenderjahr. Das bedeutet, dass der Anspruch auf Urlaub grundsätzlich auf das Kalenderjahr befristet ist. Nach § 7 Abs. 3 Satz 1 BUrlG ist der gesamte Jahresurlaub in dem jeweiligen Kalenderjahr zu nehmen. Eine Übertragung in das nächste Jahr ist nur unter den Voraussetzungen von § 7 Abs. 3 Satz 2 BUrlG möglich. Voraussetzung ist also, dass der Mitarbeiter seinen Urlaub aus **dringenden betrieblichen Gründen** oder aus **Gründen in seiner Person** nicht nehmen konnte. Der übertragene Urlaub muss bis zum 31. März des Folgejahres angetreten werden. Wenn die Voraussetzungen des § 7 Abs. 3 Satz 2 BUrlG vorliegen, bedarf es keines weiteren Handels des Mitarbeiters oder Arbeitgebers. Es erfolgt eine Übertragung von Gesetzes wegen.[130] Liegen die genannten Voraussetzungen nicht vor, so erlischt der Urlaubsanspruch mit Ablauf des Kalenderjahres.

3110   Nach den Entscheidungen des EuGH[131] und des BAG[132] aus 2012 ist § 7 Abs. 3 Satz 3 BUrlG jedoch unionsrechtkonform auszulegen. Konnte der Urlaub nach § 1 BUrlG etwa wegen Krankheit nicht im Kalenderjahr oder bis zum 31. März des Folgejahres genommen werden, verfällt er nunmehr erst 15 Monate nach Ablauf des Kalenderjahres, in dem er entstanden ist. Zudem können Urlaubsansprüche auch in einem ruhenden Arbeisverhältnis entstehen. Der gesetzliche Urlaubsanspruch nach § 1 BUrlG entsteht also auch dann, wenn der Mitarbeiter das gesamte (Urlaubs-)Jahr arbeitsunfähig erkrankt war.

3111   Auch für übertragene Urlaubsansprüche gilt, dass der Anspruch mit Ablauf des Übertragungszeitraums erlischt, wenn bis zu diesem Zeitpunkt die Möglichkeit bestanden hat, den übertragenen Urlaub zu nehmen. Wird etwa ein zunächst arbeitunfähig erkrankter Mitarbeiter im Kalenderjahr einschließlich des Übertragungszeitraums so rechtzeitig gesund, dass er in der verbleibenden Zeit seinen Urlaub nehmen kann, erlischt der Urlaubsanspruch mit Ablauf des laufenden Kalenderjahres[133] bzw. im Falle einer Genesung im Übertragungszeitraum mit dessen Beendigung.

---

[129] LAG Köln vom 21. 11. 2003 – 4 Sa 588/03 = NZA-RR 2004, 572.
[130] BAG vom 7. 12. 1993 – 9 AZR 683/92 = AP BUrlG § 7 Nr. 15.
[131] EuGH vom 22. 11. 2011 – C-214/10 („KHS") = NZA 2011, 1333.
[132] BAG vom 7. 8. 2012 – 9 AZR 353/10 = NJW 2012, 3529.
[133] BAG vom 9. 8. 2011 – 9 AZR 425/10 = NZA 2012, 29.

Die zeitliche Festlegung erfolgt einseitig durch den Arbeitgeber. Nach § 7 Abs. 1 BUrlG **3112** hat er dabei jedoch die Wünsche des Mitarbeiters zu berücksichtigen. Eine Selbstbeurlaubung durch den Mitarbeiter ist unzulässig[134] und kann zu arbeitsrechtlichen Maßnahmen, wie einer Abmahnung oder der Kündigung des Arbeitsverhältnisses führen.[135] Hat der Arbeitgeber jedoch zuvor den Urlaubsantrag zu Unrecht abgelehnt oder konnte der Urlaub auf Grund organisatorischen Fehlern des Arbeitgebers nicht genommen werden und konnte gerichtliche Hilfe nicht oder nicht rechtzeitig eingeholt werden, kann nach Auffassung des BAG[136] auch eine Selbstbeurlaubung im Ausnahmefall keine außerordentliche Kündigung des Arbeitsverhältnisses zur Folge haben. Derartige Situationen sind im Rahmen der vorzunehmenden Verhältnismäßigkeitsprüfung im Rahmen der Kündigung zu berücksichtigen. Gewährt der Arbeitgeber den von dem Arbeitgeber für einen bestimmten Zeitraum beantragten Urlaub nicht, muss er im Falle eines arbeitsgerichtlichen Verfahrens darlegen und beweisen, dass der Urlaubsgewährung dringende betriebliche Gründe oder vorrangige Urlaubswünsche anderer Mitarbeiter entgegenstehen. Festgelegte Betriebsferien, währenddessen der Betrieb still gelegt ist, können einen dringenden betrieblichen Grund darstellen. Kann der Urlaub mehrerer Mitarbeiter aus betrieblichen Gründen nicht gleichzeitig gewährt werden, muss eine Interessenabwägung unter Berücksichtigung sozialer Belange der Mitarbeiter erfolgen. Zu berücksichtigen sind etwa Gesichtspunkte wie Berufstätigkeit des Ehegatten oder die Anzahl der schulpflichtigen Kinder.

Im Falle einer Kündigung des Arbeitsverhältnisses kann der Resturlaub grundsätzlich in **3113** die Zeit der Kündigungsfrist gelegt werden.

Der Urlaub ist nach § 7 Abs. 2 BUrlG grundsätzlich zusammenhängend zu gewähren, es **3114** sei denn, dass zwingende betriebliche Belange oder Gründe, die in der Person des Mitarbeiters liegen, eine Teilung des Urlaubs erforderlich machen. Das Verbot der Teilung des Urlaubs liegt in dem Erholungszweck begründet. Der Arbeitgeber muss den Urlaub vor dessen Antritt gewähren. Er muss klar zum Ausdruck bringen, dass er den Mitarbeiter von seiner Arbeitspflicht befreit.

Beabsichtigt der Arbeitgeber die Freistellung des Mitarbeiters unter Anrechnung des Urlaubsanspruchs – etwa im Falle einer Kündigung –, muss dies ausdrücklich vereinbart werden.[137] Andernfalls bleibt dem Mitarbeiter der Urlaubs- bzw. Urlaubsabgeltungsanspruch erhalten. **3115**

Werden in einem Betrieb Urlaubslisten ausgelegt, in welche die Mitarbeiter ihre Urlaubswünsche eintragen können, ist der Arbeitgeber dazu verpflichtet, diese in angemessener Zeit zu überprüfen. Widerspricht der Arbeitgeber der Planung nicht innerhalb dieser Zeit, können die Mitarbeiter berechtigterweise davon ausgehen, dass der Urlaub entsprechend der Liste genehmigt worden ist.[138] Sobald der Urlaubszeitraum festgelegt ist, sind sowohl Arbeitgeber als auch der Mitarbeiter selbst daran gebunden. Eine nachträgliche Änderung ist grundsätzlich nur einvernehmlich möglich.[139] Etwas anderes gilt nur in eng umgrenzten Notfallsituationen. Im Notfall ist der Arbeitgeber dazu berechtigt, den Urlaubszeitraum einseitig zu verlegen. Ein solcher Notfall ist jedoch nach Ansicht der Rechtsprechung nur gegeben, wenn „Gefahr im Verzug" vorliegt. Die durch den Abbruch oder die Verlegung des Urlaubs entstehenden Kosten sind dem Mitarbeiter zu ersetzen.[140] Eine einseitige Verlegung des Urlaubs ist im Ausnahmefall auch für den Mitarbeiter möglich. Kann der Mitarbeiter den Urlaub krankheitsbedingt nicht antreten, ist eine Lösung von dem festgelegten Urlaubszeitraum möglich. Der Urlaub muss jedoch erneut beantragt und **3116**

---

[134] BAG vom 20. 1. 1994 – 2 AZR 521/93 = NZA 1994, 548.
[135] LAG Berlin vom 5. 12. 1994 – 9 Sa 92/94 = NZA 1995, 1043.
[136] BAG vom 20. 1. 1994 – 2 AZR 521/93 = NZA 1994, 548.
[137] BAG vom 19. 3. 2002 – 9 AZR 16/01 = NZA 2002, 1055.
[138] Dersch/*Neumann* § 7 BUrlG Rn. 20 ff.
[139] BAG vom 29. 1. 1960 – 1 AZR 200/58 = AP GewO § 123 Nr. 12.
[140] LAG Hessen vom 8. 7. 1996 – 11 Sa 966/95 = LAGE § 7 BUrlG Nr. 35.

durch den Arbeitgeber genehmigt werden. Nicht genommener Urlaub entfällt am Ende des Kalenderjahres, sofern er nicht übertragen wird.

3117   Obwohl der Zweck des Urlaubs die Erholung des Mitarbeiters ist, setzt der Urlaubsanspruch nach Auffassung des BAG nicht voraus, dass der Mitarbeiter während des Urlaubsjahres auch tatsächlich gearbeitet hat.[141] Nach der Entscheidung des EuGH[142] vom 20. 1. 2009 und deren Umsetzung durch das BAG[143] ist entschieden, dass Ansprüche auf Abgeltung des gesetzlichen Urlaubsanspruchs nicht erlöschen, wenn der Mitarbeiter bis zum Ende des Urlaubsjahres und/oder des Übertragungszeitraums (31. März des Folgejahres) erkrankt und deshalb den Urlaub nicht nehmen konnte (Erlöschen erst 15 Monate nach Ablauf des Urlaubsjahres, vgl. Rn. 2973). Es sollte daher aus Arbeitgebersicht bereits im Arbeitsvertrag festgelegt werden, dass bei Gewährung von Erholungsurlaub zunächst der gesetzliche Mindesturlaub und sodann jeglicher darüber hinaus gehender Mehrurlaub (etwa tariflicher Urlaub) gewährt wird. Entsprechendes gilt auch für den Zusatzurlaub für schwerbehinderte Mitarbeiter nach § 125 SGB IX (5 Arbeitstage pro Kalenderjahr). Es gelten die Voraussetzungen für den Urlaub nach dem BUrlG entsprechend. Der Zusatzurlaub ist zusätzlich zum arbeitsvertraglichen Urlaub und nicht lediglich zusätzlich zum gesetzlichen Mindesturlaub zu gewähren.

3118   Nach § 3 Abs. 1 BUrlG beträgt der gesetzliche Mindesturlaub 24 Werktage. Da das BUrlG eine 6-Tage-Woche zu Grunde legt, beträgt der Urlaubsanspruch demnach vier Wochen. Im Falle einer 5-Tage-Woche besteht folglich ein Anspruch auf 20 Tage Urlaub. Für Jugendliche gilt bis zur Vollendung des 18. Lebensjahres ein gesetzlicher Mindesturlaubsanspruch von 25 bis 30 Werktagen gemäß § 19 Abs. 2 JArbSchG.

3119   Ein Teilzeitarbeitnehmer erhält den gleichen Urlaubsanspruch wie ein Vollzeitarbeitnehmer. Er muss sich jedoch alle Werktage auf seinen Urlaub anrechnen lassen, unabhängig davon, ob er an diesen Tagen Dienst leisten musste oder nicht.[144] Die effektiven Tage der Freistellung von der Arbeitspflicht werden somit im Falle einer Teilzeitbeschäftigung verhältnismäßig gekürzt.

3120   Da der Urlaubszweck die Erholung und Wiederherstellung der Gesundheit des Mitarbeiters sind, darf der Mitarbeiter während des Urlaubs nach § 8 BUrlG keiner Erwerbstätigkeit nachgehen, die diesem Zweck entgegenläuft.

3121   Während des Urlaubs ist das vertraglich geschuldete Entgelt gemäß §§ 1, 11 BUrlG fortzuzahlen.

3122   Das BUrlG geht grundsätzlich von einem Verbot der Abgeltung des Urlaubsanspruchs in Geld aus. Eine Abgeltung soll nur im Ausnahmefall nach § 7 Abs. 4 BUrlG zulässig sein. Das ist dann der Fall, wenn der Urlaub auf Grund der Beendigung des Arbeitsverhältnisses nicht mehr genommen werden kann. Bei Beendigung des Arbeitsverhältnisses wandelt sich somit der bereits entstandene, aber noch nicht erfüllte Urlaubsanspruch in einen Abgeltungsanspruch des Mitarbeiters gegen den Arbeitgeber.[145]

3123   Aus besonderen Anlässen kann dem Mitarbeiter ein Anspruch auf Sonderurlaub zustehen. Ein derartiger Anspruch wird in der Regel ohne Fortzahlung des Entgelts gewährt. Die meisten Tarifverträge sehen entsprechende Regelung für Ereignisse wie die eigene Eheschließung oder den Tod eines nahen Angehörigen vor.

8. Freiwillige Leistungen

3124   In Anwendung des Gleichbehandlungsgrundsatzes auf die Gewährung freiwilliger Leistungen (z. B. Sonderzahlungen) durch den Arbeitgeber darf dieser keine Voraussetzungen

---

[141] BAG vom 28. 1. 1982 – 6 AZR 571/70 = AP BUrlG § 3 – Rechtsmissbrauch Nr. 11.
[142] EuGH vom 20. 1. 2009 – C-350/06 = NZA 2009, 135 („Schultz-Hoff").
[143] BAG vom 24. 3. 2009 – 9 AZR 983/07 = NZA 2009, 538.
[144] BAG vom 27. 1. 1987 – 8 AZR 579/84 = AP BUrlG § 13 Nr. 30.
[145] BAG vom 4. 5. 2010 – 9 AZR 183/09 = NZA 2010, 1011.

aufstellen, bei denen vergleichbare Mitarbeiter aus sachfremden Erwägungen schlechter gestellt werden. Liegt ein sachlicher Grund vor, darf der Arbeitgeber jedoch seinen Mitarbeitern Weihnachtsgeld in unterschiedlicher Höhe zahlen, solange es sich dabei um eine freiwillige Leistung handelt. Die Absicht einen bestimmten Mitarbeiter an das Unternehmen zu binden, kann nach Auffassung des BAG[146] ein zulässiges Differenzierungsmerkmal darstellen.

Stellt der Arbeitgeber die Gewährung einer zusätzlichen freiwilligen Leistung wirksam **3125** unter einen Freiwilligkeitsvorbehalt, steht es ihm frei darüber zu entscheiden, ob und unter welchen Voraussetzungen er gegenüber den Mitarbeitern die zusätzliche Leistung erbringt. Legt er seiner Entscheidung jedoch allgemeine, abstrakte Regelungen zu Grunde, ist er dennoch an den Gleichbehandlungsgrundsatz gebunden.[147]

a) Betriebliche Übung. Der Anspruch auf eine Sonderzahlung oder sonstige freiwillige **3126** Leistung kann durch betriebliche Übung entstehen. Unter der Betrieblichen Übung versteht man eine regelmäßig wiederholte gleichförmige zusätzliche Leistung ohne vertragliche Verpflichtung durch den Arbeitgeber, das zu einem rechtlichen Anspruch auf dieses Verhalten führt, ohne dass diese durch Gesetz, Tarifvertrag, Betriebsvereinbarung oder den Arbeitsvertrag festgelegt ist.[148] Maßgebend ist dabei, dass es sich um eine regelmäßige Wiederholung bestimmter Verhaltensweisen des Arbeitgebers handelt, aus denen die Mitarbeiter schließen können, dass ihnen die Leistung (oder sonstige Vergünstigung) auf Dauer gewährt werden soll.[149] Auf einen rechtsgeschäftlichen Willen des Arbeitgebers kommt es, anders als bei einer Gesamtzusage, nicht an.

Die betriebliche Übung ist gesetzlich nicht geregelt, aber gewohnheitsrechtlich im Wege **3127** ständiger Rechtsprechung anerkannt. Eine betriebliche Übung wird dann verbindlich, wenn sie **Bestandteil des Arbeitsvertrags** wird.[150] Maßgebend ist dabei, wie die Mitarbeiter das Verhalten des Arbeitgebers unter Berücksichtigung sämtlicher Umstände verstehen durfte. Das wiederholte gleichartige Handeln des Arbeitgebers wird dabei in der Regel als Angebot auf Änderung des Arbeitsvertrags angesehen, welches durch den Mitarbeiter angenommen werden muss. Zur Annahme kommt es durch die widerspruchslose Hinnahme der Leistung oder Vergünstigung durch den Mitarbeiter.[151] Gegenstand der betrieblichen Übung kann grundsätzlich alles sein, was auch Gegenstand des Arbeitsvertrags oder eines Tarifvertrags sein kann.

In der Praxis häufig vorkommende Beispiele einer betrieblichen Übung sind etwa: **3128**
– Zahlung von Weihnachts- oder Urlaubsgeld, Prämien, Gratifikationen oder Fahrtkostenzuschüssen sowie
– Regelungen zur Urlaubsanmeldung und -gewährung, zur Krankmeldung oder zu Pausen.

Folge einer betrieblichen Übung ist die Entstehung eines vertraglichen Anspruchs des **3129** Mitarbeiters gegen den Arbeitgeber auf die jeweilige Leistung.[152] Voraussetzung dafür ist, dass der Arbeitgeber mehrmals vorbehaltlos eine bestimmte Leistung oder Vergünstigung gewährt hat. Nicht klar bestimmbar ist, wie häufig oder wie lange eine bestimmte Leistung oder Vergünstigung gewährt worden sein muss. In der Regel wird ein dreimaliges, gleichförmiges vorbehaltloses Verhalten des Arbeitgebers als bindend angesehen. Dies legte das BAG etwa im Falle der Zahlung von Weihnachtsgeld fest.[153] Bei der Gewährung anderer Sozialleistungen ist diese Formel nicht uneingeschränkt anwendbar. Es kommt dabei maßgebend auf Art, Dauer und Intensität der Leistung an.[154]

---

[146] BAG vom 20. 1. 1994 – 2 AZR 521/93 = NZA 1994, 548; BAG vom 12. 10. 2005 – 10 AZR 640/04 = NZA 2005, 1418.
[147] BAG vom 28. 3. 2007 – 10 AZR 261/06 = NZA 2007, 687.
[148] BAG vom 16. 1. 2002 – 5 AZR 715/00 = NZA 2002, 632.
[149] BAG vom 14. 9. 1994 – 5 AZR 679/93 = NZA 1995, 419.
[150] BAG vom 16. 9. 1986 – GS 1/82 = NZA 1987, 168.
[151] BAG vom 31. 7. 2002 – 7 AZR 140/01 = NZA 2002, 1155.
[152] BAG vom 18. 9. 2002 – 1 AZR 477/01 = NZA 2003, 337.
[153] BAG vom 24. 1. 1956 – 3 AZR 14/53 = NJW 1956, 605.
[154] BAG vom 28. 7. 2004 – 10 AZR 19/04 = NJW 2004, 3652.

3130 Wird also über drei Jahre hinweg ohne Freiwilligkeitsvorbehalt ein Weihnachtsgeld vom Arbeitgeber gezahlt, hat der Mitarbeiter auch in den folgenden Jahren einen Anspruch auf eine entsprechende Zahlung. Anders ist es jedoch zu verstehen, wenn der Arbeitgeber klar zu erkennen gibt, dass er eine Leistung nur für ein bestimmtes Jahr gewähren möchte oder wenn das Weihnachtsgeld jeweils in unterschiedlicher Höhe ausgezahlt wird. Der Arbeitgeber kann die Leistung darüber hinaus auch ausdrücklich unter einen Freiwilligkeitsvorbehalt stellen. Dieser Vorbehalt muss klar und unmissverständlich formuliert sein. Ein bloßer Hinweis darauf, dass die Leistung freiwillig erfolgt, reicht nicht aus. Es bedarf stets des Zusatzes, dass auch bei wiederholter Zahlung kein Rechtsanspruch auf die Leistung entsteht. Der Vorbehalt kann durch Aushang im Betrieb, Rundschreiben oder Mitteilung gegenüber jedem einzelnen Mitarbeiter erfolgen.

3131 Eine betriebliche Übung kann auch eine für den Mitarbeiter nachteilige Regelung herbeiführen (sog. verschlechternde betriebliche Übung).

3132 Durch eine betriebliche Übung kann auch ein schriftlicher Arbeitsvertrag geändert werden. Diese Möglichkeit scheidet nur dann aus, wenn der Vertrag eine sog „doppelte Schriftformklausel" enthält, wonach Ergänzungen des Arbeitsvertrags der Schriftform bedürfen und eine mündliche Änderung des Schriftformerfordernisses unzulässig ist. In diesem Fall ist die Entstehung eines Anspruchs aus betrieblicher Übung ausgeschlossen.[155]

3133 Da die betriebliche Übung Bestandteil des Arbeitsvertrags ist, kann sie nicht durch einseitigen Widerruf, bloßes Einstellen der Leistung oder im Rahmen der Ausübung des Direktionsrechts durch den Arbeitgeber beseitigt werden. Sie kann nur durch einvernehmliche Regelung oder einer Änderungskündigung aufgehoben werden. Mit dem Urteil des BAG vom 28. 5. 2008 wurde zudem die Möglichkeit der Aufhebung einer betrieblichen Übung durch das Entstehen einer gegenläufigen betrieblichen Übung stark eingeschränkt.[156] Vor dieser Entscheidung wurde allgemein angenommen, dass die ursprüngliche betriebliche Übung dann einvernehmlich geändert wird, wenn der Mitarbeiter der neuen Vorgehensweise (z. B. der Arbeitgeber gewährt über einen Zeitraum von drei Jahren die zuvor regelmäßig gewährte Leistung nunmehr unter einen Freiwilligkeitsvorbehalt) über einen Zeitraum von drei Jahren nicht widerspricht.[157] Solche derart fingierten Erklärungen des Mitarbeiters sollen nunmehr grundsätzlich nicht wirksam sein. Ausnahmsweise soll dies entsprechend § 308 Nr. 5 BGB nur möglich sein, wenn eine Erklärungsfrist oder ein besonderer Hinweis gegenüber dem Mitarbeiter erklärt wurde.

3134 Gegenüber neu in den Betrieb eintretenden Mitarbeitern muss die Verbindlichkeit einer bestehenden betrieblichen Übung durch ausdrückliche Vereinbarung im Arbeitsvertrag ausgeschlossen werden, andernfalls gilt sie auch gegenüber ihnen.

3135 **b) Freiwilligkeitsvorbehalt.** Stellt der Arbeitgeber die Gewährung einer zusätzlichen freiwilligen Leistung unter einen **Freiwilligkeitsvorbehalt,** steht es ihm grundsätzlich frei, darüber zu entscheiden, ob und unter welchen Voraussetzungen er gegenüber den Mitarbeitern die zusätzliche Leistung erbringt. Dieser Vorbehalt muss grundsätzlich bei jeder erneuten Gewährung einer freiwilligen Leistung wiederholt werden. Durch einen wirksamen Freiwilligkeitsvorbehalt entsteht der Anspruch bereits nicht. Wird ein Freiwilligkeitsvorbehalt formularmäßig vereinbart, unterliegt er der Inhaltskontrolle nach §§ 307 ff. BGB. Es ist insbesondere das **Transparenzgebot** zu beachten. Dabei muss der fehlende Bindungswille für die Zukunft klar erkennbar sein. Die früher in der Praxis übliche Formulierung „Die Gewährung der Zulage/Sonderzahlung ist freiwillig und erfolgt unter dem Vorbehalt des jederzeitigen Widerrufs" ist nach aktueller Rechtsprechung des BAG[158] un-

---

[155] BAG vom 24. 6. 2003 – 9 AZR 302/02 = NZA 2003, 1145; BAG vom 20. 5. 2008 – 9 AZR 382/07 = NZA 2008, 1233.

[156] BAG vom 28. 5. 2008 – 10 AZR 274/07 = NZA 2008, 941.

[157] BAG vom 26. 3. 1997 – 10 AZR 612/96 = NZA 1997, 1007.

[158] BAG vom 8. 12. 2010 – 10 AZR 671/09 = NZA 2011, 626; BAG vom 14. 9. 2011 – 10 AZR 526/10 = NZA 2012, 81.

wirksam. Zudem darf der Freiwilligkeitsvorbehalt **nicht widersprüchlich** sein. Widersprüchlich ist eine Vertragsklausel beispielsweise dann, wenn ein Arbeitgeber einem Mitarbeiter in einem von ihm vorformulierten Arbeitsvertrag ausdrücklich zusagt, jedes Jahr ein Weihnachtsgeld zu zahlen und gleichzeitig die Zahlung des Weihnachtsgeldes in derselben oder in einer anderen Vertragsklausel an einen Freiwilligkeitsvorbehalt bindet.[159] Es darf demnach nicht der Anschein erweckt werden, es werde ein rechtsverbindlicher Anspruch eingeräumt.

Ein Arbeitnehmer wird auch dann unangemessen benachteiligt, wenn ein vertraglicher **3136** Freiwilligkeitsvorbehalt alle zukünftigen Leistungen unabhängig von ihrer Art und ihrem Entstehungsgrund erfasst.[160] Auch dies führt zur Unwirksamkeit der Regelung.

c) Widerrufsvorbehalt. Der Anspruch auf Gewährung freiwilliger Leistungen kann **3137** auch auf Grund eines Widerrufvorbehalts untergehen. Der Anspruch entsteht dann zwar zunächst, kann aber später durch Widerruf untergehen.

Ein formularmäßig vereinbarter Widerrufsvorbehalt unterliegt ebenso wie der Freiwil- **3138** ligkeitsvorbehalt der Inhaltskontrolle nach §§ 307 ff. BGB. Der formularmäßig vereinbarte Widerrufsvorbehalt darf den Mitarbeiter nicht über die Grenze des Zumutbaren hinaus belasten und muss in sich transparent und klar verständlich formuliert sein.[161]

Fraglich war in der Vergangenheit stets, welche Auswirkungen die Vereinbarung eines **3139** Widerrufsvorbehalts auf einen daneben geregelten Freiwilligkeitsvorbehalt hat.

Nach aktueller Rechtsprechung des BAG wird bei einer Verknüpfung von **Freiwillig-** **3140** **keitsvorbehalt** und **Widerrufsvorbehalt** in einem Arbeitsvertrag für den Mitarbeiter regelmäßig nicht hinreichend deutlich, dass trotz mehrfacher, ohne weitere Vorbehalte erfolgender Sonderzahlungen (Betriebliche Übung) ein Rechtsbindungswille des Arbeitgebers für die Zukunft nicht entstehen soll.[162] Zwar bekennt sich das BAG grundsätzlich zur Rechtsfigur des Freiwilligkeitsvorbehalts und ermöglicht dem Arbeitgeber damit, durch eine entsprechende einmalige Formulierung im Arbeitsvertrag die Entstehung eines Leistungsanspruchs im Wege der betrieblichen Übung zu verhindern. Gleichzeitig werden in dieser Entscheidung auch die Anforderungen, die an die Klarheit und Transparenz eines Freiwilligkeitsvorbehalts zu stellen sind, deutlich verschärft.

d) Ergebnis. Der Arbeitgeber kann somit im Hinblick auf die Gewährung freiwilliger **3141** Leistungen die Leistungsgewährung mit einem Freiwilligkeits- oder einem Widerrufsvorbehalt verbinden, um ein hohes Maß an Flexibilität zu erreichen. Der Freiwilligkeitsvorbehalt schließt das Entstehen eines Rechtsanspruchs von vornherein aus, der Widerrufsvorbehalt gibt dem Arbeitgeber die Möglichkeit, die Leistungszusage im Nachhinein unter bestimmten Voraussetzungen zu widerrufen. Auf Grund der geschilderten Unsicherheiten ist dem Arbeitgeber in der Praxis dazu zu raten, sich nicht auf einen bereits im Arbeitsvertrag geregelten – und ggf. nach Maßgabe der aktuellen Rechtsprechung nicht länger wirksamen – Vorbehalt zu verlassen. Um eine Anspruchsbegründung nach den Grundsätzen der betrieblichen Übung dennoch durch eine Formulierung im Arbeitsvertrag zu verhindern, sollte jede freiwillige Leistung stets mit einem **klar formulierten Freiwilligkeitsvorbehalt ohne Widerrufsvorbehalt** geregelt werden. Es sollte also konkret darauf hingewiesen werden, dass

– geldwerte Leistungen, zu denen der Arbeitgeber nicht verpflichtet ist, ohne Anerkennung einer Rechtspflicht erbracht werden,
– aus der Erbringung solcher geldwerten Leistungen keine Rechtsansprüche für die Zukunft hergeleitet werden können,

---

[159] BAG vom 10. 12. 2008 – 10 AZR 1/08 = NZA 2009, 1375.
[160] BAG vom 14. 9. 2011 – 10 AZR 526/10 = NZA 2012, 81; LAG Hamm vom 20. 10. 2011 – 8 Sa 463/11.
[161] ErfK/*Preis* § 310 BGB Rn. 57 ff.
[162] BAG vom 8. 12. 2010 – 10 AZR 671/09 = NZA 2011, 626; BAG vom 14. 9. 2011 – 10 AZR 526/10 = NZA 2012, 81.

– dies auch dann gilt, wenn die Leistung mehrfach und ohne ausdrücklichen Hinweis darauf erfolgt, dass aus der Leistung Rechtsansprüche für die Zukunft nicht entstehen können und
– Individualabreden weiterhin Vorrang genießen.

II. Besonders geschützte Personengruppen

1. Schwerbehinderte Mitarbeiter

3142 Schwerbehindert im Sinne des Gesetzes ist nach § 2 Abs. 2 SGB IX eine Person, bei der ein Grad der Schwerbehinderung von mindestens 50 anerkannt wurde. Schwerbehinderte Menschen erhalten insbesondere im Arbeitsleben von Gesetzes wegen einen besonderen Schutz.

3143 Um die berufliche Integration schwerbehinderter Menschen zu gewährleisten bzw. zu verbessern, besteht nach § 71 SGB IX eine Beschäftigungspflicht aller öffentlichen und privaten Arbeitgeber, die jahresdurchschnittlich mindestens 20 Arbeitsplätzen besetzen. Schwerbehinderte Menschen müssen 5% aller Arbeitsplätze im Unternehmen besetzen. Die Vorschrift gewährt dem Bewerber jedoch keinen individualrechtlichen Einstellungsanspruch gegenüber dem Arbeitgeber.[163] Wird diese **Pflichtquote** nicht erfüllt, muss der Arbeitgeber eine Ausgleichsabgabe entrichten, deren Höhe u.a. davon abhängt, in welchem Umfang die Quote verfehlt wurde (vgl. § 77 Abs. 2 SGB IX).

3144 Im Hinblick auf die Einstellung schwerbehinderter Mitarbeiter erlegt § 81 SGB IX dem Arbeitgeber verschiedene Pflichten auf. So muss der Arbeitgeber stets prüfen, ob freie Arbeitsplätze mit schwerbehinderten Menschen besetzt werden können. Dabei hat er zwingend die Schwerbehindertenvertretung und den Betriebsrat anzuhören. Jede Bewerbung eines Schwerbehinderten ist der Schwerbehindertenvertretung mitzuteilen. Bei Vorstellungsgesprächen eines Schwerbehinderten hat die Schwerbehindertenvertretung zudem ein Teilnahmerecht.

3145 Gemäß § 81 Abs. 2 SGB IX i.V.m. den Bestimmungen des AGG gilt ein umfassendes Diskriminierungsverbot im Hinblick auf die Schwerbehinderteneigenschaft. Nach § 81 Abs. 3 SGB IX soll der Arbeitgeber einem schwerbehinderten Mitarbeiter nach seinen Möglichkeiten, einen behindertengerechten Arbeitsplatz zur Verfügung stellen. Weitere individuelle Ansprüche des schwerbehinderten Mitarbeiters gegen seinen Arbeitgeber ergeben sich aus § 84 Abs. 4 SGB IX.

3146 Schwerbehinderte und diesen Gleichgestellte (vgl. § 2 Abs. 3 SGB IX) müssen gegen ihren Willen **keine Mehrarbeit** leisten. Sie können verlangen, von der Arbeit, die über eine werktägliche Arbeitszeit von acht Stunden hinausgeht, freigestellt zu werden (vgl. § 124 SGB IX).[164] Der schwerbehinderte Mitarbeiter hat zudem einen Anspruch auf Teilzeitarbeit, wenn die kürzere Arbeitszeit wegen Art oder Schwere der Behinderung notwendig ist.[165]

3147 Nach § 83 SGB IX besteht eine Verpflichtung des Arbeitgebers zum Abschluss einer Integrationsvereinbarung mit der Schwerbehindertenvertretung und dem Betriebsrat. Darin können konkrete Maßnahmen und Ziele vereinbart werden, die der behindertengerechten Beschäftigung und der Verbesserung der Aufstiegschancen schwerbehinderter Menschen dienen. Zudem sieht § 84 SGB IX verschiedene präventive Maßnahmen sowohl für schwerbehinderte, als auch für alle anderen Mitarbeiter vor (insbesondere die Durchführung von Gesprächen zur beruflichen Wiedereingliederung nach Krankheit).

3148 Auch im Hinblick auf die Beschäftigungssicherung schwerbehinderter Mitarbeiter bestehen spezielle Schutzvorschriften. So steht einem Schwerbehinderten nach § 86 SGB IX

---

[163] ErfK/*Rolfs* § 71 SGB IX Rn. 1.
[164] BeckOK/*Kock* ArbZG § 3 Rn. 14.
[165] BAG vom 14. 10. 2003 – 9 AZR 100/03 = NZA 2004, 614.

eine Kündigungsfrist von mindestens vier Wochen zu. Eine Abweichung von dieser Regel zu Lasten des Mitarbeiters ist ausgeschlossen.[166] Von besonderer Bedeutung im Zusammenhang mit der Beendigung des Arbeitsverhältnisses ist der besondere Kündigungsschutz nach §§ 85 bis 92 SGB IX. Er kommt allen schwerbehinderten Mitarbeitern und allen als schwerbehindert anerkannten oder einem schwerbehinderten Menschen gleichgestellten Mitarbeitern zu Gute. Danach besteht ein „Kündigungsverbot mit behördlichem Erlaubnisvorbehalt". Beabsichtigt der Arbeitgeber, einen der genannten Mitarbeiter zu kündigen, so ist die Kündigung von der Zustimmung des Integrationsamts abhängig. Ohne die behördliche Feststellung der Gleichstellung kommt einem Mitarbeiter der Sonderkündigungsschutz jedoch nicht zu Gute. Da die Feststellung der Gleichstellung stets rückwirkend auf den Zeitpunkt der Antragstellung erfolgt, ist eine Kündigung, die zwar vor der amtlichen Feststellung, aber nach dem im Bescheid festgelegten Zeitpunkt erfolgt, unwirksam, wenn nicht der Arbeitgeber die behördliche Zustimmung eingeholt hat.[167] Da der Arbeitgeber zu diesem Zeitpunkt jedoch noch nichts von dem laufenden Antragsverfahren wissen konnte, liegt eine solche Zustimmung regelmäßig nicht vor.[168]

Wie der Kündigungsschutz nach dem KSchG greift auch der Kündigungsschutz nach dem SGB IX ebenfalls erst nach Ablauf einer Wartezeit von sechs Monaten. **3149**

2. Schutz der Schwangeren und der stillenden Mütter/Elternzeit

Nach § 9 MuSchG ist die Kündigung gegenüber einer Frau während der Schwangerschaft und **bis zum Ablauf von 4 Monaten nach der Entbindung unzulässig,** wenn dem Arbeitgeber zur Zeit der Kündigung die Schwangerschaft oder die Entbindung bekannt war oder innerhalb von 2 Wochen nach Zugang der Kündigung mitgeteilt wird. **3150**

Entsprechend der Regelung zum Schutz von schwerbehinderten Mitarbeitern steht dieses Kündigungsverbot unter Erlaubnisvorbehalt. Die für den Arbeitsschutz zuständige Behörde kann die Kündigung auf Antrag des Arbeitgebers für zulässig erklären, wenn die kündigungsbegründenden Umstände nicht mit der schwangerschaftsbedingte Lage der Frau im Zusammenhang stehen.[169] Auch während der **Elternzeit** besteht ein besonderer Kündigungsschutz nach § 18 BEEG. **3151**

Im bestehenden Arbeitsverhältnis gelten für Schwangere und stillende Mütter zudem Beschäftigungsverbote nach §§ 3, 4, 6 MuSchG und der MuSchV sowie weitere Schutzvorschriften. Dazu gehören etwa das Verbot der Mehrarbeit, sowie der Arbeit an Sonn- und Feiertagen (§ 8 MuSchG) oder die Einräumung der erforderlichen Zeiten zum Stillen des Kindes. Zudem sind nach § 2 MuSchG die zum Schutz von Leben und Gesundheit der werdenden oder stillenden Mutter erforderliche Vorkehrungen und Maßnahmen im Hinblick auf die Gestaltung des Arbeitsplatzes zu treffen. Auch muss für ausreichende Gelegenheit zur Ruhe und Erholung gesorgt werden. Für Zeiten, in denen ein Beschäftigungsverbot gilt, behält die Schwangere oder die stillende Mutter ihren Anspruch auf Entgeltzahlung (vgl. § 11 MuSchG). **3152**

3. Schutz von Kindern, Jugendlichen und Auszubildenden

Das JArbSchG gilt für die unter § 1 fallenden Personen und Beschäftigungsarten. Es enthält verschiedene zwingende Vorschriften, die dem Schutz von Kindern und Jugendlichen im Arbeitsleben dienen. So gibt es Vorschriften über Höchstarbeitszeiten (§ 8 JArbSchG), Ruhepausen und Freizeiten (§§ 11, 13 JArbSchG), Beschäftigungsverbote und Beschäftigungsbeschränkungen (§§ 22 bis 25 JArbSchG). § 9 JArbSchG bestimmt, dass der Berufsschule und der medizinische Vorsorge Vorrang vor der Arbeitsleistung einzuräumen ist. **3153**

---

[166] MünchArbR/*Wank* § 97 Rn. 88.
[167] MünchArbR/*Berkowsky* § 136 Rn. 7.
[168] BAG vom 1. 3. 2007 – 2 AZR 217/06 = NZA 2008, 302.
[169] MünchArbR/*Berkowsky* § 136 Rn. 3.

3154 **Kinderarbeit** ist grundsätzlich verboten (vgl. § 5 JArbSchG). Kind ist nach § 2 Abs. 1 JArbSchG, wer keine 15 Jahre alt ist. Bestimmte abschließend normierte Ausnahmen von dem Verbot enthält die Verordnung über den Kinderarbeitsschutz. Zulässig sind hiernach z. B. das Austragen von Zeitungen oder Nachhilfeunterricht.

3155 Nach § 6 JArbSchG sind für Veranstaltungen behördliche Ausnahmen möglich, etwa Theater- oder Musikaufführungen.

3156 **Jugendliche** (Personen, die unter 18 aber mindestens 15 Jahre alt sind) dürfen nach Maßgabe der §§ 9 ff. JArbSchG beschäftigt werden. Zu erwähnen sind die Beschäftigungsverbote bei gefährlichen Arbeiten (§ 22 JArbSchG), Beschäftigungsbeschränkungen hinsichtlich Akkordarbeit und bei tempoabhängigen Arbeiten (§ 23 JArbSchG), das Verbot von Arbeiten unter Tage (§ 24 JArbSchG) sowie das Verbot der Beschäftigung durch bestimmte Personen (§ 25 JArbSchG).

3157 Ein in das Berufsleben eintretender Jugendlicher darf nur beschäftigt werden, wenn er innerhalb der letzten 14 Monate von einem Arzt untersucht wurde und dem Arbeitgeber eine hierüber ausgestellte Bescheinigung vorgelegt wird (§ 32 Abs. 1 JArbSchG). Die innerhalb eines Jahres nach Aufnahme der ersten Beschäftigung vorgesehene Nachuntersuchung ist in § 33 JArbSchG geregelt.

3158 Besondere Fürsorgepflichten gelten zudem bei der Einrichtung und Unterhaltung der Arbeitsstätte bei der Beschäftigung von Jugendlichen. Der Arbeitgeber ist verpflichtet, den Jugendlichen auf bestehende Unfall- und Gesundheitsgefahren hinzuweisen und ihn entsprechend zu unterweisen (vgl. § 29 Abs. 1 JArbSchG).

4. Schutz für pflegende Familienangehörige

3159 Nach § 1 PflegeZG ist „Ziel des Gesetzes, Beschäftigten die Möglichkeit zu eröffnen, pflegebedürftige nahe Angehörige in häuslicher Umgebung zu pflegen und damit die Vereinbarkeit von Beruf und familiärer Pflege zu verbessern."

3160 § 2 PflegeZG regelt eine akut auftretende Pflegesituation und ermöglicht dem betroffenen Beschäftigten im Wege einer kurzzeitigen Arbeitsbefreiung, eine bedarfsgerechte Pflege zu organisieren. Dem gegenüber gewährt § 3 PflegeZG einen Anspruch auf eine vollständige oder teilweise Freistellung von der Arbeitsleistung zur Pflege eines nahen Angehörigen in häuslicher Umgebung (Pflegezeit). Deren Dauer bestimmt sich nach § 4 PflegeZG.

3161 Mit § 5 PflegeZG ist auch für Beschäftigte in Pflegezeit eine besondere Bestandssicherung festgeschrieben (besonderer Kündigungsschutz). § 6 PflegeZG ergänzt § 14 TzBfG um einen weiteren sachlichen Grund für eine Befristung.[170]

3162 Die Vorschriften des PflegeZG sind wie die anderen, dem Schutze bestimmter Mitarbeitergruppen dienenden Vorschriften unabdingbar. Zulasten der Beschäftigten darf nicht von ihnen abgewichen werden.

III. Mitarbeiterkontrollen

3163 Die Kontrolle der Arbeitsabläufe und -ergebnisse eines Mitarbeiters durch den Arbeitgeber ist grundsätzlich zulässig.[171] Weitergehende Überwachungen wie Torkontrollen, Leibesvisitationen, Video- oder Telefonüberwachung bedürfen grundsätzlich der Zustimmung des Mitarbeiters. Davon ist in der Regel auszugehen, wenn die konkrete Tätigkeit in einem einer besonderen Geheimhaltungspflicht unterliegenden Bereich ausgeübt wird und bereits das Betreten und Verlassen des Bereichs mit Torkontrollen verbunden ist. Auch, wenn der

---

[170] ErfK/*Gallner* § 6 PflegeZG Rn. 1.
[171] BAG vom 26. 3. 1991 – 1 ABR 26/90 = NZA 1991, 729.

Arbeitsplatz auf Grund des allgemeinen gesteigerten Sicherheitsbedürfnisses mit einer Überwachungskamera ausgestattet wird, kann eine entsprechende Überwachung zulässig sein. Die Überwachung eines Telefongesprächs des Mitarbeiters stellt jedoch stets einen Eingriff in dessen Grundrecht aus Art. 2 Abs. 2 GG dar. Ausnahmsweise, bei Vorliegen eines konkreten Anlasses, kann eine derartige Kontrolle oder Überwachung auch ohne vorherige Zustimmung des Mitarbeiters erfolgen.

Zu beachten ist, dass bei Bestehen eines Betriebs- oder Personalrates auch bei Vorliegen **3164** dringender betrieblicher Erfordernisse Überwachungsmaßnahmen i. S. v. § 87 Abs. 1 Nr. 1 BetrVG der Zustimmung des Betriebsrats bedürfen. Soll jedoch nicht das Ordnungsverhalten des Mitarbeiters, sondern das Arbeitsverhalten kontrolliert werden, bedarf es der Zustimmung des Betriebsrates mit Ausnahme von § 87 Abs. 1 Nr. 6 BetrVG nicht.[172]

Der Mitarbeiter ist weder aufgrund seiner arbeitsvertraglichen Haupt- noch seiner Ne- **3165** benpflichten zur Duldung einer **Telefonüberwachung,** wie etwa durch Abhören und Aufzeichnen des Inhalts von Telefongesprächen, verpflichtet.[173] Nach § 28 Abs. 2 Nr. 1, 2 BDSG ist jedoch die automatische Erfassung der Verbindungsdaten (Datum, Uhrzeit, Anfangsziffern der Zielnummer) zulässig.[174] Durch eine entsprechende Regelung im Arbeitsvertrag kann eine weitergehende Duldungsverpflichtung festgelegt werden. Es sind jedoch die Mitbestimmungsrechte des Betriebsrats nach § 87 Abs. 1 Nr. 6 BetrVG zu beachten.[175] Auch eine Erweiterung im Wege einer Betriebsvereinbarung ist möglich. Von derartigen Regelungen ist zum Schutze des Rechts auf informationelle Selbstbestimmung jedoch nur zurückhaltend und unter besonderer Abwägung der jeweiligen Interessen Gebrauch zu machen. Für die Duldung einer Überwachung von E-Mails gelten die gleichen Schranken wie für die Telefonüberwachung.

Aus denselben Erwägungen ist auch eine Verpflichtung hinsichtlich der Duldung einer ge- **3166** nerellen **Videoüberwachung** abzulehnen. Eine Regelung durch Betriebsvereinbarung ist ebenfalls möglich (vgl. auch § 87 Abs. 1 Nr. 6 BetrVG). Aus Gründen der Interessenabwägung ist eine verdachtsunabhängige, rein präventive Inbetriebnahme einer Überwachungskamera im Innenbereich grundsätzlich unzulässig. Nach Ansicht des BAG ist eine anlassbezogene punktuelle Überwachung jedoch verhältnismäßig und damit zulässig.[176] Bei einer Videoüberwachung in öffentlich zugänglichen Räumen ist zudem § 6b Abs. 5 BDSG zu beachten. Die auf diesem Wege erlangten Daten sind demnach unverzüglich zu löschen, wenn sie zur Erreichung des Zwecks nicht mehr erforderlich sind.[177] Diese Erwägungen gelten grundsätzlich für die offene und die heimliche Videoüberwachung. Dabei sollten bei der heimlichen Videoüberwachung jedoch besondere Maßstäbe angesetzt werden. Es sollte stets ein bestimmter, hinreichend **begründeter Verdacht** bestehen. Andere Möglichkeiten der Aufklärung (etwa von Diebstählen) dürfen nicht gegeben sein. Es ist stets zu prüfen, ob derselbe Zweck nicht auch durch eine offene Videoüberwachung erreicht werden kann.[178] In jedem Falle bedarf die Installation solcher Kameras der **Zustimmung des Betriebsrates nach** § 87 Abs. 1 Nr. 6 BetrVG.[179] Liegt diese oder deren arbeitsgerichtliche Ersetzung nicht vor, sind dennoch gemachte Aufnahmen in einem (Kündigungsschutz-)Prozess nicht zu verwerten.[180]

Die private Nutzung des dienstlichen Internetanschlusses durch den Mitarbeiter ist ohne **3167** besonderes Verbot grundsätzlich kein pflichtwidriges Verhalten, sofern dadurch nicht die Pflicht zur Arbeitsleistung verletzt wird.[181] Sollten dem Arbeitgeber durch die private Nut-

---

[172] BAG vom 26. 3. 1991 – 1 ABR 26/90 = NZA 1991, 729.
[173] BAG vom 29. 10. 1997 – 5 AZR 508/96 = AP BGB § 611 Persönlichkeitsrecht Nr. 27.
[174] *Mengel* BB 2004, 1445 ff.
[175] MünchArbR/*Reichold* § 49 Rn. 33.
[176] BAG vom 14. 11. 2006 – 1 ABR 4/06 = AP BetrVG 1972 § 87 Überwachung Nr. 43.
[177] BAG vom 26. 8. 2008 – 1 ABR 16/07 = NZA 2008, 1187.
[178] MünchArbR/*Berkowsky* § 132 Rn. 21.
[179] BAG vom 21. 6. 2012 – 2 AZR 153/11 = NJW 2012, 3594.
[180] *Röckl/Fahl* NZA 1998, 1035, 1038.
[181] BAG vom 31. 5. 2007 – 2 AZR 200/06 = NZA 2007, 922.

zung (Mehr-)Kosten entstehen, sind diese vom Mitarbeiter zu erstatten. Etwas anderes gilt nach Auffassung des BAG jedoch dann, wenn der Mitarbeiter das Internet während der Arbeitszeit in erheblichem zeitlichem Umfang privat nutzt.[182] Er kann dabei regelmäßig nicht darauf vertrauen, dass der Arbeitgeber dieses Verhalten dulden werde. Wenn es um die Frage geht, in welcher Weise die Gestattung der Privatnutzung von Internet und E-Mail geschehen soll, kommt ein Mitbestimmungsrecht nach § 87 Abs. 1 Nr. 1 BetrVG in Betracht; soweit es um die Frage geht, ob eine Privatnutzung überhaupt gestattet wird, kann der Arbeitgeber mitbestimmungsfrei entscheiden.[183]

3168   Zur Aufrechterhaltung der Ordnung im Betrieb sind Tor- und Taschenkontrollen möglich. Die Kontrollen können durch Tarifvertrag, Betriebsvereinbarung oder einzelvertragliche Regelung eingeführt werden. In der Regel ist auf Branchen- oder zumindest Betriebsüblichkeit abzustellen. Von der Durchführung der Torkontrolle müssen alle Mitarbeiter gleichmäßig betroffen werden. Werden nur bestimmte Mitarbeiter kontrolliert, muss die Auswahl sachlich begründet werden. Bei objektiv bestehendem konkretem Verdacht einer Straftat ist davon auszugehen, ebenso bei Betrieben, bei denen die ernsthafte Gefahr der Begehung von Straftaten wegen der Art des Betriebs (etwa wertvolle Waren) besteht. Es ist jedoch stets eine sorgfältig Abwägung der gegenläufigen Interessen vorzunehmen. In Betrieben, in denen ein Betriebsrat besteht, steht diesem nach § 87 Abs. 1 Nr. 1 BetrVG ein Mitbestimmungsrecht zu.

IV. Arbeitnehmerhaftung

1. Haftung gegenüber dem Arbeitgeber

3169   Der Arbeitnehmer haftet gegenüber dem Arbeitgeber wegen einer Pflichtverletzung oder einer unerlaubten Handlung auf Ersatz des entstandenen Schadens nach Maßgabe der §§ 280 Abs. 1, 823 ff. BGB, wenn er gegen seine arbeitsvertraglichen Pflichten verstößt, eines der in § 823 BGB absolut geschützten Rechtsgüter oder ein Schutzgesetzt verletzt.

3170   Der Arbeitnehmer haftet für vorsätzliches und fahrlässiges Handeln (vgl. § 276 Abs. 1 BGB). Nach ständiger Rechtsprechung kommen dem Arbeitnehmer jedoch, abhängig vom Grad seines Verschuldens, Haftungsbeschränkungen zu Gute. Dies gilt für alle Tätigkeiten, die durch den Betrieb veranlasst sind und auf Grund eines Arbeitsverhältnisses geleistet werden. Betrieblich veranlasst sind all die Tätigkeiten, die dem Mitarbeiter **arbeitsvertraglich** übertragen worden sind oder die der Arbeitnehmer im Interesse des Arbeitgebers für den Betrieb ausführt.[184] Voraussetzung ist ein räumlicher und zeitlicher Zusammenhang. Sofern die Handlung, die zu dem Schadensereignis führt, auf einem eigenständigen Entschluss des Arbeitnehmers beruht und in dessen privatem Interesse liegt, fehlt es an einer betrieblich veranlassten Tätigkeit.[185] Es werden somit solche Handlungen nicht erfasst, für die das Arbeitsverhältnis lediglich die Gelegenheit bietet. Das Haftungsprivileg kommt dem Arbeitnehmer auch dann zu Gute, wenn er zwar eine Tätigkeit mit betrieblichem Bezug wahrnimmt, damit jedoch gegen Anweisungen des Arbeitgebers verstößt.[186]

3171   Die Schadensaufteilung des eingetretenen Schadens zwischen dem Arbeitnehmer und dem Arbeitgeber ist abhängig von dem jeweiligen Grad des Verschuldens (leichte Fahrlässigkeit, mittlere Fahrlässigkeit, grobe Fahrlässigkeit, Vorsatz).[187] Sie wird mit dem Ziel vorgenommen, eine risikogerechte Verteilung der Haftung zu gewährleisten und das Betriebs- und Organisationsrisiko nicht dem Arbeitnehmer aufzuerlegen.

---

[182] BAG vom 7. 7. 2005 – 2 AZR 581/04 = NZA 2006, 98.

[183] LAG Hamm vom 10. 8. 2006 – 8 Sa 68/06 = NZA-RR 2007, 20.

[184] BAG vom 28. 10. 2010 – 8 AZR 418/09 = NZA 2011, 345.

[185] BAG vom 18. 4. 2002 – 8 AZR 348/01 = AP BGB § 611 Haftung des Arbeitnehmers Nr. 122.

[186] ErfK/*Preis* BGB § 619a Rn. 12.

[187] BAG Großer Senat vom 27. 9. 1994 – GS 1/89 (A) = NZA 1994, 1083.

Im Falle von leicht fahrlässigem Handeln des Mitarbeiters entfällt die Haftung vollstän- **3172** dig. Pflichtverletzungen, die auf leichter Fahrlässigkeit beruhen, sind Fälle, die auch bei sorgfältiger Arbeit jedermann passieren können. Es hat sich also das „reine" Betriebsrisiko realisiert, so dass der vollständige Wegfall der Haftung gerechtfertigt ist.

Die volle Haftung bleibt bestehen, wenn der Mitarbeiter vorsätzlich handelte. Jedwede **3173** Schadensteilung scheidet dabei aus. Vorsätzliches Handeln liegt vor, wenn der Mitarbeiter sowohl die Pflichtverletzung, als auch den Schadenseintritt zumindest als möglich vorhersieht und ihn für den Fall seines Eintritts billigend in Kauf nimmt (dolus eventualis – bedingter Vorsatz).[188] Dies gilt in der Regel auch für grob fahrlässiges Handeln es sei denn, die Schadenshöhe steht außer Verhältnis zu dem Entgelt des Mitarbeiters, so dass die Annahme der vollen Haftung existenzgefährdende Auswirkungen hätte. Grob fahrlässig handelt, wer die im Verkehr erforderliche Sorgfalt in besonders schwerem Maße verletzt und dabei dasjenige außer Acht lässt, das jedem anderen in der konkreten Situation hätte einleuchten müssen.[189] Dabei kommt es auch auf die individuellen Fähigkeiten und Kenntnisse des Mitarbeiters an.[190] Eine Quotelung soll jedoch dann nicht vorgesehen sein, wenn der entstandene Schaden ein Monatsgehalt nicht wesentlich übersteigt. Dem gegenüber soll nach Auffassung der Rechtsprechung dann eher von einer Schadensteilung auszugehen sein, wenn der Schaden über einen Betrag von 55 000,– EUR oder sogar ein Jahresgehalt hinausgeht.[191] Eine Begrenzung der Haftung auf einen Höchstbetrag, etwa ein Monatsgehalt des Mitarbeiters, wird von der Rechtsprechung abgelehnt.[192]

Bei mittlerer Fahrlässigkeit (vgl. § 276 Abs. 2 BGB) findet eine Schadensteilung zwi- **3174** schen Mitarbeiter und Arbeitgeber nach Abwägung aller Umstände des Einzelfalles statt. Fahrlässigkeit liegt vor, wenn der Mitarbeiter die im Verkehr erforderliche Sorgfalt außer Acht lässt. Dabei gilt ein objektivierter Verschuldensbegriff. Zu diesem Zwecke wird eine Haftungsquote gebildet. Zu den zu berücksichtigenden Umständen zählen nach der Grundsatzentscheidung des Großen Senats des BAG vom 27. 9. 1994:[193]
– Verschuldensgrad,
– Gefahrgeneigtheit der Tätigkeit,
– Schadenshöhe,
– Versicherbarkeit des Risikos,
– Betriebliche Stellung des Mitarbeiters,
– Höhe des Entgelts (**nicht** als absolute Höchstgrenze),
– Persönliche Verhältnisse des Mitarbeiters (Dauer der Betriebszugehörigkeit, Lebensalter, Familienverhältnisse, bisheriges Verhalten im Betrieb).[194]

Da sich die Rechtsprechung jedoch nicht auf bestimmte Kriterien beschränkt, sind **3175** grundsätzlich sämtliche Umstände des Einzelfalles von Bedeutung.

Bei einer Abwägung zugunsten des Mitarbeiters kann eine von dem Arbeitgeber abge- **3176** schlossene oder in der Regel abzuschließende Versicherung u. U. berücksichtigt werden. Der Abschluss einer Versicherung, zu der keine gesetzliche Verpflichtung besteht, hat nach Auffassung der Rechtsprechung keinen Einfluss auf die Anwendbarkeit des innerbetrieblichen Schadensausgleichs. Es verbleibt bei dem Grundsatz, dass die Versicherung der Haftung folgt. Ist eine bestimmte Versicherung zugunsten des Mitarbeiters abgeschlossen, die **gesetzlich vorgeschrieben** ist, gelten die **Haftungsbeschränkungen nicht.** Der Gesetzgeber hat durch die Anordnung einer Versicherungspflicht die Risikoverteilung abschließend geregelt.[195]

---

[188] BAG vom 9. 11. 1967 – 5 AZR 147/67 = AP VVG § 67 Nr. 1.
[189] BAG vom 28. 10. 2010 – 8 AZR 418/09 = NZA 2011, 345.
[190] BAG vom 4. 5. 2006 – 8 AZR 311/05 = NZA 2006, 1428.
[191] BAG vom 12. 10. 1989 – 8 AZR 276/88 = AP BGB § 611 Haftung des Arbeitnehmers Nr. 97.
[192] BAG vom 23. 1. 1997 – 8 AZR 893/95 = NZA 1998, 140.
[193] BAG Großer Senat vom 27. 9. 1994 – GS 1/89 (A) = NZA 1994, 1083.
[194] BAG vom 18. 1. 2007 – 8 AZR 250/06 = NZA 2007, 1230.
[195] BAG vom 25. 9. 1997 – 8 AZR 288/96 = AP BGB § 611 Haftung des Arbeitnehmers Nr. 111.

2. Haftung gegenüber Arbeitskollegen und Dritten

3177   Für Schäden, die der Mitarbeiter gegenüber seinem Arbeitskollegen oder einem Dritten verursacht, haftet er nach allgemeinen haftungsrechtlichen Grundsätzen, insbesondere nach § 823 BGB, da in der Regel keine vertragliche Sonderbeziehung zwischen den Betroffenen bestehen wird. Auch wenn auf Grund des Arbeitsvertrags bestimmte Schutzpflichten gegenüber fremdem Eigentum bestehen, ergibt sich daraus keine vertragliche Haftung gegenüber Dritten.[196] Eine Beschränkung der Haftung, ähnlich der gegenüber dem Arbeitgeber findet nicht statt. Der Mitarbeiter haftet also unbeschränkt bereits bei leichter Fahrlässigkeit.

3178   Verursacht der Mitarbeiter einen Schaden bei einem Dritten in Folge einer betrieblich veranlassten Tätigkeit, kann ihm – abhängig vom Verschuldensgrad – ein Ersatz- oder **Freistellungsanspruch** gegen den Arbeitgeber zustehen.[197] Anspruchsgrundlage für einen solchen Anspruch ist entweder die Fürsorgepflicht des Arbeitgebers aus dem Arbeitsvertrag[198] oder §§ 670, 257 BGB.[199] Im Außenverhältnis bleibt es jedoch bei einer vollen Haftung. Das hat zur Folge, dass der Mitarbeiter im Falle der Insolvenz des Arbeitgebers in voller Höhe für den Schaden aufkommen muss. Das Insolvenzrisiko darf nicht auf den Dritten abgewälzt werden.

3179   Der Dritte kann den Freistellungsanspruch des Mitarbeiters gegen den Arbeitgeber auch pfänden und in Folge dessen einen Zahlungsanspruch gegen diesen geltend machen. Auch eine Abtretung des Freistellungsanspruchs an den Dritten ist möglich. Der Freistellungsanspruch wandelt sich bei Abtretung oder Pfändung in einen Ersatz- oder Erstattungsanspruch.[200] Haftet auch der Arbeitgeber aus § 831 BGB, so haften Mitarbeiter und Arbeitgeber als Gesamtschuldner nach § 840 BGB.

3. Haftung für Personenschäden

3180   Die §§ 104 ff. SGB VII erweitern die Haftungsprivilegierung des Arbeitgebers gegenüber Mitarbeitern, die auf Grund eines Arbeitsunfalls zu Schaden gekommen sind, auf die Fälle, bei denen ein Mitarbeiter einen Arbeitskollegen am Arbeitsplatz geschädigt hat. Nach § 105 SGB VII haftet der Mitarbeiter nicht für Personenschäden- und Schmerzensgeldansprüche, die durch einen Arbeitsunfall verursacht wurden. Dieser Haftungsausschluss greift nur dann nicht, wenn der Mitarbeiter den Arbeitsunfall vorsätzlich verursacht hat oder eine Teilnahme am allgemeinen Verkehr vorgelegen hat.

3181   Die Vorschrift ist auch auf betriebsfremde Personen anwendbar, wenn diese in den Betrieb des Geschädigten eingegliedert sind. Eine solche Eingliederung liegt vor, wenn die Tätigkeit dazu bestimmt ist, die Zwecke des Betriebs zu fördern und der Arbeitgeber des geschädigten Mitarbeiters gegenüber der betriebsfremden Person weisungsgebunden ist.[201] Kommt der Arbeitgeber oder ein Mitarbeiter zu Schaden, erhält er einen Anspruch gegen den zuständigen Träger der gesetzlichen Unfallversicherung.

3182   Die Mitarbeiter haften untereinander somit nur für Sachschäden oder vorsätzliche Personenschäden. Im Hinblick auf Sachschäden steht dem Mitarbeiter gegenüber dem Arbeitgeber ein innerbetrieblicher Freistellungsanspruch, abhängig von den jeweiligen Verschuldensanteilen bzw. dem Betriebsrisiko zu.

3183   Sofern es sich um einen Arbeitsunfall nach § 8 Abs. 1 SGB VII oder um einen diesem gleichgestellten Unfall nach § 8 Abs. 2 SGB VII handelt, haftet der Arbeitgeber gegenüber einem geschädigten Mitarbeiter für Personenschäden nur eingeschränkt nach § 104

---

[196] BGH vom 19. 9. 1989 – VI ZR 349/99 = AP BGB § 611 Haftung des Arbeitnehmers Nr. 99.
[197] BAG vom 25. 9. 1997 – 8 AZR 288/96 = NZA 1998, 310.
[198] BAG vom 23. 6. 1988 – 8 AZR 300/85 = NZA 1989, 181.
[199] Erfk/*Preis* § 619a BGB Rn. 26.
[200] BAG vom 18. 1. 1966 – 1 AZR 247/63 = AP BGB § 611 Haftung des Arbeitnehmers Nr. 37.
[201] BAG vom 23. 2. 1978 – 3 AZR 695/76 = AP RVO § 637 Nr. 9.

SGB VII. Dem Mitarbeiter stehen entsprechende Ansprüche gegen den Träger der gesetzlichen Unfallversicherung zu. Für Sachschäden haftet der Arbeitgeber gegenüber seinen Mitarbeitern uneingeschränkt.

V. Arbeitnehmerdatenschutz

Im Zeitalter von E-Mail-Kommunikation und Sozialen Netzwerken im Internet steigt **3184** die Notwendigkeit, die eigenen persönlichen Daten besser zu schützen. Auch die Fähigkeiten und Interessen der Arbeitgeber, an einer schnellen und effizienten Verwaltung personenbezogener Daten der Mitarbeiter mittels elektronischer Datenverarbeitungssysteme sind in den letzten Jahren und Jahrzehnten enorm gestiegen. Mit den Möglichkeiten des Arbeitgebers wächst jedoch auch das Bedürfnis des Mitarbeiters nach einem besseren Schutz seiner Daten auf Grund des gesteigerten Risikos einer Verletzung seines Persönlichkeitsrechts.

1. Grundrechte

Ein eigenständiges Grundrecht auf Datenschutz gibt es im deutschen Grundgesetz nicht. **3185** Die Rechtsprechung leitet aus dem allgemeinen Persönlichkeitsrecht nach Art. 2 Abs. 1 i.V.m. Art. 1 Abs. 1 GG jedoch das Recht auf informationelle Selbstbestimmung ab. Dieses Recht bildet auch die Grundlage für den Datenschutz des Mitarbeiters und umfasst die Befugnis jedes Einzelnen, selbst zu entscheiden, wann und in welchem Umfang er persönliche Daten preisgibt.[202]

Darüber hinaus wurde durch das BVerfG das „Grundrecht auf Gewährleistung der Vertraulichkeit und Integrität informationstechnischer Systeme", also das Recht auf private Datensphäre begründet.[203] **3186**

2. Einfachgesetzliche Grundlagen

Ein eigenes Datenschutzgesetz für das Arbeitsverhältnis existiert (noch) nicht. Regelungen **3187** zum Arbeitnehmerdatenschutz finden sich daher im Bundesdatenschutzgesetz (BDSG). Sie richten sich unmittelbar an den Arbeitgeber. Das BDSG regelt verschiedene Phasen im Bezug auf den Umgang mit Daten, die Datenerhebung, die Datenverarbeitung und die Datennutzung. Nach § 1 Abs. 3 Satz 1 BDSG ist das BDSG subsidiär gegenüber spezielleren Datenschutzbestimmungen des Bundes. So gehen nach h.M. etwa die Regelungen des Telekommunikationsgesetzes (TKG) vor, wenn dem Mitarbeiter die private Internet- und E-Mail-Nutzung erlaubt ist.[204] Besteht im Betrieb jedoch ein Verbot zur privaten Nutzung von Internet- und E-Mail-Zugang, ist ausschließlich das BDSG einschlägig.[205] Für das Arbeitsverhältnis sind insbesondere die §§ 4f, 32 BDSG von Bedeutung.

§ 3 Abs. 9 BDSG benennt den Begriff der „besonderen personenbezogenen Daten". Für **3188** diese besonders schutzwürdigen Daten gelten bestimmte strengere Schutzvorschriften (vgl. etwa § 28 Abs. 6 bis 9 BDSG). Es gilt zudem der Grundsatz der Datenvermeidung und Datensparsamkeit nach § 3a BDSG. § 4a BDSG stellt Anforderungen für eine wirksame Einwilligung in die Datenverarbeitung auf. Die Pflicht zur Bestellung eines Datenschutzbeauftragten und dessen Aufgaben ergeben sich aus den §§ 4f, 4g BDSG.

Für jede Datenverarbeitungsphase und jeden Datenverarbeitungsvorgang ist die Zulässig- **3189** keit nach Maßgabe des BDSG gesondert festzustellen. § 4 Abs. 1 BDSG enthält ein Verbot der

---

[202] BVerfG vom 15. 12. 1983 – 1 BvR 2009/83 = BVerfGE 65, 1, 43 („Volkszählung").
[203] BVerfG vom 27. 2. 2008 – 1 BvR 370/07 = NJW 2008, 822.
[204] *Ernst* NZA 2002, 587.
[205] *Mengel* BB 2004, 1448.

Datenerhebung, -verarbeitung und -nutzung, welches unter Erlaubnisvorbehalt steht. Die Zulässigkeit der Datenerhebung, -verarbeitung und -nutzung richtet sich nach §§ 32, 28 BDSG. Danach muss im Ergebnis stets eine Abwägung zwischen dem Recht des Mitarbeiters auf informationelle Selbstbestimmung mit dem Informationsinteresse des Arbeitgebers erfolgen. Der Eingriff in das Persönlichkeitsrecht muss durch die Zweckbestimmung des Arbeitsverhältnisses gerechtfertigt und der Umgang mit den Daten zur Erfüllung gesetzlicher, kollektivvertraglicher oder einzelarbeitsvertraglicher Pflichten oder zur Wahrnehmung von Rechten aus dem Vertragsverhältnis geeignet und erforderlich sein.[206] Zum Schutz des Mitarbeiters sieht das BDSG in § 33 BDSG Benachrichtigungs- und in § 34 BDSG Auskunftsansprüche vor. Kommt man bei der Prüfung der Zulässigkeit zu dem Ergebnis, dass die Datenverarbeitung oder -nutzung unzulässig war, so kann der Mitarbeiter die Berichtigung, die Löschung oder die Sperrung seiner Daten gemäß § 35 BDSG verlangen.

3190 Weitere Bestimmungen im Hinblick auf den Datenschutz finden sich vor allem im Bereich der betrieblichen Mitbestimmung nach dem BetrVG oder dem BPersVG. Nach § 83 BetrVG hat der Mitarbeiter z.B. ein Einsichtsrecht in seine Personalakte. Ein Mitbestimmungsrecht besteht daneben bei der Erstellung von Personalfragebögen und Formulararbeitsverträgen (§ 94 BetrVG, § 75 Abs. 3 Nr. 8 BPersVG). Nach §§ 87 Abs. 1 Nr. 6 BetrVG, 75 Abs. 3 Nr. 17 BPersVG besteht ein Mitbestimmungsrecht im Hinblick auf die Einrichtung und Anwendung technischer Überwachungseinrichtungen. Datenschutzrechtliche Vorgaben können sich auch aus Betriebs- oder Dienstvereinbarungen ergeben (daneben auch aus Tarifverträgen).

3191 Sofern die Mitarbeitervertretung selbst Daten erhebt oder verwendet oder diese von dem Arbeitgeber erhält, ist auch sie an die Bestimmungen des BDSG gebunden. Ob die entsprechende Datennutzung zulässig ist, hängt maßgeblich davon ab, ob der Umgang mit den Daten zur Erfüllung betriebsverfassungsrechtlicher oder personalvertretungsrechtlicher Aufgaben erforderlich ist.[207]

VI. Mitbestimmungsrecht

3192 Die betriebliche Mitbestimmung gibt den Mitarbeitern die Möglichkeit, durch gewählte Vertreter Einfluss auf unternehmerische Entscheidungen zu nehmen. Die einzelnen Mitbestimmungsrechte reichen von Regelungen über die Ordnung im Betrieb, über die Regelung von Arbeitsbedingungen bis hin zur Mitwirkung an wirtschaftlichen Entscheidungen des Unternehmens. Die Mitglieder der Mitarbeitervertretung (i.d.R. Betriebs- oder Personalrat) werden in einem demokratischen Wahlverfahren durch die Beschäftigten gewählt. Sie sollen ihre Interessen gegenüber der Unternehmensleitung im Betriebsrat und als Mitarbeitervertreter im Aufsichtsrat vertreten.

1. Allgemeine Grundsätze

3193 Die betriebliche Mitbestimmung ist grundsätzlich im BetrVG geregelt. Für den öffentlichen Dienst gelten die verschiedenen Personalvertretungsgesetze und im Bereich der Kirchen gelten die Mitarbeitervertretungsgesetze. In diesen Gesetzen werden Informations-, Anhörungs-, und Mitwirkungsrechte der betrieblichen Interessenvertretung geregelt. Daneben sind jedoch auch Rechte für einzelne Mitarbeiter normiert. So wird dem einzelnen Mitarbeiter etwa das Recht auf Einsicht in seine Personalakte gewährt. Im Vordergrund steht jedoch stets der Schutz der gesamten Mitarbeiterschaft im Arbeitsalltag. Daher gehört die betriebliche Mitbestimmung auch zum sogenannten Kollektiven Arbeitsrecht.

---

[206] BAG vom 22. 10. 1986 – 5 AZR 660/85 = AP BDSG § 32 Nr. 2.
[207] ErfK/*Franzen* § 32 BDSG Rn. 33.

2. Organe der betrieblichen Mitbestimmung

Organ der betrieblichen Mitbestimmung ist der Betriebsrat und im öffentlichen Dienst **3194** der Personalrat. Im Anwendungsbereich des kirchlichen Arbeitsrechts ist Organ der Mitbestimmung die Mitarbeitervertretung. Sie haben allesamt die Aufgabe, die Interessen der Mitarbeiter gegenüber der Unternehmensleitung zu vertreten. Das Gremium wählt aus seiner Mitte einen Vorsitzenden und dessen Stellvertreter (vgl. § 26 BetrVG). Die Beschlüsse des Betriebsrats werden im Rahmen einer Sitzung durch das gesamte Gremium gefasst.

Gibt es in einem Betrieb mindestens fünf ständige Mitarbeiter, von denen drei Mitarbeiter **3195** wählbar sind, besteht ein Anspruch auf die Wahl eines Betriebsrats (vgl. § 1 BetrVG). Die Betriebsratswahlen finden alle vier Jahre, beginnend mit dem Jahr 1990 statt.

Alle Mitarbeiter, die am Stichtag volljährig sind, sind unabhängig von der Dauer ihrer **3196** Betriebszugehörigkeit wahlberechtigt. Nach § 7 Satz 2 BetrVG sind ebenso Mitarbeiter eines anderen Arbeitgebers, die an den Betrieb überlassen und länger als drei Monate im Betrieb eingesetzt sind, wahlberechtigt. Wählbar sind alle wahlberechtigten Mitarbeiter, die bereits mindestens sechs Monate dem Betrieb angehören.

Da die Mitgliedschaft im Betriebsrat ein Ehrenamt ist, wird sie unentgeltlich durchge- **3197** führt. Nach § 37 Abs. 2 BetrVG sind die Betriebsratsmitglieder von Ihrer arbeitsvertraglich geschuldeten Leistung freizustellen, soweit dies zur Erfüllung Ihrer Betriebsratstätigkeit erforderlich ist. Nach Maßgabe von § 38 BetrVG ist eine bestimmte Anzahl von Betriebsräten vollständig von der Arbeitsleistung unter Fortzahlung der Bezüge freizustellen. Die Anzahl richtet sich nach der Anzahl der Mitarbeiter des Betriebs.

3. Mitbestimmungsrechte

Im Umkehrschluss aus § 77 Abs. 3 BetrVG ergibt sich, dass der Betriebsrat für alle Rege- **3198** lungen der Arbeitsbedingungen zuständig ist. Durch Betriebsvereinbarung können daher grundsätzlich alle formellen und materiellen Arbeitsbedingungen geregelt werden, die Gegenstand des normativen Teils eines Tarifvertrags sein können, sofern ein kollektivrechtlicher Bezug besteht.[208] Die Betriebsvereinbarung ist ein privatrechtlicher Vertrag zwischen Arbeitgeber und Betriebsrat mit unmittelbarer Wirkung für die Mitarbeiterschaft und auf deren Arbeitsverhältnisse.[209] Eine Betriebsvereinbarung entfaltet damit normativer Wirkung.

a) Erzwingbare Mitbestimmung. Die Mitbestimmungsrechte des Betriebsrates sind **3199** im Wesentlichen in §§ 87 Abs. 1, 91, 94, 95, 97 Abs. 2, 98, 112 BetrVG normiert. Dabei handelt es sich um den Kernbereich der betrieblichen Mitbestimmung, da die betreffende Maßnahme erst durchgeführt werden darf, wenn der Betriebsrat ihr zustimmt oder ersatzweise der Spruch der Einigungsstelle gem. § 87 Abs. 2 BetrVG die fehlende Zustimmung ersetzt hat. Man spricht in diesem Zusammenhang auch von der „erzwingbaren Mitbestimmung". Im Zusammenhang mit diesen Mitbestimmungsrechten kann der Betriebsrat vom Arbeitgeber den Abschluss einer Betriebsvereinbarung erzwingen. Diese gilt unmittelbar und zwingend für alle Mitarbeiter des Betriebes.

b) Freiwillige Mitbestimmung. Im Gegensatz zur erzwingbaren Mitbestimmung, **3200** liegt die „freiwillige Mitbestimmung" dann vor, wo der Betriebsrat mit dem Arbeitgeber Betriebsvereinbarungen abschließen **kann**. Dabei steht ihm in den Angelegenheiten der freiwilligen Mitbestimmung kein durchsetzbarer Anspruch auf Abschluss einer Betriebsvereinbarung zu. Im Unterschied zu § 87 BetrVG enthält § 88 BetrVG keinen abschließenden Katalog der freiwilligen Mitbestimmungsrechte. Er benennt lediglich einige Beispiele, wie sich aus dem Wortlaut „können insbesondere" ergibt.[210]

---

[208] Schaub/*Koch* ArbRHdb § 231 Rn. 12a.
[209] ErfK/*Kania* § 77 BetrVG Rn. 4.
[210] ErfK/*Kania* § 88 BetrVG Rn. 1.

3201   **c) Verhaltenspflichten.** Zwischen dem Betriebsrat und dem Arbeitgeber gilt nach dem BetrVG der Grundsatz der **vertrauensvollen Zusammenarbeit** (§ 2 Absatz 2 BetrVG). Betriebsräte unterliegen zudem der **Friedenspflicht** (§ 74 Absatz 2 BetrVG). So ist es den Betriebsratsmitgliedern untersagt, an Arbeitskämpfen gegen den Arbeitgeber teilzunehmen, den Arbeitsablauf oder den Betriebsfrieden zu beeinträchtigen oder sich parteipolitisch im Betrieb zu beteiligen. Diese Verbote gelten im Wesentlichen auch für Personalräte und Mitarbeitervertretungen.

3202   **d) Verhältnis zur Gewerkschaft.** Der Betriebsrat hat seine Aufgaben unabhängig von einer Gewerkschaft und in eigener Verantwortung wahrzunehmen. § 2 Abs. 1 BetrVG sieht dennoch eine Zusammenarbeit zwischen dem Betriebsrat und den im Betrieb vertretenen Gewerkschaften und Arbeitgebervereinigungen vor. Im Betrieb vertreten ist eine Gewerkschaft, wenn ihr mindestens ein Mitarbeiter des Betriebs angehört.

D. Die Beendigung des Arbeitsverhältnisses

I. Abmahnung

Wer Vertragsverstöße zum Anlass nehmen will, den Vertrag einseitig zu lösen, muss dem **3203** Vertragspartner zuvor in der Regel die Folgen seines vertragswidrigen Verhaltens vor Augen führen und deutlich machen, dass die vertraglichen Beziehungen im Wiederholungsfall beendet werden.[1] Dies verhindert zugleich, dass wiederholt hingenommene Verstöße gegen vertragliche Pflichten zu einer inhaltlichen Änderung eines Vertrags führen können.

1. Begriff und Zweck

Von einer Abmahnung, die inzwischen in § 314 Abs. 2 BGB gesetzlich verankert wurde, **3204** wird arbeitsrechtlich gesprochen, wenn der Arbeitgeber als Gläubiger der Arbeitsleistung in einer für den Mitarbeiter hinreichend deutlich erkennbaren Art und Weise Leistungs- oder Verhaltensmängel beanstandet und damit den Hinweis verbindet, dass im Wiederholungsfall der Inhalt oder der Bestand des Arbeitsverhältnisses gefährdet ist.[2] Die Abmahnung ist somit die Aufforderung des Arbeitgebers an den Mitarbeiter, seine vertraglich geschuldete Leistung in Zukunft ordnungsgemäß zu erbringen. Dem Mitarbeiter soll hierdurch Gelegenheit gegeben werden, sein Fehlverhalten zu ändern, seine fehlende Leistungsbereitschaft aufzugeben oder seine Leistungsfähigkeit zu verbessern.

Die Abmahnung erfüllt dadurch im Wesentlichen drei Zwecke, und zwar die Rügefunk- **3205** tion (durch das Vorhalten des arbeitsvertragswidrigen Verhaltens), die Warnfunktion (durch die Ankündigung von Konsequenzen) und die Dokumentationsfunktion (durch das Festhalten des beanstandeten Verhaltens).

2. Anwendungsbereich und Erforderlichkeit

Eine Abmahnung ist regelmäßig Voraussetzung für die Durchsetzung einer (außerordent- **3206** lichen oder ordentlichen) verhaltensbedingten Kündigung im Geltungsbereich des Kündigungsschutzgesetzes.

Wegen des im Kündigungsrecht geltenden Ultima-Ratio-Prinzips darf in der Regel **3207** nicht schon beim ersten Fehlverhalten gekündigt werden. Dies gilt grundsätzlich sowohl für den Leistungsbereich (hierzu zählen die gegenseitigen Hauptleistungspflichten aus dem Arbeitsverhältnis), für den Betriebsbereich (dies betrifft die Verletzung von Vorschriften, die das Verhalten der Mitarbeiter untereinander regeln) als auch für den Vertrauensbereich (Beeinträchtigungen der Vertrauensgrundlage des Arbeitsverhältnisses).

Eine Abmahnung ist allerdings nicht erforderlich, wenn eine Änderung des Verhaltens in **3208** Zukunft selbst nach einer Abmahnung nicht zu erwarten ist oder es sich um eine so schwere Pflichtverletzung handelt, dass eine Hinnahme durch den Arbeitgeber offensichtlich – auch für den Mitarbeiter erkennbar – ausgeschlossen ist.[3] Eine Abmahnung als Kündigungsvoraussetzung kann somit in Einzelfällen entbehrlich sein,
– bei schwerwiegenden Störungen des Vertrauensbereiches,
– bei schwerwiegenden Störungen im Bereich des betrieblichen Zusammenlebens (Betriebsfriedens) oder

---

[1] Küttner/*Eisemann,* Personalbuch 2011, *Abmahnung* Rn. 1.
[2] BAG vom 27. 11. 2008 – 2 AZR 675/07.
[3] BAG vom 10. 6. 2010 – 2 AZR 541/09; BAG vom 23. 6. 2009 – 2 AZR 103/08.

– bei hartnäckiger und uneinsichtiger Pflichtverletzung des Mitarbeiters, wenn dieser nicht mit einer Billigung seines Verhaltens rechnen konnte.

3. Abmahnungsberechtigung

3209   Zunächst ist jeder abmahnungsberechtigt, der auch kündigungsberechtigt ist. Allerdings wird mit dem Ausspruch der Abmahnung noch nicht in den Bestand des Arbeitsverhältnisses eingegriffen, sondern es soll eine Verhaltensänderung beim Mitarbeiter bewirkt werden. Deshalb kann eine Abmahnung auch von jedem Mitarbeiter ausgesprochen werden, der auf Grund seiner Aufgabenstellung dazu befugt ist, verbindliche Anweisungen bezüglich des Ortes, der Zeit sowie der Art und Weise der vertraglich geschuldeten Arbeitsleistung zu erteilen.[4] Dies kann neben dem Dienstvorgesetzten auch der unmittelbare Fachvorgesetzte sein.[5]

4. Formvorschriften

3210   Die Abmahnung ist formfrei, sie kann also auch mündlich ausgesprochen werden.

3211   Der Arbeitgeber ist – anders als im öffentlichen Dienst – nicht verpflichtet, den Mitarbeiter vor dem Ausspruch einer Abmahnung anzuhören. Der Mitarbeiter ist arbeitsvertraglich nicht verpflichtet, gegen die Richtigkeit einer Abmahnung gerichtlich vorzugehen. Geht der Mitarbeiter nicht sofort gegen eine ihm erteilte Abmahnung vor, kann er sie gleichwohl im Rahmen eines späteren Kündigungsschutzprozesses auf ihre Richtigkeit überprüfen lassen. Auch ein etwaig vorhandener Betriebsrat muss vor einer Abmahnung nicht beteiligt werden.

3212   Eine Abmahnung wird – wie jede empfangsbedürftige Willenserklärung – erst mit ihrem Zugang beim Mitarbeiter wirksam. Damit der Zugang nachweisbar ist, ist zu empfehlen, sich den Zugang bestätigen zu lassen oder den Nachweis über den Zugang auf sonstige Weise sicher zu stellen (Zeugen). Erteilt der Mitarbeiter eine Zugangsbestätigung, bedeutet dies nicht, dass er mit der Abmahnung einverstanden ist und diese billigt. Eine Pflicht zur Erteilung einer Empfangsbestätigung besteht nicht. Ebenso besteht keine Verpflichtung des Mitarbeiters, sein Einverständnis oder Nichteinverständnis mit der Abmahnung durch seine Unterschrift zu erklären.

3213   Es gibt keine bestimmten Fristen, innerhalb derer eine Abmahnung auszusprechen ist. Insbesondere ist die 2-Wochen-Frist des § 626 BGB nicht anwendbar. In der Regel ist eine Abmahnung gleichwohl unmittelbar nach dem entsprechenden Vorfall auszusprechen. Damit wird die Gefahr vermieden, dass die Bedeutung der Abmahnung als gering oder unbeachtlich eingestuft wird, weil der Arbeitgeber nach dem Vorfall zu lange gewartet hat. Grundsätzlich kann ein Arbeitgeber aber auch Vorfälle abmahnen, die schon länger zurückliegen. Einzige zeitliche Einschränkung des Rechts auf Abmahnung ist die Grenze zur Verwirkung.[6]

5. Inhalt

3214   Der Inhalt der Abmahnung folgt aus ihrer Funktion. Um die beabsichtigten Zwecke sicherzustellen, muss der Arbeitgeber das beanstandete Verhalten oder die Vertragsverletzung des Mitarbeiters so konkret wie möglich beschreiben. Der Mitarbeiter muss zugleich aus der Abmahnung erkennen können, welches Verhalten er zukünftig zu unterlassen hat oder wie er sich vertragsgemäß zu verhalten hat. Ein allgemeiner Vorwurf, der Mitarbeiter sei seinen arbeitsvertraglichen Pflichten nicht ordnungsgemäß nachgekommen, ist nicht ausreichend.

---

[4] BAG vom 18. 1. 1980 – 7 AZR 75/78.
[5] Küttner/*Eisemann*, Personalbuch 2011, *Abmahnung* Rn. 26.
[6] Küttner/*Eisemann*, Personalbuch 2011, *Abmahnung* Rn. 32 f.

Es empfiehlt sich, verschiedene festgestellte Verstöße einzeln abzumahnen und keine **3215** Sammelabmahnung auszusprechen. Erweist sich in diesen Fällen auch nur ein Vorwurf als unzutreffend, ist die gesamte Abmahnung unwirksam und aus der Personalakte zu entfernen.

Zur Erfüllung der Warnfunktion einer Abmahnung muss der Arbeitgeber außerdem an- **3216** kündigen, dass er bei einem wiederholten Fehlverhalten beabsichtigt, das Arbeitsverhältnis zu kündigen.[7] Fehlt eine derartige Androhung arbeitsrechtlicher Maßnahmen oder die Androhung, dass bei wiederholtem Fehlverhalten der Bestand des Arbeitsverhältnisses gefährdet ist, ist die Abmahnung nicht wirksam. Auf sie kann dann keine ordentliche Kündigung gestützt werden.

6. Wirkungen der Abmahnung

Durch die Abmahnung wird der konkret gerügte Sachverhalt „verbraucht". Der Arbeit- **3217** geber kann den Pflichtverstoß, den er bereits wirksam abgemahnt hat, also nicht zusätzlich als Grundlage für eine spätere Kündigung verwenden. Umgekehrt kann ein Arbeitgeber allerdings einen Sachverhalt, der sich zur Rechtfertigung einer Kündigung als nicht ausreichend erwiesen hat, nachträglich noch abmahnen.

Da durch eine Abmahnung ein konkretes Fehlverhalten gerügt und gleichzeitig das ver- **3218** tragsgemäße Verhalten aufgezeigt werden soll, kann ein neuerliches Verhalten, welches mit einem Verhalten, das zuvor bereits abgemahnt wurde, vergleichbar ist, zur (ordentlichen) Kündigung berechtigen. Denn eine Kündigung des Arbeitsverhältnisses aus verhaltensbedingten Gründen kann der Arbeitgeber grundsätzlich nur mit dem Vorliegen einer vorherigen erfolglosen Abmahnung rechtfertigen. Dabei reicht es aus, wenn die späteren Fehlverhalten denselben Pflichtenkreis betreffen, also auf einer Ebene liegen und unter einem einheitlichen Gesichtspunkt zusammengefasst werden können.

Allerdings berechtigt – gerade bei geringfügigen Verstößen – nicht bereits die erstmalige **3219** Wiederholung eines Fehlverhaltens trotz Abmahnung eine verhaltensbedingte Kündigung. Gerade bei leichterem Fehlverhalten sind mehrmalige Abmahnungen erforderlich, da bei erstmaligem Fehlverhalten unter Umständen noch keine negative Zukunftsprognose aufgestellt werden kann. Es empfiehlt sich, bei wiederholenden Abmahnungen die Warnhinweise (also die Kündigungsandrohung) zu verschärfen. Anderenfalls kann beim Mitarbeiter der Eindruck entstehen, dass sein Verhalten trotz mehrmaliger Beanstandung ohne Konsequenzen bleibt. Zahlreiche Abmahnungen wegen gleichartiger Pflichtverletzungen, denen keine weiteren Sanktionen folgen, können kontraproduktiv sein. Sie schwächen die Warnfunktion der Abmahnung so ab, dass trotz eines weiteren Vertragsverstoßes nicht gekündigt werden kann.

Es ist für jeden Einzelfall gesondert zu prüfen, wie lange die Wirkung der Abmahnung **3220** fortdauert. Eine feste zeitliche Grenze, wonach eine Abmahnung beispielsweise nach Ablauf von zwei Jahren wirkungslos werde mit der Folge, dass sie der Arbeitgeber nicht mehr zur Rechtfertigung einer verhaltensbedingten Kündigung heranziehen kann, gibt es nicht. Gleichwohl verliert eine Abmahnung an Bedeutung, je länger sie zurück liegt.

7. Reaktionsmöglichkeiten des Mitarbeiters

Der Mitarbeiter kann sich gegen Abmahnungen, die er für unberechtigt hält, auf unter- **3221** schiedliche Art und Weise zur Wehr setzen.

a) Gegendarstellung. Der Mitarbeiter hat die Möglichkeit, eine schriftliche Gegendar- **3222** stellung zur Abmahnung zu verfassen, in der er zum Inhalt der Abmahnung Stellung nimmt.[8] Aufgrund der ihm obliegenden Fürsorgepflicht und gemäß § 83 Abs. 2 BetrVG ist

---

[7] BAG vom 18. 1. 1980 – 7 AZR 75/78.
[8] Küttner/*Eisemann*, Personalbuch 2011 *Abmahnung*, Rn. 37.

der Arbeitgeber grundsätzlich verpflichtet, eine derartige Gegenvorstellung zur Personalakte zu nehmen. Dies gilt auch, wenn der Arbeitgeber sie für unzutreffend hält. Die Gegenvorstellung bietet dem Mitarbeiter insoweit Schutz, als die erteilte Abmahnung zukünftig nur zusammen mit seiner Gegenvorstellung zur Kenntnis genommen wird.

3223 **b) Beschwerde an den Betriebsrat.** Nach § 84 Abs. 1 BetrVG kann sich der abgemahnte Mitarbeiter bei einem vorhandenen Betriebsrat beschweren. Der Betriebsrat kann die Beschwerde aufgreifen und für den Mitarbeiter beim Arbeitgeber vorstellig werden. Der Betriebsrat hat jedoch keine Möglichkeit, wegen der beanstandeten Abmahnung die Einigungsstelle anzurufen.[9]

3224 **c) Entfernung aus der Personalakte.** Der Mitarbeiter kann die Entfernung der unberechtigten Abmahnung aus der Personalakte verlangen und dies auch gerichtlich durchsetzen. Dasselbe gilt für Abmahnungen, die durch Zeitablauf für eine Beurteilung des Mitarbeiters überflüssig geworden sind und ihre Wirkung verloren haben. Denn er wird hierdurch in seinem Persönlichkeitsrecht verletzt und in seinem beruflichen Fortkommen beeinträchtigt.[10]

3225 Eine Abmahnung kann unberechtigt und damit beseitigungsfähig sein, wenn (jeweils alternativ)
– sie formell nicht ordnungsgemäß zustande gekommen ist,
– (einzelne) unrichtige Tatsachenangaben zum Abmahnungssachverhalt enthalten sind,
– treuwidrige Begleitumstände bestehen,
– ein zu langer Zeitablauf zwischen Abmahnverhalten und Abmahnung eingetreten ist,
– sie auf offensichtlich unrichtiger rechtlicher oder tatsächlicher Bewertung beruht,
– sie durch ihre Formulierung die Ehre des Mitarbeiters verletzt, indem sie Unwerturteile beinhaltet, die über das mit einem Tadel notwendige Maß hinausgehen oder
– sie offensichtlich unverhältnismäßig ist.

3226 In einer jüngsten Entscheidung hat das BAG[11] jedoch darauf hingewiesen, dass ein Arbeitnehmer eine zu Recht erteilte Abmahnung erst dann aus der Personalakte entfernen lassen kann, wenn das gerügte Verhalten für das Arbeitsverhältnis in jeder Hinsicht bedeutungslos geworden ist.

3227 **d) Überprüfung im Kündigungsschutzprozess.** Allerdings muss sich der Mitarbeiter nicht sofort gegen eine in seinen Augen unberechtigte Abmahnung wehren. Er kann sie auch zunächst nur zur Kenntnis nehmen und erst nach Ausspruch einer Kündigung die Unrichtigkeit der vorangegangenen Abmahnung im Rahmen einer Kündigungsschutzklage vor dem Arbeitsgericht geltend machen. Im Rahmen des Kündigungsschutzprozesses wird dann nicht nur die Berechtigung der Kündigung, sondern auch die Berechtigung der Abmahnung überprüft.

II. Kündigung

3228 Arbeitsverhältnisse können einvernehmlich durch einen Aufhebungsvertrag, mit Zeitablauf oder nach Zweckerreichung enden, vor allem aber durch den Ausspruch einer Kündigung. Unter der Kündigung versteht man eine einseitige, empfangsbedürftige, rechtsgestaltende, bedingungsfeindliche Willenserklärung, durch die das Arbeitsverhältnis für die Zukunft sofort mit Zugang (außerordentliche bzw. fristlose Kündigung) oder nach Ablauf der maßgeblichen Kündigungsfrist (ordentliche bzw. fristgerechte Kündigung) beendet werden soll, ohne dass noch irgendein Akt der Mitwirkung des Gekündigten (wie z.B. die „Annahme der Kündigung") erforderlich ist.[12]

---

[9] BAG vom 28. 6. 1984 – 6 ABR 5/83.
[10] BAG vom 12. 8. 2010 – 2 AZR 593/09; BAG vom 23. 6. 2009 – 2 AZR 606/08; BAG vom 27. 11. 2008 – 2 AZR 675/07.
[11] BAG vom 19. 7. 2012 – 2 ABR 782/11.
[12] BAG vom 28. 6. 2005 – 1 ABR 25/04; Küttner/*Eisemann*, Personalbuch 2011, *Kündigung (allgemein)* Rn. 2.

Grundsätzlich haben beide Arbeitsvertragsparteien das Recht zur Kündigung des Ar- **3229** beitsvertrags. Für den Mitarbeiter gibt es dabei keinerlei Einschränkungen seines Kündigungsrechts. Dieser muss keinen Grund angeben, der seine Kündigung nach einer gesetzlichen Vorschrift rechtfertigt, sondern nur – wie der Arbeitgeber – die Kündigungsfristen und die Schriftform beachten.

1. Ordentliche Kündigung

Die ordentliche (auch fristgerechte oder fristgemäße) Kündigung ist der Normalfall der **3230** Beendigung des Arbeitsverhältnisses und in den §§ 620, 622 BGB geregelt. Mit ihr wird ein auf unbestimmte Zeit eingegangenes Arbeitsverhältnis zum Ablauf der jeweils einzuhaltenden Kündigungsfrist beendet. Der Mitarbeiter kann grundsätzlich ohne sachlichen Grund kündigen, während die Kündigungsmöglichkeiten des Arbeitgebers vielfach eingeschränkt sind. Ein Arbeitgeber, dessen Betrieb in den Anwendungsbereich des Kündigungsschutzgesetzes fällt, benötigt einen Grund, der seine Kündigung sozial rechtfertigt (§ 1 KSchG).

Das ordentliche Kündigungsrecht des Arbeitgebers ist – sofern die entsprechenden Vor- **3231** aussetzungen vorliegen – durch den allgemeinen Kündigungsschutz des Kündigungsschutzgesetzes (KSchG) sowie den besonderen Kündigungsschutz für bestimmte, besonders schutzwürdige Mitarbeitergruppen eingeschränkt. Der besondere Kündigungsschutz besteht entweder in einem Kündigungsverbot, einem Kündigungsausschluss oder darin, dass der Arbeitgeber vor Ausspruch der Kündigung die Zustimmung einer Behörde einholen muss. Der Kündigungsschutz soll den Mitarbeiter gegen willkürliche Kündigungen durch den Arbeitgeber schützen. Er greift sowohl bei ordentlichen und außerordentlichen Kündigungen als auch bei Änderungskündigungen.

2. Außerordentliche Kündigung

Die außerordentliche (fristlose) Kündigung führt nach § 626 Abs. 1 BGB zur sofortigen **3232** Beendigung des Arbeitsverhältnisses. Ein solches Recht zur außerordentlichen Kündigung haben Arbeitgeber und Mitarbeiter, wenn sie sich auf das Vorliegen eines wichtigen Grundes berufen können. Die bei einer ordentlichen Kündigung geltenden Kündigungsfristen müssen nicht beachtet werden, allerdings kann eine außerordentliche Kündigung mit einer „sozialen Auslauffrist" versehen werden. Der Kündigende muss aber unmissverständlich zu erkennen geben, dass er fristlos kündigen will.

Die Angabe des Kündigungsgrundes ist – außer im Berufsbildungsgesetz (§ 22 Abs. 3 **3233** BBiG) – keine Wirksamkeitsvoraussetzung. Auf Verlangen muss der Kündigende dem anderen Vertragspartner den Grund für die Kündigung jedoch unverzüglich mitteilen (§ 626 Abs. 2 Satz 3 BGB), damit dieser die Berechtigung der außerordentlichen Kündigung nachprüfen kann. Werden die Gründe nicht mitgeteilt, kann dies Schadenersatzansprüche auslösen, etwa weil eine Kündigungsschutzklage nicht erhoben worden wäre, wenn der Mitarbeiter zuvor von den Kündigungsgründen gewusst hätte.[13]

Das Recht zur außerordentlichen Kündigung kann weder vertraglich noch durch Tarif- **3234** verträge oder Betriebsvereinbarungen ausgeschlossen werden. Lediglich die gesetzlichen Kündigungsvoraussetzungen des § 9 Abs. 1 MuSchG und § 18 Abs. 1 BEEG gelten grundsätzlich auch für eine außerordentliche Kündigung. Selbiges gilt für die Schutzvorschrift für Schwerbehinderte und ihnen Gleichgestellte nach dem SGB IX.

a) Wichtiger Grund. Für den wirksamen Ausspruch einer außerordentlichen Kündi- **3235** gung nach § 626 Abs. 1 BGB benötigen sowohl Arbeitgeber als auch Mitarbeiter einen wichtigen Grund. Ein wichtiger Grund im Sinne des § 626 Abs. 1 BGB ist dann gegeben, wenn objektiv Tatsachen vorliegen, aufgrund derer dem Arbeitgeber oder dem Mitarbeiter

---

[13] Küttner/*Eisemann,* Personalbuch 2011, *Kündigung (außerordentliche)* Rn. 4.

unter Berücksichtigung aller Umstände des Einzelfalles und unter Abwägung der Interessen beider Vertragsteile die Fortsetzung des Arbeitsverhältnisses bis zum Ablauf der Kündigungsfrist oder bis zur vereinbarten Beendigung des Arbeitsverhältnisses nicht zugemutet werden kann.[14] Hierfür ist der Kündigende darlegungs- und beweispflichtig.

3236   Das BAG prüft dies seit 1958[15] in ständiger Rechtsprechung[16] zweistufig. Zunächst wird gefragt, ob ein bestimmter Sachverhalt ohne die besonderen Umstände des Einzelfalles „an sich" geeignet ist, einen Kündigungsgrund zu bilden (1. Stufe). Erst nach Bejahung dieser Frage soll eine umfassende Interessenabwägung erfolgen (2. Stufe).

3237   Die außerordentliche Kündigung muss dabei nach dem Ultima-Ratio-Prinzip für den Kündigenden das unausweichlich letzte arbeitsrechtliche Mittel sein. Sie ist daher nur zulässig, wenn alle anderen, im konkreten Einzelfall in Betracht kommenden milderen und angemesseneren Mittel – insbesondere eine Abmahnung, Änderungskündigung oder eine ordentliche Kündigung – erschöpft oder eben unzumutbar sind.

3238   Ein vorsätzlicher Verstoß des Mitarbeiters gegen seine vertraglichen Pflichten kann eine fristlose Kündigung auch dann rechtfertigen, wenn der wirtschaftliche Schaden für den Arbeitgeber gering ist. Nicht jede unmittelbar gegen die Vermögensinteressen des Arbeitgebers gerichtete Vertragspflichtverletzung reicht aber als Kündigungsgrund aus. Nach § 626 Abs. 1 BGB kann eine fristlose Kündigung nur aus wichtigem Grund erfolgen. Ob ein wichtiger Grund vorliegt, muss unter Berücksichtigung aller Umstände des Einzelfalls und unter Abwägung der Interessen beider Vertragsteile beurteilt werden. Die Umstände, anhand derer zu beurteilen ist, ob dem Arbeitgeber die Weiterbeschäftigung zumutbar ist oder nicht, lassen sich nicht abschließend festlegen. Es sind alle für das jeweilige Vertragsverhältnis in Betracht kommenden Gesichtspunkte zu bewerten. Dazu gehören aber regelmäßig
- das Gewicht und die Auswirkungen einer Vertragspflichtverletzung – etwa im Hinblick auf das Maß eines durch sie bewirkten Vertrauensverlusts und ihre wirtschaftlichen Folgen –,
- der Grad des Verschuldens des Mitarbeiters,
- eine mögliche Wiederholungsgefahr sowie
- die Dauer des Arbeitsverhältnisses und dessen störungsfreier Verlauf.

3239   Insgesamt muss sich die sofortige Auflösung des Vertragsverhältnisses als angemessene Reaktion auf die eingetretene Vertragsstörung erweisen. Unter Umständen kann eine Abmahnung als milderes Mittel zur Wiederherstellung des für die Fortsetzung des Vertragsverhältnisses notwendigen Vertrauens in die Redlichkeit des Mitarbeiters ausreichen.[17]

3240   **b) Zwei-Wochen-Frist.** Nach § 626 Abs. 2 BGB muss eine außerordentliche Kündigung immer innerhalb von zwei Wochen nach Bekanntwerden der Kündigungsgründe zugehen. Nach Ablauf der Frist wird unwiderlegbar vermutet, dass die Weiterbeschäftigung des Vertragspartners nicht mehr unzumutbar ist. Das Kündigungsrecht ist dann „verfristet" und die außerordentliche Kündigung unwirksam.

3241   Die Ausschlussfrist beginnt, sobald der zur Kündigung Berechtigte so zuverlässige und vollständige Kenntnis vom Kündigungssachverhalt hat, dass ihm eine Entscheidung darüber, ob die Fortsetzung des Arbeitsverhältnisses für ihn zumutbar ist, möglich ist.[18] Allein die Kenntnis des Kündigungsberechtigten von dem konkreten Anlass, der einen wichtigen Grund für eine außerordentliche Kündigung darstellen kann, lässt die Frist also noch nicht zwingend beginnen. Vielmehr können nach entsprechender Kenntniserlangung von den Anhaltspunkten zunächst Ermittlungen angestellt und insbesondere der Betroffene angehört werden.[19] Die erforderlichen Ermittlungen müssen aber zügig und mit der gebotenen Eile erfolgen.

---

[14] BAG vom 12. 3. 2009 – 2 AZR 894/07.

[15] BAG vom 24. 3. 1958 – 2 AZR 587/55.

[16] Vgl. zuletzt nur BAG vom 28. 1. 2010 – 2 AZR 1008/08.

[17] BAG vom 10. 6. 2010 – 2 AZR 541/09 („Emmely").

[18] BAG vom 5. 6. 2008 – 2 AZR 234/07.

[19] BAG vom 1. 2. 2007 – 2 AZR 333/06.

Bei Dauertatbeständen (ständige Unpünktlichkeit oder ständiges unerlaubtes Fehlen am **3242** Arbeitsplatz) und bei Pflichtverletzungen, die zu einem Gesamtverhalten zusammengefasst werden können, beginnt die Ausschlussfrist mit dem letzten Vorfall, der ein Glied in der Kette von Ereignissen bildet, die zum Anlass für die außerordentliche Kündigung genommen werden.[20]

c) Umdeutung in eine ordentliche Kündigung. Eine unwirksame außerordentliche **3243** Kündigung kann in eine wirksame ordentliche Kündigung zum nächstmöglichen Kündigungstermin umgedeutet werden, wenn

– die Voraussetzungen für eine ordentliche Kündigung vorliegen,
– die Umdeutung dem mutmaßlichen Willen des Arbeitgebers, das Arbeitsverhältnis auf jeden Fall lösen zu wollen, entspricht und
– der Mitarbeiter dies erkennen kann.[21]

3. Verdachtskündigung

Die Verdachtskündigung ist nach der Rechtsprechung des BAG eine Kündigung mit ei- **3244** nem eigenständigen Kündigungsgrund. Unter dem Begriff der Verdachtskündigung werden alle Tatbestände zusammengefasst, in denen die Kündigung nicht auf eine vom Gekündigten begangene schuldhafte Pflichtverletzung selbst, sondern allein darauf gestützt wird, der Gekündigte stehe im Verdacht, die Vertragsverletzung (meist eine Straftat oder ein Vertrauensbruch) begangen zu haben. Die Verdachtskündigung kann sowohl als ordentliche als auch als außerordentliche Kündigung ausgesprochen werden.

Das BAG erkennt in ständiger Rechtsprechung die Verdachtskündigung gemäß § 626 **3245** Abs. 1 BGB bzw. § 1 KSchG an,
– wenn dringende, auf objektiven Tatsachen beruhende schwerwiegende Verdachtsmomente vorliegen,
– wenn die Verdachtsmomente geeignet sind, das für die Fortsetzung des Arbeitsverhältnisses erforderliche Vertrauen zu zerstören,
– und wenn der Arbeitgeber alle zumutbaren Anstrengungen zur Aufklärung des Sachverhalts unternommen hat, insbesondere dem verdächtigen Mitarbeiter Gelegenheit zur Stellungnahme gegeben hat.[22]

Das Problem bei der Verdachtskündigung besteht natürlich darin, dass die Rechtspre- **3246** chung den Verlust des Arbeitsplatzes eines Unschuldigen in Kauf nimmt. Deshalb darf nicht leichtfertig mit dem Kündigungsgrund umgegangen werden. Das BAG hat daher sehr strenge Anforderungen an die Zulässigkeit der Verdachtskündigung gestellt. Das BVerfG[23] hat vereinzelt geäußerte verfassungsrechtliche Bedenken gegen diese, eine Verdachtskündigung zulassende BAG-Rechtsprechung nicht geteilt.

4. Änderungskündigung

Eine Änderungskündigung ist eine Beendigungskündigung, die mit dem Angebot auf **3247** Fortsetzung des Arbeitsverhältnisses zu geänderten Arbeitsbedingungen verbunden ist. Geändert werden kann beispielsweise der Einsatzbereich, die Vergütung oder die Arbeitszeit. Die Änderungskündigung ist in der betrieblichen Praxis häufig anzutreffen, da der Arbeitgeber vor dem Ausspruch einer Beendigungskündigung immer zu prüfen hat, ob und inwieweit dem Mitarbeiter eine für beide Parteien zumutbare Weiterbeschäftigung auf einem anderen, freien Arbeitsplatz zu geänderten Bedingungen angeboten werden kann. Grundsätzlich kann die Änderungskündigung in Form einer ordentlichen oder einer außeror-

---

[20] Küttner/*Eisemann,* Personalbuch 2011, *Kündigung (außerordentliche)* Rn. 20.
[21] BAG vom 15. 11. 2001 – 2 AZR 310/00.
[22] BAG vom 10. 2. 2005 – 2 AZR 189/04; BAG vom 13. 3. 2008 – 2 AZR 916/06.
[23] BVerfG vom 15. 12. 2008 – 1 BvR 347/08.

dentlichen Kündigung ausgesprochen werden. Je nach der gewählten Form müssen die oben beschriebenen Voraussetzungen beachtet werden.

3248 Der Arbeitgeber kann eine Änderungskündigung aussprechen als
– sofortige und unbedingte Kündigung des bestehenden Arbeitsverhältnisses, verbunden mit dem Angebot zum Abschluss eines neuen Arbeitsvertrags;
– Kündigung unter der auflösenden Bedingung, dass der Mitarbeiter das Angebot zum Abschluss eines neuen Arbeitsvertrags annimmt. In diesem Fall wird mit der Annahme des Angebotes zeitgleich die Kündigung unwirksam.
– Kündigung, die zu der Entscheidung des Mitarbeiters über das Vertragsangebot zeitlich versetzt wird. Dem Mitarbeiter steht dann eine Überlegungsfrist zu. Nimmt er das Änderungsangebot innerhalb der Frist nur unter dem Vorbehalt an, dass eine Änderungskündigung sozial gerechtfertigt ist, muss der Arbeitgeber eine Änderungskündigung aussprechen. Lehnt der Mitarbeiter das erklärte Änderungsangebot endgültig und vorbehaltlos ab, kann der Arbeitgeber sofort eine Beendigungskündigung aussprechen.

3249 Die Arbeitsbedingungen, die geändert werden sollen, sind im Kündigungsschreiben genau zu bezeichnen. Der Mitarbeiter kann
– das Angebot ohne Vorbehalt annehmen, so dass es zu einer einvernehmlichen Abänderung des bisherigen Arbeitsvertrags kommt.
– das Angebot spätestens innerhalb von drei Wochen nach Zugang der Kündigung nach § 2 KSchG unter dem Vorbehalt annehmen, dass die Änderung der Arbeitsbedingungen sozial gerechtfertigt ist. In diesem Fall muss er innerhalb von drei Wochen eine Änderungsschutzklage zur Überprüfung der sozialen Rechtfertigung erheben (§ 4 KSchG). Bis zur rechtskräftigen Entscheidung über die Wirksamkeit der Änderungskündigung muss der Mitarbeiter zu den neuen Arbeitsbedingungen tätig werden. Erklärt der Mitarbeiter den Vorbehalt nicht fristgerecht, wird das Arbeitsverhältnis zu den geänderten Bedingungen fortgesetzt. Dies gilt auch, wenn der Mitarbeiter trotz rechtzeitiger Erklärung des Vorbehaltes nicht innerhalb von drei Wochen nach Zugang der Kündigung Änderungsschutzklage erhebt. Nach § 7 KSchG erlischt in diesen Fällen der ausgesprochene Vorbehalt. Der Mitarbeiter wird dann so behandelt, als hätte er das Angebot vorbehaltlos angenommen.
– das gemachte Angebot vorbehaltlos und endgültig ablehnen. Das Arbeitsverhältnis endet dann mit dem Ablauf der Kündigungsfrist. Der Mitarbeiter kann jedoch innerhalb von drei Wochen nach Zugang der Änderungskündigung Kündigungsschutzklage beim Arbeitsgericht einreichen.

3250 Teilkündigungen, mit denen gegen den Willen der anderen Vertragspartei einzelne Bestimmungen aus dem Arbeitsvertrag herausgenommen werden sollen und der Rest bestehen bleiben soll, sind unzulässig und daher unwirksam. Anderenfalls würde sich das Verhältnis von Leistung und Gegenleistung verändern, so dass der gesamte Vertrag neu bewertet werden muss.[24]

5. Kündigungseinschränkungen und -erschwerungen

3251 Die ordentliche Kündigung eines Arbeitsverhältnisses kann durch eine Vereinbarung im individuellen Arbeitsvertrag, durch Tarifvertrag sowie Betriebsvereinbarung oder gesetzlich ganz oder vorübergehend ausgeschlossen sein. Das Recht des Arbeitgebers zur außerordentlichen Kündigung wird von einem derartigen Ausschluss nicht betroffen. Aus wichtigem Grund kann der Arbeitgeber also weiterhin kündigen. Dieses Recht kann nicht ausgeschlossen werden. Gesetzliche Ausschlüsse ordentlicher Kündigungen gibt es
– für befristete Verträge, in denen die ordentliche Kündigung nicht ausdrücklich zugelassen wurde (§ 15 Abs. 3 TzBfG),
– für Mitglieder der Betriebsverfassungsorgane (beispielsweise Mitglieder des Betriebsrates, der Jugend- und Auszubildendenvertretung, der Schwerbehindertenvertretung, des

---

[24] BAG vom 22. 1. 1997 – 5 AZR 658/95.

Wahlvorstandes oder die Wahlbewerber), denen nach § 15 KSchG grundsätzlich nicht ordentlich gekündigt werden kann,
– für werdende Mütter nach dem Mutterschutzgesetz, bei denen eine Kündigung während der Schwangerschaft und bis zum Ablauf von vier Monaten nach der Entbindung grundsätzlich unzulässig ist (§ 9 MuSchG) sowie
– für Mitarbeiter in Elternzeit, die gemäß § 18 BEEG einen mit § 9 MuSchG vergleichbaren Kündigungsschutz für die Dauer der Elternzeit genießen.

In bestimmten Fällen dürfen sowohl die ordentliche als auch die außerordentliche Kün- **3252** digung durch den Arbeitgeber erst ausgesprochen werden, wenn die Zustimmung einer Behörde vorliegt oder die Entlassung einer Behörde angezeigt worden ist. Die Zustimmung einer Behörde vor Ausspruch der Kündigung benötigt der Arbeitgeber z.B. in folgenden Fällen:
– Kündigung von Schwangeren und stillenden Müttern (§ 9 Abs. 3 MuSchG),
– Kündigung während der Elternzeit (§ 18 Abs. 1 BEEG),
– Kündigung von Schwerbehinderten (§ 85 SGB IX).

Entsprechende Vorschriften für eine Eigenkündigung durch den Mitarbeiter gibt es **3253** nicht.

6. Kündigungsschutzgesetz (KSchG)

Der allgemeine Kündigungsschutz nach dem KSchG ermöglicht dem von einer Kündi- **3254** gung betroffenen Mitarbeiter die gerichtliche Überprüfung einer ordentlichen Kündigung. Ausgangspunkt der Überprüfung ist dabei der Begriff der „sozialen Rechtfertigung". Hierbei unterscheidet § 1 KSchG zwischen dringenden betrieblichen Erfordernissen und Gründen, die in der Person oder im Verhalten des Mitarbeiters liegen. Dabei ist zu beachten, dass die Konzeption des allgemeinen Kündigungsschutzes auf dem Prinzip einer nachträglichen Rechtswirksamkeitskontrolle beruht. Der Mitarbeiter muss die Initiative ergreifen und rechtzeitig innerhalb von drei Wochen nach Zugang der Kündigung Klage erheben, wenn er die Unwirksamkeit der Kündigung geltend machen will (§ 4 KSchG). Unterlässt er dies, gilt eine Kündigung nach § 7 KSchG nach Ablauf von drei Wochen als sozial gerechtfertigt.

a) Geltungsbereich. Voraussetzung für die Anwendung des Kündigungsschutzgesetzes **3255** ist, dass das Beschäftigungsverhältnis mit dem Mitarbeiter länger als sechs Monate ununterbrochen bestanden hat (§ 1 KSchG). Entscheidend ist der rechtliche Bestand des Arbeitsverhältnisses. Unterbrechungen des Arbeitsverhältnisses durch Krankheit oder Urlaub verlängern die Wartezeit von sechs Monaten nicht. In den ersten sechs Monaten kann daher auch der Arbeitgeber ohne sachlichen Grund ordentlich kündigen. Dies gilt auch dann, wenn in dem Betrieb des Arbeitgebers ein Betriebsrat besteht. Diesen muss der Arbeitgeber zwar vor Ausspruch der Kündigung anhören. Er braucht aber gleichwohl für seine Kündigung keinen sachlich rechtfertigenden Grund im Sinne des KSchG.

Daneben müssen im Betrieb ständig mehr als zehn Mitarbeiter beschäftigt werden (§ 23 **3256** KSchG). Auszubildende werden nicht mitgerechnet. Teilzeitbeschäftigte werden, unabhängig vom gezahlten Entgelt, wie folgt mitgerechnet: bei einer regelmäßigen wöchentlichen Arbeitszeit von nicht mehr als 20 Stunden mit 0,5, von nicht mehr als 30 Stunden mit 0,75.

b) Sozialwidrigkeit. Eine dem KSchG unterfallende Kündigung muss also, um wirk- **3257** sam zu sein, sozial gerechtfertigt sein. Auch bei § 1 KSchG gibt es keine absoluten Kündigungsgründe; es ist also kein Sachverhalt anerkannt, der ausnahmslos und immer eine Kündigung rechtfertigt. Vielmehr ist in jedem Einzelfall der Grundsatz der Verhältnismäßigkeit (Ultima-Ratio-Prinzip) als Maßstab heranzuziehen. Eine Kündigung kommt somit nur als letztes Mittel in Betracht.

Grundsätzlich ist bei jeder Kündigung – um dem Einzelfall gerecht zu werden – im **3258** Rahmen einer umfassenden Interessenabwägung festzustellen, ob unter Berücksichtigung aller wesentlichen Umstände das Interesse des Arbeitgebers an der Beendigung des Arbeitsverhältnisses dem Interesse des Mitarbeiters an seiner Fortsetzung überwiegt. Welche Umstände jeweils gegeneinander abzuwägen sind, richtet sich insbesondere nach der Art des Kündigungsgrundes. Geprüft werden müssen vor allem Weiterbeschäftigungsmöglichkeiten auf anderen (freien) Arbeitsplätzen. Vom Arbeitgeber kann auch gefordert werden, dass der Mitarbeiter nach zumutbaren Umschulungs- oder Fortbildungsmaßnahmen oder zu geänderten Arbeitsbedingungen weiterbeschäftigt wird. Gerade für betriebsbedingte Kündigungen gilt der „Vorrang der Änderungskündigung".

3259   **c) Betriebsbedingte Kündigung.** Eine betriebsbedingte Kündigung im Sinne von § 1 Abs. 2 KSchG setzt immer einen betriebsbedingten Kündigungsgrund voraus. Betriebsbedingte Erfordernisse für eine derartige Kündigung können sich aus innerbetrieblichen Umständen (z. B. einer Unternehmerentscheidung zu Rationalisierungsmaßnahmen, Umstrukturierung aus Kostengründen, Verlagerung der Produktion ins Ausland, Outsourcing) oder außerbetrieblichen Umständen (z. B. Auftragsmangel, Auftreten neuer Mitbewerber, Umsatzrückgang) ergeben.[25]

3260   Die betrieblichen Erfordernisse müssen dringend sein und eine – in der Regel fristgerechte – Kündigung im Interesse des Betriebes notwendig machen. Diese Voraussetzungen sind grundsätzlich erfüllt, wenn der Arbeitgeber nicht durch andere Maßnahmen auf technischem, organisatorischem oder wirtschaftlichem Gebiet der betrieblichen Lage begegnen kann und die Kündigung von Arbeitsverhältnissen wegen der betrieblichen Lage für unvermeidbar hält. Sind andere Maßnahmen möglich, um auf die betriebliche Lage angemessen zu reagieren, muss der Arbeitgeber wegen des Grundsatzes der Verhältnismäßigkeit zuerst diese Maßnahmen ergreifen.

3261   **aa) Außerbetriebliche Umstände.** Umsatzrückgang oder Auftragsmangel allein rechtfertigen keine betriebsbedingte Kündigung. Grundlage einer Kündigung aufgrund außerbetrieblicher Umstände ist die Entscheidung des Unternehmers, wie er auf die außerbetrieblichen Umstände reagieren will. Ob und in welchem Umfang eine unternehmerische Entscheidung tatsächlich vorliegt und ob und in welchem Umfang durch die Umsetzung der unternehmerischen Entscheidung das Beschäftigungsbedürfnis für einzelne Mitarbeiter entfallen ist, kann gerichtlich überprüft werden.[26] Dabei wird die unternehmerische Entscheidung nicht auf ihre sachliche Rechtfertigung oder Zweckmäßigkeit überprüft, sondern nur darauf, ob sie offensichtlich unsachlich, unvernünftig oder willkürlich ist.[27]

3262   Liegen außerbetriebliche Gründe für eine Kündigung vor, ist der Arbeitgeber gehalten, Arbeitsplätze genau in dem Umfang abzubauen, wie dies durch die äußeren Umstände gerechtfertigt ist. Der Arbeitgeber bindet sich im Hinblick auf die Anzahl der abzubauenden Arbeitsplätze selbst in dem Umfang, in dem er darlegen und (z. B. durch Vorlage von Aufträgen und Auftragskündigungen, Umsatzzahlen) beweisen kann, wie sich die äußeren Umstände auf die Anzahl der Arbeitsplätze auswirken.

3263   Kann der Arbeitgeber keinen plausiblen Zusammenhang zwischen den äußeren Umständen und der betriebsbedingten Kündigung herstellen oder erscheint die Kalkulation der abzubauenden Arbeitsplätze im Verhältnis z. B. zum Umsatzrückgang dem Arbeitsrichter unzutreffend, ist die betriebsbedingte Kündigung unwirksam, weil sie trotz berechtigter unternehmerischer Motive nicht sozial gerechtfertigt ist.

3264   **bb) Innerbetriebliche Umstände.** Führen dringende innerbetriebliche Gründe zu Kündigungen, liegt diesen Kündigungen eine gestaltende Unternehmerentscheidung zu Grunde. Dies kann zum Beispiel die Entscheidung sein, bestimmte Produkte nicht mehr herstellen zu wollen oder eine Betriebsstätte ins Ausland zu verlagern. Bei einer innerbetrieblichen Ursache für die Kündigung überprüfen die Arbeitsgerichte, ob eine derartige

---

[25] Küttner/*Eisemann*, Personalbuch 2011, *Kündigung (betriebsbedingte)* Rn. 2.
[26] BAG vom 17. 6. 1999 – 2 AZR 456/98.
[27] BAG vom 18. 10. 2006 – 2 AZR 676/05.

unternehmerische Entscheidung tatsächlich vorliegt und durch ihre Umsetzung das Beschäftigungsbedürfnis im behaupteten Umfang entfallen muss.[28]

Der Vortrag des Arbeitgebers im Prozess muss deutlich machen, ob das Bedürfnis für die **3265** Tätigkeit des gekündigten Mitarbeiters entfällt. Maßgebender Zeitpunkt ist dabei der Zeitpunkt des Zugangs der Kündigung. In diesem Zeitpunkt muss mit dem Wegfall der Beschäftigungsmöglichkeit für den gekündigten Mitarbeiter bis zum Ende der Kündigungsfrist zu rechnen sein. Für die vom Arbeitgeber im Zeitpunkt des Zugangs der Kündigung vorzunehmende Prognose müssen die (inner-)betrieblichen Umstände schon greifbare Formen angenommen haben.

Hiervon ist auszugehen, wenn bei Ausspruch der Kündigung auf Grund einer vernünfti- **3266** gen, betriebswirtschaftlichen Betrachtung zu erwarten ist, dass zum Zeitpunkt des Kündigungstermins mit einer Sicherheit der Eintritt eines die Entlassung erforderlich machenden betrieblichen Grundes gegeben sein wird.[29] Die vom Unternehmen im Kündigungszeitpunkt angestellte Prognose unterliegt der richterlichen Kontrolle. Die unternehmerische Entscheidung selbst wird dagegen nicht auf ihre sachliche Rechtfertigung oder ihre Zweckmäßigkeit von den Richtern überprüft, sondern nur darauf, ob sie offensichtlich unsachlich, unvernünftig oder willkürlich ist.[30]

cc) Darlegungslast des Arbeitgebers. Beruft sich der Arbeitgeber auf inner- oder **3267** außerbetriebliche Umstände, die seine Kündigung sozial rechtfertigen, darf er sich nicht auf schlagwortartige Umschreibungen beschränken. Er muss stattdessen seine tatsächlichen Angaben im Einzelnen so konkret darlegen, dass sie vom Mitarbeiter mit Gegentatsachen bestritten und vom Gericht überprüft werden können. Darüber hinaus muss der Vortrag des Arbeitgebers erkennen lassen, ob durch eine außerbetriebliche oder innerbetriebliche Ursache das Bedürfnis für die Tätigkeit des Mitarbeiters entfällt. In beiden Fällen müssen die Gründe, die zur Kündigung führen, „dringend" sein und eine Kündigung im Interesse des verbleibenden Restbetriebs notwendig machen.

Bei einer Kündigung aufgrund außerbetrieblicher Umstände muss der Arbeitgeber die **3268** zum Kündigungsentschluss führende außerbetriebliche Ursache konkret benennen. Er muss vortragen, welche unternehmerische Entscheidung er getroffen hat, um auf die außerbetrieblichen Gründe zu reagieren, und darlegen, wie sich die genannte außerbetriebliche Ursache unmittelbar oder mittelbar auf den Arbeitsplatz des gekündigten Mitarbeiters auswirkt. Schließlich bedarf es Ausführungen, warum er den Mitarbeiter nicht auf einem anderen Arbeitsplatz weiterbeschäftigen kann.

Bei einer Kündigung aufgrund innerbetrieblicher Umstände muss der Arbeitgeber darle- **3269** gen, welche gestaltende Unternehmerentscheidung er getroffen und welche organisatorischen oder technischen Maßnahmen er angeordnet hat, um diese Entscheidung umzusetzen. Es muss sich aus dem Vortrag ergeben, wie sich die behaupteten Umstände unmittelbar oder mittelbar auf die Beschäftigungsmöglichkeit für den gekündigten Mitarbeiter auswirken, und warum er den Mitarbeiter nicht auf einem anderen Arbeitsplatz weiterbeschäftigen kann.

In beiden Fällen muss der Arbeitgeber durch seinen Vortrag den Zusammenhang zwi- **3270** schen dem dringenden betrieblichen Bedürfnis und dem Wegfall des Beschäftigungsbedürfnisses darlegen und beweisen können. Eine betriebsbedingte Kündigung ist nur wirksam, wenn durch das dringende betriebliche Erfordernis ein Arbeitsplatz bzw. ein Beschäftigungsbedürfnis wegfällt.

dd) Fehlende Weiterbeschäftigungsmöglichkeit. Dringende betriebliche Gründe, **3271** die zum Wegfall eines Arbeitsplatzes führen, rechtfertigen nur dann nach § 1 Abs. 2 KSchG eine Kündigung sozial, wenn keine Möglichkeit zu einer anderweitigen Beschäftigung des von der Kündigung betroffenen Mitarbeiters besteht. Der Mitarbeiter hat daher vor Aus-

---

[28] BAG vom 6. 12. 2001 – 2 AZR 695/00.
[29] BAG vom 11. 3. 1998 – 2 AZR 414/97.
[30] BAG vom 7. 12. 2000 – 2 AZR 459/99.

spruch einer Beendigungskündigung immer zu prüfen, ob – ggf. auch nach zumutbaren Umschulungs- oder Fortbildungsmaßnahmen – auf einem freien vergleichbaren oder geringwertigeren Arbeitsplatz eine Weiterbeschäftigungsmöglichkeit für den zu kündigenden Mitarbeiter besteht.

3272   **ee) Sozialauswahl.** Oftmals sind von betriebsbedingten Kündigungen mehrere Arbeitsverhältnisse betroffen, aber nicht allen betroffenen Mitarbeitern muss gekündigt werden. Der Arbeitgeber ist in der Auswahl der zu kündigenden Arbeitsverhältnisse jedoch nicht frei, sondern er muss unter den vergleichbaren (austauschbaren) Mitarbeitern eine soziale Auswahl treffen. Nach der in § 1 Abs. 3 KSchG ausdrücklich vorgeschriebenen Sozialauswahl ist der sozial stärkere Mitarbeiter vor dem sozial schwächeren – also schutzwürdigerem – Mitarbeiter zu kündigen. Die gesetzlich vorgesehenen Kriterien für die Sozialauswahl sind:

- Dauer der Betriebszugehörigkeit,
- Lebensalter,
- Unterhaltspflichten und
- Schwerbehinderung.

3273   Wer in den Kreis der von einer sozialen Auswahl betroffenen Mitarbeiter einzubeziehen ist, richtet sich neben der Austauschbarkeit nach arbeitsplatzbezogenen Merkmalen und damit nach der ausgeübten Tätigkeit.[31] Nicht in die unter den vergleichbaren Mitarbeitern durchzuführende Sozialauswahl einzubeziehen sind so genannte „Leistungsträger". Dies sind Mitarbeiter, deren Weiterbeschäftigung insbesondere wegen ihrer Kenntnisse, Fähigkeiten und Leistungen oder zur Sicherung einer ausgewogenen Personalstruktur des Betriebs im berechtigten betrieblichen Interesse liegt.

3274   Die Prüfung der Sozialauswahl erfolgt damit in drei Schritten. Zunächst ist der Kreis von vergleichbaren Mitarbeitern zu ermitteln, welche für eine Sozialauswahl in Betracht kommen. Dann ist die Auswahlentscheidung nach vorgenannten sozialen Gesichtspunkten zu treffen. Zuletzt ist zu prüfen, ob einzelne Beschäftigte in die soziale Auswahl nicht einzubeziehen sind, weil ihre weitere Beschäftigung im berechtigten betrieblichen Interesse liegt.[32]

3275   Auf Verlangen des gekündigten Mitarbeiters muss der Arbeitgeber die Gründe nennen, die zu der getroffenen Sozialauswahl geführt haben. Der Mitarbeiter kann dieses Verlangen vor Erhebung der Kündigungsschutzklage äußern. Im Prozess muss der Arbeitgeber darlegen, welche Gründe zur getroffenen Sozialauswahl geführt haben und warum er welche Leistungsträger von der Sozialauswahl ausgenommen hat. Der Mitarbeiter hat sodann darzulegen und zu beweisen, welche Tatsachen die Kündigung sozial ungerechtfertigt machen.

3276   **d) Personenbedingte Kündigung.** Bei einer personenbedingten Kündigung liegt der Grund für die Kündigung des Arbeitsverhältnisses durch den Arbeitgeber in der Person des Mitarbeiters und nicht in seinem Verhalten. Die personenbedingte Kündigung stellt keine Sanktion für vergangene Vertragsstörungen dar. Sie ist zukunftsbezogen und gibt dem Arbeitgeber die Möglichkeit, zu erwartenden betrieblichen Beeinträchtigungen zuvorzukommen.[33] Es müssen Umstände gegeben sein, die bei einer Abwägung des Arbeitgeberinteresses an der Beendigung des Arbeitsverhältnisses gegenüber dem Interesse des Mitarbeiters an dem Weiterbestehen des Arbeitsverhältnisses die Kündigung als billigenswert und angemessen erscheinen lassen und der Mitarbeiter an keinem anderen Arbeitsplatz im Betrieb weiterbeschäftigt werden kann (§ 1 Abs. 2 Satz 2 KSchG).

3277   Grundsätzlich muss der Arbeitgeber alle tatsächlichen Voraussetzungen für das Vorliegen eines Kündigungsgrundes darlegen und beweisen. Hierzu zählen auch alle Umstände, aus denen hervorgeht, dass ihm die Weiterbeschäftigung des gekündigten Mitarbeiters unzumutbar ist. Gerade bei der personenbedingten Kündigung ist der Arbeitgeber verpflichtet,

---

[31] BAG vom 5. 6. 2008 – 2 AZR 907/06.
[32] Küttner/*Eisemann*, Personalbuch 2011 *Kündigung (betriebsbedingte)*, Rn. 27.
[33] BAG vom 12. 4. 2002 – 2 AZR 148/01.

jede mögliche zumutbare und geeignete Maßnahme zu ergreifen, die im Rahmen der betrieblichen Interessen eine Kündigung zu vermeiden hilft.[34] Maßgebender Zeitpunkt für die Beurteilung der Frage der sozialen Rechtfertigung ist der Zugang der Kündigung beim Mitarbeiter.

aa) Personenbedingte Gründe. Bei einer personenbedingten Kündigung müssen in **3278** der Person des Mitarbeiters objektiv Umstände vorliegen, die seine Verwendbarkeit im Rahmen des Arbeitsverhältnisses mindern oder auf längere Zeit unmöglich machen. Auf ein Verschulden kommt es – im Gegensatz zu einer verhaltensbedingten Kündigung – nicht an. Der Arbeitgeber muss allerdings ein normales Nachlassen der Leistungsfähigkeit infolge fortgeschrittenen Alters immer in Kauf nehmen.

Eine personenbedingte Kündigung kann z. B. aus folgenden Gründen ausgesprochen **3279** werden:
– lang andauernde Krankheit,
– häufige Kurzerkrankungen,
– Krankheit des Mitarbeiters als Gefahr für anderen Mitarbeiter,
– Beschäftigungsverbot für den Mitarbeiter, zum Beispiel, weil die Arbeitserlaubnis wegfällt,
– ausländischer Wehrdienst des Mitarbeiters, wenn der wehrbedingte Ausfall zu einer erheblichen Beeinträchtigung der betrieblichen Interessen führt und der Ausfall nicht durch zumutbare personelle oder organisatorische Maßnahmen überbrückt werden kann,
– mangelhafte Eignung des Mitarbeiters,
– Unfähigkeit des Mitarbeiters, die geschuldete Arbeitsleistung zu erbringen, weil er sich zum Beispiel zur Verbüßung einer Freiheitsstrafe ins Gefängnis begeben muss.

Vor dem Ausspruch einer personenbedingten Kündigung muss der Arbeitgeber keine **3280** Abmahnung aussprechen.

bb) Krankheitsbedingte Kündigung. Die Anforderungen an die Rechtswirksamkeit **3281** einer krankheitsbedingten Kündigung, die einen Unterfall der personenbedingten Kündigung bildet, sind sehr hoch. Sie sind durch die Rechtsprechung geprägt[35] und verhindern, dass sich ein Arbeitgeber im Fall der Krankheit eines Mitarbeiters schnell von diesem durch eine Kündigung trennen kann.

Unterschieden werden
– Kündigung wegen lang andauernder Krankheit,
– Kündigung wegen häufiger Kurzerkrankungen,
– Kündigung aufgrund krankheitsbedingter Unmöglichkeit der Arbeitsleistung.

Das Bundesarbeitsgericht prüft die Zulässigkeit in jedem Fall in drei Stufen. Zunächst ist **3282** eine negative Gesundheitsprognose erforderlich (1. Stufe). Bei einer lang andauernden Krankheit oder Unmöglichkeit der Erbringung der Arbeitsleistung aufgrund Krankheit muss der Arbeitgeber die Prognose anstellen, ob der Mitarbeiter in Zukunft noch lange fehlen wird. Bei häufigen Kurzerkrankungen muss er darlegen und beweisen, dass der Mitarbeiter auch in Zukunft wiederholt fehlen wird. An dieser Negativprognose scheitern bereits sehr viele personenbedingte Kündigungen. Da der Arbeitgeber von der Krankenkasse – und auch vom Mitarbeiter – keine Auskunft über die Krankheitsursache verlangen kann, ist die Prognose sehr schwierig. Anknüpfungspunkte für die Prognose sind daher vor allem die bereits festgestellten Arbeitsunfähigkeitszeiträume. Daneben müssen die Fehlzeiten des Mitarbeiters in allen Kündigungsvarianten zu einer erheblichen Beeinträchtigung der betrieblichen Interessen führen (2. Stufe). Die Rechtsprechung unterscheidet zwei Arten der Beeinträchtigung. Die Betriebsablaufstörungen und die erheblichen wirtschaftlichen Belastungen des Arbeitgebers.[36] Außerdem muss der Mitarbeiter gegebenenfalls auf einen anderen freien Arbeitsplatz umgesetzt werden, auf dem keine betrieblichen Beein-

---

[34] BAG vom 12. 7. 2007 – 2 AZR 716/06.
[35] BAG vom 29. 7. 1993 – 2 AZR 155/93.
[36] BAG vom 24. 11. 2005 – 2 AZR 514/04; BAG vom 12. 4. 2002 – 2 AZR 148/01.

trächtigungen zu erwarten sind. Da das Entgeltfortzahlungsgesetz bei Arbeitsunfähigkeit des Mitarbeiters die Entgeltfortzahlung für sechs Wochen vorsieht, ist dem Arbeitgeber eine Fehlzeit von sechs Wochen zuzumuten. Schließlich sind die Interessen von Mitarbeiter und Arbeitgeber gegeneinander abzuwägen (3. Stufe). Für den Arbeitgeber werden unter anderem die hohen Lohnfortzahlungskosten, wesentlich höhere Ausfallquoten als üblich sowie ein niedriges Lebensalter des Mitarbeiters in die Waagschale geworfen. Für den Mitarbeiter sprechen unter anderem die Dauer der Betriebszugehörigkeit, Unterhaltsverpflichtungen und Erkrankungen, die auf betriebliche Ursachen zurückzuführen sind. Die Rechtsprechung berücksichtigt nicht das Freizeitverhalten der Mitarbeiter, das häufig Anlass zu – auch längeren – Erkrankungen gibt.

3283   **cc) Betriebliches Eingliederungsmanagement.** Vor jeder krankheitsbedingten Kündigung ist der Arbeitgeber unabhängig davon, ob der Mitarbeiter behindert oder gleichgestellt ist, zusätzlich verpflichtet, das in § 84 Abs. 2 SGB IX geschilderte betriebliche Eingliederungsmanagement (BEM) durchzuführen.[37] Die geforderten Fehlzeiten von mehr als sechs Wochen innerhalb eines Jahres dürften stets vorliegen. Dafür genügt es, dass die krankheitsbedingten Fehlzeiten insgesamt, gegebenenfalls in mehreren Abschnitten, mehr als sechs Wochen betragen haben.[38] Es ist nicht erforderlich, dass es eine einzelne Krankheitsperiode von durchgängig mehr als sechs Wochen gab.

3284   Die Verpflichtung zur Durchführung eines BEM stellt eine Konkretisierung des Verhältnismäßigkeitsgrundsatzes dar. Das BEM ist zwar selbst kein milderes Mittel gegenüber einer Kündigung. Mit seiner Hilfe können aber solche milderen Mittel, z.B. die Umgestaltung des Arbeitsplatzes oder die Weiterbeschäftigung zu geänderten Arbeitsbedingungen auf einem anderen – ggf. durch Umsetzungen „freizumachenden" – Arbeitsplatz erkannt und entwickelt werden.[39]

3285   Wird entgegen § 84 Abs. 2 SGB IX ein BEM nicht durchgeführt, darf sich der Arbeitgeber im Prozess nicht darauf beschränken, pauschal vorzutragen, er kenne keine alternativen Einsatzmöglichkeiten für den erkrankten Mitarbeiter und es gebe keine leidensgerechten Arbeitsplätze, die dieser trotz seiner Erkrankung ausfüllen könne. Er hat vielmehr von sich aus denkbare oder vom Mitarbeiter (außergerichtlich) bereits genannte Alternativen zu würdigen und im Einzelnen darzulegen, aus welchen Gründen sowohl eine Anpassung des bisherigen Arbeitsplatzes an dem Mitarbeiter zuträgliche Arbeitsbedingungen als auch die Beschäftigung auf einem anderen – leidensgerechten – Arbeitsplatz ausscheiden.[40] Erst nach einem solchen Vortrag ist es Sache des Mitarbeiters, sich hierauf substantiiert einzulassen und darzulegen, wie er sich selbst eine leidensgerechte Beschäftigung vorstellt.[41] Das Gleiche gilt, wenn der Arbeitgeber zur Erfüllung seiner Verpflichtung aus § 84 Abs. 2 SGB IX ein Verfahren durchgeführt hat, das nicht den gesetzlichen Mindestanforderungen an ein BEM genügt. Das Gesetz verlangt vom Arbeitgeber die Initiative für das BEM. Des Weiteren beschreibt es den Klärungsprozess als ein nicht formalisiertes Verfahren. Es lässt den Beteiligten damit jeden denkbaren Spielraum und will so erreichen, dass keine der vernünftigerweise in Betracht kommenden zielführenden Möglichkeiten ausgeschlossen wird.[42]

3286   Der Arbeitgeber muss den betroffenen Mitarbeiter auf die Ziele des BEM sowie auf Art und Umfang der hierfür erhobenen und verwendeten Daten hinweisen. Die Belehrung nach § 84 Abs. 2 Satz 3 SGB IX gehört zu einem regelkonformen Ersuchen des Arbeitgebers um Zustimmung des Mitarbeiters zur Durchführung eines BEM.

3287   **e) Verhaltensbedingte Kündigung.** Schließlich kann eine Kündigung auch sozial gerechtfertigt sein, wenn sie durch das Verhalten des Mitarbeiters bedingt ist. Auch für eine

---

[37] BAG vom 24. 3. 2011 – 2 AZR 170/10; BAG vom 12. 7. 2007 – 2 AZR 716/06.
[38] BAG vom 12. 7. 2007 – 2 AZR 716/06.
[39] BAG vom 10. 12. 2009 – 2 AZR 400/08.
[40] BAG vom 10. 12. 2009 – 2 AZR 400/08.
[41] BAG vom 24. 3. 2011 – 2 AZR 170/10.
[42] BAG vom 10. 12. 2009 – 2 AZR 400/08.

Lüders

verhaltensbedingte Kündigung gilt das Prognoseprinzip. Ihr Zweck liegt nicht in der Sanktion für eine Vertragspflichtverletzung. Sie soll weitere Vertragspflichtverletzungen für die Zukunft vermeiden, die sich belastend auswirken. Die vergebliche Abmahnung objektiviert dabei die Prognose, sie indiziert die Wiederholungsgefahr.[43]

Wie bei der fristlosen Kündigung ist zunächst zu prüfen, ob das Verhalten des Mitarbeiters „an sich geeignet" ist, eine ordentliche Kündigung zu rechtfertigen. **3288**

Eine Kündigung aus verhaltensbedingten Gründen ist gerechtfertigt, wenn das dem Mitarbeiter vorgeworfene Verhalten eine Vertragspflicht verletzt, das Arbeitsverhältnis dadurch konkret beeinträchtigt wird, keine zumutbare Möglichkeit anderweitiger Beschäftigung besteht und die Lösung des Arbeitsverhältnisses bei Abwägen der Interessen beider Parteien billigenswert und angemessen erscheint. Entscheidend ist, ob das Fehlverhalten des Mitarbeiters im Einzelfall geeignet ist, einen ruhig und verständig urteilenden Arbeitgeber zur Kündigung zu bestimmen.[44] Als Kündigungsgründe kommen Leistungsstörungen (Schlechtleistung, unentschuldigtes Fehlen und sonstige Verstöße gegen die Arbeitspflicht), Störungen der betrieblichen Ordnung (Beleidigung von Arbeitskollegen, Verstöße gegen Verhaltenspflichten wie Rauch- und Alkoholverbot), Störungen im Vertrauensbereich (unerlaubte Handlungen, insbesondere Straftaten), Verletzung von Nebenpflichten (verspätete Krankmeldung, Nichtvorlegen von Arbeitsunfähigkeitsbescheinigungen) in Betracht.[45] Kündigungsrelevant kann der Mitarbeiter also sowohl seine vertraglichen Hauptpflichten, als auch seine vertraglichen Nebenpflichten verletzen. Die Vertragsverletzung kann sich dabei gegen den Arbeitgeber, aber auch gegen andere Mitarbeiter richten. **3289**

Da auch eine verhaltensbedingte Kündigung wegen des Verhältnismäßigkeitsgrundsatzes erst als letztes Mittel eingesetzt werden darf (Ultima-Ratio-Prinzip), fordert die Rechtsprechung vor dem Ausspruch einer verhaltensbedingten Kündigung den Ausspruch einer oder mehrerer Abmahnungen. Eine Abmahnung soll dem Mitarbeiter sein Fehlverhalten aufzeigen und ihm Gelegenheit geben, sein Verhalten zu ändern. Erst wenn der Mitarbeiter trotz der Abmahnung sein Verhalten nicht ändert, darf der Arbeitgeber eine Beendigungs- oder Änderungskündigung aussprechen.[46] Einer wirksamen verhaltensbedingten Kündigung, die eine Pflichtverletzung im Leistungsbereich betrifft, muss stets eine Abmahnung vorausgehen. Fehlt es an einer wirksamen Abmahnung, ist die Kündigung schon allein deswegen unwirksam. Etwas anderes gilt nur in Ausnahmefällen, wenn im Einzelfall besondere Umstände vorgelegen haben, aufgrund derer eine Abmahnung als entbehrlich angesehen werden durfte. Dies kann zum Beispiel der Fall sein, wenn der Mitarbeiter bereits deutlich zu erkennen gegeben hat, dass er sein Verhalten trotz einer Abmahnung nicht ändern wird. **3290**

Je nach den Umständen des Einzelfalls und der Schwere der Pflichtverletzung müssen einer verhaltensbedingten Kündigung mehrere Abmahnungen vorausgehen. Eine feste Regel gibt es nicht. Liegt allerdings eine Abmahnung schon längere Zeit zurück und hat sich der Mitarbeiter seither vertragsgemäß verhalten, hat die Abmahnung durch Zeitablauf ihre Wirkung verloren. Feste Verfallfristen gibt es allerdings nicht. Die Wirksamkeitsdauer hängt von den Umständen des konkreten Einzelfalls ab. Der Arbeitgeber muss in diesen Fällen bei einer erneuten, auch gleichartigen, Pflichtverletzung vor Ausspruch einer Kündigung erst abmahnen. **3291**

Unabhängig davon, wie schwerwiegend ein Pflichtverstoß ist, bleibt stets zu prüfen, ob unter Berücksichtigung der Gesamtumstände des Einzelfalles das Interesse des Arbeitgebers an der Beendigung des Arbeitsverhältnisses das des Mitarbeiters an seiner Fortsetzung überwiegt.[47] Hier sind die Sozialdaten des Mitarbeiters heranzuziehen (Betriebszugehörigkeit, Alter, Unterhaltspflichten, Schwerbehinderung). Dabei können die Unterhaltspflich- **3292**

---

[43] BAG vom 26. 11. 2009 – 2 AZR 751/08; BAG vom 12. 1. 2006 – 2 AZR 21/05.
[44] BAG vom 31. 5. 2007 – 2 AZR 200/06; BAG vom 12. 1. 2006 – 2 AZR 21/05.
[45] Küttner/*Eisemann*, Personalbuch 2011 *Kündigung (verhaltensbedingte)*, Rn. 3.
[46] BAG vom 9. 8. 1994 – 2 AZR 400/83.
[47] BAG vom 24. 6. 2004 – 2 AZR 63/03.

ten bei der Interessenabwägung in den Hintergrund treten und im Extremfall völlig vernachlässigt werden, wenn der Mitarbeiter gewichtige Pflichten aus dem Arbeitsverhältnis trotz Abmahnung wiederholt vorsätzlich vernachlässigt.[48] Im Rahmen der betrieblichen Interessen ist bei der verhaltensbedingten Kündigung darüber hinaus zu berücksichtigen, ob es infolge der Vertragsverletzung zu betrieblichen Auswirkungen gekommen ist.[49]

7. Kündigung vor Arbeitsantritt

3293   Zumeist wird der Arbeitsvertrag Wochen oder Monate vor tatsächlichem Arbeitsbeginn abgeschlossen. Der Mitarbeiter nimmt dann am vereinbarten Tag seine Arbeit auf. Wenn dem Mitarbeiter die Arbeit nicht gefällt oder der Chef unzufrieden ist, wird innerhalb der Probezeit mit der vereinbarten Frist gekündigt. Manchmal hat aber eine der Vertragsparteien schon vor dem ersten Arbeitstag kein Interesse mehr an der tatsächlichen Arbeitsaufnahme, etwa weil der Mitarbeiter zwischenzeitlich ein anderes (lukrativeres) Arbeitsangebot erhalten hat oder weil sich die betrieblichen Verhältnisse unvorhergesehen geändert haben. Grundsätzlich kann jede der Vertragsparteien das Arbeitsverhältnis vor dem vertraglich vereinbarten Dienstbeginn wieder kündigen.[50] Dies gilt sowohl für die außerordentliche als auch für die ordentliche Kündigung. Das Kündigungsrecht ist für die Zeit vor Dienstantritt nicht eingeschränkt, es existiert ebenso wie für die Zeit nach Dienstbeginn, weil die Bindung der Vertragsparteien vor Vollzug des Arbeitsverhältnisses nicht stärker ist als danach.[51]

3294   Bei der Kündigung vor Arbeitsantritt müssen aber auch die gesetzliche Schriftform (§ 623 BGB) und die gesetzliche oder die vereinbarte Kündigungsfrist eingehalten werden. Eine außerordentliche Kündigung bedarf auch vor Dienstantritt eines wichtigen Grundes. Ein solcher liegt für den Mitarbeiter nicht allein darin, dass er eine besser dotierte Stelle gefunden hat.[52]

3295   Um das Risiko einer Kündigung vor vereinbartem Arbeitsantritt zu minimieren, enthalten viele Arbeitsverträge eine Klausel, wonach die Kündigung vor Arbeitsantritt ausgeschlossen ist.[53] Eine derartige Klausel bindet Arbeitgeber und Mitarbeiter. Sie verzichten damit auf ihr Recht einer ordentlichen Kündigung vor Arbeitsantritt. Das Recht zur außerordentlichen Kündigung kann nicht abbedungen werden.[54]

8. Kündigungsfristen

3296   Die Kündigungsfrist ist der vertraglich vereinbarte Zeitraum zwischen dem Zugang einer Kündigung und der dadurch bewirkten rechtswirksamen Beendigung des geschlossenen Vertragsverhältnisses. Das Motiv bei der Vereinbarung einer Kündigungsfrist ist beiden Vertragspartnern zu ermöglichen, das Vertragsverhältnis im Falle der Kündigung ohne übermäßigen Zeitdruck abwickeln und erforderlichenfalls nach einem anderen Vertragspartner suchen zu können. Die einschlägige Kündigungsfrist für eine ordentliche Kündigung ergibt sich entweder aus einem Tarifvertrag, dem Einzelarbeitsvertrag oder dem Gesetz.

3297   Die gesetzlichen Kündigungsfristen sind in § 622 BGB geregelt und unterscheiden zwischen arbeitgeberseitigen und arbeitnehmerseitigen Kündigungen. Ein Mitarbeiter hat danach, sofern einzelvertraglich oder tariflich nichts anderes vereinbart ist, während der gesamten Dauer des Arbeitsverhältnisses eine Frist von vier Wochen zum Fünfzehnten oder zum Ende eines Kalendermonats einzuhalten. Diese Frist gilt auch für ordentliche Kündigungen des Arbeitgebers in den ersten beiden Jahren des Arbeitsverhältnisses. Anschließend

---

[48] BAG vom 27. 2. 1997 – 2 AZR 302/96.
[49] BAG vom 17. 1. 1991 – 2 AZR 375/90.
[50] BAG vom 25. 3. 2004 – 2 AZR 324/03.
[51] Küttner/*Eisemann*, Personalbuch 2011 *Kündigung (vor Dienstantritt)*, Rn. 1.
[52] BAG vom 1. 10. 1970 – 2 AZR 542/69.
[53] BAG vom 25. 3. 2004 – 2 AZR 324/03.
[54] BAG vom 19. 12. 1974 – 2 AZR 565/73.

Lüders

verlängert sich die Frist mit fortschreitendem Bestand des Arbeitsverhältnisses, nämlich bei einer Betriebszugehörigkeit von

– zwei Jahren	auf einen Monat
– fünf Jahren	auf zwei Monate
– acht Jahren	auf drei Monate
– zehn Jahren	auf vier Monate
– zwölf Jahren	auf fünf Monate
– fünfzehn Jahre	auf sechs Monate
– mehr als zwanzig Jahren	auf sieben Monate

jeweils zum Ende des Kalendermonats.

Zwar sieht der Wortlaut des Gesetzes in § 622 Abs. 2 Satz 2 BGB (noch) vor, dass bei **3298** der Berechnung der Beschäftigungsdauer Zeiten, die vor der Vollendung des 25. Lebensjahrs des Mitarbeiters liegen, nicht berücksichtigt werden. Diese Bestimmung wurde jedoch vom EuGH[55] für unwirksam erklärt. Das BAG hat sich dem angeschlossen und entschieden, dass diese Vorschrift nicht mehr anzuwenden ist.[56]

Bei der Berechnung der Beschäftigungsdauer ist ein Berufsausbildungsverhältnis, aus dem **3299** der Auszubildende in ein Arbeitsverhältnis übernommen wurde, zu berücksichtigen.[57]

§ 622 BGB enthält Mindestkündigungsfristen, die allein durch einen Tarifvertrag ver- **3300** kürzt werden dürfen. Zumeist enthalten Tarifverträge jedoch verlängernde Fristen oder solche, die nicht zum Ende eines Kalendermonats, sondern nur zum Ende eines Quartals wirken. Einzelvertraglich können die gesetzlichen Fristen nicht wirksam verkürzt, sondern nur verlängert werden. Allein in Kleinbetrieben mit in der Regel nicht mehr als 20 Beschäftigten eröffnet das Gesetz die Möglichkeit, für die ersten beiden Jahre des Arbeitsverhältnisses eine vierwöchige Kündigungsfrist ohne Bindung an einen festen Kündigungstermin zu vereinbaren. Von den verlängerten Fristen darf aber auch im Kleinbetrieb nicht abgewichen werden.

Zudem kann auch vereinbart werden, dass die verlängerten Kündigungsfristen auch bei **3301** einer Kündigung durch den Mitarbeiter gelten sollen. Die vom Mitarbeiter einzuhaltenden Kündigungsfristen dürfen allerdings nicht länger sein als die im jeweiligen Zeitpunkt für den Arbeitgeber geltenden Fristen (§ 622 Abs. 6 BGB). Vereinbaren die Parteien unter Verstoß gegen § 622 Abs. 6 BGB für die Kündigung des Arbeitsverhältnisses durch den Mitarbeiter eine längere Frist als für die Kündigung durch den Arbeitgeber, muss auch der Arbeitgeber bei Kündigung des Arbeitsverhältnisses die für den Mitarbeiter vereinbarte (längere) Kündigungsfrist einhalten.[58]

Während einer ausdrücklich vereinbarten Probezeit, längstens für die Dauer von sechs **3302** Monaten, beträgt die Kündigungsfrist für beide Vertragsparteien zwei Wochen. Diese Frist findet auf alle Kündigungen Anwendung, die innerhalb der Probezeit zugehen; sie können also auch am letzten Tag der Probezeit ausgesprochen werden.

9. (Schrift-)Form der Kündigungserklärung

Seit dem 1. 5. 2000 erfordert jede Kündigung nach § 623 BGB zu ihrer Wirksamkeit die **3303** Einhaltung der Schriftform. Die gesetzliche Schriftform schafft Rechtssicherheit und schützt vor Übereilung.[59] Dieses Formerfordernis gilt für alle Arten der Kündigung, also sowohl die ordentliche, die außerordentliche als auch die Änderungskündigung, und gleichfalls für die arbeitgeberseitige und die Eigenkündigung durch den Mitarbeiter.[60]

---

[55] EuGH vom 19. 1. 2010 – C-555/07 („Kücükdeveci").
[56] BAG vom 1. 9. 2010 – 5 AZR 700/09.
[57] BAG vom 2. 12. 1999 – 2 AZR 139/99.
[58] BAG vom 2. 6. 2005 – 2 AZR 296/04.
[59] Küttner/*Eisemann*, Personalbuch 2011, *Kündigung (allgemein)* Rn. 28.
[60] BAG vom 12. 3. 2009 – 2 AZR 894/07; BAG vom 16. 9. 2004 – 2 AZR 628/03.

3304   Eine Kündigung ist die einseitige Erklärung einer Vertragspartei, mit der das Arbeitsverhältnis für die Zukunft aufgelöst werden soll. Die Kündigungserklärung muss der anderen Vertragspartei zugehen, aber nicht von ihr angenommen werden. Die Kündigung wird mit ihrem Zugang wirksam. Die Schriftform wird nach § 126 Abs. 1 BGB durch die von einem Kündigungsberechtigten abgefasste und eigenhändig unterschriebene Kündigung gewahrt. Hierzu muss der Namenszug nicht lesbar sein. Es genügt ein Schriftzug, der die Identität des Unterschreibenden ausreichend kennzeichnet. Eine Paraphe genügt nicht.[61] Dies bedeutet, dass weder die telegraphische Übermittlung,[62] das Übersenden eines Telefax[63] oder einer E-Mail noch die zu Protokoll im arbeitsgerichtlichen Verfahren erklärte Kündigung der gesetzlichen Schriftform genügt. Wird die Kündigung von einem Vertreter ausgesprochen, muss die entsprechende schriftliche Vollmacht der Kündigung im Original beigefügt werden. Anderenfalls besteht die Gefahr, dass die Kündigung zurückgewiesen wird, was nach § 174 BGB zur Unwirksamkeit führt. Dann bedarf es des Ausspruchs einer erneuten Kündigung.

3305   Die Kündigung kann grundsätzlich zu jeder Zeit an jedem Ort wirksam erklärt werden. Entscheidend ist, dass die Kündigung in den Machtbereich des Empfängers gelangt. Der Kündigungsausspruch kann somit auch während einer angezeigten Arbeitsunfähigkeit oder während des Urlaubs des Mitarbeiters erfolgen. Zumeist empfiehlt es sich, die Kündigung unter Zeugen unmittelbar zu übergeben oder in den Briefkasten des Empfängers einzuwerfen, wobei der Einwerfende ggf. bezeugen können muss, welchen genauen Inhalt das eingeworfene Schreiben hat. Eine Übersendung per Einschreiben ist wegen der Schwierigkeiten beim Zugangsnachweis zu vermeiden.

3306   Das Kündigungsschreiben muss klar erkennen lassen, dass das Arbeitsverhältnis beendet werden soll. Auch der Zeitpunkt der Beendigung muss deutlich zu entnehmen sein. Im Übrigen besteht keine gesetzliche Verpflichtung, eine Kündigungserklärung mit Gründen zu versehen; weder der Mitarbeiter noch der Arbeitgeber müssen in der Kündigung einen Kündigungsgrund nennen. Zwar gibt § 626 Abs. 2 BGB dem Gekündigten einen Auskunftsanspruch über die Gründe der außerordentlichen Kündigung. Auch nach § 1 Abs. 3 KSchG hat der Arbeitgeber auf Verlangen die Gründe mitzuteilen, die zu der getroffenen sozialen Auswahl geführt haben. Die Missachtung führt jedoch nicht zur Unwirksamkeit der Kündigung, sondern begründet allein Schadenersatzansprüche.[64]

3307   Bei Ausspruch einer Kündigung soll der Arbeitgeber den Mitarbeiter darauf hinweisen, dass er sich unter Einhaltung konkreter Fristen bei der zuständigen Arbeitsagentur arbeitsuchend zu melden hat (§ 2 Abs. 2 Satz 2 Nr. 3 SGB III).

10. Beteiligung des Betriebsrates

3308   In allen Betrieben, in denen ein Betriebsrat besteht, muss der Arbeitgeber den Betriebsrat vor Ausspruch jeder Art einer Kündigung (ordentliche, außerordentliche Kündigung, Änderungskündigung) anhören (§ 102 BetrVG). Das Anhörungserfordernis gilt auch schon für eine Kündigung innerhalb der Probezeit.

3309   Spricht der Arbeitgeber seine Kündigung aus, ohne zuvor den Betriebsrat angehört zu haben, ist die Kündigung unwirksam. Dasselbe gilt, wenn die Anhörung nicht ordnungsgemäß erfolgt ist. Auch wenn der Arbeitgeber in den ersten sechs Monaten des Arbeitsverhältnisses kündigen will, muss er den Betriebsrat vor Ausspruch der Kündigung anhören.

3310   An die Mitteilungspflicht im Anhörungsverfahren sind zwar nicht dieselben Anforderungen zu stellen wie an die Darlegungen des Arbeitgebers im Prozess. Es gilt der Grundsatz der „subjektiven Determinierung".[65] Der Betriebsrat ist immer dann ordnungsgemäß ange-

---

[61] BAG vom 24. 1. 2008 – 6 AZR 519/07.
[62] BGH vom 27. 5. 1957 – VII ZR 223/56.
[63] BGH vom 30. 7. 1997 – VII ZR 244/96.
[64] Küttner/*Eisemann*, Personalbuch 2011, *Kündigung (allgemein)* Rn. 36.
[65] BAG vom 22. 4. 2010 – 2 AZR 991/08.

hört worden, wenn ihm der Arbeitgeber die aus seiner Sicht tragenden Umstände unterbreitet hat. Der für die Kündigung maßgebende Sachverhalt muss so genau und umfassend beschrieben werden, dass der Betriebsrat ohne zusätzliche eigene Nachforschungen in der Lage ist, selbst die Stichhaltigkeit der Kündigungsgründe zu prüfen und sich ein Bild zu machen.[66] Der Arbeitgeber muss nur die Umstände mitteilen, die seinen Kündigungsentschluss tatsächlich bestimmt haben. Teilt der Arbeitgeber dem Betriebsrat objektiv kündigungsrechtlich erhebliche Tatsachen deshalb nicht mit, weil er darauf die Kündigung nicht oder zunächst nicht stützen will, ist die Anhörung zwar ordnungsgemäß erfolgt, dem Arbeitgeber ist es aber verwehrt, im Kündigungsschutzprozess Gründe nachzuschieben, die über die Erläuterung des mitgeteilten Sachverhalts hinausgehen.[67] Der Arbeitgeber kommt seiner Unterrichtungspflicht erst dann nicht mehr nach, wenn er aus seiner Sicht dem Betriebsrat bewusst eine unrichtige oder unvollständige Sachverhaltsdarstellung unterbreitet.[68] Bei einer Änderungskündigung hat der Arbeitgeber dem Betriebsrat sowohl die Gründe für die Änderung der Arbeitsbedingungen als auch das Änderungsangebot mitzuteilen.[69]

Die Anhörung durch den Arbeitgeber unterliegt keinem Formerfordernis.[70] Aus Be- **3311** weisgründen empfiehlt sich jedoch eine schriftliche Anhörung. Nach Eingang der Anhörung hat der Betriebsrat bei der ordentlichen Kündigung eine Woche und bei der außerordentlichen Kündigung drei Tage Zeit zur Abgabe einer Stellungnahme. Der Betriebsrat muss diese Frist nicht ausschöpfen. Vor Ablauf der Fristen kann jedoch nur dann eine Kündigung ausgesprochen werden, wenn eine abschließende Stellungnahme des Betriebsrats vorliegt.

III. Beendigung eines befristeten Arbeitsvertrags

Nach § 15 Abs. 1 TzBfG endet ein kalendermäßig befristeter Arbeitsvertrag mit Ablauf **3312** der vereinbarten Zeit. Ein zweckbefristeter Arbeitsvertrag endet mit Erreichen des Zwecks, frühestens jedoch zwei Wochen nach Zugang der schriftlichen Unterrichtung des Mitarbeiters durch den Arbeitgeber über den Zeitpunkt der Zweckerreichung. Der Arbeitgeber ist verpflichtet, den Mitarbeiter unverzüglich schriftlich zu informieren, wenn er den Zweck als erreicht ansieht.

Das Recht zur ordentlichen Kündigung eines befristeten Arbeitsvertrags besteht für bei- **3313** de Vertragsparteien nur dann, wenn dies einzelvertraglich oder in einem auf das Arbeitsverhältnis anwendbaren Tarifvertrag ausdrücklich vereinbart ist (§ 15 Abs. 3 TzBfG). In dieser Vereinbarung können auch die einzuhaltenden Kündigungsfristen festgelegt werden. Wird hierzu keine Vereinbarung getroffen, gelten die gesetzlichen Kündigungsfristen des § 622 BGB. Sofern auf das Arbeitsverhältnis ein Tarifvertrag Anwendung findet, werden diese durch die tarifvertraglich festgelegten Kündigungsfristen ersetzt, die in der Regel günstiger sind als die gesetzlichen Kündigungsfristen.

Bei einer Befristungsdauer von mehr als fünf Jahren oder bei einer Befristung „auf Le- **3314** benszeit einer Person" hat der Mitarbeiter nach § 15 Abs. 4 TzBfG nach Ablauf von fünf Jahren ein Sonderkündigungsrecht. Er kann nach Ablauf von fünf Jahren mit einer Kündigungsfrist von sechs Monaten das Arbeitsverhältnis kündigen, auch wenn im befristeten Arbeitsvertrag ein Kündigungsrecht nicht ausdrücklich vereinbart wurde.

---

[66] BAG vom 13. 5. 2004 – 2 AZR 329/03.
[67] BAG vom 23. 6. 2009 – 2 AZR 474/07.
[68] BAG vom 7. 11. 2002 – 2 AZR 599/01.
[69] BAG vom 12. 8. 2010 – 2 AZR 945/08; BAG vom 27. 9. 2001 – 2 AZR 236/00.
[70] BAG vom 6. 2. 1997 – 2 AZR 168/96.

IV. Abfindungen

3315 Eine rechtswirksam ausgesprochene Kündigung führt nur in Ausnahmefällen zu einem Anspruch auf eine Abfindungszahlung. Zumeist wird eine Abfindung nur deshalb vereinbart, weil dadurch die wechselseitigen Risiken eines Kündigungsschutzverfahrens ausgeglichen werden und frühzeitig Rechtsklarheit über die Wirksamkeit der Vertragsbeendigung erzielt werden kann. Die rechtlichen Risiken bestimmen dann auch die Verhandlungsführung.

3316 Das Gesetz kennt Abfindungen für den Verlust eines Arbeitsplatzes in einem mit dem Betriebsrat zu vereinbarenden Sozialplan, beim Nachteilsausgleich und auch im Kündigungsschutzgesetz (KSchG).

1. Abfindungsanspruch bei betriebsbedingter Kündigung

3317 Nach § 1 a KSchG kann sich ein Arbeitgeber bei einer Kündigung wegen dringender betrieblicher Erfordernisse im Kündigungsschreiben zur Zahlung einer Abfindung für den Fall verpflichten, dass der Mitarbeiter bis zum Ablauf der Frist des § 4 KSchG keine Kündigungsschutzklage erhebt. Die gesetzlich vorgesehene Abfindungshöhe beträgt für diesen Fall 0,5 Monatsverdienste für jedes Jahr des Bestehens des Arbeitsverhältnisses. Dies gilt ebenso für eine aus dringenden betrieblichen Gründen ausgesprochene Änderungskündigung, soweit sie wegen Nichtannahme oder vorbehaltloser Ablehnung des Änderungsangebots zur Beendigung des Arbeitsverhältnisses führt.[71] Die betriebsbedingte Abfindung ist frühestens mit dem Ablauf der dreiwöchigen Klagefrist, spätestens mit dem Ablauf der Kündigungsfrist fällig.

3318 Die Vereinbarung von höheren Abfindungen bleibt von der gesetzlichen Neuregelung unberührt. Dem Arbeitgeber bleibt unbenommen, entsprechende Angebote mit höheren oder geringeren Abfindungen zu machen.[72] Dann handelt es sich jedoch nicht um eine „betriebsbedingte Abfindung" nach § 1 a KSchG, sondern um das Angebot auf Abschluss eines Aufhebungsvertrags, dessen Wirksamkeit sich nach den allgemeinen Regeln richtet. Ob ein Arbeitgeber das Verfahren nach § 1 a KSchG einleitet oder ein Angebot auf Abschluss eines Aufhebungsvertrags macht, hängt von der Auslegung aller in diesem Zusammenhang von ihm abgegebenen Erklärungen und den Umständen des Einzelfalles ab.[73]

2. Auflösungsabfindung

3319 Darüber hinaus hat ein Mitarbeiter nur dann einen gesetzlichen Anspruch auf Zahlung einer Abfindung, wenn das Arbeitsgericht im Rahmen eines Kündigungsschutzprozesses die Unwirksamkeit der Arbeitgeberkündigung feststellt und entweder der Mitarbeiter und/oder der Arbeitgeber den Antrag gestellt haben, das Arbeitsverhältnis gegen Zahlung einer Abfindung aufzulösen (§§ 9, 13 KSchG). Der Mitarbeiter kann den entsprechenden Antrag dann stellen, wenn ihm die Fortsetzung des Arbeitsverhältnisses nicht mehr zugemutet werden kann, der Arbeitgeber, wenn Gründe vorliegen, die eine den Betriebszwecken dienliche weitere Zusammenarbeit nicht erwarten lassen. Als Auflösungsgründe kommen bei einem Antrag des Arbeitgebers nur Umstände in Betracht, die das persönliche Verhältnis zum Arbeitgeber, die Wertung der Persönlichkeit des Beschäftigten, seine Leistung oder seine Eignung für die gestellten Aufgaben und sein Verhältnis zu den übrigen Mitarbeitern betreffen.[74] Nach einer unwirksamen außerordentlichen Kündigung kann nur der Beschäftigte, nicht aber der Arbeitgeber einen Auflösungsantrag stellen.

---

[71] BAG vom 13. 12. 2007 – 2 AZR 663/06.
[72] BAG vom 10. 7. 2008 – 2 AZR 209/07; BAG vom 13. 12. 2007 – 2 AZR 807/06.
[73] BAG vom 10. 7. 2008 – 2 AZR 209/07; BAG vom 13. 12. 2007 – 2 AZR 807/06.
[74] BAG vom 9. 9. 2010 – 2 AZR 482/09.

Die Auflösung des Arbeitsverhältnisses auf Antrag des Arbeitgebers bedeutet für den be- **3320** troffenen Beschäftigten den Verlust des Arbeitsplatzes trotz sozialwidriger Kündigung. Die Sozialwidrigkeit der zuvor ausgesprochenen Kündigung macht es erforderlich, an die Voraussetzungen des vom Arbeitgeber gestellten Auflösungsantrages strenge Anforderungen zu stellen.[75] Soweit der Beschäftigte den Auflösungsantrag stellt, geht es letzten Endes darum, Bestandsschutz zu kapitalisieren. Bei der Bemessung der Abfindungszahlung darf daher nicht übersehen werden, dass der die Abfindung rechtfertigende Grund in erster Linie in der Sozialwidrigkeit der Kündigung liegt.

Ist die angegriffene Kündigung nicht nur sozialwidrig, sondern auch aus anderen Grün- **3321** den unwirksam, obsiegt der Beschäftigte mit seinem begründeten Auflösungsantrag, wenn das Gericht auch die Sozialwidrigkeit feststellt.[76] Der Auflösungsantrag des Arbeitgebers ist dagegen nur zulässig, wenn der von ihm geltend gemachte Kündigungssachverhalt lediglich nach § 1 KSchG wegen Sozialwidrigkeit zur Unwirksamkeit der Kündigung führt,[77] es sei denn, die Unwirksamkeit aus anderen Gründen beruht auf einer Norm, die nicht den Beschäftigten schützen will.[78]

Bei der Abfindung handelt es sich um eine vom Gericht nach pflichtgemäßem Ermessen **3322** festzusetzende Entschädigung für den Verlust des sozialen Besitzstandes.[79] Unabhängig davon, wer den Auflösungsantrag stellt, erfolgt die Auflösung gegen Zahlung einer Abfindung, deren Höhe in § 10 KSchG geregelt ist. Die gesetzliche Abfindung kann bis zu einem Jahresverdienst betragen. Bei Mitarbeitern, die das 55. Lebensjahr vollendet und mehr als 15 Jahre (bzw. 20 Jahre) beschäftigt waren, kann sie bis zu 15 (bzw. 18) Monatsverdienste betragen. Je nach Alter des Gekündigten, Beschäftigungsdauer und Lage auf dem (regionalen) Arbeitsmarkt legt der Richter die Höhe der Abfindung fest. Als Faustregel rechnet man zwischen 0,5 und 1 Monatsverdienst pro Beschäftigungsjahr.

3. Steuer und Sozialversicherung

Seit dem 31. 12. 2005 gibt es keine Abfindungsfreibeträge mehr, bis zu deren Höhe die **3323** Abfindung steuerfrei ist. Für Abfindungen gibt es keine Steuerfreibeträge mehr. Bestehen geblieben ist allerdings die so genannte Fünftel-Regelung, die dazu führt, dass die gezahlte Abfindung günstiger besteuert wird als das normale Arbeitsentgelt. Die Streichung der Steuerfreibeträge hat auf die Sozialversicherungsfreiheit von Abfindungszahlungen keine Auswirkungen. Abfindungen gelten nicht als Arbeitsentgelt im Sinne des Sozialversicherungsrechts; sie sind daher sozialversicherungsfrei.

Die Sozialversicherungsfreiheit gilt nicht, wenn durch die Abfindung bereits verdientes **3324** Arbeitsentgelt abgegolten werden soll. Wenn Sie strittige Entgeltforderungen im Aufhebungsvertrag durch eine Einmalzahlung erledigen wollen, trennen Sie diese von der eigentlichen Abfindung für den Verlust des Arbeitsplatzes.

4. Sperrfristen beim Arbeitslosengeld und Ruhen des Arbeitslosengeldes

Beschäftigte, die durch Kündigung oder durch Abschluss eines Aufhebungsvertrags aus **3325** dem Arbeitsverhältnis ausscheiden, haben Anspruch auf Zahlung von Arbeitslosengeld nach §§ 117 ff. SGB III, sofern sie in der dem ersten Tag der Arbeitslosigkeit vorangegangenen Rahmenfrist – in der Regel zwei Jahre – mindestens zwölf Monate in einer die Versicherungspflicht begründenden Beschäftigung gestanden haben. Die Arbeitsagentur kann aber eine Sperrzeit nach § 144 SGB III verhängen, wenn der Mitarbeiter das Arbeitsverhältnis gelöst hat. Eine Sperrfrist wird auch verhängt, wenn vertragswidriges Verhalten Ursache der

---

[75] Küttner/*Eisemann*, Personalbuch 2011, *Abfindung* Rn. 10.
[76] BAG vom 29. 1. 1981 – 2 AZR 1055/78.
[77] BAG vom 23. 2. 2010 – 2 AZR 554/08.
[78] BAG vom 28. 8. 2008 – 2 AZR 63/07.
[79] BAG vom 12. 6. 2003 – 8 AZR 341/02.

Beendigung des Arbeitsverhältnisses war. § 144 SGB III gilt grundsätzlich auch bei Abschluss eines Aufhebungsvertrags.

3326 Nach § 43a SGB III kann die Zahlung einer Abfindung zum Ruhen des Arbeitslosengeldanspruches führen. Das Ruhen wird insbesondere dann angeordnet, wenn das Arbeitsverhältnis ohne Einhaltung der Kündigungsfrist beendet wurde und der Mitarbeiter eine Abfindung erhält. Der Anspruch ruht dann bis zu dem Tag, an dem das Arbeitsverhältnis bei Einhaltung der Kündigungsfrist geendet hätte.

V. Aufhebungsvertrag

3327 Mit einem Aufhebungsvertrag kann ein Beschäftigungsverhältnis in gegenseitigem Einvernehmen zu einem bestimmten, frei wählbaren Termin beendet werden. Der Aufhebungsvertrag hat sich in der Praxis als gängiges Instrument erwiesen, Arbeitsverhältnisse kurzfristig und aus der Sicht des Arbeitgebers weitgehend risikofrei zu beenden. Ein Aufhebungsvertrag ist der kündigungsrechtlichen Kontrolle entzogen.[80] Er kann zu jedem Zeitpunkt und ohne besonderen Anlass abgeschlossen werden und wirkt immer nur für die Zukunft, es sei denn, das Arbeitsverhältnis war bereits außer Vollzug gesetzt.[81] Es ist nicht erforderlich, dass ein Kündigungsgrund vorliegt, eine Kündigung seitens des Arbeitgebers oder Mitarbeiters ausgesprochen wurde oder Kündigungsfristen eingehalten werden.

3328 Gleichwohl sollte ein Aufhebungsvertrag nicht übereilt geschlossen werden. Allerdings ist ein Aufhebungsvertrag nicht von vornherein die schlechteste Lösung für einen Mitarbeiter, zumindest dann nicht, wenn er sowieso davon ausgeht, dass das Arbeitsverhältnis demnächst durch Kündigung des Arbeitgebers enden wird. Auch lässt sich mit dem Aufhebungsvertrag eine ansonsten einzuhaltende Kündigungsfrist abkürzen. Bei Pflichtverletzungen des Mitarbeiters, die auch eine außerordentliche Kündigung rechtfertigen können, ist die Vereinbarung eines begradigten Beendigungstermins möglich.

3329 Beim Abschluss eines Aufhebungsvertrags muss der Arbeitgeber den Mitarbeiter darauf hinweisen, dass er sich zur Vermeidung von Nachteilen beim Bezug von Arbeitslosengeld unverzüglich bei der zuständigen Arbeitsagentur arbeitsuchend zu melden hat (§ 2 Abs. 2 Satz 2 Nr. 3 SGB III).

3330 Der Inhalt eines Aufhebungsvertrags kann frei ausgehandelt werden. Es gilt der Grundsatz der Vertragsfreiheit (§§ 241, 305 BGB). Typische Regelungstatbestände neben der eigentlichen Beendigung sind eine vorherige Freistellung oder Urlaubsgewährung, die Zahlung einer Urlaubsabgeltung oder einer Abfindung, die Geltung oder Nichtgeltung eines bereits im Arbeitsvertrag vereinbarten Wettbewerbsverbots, die Rückgabe von Betriebsmitteln oder die Zeugniserstellung. Welche Punkte im Einzelnen regelungsbedürftig sind, hängt von den Umständen des konkreten Einzelfalls ab.

3331 Ein Aufhebungsvertrag kann auch im Rahmen eines Kündigungsrechtsstreits geschlossen werden, z.B. wenn Arbeitgeber und Mitarbeiter kein Interesse an der Fortsetzung des Arbeitsverhältnisses haben und einen langwierigen Rechtsstreit um die Wirksamkeit der Kündigung vermeiden wollen. Im gerichtlichen Verfahren wird der Aufhebungsvertrag in Form eines Vergleichs geschlossen.

3332 Ein Aufhebungsvertrag ist nur dann wirksam, wenn er von Arbeitgeber und Mitarbeiter schriftlich abgeschlossen worden ist (§ 623 BGB). Der Aufhebungsvertrag muss von Arbeitgeber und Mitarbeiter unterschrieben werden. Mündliche Aufhebungsverträge sind nicht rechtswirksam. Der Abwicklungsvertrag fällt dagegen nicht unter § 623 BGB. Hier genügt die Schriftform der ihm vorangegangenen formgerechten Kündigung.[82]

---

[80] BAG vom 28. 11. 2007 – 6 AZR 1108/06.
[81] BAG vom 10. 12. 1998 – 8 AZR 324/97.
[82] BAG vom 23. 11. 2006 – 6 AZR 394/06.

Lüders

Der Abschluss eines Aufhebungsvertrags kann für den Mitarbeiter, der nach Beendigung **3333** des Arbeitsverhältnisses arbeitslos sein wird, unter Umständen zu einer Sperrzeit führen. Der Mitarbeiter sollte daher vor Abschluss des Aufhebungsvertrags aufgefordert werden, sich bei dem für ihn zuständigen Arbeitsamt zu erkundigen, ob an dieser Stelle Probleme auftreten. Hat der Arbeitgeber dem Mitarbeiter vor Abschluss des Aufhebungsvertrags mit Bestimmtheit eine Kündigung in Aussicht gestellt und würde die drohende Arbeitgeberkündigung auf betriebsbedingte Gründe gestützt, wird in der Regel keine Sperrzeit verhängt.

VI. Zeugnis

Jeder Mitarbeiter hat bei der Beendigung seines Arbeitsverhältnisses einen Anspruch auf **3334** die Erteilung eines schriftlichen Arbeitszeugnisses. Dieser Rechtsanspruch ist in § 109 GewO geregelt. Zeugnisse dienen dem Mitarbeiter als Nachweis über seinen beruflichen Werdegang und geben Auskunft über seine beruflichen Tätigkeiten, seine persönlichen und fachlichen Befähigungen und Eignungen sowie seine Leistungen und sein persönliches Verhalten. Sie sollen also dem beruflichen Fortkommen des Mitarbeiters behilflich sein und Dritten eine Einschätzung und Auswahl bei der Stellenbesetzung ermöglichen.[83]

1. Zeugnisarten

Das Gesetz unterscheidet in § 109 GewO zwischen zwei Zeugnisarten. Danach muss ein **3335** Zeugnis mindestens Angaben zu Art und Dauer der Tätigkeit enthalten. Ein solches Zeugnis wird „einfaches Zeugnis" genannt. Daneben kann ein Mitarbeiter auch ein sogenanntes „qualifiziertes Zeugnis" verlangen, welches sich zusätzlich auf Leistung und Verhalten des Mitarbeiters im Arbeitsverhältnis erstreckt. Diese Aussagen sind im einfachen Zeugnis nicht enthalten.

Zudem wird begrifflich nach dem Zeitpunkt der Zeugniserteilung differenziert. Das ge- **3336** setzlich für den Zeitpunkt des Ausscheidens vorgesehene Zeugnis wird als „Endzeugnis" bezeichnet. Es bescheinigt die berufliche Tätigkeit des Mitarbeiters von Beginn bis zum Ende des Arbeitsverhältnisses. Ein während eines laufenden Arbeitsverhältnisses erteiltes Zeugnis wird „Zwischenzeugnis" genannt. Es entspricht inhaltlich dem Endzeugnis mit dem Unterschied, dass das Beschäftigungsverhältnis weiterhin besteht. An der Erteilung eines Zwischenzeugnisses kann der Mitarbeiter beispielsweise bei einer Versetzung oder bei einem Wechsel des Vorgesetzten ein besonderes berechtigtes Interesse haben. Sowohl ein Endzeugnis als auch ein Zwischenzeugnis kann als einfaches oder als qualifiziertes Zeugnis ausgestellt werden.

Formal ist das Zwischenzeugnis im Präsens abzufassen, weil die bewertete Tätigkeit an- **3337** dauert und die bescheinigten Leistungen auch im Zeitpunkt der Zeugnisausstellung erbracht werden. Das Imperfekt ist zu benutzen, wenn ein bereits abgeschlossener Vorgang beschrieben wird, z. B. die frühere Tätigkeit bei wechselndem Aufgabenbereich.

2. Zeitpunkt und Erfüllung der Zeugniserteilung

Der Anspruch auf Zeugniserteilung entsteht nach § 109 GewO bei der Beendigung des **3338** Beschäftigungsverhältnisses. Vom Bundesarbeitsgericht wird ein Anspruch auf ein Endzeugnis spätestens nach Ablauf der Kündigungsfrist zuerkannt, und zwar auch dann, wenn Kündigungsschutzklage erhoben wurde und die Beendigung des Beschäftigungsverhältnisses rechtlich noch nicht geklärt ist.[84] Als vertragliche Nebenpflicht soll jedoch auch ein

---

[83] Küttner/*Reinecke,* Personalbuch 2011, *Zeugnis* Rn. 1.
[84] BAG vom 27. 2. 1987 – 5 AZR 710/85.

Anspruch eines gekündigten Mitarbeiters bestehen, vorab ein Zwischenzeugnis zu erhalten.[85] Teilweise wird ein solches auch als vorläufiges Zeugnis betitelt. Es soll dem Mitarbeiter die Möglichkeit geben, sich rechtzeitig bewerben zu können. Ferner kann ein Zeugnis oder auch nur eine Bescheinigung verlangt werden, wenn dies für Fortbildungskurse bedeutsam ist oder zur Vorlage bei Behörden, Gerichten oder zur Kreditgewährung bei einer Bank benötigt wird.

3339 Der Anspruch auf Zeugniserteilung ist erfüllt, wenn der Arbeitgeber das Zeugnis ausgefertigt und unterschrieben und zur Abholung bereit gelegt hat. Eine Verpflichtung des Arbeitgebers, dem Mitarbeiter das Zeugnis zuzusenden, besteht grundsätzlich nicht. Vielmehr handelt es sich um eine Holschuld des Mitarbeiters, der das Arbeitszeugnis bei seinem Arbeitgeber abholen muss.[86] Etwas anderes gilt allerdings, wenn der Mitarbeiter mittlerweile verzogen und eine Abholung deswegen nicht zumutbar ist oder wenn das Zeugnis nicht am letzten Tag des Arbeitsverhältnisses zur Abholung bereit liegt.

3. Form des Zeugnisses

3340 Das Zeugnis ist schriftlich zu erteilen (§ 109 Abs. 1 Satz 1 GewO). Es muss klar und verständlich formuliert sein. Es darf keine Merkmale oder Formulierungen enthalten, die den Zweck haben, eine andere als aus der äußeren Form oder aus dem Wortlaut ersichtliche Aussage über den Mitarbeiter zu treffen (§ 109 Abs. 2 GewO). Doppeldeutige und/oder verschlüsselte Formulierungen werden immer wieder in Zeugnissen vermutet und sind unter dem Gesichtspunkt der Zeugniswahr- und Zeugnisklarheit rechtlich bedenklich. Gleichwohl werden derartige Formulierungen immer wieder von Arbeitgebern benutzt, um Informationen über den Mitarbeiter weiterzugeben. Derartige Formulierungen können ein Zeugnis aber als Grundlage für eine Bewerbung auf dem Arbeitsmarkt unbrauchbar machen. Die Gerichte fordern deswegen in einem Zeugnisrechtsstreit den Arbeitgeber in den meisten Fällen auf, doppeldeutige Formulierungen zu entfernen und durch eindeutige zu ersetzen.

3341 Nach der Verkehrssitte ist es üblich, dass es mittels Computer oder Schreibmaschine erstellt wird. Ein unsauber geschriebenes Zeugnis (z.B. Flecken, Durchstreichungen, Textverbesserungen, Radierungen) kann vom Mitarbeiter zurückgewiesen werden. Auch Schreibfehler sind zu korrigieren. Ausrufungs- oder Fragezeichen und Gänsefüßchen sind ebenso unzulässig wie Unterstreichungen oder teilweise Hervorhebungen durch Fettschrift. Das Zeugnis muss auf Geschäftspapier (Firmenbogen) ausgestellt werden, wenn der Arbeitgeber Geschäftspapier besitzt und im Geschäftsverkehr verwendet.[87] Außer Namen, Vornamen und akademischem Grad ist auf Verlangen des Mitarbeiters auch das Geburtsdatum aufzunehmen, um Verwechslungen bei Namensgleichheit auszuschließen.

3342 Da die bloße Unterschrift häufig nicht entzifferbar ist und das Zeugnis nicht von einem Anonymus ausgestellt werden soll, ist die Unterschrift des Ausstellers durch eine maschinenschriftliche Namensangabe zu ergänzen. Daneben sind Ort und Datum der Zeugnisausstellung zu vermerken.

3343 Jedes Zeugnis schließt mit der eigenhändigen Unterschrift des Arbeitgebers oder des für ihn handelnden Vertreters. Das Vertretungsverhältnis und die Stellung des Unterzeichners im Betrieb sind zu kennzeichnen. Beim qualifizierten Zeugnis muss der Unterzeichner erkennbar ranghöher sein.[88]

3344 Das Zeugnis muss ferner ein Ausstellungsdatum tragen. Dies ist in der Regel das Datum, das bei rechtzeitiger Erteilung gilt, also bei Endzeugnissen der letzte Tag des Anstellungsverhältnisses. Zwischenzeugnisse sind unter dem Datum der Ausstellung zu fertigen. Vor- oder Rückdatierungen sind unzulässig.

---

[85] BAG vom 1. 10. 1998 – 6 AZR 176/97.
[86] BAG vom 8. 3. 1995 – 5 AZR 848/93.
[87] BAG vom 3. 3. 1993 – 5 AZR 182/92.
[88] BAG vom 16. 11. 1995 – 8 AZR 983/94.

E. Ausbildungsverhältnis

Für Ausbildungs- und Praktikantenverhältnisse gilt das Berufsbildungsgesetz (BBiG) als **3345** Spezialgesetz. Daneben finden einzelne arbeitsrechtliche Sonderregelungen wie beispielsweise das Jugendarbeitsschutzgesetz für minderjährige Mitarbeiter Anwendung.

I. Begriff „Berufsausbildung"

Eine Berufsausbildung muss die für die Ausübung einer qualifizierten beruflichen Tä- **3346** tigkeit in einer sich wandelnden Arbeitswelt notwendigen beruflichen Fertigkeiten, Kenntnisse und (berufliche Handlungs-)Fähigkeiten in einem geordneten Ausbildungsgang vermitteln sowie den Erwerb der erforderlichen Berufserfahrungen ermöglichen. Die Berufsausbildung findet aufgrund einer Ausbildungsordnung in einem geordneten Ausbildungsgang (§ 4 BBiG) statt. Jugendliche unter 18 Jahren dürfen nur in einem anerkannten Ausbildungsberuf ausgebildet werden (§ 4 Abs. 3 BBiG). Volljährige können auch in anderen Berufen ausgebildet werden, wenn die Berufsausbildung ansonsten den Anforderungen des § 1 Abs. 2 BBiG entspricht.

Als Auszubildender gilt, wem Kenntnisse, Fertigkeiten und Erfahrungen in einem aner- **3347** kannten Ausbildungsberuf mit dem Ziel vermittelt werden, durch eine Prüfung den Berufsabschluss zu erlangen.

Das BBiG geht vom dualen System aus, bei dem sich betriebliche und schulische Aus- **3348** bildung (Berufsschule) ergänzen. Für reine schulische Ausbildungen an berufsbildenden Schulen gilt das BBiG nicht (§ 3 Abs. 2 BBiG). Wird im Berufsausbildungsverhältnis eine theoretische und praktische Ausbildung durchgeführt, gilt das BBiG nur, wenn der Schwerpunkt auf der praktischen Ausbildung mit einer arbeitsrechtlich-betrieblichen Ausgestaltung liegt.

II. Abschluss eines Ausbildungsvertrags

Ein Berufsausbildungsverhältnis wird durch den Abschluss eines Ausbildungsvertrags be- **3349** gründet (§ 10 BBiG). Dies ist der Vertrag zwischen Ausbildendem und Auszubildendem, durch den sich der Ausbildende zum Ausbilden in einem bestimmten Ausbildungsberuf und der Auszubildende zum Lernen in diesem Ausbildungsberuf verpflichtet.[1] Der Vertrag wird vor Beginn der Ausbildung abgeschlossen. Soll der Berufsausbildungsvertrag mit einem Minderjährigen abgeschlossen werden, ist die Zustimmung des gesetzlichen Vertreters entweder als Einwilligung vor Abschluss des Vertrags (§ 107 BGB) oder aber als nachträgliche Genehmigung erforderlich. In letztgenanntem Fall ist der Vertrag bis zur Genehmigung durch den/die gesetzlichen Vertreter schwebend unwirksam (§ 108 BGB).

Die Einwilligung oder Genehmigung des Vertrags erklärt der gesetzliche Vertreter durch **3350** seine nach § 11 Abs. 2 BBiG notwendige Unterschrift unter der Niederschrift des Ausbildungsvertrags. Der Vertrag ist somit vom Ausbildenden (Arbeitgeber), vom Auszubildenden und, falls dieser minderjährig ist, von seinen Erziehungsberechtigten zu unterschreiben.[2]

---

[1] Küttner/*Kania*, Personalbuch 2011, *Ausbildungsverhältnis* Rn. 6.
[2] Küttner/*Kania*, Personalbuch 2011, *Ausbildungsverhältnis* Rn. 8.

3351 Grundsätzlich beginnt jedes Berufsausbildungsverhältnis mit einer Probezeit (§ 20 BBiG). Die Probezeit beträgt mindestens einen Monat und darf vier Monate nicht überschreiten. Die konkrete Dauer der Probezeit muss im Berufsausbildungsvertrag angegeben werden (§ 11 Abs. 1 Ziffer 5 BBiG).

3352 Der Abschluss des Berufsausbildungsvertrags ist grundsätzlich formfrei möglich. Allerdings ist der Ausbildende gem. § 11 Abs. 1 BBiG verpflichtet, den wesentlichen Inhalt des Vertrags spätestens vor Beginn der Berufsausbildung schriftlich niederzulegen. Der dort festgelegte Mindestinhalt der Niederschrift umfasst die

- Art, sachliche und zeitliche Gliederung sowie Ziel der Berufsausbildung, insbesondere die Berufstätigkeit, für die ausgebildet werden soll,
- Beginn und Dauer der Berufsausbildung,
- Ausbildungsmaßnahmen außerhalb der Ausbildungsstätte,
- Dauer der regelmäßigen täglichen Ausbildungszeit,
- Dauer der Probezeit,
- Zahlung und Höhe der Vergütung,
- Dauer des Urlaubs,
- Voraussetzungen, unter denen der Berufsausbildungsvertrag gekündigt werden kann,
- ein in allgemeiner Form gehaltener Hinweis auf die Tarifverträge, Betriebs- oder Dienstvereinbarungen, die auf das Berufsausbildungsverhältnis anzuwenden sind.

3353 Nicht zulässig (§ 12 BBiG) sind vertragliche Regelungen über

- eine Gegenleistung des Auszubildenden, z.B. in Form einer Entschädigung. Dieses Verbot umfasst auch Entschädigungen für Ausbildungsmaßnahmen außerhalb der Ausbildungsstätte.
- die Weiterarbeit nach dem Ausbildungsende, es sei denn, eine entsprechende Vereinbarung wird in den letzten sechs Monaten der Ausbildung getroffen. Bei der Berechnung des Sechs-Monats-Zeitraums wird von dem im Ausbildungsvertrag angegebenen voraussichtlichen Ende der Berufsausbildung ausgegangen.
- Kündigungsausschlussklauseln, die es dem Auszubildenden untersagen, nach Abschluss der Ausbildung und Übernahme in ein Arbeitsverhältnis vor Ablauf einer bestimmten Zeit zu kündigen.
- Wettbewerbsverbote, die den Auszubildenden in seiner beruflichen Tätigkeit nach Ausbildungsende einschränken, z.B. dahingehend, dass der Auszubildende nicht bei Mitbewerbern oder nicht am Ausbildungsort arbeiten darf.
- Vertragsstrafen, die den Auszubildenden zu einer Zahlung für den Fall verpflichten, dass er die Ausbildung abbricht. Nicht verboten ist eine Vereinbarung, die in den letzten sechs Monaten vor dem vereinbarten Ende der Ausbildung getroffen wird und den Auszubildenden zur Zahlung einer Vertragsstrafe für den Fall verpflichtet, dass er das sich an die Ausbildung anschließende Arbeitsverhältnis nicht antritt oder vertragswidrig vorzeitig beendet.
- Rückzahlungsverpflichtungen, z.B. im Hinblick auf das Weihnachtsgeld, für den Fall, dass nach Übernahme vor einem bestimmten Termin das Arbeitsverhältnis gekündigt wird.
- Kostenübernahmevereinbarungen, wonach der Auszubildende sich verpflichtet, für eine bestimmte Zeit im Ausbildungsbetrieb zu bleiben, der Arbeitgeber zuvor die Kosten einer Weiterbildung übernimmt .
- den Ausschluss oder die Beschränkung von Schadenersatzansprüchen oder über eine Schadenpauschalierung.

3354 Musterverträge für Ausbildungsverhältnisse sind beispielsweise bei den Industrie- und Handelskammern, Handwerkskammern oder Ärztekammern erhältlich.

III. Pflichten des Ausbildenden

Ist der Vertrag von allen Beteiligten unterschrieben, muss der Ausbildende 3355
– dem Auszubildenden und ggf. dessen gesetzlichen Vertretern unverzüglich eine Ausfertigung des Vertrags aushändigen (§ 11 Abs. 3 BBiG),
– die Eintragung des Vertrags in das Verzeichnis über die Berufsausbildungsverhältnisse bei der IHK, Handwerkskammer oder sonstigen für die Eintragung zuständigen Stelle (z. B. Ärztekammer) beantragen. Dem Antrag ist eine Ausfertigung des Vertrags beizufügen (§§ 34, 36 BBiG). Dem Antrag muss bei Minderjährigen außerdem die ärztliche Bescheinigung über die ärztliche Erstuntersuchung nach § 32 JArbSchG beigefügt werden.

Der Ausbildungsvertrag und mögliche Änderungen sind ihrem wesentlichen Inhalt nach 3356
in das von der zuständigen Stelle geführte Berufsausbildungsverzeichnis einzutragen.

Der Ausbildende hat gem. § 14 Abs. 1 Nr. 1 BBiG dafür zu sorgen, dass dem Auszubil- 3357
denden die Handlungsfähigkeit vermittelt wird, die zum Erreichen des Ausbildungszieles erforderlich ist, und die Berufsausbildung in einer durch ihren Zweck gebotenen Form planmäßig, zeitlich und sachlich gegliedert so durchzuführen, dass das Ausbildungsziel in der vorgesehenen Ausbildungszeit erreicht werden kann. Wenn der Ausbildende selbst nicht fachlich zur Ausbildung geeignet ist, hat er hierfür einen Ausbilder zu beauftragen. Einen Auszubildenden einstellen darf nur, wer persönlich geeignet ist (§ 28 Abs. 1 Satz 1 BBiG). Persönlich nicht geeignet ist insbesondere, wer wiederholt und schwer gegen die Vorschriften des BBiG oder die auf Grund dieses Gesetzes erlassenen Vorschriften und Bestimmungen verstoßen hat sowie wer Kinder und Jugendliche nicht beschäftigen darf.[3]

Die Ausbildung erschöpft sich nicht in der Vermittlung des Prüfungsstoffes für die Ab- 3358
schlussprüfung. Gleichwertig tritt daneben der Zweck, den Auszubildenden mit den täglichen Betriebsabläufen möglichst wirklichkeitsnah vertraut zu machen.[4] Deshalb können dem Auszubildenden alle im Rahmen des Berufsbildes üblichen Arbeiten übertragen werden, soweit sie letzlich dem Ausbildungszweck dienen und die körperlichen Kräfte des Auszubildenden nicht übersteigen.

IV. Pflichten des Auszubildenden

Die Hauptverpflichtung des Auszubildenden ergibt sich aus § 13 Satz 1 BBiG. Danach 3359
hat sich der Auszubildende zu bemühen, die berufliche Handlungsfähigkeit zu erwerben, die erforderlich ist, um das Ausbildungsziel zu erreichen.

Der Auszubildende ist nach dem Pflichtenkatalog des § 13 Satz 2 BBiG insbesondere 3360
verpflichtet, die ihm im Rahmen seiner Berufsausbildung aufgetragenen Verrichtungen sorgfältig auszuführen (Nr. 1), an Ausbildungsmaßnahmen teilzunehmen, für die er nach § 15 BBiG freigestellt wird (Berufschulunterricht, Prüfungen, auswärtige Ausbildungsmaßnahmen) (Nr. 2), und hat den Weisungen zu folgen, die ihm im Rahmen der Berufsausbildung erteilt werden (Nr. 3). Die weiteren Pflichten, die für die Ausbildungsstätte geltende Ordnung zu beachten (Nr. 4), Werkzeug, Maschinen und sonstige Einrichtungen pfleglich zu behandeln (Nr. 5) und über Betriebs- und Geschäftsgeheimnisse Stillschweigen zu wahren (Nr. 6), dienen hauptsächlich den Interessen des Ausbildenden.

---

[3] Küttner/*Kania*, Personalbuch 2011, *Ausbildungsverhältnis* Rn. 11.
[4] Küttner/*Kania*, Personalbuch 2011, *Ausbildungsverhältnis* Rn. 20.

V. Beendigung eines Ausbildungsverhältnisses

3361   Ein Ausbildungsverhältnis kann durch Zeitablauf, mit dem Bestehen der Abschlussprüfung, durch Kündigung oder durch Aufhebungsvertrag enden.

1. Bestehen der Abschlussprüfung

3362   Findet die Abschlussprüfung vor dem vereinbarten Ende der Ausbildungszeit statt und besteht der Auszubildende die Prüfung, endet mit Bestehen der Prüfung das Ausbildungsverhältnis automatisch (§ 21 Abs. 2 BBiG). Eine Kündigung ist nicht erforderlich.

3363   In der Abschlussprüfung wird festgestellt, ob der Prüfling die berufliche Handlungsfähigkeit erworben hat. Der Prüfling muss nachweisen, dass er die erforderlichen beruflichen Fertigkeiten beherrscht, die notwendigen beruflichen Kenntnisse und Fälligkeiten besitzt und mit dem im Berufsschulunterricht zu vermittelnden, für die Berufsausbildung wesentlichen Lehrstoff vertraut ist (§ 37 BBiG).

3364   Der Auszubildende hat die Abschlussprüfung erst dann bestanden, wenn das Prüfungsverfahren abgeschlossen und das Ergebnis der Prüfung durch den Prüfungsausschuss mitgeteilt worden ist. Als Prüfungsergebnis gilt das Gesamtergebnis aus schriftlicher und mündlicher Prüfung. Die Prüfung ist daher erst bestanden, wenn das Gesamtergebnis mündlich oder schriftlich mitgeteilt wird.

3365   Das Erbringen von Prüfungsleistungen allein reicht nicht zum Bestehen der Prüfung aus. Das Prüfungsergebnis muss sozusagen „amtlich mitgeteilt" werden. In der Regel geschieht dies nach Abschluss der mündlichen Prüfung durch den Vorsitzenden der Prüfungskommission. Weicht der Zeitpunkt der Feststellung des Prüfungsergebnisses durch die Prüfungskommission vom Datum im Prüfungsdokument ab, gilt für den Zeitpunkt des Bestehens der Prüfung allein das Datum im Prüfungsdokument.[5]

3366   **a) Fortsetzung der Ausbildung bei nicht bestandener Prüfung.** Besteht der Auszubildende die Prüfung nicht, kann er verlangen, dass die Ausbildung bis zum Wiederholungstermin fortgesetzt wird. Möchte er von diesem Recht Gebrauch machen, muss er dies dem Ausbilder unverzüglich mitteilen. Das Nichtbestehen der Abschlussprüfung führt nicht zu einer automatischen Verlängerung des Ausbildungsverhältnisses. Wünscht der Auszubildende eine Verlängerung ausdrücklich und zeitnah zur Prüfung, verlängert sich das Ausbildungsverhältnis bis zum nächstmöglichen Wiederholungstermin, höchstens jedoch um ein Jahr (§ 21 Abs. 3 BBiG). Besteht der Auszubildende die Wiederholungsprüfung, endet das Ausbildungsverhältnis, wenn das Verfahren beendet ist und das Ergebnis mitgeteilt wird.

3367   Die Abschlussprüfung kann grundsätzlich zweimal wiederholt werden (§ 37 BBiG). Wird die Abschlussprüfung in zwei zeitlich auseinanderfallenden Teilen durchgeführt, kann der erste Teil der Prüfung nicht eigenständig wiederholt werden. Fällt der Auszubildende beim ersten Teil schon durch, muss er beim zweiten Teil gar nicht erst antreten.

3368   Besteht der Auszubildende auch die Wiederholungsprüfung nicht, kann er nach § 37 Abs. 1 BBiG einen dritten Versuch machen. Deswegen kann er nach dem 2. Durchfallen nochmals eine Verlängerung des Ausbildungsverhältnisses bis zum nächsten Prüfungstermin verlangen. Liegt dieser Termin innerhalb eines Jahres nach der Erstprüfung, endet das Ausbildungsverhältnis mit dem Abschluss der 2. Wiederholungsprüfung – auch dann, wenn der Auszubildende wieder durchfällt. Liegt der Termin außerhalb der Jahresfrist, endet das Ausbildungsverhältnis ein Jahr nach dem Tag der Erstprüfung (§ 21 Abs. 3 BBiG).

3369   **b) Weiterbeschäftigung nach bestandener Prüfung.** Beschäftigt der Arbeitgeber den ausgelernten Auszubildenden am Tag nach Bestehen der Abschlussprüfung weiter,

---

[5] BAG vom 25. 7. 1973 – 4 AZR 508/72.

Lüders

kommt ein unbefristetes Arbeitsverhältnis zustande (§ 24 BBiG). Diese – gesetzliche – Folge tritt auch ein, wenn mit dem Auszubildenden keine Vereinbarung über eine Weiterbeschäftigung getroffen wurde. Sie kann nicht vertraglich ausgeschlossen werden (§ 25 BBiG).

2. Zeitablauf

Nach § 21 Abs. 1 BBiG endet das Ausbildungsverhältnis mit dem Ablauf der Ausbildungszeit. Im Falle einer Stufenausbildung endet das Ausbildungsverhältnis mit Ablauf der letzten Stufe. Eine Kündigung des Ausbildungsvertrags zum Ende der Ausbildungszeit ist somit nicht erforderlich. **3370**

Die Beendigung durch Zeitablauf kann eintreten, wenn die Abschlussprüfung auf einen Tag nach Ablauf der vereinbarten Ausbildungszeit festgelegt wird, oder wenn der Auszubildende auch die Wiederholungsprüfung nicht besteht und ein drittes (und letztes Mal) zur Prüfung antritt, der Verlängerungszeitraum von einem Jahr aber bereits abgelaufen ist. **3371**

3. Aufhebungsvertrag

Wie jedes Vertragsverhältnis kann auch ein Ausbildungsverhältnis durch den Abschluss eines Aufhebungsvertrags beendet werden. Der Inhalt des Aufhebungsvertrags kann frei ausgehandelt werden. Kündigungsfristen oder Rechte des Mitarbeiters aus einem allgemeinen oder besonderen Kündigungsschutz sind nicht zu beachten. Der Aufhebungsvertrag ist allerdings nur wirksam, wenn er schriftlich abgeschlossen wurde (§ 623 BGB). **3372**

Ist der Auszubildende minderjährig, müssen seine gesetzlichen Vertreter vor Abschluss des Aufhebungsvertrags in diesen einwilligen oder den Vertrag nachträglich genehmigen. Ohne Zustimmung der gesetzlichen Vertreter ist der Aufhebungsvertrag mit einem minderjährigen Auszubildenden unwirksam. **3373**

Nach § 23 BBiG können bei vorzeitiger Auflösung des Ausbildungsverhältnisses grundsätzlich beide Seiten Schadenersatzansprüche geltend machen, wenn die andere Seite den Grund für die Auflösung zu vertreten hat. Deswegen ist zu empfehlen, in einem Aufhebungsvertrag mögliche Schadenersatzansprüche zu regeln oder auszuschließen. **3374**

4. Kündigung des Ausbildungsvertrags

Die Kündigung des Ausbildungsverhältnisses muss immer schriftlich erfolgen (§ 22 Abs. 3 BBiG). Ein minderjähriger Auszubildender kann wirksam nur mit Zustimmung seiner gesetzlichen Vertreter kündigen (§ 111 BGB). **3375**

Während der Probezeit ist eine Kündigung beidseitig ohne Einhalten einer Kündigungsfrist und ohne Angabe von Gründen möglich. Die Kündigung bedarf keiner Rechtfertigung. **3376**

Der Auszubildende kann nach Ablauf der Probezeit mit einer Kündigungsfrist von vier Wochen kündigen, wenn er die Berufsausbildung aufgeben oder sich für eine andere Berufstätigkeit ausbilden lassen will. Der Auszubildende muss seine Gründe für die Kündigung in dieser angeben. Täuscht er eine Berufsaufgabe oder einen Berufswechsel vor, um sich in Wahrheit bei einem Wettbewerber ausbilden zu lassen, macht er sich schadenersatzpflichtig.[6] **3377**

Im Übrigen ist eine wirksame Kündigung nach der Probezeit nur möglich, wenn sich der Kündigende auf einen wichtigen Grund stützen kann. Der Ausbildende kann daher nur noch außerordentlich kündigen, nicht mehr ordentlich. Das Recht zur ordentlichen Kündigung kann auch nicht rechtswirksam im Ausbildungsvertrag vereinbart werden. Zu- **3378**

---

[6] BAG vom 8. 2. 1966 – 1 AZR 363/65.

dem ist die Angabe der Kündigungsgründe Voraussetzung für die Wirksamkeit der Kündigung; und zwar unabhängig davon, wer die Kündigung ausspricht. Werden die Kündigungsgründe nicht genannt oder nur schlagwortartig aufgeführt, ist die Kündigung nichtig (§ 125 BGB). Die Kündigungsgründe müssen daher immer konkret angeführt werden. Die Kündigung muss innerhalb von zwei Wochen nach der Erlangung der Kenntnis vom wichtigen Grund erfolgen.

3379   Ein wichtiger Grund ist gegeben, wenn Tatsachen vorliegen, aufgrund derer dem Kündigenden unter Berücksichtigung aller Umstände des konkreten Einzelfalles und unter Abwägung der Interessen beider Vertragsteile die Fortsetzung des Ausbildungsverhältnisses bis zum Ablauf der vereinbarten Ausbildungszeit nicht zugemutet werden kann. Absolute Kündigungsgründe sieht § 22 Abs. 2 Ziffer 1 BBiG nicht vor.

3380   Die Voraussetzungen des wichtigen Grundes gemäß § 22 Abs. 2 Nr. 1 BBiG entsprechen grundsätzlich denen des § 626 Abs. 1 BGB; es muss sich ergeben, dass es dem kündigenden Arbeitgeber unzumutbar ist, die Ausbildung bis zum Ablauf der Ausbildungszeit fortzusetzen. Gründe, die in einem normalen Arbeitsverhältnis eine außerordentliche Kündigung ermöglichen, rechtfertigen nicht unbedingt die außerordentliche Kündigung in einem Ausbildungsverhältnis. Aus dem Vertragszweck, das Ausbildungsziel zu erreichen, ergeben sich zu Lasten des Ausbildenden Einschränkungen für den wichtigen Grund. In der Regel sind als wichtiger Grund nur solche Umstände geeignet, die bei objektivierender Vorausschau ergeben, dass das Ausbildungsziel erheblich gefährdet oder nicht mehr zu erreichen ist. Bei der Interessenabwägung ist das Verhältnis der zurückgelegten zu der noch verbleibenden Dauer der Ausbildungszeit von wesentlicher Bedeutung. Je weiter das Ausbildungsverhältnis fortgeschritten ist, desto gewichtiger müssen die Kündigungsgründe sein. Kurz vor dem Prüfungstermin wird eine fristlose Kündigung durch den Ausbildenden kaum noch möglich sein.

3381   **a) Frist für Kündigungsausspruch.** Sobald die Tatsachen, die zur Kündigung berechtigen, bekannt sind, läuft eine Ausschlussfrist von zwei Wochen. Wer das Ausbildungsverhältnis kündigen will, muss dies innerhalb von zwei Wochen tun, nachdem er über eine sichere und möglichst vollständige Kenntnis aller Kündigungstatsachen verfügt. Versäumt er die Frist, erlischt sein Kündigungsrecht. Die Ausschlussfrist von zwei Wochen kann weder einzel- noch tarifvertraglich verlängert werden. Die Frist ist nur gewahrt, wenn die Kündigung innerhalb der Frist zugeht. Wurde sie innerhalb der Frist geschrieben, geht aber später zu, ist sie unwirksam. Die Frist wird nur gehemmt, wenn ein Güteverfahren vor einer Schlichtungsstelle eingeleitet wird oder ist (§ 22 Abs. 4 BBiG).

3382   **b) Kündigungsschutz.** §§ 1 bis 4 KSchG finden auf Kündigungen durch den Ausbildenden keine Anwendung – es gilt nur für ordentliche Kündigungen. Da der Ausbildende nach Ablauf der Probezeit nach § 22 BBiG aber nur außerordentlich kündigen kann, geht diese spezielle Regelung den §§ 1–4 KSchG vor.

3383   Die Klagefrist des § 4 KSchG von drei Wochen muss allerdings wegen § 13 KSchG beachtet werden, wenn der Auszubildende sich gegen die Kündigung wehren will.

3384   Besteht für den Auszubildenden ein besonderer Kündigungsschutz, muss dieser bei Ausspruch der Kündigung beachtet werden. Ein besonderer Kündigungsschutz kann bestehen bei
– einer schwangeren Auszubildenden nach § 9 MuSchG,
– einer/einem Auszubildenden in Elternzeit nach § 18 BErzGG,
– einem schwerbehinderten Auszubildenden nach § 91 SGB IX,
– einem Auszubildenden, der Mitglied der Jugend- und Auszubildendenvertretung ist (§§ 15 KSchG, 103 BetrVG).

3385   **c) Schadenersatz bei vorzeitigem Ausbildungsende.** Wird das Ausbildungsverhältnis nach Ablauf der Probezeit durch außerordentliche Kündigung beendet oder durch sonstiges Verhalten endgültig gelöst, können nach § 23 BBiG Schadenersatzansprüche entstehen. Die Schadenersatzansprüche entstehen aber auch, wenn das Berufsausbildungsverhältnis nach Ablauf der Probezeit durch einen Umstand, den der andere Teil zu vertreten hat, vorzeitig beendet wird. Die tatsächliche Beendigung, z.B. durch Ausscheiden unter Vertragsbruch, genügt. Eine wirksame Kündigung kann nicht verlangt werden.[7]

Der Schadenersatzanspruch muss innerhalb von drei Monaten nach Beendigung des Be- **3386** rufsausbildungsverhältnisses geltend gemacht werden. Zum erstattungsfähigen Schaden gehören beim Ausbildenden alle Kosten, die für die Suche nach einem neuen Auszubildenden anfallen (z.B. Inseratskosten, Vorstellungskosten) und beim Auszubildenden alle Kosten im Zusammenhang mit der Begründung eines neuen Ausbildungsverhältnisses (Inseratskosten, Bewerbungskosten, Fahrtkosten, Verdienstausfall) und Mehrkosten, die durch eine Ausbildung an einem anderen Ort entstehen. Der Ersatzanspruch des Auszubildenden ist begrenzt auf die Vergütung bis zum vereinbarten Ende des Ausbildungsverhältnisses.

d) Weiterarbeit nach Prüfung führt zum Arbeitsverhältnis. Ohne besondere tarif- **3387** oder einzelvertragliche Vereinbarung ist der Arbeitgeber grundsätzlich nicht verpflichtet, einen Auszubildenden nach Abschluss der Ausbildung in ein Arbeitsverhältnis zu übernehmen. Die Übernahme in ein befristetes oder unbefristetes Arbeitsverhältnis muss ausdrücklich vereinbart werden. Ob und zu welchen Bedingungen der Arbeitgeber mit dem Auszubildenden nach Bestehen der Prüfung weiterarbeiten will, entscheidet der Arbeitgeber.

Ein Arbeitsverhältnis kann auch durch schlüssiges Verhalten entstehen. § 24 BBiG kon- **3388** struiert ein unbefristetes Arbeitsverhältnis, wenn der Auszubildende nach der Prüfung einfach weiterarbeitet, aber wegen der Weiterarbeit keine ausdrücklichen Vereinbarungen getroffen wurden. § 24 BBiG zwingt den Arbeitgeber zwar nicht, einen Anschlussarbeitsvertrag zu schließen. Er bewirkt aber einen gesetzlichen Übergang des Ausbildungsverhältnisses in ein Arbeitsverhältnis, wenn der Arbeitgeber die Arbeitsleistung des Ausgebildeten unmittelbar nach der bestandenen Prüfung annimmt – und sei es auch nur für ein paar Stunden oder einen Arbeitstag.

Das Entstehen eines Arbeitsverhältnisses kann der Arbeitgeber aber auch dadurch ver- **3389** hindern, dass er die Arbeitsleistung des Ausgebildeten ablehnt und ihn nach Hause schickt, wenn er nach der bestandenen Prüfung zum Weiterarbeiten kommt. Nur durch das Anbieten der Arbeitsleistung wird noch kein Arbeitsverhältnis nach § 24 BBiG begründet.

---

[7] BAG vom 17. 7. 2007 – 9 AZR 103/07.

F. Arbeitsgerichtsverfahren

I. Allgemeines

3390   Die Arbeitsgerichte sind nach §§ 2, 2a Arbeitsgerichtsgesetz (ArbGG) zuständig für alle bürgerlichen Rechtsstreitigkeiten zwischen Mitarbeitern und Arbeitgebern aus dem Arbeitsverhältnis (§ 2 Abs. 1 Nr. 3a ArbGG) und über das Bestehen oder Nichtbestehen eines Arbeitsverhältnisses (§ 2 Abs. 1 Nr. 3b ArbGG).

II. Klageschrift

3391   Die Klage beim Arbeitsgericht wird entweder durch die Einreichung einer Klageschrift und durch deren Zustellung von Amts wegen an den Beklagten (§§ 46 Abs. 2 ArbGG, §§ 496, 253, 271 ZPO) oder durch mündliche Erklärung zu Protokoll des Urkundsbeamten der Geschäftsstelle und dessen Zustellung von Amts wegen an den Beklagten (§ 46 Abs. 2 ArbGG, §§ 496, 498, 253 ZPO) erhoben. Grundsätzlich besteht in der ersten Instanz bei den Arbeitsgerichten kein **Anwaltszwang.** Kläger und Beklagter können sich also selbst vertreten.

3392   Die Klageschrift muss folgenden Inhalt haben:
 – die Bezeichnung des Gerichts,
 – die Bezeichnung der Parteien,
 – einen bestimmten Antrag,
 – die Angabe des Gegenstandes des Anspruches,
 – den Grund des erhobenen Anspruches und
 – die Unterschrift des Klägers oder eines mit schriftlicher Vollmacht versehenen Vertreters
  – zum Beispiel des beauftragten Rechtsanwaltes.

3393   Der Antrag in der Klageschrift muss immer genau bestimmt sein. Dies bedeutet beispielsweise bei einer Zahlungsklage, dass der geltend gemachte Betrag genau beziffert sein muss.

3394   Der in der Klageschrift gestellte Antrag muss immer begründet werden. Hierzu muss der Sachverhalt dargelegt werden, aus dem der Kläger seinen Anspruch herleitet.

3395   Mit der Zustellung der Klage an den Beklagten wird zumeist auch der Gütetermin mitgeteilt. In der Regel ergeht zu diesem Zeitpunkt noch keine Aufforderung an die Beklagtenseite, zur Klage Stellung zu nehmen (§ 47 Abs. 2 ArbGG). Ob es sinnvoll ist, als Beklagter schon vor dem Gütetermin schriftlich Stellung zu nehmen, hängt von den konkreten Umständen des Einzelfalles ab.

III. Güteverhandlung

3396   Das arbeitsgerichtliche Verfahren beginnt immer mit einer Güteverhandlung. Die Güteverhandlung findet vor dem Vorsitzenden der Kammer allein, also ohne die ehrenamtlichen Richter statt. Ziel der Güteverhandlung ist die gütliche Beilegung des Rechtsstreites. Können die Parteien auf Vorschlag des Richters einen Vergleich schließen, ist mit diesem Vergleich das Verfahren beendet. Kommt kein Vergleich zwischen den Parteien zustande, wird die Güteverhandlung als gescheitert erklärt. Es findet dann eine gesonderte Kammerverhandlung statt.

3397   Das Gericht kann das persönliche Erscheinen der Parteien in der Güteverhandlung anordnen. Wird dieser Anordnung nicht nachgekommen, kann ein Ordnungsgeld verhängt werden. Wurde das persönliche Erscheinen der Parteien oder einer Partei angeordnet, muss diese Partei in der Güteverhandlung grundsätzlich auch dann persönlich erscheinen, wenn sie einen Anwalt eingeschaltet hat.

In der Güteverhandlung erörtert der Vorsitzende das gesamte Streitverhältnis mit den 3398 Parteien unter freier Würdigung aller Umstände (§ 54 Abs. 1 Satz 2 ArbGG). Die Erörterung beschränkt sich dabei nicht nur auf juristische Fragen, sondern umfasst auch wirtschaftliche und soziale Aspekte.

Eine Beweisaufnahme findet in der Güteverhandlung nicht statt. Der Vorsitzende kann 3399 aber zur Aufklärung des Sachverhaltes alle Handlungen vornehmen, die sofort erfolgen können (§ 54 Abs. 1 Satz 3 ArbGG). So kann er beispielsweise von den Parteien vorgelegte Unterlagen einsehen und berücksichtigen.

Stellen die Parteien im Gütetermin Zeugen, kann der Vorsitzende diese vernehmen. Der 3400 vernommene Zeuge muss aber in der streitigen Verhandlung erneut vernommen werden, es sei denn, die Parteien verzichten hierauf oder sind mit der Verwendung des Güteterminsprotokolls im Kammertermin einverstanden (§ 54 ArbGG).

Nachdem die Sach- und Rechtslage erörtert wurde, unterbreitet der Vorsitzende in der 3401 Regel einen Vergleichsvorschlag, der der derzeitigen Sach- und Rechtslage und dem Prozessrisiko beider Parteien Rechnung trägt. Der Vergleichsvorschlag ist als Grundlage für eine einvernehmliche Regelung zwischen den Parteien gedacht. Er kann abgelehnt, angenommen oder in veränderter Form angenommen werden.

Der Vorsitzende kann in der Güteverhandlung außer einem Vergleichsvorschlag aber 3402 auch andere Empfehlungen geben, nämlich entweder bei einer offensichtlich aussichtslosen Klage dem Kläger die Rücknahme seiner Klage anraten oder aber dem Beklagten bei einer offensichtlich begründeten Klage ein Anerkenntnis des Anspruches nahelegen.

IV. Kammertermin

Ist der Gütetermin erfolglos, kommt es zum Kammertermin. Die Kammerverhandlung 3403 kann in Ausnahmefällen auch direkt im Anschluss an die Güteverhandlung stattfinden. Hierüber sind die Parteien aber zuvor zu informieren, insbesondere müssen beide Seiten Gelegenheit gehabt haben, schriftlich Stellung zu nehmen.

Die Kammerverhandlung soll möglichst in einem Termin zum Ende, also zu einem Ur- 3404 teil geführt werden können (§ 56 Abs. 1 Satz 1 ArbGG). Dementsprechend soll das Gericht frühzeitig prozessleitende Maßnahmen (insb. Zeugenladung, Anordnung des persönlichen Erscheinens) ergreifen. Das Gericht muss die Parteien von den angeordneten Maßnahmen und über die Folgen einer Fristversäumung unterrichten.

Der Kammertermin beginnt mit der Stellung der Anträge durch die Parteien. Der Vor- 3405 sitzende wirkt dabei darauf hin, dass diese sachdienlich formuliert werden.

Im Anschluss an die Stellung der Anträge führt das Gericht in den Sach- und Streitstand 3406 ein. Dabei erhalten die Parteien Gelegenheit, sich zu äußern. Soweit das Gericht es für angemessen hält und keine der Parteien widerspricht, darf auch auf Schriftstücke Bezug genommen werden (§ 137 Abs. 3 ZPO). Verlesen werden Schriftstücke nur, wenn es auf deren wörtlichen Inhalt ankommt.

Das Gericht prüft die Klage in zwei Stufen. Zunächst erfolgt eine Schlüssigkeitsprüfung, 3407 bei der geprüft wird, ob der vom Kläger behauptete Sachverhalt die von ihm begehrte Rechtsfolge rechtfertigt. Anschließend wird im Rahmen der Tatsachenprüfung festgestellt, ob der vom Kläger vorgetragene Sachverhalt in tatsächlicher Hinsicht wahr ist. Über strittige Punkte erhebt das Gericht auf einen entsprechenden Antrag der jeweils beweisbelasteten Partei Beweis (Augenschein, Zeugenbeweis, Sachverständigenbeweis, Urkundenbeweis, Parteivernehmung).

Das Gericht entscheidet unter Berücksichtigung des gesamten Inhalts der Verhandlung 3408 und des Ergebnisses der Beweisaufnahme in freier Überzeugung, ob es eine Behauptung für wahr oder für unwahr erachtet. Dabei muss und darf es sich in tatsächlich zweifelhaften Fällen mit einem in der täglichen Praxis brauchbaren Grad an Gewissheit begnügen, ohne dass hierdurch alle Zweifel völlig ausgeschlossen werden. Kann das Gericht im Rahmen seiner Beweiswürdigung nicht feststellen, welche Tatsachenbehauptung wahr ist, muss es zum Nachteil der darlegungs- und beweisbelasteten Partei entscheiden.

V. Urteil

3409 Die Kammerverhandlung endet mit der Verkündung des Urteils. Wenn dies nicht möglich ist, wird ein baldiger Verkündigungstermin bestimmt (§ 60 Abs. 1 ArbGG).

3410 Im Urteil wird auch der Wert des Streitgegenstandes festgesetzt (§ 61 Abs. 1 ArbGG). Bei Klagen über das Bestehen oder Nichtbestehen eines Arbeitsverhältnisses oder bei einer Kündigung ist für die Streitwertberechnung höchstens das Arbeitsentgelt für ein Vierteljahr maßgebend (§ 12 Abs. 7 Satz 1 ArbGG). Urteile der Arbeitsgerichte sind kraft Gesetzes vorläufig vollstreckbar (§§ 62 Abs. 1, 64 Abs. 7 ArbGG). Ein entsprechender Ausspruch im Urteil fehlt daher. Darüber hinaus enthält das Urteil eine Rechtsmittelbelehrung (§ 9 Abs. 5 Satz 1 ArbGG) für alle mit einem befristeten Rechtsmittel anfechtbaren Entscheidungen. Das Urteil enthält auch einen Ausspruch zu den angefallenen Kosten, für die im Verfahren vor den Arbeitsgerichten Besonderheiten gelten.

VI. Kosten

1. Gerichtskosten

3411 Die Gerichtskosten in Arbeitsgerichtssachen sind geringer als in sonstigen bürgerlich-rechtlichen Streitigkeiten vor den ordentlichen Gerichten. Die Sonderregelungen zu den anfallenden Kosten sind in § 12 ArbGG geregelt. Die Kosten werden nach § 12 Abs. 3 ArbGG erst fällig, wenn das Verfahren beendet ist, es sechs Monate geruht hat oder sechs Monate von den Parteien nicht betrieben worden ist. Ein Kostenvorschuss wird nicht erhoben.

2. Anwaltskosten und sonstige Kosten

3412 Grundsätzlich besteht im ersten Rechtszug vor den Arbeitsgerichten kein Anspruch der obsiegenden Partei, von der unterlegenen Partei die entstandenen Kosten ersetzt zu erhalten. Dies gilt für Entschädigungen wegen Zeitversäumnis und für die Erstattung der Kosten durch die Beiziehung eines Rechtsanwaltes (§ 12a Abs. 1 Satz 1 ArbGG). Auch vor dem Prozess entstandene Kosten für einen Rechtsanwalt sind nicht erstattungsfähig.

3413 Im Berufungs- und Revisionsverfahren muss die unterlegene Partei die Anwaltskosten an die obsiegende Partei erstatten.

VII. Rechtsmittel

1. Berufung

3414 Gegen Urteile der Arbeitsgerichte kann Berufung eingelegt werden (vgl. § 64 Abs. 2 ArbGG), wenn
– die Berufung ausdrücklich zugelassen worden ist,
– der Wert des Beschwerdegegenstandes den Betrag von 600,– EUR übersteigt,
– es sich um eine Rechtsstreitigkeit über das Bestehen, das Nichtbestehen oder die Kündigung eines Arbeitsverhältnisses handelt oder

– es sich um ein Versäumnisurteil handelt, gegen das der Einspruch an sich nicht statthaft ist, wenn die Berufung oder Anschlussberufung darauf gestützt wird, dass der Fall der schuldhaften Versäumung nicht vorgelegen habe.

Die Berufung muss innerhalb eines Monats eingelegt und innerhalb von zwei Monaten **3415** begründet werden, wobei die Frist jeweils mit der Zustellung des in vollständiger Form abgesetzten Urteils beginnt. Die Berufungsbegründungsfrist kann auf Antrag einmal verlängert werden.

Die Berufungsverhandlung findet vor dem Landesarbeitsgericht statt. Hier müssen sich **3416** die Parteien durch einen Rechtsanwalt oder einen Verbandsvertreter vertreten lassen.

2. Revision

Gegen ein Urteil des Landesarbeitsgerichts kann nur in Ausnahmefällen beim Bundesar- **3417** beitsgericht Revision eingelegt werden, nämlich zum einen, wenn die Revision im Urteil des Landesarbeitsgerichts ausdrücklich zugelassen worden ist (§ 72 Abs. 1 ArbGG). Dies ist dann der Fall, wenn die Rechtssache grundsätzliche Bedeutung hat, das Urteil von der Rechtsprechung bestimmter anderer Gericht abweicht und auf dieser Abweichung beruht. Zum anderen kann über die Nichtzulassungsbeschwerde erreicht werden, dass das Bundesarbeitsgericht die Revision nachträglich zulässt (§ 72a Abs. 5 ArbGG).

Die Fristen für die Einlegung und die Begründung der Revision betragen wiederum ei- **3418** nen bzw. zwei Monate, beginnend jeweils mit Erhalt des vollständigen Berufungsurteils. Die Revisionsbegründungsfrist kann auf entsprechenden Antrag bis zu einem weiteren Monat verlängert werden. Die Revision kann nur von einem Rechtsanwalt eingelegt und begründet werden.

3. Sprungrevision

Gegen das Urteil eines Arbeitsgerichts kann Sprungrevision eingelegt werden – dabei **3419** wird das Landesarbeitsgericht als Berufungsinstanz übergangen –, wenn der Prozessgegner schriftlich zustimmt und wenn sie vom Arbeitsgericht auf Antrag im Urteil oder nachträglich durch Beschluss zugelassen wird (§ 76 ArbGG).

Sachverzeichnis

Die Ziffern verweisen auf die Randnummern.

722

724